2019

CHINA TV RATING YEARBOOK

中国电视收视年鉴 2019

丁 迈 主编

中国传媒大学出版社
·北京·

《中国电视收视年鉴（2019）》

编写委员会

主　　编　丁　迈

副 主 编　郑维东　肖建兵　肖海峰

编写人员　（排名不分先后）

梁　帆　周欣欣　解永利　王　钦　吴　凡　王　平

龙长缨　吴　东　于松涛　张天莉　马　超　卢文钊

杨金姝　王建平　李忠毅　李红玲　胡文慧　杜宇轩

李　婉　刘洁婷　辛　悦　陈　杨　王　昀　蔡　啸

张晶晶　秦　政　冯　波　于　鹏　张　嫕　米　行

张广彦　韦　唯　胡旻琦　彭辰豪　潘　琪　施泽昊

王洁馨　唐　蕾　彭　平　陈　熙　李蓓蕾

出版说明

为更好地服务于业界，作为中国最专业、最权威的视听率调查公司，CSM 媒介研究从 2003 年起每年编写出版一部《中国电视收视年鉴》。《中国电视收视年鉴（2019）》是 CSM 媒介研究编写出版的第十七部电视收视年鉴。

《中国电视收视年鉴（2019）》包括以下四部分内容：第一部分：综述。本部分主要从收视环境、观众特征、观众收视行为、频道竞争、节目竞争、电视广告投放与竞争等方面对 2018 年中国电视收视市场进行了全景式的描述与分析。第二部分：专题研究。本部分除了对 2018 年全国电视剧、新闻、综艺、体育几个主要节目类型以及 2018 年俄罗斯世界杯、纪念改革开放四十周年相关电视节目的收视情况进行分析外，还对融合传播时空中地面频道民生节目的坚守与创新、国内电视电影及电影频道联盟收视状况、高学历高收入受众媒介消费特征及开发经营进行了深入剖析。同时，本部分还对业界关注的热点问题，如电视观众时移收视行为、OTT 家庭观众收视特征、智能化受众的媒介接触行为、短视频竞争中的电视媒体、智能电视的市场逻辑与进化、2019 年中国电视市场十大发展趋势等进行了深入研究。第三部分：收视数据。这部分是关于全国电视收视市场以及重点市场的收视统计数据，主要指标涉及收视设备的拥有情况、人均收视时间、全年和全天收视率走势、各类频道的市场份额、各类节目的播出份额与收视份额以及主要节目类型的收视排行等。第四部分：附录。这部分主要包括 CSM 媒介研究各种收视调查网的基本情况。

《中国电视收视年鉴（2019）》为广大媒介从业人员既可提供有关 2018 年中国电视收视市场的全面分析，又可提供 2018 年全国以及各重点市场翔实的收视数据，它是媒介从业人员必备的一本工具书。

编者

2019 年 4 月

目 录
CONTENTS

第一部分 综 述

第二部分 专 题

第三部分 收视数据

第四部分　附　录

第一部分
Part One

综 述 Overview

综 述

一、收视环境

2018年是全面贯彻党的十九大精神的开局之年，是改革开放40周年，也是实施“十三五”规划至关重要的一年。广播影视系统以习近平新时代中国特色社会主义思想和党的十九大精神为指引，在党中央、国务院和中宣部的正确领导下，认真贯彻落实中央部署和总局要求，坚持稳中求进、守正创新，扎实工作、奋发进取，继续保持了良好的发展势头，顺利完成了各项任务，各方面工作取得了新的显著成绩，有力服务了党和国家工作大局。

2018年，我国电视业全面贯彻落实党的十九大精神，坚持正确的政治方向、宣传导向和价值取向，牢牢树立“四个意识”，坚定“四个自信”，坚决做到“两个维护”，高度自觉、担当尽责、开拓进取，各方面工作都取得了重要进展和显著成效。2018年，我国电视业大力宣传、阐释党中央治国理政的新理念、新思想、新战略，坚持以习近平总书记关于宣传思想工作的重要思想为基本遵循，圆满完成了学习、宣传、贯彻习近平新时代中国特色社会主义思想、党的十九大和十九届二中、三中全会精神，以及改革开放四十周年重大活动的全方位宣传报道任务，深化主题主线宣传，唱响了时代主旋律，广受社会各界好评。2018年，我国电视业加强创作生产，丰富人民精神文化生活，始终坚持以人民为中心的工作导向，面向基层，服务群众，坚持为民惠民，公共文化服务提质升级，电视公共服务水平显著提升；坚持品质至上，聚焦落实新发展理念、实现高质量发展这一新时代任务，更好地以先进文化塑造灵魂、以优秀作品鼓舞斗志，推进创新创优，内容产业发展方式从以数量规模增长为主向以质量效益提高为主转变，精品创作生产再上一个新台阶。2018年，我国电视业始终坚持科技引领，坚持改革创新，坚定不移地深化供给侧结构性改革，积极实施“智慧广电”建设工程，围绕加快广电网络转型升级协同推进各项重点工作，取得了优异成绩，包括国家广播电视总局和中央广播电视总台的组建、市县级融媒体的建设、首个智慧广电综合试验区的设立，全国有线电视网络互联互通平台建设的扎实推进等，媒体融合发展取得新进展，事业产业不断发展壮大。2018年，我国电视业认真落实意识形态工作责任制，改善管理效能，推动阵地管理强起来，确保行业安全有序、持续健康发展，安全播出保障能力进一步提高，公共服务技术支撑体系进一步完善，科技创新与应用步伐进一步加快，科技管理进一步加强。2018

年，我国电视业继续加强国际传播能力建设，深耕内容建设，讲好中国故事，大力弘扬中华优秀文化，以更有力地发出中国声音，传递中国价值。“走出去”取得新进展，依托重点项目和活动，促进优秀产品对外传播，加强构建国际传播体系，创新理念，深化融合，依托中国国际电视台（CGTN）以及国际广播多语种平台资源，完善传播布局，打造具有强大引领力、传播力、影响力的国际一流新型主流媒体，开创了国际传播事业的新局面，国际传播能力显著提升。

1. 全国共有电视台135座，广播电视台2348座，教育电视台40座

根据《中国广播电视年鉴（2019)》的最新统计，截至2018年年底，全国共批准设立电视台135座、广播电视台2 348座、教育电视台40座。其中国家级电视台有中央电视台和中国教育电视台，每个省、自治区、直辖市，每个地级及以上城市至少有1座电视台或广播电视台。全国微波线路达7.57万公里，有线广播电视网络传输干线达225.27万公里，全国电视人口综合覆盖率为99.25%。全国有线广播电视用户数为21 832.41万，有线数字电视用户数为20 143.68万，付费数字电视用户数为7 729.94万。2018年全年制作的电视节目时间为357.74万小时，全年公共电视节目播出时间为1 925.03万小时。

2. 家庭电视机拥有率达96.4%，拥有2台及以上电视机家庭的比例为25.4%

目前我国居民家庭电视机的普及率已经处于一个基本稳定的水平。2018年CSM媒介研究全国收视调查网基础研究数据显示，我国居民家庭电视机拥有率达96.4%，拥有2台及以上电视机家庭的比例达25.4%，平均每百户居民家庭电视机拥有量达128.3台（表1.1.1)。其中，城市居民家庭电视机拥有率为95.1%，农村居民家庭电视机拥有率为97.4%；拥有2台及以上电视机的家庭比例在城市为22.8%，在农村为27.2%；平均百户电视机拥有量在城市为124.3台，在农村为131.2台。

从各大行政区来看，电视机拥有情况在全国存在显著的地域差异。拥有2台及以上电视机的居民家庭比例，华东地区最高，达35.7%；东北最低，仅为14.1%。百户电视机拥有量也是华东地区最高，达145.0台；东北地区最低，只有110.0台；华中地区为126.9台；西南地区为126.2台；华北地区为120.8台；华南地区为115.5台；西北地区为113.9台（表1.1.2)。

表1.1.1 2018年全国城乡居民家庭电视机拥有情况

	全国	城市	农村
1台户比例（%）	71.0	72.3	70.2
2台及以上户比例（%）	25.4	22.8	27.2
没有电视机户比例（%）	3.6	4.9	2.6
百户电视机拥有量（台）	128.3	124.3	131.2

数据来源：CSM媒介研究2018年全国收视调查网基础研究

表 1.1.2　2018 年全国各大行政区居民家庭电视机拥有情况

	东北	华北	华东	华南	华中	西北	西南
1 台户比例（%）	80.9	76.2	60.3	83.0	68.2	82.0	73.4
2 台及以上户比例（%）	14.1	20.4	35.7	14.5	27.3	15.0	24.4
没有电视机户比例（%）	5.0	3.4	4.0	2.5	4.5	3.0	2.2
百户电视机拥有量（台）	110.0	120.8	145.0	115.5	126.9	113.9	126.2

数据来源：CSM 媒介研究 2018 年全国收视调查网基础研究

2018 年，我国城乡居民家庭电视机更新换代速度进一步加快。随着城乡居民收入水平的提高和技术革新，高品质电视机价格下降，城乡居民家庭电视机拥有情况从数量上的增加过渡到质量上的改善，城市及农村居民家庭开始追求电视机的更新换代，由原来的 CRT 电视机、传统的背投电视机，向液晶电视机等平板电视机升级。液晶电视机已经取代传统意义的普通彩电而成为居民家庭的主流机型，液晶电视机的拥有率在 2018 年全国居民家庭户中已经达到 77.8%，比 2017 年的 72.1% 提高了 5.7 个百分点。分城乡来看，2018 年城市居民家庭拥有液晶电视机的比例已达 85.1%，比 2017 年的 79.2% 增长了 5.9 个百分点；农村居民家庭拥有液晶电视机的比例也达到 72.6%，比 2017 年的 67.0% 提高了 5.6 个百分点（图 1.1.1）。分地区来看，各地区液晶电视机的拥有率都在 70% 以上，华南地区更是高达 82.2%，华东、东北、华中地区分别为 79.0%、78.4% 和 78.2%，西南地区也达到 77.6%；拥有率较低的地区是华北和西北地区，液晶电视机的拥有率分别为 74.5% 和 70.4%。

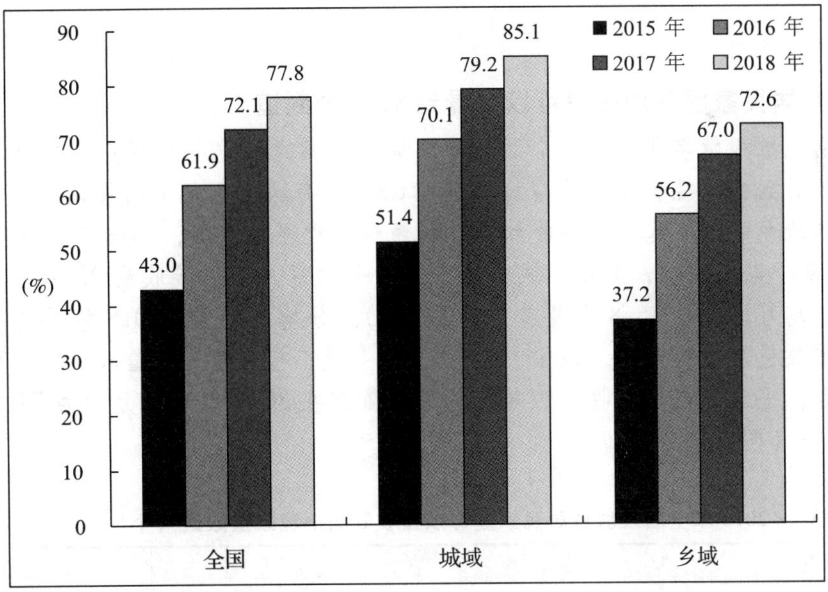

数据来源：CSM 媒介研究 2015～2018 年全国收视调查网基础研究

图 1.1.1　2015～2018 年全国及城乡居民家庭拥有液晶电视机的比例（%）

自2012年智能电视走进大众视野，几年内在城乡之间迅速渗透，拥有率逐年攀升。2018年全国居民家庭智能电视机拥有率达37.7%，比2017年的33.2%增长了4.5个百分点；其中城市为41.6%，农村为34.9%，都比2017年有较大的增长。分地区来看，华南地区家庭智能电视机拥有率最高，达48.6%；华中地区为44.5%；华北、东北和西南地区较低，均为32%左右；华东和西北地区在36%～38%之间。随着数字电视的发展和高清信号源的增多，以及高品质电视机价格的不断下降，液晶电视机、智能电视机的拥有率必将进一步提高。

表1.1.3　2018年全国及城乡居民家庭拥有不同类型电视机的比例（%）

电视机类型	全国	城市	农村
液晶电视机	77.8	85.1	72.6
非液晶电视机	31.3	20.7	38.8
智能电视机	37.7	41.6	34.9

数据来源：CSM媒介研究2018年全国收视调查网基础研究

表1.1.4　2018年全国各大行政区拥有不同类型电视机的家庭比例（%）

电视机类型	东北	华北	华东	华南	华中	西北	西南
液晶电视机	78.4	74.5	79.0	82.2	78.2	70.4	77.6
非液晶电视机	27.4	35.0	31.1	22.1	33.6	37.6	32.0
智能电视机	31.9	32.0	37.5	48.6	44.5	36.1	31.9

数据来源：CSM媒介研究2018年全国收视调查网基础研究

3. 城乡居民家庭平均每户可以收看到82.9个频道

随着有线电视数字化建设的全面展开，越来越多的有线电视网整体平移，城乡居民家庭能够收看到的电视频道数量增加。根据CSM媒介研究历年全国收视调查网基础研究数据，全国城乡居民家庭可以接收到的电视频道数量逐年增加，2018年全国平均每户可以接收82.9个电视频道，其中，城市居民家庭平均每户可以接收到92.7个频道，农村居民家庭平均可以接收75.8个频道（表1.1.5）。分地区来看，2018年平均每户可接收到电视频道数量最多的是华北地区，达99.2个频道，接收频道数量较少的有西北、华中和华东地区，平均每户可接收到的电视频道数量都在80个以下，分别为77.5个、76.0个和75.7个（图1.1.2）。

表1.1.5　2007～2018年全国及城乡居民家庭可以接收到的电视频道数量（个）

年份	全国	城市	农村
2007年	25.6	35.1	21.4
2008年	30.4	40.5	26.0
2009年	39.1	50.1	33.2
2010年	41.4	53.0	34.7

续表

年份	全国	城市	农村
2011 年	47.6	58.5	40.4
2012 年	54.3	63.8	47.7
2013 年	59.4	68.7	52.9
2014 年	64.8	73.1	59.1
2015 年	67.7	77.2	61.1
2016 年	75.2	83.7	69.2
2017 年	83.3	91.8	77.4
2018 年	82.9	92.7	75.8

数据来源：CSM 媒介研究历年全国收视调查网基础研究

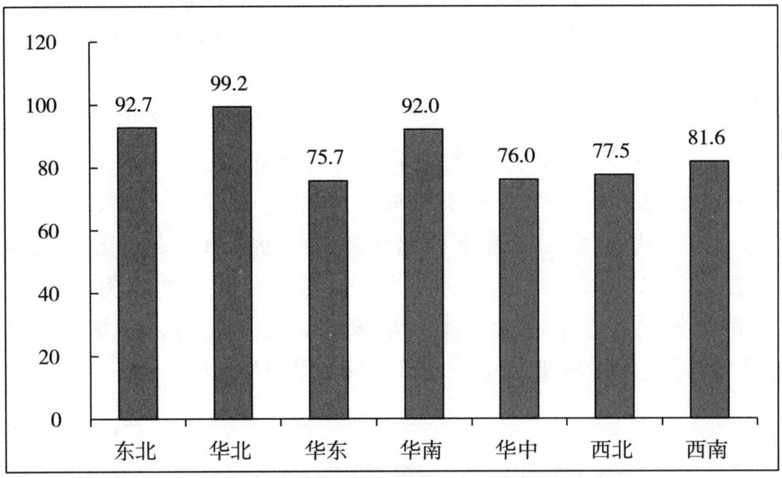

数据来源：CSM 媒介研究 2018 年全国收视调查网基础研究

图 1.1.2 2018 年全国各大行政区居民家庭可以接收到的电视频道数量（个）

4. 有线接收已经成为城乡居民家庭接收电视信号的主要方式，可接收数字电视、IPTV 的家庭比例继续增长

随着电视信号数字化、网络化进程的不断推进，有线电视网络频道数量增多，信号清晰度提高，有线接收已经成为全国城乡居民家庭接收电视信号的主要方式。根据 2018 年 CSM 媒介研究全国收视调查网基础研究数据，全国电视家庭户中，有线电视用户普及率为 92.1%，比 2017 年增长了 3.2 个百分点；其中城市为 95.3%，比 2017 年增长 2.1 个百分点，有线接收方式已经成为绝大多数城市居民家庭接收电视节目的方式；农村为 89.9%，与 2017 年相比增长 4.1 个百分点，有线接收方式也已经成为农村居民家庭接收电视信号的主要方式。其中，通过省、市（县）有线网接收电视信号的家庭户比例全国为 39.1%；在城市，有 50.9% 的家庭接入了省、市（县）有线网；在农村，通过省、市（县）有线网收看电视节目家庭的比例为 30.7%（图 1.1.3）。

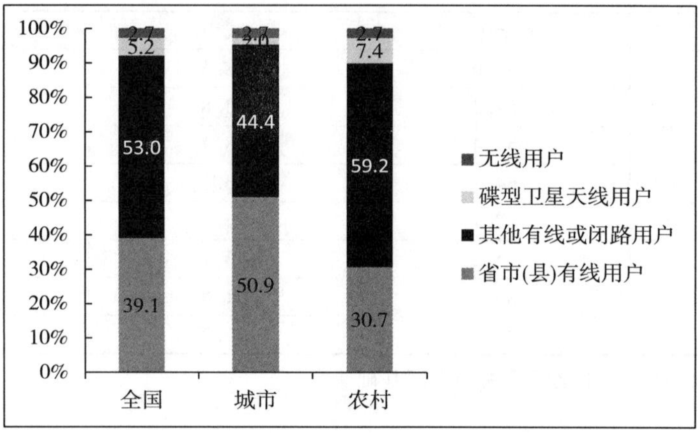

数据来源：CSM 媒介研究 2018 年全国收视调查网基础研究

图 1.1.3　2018 年全国城乡居民家庭不同电视信号接收方式的比例（%）

从各大行政区的情况来看，有线电视普及率最高的是西北和东北地区，分别达到 95.9% 和 95.8%。其他地区有线电视普及率也均在 88% 以上，其中华东为 93.1%，西南为 92.6%，华南为 92.5%，华北为 89.0%，华中地区最低，为 88.0%（图 1.1.4）。华中地区通过非有线方式收看卫视频道的比例较高，达 8.1%，该比例在华北地区也较高，为 7.5%，西北和东北地区通过非有线方式收看卫视频道的比例较低，分别为 2.2% 和 1.3%。无线用户的比例在华中、华北和华东地区相对较高，分别为 3.9%、3.6% 和 3.0%，在西南和华南地区则较低，分别为 1.7% 和 1.1%。

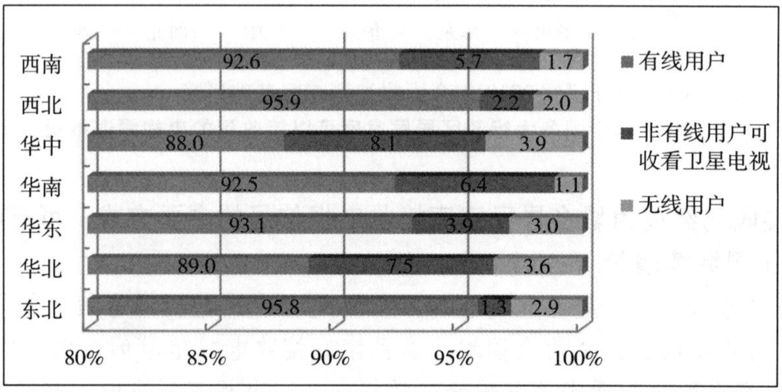

数据来源：CSM 媒介研究 2018 年全国收视调查网基础研究

图 1.1.4　2018 年全国各大行政区居民家庭不同电视信号接收方式的比例（%）

CSM 媒介研究全国收视调查网基础研究数据表明，近年来我国电视家庭中可接收数字电视或 IPTV 的比例稳步增长，2018 年该比例已达 71.3%，比 2017 年增长了 7.1 个百分点；其中城市为 79.6%，比 2017 年增长了 4.4 个百分点；农村为 65.3%，比 2017 年增长了 8.8 个百分点（图 1.1.5）。从不同地区来看，全国七大行政区中可接收数字电视或 IPTV 的电视家庭比例有一定差异，在华东、东北和华南地区，其比例都在70%以上，华东地区更是高达78.4%；华北、西北和西南地区在66%～68%之间；华中地区最低，仅有61.9%的电视家庭可接收数字电视或 IPTV（图 1.1.6）。

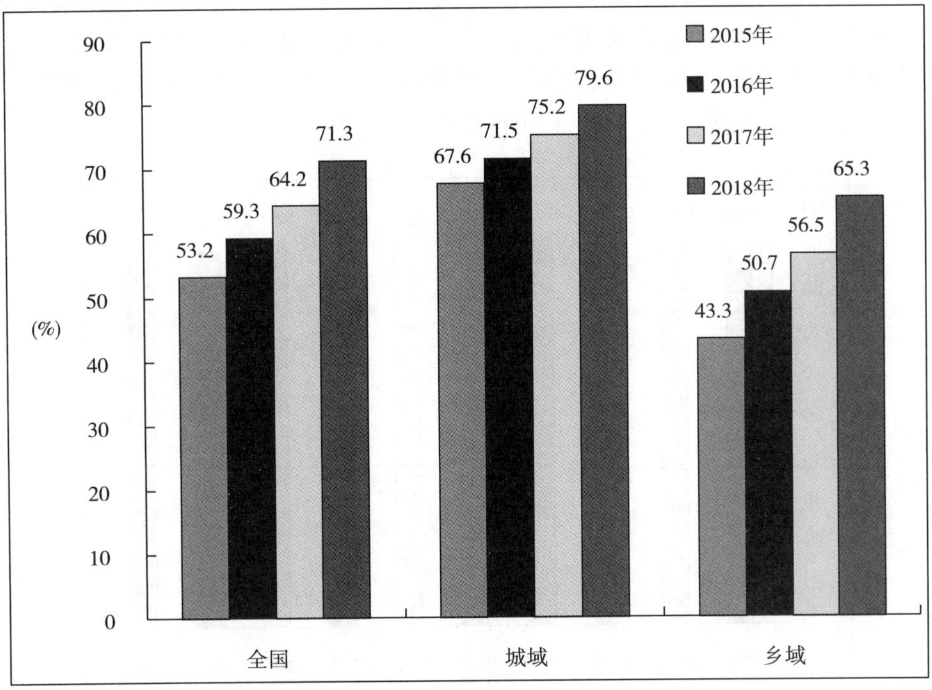

数据来源：CSM 媒介研究历年全国收视调查网基础研究

图 1.1.5　2015～2018 年全国城乡居民家庭可接收数字电视或 IPTV 的比例（%）

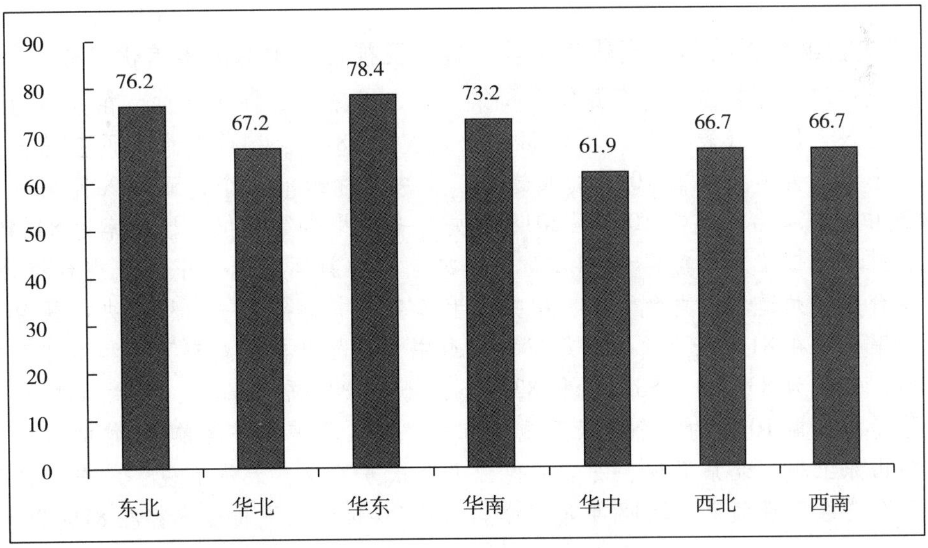

数据来源：CSM 媒介研究 2018 年全国收视调查网基础研究

图 1.1.6　2018 年全国各大行政区居民家庭可接收数字电视或 IPTV 的比例（%）

5. 92.0%的城市家庭和90.1%的农村家庭可收看到卫视节目

CSM媒介研究2018年全国收视调查网基础研究数据表明，2018年全国可接收卫视频道的电视家庭比例达90.9%，其中城市为92.0%，农村为90.1%。从不同地区来看，全国七大行政区之间能收看到卫星电视节目的电视家庭比例有一定的差异，但相差不大，最高的华南地区高达97.1%，最低的西南地区86.3%，华东地区为88.5%，其他地区该比例在90%~95%之间不等（图1.1.7）。

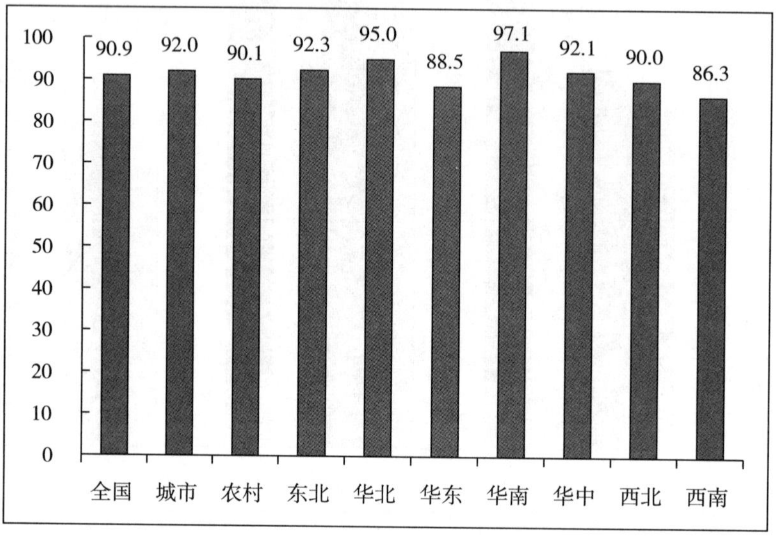

数据来源：CSM媒介研究2018年全国收视调查网基础研究

图1.1.7 2018年全国及分城乡、分地区居民家庭可收到卫视频道的比例（%）

6. 中央台继续保持其全国覆盖优势，省级卫视在本地区的覆盖优势较大①

中央台频道依靠其强大的资源优势和作为国家级频道的特殊地位，在全国的覆盖率仍然保持了很大优势（表1.1.6）。CSM媒介研究2018年全国收视调查网基础研究数据显示，在全国覆盖率排名前10位的频道中，中央台频道有7个，而进入覆盖率排名前20的频道中，中央台频道有10个。2018中央台七套排名第一位，覆盖率达84.4%，中央台二套排名第二位，覆盖率为84.2%；中央电视台新闻频道、中央电视台综合频道、中央电视台少儿频道、中央台十套、中央台十二套、中央台十一套和中央电视台音乐频道的覆盖率也都在81%以上。在省级卫视频道中，江苏卫视、湖南卫视和浙江卫视的覆盖率最高，分别为83.7%、83.7%和83.5%，排名分别居于第六、第六（并列）和第九位。除了排名前10位的3个省级卫视频道外，进入覆盖率排名前20位的省级卫视频道还包括山东卫视、北京卫视、安徽卫视、上海东方卫视、天津卫视、广东卫视和江西卫视这7个省级卫视频道。2018年覆盖率排名前20位的频道覆盖率都在81%以上。

① 本小节中频道覆盖率为标清频道和高清频道合并的直播电视频道覆盖率。频道覆盖率与往年相比有所下降，主要原因是移动IPTV、智能电视机或OTT盒子等直接接入互联网，使得居民家庭收不到直播电视频道所致。

表 1.1.6 2018 年全国卫视频道覆盖率排名前二十位

排名	频道	覆盖率（%）	排名	频道	覆盖率（%）
1	中央台七套	84.4	11	山东卫视	83.2
2	中央台二套	84.2	12	北京卫视	83.0
3	中央电视台新闻频道	83.9	12	安徽卫视	83.0
3	中央电视台综合频道	83.9	14	上海东方卫视	82.7
3	中央电视台少儿频道	83.9	15	中央台十一套	82.6
6	中央台十套	83.7	16	中央台四套	82.4
6	江苏卫视	83.7	17	天津卫视	82.2
6	湖南卫视	83.7	17	广东卫视	82.2
9	中央台十二套	83.5	19	江西卫视	81.9
9	浙江卫视	83.5	20	中央电视台音乐频道	81.6

数据来源：CSM 媒介研究 2018 年全国收视调查网基础研究

在城市地区，覆盖率排名前10位的频道中，中央台频道有5个，包括中央电视台综合频道、中央台七套、中央台二套、中央电视台新闻频道和中央电视台少儿频道，其中，中央电视台综合频道排第一位，覆盖率达86.8%；另外中央台十套、中央台十二套、中央台四套和中央台十一套也进入了覆盖率排名前20位之列（表1.1.7）。在城市地区，2018年有10个省级卫视频道进入覆盖率排名前20位之列，其中江苏、浙江、湖南、山东和北京这5个省级卫视频道在城市地区排名靠前，位居覆盖率排名表的第二、第六（并列）、第八、第九和第十位。另外，安徽卫视、上海东方卫视、广东卫视、天津卫视、江西卫视和深圳卫视也进入了覆盖排名前20位之列，分别排在第十一到二十位之间。

表 1.1.7 2018 年城市地区卫视频道覆盖率排名前二十位

排名	频道	覆盖率（%）	排名	频道	覆盖率（%）
1	中央电视台综合频道	86.8	11	安徽卫视	84.6
2	江苏卫视	85.3	12	中央台十套	84.5
2	中央台七套	85.3	13	上海东方卫视	84.4
4	中央台二套	85.2	14	中央台十二套	84.3
4	中央电视台新闻频道	85.2	14	广东卫视	84.3
6	中央电视台少儿频道	85.1	16	中央台四套	84.2
6	浙江卫视	85.1	17	天津卫视	84.1
8	湖南卫视	85.0	18	中央台十一套	83.9
9	山东卫视	84.9	19	江西卫视	83.3
10	北京卫视	84.8	20	深圳卫视（新闻综合频道）	83.2

数据来源：CSM 媒介研究 2018 年全国收视调查网基础研究

2018年卫视频道在农村地区的覆盖率整体上要比在城市地区稍低。从排名前20位的频道来看，在农村地区，2018年排名最后一位频道的覆盖率为80.6%，低于城市地区的83.2%。中央台频道的覆盖在农村地区同样有着绝对的强势地位，在覆盖率排名前20位的频道中，中央台频道有10个；在覆盖率排名前10位的频道中，中央台频道也有6个；其中中央台七套、中央台二套和中央台十套位列前三甲。农村地区进入覆盖率排名前20位的省级卫视频道也有10个，其中湖南卫视、江苏卫视、浙江卫视和山东卫视在农村地区的覆盖率进入前10位之列，安徽卫视、北京卫视、上海东方卫视、天津卫视、江西卫视和广东卫视也进入了排名的前20位之列（表1.1.8）。

表1.1.8　2018年农村地区卫视频道覆盖率排名前二十位

排名	频道	覆盖率（%）	排名	频道	覆盖率（%）
1	中央台七套	83.8	10	安徽卫视	81.9
2	中央台二套	83.5	12	中央电视台综合频道	81.8
3	中央台十套	83.2	13	北京卫视	81.7
4	中央电视台新闻频道	83.0	14	中央台十一套	81.6
4	中央台十二套	83.0	15	上海东方卫视	81.5
6	中央电视台少儿频道	82.9	16	中央台四套	81.1
7	湖南卫视	82.7	17	天津卫视	80.9
8	江苏卫视	82.5	18	江西卫视	80.8
9	浙江卫视	82.4	19	广东卫视	80.7
10	山东卫视	81.9	20	中央电视台音乐频道	80.6

数据来源：CSM媒介研究2018年全国收视调查网基础研究

表1.1.9　2018年东北地区卫视频道覆盖率排名前二十位

排名	频道	覆盖率（%）	排名	频道	覆盖率（%）
1	中央电视台综合频道	86.9	7	黑龙江卫视	85.7
2	中央电视台少儿频道	86.2	12	中央台十一套	85.6
2	中央台二套	86.2	12	浙江卫视	85.6
4	中央台七套	86.1	12	上海东方卫视	85.6
5	中央电视台新闻频道	86.0	12	安徽卫视	85.6
6	辽宁卫视	85.8	16	中央台四套	85.5
7	中央台十套	85.7	17	北京卫视	85.3
7	天津卫视	85.7	18	中央台十二套	85.2
7	江苏卫视	85.7	19	湖南卫视	85.0
7	山东卫视	85.7	20	四川卫视	84.6

数据来源：CSM媒介研究2018年全国收视调查网基础研究

表 1.1.10 2018 年华北地区卫视频道覆盖率排名前二十位

排名	频道	覆盖率（%）	排名	频道	覆盖率（%）
1	湖南卫视	90.7	11	中央台十套	89.8
2	江苏卫视	90.5	12	上海东方卫视	89.7
3	浙江卫视	90.4	13	中央台十二套	89.6
3	山东卫视	90.4	13	辽宁卫视	89.6
3	中央台二套	90.4	15	中央台四套	89.5
6	天津卫视	90.2	16	中央台七套	89.3
6	安徽卫视	90.2	16	中央电视台少儿频道	89.3
8	中央电视台新闻频道	90.1	18	中央台十一套	88.9
8	北京卫视	90.1	19	四川卫视	88.8
10	江西卫视	90.0	19	河南广播电视台卫星频道（一套）	88.8

数据来源：CSM 媒介研究 2018 年全国收视调查网基础研究

表 1.1.11 2018 年华东地区卫视频道覆盖率排名前二十位

排名	频道	覆盖率（%）	排名	频道	覆盖率（%）
1	中央电视台综合频道	80.9	9	安徽卫视	79.3
2	中央台七套	80.4	12	浙江卫视	79.1
3	中央台二套	80.1	13	湖南卫视	79.0
4	江苏卫视	79.8	13	中央台十一套	79.0
4	中央电视台新闻频道	79.8	15	上海东方卫视	78.9
6	中央电视台少儿频道	79.7	16	北京卫视	78.8
6	中央台十套	79.7	17	天津卫视	78.0
8	中央台十二套	79.6	17	中央电视台音乐频道	78.0
9	中央台四套	79.3	19	广东卫视	77.7
9	山东卫视	79.3	20	江西卫视	77.0

数据来源：CSM 媒介研究 2018 年全国收视调查网基础研究

表 1.1.12 2018 年华南地区卫视频道覆盖率排名前二十位

排名	频道	覆盖率（%）	排名	频道	覆盖率（%）
1	中央电视台综合频道	93.8	10	上海东方卫视	90.4
2	广东卫视	93.1	10	中央台十二套	90.4
3	中央台七套	92.4	13	安徽卫视	90.3
4	中央电视台新闻频道	92.1	14	中央台十套	89.8
5	中央电视台少儿频道	91.9	15	深圳卫视（新闻综合频道）	89.5
5	中央台二套	91.9	16	江西卫视	89.3
5	浙江卫视	91.9	17	北京卫视	89.0
8	江苏卫视	91.7	18	中央台十一套	88.8
9	湖南卫视	91.6	19	中央电视台音乐频道	88.0
10	山东卫视	90.4	20	中央台四套	87.0

数据来源：CSM 媒介研究 2018 年全国收视调查网基础研究

表 1.1.13　2018 年华中地区卫视频道覆盖率排名前二十位

排名	频道	覆盖率（%）	排名	频道	覆盖率（%）
1	中央台七套	84.2	11	中央电视台音乐频道	82.7
1	中央台二套	84.2	12	中央台四套	82.6
3	湖南卫视	84.0	13	天津卫视	82.5
3	中央台十套	84.0	14	江苏卫视	82.3
3	中央台十二套	84.0	15	江西卫视	81.9
6	中央电视台少儿频道	83.9	16	四川卫视	81.7
7	中央电视台新闻频道	83.8	17	贵州卫视	81.6
8	中央台十一套	83.5	18	安徽卫视	81.5
9	浙江卫视	83.1	19	中央电视台综合频道	81.1
10	北京卫视	82.9	19	山东卫视	81.1

数据来源：CSM 媒介研究 2018 年全国收视调查网基础研究

表 1.1.14　2018 年西北地区卫视频道覆盖率排名前二十位

排名	频道	覆盖率（%）	排名	频道	覆盖率（%）
1	中央电视台综合频道	84.3	10	山东卫视	82.6
2	中央台七套	84.1	10	安徽卫视	82.6
3	中央台二套	84.0	13	江苏卫视	82.5
4	中央台十套	83.8	13	中央台四套	82.5
5	中央台十二套	83.4	15	浙江卫视	82.3
6	中央台十一套	83.0	15	重庆卫视	82.3
6	中央电视台少儿频道	83.0	17	辽宁卫视	82.2
8	中央电视台新闻频道	82.9	18	江西卫视	82.1
9	北京卫视	82.8	18	四川卫视	82.1
10	湖南卫视	82.6	18	天津卫视	82.1

数据来源：CSM 媒介研究 2018 年全国收视调查网基础研究

表 1.1.15　2018 年西南地区卫视频道覆盖率排名前二十位

排名	频道	覆盖率（%）	排名	频道	覆盖率（%）
1	中央电视台综合频道	82.5	10	四川卫视	81.0
2	中央台七套	82.3	12	浙江卫视	80.9
3	中央台二套	81.5	13	北京卫视	80.6
3	中央台十套	81.5	13	天津卫视	80.6
5	中央电视台少儿频道	81.3	15	中央台十二套	80.5
6	山东卫视	81.2	16	辽宁卫视	80.3
7	中央电视台新闻频道	81.1	17	贵州卫视	80.2
7	湖南卫视	81.1	17	上海东方卫视	80.2
7	重庆卫视	81.1	17	湖北卫视	80.2
10	江苏卫视	81.0	20	江西卫视	80.1

数据来源：CSM 媒介研究 2018 年全国收视调查网基础研究

随着有线网络的普及以及数字电视的不断推广，频道竞争日益加剧，各卫视频道在不同地区的覆盖率明显不同。中央台频道在各个地区都表现出明显优势，但在不同地区，其优势还是呈现出不同程度的差异。CSM媒介研究2018年全国收视调查网基础研究数据表明，在各大行政区覆盖率排名前20位的频道中，中央台频道在华东地区有10个，在华中地区有10个，在华南地区有10个，在东北地区有9个，在西北地区有9个，在华北地区有8个，在西南地区也有7个。各省级卫视的覆盖率排名在不同地区差异很大，一般来说各省级卫视在本地区的覆盖排名优势较大。如在东北地区，辽宁卫视排在第六位，黑龙江卫视也排在第七位（并列）；天津卫视覆盖率在华北地区排名第六位，北京卫视排名第八位（并列）；江苏卫视、山东卫视、安徽卫视、浙江卫视、上海东方卫视和江西卫视在华东地区都进入了前20位之列，江苏卫视更是排名第四位；广东卫视在华南地区覆盖率排名第二位；湖南卫视在华中地区覆盖率排名第三位；重庆卫视在西南地区排名第七位，四川卫视也位列第十（并列），贵州卫视排名也进入了前20位之列。

二、电视观众特征

2018年，全国电视观众规模为12.81亿人，近十年来再次下滑；电视观众性别构成继续保持稳定，与人口性别构成趋同；城乡观众年龄构成各具特色，但都以中青年为主体；中低学历人群一如既往，仍是主体观众群，城市观众受教育程度明显高于乡村观众；城乡观众职业构成同中有异；城乡观众个人月收入水平差异较大。

1. 全国电视观众规模为12.81亿，近十年来再次缩小

继2008年国家提前实现中央广播电视节目“十一五”乡村无线覆盖目标后，国家又推出“家电下乡、以旧换新”等政策，并大力推进数字电视转换。在多项政策的共同推动下，全国电视观众规模多年呈增长态势，在2013年首次出现小幅下滑后，2014年至2017年又呈现上涨态势。但由于受到新媒体的冲击，加上受众媒介使用习惯的变化，以及受众使用的媒介工具的翻天覆地的变化，电视观众规模在2018年再次缩小。CSM媒介研究全国测量仪收视调查网2018年基础研究数据显示，2018年中国内地年龄在4岁及以上的电视观众规模为12.81亿人，占全国4岁及以上人口的96.54%。与2017年相比，2018年中国电视观众规模减少了573万人，降幅为0.5%。这是近十年来全国电视观众规模再次缩小。

2. 电视观众性别结构依然保持稳定，与人口性别构成趋同

CSM媒介研究2018年全国测量仪收视调查网电视观众数据显示，男性观众比例为51.0%，女性观众比例为49.0%，与2017年CSM媒介研究的调查数据趋同，说明目前我国电视观众的性别结构基本保持稳定。同时，这一性别结构也与中国内地人口的性别构成差异较小，《中国统计年鉴（2018）》[①] 数据显示，2017年全国男性人口占总人口的51.2%，女性人口占总人口的48.8%。城乡电视观众的性别构成与全国整体观众的性别

① http：//www.stats.gov.cn/tjsj/ndsj/2018/indexch.htm.

构成也基本保持一致，在城市观众中，男性群体所占比例为51.1%，女性群体所占比例为48.9%；在乡村，男女观众所占比例分别为50.9%和49.1%（图1.2.1）。

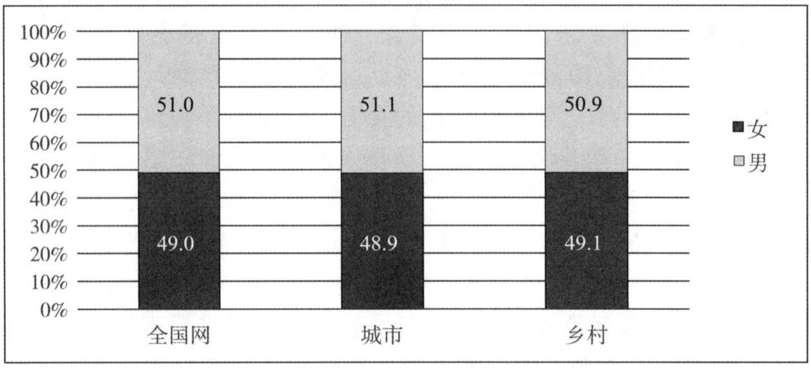

数据来源：CSM媒介研究

图1.2.1　2018年全国测量仪收视调查网及分城乡电视观众的性别构成（%）

3. 中青年为主体观众群，城乡观众年龄构成各具特色

2018年全国电视观众年龄构成显示，35～44岁和15～24岁这两个群体在所有电视观众中所占比例居前两位，分别为19.0%和17.8%，二者之和占据了超过三分之一的比例；25～34岁和45～54岁观众群所占比例居第三和第四位，分别为15.7%和14.5%，二者相加占据了超过30%的比例；4～14岁、55～64岁和65岁及以上观众群所占比例相对较小，依次分别为12.6%、11.0%和9.4%。比较城乡观众的年龄构成可以看出，乡村观众中，4～14岁少年观众和55岁及以上中老年观众所占比例均高于城市同年龄段观众所占比例，15～54岁观众比例则低于城市同年龄段观众。总体而言，乡村观众年龄构成呈现出两头大、中间小的特征，而城市观众年龄构成则恰好相反，呈现出中间大、两头小的特征。无论是在城市还是在农村，中青年群体均是观众的主体受众群体（图1.2.2）。

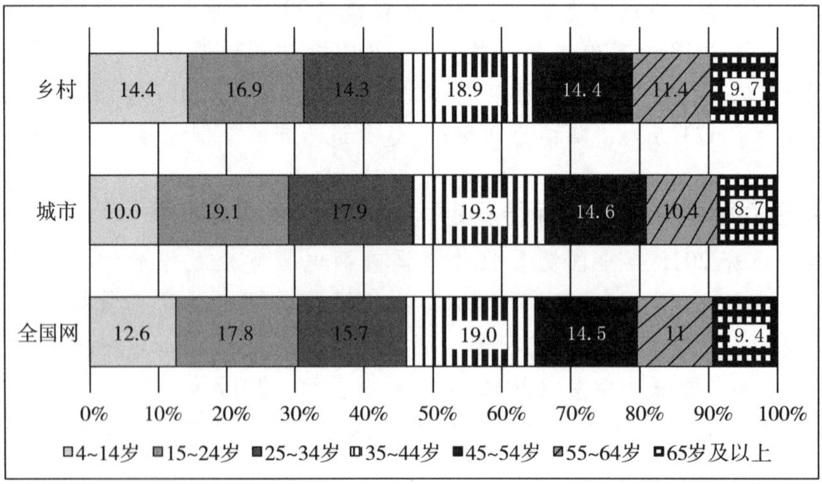

数据来源：CSM媒介研究

图1.2.2　2018年全国测量仪收视调查网及分城乡电视观众的年龄构成（%）

4. 中低学历人群是主体观众群体，城市观众文化程度明显高于乡村观众

全国电视观众的文化程度构成显示，中低学历观众占据绝对优势。占比位居前三的分别是初中、小学和高中文化程度观众，所占比例分别为34.0%、23.5%和20.6%，其中初中文化程度的观众占据了超过三分之一的比例，以绝对优势位居榜首，排在第四位的是大学及以上文化程度的观众，所占比例为14.1%。排在最后一位的是未受过正规教育的观众群，所占比例为7.8%。整体而言，我国电视主体观众群的学历普遍不高是不争的事实。城乡观众的文化程度构成也具有各自鲜明的特点，城市观众的文化程度明显高于乡村观众。具体来看，城市观众中高中及以上文化程度的观众比例高达50.6%，占据过半的比例，而乡村观众中该比例则仅为24.7%，不及城市观众此类人群比例的一半；城市观众中小学及以下文化程度观众所占比例为21.0%，在乡村观众中该群体所占比例则高达37.8%，超过三分之一的比例（图1.2.3）。

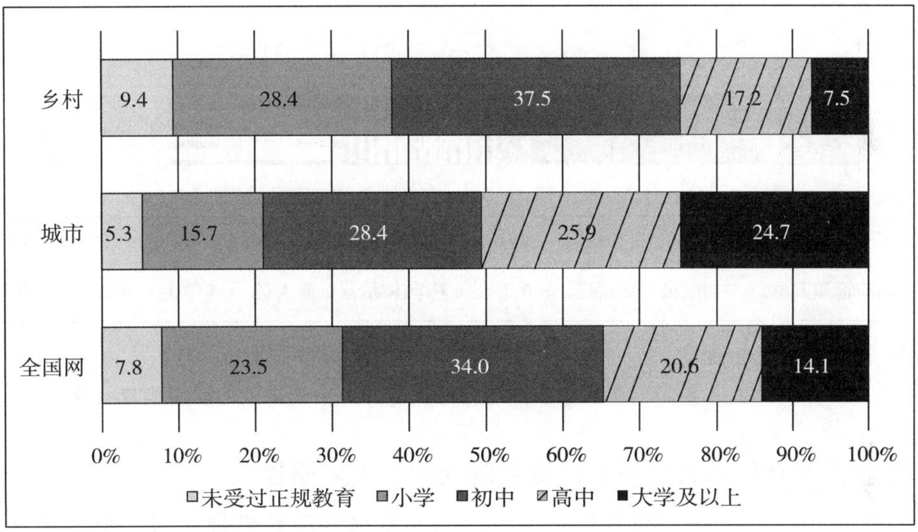

数据来源：CSM媒介研究

图1.2.3　2018年全国测量仪收视调查网及分城乡电视观众的文化程度构成（%）

5. 无业群体（包括离退休人员）占据较大比例，城乡观众职业构成同中有异

2018年全国观众职业构成显示，无业群体（包括离退休人员）在电视观众中占据了较大比例，为20.5%，居首位；位列第三的是学生，所占比例为18.2%；排在第四位的个体/私营企业人员，占16.0%的比例；然后依次为初级公务员/雇员、工人和干部/管理人员，所占比例分别为12.4%、12.4%和1.6%。全国测量仪收视调查网中包括了对乡村的调查，农民/渔民/牧民等包含在其他类中，因此该群体占到了全国电视观众18.9%的比例，位列次席。分城乡来看，电视观众职业构成同中有异，相同之处在于：无论是在城市还是在乡村，无业群体（包括离退休人员）均在电视观众中占据了较大的比例，在城市中该比例达到24.5%，在所有职业类别中占比最大；在乡村观众中该类人

群所占比例也达到18.0%。城乡观众职业构成最大的差别在于：乡村拥有较高比例的农民群体，因此职业类别为“其他”的观众所占比例高达26.7%，位居榜首，远高于城市中该类别观众所占比例；城市观众中则是初级公务员/雇员和干部/管理人员所占比例远高于乡村同类别人群所占的比例（图1.2.4）。

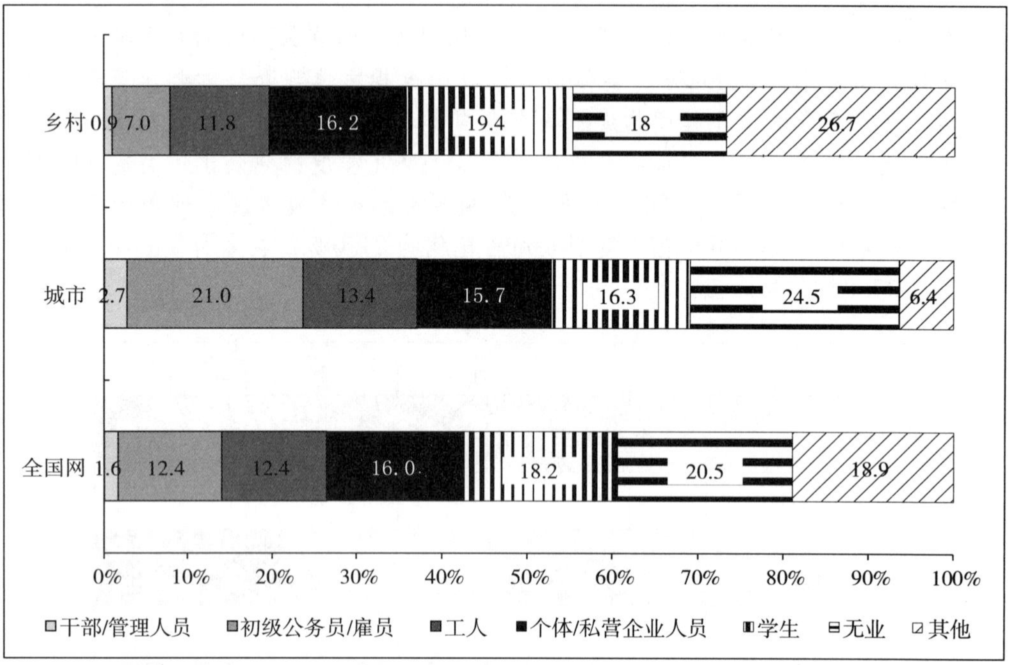

数据来源：CSM媒介研究

图1.2.4 2018年全国测量仪收视调查网及分城乡电视观众的职业构成（%）

6. 低收入观众所占比例较大，城乡观众收入差异明显

2018年全国观众个人月收入构成显示，低收入观众所占比例较大，城乡观众收入差异明显。城市观众中，中高收入人群所占比例明显高于乡村中该类人群所占的比例，乡村中低收入人群所占比例更大。个人月收入0～300元的低收入群体所占比例最大，在全国为35.7%，在城市为29.3%，在乡村则高达39.6%。在城市观众中，个人月收入2601元及以上的中高收入人群所占比例为49.9%，接近五成；而在乡村观众中，该比例则仅为26.8%，较城市中该收入人群所占比例少23.1个百分点（图1.2.5）。

三、观众收视行为

2018年全国电视观众人均收视时长低于2017年，继续下滑，不同目标人群中除65岁及以上老年人群人均收视时长较2017年略有回升外，其余人群均有不同程度的下跌。收视水平虽然在春节期间有短时回升，但持续时间短，回升幅度小，对全年收视大盘并没有实质性的影响。

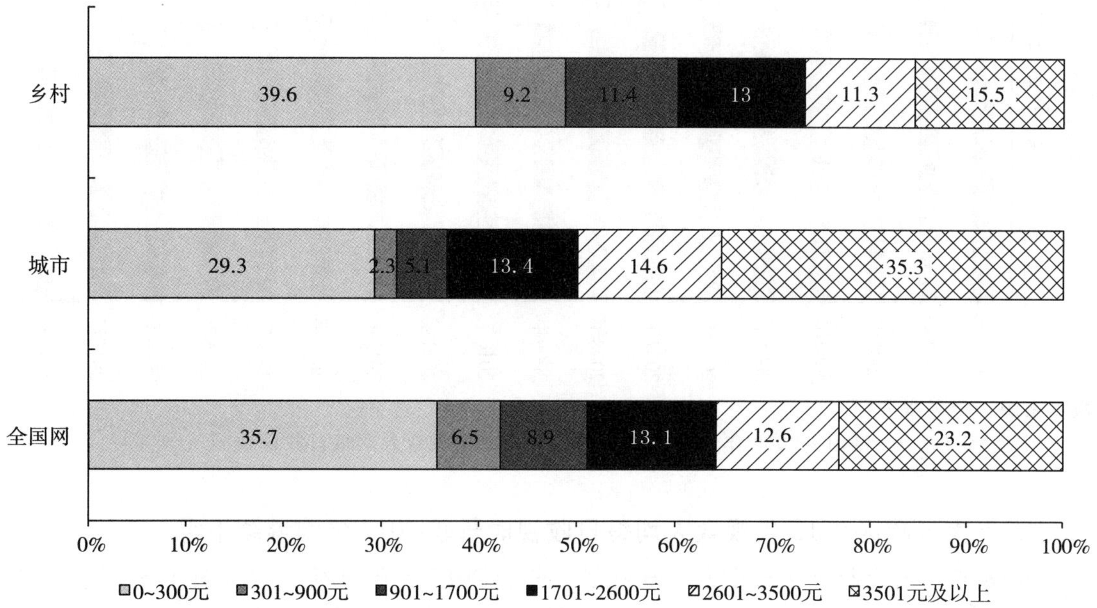

数据来源：CSM 媒介研究

图 1.2.5　2018 年全国测量仪收视调查网及分城乡电视观众的个人月收入构成（%）

（一）人均收视时间

1. 2018 年全国电视观众人均每日收视时间继续下滑，为 129 分钟

2001 年以来，我国电视观众人均每日收视时长呈波动下行的发展态势。2005 年和 2006 年，得益于各级电视台在新闻和综艺等节目形态上的大力创新和集中发力，以及世界杯等特殊事件的推动，观众人均收视时间曾一度回升；到 2007 年，由于观众对选秀和民生新闻等新节目形态产生“审美疲劳”，以及缺乏特殊重大事件的支撑，观众人均收视时长出现下滑现象；2008 年和 2009 年，由于北京奥运会、新中国建国六十周年大庆等一系列重大事件的发生，观众的注意力被重新拉回电视，人均每日收视时长又略有回升；从 2010 年开始，全国电视观众人均每日收视时长基本呈现逐年下滑的态势，虽有 2012 年的短暂回升，但仍难掩其发展“颓势”。尤其是近几年，新媒体、新技术和移动互联网进一步发展，各类视频网站和短视频 APP 日益兴盛，受众对媒体的接触方式发生了较大变化，碎片化、个性化、随时随地收看的行为正在慢慢地蚕食人们收看传统电视的时间。2013 年以来，人均每日收视时长持续下滑，2018 年人均每日收视时长为 129 分钟，为历年来最低，较 2017 年下降了 10 分钟（图 1.3.1）。

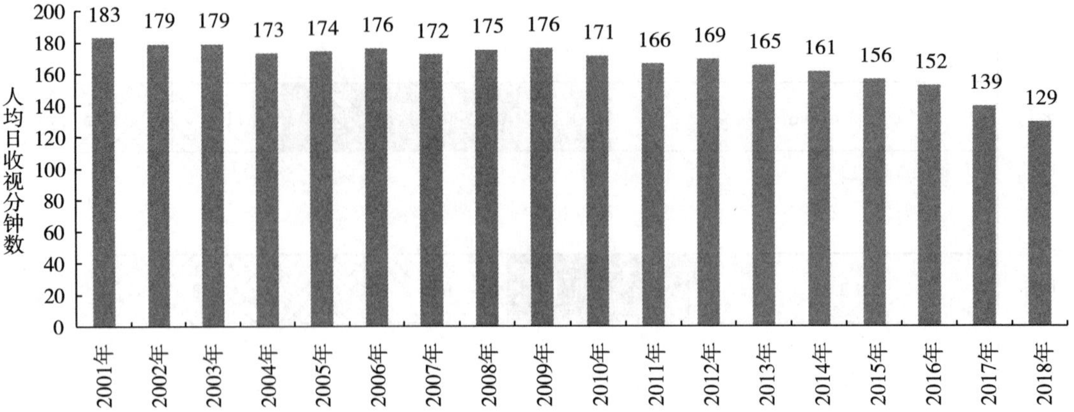

数据来源：CSM 媒介研究

图 1.3.1　2001～2018 年全国样本市（县）① 电视观众人均每日收视时间（分钟）

2. 七大行政区 2018 年观众人均每日收视时长较 2017 年均继续下滑

2018 年，七大行政区观众人均日收视时长较 2017 年均继续下滑（表 1.3.1）。华中地区观众人均每日收视时长下降最多，从 2017 年的 132 分钟降至 2018 年的 116 分钟，减少了 16 分钟；其次为华北、华东和西南地区，减少的时长均超过 10 分钟；西北和东北地区紧随其后，分别减少了 9 分钟和 8 分钟；2018 年七大行政区中人均每日收视时长较 2017 年减少得最少的是华南地区，减少了 4 分钟。

表 1.3.1　2001～2018 年全国七大行政区电视观众人均每日收视时间（分钟）

地区	2001 年	2005 年	2010 年	2011 年	2012 年	2013 年	2014 年	2015 年	2016 年	2017 年	2018 年
东北	189	193	191	185	190	184	181	179	173	155	147
华北	200	195	196	196	198	193	188	176	170	160	147
西北	193	185	180	168	172	169	165	157	154	142	133
西南	181	179	169	166	174	170	173	174	179	163	153
华东	177	164	168	162	162	157	151	145	139	128	116
华南	184	169	152	148	149	146	138	136	133	122	118
华中	169	157	166	164	166	164	163	161	153	132	116

数据来源：CSM 媒介研究

从各大行政区人均收视时间较全国平均水平的差异来看，目前华北和东北地区仍然是电视收视水平较高的区域，高出平均水平的幅度均在 10% 以上，这在很大程度上与上述地区冬季时间较长、气温较低、人们的室内生活时间相对较长有关。同时延续 2015 年以来的新变化，西南地区人均收视时长也高于平均水平 10% 以上。相比较而言，在气温相对较高、经济相对发达、人们业余生活相对丰富的华南、华东和华中地区，观众的人均每日收视时间明显较短，均低于全国平均水平（图 1.3.2）。

① 注：2009 年以前的数据包含有样本城市和样本县，从 2009 年起全部为样本城市。

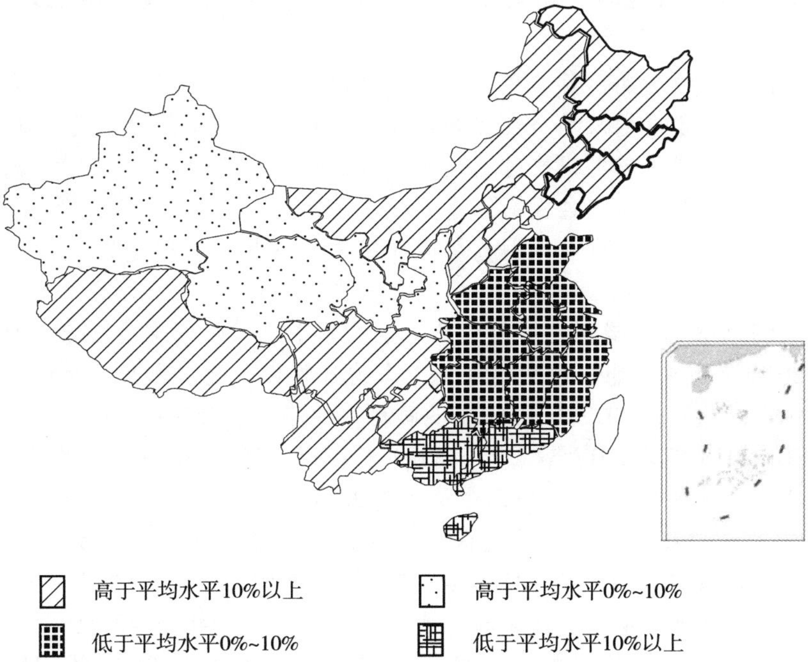

数据来源：CSM 媒介研究

注：本图仅为说明全国电视观众人均收视时间分布的示意图，并未显示完整、准确的地理意义上的全国疆域。

图 1.3.2　2018 年电视观众人均每日收视时间的区域差异

3. 人均日收视时长女性观众多于男性观众，但两者较 2017 年均有不同程度的下滑

2018 年观众人均每日收视时长显示，女性观众人均每日收视时长为 132 分钟，男性观众为 127 分钟，比女性观众少 5 分钟（表 1.3.2）。同时我们可以看出，从 2001 年起的 18 年间，女性观众收看电视的时间长于男性观众是一个规律性现象。无论是女性观众还是男性观众，2018 年人均每日收视时长较 2017 年均有不同程度的下滑。随着新媒体、新技术的进一步发展以及各类视频网站和短视频 APP 的日益兴盛，个性化、碎片化的收视行为逐步形成，男女观众人均收视时长有可能还会进一步下降。

表 1.3.2　2001～2018 年全国样本市（县）男女观众平均每日收视时间（分钟）

年份 / 收视时间 / 性别	2001	2005	2010	2011	2012	2013	2014	2015	2016	2017	2018
男	182	172	167	162	164	161	157	153	149	136	127
女	183	177	176	171	173	170	165	160	156	142	132

数据来源：CSM 媒介研究

4. 老年观众人均收视时长略有回升，中青年观众游离于传统电视之外的趋势持续加剧

新媒体、新技术的发展，各类视频网站和短视频 APP 的兴盛正在或已经改变了受众的收视习惯，受众的收视越来越个性化和碎片化，对传统电视的关注度也越来越低，由此产生的结果就是收视传统电视的时长逐年下滑。从目前来看，老年人仍是传统电视的重度受众，中青年人群对传统电视的注意力则进一步偏离。随着智能手机的普及和越来越多的老年人学会了使用手机上网浏览新闻和观看视频等，这种趋势有向老年人逐步蔓延的态势。

2018 年，65 岁及以上老年人群的人均日收视时长为 275 分钟，相较 2017 年略有回升，但相比 2016 年仍有差距，也是唯一一个人均日收视时长出现回升的观众群体。其余人群的人均日收视时长较 2017 年均出现不同程度的下滑，55~64 岁人群的人均日收视时长继续下滑，2018 年较 2017 年减少了 11 分钟；45~54 岁和 35~44 岁人群 2018 年的人均日收视时长分别为 163 分钟和 95 分钟，较 2017 年人均日收视时长分别减少了 14 分钟和 13 分钟，成为收视缩水的“重灾区”；4~14 岁、25~34 岁和 15~24 岁年轻观众 2018 年的人均日收视时长分别为 105 分钟、77 分钟和 61 分钟，远低于中老年人群的人均日收视时长，并且也呈现出连续 4 年持续下滑的态势。其中 25~34 岁人群的人均日收视时长由 2015 年的 106 分钟下滑至 2018 年的 77 分钟，减少了 29 分钟；15~24 岁人群的人均日收视时长也从 2015 年的 86 分钟减少至 2018 年的 61 分钟，下降了 25 分钟，这两类人群的下滑幅度较大（图 1.3.3）。青少年人群是互联网和手机的“原住民”，对传统电视天然比较疏远。新媒体、新技术的发展使得智能手机基本普及，加上各类视频网站和短视频 APP 日益兴盛，越来越多的中老年人群也逐渐游离于传统电视之外，这从 35~64 岁人群的人均日收视时长节节走低可见一斑。

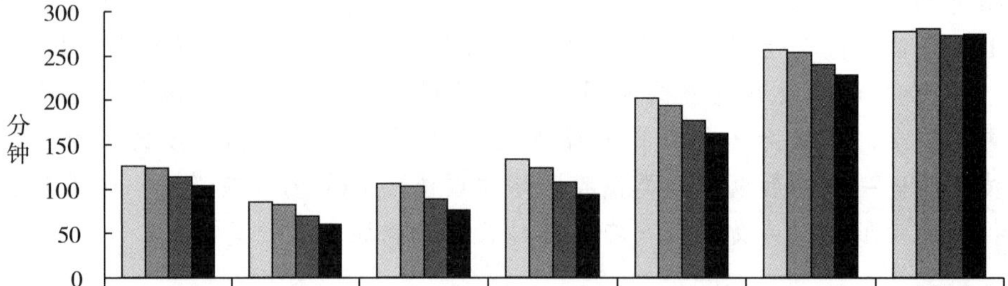

	4~14岁	15~24岁	25~34岁	35~44岁	45~54岁	55~64岁	65岁及以上
2015 年	126	86	106	134	202	257	278
2016 年	124	83	103	124	194	254	281
2017 年	114	70	89	108	177	240	273
2018 年	105	61	77	95	163	229	275

数据来源：CSM 媒介研究

图 1.3.3 2015~2018 年全国样本城市不同年龄段观众人均每日收视时间（分钟）

5. 不同受教育程度观众人均日收视时长均有下滑，中低学历观众人均收视时间较长

相对而言，中低学历人群仍然钟情于电视。2018 年，小学学历人群人均日收视时长为 163 分钟，较 2017 年减少了 7 分钟，但仍居各学历人群之首；初中学历人群人均日收视时长为 153 分钟，较 2017 年减少了 8 分钟，位列第二。二者的人均日收视时长远高于其他学历人群的收视时长。随后依次为未受过正规教育和高中学历人群，其 2018 年人均日收视时长分别为 134 分钟和 127 分钟，较 2017 年分别减少了 9 分钟和 10 分钟；大学及以上学历人群每天花费在看电视上的时间最少，为 91 分钟，较 2017 年减少了 12 分钟，减幅最大（图 1.3.4）。整体而言，沿袭近几年发展态势，2018 年不同受教育程度观众人均日收视时长较 2017 年均出现了不同程度的下滑，中低学历观众人均收视时间较长，初中及以上受教育程度的观众观看传统电视的时间与学历成反向变动关系：学历越高，看电视的时间越少。

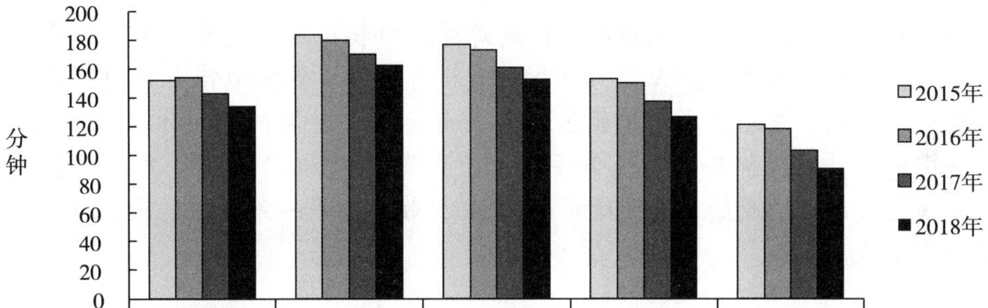

	未受过正规教育	小学	初中	高中	大学及以上
2015年	152	184	177	153	121
2016年	154	180	173	150	118
2017年	143	170	161	137	103
2018年	134	163	153	127	91

数据来源：CSM 媒介研究

图 1.3.4　2015～2018 年全国样本城市不同受教育程度观众人均每日收视时间（分钟）

（二）全年收视走势

1. 2018 年全年大多数时期收视水平较 2017 年下降，春节期间短时上升

新媒体、新技术的发展以及各类视频网站和短视频 APP 的兴盛，极大地改变了观众的收视习惯，观众对传统电视也日益疏离，表现在收视上就是 2018 年大多数时期收视水平较 2017 年有不同程度的下滑，虽然在春节期间有短时上升，但持续时间短、上升幅度小，不足以影响整个收视的大盘（图 1.3.5）。

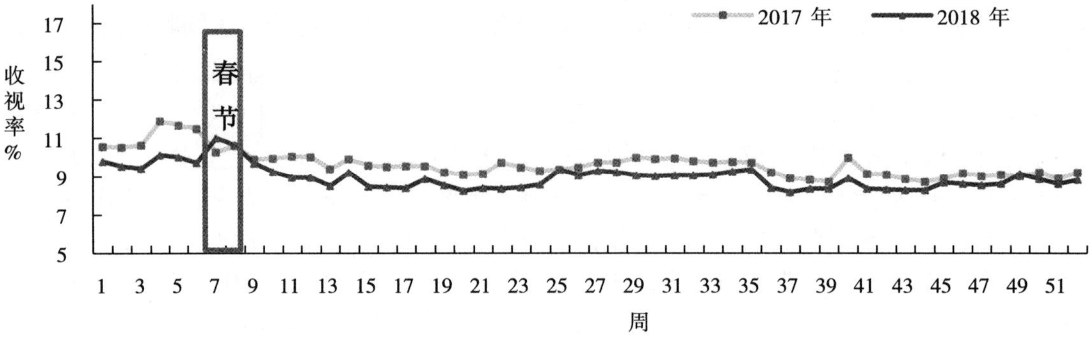

数据来源：CSM 媒介研究

图 1.3.5　2017 年和 2018 年全国样本城市观众全年分周收视走势

2. 北方收视水平明显高于南方，西南地区收视高歌猛进

中国幅员辽阔，南北气候差异明显，这对观众的收视习惯也有一定的影响。北方冬季时间较长，户外温度较低，人们的户外活动相对减少，更多地待在户内，看电视的概率也比较大。因此，东北、华北和西北地区在全年各个时期的收视水平普遍高于华东、华南和华中地区，这种优势更多地体现在“五一”之前和“十一”之后。值得注意的是，西南地区从 4 月底开始一直持续至 10 月底，收视水平一路高歌猛进，位居七大行政区之首（图 1.3.6）。

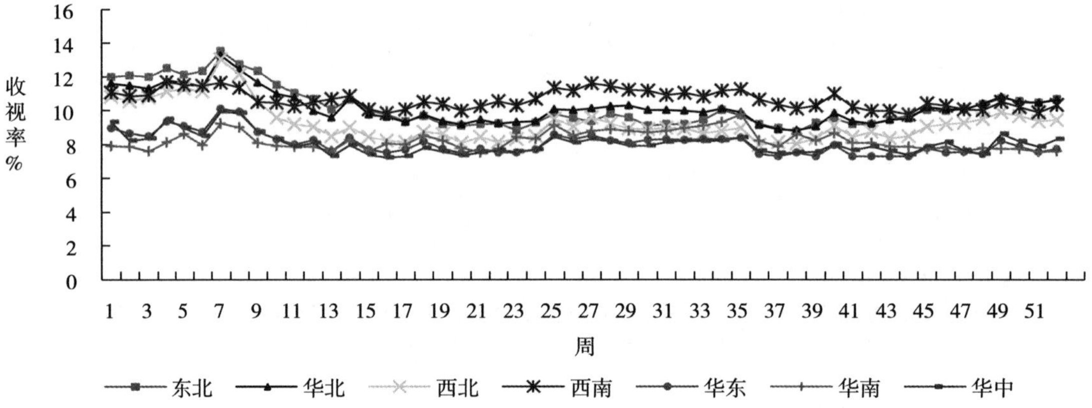

数据来源：CSM 媒介研究

图 1.3.6　2018 年全国七大行政区观众全年分周收视走势

3. 全年不同时期女性观众收视水平普遍高于男性观众

2018 年，男、女观众全年收视走势基本趋同。相比女性，男性观众对传统电视的关注度较低，女性观众全年不同时期的收视水平普遍高于男性观众（图 1.3.7）。

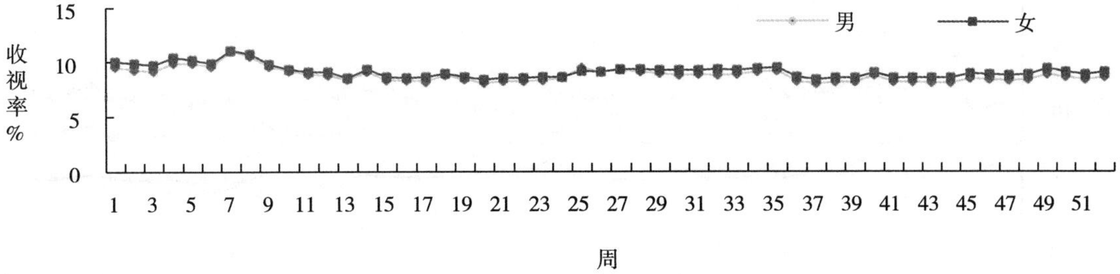

数据来源：CSM 媒介研究

图 1.3.7 2018 年全国样本城市男、女观众全年分周收视走势

4. 中老年观众全年收视较为平缓，青少年群体收视时期特征凸显

整体而言，45 岁及以上中老年人群全年各个时期的收视水平明显高于年轻观众，全年波动较小，走势较为平缓；35～44 岁和 25～34 岁人群的收视水平位居中游，且全年各时期也较为平稳；24 岁及以下青少年群体大多数时期的收视水平均相对较低，但时期特征较为凸显，逢寒暑假及“十一”黄金周期间，此类人群就会产生较为明显的收视高潮，该特征在 4～14 岁小观众群体中表现得尤为突出（图 1.3.8）

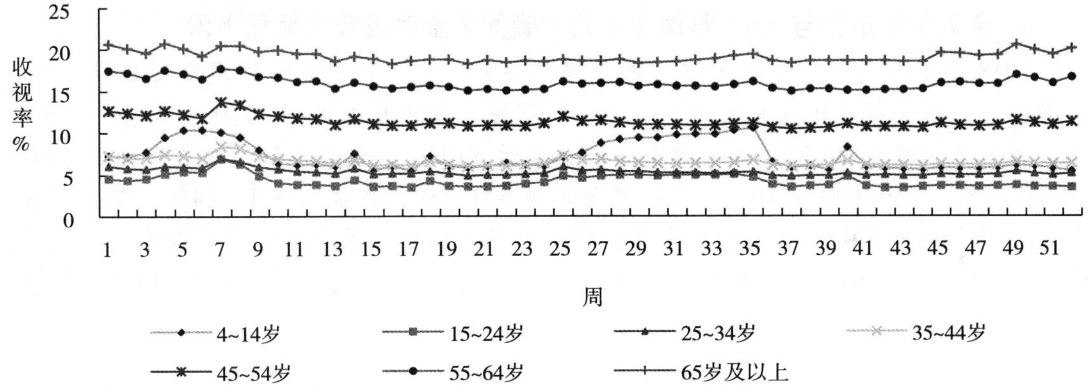

数据来源：CSM 媒介研究

图 1.3.8 2018 年全国样本城市不同年龄观众全年分周收视走势

5. 小学和初中文化程度观众全年收视水平较高，且时期收视高峰凸显

小学和初中文化程度观众全年收视优势突出，明显高于其他文化程度观众的收视水平。又因为有大批学生聚集在此类人群中，所以该类人群的收视表现呈现出明显的时期特征：寒暑假和“十一”黄金周期间的收视水平有明显提升，拥有专属于此类人群的相对明显的时期收视高峰；相对而言，高中和大学及以上文化程度的观众全年收视较为平缓，后者的收视水平偏低（图 1.3.9）。

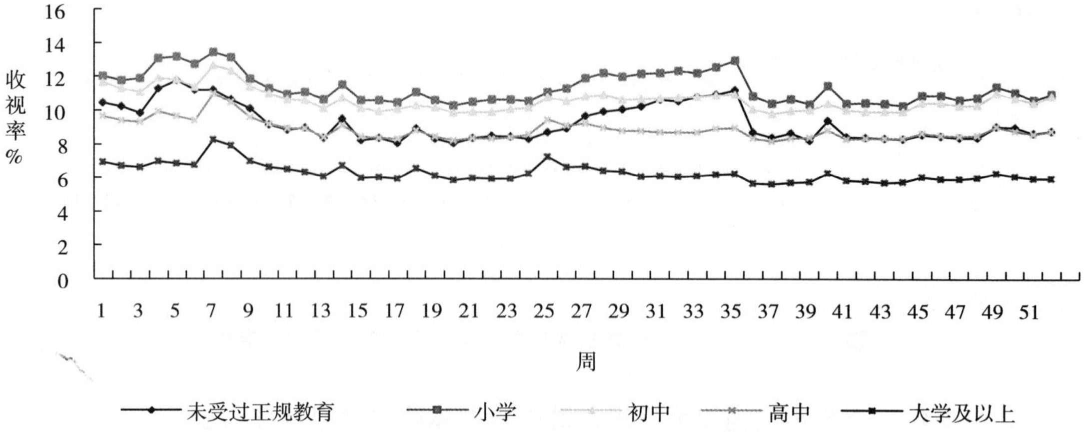

数据来源：CSM 媒介研究

图 1.3.9 2018 年全国样本城市不同受教育程度观众全年分周收视走势

(三) 全天收视走势

1. 全天收视走势与 2017 年保持一致，晚间黄金时段收视明显下滑

2018 年全天收视走势与 2017 年相比保持一致，全天收视走势呈现双高峰型，两个峰值分别分布在午间和晚间时段。全天收视高峰时段出现在晚间 19:00～22:00 黄金时段，最高峰出现在 20:30 左右，收视率峰值接近 30%；收视次高峰出现在午间 12:00～13:00 时段，收视率均在 10% 以上，峰值出现在 12:30，收视率为 11.44%。整体而言，2018 年全天收视走势与受众的工作和生活习惯基本相符，且维持了一直以来的稳定性。相较于 2017 年，2018 年整体收视水平进一步下滑，特别是晚间黄金时段的收视下滑明显（图 1.3.10）。

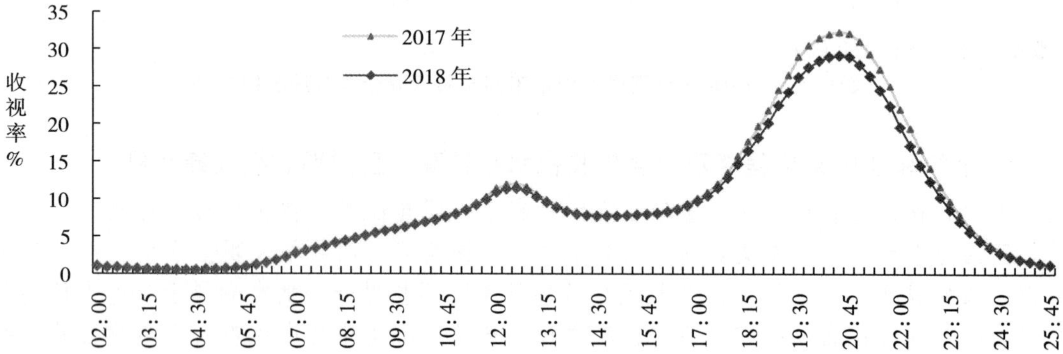

数据来源：CSM 媒介研究

图 1.3.10 2017 年、2018 年全国样本城市观众全天收视走势

2. 不同区域观众全天收视走势各具特色

中国地大物博，区域差异明显，长期以来不同区域的人群形成了各具特色的生活和作息习惯，表现在对传统电视的收视习惯上，也有明显的区域差异。不同地区全天收视走势显示，东北、华北和华东等地理位置偏东的区域，日出时间相对较早，故观众每天的收视行为开始得也早，东北地区在早间07:00左右就拥有了过7%的收视率，早早地拉开了收视的序幕。相应地，这些地区日落时间也较早，因此晚间收视高峰开始时段也早于其他地区，如东北地区每天从傍晚17:00左右开始就出现收视攀升的态势。相对而言，地理位置相对偏西的西北和西南地区晚间时段拥有相对较高的收视表现，西南地区晚间黄金时段的收视水平明显高于其他地区同时段的收视水平，西北地区则在深夜23:00之后时段创造了优于其他地区的收视表现；华中地区晚间收视黄金时段的收视水平明显低于其他地区同时段的收视水平（图1.3.11）。

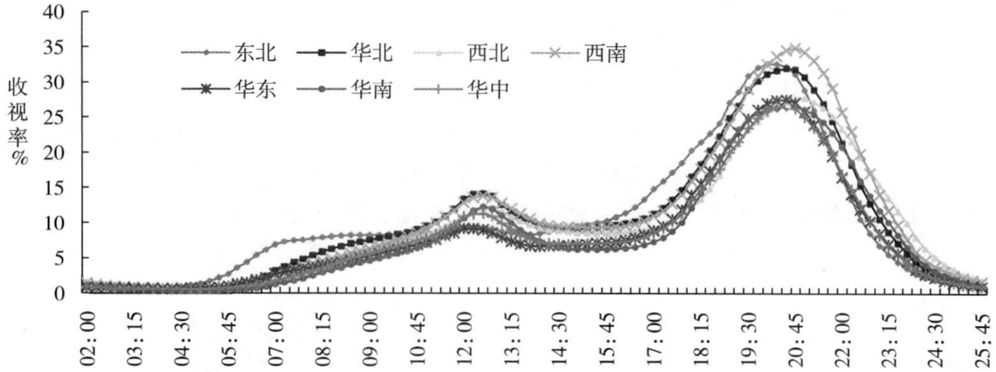

数据来源：CSM媒介研究

图1.3.11 2018年全国七大行政区观众全天收视走势

3. 女性观众整体收视水平高于男性，晚间黄金时段优势凸显

整体而言，男、女观众全天收视走势趋同。女性观众全天大部分时段收视水平明显高于男性，主要集中在09:00～22:30时段，其中在晚间19:30～21:45收视黄金时段，这种领先优势更是表现得酣畅淋漓。晚间黄金时段各频道以播出电视剧和各类综艺节目为主，由此可以看出，女性观众对于“煲剧”和收看综艺节目的热情远高于男性观众（图1.3.12）。

4. 不同年龄段观众收视表现各具特色，与其年龄契合

各年龄段观众全天收视走势基本趋同，表现出一定的共性，同时各年龄段观众收视走势又表现出与其自身年龄段相契合的特点。55岁及以上人群是收视的重度人群，很大程度上是因为他们有更多的闲暇时光且对时间的自由支配度相对更高，可以有更多的时间和精力花费在收看电视上，因此表现出来的就是该类人群全天的收视水平明显高于其他年龄段人群，其中65岁及以上老年人群在晚间黄金时段更是创下了超过57%的收视

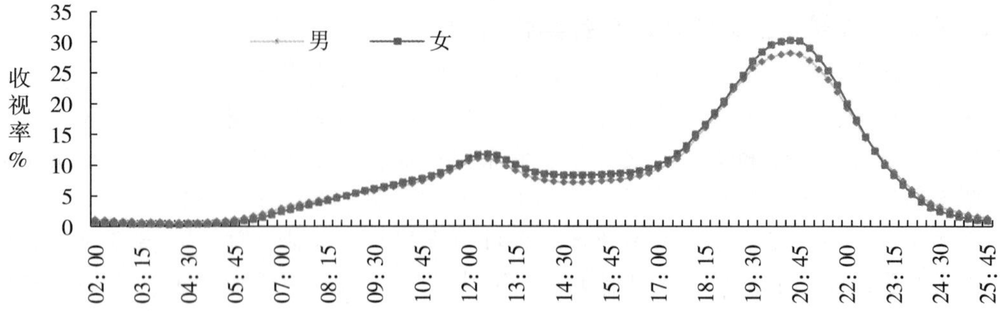

数据来源：CSM 媒介研究

图 1.3.12 2018 年全国样本城市不同性别观众全天收视走势

高峰，这是其他年龄段人群无法达到的高度。35～54 岁观众群属于在职人群，白天多在工作岗位，因此白天的收视水平相对较低，但到晚间仍然表现出较为突出的收视高峰。34 岁及以下的青少年和儿童观众受新媒体、新技术的吸引，有更大的概率使用其他介质如电脑、手机和 iPAD 等代替电视来达到观看视频、获得资讯等目的，同时该年龄段观众也受其自身身份或作息习惯的限制，没有更多的时间和精力按部就班地观看电视节目，因而收视水平偏低；尤其是晚间收视高峰时段的收视水平，与其他年龄段观众的差距更大，且收视高峰的下滑较其他年龄段人群也更为提前（图 1.3.13）。

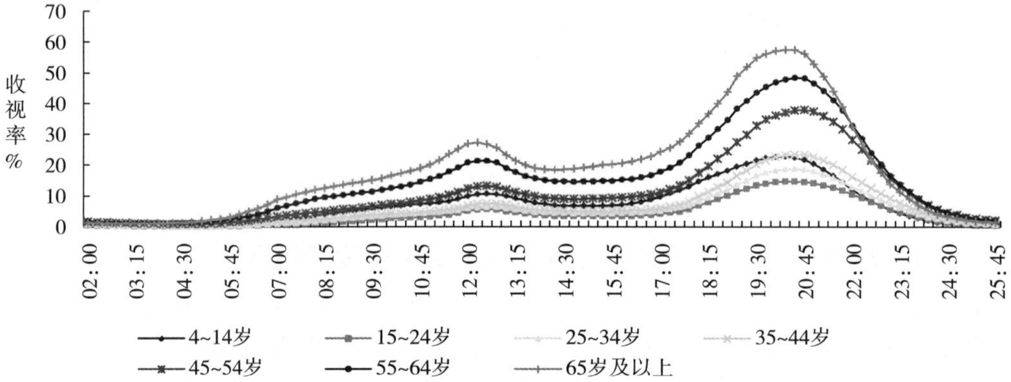

数据来源：CSM 媒介研究

图 1.3.13 2018 年全国样本城市不同年龄观众全天收视走势

5. 不同文化程度观众全天收视走势各具特色

一个人日常的所思所想与他的受教育程度有关联，由此形成的日常生活作息习惯也会有所不同，表现在对传统电视的收视上也会各具特色。小学和初中学历观众全天收视水平较高，拥有明显高于其他受教育程度观众的午间和晚间收视高峰；未受过正规教育的观众群晚间收视峰值低于小学和初中学历观众，但收视高峰却先于其他受教育程度的观众出现，基本在 20:00 左右就达到了全天的收视顶峰，相应地，其收视曲线的下滑也早于其他受教育程度的观众，基本从 21:00 左右就开始了。相较而言，高中和大学及以上学历人群的收视水平整体偏低，尤其是大学及以上学历人群，其晚间收视峰值远低于其他几类受教育程度人群，同时这两类人群在晚间的收视高峰时段也整体后延，且跨度较大，在23:00之后时段的收视水平高于低教育程度群体的收视水平（图1.3.14）。

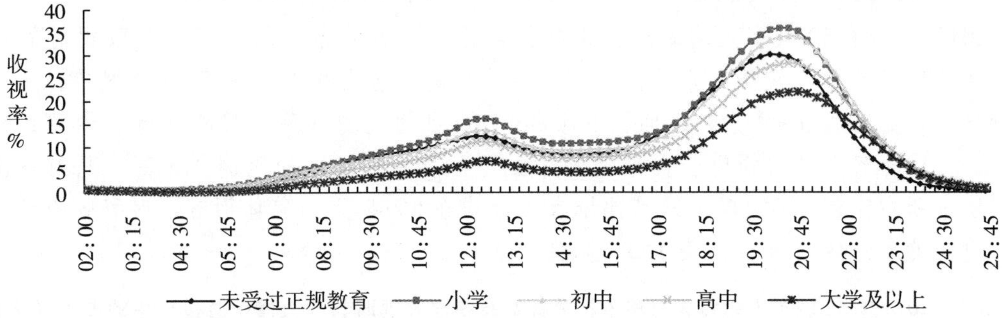

数据来源：CSM媒介研究

图1.3.14　2018年全国样本城市不同受教育程度观众全天收视走势

6. 周末大部分时段收视水平明显高于工作日

沿袭往年的特点，2018年观众周末白天的收视水平明显高于工作日，主要集中在早间07:30之后时段，尤以08:30～18:30时段表现最为明显，周末收视水平较工作日同时段收视水平均高出1个百分点以上（图1.3.15）。

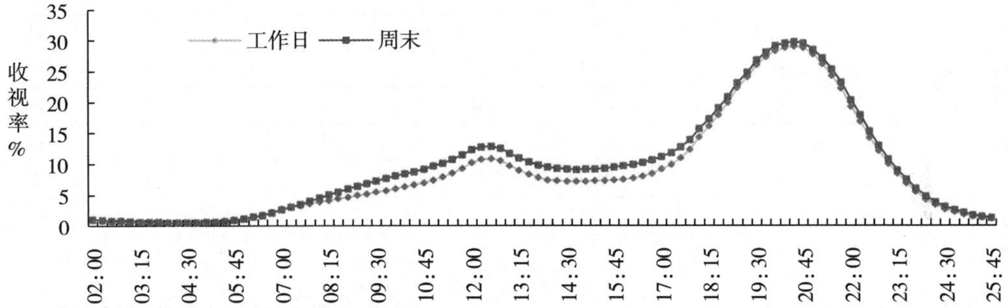

数据来源：CSM媒介研究

图1.3.15　2018年全国样本城市周末和工作日全天收视走势

（四）人均时移收视[①]时长

随着技术和媒介传播渠道的日益革新，观众的收视行为和收视习惯发生了翻天覆地的变化，点播和回看电视节目已不再是什么新鲜事。但就目前来看，观众人均每天时移收视时间并不长，在人均总收视时长（直播+时移）中占比也不大。由此可见，时移收

---

① 时移收视指观众通过有线双向互动机顶盒、IPTV，或者通过互联网电视机顶盒、智能电视，在节目固定播出时间之外回看、点播已经播出的电视节目的收视行为。本文所提及的时移收视指观众点播、回看电视频道7天内播出节目所发生的收视行为。

视还没有成为主流收视行为，但时移收视已成为直播收视的一个有益补充，不同目标观众的时移收视表现出各自的特点。

1. 人均每天时移收视时长不长，在人均总收视时长中占比不高

2018 年全国 52 城市人均时移收视分钟数显示，各城市人均每天时移收视时间并不长，最长的天津也仅有 9.3 分钟，乌鲁木齐、重庆、唐山和石家庄等 15 个城市，人均每天时移收视时长在 5 ~9 分钟之间，其余 36 个城市的人均每天时移收视时长均在 5 分钟以下。人均每天时移收视时长占总收视时长（直播 + 时移）的比例并不高，只有石家庄一个城市所占比例在 6% 以上，其他城市占比均在 6% 以下。整体而言，时移收视还没有成为观众的主流收视行为（表 1.3.3）。

表 1.3.3　2018 年 52 城市人均每天时移收视分钟数及在总收视时长（直播 + 时移）中的占比（%）

城市	人均每天时移收视分钟数	占比%	城市	人均每天时移收视分钟数	占比%
天津（城）	9.3	5.65	济南	3.4	2.33
乌鲁木齐	8.3	5.72	惠州	3.3	3.65
重庆	8.3	5.23	青岛	3.3	2.41
唐山	8.2	5.65	南宁	2.8	2.42
石家庄	7.3	6.51	武汉	2.7	2.50
西安	7.2	5.61	南昌	2.6	2.17
银川	7.1	5.90	宁波	2.5	2.75
兰州	7.1	5.31	呼和浩特	2.5	2.04
上海（新）	6.9	4.79	太原	2.5	1.99
北京（新）	6.7	4.33	温州	2.2	2.46
南京	6.5	5.79	大连	2.2	1.38
成都	6.3	4.04	湛江	2.1	2.09
韶关	5.7	4.44	宜昌	1.9	1.43
长沙	5.5	3.63	福州	1.8	1.73
徐州	5.3	4.81	三亚	1.7	1.94
昆明	5.3	3.63	济宁	1.7	1.35
杭州	4.7	4.27	沈阳	1.6	1.02
厦门	4.6	4.77	无锡	1.5	1.56
常德	4.4	3.91	长春	1.5	1.10
郑州	4.4	3.66	烟台	1.4	1.22
广州	4.4	3.36	哈尔滨	1.3	0.93
合肥	4	3.57	扬州	1.2	1.26
贵阳	3.8	2.04	赣州	0.9	0.88
九江	3.7	3.45	锦州	0.9	0.69
海口	3.6	2.79	西宁	0.7	0.55
深圳	3.4	3.39	拉萨	0.0	0.00
52 城市平均	5.0				

数据来源：CSM 媒介研究

2. 女性观众较男性观众花费更多时间用于时移收视，且占比更高

整体而言，女性观众较男性观众花费更多的时间用于点播和回看电视节目，人均每天时移收视时长为5.3分钟，占女性观众人均收视总时长的3.90%；而男性观众人均时移收视时长只有4.8分钟，在总收视时长中所占比例为3.66%，略低于女性观众（图1.3.16）。

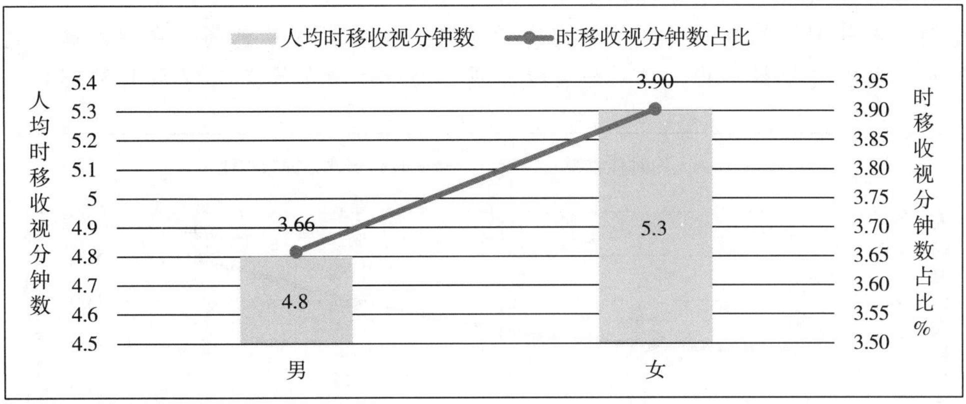

数据来源：CSM 媒介研究

图1.3.16　2018年52城市不同性别观众人均每天时移收视分钟数及占比（%）

3. 中老年观众时移收视时长较长，占比与年龄成反向变动关系

从各年龄段观众点播和回看电视节目的时间可以看出，45岁及以上中老年人群的人均每日时移收视时长较长，均在6分钟以上；4～14岁少年儿童观众的人均每天时移收视时长也有5分多钟，其他人群则相对较低。从在总收视时长中的占比来看，4～14岁少年儿童观众人均每天时移收视时长所占比例最大，占该类观众总收视时长的5%，而对新兴事物比较慢热的老年观众则仅把2.2%的总收视时长分配给了点播和回看。总体而言，观众分配给时移收视的占比与其年龄成反向变动关系，年龄越大，分配给时移收视的占比越低（图1.3.17）。

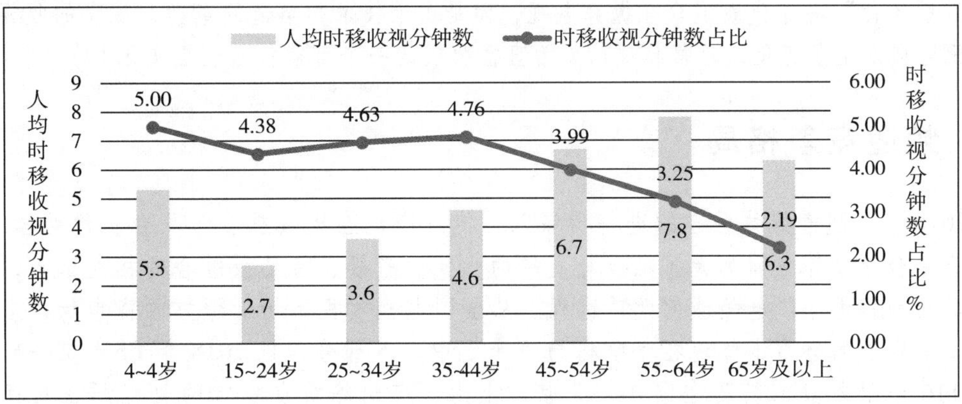

数据来源：CSM 媒介研究

图1.3.17　2018年52城市不同年龄观众人均每天时移收视分钟数及占比（%）

4. 中等学历观众时移收视时长较长，占比与观众受教育程度成正向变动关系

不同受教育程度观众每天分配给时移收视的时长显示，初、高中中等学历观众每天分配给点播和回看电视节目的时间相对较长，均在5分钟以上，小学学历观众每天通过点播和回看电视节目的时长也达到了5分钟，大学及以上学历观众为4.6分钟，未受过正规教育学历观众仅有3.8分钟。不同学历观众人均每天时移收视时长占各自总收视时长的比例则与他们所受教育程度成正向变动关系，受教育程度越高，占比越高。这可能与他们更容易接受新鲜事物，且对设备操作更容易上手有很大关系（图1.3.18）。

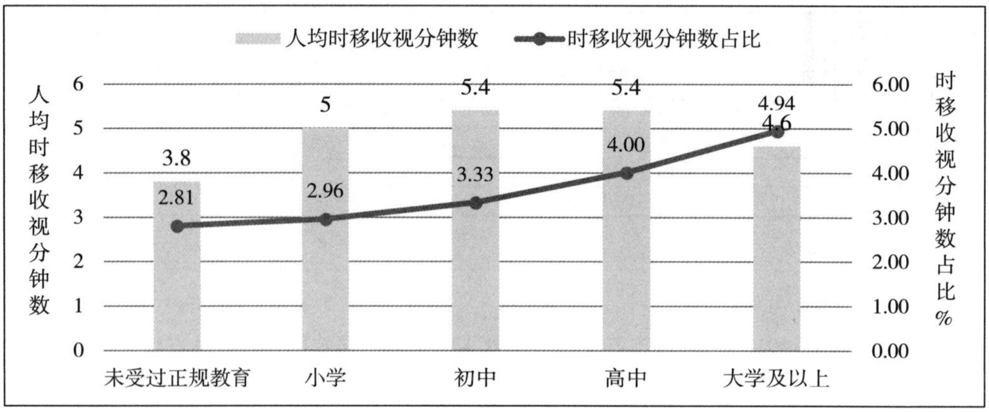

数据来源：CSM媒介研究

图1.3.18 2018年52城市不同受教育程度观众人均每天时移收视分钟数及占比（%）

5. 多数城市人均时移收视时长持续增长，时移收视成为直播收视的有益补充

从2016~2018年15城市收视数据的变化我们可以看出，几乎所有城市的人均直播收视时长均呈现持续下滑的态势，而人均每天时移收视时长则在成都、广州、杭州、济南、天津、长沙、重庆、乌鲁木齐、银川和郑州10个城市实现了连续3年的持续增长；特别是在成都、济南、天津、长沙、重庆和银川等地，增长尤为明显。这说明电视直播收视市场的“跌跌不休”并不代表观众在抛弃电视，而是由于技术和渠道的革新，观众的收视途径和收视习惯发生了变化，时移收视已成为直播收视的一个有益补充（图1.3.19）。

四、频道竞争格局

2018年，随着媒体融合的进一步深入，传统广电在大数据、云平台、移动客户端、信息化平台建设等方面加大了融合与发展的步伐。省级、市县级融合的相继试点，更是从基层层面推进了广电领域的改革进程。从全国电视收视市场到地方收视市场，上述种种改革与发展的努力也体现在竞争格局演变之中。本部分即以2018年CSM媒介研究在全国116个调查城市以及在浙江、北京、上海、广州等重点省市的收视调查数据为基础，探析不同层级电视收视市场中频道竞争格局的发展与变化。

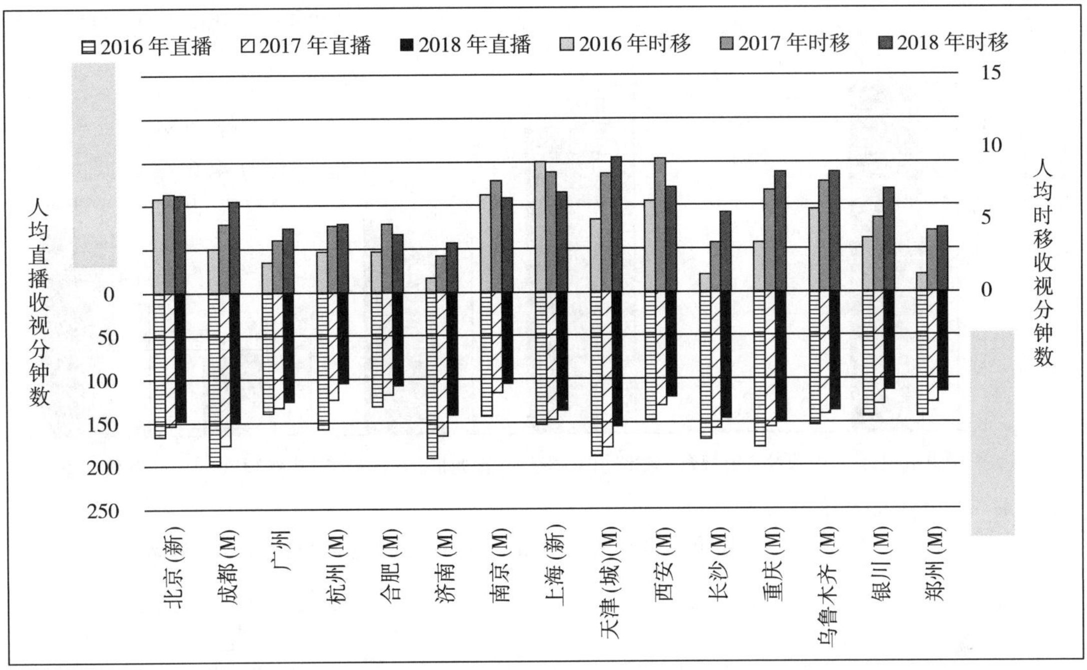

数据来源：CSM媒介研究

图1.3.19　2016～2018年15城市人均每天直播和时移收视分钟数

（一）全国电视收视市场的频道竞争格局

1. 中央台市场份额稳中略升，省级卫视及地面频道竞争力连年下滑

继2017年整体市场三分天下的格局被打破后，2018年中央电视台的市场份额在近年来保持稳定的基础上略有上升，由2016年的30%增至2018年的30.2%；省级卫视则面临竞争力不断减弱的局面，市场份额由2016年的30%降至2018年的26.4%，降幅明显。省级卫视之外，数量庞大的地面频道近年来依然难抑收视的下滑，省、市级地面频道市场份额每年下滑的幅度均在1个百分点左右。在多级频道市场份额的一片降声之中，包含了数字频道、境外卫视等直播频道以及IPTV、外接智能电视、OTT设备回看点播等非直播收视行为的其他频道组，市场份额却一骑绝尘、飞速上涨，由2016年的11.4%增至2018年的18.0%（图1.4.1）。根据CSM媒介研究在52个测量仪调查城市的时移收视数据，作为“其他频道”市场份额中重要的一部分，时移收视份额自2018年1月以来在3%～5%之间波动，前半年基本在4%以下，下半年波动上升，多个月份超过4%，直逼5%（图1.4.2）。

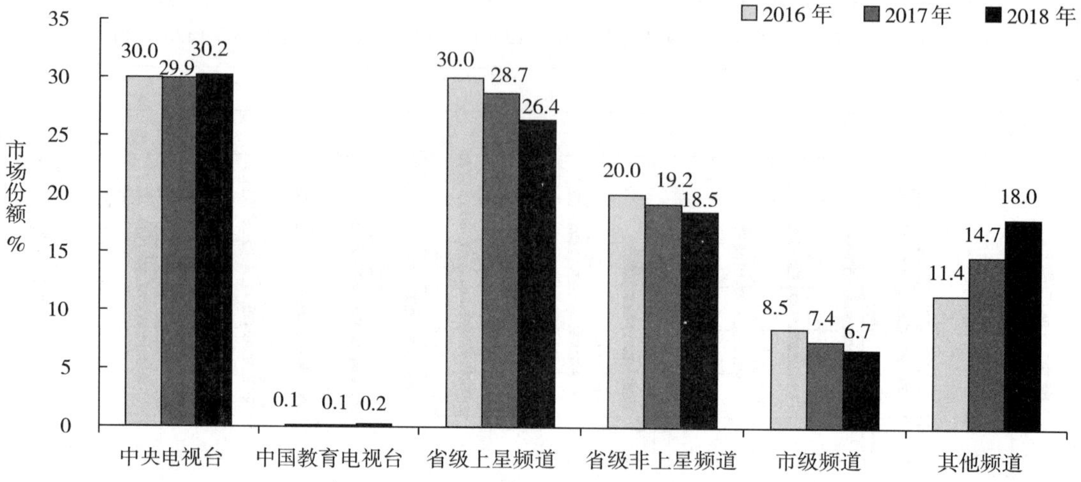

数据来源：CSM 媒介研究

图 1.4.1　2016～2018 年全国电视收视市场各类频道的市场份额（%）对比

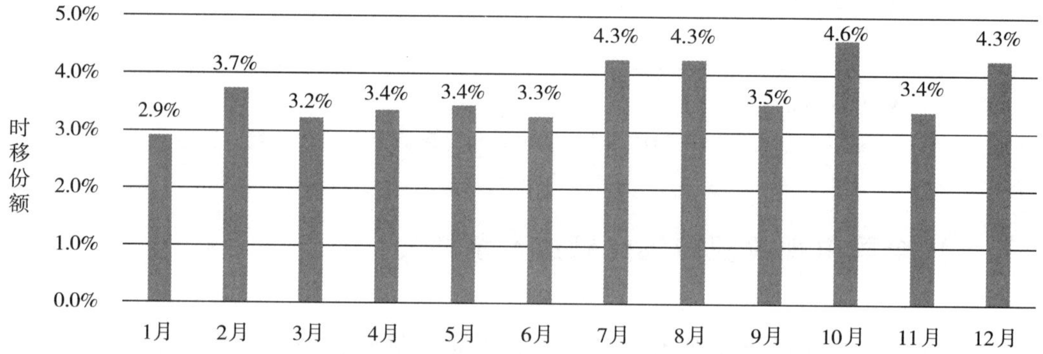

数据来源：CSM 媒介研究

图 1.4.2　2018 年 52 城市各月时移收视份额（%）

2. 中央台午前时段优势明显，省级卫视发力于下午及晚间时段，地面频道傍晚时段竞争力强

2018 年，在全天不同时段的收视竞争中，各级频道凭借自身的节目资源禀赋与受众吸附能力，形成了差异化的竞争格局。中央电视台在 04:00～13:30 的整个早间及上午时段保持了绝对的领先优势，尤其在早间 06:00～07:00 时段，竞争力更强，市场份额最高时接近 47%；晚间 17:30～19:45、21:30～22:15、23:30～24:30 这 3 个时段，中央台也获得了较高的市场份额，主导市场竞争。省级卫视则在下午 13:30～16:30 时段和晚间 19:45～21:30、22:15～23:30 时段实现了竞争力的反超，阶段性领跑收视市场。省市两级地面频道整体上无法与上星频道相抗衡，但在 17:30～19:30 的民生新闻时段竞争力明显提升；尤其是省级地面频道，其 18:15～19:00 时段的市场份额甚至可与中央台比肩，成为竞争力最强的频道组，最高时份额接近 29%（图 1.4.3）。

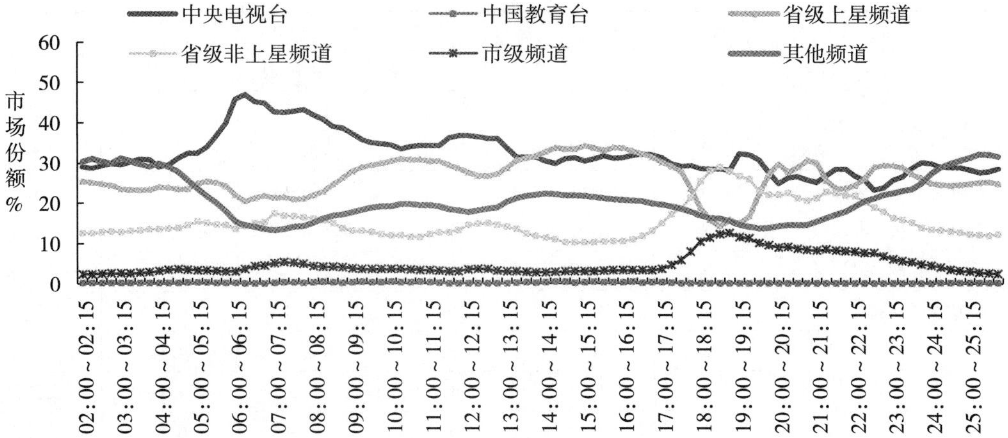

数据来源：CSM 媒介研究

图 1.4.3　2018 年全国电视收视市场各类频道市场份额（%）全天走势

3. 中央台更受男性、老年观众青睐，省级卫视在年轻受众中竞争力更强，地面频道汇聚广谱收视人群

2018 年，在全国市场各细分受众的收视竞争中，各级频道凭借多年来的频道经营理念以及在受众中积累的人气，核心收视群体与往年相比基本保持稳定，不同频道之间存在着一定的差异和互补。中央台继续在男性、中老年、中等学历、中等收入人员中保持相对竞争优势，省级卫视则对女性、较低年龄层、学生观众更具吸引力，省市两级地面频道在中高年龄层、中低学历和收入观众中的市场份额更高，汇聚了地方最广谱的收视人群（表 1.4.1）。

表 1.4.1　2018 年全国市场各类频道在不同目标观众中的市场份额（%）

目标观众	中央电视台	中国教育台	省级卫视	省级非上星频道	市级频道	其他频道
4 岁及以上所有人	30.2	0.2	26.4	18.5	6.7	18.0
男	32.5	0.2	24.4	18.4	6.5	18.0
女	27.8	0.1	28.5	18.6	6.9	18.1
4~14 岁	23.1	0.1	33.5	12.9	4.1	26.3
15~24 岁	26.2	0.2	28.5	16.6	6.6	21.9
25~34 岁	22.7	0.1	29.6	16.3	6.5	24.8
35~44 岁	28.8	0.1	28.1	14.5	5.2	23.3
45~54 岁	29.6	0.2	25.8	19.3	7.4	17.7
55~64 岁	32.3	0.2	24.3	22.3	7.3	13.6
65 岁及以上	39.0	0.2	22.5	20.7	7.5	10.1
未受过正规教育	27.5	0.1	30.3	16.3	7.0	18.8
小学	29.4	0.2	25.8	20.3	8.4	15.9

续表

目标观众	中央电视台	中国教育台	省级卫视	省级非上星频道	市级频道	其他频道
初中	31.3	0.2	25.8	19.6	7.7	15.4
高中	30.8	0.2	26.6	18.4	5.7	18.3
大学及以上	28.5	0.1	27.0	15.9	5.1	23.4
干部/管理人员	29.8	0.1	26.5	14.3	5.4	23.9
个体/私营企业人员	29.7	0.2	25.7	16.2	7.6	20.6
初级公务员/雇员	26.6	0.1	26.7	17.8	6.5	22.3
工人	28.2	0.2	26.1	19.5	7.7	18.3
学生	25.1	0.2	31.7	13.2	4.6	25.2
无业	33.1	0.2	25.7	19.9	6.6	14.5
其他	32.0	0.2	25.6	22.6	7.6	12.0
0~600元	26.5	0.2	30.1	16.1	6.1	21.0
601~1200元	31.2	0.2	25.5	22.4	8.6	12.1
1201~1700元	34.1	0.2	25.6	20.8	7.0	12.3
1701~2600元	33.2	0.1	25.2	20.4	7.0	14.1
2601~3500元	31.9	0.1	25.2	19.2	7.0	16.6
3501~5000元	29.8	0.2	25.1	19.1	6.6	19.2
5001元及以上	27.8	0.2	26.0	15.6	6.2	24.2

数据来源：CSM媒介研究

在以性别为细分标准的收视市场上，男性观众对中央台的收视份额较所有观众平均水平高出2.3个百分点，女性观众对省级卫视的收视份额则较所有观众的平均水平高出2.1个百分点，省市两级地面频道在男女观众中市场份额差异不大，在女性中略高。在以年龄为细分标准的收视市场上，中央台频道对55岁及以上中老年观众，尤其是65岁及以上老年观众的吸引力更强，该类观众对中央台频道的收视份额远高于4岁及以上观众的平均水平，其中65岁及以上观众的收视份额较平均水平高出8.8个百分点；省级卫视在4~34岁观众群体中的收视份额较所有观众平均水平高，其中在4~14岁观众中影响力更强；省级非上星频道对55岁及以上中老年收视群体较具影响力；市级频道则更受45岁及以上观众的青睐。在以学历为细分标准的收视市场上，初中学历收视群体对中央台的收视份额高于4岁及以上观众的平均水平；未受过正规教育的观众则对省级卫视的收视份额相对更高；省级、市级非上星频道在小学和初中学历观众中收视份额高于在所有观众中的平均水平。在以职业为细分标准的收视市场上，以离退休人员为主体的无业观众和其他职业类别观众对中央台频道的收视份额较高；学生群体对省级卫视表现出更高的收视份额，较4岁及以上所有观众对省级卫视的收视份额高出5.3个百分点；工人、无业和其他职业类别观众对省级非上星频道的收视份额相对更高；个体/私营企业人员、工人和其他职业群体对市级频道的收视份额相对更高。在以收入为细分标准的收视市场上，个人月收入1201~2600元的观众对中央台的收视份额明显高于所有观众的平均水平；而个人月收入0～600元的低收入观众则对省级卫视的收视份额明显高于所有观众的平均水平；个人月收入601～2600元的观众对省级非上星频道表现出较高的收视份额；个人月收入601～1200元的观众对市级频道的收视份额高于所有观众的平均水平。

4. 中央台五套竞争力借势提升，多数省级卫视频道竞争力难获增长

2018年，在全国收视市场市场份额排名前15位的频道中，中央级频道和省级卫视在频道数量上不分伯仲，中央台有8个频道入围，省级卫视有7个频道上榜。但在单频道竞争力方面，中央级频道显然更具优势。在单频道市场份额TOP5（含并列第五位）中，中央台垄断了前4位及2个并列第五位，省级卫视仅有湖南卫视挺进并列第五位。从市场份额年度变化来看，中央台有多个频道市场份额较2017年有所增长，其中又尤以中央台五套增幅最为明显，在世界杯、亚运会等重大赛事的加持下，中央台五套的市场份额由2017年的1.9%增至2018年的2.7%。湖南卫视以外，省级卫视中浙江卫视、北京卫视、上海东方卫视进入排名前10位之列，全年平均市场份额超过2%；从年度变化来看，除北京卫视份额略有增长外，其他省卫视的竞争力基本难获增长（表1.4.2）。

表1.4.2　2018年全国电视收视市场市场份额（%）排名前十五位的频道

排名	频道	2018年市场份额	2017年市场
1	中央电视台综合频道	4.5	4.4
2	中央台四套	3.8	4.2
3	中央台八套	3.4	3.2
4	中央台六套	3.3	3.2
5	中央台三套	2.7	3.0
5	中央台五套	2.7	1.9
5	湖南卫视	2.7	3.4
8	中央电视台新闻频道	2.4	2.5
9	浙江卫视	2.2	2.5
10	北京卫视	2.1	1.7
10	上海东方卫视	2.1	2.5
12	江苏卫视	2.0	2.0
13	中央电视台少儿频道	1.6	1.6
14	湖南电视台金鹰卡通频道	1.5	1.5
15	山东卫视	1.2	1.3

数据来源：CSM媒介研究

（二）浙江省电视收视市场的频道竞争格局

1. 中央电视台和浙江省级频道领跑市场，外省卫视占据不足二成市场份额

2018年，在浙江省电视收视市场，中央电视台和浙江省级频道领跑收视市场，二者共占据超过六成的市场份额。其中，中央电视台竞争力更胜一筹，2018年共获得34.4%

的份额，与2017年持平；浙江省级频道2018年获得27.2%的份额，较2017年有较大幅度的增长，增幅达到13.3%。外省卫视在浙江省占据的市场份额不足二成，2018年为19.2%，较2017年的21.9%减少了2.7个百分点。伴随着智能收视终端崛起而不断增长的其他频道的市场份额，在浙江省市场也较高，基本比肩外省卫视的市场份额，达到19.0%，但这一数值较2017年略有下降（图1.4.4）。

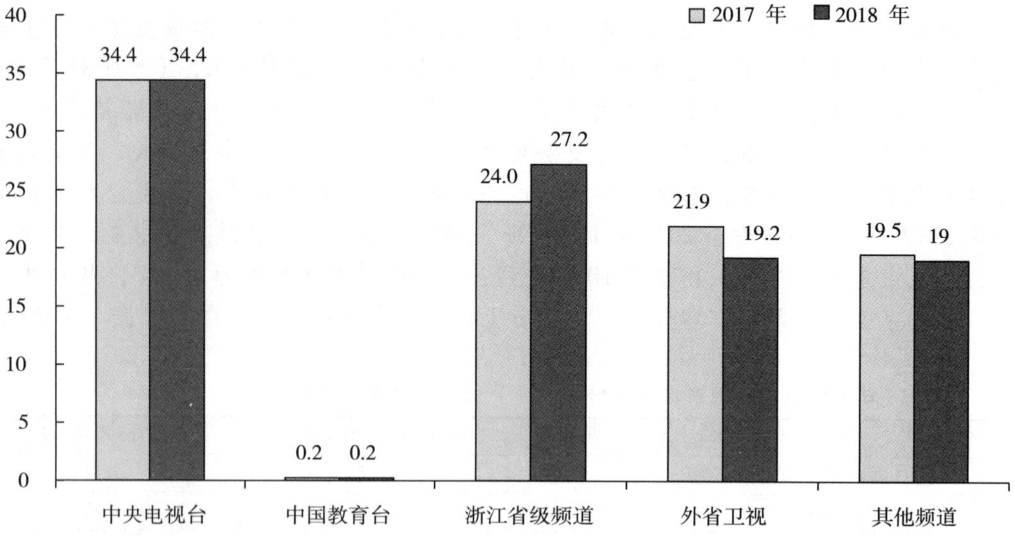

数据来源：CSM媒介研究

图1.4.4　2017年和2018年浙江省电视收视市场各类频道的市场份额（%）对比

2. 中央电视台多数时段领跑，浙江台晚间时段崛起，外省卫视下午及后晚间时段竞争力提升

在浙江省电视收视市场全天时段的竞争中，中央电视台在多数时段获得领先优势，尤其在早间06:00~07:30，市场份额达到50%以上，竞争优势明显。浙江省级频道则在晚间18:30~21:30长达3个小时的时段中竞争力超越中央电视台而跃居首位，形成全天市场份额的高峰。在二者的强势竞争之下，外省卫视全天时段难以获得突围，但也在12:30~17:00的整个下午时段以及22:45以后的后晚间时段形成自身的收视高峰，尤其下午14:30左右的市场份额一度与中央电视台非常接近，有发力崛起之势（图1.4.5）。

3. 浙江省级频道在高端收视群体中竞争力强，中央电视台和外省卫视优势受众互补

2018年，在浙江省电视收视市场各级频道对细分目标观众的竞争中，浙江省级频道更吸引女性、中青年、高学历、中高收入、管理者等高端收视群体；中央电视台和外省卫视的竞争力更强的受众群体之间则存在着一定的差异和互补：中央电视台更吸引男性、中老年、中等学历的观众，外省卫视的重度受众则呈现出年轻化特点，女性、年轻、学生群体对其收视份额更高（表1.4.3）。

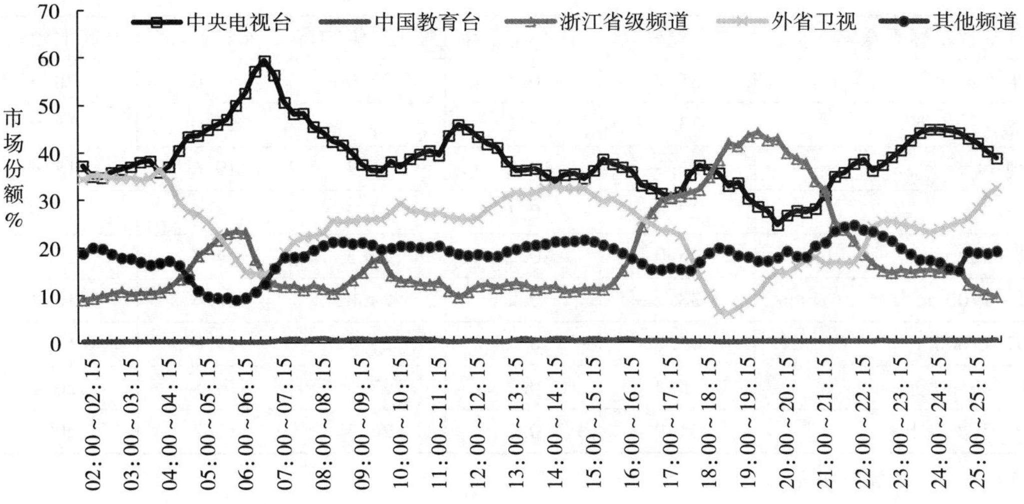

数据来源：CSM 媒介研究

图 1.4.5　2018 年浙江省电视收视市场各类频道市场份额（%）全天走势

表 1.4.3　2018 年浙江省电视收视市场各类频道在不同目标观众中的市场份额（%）

目标观众	中央电视台	中国教育台	浙江省级频道	外省卫视	其他频道
4 岁及以上所有人	34.4	0.2	27.2	19.2	19.0
男	37.9	0.2	25.0	17.6	19.3
女	30.6	0.2	29.6	21.0	18.6
4～14 岁	23.8	0.1	27.0	28.3	20.8
15～24 岁	20.3	0.1	34.3	18.2	27.1
25～34 岁	23.7	0.2	31.1	23.7	21.3
35～44 岁	36.7	0.1	24.8	17.1	21.3
45～54 岁	37.3	0.2	23.1	20.8	18.6
55～64 岁	38.3	0.2	30.0	15.7	15.8
65 岁及以上	41.7	0.3	25.2	15.7	17.1
未受过正规教育	33.3	0.2	34.8	16.5	15.2
小学	35.9	0.3	24.1	22.0	17.7
初中	33.6	0.2	28.6	17.3	20.3
高中	38.0	0.2	22.8	21.7	17.3
大学及以上	28.8	0.1	32.3	16.2	22.6
干部/管理人员	25.1	0.1	45.6	12.3	16.9
个体/私营企业人员	40.8	0.2	23.0	19.0	17.0
初级公务员/雇员	32.7	0.1	31.0	16.4	19.8
工人	40.2	0.3	23.8	18.1	17.6

续表

目标观众	中央电视台	中国教育台	浙江省级频道	外省卫视	其他频道
学生	21.7	0.1	22.9	27.0	28.3
无业	33.7	0.2	28.1	20.0	18.0
其他	36.3	0.2	25.3	19.6	18.6
0~300元	27.6	0.1	27.2	24.1	21.0
301~900元	45.9	0.7	26.3	14.8	12.3
901~1700元	38.2	0.2	24.8	20.6	16.2
1701~2600元	35.6	0.2	29.7	19.0	15.5
2601~3500元	35.4	0.2	27.5	16.5	20.4
3501元及以上	35.9	0.2	26.3	17.2	20.4

数据来源：CSM媒介研究

在以性别为细分标准的收视市场上，中央电视台在男性观众中的收视份额明显更高；浙江省级频道和外省卫视则在女性观众收视中获得了更多的关注。在以年龄为细分标准的收视市场上，浙江省级频道在15~34岁青年观众中的收视份额明显高于其在4岁及以上所有观众中的平均水平；中央电视台在45岁及以上观众中影响力更强；而外省卫视则在4~14岁和25~34岁观众中拥有较强的影响力，其在4~14岁观众中的市场份额高达28.3%，较4岁及以上所有观众的平均水平高出9.1个百分点。在以学历为细分标准的收视市场上，未受过正规教育和大学及以上处于两端的收视群体对浙江省级频道的收视份额相对较高；高中学历的收视群体对中央电视台的收视份额明显更高；外省卫视收视份额较高的群体是小学和高中学历水平观众。在以职业为细分标准的收视市场上，浙江省级频道在干部/管理人员和初级公务员/雇员中的收视份额显著高于平均水平；中央电视台在个体/私营企业人员和工人中的收视份额明显更高；外省卫视则对学生的收视影响力更强。在以收入为细分标准的收视市场上，浙江省级频道在个人月收入1701~3500元的群体中具有一定优势；中央电视台对个人月收入301~1700元的中低收入观众吸引力较强；外省卫视则在个人月收入0~300元以及901~1700元的群体中影响力更大。

4. 浙江电视台教育科技频道领跑收视市场，中央级频道占据市场份额前十五名中的八个席位

2018年，在浙江省市场单个频道的收视竞争中，浙江省级频道共有5个频道入围收视排名前15位，其中浙江电视台教育科技频道以8.3%的市场份额领跑收视市场，且这一数值较2017年的7.2%有明显提升。浙江电视台经济生活频道和浙江卫视分别以4.7%和4.2%的市场份额位居第四、第五，竞争力较2017年也有不同程度的上升。中央级频道在浙江省单个频道竞争中占据数量优势，前15位中有8位都为中央台频道所占据，其中，中央台八套、中央台四套分别以6.4%和4.8%的市场份额位居第二、第三，

中央台八套的市场份额较2017年增加了0.9个百分点。外省卫视中，湖南卫视、湖南电视台金鹰卡通频道和江苏卫视分别位列第八、第十三和第十五，除江苏卫视份额较2017年略有增长外，其他两个卫视的市场份额均较2017年有所下降（表1.4.4）。

表1.4.4　2018年浙江省电视收视市场市场份额排名前十五位的频道

排名	频道	2018年市场份额（%）	2017年市场份额（%）
1	浙江电视台教育科技频道	8.3	7.2
2	中央台八套	6.4	5.5
3	中央台四套	4.8	5.4
4	浙江电视台经济生活频道	4.7	4.0
5	浙江卫视	4.2	3.9
6	中央台六套	4.0	4.1
7	浙江电视台钱江都市频道	3.9	3.4
8	湖南卫视	3.6	4.6
9	中央电视台新闻频道	3.3	3.3
10	浙江8套	2.9	2.5
11	中央台三套	2.7	2.8
12	中央电视台综合频道	2.2	2.4
13	湖南电视台金鹰卡通频道	2.1	2.4
13	中央台五套	2.1	1.5
15	江苏卫视	1.8	1.6
15	中央电视台少儿频道	1.8	2.0

数据来源：CSM媒介研究

（三）北京市电视收视市场的频道竞争格局

1. 北京本土频道占据近三分之一收视市场，中央台市场份额不断逼近，外省卫视份额下滑

2018年，在北京电视收视市场处于领先地位的北京电视台和紧随其后的中央电视台之间竞争力呈现出微妙变化。北京电视台的市场份额虽然仍处于领先之势，但三年来不断下滑，已由2016年的36.2%降至2018年的32.0%，市场空间不断被挤占。中央电视台的竞争力则逐年提升，市场份额由2016年的27.4%增至2018年的29.2%，不断缩小与北京电视台之间的差距。外省卫视在北京电视收视市场的竞争形势不容乐观，2018年市场份额较前两年略有下滑，降至20%以下。中国教育台在北京电视收视市场的份额虽略有回升，但仍处于较低水平。北京电视收视市场其他频道组的市场份额近年来也保持着稳定的增长，根据CSM媒介研究的时移收视数据，北京电视收视市场人均时移收视时间在各样本城市中进入前10位之列，处于相对领先的水平，在一定程度上推动了其他频道组市场份额的不断增长（图1.4.6）。

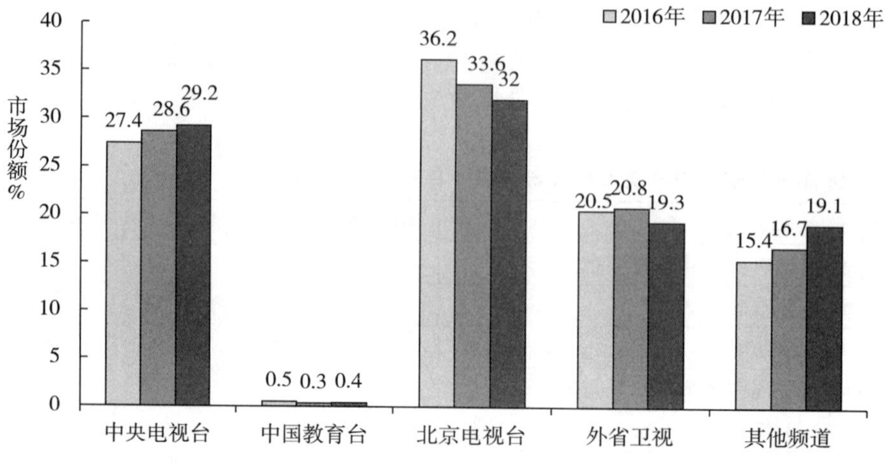

数据来源：CSM 媒介研究

图 1.4.6　2016～2018 年北京电视收视市场各类频道的市场份额（%）对比

2. 北京电视台早、午、晚时段保持领先，中央台上、下午时段实现突围，外省卫视后晚间略有突破

北京电视收视市场各级频道在全天各时段的收视竞争中，在整体市场以微弱优势领先的北京电视台，在早、午、晚三大时段的竞争优势明显，早间 6:30～8:30、午间 12:00～13:30、晚间 18:00～22:00 引领整个市场的收视，且领先优势较大，尤其晚间 18:30～19:30，其市场份额一度超过 50%。中央电视台的竞争力在全天分布较为均衡，波动相对不大，在晨间 05:45、上午 08:30～12:00、下午 13:30～18:30 竞争力超过北京电视台，居首位。外省卫视在北京电视收视市场的竞争力难以与北京电视台和中央电视台相匹敌，仅在后晚间 22:15～23:15 这一个小时时段竞争力有所突围（图 1.4.7）。

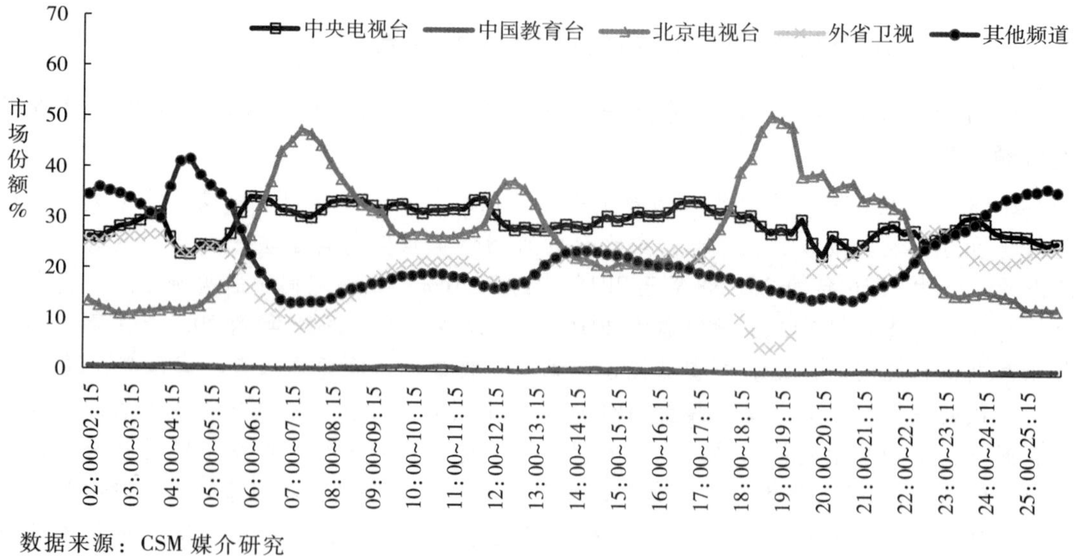

数据来源：CSM 媒介研究

图 1.4.7　2018 年北京电视收视市场各类频道市场份额（%）全天走势

3. 北京电视台更吸引中老年、中等学历及中等收入群体，中央台和外省卫视优势受众互补

2018 年，在北京电视收视市场各级频道对细分观众群体的收视竞争中，北京电视台继续保持对女性、中老年、中等学历和中等收入观众的较强吸引力，中央台和外省卫视的优势受众形成互补：中央台更吸引男性、老年、中等收入群体，外省卫视相对更受女性、年轻、学生观众的青睐（表 1.4.5）。

在以性别为细分标准的电视收视市场上，男性观众对中央台的收视份额高于所有观众的平均水平；而女性观众则对北京电视台和外省卫视更加青睐，其收视份额较 4 岁及以上观众的平均水平更高。在以年龄为细分标准的电视收视市场上，北京电视台对 55 岁及以上观众保持了较强的吸引力，该类观众对北京电视台的收视份额超过 37%，高出平均水平 5 个百分点以上；中央台对 65 岁及以上老年观众继续发挥强大的影响力，其收视份额达到 37.2%，较 4 岁及以上所有观众平均的 29.2% 高出 8 个百分点；外省卫视对 4～14 岁和 25～44 岁年龄段观众的吸引力明显更高，其收视份额超过 22%。在以学历为细分标准的电视收视市场上，北京电视台更吸引初、高中学历观众，中央台集中了更多的未受过正规教育的群体，外省卫视则对小学学历观众的吸引力较大。在以职业为细分标准的电视收视市场上，北京电视台和中央台对以离退休人员为主的无业观众的吸引力更大；外省卫视对工人和其他职业类别的观众群体有较强吸引力。在以收入为细分标准的电视收视市场上，北京电视台对个人月收入 1201～3500 元的中等收入群体吸引力更强；中央台对个人月收入 1201～1700 元、3501～5000 元的中低及中高收入群体更具号召力；外省卫视频道对于个人月收入 1200 元及以下的低收入收视人群更有吸引力。

表 1.4.5　2018 年北京电视收视市场各类频道在不同目标观众中的市场份额（%）

目标观众	中央电视台	中国教育台	北京电视台	外省卫视	其他频道
4 岁及以上所有人	29.2	0.4	32.0	19.3	19.1
男	31.2	0.4	30.3	18.3	19.8
女	27.2	0.4	33.7	20.4	18.3
4～14 岁	23.6	0.2	23.7	22.6	29.9
15～24 岁	26.6	0.4	26.4	21.6	25.0
25～34 岁	24.6	0.3	25.4	22.4	27.3
35～44 岁	26.1	0.4	22.7	22.2	28.6
45～54 岁	26.7	0.4	31.7	21.2	20.0
55～64 岁	30.4	0.3	39.1	16.5	13.7
65 岁及以上	37.2	0.3	37.0	15.4	10.1
未受过正规教育	35.1	0.3	25.5	20.4	18.7
小学	30.8	0.3	32.3	22.5	14.1
初中	30.5	0.4	35.2	19.8	14.1
高中	28.7	0.4	33.7	19.5	17.7

续表

目标观众	中央电视台	中国教育台	北京电视台	外省卫视	其他频道
大学及以上	28.1	0.3	28.3	18.3	25.0
干部/管理人员	28.2	0.3	24.6	17.8	29.1
个体/私营企业人员	27.6	0.4	25.2	20.6	26.2
初级公务员/雇员	26.4	0.3	28.8	20.6	23.9
工人	24.2	0.5	28.7	26.5	20.1
学生	27.0	0.3	23.6	21.6	27.5
无业	32.0	0.3	36.5	17.3	13.9
其他	25.1	0.5	23.8	24.7	25.9
0~600元	27.6	0.4	25.7	23.0	23.3
601~1200元	27.8	0.4	29.6	26.4	15.8
1201~1700元	31.6	0.5	37.3	18.7	11.9
1701~2600元	27.3	0.4	36.8	21.9	13.6
2601~3500元	28.4	0.4	36.2	19.4	15.6
3501~5000元	31.0	0.4	35.1	17.6	15.9
5001元及以上	29.3	0.3	27.7	18.4	24.3

数据来源：CSM媒介研究

4. 中央台有七个频道入围前十五位之列，北京卫视领跑市场且优势进一步扩大

2018年，在北京电视收视市场单个频道的竞争中，北京卫视以绝对优势对收视市场形成引领之势，其13.4%的市场份额较2017年进一步增长了0.6个百分点，优势继续扩大。北京电视台影视频道也以5.7%的市场份额位居第二，市场份额较2017年略有增长。中央电视台频道在市场份额排名前15位中占据明显的数量优势，共有7个频道入围，其中，中央台四套、八套、五套和综合频道分别位居第三至第六，市场份额均在3%以上，中央台八套和五套的市场份额较2017年显著增长。外省卫视在北京电视收视市场的竞争中，既不具有数量优势（仅有4家频道入围），也缺乏强劲的竞争力，浙江卫视、湖南卫视、江苏卫视、上海东方卫视4个卫视以不足2%的份额并列第十三位（表1.4.6）。

表1.4.6　2018年北京电视收视市场市场份额（%）排名前十五位的频道

排名	频道	2018年市场份额（%）	2017年市场份额（%）
1	北京卫视	13.4	12.8
2	北京电视台影视频道	5.7	5.5
3	中央台四套	4.4	4.8
4	中央台八套	3.6	2.8
5	中央台五套	3.3	2.5
6	中央电视台综合频道	3.2	3.2
7	北京电视台科教频道	2.7	3.5
7	中央台六套	2.7	2.6

续表

排名	频道	2018 年市场份额（%）	2017 年市场份额（%）
9	北京电视台体育频道	2.6	2.8
10	中央电视台新闻频道	2.5	2.7
11	北京电视台文艺频道	2.3	2.5
11	中央台三套	2.3	2.5
13	浙江卫视	1.9	1.9
13	湖南卫视	1.9	2.5
13	江苏卫视	1.9	2
13	上海东方卫视	1.9	2.5

数据来源：CSM 媒介研究

（四）上海市电视收视市场的频道竞争格局

1. 上海本地频道占据近一半市场空间，中央台市场份额持续增长

2018 年，上海本地频道以绝对的领先优势领跑上海电视收视市场，所占据的市场份额接近五成，达到 46.9%，但与前两年相比较，这一数值呈现出不断下滑之势。本土频道之外，中央电视台的竞争力居次位，2018 年共获得 17.6% 的市场份额，且与前两年相比较，竞争力不断提升，尤其较 2017 年市场份额的增长了 2.2 个百分点。外省卫视的竞争力次之，2018 年共获得 13.4% 的市场份额，与 2017 年同期相比，也呈现下滑之势。与北京电视收视市场类似，上海电视收视市场的人均时移收视时间在各样本城市中位居第九，也属于时移收视较为发达的地区，包括时移收视在内的其他频道收视份额近年来呈现不断增长之势，2018 年突破 20%，达到 22.0%（图 1.4.8）。

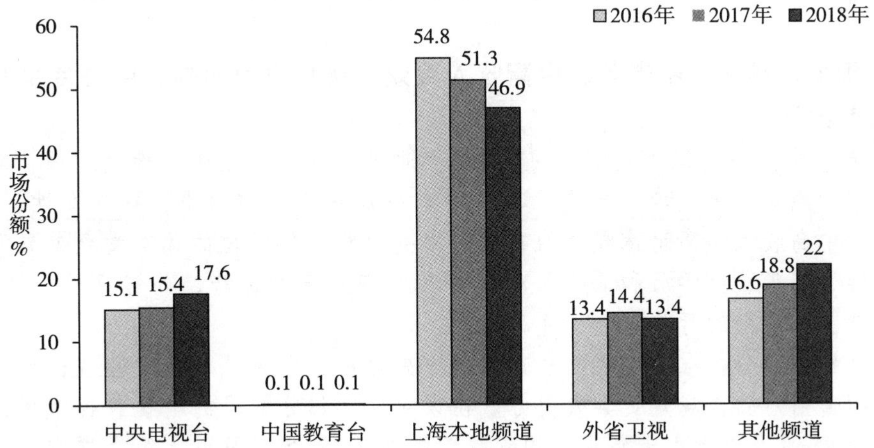

数据来源：CSM 媒介研究

图 1.4.8　2016～2018 年上海电视收视市场各类频道的市场份额（%）对比

2. 上海本地频道在多数时段保持领先优势，中央台仅在清晨时段略有胜出

2018 年，在上海电视收视市场全天各时段的收视竞争中，上海本地频道以绝对优势在 06:30 ~ 24:00 时段保持领先地位，尤其在 06:45 ~ 09:00 和 17:45 ~ 19:30 这两个时段，竞争力尤为明显，最高市场份额超过 70%。在如此强有力的竞争之下，中央电视台仅在清晨 05:45 ~ 06:30 这一时段形成突围，市场份额超越上海本地频道，最高市场份额超过 37%。外省卫视在上海电视收视市场的竞争优势不明显，全天难以形成突破，但相对自身而言，在清晨、下午和后晚间时段的竞争力稍强，彰显出自身的竞争优势（图 1.4.9）。

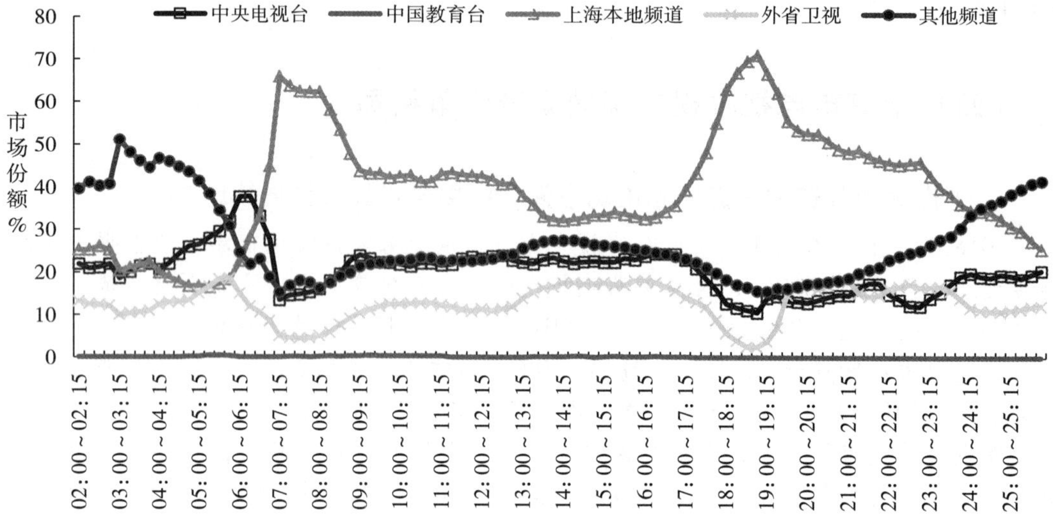

数据来源：CSM 媒介研究

图 1.4.9　2018 年上海电视收视市场各类频道市场份额（%）全天走势

3. 上海本地频道在中老年、中高收入观众中优势更为明显，中央台和外省卫视优势受众差异互补

2018 年，在上海电视收视市场细分受众的收视竞争中，上海本地频道保持着在各类目标观众中的绝对竞争优势；相较于其在所有观众中的平均水平，更受女性、中老年、中等学历、中高收入和离退休观众的喜爱。中央台和外省卫视的优势受众差异互补，中央台在男性、老年、低学历和低收入观众中具有相对竞争优势，外省卫视则更受女性、年轻和中低收入观众的青睐（表 1.4.7）。

在以性别为细分标准的电视收视市场，中央台更吸引男性观众的收视；外省卫视和上海本地频道则对女性观众更具吸引力。在以年龄为细分标准的电视收视市场，上海本地频道更受 45 岁及以上中老年观众的青睐，特别是在 65 岁及以上观众群中，其市场份额达到 54.9%；中央台对 65 岁及以上老年观众吸引力也相对更强；外省卫视频道对 4 ~ 14 岁青少年和 35 ~ 44 岁中青年观众更具吸引力，其在 4 ~ 14 岁观众中的市场份额高达 19.1%。在以学历为细分标准的电视收视市场，上海本地频道对初、高中学历观众更具

吸引力，中央台在未受过正规教育的受众中市场份额更高，外省卫视在小学学历观众中影响力更强。在以职业为细分标准的电视收视市场，上海本地频道对以离退休人员为主体的无业观众吸引力较强；中央台对工人、以离退休人员为主体的无业观众以及其他职业类别的受众的吸引力明显超过平均水平；外省卫视对干部/管理人员、工人和学生群体有较强吸引力。在以收入为细分标准的电视收视市场，上海本地频道更吸引个人月收入1701~5000元的中高收入群体；中央台对个人月收入601~1200元的低收入群体号召力更强；外省卫视在个人月收入0~600元和1201~2600元的观众中市场份额更高。

表1.4.7　2018年上海电视收视市场各类频道在不同目标观众中的市场份额（%）

目标观众	中央电视台	中国教育台	上海本地频道	外省卫视	其他频道
4岁及以上所有人	17.6	0.1	46.9	13.4	22.0
男	20.2	0.1	46.5	12.3	20.9
女	15.0	0.1	47.3	14.5	23.1
4~14岁	17.7	0.3	31.4	19.1	31.5
15~24岁	18.8	0.1	42.3	13.4	25.4
25~34岁	11.9	0.1	39.1	15.5	33.4
35~44岁	14.3	0.1	36.2	18.9	30.5
45~54岁	18.8	0.1	49.6	12.9	18.6
55~64岁	18.6	0.0	50.8	11.1	19.5
65岁及以上	21.4	0.1	54.9	10.7	12.9
未受过正规教育	25.9	0.1	43.6	15.0	15.4
小学	17.4	0.2	49.5	17.1	15.8
初中	18.5	0.1	52.0	12.5	16.9
高中	17.8	0.1	50.0	12.1	20.0
大学及以上	16.1	0.1	40.4	14.5	28.9
干部/管理人员	17.2	0.1	36.4	17.4	28.9
个体/私营企业人员	14.8	0.1	39.3	15.4	30.4
初级公务员/雇员	15.4	0.1	43.9	14.6	26.0
工人	20.6	0.2	44.9	16.0	18.3
学生	16.1	0.2	33.0	17.7	33.0
无业	19.5	0.1	52.0	11.3	17.1
其他	26.0	0.1	46.8	11.5	15.6
0~600元	17.5	0.2	35.3	16.8	30.2
601~1200元	33.1	0.0	45.1	7.3	14.5
1201~1700元	11.4	0.0	44.2	15.4	29.0
1701~2600元	17.0	0.1	52.2	14.3	16.4
2601~3500元	19.5	0.0	55.1	10.3	15.1
3501~5000元	18.4	0.1	50.0	12.8	18.7
5001元及以上	15.6	0.1	39.9	15.0	29.4

数据来源：CSM媒介研究

4. 上海本地频道垄断市场份额排名前六位，中央台五个频道入围前十五位之列

2018年，在上海电视收视市场单个频道的竞争中，上海电视台单频道竞争优势明显，市场份额排名的前6位均为上海本地频道所垄断，其中上海电视台新闻综合频道以11.7%的份额高居榜首，上海东方卫视和上海电视台电视剧频道分别以8.4%和5.9%的份额位居第二、第三，3个频道合计已经占据整体市场超过四分之一的市场空间。但与2017年相比较，3个频道的份额均有所下滑。中央电视台共有5个频道入围前15位之列，中央台四套竞争力较强，2018年获得3.6%的市场份额。外省卫视共有3个频道进入排名前15位之列，湖南卫视竞争力相对较强，以1.9%的市场份额并列排名第十位，但这一数值较2017年下降了0.3个百分点（表1.4.8）。

表1.4.8　2018年上海电视收视市场市场份额排名前十五位的频道

排名	频道	2018年市场份额（%）	2017年市场份额（%）
1	上海电视台新闻综合频道	11.7	12.0
2	上海东方卫视	8.4	9.5
3	上海电视台电视剧频道	5.9	6.1
4	上海东方电影频道	4.4	5.0
5	上海电视台五星体育频道	4.2	3.5
6	上海电视台娱乐频道	4.1	6.4
7	中央台四套	3.6	3.5
8	上海电视台星尚频道	2.8	2.7
9	中央台五套	2.1	1.5
10	中央电视台新闻频道	1.9	1.7
10	湖南卫视	1.9	2.2
12	中央台六套	1.8	1.7
13	江苏卫视	1.6	1.3
14	浙江卫视	1.4	1.4
14	中央电视台综合频道	1.4	1.1

数据来源：CSM媒介研究

（五）广州市电视收视市场的频道竞争格局

1. 广东广播电视台占据近三分之一的市场空间，中央台市场份额下降，外省卫视份额增长

2018年，在广州电视收视市场，广东广播电视台仍然以超过三成的市场份额居首位，但其32.8%的市场份额较2017年下滑了1.3个百分点。广东广播电视台以外，中央电视台、广州市广播电视台和外省卫视均获得了超过10%的市场份额，其中外省卫视和中央电视台份额略高，在15%上下，广州市广播电视台份额连年下滑，2018年已经降至11.4%。境外频道在广州市场的黄金时代也早已不复存在，市场份额已经下降到

7.1%。在一片降声中，唯有外省卫视在广州电视收视市场的份额有所提升，由2017年的14.1%增至2018年的15.6%。不仅如此，在广州电视收视市场，其他频道的市场份额近年来增长也较快，平均每年增长3个百分点以上，2018年已经达到18.2%（图1.4.10）。

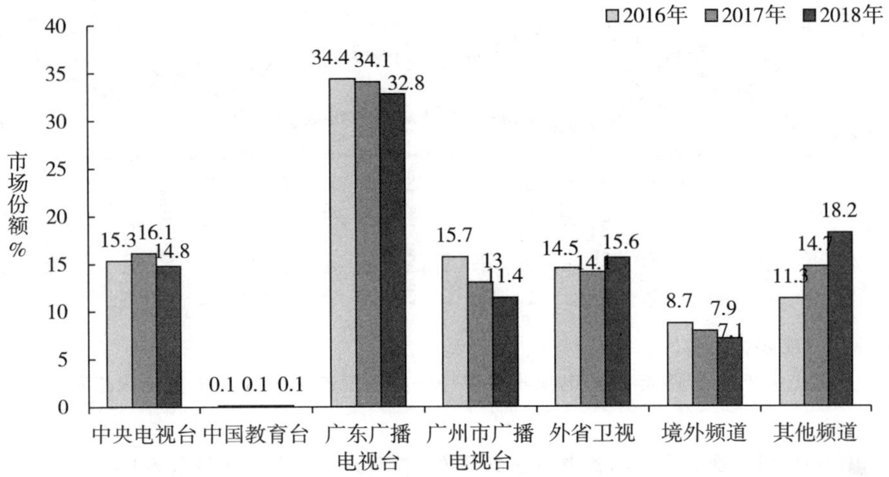

数据来源：CSM媒介研究

图1.4.10 2016~2018年广州电视收视市场各类频道的市场份额（%）对比

2. 广东广播电视台在全天多数时段保持领先优势，其他各级频道组凭借实力轮番登场

2018年，在广州电视收视市场全天不同时段的频道竞争中，广东广播电视台在全天多数时段保持着领先的优势，尤其在早间、午间和晚间三大块时段，其竞争优势表现得更为明显，晚间19:00~19:45时段的市场份额最高时超过45%。中央电视台、广州市广播电视台、外省卫视和境外频道则凭借着各自的实力在不同时段形成自己的相对竞争优势：中央电视台在上午10:45~11:15时段获得竞争力的突围，市场份额超过22%，领跑市场；广州市广播电视台在早间06:30~08:30以及晚间18:00~20:00市场份额相对较高；外省卫视则在下午时段以及晚间20:00~21:30时段拥有相对竞争优势；境外频道虽然全天时段难以与其他各级别频道组相抗衡，但在晚间21:00~23:00时段，其竞争力赶超中央电视台和广州市广播电视台，与外省卫视的市场份额较为接近（图1.4.11）。

3. 广东广播电视台吸引大众收视，中央台和境外频道更吸引高端群体，广州台和外省卫视差异互补

2018年，在广州电视收视市场细分观众群体的收视竞争中，广东广播电视台更吸引女性、中老年、中低学历、初级职员等大众群体的收视，中央电视台和境外频道在高收入及干部/管理人员等高端收视群体中相对更具竞争优势，广州市广播电视台和外省卫视则凭借各自的优势，在不同类别观众中差异互补（表1.4.9）。

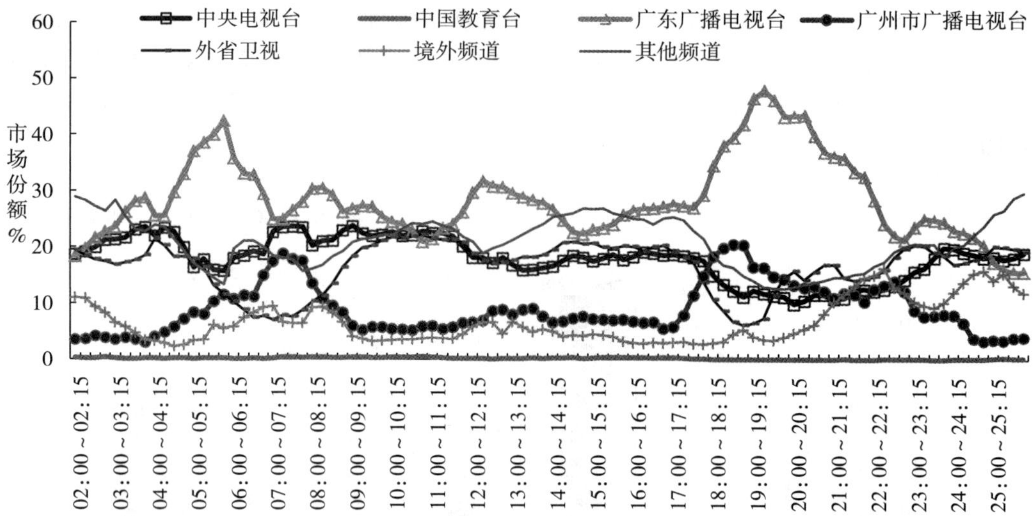

数据来源：CSM 媒介研究

图 1.4.11　2018 年广州电视收视市场各类频道市场份额（%）全天走势

表 1.4.9　2018 年广州电视收视市场各类频道在不同目标观众中的市场份额（%）

目标观众	中央电视台	中国教育台	广东广播电视台	广州市广播电视台	外省卫视	境外频道	其他频道
4 岁及以上所有人	14.8	0.1	32.8	11.4	15.6	7.1	18.2
男	16.4	0.1	32.0	10.7	15.2	6.6	19.0
女	13.3	0.1	33.5	12.1	16.0	7.6	17.4
4~14 岁	11.4	0.1	32.7	5.9	21.5	2.1	26.3
15~24 岁	13.7	0.1	29.5	13.1	15.5	9.9	18.2
25~34 岁	10.9	0.1	33.8	11.9	15.2	7.7	20.4
35~44 岁	16.2	0.1	26.2	8.9	18.2	5.3	25.1
45~54 岁	17.7	0.1	32.5	12.3	15.7	7.3	14.4
55~64 岁	14.4	0.1	36.2	12.6	13.7	8.6	14.4
65 岁及以上	18.6	0.1	36.4	13.0	11.9	7.1	12.9
未受过正规教育	11.0	0.0	40.8	10.2	17.1	1.9	19.0
小学	14.9	0.1	39.3	10.8	14.9	4.7	15.3
初中	15.7	0.1	35.5	12.2	15.5	5.9	15.1
高中	15.2	0.1	28.9	11.2	15.8	7.6	21.2
大学及以上	14.0	0.1	28.1	11.4	15.6	10.9	19.9
干部/管理人员	20.3	0.1	21.8	6.4	17.1	10.0	24.3
个体/私营企业人员	16.3	0.1	29.0	9.5	19.6	5.5	20.0
初级公务员/雇员	14.2	0.1	29.4	12.7	14.7	10.0	18.9
工人	13.7	0.1	36.4	12.2	14.5	4.9	18.2
学生	12.9	0.1	28.3	7.1	19.7	6.1	25.8
无业	15.5	0.1	35.3	11.9	14.6	7.3	15.3

续表

目标观众	中央电视台	中国教育台	广东广播电视台	广州市广播电视台	外省卫视	境外频道	其他频道
其他	5.4	0.1	47.1	29.4	5.8	3.1	9.1
0～600 元	12.8	0.1	31.8	10.0	18.4	5.5	21.4
601～1200 元	11.8	0.0	51.0	11.9	10.0	5.5	9.8
1201～1700 元	18.0	0.4	32.3	7.7	24.2	2.3	15.1
1701～2600 元	13.3	0.1	39.5	12.0	13.7	6.5	14.9
2601～3500 元	15.9	0.1	31.3	14.8	13.5	7.6	16.8
3501～5000 元	15.4	0.1	31.9	11.2	15.7	9.5	16.2
5001 元及以上	18.3	0.1	23.7	7.8	17.3	7.5	25.3

数据来源：CSM 媒介研究

在以性别为细分标准的电视收视市场，中央电视台对男性观众保持了较强的吸引力；广东广播电视台、广州市广播电视台、外省卫视和境外频道更受女性观众的青睐。在以年龄为细分标准的电视收视市场，广东广播电视台对55岁及以上观众更具影响力；中央电视台对35～54岁的中青年观众以及65岁及以上老年观众吸引力更强；境外频道更吸引15～24岁、55～64岁观众的收视；广州本地台对15～24岁、65岁及以上年龄段的观众吸引力更强；外省卫视更吸引4～14岁的少年儿童观众。在以学历为细分标准的电视收视市场，广东广播电视台对初中及以下学历观众更具吸引力；初、高中学历观众对中央电视台的收视份额高于4岁及以上观众的平均水平；境外频道明显更受大学及以上高学历观众的喜爱；广州市广播电视台更吸引初中学历的观众，外省卫视则对未受过正规教育的观众影响力更大。在以职业为细分标准的电视收视市场，广东广播电视台对工人、无业和其他职业类别观众影响力更强；中央电视台对干部/管理人员、个体/私营企业人员更具吸引力；境外频道更吸引干部/管理人员和初级公务员/雇员；广州本地台较受初级公务员/雇员、工人和其他职业类别观众的青睐；外省卫视对个体/私营企业人员和学生群体具有较强的吸引力。在以收入为细分标准的电视收视市场，广东广播电视台在个人月收入601～1200元和1701～2600元的中等及低收入群体中市场份额更高；中央电视台在个人月收入1201～1700元的中低收入群体和5001元及以上高收入群体中影响力更大；境外频道受个人月收入3501～5000元的中高收入群体的青睐；广州本地台较受个人月收入2601～3500元的观众喜爱；外省卫视在个人月收入0～600元及以下和1201～1700元的中低收入群体中保持着较强的收视影响力。

4. 本地频道垄断收视竞争前七位，中央台和外省卫视仅四个频道入围前十五位之列

2018年，在广州电视收视市场单个频道的收视竞争中，广东、广州本地频道的竞争优势十分明显，不仅垄断了市场份额排行的前7位，在前15位中（含3个并列前15位，共计17个频道）占据了11个席位，对整个市场形成了强有力的影响。本地频道中，广东广播电视台珠江频道仍然以较大的优势拔得头筹，2018年获得9.4%的市场份额，但较2017年下降了1.1个百分点。广东广播电视台南方卫视和广州市广播电视台综合频道分别以

5.2%和4.7%的份额位居第二、第三，其中广东广播电视台南方卫视的市场份额较2017年有所增长。中央电视台和外省卫视各有2个频道入围前15位之列，中央电视台综合频道以2.7%的市场份额位居第八，湖南卫视以2.1%的市场份额位居第十（表1.4.10）。

表1.4.10　2018年广州电视收视市场市场份额排名前十五位的频道

排名	频道	2018年市场份额（%）	2017年市场份额（%）
1	广东广播电视台珠江频道	9.4	10.5
2	广东广播电视台南方卫视	5.2	4.8
3	广州市广播电视台综合频道	4.7	6.5
4	广东广播电视台影视频道	3.9	5.2
5	广州市广播电视台影视频道	3.8	2.3
6	广东广播电视台公共频道	3.4	3.9
7	广东广播电视台体育频道	2.9	1.9
8	中央电视台综合频道	2.7	2.9
9	市网翡翠台（中文）	2.5	2.6
10	湖南卫视	2.1	2.6
10	省网翡翠台（中文）	2.1	2.0
12	广州市广播电视台新闻频道	2.0	2.8
13	浙江卫视	1.9	1.8
13	广东广播电视台经济科教频道	1.9	2.2
15	广东广播电视台嘉佳卡通频道	1.8	1.7
15	中央台五套	1.8	1.4
15	广东广播电视台珠江电影频道	1.8	2.0

数据来源：CSM媒介研究

五、节目竞争格局

（一）全国电视收视市场节目竞争格局

1. 全国节目市场竞争格局稳定，电视剧领跑直播和时移节目收视

2018年全国市场各类节目收视格局与2017年一致。电视剧继续扩大领先优势，其31.9%的收视份额较2017年同比增长了1个百分点；新闻/时事和综艺类节目均保持收视份额第二梯队的位置，收视份额超过10%，较2017年分别减少了0.6个和0.8个百分点；生活服务、专题和青少类节目是全国节目收视第三梯队，收视份额均在5%以上；电影和体育类节目收视份额在4%～5%，法制、音乐、财经、戏剧、教学和外语类节目的收视份额仍低于2%。2018年世界杯和亚运会等体育赛事推高了体育节目的收视，体育类节目的收视份额同比增加1.2个百分点，在各类节目中增幅最大，其他各类节目的波动幅度都不超过1个百分点（图1.5.1）。

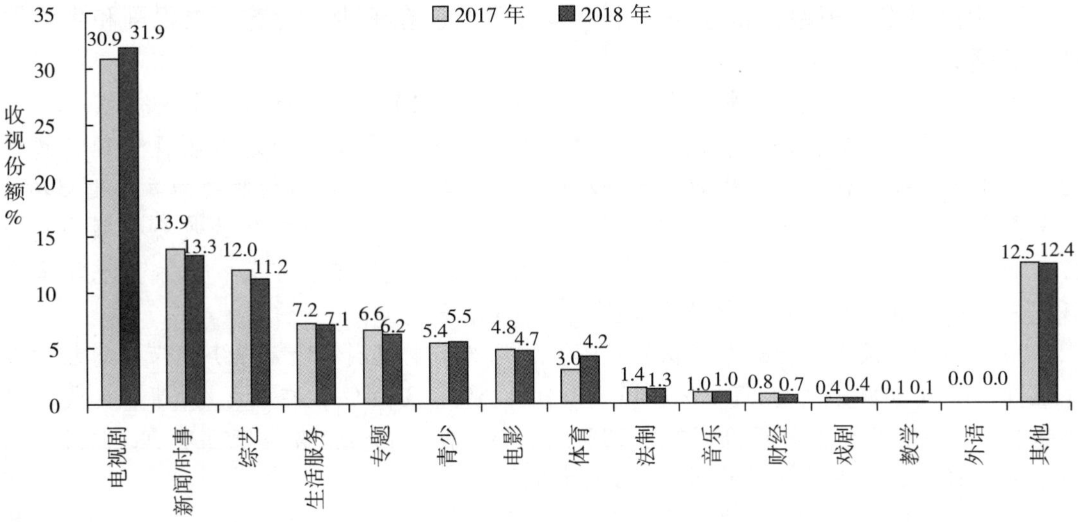

数据来源：CSM 媒介研究

图 1.5.1　2017～2018 年全国市场各类节目的收视份额（%）

与电视直播节目收视略有不同，时移收视观众收看的主要节目类型是电视剧、综艺、青少和电影类节目，这 4 类节目的收视份额合计达 74%，其余细分类型节目的收视份额都不超过 5%。其中，电视剧收视份额 44.1%，明显领先于其他各类节目；综艺节目收视份额 14.0%，位居第二；青少和电影类节目收视份额都在 5%～10%，分别位居第三、第四（图 1.5.2）。

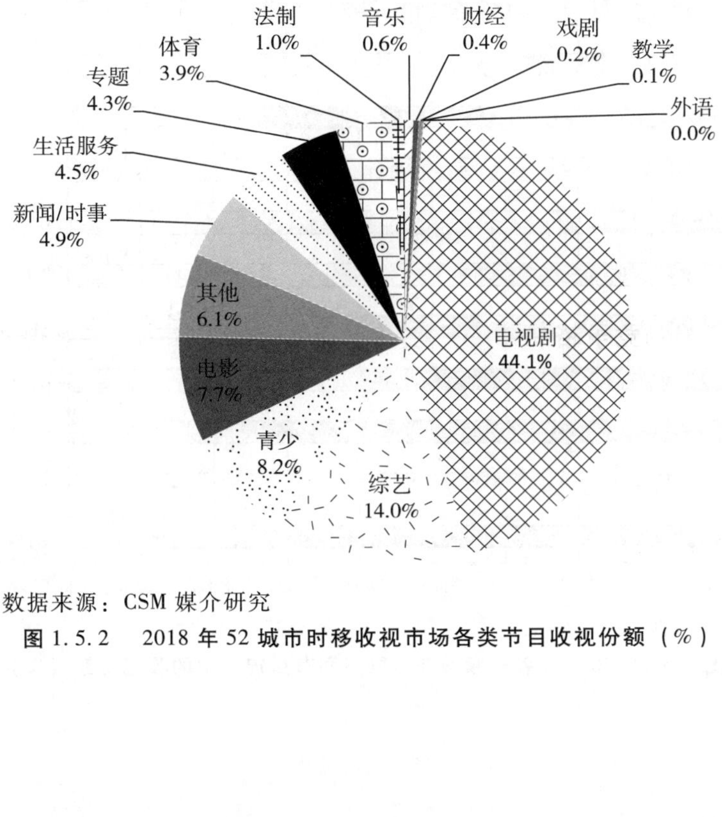

数据来源：CSM 媒介研究

图 1.5.2　2018 年 52 城市时移收视市场各类节目收视份额（%）

2. 中央电视台领跑的市场增至十个，省级卫视在青少、综艺、电视剧和生活服务市场领先

2018 年全国节目市场收视竞争中，中央电视台在 10 个节目市场的收视份额居首位。其中，在音乐、体育、教学、戏曲、专题、电影和财经类节目市场的收视份额都超过 60%，拥有绝对领导权；在法制、新闻/时事和外语类节目市场的收视份额超过 39%，居龙头位置，领先于其他各级电视频道；在综艺和青少类节目市场的收视份额分别为 37.8%和 26.5%，居市场亚军位置；在生活服务和电视剧节目市场，竞争力也不容小觑，分别以超 20%的收视份额居季军位置（图 1.5.3）。

2018 年，省级上星频道依然保持在青少、综艺、电视剧和生活服务类节目市场的领先位置，收视份额分别为 57.2%、43.7%、41.5%、36.4%；在新闻/时事、专题、电影和教学类节目市场，收视份额都在 10%～20%之间；在其余各类节目市场的收视份额都不超过 10%，竞争力相对较弱。(图 1.5.3)。

省级非上星频道 2018 年的表现明显弱于中央电视台和省级上星频道，在各节目市场的收视份额均不高，仅在法制和生活服务类节目市场的收视份额略高于 30%，在其余各类节目市场的份额都不超过 30%。2018 年，省级非上星频道在法制、生活服务、电视剧、新闻

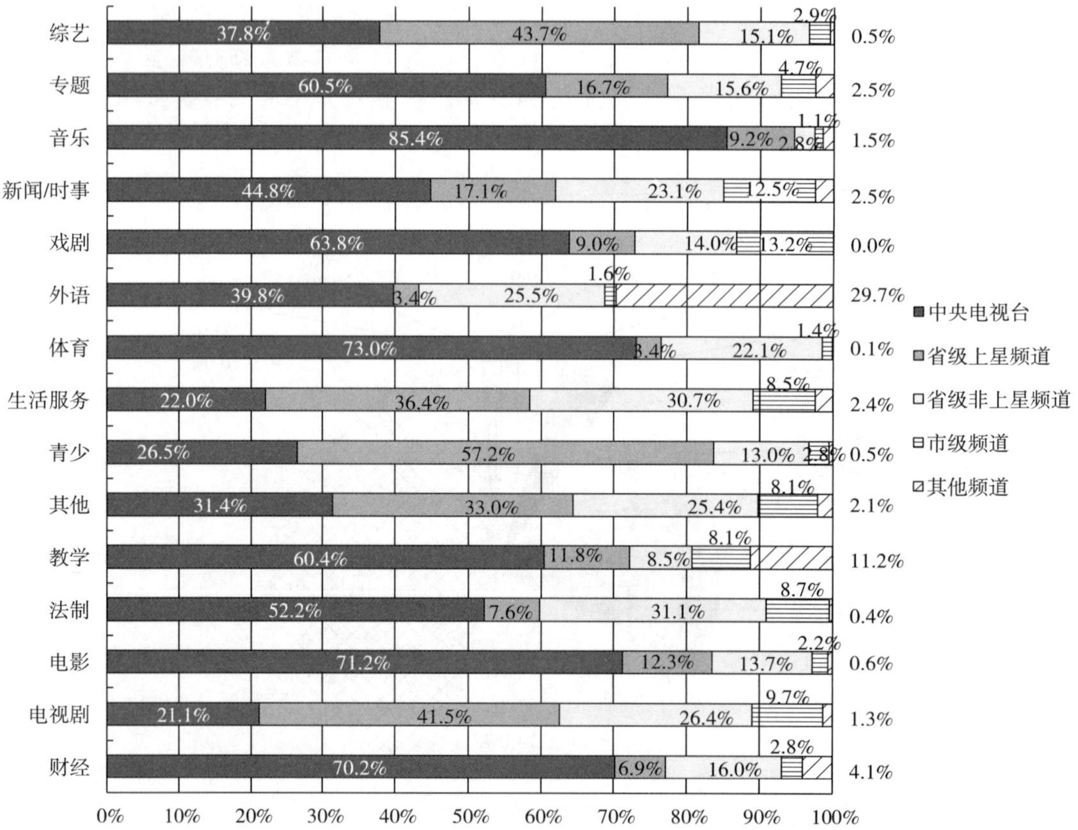

数据来源：CSM 媒介研究

图 1.5.3　2018 年各类频道在全国不同节目市场中的收视份额（%）

/时事、财经和体育类节目市场居亚军位置，表现出一定的市场竞争力（图1.5.3）。

2018年市级频道在节目市场竞争力表现变化不大，在各类节目市场中收视份额最高时不超过15%。除戏剧和新闻/时事节目市场外，市级频道在其余各类节目市场中的收视份额都不超过10%，竞争力整体偏弱（图1.5.3）。

2018年其他频道保持了在外语和教学类节目市场的地位，尤其在外语类节目市场，由2017年的季军晋升到亚军位置；其他频道在其余各类节目市场的竞争力微弱，收视份额均未超过5%（图1.5.3）。

3. 不同观众群体节目收视结构各异，类型节目满足观众个性化需求

2018年全国收视市场上，男性和女性观众收看电视剧、电影、青少、生活服务、体育、新闻/时事、专题和综艺类节目的差异较大，收视比重差值都在0.5个百分点以上。其中，男性观众更偏爱收看电影、体育、新闻/时事和专题类节目，女性观众更青睐电视剧、青少、生活服务和综艺类节目。男性观众和女性观众在其他各类节目上的收视差异较小（表1.5.1）。

年龄方面，4~14岁观众仍是青少类节目最主要的拥趸，以27.8%的收视比重大幅领先于其他年龄段观众；15~24岁观众对音乐和综艺类节目偏好突出，收视比重高于其他年龄段观众；25~34岁观众分配给生活服务和体育类节目的收视比重高于其他年龄段观众；35~44岁观众收看电影类节目的行为突出，其7.8%的收视比重为各年龄段观众之首；45~54岁观众对专题类节目收视表现突出；55~64岁观众对财经和法制类节目的关注度突出，其收视比重位均居各年龄段观众之首；65岁及以上观众对电视剧、法制、戏剧和新闻/时事类节目收视倾向明显，其收视比重合计为53.9%，在各年段观众中居首位（表1.5.1）。

表1.5.1 2018年全国市场不同性别和年龄观众对各类节目的收视比重（%）

节目类型	性别		年龄						
	男	女	4~14岁	15~24岁	25~34岁	35~44岁	45~54岁	55~64岁	65岁及以上
财经	0.8	0.6	0.3	0.5	0.5	0.8	0.8	0.9	0.8
电视剧	30.3	33.5	22.5	31.6	29.9	29.0	33.4	33.8	34.2
电影	5.3	4.1	5.9	5.5	5.1	7.8	5.4	3.4	2.6
法制	1.3	1.3	0.7	1.2	1.0	1.2	1.3	1.5	1.5
教学	0.1	0.0	0.0	0.0	0.0	0.1	0.1	0.0	0.1
青少	5.2	5.8	27.8	3.6	9.7	5.5	2.6	3.5	1.8
生活服务	6.7	7.5	5.9	7.0	7.4	6.8	7.0	7.3	7.3
体育	5.2	3.1	2.1	4.3	4.8	4.5	4.6	4.2	3.7
外语	0.0	0.0	0.0	0.0	0.0	0.0	0.0	0.0	0.0
戏剧	0.4	0.5	0.2	0.3	0.2	0.2	0.3	0.3	1.1
新闻/时事	14.3	12.2	6.9	11.7	10.7	11.5	13.1	14.8	17.1
音乐	0.9	1.0	0.7	1.2	1.0	1.1	1.1	0.9	0.8

续表

节目类型	性别		年龄						
	男	女	4～14岁	15～24岁	25～34岁	35～44岁	45～54岁	55～64岁	65岁及以上
专题	6.7	5.7	4.3	6.2	5.4	6.6	6.8	6.3	6.5
综艺	10.6	11.7	10.1	13.9	11.1	12.1	11.2	10.8	10.5
其他	12.2	13.0	12.6	13.0	13.2	12.8	12.3	12.3	12.0

数据来源：CSM媒介研究

2018年，学历越高的观众投入在财经、生活服务、体育、新闻/时事、专题和综艺类节目上的收视比重越高。相比其他学历的观众，大学及以上学历观众更喜爱收看财经、生活服务、体育、新闻/时事、专题和综艺类节目，收视比重均最高；未受过正规教育的观众更倾向于收看青少和戏剧类节目，收视比重分别为23.5%和0.8%；小学学历观众最爱看电视剧，其34.8%的收视比重居各教育程度观众之首；初中学历观众更喜欢收看电影和音乐类节目，其收视比重在各教育程度观众中最高；高中学历观众对新闻/时事和音乐类节目的收看行为突出，其收视比重在两类节目榜单上居首位（表1.5.2）。

不同个人月收入水平的观众对各类型节目的收视偏好不同。个人月收入0～600元的观众更倾向于收看电影和青少类节目，其5.2%、12.9%的收视比重在各收入段观众中最高；个人月收入601～1200元的观众分配给电视剧、法制和戏剧类节目的收视比重高于其他收入水平的观众；个人月收入1201～1700元的观众对综艺类节目的收视比重高于其他收入人群；个人月收入1701～2600元的观众对电视剧、法制、新闻/时事和音乐类节目的收视热情较高，收视比重高于观众总体水平；个人月收入2601～3500元的观众对新闻/时事节目的关注度明显高于其他收入段观众，收视比重为14.7%；个人月收入3501～5000元的观众更青睐财经节目，收视比重高于其他各收入段观众；个人月收入5001元及以上的人群在生活服务、体育和专题类节目上的收视比重在各收入段观众中最高（表1.5.2）。

表1.5.2　2018年全国市场不同受教育程度和个人月收入观众对各类节目的收视比重（%）

节目类型	受教育程度					个人月收入（元）						
	未受过正规教育	小学	初中	高中	大学及以上	0～600元	601～1200元	1201～1700元	1701～2600元	2601～3500元	3501～5000元	5001元及以上
财经	0.3	0.5	0.6	0.9	1.0	0.4	0.4	0.6	0.7	0.8	1.0	0.9
电视剧	26.9	34.8	33.7	31.0	28.4	30.2	36.7	35.7	34.2	31.5	31.1	29.1
电影	4.5	4.6	4.9	4.6	4.6	5.2	4.4	4.3	4.2	4.4	4.9	5.1
法制	0.9	1.2	1.4	1.3	1.2	1.1	1.5	1.4	1.4	1.4	1.3	1.2
教学	0.0	0.0	0.0	0.1	0.1	0.0	0.0	0.0	0.0	0.1	0.1	0.1
青少	23.5	7.8	4.2	4.0	3.9	12.9	4.7	3.2	3.1	3.5	3.5	3.8

续表

节目类型	受教育程度					个人月收入（元）						
	未受过正规教育	小学	初中	高中	大学及以上	0～600元	601～1200元	1201～1700元	1701～2600元	2601～3500元	3501～5000元	5001元及以上
生活服务	6.2	6.5	7.0	7.3	7.8	6.5	6.4	6.7	7.1	7.3	7.5	7.5
体育	1.8	2.4	3.5	4.9	6.4	2.8	2.6	2.8	3.7	4.7	5.1	6.8
外语	0.0	0.0	0.0	0.0	0.0	0.0	0.0	0.0	0.0	0.0	0.0	0.0
戏剧	0.8	0.7	0.4	0.3	0.3	0.5	0.6	0.5	0.4	0.5	0.4	0.3
新闻/时事	8.8	11.7	13.4	14.2	14.2	9.9	12.3	13.5	14.2	14.7	14.6	14.0
音乐	0.7	0.9	1.0	1.0	0.9	1.0	0.9	1.0	1.0	1.0	0.9	0.9
专题	4.2	5.4	6.2	6.6	6.9	5.3	5.9	6.0	6.1	6.6	6.7	7.0
综艺	7.9	10.5	11.1	11.5	12.1	11.2	10.7	11.5	11.3	11.1	10.9	11.3
其他	13.5	13.0	12.6	12.3	12.2	13.0	12.9	12.8	12.6	12.4	12.0	12.0

数据来源：CSM 媒介研究

2018 年全国电视节目市场中，干部/管理人员对财经、生活服务、体育、新闻/时事和专题类节目的收视偏向明显，收视比重都高于其他职业观众；个体/私营企业人员对音乐类节目的收视比重略高于观众总体的平均水平；初级公务员较偏爱收看财经、电影、生活服务、体育、专题和综艺类节目，收视比重高于观众整体平均水平；工人观众分配给电视剧、电影和综艺类节目的收视比重高于观众总体平均水平；学生用于收看电影、青少和综艺类节目的收视比重合计为 33.7%，高于其他各职业群体；无业人群对法制、戏剧和新闻/时事类节目的收视比重在各类人群中均最高（表 1.5.3）。

表 1.5.3 2018 年全国市场不同职业观众对各类节目的收视比重（%）

节目类型	职业						
	干部/管理人员	个体/私营企业人员	初级公务员	工人	学生	无业	其他
财经	0.9	0.7	0.8	0.6	0.4	0.8	0.4
电视剧	26.6	32.2	29.9	33.2	26.9	32.6	38.0
电影	5.4	6.1	5.3	6.1	6.2	3.4	5.2
法制	1.2	1.3	1.1	1.2	1.0	1.4	1.4
教学	0.1	0.1	0.1	0.0	0.0	0.1	0.0
青少	3.5	4.4	4.2	4.5	13.8	5.5	5.2
生活服务	7.3	6.6	7.6	6.7	6.3	7.3	6.3
体育	7.5	4.3	5.9	4.0	3.4	3.8	2.0
外语	0.0	0.0	0.0	0.0	0.0	0.0	0.0
戏剧	0.2	0.3	0.2	0.3	0.3	0.6	0.6

续表

节目类型	职业						
	干部/管理人员	个体/私营企业人员	初级公务员	工人	学生	无业	其他
新闻/时事	14.7	12.7	12.9	12.3	9.1	14.7	11.2
音乐	0.9	1.1	1.0	1.0	0.9	0.9	1.1
专题	7.3	6.6	6.7	6.1	5.6	6.1	5.5
综艺	12.2	10.8	11.9	11.3	13.7	10.5	10.4
其他	12.2	12.8	12.4	12.7	12.4	12.3	12.7

数据来源：CSM 媒介研究

（二）浙江省电视收视市场节目竞争格局

1. 浙江省节目收视竞争格局基本稳定，电视剧收视份额再度扩大

2018 年浙江省电视节目收视竞争格局微调，各类节目收视份额变化不大，排名不变。电视剧稳居市场首位，收视份额同比增长了 0.7 个百分点，达到 34.8%；新闻/时事类节目位列市场第二，收视份额 12.0%，较 2017 年减少了 0.9 个百分点；综艺、生活服务、专题和青少类节目收视份额都在 5% ~10% 之间。相比 2017 年，生活服务类节目收视份额有 0.4 个百分点的增长，综艺类节目有 0.6 个百分点的下降，专题和青少类节目保持不变；电影和体育类节目收视份额都在 2% ~5% 之间，电影类节目收视份额减少了 0.4 个百分点，体育类节目增长了 0.7 个百分点；音乐、法制、财经、戏剧、教学和外语类节目收视份额均在 2% 以下，收视份额变化微弱（图 1.5.4）。

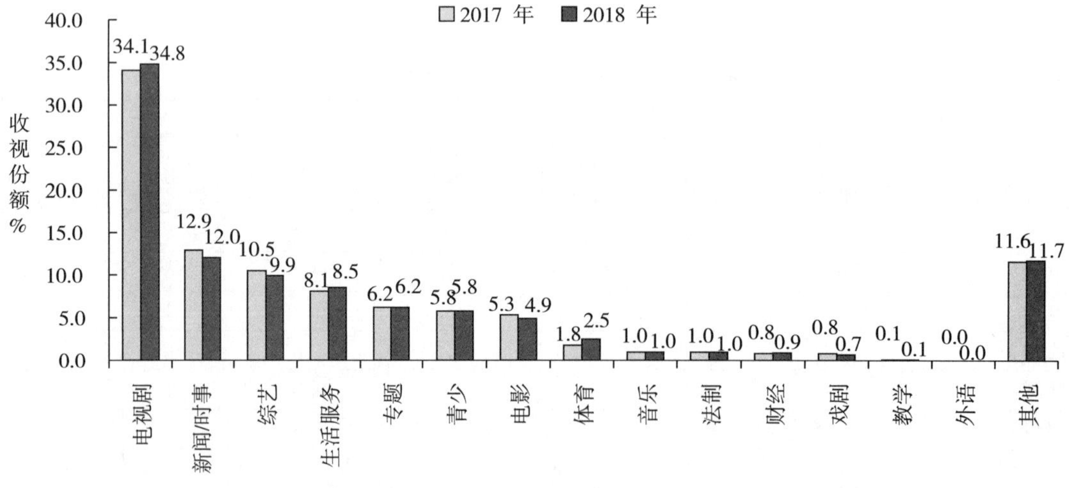

数据来源：CSM 媒介研究

图 1.5.4 2017 ~2018 年浙江省电视收视市场各类节目的收视份额（%）

2. 中央电视台领跑浙江多数节目市场，浙江电视台紧随其后

2018 年，中央电视台在浙江 11 个类型节目市场收视份额领先，市场竞争力突出。在戏剧、体育、音乐、电影、外语、教学、法制、专题、新闻/时事、财经和综艺类节目市场，中央电视台收视份额都在 40% ~96% 之间，领先于其他各级频道；在电视剧、青少和生活服务类节目市场，中央电视台收视份额在 15% ~30% 之间，位居市场第二或第三的位置，具有一定的收视竞争力（图 1.5.5）。

2018 年，浙江电视台在本省生活服务和电视剧类节目市场居领先地位，收视份额分别达 62.2%、39.9%；在新闻/时事、青少、综艺、教学、法制和专题类节目市场，浙江电视台都以超 20% 收视份额，居细分节目市场亚军或季军的位置。相比之下，浙江电视台在体育、音乐、戏剧、电影和外语类节目市场竞争力较弱，收视份额都不超过 6%（图 1.5.5）。

相比中央电视台与浙江电视台，2018 年外省卫视在浙江省电视收视市场竞争表现一般，仅在青少类节目市场收视份额居首，为 43.6%。在综艺和电视剧节目市场，外省卫

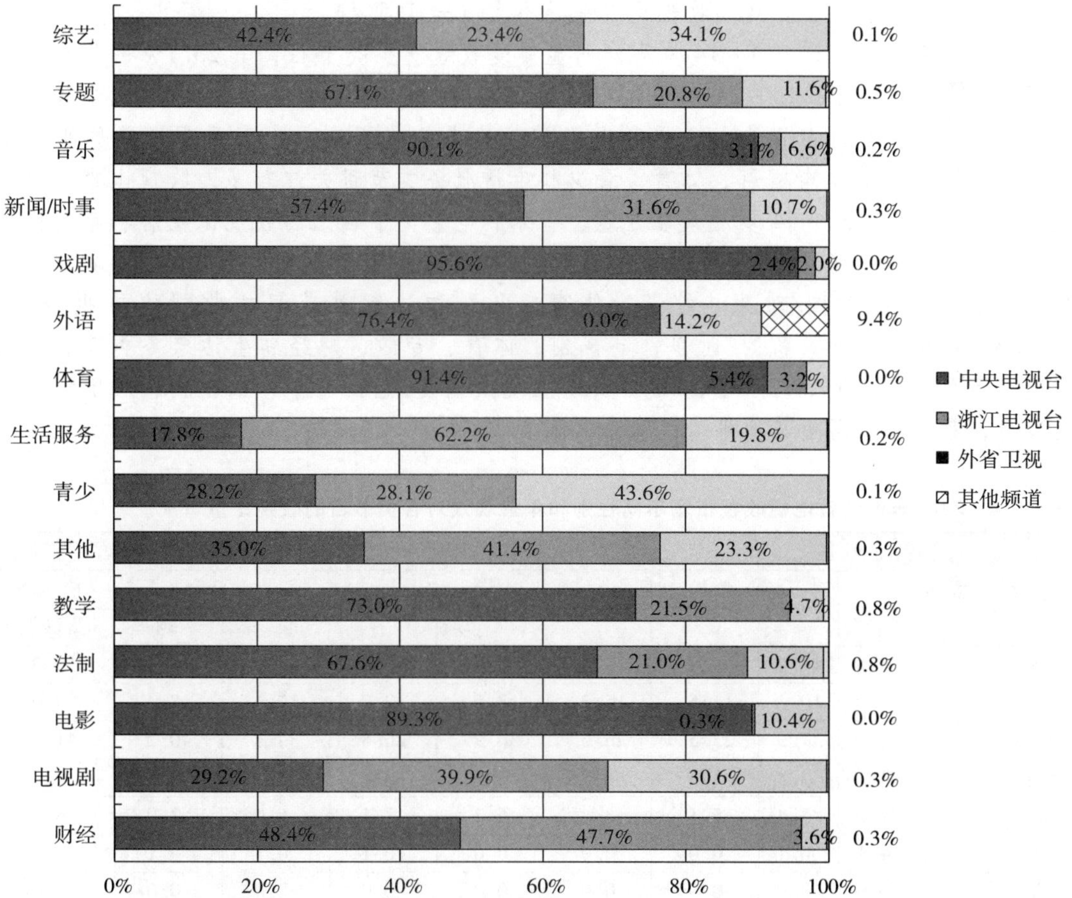

数据来源：CSM 媒介研究

图 1.5.5 2018 年浙江省电视收视市场各类频道在不同类别节目中的收视份额（%）

视的收视份额分别为34.1%和30.6%，居市场亚军位置；在生活服务、外语、专题、新闻/时事、法制和电影类节目市场，外省卫视的收视份额都在10%～20%之间；在音乐、教学、财经、体育和戏剧类节目市场，外省卫视收视竞争力较弱，收视份额都低于10%（图1.5.5）。

2018年，其他频道在浙江省电视收视市场各类节目市场的收视竞争力薄弱，除在外语类节目市场获得9.4%的收视份额外，在其他各类节目市场的收视份额都低于1%（图1.5.5）。

3. 不同观众群体对各类节目收视分化，收视比重体现出差异化偏好

2018年，浙江省男性观众对新闻/时事、体育、专题和电影类节目的收视比重明显高于女性观众，而女性观众更多地关注综艺、电视剧、青少和生活服务类节目。男性和女性观众在新闻/时事、电视剧和电影类节目上的收视比重差异最显著，分别相差3.1个、4.8个和2.0个百分点；在专题、体育、生活服务和综艺类节目上，男性和女性观众的收视比重也相差较多，差值分别为1.6个、1.3个、1个和0.8个百分点；在其余类型节目上，浙江省男、女观众收视比重差异不大（表1.5.4）。

从年龄来看，浙江省4～14岁观众明显偏爱收看青少类节目，其23.1%的收视比重远超其他年龄段观众；15～24岁观众在综艺、体育和生活服务类节目的收视比重居各年龄段观众之首，同时在青少、音乐和电影类节目上的收视比重也高于观众总体平均水平；25～34岁观众对电视剧、体育、青少和生活服务类节目关注较多，收视比重高于观众总体平均水平；35～44岁观众在专题、音乐和电影类节目上的收视比重居各年龄段观众之首，收视倾向突出；45～54岁观众分配给财经类节目的收视比重明显高于其他年龄段观众，分配给新闻/时事、综艺、体育、电影和法制类节目的收视比重也较高；55～64岁观众较为青睐新闻/时事、电视剧、体育、专题、财经和生活服务类节目，收视比重高于观众总体平均水平；65岁及以上观众偏爱新闻/时事、电视剧、戏剧和法制类节目，收视比重高于其他年龄段观众（表1.5.4）。

表1.5.4 2018年浙江省电视收视市场不同性别和年龄观众对各类节目的收视比重（%）

节目类型	性别		年龄						
	男	女	4～14岁	15～24岁	25～34岁	35～44岁	45～54岁	55～64岁	65岁及以上
新闻/时事	13.5	10.4	5.4	9.0	9.4	10.6	13.9	12.2	15.3
综艺	9.5	10.3	11.5	15.3	8.5	12.9	10.1	8.4	9.0
电视剧	32.5	37.3	23.3	26.6	36.9	26.8	34.1	40.2	41.0
体育	3.1	1.8	1.8	3.8	2.7	3.0	3.3	2.6	1.2
专题	7.0	5.4	5.1	3.4	6.2	7.1	6.0	7.0	6.0
教学	0.1	0.1	0.0	0.0	0.0	0.1	0.1	0.1	0.1
外语	0.0	0.0	0.0	0.0	0.0	0.0	0.0	0.0	0.0
青少	5.4	6.2	23.1	10.1	7.6	6.5	3.8	2.7	1.5
音乐	1.0	1.0	0.8	1.2	1.0	1.6	1.0	1.0	0.7

续表

节目类型	性别		年龄						
	男	女	4～14岁	15～24岁	25～34岁	35～44岁	45～54岁	55～64岁	65岁及以上
电影	5.8	3.8	4.6	6.3	2.9	7.8	6.4	3.7	3.1
戏剧	0.7	0.7	0.1	0.1	0.3	0.4	0.3	0.4	1.4
财经	0.9	0.9	0.8	0.6	0.8	0.8	1.2	1.1	0.8
生活服务	8.0	9.0	9.9	10.4	9.7	9.0	7.5	8.6	7.5
法制	1.0	0.9	0.3	0.5	0.9	0.8	1.1	0.9	1.6
其他	11.5	12.2	13.3	12.7	13.1	12.6	11.2	11.1	10.8

数据来源：CSM 媒介研究

2018 年，浙江省未受过正规教育的观众收看青少类节目的行为突出，其 11.7% 的收视比重远高于其他学历观众；小学学历观众对电视剧和戏剧类节目的收视比重居各学历观众之首；初中学历观众分配给专题和电影类节目的收视比重高于其他学历观众；高中学历观众更偏爱收看新闻/时事、音乐和法制类节目，收视比重位列各学历观众之首；大学及以上学历观众收视兴趣广泛，在综艺、体育、专题、财经和生活服务类节目上的收视比重高于其他学历观众（表 1.5.5）。

在收入方面，个人月收入 0～300 元的观众更偏爱收看综艺、青少和法制类节目，收视比重高于浙江省其他收入水平观众；个人月收入 301～900 元的观众花在电视剧、音乐和戏剧类节目上的时间比重居各收入水平群体之首；个人月收入 901～1700 元的观众对音乐和生活服务类节目投入的时间比重在各收入水平观众中最高；个人月收入 1701～2600 元的观众更倾向于收看新闻/时事、电视剧、专题和戏剧类节目，收视比重高于观众整体平均水平；个人月收入 2601～3501 元的观众投入在电影类节目上的时间比重高于其他收入水平观众；相比之下，个人月收入 3501 元及以上的观众收视兴趣较为广泛，在新闻/时事、体育、专题和财经类节目上的收视比重在各收入水平观众中居首位（表 1.5.5）。

表 1.5.5 2018 年浙江省电视收视市场不同受教育程度和个人月收入观众对各类节目的收视比重（%）

节目类型	受教育程度					个人月收入（元）					
	未受过正规教育	小学	初中	高中	大学及以上	0～300元	301～900元	901～1700元	1701～2600元	2601～3500元	3501元及以上
新闻/时事	9.5	9.1	13.2	14.3	13.8	8.8	13.8	12.5	12.5	14.0	14.4
综艺	6.5	9.6	10.0	10.3	11.5	11.7	6.6	9.0	10.5	9.9	10.0
电视剧	37.6	39.9	33.8	32.6	26.9	33.0	42.7	38.3	36.7	32.9	32.6
体育	0.7	0.8	2.2	4.6	5.4	1.3	0.6	1.2	1.2	3.1	3.4
专题	5.3	5.9	6.8	6.0	6.4	5.0	5.5	5.6	6.7	5.9	7.3
教学	0.1	0.1	0.1	0.0	0.1	0.1	0.1	0.1	0.1	0.1	0.1
外语	0.0	0.0	0.0	0.0	0.0	0.0	0.0	0.0	0.0	0.0	0.0
青少	11.7	6.4	4.2	4.5	7.1	11.6	2.7	3.9	4.3	5.1	3.6
音乐	0.8	0.9	1.1	1.2	0.8	0.8	1.2	1.2	0.9	1.2	1.1

续表

节目类型	受教育程度					个人月收入（元）					
	未受过正规教育	小学	初中	高中	大学及以上	0～300元	301～900元	901～1700元	1701～2600元	2601～3500元	3501元及以上
电影	4.9	4.8	5.4	4.7	3.8	5.0	3.6	4.0	4.5	5.8	5.7
戏剧	0.5	1.5	0.4	0.2	0.3	0.5	2.3	1.4	0.9	0.7	0.5
财经	0.7	0.8	1.1	0.6	1.6	0.6	0.6	0.8	0.7	0.8	1.2
生活服务	9.0	7.7	9.0	7.9	9.5	8.3	7.7	8.8	8.5	8.3	8.1
法制	0.5	0.9	0.9	1.5	0.6	1.1	0.7	0.9	1.0	1.0	1.0
其他	12.2	11.6	11.8	11.6	12.2	12.2	11.9	12.3	11.5	11.2	11.0

数据来源：CSM媒介研究

2018年，在浙江省观众中，干部/管理人员在体育、专题、财经和生活服务类节目上的收视比重居各职业人群之首；个体/私营企业人员在音乐、电影和法制类节目的收视比重高于其他各职业观众；初级公务员对新闻/时事和财经类节目有浓厚的收视兴趣，收视比重居各职业观众之首；工人在综艺、电视剧、体育和电影类节目上的收视比重高于浙江省观众总体平均水平；学生花在综艺和青少类节目上的时间比重超过其他职业人群；无业观众收视兴趣广泛，对电视剧、专题、青少、戏剧、财经、生活服务和法制类节目都表现出较强的收视偏好（表1.5.6）。

表1.5.6　2018年浙江省电视收视市场不同职业观众对各类节目的收视比重（%）

节目类型	职业						
	干部/管理人员	个体/私营企业人员	初级公务员	工人	学生	无业	其他
新闻/时事	13.7	13.5	14.5	10.0	7.5	10.8	13.4
综艺	9.2	11.0	9.6	10.0	17.4	8.7	6.0
电视剧	29.6	33.9	31.1	39.6	25.0	37.2	41.5
体育	7.2	1.7	3.6	3.2	2.1	1.9	1.4
专题	7.7	6.4	6.6	5.6	5.3	6.3	6.1
教学	0.0	0.1	0.0	0.1	0.1	0.1	0.1
外语	0.0	0.0	0.0	0.0	0.0	0.0	0.0
青少	2.6	4.0	5.6	4.5	14.6	6.0	3.6
音乐	0.4	1.5	1.0	0.9	0.9	0.9	0.9
电影	4.2	7.0	4.1	6.5	6.3	3.2	6.2
戏剧	0.1	0.2	0.4	0.4	0.3	1.1	1.8
财经	1.2	1.1	1.2	0.4	0.7	1.0	0.5
生活服务	10.7	7.5	9.4	7.0	8.0	9.2	7.0
法制	0.6	1.2	0.7	0.9	0.5	1.1	1.1
其他	12.8	10.9	12.2	10.9	11.3	12.5	10.4

数据来源：CSM媒介研究

（三）北京市电视收视市场节目竞争格局

1. 北京市电视收视市场节目竞争格局整体稳定，电视剧收视份额继续增长

2018 年，北京市电视节目市场收视份额排序变化不大，仅青少类和法制类节目位次对调。电视剧以 31.6% 的收视份额稳居市场首位，并再度扩大领先优势，收视份额同比增长 2.2 个百分点；新闻/时事和综艺类节目依次排名市场第二、第三位，收视份额均超 10%，较 2017 年分别减少 1 个和 0.7 个百分点；生活服务、专题和体育类节目的收视份额都超过 5%，其中前两类节目收视份额较 2017 年分别减少 0.8 个和 0.6 个百分点，体育类节目收视份额同比增长 0.8 个百分点；其余各类节目收视份额均低于 5%，其中青少类节目收视份额同比增长 0.9 个百分点，涨幅较明显（图 1.5.6）。

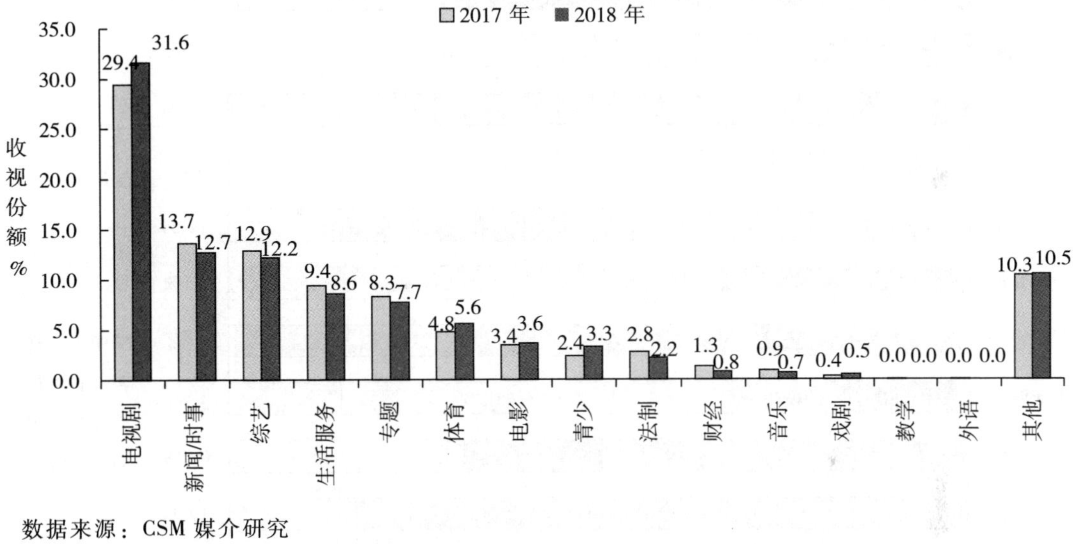

数据来源：CSM 媒介研究

图 1.5.6　2017～2018 年北京市电视收视市场各类节目的收视份额（%）

2. 中央电视台与北京电视台雄踞类型节目市场，外省卫视在青少类节目市场居首

2018 年，在北京电视节目市场，中央电视台在半数以上类型节目市场居首位。其中，中央电视台在戏剧类节目市场的收视份额超过 90%；在音乐和外语类节目市场超过 80%；在电影、教学和财经类节目市场超过 70%；在体育、专题和新闻/时事类节目市场超过 40%。在综艺类节目市场，中央电视台以超过 30% 的收视份额位居市场亚军。在青少、法制、电视剧和生活服务类节目市场，中央电视台竞争力一般，收视份额都未超过 30%（图 1.5.7）。

2018 年，北京电视台在法制、生活服务、电视剧和综艺类节目市场表现突出，收视份额居首。北京电视台在法制和生活服务类节目市场，收视份额均超过 60%；在电视剧和新闻/时事类市场，收视份额超过 40%；在专题、综艺和青少类节目市场，收视份额都在 30% 以上；在体育、财经、电影、音乐、戏剧、外语和教学类节目市场，收视份额

都低于30%，竞争力不强（图1.5.7）。

2018年，外省卫视在北京类型节目市场收视竞争地位改观不大，仍只在青少、电视剧和综艺类节目市场保持前两名的位置。外省卫视在青少类节目和电视剧市场分别以38.3%和32.1%的收视份额位居第一、第二；在综艺类节目市场，收视份额接近30%；在生活服务和教学类节目市场，收视份额都在10%以上；在专题、新闻/时事、音乐、电影、戏剧、外语、法制、财经和体育类节目市场，外省卫视表现低迷，收视份额均不足10%（图1.5.7）。

相比之下，其他频道在北京各类节目市场的收视竞争力薄弱，仅在教学、外语和综艺类节目市场分别获得12.8%、12.2%和7.6%的收视份额，在其余类型节目市场的收视份额均未超过4%（图1.5.7）。

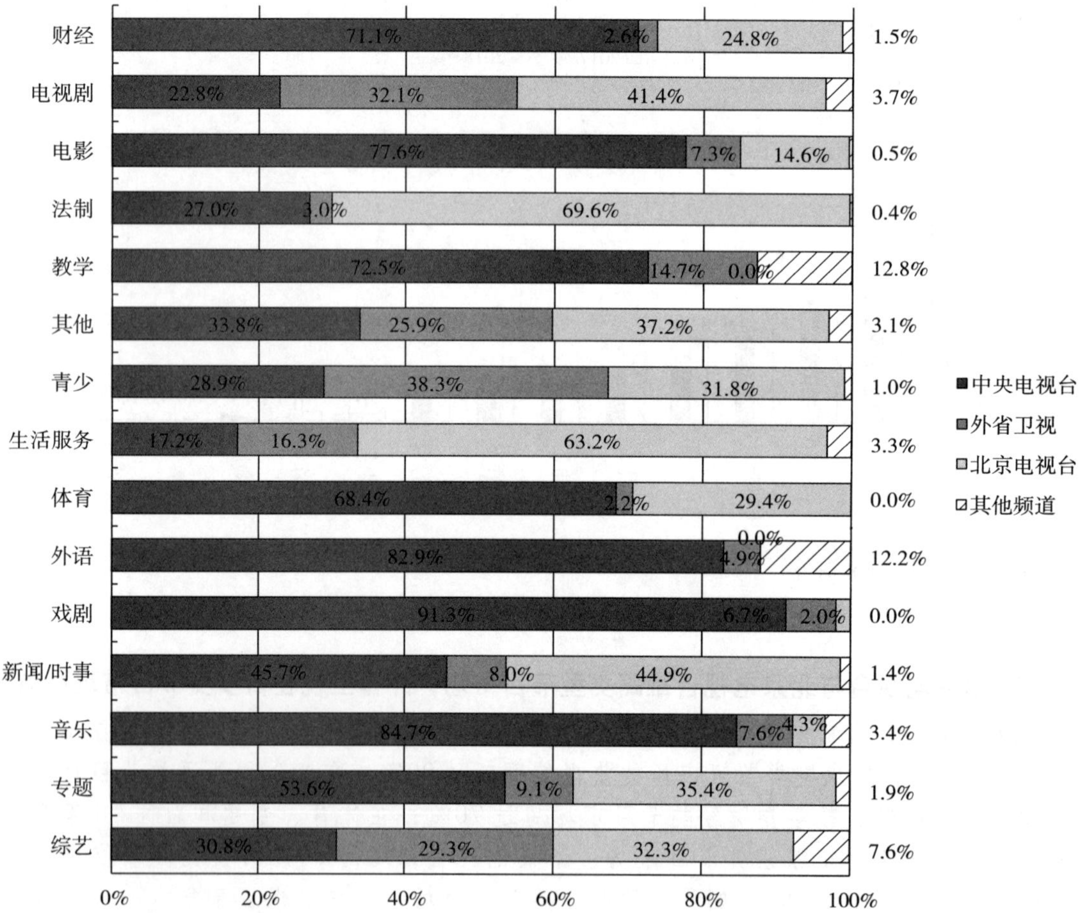

数据来源：CSM媒介研究

图1.5.7 2018年北京市电视收视市场各类频道在不同节目类别中的收视份额（%）

3. 收视比重显示收视差异，类型节目满足观众个性化需求

2018 年，在北京电视收视市场，男性观众对新闻/时事、体育和专题类节目表现出浓厚的收视兴趣，收视比重比女性观众高出 1 个百分点以上；女性观众明显偏爱收看电视剧和青少类节目，收视比重比男性分别高出 4.4 个和 0.6 个百分点。对于其余类型节目，男女观众的收视比重差别不大（表 1.5.7）。

在年龄上，2018 年北京 4～14 岁观众对青少和电影类节目更感兴趣，其中对青少类节目的收视比重远超其他年龄段观众，对电影类节目的收视比重高于北京观众整体平均水平；15～24 岁观众对综艺、电视剧和电影类节目的收视比重最高；25～34 岁观众收视兴趣主要集中在体育、电影和生活服务类节目上，收视比重高于北京观众总体平均水平；35～44 岁观众在财经类节目上投入的时间比重为 1.1%，居各年龄段观众之首；45～54 岁观众在专题类节目上的收视比重居各年龄段观众之首；55～64 岁观众收看财经和法制类节目的时间比重高于其他年龄段观众，他们同时在新闻/时事、电视剧、专题和生活服务类节目上的收视比重也高于总体平均水平；各年龄段观众中，65 岁及以上观众在新闻/时事、戏剧和生活服务类节目上的收视比重最高，对电视剧的收视比重也较高。整体上，北京中老年观众对新闻/时事和生活服务类节目的收视比重更高（表 1.5.7）。

表 1.5.7　2018 年北京市电视收视市场不同性别和年龄观众对各类节目的收视比重（%）

节目类型	性别		年龄						
	男	女	4～14 岁	15～24 岁	25～34 岁	35～44 岁	45～54 岁	55～64 岁	65 岁及以上
新闻/时事	13.4	11.8	6.4	8.7	9.8	9.3	10.9	14.3	17.4
综艺	12.0	12.4	11.7	13.2	13.1	14.0	13.1	11.4	10.6
电视剧	29.5	33.9	22.5	34.3	28.2	29.5	32.1	32.9	33.0
体育	7.0	4.1	3.1	5.0	6.7	5.7	6.4	5.4	4.8
专题	8.2	7.1	6.1	8.0	6.1	8.3	8.4	7.9	7.3
教学	0.1	0.0	0.0	0.1	0.0	0.1	0.1	0.0	0.1
外语	0.0	0.0	0.0	0.0	0.0	0.0	0.0	0.0	0.0
青少	3.0	3.6	24.1	2.4	8.6	4.1	1.7	2.0	1.0
音乐	0.7	0.7	0.6	0.9	0.7	0.8	0.9	0.6	0.5
电影	3.8	3.3	5.3	5.8	4.1	5.7	4.4	2.4	1.9
戏剧	0.5	0.5	0.4	0.3	0.2	0.3	0.2	0.3	1.1
财经	0.9	0.8	0.4	0.5	0.6	1.1	0.9	1.1	0.7
生活服务	8.4	8.8	6.9	7.3	8.9	8.0	8.2	8.7	9.2
法制	2.2	2.2	1.4	2.0	1.4	2.3	2.3	2.7	2.1
其他	10.3	10.8	11.1	11.5	11.6	10.8	10.4	10.3	10.3

数据来源：CSM 媒介研究

相比其他受教育程度的观众，2018年北京未受过正规教育的观众更关注青少、戏剧类节目，这两类节目的收视比重都高于其他学历观众；小学学历的观众对电视剧更感兴趣，收视比重位列第一，同时他们分配给青少和戏剧类节目的时间比重都高于观众总体平均水平；初中学历观众收看法制类节目的时间比重高于其他学历观众，并对电视剧关注较多；高中学历观众分配给电视剧、电影和法制类节目的收视比重在各学历观众中处于较高水平；大学及以上学历观众收视兴趣较为广泛，他们分配给新闻/时事、综艺、体育、专题、电影和财经类节目的时间比重都高于其他各学历观众（表1.5.8）。

从个人月收入来看，个人月收入0～600元的观众更青睐青少和电影类节目，收视比重高于其他收入水平观众；个人月收入601～1200元的观众更喜爱收看电视剧和法制类节目，收视比重在各收入水平观众中最高；个人月收入1201～1700元的观众用于收看综艺和戏剧类节目的时间比重高于其他各收入水平观众，他们分配给电视剧和音乐类节目的时间比重高于观众总体平均水平；个人月收入1701～2600元的观众对音乐类节目最感兴趣，收视比重最高，他们分配给综艺、电视剧、戏剧、生活服务和法制类节目的时间比重也处于较高水平；个人月收入2601～3500元的观众在电视剧、财经、生活服务和法制类节目上投入的时间比重较高；个人月收入3501～5000元的观众最关注新闻/时事、财经和生活服务类节目，收视比重高于其他收入水平观众；个人月收入5001元及以上观众更青睐体育、专题和财经类节目，收视比重高于其他收入水平观众（表1.5.8）。

表1.5.8　2018年北京市电视收视市场不同受教育程度和收入观众对各类节目的收视比重（%）

节目类型	受教育程度					个人月收入（元）						
	未受过正规教育	小学	初中	高中	大学及以上	0～600元	601～1200元	1201～1700元	1701～2600元	2601～3500元	3501～5000元	5001元及以上
新闻/时事	9.9	11.3	12.7	12.1	13.5	8.9	8.1	9.6	10.5	12.5	14.8	13.2
综艺	8.3	11.9	11.9	11.7	13.2	12.2	11.2	16.5	12.3	11.0	11.7	13.2
电视剧	26.7	37.4	33.9	32.7	27.8	31.8	45.6	36.1	35.9	33.6	31.4	28.4
体育	3.3	2.8	4.6	5.1	7.6	3.9	1.7	4.1	4.2	4.8	5.2	7.9
专题	5.9	5.8	7.3	7.7	8.3	7.0	6.7	7.5	6.6	7.7	7.7	8.3
教学	0.0	0.1	0.0	0.0	0.1	0.0	0.0	0.1	0.1	0.0	0.0	0.1
外语	0.0	0.0	0.0	0.0	0.0	0.0	0.0	0.0	0.0	0.0	0.0	0.0
青少	19.7	4.5	2.6	3.1	2.8	9.4	1.8	1.4	2.6	3.4	2.1	2.2
音乐	0.5	0.6	0.7	0.7	0.7	0.8	0.5	0.8	0.9	0.6	0.7	0.7
电影	3.6	3.0	3.2	3.7	3.8	4.5	2.4	3.2	3.2	3.4	3.0	4.0
戏剧	1.8	1.1	0.5	0.4	0.3	0.6	0.1	1.1	0.5	0.4	0.6	0.3
财经	0.4	0.4	0.9	0.8	1.0	0.5	0.4	0.7	0.4	0.9	1.0	1.0
生活服务	7.1	8.4	8.6	8.7	8.6	7.3	7.3	7.3	9.1	8.7	9.3	8.2
法制	1.4	2.0	2.5	2.5	1.8	1.9	2.6	1.9	2.5	2.4	2.3	1.9
其他	11.4	10.7	10.6	10.8	10.5	11.2	11.6	9.7	11.2	10.6	10.2	10.6

数据来源：CSM媒介研究

在2018年北京不同职业的观众中，干部/管理人员更喜欢收看综艺、体育、专题、音乐、电影和财经类节目，收视比重在各职业观众中最高；个体/私营企业人员分配给电影类节目的收视比重也最高，并比较青睐电视剧和体育类节目；初级公务员/雇员相对更为关注综艺、体育、音乐、电影和生活服务类节目，收视比重均高于北京观众总体平均水平；工人群体对青少和电影类节目的收视兴趣突出，收视比重明显高于观众总体平均水平；学生偏爱音乐类节目，收视比重在各职业观众中也处于最高水平，同时他们分配给综艺、专题、青少和电影类节目的收视比重也较高，收视偏好明显；无业观众更为关注新闻/时事、戏剧、生活服务和法制类节目，时间比重在北京不同职业观众中最高（表1.5.9）。

表1.5.9　2018年北京市电视收视市场不同职业观众对各类节目的收视比重（%）

节目类型	职业						
	干部/管理人员	个体/私营企业人员	初级公务员/雇员	工人	学生	无业	其他
新闻/时事	12.6	10.6	10.8	9.0	8.8	14.6	10.1
综艺	14.5	12.2	14.0	12.2	13.8	11.1	9.8
电视剧	22.4	32.2	30.1	31.5	30.8	32.8	37.9
体育	10.3	6.7	6.8	4.8	5.1	4.8	2.2
专题	9.8	7.8	7.9	7.6	8.4	7.4	8.2
教学	0.1	0.1	0.0	0.0	0.1	0.0	0.1
外语	0.0	0.0	0.0	0.0	0.0	0.0	0.0
青少	2.8	2.6	2.7	6.9	6.5	3.0	5.4
音乐	0.8	0.7	0.8	0.7	0.8	0.6	0.8
电影	5.8	5.8	4.3	5.1	5.3	2.5	3.5
戏剧	0.2	0.3	0.2	0.2	0.4	0.6	0.6
财经	1.1	0.9	1.0	0.6	0.5	0.8	0.6
生活服务	8.2	7.2	8.6	8.2	7.1	8.9	7.9
法制	1.7	2.1	2.0	2.1	1.7	2.4	1.1
其他	9.7	10.8	10.8	11.1	10.7	10.5	11.8

数据来源：CSM媒介研究

（四）上海市电视收视市场节目竞争格局

1. 上海节目市场竞争大格局稳定，电视剧和体育类节目收视份额涨幅较大

2018年上海市电视收视市场各类节目收视份额排序略有变化，电视剧保持龙头地位，体育节目排序前进一名，电视剧的领先优势再度扩大，收视份额超过30%，较2017

年增长了2.7个百分点；新闻/时事类节目收视份额14.7%，比2017年上升了0.4个百分点；综艺和生活服务类节目收视份额接近10%，同比下降了3.3个和0.5个百分点；体育类节目收视份额增长1.6个百分点，在各类节目排名中超越专题类节目，前进一名；其余各类型节目收视份额均低于6%，且收视份额较2017年变化不大，幅度均不超过0.6个百分点（图1.5.8）。

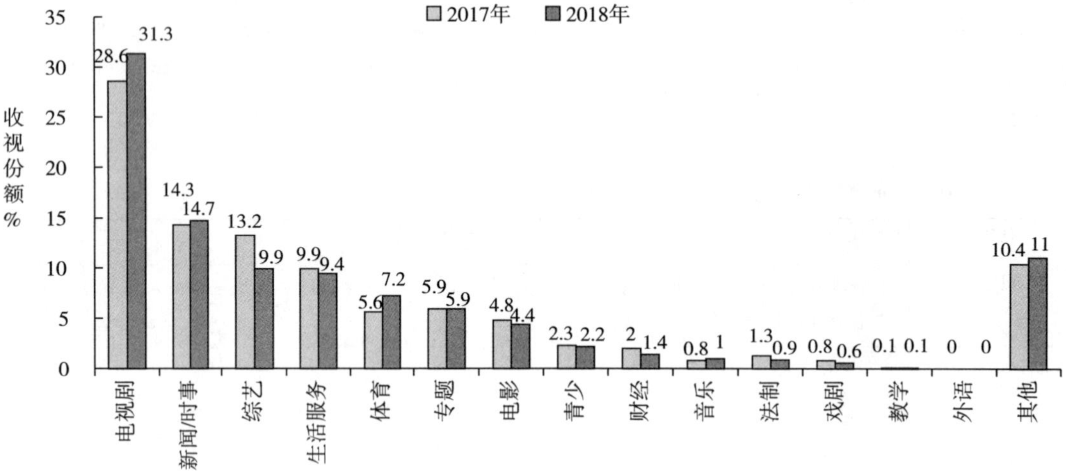

数据来源：CSM媒介研究

图1.5.8　2017～2018年上海市电视收视市场各类节目的收视份额（%）

2. 上海本地频道在过半节目市场居首，中央电视台稳居音乐、专题和教学类节目市场龙头

2018年上海本地频道主控上海过半的类型节目市场，收视份额均超过50%。其中，上海本地频道在财经、生活服务和戏剧类节目市场的收视份额均超过70%，在体育、法制、外语、电视剧和新闻/时事类节目市场的收视份额均在60%～70%之间，在青少和综艺类节目市场的收视份额也超过50%，在电影、教学和专题类节目市场的收视份额均在35%～50%之间，在类型节目市场中排名靠前。2018年上海本地频道在音乐类节目市场的竞争力略有提升，但与市场冠军82.0%的收视份额相比仍有较大差距（图1.5.9）。

2018年的上海市电视收视市场，中央电视台在音乐、专题和教学类3个细分节目市场保持领先地位，收视份额分别为82.0%、48.9%和43.6%；在电影、体育、法制、新闻时事、戏剧和综艺类节目市场的收视份额均超20%，居市场亚军或季军位置；在青少、外语、财经和电视剧类节目市场的收视份额在10%～20%之间；在生活服务类节目市场的收视份额均不足10%，竞争力较弱（图1.5.9）。

受压于上海本地频道和中央电视台，2018年外省卫视在上海各类节目市场的收视份额均不超过30%，竞争力表现一般。青少、电视剧和综艺类节目是外省卫视在上海具备一定竞争力的细分市场，收视份额分别为29.7%、27.6%和26.5%，分居各细分节目市场的亚军位置；在生活服务类节目市场，外省卫视以12.9%的收视份额获得亚军位置；在其余各类节目市场中，外省卫视竞争力较弱，收视份额均未超过10%（图1.5.9）。

2018 年其他频道在上海外语和教学类节目市场的收视份额有明显增长，分别达到20.5%和10.7%；但在其余各节目市场的市场竞争力仍较弱，收视份额都不超过5%（图1.5.9）。

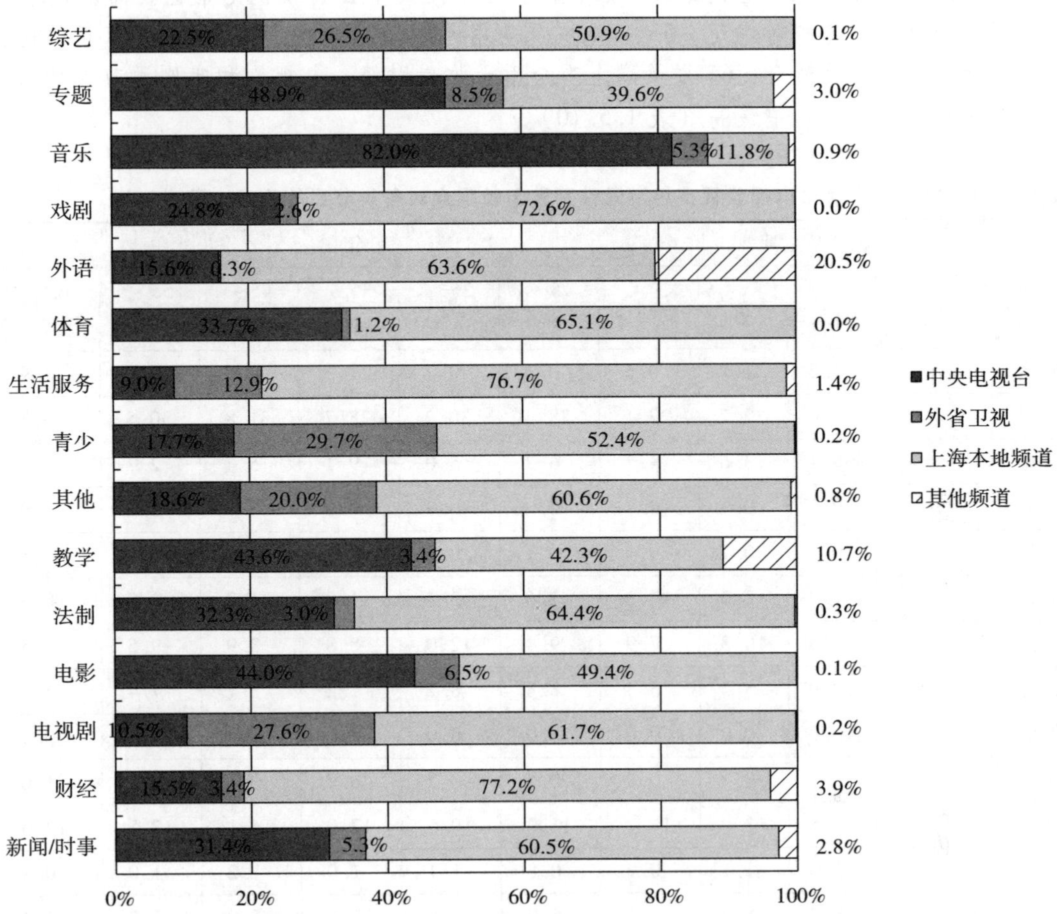

数据来源：CSM 媒介研究

图 1.5.9　2018 年上海市电视收视市场各类频道在不同类型节目中的收视份额（%）

3. 不同观众群体的节目收视各有侧重，收视结构体现出观众收视差异

2018 年上海市场，男性观众分配给新闻/时事、体育、专题和电影类节目的时间比重明显高于女性；女性观众更青睐综艺、电视剧和生活服务类节目。男性和女性观众在教学、外语、青少、戏剧、音乐、财经和法制类节目上的收视偏好差异不明显，收视比重差值都不超过0.6个百分点（表1.5.10）。

2018 年，上海不同年龄段观众的节目收视偏好各有侧重。4～14 岁观众收看青少类节目的时间占比超过17%，收视比重在各年龄段观众中最高，他们收看电影、专题类节目的时间比重也超过上海观众总体均值；15～24 岁观众对体育、专题、综艺类节目的收视比重高于其他各年龄段观众，在电影类节目上的收视比重高于观众总体平均水平；

25～34 岁观众对生活服务类节目的收视比重在各年龄段观众中最高，他们收看电影、体育、青少、音乐和综艺类节目的收视比重也高于观众总体均值；35～44 岁的观众更青睐收看电影类节目，9.1%的收视比重在各年龄段观众中最高；45～54 岁观众对音乐类节目的收视兴趣最突出，对电视剧、电影、体育合专题类节目的收视比重也较高；55 岁及以上观众的收视兴趣相对广泛，55～64 岁观众用于收看法制和新闻/时事类节目的时间比重高于其他年龄段观众，65 岁及以上观众用于收看财经、电视剧和戏剧类节目的时间比重在所有年龄段观众中最高（表 1.5.10）。

表 1.5.10　2018 年上海市电视收视市场不同性别和年龄观众对各类节目的收视比重（%）

节目类型	性别		年龄						
	男	女	4～14 岁	15～24 岁	25～34 岁	35～44 岁	45～54 岁	55～64 岁	65 岁及以上
财经	1.5	1.2	0.6	0.3	0.7	1.3	0.9	1.9	1.9
电视剧	30.0	32.7	22.1	28.4	30.2	28.7	31.8	30.5	35.3
电影	5.1	3.6	4.7	6.7	5.0	9.1	5.4	2.7	2.5
法制	0.9	0.9	0.7	0.9	0.7	0.6	0.7	1.2	0.9
教学	0.1	0.1	0.1	0.1	0.0	0.1	0.1	0.1	0.1
青少	1.9	2.5	17.2	1.6	3.4	1.9	1.2	2.0	0.9
生活服务	8.5	10.3	7.9	9.4	12.0	8.8	8.9	9.5	8.5
体育	8.9	5.5	5.4	8.8	8.2	7.2	8.7	7.4	5.2
外语	0.0	0.0	0.0	0.0	0.0	0.0	0.0	0.0	0.0
戏剧	0.5	0.7	0.2	0.4	0.2	0.2	0.3	0.3	1.6
新闻/时事	15.5	13.9	11.7	11.2	10.5	12.0	14.1	17.5	17.0
音乐	1.0	1.1	0.9	0.8	1.1	1.0	1.2	1.0	0.8
专题	6.5	5.2	6.1	6.9	5.5	6.6	6.0	5.7	5.6
综艺	9.0	10.8	11.0	13.5	11.0	11.7	9.5	9.1	8.6
其他	10.7	11.5	11.4	11.0	11.5	10.8	11.2	11.1	11.1

数据来源：CSM 媒介研究

从不同学历观众群体来看，2018 年上海市场未受过正规教育的观众在青少和新闻/时事类节目上的收视比重最高，分别为 17.6%和 15.9%；小学学历观众收看财经、电视剧和戏剧类节目的兴趣突出，收视比重在各受教育程度观众中最高；初中学历观众分配给电视剧、法制、戏剧和专题类节目的收视比重高于上海观众总体水平；高中学历观众对音乐类节目的收视比重在各教育背景观众中最高，同时他们对财经、电视剧、体育和新闻/时事类节目也较为关注；大学及以上学历观众收视兴趣较广泛，他们分配给电影、生活服务、体育、专题和综艺类节目的收视比重在各学历观众中居首（表 1.5.11）。

2018 年上海市电视收视市场不同收入观众中，个人月收入 0 ~ 600 元的观众对青少和综艺类节目的关注度高于其他人群，收视比重分别为 9.8%、11.8%；个人月收入 1701 ~ 2600 元的观众更倾向于收看电视剧、生活服务和音乐类节目，收视比重高于其他收入段观众；个人月收入 2601 ~ 3500 元的观众在戏剧、新闻/时事和音乐类节目上的收视比重高于其他收入水平观众，他们在电视剧和法制类节目上的收视比重高于观众总体平均水平；个人月收入 3501 ~ 5000 元的观众对财经、电视剧、电影、戏剧和新闻/时事类节目的收视偏好较为明显；个人月收入 5001 元及以上的观众将 8.9% 的时间花在体育类节目上，收视比重居各收入段观众之首，同时他们分配给电影、生活服务、专题和综艺类节目的收视比重也居各收入段观众的前列（表 1.5.11）。

表 1.5.11　2018 年上海市电视收视市场不同受教育程度和个人月收入观众对各类节目的收视比重

节目类型	受教育程度					个人月收入（元）					
	未受过正规教育	小学	初中	高中	大学及以上	0 ~ 600 元	601 ~ 1200 元	1201 ~ 1700 元	1701 ~ 2600 元	2601 ~ 3500 元	3501 ~ 5000 元	5001 元及以上
财经	0.4	2.0	1.0	1.5	1.3	0.5	*	*	1.0	1.3	1.7	1.3
电视剧	25.9	35.3	34.0	31.9	28.4	26.3	*	*	35.4	31.6	33.3	29.1
电影	2.5	3.7	3.5	4.0	5.7	4.7	*	*	4.5	3.0	4.6	5.0
法制	0.9	0.7	1.1	0.9	0.7	0.8	*	*	0.9	1.0	0.8	0.7
教学	0.0	0.1	0.1	0.1	0.1	0.1	*	*	0.1	0.1	0.1	0.1
青少	17.6	4.3	1.5	1.8	1.6	9.8	*	*	2.5	1.4	1.6	1.8
生活服务	7.6	7.4	8.9	9.2	10.5	8.3	*	*	10.3	9.4	9.3	9.6
体育	1.6	6.4	5.7	7.4	8.6	7.8	*	*	5.5	6.7	6.3	8.9
外语	0.0	0.0	0.0	0.0	0.0	0.0	*	*	0.0	0.0	0.0	0.0
戏剧	0.7	1.9	0.9	0.5	0.4	0.3	*	*	0.4	0.9	0.7	0.3
新闻/时事	15.9	12.1	15.0	15.7	13.7	11.3	*	*	12.5	16.8	15.2	13.7
音乐	1.0	0.8	0.9	1.1	0.9	0.8	*	*	1.1	1.1	1.0	1.0
专题	5.3	4.3	6.2	5.5	6.5	5.9	*	*	4.6	5.6	5.8	6.3
综艺	8.6	9.7	9.9	9.3	10.7	11.8	*	*	10.1	9.7	8.7	10.8
其他	11.8	11.3	11.3	11.1	10.9	11.6	*	*	11.1	11.4	10.9	11.4

注：* 表示由于样本量太小，无法进行统计推断。

数据来源：CSM 媒介研究

2018 年上海市电视收视市场，干部/管理人员偏爱收看体育、新闻/时事和综艺类节目，收视比重均超过观众总体平均水平，其中体育类节目的收视比重为 10.2%，居各职业观众之首；个体/私营企业人员分别将 1.7% 和 36.3% 的收视时间分配给了财经、电视剧类节目，高于其他各职业观众；初级公务员更青睐电影、生活服务、体育、音乐、专题和综艺类节目，收视比重高于观众总体平均水平；工人分配给电影类节目的收视比重为各职业观众之首，分配给电视剧、体育、专题和综艺类节目的收视比重也较高；学生更喜爱收看青少、专题和综艺类节目，分别以5.5%、7.0%和14.6%的收视比重高于各职业观众；无业观众对财经、戏剧和新闻/时事类节目的收视比重在各职业人群中最高，同时他们对电视剧的收视比重也高于观众总体平均水平（表1.5.12）。

表1.5.12　2018年上海市电视收视市场不同职业观众对各类节目的收视比重（%）

节目类型	职业						
	干部/管理人员	个体/私营企业人员	初级公务员	工人	学生	无业	其他
财经	1.3	1.7	1.0	0.6	0.5	1.7	*
电视剧	27.3	36.3	29.6	32.2	25.5	32.9	*
电影	5.7	5.5	6.1	9.2	6.0	2.5	*
法制	0.8	0.8	0.7	0.5	0.7	1.0	*
教学	0.1	0.1	0.1	0.1	0.1	0.1	*
青少	1.1	1.9	1.9	2.1	5.5	2.2	*
生活服务	9.3	7.7	9.9	7.7	8.6	9.3	*
体育	10.2	5.1	8.6	7.5	9.2	6.0	*
外语	0.0	0.0	0.0	0.0	0.0	0.0	*
戏剧	0.2	0.2	0.3	0.2	0.3	0.9	*
新闻/时事	15.6	12.5	13.3	11.0	10.0	16.6	*
音乐	0.6	1.0	1.1	1.0	0.7	0.9	*
专题	5.8	6.0	6.2	6.4	7.0	5.5	*
综艺	10.7	10.2	10.1	10.4	14.6	9.2	*
其他	11.3	11.0	11.1	11.1	11.3	11.2	*

注：* 表示由于样本量太小，无法进行统计推断。
数据来源：CSM媒介研究

（五）广州市电视收视市场节目竞争格局

1. 广州市电视收视市场头部节目类型地位稳固，青少和体育类节目竞争力明显提升

2018年广州市节目收视市场，电视剧和新闻时事类节目收视份额变化较大，但市场地位稳固，青少和体育类节目收视份额增幅明显，排名赶超专题类节目，其他节目类型收视份额变化较小。其中，电视剧收视份额同比增长1.3个百分点，以31.6%的收视份额稳居市场第一；新闻/时事类节目的收视份额较2017年减少2.1个百分点，排名市场第二；生

活服务、综艺和青少类节目的收视份额都在7%～8%之间，其中生活服务类节目同比增长0.5个百分点，综艺类节目同比减少0.3个百分点，青少类节目同比增长1.6个百分点；电影、音乐、法制和财经类节目的收视份额都低于5%，较2017年降幅都不超过0.5个百分点，变化不大；教学、戏剧和外语类节目的收视份额仍比较微小（图1.5.10）。

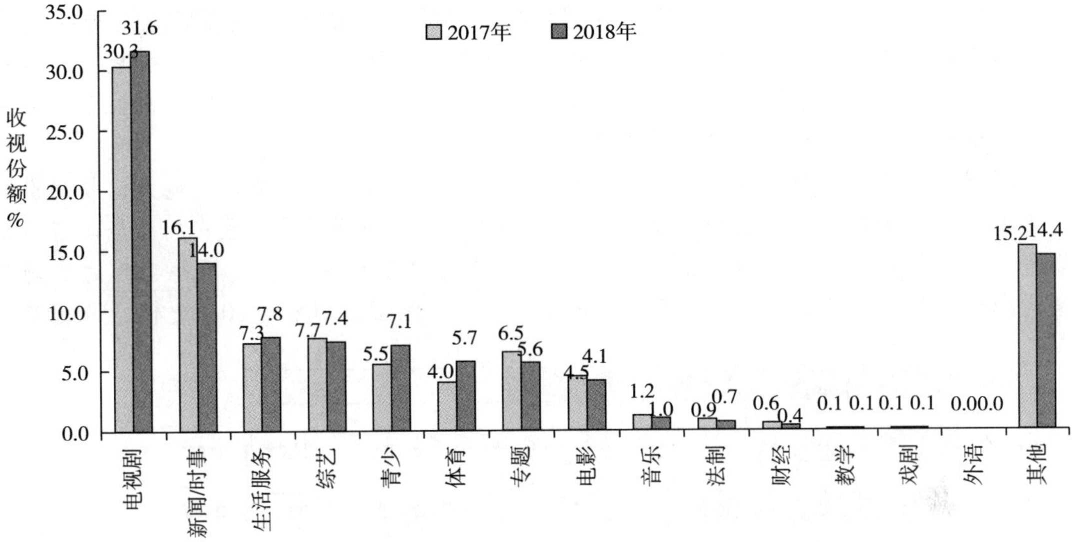

数据来源：CSM媒介研究

图1.5.10　2017～2018年广州市电视收视市场各类节目的收视份额（%）

2. 中央电视台和外省卫视整体竞争力优于广州广播电视台，广东广播电视台统领广州近半数节目市场

2018年广州市电视收视市场，中央电视台在音乐、戏剧、法制、教学和专题类节目市场收视竞争力表现突出，收视份额都超过40%，位居各节目市场之首；中央电视台在体育、电影和财经类节目市场的收视份额都在30%～40%之间，并在财经类节目市场位居第一；在外语和综艺节目市场，中央电视台的收视份额都在20%～30%之间，具备一定竞争力；在青少、生活服务和电视剧类节目市场，中央电视台表现欠佳，收视份额均不超过15%（图1.5.11）。

2018年外省卫视在广州的综艺和青少类节目市场表现抢眼，收视份额在各级频道中居首，分别达到48.7%、40.1%；在电视剧和生活服务类节目市场，外省卫视的收视份额分别达21.1%和16.4%，位居细分节目市场第二位，具备一定的收视竞争力；在戏剧和专题类节目市场，外省卫视的收视份额均在10%～20%之间；在电影、教学、音乐、新闻/时事、法制、体育、财经和外语类节目市场，外省卫视的收视份额都不超过10%，市场竞争力不高（图1.5.11）。

2018年广东广播电视台在广州近半数节目类型市场中保持领先位置。在体育、电影、新闻/时事、生活服务、电视剧和青少类节目市场，广东广播电视台均处市场龙头位置，收视份额都超过40%；在外语、财经、专题、戏剧和法制类节目市场，广东广播电视台的收视份额都在20%~30%之间，位居市场第二或第三的位置；在综艺类节目市场，广东广播电视台收视竞争力中等，收视份额13.9%，位居市场第三；广东广播电视台在音乐和教学类节目市场竞争力较弱，收视份额均不超过5%（图1.5.11)。

2018年广州市广播电视台在本地市场竞争中表现不突出，仅在法制类和新闻时事类节目市场居第二位，收视份额分别为24.3%和23.8%；在财经、电视剧、生活服务、专题和综艺类节目市场，广州市广播电视台收视份额都在10%~20%之间，收视竞争力一般；在戏剧、青少、音乐、电影、教学和外语类节目市场，广州市广播电视台竞争力微弱，收视份额都低于10%（图1.5.11)。

2018年广州市电视收视市场，境外频道在外语类节目市场保持领先地位，收视份额接近40%；在教学类节目市场的收视份额为38.9%，居市场亚军位置；在财经类节目市场也较具竞争力，收视份额为21.4%，与广东广播电视台一起收获了近半数的市场份额；在生活服务和音乐类节目市场，境外频道的收视份额在10%~20%之间，收视竞争

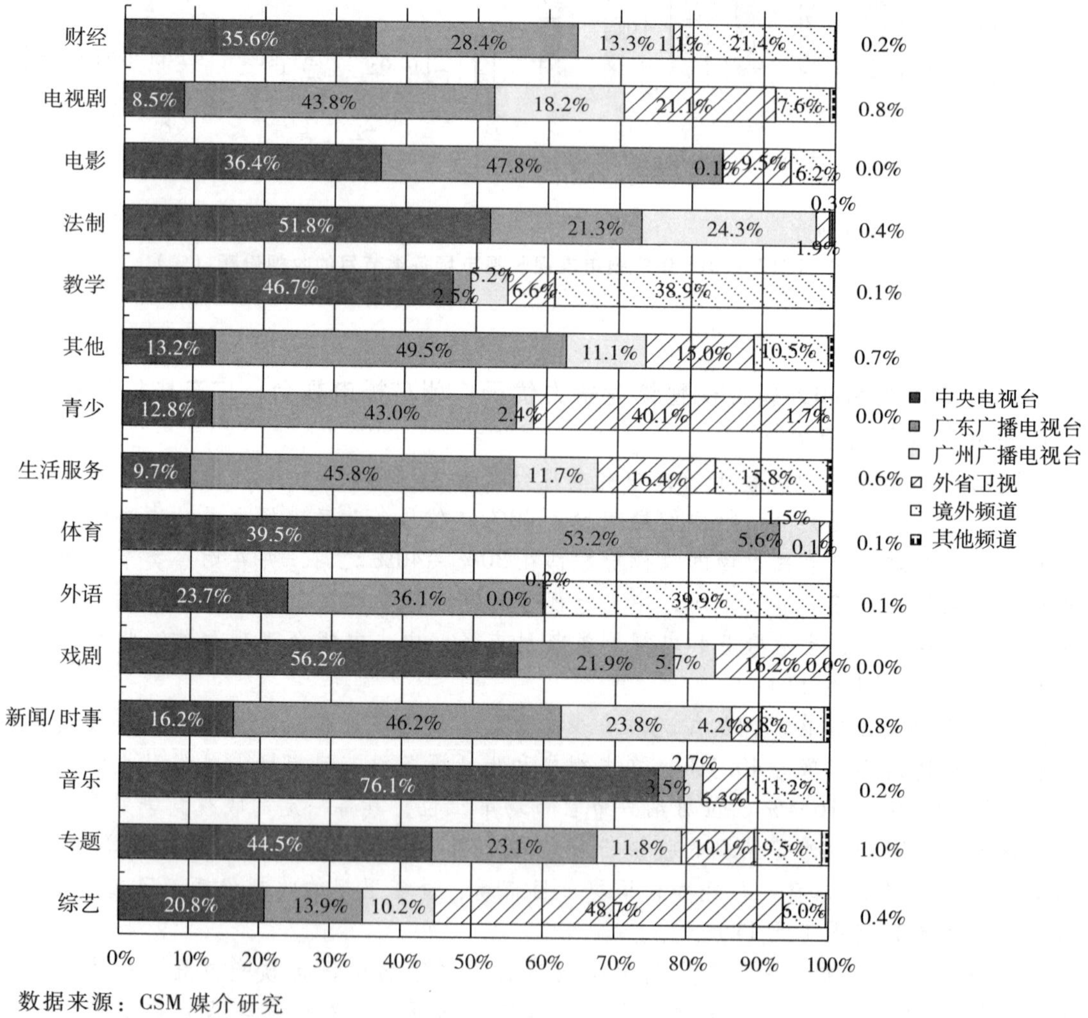

数据来源：CSM媒介研究

图1.5.11　2018年广州市电视收视市场各类频道在不同节目类别中的收视份额（%）

力一般；在专题、新闻/时事、电视剧、电影、综艺、青少、法制、体育和戏剧类节目市场，境外频道收视竞争力偏弱，收视份额都不超过10%（图1.5.11）。

2018年，广州其他频道收视竞争空间依旧狭小，在各类节目市场的收视份额都不超过1%（图1.5.11）。

3. 观众收视各有偏好，类型节目满足观众收视差异需求

2018年，广州男性观众对体育、专题和电影类节目的收视偏好仍然表现明显，女性观众则对综艺、电视剧、青少和生活服务类节目收视倾向突出，男性和女性观众在上述节目的收视比重差值都在0.8～3个百分点之间；男性和女性观众在新闻/时事、教学、外语、音乐、戏剧、财经和法制类节目上的收视差异不显著，收视比重差值不超过0.2个百分点（表1.5.13）。

年龄方面，2018年广州4～14岁观众在青少类节目上的收视比重高达28.4%，远超其他年龄段观众，在电影类节目上的收视比重也超过观众总体平均水平；15～24岁观众分配给综艺、专题和生活服务类节目的收视比重居各年龄段观众之首，分配给新闻/时事、体育和电影类节目的收视比重高于观众整体平均水平；25～34岁观众较为关注电视剧和青少类节目，投入的时间比重高于观众总体平均水平；相比其他年龄段观众，35～44岁观众在音乐和电影类节目上的收视比重高于其他年龄段观众，同时他们分配给综艺、体育和青少类节目的收视比重高于广州观众总体平均水平；45～54岁观众更青睐体育、专题和财经类节目，收视比重在各年龄段观众中居首，他们分配给新闻/时事、综艺、电视剧、生活服务和法制类节目的收视比重也较高；55～64岁观众在新闻/时事和生活服务类节目上投入的时间比重最高，并对电视剧、专题和财经类节目也表现出较高的收视偏好；65岁及以上观众分配给电视剧和法制类节目的收视比重在各年龄段观众中最高，他们分配给体育、音乐和生活服务类节目的收视比重也较高（表1.5.13）。

表1.5.13 2018年广州市电视收视市场不同性别和年龄观众对各类节目的收视比重（%）

节目类型	性别		年龄						
	男	女	4～14岁	15～24岁	25～34岁	35～44岁	45～54岁	55～64岁	65岁及以上
新闻/时事	13.9	14.0	7.9	14.4	13.2	12.6	14.4	16.4	15.3
综艺	6.8	7.9	6.7	10.4	6.9	8.5	7.9	6.1	6.0
电视剧	31.0	32.1	23.2	31.4	33.0	27.5	32.9	32.1	35.9
体育	7.0	4.4	3.9	6.1	4.8	6.2	7.3	5.2	5.4
专题	6.0	5.2	3.7	6.8	4.6	5.4	6.8	5.7	5.6
教学	0.1	0.0	0.0	0.0	0.1	0.0	0.1	0.1	0.1
外语	0.0	0.0	0.0	0.0	0.0	0.0	0.0	0.0	0.0
青少	6.7	7.5	28.4	1.6	8.9	9.3	2.1	5.6	4.3
音乐	0.9	1.0	0.7	1.0	0.9	1.5	0.9	1.0	0.8

续表

节目类型	性别		年龄						
	男	女	4～14岁	15～24岁	25～34岁	35～44岁	45～54岁	55～64岁	65岁及以上
电影	4.7	3.5	4.5	4.6	3.9	6.9	3.8	3.1	2.7
戏剧	0.1	0.1	0.1	0.1	0.1	0.1	0.1	0.1	0.1
财经	0.5	0.4	0.3	0.3	0.4	0.4	0.6	0.5	0.5
生活服务	7.4	8.2	6.3	8.6	7.8	6.9	7.9	8.6	7.5
法制	0.7	0.7	0.4	0.3	0.6	0.7	0.8	0.6	1.0
其他	14.2	15.0	13.9	14.4	14.9	14.0	14.6	15.0	14.8

数据来源：CSM媒介研究

2018年，广州未受过正规教育的观众仍然最关注青少类节目，收视比重高达26.5%，明显高于其他学历观众；小学学历观众收看电视剧和法制类节目的时间比重在各年龄段观众中最高，分别为35.7%和0.9%，同时他们对青少类节目的关注度也较高；初中学历观众收看专题、电影和财经类节目的倾向明显，收视比重高于其他学历观众；高中学历观众收视兴趣广泛，在新闻/时事和音乐类节目上的收视比重高于其他各学历观众，在综艺、专题、电影和生活服务类节目上的收视比重高于广州观众总体平均水平；大学及以上学历观众在综艺、体育和生活服务类节目上的收视比重均居各学历观众之首，他们在新闻/时事节目上的收视比重也较高（表1.5.14）。

相比其他收入段观众，2018年广州个人月收入0～600元的观众更倾向于收看青少和电影类节目，收视比重在各收入段观众中最高，同时他们在音乐类节目上投入的收视时间比重也较高；个人月收入601～1200元的观众在生活服务和法制类节目上的收视比重最高，在新闻/时事、电视剧和专题类节目上的收视比重也高于观众总体平均水平；个人月收入1201～1700元的观众对多类节目表现出浓厚兴趣，他们用于收看综艺、电视剧、专题和音乐类节目的收视比重都位居第一，对生活服务类节目的收视比重也较高；个人月收入1701～2600元的观众将较多的时间比重用于收看新闻/时事、电视剧、体育、电影和生活服务类节目；个人月收入2601～3500元的观众在新闻/时事和财经类节目上的收视比重高于其他收入段观众，他们在电视剧、专题和生活服务类节目上的收视比重也超过广州观众总体平均水平；个人月收入3501～5000元的观众在财经类节目上的收视比重处于最高水平，他们在新闻/时事、综艺、体育和专题类节目上的收视比重也较高；个人月收入5001元及以上的观众更偏爱收看体育、电影和财经类节目，他们的收视比重在各收入段观众中居首位，他们收看综艺节目也较多（表1.5.14）。

表 1.5.14　2018 年广州市电视收视市场不同受教育程度和个人月收入观众对各类节目的收视比重（%）

节目类型	受教育程度					个人月收入（元）						
	未受过正规教育	小学	初中	高中	大学及以上	0～600 元	601～1200 元	1201～1700 元	1701～2600 元	2601～3500 元	3501～5000 元	5001 元及以上
新闻/时事	7.1	11.4	13.8	16.0	14.9	10.4	14.1	9.7	15.1	16.0	15.7	12.6
综艺	3.9	6.1	7.3	7.7	8.6	7.4	7.2	8.5	6.9	6.8	7.7	8.2
电视剧	28.9	35.7	32.7	29.6	30.0	30.8	34.2	41.8	32.9	33.3	30.0	27.6
体育	3.1	3.5	5.7	5.8	7.6	4.3	2.4	2.2	5.9	5.5	6.3	10.3
专题	3.1	4.9	6.2	6.1	5.2	4.9	5.8	6.9	5.2	6.1	5.8	5.8
教学	0.0	0.0	0.1	0.1	0.1	0.0	0.0	0.1	0.1	0.1	0.1	0.1
外语	0.0	0.0	0.0	0.0	0.0	0.0	0.0	0.0	0.0	0.0	0.0	0.0
青少	26.5	10.3	5.6	5.9	4.6	13.6	6.9	2.2	4.9	4.2	5.6	6.5
音乐	0.5	0.7	1.0	1.2	1.0	1.1	0.6	1.2	1.0	1.0	0.9	0.9
电影	3.3	3.9	4.5	4.2	3.6	4.7	2.4	3.4	4.2	3.6	3.9	4.7
戏剧	0.1	0.1	0.1	0.1	0.1	0.1	0.1	0.0	0.1	0.1	0.1	0.1
财经	0.4	0.4	0.5	0.4	0.4	0.4	0.4	0.3	0.3	0.5	0.5	0.5
生活服务	7.0	7.5	7.6	7.9	8.4	7.5	8.9	8.2	7.9	7.9	7.8	7.6
法制	0.4	0.9	0.7	0.5	0.6	0.5	1.1	0.6	0.6	0.6	0.7	0.9
其他	15.7	14.7	14.3	14.4	15.0	14.4	15.7	14.8	14.7	14.4	14.9	14.2

数据来源：CSM 媒介研究

从不同职业来看，干部/管理人员收视兴趣较为广泛，他们对体育、专题、音乐和法制类节目的收视倾向表现得最明显，收视比重在各职业观众中排名第一，尤其在体育类节目上花费的时间比重远高于其他人群；个体/私营企业人员花费在音乐、电影和财经类节目上的收视比重高于其他职业观众，花费在综艺、电视剧和专题类节目上的收视比重高于广州观众总体平均水平；初级公务员/雇员用于收看新闻/时事和生活服务类节目的收视比重最突出，用于收看综艺、体育和专题类节目的收视比重高于广州观众总体平均水平；工人投入在电视剧和电影类节目上的时间比重较高，占比合计 39.2%；学生更关注综艺和青少类节目，收视比重在各职业观众中居首位，同时他们对音乐和电影类节目的关注度也较高，收视比重高于广州观众总体平均水平；无业观众较偏爱新闻/时事、电视剧、青少、财经、生活服务和法制类节目，收视比重高于广州观众总体平均水平（表 1.5.15）。

表 1.5.15　2018 年广州市电视收视市场不同职业观众对各类节目的收视比重 (%)

节目类型	职业						
	干部/管理人员	个体/私营企业人员	初级公务员/雇员	工人	学生	无业	其他
新闻/时事	13.3	12.2	15.6	12.9	10.9	14.9	9.5
综艺	7.8	7.9	8.2	7.4	9.9	6.4	2.9
电视剧	20.3	32.2	30.2	34.6	25.8	32.1	46.2
体育	18.2	4.3	6.3	5.7	5.3	5.3	0.5
专题	6.6	6.3	6.2	5.3	5.3	5.3	3.5
教学	0.1	0.1	0.1	0.0	0.0	0.1	0.1
外语	0.0	0.0	0.0	0.0	0.0	0.0	0.0
青少	5.3	6.6	4.8	5.5	14.9	7.8	7.0
音乐	1.2	1.2	0.9	0.8	1.1	1.0	0.1
电影	5.1	5.8	3.6	4.6	5.1	3.3	5.1
戏剧	0.1	0.1	0.1	0.1	0.1	0.1	0.0
财经	0.4	0.6	0.4	0.4	0.3	0.5	0.1
生活服务	6.8	7.7	8.4	7.5	7.1	7.9	8.1
法制	1.6	0.7	0.4	0.7	0.4	0.8	0.5
其他	13.2	14.4	14.9	14.5	13.8	14.8	16.2

数据来源：CSM 媒介研究

六、电视广告投放与竞争格局

根据央视市场研究（CTR）发布的广告监测数据①，2018 年，中国整体广告投放额同比增长 2.9%，其中传统媒体广告投放额同比下降 1.5%。2018 年中国电视广告投放额为 5577 亿元人民币，同比 2017 年减少了 0.3%，广告时长同比减少了 8.1%；广播广告投放额同比增长了 5.9%，广告时长同比减少了 5.1%；报纸和杂志广告投放额持续断崖式下滑，同比分别下降了 30.3% 和 8.6%。

（一）中国电视广告投放基本情况

1. 2018 年中国电视广告投放额同比 2017 年减少 0.3%

2018 年，中国电视广告投放额为 5577 亿元人民币，同比 2017 年减少了 0.3%，平

① 2018 年广告投放额以 CTR2018 年监测范围为基准进行统计，2018 年广告投放增长情况以 CTR2017 年监测范围为基准进行比较；广告投放额以媒体公开报价为统计标准，不含折扣；广告监测时间为 17:00～24:00。

均每个月减少 1.2 亿元人民币。从分月数据来看，全年广告投放额最高的月份是 1 月，上半年广告投放情况好于下半年（图 1.6.1）。

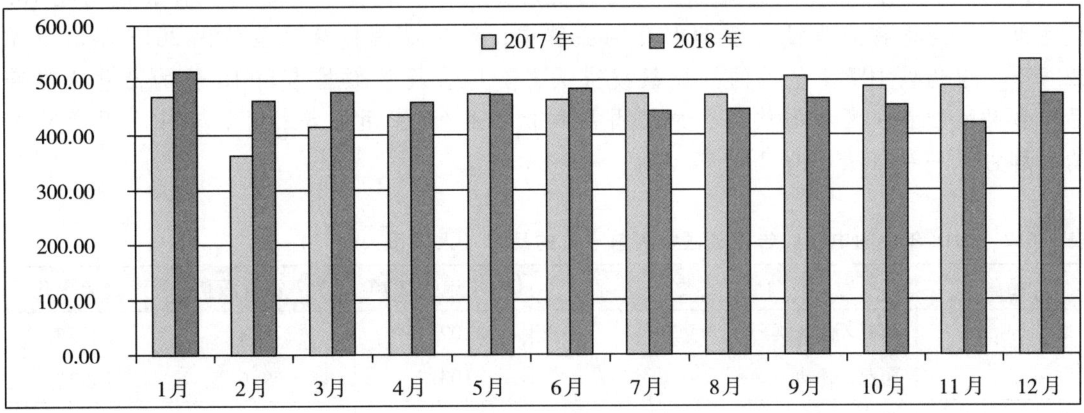

数据来源：央视市场研究媒介智讯（CTR MI）

图 1.6.1 2017 年、2018 年各月中国电视广告投放额（人民币：亿元）

2. 电视广告投放额排名前三位的行业是药品、饮料、食品

2018 年，中国电视广告投放额排名前 3 位的行业是药品、饮料、食品，投放额分别为 862.2 亿元、854.3 亿元和 688.2 亿元。投放额 TOP10 行业中增长幅度较大的是家居用品类、活动类、娱乐及休闲类，同比 2017 年分别增长了 20.5%、19.9% 和 17.7%；化妆品/浴室用品、酒精类饮品、交通类、商业及服务性行业出现较大幅度的负增长，同比 2017 年分别下降了 20.0%、16.2%、11.9% 和 10.6%（表 1.6.1）。

表 1.6.1 2018 年中国电视广告投放额排名前十位的品类（人民币：亿元）

品类	2018 年投放额	2017 年投放额	投放额变化
药品	862.2	898.9	-4.2%
饮料	854.3	824.8	3.6%
食品	688.2	710.2	-3.2%
化妆品/浴室用品	481.8	601.9	-20.0%
酒精类饮品	400.2	477.5	-16.2%
娱乐及休闲	341.9	290.1	17.7%
商业及服务性行业	297.2	332.4	-10.6%
家居用品	266.9	220.8	20.5%
活动	243.7	203.2	19.9%
交通	178.0	202.0	-11.9%

数据来源：央视市场研究媒介智讯（CTR MI）

3. 电视广告投放额排名前三位的品牌是鸿茅、同溢堂、葛洪

2018年电视广告投放额排名前3位的品牌是鸿茅、同溢堂、葛洪，投放额均在100亿元以上。在电视广告投放额TOP10的品牌中，鸿茅品牌投放额虽然比2017年减少了52.7%，但仍以107.1亿元的投放额拔得头筹。广告投放额排名前10位的品牌来自药品、食品、饮料、酒精类饮品、家居用品和化妆品/浴室用品等行业，其中药品行业中的品牌占了一半（表1.6.2）。

表1.6.2 2018年中国电视广告投放额排名前十位的品牌（人民币：亿元）

品牌	所属品类	2018年投放额	2017年投放额	投放额变化
鸿茅	药品/酒精类饮品/活动	107.1	226.4	-52.7%
同溢堂	药品/活动	103.7	59.6	73.3%
葛洪	药品/酒精类饮品	100.1	55.8	79.5%
养无极	药品/酒精类饮品/活动	88.6	69.8	26.2%
陈李济	药品/饮料/活动	85.6	112.0	-23.8%
兰蔻	化妆品/浴室用品	85.3	44.8	90.5%
伊利	饮料/食品/商业及服务性行业/活动	79.7	73.1	9.1%
天地和	家居用品/商业及服务性行业/活动	65.3	47.0	39.1%
雅诗兰黛	化妆品/浴室用品/商业及服务性行业	62.4	35.4	76.3%
旺旺	食品/饮料/酒精类饮品	55.2	52.5	5.2%

数据来源：央视市场研究媒介智讯（CTR MI）

4. 中央级频道和省级卫视的广告投放额同比上涨，省级地面频道和省会城市台的广告投放额下滑明显

从各级电视频道广告投放额和投放时长变化来看，2018年中央级频道的广告投放额同比上涨了17.8%，时长同比上涨了3.7%；省级卫视频道的广告投放额同比上涨了5.1%，时长同比上涨了4.1%；省级地面频道的广告投放额同比下降了4.4%，时长同比下降了9.4%；省会城市台的广告投放额同比下降了14.8%，时长同比下降了13.3%；其他频道的广告投放额和时长同比均有所下降，分别为7.3%和7.1%（图1.6.2）。

2018年，中央电视台广告投放额最高的品类是饮料行业，排名TOP5的行业是饮料、食品、交通、邮电通讯和药品行业。其中饮料、邮电通讯和交通行业的投放额与2017年相比出现较大幅度增长，分别为82.7%、23.5%和19.1%（表1.6.3）。

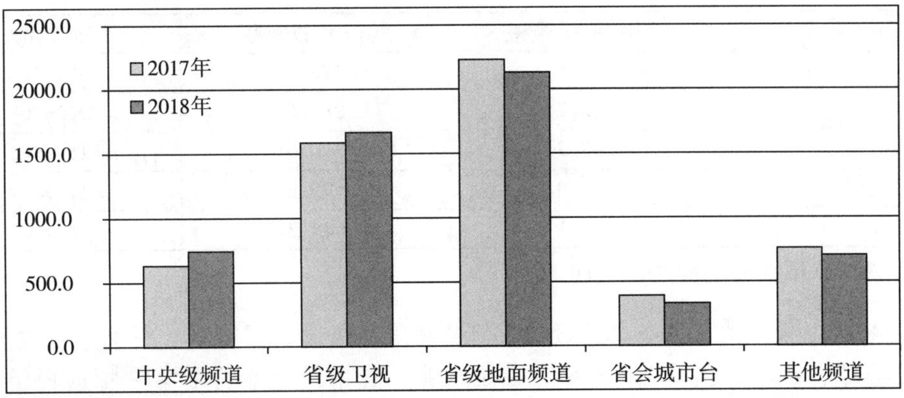

数据来源：央视市场研究媒介智讯（CTR MI）

图 1.6.2 2017 年、2018 年全国各级频道的广告投放额（人民币：亿元）

表 1.6.3 2018 年中央电视台广告投放额排名前五位的品类（人民币：亿元）

品类	2018 年投放额	2017 年投放额	增长幅度
饮料	96.1	52.6	82.7%
食品	82.2	84.8	-3.0%
交通	74.8	62.8	19.1%
邮电通讯	70.0	56.6	23.5%
药品	68.9	81.3	-15.3%

数据来源：央视市场研究媒介智讯（CTR MI）

2018 年，中央电视台广告投放额排名 TOP5 的品牌变化较大，这五大品牌分别是足力健、小罐、君乐宝、8848 和苏宁易购。其中除小罐外，其他 4 个品牌均为新入榜品牌，其中足力健、君乐宝和苏宁易购均有同比超过 100% 的增长（表 1.6.4）。

表 1.6.4 2018 年中央电视台广告投放额排名前五位的品牌（人民币：亿元）

品牌	所属品类	2018 年投放额	2017 年投放额	增长幅度
足力健	衣着	24.0	9.0	166.5%
小罐	饮料\家居用品	21.0	12.8	64.5%
君乐宝	饮料	14.5	3.4	332.7%
8848	邮电通讯	11.1	8.9	25.0%
苏宁易购	邮电通讯	10.6	0.3	>1000%

数据来源：央视市场研究媒介智讯（CTR MI）

2018 年，省级卫视广告投放中，排名 TOP5 的行业分别是饮料、食品、药品、化妆品/浴室用品和酒精类饮品。除了化妆品/浴室用品行业，其他 4 个行业的广告投放额与 2017 年相比都有不同程度的增长，其中药品广告投放额同比上升了 18.1%（表 1.6.5）。

表 1.6.5　2018 年省级卫视广告投放额排名前五位的品类（人民币：亿元）

品类	2018 年投放额	2017 年投放额	增长幅度
饮料	381.8	378.9	0.8%
食品	292.2	287.6	1.6%
药品	248.7	210.6	18.1%
化妆品/浴室用品	162.0	195.9	-17.3%
酒精类饮品	92.1	84.7	8.7%

数据来源：央视市场研究媒介智讯（CTR MI）

2018 年，省级卫视广告投放额排名 TOP5 的品牌是同溢堂、王老吉、伊利、兰蔻和旺旺，分别来自药品、饮料，化妆品/浴室用品等行业，其中投放额排名第一位的同溢堂同比增长幅度超过274%（表 1.6.6）。

表 1.6.6　2018 年省级卫视广告投放额排名前五位的品牌（人民币：亿元）

品牌	所属品类	2018 年投放额	2017 年投放额	增长幅度
同溢堂	药品/活动	45.6	12.2	274.2%
王老吉	饮料	43.3	24.6	76.1%
伊利	饮料/食品/商业及服务性行业/活动	37.3	34.4	8.3%
兰蔻	化妆品/浴室用品	32.1	19.1	68.0%
旺旺	食品/饮料/酒精类饮品	29.2	22.7	28.4%

数据来源：央视市场研究媒介智讯（CTR MI）

（二）中国电视广告市场竞争格局

1. 频道间竞争：中央级频道和省级卫视份额上升明显

2018 年各类电视频道的广告投放竞争中，中央级频道份额上升明显，同比 2017 年增长了 2.0 个百分点；省级卫视频道份额也出现了较大增长，同比增长 1.6 个百分点；省级地面频道同比下降了 1.6 个百分点；省会城市台同比下降了 1.0 个百分点；其他频道同比也下降了 1.0 个百分点（表 1.6.7）。

表 1.6.7　2017 年、2018 年各类电视频道广告投放额所占份额及其变化

频道类别	2017 年份额	2018 年份额	份额变化（百分点）
中央级频道	11.3%	13.3%	2.0%
省级卫视	28.3%	29.9%	1.6%
省级地面频道	39.8%	38.2%	-1.6%
省会城市台	7.0%	6.0%	-1.0%
其他	13.6%	12.6%	-1.0%

数据来源：央视市场研究媒介智讯（CTR MI）

2018 年省级卫视广告投放额排名 TOP10 的频道中，河南 1 套、福建东南电视台和湖北卫视排名前 3 位，投放额均超过 100 亿人民币。由于数据统计口径为硬广告刊例价，广告投放额以媒体公开报价为统计标准，不含折扣，所以像湖南卫视、上海东方卫视、北京卫视等比较强势的省级卫视没能进入 TOP10（表 1.6.8）。

表 1.6.8　2017 年、2018 年广告投放额排名前十位的省级卫视频道（人民币：亿元）

排名	2017 年		2018 年	
	频道	投放额	频道	投放额
1	河南 1 套	117.2	河南 1 套	126.9
2	湖北卫视	101.5	福建东南电视台	106.0
3	浙江卫视	98.9	湖北卫视	100.3
4	福建东南电视台	96.1	江苏卫视	93.3
5	云南 1 套	89.5	山东卫视	91.0
6	江苏卫视	85.5	天津卫视	90.3
7	山东卫视	76.3	云南 1 套	89.1
8	天津卫视	74.1	浙江卫视	87.4
9	黑龙江电视台卫星频道	71.9	黑龙江电视台卫星频道	81.6
10	重庆卫视	71.6	贵州卫视	79.4

数据来源：央视市场研究媒介智讯（CTR MI）

在省会城市台广告投放额排名 TOP10 中，排名前 4 位的是昆明电视台、南京电视台、武汉电视台和广州电视台，与 2017 年相同。昆明电视台高居榜首，而 2015 年之前一直高居榜首的广州电视台仍然保持在第四位（表 1.6.9）。

表 1.6.9 2017 年、2018 年广告投放额排名前十位的省会城市电视台（人民币：亿元）

排名	2017 年		2018 年	
	电视台	投放额	电视台	投放额
1	昆明电视台	67.3	昆明市电视台	70.2
2	南京电视台	48.0	南京市电视台	40.5
3	武汉电视台	37.0	武汉市电视台	32.3
4	广州电视台	36.7	广州市电视台	25.4
5	郑州电视台	17.7	长沙市电视台	17.5
6	福州电视台	16.5	福州市电视台	14.2
7	长沙电视台	15.5	郑州市电视台	13.7
8	乌鲁木齐电视台	13.6	杭州市电视台	13.6
9	西安电视台	13.3	济南市电视台	12.4
10	合肥电视台	13.3	成都市电视台	11.2

数据来源：央视市场研究媒介智讯（CTR MI）

2. 行业投放竞争：家用电器、娱乐及休闲、家居用品等行业对电视广告的增长呈现正贡献，化妆品/浴室用品、酒精类饮品等行业则呈现较大负贡献

2018 年中国电视广告投放额同比 2017 年略有下降，在 21 个行业中有 10 个行业同比增长，3 个行业基本持平，8 个行业下跌。各行业对电视广告增长的贡献率[①]与往年相比发生了一些变化，其中家用电器、娱乐及休闲、家居用品等行业对电视广告投放的正向增长贡献较大，而化妆品/浴室用品、酒精类饮品等行业的负向贡献较大（图 1.6.3）。

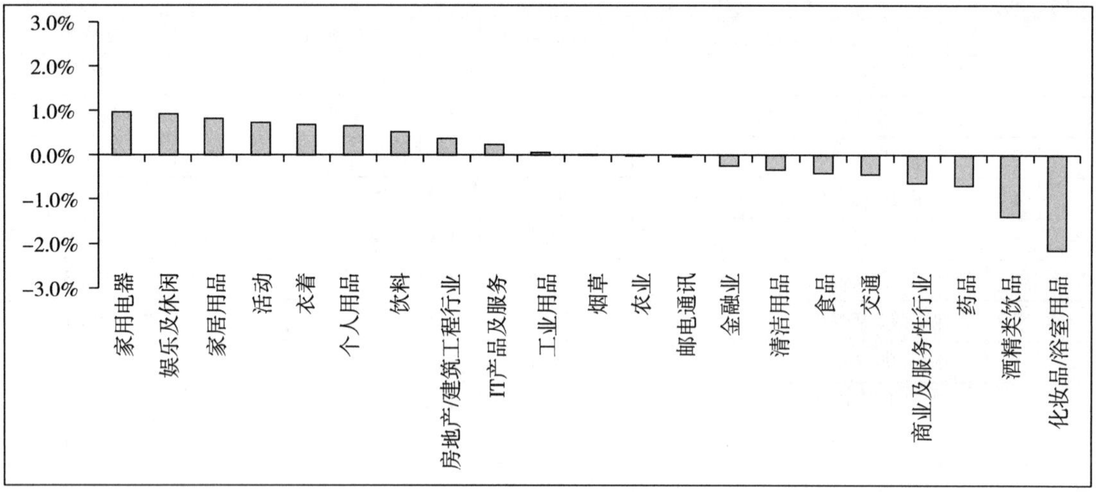

数据来源：央视市场研究媒介智讯（CTR MI）

图 1.6.3　2018 年不同行业对中国电视广告投放额增长的贡献率（%）

① 某行业对电视广告增长贡献率 = 某行业电视广告增长额 / 电视广告总增长额 × 电视广告总增长率。

第二部分
Part Two

专 题 Analysis Report

2018 年中国电视收视市场大事件扫描

从 1958 年到 2018 年，中国电视走过了 60 个春秋，电视媒体和电视观众在 60 年里也发生了巨大的变化。在快速变化的新传播环境中，受众的视频内容消费在渠道和时间分布上愈加呈现出碎片化的态势。网络视频仍在不断烧钱抢占头部优质内容，短视频也成为新的风口。这些新渠道不断分流传统电视观众的收视时间，电视节目的直播收视率不断走低，爆款难觅。智能设备的迅猛发展也导致了观众收视时间的重新分配，越来越多的观众采用时移方式收看自己喜欢的节目，时移收视已成为直播收视外不可忽视的重要部分。本文以“月历”的形式对 2018 年中国电视收视市场的大事件进行扫描与梳理，为业界呈现 2018 年收视市场的关注热点。

1 月

1 月 6 日：《声临其境》第一季首播

原创声音魅力竞演秀节目《声临其境》第一季于 1 月 6 日至 3 月 17 日每周六晚间 22:00 在湖南卫视首播。《声临其境》第一季 14 期节目平均收视率 1.0%，同时段市场份额 6.9%。该节目在 52 城市的 7 天时移收视率为 0.33%，相当于 52 城市首播收视率的 33%。

1 月 8 日：革命历史剧《换了人间》开播

40 集革命历史剧《换了人间》讲述了 1949 ~ 1954 年新中国诞生前后的历史风云，以及国共两党在军事、政治、经济、统战等各个领域之间殊死较量的故事。该剧由中共天津市委宣传部、中央电视台、天津广播电视台联合出品，倪祖铭、杨晶、迟旭、姜瑞林联合执导，唐国强、刘劲、马晓伟、郭连文、王伍福、卢奇主演，于 2018 年 1 月 8 日在中央电视台综合频道黄金档剧场播出。该剧首播平均收视率 1.4%，同时段市场份额 4.7%。

1 月 11 日：两家联播年代谍战剧《风筝》结束

46 集年代谍战剧《风筝》以潜伏于军统内部的共产党员“风筝”的人生与情感经历为主线，讲述了一个共产党情报员坚守信仰的故事。该剧由新丽传媒、东方联盟联合出品，柳云龙执导，柳云龙、罗海琼等主演，于2017年12月17日在北京卫视、上海东方卫视首播，1月11日结束。两家联播总收视率为2.2%，同时段市场份额7.1%。该剧在52城市的7天时移收视率0.40%，相当于52城市首播总收视率的17%。

表1　《风筝》首播在两家联播卫视的收视概况（所有调查城市）

节目名称	播出频道	平均收视率（%）	平均市场份额（%）
风筝	北京卫视	1.1	3.6
风筝	上海东方卫视	1.1	3.5

数据来源：CSM媒介研究

1月12日：《歌手》第二季开播

音乐竞技真人秀节目《歌手》第二季于1月21日至4月20日每周五晚间20:30在湖南卫视首播。《歌手》第二季14期节目平均收视率1.2%，同时段市场份额4.3%。该节目在52城市的7天时移收视率为0.33%，相当于52城市首播收视率的32%。

1月12日：两家联播都市情感剧《恋爱先生》

45集都市情感剧《恋爱先生》讲述了程皓、张铭阳、邹北业三个遇到不同情感问题的男人，经过一番努力后最终都找到了合适自己的另一半，同时也收获成长的故事。该剧由陕西文投艺达投资有限公司出品，姚晓峰执导，靳东、江疏影等主演，于2018年1月12日登陆上海东方卫视、江苏卫视首播。两家联播总收视率为2.3%，同时段市场份额7.6%。该剧在52城市的7天时移收视率0.26%，相当于52城市首播收视率的10%。

表2　《恋爱先生》首播在两家联播卫视的收视概况（所有调查城市）

节目名称	播出频道	平均收视率（%）	平均市场份额（%）
恋爱先生	上海东方卫视	1.4	4.6
恋爱先生	江苏卫视	0.9	3.0

数据来源：CSM媒介研究

1月14日：《欢乐喜剧人》第四季开播

明星喜剧竞赛真人秀节目《欢乐喜剧人》第四季由上海东方卫视和欢乐传媒联合打造，于1月14日至4月1日每周日晚间20:30在上海东方卫视首播。《欢乐喜剧人》第四季12期节目平均收视率为1.1%，同时段市场份额4.0%。该节目在52城市的7天时移收视率为0.41%，相当于52城市首播收视率的34%。

2 月

2 月 2 日：《王牌对王牌》第三季开播

大型室内竞技真人秀《王牌对王牌》第三季于 2 月 22 日至 4 月 13 日每周五晚间 21:00在浙江卫视首播。《王牌对王牌》第三季 12 期节目平均收视率 1.1%，同时段市场份额3.8%。该节目在 52 城市的 7 天时移收视率 0.54%，相当于 52 城市首播收视率的 45%。

2 月 4 日：都市情感剧《谈判官》首播

43 集都市情感剧《谈判官》讲述了高级谈判官童薇与美国社会隐秘而富裕的华人世家继承人谢晓飞因缘相识相爱的情感故事。该剧由剧芯文化、嘉行传媒、乐视视频、天浩盛世等联合出品，刘一志执导，杨幂、黄子韬等主演，于 2018 年 2 月 4 日在湖南卫视金鹰独播剧场播出。该剧首播平均收视率 1.4%，同时段市场份额 4.7%。该剧在 52 城市的 7 天时移收视率 0.24%，相当于 52 城市首播收视率的 20%。

2 月 15 日：中央电视台春节联欢晚会播出

根据 CSM 媒介研究全国网收视调查数据，2018 年中央电视台“春晚”全国（含 37 家地方台转播）电视直播收视率达 29.18%，总收视份额达 78.57%。除夕夜当晚（2 月 15 日）全国有超过 6.7 亿观众通过电视端收看了《2018 年中央电视台春节联欢晚会》。中央电视台并机频道总收视率达 16.21%。其中，中央电视台综合频道收视率为 7.32%，综艺频道收视率为 4.03%，中文国际频道收视率为 2.42%，军事农业频道收视率为 0.90%，少儿频道收视率为 1.54%。

2 月 16 日：省级卫视春节联欢晚会继续播出

除了中央电视台大年夜的春节联欢晚会，多个上星频道从小年夜到大年初二也陆续播出了各具特色的春节联欢晚会。从各晚会在所有调查城市的收视效果来看，2 月 16 日大年初一播出的北京卫视“春晚”收视率达到 1.9%，在省级卫视春晚收视中居于首位。湖南卫视小年夜“春晚”收视率为 1.7%，中央台三套同日播出的《CCTV 网络春晚》收视率为 1.1%。除夕前一天播出春节联欢节目的有辽宁卫视、中央台三套、中央电视台综合频道和浙江卫视，收视率分别为 1.3%、1.3%、1.1%和 0.7%。大年初一播出春节联欢节目的还有湖南和上海两家卫视收，视率分别是 1.1%和 0.9%。山东台、安徽台和江苏台等省台也错开了时间，在春节前后两天播出了春节联欢晚会，收视率分别为 0.6%、0.5%和 0.8%。

表3　2018年部分其他春节联欢晚会收视表现（所有调查城市）

节目名称	播出频道	播出日期	收视率（%）	市场份额（%）
2018北京电视台春节联欢晚会（含最爱中国年、最美新时代）	北京卫视	2018/02/16	1.9	7.0
2018湖南卫视小年夜春晚	湖南卫视	2018/02/08	1.7	6.8
2018辽宁卫视春节联欢晚会	辽宁卫视	2018/02/14	1.3	6.9
2018东南西北贺新春	中央台三套	2018/02/14	1.3	5.6
2018CCTV网络春晚	中央台三套	2018/02/08	1.1	4.0
文化中国四海同春2018全球华侨华人春节大联欢	湖南卫视	2018/02/16	1.1	3.6
2018中央军委慰问驻京部队老干部迎新春文艺演出	中央电视台综合频道	2018/02/14	1.1	3.5
春满东方2018东方卫视春节晚会(含金曲唱不停)	上海东方卫视	2018/02/16	0.9	3.4
幸福中国年2018江苏卫视春节联欢晚会	江苏卫视	2018/02/17	0.8	3.3
2018中国蓝燃情贺岁夜抓住梦想抓住爱	浙江卫视	2018/02/14	0.7	3.5
幸福出发2018山东卫视春节联欢晚会	山东卫视	2018/02/13	0.6	2.9
江淮欢腾新时代2018安徽卫视春节联欢晚会	安徽卫视	2018/02/13	0.5	2.0

数据来源：CSM媒介研究

2月16日:《经典咏流传》第一季首播

大型诗词文化音乐节目《经典咏流传》第一季于2月16日至4月21日每周六晚间20:00在中央电视台综合频道首播。《经典咏流传》第一季12期节目平均收视率1.2%，同时段市场份额4.0%。

2月16日:《新春喜剧之夜》《相声大联欢》推出

中央台三套2月16日大年初一推出喜剧晚会《新春喜剧之夜》，晚会邀请了众多影视演员、主持人、歌手等跨界出演喜剧，节目首播收视率2.2%，同时段市场份额7.6%。2月17日大年初二推出的《相声大联欢》以“跨界”为主打特色，在内容和形式上皆采用“混搭”的新颖手法，通过全新的视角来展现相声这一传统民间艺术，节目首播收视率为2.2%，同时段市场份额8.1%。

2月18日：电影《妖猫传》登陆电视荧屏

2018年春节期间，中央台六套播出《妖猫传》《奇门遁甲》和《空天猎》等多部电影，其中《妖猫传》和《奇门遁甲》虽然电影票房并不特别突出，但两片都是电影院上线才2个月的新电影，在所有调查城市收视率分别为2.0%和1.9%，在电影收视率榜上也位居前四。

表4 2018年春节期间中央台六套部分电影收视表现（所有调查城市）

节目名称	播出频道	播出日期	收视率（%）	市场份额（%）
妖猫传	中央台六套	2018/02/18	2.0	7.9
奇门遁甲	中央台六套	2018/02/20	1.9	7.0
空天猎	中央台六套	2018/02/17	1.6	6.2

数据来源：CSM媒介研究

2月19日：《舌尖上的中国》第三季推出

美食纪录片《舌尖上的中国》第三季由中央电视台推出，于2月19日至2月26日每天晚间20:00在中央电视台综合频道和纪录频道首播。《舌尖上的中国》第三季7期节目在中央电视台综合频道首播的平均收视率为1.4%，同时段市场份额4.6%；在中央电视台纪录频道首播的平均收视率为0.5%，同时段市场份额1.7%。该节目在52城市的7天时移收视率为0.26%，相当于52城市首播收视率的13%。

2月22日：第23届冬季奥运会举行

2018年第23届冬季奥运会于2018年2月9日至2月25日在韩国平昌郡举行，中国获得1金、6银、2铜，排在奖牌榜第14位。其中2月22日中国队获得亚军的短道速滑男子5000米接力决赛A组一场比赛的直播收视率达到1.9%，同时段市场份额6.2%。该场之前，武大靖为中国队收获了一枚金牌的短道速滑男子500米决赛A组一场比赛的直播收视率也达到1.8%，同时段市场份额6.5%。

2月28日：两家联播都市情感剧《美好生活》

45集都市情感剧《美好生活》讲述了徐天在感情和事业双重受挫之时再逢变故，机场突发疾病而被送往医院，从而与梁晓慧发生情感纠葛、重启人生的故事。该剧由浙江天意影视、霍尔果斯贰零壹陆影视传媒出品，刘进执导，张嘉译、李小冉等主演，于2018年2月28日登陆北京卫视、上海东方卫视首播。两家联播总收视率2.2%，同时段市场份额7.2%。该剧在52城市的7天时移收视率为0.59%，相当于52城市首播收视率的24%。

表5 《美好生活》首播在两家联播卫视的收视概况（所有调查城市）

节目名称	播出频道	平均收视率（%）	平均市场份额（%）
美好生活	上海东方卫视	1.2	3.9
美好生活	北京卫视	1.0	3.3

数据来源：CSM媒介研究

3 月

3 月 2 日：元宵晚会播出

2018 年元宵晚会中，中央电视台的元宵晚会在中央电视台综合频道和中央台三套播出，总收视率达到 6.4%，同时段市场份额超过 20.8%。湖南卫视的《2018 元宵喜乐会》平均收视率为 1.5%。北京卫视和江苏卫视的元宵晚会收视率也达到 0.6% 的水平。

表 6　2018 年中央电视台及部分省级上星频道元宵节晚会收视概况（所有调查城市）

晚会名称	播出频道	收视率（%）	市场份额（%）
欢乐吉祥闹元宵	中央电视台综合频道	4.7	15.2
	中央台三套	1.7	5.6
2018 元宵喜乐会	湖南卫视	1.5	5.6
2018 北京电视台元宵联欢晚会	北京卫视	0.6	2.4
荔枝灯会 2018 元宵晚会	江苏卫视	0.6	2.0

数据来源：CSM 媒介研究

4 月

4 月 13 日：《奔跑吧》第二季首播

大型户外竞技真人秀节目《奔跑吧》第二季于 4 月 13 日至 6 月 29 日每周五晚 21:00 在浙江卫视首播。《奔跑吧》第二季 12 期节目平均收视率为 2.0%，同时段市场份额 8.7%，在 2018 年季播综艺节目中平均收视率居首位。该节目在 52 城市的 7 天时移收视率为 1.51%，相当于 52 城市首播收视率的 73%。

4 月 19 日：中央广播电视总台正式揭牌亮相

2018 年 3 月，根据《深化党和国家机构改革方案》，整合中央电视台（中国国际电视台）、中央人民广播电台、中国国际广播电台，组建中央广播电视总台，作为国务院直属事业单位，归口中宣部领导，对内保留原呼号，对外统一呼号为“中国之声”。新组建的中央广播电视总台于 4 月 19 日上午正式揭牌亮相。

4 月 20 日：《向往的生活江南篇》开播

生活服务纪实节目《向往的生活江南篇》是《向往的生活》节目的第二季，由湖南卫视、浙江合心传媒联合推出，于 4 月 20 日至 7 月 6 日每周五晚间 22:00 在湖南卫视首播。《向往的生活江南篇》14 期节目平均收视率 1.2%，同时段市场份额 7.9%。该节目在 52 城市的 7 天时移收视率 0.75%，相当于 52 城市首播收视率的 61%。

4月21日：年代情感剧《娘亲舅大》首播

56集年代情感剧《娘亲舅大》讲述了20世纪80年代北方鞍庆小城在大地震中失去双亲的佟家三兄弟，含辛茹苦把大姐留下的孤女佟程程抚养成人的故事。该剧由重庆笛女阿瑞斯影视传媒股份有限公司出品，刁辛执导，唐曾、黄曼、张铎、刘希媛主演，于2018年4月21日在中央台八套黄金强档剧场播出。该剧首播平均收视率1.4%，同时段市场份额5.4%。

4月29日：《极限挑战》第四季首播

互动励志体验节目《极限挑战》第四季于4月29日至7月15日每周五晚间21：00在上海东方卫视首播。《极限挑战》第四季12期节目平均收视率1.1%，同时段市场份额4.5%。该节目在52城市的7天时移收视率为0.53%，相当于52城市首播收视率的41%。

5月

5月1日：电影《战狼二》收视表现不俗

2017年7月上映的票房高达56亿元的动作军事电影《战狼2》于2018年5月1日在中央台六套播出，首播收视率达到2.3%。该电影在该频道之后又有多次播出，其中有3次播出时的收视率都超过1.6%。春节前播出的《战狼》也达到1.6%的收视率水平。

表7 2018年中央台六套电影《战狼二》相关收视表现（所有调查城市）

节目名称	播出频道	播出日期	收视率（%）	市场份额（%）
战狼2	中央台六套	2018/05/01	2.3	8.6
战狼2	中央台六套	2018/09/30	1.9	7.1
战狼2	中央台六套	2018/11/23	1.7	6.7
战狼2	中央台六套	2018/06/11	1.6	6.4
战狼	中央台六套	2018/02/10	1.6	5.3

数据来源：CSM媒介研究

5月6日：2018年世界乒乓球锦标赛落幕

第54届世界乒乓球锦标赛于2018年4月29日至2018年5月6日在瑞典举行，中国队包揽了男、女团冠军。其中5月6日男团中国队战胜德国队夺冠一场的直播收视率达到2.2%，同时段市场份额8.4%；5月5日女团中国队战胜日本队夺冠一场的直播收视率也达到1.8%，同时段市场份额7.4%。

5月20日:《等着我》开播

大型公益寻人行动《等着我》是中央电视台于2014年开始推出的全国首档国家力量全媒体大型公益寻人节目。中央电视台综合频道2018年5月20日至8月5日周日晚20:00播出的11期节目平均收视率1.7%,同时段市场份额6.0%。

6月

6月9日:上海合作组织青岛峰会举行

上海合作组织青岛峰会于2018年6月9日至10日在山东青岛举行,中央电视台对峰会进行了特别报道。其中6月9日晚间黄金时段,中央电视台综合频道、中央电视台新闻频道、中央台四套和中央台三套都播出了相关特别报道节目,收视率分别为1.2%、0.8%、0.9%和0.5%。

表8　2018年上海合作组织青岛峰会特别报道收视表现(所有调查城市)

节目名称	播出频道	开始时间	结束时间	收视率(%)	市场份额(%)
上海合作组织青岛峰会特别报道	中央电视台综合频道	19:38	21:40	1.2	4.2
	中央电视台新闻频道	19:38	21:40	0.8	2.9
	中央台四套	19:00	21:38	0.9	3.3
	中央台三套	20:55	21:36	0.5	1.9

6月14日:2018年俄罗斯世界杯开幕

2018年俄罗斯世界杯于2018年6月14日至7月15日在俄罗斯举行,最终法国队以4:2的成绩击败克罗地亚队,夺得冠军。其中,中央台五套2018年7月15日直播的决赛收视率达到5.9%,同时段市场份额45.4%。之前6月30日的淘汰赛第一场,法国队对阵阿根廷队的比赛直播收视率达到5.8%,同时段市场份额30.8%。6月22日E组第二轮巴西队对阵哥斯达黎加队的一场比赛直播收视率达到5.8%,同时段市场份额19.8%。包括以上3场比赛,共有12场比赛的直播收视率超过5%。

表9　2018年俄罗斯世界杯高收视比赛场次(所有调查城市)

节目名称	播出日期	播出频道	收视率(%)	市场份额(%)
2018年俄罗斯世界杯足球赛决赛/法国VS克罗地亚	2018/07/15	中央台五套	5.9	45.4
2018年俄罗斯世界杯淘汰赛阶段第一场/法国VS阿根廷	2018/06/30	中央台五套	5.8	30.8
2018年世界杯小组赛E组第二轮/巴西VS哥斯达黎加	2018/06/22	中央台五套	5.8	19.8

续表

节目名称	播出日期	播出频道	收视率（%）	市场份额（%）
2018年世界杯小组赛D组第一轮/阿根廷VS冰岛	2018/06/16	中央台五套	5.6	22.5
2018年俄罗斯世界杯1/4决赛／乌拉圭VS法国	2018/07/06	中央台五套	5.5	30.4
2018年俄罗斯世界杯小组赛B组第二轮／葡萄牙VS摩洛哥	2018/06/20	中央台五套	5.5	20.0
2018年世界杯小组赛F组第一轮第二场／瑞典VS韩国	2018/06/18	中央台五套	5.5	19.3
2018年俄罗斯世界杯小组赛H组第一轮／哥伦比亚VS日本	2018/06/19	中央台五套	5.3	18.7
2018年俄罗斯世界杯1/8决赛第五场／巴西VS墨西哥	2018/07/02	中央台五套	5.2	31.5
2018年俄罗斯世界杯G组第二轮／比利时VS突尼斯	2018/06/23	中央台五套	5.1	18.0
2018年俄罗斯世界杯1/4决赛第三场／瑞典VS英格兰	2018/07/07	中央台五套	5.0	28.2
2018年世界杯足球赛小组赛G组第二轮第二场／英格兰VS巴拿马	2018/06/24	中央台五套	5.0	17.5

数据来源：CSM媒介研究

7月

7月4日：农村情感剧《岁岁年年柿柿红》首播

39集农村情感剧《岁岁年年柿柿红》以改革开放四十年为背景，讲述一名普通农村妇女杨柿红从结婚成家到遭遇困境，最终儿孙满堂收获幸福的感人故事。该剧由中央电视台、北京华映万像、浙江东阳九彩影视等出品，沈航执导，王茜华、沈航、荆浩等主演，于2018年7月4日在中央电视台综合频道黄金档剧场播出。该剧首播平均收视率1.4%，同时段市场份额5.3%。

7月14日：《中国好声音2018》开播

大型原创专业音乐节目《中国好声音》由浙江卫视联合星空传媒旗下灿星制作打造。2018年，浙江卫视将《中国新歌声》正式更名回《中国好声音》，4位固定导师是周杰伦、庾澄庆、谢霆锋、李健，于7月13日至10月7日每周五晚间21:00在浙江卫视首播。《中国好声音》13期节目平均收视率为1.5%，同时段市场份额7.0%。该节目在52城市的7天时移收视率0.37%，相当于52城市首播收视率的22%。

8 月

8 月 1 日：青春剧《最美的青春》首播

36 集青春剧《最美的青春》讲述了 20 世纪 60 年代，以冯程、覃雪梅为代表的 18 个来自中国各地的毕业生，与承德围场林业部门等组成拓荒队伍，积极响应祖国号召植树造林的故事。该剧由完美建信影视、承德广播电视台、完美影视等联合出品，巨兴茂执导，刘智扬、何雨虹等主演，于 2018 年 8 月 1 日在中央电视台综合频道黄金档剧场播出。该剧首播平均收视率 1.4%，同时段市场份额 5.0%。

8 月 18 日：2018 年雅加达亚运会开幕

第 18 届亚洲运动会于 2018 年 8 月 18 日至 2018 年 9 月 2 日在印度尼西亚雅加达举行，中国代表团共获得 132 枚金牌、92 枚银牌、65 枚铜牌，连续 10 届亚运会位居金牌和奖牌榜首位。其中，中央台五套 2018 年 8 月 26 日直播的男子 100 米决赛、男子 400 米决赛、女子 400 米决赛收视率都达到了 2.5%。9 月 1 日男篮决赛中国队对阵伊朗队的一场比赛，平均收视率为 1.4%，同时段市场份额 8.5%。

表 10　2018 年雅加达亚运会高收视比赛场次（所有调查城市）

节目名称	播出日期	播出频道	收视率（%）	市场份额（%）
第 18 届亚运会男子 100 米决赛	2018/08/26	中央台五套	2.5	13.8
第 18 届亚运会男子 400 米决赛	2018/08/26	中央台五套	2.5	8.9
第 18 届亚运会女子 400 米决赛	2018/08/26	中央台五套	2.5	8.9
第 18 届亚运会男篮决赛/中国 VS 伊朗	2018/09/01	中央台五套	2.5	8.5

数据来源：CSM 媒介研究

9 月

9 月 1 日：《开学第一课》

2018 年的《开学第一课》以“创造向未来”为主题，探讨梦想的崛起、探索的力量、奋斗的重要和未来的美好。中央电视台综合频道 2018 年 9 月 1 日晚间 20：00 首播时段获得 4.8% 的收视率，同时段市场份额达到 15.9%，创下近三年的收视新高。

表 11　2016～2018 年中央台综合频道《开学第一课》首播收视概况（所有调查城市）

节目名称	播出日期	收视率（%）	市场份额（%）
开学第一课	2018/09/01	4.8	15.9
开学第一课	2017/09/01	4.6	16.6
开学第一课	2016/09/01	3.0	8.6

数据来源：CSM 媒介研究

9 月 5 日：两家卫视联播年代剧《娘道》

76 集年代剧《娘道》以民国初年的山西为背景，围绕孝兴大户人家隆家，讲述了瑛娘和她五个孩子的故事。该剧由天津建信文化传播有限公司出品，郭靖宇、巨兴茂执导，岳丽娜、于毅等主演，于 2018 年 9 月 5 日在北京卫视、江苏卫视首播。两家联播总收视率为 2.3%，同时段市场份额 8.5%，位居 2018 年开播联播剧目之首。该剧在 52 城市的 7 天时移收视率为 0.39%，相当于 52 城市首播收视率的 16%。

表 12　《娘道》首播在两家联播卫视的收视概况（所有调查城市）

节目名称	播出频道	平均收视率（%）	平均市场份额（%）
娘道	北京卫视	1.4	5.1
娘道	江苏卫视	0.9	3.4

数据来源：CSM 媒介研究

9 月 24 日：2018 年中央电视台中秋晚会直播

2018 年中秋晚会是中央广播电视总台成立后的首个中秋晚会，本届“秋晚”以“全民秋晚”为理念，共分为上篇“不舍昼夜”、中篇“悠悠我心”、下篇“大道之行”三个篇章，皆出自于孔子的儒家格言，以彰显传统文化之美。中央电视台综合频道、中央台三套、中央台四套于 9 月 24 日晚间并机直播晚会，3 个频道合计总收视率达到 5.0%，同时段市场份额 19.2%。中央台三套的中秋品牌节目《万家邀明月　一起盼中秋》特别节目提前一天播出，收视率 1.0%、同时段市场份额 3.8%。湖南卫视的《中秋之夜》收视率为 1.2%，同时段市场份额 4.3%。《汉风秋月》2018 年中秋晚会由北京卫视、东方卫视、陕西卫视、凤凰卫视联合举办，北京卫视和东方卫视直播的平均收视率都为 0.4%。

表 13　部分频道播出的 2018 年中秋节晚会收视表现（所有调查城市）

晚会名称	播出频道	收视率（%）	市场份额（%）
2018 年中央广播电视总台中秋晚会	中央电视台综合频道	2.3	8.8
	中央台三套	1.4	5.3
	中央台四套	1.3	5.1

续表

晚会名称	播出频道	收视率（%）	市场份额（%）
中秋之夜	湖南卫视	1.2	4.3
万家邀明月　一起盼中秋 2018 中秋特别节目（9 月 23 日）	中央台三套	1.0	3.8
汉风秋月 2018 中秋晚会	北京卫视	0.4	1.8
汉风秋月 2018 中秋晚会	上海东方卫视	0.4	1.7

数据来源：CSM 媒介研究

10 月

10 月 1 日：中央广播电视总台推出《拥抱新时代，祝福你中国——中国梦、祖国颂 2018 国庆特别节目》

为庆祝新中国成立 69 周年，中央广播电视总台于国庆节当天推出《拥抱新时代，祝福你中国——中国梦、祖国颂 2018 国庆特别节目》，该节目聚焦小生活、大国情，全方位展现中华儿女热爱伟大祖国、讴歌伟大时代、奉献伟大事业的精神风貌。该节目平均收视率为 1.8%，同时段市场份额 7.0%。

10 月 1 日：央视 4K 超高清频道正式开播

10 月 1 日上午 10 点，中央广播电视总台的央视 4K 超高清频道正式开播，每天上午 6:00到午夜零点的 18 小时为观众提供纪录片、体育赛事、综艺、电视剧、动画片等丰富的 4K 节目内容。10 月 12 日，首个省级电视 4K 超高清频道——广东综艺频道 4K 超高清正式开播。

10 月 1 日：电影《红海行动》受到电视观众追捧

2018 年 2 月上映的《红海行动》以 36 亿元的高票房占据 2018 年电影票房榜首之位，10 月 1 日在中央台六套首播也有良好的收视表现，收视率 1.9%、同时段市场份额 7.9%，在年度电影收视中排名前三。

10 月 16 日：两家卫视联播年代情感剧《正阳门下小女人》

48 集年代情感剧《正阳门下小女人》以小酒馆几十年的变迁为线索，以女性创业者徐慧真为叙述视角，讲述其从 1955 年至改革开放后的几十年间，带领身边人创业致富、走向小康的故事。该剧由大前门（北京）文化艺术有限公司出品，刘家成执导，蒋雯丽、倪大红等主演，于 2018 年 10 月 16 日在北京卫视、江苏卫视首播。两家联播总收视率为 2.0%，同时段市场份额 7.0%。该剧在 52 城市的 7 天时移收视率为 0.43%，相当于 52 城市首播收视率的 20%。

表 14　《正阳门下小女人》首播在两家联播卫视的收视概况（所有调查城市）

节目名称	播出频道	平均收视率（%）	平均市场份额（%）
正阳门下小女人	北京卫视	1.3	4.5
正阳门下小女人	江苏卫视	0.7	2.5

数据来源：CSM 媒介研究

10 月 16 日：2018 年世界女排锦标赛举行

2018 年国际排联世界女子排球锦标赛于 2018 年 9 月 29 日至 10 月 20 日在日本举行，中国女排最终获得季军。其中，10 月 16 日第三阶段 H 组第三轮中国队对阵荷兰队的一场比赛，直播收视率达 2.1%，同时段市场份额 9.6%。之前第二阶段比赛中，中国队对阵俄罗斯队、美国队比赛的直播收视率也分别达到 1.8% 和 1.6%。

11 月

11 月 9 日：国家广电主管部门下发《关于进一步加强广播电视和网络视听文艺节目管理的通知》

2018 年 11 月 9 日，国家广播电视总局发布《关于进一步加强广播电视和网络视听文艺节目管理的通知》。通知主要内容包括：把握正确的政治方向，强化价值引领；坚决遏制追星炒星、泛娱乐化等不良倾向；严格控制偶像养成类节目，严格控制影视明星子女参与的综艺娱乐和真人秀节目；创新节目形式，严格控制嘉宾片酬；坚持广播电视与网络视听坚持同一标准、同一尺度；坚决打击收视率（点击率）造假行为，建立节目综合评价体系，正确开展节目综合评价；正确看待、合理运用收视率（点击率）数据，坚决反对唯收视率（点击率）的倾向。

12 月

12 月 31 日：跨年晚会播出

2018 年观众仍集中在中央电视台、湖南卫视等几个频道收看跨年晚会。其中，中央电视台综合频道和中央台三套并机播出的《启航 2019 中国音乐盛典》收视率分别为 1.0% 和 0.7%；同日湖南卫视跨年晚会收视率为 1.6%，同时段市场份额 7.3%；江苏卫视跨年晚会收视率 1.5%，同时段市场份额 6.7%；上海东方卫视跨年晚会收视率 1.0%，同时段市场份额 4.5%；北京卫视联合黑龙江卫视、河北卫视播出的《2018 环球跨年冰雪盛典》3 频道累计收视率为 1.1%；浙江卫视和深圳卫视两场思想跨年晚会收视率都为 0.3%。此外，浙江卫视在 12 月 30 日播出的《领跑 2019 爱你依旧浙江卫视演唱会》收视率 1.1%；四川卫视 1 月 1 日播出的跨年演唱会收视率 0.2%。

表 15　2018 年部分跨年晚会收视表现（所有调查城市）

节目名称	播出频道	日期	开始时间	结束时间	收视率%	市场份额%
启航 2019 中国音乐盛典	中央电视台综合频道	2018/12/31	20:06	0:02	1.0	4.5
	中央台三套	2018/12/31	20:06	0:02	0.7	3.2
快乐中国 20182019 跨年演唱会	湖南卫视	2018/12/31	19:31	0:23	1.6	7.3
2019 跨年演唱会用奋斗点亮幸福	江苏卫视	2018/12/31	19:36	0:03	1.5	6.7
领跑 2019 爱你依旧浙江卫视演唱会	浙江卫视	2018/12/30	19:36	23:37	1.1	4.7
2018 环球跨年冰雪盛典	北京卫视	2018/12/31	19:30	0:22	0.8	3.4
	黑龙江卫视	2018/12/31	19:30	0:22	0.2	1.1
	河北卫视	2018/12/31	19:30	0:22	0.1	0.4
2019 梦圆东方跨年盛典	上海东方卫视	2018/12/31	19:31	0:36	1.0	4.5
思想跨年 2019	浙江卫视	2018/12/31	20:50	0:01	0.3	1.6
2018 时间的朋友罗振宇跨年演讲	深圳卫视（新闻综合频道）	2018/12/31	20:30	0:28	0.3	1.6
2019 花开天下新年演唱会	四川卫视	2019/01/01	19:41	22:12	0.2	0.9

数据来源：CSM 媒介研究

结语

2018 年，电视直播收视开始进入低收视率竞争时代，收视率高于 1% 的电视节目就可以称为高收视节目。在电视大屏端，点播、回看的观众在大量增长，热门综艺和电视剧的时移收视量也说明观众对优质内容的关注并没有减弱。

2018 年可以说是电视剧的小年，爆款剧缺席，许多大流量、大 IP、大投资的电视剧收视表现和口碑都难以让人满意。收视表现相对较好的剧目多为当代现实题材，在观众中也有很好的口碑。综艺节目方面，大量综 N 代的收视表现平平，部分垂直类的原创节目努力从圈层突破，带给观众耳目一新的感觉。2018 年是体育大年，冬奥会、世界杯足球赛、亚运会等大型国际赛事陆续举办，在有世界杯足球赛的夏天，观众又一次聚在电视大屏前狂欢。

我们也看到，4K、5G 和 AI 等新技术的变革将逐步给电视媒体平台建设和业务生产赋能，短视频在侵蚀与消解长视频的同时也展现出为长视频引流的可能性。我们相信，优质的内容将在跨平台的融合传播环境中迸发出新的、更大的潜能。

（作者：吴凡）

2018 年我国电视剧市场收视盘点

2018 年既是中国电视文艺诞生 60 周年，也是电视剧市场富有转折意义的关键期。对于传统广电行业而言，传统广告业务萎缩，观众持续流失，资金短缺、无钱购剧成为常态。资本大规模撤离影视市场，电视剧制作量整体紧缩，影视公司更加倾向于资金实力雄厚的平台，视频网站成为影视节目的重要分流渠道，网台格局逆转，电视台多了强劲的购剧竞争对手。大流量、大 IP、大投资的押宝公式频频失灵，口碑、收视、流量三位一体的爆款剧缺席，大量热门剧出现收视与口碑的倒挂。种种异象表明，这批观众似乎更难取悦。本文依托 CSM 媒介研究 100 城 TVPRIS 数据，从总量、题材、竞争、热播剧等播出与收视角度进行盘点，以数据说话，试图一窥传统电视剧市场的众生相。

一、电视剧需求旺盛，但数量严控，新剧从地面频道流向卫视

从全国所有调查城市各类节目的播出和收视比重看，2018 年电视剧收播比重双双较往年提升，创 2015 年来的新高，播出比重达到 28.1%，收视比重达到 31.8%。这既表明观众对于电视剧的需求更加旺盛，电视剧仍是他们最喜欢收看的节目类型；也表明电视台对于电视剧的倚重不减反增（表 1）。

表 1 近年来我国电视剧收播比重（全天，CSM 所有调查城市）

年份	播出比重（%）	收视比重（%）	资源使用效率（%）
2015 年	26.2	30.0	15.0
2016 年	27.1	29.6	9.2
2017 年	26.7	30.9	15.7
2018 年	28.1	31.8	13.2

数据来源：CSM 媒介研究

主管部门持续严控生产源头，继续“挤泡沫、去虚火”。一方面控制过审总量，近年来我国电视剧总集数申请量处于下滑通道，2018 年全年，全国生产完成并获得国产电视剧发行许可证的剧目是 323 部、13 726集，尽管较之 2017 年略有增长，但过审率已连续三年不足三分之一。另一方面则控制电视剧注水行为，杜绝无节制拉长剧集长度，2018 年通过审批的电视剧平均集数是42 集，同比 2017 年减少了 1 集，比 2016 年减少了 3 集。这些信号一定程度上说明，近两年电视剧市场的虚热局面已有所扭转，效果显著，正步入理性发展轨道（表 2）。

表2　近年来我国申报公示和通过审批发行的电视剧数量

年份	申报公示部数	申报公示集数	通过审批发行部数	通过审批发行集数	平均每部集数	通过审批的部数比例
2015 年	1146	43077	394	16540	42	34%
2016 年	1207	47760	334	14912	45	28%
2017 年	1170	46517	314	13470	43	27%
2018 年	1163	45731	323	13726	42	28%

数据来源：国家广播电视总局

演员天价片酬等因素造成电视剧制作成本居高不下，资本的撤离、“一剧两星”等政策的推行，不可避免地带来制作市场的动荡和播出量的收缩，2015 年以来新播出剧规模以每年 30 ~40 部的速度持续减少，2018 年则进一步紧缩，跌破 200 部，同比减少 47 部之多。

各级频道中，省卫视对新剧的需求越来越旺盛，占比不断提升。2018 年省卫视播出新剧 82 部，占比突破 42%，成为新剧最大需求方（图 1）。而省地面和省会频道整体萎缩严重，省地面频道仅瓜分了 58 部新剧，省会频道更低至 7 部。这一局面的形成与地方台近年来营收方面出现危机，被迫推行“关停并转保卫视”的策略不无关系。2015 年我国《新广告法》实施，地方电视台烟草类、健康类等广告播出受限，广告播出和收入下降，不少地面频道捉襟见肘甚至入不敷出，连薪资都难以为继，更遑论购买新剧。一些省级台开始合并甚至关停部分地面频道，以全力保障卫视运营，优先供应影视资源。在这种严峻的大形势下，地方台“舍车保帅”的策略将持续进行下去。

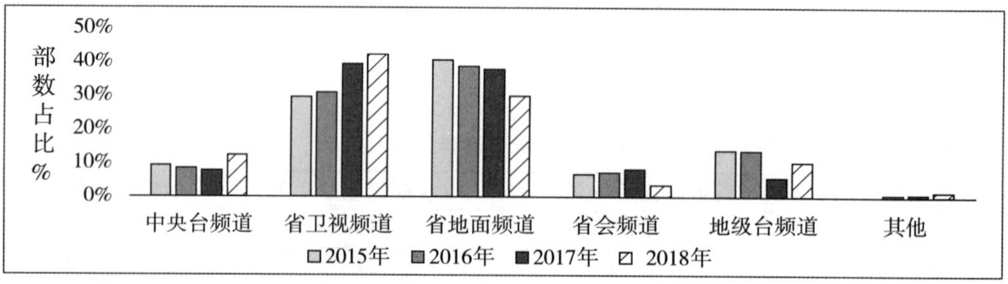

数据来源：CSM 媒介研究

图 1　近年来我国新剧在各频道组的部数分布（全天，100 城）

二、当代现实题材挑大梁，古装剧萎缩，各级频道题材定位区隔化

2017 年，以《人民的名义》为首的现实题材剧大放光芒，2018 年延续上升势头，成为年度主流题材。其实，从国家新闻出版广电总局近年来通过审批发行的各类题材占比看，当代现实题材一直最受重视，且占比突出。2018 年现实题材剧目共计 204 部、8270 集，分别占总部数、总集数的 63.16% 和 60.25%，其中当代剧共 186 部、7531 集，部数占比突破新高，逼近 60%。2018 年古装剧“流年不利”，不少剧定档无望或一波三折，播出处于被压缩状态，但从市场上看古装剧的供应量并未减少，近年来其部数占比一

直稳定在11%～12%之间，2018年更是上升到14.6%。可见对于各类电视剧而言，内容永远大于形式，政府鼓励的是优质、有创新的内容，而非一窝蜂扎堆上马的雷同复制品。

从晚间黄金时段播出量的年度变化来看，电视剧播出市场呈现出当代剧稳定、近代剧提升、古装剧下滑的整体特征，2018年播出部次的占比分别是36%、46%、9%左右。相对于其他电视剧题材，近代剧更加具有冲突激烈、情节曲折、节奏紧张的特性，播出部次超过当代剧，表现出整个电视播出市场对电视剧可视性的强烈需求。然而卫视不仅要追求可视性，更要综合考虑社会效益，并响应政府的号召，仍以现实题材为主力。2018年全国卫视晚上黄金档共播出首轮剧146部，次黄金档播出23部，其中现实题材（106部）占比73%，近代剧（33部）占比23%，古装剧（7部）仅占比7%。

不同频道组晚上黄金档题材已经形成较为明显的区隔，卫视和地面频道采取了截然不同的题材布局策略，这个特征在2018年更加突出。中央电视台两个电视剧主播频道"抓大不放小"，一方面主打社会伦理剧，题材占比一枝独秀，达18.3%；另一方面则深耕小类题材，时代变迁（8.4%）、农村（8.3%）、奋斗励志（5.9%）等成为当年深挖的题材，并出现了不少收视佳作。此外，军旅生活、重大革命、人物传记、公案等小类题材占比也远超其他频道。

省卫视则主推都市情感剧，都市生活和言情题材播出比重较往年突飞猛进，以14.5%、13.2%的比重遥遥领先于各频道组。除此之外，它们也与时俱进地推出了大量时代变迁剧（11.7%），比重甚至超越了往年的军事斗争、反特/谍战、近代传奇、社会伦理等大类题材，成为2018年新贵大类，而以古装宫斗为主的戏说演绎剧比重则低到冰点。

省级地面和市级地面频道延续往年策略，高度依赖军事斗争、反特/谍战等传统硬剧题材，省级地面频道的军事斗争题材占比逼近25%，市级频道也超过了20%，二者的反特/谍战题材占比保持在17%以上。地面频道在与卫视的对抗中明显处于弱势，购剧资金少，生存压力大，因而呈现出对高收视因子红色题材的迫切需求，更加关注题材是否具有高性价比（图2）。

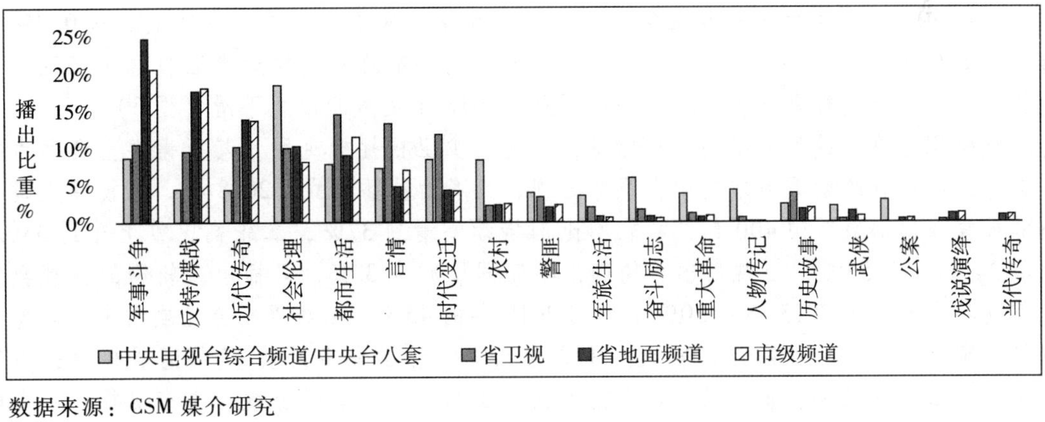

数据来源：CSM媒介研究

图2 2018年不同频道组晚上黄金档①各类题材播出比重（%）

---

① 中央电视台综合频道、中央台八套：19:00～22:00；省卫视：19:30～21:30；省地面频道/市级频道：18:00～24:00；100城市。

三、首播剧紧缩，独播剧泛化，卫视选剧水准决定竞争格局和走势

好剧一直处于稀缺状态，现象级大剧更是“可遇不可求”。全国100城电视剧单频道收视率超过2%的大剧，2015年有9部次之多，2016～2017年尽管骤减但也各有3部，2018年却无1部，如送电视剧“小年”的称号也不冤枉。收视率在1%～2%之间的优势剧目有30部次，占比与2017年持平（占4.7%）；收视率在0.5%～1%的剧目缩减到84部次，占比（13.2%）下滑近1个百分点；收视率不足0.5%的电视剧占比进一步上升到82%，沦为市场上绝大多数的“炮灰角色”。

在这样不容乐观的局势下，各卫视对剧目的争夺结果，直接影响到其排位和竞争力浮动，导致全国层面电视剧竞争局势出现新变化。从传统几大卫视年度电视剧平均收视率成绩单来看，2018年只有中央电视台综合频道和北京卫视这两家一线卫视收视有所提升，位列冠亚军。中央电视台综合频道依托诸多颇具献礼风格的主旋律大剧成为年度大赢家，收视率突破1%，尽管仍未恢复到2015～2016年的水平，但已重新夺回市场龙头老大的地位。北京卫视慧眼识珠，选剧精准，凭借一系列颇具竞争力的作品，一举获得0.91%的收视率，呈爆发式增长，实现了历史性突破，逆袭成为众省卫视之首。

2018年其他卫视频道电视剧收视同比出现不同程度的下滑。湖南卫视下降最为明显，从1.43%到0.87%，损失了0.56个百分点。2017年一度排众直上的上海东方卫视也止步不前，以0.86%的收视率收官，同比下滑0.31个百分点。中央台八套变化不大，其0.85%的收视率基本和2017年持平。江苏卫视和浙江卫视自2015年以来连续3年电视剧收视率突破0.8%，2018年江苏卫视维持在0.8%的水准，而浙江卫视却失守，仅获得0.58%，掉了0.24个百分点。

从多年收视水平等级看，1%和0.8%是两个收视“节点”。2018年收视率超过1%的头部卫视不仅收视水平降低而且数量减少，从过去年均2家下降到仅存1家。收视率在0.8%～0.9%左右的卫视从往年的4家增至5家，扁平化趋势越发明显。从0.8%直接跳水到0.5%及以下等级的卫视增多，山东卫视、安徽卫视和天津卫视这3家卫视的电视剧连续4年收视率出现不同程度的下跌，2018年更是断崖式下滑（图3）。

首轮剧是卫视最为重要的节目储备，然而不少卫视捉襟见肘，甚至需举全台之力方能存活，因而首轮剧更多地集中在强势卫视，且多为独播模式。2018年，卫视晚上黄金档非重复播出部数跌破400部，首轮剧比例持续下滑到37%，二轮剧比重上升到63%；仅有24家（占55%）卫视播出首轮剧，年度同比减少3家，只播出二轮剧的卫视数量比例逐年上升，从2015年的30%上升到2018年的45%。一线卫视首轮剧播出量较多且保持稳定，二三线卫视则浮动较大。中央台八套首轮剧最多，以27部高居榜首；浙江卫视、上海东方卫视、北京卫视、湖南卫视、江苏卫视、安徽卫视、山东卫视、中央电视台综合频道这几家卫视不低于12部，处于第二梯队；其他省卫视基本上没有增量，甚至还有所降低（图4）。卫视更加重视电视剧资源的独占性和稀缺性，独播剧相对于联播剧，在营销上可以进行精耕细作，编排更加机动灵活，因而吸纳了更多的剧参与。2018年，73%的首轮剧采用独播模式，较之2017年的65%有飞跃式提升。

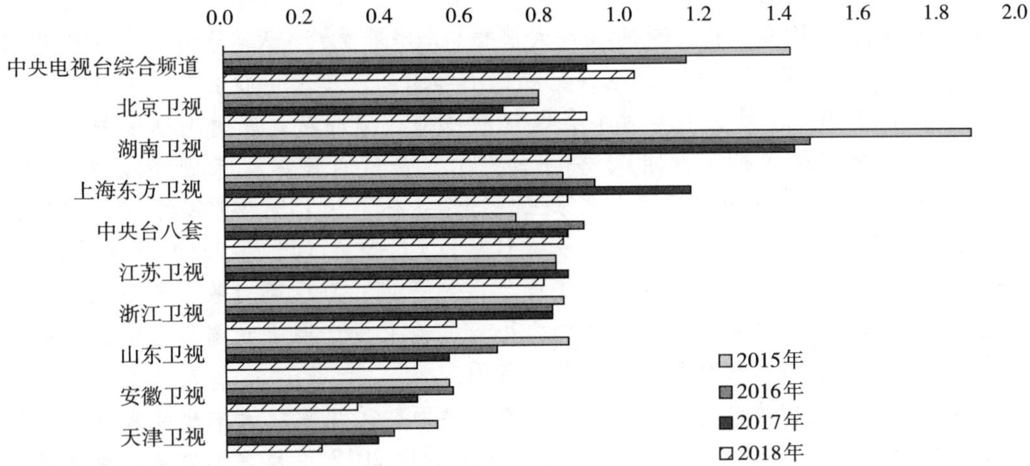

数据来源：CSM 媒介研究

图 3 近年来主要卫视频道电视剧平均收视率（%）（19:30～21:30，100 城市）

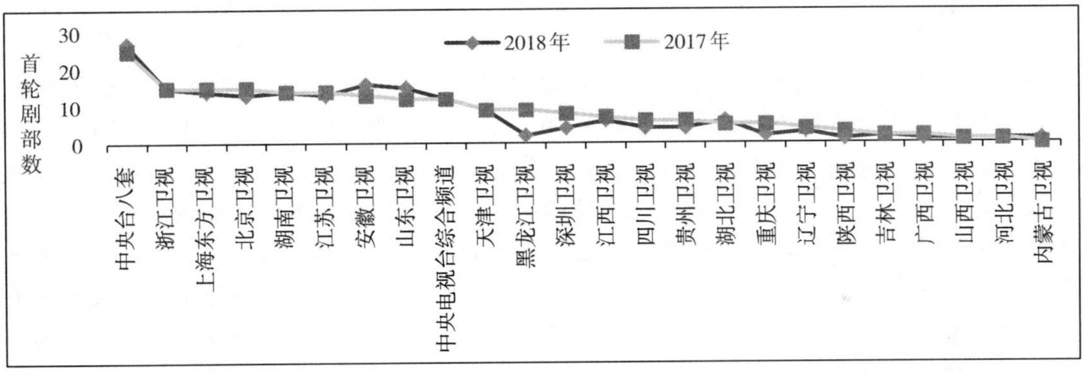

数据来源：CSM 媒介研究

图 4 2017～2018 年卫视首轮剧播出频道分布（19:30～21:30，100 城市，内地剧）

2018 年，各卫视频道在电视剧领域的竞争更加激烈。晚上黄金档首轮剧单频道收视率超 1% 的剧仅有 30 部次，较之 2017 年减少了 4 部次；分布的频道数从 2017 年的 7 席减少到 6 席，可见寡头垄断度提升，竞争强度前所未有。其中，湖南卫视仅占 6 部次，占比从 1/3 跌到 1/5；中央台八套从 9 部次减少到 6 部次；中央电视台综合频道和北京卫视从 2 部次分别激增到 6 部次、7 部次，成为最大赢家，好剧增多也直接促使二者的竞争排位大幅上升；上海东方卫视则从 7 部次腰斩到 4 部次，江苏卫视从 2 部次降到 1 部次，浙江卫视从 2 部次下降到颗粒无收。

猛砸巨资并“勤修内功”，练就独具慧眼的选剧眼光，提升对好剧的掌控力，这已成为决定卫视生死的重要考验尺度。收视出现震荡的卫视无一不是因为对好剧失控，而收视攀升的卫视则“得好剧、得天下”。收视率破 1% 的剧在卫视频道内的占比（好剧达标率）浮动和其收视排位浮动一脉相承，共损共荣。2018年湖南卫视好剧达标率从2017年的67%降为40%，该卫视的《远大前程》《如果爱》《天盛长歌》《凉生我们可不可以不忧伤》等大阵容或大制作电视剧收视不如预期；中央电视台综合频道好剧达标率从17%猛增到46%，得益于其对小类题材电视剧选剧成功，农村剧《岁岁年年柿柿红》、重大革命题材剧《换了人间》、奋斗励志剧《最美的青春》、人物传记剧《初心》等剧收视强劲，成功带领频道摘冠；北京卫视好剧达标率从13%爆发式增长到47%，或独播或联播，几乎将市面上最热的剧目一网打尽，《风筝》《娘道》《正阳门下小女人》《幸福一家人》《大江大河》《面具》《美好生活》等剧，口碑剧与收视剧齐抓，或叫好或叫座，助力北京卫视火箭式飞升。相比之下，其他卫视选剧眼光忽高忽低，对好剧的控制力忽强忽弱，因而收视地位也随之忽上忽下。

资源争夺战体现在收视走势上，立竿见影，然而缺乏现象级大剧也导致竞争层次无法大幅度拉开，因而2018年主要卫视的收视率走势比2017年显得更为呈胶着状态。开年大戏中，中央电视台综合频道的《换了人间》表现较好；1月12日，上海东方卫视、江苏卫视联手播出的《恋爱先生》总收视率高达2.34%，是第一季度收视最好的电视剧；2月，湖南卫视、中央电视台综合频道、上海东方卫视/北京卫视在剧目上竞争激烈，湖南卫视的《谈判官》、中央电视台综合频道的《初心》在同期较量中脱颖而出，2月底，北京卫视、上海东方卫视联播的《美好生活》成为第二部总收视率破2%的剧目；3~4月，几部联播剧《好久不见》《下一站别离》《真爱的谎言之破冰者》收视不错，中央台八套的《娘亲舅大》表现突出；5~6月，北京卫视/上海东方卫视联袂推出《归去来》《脱身》，总收视率均不低于1.5%，而中央电视台综合频道的《楼外楼》和中央台八套的《灵与肉》分别与前两部剧同期打擂台，效果良好，单频道收视率双双破1%；暑期，湖南卫视提前布局，6月25日开播轻喜言情剧《一千零一夜》，7月23日又推出流量剧《甜蜜暴击》，走出一波好行情，而其他卫视迎战暑期的意味并不浓，反而显得中规中矩；7月初，中央电视台综合频道播出农村剧《岁岁年年柿柿红》，同期上海东方卫视、江苏卫视推出涉案剧《猎毒人》，北京卫视播出谍战剧《面具》，收视抢眼；8月初，中央电视台综合频道推出励志题材剧《最美的青春》，同期江苏卫视破冰独播古装剧《香蜜沉沉烬如霜》，喜获1.19%的收视率，豆瓣评分7.8，流量破百亿，罕见地实现了收视、流量和口碑的三统一，也成为暑期代表作之一；第四季度是改革开放40周年的节点，上映的14部献礼剧占了全年播出的献礼剧总量的一半，然而收视亮点却不多，其中《大江大河》表现最好；9月起北京卫视以每月一部的频率推出《娘道》《正阳门下小女人》《幸福一家人》《大江大河》等热门剧，收视率齐齐破1%，走势高扬，将其他卫视远远抛在身后，从而圆满地实现了竞争突围。以此观之，卫视破局之路"部部惊心"，每一部都马虎不得（图5）。

四、现实、言情、独播、联播、献礼、次新、二轮剧逐鹿卫视

2018年全国市场现实题材剧收视表现突出，继续领跑。卫视晚上黄金档总收视率超过1%的37部电视剧中，当代剧有22部，占近六成；现代剧1部；古装剧仅3部，不足

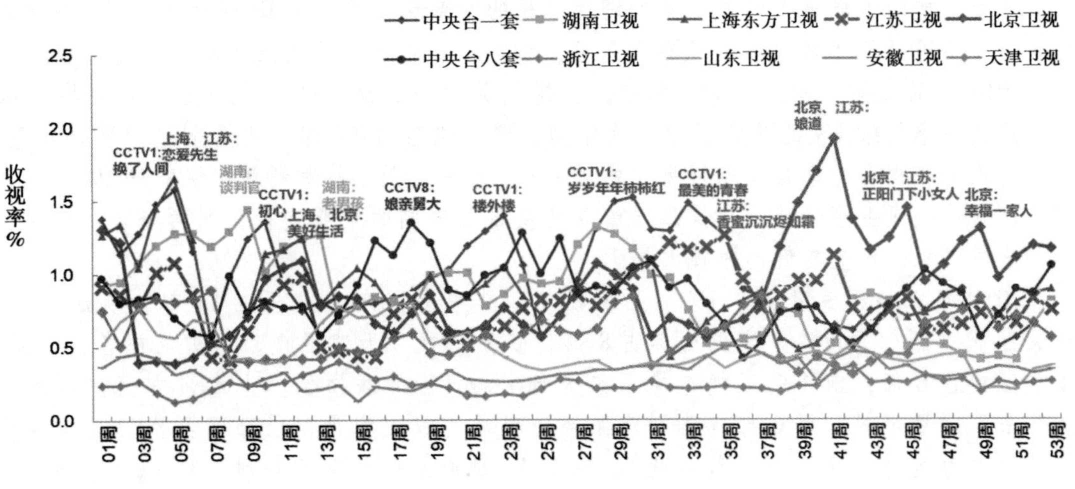

数据来源：CSM 媒介研究

图 5　2018 年主要卫视频道电视剧收视率周走势（19:30~21:30，100 城市）

2017 年的一半；近代剧 6 部。值得注意的是，现实题材中时代跨度长的现、当代剧占了 5 部，联播剧《正阳门下小女人》凭借一众老戏骨的精湛表演和浓郁的京城地域文化韵味及女主角徐慧真曲折的命运故事，获得 1.93% 的总收视率，而中央电视台独播剧《最美的青春》《娘亲舅大》《初心》《灵与肉》表现亦非常突出。

和 2017 年相比，2018 年的卫视头部剧不仅数量上远低于 2017 年，而且最高收视率也有所不及。有 4 部剧总收视率超过 2%，冠军是跨年剧《风筝》(2.73%)，其次是首轮剧《恋爱先生》(2.34%)、《娘道》(2.29%)、《美好生活》(2.14%)。《大江大河》《最美的青春》《灵与肉》《面具》等剧以现实主义的描述手法和精良制作水准，广获好评，成为本年度一抹亮色。

总收视率破 1% 的好剧中，题材以言情、谍战、都市生活等大类剧居多，言情剧最多占 10 部，反特/谍战和都市生活剧各 4 部，近代传奇剧占 2 部，社会伦理仅 1 部；小类题材在本年度大放光彩，频频出现好剧身影，时代变迁、警匪、青春、奋斗励志、农村题材剧各占 2 部，人物传记、重大革命、历史故事、神怪玄幻、公案题材剧各 1 部。言情剧《恋爱先生》讲述了一对风趣互怼的欢喜冤家的恋爱故事，制作团队引入了全息投影等特型技术创新视觉观感，并利用短视频营销提升网民参与度，使该剧不仅全网点击量破百亿，而且还成为首轮剧总收视率剧王 (2.34%)。

大体量电视剧是市场关注的重点，保持一定的体量对于电视剧而言非常重要，2018 年热门电视剧大多体量巨大，平均官宣集数 46.4 集，远超 42 集的平均审批集数；联播剧平均每集篇幅 47.4 集，较之独播剧长了 2.1 集，例如《娘道》实际播出量有 76 集之多。有些独播剧鸿篇巨制，如湖南卫视的 3 部独播剧《知否知否应是绿肥红瘦》《凉生我们可不可以不忧伤》《天盛长歌》，官宣集数均达到了 70 集。然而，体量不等于收视率，对于优质内容而言，篇幅徐徐展开令观众有追剧的愉悦感，也让电视台赚得盆满钵满；但对于收视惨淡的电视剧而言，体量反而成了一种掣肘和痛苦，播出后效果不好有可能被腰斩或转入非黄金时段。例如湖南卫视的两部超级顶配大IP剧《天盛长歌》《凉生我们可不可以不忧伤》收视低迷无起色，均被从晚上黄金档无奈地挪到了次黄金档。

2018年卫视晚上黄金档首轮剧中，独播剧共计106部，联播剧不重复部数共计40部；总收视率超过1%的首轮剧中，独播剧、联播剧各占17部，数量上二者平分秋色。联播剧依托收视合力通常能取得更大的“+1”效果，更容易做到总收视率破2%。联播剧不仅颇受一线卫视青睐，也是二三线卫视获得首轮剧的重要途径，两两组合，屡次携手，分摊成本，产生良好的收视共振。

2018年首播剧共吸引了19家卫视参与，其中上海东方卫视占14部，浙江卫视、北京卫视、江苏卫视这3家卫视各占8部，安徽卫视、天津卫视、山东卫视各占7部，湖北卫视占6部，前4家卫视包揽了绝大部分破1%的联播剧。上海东方卫视首轮剧全部采用联播模式，用6部言情剧确保年轻观众的收视底盘，以警匪剧作为其差异化突破的主力题材，除了《橙红年代》，剩余13部剧总收视率均超过1%，《恋爱先生》《美好生活》《猎毒人》单频道收视率均超过1%。上海东方卫视继2017年多次与北京卫视携手共赢之后，本年度继续与之合作，有7部剧总收视率均破1%，《美好生活》总收视率破2%。此外，上海东方卫视和浙江卫视联播的《月嫂先生》《你和我的倾城时光》，与江苏卫视联播的《恋爱先生》《猎毒人》，总收视率均超过1.5%。北京卫视同样通过联播剧获得了良好的市场反馈，除了和上海东方卫视，北京卫视还与江苏卫视联袂播出《娘道》和《正阳门下小女人》两部大剧，效果同样惊人。

独播剧呈现出平台高度集中化的趋势。2018年中央台八套和中央电视台综合频道及湖南卫视共瓜分了近一半的独播剧，北京卫视、江苏卫视、浙江卫视等一线卫视也分别购置了5~7部；二三线卫视中，安徽卫视、山东卫视、江西卫视较为积极，购置了5~9部；深圳卫视、四川卫视、天津卫视、贵州卫视、陕西卫视、吉林卫视、广西卫视、重庆卫视、辽宁卫视、内蒙古卫视等卫视也各播出1~3部。独播剧是卫视展示频道特质的重要方式，如深圳卫视7月重播《最好的我们》之后，紧接着独播青春校园题材剧《你好旧时光》，全景式谱写青春时代群像，口碑和收视表现都不俗。

表3　2018年卫视晚上黄金档收视溢出率①（%）为正的部分首轮剧（19:30~21:30，100城市）

首播剧	首播卫视	题材	时代背景	开播日期	总收视率%	收视溢出率（%）
娘亲舅大	中央台八套	社会伦理	现当代剧	2018/04/21	1.31	54%
谈判官	湖南卫视	言情	当代剧	2018/02/04	1.30	49%
香蜜沉沉烬如霜	江苏卫视	神怪玄幻	古装剧	2018/08/02	1.19	49%
恋爱先生	江苏卫视、上海东方卫视	言情	当代剧	2018/01/12	2.34	41%

① 收视溢出率% =（该剧收视率 - 同时段播出频道电视剧年平均收视率）/同时段播出频道电视剧年平均收视率×100%

续表

首播剧	首播卫视	题材	时代背景	开播日期	总收视率%	收视溢出率（%）
一千零一夜	湖南卫视	言情	当代剧	2018/06/25	1.20	38%
初婚	中央台八套	农村	当代剧	2018/06/05	1.16	36%
岁岁年年柿柿红	中央电视台综合频道	农村	当代剧	2018/07/04	1.40	36%
老男孩	湖南卫视	言情	当代剧	2018/03/04	1.17	34%
娘道	北京卫视、江苏卫视	近代传奇	近代剧	2018/09/05	2.29	34%
灵与肉	中央台八套	时代变迁	现当代剧	2018/06/17	1.12	32%
最美的青春	中央电视台综合频道	奋斗励志	现当代剧	2018/08/01	1.33	29%
我的青春遇见你	湖南卫视	都市生活	当代剧	2018/01/02	1.09	25%
猎豺狼	中央台八套	反特/谍战	近代剧	2018/04/07	1.06	25%
幸福一家人	北京卫视	都市生活	当代剧	2018/11/11	1.13	24%
楼外楼	中央电视台综合频道	近代传奇	近代剧	2018/05/14	1.25	21%
开封府	中央台八套	公案	古装剧	2018/07/16	1.03	21%
美好生活	北京卫视、上海东方卫视	都市生活	当代剧	2018/02/28	2.14	21%
换了人间	中央电视台综合频道、天津卫视	重大革命	现代剧	2018/01/08	1.51	19%
猎毒人	江苏卫视、上海东方卫视	警匪	当代剧	2018/07/06	1.95	17%
甜蜜暴击	湖南卫视	青春	当代剧	2018/07/23	1.01	16%
初心	中央电视台综合频道	人物传记	现当代剧	2018/02/05	1.18	15%
面具	北京卫视	反特/谍战	近代剧	2018/07/06	1.03	13%
正阳门下小女人	北京卫视、江苏卫视	时代变迁	现当代剧	2018/10/16	1.93	13%
月嫂先生	浙江卫视、上海东方卫视	言情	当代剧	2018/08/23	1.55	8%
你和我的倾城时光	浙江卫视、上海东方卫视	言情	当代剧	2018/11/12	1.53	6%
大江大河	北京卫视、上海东方卫视	时代变迁	当代剧	2018/12/10	1.88	6%

数据来源：CSM 媒介研究

首播剧的品相在强势卫视和普通卫视之间相差非常大。强势卫视能获取由当红明星、流量明星以及大牌影帝大咖主演、卖相不错的热门剧，而普通卫视就只能依靠慧眼识珠了，因而获批发行两三年乃至更久而未上星播出的“次新剧”（本文中指2016年及以前获批发行的剧）成为一个经济适用的不错选择。2018年卫视晚上黄金档“次新剧”约有39部，在首轮剧中占比26%，单频道收视率超过1%的有2部次，收视率在

0.5%～1%之间的有11部次，收视溢出率为正值的超过四成，成效可圈可点。“次新剧”中有实力青年演员加盟的剧是重点挖掘对象，例如董洁主演的《幸福一家人》11月份在北京卫视热播之后，江西卫视12月份推出了2016年就已通过审批发行的《金陵往事》，收视效果良好，溢出率达20%；靳东主演的《我的前半生》在2017年大火之后，江西卫视推出的其主演的时代变迁剧《青春不言败》2010年已制作完成。此外，强情节的军事斗争和传奇等题材“次新剧”效果也不错，如广西卫视的《胜利之路》、山东卫视的《魔都风云》、贵州卫视的《绝密任务》、安徽卫视的《喋血长江》和江西卫视的《后妈的春天》等，均对平台收视起到了正向拉动作用（表4）。值得注意的是，“次新剧”过气的风险也较高，过时的服化道、剧情不再新鲜及演员人气下滑等都可能成为减分元素。

表4　2018年卫视晚上黄金档首轮剧中收视较好的部分“次新剧”（19:30～21:30，100城市）

首播剧	题材	首播卫视	首播日期	单频道收视率%	收视溢出率%	制作年份
胜利之路	军事斗争	广西卫视	2018/08/22	0.11	57%	2014
魔都风云	近代传奇	山东卫视	2018/04/11	0.74	54%	2016
绝密任务	军事斗争	贵州卫视	2018/10/11	0.22	47%	2015
灵与肉	时代变迁	中央台八套	2018/06/17	1.12	32%	2016
喋血长江	近代传奇	安徽卫视	2018/09/30	0.40	21%	2016
开封府	公案	中央台八套	2018/07/16	1.03	21%	2016
金陵往事	近代传奇	江西卫视	2018/12/13	0.24	20%	2016
生于70年代	时代变迁	安徽卫视	2018/09/14	0.39	18%	2016
格子间女人	言情	浙江卫视	2018/12/28	0.64	10%	2013
后妈的春天	近代传奇	江西卫视	2018/03/11	0.22	10%	2014

数据来源：CSM媒介研究

近两年，“献礼剧”（包含政府推荐播出参考剧目及2018～2022年百部重点电视剧）渐成气候，2018年晚上黄金档播出27部，收视率过1%的有8部，占三分之一（表5）。第四季度是改革开放40周年节点，有8部献礼剧密集播出，以时代变迁题材为主，或以创业为主题，或以家庭情感为主题，风格大开大阖，气质热血青春，人物命运跌宕起伏，情怀怀旧满满，折射出宏观特定时代背景下个人命运抉择和机遇的变化，以文艺作品的形式生动地展示改革开放带来的多领域成果，形成了与2017年截然不同的特征。其中《大江大河》由侯鸿亮制片，孔笙、黄伟执导，其浓烈的青春热血特质加上极强的年代代入感，唤醒了父辈一代的集体记忆。该剧设计出国营、集体和个体经济的人物故事线，用鲜活、真实、细腻的影像完美地表述了改革开放搞活经济、知识改变命运的主题，其8.9分的豆瓣评分甚至超越了2017年度冠军《那年花开月正圆》和黑马剧《人民的名义》。

表 5 2018 年卫视晚上黄金档收视率过 1% 的献礼剧目（19:30~21:30，100 城市）

电视剧	播出卫视	首播日期	结束日期	总收视率%
大江大河	北京卫视、上海东方卫视	2018/12/10	2019/01/04	1.88
归去来	北京卫视、上海东方卫视	2018/05/14	2018/06/10	1.56
换了人间	中央电视台综合频道、天津卫视	2018/01/08	2018/02/02	1.51
岁岁年年柿柿红	中央电视台综合频道	2018/07/04	2018/07/31	1.40
最美的青春	中央电视台综合频道	2018/08/01	2018/08/31	1.33
初心	中央电视台综合频道	2018/02/05	2018/03/08	1.18
灵与肉	中央台八套	2018/06/17	2018/06/30	1.12
创业时代	上海东方卫视、浙江卫视	2018/10/12	2018/11/11	1.02

数据来源：CSM 媒介研究

历经市场检验的二轮剧已经成为无力购买首轮剧卫视的不二选择，2018 年晚上黄金档一个非常显著的现象是大量首轮剧“重播化”。146 部首轮剧中，超过总量三分之一（46 部）的电视剧在当年二轮播出，有 23 部剧在两个及以上卫视重播，其中社会伦理剧《养母的花样年华》在山东卫视、天津卫视首播后，陆续在其他 4 家卫视重播，《远大前程》《脱身》《岁岁年年柿柿红》《恋爱先生》《归去来》《我们的四十年》《美好生活》《面具》等剧在 3 个卫视重播（图 6）。不少首轮剧具有较高的重播性价比，79 部次中有 30 部次（占 38%）收视溢出率为正向。《魔都风云》《归去来》《战天狼》《决胜》《你和我的倾城时光》《下一站别离》在相关卫视重播后，二轮收视溢出率非常高，甚至超越了首轮溢出率。例如近代传奇剧《魔都风云》在山东卫视首播后成为拉动收视的第一功臣剧，在河南卫视重播后创造出 67% 的更高溢出率。还有的剧在所有重播卫视都能获得不错的效果，例如《我们的四十年》在湖北卫视、广东卫视、黑龙江卫视，《岁岁年年柿柿红》在黑龙江卫视、天津卫视、辽宁卫视等卫视，它们都或多或少地拉升了频道的收视水平。

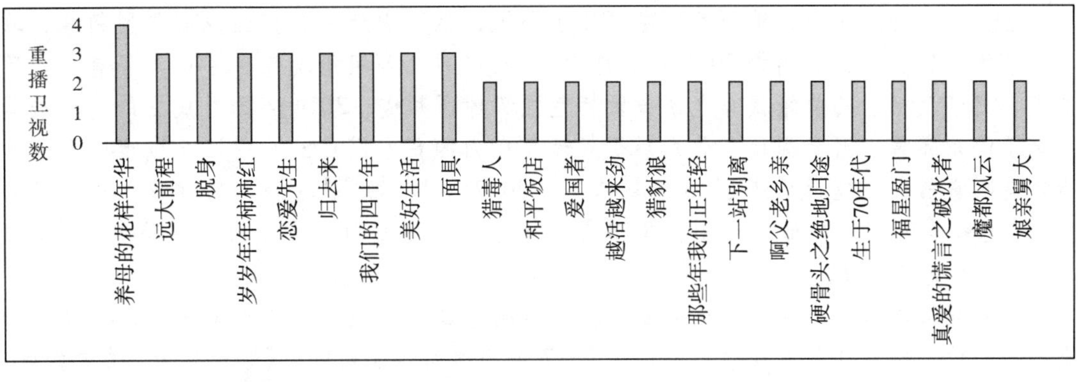

数据来源：CSM 媒介研究

图 6 2018 年卫视晚上黄金档重播卫视数超过 2 个的首轮剧（19:30~21:30）

五、地面频道抱团取暖，近代传奇、军事斗争、谍战等强情节题材当家

2018年地面频道热播电视剧题材以近代传奇、军事斗争和反特/谍战为主，追求情节的极致性、曲折性和人物命运的跌宕性。在100城市18:00~24:00时段进入当地收视排名前20名频次最高的电视剧是近代传奇剧《女匪首传奇》，其在30个城市均跻身TOP20圈。其次是《猎金行动》《勇者胜》《硬骨头之绝地归途》《战狼战狼》《桃花依旧笑春风》《打土匪》等剧，均在不低于14个城市中入选。《拯救者》《第一声枪响》《摧毁》《追踪者》《烈火刀影》《初婚》等剧也都在不少于10个城市中有良好表现（表6）。

表6 2018年地面频道进入当地收视TOP20频次较高的剧目（18:00~24:00，100城市）

电视剧	进入当地收视前20名的城市数	城市入选率	题材
女匪首传奇	30	67%	近代传奇
猎金行动	17	38%	近代传奇
勇者胜	15	27%	军事斗争
硬骨头之绝地归途	14	48%	军事斗争
战狼战狼	14	41%	军事斗争
桃花依旧笑春风	14	33%	近代传奇
打土匪	14	26%	军事斗争
拯救者	13	42%	反特/谍战
第一声枪响	11	28%	军事斗争
摧毁	10	33%	反特/谍战
追踪者	10	27%	反特/谍战
烈火刀影	10	26%	近代传奇
初婚	10	25%	农村

数据来源：CSM媒介研究

在和卫视的对抗中，地面频道尽管处于下风，但不少地方台抱团成立联盟组织，联合共享优质剧目资源。例如2011年9月26日成立的九合组织就包含了山东齐鲁、江苏城市、浙江教科、安徽经视等九家省级特色强势地面频道；2014年3月成立的地标联盟包含了山东齐鲁、河南都市、北京影视频道等在内的8家成员，其中江苏城市联合电视传媒有限责任公司包括了江苏13家城市台。2017年地标联盟联合签约《李三枪》《双枪》《战地枪王》等8部电视剧，2018年第1季度地标联盟联合签约《追踪者》《女匪首传奇》《战狼战狼》等剧，这些剧也都获得了较好的地面收视效果。

地面频道成为不少卫视的试金石，其热播剧也成为卫视的重要选剧来源，不少性价比很高的地面剧反哺到卫视播出。例如2017年的地面热播剧中，《娘亲舅大》《猎豺狼》《开封府》《熊爸熊孩子》《幸福有配方》《惊蛰》等2018年被中央台八套选中播出，仍然取得了骄人战绩，前3部剧收视率均破1%，《娘亲舅大》更是达到了1.31%。

六、结语

种种数据迹象表明，和前几年相比，2018 年的电视剧市场步入了紧缩时代，横盘期到来，传统广电正遭受宏观经济、新媒体、观众和人才等多方面的冲击。然而2018 年也是影视产业升级的关键窗口期，广电业从上到下、从内而外掀起了一场“自救图存”运动：政府重拳整治演员天价片酬，税务局锁定阴阳合同，广电节目必须遵循“小大正”的自主创新原则，警惕不接地气的“悬浮剧”，推行“两微一端”的新媒体建设连通观众，打造移动传播矩阵扩展传播效果，设立现金奖励机制鼓励优质原创剧本，推出一批富有时代气息的现实精品化内容。至于后效如何，我们期待 2019 年的市场表现。

（作者：李红玲）

2018 年全国新闻节目收视回顾

2018 年，是注定要入史册的一年：全国两会召开选举产生新一届国家领导人，庆祝中国改革开放40周年，成功举办首届中国国际进口博览会、中非合作论坛等。这些重大新闻事件引发了全球关注，并且伴随着这些重大事件的发生，电视新闻节目也产生了许多收视亮点。如今网络新闻、移动资讯高度发达，信息传递空前快捷，电视新闻节目如何在媒介融合大背景下利用自身优势巩固并提升竞争力，是目前电视新闻人面临的重要课题。本文根据 CSM 媒介研究 2018 年在全国 116 个城市的收视调查数据，对全国新闻节目的收视状况进行回顾分析，解读新闻节目的收视特征，探究观众对新闻节目的收视习惯与偏好。

一、新闻节目整体收播状况

1. 电视观众收视时长进一步萎缩，新闻节目人均每日收视时长减少三分钟

在网络资讯丰富、移动新闻快捷的今天，人们获取新闻的方式不再局限于电视媒体。然而，受众并没有颠覆性地改变其对电视新闻的依赖，而是“见缝插针”地将“零零碎碎”的时间拿出来，分配给了新兴媒体，传统电视新闻节目的收视受到了一定影响。CSM 媒介研究收视调查数据显示，2018 年平均每人每日收看电视的时长为 129 分钟，较 2017 年的 139 分钟下降了 10 分钟；2018 年人均每日收看新闻节目的时长为 15 分钟，较 2017 年下降了 3 分钟（图 1）。

2018 年，新闻节目的播出比重和收视比重同比略有减少，分别为 10.5% 和 13.3%；从变化趋势上看，2018 年新闻节目的资源使用效率相比 2017 年有所下降，由 2017 年的 31.1% 降至 2018 年的 26.7%（表 1）。

与其他节目类型比较，新闻节目的播出比重少于电视剧和生活服务类节目，而获得的收视比重却仅次于电视剧（表 2），但由于电视剧节目的播出时长远远超过新闻节目，因此新闻节目的资源利用效率明显高于电视剧节目。

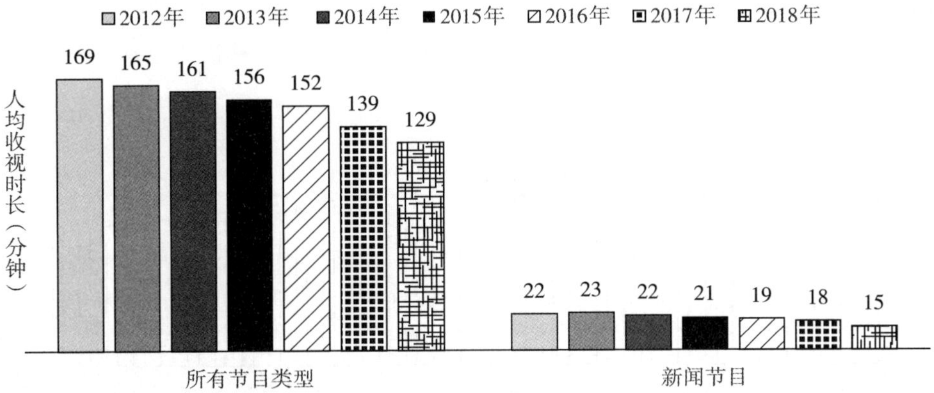

数据来源：CSM 媒介研究

图 1　2012～2018 年所有节目及新闻节目人均收视时长（历年所有调查城市）

表 1　2012～2018 年新闻节目收播比重及资源使用效率（历年所有调查城市）

年份	播出比重%	收视比重%	资源使用效率%
2012 年	10.7	14.0	30.8
2013 年	11.3	14.8	30.7
2014 年	10.9	14.2	30.3
2015 年	11.0	14.1	28.5
2016 年	10.7	13.8	29.0
2017 年	10.6	13.9	31.1
2018 年	10.5	13.3	26.7

数据来源：CSM 媒介研究

表 2　2016～2018 年主要节目类型收播比重（历年所有调查城市）

节目类型	2016 年		2017 年		2018 年	
	播出比重%	收视比重%	播出比重%	收视比重%	播出比重%	收视比重%
电视剧	27.1	29.6	26.7	30.9	28.2	31.9
新闻/时事	10.7	13.8	10.6	13.9	10.5	13.3
综艺	6.1	13.7	5.9	12.0	5.6	11.2
生活服务	15.3	7.6	14.5	7.2	13.3	7.1

数据来源：CSM 媒介研究

2. 长沙、沈阳、贵阳观众新闻节目收视量大

全国各地观众的生活习惯不尽相同，不同城市观众喜欢收看的电视频道、节目也有所差异，这也导致各地电视收视市场表现出鲜明的地域特征。在晚间时段（17:00～24:00）新闻节目的播出总量基本稳定的前提下，新闻节目的人均收视总时长在不同城市间表现出明显的差别。将 2018 年 35 个城市（包括直辖市、省会、计划单列市）晚间17:00～24:00之间新闻节目的人均收视总时长从大到小排序，我们可以看到长沙、沈阳、贵阳观众新闻节目收视量大，在晚间收看新闻节目的总时长都超过了 5000 分钟（图 2）。

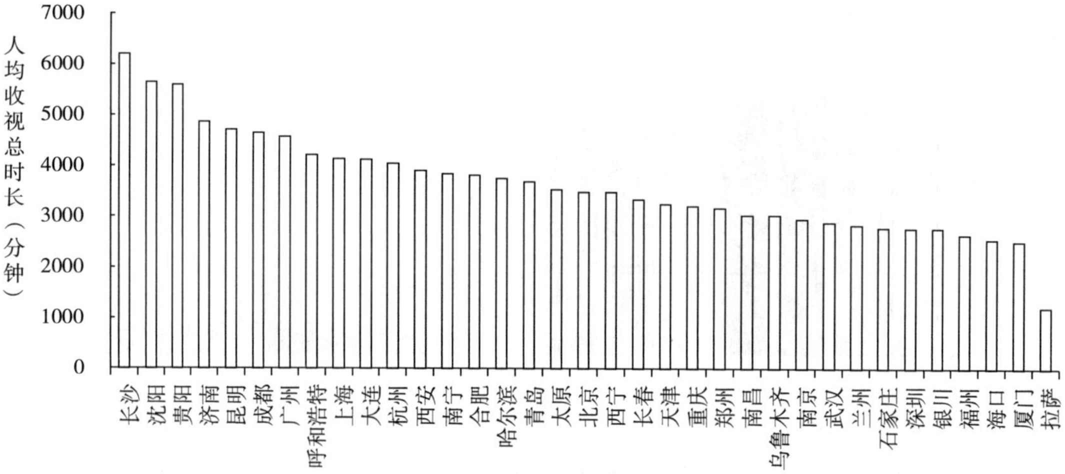

数据来源：CSM 媒介研究

图 2　2018 年各城市晚间新闻节目的人均收视总时长（17:00～24:00）

3. 新闻节目收视依然集中在晚间黄金时段

新闻节目在全天不同时段的收视量变化与其他节目类型在整体上保持一致，但在细节上不尽相同。新闻节目的收视主要集中在晚间 18:00～20:00，在这段时间开始的新闻节目累计人均收视时长达到 6.1 分钟，接近全天新闻节目人均收视时长的一半。2018 年新闻类节目全天收视走势曲线呈现了两个明显的收视主高峰（12:00 和 19:00）和另外两个收视较为突出的次高峰（06:00～08:00 和晚间 20:30～22:30）（图 3）。2018 年的新闻类节目收视走势曲线表现出与上一年数据特征的高度一致性。

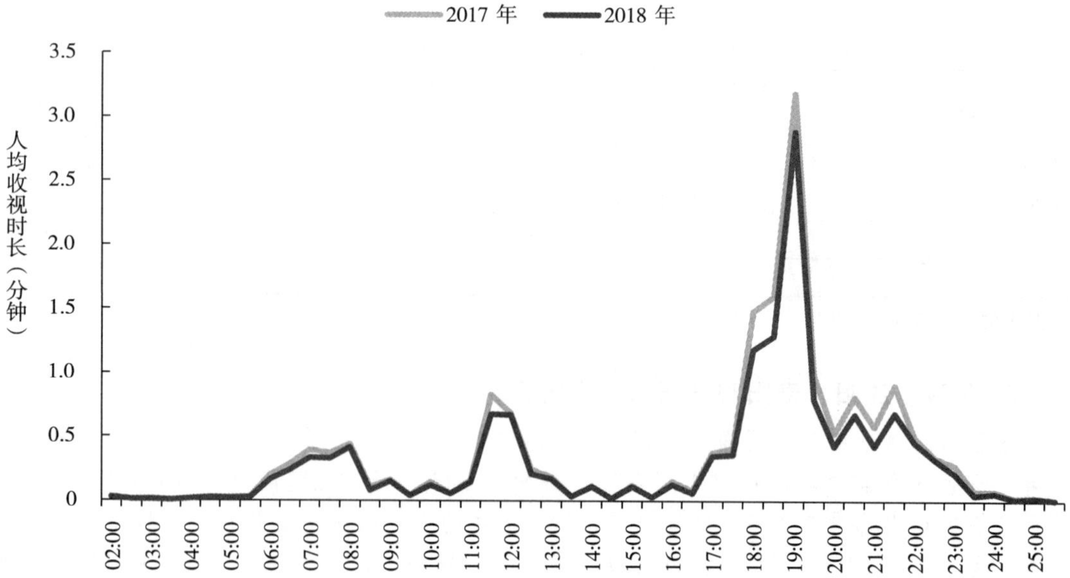

数据来源：CSM 媒介研究

图 3　2017～2018 年新闻类节目全天各时段人均收视时长情况（历年所有调查城市）

4. 综合新闻节目播出量最大，且收视比重进一步增加

为了进一步了解不同类型新闻节目的播出与收视特点，可将新闻节目划分为综合新闻、新闻评述和新闻/时事其他3个子类别。根据各类新闻节目在不同时段的播出时长，我们可以看到“综合新闻”的播出集中于早间、午间、傍晚（本地新闻和新闻联播）以及晚间（22:00~23:00）4个主要新闻节目带；以当地民生新闻为代表的“新闻/时事其他”类新闻节目在综合新闻播出量少的各时段补充播出，在上午、下午、《新闻联播》前后各时段播出量显著增加；而“新闻评述”类节目在各类新闻节目中播出量最小，播出主要集中于早上7:30、中午12:00和晚间17:30以后，各时段播出量相对变化不大（图4）。

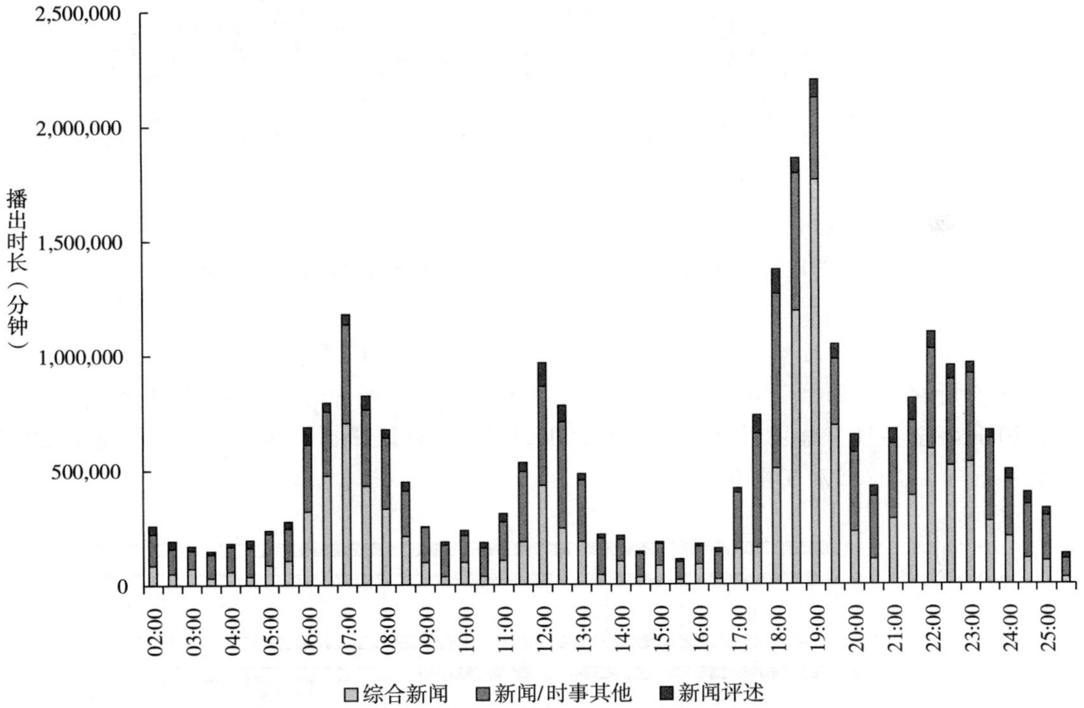

数据来源：CSM媒介研究

图4　2018年各类新闻类节目全天不同时段播出情况（所有调查城市）

不同类型新闻节目在各时段的收视特点，也从侧面反映出人们收看各类新闻节目的习惯。在以综合新闻为主的4个新闻节目带，人们花费在“综合新闻”上的收视时间最长。除此之外，在晚间19:00《新闻联播》播出之前，随着各地以民生新闻为主的“新闻/时事其他”类新闻节目播出的增加，观众对该类型节目的收视时长也随之增加。《新闻联播》播出之后的19:30~22:00时段内，观众收看评述类新闻节目的时长提升明显（图5）。

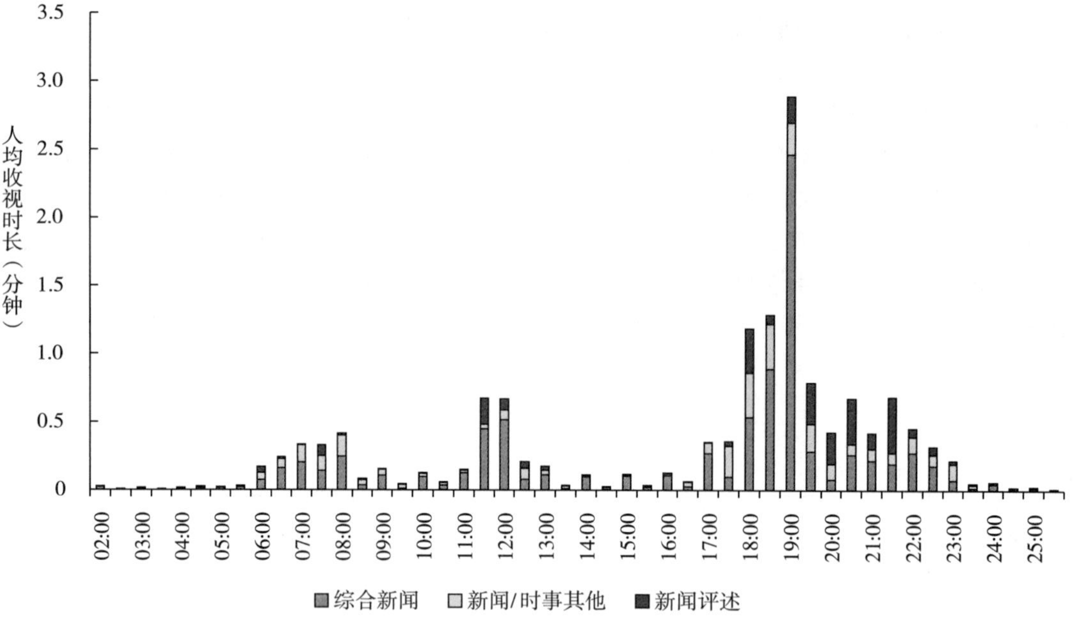

数据来源：CSM 媒介研究

图 5　2018 年各类新闻节目全天不同时段收视情况（所有调查城市）

从各类新闻类节目播出比重的年度变化来看，2018 年“综合新闻”的播出比重较 2017 年有所减少，降到了 47.5%；“新闻/时事其他”类播出比重与 2017 年相比稳步上升，2018 年全年播出量占所有新闻节目的 45.0%；“新闻评述”类节目播出比重较 2017 年有所上升，为 7.5%（图 6）。

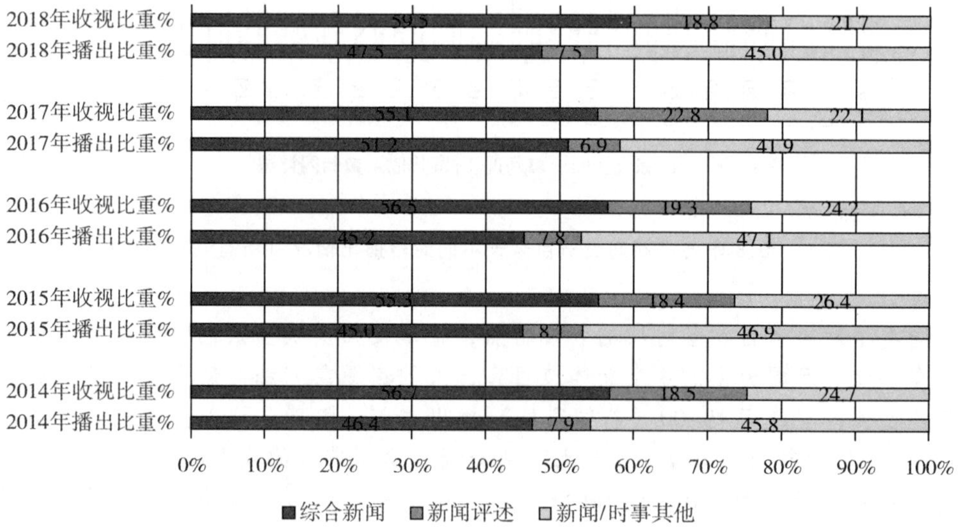

数据来源：CSM 媒介研究

图 6　2014～2018 年各类新闻节目播出与收视比重（历年所有调查城市）

观众收视时间分配的变化在一定程度上是由于各类新闻节目播出时间的变化所致，但同时它也反映出观众对各类新闻节目收视需求的变化。2018年“综合新闻”类节目收视比重较2017年有所上升，而“新闻评述”“新闻/时事其他”类虽然播出比重上升了，但收视比重却下降了。

5.“全国两会”“中非合作论坛”“庆祝改革开放四十周年”等重大事件对新闻收视影响明显

2018年全年，各周新闻节目的收视时间整体上比较稳定，多数周在13~16分钟之间波动，全年起伏波动不大。在第10周（3月4日~3月10日）新闻节目收视出现了全年最高峰值，为16.9分钟，超出平均水平16%；在第25周（6月17日~6月23日）收视时间相对较短，仅有12.8分钟。

收视曲线上的每个收视跃动背后都有一个非同寻常的事件发生。2018年主要新闻事件对电视收视特别是新闻节目的收视产生了不小的影响。2018年3月初，“全国两会”在北京召开，大会期间新闻节目的收视率达到了全年最高峰值。除此之外，2018年9月3~4日，2018年“中非合作论坛”北京峰会在北京召开，该峰会推进了中非各领域的交流合作，有利于深化中非全面战略合作伙伴关系，以在更高水平上实现中非合作共赢、共同发展。该峰会吸引了大众的眼球，拉升了新闻节目的整体收视水平。2018年12月18日，“庆祝改革开放四十周年大会”在北京举行，会议回顾了改革开放四十年来的光辉历程，总结了改革开放的伟大成就和宝贵经验，并动员全国人民继续前进。该会议对新闻类节目的收视率也略有提升作用。

春节假期新闻节目收视水平相对较低，主要是因为节假日期间新闻节目一般只保持常规播出量，而观众关注度较高的综艺和青少节目则会增加播出，新闻节目的竞争力在节假日期间受到一定影响（图7）。

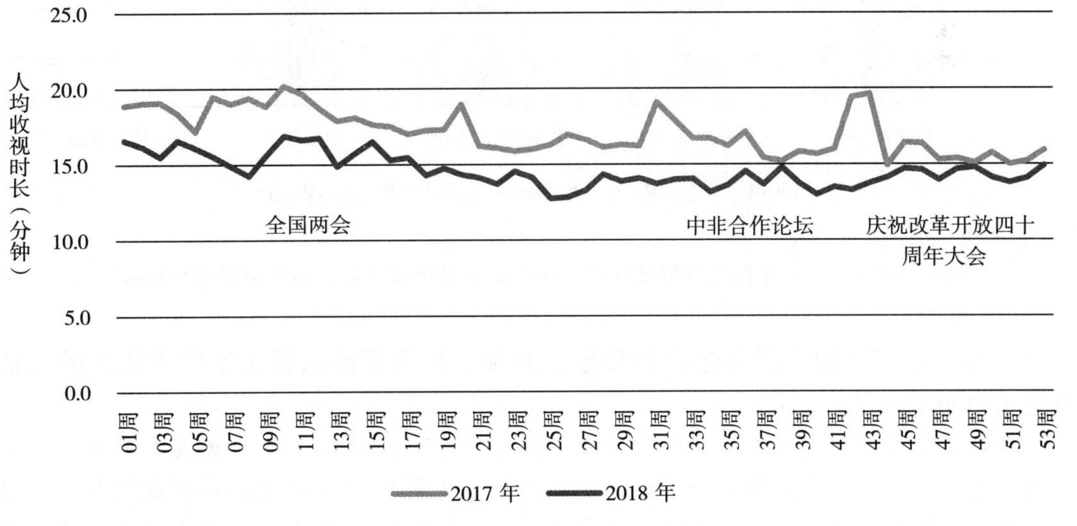

数据来源：CSM媒介研究

图7 2017与2018全年新闻节目人均收视时长分周走势（历年所有调查城市）

二、新闻节目收视市场竞争格局

1. 中央级频道收视份额居首，地面频道播出量占优

2018年全国电视新闻节目收视市场中，中央级频道仍然占据着最重要的位置，以4.2%的播出量获得了最高的收视份额（44.9%）；省级上星频道播出量占比7.6%，略高于中央级频道，加之各地省一级重要新闻均在此平台播出，因而收视份额也相对较高（17.1%）；省级非上星频道和市级频道的传播范围类似，面对的观众群体在地域上相对比较集中，尽管单个频道覆盖面不广，但胜在频道众多，因此播出量占比也最大，超过了所有新闻节目播出时间的80%，这两类频道合计获得了新闻节目35.6%的收视份额。从年度变化来看，2018年中央级频道、省级上星频道在新闻节目市场的收视份额上升明显，省级非上星和市级频道的收视份额则有所下滑（图8）。

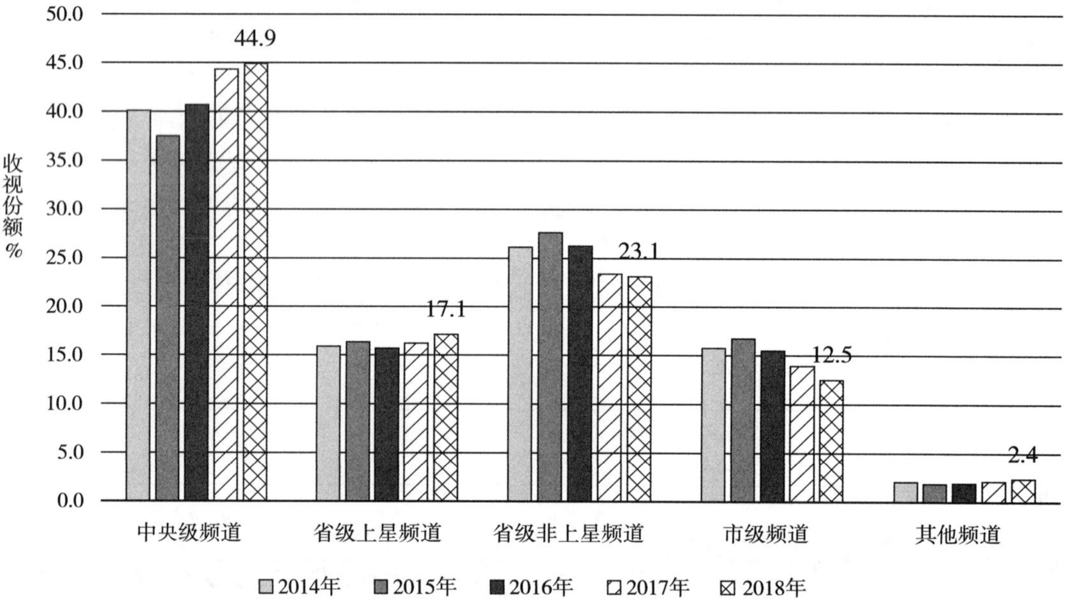

数据来源：CSM媒介研究

图8　2014～2018年新闻节目市场各级频道的收视份额（%，历年所有调查城市）

2. 中央级频道的新闻评述类节目较受欢迎，地面频道以民生新闻为代表的其他新闻节目更受关注

观众对各级电视频道有不同的收视预期定位。中央级频道多被认为具有专业性、权威性，是负责任、可信度很高的播出平台；省级卫视则比较年轻化，具有现代感和吸引力，更倾向于推陈出新；地面频道（省级非上星频道和市级频道）则给人较为传统、亲民、更接近生活的印象。观众在这样的心理暗示下，收看电视新闻节目的时候就会带有明确的选择性（图9）。对于国内外新闻的客观报道而言，在不同平台获得的新闻事件信

息并没有太大区别，全凭观众的收视习惯；新闻评述类节目通常会加入一些主观判断，中央级频道的专业性和权威性在这种情况下无疑成为一大优势，观众对中央级频道播出的新闻评述类节目看重有加，观看该类节目的收视时间64.3%都给了中央级频道；被列在“其他”一栏下的新闻时事类节目大多关注的是重要性一般的新闻事件，各地方频道的民生新闻占了很大比例，此类节目的取材贴近当地群众生活，自然是两级地面频道的主要收视市场，在新闻/时事其他类新闻节目方面，地面频道获得了62.5%的收视份额。

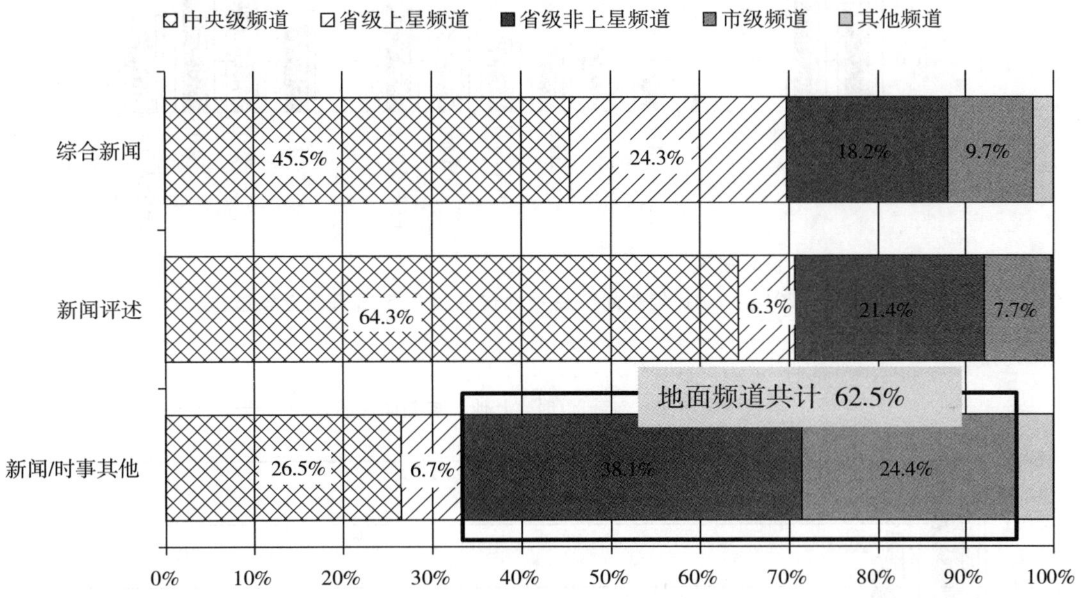

数据来源：CSM媒介研究

图9 2018年各级频道在不同类型新闻节目市场的收视份额（所有调查城市）

三、新闻节目观众特征

全国电视观众中男性、女性观众比例差别不大，而新闻节目的观众中则男性观众占比较大幅度地高于女性。2018年收看新闻节目的男、女观众数量之差和2017年相比变化不大；超过六成的新闻节目观众年龄在45岁以上，这一比例在近两年还在持续加大。从受教育程度的角度看，初、高中学历观众占主体，大学及以上高教育程度观众的比例呈现出下降的趋势，2018年这一趋势有所缓和（图10）。

不同观众对不同类型的新闻节目关注度不同：男性观众对新闻节目的偏爱更多地体现为对“综合新闻”和“新闻评述”的关注；55岁及以上观众在“综合新闻”类节目观众中所占比例高于其他两类节目，25~34岁青年观众更青睐“新闻评述”类节目；不同受教育程度的观众构成比例在几类新闻节目之间差别不大（图11）。

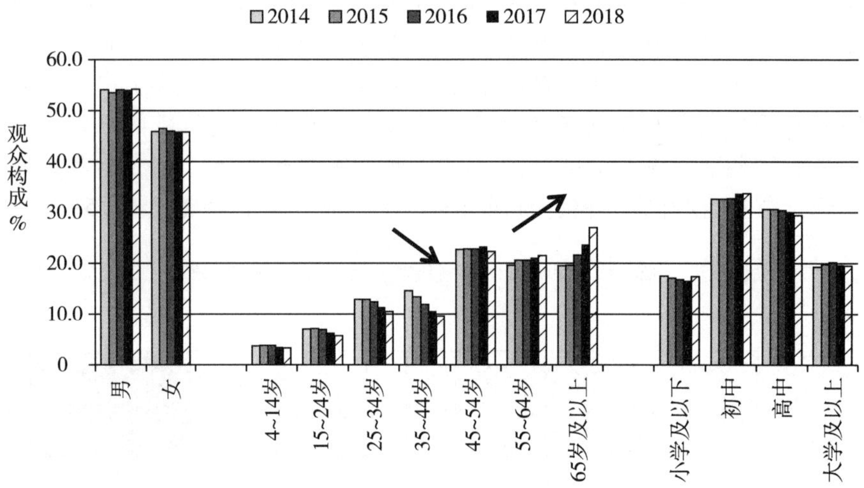

数据来源：CSM 媒介研究

图 10　2014～2018 年新闻节目观众构成（历年所有调查城市）

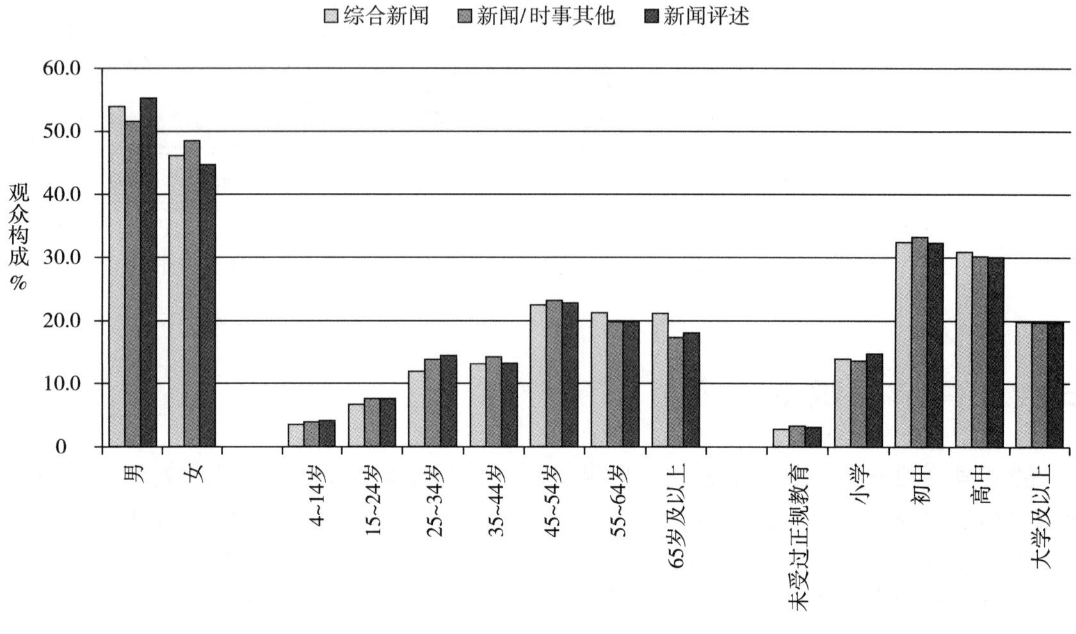

数据来源：CSM 媒介研究

图 11　2018 年各类型新闻节目观众构成（所有调查城市）

四、重大新闻事件的收视表现

在新媒体发展风起云涌的今天，尽管其在信息发布的快速性、即时性上更占优势，但专业频道的电视新闻报道凭借其权威性和公信力仍然是人们获得并确认重大新闻信息的首要途径。尤其是中央电视台，近年来，中央电视台对重大新闻事件反应及时，报道权威准确，“大事看央视”已成为老百姓收看新闻节目的习惯。下文以2018年“全国两会”“中非合作论坛”和“庆祝改革开放四十周年大会”这三个重大新闻事件为例，对这三个重大事件期间的观众收视表现进行重点描摹，以展现重大新闻事件对电视收视的拉动作用。

（一）2018年全国两会

中央电视台2018年“全国两会”报道以习近平新时代中国特色社会主义思想为统领，在中宣部统筹领导下，紧扣团结、开放、民主、奋进的大会主题，坚持“全台一盘棋”，严谨生动、安全准确地完成了各项议程报道，整体报道可圈可点，获得了中央领导同志的高度肯定和社会各界的广泛好评。我们将中央电视台综合频道和新闻频道作为一个整体来观察“全国两会”的收视情况，可以发现与2017下半年相比，“全国两会”期间09:00～12:00时段收视出现了明显的拉动效果，14:00～16:00收视也出现了一定的上升（图12）。

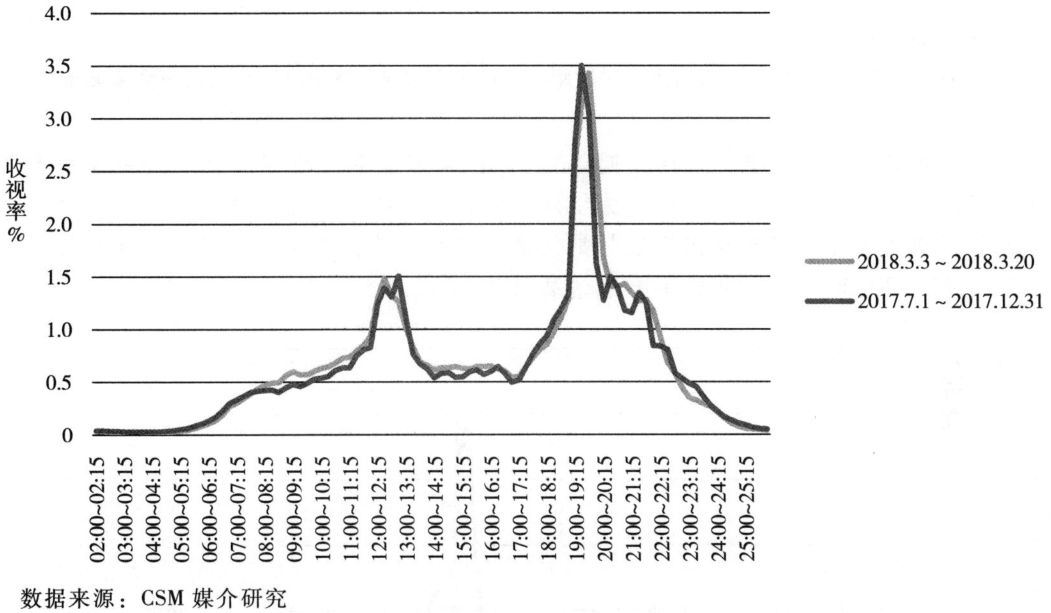

数据来源：CSM媒介研究

图12 2018年“全国两会”期间分时段收视率走势（所有调查城市）

在观众层面上，“全国两会”的播出并未对新闻节目整体观众的构成和集中度产生重大影响，男性、中老年观众依然是新闻节目的主体观众和重度观众，青年观众在“全国两会”播出期间对新闻节目的集中度有所降低，而老年观众的集中度则有较大提升，各教育程度人群的集中度变化不大（图13）。

（二）中非合作论坛

2018年9月3～4日，“中非合作论坛”北京峰会在北京举行，峰会主题为“合作共

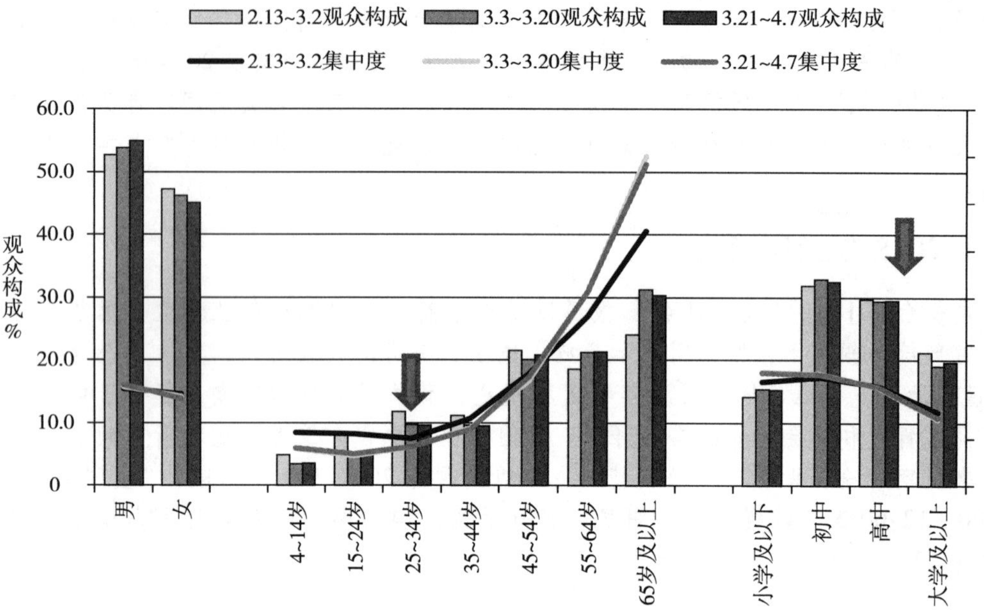

数据来源：CSM 媒介研究

图 13　2018 年“全国两会”前后全天时段新闻节目观众构成和集中度变化（所有调查城市）

赢，携手构建更加紧密的中非命运共同体”。中国国家主席习近平主持峰会并举行相关活动。中央电视台综合频道、中央电视台新闻频道全程进行现场直播，我们将这两个频道作为一个整体来看“中非合作论坛”期间的收视率走势，与上月的收视情况对比，可以发现19:00~20:00 时段的收视率显著增高（图 14）。

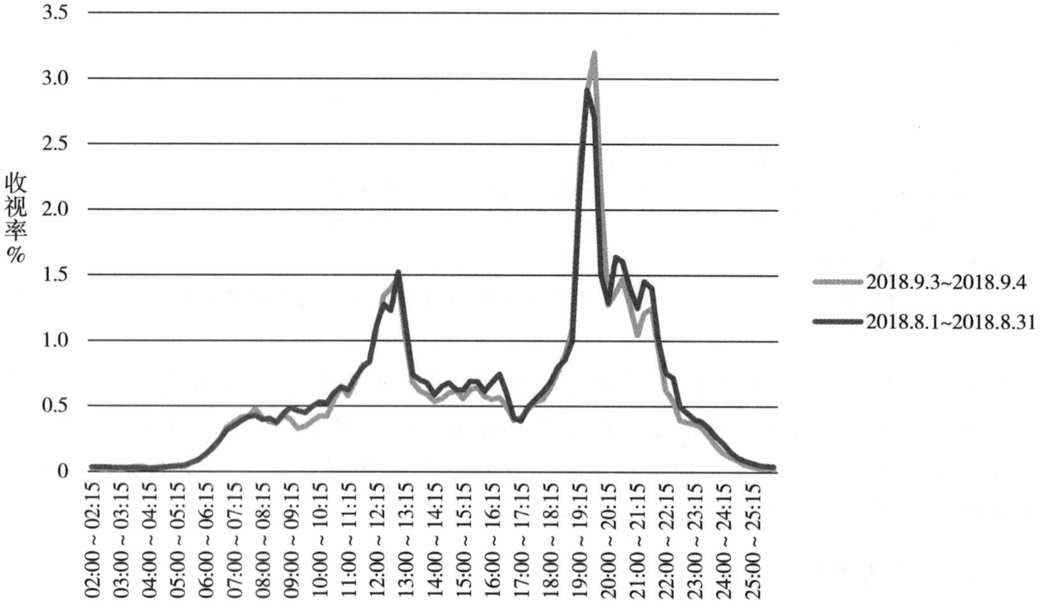

数据来源：CSM 媒介研究

图 14　“中非合作论坛”期间分时段收视率走势（所有调查城市）

在观众层面上，“中非合作论坛”的播出并未对新闻节目整体观众的构成和集中度产生重大影响，青年观众在“中非合作论坛”播出期间的观众构成中所占比例有所下降，而中等学历观众的观众构成所占比例则有较大上升（图15）。

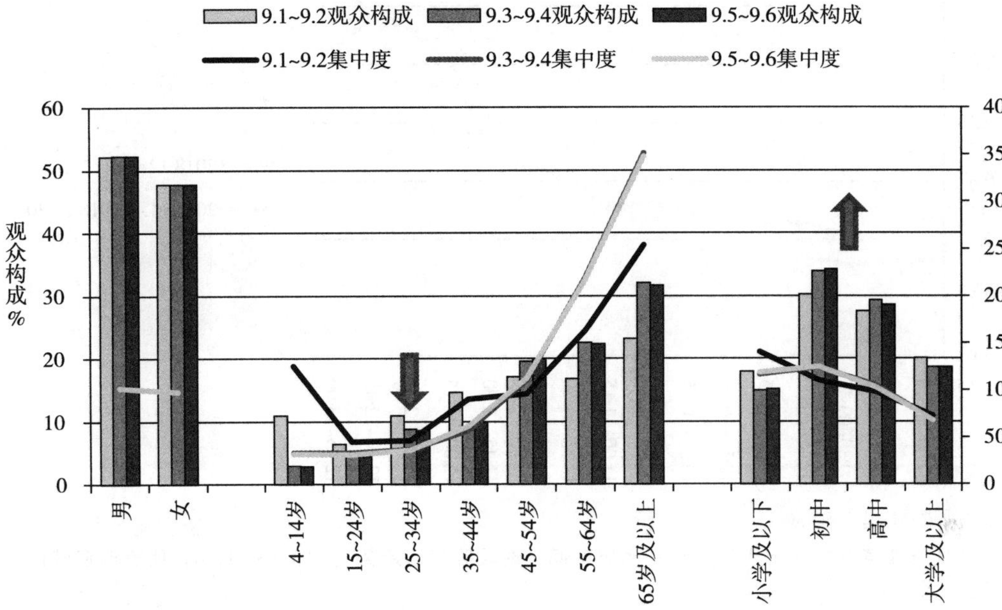

数据来源：CSM媒介研究

图15 “中非合作论坛”前后全天时段新闻节目观众构成和集中度变化（所有调查城市）

（三）庆祝改革开放四十周年大会

2018年是中国实行改革开放40周年。这40年是中华民族和新中国历史上令人难忘的、很不平凡的40年。中国的发展在短短40年内走过了许多发达国家两三百年所走的路，并走出了中国特色社会主义道路，创造了人类历史上前所未有的奇迹。2018年12月18日，“庆祝改革开放四十周年大会”在北京人民大会堂举行，中共中央总书记、国家主席、中央军委主席习近平出席大会并发表重要讲话。中央电视台综合频道、中央电视台新闻频道对“庆祝改革开放四十周年大会”进行现场直播。我们将这两个频道作为一个整体来看大会播出期间的收视率走势，与上月的收视情况对比，可以从中发现11:45~12:45时段的收视率出现了明显的上升（图16）。

在观众层面上，大会的播出并未对新闻节目整体观众的构成和集中度产生重大影响，青年观众在大会播出期间的观众构成中所占比例有所提升，大学及以上观众的观众构成所占比例也有较大提升（图17）。

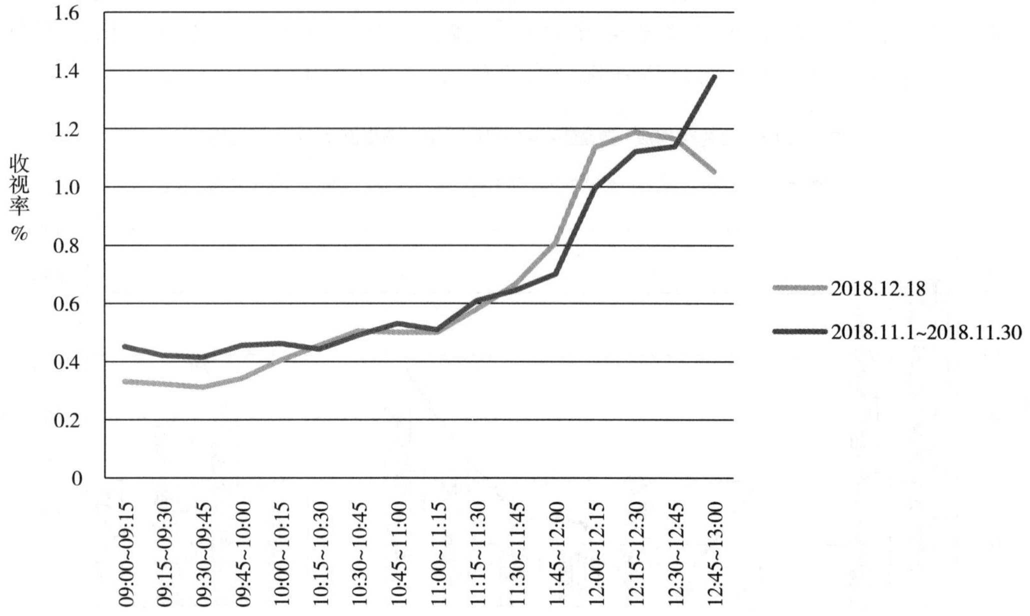

数据来源：CSM 媒介研究

图 16　“庆祝改革开放四十周年大会”播出期间分时段收视率走势（09:00～13:00，所有调查城市）

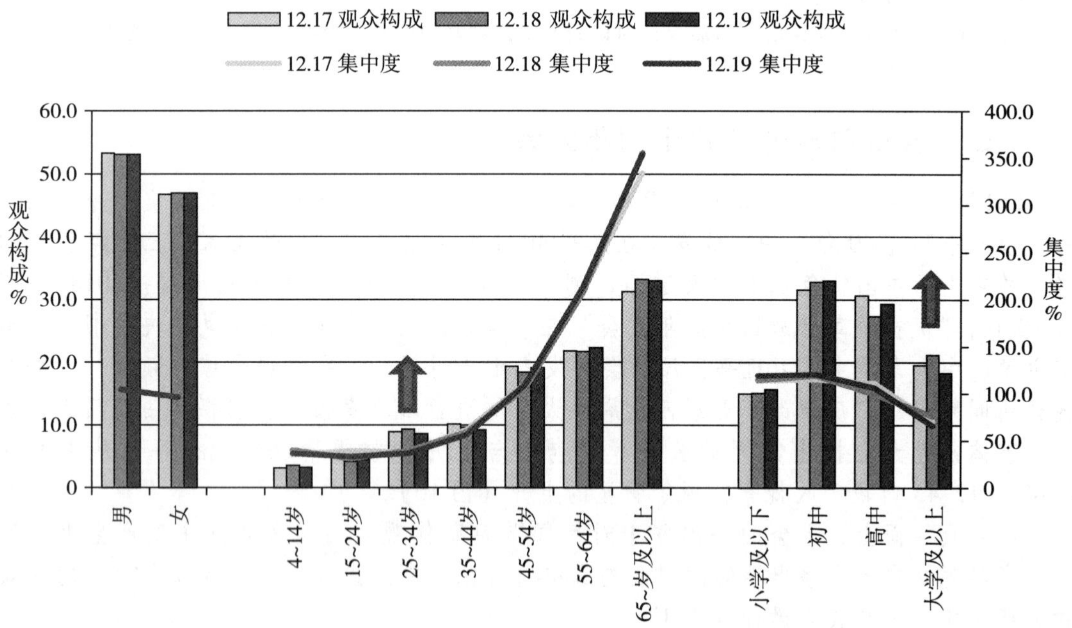

数据来源：CSM 媒介研究

图 17　“庆祝改革开放四十周年大会”前后全天时段新闻节目观众构成和集中度变化（所有调查城市）

五、典型新闻节目收视浅析

新媒体突飞猛进的发展降低了电视作为信息获取渠道和娱乐休闲工具的地位和作用，并深刻改变了人们的信息获取习惯。新闻事件发生后，各种媒体消息层出不穷，新闻报道的时效性是媒介竞争的一大焦点，而这方面电视媒体显然不敌网络媒体和移动媒体。但是真实性是新闻媒体立足的根本和前提，网络消息漫天飞舞，孰真孰假，令人无法辨别。就此而言，电视媒体的真实性、客观性和权威性，是其他媒体所不可替代的。同时，遇到重大事件发生，电视媒体可以通过现场直播的方式让电视机前的观众感同身受，观众可以真实地了解新闻事件发生、发展的全部过程。再者，专业的评论、专家的解读也是观众了解新闻事件的一个重要途径，这也是网络和移动媒体所无法比拟的。

（一）综合新闻类节目：《北京新闻》

《北京新闻》以"权威发布政策资讯，悉心关注百姓冷暖"为节目宗旨，是北京电视台收视率最高的新闻节目，2018 年全年收视率达到 0.4%，占有 2% 的市场份额。该节目一直充当着北京市改革开放、经济发展、社会进步的重要窗口，在追求时政新闻的严谨性、经济新闻的生动性、社会新闻的思想性的同时，不断地扩大报道范围、丰富报道内容，让观众在最短的时间内了解最丰富的新闻资讯。从观众构成和集中度来看，55 岁以上的老年观众是这一节目的主体观众，且为重度观众，中高学历观众比较喜爱收看《北京新闻》（图 18）。

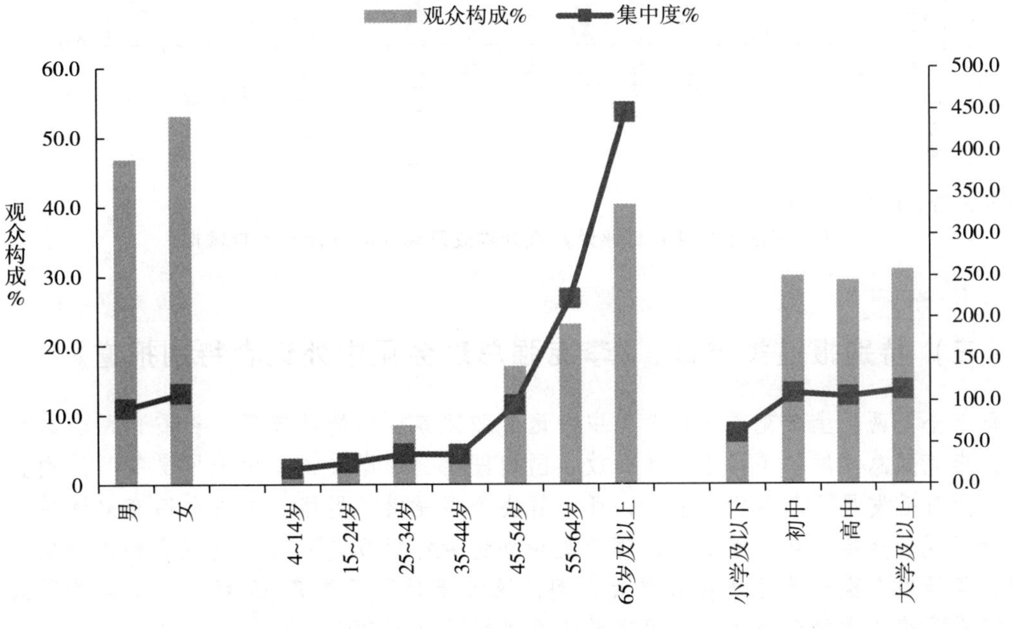

数据来源：CSM 媒介研究

图 18　北京卫视《北京新闻》观众构成及集中度（所有调查城市）

(二)新闻评述类节目:《今日评说》

新闻评论类节目《今日评说》每周一至周四晚21:30在浙江卫视播出。这档节目根据不同节目的主题及宣传资源,有针对性地创新媒体融合传播方式,每期节目播出前,在微信公众号、中国蓝新闻客户端等网络平台投放相应海报及预告,以有效地提升节目的关注度,展现主流媒体强大的传播力、引导力、影响力、公信力。该节目2018年全年收视率达到0.3%,占有1.1%的市场份额。从观众构成和集中度来看,该节目对35~64岁的中年观众有较强吸引力,而且中高学历观众也明显喜爱收看该节目(图19)。

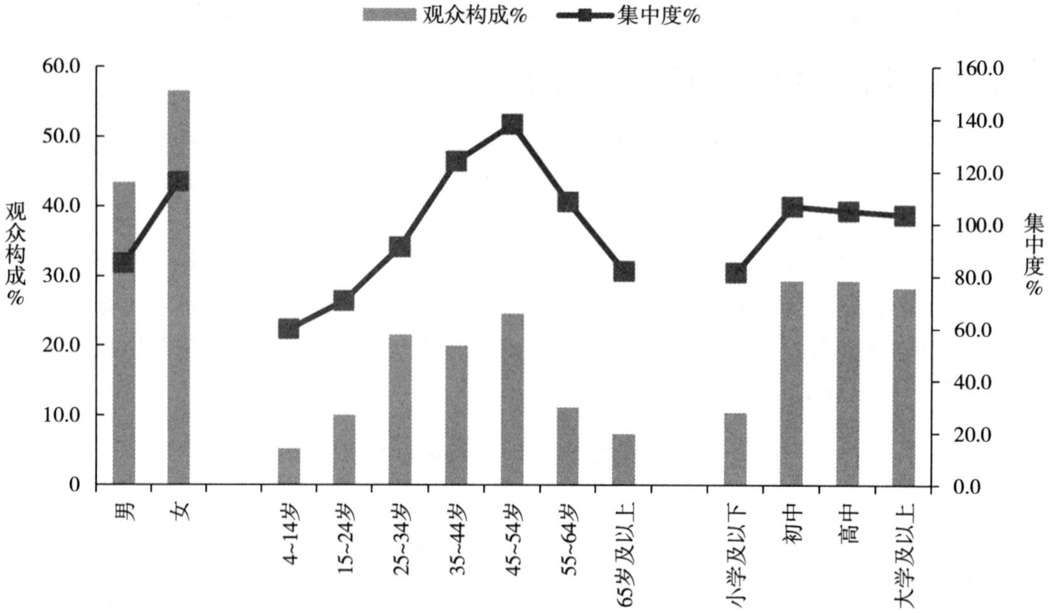

数据来源:CSM媒介研究

图19 浙江卫视《今日评说》观众构成及集中度(所有调查城市)

(三)特别报道类节目:《李克强总理会见中外记者特别报道》

每年全国两会上李克强总理会见中外记者并回答提问的环节可以被看作两会的点睛之笔,李克强总理解答了关于改革开放、国内民生、两岸关系、中美贸易等一系列重大问题,为日后发展改革提供了蓝本,还为解决争端提供了思路。中央台四套对该特别报道进行了现场直播。从《李克强总理会见中外记者特别报道》节目的观众构成和集中度来看,男性观众比女性观众占有更大比例,该报道吸引了更多55岁及以上年龄段的中老年观众收看,中低学历观众也更喜爱收看该报道(图20)。

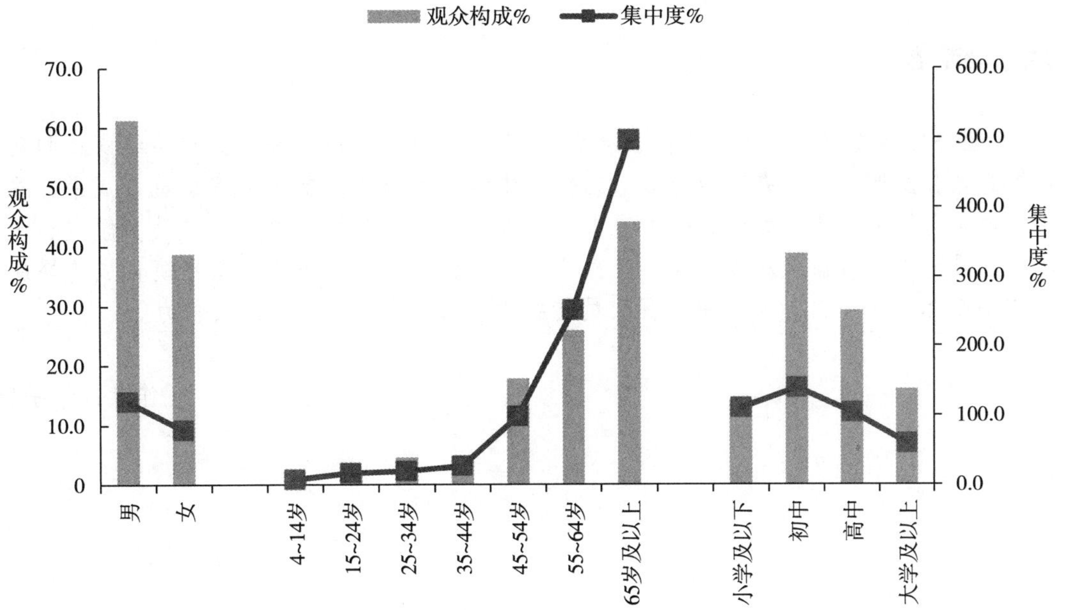

数据来源：CSM 媒介研究

图 20　中央台四套《李克强总理会见中外记者特别报道》观众构成及集中度（所有调查城市）

从分时段收视率走势来看，12:20 李克强总理回答新华社记者有关未来政府对推动"互联网 +"有什么新的举措时，收视率最高时达到了 1.1%（图 21）。这既符合了电视观众习惯午间收视的特征，也从侧面反映了大众更关注"互联网 +"以及共享经济未来的发展趋势。

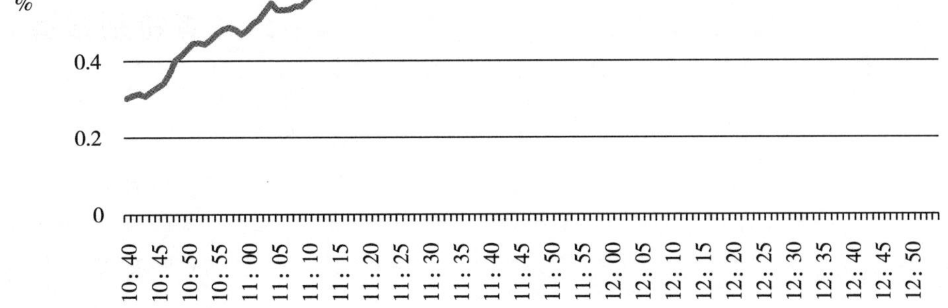

数据来源：CSM 媒介研究

图 21　中央台四套《李克强总理会见中外记者特别报道》分时段收视率走势（所有调查城市）

六、结语

“融合发展关键在于融为一体、合而为一。”习近平总书记高度重视传统媒体和新兴媒体的融合发展，在中央政治局第十二次集体学习上强调，要运用信息革命成果，推动媒体融合向纵深发展，做大做强主流媒体。当今越来越多的电视新闻借助多领域、多层次、多渠道的媒体融合发展手段，获得了更多的稳定受众，并已经逐步演化成传播新闻的“全媒体”大平台，具有更为强大的传播力、引导力、影响力、公信力。

（作者：杜宇轩）

2018 年全国综艺节目收视分析

2018 年电视综艺节目收视普遍低迷，王牌“综 N 代”节目虽仍为市场主力，但也面临着收视下滑的情况，而众多满足观众细分需求的垂直类节目，就其收视和流量而言，也未出现超级节目。与此同时，随着“跨圈”综艺的逐渐流行，观众的收视取向更为繁杂，这无疑对电视综艺提出了巨大挑战。本文依据 CSM 媒介研究 2018 年所有调查城市的收视数据，对综艺节目的收视表现、竞争格局与节目特征进行回顾和分析。

一、综艺节目整体收视状况

1. 综艺节目收视总量降幅减缓

2018 年所有调查城市观众全年人均综艺节目总收视时长为 4466 分钟，较 2017 年下降 17.1%，综艺节目收视总量虽然仍在下滑，但降幅已减缓（图 1）。从综艺节目 2018 年分月收视量变化来看，除春节所在的 2 月综艺节目收视量同比有所提升外，全年其他月份收视量较 2017 年同期均有所下滑，上半年同比降幅较为明显，8 ~ 10 月暑期及前后收视量同比降幅则相对较小（图 2）。

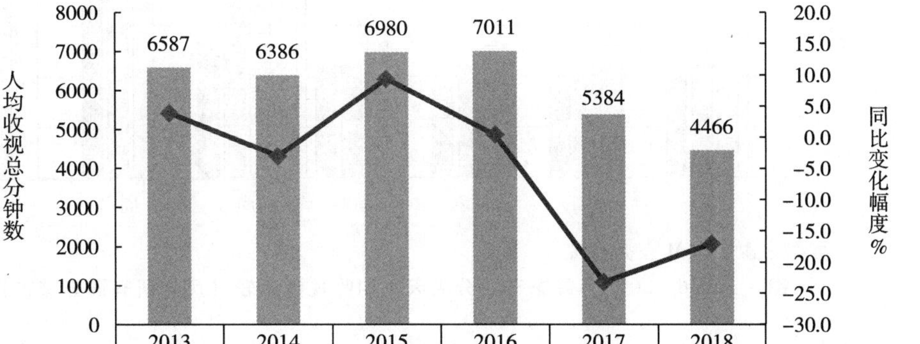

	2013年	2014年	2015年	2016年	2017年	2018年
人均收视总分钟数	6587	6386	6980	7011	5384	4466
同比变化幅度%	3.9	-3.1	9.3	0.4	-23.2	-17.1

数据来源：CSM 媒介研究

图 1　2013 ~ 2018 年综艺节目全年人均收视总时长及同比变化幅度（历年所有调查城市）

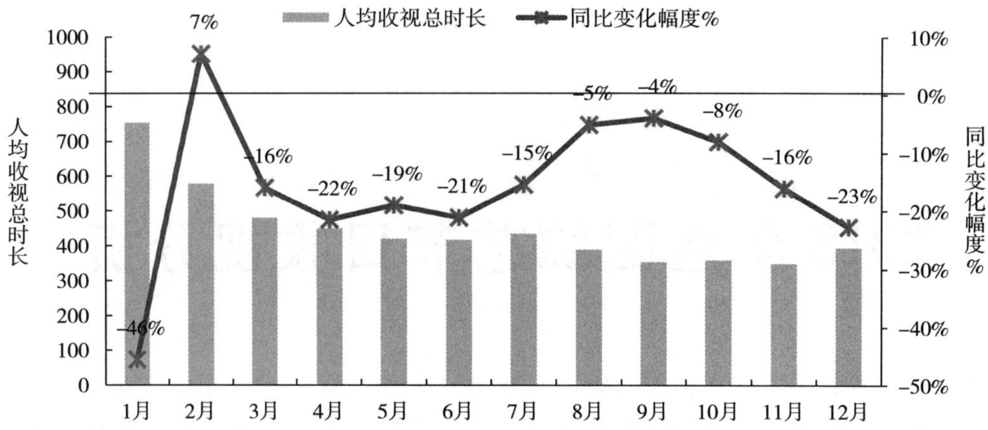

数据来源：CSM 媒介研究

图 2　2018 年综艺节目分月人均收视时长及同比变化幅度（历年所有调查城市）

2. 综艺节目收视量仍主要集中在周末

2018 年，周一至周四综艺节目人均每日收视量差别不大，在 9 分钟上下波动；周末综艺节目人均收视量较大，其中周六的人均收视量最大，达到 18 分钟，周五和周日的人均收视量也分别达到 13 分钟和 16 分钟。周一至周四综艺节目人均收视量同比降幅为 11.9%，周末人均收视量同比降幅为 20.5%，低于 2017 年的同比降幅（23.4%）（图 3）。

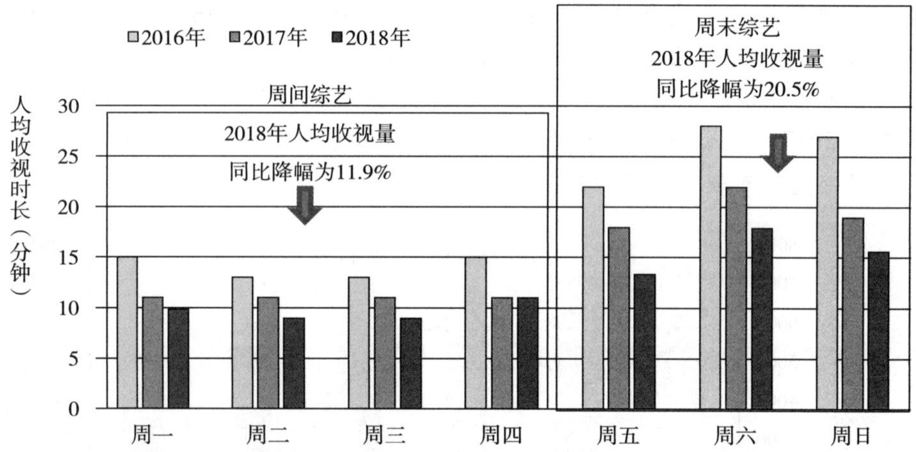

数据来源：CSM 媒介研究

图 3　2016～2018 年综艺节目分周天人均收视量比较（历年所有调查城市）

3. 综艺节目观众继续变老，年轻观众收视习惯发生改变

从综艺节目各年龄段的观众集中度来看，各级频道综艺节目的观众继续变老。与 2017 年相比，2018 年年龄在 44 岁及以下的观众在各级频道收看综艺节目的集中度均有不同幅度地减少，其中省级上星频道综艺节目对 15～34 岁年轻人的吸引力下降更为明显。而 65 岁及以上老年人对中央级频道、45 岁及以上中老年人对省级上星频道、55 岁

及以上中老年人对地面频道的收视集中度较2017年均有较大幅度的提升（表1）。

随着技术的发展，年轻观众的收视习惯正在发生变化，综艺节目点播、回看的时移收视方式正在被更多的年轻观众所接受。观察2018年52城市综艺节目的时移收视情况，我们不难发现，电视综艺节目的观众目前仍以直播收视为主，其中55岁及以上观众的直播收视保持稳定状态，各级频道组的直播收视贡献都在95%以上。相比之下，年轻观众更多地选择以时移方式收看电视综艺节目，对中央级频道而言，4~14岁和25~54岁的年轻观众中时移收视的贡献较大；对省级上星频道而言，44岁及以下年轻观众中时移收视的贡献较大；对地面频道而言，4~14岁和25~44岁观众中时移收视的贡献较大（表2）。

表1　2017~2018年各年龄段观众在不同级别频道收看综艺节目的集中度比较（所有调查城市，全天）

目标观众	中央级频道		省级上星频道		地面频道	
	2017年	2018年	2017年	2018年	2017年	2018年
4~14岁	54.31	49.99	102.06	90.33	39.59	38.91
15~24岁	45.23	43.89	80.70	73.61	42.38	40.87
25~34岁	45.78	41.74	80.34	69.11	59.13	47.99
35~44岁	70.47	65.44	96.41	91.68	59.10	52.33
45~54岁	118.77	118.14	122.39	129.40	140.36	139.86
55~64岁	201.57	201.24	127.55	142.44	221.77	230.10
65岁及以上	275.97	299.48	110.70	139.56	213.85	245.59

数据来源：CSM媒介研究

表2　2018年各年龄段观众在不同级别频道收看综艺节目直播及时移收视贡献①比较（52测量仪城市，全天）

目标观众	中央级频道		省级上星频道		地面频道	
	直播	时移	直播	时移	直播	时移
4岁及以上所有人	97.6%	2.4%	91.6%	8.4%	97.5%	2.5%
4~14岁	96.8%	3.2%	84.8%	15.2%	96.4%	3.6%
15~24岁	97.6%	2.4%	88.8%	11.2%	97.8%	2.2%
25~34岁	97.0%	3.0%	88.7%	11.3%	97.0%	3.0%
35~44岁	97.2%	2.8%	90.7%	9.3%	96.3%	3.7%
45~54岁	97.3%	2.7%	93.3%	6.7%	97.0%	3.0%
55~64岁	97.6%	2.4%	95.1%	4.9%	97.4%	2.6%
65岁及以上	98.4%	1.6%	96.4%	3.6%	98.6%	1.4%

数据来源：CSM媒介研究

① 注：直播收视贡献% = 直播人均收视时长/节目总收视时长（直播 + 时移）×100%；时移收视贡献% = 时移人均收视时长/节目总收视时长（直播 + 时移）×100%

二、综艺节目收视竞争格局

2018年综艺节目市场竞争格局大体稳定，上星频道总体收视量占到了所有频道的81.5%，同比2017年（80.9%）略有增长。其中，省级上星频道收视份额同比下降了3%，仍以43.7%的收视份额保持领先位置；中央级频道在综艺节目市场的收视份额保持逐年增长的态势，2018年同比增幅为6%，达到37.8%；地面频道中省级非上星频道和市级频道在综艺节目中的收视份额同比略微下滑，同比分别减少了0.4个和0.3个百分点(图4)。

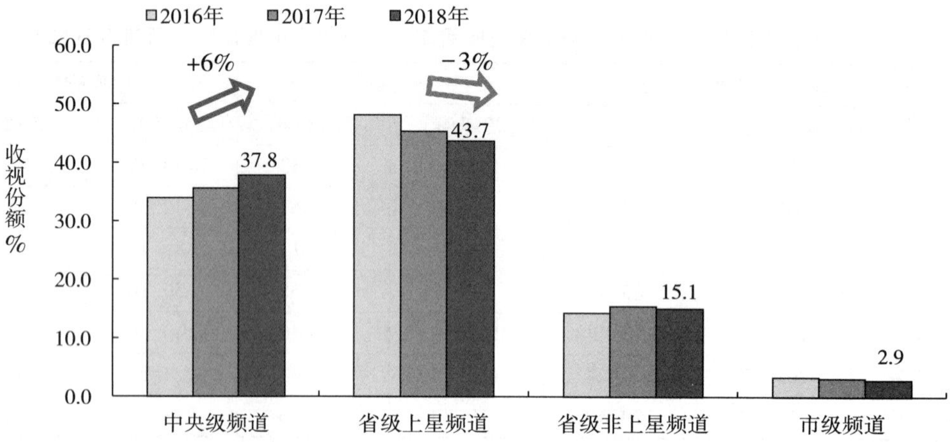

数据来源：CSM媒介研究

图4 2016~2018年综艺节目市场各级频道的收视份额（历年所有调查城市）

三、2018年综艺节目特征

1. 综N代节目日趋成熟，加减法创新增长收视

从2018年上星频道晚间综艺季播节目的收视率来看，综艺节目市场整体表现平淡，收视率破2%的节目仅有《奔跑吧2》一档，收视率破1%的有16档，其中老牌综艺节目居市场前列。在节目形式上，综艺节目依旧是游戏、竞赛、体验、盲选、观察等“合家欢”传统品类当道（表3），这主要是因为相比移动设备，电视屏幕相对是一个半公开的环境，因而节目题材和内容更倾向于老少咸宜。整体而言，由于电视综艺节目天生具有迎合观众的大众节目属性，因而《奔跑吧2》《中国好声音7》《欢乐喜剧人4》《新相亲时代》等“合家欢”式综艺节目得到了观众的认可。

2018年71城市晚间新开播的常态新节目中有三成以上来自上星频道，这些节目类型丰富，覆盖了相亲、配音、演技、亲子观察、篮球PK、民宿经营等多个领域，但在收视表现上与综N代节目仍有一定差距。历数收视率破1%的17档节目，有15档综N代节目，仅有2档新节目：《新相亲时代》和《声临其境》。从2018年收视表现来看，《奔跑吧2》《极限挑战4》《王牌对王牌3》《歌手2018》《最强大脑之燃烧吧大脑》等综N代仍是综艺市场的收视主力军，其收视水平虽不比之前，但凭借品牌积累起来的人气，仍然贡献着核心收视。

表3 2018年晚间收视率较高的季播综艺节目（71城市）

节目名称	季别	开播日期	形式	进入当地收视TOP20的城市数	首播档71城市收视率%
奔跑吧	第2季	2018/04/13	游戏	61	2.02
中国好声音	第7季	2018/07/13	盲选	50	1.62
挑战不可能	第3季	2017/11/19	竞赛	59	1.60
向往的生活	第2季	2018/04/20	体验	36	1.27
极限挑战	第4季	2018/04/29	体验	20	1.26
我要上春晚	第3季	2017/11/04	竞赛	49	1.22
欢乐喜剧人	第4季	2018/01/14	竞赛	26	1.19
王牌对王牌	第3季	2018/02/02	竞赛	32	1.16
我要上春晚	第4季	2018/11/17	竞赛	42	1.15
歌手	第2季	2018/01/12	竞赛	40	1.12
最强大脑	第5季	2018/01/05	竞赛	25	1.12
新相亲时代	第1季	2018/03/25	观察	25	1.12
欢乐中国人	第2季	2018/01/28	竞赛	43	1.07
喜剧总动员	第2季	2017/10/28	竞赛	27	1.01
舌尖上的中国	第3季	2018/02/19	观察	57	1.00
声临其境	第1季	2018/01/06	竞赛	29	1.00
跨界歌王	第3季	2018/05/05	竞赛	11	1.00

数据来源：CSM媒介研究，TVprisRS，71城市，晚间18:00～24:00时段，上星频道，4岁及以上所有人。

从创新路径来看，2018年综艺节目在节目的人物关系和场景变化中或多或少地开始使用加法和减法，以期让观众对节目产生新的期待，从而延长节目的生命周期。《中国好声音》《歌手》等走过多季的综N代节目已经渐渐为大众所熟悉，观众的审美疲劳和外部同质竞争势必造成一定的观众分流。为了维持自身的生命力，无论是在嘉宾选手阵容上，还是在赛制环节设计上，节目都在"量体裁衣"地进行加减法调整。比如2018年4月开播的《奔跑吧2》，节目采用主题模式，在设置上加入了更具时代感和地区意义的主线，如第一期在联合国维也纳总部和奥地利国家旅游局的支持下，团员们来到联合国的维也纳总部团员们学习访问。另外，节目也在竞技设计中简化了环节、规则，如在第七期百人拔旗障碍赛中，团员们不仅要在强风机前挑战吃面与跳远，还要和工友们比赛砸钉子，游戏比拼通俗易懂、易执行。《奔跑吧2》全季的首播和时移总收视率为3.6%，时移收视率和首播收视率的比值就算与时移收视率较高的《极限挑战4》《向往的生活江南篇2》《王牌对王牌3》等已持续开播多季的节目相比也是较高的。这说明"综N代"节目虽然可能令人产生审美疲劳，但只要顺应目标观众的需求做出相应的加减调整，仍会获得观众的持续关注（图5）。

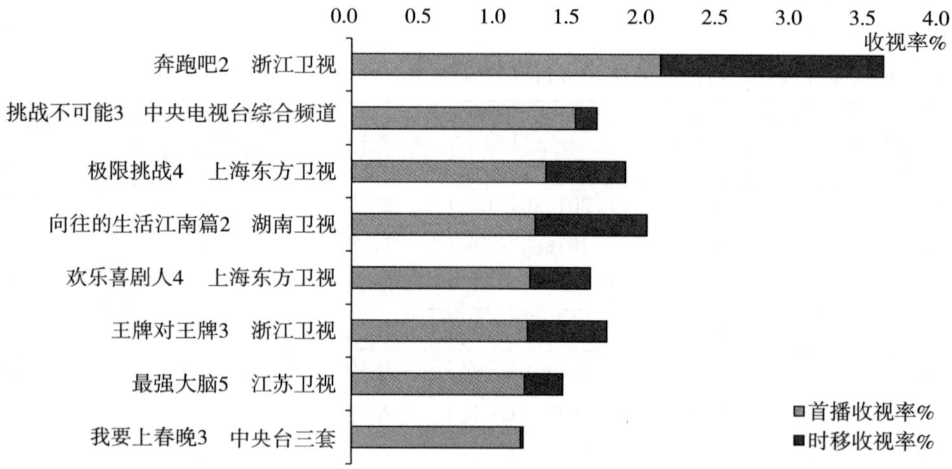

数据来源：CSM媒介研究，CSM52城市，2018年1月1日～12月31日，开始时间18:00～24:00，4岁及以上所有人。

图5　2018年部分已完结季播节目首播和时移收视率比较（52城市）

2. 分众喜好推进节目垂直细分，N种看法提升观众红利

受碎片化娱乐需求的影响，综艺节目的观赏需求进一步细分。在此背景下，一批主打"小而精"的垂直类电视节目应运而生，从文化、家装、美食、亲子、相声选秀、足球解说等题材入手，力求将创新着力点深入到更为精准的垂直领域。面对特定观众的节目如果找到了其相对稳定的需求特征，就会催生更多的节目投入到这个更加个性化的市场，虽然收视率不一定高，广告收益也不一定大，但因为节目更差异化，瞄准的人群更精准，表达更细腻，反而能充分满足需求，赢得稳定且具有特质的受众的关注。2018年晚间收视率排名前10位的季播节目的不同年龄段观众收视率显示（图6），观众的个人需求现在更加复杂，每个人身上都可能存在多种需求，对节目的喜好也会随着个人特点的不同而纵横交错。

伴随着消费场景、沟通场景、生活场景的多样化，传统电视观众给电视带来的红利逐渐衰减。具有各自社会属性的观众在时间和空间上的角色转化，其个人情感和文化消费需求碎片化，而这些变化可以在他们家中的电视屏幕前通过"电视的N种看法"进行无缝对接，所以通过线性直播获得的观众弥足珍贵，而主动选择点播、回看的观众也不可放弃。相比之下，愈加垂直细分的各式综艺节目更能通过切中"小众"的喜好，有效地实现直播观众和时移观众的互补合流，最终体现节目内容的多重价值。比如浙江卫视2018年9月8日开播的演技竞演类励志综艺节目《我就是演员》，周六20:15首播时间的观众构成与截至2018年12月的时移观众构成有较大的差异，在时移观众中，25～34岁和大学及以上学历观众的收视贡献尤为明显。这当然也与节目首播选在周六20:15播

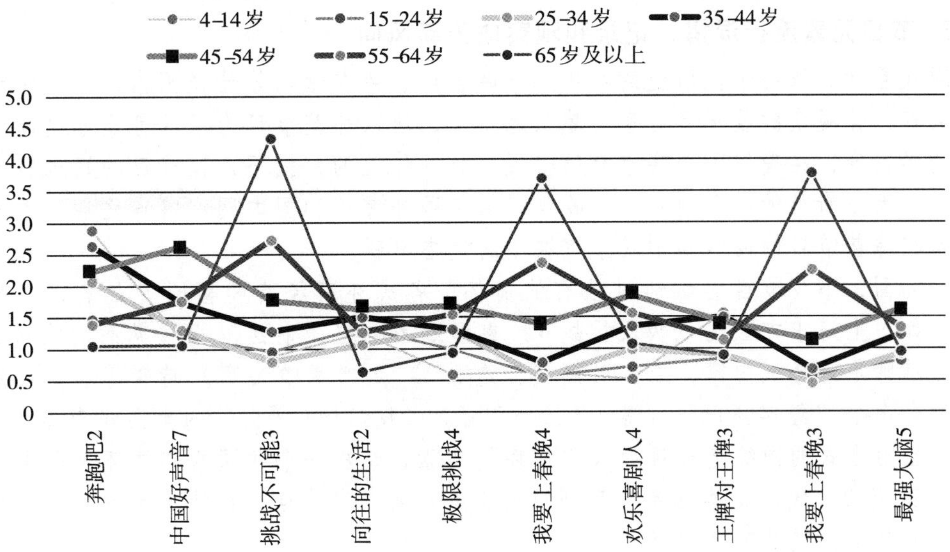

数据来源：CSM 媒介研究

图 6 2018 年晚间收视率较高的季播节目不同年龄观众收视率比较（71 城市）

出有关：观众周末相对有更多的空闲时间可以自由选择点播、回看功能，这为高学历年轻人增加了更多的收看机会。另外，还有一部分观众因为更爱其中的某一期而重复地多次点播、回看。直播观众和时移观众若能形成互补，则除了节目中植入的广告以外，直播中的广告和点播、回看中的广告完全可以触达两个不同的人群，从而为节目的内容价值多重赋能（图 7）。

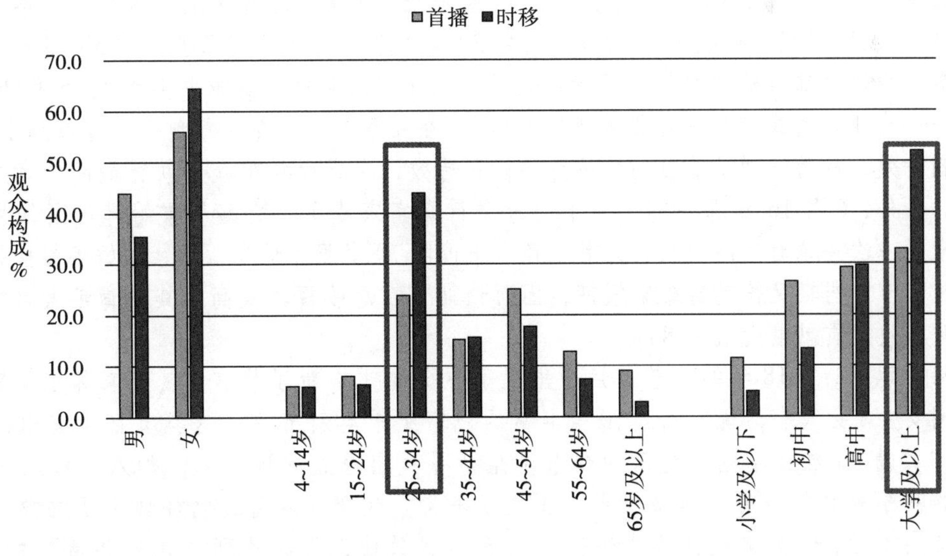

数据来源：CSM 媒介研究，CSM52 城，2018 年 1 月 1 日 ~12 月 31 日。

图 7 2018 年浙江卫视《我就是演员》直播和时移观众构成比较（52 城市）

3. 节目元素流行混搭，记录和观察成为新风向

观众看什么取决于他所处的环境、当时喜好、亲友影响等诸多因素，这些消费场景交叉共存，让观众的收视喜好变得越来越复杂，所以综艺节目为了尽可能地提高内容和形式的丰富度，在确保不损害原有核心观众收视体验的前提下，让节目的娱乐特点更加明晰，从而不断吸纳潜在观众加入收视。借鉴国外综艺和国内网综特点之后，不同的流行元素在综艺节目的内容和形式中也在不断混搭出新。

一方面，不少节目尝试通过独有的情怀、各式怀旧经典和喜剧笑点来充实节目内容。例如，上海东方卫视《极限挑战4》重温高考内容，浙江卫视《熟悉的味道3》宋小宝寻恩师重温考试内容，浙江卫视《奔跑吧2》之《爱情公寓》特辑等各类娱乐节目环节结合多个“经典怀旧”元素；《三个院子》《我们仨》《向往的生活江南篇2》等展现不同生活方式的慢综艺节目加入“情怀”元素，形成一个共同的“情怀”圈层；江苏卫视《新相亲时代》这类相亲节目则抓住喜剧元素内容特点，在特定场景和环节情景中产生喜剧效果，提升观众观感。

另一方面，竞争、科技和推理这些元素在综艺节目中也以不同的方式展现出来，成为节目新的“标配”。无论是《中国诗词大会3》《最强大脑5》《最优的我们》等明显以比赛为主要对抗形式的节目类型，还是《我们仨》《青春同学会》《未见钟情》等在环节中加入竞争对抗元素的节目类型，它们都能在激烈的冲突中不断满足观众心中的“选择”快感。同时，在节目营造的紧张对抗场景中，观众被一环扣一环的“剧情”悬念所吸引，推理元素频频出现。比如湖南卫视2018年3月推出了情境类益智互动推理秀《我是大侦探》，节目凭借前期在芒果TV上积累的品牌效应，结合电视节目的编排特点，依靠饱满的角色设置和高能烧脑的剧情线，得到了不同观众的认可。此外，综艺节目中还大量使用科技元素，除了《机智过人》《我是未来》《奇幻科学城》这样以科学为内容的科技类节目，《极限挑战4》《挑战不可能3》《高能少年团2》《最强大脑5》等综艺节目从舞美到主题也都有对“科技”元素的展现。比如浙江卫视《高能少年团2》5月26日那一期——少年团挑战“校园主播的进阶之路”，在任务二“百变天气预报”环节加上了CG和电脑特效，从而增加了节目的科技感和视觉特效，在青少年观众中获得最高的直播收视回报。另外，6月16日那一期，少年团与飞行嘉宾宋威龙、徐璐从原始时代到侏罗纪世界，来了一次穿越时空的大旅行，其中还有王俊凯70岁照片曝光、杨紫结婚年龄探秘等趣味科技环节。当期又恰逢端午节假期，因而该期节目总收视率最高，其中青年人点播、回看的时移收视贡献最大（图8）。

除此以外，2018年的综艺节目还出现了不少像《上新了故宫》《我家那小子》《我家那闺女》《女人有话说》那样形式丰富的观察纪录类新节目。这类节目最突出的特点就是“共情”。相比早期单纯只为快节奏生活寻找出逃点的慢综艺，加入了观察和记录元素的观察类真人秀离“真实世界”更近了一步。观众可以通过电视切实了解被拍摄对象的真实生活，并对其生活方式进行“还原”式效仿，借此达到“入戏共情”的目的，人物关系和场景变化都更贴近生活（表4）。但我们也要看到，每个人眼中的世界是不一样的，同一档观察纪录类节目会让观众得到不一样的讯息和感受。如湖南卫视7月7日

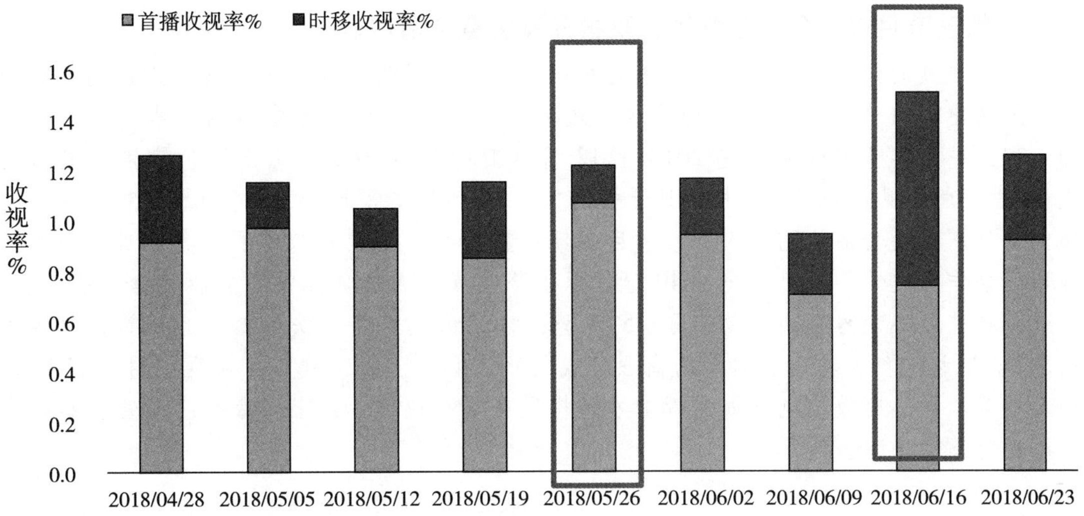

数据来源：CSM 媒介研究

图 8　2018 年浙江卫视《高能少年团》第二季首播档青少年观众分期收视率比较（7～18 岁，52 城市）

22:00 播出的代际观察综艺节目《我家那小子》，节目通过呈现明星和父母朝夕相处中的情感纠葛和矛盾冲突，频频引发大家对中国式家庭以及中国式教育的概叹与评判。纵观各式各样融入观察和记录元素的综艺节目，尽管观众感受不同，他们对节目的评价也褒贬不一，但这些节目却能在转椅子、灭灯、亲子旅游等诸多形式的审美疲劳中异军突起。这种观察、记录的方式，能让观众在场景设定和人物关系表现上更接近生活，因而成为综艺节目的新视点。

表 4　2018 年开播的部分观察纪录类节目一览

开播日期	播出平台	节目名称	周天	开播时间
2018/01/01	湖南卫视	亲亲我的宝贝	周一	19:30
2018/02/19	中央电视台综合频道	舌尖上的中国 3	日播	19:30
2018/03/08	江苏卫视	我们仨	周四	22:10
2018/04/20	湖南卫视	向往的生活 2	周五	22:00
2018/05/04	江苏卫视	小镇故事	周五	21:15
2018/06/07	安徽卫视	未见钟情	周四	22:00
2018/07/07	湖南卫视	我家那小子	周六	22:00
2018/08/15	北京卫视	爱幼星球	周三	22:05
2018/09/06	浙江卫视	美味猎手	周四	22:00
2018/10/12	湖南卫视	亲爱的客栈 2	周五	22:00
2018/11/09	北京卫视	上新了故宫	周五	21:05

数据来源：CSM 媒介研究

4. 综艺节目进行多场景营销，积极开发创意剧情广告

目前视频的消费在时间和空间上更加碎片化，消费的场景更加丰富。随着消费场景的愈加细化，综艺节目也在不断寻找打破圈层的方法，寻找更多新的广告增长点。例如，相比中央电视台综合频道2018年12月9日开播的博物馆文化综艺节目《国家宝藏2》，北京卫视2018年11月9日开播的文化综艺节目《上新了故宫》，其观众主力更倾向于日用品及食品的购买人群，节目各期的直播和时移收视也都更夺人眼球（图9）。据产品合作方反馈，节目播出后40分钟百雀羚“雀鸟缠枝美什件”彩妆礼盒便告售罄；小米黑科技耳机众筹期间预约出了15万套；科大讯飞的阿尔法蛋植入此节目，也供不应求①。通过文创实现消费落地的商业模式创新，使《上新了故宫》实现了对故宫IP的创新运营。通过有效的电商渠道带货才能将现有用户规模、线上流量和广告营销结合在一起进行商业变现。

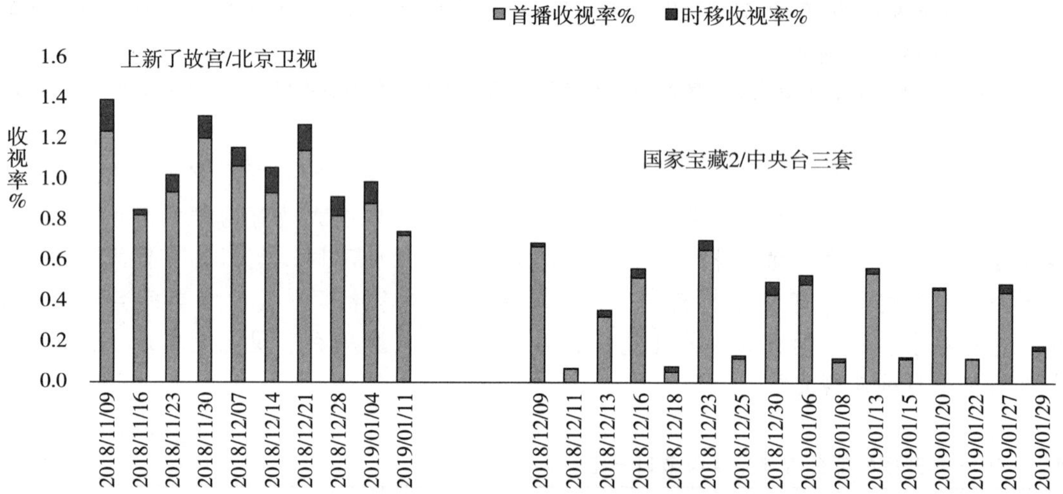

数据来源：CSM媒介研究，CSM52城，2018年11月9日～2019年2月10日。

图9　北京卫视《上新了故宫》和中央台三套《国家宝藏2》首播档日杂用品及食品购买者分期收视率比较

当然，无论在什么渠道播出，广告最终被看重的价值是其带货能力。综艺节目内容赋能要想落在“实处”，要想拿到真金白银，节目就必须利用自己特质进行多维广告营销。从传统广告来看，冠名、压凭条、产品摆放、滚屏播报、主持人口播、节目角标滚动播出、道具植入等手法比比皆是。如浙江卫视2018年8月推出的竞技综艺节目《这就是灌篮》，其中就有主持人口播、角标、创意植入等多种广告形式，而总冠名商饿了么，特约赞助商OPPO、海飞丝，独家互动体验平台天猫，官方用车长安汽车，运动合作品牌361°，运动饮料合作伙伴佳得乐也都在节目中不断刷存在感，但是传统广告形式已经不再能满足观众升级的感官需求了。

① 茉小莉. 大文娱的溃败、挣扎和新生［EB/OL］.［2019－04－09］. https：//36kr. com/p/5170875. html.

面对观众一到广告时间就换台的习惯，综艺节目开始吸取网综和网剧的新方式，结合年轻人喜欢的二次元元素，用单独成段的“情景短剧”式广告和游戏合作吸引年轻人。这些广告区别于传统的常规广告类型，与节目内容更为贴合，广告语言更为年轻化。这也为节目营销提供了更多途径。以《这就是灌篮》第二期的中插广告为例，海飞丝结合节目中选手拍摄的短片采取了漫画的形式，漫画分镜头的转化和切换不仅展现了选手场上的精彩表现，更是让不少热爱篮球的观众联想到经典漫画《灌篮高手》，在44秒的广告时间中，优酷弹幕大多是夸赞之声，足见这样的创意给观众带来的惊喜。另外，节目冠名商饿了么积极定制投篮H5邀请小游戏、身份视频互换、灌篮骑手选拔以及线下梦想篮球赛等活动，线上线下多样联动，赋予了品牌与用户更多的深层互动机会，企业品牌价值观也得到了多层面的生动展示。

5. 多方联动办晚会，偶像破圈消费与文化娱乐IP成为新赋能方向

尽管垂直细分是时下综艺节目流行的获取观众兴趣的途径，但从2018年71城市晚间黄金时段播出的非常态新节目来看，非节庆性的庆典/颁奖/晚会和节庆假日特别节目数量仍占了一半以上的比例（图10）。由于大型晚会具有广泛的群众基础，老少皆宜，所以作为区别于常态综艺节目的节目形式，综艺娱乐性晚会是综艺市场的主要支撑力量。如果仅以节目名称作为区分标准，并且多频道播出同一名称的晚会算一台晚会，那么2018年所有调查城市各级频道在晚间18:00～24:00时段播出的综艺娱乐性晚会总共也有756台，有714个频道参与其中，累计共有75.3%的城市观众收看过。这些娱乐性晚会涉及综艺晚会、戏曲晚会、演唱会和音乐会多种形式①，其中综艺晚会数量占了七成以上的比例（图11）。

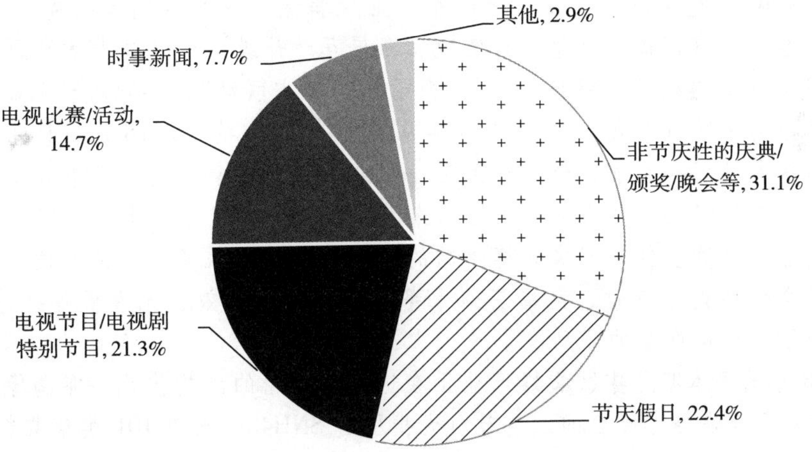

数据来源：CSM媒介研究，2018年1月1日～2018年12月31日，71城市，上星频道，晚间18:00～24:00。

图10　2018年晚间非常态新节目播出数量分布（18:00～24:00，71城市）

① 数据范围：CSM媒介研究2018年所有调查城市，2018年1月1日～12月31日，18:00～24:00，所有频道，节目类型包含综艺晚会、戏曲晚会、演唱会和音乐会，4岁及以上所有人。多频道播出同一名称晚会算一台晚会，仅以节目名称做区分。

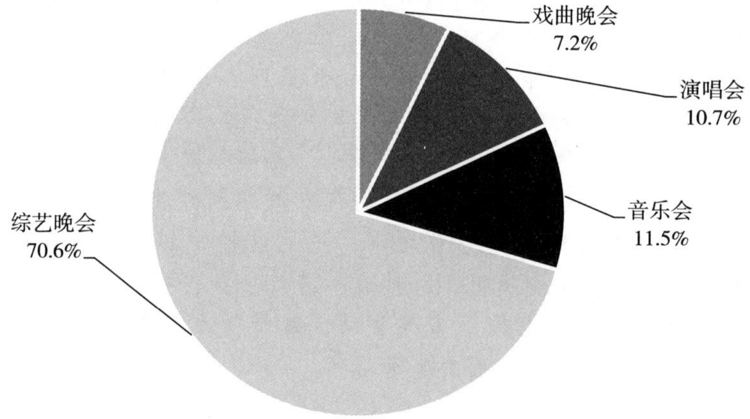

数据来源：CSM 媒介研究

图 11　2018 年晚间综艺娱乐性晚会播出数量分布（18:00～24:00，所有调查城市）

但是，为了满足观众日益增长的各式收看需求，2018 年的综艺娱乐性晚会开始依靠“联”的制播创新而不断被重新赋能。首先是“多面联创”，就是联合不同创作团队，集百家之长共同制作一台晚会。比如《快乐中国毕业歌会》是湖南卫视制作的一场毕业主题晚会，让 90 后、00 后等新一代青春力量成为晚会的绝对主角，由《快乐大本营》和《歌手》主创团队联合打造。制作团队不同的理念互相碰撞，得到了年轻人的认可。其次是“多渠道联播”，通过不同播出渠道联播，客观上扩大了晚会的观众规模。比如 2018 年 11 月 10 日晚在浙江卫视、上海东方卫视和优酷等平台同步直播的“天猫双 11 狂欢夜”晚会。传统媒体和网络平台实现了多屏互动升级，让电视直播和网络直播共襄盛举，呈现了一场“融媒体超级晚会”。最后是“多方联动”，实现跨产业联合，开拓综艺节目产业链的多触角发展。比如 2018 年 9 月 24 日播出的《2018 汉风秋月中秋晚会》，节目由上海东方卫视、北京卫视、陕西卫视和凤凰卫视 4 家在陕西汉中兴汉胜境度假区共同录制。汉中兴汉胜境度假区的汉源湖作为中国首个汉文化水上真人实景演艺《天汉传奇》的舞台，让晚会伴着汉文化博物馆的璀璨夜景，融入舞蹈、诗朗诵等多种艺术表现形式，结合炫彩激光特效、巨幅变幻水幕、大型喷泉火效、无人机阵列等技术系统，完美地呈现了一台跨产业的联动晚会。

在 2018 年的资本寒冬中，文娱产业正在进行新一轮的结构优化。在偶像消费的大潮下，以综艺娱乐性晚会为代表的综艺节目大批引进 SNH48、火箭 101 类依靠粉丝“吸金”的偶像参与表演，二次元的虚拟歌姬洛天依也已连续两年参与江苏卫视的跨年晚会。在 2018 年 12 月 31 日有洛天依与薛之谦合唱《达拉崩吧》的江苏卫视跨年晚会中，25～34 岁观众的收视率较 2017 年 12 月 31 日她与周华健合唱电影《冰雪奇缘》主题曲的那场晚会的收视率增加了 0.64 个百分点，继续得到年轻观众的认可（图 12）。此外，除了偶像破圈消费，2018 年还出现了以 TeamLab、万娱引力、OUTPUT 等为代表的几十家创业机构和文创特展新娱乐形式，它们与电视频道一起不断探索《上新了故宫》《这就是街舞》《铁甲雄心》等节目内容与产业的深度融合方式，各种文化 IP 也在积极跨界结合。

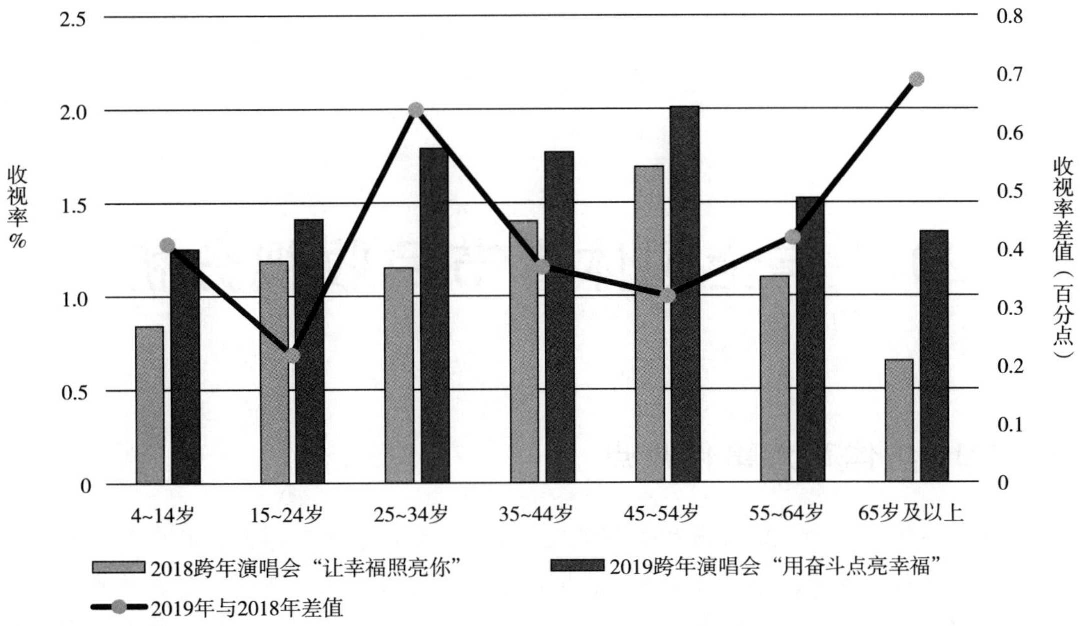

数据来源：CSM 媒介研究，2017 年 12 月 31 日和 2018 年 12 月 31 日，71 城市。

图 12　2018～2019 年江苏卫视跨年晚会不同观众收视率% 比较（71 城市）

四、结语

2018 年，包括《国家宝藏》《朗读者》《经典咏流传》《天籁之战》《声临其境》和《跨界歌王》在内的九大中国原创节目模式亮相法国春季戛纳电视节，伴随着版权卖出去与平台走出去，中华文化的丰富内涵和独特魅力将通过更多的方式传播出去。面对国内综艺节目市场传统观众带来的红利逐渐衰减的局面，获取非线性直播新观众也变得紧要起来。为了更好地满足观众的各种场景需求，综艺节目要混搭科技、访谈、记录、喜剧、推理等多种元素，既在屏幕前做规模，又在屏幕外做跨界融合变现，多方联动办节目，迎接重塑的开放型产业链。

（作者：王钦）

2018 年全国体育节目收视分析

一、2018 年体育大事件盘点

作为一个体育大年，2018 年的体坛可以说是热闹非凡、精彩不断，可谓是体育迷的饕餮盛宴。平昌冬奥会，与上届冬奥会相比，中国代表团实现了参赛人数、参赛项目上的突破。在本届冬奥会上，钢架雪车、女子跳台滑雪赛场上第一次出现了中国选手的身影。除此之外，中国代表团在短道速滑、花样滑冰、空中技巧等优势项目上也发挥出了较高水准，其中武大靖在短道速滑男子 500 米决赛中以 39 秒 584 的成绩打破世界纪录，毫无争议地摘得金牌。闭幕式上，恢宏大气的“北京八分钟”也为本届冬奥会带来了不一样的氛围，同时也向世界宣告，冬奥会正式来到了“北京时间”。可以预见，借助 2022 年北京冬奥会的契机，中国冰雪运动将迎来高速发展的新时期。雅加达亚运会上，中国军团依然强势，132 金、92 银、65 铜的成绩使得中国代表团再次高居金牌榜和奖牌榜首位。2018 赛季的中超联赛与往年相比则表现出了不一样的景象：广州恒大不再“一枝独秀”，最终上海上港队打破了恒大队近 7 年来的制霸，成为中超“老大”；武磊也打破了过去几年外援对射手榜的垄断，以 27 粒入球成功加冕最佳射手。与上海上港队一样，多次冲击 CBA 总冠军的辽宁队也终于圆梦，四年内三次打进总决赛，这一次终于抓住机会，4:0 横扫广厦队终夺总冠军，终于甩掉了“无冕之王”的帽子，辽宁队也成为 CBA 历史上的第七支冠军球队。

国际体坛 2018 年的重头戏无疑是俄罗斯世界杯。2018 年 7 月 15 日，在卢日尼基体育场进行的俄罗斯世界杯决赛中，法国队以 4:2 击败克罗地亚队，时隔 20 年再度捧起大力神杯。“格子”军团虽然决赛折戟，但是以莫德里奇、拉基蒂奇为核心的克罗地亚已经超越前辈达沃·苏克、博班所取得的成就，书写了自己的传奇。而“魔笛”莫德里奇也完成了个人荣誉方面的收割——包揽欧足联赛季最佳、世界足球先生、欧洲金球奖的成绩也使他打破了近 10 年来“梅罗”的垄断。NBA 方面，2017～2018 赛季的 NBA 总决赛连续第四年迎来了“骑勇大战”，最终金州勇士队在总决赛中以 4:0 的成绩横扫克利夫兰骑士队，成功卫冕，4 年豪取 3 冠。这一结果进而影响詹姆斯跳出合同成为自由球员，并于休赛期加盟洛杉矶湖人队。NBA 西部诸强的竞争迎来了新格局。网球方面，男子网坛依旧是三足鼎立：德约科维奇本赛季王者归来，接连斩获温网和美网，重回世界第一宝座；瑞士天王费德勒第六次捧起澳网男单奖杯，职业生涯大满贯冠军数量已经达到 20 个；西班牙人纳达尔则用第十一座法网冠军向世人宣告，自己仍是法网之王。

2018 年，我们见证了盛夏的豪门盛宴，我们折服于老将的精湛技艺，我们迎来了新生势力的崛起，我们也憧憬着北京冬奥会那一场未来的绚烂。2018 年的体坛注定不平凡，这一年浓缩了人生百味，但体育就是这样，总能触碰到你的内心。

二、体育节目整体播出及收视状况

得益于俄罗斯世界杯和雅加达亚运会等高热度的体育赛事，2018 年体育节目的收视较 2017 年有明显回升，其中体育节目的播出比重及收视比重更是再创新高。

1. 体育节目人均收视总时长明显回升

2018 年我国电视观众全年体育节目人均收视总时长为 1673 分钟，与 2017 年相比增加了 334 分钟，增幅为 24.9%；但与 2014 年人均收视总分钟数相比仍减少了 29 分钟，降幅为 1.7%（图 1）。

数据来源：CSM 媒介研究

图 1 2009～2018 年体育节目人均收视总分钟数（历年所有调查城市）

2018 年体育节目在不同目标观众群体中的收视差异特征与往年类似，男性、高学历、高收入观众群体对体育节目的人均收视总时长依然高于女性、低学历和低收入观众群体，中老年观众仍旧是收视的主力军。但值得关注的是，男性观众与女性的人均收视总时长差距已由 2017 年的 70.4% 缩短为 62.6%，可以看出，受性别影响的人均收视总分钟数差距在 2018 年呈现出缩小的态势（表 1）。

表1　2018年各类目标观众体育节目人均收视总时长（所有调查城市）

目标观众		人均收视总分钟数	目标观众		人均收视总分钟数
性别	男	2060	年龄	4～14岁	616
	女	1267		15～24岁	789
职业类型	干部/管理人员	2133		25～34岁	1069
	个体/私营企业人员	1437		35～44岁	1239
	初级公务员/雇员	1610		45～54岁	2331
	工人	1250		55～64岁	3169
	学生	724		65岁及以上	3439
	无业	2637	个人平均月收入（元）	0～600元	1361
	其他	1084		601～1200元	1602
受教育程度	未受过正规教育	751		1201～1700元	1523
	小学	1247		1701～2600元	1890
	初中	1709		2601～3500元	2017
	高中	1937		3501～5000元	1904
	大学及以上	1707		5001元及以上	2041

数据来源：CSM媒介研究

2. 体育节目播出时长较2017年有所增长，各月人均收视总时长分布受大赛影响存在差异

2018年全国体育节目播出时长较2017年上涨了3.8%，但各月之间的播出时长差异并不明显。在收视时长方面，2018年各月人均收视时长的波动幅度受大赛的影响差异显著，特别是在俄罗斯世界杯举办的6月和7月，人均收视总时长分别比2017年同期增加了203分钟和66分钟，涨幅高达175.0%和57.4%；8月举行的雅加达亚运会成为仅次于俄罗斯世界杯的又一个收视小高潮，当月的人均收视总时长也达到了169分钟，较2017年同期增长了23.4%；另外，2月举行的平昌冬奥会、乒乓球世界杯和10月举行的女排世锦赛，都成功地带动了这两个月人均收视时长的增长。除此之外，其他月份的人均收视时长差异较小（图2）。

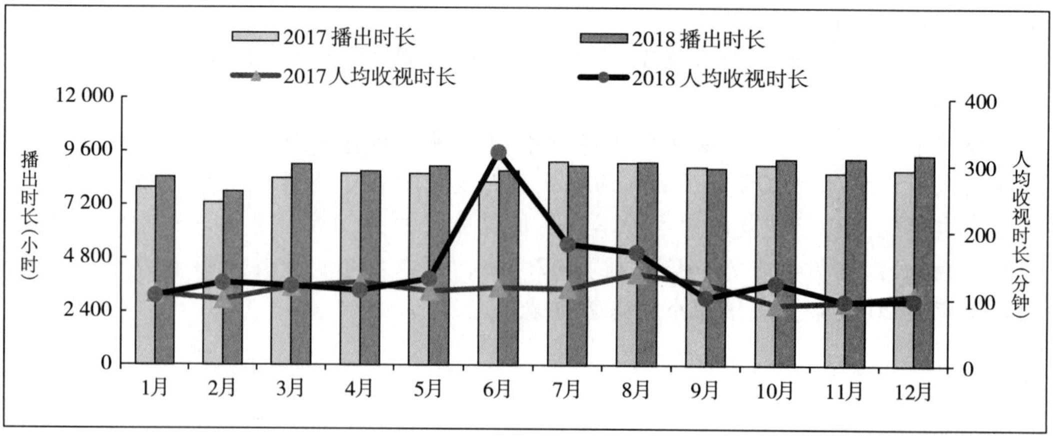

数据来源：CSM媒介研究

图2　2017年及2018年各月体育节目播出及人均收视时长（历年所有调查城市）

3. 体育节目播出比重为近八年最高，收视比重创十年之最

2018年体育节目整体播出时长在所有电视节目中占2.4%，成为近8年中最高的一年，紧逼2010年的2.7%。得益于2018年体育大赛的相继登台，体育节目的收视比重高达4.2%，这是自2009年以来最近10年的最高峰，也成为继2008年（6.5%）之后体育节目收视比重的又一里程碑（图3）。

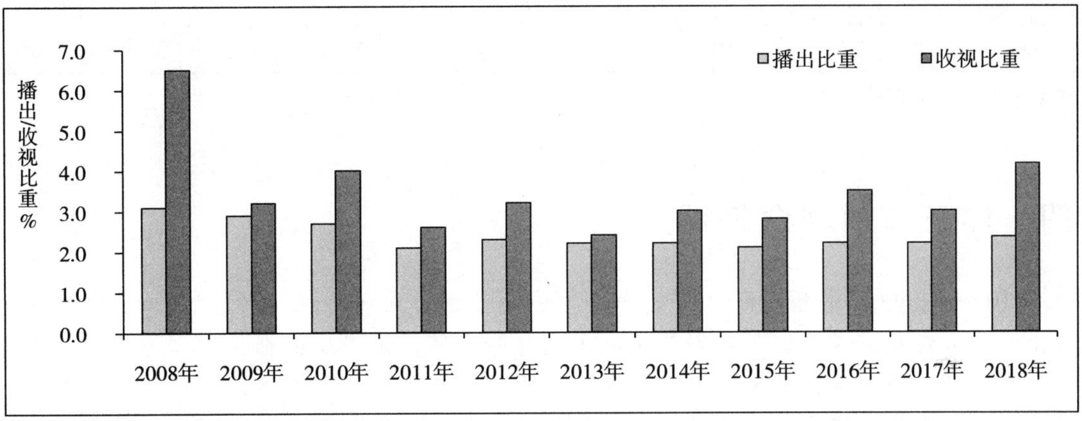

数据来源：CSM媒介研究

图3 2008～2018年体育节目播出比重（%）与收视比重（%）（历年所有调查城市）

三、体育节目收视市场竞争概况

2018年，体育收视市场上各级频道的竞争格局与往年相比变化不大。在播出方面，中央级频道受到频道数量的限制，体育节目的播出份额再度小幅下滑，2018年只有15.0%；市级频道份额则继续上涨，播出份额超过25%（表2）。从收视份额来看，中央级频道受益于频道覆盖范围和顶级体育赛事资源的优势，继续保持着体育电视收视市场的主导地位，赢得了整体体育收视市场的73.0%，与同为世界杯年的2014年基本持平，较2017年上涨了5.8个百分点。其他各级频道的收视份额均有不同程度的下滑；省级地面频道收视份额为22.1%，仍然是体育电视收视市场的重要组成部分；省级卫视频道、市级频道、其他频道所占收视份额则相对较小。

2018年是体育大年，无论是冬奥会、世界杯，还是亚运会、女排世锦赛，都是由中央级频道作为主播平台，尤其是四年一度的世界杯，为中央级频道吸引了大量观众。由于掌握的优质国际赛事资源相对有限，仅有少数几个地方级频道拥有世界杯的直播权；同时受制于地方级频道的覆盖范围，各地面频道播出的体育类节目在体育“大年”中竞争力明显减弱，中央级频道在体育电视收视方面的优势进一步扩大。伴随着时代的更迭和新媒体的围攻，中央台五套不再是观众观看体育赛事的唯一选择，但中央电视台作为

国家级媒体，在政策倾斜和媒介影响力等方面都具有无可比拟的优势，稀缺的顶级赛事资源使其仍能继续保证自己的霸主地位。

表 2　2017～2018 年各级频道在体育节目中的播出及收视份额（历年所有调查城市）

年份	中央级频道		省级上星频道		省级地面频道		市级频道		其他频道	
	播出份额	收视份额	播出份额	收视份额	播出份额	收视份额	播出份额	收视份额	播出份额	收视份额
2017 年	15.5%	67.2%	3.7%	5.5%	55.8%	25.1%	23.2%	2.1%	1.8%	0.1%
2018 年	15.0%	73.0%	3.5%	3.4%	55.5%	22.1%	25.1%	1.4%	0.9%	0.0%

数据来源：CSM 媒介研究

四、体育节目观众特征

2018 年，中国体育节目的观众特征和往年基本一致。男性、25 岁及以上、初中及以上学历人群构成了这一年中国体育电视观众的主体；集中度数据显示，男性观众对体育节目的感兴趣程度依然高于女性观众，随着观众学历和收入的提高，他们对体育节目的感兴趣程度也基本呈现上升趋势。体育节目中老年观众的比例较 2017 年略有增加，集中度基本持平，体育节目电视观众进一步呈现出老龄化的趋势。相比 2017 年，2018 年较高收入的观众比例有所上升，但较高收入观众的集中度有所下降（图 4）。

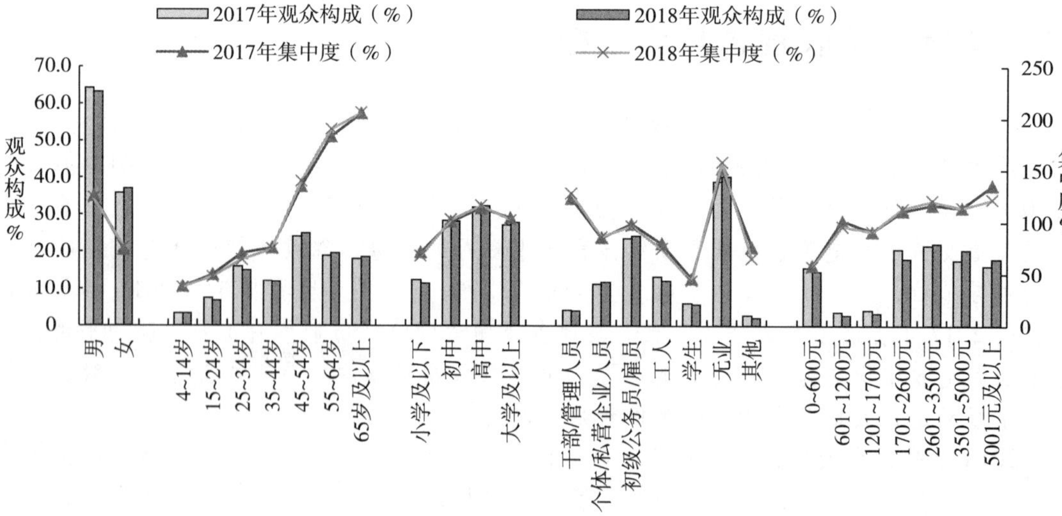

数据来源：CSM 媒介研究

图 4　2017～2018 年体育节目的观众构成和集中度（历年所有调查城市）

体育节目的观众构成与所有节目的观众构成之间依然有较大差异。男性、25～34岁青年、高学历和高收入观众在体育节目观众中的比例明显高于其在所有节目中的比例，同时这些人群对体育节目的收视偏好也相对更高，可见体育节目男性化和精英化的特征在继续（图5）。

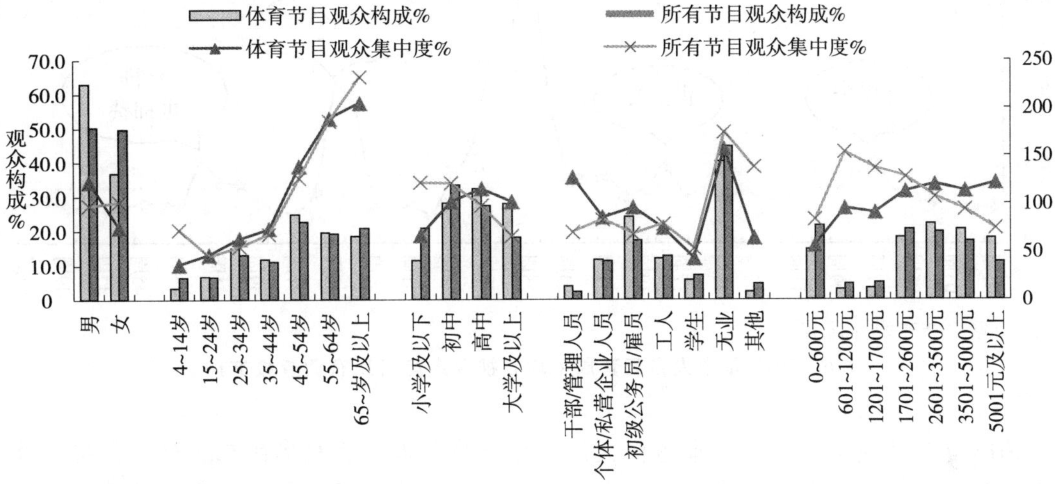

数据来源：CSM媒介研究

图5 2018年体育节目的观众构成及集中度与所有节目的比较（所有调查城市）

五、中央级频道体育节目收视概况

1. 中央台五套整体收视概况

对于体育爱好者来说，2018年可谓是热闹的一年，是名副其实的“体育大年”。作为冬奥会、世界杯与亚运会这三大重量级赛事的主转播频道——中央台五套，其收视表现受赛事资源影响明显。在赛事期间，中央台五套平均收视率远高于全年其他时期（图6）。具体来说，2月（第6周至第9周）冬奥会的冰雪盛宴为中央台五套开启了第一个收视小高潮；之后4月29日进行的世界乒乓球锦标赛是中央台五套的常青赛事，也带动了收视的提升；6月14日至7月15日在俄罗斯举办的世界杯是该年度焦点中的焦点，将收视曲线推向巅峰，尤其6月17日至6月23日（第25周）期间的收视率，更是创下了1.11%的佳绩；8月18日至9月2日为期半个月的雅加达亚运会在下半年形成了另一个收视波峰，收视率在第35周达到了0.61%；伴随着“十一”黄金周的到来，世界女排锦标赛也拉开了大幕，中国姑娘一路过关斩将，获得季军。这同时也拉动了收视曲线的节节攀升，在“十一”假期后（第42周），周平均收视率达到0.32%，世界女排锦标赛无疑是该年度除大赛外的黑马赛事。除重大赛事外，中央台五套各周的平均收视率走势较为平稳，常规赛事转播和体育栏目的播出也满足了广大体育爱好者收看国内外各项赛事及体育节目的需求。

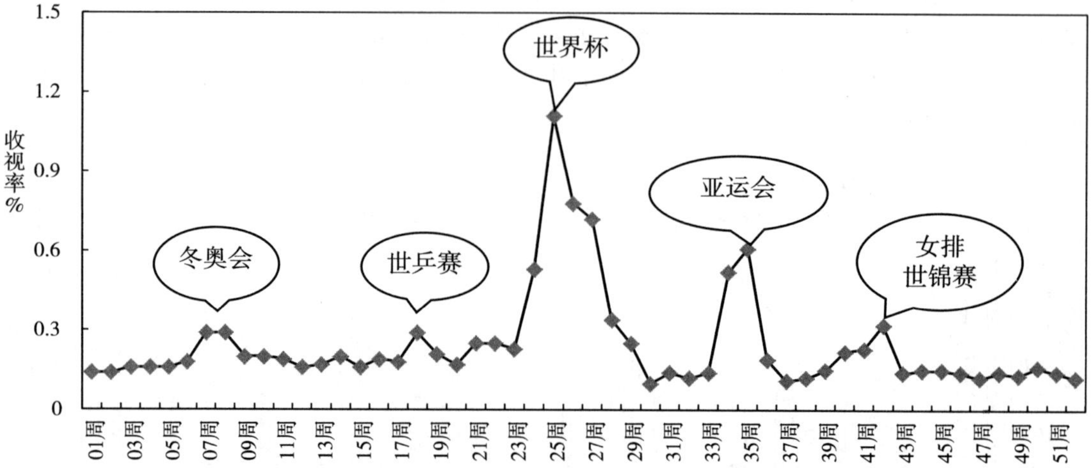

数据来源：CSM 媒介研究

图 6　2018 年中央台五套周平均收视率走势（所有调查城市）

2018 年，中央台五套全年市场份额的变化趋势基本与收视率的变化趋势保持一致，即大型赛事期间出现明显高峰，平日表现基本稳定。在 6 月、7 月俄罗斯世界杯期间，周平均市场份额达到最高值 11.86%，这一数字也体现了观众对这四年一度的世界足球盛事的高涨热情。此外，8 月雅加达亚运会期间，周平均市场份额最大值也达到了 6.5%。在没有大型赛事举办的时期，中央台五套的收视份额也能够稳定在 1.6% 左右，同样是电视市场中一股不容忽视的力量（图 7）。

对比 2018 年与 2017 年全年中央台五套的市场份额走势，我们可以很清晰地看出大型赛事对中央台五套市场份额的拉动作用。在没有大型赛事举办的时期，2017 年和 2018 年两年的市场份额并没有表现出明显的差距，但在大型赛事，尤其是在 6 月举行的俄罗斯世界杯和 8 月举行的雅加达亚运会期间，中央台五套的市场份额远高于 2017 年同期，大型赛事的播出对电视市场收视份额的影响可见一斑（图 7）。

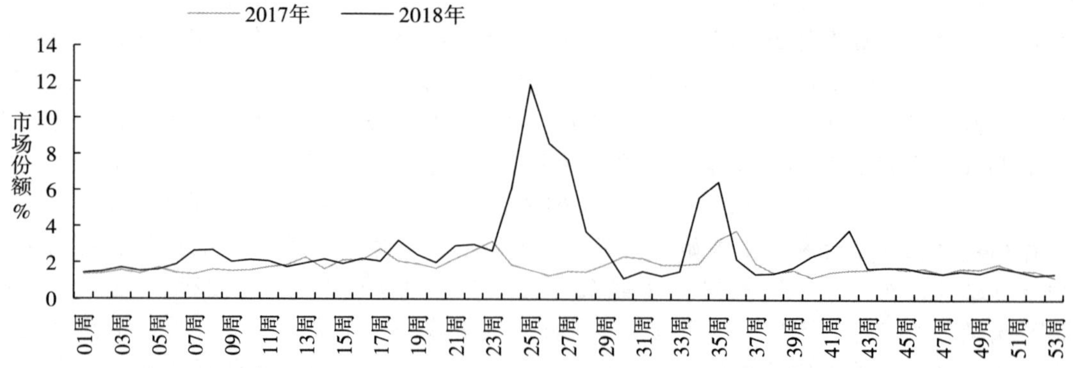

数据来源：CSM 媒介研究

图 7　2017～2018 年中央台五套周平均市场份额走势（所有调查城市）

我们再来分析2018年全天时段的收视率走势，中央台五套的收视变化和往年规律相似，全天有3个收视高峰，分别出现在正午12:00、傍晚18:00和晚间20:00~22:00（图8）。而在这几个时间节点上，2018年晚间黄金时段的收视水平较2017年有明显上浮，这主要受到世界杯和亚运会的拉动的影响。同时俄罗斯世界杯赛事的直播时段大多在北京时间的第二黄金时段至深夜，但是依然有许多忠实的球迷选择在这个时间段观看这一世界最高水平的足球赛事，这也在一定程度上拉动了2018年中央台五套夜间时段的收视水平。

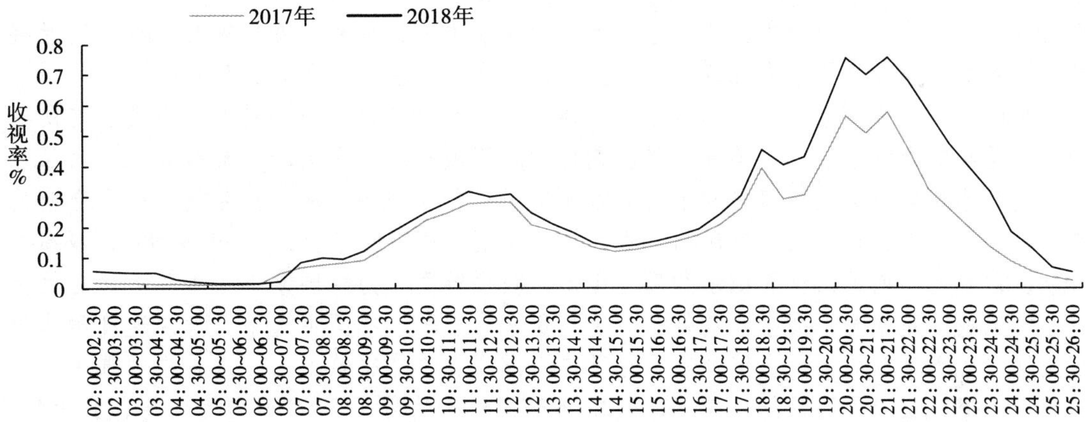

数据来源：CSM媒介研究

图8 2017~2018年中央台五套全天收视走势（所有调查城市）

受世界杯比赛时差的影响，2018年中央台五套晚间第二黄金时段至凌晨时段的竞争优势明显提升，尤其在赛事集中播出的03:30~04:00这一时间段，平均市场份额甚至超过了8%。晚间黄金时段19:30~21:30受到世界杯和亚运会两大赛事的影响，市场份额走势有一定提升。除此之外，在一天的其他时间段中，中央台五套的平均收视份额与2017年相比差别不大（图9）。

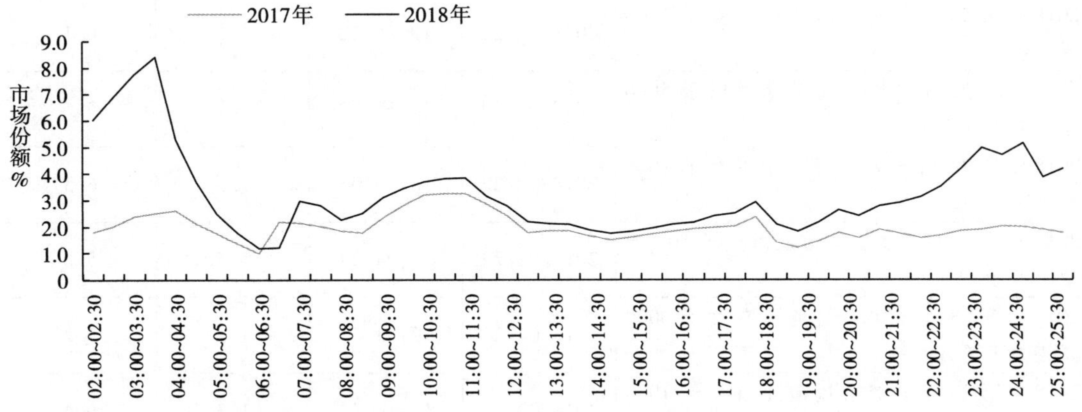

数据来源：CSM媒介研究

图9 2017~2018年中央台五套全天市场份额走势（所有调查城市）

2. 重点赛事收视表现

2018年，有很多光荣与梦想的时刻值得我们去欢呼雀跃，有很多汗水与付出创造出的纪录值得我们去梳理铭记；2018年，中国体坛带给观众们太多感动与惊喜，它们向世界发出了中国声音，展现了中国体育的精神风貌与竞技实力。2018年，国际体坛上我们共同经历了平昌冬奥会、俄罗斯世界杯、雅加达亚运会、女排世锦赛等一系列重大赛事，当然还有欧冠、F1大奖赛等常规赛事。回顾2018年，国际体坛有温情、有欢笑、有泪水，也有遗憾。作为中国体育电视市场的转播主力，拥有大赛独家转播权并同时握有众多赛事转播资源的中央台五套通过摄像机为我们记录下了这些宝贵瞬间。

2018年平昌冬奥会，中国代表团在比赛当中斩获的奖牌数虽较前几届冬奥会有所减少，但是在雪上空中技巧、单板滑雪、花样滑冰等项目上，中国运动员给我们带来了惊喜，同时本届奥运会也为即将到来的北京冬奥会提供了许多经验。随着闭幕式上会旗的交接，冬奥会正式进入到北京时间。本届冬奥会武大靖一骑绝尘，以39秒584的成绩再次刷新他自己刚创造的世界纪录和奥运纪录，获得冠军，为祖国拿下了本届冬奥首块金牌。雪上成绩超索契，高亭宇获得了男子500米的季军，中国男选手首次在速度滑冰项目中站上了奥运领奖台。金博洋则在男子单人滑项目中夺得第四名，这是中国选手在该项目上迄今为止取得的最好成绩。2月22日晚间进行的男子5000米接力决赛，武大靖、韩天宇、许宏志和陈德全配合默契，最终以6分32秒的成绩为中国队再添一枚银牌，该场比赛以1.9%的收视率获得本届平昌冬奥会收视率冠军（表3）。

表3　中央台五套播出的2018年平昌冬奥会中收视率较高的赛事（所有调查城市）

比赛名称	播出日期	开始时间	收视率%	市场份额%
2018年第23届冬奥会短道速滑男子5000米接力决赛A组	2018/02/22	20:01:42	1.9	6.2
2018年第23届冬奥会短道速滑男子500米决赛A组	2018/02/22	19:18:27	1.8	6.5
2018年第23届冬奥会短道速滑女子1000米决赛A组	2018/02/22	19:28:22	1.8	6.1
2018年第23届冬奥会短道速滑男子5000米接力决赛B组	2018/02/22	19:51:39	1.7	5.6
2018年第23届冬奥会短道速滑女子1000米半决赛	2018/02/22	18:53:04	1.5	6.3
2018年第23届冬奥会短道速滑男子500米决赛B组	2018/02/22	19:04:38	1.5	5.6
2018年第23届冬奥会短道速滑女子3000米接力决赛A组	2018/02/20	19:33:53	1.5	5.2
2018年第23届冬奥会短道速滑女子1000米1/4决赛	2018/02/22	18:19:57	1.3	6.4

续表

比赛名称	播出日期	开始时间	收视率%	市场份额%
2018 年第 23 届冬奥会短道速滑男子 500 米半决赛	2018/02/22	18:36:55	1.3	5.7
2018 年第 23 届冬奥会短道速滑女子 1500 米决赛 B 组	2018/02/17	20:04:32	1.3	4.7

注：该排名不包括颁奖仪式及集锦。

数据来源：CSM 媒介研究

北京时间 7 月 15 日晚 23:00，2018 年俄罗斯世界杯决赛在莫斯科卢日尼基体育场打响，法国队与克罗地亚队上演巅峰对决，最终法国队 4:2 击败克罗地亚队，这是法国队自 1998 年之后历史上第二次获得世界杯冠军。本届世界杯留给球迷们很多难忘的瞬间，夺冠的高卢雄鸡、顽强的格子军团、崛起的欧洲红魔、苏醒的三狮军团，等等，都成为本届世界杯的亮点。本届世界杯揭幕战和决赛都安排在北京时间 23:00，而小组赛的时间点比较多，最早的从北京时间 18:00 开始，最晚的到凌晨 03:00，半决赛则在凌晨 02:00 进行。相较于 2014 年比赛最早从 24:00 才开始，本届世界杯更利于中国观众观看。7 月 15 日播出的"冠军之战/克罗地亚 VS 法国"，收视率为 5.9%，市场份额高达 45.4%（表 4）。

表 4　中央台五套播出的 2018 年俄罗斯世界杯中收视率较高的赛事（所有调查城市）

比赛名称	播出日期	开始时间	收视率%	市场份额%
我爱世界杯：2018 年世界杯足球赛决赛/克罗地亚 VS 法国	2018/07/15	22:52:35	5.9	45.4
我爱世界杯：2018 年俄罗斯世界杯淘汰赛阶段第一场/法国 VS 阿根廷	2018/06/30	21:50:22	5.8	30.8
我爱世界杯：2018 年世界杯小组赛 D 组第一轮/阿根廷 VS 冰岛	2018/06/16	20:59:49	5.8	23.6
我爱世界杯：2018 年世界杯小组赛 E 组第二轮/巴西 VS 哥斯达黎加	2018/06/22	19:50:49	5.8	19.8
我爱世界杯：2018 年俄罗斯世界杯 1/4 决赛/乌拉圭 VS 法国	2018/07/06	21:49:55	5.5	30.4
我爱世界杯：2018 年俄罗斯世界杯小组赛 B 组第二轮/葡萄牙 VS 摩洛哥	2018/06/20	19:50:46	5.5	20.0
我爱世界杯：2018 年世界杯小组赛 F 组第二场/瑞典 VS 韩国	2018/06/18	19:50:58	5.5	19.3
我爱世界杯：2018 年俄罗斯世界杯小组赛 H 组第一轮/哥伦比亚 VS 日本	2018/06/19	19:51:02	5.3	18.7
我爱世界杯：2018 年俄罗斯世界杯 1/8 决赛第五场/巴西 VS 墨西哥	2018/07/02	21:50:19	5.2	31.5
我爱世界杯：2018 年俄罗斯世界杯 G 组第二轮/比利时 VS 突尼斯	2018/06/23	19:50:31	5.1	18

注：该排名不包括颁奖仪式及集锦。

数据来源：CSM 媒介研究

2018年雅加达巨港亚运会的圣火已经熄灭，中国体育健儿们经过拼搏，共赢得132枚金牌、92枚银牌、65枚铜牌，连续10届占据亚运会金牌榜首之位，四年前在仁川亚运会沉沦的三大球也整体回暖。中国杭州正式“接棒”，亚运会进入“杭州时间”。本届亚运会中国篮球包揽了亚运会所有冠军，郎平挂帅的中国女排完胜泰国，以全胜战绩第八次亚运会登顶。中国电竞战队第一次出战，在两项赛事中摘金。中国水军以19枚金牌与日本平分秋色。中国队的傲人战绩，收获了不少关注。8月26晚间黄金时段进行的多项田径比赛占据了收视率排行榜前列，获得收视率冠军的为“第18届亚运会女子铅球决赛”，收视率为2.6%（表5）。

表5　中央台五套播出的2018年雅加达亚运会中收视率较高的赛事（所有调查城市）

比赛名称	播出日期	开始时间	收视率%	市场份额%
第18届亚运会女子铅球决赛	2018/08/26	20:13:12	2.6	9.0
第18届亚运会男子400米决赛	2018/08/26	20:08:27	2.5	8.9
第18届亚运会女子400米决赛	2018/08/26	20:01:49	2.5	8.9
第18届亚运会男子跳远决赛	2018/08/26	20:12:06	2.5	8.7
第18届亚运会男篮决赛/中国VS伊朗	2018/09/01	19:29:12	2.5	8.5
第18届亚运会男子十项全能标枪	2018/08/26	20:06:09	2.5	8.8
第18届亚运会男子100米决赛	2018/08/26	22:18:46	2.5	13.8
第18届亚运会女子铅球决赛	2018/08/26	20:07:17	2.4	8.6
第18届亚运会男子十项全能标枪	2018/08/26	19:59:41	2.4	8.6
第18届亚运会男子10000米决赛	2018/08/26	20:17:27	2.4	8.3

注：该排名不包括颁奖仪式及集锦。由于有些比赛中会穿插其他比赛，所以上表排名中会存在相同名称的赛事，但时间不同。

数据来源：CSM媒介研究

3. 主要运动项目播出与收视概况

2018年体坛重大赛事云集，受冬奥会、世界杯和亚运会的影响，2018年中央台五套各运动项目之间的播出和收视格局与2017年相比发生了较大变化。

足球项目在2018年体育类节目的播出比重达到16.34%（表6），较2017年提升0.96个百分点；收视比重达到22.30%，提升8.48个百分点，收视增长大于播出增长。2018年世界杯对足球项目的贡献尤为突出，受俄罗斯世界杯时差的影响，无论是小组赛还是淘汰赛，本届世界杯的直播收视均保持了高收视水平，同时也保证了足球项目的节目资源利用效率得到大幅提升。

2018年冰上/水上运动播出比重为9.16%，较2017年下降1.45个百分点；但收视比重达到7.66%，较2017年提升0.22个百分点。播出比重的减少并没有导致收视比重的减少。伴随着北京冬奥会的临近，伴随着中国冰雪健儿在成绩上的不断突破，冰上/水上运动的节目资源利用效率会进一步提升。

篮球在2018年的收视表现同样抢眼。中国队在亚运会包揽了男、女篮金牌，2019年篮球世界杯预选赛以及常规联赛的支撑，使篮球项目在播出和收视方面的表现重新回到第二位，仅次于足球项目，其10.03%的播出比重较2017年提升了0.73个百分点；但收视比重为13.87%，较2017年下降了3.13个百分点，节目资源利用率下降明显。

两大传统球类——乒乓球、排球在2018年依然保持着广泛的群众基础，尽管节目播出比重并不高，但收视比重相对较高；排球项目的收视比重较2017年有所增长。

表6　2018年中央台五套各主要运动项目在体育类节目中的播出比重与收视比重（所有调查城市）

运动项目	播出比重%	收视比重%
足球	16.34	22.30
篮球	10.03	13.87
冰上/水上运动	9.16	7.66
其他赛事	6.99	4.39
排球	6.88	8.32
乒乓球	3.96	4.20
羽毛球	2.54	2.73
网球	2.50	0.88
搏击	2.35	0.96

数据来源：CSM媒介研究

六、结语

2018年的体坛群星璀璨，无论是平昌冬奥会上的冰雪突破，还是世界杯的夏日激情，抑或亚运会的群雄逐鹿，都让中国的电视观众尽饱眼福；同时常规联赛、女排世锦赛等赛事贯穿全年，构建了体育电视节目的主体。作为拥有体育赛事优质资源的中央级频道，其市场地位依旧无可撼动，世界杯、亚运会等重大赛事版权集中，也是中央台五套无可比拟的硬实力。2018年已然过去，2019年是所谓的体育小年，但2019年依旧精彩，2019年的男篮世界杯即将开始，这一堪比足球世界杯的篮球盛宴，将为国人带来不一样的篮球体验和视觉冲击，让我们一同期待2019年。

（作者：于松涛）

2018 年晚间新节目观察

2018 年，媒体融合加速推进，传统电视节目创新励精前行，在承受来自多方压力的同时，也面临更多的发展机遇。各级电视媒体利用自身资源优势，契合各自的市场和受众特点，在节目创新方面演绎出了不一样的风景。本文基于 CSM 媒介研究的收视调查数据，对 2018 年中央级频道、省级卫视和 71 个城市[①]地面频道晚间 17:00～24:00 时段新节目[②]的播出与收视状况进行梳理与分析，以期对 2018 年全年晚间新节目的发展变化状况做一回顾和总结。

一、新节目播出概况

1. 常态新节目占比加速下滑，非节庆性非常态节目创新集中

2018 年晚间时段，在 71 城市电视市场中，各级电视频道共播出新节目 4200 档。其中，进入频道日常播出序列的常态新节目 400 余档，占新节目总量的 10%，总体数量较 2017 年减少了 130 档，在所有新节目中所占比重较 2017 年下降了 4 个百分点，呈加速下滑之势。以形式多样的评选/颁奖/典礼、节庆/假期特别节目、电视特别节目、电视比赛/活动等为主体的非常态新节目则占到新节目总量的 90%，其中非节庆性的庆典/颁奖/晚会类节目创新最为集中，在非常态新节目中的占比达到 31%（图 1）。

2. 常态节目创新集中于开年和暑期，非常态新节目在节庆和重大事件期间放量增长

长期以来，为顺应观众收视习惯的变化特点，电视节目创新逐渐形成了特有的季节（时期）性变动规律。象征一元复始的开年时点及大量年轻收视群体回流传统收视的暑期，成为常态电视节目创新的高峰节点；在传统节庆和重大事件时期，非常态节目创新量倍增。2018 年，这种节目创新的季节（时期）性规律依然显现（图 2）：1 月和 8 月成为全年常态节目创新最为集中的两个月，各级频道推出的常态新节目数量分别达到 89 档和 44 档，远高于其他月份。春节所在的 2 月、世界杯燃情启幕的 6 月和改革开放 40

---

① 71 城市包括 4 个直辖市、5 个计划单列市、26 个省会城市（不包括拉萨）和 36 个地级城市（包括苏州）。

② 本文对新节目的界定为：各上星频道 18:00～24:00 播出、省/市级地面频道 17:00～24:00 播出，同名称节目在 2012 年 1 月 1 日至 2017 年 12 月 31 日期间未出现过，节目长度超过 20 分钟（含 20 分钟）。以下节目类型不属于新节目范围：广告、频道包装、节目预告、导视节目、电视剧、电影、外语、各类体育赛事等。

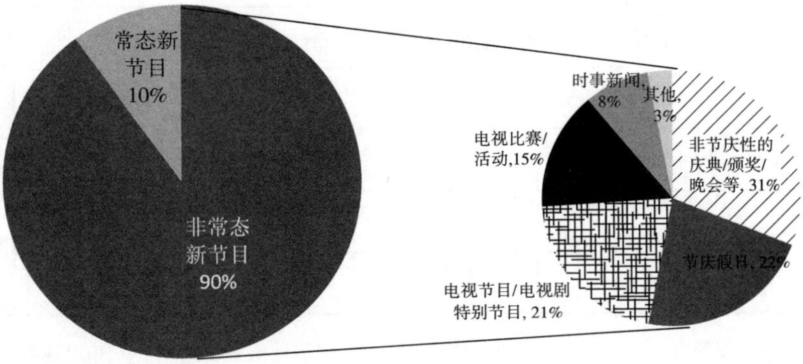

数据来源：CSM 媒介研究

图 1　2018 年常态新节目与非常态新节目的数量分布

周年纪念日所在的 12 月，电视节目创新市场中非常态新节目大量涌现，在电视媒体上形成团圆、欢庆和热烈的氛围。

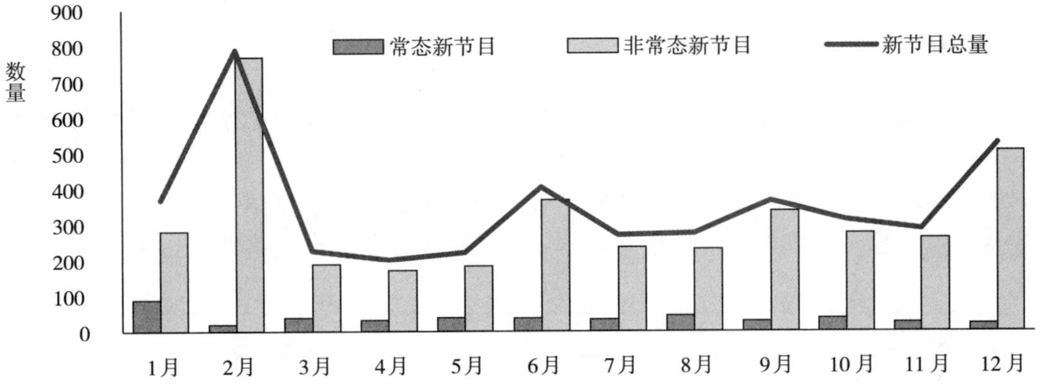

数据来源：CSM 媒介研究

图 2　2018 年各月新节目播出数量（档）

3. 常态节目创新更集中于省级频道，非常态节目创新量中地面频道逾八成

在各级电视媒体顺应市场竞争变化及自身资源特点的背景下，常态、非常态节目创新数量结构也表现出了一定的差别。总体来看，常态节目的创新更加集中于资源能力及频道数量都相对具有优势的省级平台，其中占据资源优势的省级卫视以较少的频道数量贡献了近三成的常态新节目，数量众多的省级地面频道常态节目的创新占比也超过四成。而非常态节目的创新则主要集中于数量极其庞大的地面频道，省、市两级地面频道每年投入大量资源以非常态节目履行媒体的娱乐、宣传、教育等功能，非常态节目的创新占比合计超过八成。中央级频道受限于频道的数量，在常态和非常态新节目播出总量中所占比重均较小，常态新节目占比 3.2%，非常态新节目占比 5.9%（图 3）。

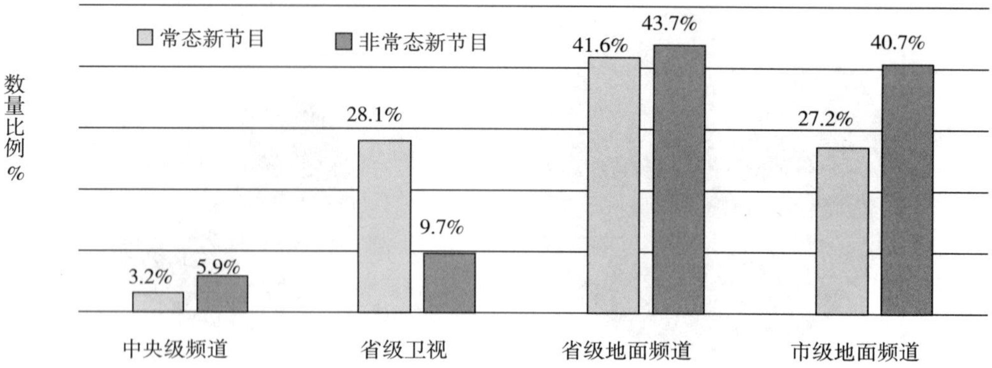

数据来源：CSM 媒介研究

图3　2018年常态新节目与非常态新节目在各级频道的分布比例（%）

4. 综艺、专题和青少类节目是创新热点领域，生活服务类节目在地面频道更受倚重

沿袭多年以来的创新特点，综艺、专题和青少类节目是各级频道电视节目创新最为集中的三大领域，其中，综艺节目更是绝对的优势，成为电视节目创新的最热点类型，2018年在常态新节目中占比达到28%，在非常态新节目中占比达36%。专题和青少类节目近年来在电视节目去娱乐化政策的引导之下也迎来新的发展，成为综艺节目之外的热点创新领域。2018年是体育大年，世界杯、亚运会等大型赛事相继登场，体育类节目的创新较往年活跃，尤其是非常态体育节目，创新量飙升。生活服务类节目由于特殊的服务性、贴近性，在常态新节目中的数量占比甚至超过了青少类节目（图4）。

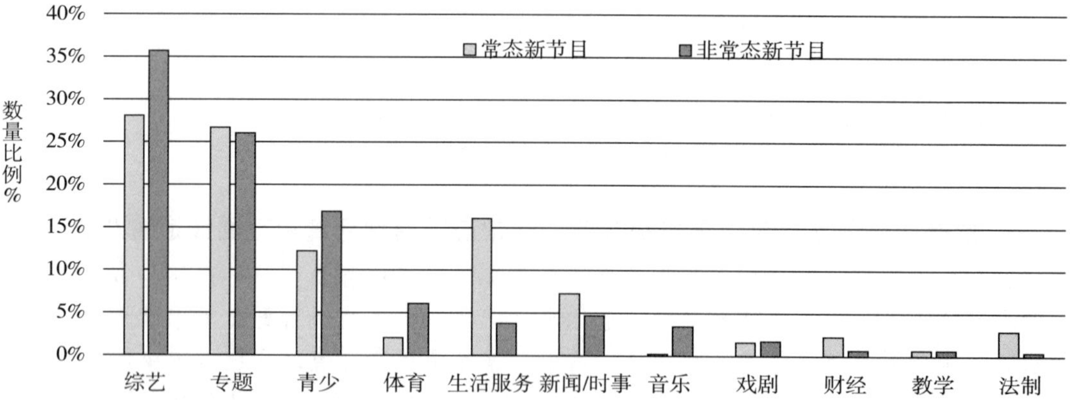

数据来源：CSM 媒介研究

图4　2018年新节目类型分布比例（%）

从各类节目创新在不同级别频道的分布来看，作为电视节目创新领域的第一大节目类型，综艺节目在上星频道中更受倚重。2018年，综艺节目在中央级频道和省级卫视常态和非常态新节目中的占比都在五成左右。专题类节目在中央级频道常态新节目中的占

比高达35.7%，高于其他频道组。生活服务类节目在地面频道中的创新也可圈可点，省、市级地面频道中常态生活服务类节目的占比分别达到了17.9%和24.2%（表1）。

表1 2018年各级频道常态新节目、非常态新节目的类型分布比例（%）

节目类别	所有频道		中央级频道		省级卫视		省级地面频道		市级地面频道	
	常态新节目	非常态新节目	常态新节目	非常态新节目	常态新节目	非常态新节目	常态新节目	非常态新节目	常态新节目	非常态新节目
综艺	28.1%	35.7%	50.0%	47.3%	50.0%	53.7%	22.3%	29.8%	11.7%	36.1%
专题	26.7%	26.0%	35.7%	16.5%	26.6%	15.2%	28.3%	27.8%	23.3%	28.0%
青少	12.2%	16.8%	0.0%	4.5%	12.9%	7.3%	11.4%	19.9%	14.2%	17.6%
体育	2.0%	6.1%	0.0%	11.2%	0.8%	5.1%	3.3%	7.2%	1.7%	4.3%
生活服务	16.1%	3.7%	0.0%	0.0%	7.3%	1.6%	17.9%	5.0%	24.2%	3.4%
新闻/时事	7.2%	4.7%	0.0%	3.6%	0.0%	6.8%	8.7%	4.5%	13.3%	4.5%
音乐	0.2%	3.5%	7.1%	8.0%	0.0%	7.6%	0.0%	2.0%	0.0%	3.4%
戏剧	1.6%	1.7%	7.1%	4.9%	0.8%	2.2%	1.1%	1.9%	2.5%	1.0%
财经	2.3%	0.7%	0.0%	3.1%	0.8%	0.5%	1.1%	0.7%	5.8%	0.3%
教学	0.7%	0.7%	0.0%	0.9%	0.0%	0.0%	1.1%	0.7%	0.8%	0.9%
法制	2.9%	0.4%	0.0%	0.0%	0.8%	0.0%	4.9%	0.6%	2.5%	0.3%

注：省级地面频道包括直辖市地面频道。

数据来源：CSM媒介研究

5. 逾三成常态新节目在21:00~22:00推出，半数以上新节目时长在20-40分钟之间

根据CSM媒介研究近年来对新节目播出规律的持续追踪，各级电视频道推出的常态新节目有向后黄金时段不断集中的趋势，其中21:00~22:00之间开播的新节目数量占比最高。2013年所有频道中开始时间在21:00~22:00之间的常态新节目数量占比为23.0%；2014年这一数值上升至25.0%；2015年以来，在广电新政的影响下，新节目向这一时段集中的趋势表现稳定，开播于21:00~22:00之间的新节目占比基本保持在29%左右（2015年29.9%、2016年29.1%、2017年28.8%）；2018年，这种集中趋势进一步加剧，开播于这一小时间的新节目比例突破30%大关，达到31.2%。

2018年，在各级频道中，省级卫视常态新节目向后黄金时段集中的趋势表现得最为明显，21:00~22:00开播的常态新节目比例达到58.9%。中央级频道常态新节目播出集中于18:00~20:00两个小时之内，其中18:00~19:00之间开播的新节目占比超过四成。省、市地面频道在常态新节目播出的时间安排上较上星频道更为均衡，除了17:00~19:00的常规民生新闻时段新节目播出稳定外，20:00~22:00时段的常态新节目推出也较为集中（表2）。

表2　2018年各级频道常态新节目开播时段分布（数量比例%）

首期开始时间	中央级频道	省级卫视	省级地面频道	市级地面频道	所有频道
17:00（含）~18:00	——	——	12.0%	17.5%	10.0%
18:00（含）~19:00	42.9%	0.0%	14.1%	13.3%	10.6%
19:00（含）~20:00	28.6%	3.2%	18.5%	15.0%	13.6%
20:00（含）~21:00	14.3%	11.3%	21.7%	15.0%	16.7%
21:00（含）~22:00	7.1%	58.9%	19.6%	23.3%	31.2%
22:00（含）~23:00	7.1%	21.0%	9.8%	10.0%	12.9%
23:00（含）~24:00（含）	0.0%	5.6%	4.3%	5.8%	5.0%
总计	100.0%	100.0%	100.0%	100.0%	100.0%

数据来源：CSM媒介研究

从各级频道常态新节目的播出时长分布来看，时长在20~40分钟之间的节目数量最多，占所有常态新节目总量的一半以上。时长在40~90分钟的新节目所占比重也逾四成，时长超过90分钟的节目仅占总量的5%（图5）。

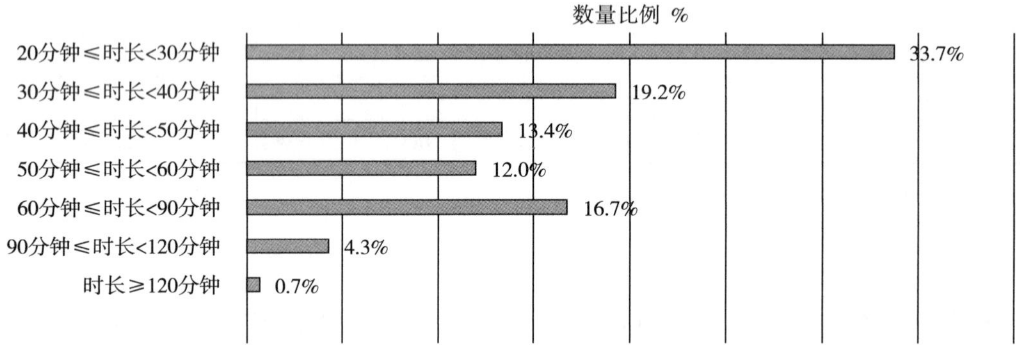

数据来源：CSM媒介研究

图5　2018年常态新节目时长分布比例（%）

二、常态新节目收视概况

1. 上星频道常态新节目收视低位徘徊，高收视常态新节目向头部卫视集中

尽管近年来各级频道的电视节目创新都朝着更为理性的方向发展，常态节目创新数量回落，但在传统媒体整体竞争力难抑颓势的大背景下，常态新节目的吸睛能力并不乐观。综观2014~2018年晚间时段上星频道常态新节目的平均收视水平，可以发现高收视新节目占比呈现下降趋势，近三年更为明显；平均收视率在0.5%及以上的常态新节目占比由2014年的17%降至2018年的4%，年均降幅在3个百分点以上；平均收视率达到1%以上的“现象级”新节目更是在近两年缺位。与此同时，收视率在0.2%以下的新节目占比增长，由2014年的48%增至2018年的65%，更多的新节目收视在低位徘徊（图6）。

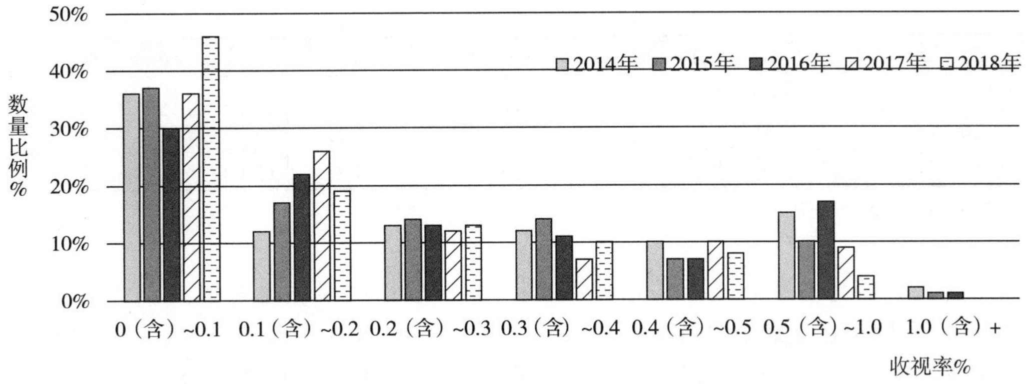

数据来源：CSM 媒介研究

图 6　2014 ~ 2018 年上星频道常态新节目平均收视率分布（71 城市，开始时间 18:00 ~ 24:00）

综观 2018 年上星频道晚间时段收视表现突出的常态新节目，我们可以发现以文化、音乐和体验观察为主题或表现形式的节目在高收视新节目中更为集中，成为节目创新中的收视领头羊。中央电视台综合频道的《信中国》《经典咏流传》、北京卫视的《上新了故宫》、江苏卫视的《小镇故事》，将文化和经典的传承与创新融为一体，引发观众驻足。湖南卫视的《声入人心》《幻乐之城 2018》、浙江卫视的《异口同声》为这一经典节目类型焕发新生不断探索，在音乐类节目的跨界创新与融合中探索出了一条全新的路径。此外，以上海东方卫视《青春同学会》、湖南卫视《我家那小子》、江苏卫视《我们仨》为代表的体验观察类节目，则成为竞技综艺、选秀综艺之后的另一种创新模式，在拉近与观众的距离的同时，也充分引发了观众的共鸣（表 3）。

表 3　2018 年平均收视率较高①的上星频道常态新节目（71 城市，开始时间 18:00 ~ 24:00）

节目名称	播出频道	类别	播出月份	热播元素
信中国	中央电视台综合频道	专题	3 月	人文艺术节目
青春同学会	上海东方卫视	综艺	5 月	体验型励志真人秀
我是大侦探	湖南卫视	综艺	3 月	情境益智互动推理秀
没想到吧	上海东方卫视	综艺	11 月	全民互动大型综艺
中国梦之声下一站传奇	上海东方卫视	综艺	10 月	青春励志歌舞竞演节目
经典咏流传	中央电视台综合频道	综艺	2 月	大型诗词音乐文化节目
乐活中国	中央台四套	综艺	9 月	全民生活方式分享节目
上新了故宫	北京卫视	专题	11 月	文化季播节目
声入人心	湖南卫视	综艺	11 月	原创声乐励志竞演节目
小镇故事	江苏卫视	专题	5 月	人文类文化探索专题
幻乐之城 2018	湖南卫视	综艺	7 月	音乐创演秀
我家那小子	湖南卫视	综艺	7 月	亲情观察成长类节目
声临其境	湖南卫视	综艺	1 月	声音魅力竞演秀

① 全年在 71 城市晚间 18:00 ~ 24:00 的平均收视率超过 0.4%，不区分首重播。

续表

节目名称	播出频道	类别	播出月份	热播元素
我们仨	江苏卫视	综艺	3月	孕期生活真人秀
亲亲我的宝贝	湖南卫视	青少	1月	科学养育亲子互动节目
异口同声	浙江卫视	综艺	2月	音乐猜评推理节目

数据来源：CSM媒介研究

从新节目的播出平台来看，高收视常态新节目有进一步向头部卫视集中的趋势。2018年，平均收视率超过0.4%的常态新节目进一步集中于湖南卫视、上海东方卫视和中央电视台综合频道等头部上星频道，这3个频道播出的高收视新节目占所有上星频道的近七成，其中湖南卫视更是一个频道占据了近四成的高收视新节目，集中度较2017年明显提升（图7）。

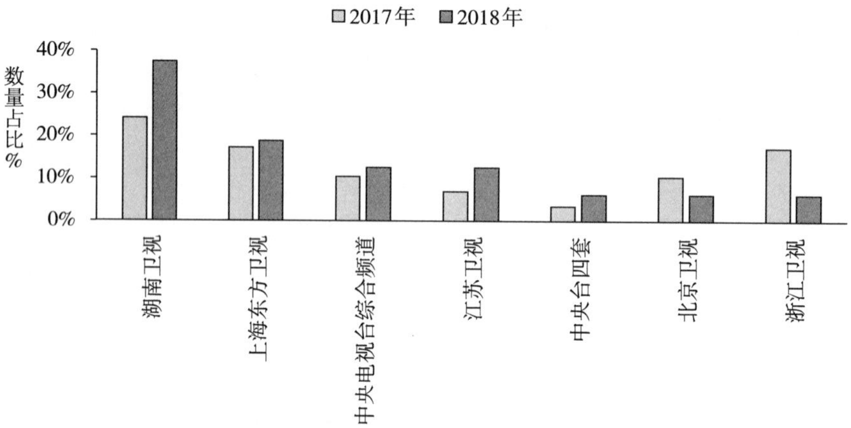

数据来源：CSM媒介研究

图7 2017～2018年平均收视率超过0.4%的上星频道常态新节目播出频道分布（71城市，开始时间18:00～24:00）

2. 地面频道高收视常态新节目数量萎缩，休闲文化与民生服务引领收视风潮

在整体收视市场竞争中优势不断旁落的地面频道，在节目创新中面临的压力也日益增大。2018年晚间时段地面频道播出的常态新节目中，首播月在本地收视率达到1%及以上的节目数量较前5年进一步萎缩，所占比例仅为8%。但收视率在0.5%～1%之间的常态新节目比例明显增长，达到14%。2017～2018年之间，收视率在0.1%以下的低收视常态新节目比例也出现下滑现象，由47%下滑至38%（图8）。

具体观察2018年晚间时段地面频道首播月平均收视较高的常态新节目，我们可以发现以区域文化为核心的民生娱乐、以本土生活为核心的民生服务和在地面频道长盛不衰的民生新闻仍然是节目创新最易取得收视突破的三大领域，以此为思路进行的节目创新更易获得本土观众的青睐。在收视较高的节目中，除了两档新闻类节目（《新闻公众号》《孟子约》）和一档法制类节目（《非常帮》）外，像《天才第6感》《去村里住一晚》

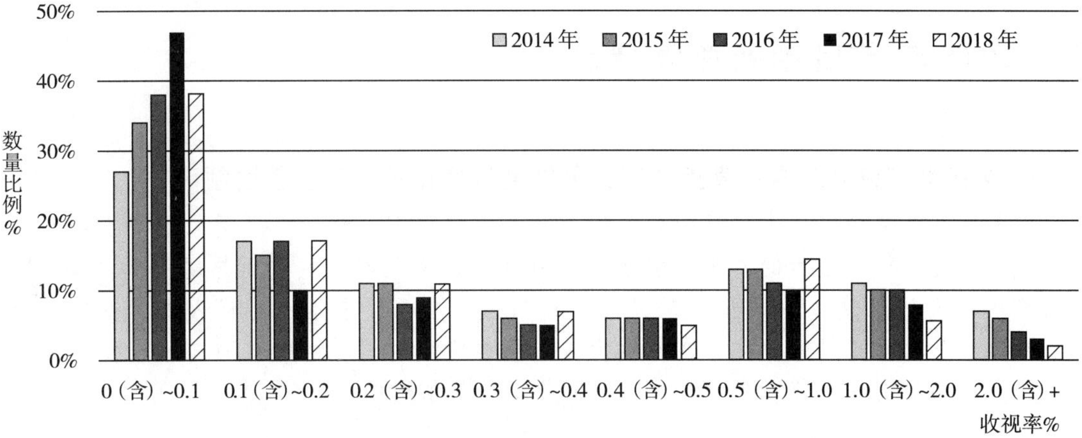

数据来源：CSM 媒介研究

图 8　2014～2018 年地面频道常态新节目首播月平均收视率分布（本地，开始时间 17:00～24:00）

《侬是上海人伐》等地域特色鲜明的综艺节目，以及《寻味江西》《金牌丈母娘》《经视实验室》等以提升本土受众生活质量为己任的民生服务类节目，在数量上更多，成为地面频道节目创新中的收视引领（表 4）。

表 4　2018 年平均收视率较高①的地面频道常态新节目（本地，开始时间 17:00～24:00）

节目名称	播出频道	类别	级别	播出月份
新闻公众号	大连台一套（新闻综合频道）	新闻/时事	市级	1 月
非常帮	大连台三套（公共频道）	法制	市级	1 月
孟子约	河南电视台都市频道（二套）	新闻/时事	省级	1 月
天才第 6 感	广东广播电视台珠江频道	综艺	省级	3 月
寻味江西	江西电视台都市频道（二套）	生活服务	省级	8 月
去村里住一晚	海南广播电视总台综合频道	综艺	省级	12 月
金牌丈母娘	陕西广播电视台 都市青春频道（二套）	生活服务	省级	11 月
侬是上海人伐	上海电视台娱乐频道	综艺	省级	8 月
金色梦想	黑龙江电视台影视频道	综艺	省级	1 月
经视实验室	湖北经视	生活服务	省级	1 月
幸福援助团	青岛电视台生活服务频道	专题	市级	1 月
疯狂食验室	上海电视台星尚频道	生活服务	省级	3 月
快乐运动会	山东电视综艺频道	综艺	省级	2 月
方言大会	江西电视台影视旅游频道（四套）	综艺	省级	8 月
恩爱 1 家门	上海电视台娱乐频道	专题	省级	1 月
朋友那个圈	四川电视台新闻频道	综艺	省级	1 月

数据来源：CSM 媒介研究

① 首播月在本地/省会晚间 17:00～24:00 的平均收视率大于或等于 1.2%，不区分首重播。

三、2018 年节目创新总体特点

1. 文化类节目穿越古今直指未来，多维度传播传承实现价值引领

近两年来，电视文化类节目的创新持续升温，在内容、资源、品类、形态上不断寻求突破，为受众树立了新的文艺美学标杆。2018 年，文化类节目创新热度不减（图 9），创新者从不同的维度深挖文化富矿，尝试从诗歌、书画、书信、时代人物、京剧、民乐、文博、教育、家风等维度，在传承优秀文化和传统的同时，探索面向未来发展的创新路径，以实现文化类节目更深层次、更高格局的价值引领。

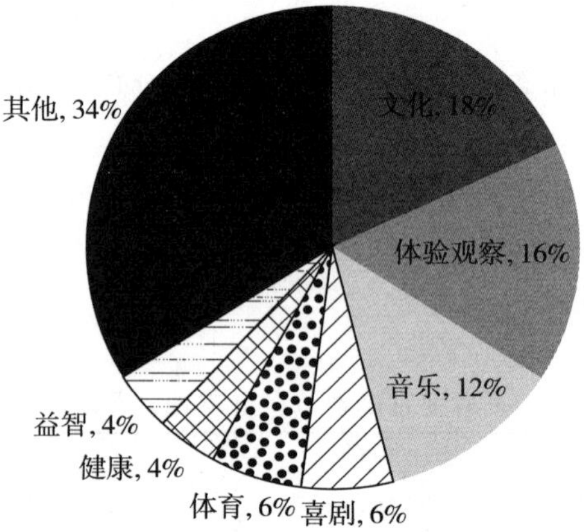

数据来源：CSM 媒介研究

图 9　2018 年上星频道平均收视率 TOP50 的常态新节目内容分布（节目数量比例%）

中央电视台综合频道的《经典咏流传》用“和诗以歌”的形式，将传统诗词经典与现代流行相融合，创造新的先锋文化。《信中国》则将书信的领域与方向进行了精准定位，用观众能够感受到的情感，将书信文字中展现的人文情怀鲜活地呈现在人们眼前。深圳卫视的《诗意中国》让生活文化代替诗词，让汉字与成语成为主角，采用“文艺推理”的新形式上演一场“脑力狂欢”。江苏卫视的《匠心传奇》探访 12 位中国顶尖意匠大师，探索他们身上所展现的“不仅是文化传承者，更是面向未来的创新者”的中国意匠精神。《美好时代》则从大时代、小人物的不凡经历中挖掘生活和社会的本质，成为文化综艺节目清流里的一股暖流。北京卫视的《传承中国》、广东卫视和山西卫视联播的《国乐大典》、黑龙江卫视的《一起传承吧》、河南卫视的《开练吧功夫》、黑龙江电视台少儿频道的《书画名家》则分别从京剧文化、传统民乐、非遗项目表演、中华武术文化和书画文化的角度，推动中华传统文化的传承与发扬，实现节目的价值引领。

2017 年年底，文博探索节目《国家宝藏》热播，节目将中华上下五千年的历史文化通过一件件国宝展现在观众面前，在震撼观众视觉的同时，国之瑰宝的美丽更是直击观众的灵魂深处。在这样的风潮之下，2018 年，承载历史厚重的文博类节目在电视荧屏绽放光

彩。中央电视台少儿频道的《赢在博物馆》面向青少年展开文博益智创新，从9～15岁的孩子的视角，展示承载中华悠久历史之厚重的文物，以比赛的形式，实现少年儿童与文物、博物馆之间的互动。山西黄河电视台的《文明守望》通过记录、展示社会力量参与文物保护利用的感人故事和典型事例，传承优秀文化基因，让山西大地的文化遗产得以传播和传承。2018年岁末之际，北京卫视的《上新了故宫》更是将解密故宫的综艺内容与故宫文创开发相结合，创新性地将具有历史厚重感的故宫文化IP以具有时代新鲜感的另一种方式打开，以年轻、开放、活泼的视角，带领观众打开通往历史文化之门。

此外，还有多档文化类节目尝试从更为多元的认知视角展开叙事，教育、公益、家风乃至小镇故事，都巧妙地融入了人文、趣味和主流价值观，成为有益的创新尝试。江苏卫视的《小镇故事》通过一场寻找自身价值的文化之旅，引发观众的思考与深度感受。浙江卫视的《同一堂课》通过22位文化艺术界名人“三日之师”的教育公益实践，帮助孩子从传统文化中汲取智慧和力量。江苏卫视的《知识就是力量》覆盖婚恋、家庭、亲子、职场、人际交往五大生活场景，主张“人生一切难题，知识给你答案”。湖北卫视的《非正式课堂》通过向外籍友人传授中国文化，另辟视角展现中国传统文化的源远流长；《童声朗朗》则以青少年公益文化朗读的形式，弘扬善良与传承，展现家庭温情。此外，河南卫视的《我家好家风》通过一段段家风故事，展现一代代传承不息的精神坚守。湖南电视台娱乐频道的《知书管理》以跨屏联动的知识问答形式引导学习热潮。辽宁广播电视台教育青少频道的《国学训练营》则从国学的视角弘扬传统文化。

2. 消费升级助推节目创新加速，垂直领域深耕承载生活向往

近年来，随着我国经济的快速发展，消费升级成为不同领域学者关注的焦点。在电视节目创新中，消费升级也在助推节目创新加速，聚焦受众多样化生活方式的新节目层出不穷，尤其在与受众日常生活联系更为紧密的亲子、情感、健康、美食等垂直领域，创新更为活跃，关注点也逐渐由狭义的生活方式扩展至广义的生活方式范畴，彰显了节目创新者对受众多样人生的全面关注，承载了受众对高品质、个性化生活及消费模式的向往。

从亲子养育到青少年成长的人生跨度涵盖了家庭生活变迁的整个过程。围绕此主题展开的电视节目创新，是新时期引导受众树立科学、健康生活方式的重要举措。在亲子养育阶段，江苏卫视的《我们仨》将关注点锁定在孕期生活领域，湖南卫视的《亲亲我的宝贝》以星素结合的模式聚焦科学养育，湖南电视台金鹰卡通频道的《辣妈战奶爸》则通过妙趣横生的舌战展开育儿问题大讨论。从青少年成长的视角，湖南卫视的《少年说2018》侧重于展现新时期青少年敢说、敢做、敢自我的性格，上海炫动卡通的《中华创世神话电视书场》向青少年传递中华文明的薪火，山东教育台的《少年星唱将》则从歌唱的角度，关注青少年的音乐梦想。

此外，更多地面频道的新节目将视线投向了孩子成长的瞬间和童年童趣。浙江八套的《我是小演员》、山东电视影视频道的《超级萌宝秀》、山东电视台第九频道的《童年不同样》、四川电视台第七频道的《嗨宝贝》、济南电视台影视频道的《童话大冒险》、济南电视台少儿频道的《趣味动物城》、宁波电视台五套的《德润童心》、北京电

视台青少频道的《小童大艺》分别从萌童才艺/脱口秀、儿童新闻教育和儿童舞台圆梦等维度，展现儿童的天真烂漫和童真童趣，关注儿童的健康成长，以期引导亲子关系的健康发展。

在消费升级的过程中，健康与饮食是与生活方式转变联系最为紧密的两个层面，同时也是电视节目创新更易借力的发力点。江苏卫视的《最爱故乡味》将镜头聚焦在那些艰苦奋斗、为公奉献的海外华人身上，用美食唤醒他们记忆中的味蕾，用故事慰藉他们的乡愁。浙江卫视的《加油好身材》通过明星的影响力向大众传递健康生活理念，激发观众的健身热情，号召全民加入健身行列。江苏卫视的《重量级改变》见证了12位胖胖达人如何在医学专家、减脂教练、心理学家、才艺导师和造型高手的帮助下，实现身、心、艺的全面改变和提升，寻找科学、健康、安全、快乐减肥的答案。

在社会转型期，受众的精神需求和情感需求更为复杂和精细，传统电视节目创新则尝试通过情感服务解决受众现实中的烦恼与问题，营造和谐社会氛围。中央台四套的《乐活中国》通过对各式各样“乐活”生活态度的呈现，通过对“乐活”生活方式深入浅出的解读和推广，凸显“传播快乐人生、展现美好生活”的节目宗旨。江苏卫视的《有话非要说》关注素人参与者的家长里短，以包容的姿态接纳素人人际关系中的困扰。山东电视台生活频道的《天天好心晴》、江苏卫视的《新相亲时代》、江苏电视台综艺频道的《为爱转身》、上海电视台娱乐频道的《恩爱1家门》、青岛电视台生活服务频道的《幸福援助团》分别从励志减压、代际相亲、婚姻调解、情感服务等角度关注受众的精神生活，重塑家庭和谐关系。更有频道将创新目光聚焦于老年观众的晚年生活，例如江苏电视台城市频道的《退休好时光养生厨房》和福州电视台都市生活频道的《闽都金秋》分别从综合资讯服务和老年教育渠道拓宽的角度，为老年人搭建学习养生、文化娱乐和才艺展示的平台。

3. 音乐综艺节目加速垂直和细分，体育综艺节目以小众类型塑造大众爆款

如果要提在电视媒体中最具渊源和大众情怀的节目类型，可以说火热荧屏多年的音乐类节目最具代表性。但近年来随着以户外真人秀为代表的多种综艺样式的兴起，加上网综大制作、专业化的发展，我国电视综艺节目市场开始面临更加深刻的整合与变革，音乐类综艺节目收视市场疲软，分众化趋势加剧，这不仅加速了音乐综艺节目的垂直和细分，更催生了多种元素的交汇与融合。

由上文分析可见，在2018年上星频道收视较高的常态新节目中，音乐综艺节目的地位仍然不容小觑，仅次于文化和体验观察类节目，排在第三位，在众多新节目中不啻是收视担当。同时我们也不难发现，这些音乐综艺节目在一定程度上已经脱离了传统音乐综艺节目的固有模式，在垂直、细分、融合和混搭上不断出新，为节目类型的创新和发展探索出了一条路径。湖南卫视的《声入人心》将触角深入到大众刻板印象中高冷的“美声”这一垂直领域，颠覆传统观念，将古典音乐与现代音乐结合起来，找到了“美声”的另一种打开方式。湖南卫视的《幻乐之城》更是将表演元素和歌唱元素有机的融合起来，突破单纯竞技的固有模式，呈现音乐与电影的双重质感，为音乐综艺节目的跨界融合提供了新思路。此外，中央台四套的《唱给你听》和浙江卫视的《异口同声》都

不约而同地将音乐、情感与故事元素进行了结合，或者深入到动人故事的发生地，在平凡中寻找感动；或者讲述金曲背后的故事，让观众了解歌曲的前世今生。不仅如此，跨界与混搭也是2018年音乐综艺节目尝试突破的一个方向，江苏卫视的《无限歌谣季》以专业和非专业音乐人的跨界组合，打造原创音乐精品；《嗨唱起来》则主打星素合唱，百人同台K歌的震撼效果真正实现了全民嗨唱、最强互动。

体育类节目在节目创新市场属于小众类型，但也有其特有的创新周期规律。一般而言，在有重大体育赛事举办的年份，以及年轻受众大量回流的每年暑期，体育类节目的创新量都会增加。2018暑期，世界杯和亚运会带来的燃情狂欢，热力四射的夏日激情，都为体育类节目创新提供了良好的收视氛围，使体育类节目创新迎来了一个热潮。中央台三套打造的《暑期好味到》，以趣味体育、跨界竞赛的新鲜搭配触动受众的味蕾，其"文艺+体育"的创意更是在欢乐与趣味中传递了体育的正能量，以体育精神使节目的艺术品格得到了升华。江苏卫视的《踢球吧少年强》着力讲述中国世界杯少年队的诞生过程，展现当代中国少年球员的奋斗历程。《足球解说大会》在垂直领域进行再次细分，聚焦足球解说，用有趣的比赛普及足球解说知识，开启全民解说的先河。不仅如此，浙江卫视的《这！就是灌篮》通过篮球聚焦青年潮流文化，将篮球竞技、综艺娱乐、选手养成及其他年轻化元素有机地整合，以小众类型塑造大众爆款。地面频道也不乏体育类节目创新的激情，长春电视台娱乐频道的《飞翔吧绿茵少年》以独具青少年特色的足球综艺模式，见证足球运动如何伴随青少年成长，传递足球运动的正能量；成都电视台公共频道的《天府体育》聚焦本土的足球、乒乓球、马拉松、自行车赛、攀岩等多类赛事，以引发全民健身与运动的热潮。

在上述传统体育节目之外，随着我国经济的发展和国民健康意识的提高，加之政策的春风吹热了大众运动细分市场，有节目尝试从更"泛"的角度去诠释全民健身、体育时尚、运动健康的内涵。安徽卫视的《一起来跳舞》以全民"泛"广场舞之形，助推全民健身之热潮，吸引了不同年龄层爱好者加入其中。河北卫视的《加油向前跑》则从体育时尚健康的角度，提供运动生活服务。湖北生活频道的《竞彩大直播》28期直播节目贯穿世界杯期间，360度全面解读中国体育彩票足球竞猜环节。深圳电视台五套的《一动一静一禅茶》则以邀请著名体育明星、体育业内人士、体育产业名人以及运动达人一起喝茶聊天的形式，弘扬体育的正能量。

4. "星、素互动"向"素、星融合"迈进，建构"星、素社交"成为破题关键

在政策管控与受众审美变迁的双重作用之下，明星和素人这两类看似有天壤之别的主体，在真人秀中的地位和关系不断演变。全明星节目在受众中仍有较强的影响力和感召力，在2018年上星频道收视率TOP50节目中占22%（图10）。如上海东方卫视的《青春同学会》，三大表演院校的明星大咖为节目圈粉无数；湖南卫视的《我是大侦探》则以强大的明星阵容开启情境益智之旅。全素人节目也在节目创新中占据了重要市场，在2018年上星频道收视率TOP50节目中占33%，如江苏卫视的《新相亲时代》让年轻人带着父母一同来相亲，折射了社会变革下的人生百态；又如上海东方卫视的《完美搭档》以创新的视角和形式呈现生活中各种各样的搭档关系，放大了生活中的美好、温暖和正能量。

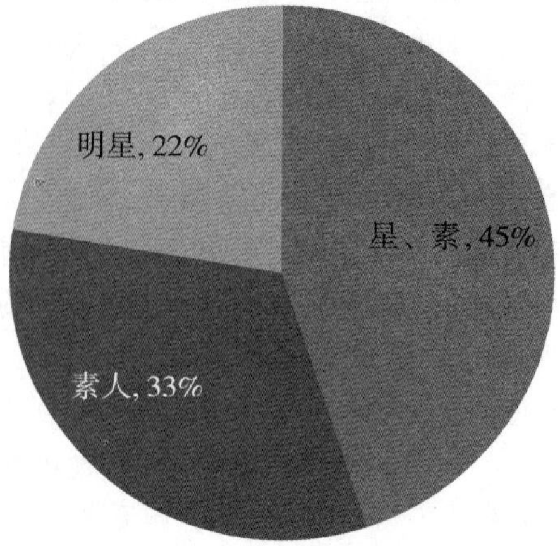

数据来源：CSM 媒介研究

图 10　2018 年上星频道平均收视率 TOP50 的常态新节目参与主体分布（节目数量比例%）

但更多的节目将“星”与“素”进行了搭配组合，这类节目在 2018 年晚间上星频道平均收视 TOP50 节目中占了 45%。在数量优势之外，星、素之间的关系也在不断升级变化，“星、素互动”向“素、星融合”升级渐成趋势。“星、素互动”更倾向于是一种节目制作模式，星与素简单相加，在全明星叙事的框架中加入素人元素。而“素、星融合”则对节目的制作理念提出了更高的要求，素人在节目中的身份定位不断提升，在参与性、代入感与接近性的基础之上，星、素之间的强社交关系成为突破的关键。江苏卫视的《无限歌谣季》让化身“无限唱作人”的专业音乐人和作为“歌谣研修生”的非专业人士搭档，共同创作新音乐，非专业的素人研修生在节目中不再是竞演者、学生等身份，而是和专业音乐人通过对彼此的表演打出好感指数，互选组成搭档，共同创作原创歌曲，星与素之间互相启发、互相成长并给彼此带来灵感。江苏卫视的《嗨唱起来》则由 100 位素人歌者与明星歌手同台嗨唱，连接星、素之间的纽带变成素人与歌手之间的情感共鸣。此外，安徽卫视的《一起来跳舞》尽管有金星作为星推官，但节目真正的主体是素人舞者，包括毫不逊色于成熟偶像团体的潮流舞蹈队和将传统艺术与广场舞相结合的民间高手团，节目着重展现他们用舞蹈传递的乐观精神和积极的生活态度。

5. 家乡情结唤起观众自豪感，城市文化开启向往的生活

电视媒体的社会属性也决定了其地域属性，其节目制作和播出往往得益于深厚的地域文化沉淀。近年来，随着媒体竞争形势的变化，立足于区域市场乃至更小城市空间的节目创新兴起。城市作为文化的容器、载体和舞台，日益成为展现地域风土人情和地方文化的落脚点和根基。

一类节目以家乡情怀为突破口，在展现家乡魅力的同时，放眼更广阔的文化传承、经济发展和文化建设。重庆卫视的《我为家乡代言》围绕“全域旅游”的发展理念，展现重庆“山水之城·美丽之地”的魅力，传递热爱家乡的情怀与传承家乡文化的正能量。四川卫视的《蜀你最美》联手四川省农业厅，走进农家院，下农家田，说农家事，

宣传四川农业大基地、农业大市场和农业大品牌，践行扩大四川农业影响力的责任担当。西安广播电视台的精英访谈节目《大西安会客厅》则着眼于西安的经济发展和文化建设，对话政界、商界、学界和传媒界专家或权威人士，为西安经济发展和文化建设贡献智慧。

另一类节目立足于乡土文化，从文化展示和传承的角度拓展当地的文化魅力和人文内涵。湖南电视台公共频道的《湘音湘韵》立足于对湖湘文化的展示，围绕湖南本土的人文、地理、民俗、文艺等展开，以轻松愉悦的方式分享老百姓喜闻乐见的话题，展现湖南的风土人情；福建电视台的《传唱闽南》则挖掘闽南话音乐文化，以歌声传情，以故事抒怀，通过剖析具有代表性的闽南音乐的历史、文化背景，展现闽南文化独有的特色与魅力；深圳电视台东部频道的《乡愁印记》从乡土历史遗迹保护的视角，丰富城市的旅游资源和人文内涵。

更有节目进一步贴近本土受众的生活，深入城市生活细节，引领城市旅游和消费。例如武汉广播电视台文体频道的《乐游武汉》在荧屏上提供旅游服务；哈尔滨电视台推出的《淘城记》为观众搜罗“吃喝玩乐、衣食住行”等生活必须信息，关注社会消费热点，引领和守护消费市场，为观众提供科学合理的消费解决之道。这些节目突破了时间、空间、地域的界限，为城市打造展示平台，整合资源助力城市的转型升级。

四、结语

对于传统电视节目创新而言，2018 年是较为艰辛但也不无收获的一年。各级电视媒体在内外部压力和冲击之下，仍然积极探索创新方向，践行媒体责任，在电视节目市场上展现了创新、进取、向上的一面。尽管高收视新节目占比不断下滑，节目创新市场难出爆款，但主流媒体的创新探索和积累沉淀，却为来年或者更长远未来的突围做了充分铺垫，在垂直细分领域的诸多探索和跨界融合的许多实践，也必将助力传统媒体来日崛起、蓄势再出发。

（作者：周欣欣）

世界杯直播赛事及专题栏目称霸大屏
——2018年俄罗斯世界杯收视盘点

1998年伴随着瑞奇·马丁的《生命之杯》，法国军团历史性地赢得了其足球史上的第一座世界杯。时光轮转，北京时间2018年7月15日晚23:00，俄罗斯世界杯决赛在莫斯科卢日尼基体育场上演，法国队4:2击败克罗地亚队，时隔20年之后第二次获得世界杯冠军！中央电视台拥有本届世界杯在中国内地的全媒体转播权，赛事期间以中央台五套（CCTV5）、中央电视台综合频道（CCTV1）和CCTV5+体育赛事频道为主对全部赛事进行了直播，同时北京电视台体育频道、上海电视台五星频道、天津电视台五套（体育频道）、广东广播电视台体育频道和新疆电视台十套（体育健康频道）等地方频道也给中国观众观看赛事提供了更多的选择。央视网、央视影音和央视新闻等网络平台与传统电视进行了大小屏联动，为中国观众带来了一场足球的视听盛宴。除此之外，全国共有近30个频道播出了与俄罗斯世界杯相关的栏目及赛事集锦，累计播出时长达1400多小时。

同电视剧、娱乐节目不同，由于赛事本身的特点，大屏仍然是中国观众观看赛事直播的首选。更加身临其境的感官体验、更直观的观球方式以及大家围坐在一起侃球的乐趣，使得电视拥有其他平台无可比拟的观看世界杯的优势。根据CSM媒介研究全国测量仪调查网数据，共有5.25亿中国观众通过电视收看了世界杯赛事，占所有电视观众的比例超过40%①。

一、世界杯主要播出平台收视状况

1. 通过中央台五套观看直播赛事已成为中国观众的习惯

2018俄罗斯世界杯共有8个频道对赛事进行了电视转播，累计播出时长为1598小时。中央电视台受频道数量的影响，单从播出时长看较其他地方频道并未占有明显优势，中央台五套作为主播频道直播了其中的56场赛事，播出时长为147小时，仅占整体播出时长的9.2%。不过在大赛期间，选择中央台五套观看直播赛事已成为中国观众的收视习惯，拥有全国覆盖范围的中央台五套可以让更多观众的有机会观看世界杯。在世

① 本文世界杯期间指2018年6月14日~2018年7月15日，中央级频道收视情况基于全国测量仪调查网的数据。

界杯期间，中央台五套的市场份额为5.28%，位列所有上星频道之首，其市场份额较排在第二位的中央台八套高出33%之多，与世界杯开始前的5月相比，其市场份额上升了9位，世界杯为中央台五套收视所带来的拉动作用可见一斑（表1）。

表1　2018年世界杯期间上星频道市场份额排名TOP10与开播前一月比较

2018年5月			2018年世界杯期间			市场份额变化（百分点）	排名变化
排名	频道	市场份额（%）	排名	频道	市场份额（%）		
10	中央台五套	2.23	1	中央台五套	5.28	3.05	上升9位
1	中央台八套	5.11	2	中央台八套	4.52	-0.59	下降1位
5	湖南卫视	3.17	3	湖南卫视	3.80	0.63	上升2位
2	中央台六套	4.01	4	中央台六套	3.62	-0.39	下降2位
3	中央电视台综合频道	3.82	5	中央电视台综合频道	3.43	-0.39	下降2位
4	中央台四套	3.73	6	中央台四套	3.39	-0.34	下降2位
7	中央电视台少儿频道	2.76	7	中央电视台少儿频道	3.18	0.42	持平
9	湖南电视台金鹰卡通频道	2.41	8	湖南电视台金鹰卡通频道	2.72	0.31	上升1位
6	中央台三套	2.77	9	中央台三套	2.64	-0.13	下降3位
11	浙江卫视	1.78	10	浙江卫视	2.22	0.44	上升1位

数据来源：CSM媒介研究

2. 地方体育频道是观众收看世界杯的重要补充

世界杯掀起的观赛热潮不仅体现在中央台五套上，4个转播世界杯赛事的地方体育频道也有不俗的收视表现。世界杯期间，中央台五套在北京、上海、广东和天津的收视率较5月都有大幅增长。由于受语言文化差异的影响，在南方地区的观众平时更喜欢选择收看当地的体育频道，在世界杯期间观众有了更多的选择，中央台五套和地方体育频道的收视率均大幅增长。世界杯期间，地方体育频道成为观众收看世界杯的重要补充（表2）。

表2　2018年世界杯开播前后重点城市体育频道收视率（%）对比

城市	频道	2018年5月	世界杯期间	开播后增长幅度
北京	北京电视台体育频道	0.25	0.33	32.0%
	中央电视台综合频道	0.31	0.34	9.7%
	中央台五套	0.36	3.15	775.0%
	CCTV5+体育赛事频道	0.03	0.05	66.7%

续表

城市	频道	2018 年 5 月	世界杯期间	开播后增长幅度
广东	广东电视台体育频道	0.10	1.41	1310.0%
	中央电视台综合频道	0.20	0.14	-30.0%
	中央台五套	0.21	1.20	471.4%
	CCTV5+体育赛事频道	0.01	0.02	100.0%
上海	上海电视台五星体育频道	0.36	1.54	327.8%
	中央电视台综合频道	0.12	0.14	16.7%
	中央台五套	0.29	2.16	644.8%
	CCTV5+体育赛事频道	0.01	0.01	0.0%
天津	天津电视台五套（体育频道）	0.38	0.38	0.0%
	中央电视台综合频道	0.42	0.25	-40.5%
	中央台五套	0.38	2.69	607.9%
	CCTV5+体育赛事频道	0.02	0.03	50.0%

数据来源：CSM 媒介研究

二、世界杯期间电视收视提升相关原因探析

1. 内容为王，观众忠实度在世界杯期间增长显著

体育赛事不同于电视剧、电影及综艺类节目，自有其特殊性，更讲究临场体验和比赛的时效性；加之体育赛事本身就是稀缺资源，精品赛事更加稀少，因此世界杯这种焦点赛事所引发的收视狂潮，就让大屏再掀波澜。以中央台五套为例，在世界杯开赛前的5月，该频道的观众平均忠实度为2.54%，而世界杯开赛后该频道的平均忠实度为3.96%，增长幅度达56%。在法国队对阵克罗地亚队的世界杯决赛中，有超过7000万的电视观众通过中央台五套观看了该场赛事的直播，平均每个观众观看了87分钟的比赛，相当于近乎观看了整场赛事，在竞争激烈的大屏，观众这么高的忠实度实属难得。

2. “时段有利”成为本届世界杯高收视的制胜法宝

本届世界杯的揭幕战和决赛都安排在北京时间23:00，而小组赛的时间点比较多，最早的从北京时间18:00开始，最晚的到凌晨03:00，半决赛则在凌晨02:00进行。相较于2014年的世界杯比赛最早从24:00才开始，本届世界杯的比赛时段很利于中国观众观看。中央台五套对世界杯期间大部分赛事进行了直播，我们通过对比该频道两届世界杯的数据就可以看出，本届世界杯除02:00开球的比赛，其他直播时段该频道的收视率基本都在1%以上，远远高于上届世界杯直播赛事时段的频道收视率。不可否认，比赛的收视率在一定程度上会受赛事精彩程度的影响，但是有利的时段才是保证收视率的王道（图1）。

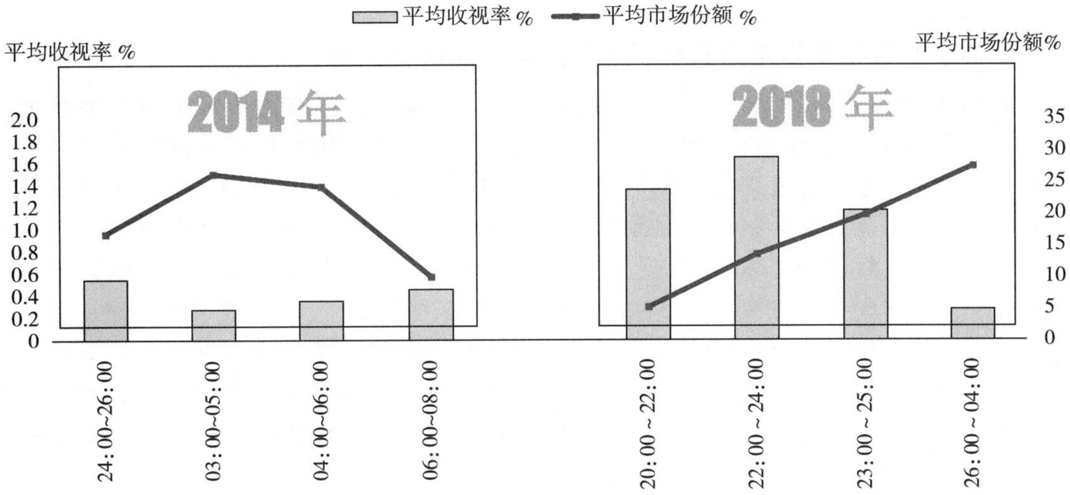

数据来源：CSM 媒介研究

图 1　2014 年及 2018 年世界杯期间中央台五套主要直播时段收视概况

CSM 媒介研究对本届世界杯 32 强参赛队在中央级频道的平均直播收视率分析也可以印证上述结论。平均收视率排在前 10 位的参赛球队中，除法国队和巴西队以外，并没有传统意义上的强队，高收视率完全依靠开球时段的优势。排在首位的韩国队因参与的 3 场小组赛均没有安排在凌晨时段，平均收视率达 1.79%（表 3）。而获得本次世界杯亚军的“格子军团”克罗地亚队则凭借顽强的战斗精神大获好评，赢得了观众空前的关注度，但由于 7 场比赛仅有决赛安排在 23:00 开球，其余 6 场比赛全被安排在凌晨 02:00，因而其参与的比赛仅获得了 0.44% 的平均收视率，位列 32 支参赛队的第 30 位。

表 3　2018 年世界杯 32 强参与比赛在中央级频道直播平均收视 TOP10 的球队

排名	球队	平均收视率（%）	平均收视率（000）	18:00/20:00/21:00 开球的比赛场数	22:00 开球的比赛场数	23:00/24:00 开球的比赛场数	02:00/03:00 开球的比赛场数
1	韩国	1.79	23 046	1	1	1	
2	法国	1.75	22 530	1	3	2	1
3	澳大利亚	1.55	19 933	2	1		
4	阿根廷	1.52	19 527	1	1		2
5	瑞典	1.51	19 461	1	3		1
6	乌拉圭	1.45	18 690	1	2	1	1
7	哥斯达黎加	1.42	18 242	2			1
8	墨西哥	1.29	16 667		2	2	
9	巴西	1.18	15 119	1	1		3
10	日本	1.16	14 894	1	1	1	1

数据来源：CSM 媒介研究

3. 世界杯直播赛事与相关栏目为频道高收视保驾护航

从CSM媒介研究的历史数据可以发现，2013年赛事直播时长占中央台五套频道播出总时长的18%，获得占比33%的人均收视总时长。到2018年，直播时长占比达到31%，人均收视总时长占比已经高达55%，直播赛事对当今体育转播及收视的重要性不言而喻。本届世界杯期间，中央台五套直播了56场赛事，与2014年世界杯持平，但重播赛事数量却大幅减少，仅有18场。直播赛事对世界杯人均收视总时长贡献最大，达到61%；其次为栏目及集锦，占37%（图2、图3）。不同于上一届世界杯，中央台五套本次世界杯转播的策略为做“加法”：除了常规的世界杯赛事直播，中央台五套摒弃了以往大量的赛事重播，而推出了多档相关栏目为中国观众梳理前一日的比赛，并对当日比赛进行分析预测，对现场及花边新闻进行及时报道，让中国观众更全方位地了解世界杯。

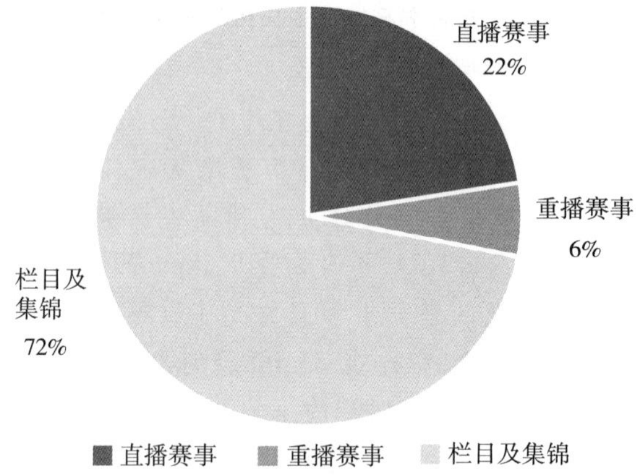

数据来源：CSM媒介研究

图2　中央台五套2018年世界杯播出内容分布

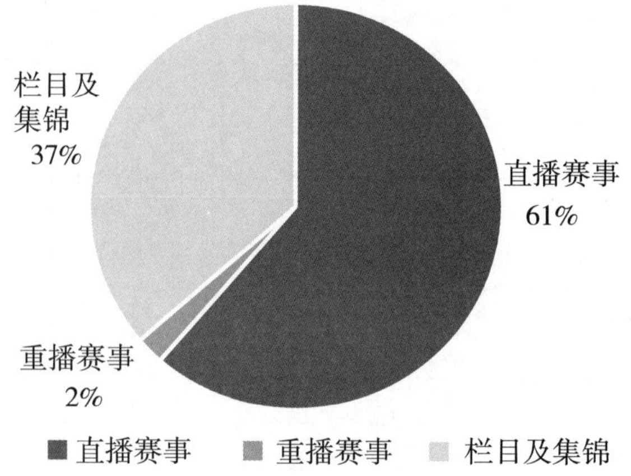

图3　中央台五套2018年世界杯人均收视总时长分布

4. 多档世界杯相关栏目连番轰炸，霸占电视荧屏

世界杯是人类历史上规模最大的真人秀，没有剧本，没有主演，谁也不知道下一秒会发生什么。球迷在每场比赛之后都有很多感慨，多家电视台也在世界杯赛事播出之外推出多档相关栏目，围绕每天的世界杯热点事件、关键球做出趣味性与娱乐性兼顾的专业解读，各档栏目在世界杯期间 24 小时不间断播出，不管是上班族还是时差党都有机会接触到世界杯。

CSM 媒介研究节目监播数据显示，全国共有近 30 个频道推出了与俄罗斯世界杯相关的栏目及赛事集锦，累计播出时长达 1400 多个小时。栏目类型丰富，涵盖了综艺、脱口秀、技术分析、赛事预测、纪录片、资讯等多种类型。其中，播出量最大的两个频道为推出多档专业栏目的中央台五套和以赛事回顾与预测为主的北京电视台体育频道，这两个频道的播出量合计高达近 800 个小时，下文将选取其中较有代表性的两档栏目进行分析。

（1）中央台五套的《豪门盛宴》

《豪门盛宴》栏目是中央台五套在世界杯举办期间推出的综合直播节目，节目内容包括现场观众互动竞猜、焦点球员分析、强队动态介绍、主持人张斌趣味解读世界杯新闻、裁判解读比赛等。本届世界杯期间共播出 30 期节目（中央台五套播了 21 期 + 中央电视台综合频道播了 9 期），栏目平均收视率为 0.35%（中央台五套为 0.42%，中央电视台综合频道为 0.14%）。其中，6 月 25 日播出一期的收视率最高，为 0.58%。图 4 针对本期节目内容及收视做了详细解析，我们可以看出整期节目中既有技术专业性较高的《超级复盘》《裁判席》和《战术解析》等，也有娱乐性质的《音乐季》《好运球迷》等，整期节目收视率（000）呈现出逐步上升的趋势。从观众构成来看，世界杯期间《豪门盛宴》较开播前的 5 月观众更趋年轻化，高教育程度、高收入观众更喜欢收看该栏目，同时城市人口的收看倾向也更高（图 5）。

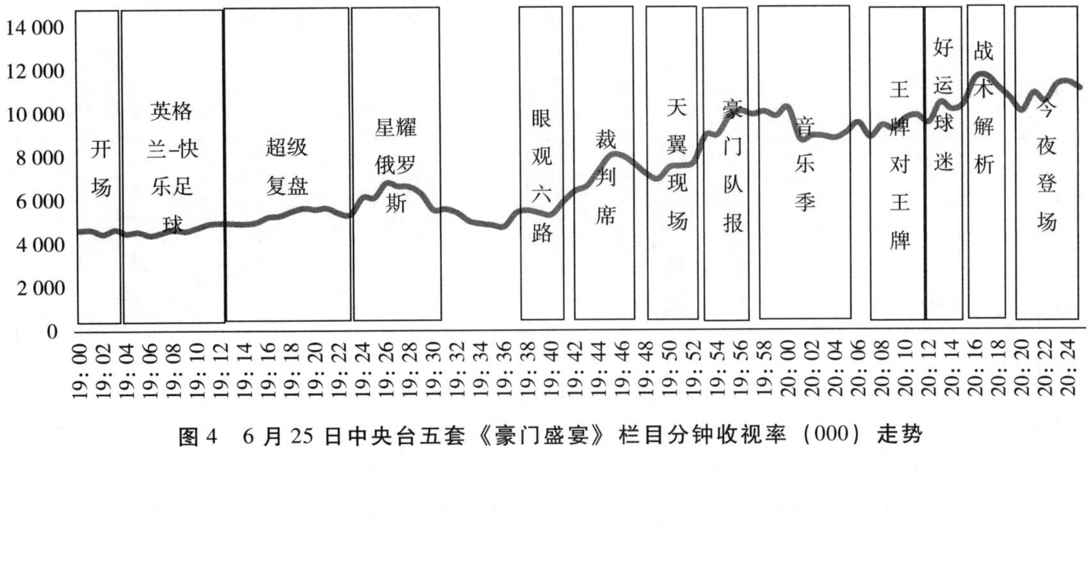

图 4　6 月 25 日中央台五套《豪门盛宴》栏目分钟收视率（000）走势

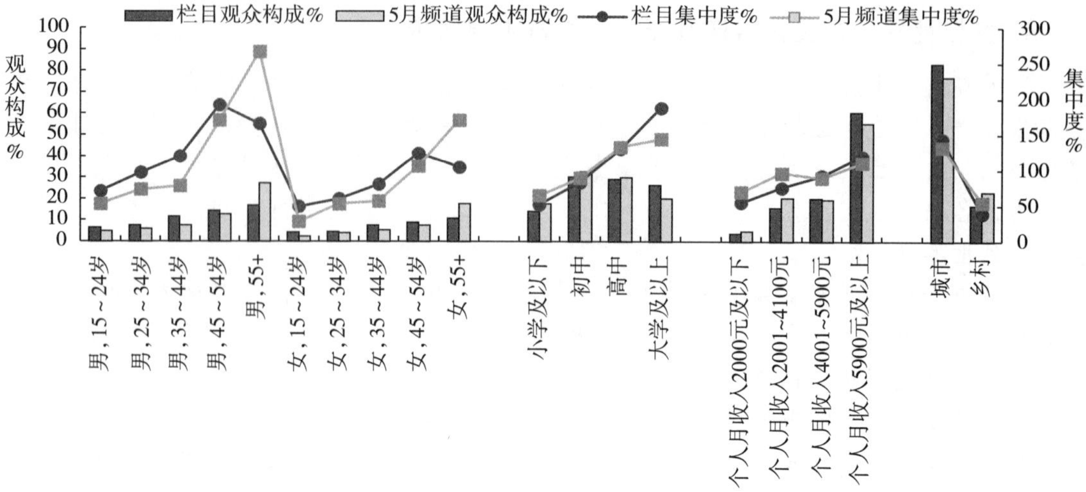

数据来源：CSM媒介研究

图5 中央台五套《豪门盛宴》观众构成（%）与集中度（%）

（2）北京电视台体育频道的《杂拌儿世界杯》

北京电视台体育频道在世界杯期间推出的特别节目《杂拌儿世界杯》为观众奉献了一道足球盛宴。节目融合了多种节目样态，有吐槽，有辩论，有答题，有竞猜，满足了不同受众的需求。在世界杯期间，该节目共播出31期，在北京地区的平均收视率为0.30%，其中收视率最高的1期节目为6月25日播出那期，收视率为0.62%。整个节目分为四大部分："一吐为快"是主持人与女嘉宾就刚刚结束的比赛进行脱口秀谈论；"愈杠愈勇"是两组嘉宾就某个议题进行辩论；"点彩成金"为主持人与演播室内的两位足彩专家对世界杯赛事的竞彩信息进行解读；"一球成谜"为答题环节，4名选手答题，该期节目的收视率呈现出中间高、两边低的态势（图6）。与世界杯开幕前1个月的观众构成相比，25～34岁男性人群所占比例呈现出明显增长，45～54岁男性人群所占比例下降得较为明显；15～24岁

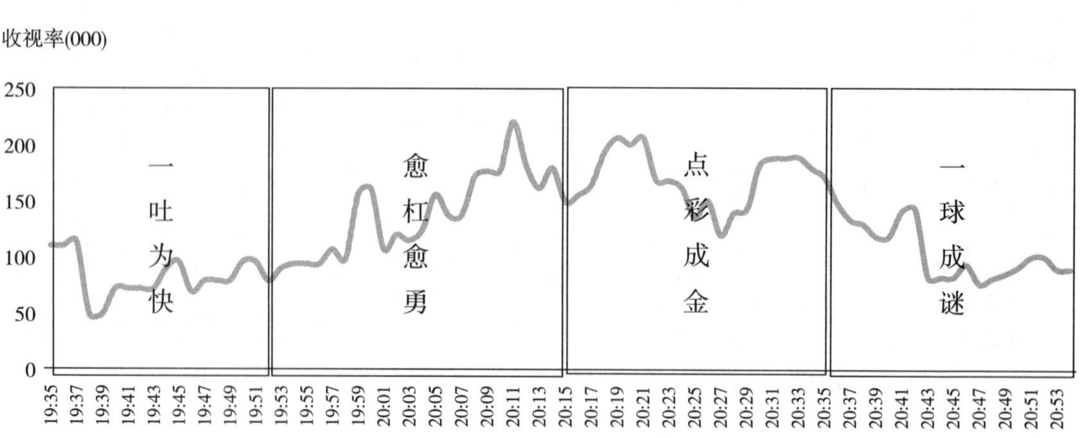

图6 6月25日北京体育频道《杂拌儿世界杯》栏目分钟收视率（000）走势

女性人群和35～44岁男、女人群对该栏目兴趣度较低，而25～34男性人群则表现出对节目的喜爱。另外，低收入人群对该栏目也不太感兴趣（图7）。

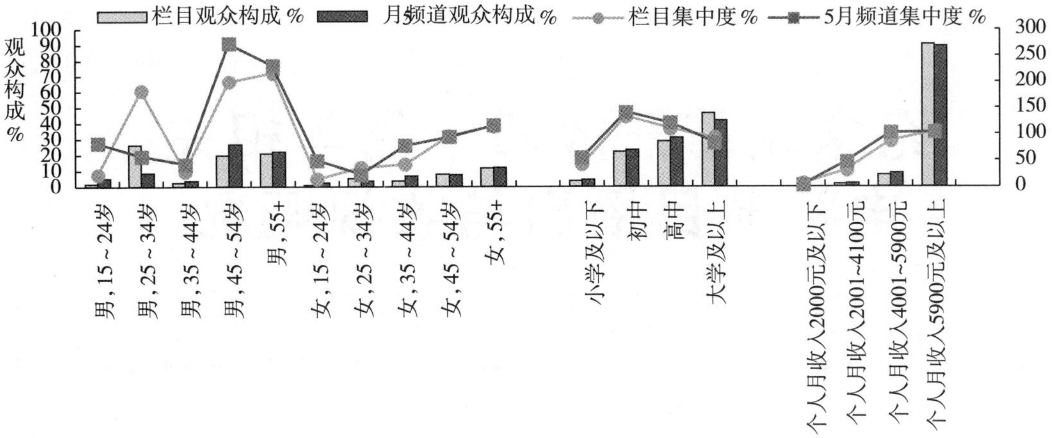

数据来源：CSM媒介研究

图7　北京体育频道《杂拌儿世界杯》观众构成（%）与集中度（%）

三、结语

整整一个月的足球狂欢节终于落下了帷幕，四年一届的足球世界杯如一颗冉冉升起的太阳，进入我们的视野，它点亮了电视荧屏，点燃了各个频道的收视率。决赛法国队对阵克罗地亚队，以3.73%的收视率获得本届世界杯收视冠军，排在中央台五套自2014年至今所有赛事收视率的第四位，仅次于奥运会羽毛球男单决赛、乒乓球男单半决赛及羽毛球男单半决赛。俄罗斯世界杯已渐行渐远，本届世界杯留给球迷们很多难忘的瞬间，夺冠的高卢雄鸡、顽强的“格子军团”、崛起的欧洲红魔、苏醒的三狮军团等，都成为本届世界杯可供球迷们久久回味的经典，也让我们更期待下一届世界杯的到来。

（作者：李婉）

纪念改革开放四十周年相关电视节目播出与收视概况

2018年是中国改革开放40周年。在过去的40年中，中国经济和社会面貌较改革开放之前发生了翻天覆地的变化，社会各界都在热议改革开放的巨大历史意义，与此同时，不同媒体也都通过翔实的史料、生动的事实和深刻的分析，向世人揭示中国改革开放的历史成就和伟大意义，旨在进一步推动改革开放事业朝着正确和远大的目标继续前进。电视作为大众媒体，也成为纪念改革开放、讴歌改革开放、推动改革开放的重要舆论宣传阵地。本文利用CSM媒介研究的收视调查数据，梳理和回顾2018年71个调查城市中近500个各级电视频道改革开放相关节目的播出和收视情况，供关心改革开放相关电视节目播出和收视情况的读者参考。

除非特别说明，文中涉及的改革开放相关节目均为行业主管部门推荐或者节目宣传口径定义的纪念改革开放40周年节目，或者冠名“改革”“开放”“四十周年”“改革开放四十周年”及“改革开放40周年”等字眼的节目。节目类型主要包括电视剧、专题、综艺、音乐和新闻/时事等。节目播出时间段范围为08:00~24:00，目标观众为4岁及以上所有电视人口。

一、纪念改革开放四十周年相关电视剧播出及收视概览

2018年7月，国家新闻出版广电总局电视剧司发布了《关于做好纪念改革开放四十周年重点电视剧展播工作的通知》，遴选出第一批推荐播出参考剧目名单，包括《啊父老乡亲》《阳光下的法庭》《归去来》《勿忘初心》《岁岁年年柿柿红》《最美的青春》《奔腾岁月》《你迟到的许多年》《创业时代》《正阳门下小女人》《风再起时》《西京故事》《我们的四十年》《你和我的倾城时光》《北部湾人家》《那座城这家人》《外滩钟声》《大江大河》《大浦东》和《姥姥的饺子馆》等共计30部[①]。这些剧目大多都有鲜明的改革开放元素特征，其中《啊父老乡亲》《西京故事》《岁岁年年柿柿红》《归去来》和《奔腾岁月》等电视剧有较多频道参与播出（表1）[②]。

---

① http://sh. people. com. cn/n2/2018/0713/c134768 - 31814261. html

② 相关电视剧信息均来自百度百科：https://baike. baidu. com/.

表 1 国家新闻出版广电总局推荐的纪念改革开放四十周年剧目（部分）播出情况

电视剧名称	播出期间	播出频道数	剧集故事梗概及主题
啊父老乡亲	01/27 ~ 12/31	16	基层党员干部廉洁自律，与贪腐势力作斗争并带领群众致富奔小康的故事。
阳光下的法庭	04/08 ~ 12/29	3	以全面推进司法改革为背景，讲述具有法制理想和法制情怀的司法工作者的故事。
归去来	05/14 ~ 12/31	10	现代情感励志剧。
勿忘初心	06/19 ~ 12/30	4	讲述开国老将军甘祖昌夫妇不忘“让乡亲们都过上好日子”的初心，带领乡亲们艰苦奋斗、改变家乡落后面貌感人事迹的榜样剧。
岁岁年年柿柿红	07/04 ~ 12/31	12	改革开放四十年背景下，普通农村妇女杨柿红奋斗成长、收获幸福的农村感情剧。
最美的青春	08/01 ~ 12/21	3	讲述 20 世纪 60 年代 18 位来自全国各地的青年，与承德围场林业部门组成拓荒队，积极响应祖国号召，植树造林故事的青春剧。
奔腾岁月	09/27 ~ 12/30	10	讲述 20 世纪 70 年代末改革开放大潮中，知青周小强与刘立夏艰难创业的都市励志剧。
你迟到的许多年	09/28 ~ 12/20	2	讲述改革开放浪潮中转业军人沐建峰在商海中沉浮、在情场中辗转、在成长路上寻找迷失的自我，到回归初心故事的都市情感剧。
创业时代	10/12 ~ 11/11	2	讲述软件工程师郭鑫年研发手机软件创业之路，邂逅投资分析师那蓝、收获爱情故事的都市情感创业剧。
正阳门下小女人	10/16 ~ 12/31	8	讲述改革开放以来，女性创业者徐慧真带领身边人创业致富、走向小康的励志年代情感剧。
风再起时	11/05 ~ 11/30	1	讲述改革开放以来，方邦彦、何有邻、康宁三个身世背景性格各不相同的青年努力拼搏、抵御诱惑、坚守本心故事的现代都市情感剧。
西京故事	11/05 ~ 12/31	13	讲述一个普通农民家庭进城创业，实现人生理想的都市温情励志剧。
我们的四十年	11/11 ~ 12/31	7	以电视行业为切入点，讲述幼年受到电视机影响的冯都如何一步步成长为一名成功电视人的励志年代剧。
你和我的倾城时光	11/12 ~ 12/30	3	讲述林浅邂和厉致诚两人在互相扶持、共同成长的过程中，相识、相知、相爱故事的都市剧。
北部湾人家	12/02 ~ 12/12	1	讲述改革开放以来中国社会发展变迁过程中，老人韦大壮及其温暖家庭故事的都市剧。
那座城这家人	12/02 ~ 12/24	1	讲述王大鸣、杨艾在地震中痛失所爱，二人结为夫妻、重组家庭、相互扶持、摆脱困境、重建家园故事的都市亲情剧。

续表

电视剧名称	播出期间	播出频道数	剧集故事梗概及主题
外滩钟声	12/10~12/27	2	讲述一条老上海弄堂里的几户人家，自“文化大革命”到改革开放后十年间的时代变迁、亲情、爱情故事的年代剧。
大江大河	12/10~12/30	2	讲述1978到1992年间改革开放大背景下，以宋运辉、雷东宝和杨巡为代表的先行者们在变革浪潮中不断探索和突围故事的当代题材剧。
大浦东	12/11~12/28	3	以大时代构建、小切口叙事，聚焦陆家嘴、浦东洋泾老街的风云变幻，讲述个人与时代及国家休戚与共的都市创业剧。
姥姥的饺子馆	12/26~12/31	1	讲述姜桂芳为了一家老小的生计，带领儿女经营饺子馆、勤劳致富、谋求幸福生活故事的都市家庭剧。

数据来源：CSM媒介研究

从这些剧目在上星频道播出后的收视情况来看，北京卫视和江苏卫视2018年10月16日~11月10日期间播出的《正阳门下小女人》、北京卫视和上海东方卫视2018年12月10~12月30日期间播出的《大江大河》在71城市的收视率较高，均超过了2%。另外，上海东方卫视等频道播出的《归去来》《你和我的倾城时光》《岁岁年年柿柿红》《最美的青春》《创业时代》和《外滩钟声》也在71城市取得了超过1%的收视率（表2）。

表2　国家新闻出版广电总局推荐的纪念改革开放四十周年剧目（部分）收视率（71城市，17:00~24:00）

电视剧名称	播出日期	播出频道	收视率（%）
正阳门下小女人	2018/10/16~2018/11/10	北京卫视、江苏卫视	2.13
大江大河	2018/12/10~2018/12/30	北京卫视、上海东方卫视	2.04
归去来	2018/05/14~2018/06/10	上海东方卫视、北京卫视	1.65
你和我的倾城时光	2018/11/12~2018/12/09	上海东方卫视、浙江卫视	1.63
岁岁年年柿柿红	2018/07/04~2018/09/16	中央电视台综合频道	1.45
最美的青春	2018/08/01~2018/08/31	中央电视台综合频道	1.42
创业时代	2018/10/12~2018/11/11	上海东方卫视、浙江卫视	1.10
外滩钟声	2018/12/10~2018/12/27	浙江卫视、安徽卫视	1.08
姥姥的饺子馆	2018/12/26~2018/12/31	中央台八套	0.96
阳光下的法庭	2018/04/08~2018/05/10	中央电视台综合频道	0.90
奔腾岁月	2018/12/12~2018/12/26	中央台八套	0.86
我们的四十年	2018/11/11~2018/12/12	江苏卫视	0.72
你迟到的许多年	2018/09/28~2018/11/01	湖南卫视	0.69
大浦东	2018/12/11~2018/12/28	中央电视台综合频道	0.64

续表

电视剧名称	播出日期	播出频道	收视率（%）
岁岁年年柿柿红	2018/08/03～2018/08/15	中央台八套	0.63
北部湾人家	2018/12/02～2018/12/12	中央台八套	0.61
风再起时	2018/11/05～2018/11/30	湖南卫视	0.49
那座城这家人	2018/12/02～2018/12/24	湖南卫视	0.42
西京故事	2018/12/28～2018/12/31	安徽卫视	0.38
正阳门下小女人	2018/12/03～2018/12/28	上海东方卫视	0.34

数据来源：CSM 媒介研究

从《正阳门下小女人》等收视率较高的5部与改革开放相关电视剧周平均收视率来看，这5部剧的收视率均表现出明显的逐周走高态势，体现了71城市观众对这5部剧的高度认同（图1）。

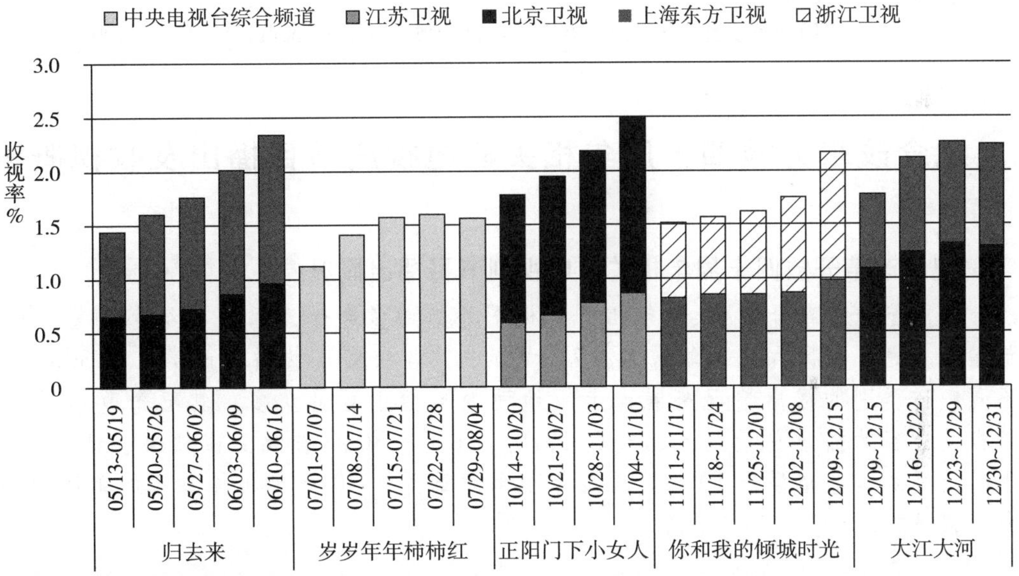

数据来源：CSM 媒介研究

图1　《正阳门下小女人》等五部电视剧周平均收视率走势（71 城市，17:00～24:00）

作为国家新闻出版广电总局推荐的改革开放相关剧目，《正阳门下小女人》是一部讲述改革开放以来，女性创业者徐慧真带领身边人创业致富、走向小康的励志年代情感剧；《大江大河》是一部讲述改革开放大背景下，以宋运辉、雷东宝和杨巡为代表的先行者们在变革浪潮中不断探索和突围故事的当代题材电视剧。这两部剧在71城市表现出高度相似的观众构成特征，在这两部剧的观众中，女性、25～34岁、45岁及以上和高中及以上学历观众占比较高；相比于所有上星频道电视剧的观众构成，《正阳门下小女人》和《大江大河》高中及以上学历观众占比更高（图2）。

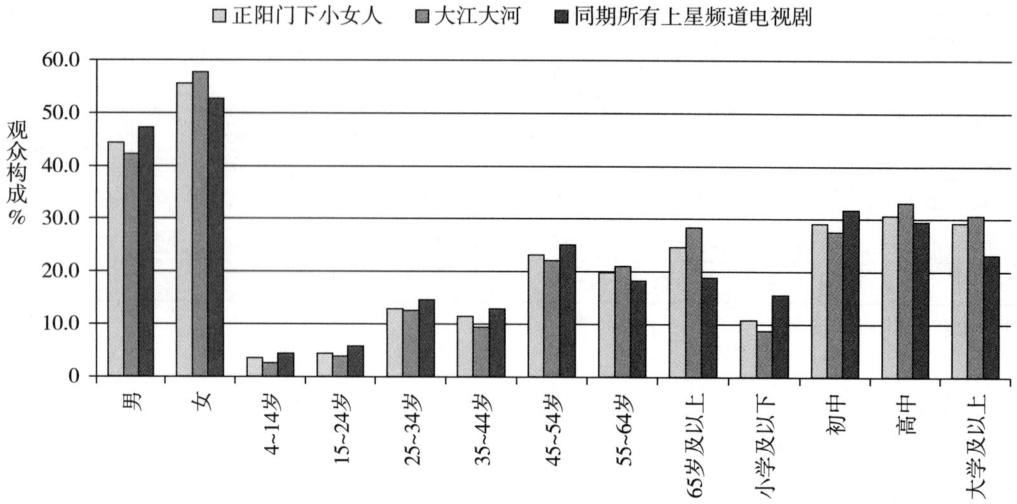

数据来源：CSM媒介研究

图2 《正阳门下小女人》《大江大河》观众构成（%，71城市，17:00~24:00）

二、纪念改革开放四十周年相关非电视剧节目播出及收视概览

1. 纪念改革开放四十周年相关非电视剧节目播出概况

除播出纪念改革开放40周年相关电视剧外，许多频道还播出了纪念改革开放40周年相关专题、新闻和综艺等节目。71城市中，各级频道共播出此类节目300多档。从不同频道类别的播出情况来看，市级地面频道由于数量众多，其纪念改革开放40周年相关节目的播出总量最大，达到1710个小时；30个省级卫视频道合计播出574个小时，平均单频道播出19小时，成为纪念改革开放40周年相关节目的单频道播出主力（表3）。

表3 不同级别频道纪念“改革开放四十周年”非电视剧节目的播出情况（08:00~24:00）

频道类别	播出总小时数	频道数	单频道平均播出小时数
市级地面频道	1710	124	14
省级地面频道	1109	95	12
省级卫视频道	574	30	19
中央级频道	184	12	15

数据来源：CSM媒介研究

从不同电视台的播出总量来看，纪念改革开放40周年非电视剧节目播出量排名前5位的电视台分别是乌鲁木齐电视台（221小时）、新疆电视台（189小时）、中央电视台（182小时）、北京电视台（163小时）和广州市广播电视台（158小时）。由于各台播出频道数量不同，单频道播出量相对较高的电视台分别是乌鲁木齐电视台（55小时）、厦门电视台（33小时）、陕西电视台（32小时）、河北电视台（31小时）和山东电视台（28小时）（图3）。

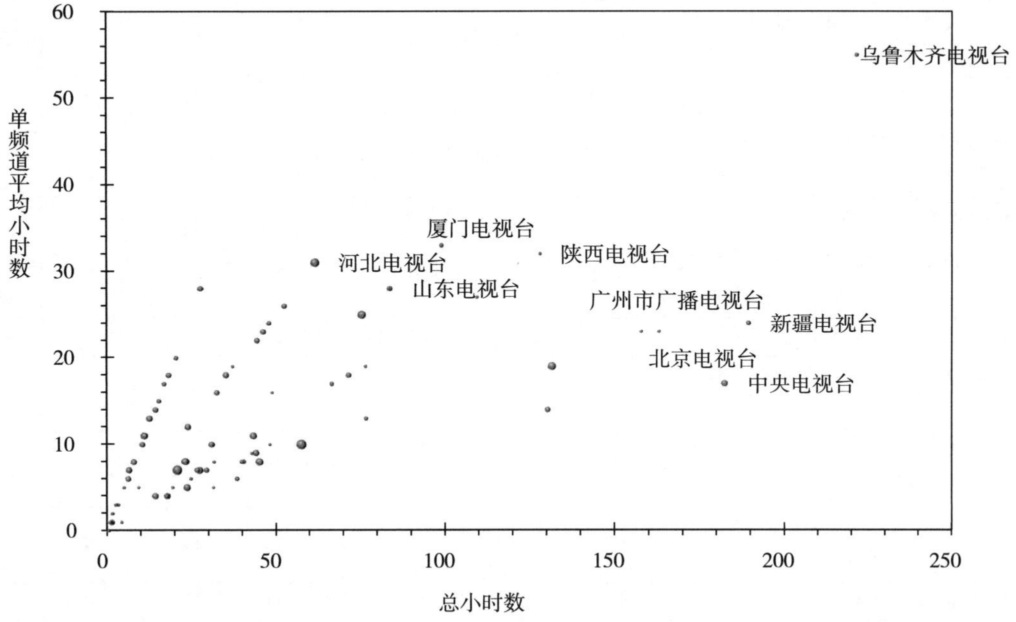

数据来源：CSM媒介研究

图3　2018年各电视台改革开放四十周年相关非电视剧节目播出小时数（08:00～24:00）

从播出量（或播出频道数）较多的具体节目来看，播出频道数量最多的节目是《将改革进行到底》，该节目先后有60个频道转播，合计播出逾730个小时。其次是《40城40年》，该节目先后有42个频道播出，合计近700个小时。《我们一起走过——致敬改革开放40周年》先后有27个频道播出，合计逾300个小时。2018年12月18日上午的现场直播节目《庆祝改革开放40周年大会》有19个频道播出，合计42个小时（表4）。

表4　播出量（或播出频道数）较多的纪念改革开放四十周年非电视剧节目一览表（08:00～24:00）

名称	类别	播出日期	总小时数	频道数	天数
将改革进行到底	专题	2018/01/01～2018/12/28	732	60	197
40城40年	专题	2018/12/01～2018/12/31	699	42	31
我们一起走过——致敬改革开放40周年	专题	2018/12/02～2018/12/31	303	27	30
同心向党一路歌歌声飘过四十年	音乐	2018/10/01～2018/12/31	107	7	92
致敬奉献见证辉煌纪念改革开放40周年	专题	2018/06/08～2018/12/31	89	1	204

续表

名称	类别	播出日期	总小时数	频道数	天数
为新时代放歌纪念改革开放40周年	音乐	2018/07/03～2018/12/30	56	1	178
山东省大学生校园最美歌声大赛歌声激荡40年	综艺	2018/08/03～2018/12/24	54	1	55
美丽新疆40年	专题	2018/12/06～2018/12/31	47	7	22
大地飞歌致敬改革开放四十周年特别节目	专题	2018/05/05～2018/10/13	45	1	48
庆祝改革开放40周年大会	新闻/时事	2018/12/18	42	19	1
幸福跳起来2018河北省庆祝改革开放四十周年广场舞展演活动	综艺	2018/07/20～2018/12/29	41	2	52
黄金时间改革政策e解读	专题	2018/06/12～2018/12/29	37	1	45
大河奔流——哈尔滨改革开放四十年纪	专题	2018/12/15～2018/12/27	25	4	13
发现：庆祝改革开放四十周年特别系列节目解密	专题	2018/10/01～2018/12/31	21	4	44
改革开放再出发中央电视台心连心赴深圳前海慰问演出	综艺	2018/02/04～2018/10/07	12	4	8
追梦改革开放再出发	综艺	2018/10/02～2018/10/04	12	4	3
壮阔龙江潮开放篇	专题	2018/12/18～2018/12/30	12	7	3
改革开放再出发	新闻/时事	2018/12/15～2018/12/18	10	12	4
开放的中国美丽江西秀天下外交部省区市全球推介活动	专题	2018/01/01～2018/03/18	10	1	47
四十年兰州变	专题	2018/12/06～2018/12/23	10	4	18
话改革庆丰收我们的节日首届中国农民丰收节	综艺	2018/09/25～2018/10/07	8	5	6
花开新时代广东省庆祝改革开放40周年文艺晚会	综艺	2018/12/20～2018/12/31	8	4	2

数据来源：CSM媒介研究

2. 上星频道纪念改革开放四十周年相关非电视剧节目收视概况

从上星频道播出的纪念改革开放四十周年相关节目的收视情况来看，中央电视台综合频道2月4日播出的《改革开放再出发中央电视台心连心赴深圳前海慰问演出》在71城市的组合收视率为1.17%，其单城市收视率最大值出现在襄阳，为4.52%。中央台三套的《歌声飘过40年》71城市收视率为1.05%，其单城市收视率最大值出现在秦皇岛，为5.83%。中央电视台综合频道的《我们的四十年庆祝改革开放40周年文艺晚会》在71城市的收视率为1.04%，其单城市收视率最大值出现在牡丹江，为4.38%（表5）。

表 5　上星频道收视率领先的纪念改革开放四十周年非电视剧节目（71 城市）

节目	类别	频道	播出期间	时间	收视率%	市场份额%	单城市收视最大值%
改革开放再出发中央电视台心连心赴深圳前海慰问演出	综艺	中央电视台综合频道	2018/02/04	20:09	1.17	3.70	襄阳 4.52
歌声飘过 40 年	音乐	中央台三套	2018/12/19 ~ 2018/12/20	19:30	1.05	3.79	秦皇岛 5.83
我们的四十年庆祝改革开放 40 周年文艺晚会	综艺	中央电视台综合频道	2018/12/18	20:03	1.04	3.88	牡丹江 4.38
改革开放再出发	新闻/时事	中央电视台综合频道	2018/12/18	12:11	0.83	8.89	襄阳 8.16
改革开放再出发	新闻/时事	中央台四套	2018/12/18	12:11	0.74	7.94	唐山（M）2.45
我们的四十年庆祝改革开放 40 周年文艺晚会	综艺	中央台三套	2018/12/18	20:03	0.73	2.72	秦皇岛 3.08
我们一起走过——致敬改革开放 40 周年	专题	中央电视台综合频道	2018/12/02 ~ 2018/12/10	20:05	0.71	2.47	牡丹江 3.20
歌声激荡庆祝改革开放四十周年中国金曲盛典	综艺	上海东方卫视	2018/12/18	20:18	0.67	2.74	上海（新）3.11
改革开放再出发中央电视台心连心赴深圳前海慰问演出	综艺	中央电视台综合频道	2018/02/21	12:42	0.66	4.97	桂林 3.70
花开新时代广东省庆祝改革开放 40 周年文艺晚会	综艺	中央台三套	2018/12/20	21:04	0.56	2.73	包头 2.08
新闻透视国庆特别节目纪念改革开放 40 周年亲历者说	新闻/时事	上海电视台新闻综合频道	2018/10/01 ~ 2018/10/12	18:58	0.50	2.29	上海（新）5.49
荔枝大剧秀之我们的四十年	综艺	江苏卫视	2018/11/23 ~ 2018/12/07	21:06	0.47	1.92	南京（M）1.47
庆祝改革开放 40 周年大会	新闻/时事	中央台四套	2018/12/18	09:58	0.44	6.60	包头 1.36
影响改革开放四十年的中国电影	专题	中央台六套	2018/11/19 ~ 2018/12/29	21:43	0.44	2.42	遵义 1.68
将改革开放进行到底百姓宣讲活动全国宣讲会报告会	其他	中央电视台综合频道	2018/12/05	13:11	0.42	4.83	襄阳 3.12
弄潮改革开放 40 年的浙江故事	专题	浙江卫视	2018/12/18 ~ 2018/12/20	21:15	0.40	1.85	唐山（M）2.26
庆祝改革开放 40 周年大会	新闻/时事	中央电视台综合频道	2018/12/18	09:58	0.40	5.98	襄阳 1.72
追梦改革开放再出发	综艺	中央台三套	2018/10/02	21:46	0.34	2.03	包头 2.03

续表

节目	类别	频道	播出期间	时间	收视率%	市场份额%	单城市收视最大值%
中国共产党为什么能第三季激荡改革开放40年的浙江实践	专题	浙江卫视	2018/12/03 ~ 2018/12/25	21:29	0.34	1.56	唐山（M）2.26
改革开放再出发中央电视台心连心赴深圳前海慰问演出	综艺	中央台三套	2018/02/23 ~ 2018/03/15	15:57	0.32	2.96	锦州（M）1.15

数据来源：CSM媒介研究

《我们一起走过——致敬改革开放40周年》和《庆祝改革开放40周年大会》两档节目播出量较大，收视率较高，其观众特征值得关注。《我们一起走过——致敬改革开放40周年》是由中共中央宣传部、中央广播电视总台联合制作的电视纪录片。该片以改革开放40年来我国取得的历史性成就和发生的历史性变革为基础，通过中国内地经济、社会各领域的发展变迁故事，呈现改革开放40年来坚持解放思想、艰苦奋斗、勇于变革、敢于创新、突破难关险阻、书写国家经济社会发展的壮丽史诗①。收视数据显示，该节目在71城市的收视率为0.71%，市场份额为2.47%；其中，该节目在牡丹江的收视率拔得头筹，达到3.20%，在遵义、洛阳、襄阳、平顶山、秦皇岛、南充、桂林和包头等城市的收视也均逾2%。《庆祝改革开放40周年大会》是对2018年12月18日上午10:00在北京人民大会堂举行的庆祝改革开放40周年大会的现场直播节目，上星频道中的15个频道现场直播了该庆祝大会，中共中央总书记、国家主席、中央军委主席习近平同志发表了重要讲话。收视数据显示，尽管该节目在工作日的上午时段直播，但其在71城市市场上星频道播出的合并收视率仍然高达1.68%，市场份额达到25.23%；分城市来看，15个卫视频道播出的《庆祝改革开放40周年大会》在南充的合并收视率高达3.79%；此外，该节目在北京、桂林、丹东、西宁、包头和襄阳等地的收视也均突破3%。

观众构成数据显示，在《我们一起走过——致敬改革开放40周年》的观众中，男性（54.30%）、45岁及以上（66.20%）和高中及以上学历（53.80%）观众占比较高，相比于整体电视观众构成，男性观众占比明显高于女性，45~54岁观众和高中及以上学历观众占比更高。在《庆祝改革开放40周年大会》的观众中，男性观众（51.40%）、45岁及以上观众（66.30%）和高中及以上学历观众（55.30%）占比更高（图4）。

3. 地面频道纪念改革开放四十周年相关非电视剧节目收视概况

与上星频道播出的纪念改革开放40周年相关节目相比，各地面频道播出的纪念改革开放40周年相关节目表现出明显的形式多样性和内容贴近性。上海电视台新闻综合频道播出的《新闻透视国庆特别节目纪念改革开放40周年亲历者说》在上海的收视率

① http://tv.cctv.com/2018/11/23/VIDAQvn9XdVZ4iNYK5H9uuAE181123.shtml.

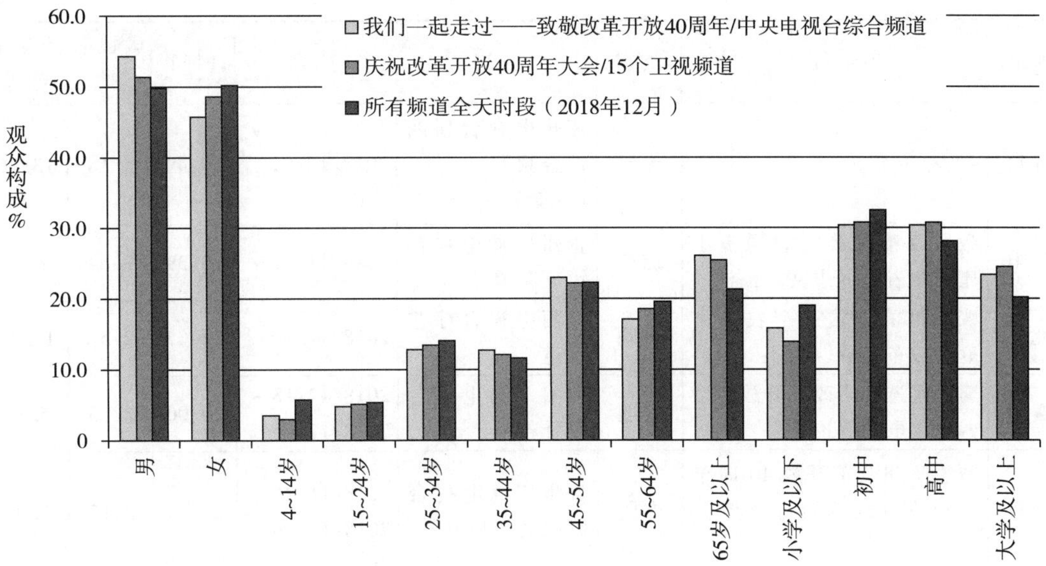

数据来源：CSM 媒介研究

图4　两档纪念改革开放四十周年节目在71城市的观众构成（%）

为5.49%，市场份额为25.86%；广西电视台综艺频道播出的《新时代新广西我邀明月颂中华庆祝改革开放40周年自治区成立60周年》在南宁的收视率为4.27%；江西电视台少儿频道（六套）播出的《唱响新时代江西省青少年庆祝改革开放40周年大型合唱晚会》在南昌的收视率为4.08%。这3档节目成为地面频道中令人瞩目的纪念改革开放40周年相关节目（表6）。

表6　地面频道在本地收视率领先的纪念改革开放四十周年非电视剧节目一览

城市	节目名称	类别	频道	日期	时间	收视率%	市场份额%
上海	新闻透视国庆特别节目纪念改革开放40周年亲历者说	新闻/时事	上海电视台新闻综合频道	2018/10/01 ~ 2018/10/12	18:58	5.49	25.86
北海	新时代新广西我邀明月颂中华庆祝改革开放40周年自治区成立60周年	专题	广西电视台综艺频道	2018/09/24 ~ 2018/09/25	21:29	4.27	21.56
南昌	唱响新时代江西省青少年庆祝改革开放40周年大型合唱晚会	音乐	江西电视台少儿频道（六套）	2018/12/31	18:59	4.08	13.29
苏州	学习新思想发展高质量新时代改革再出发解读十二项三年行动计划	专题	苏州电视台新闻综合频道（一套）	2018/05/13 ~ 2018/08/18	19:30	3.33	14.92

续表

城市	节目名称	类别	频道	日期	时间	收视率%	市场份额%
苏州	40城40年	专题	苏州电视台新闻综合频道（一套）	2018/12/01	19:49	3.18	13.76
贵阳	致敬改革开放唱响同步小康贵州省老同志文艺汇演	综艺	贵州广播电视台第五频道	2018/11/02	20:39	2.64	7.21
北海	账本里的中国一个农民家庭的改革开放四十年	专题	广西电视台综艺频道	2018/11/30	22:05	2.51	17.54
襄阳	襄阳足迹襄阳改革开放四十年电视政论片	专题	襄阳广播电视台综合频道	2018/12/18 ~ 2018/12/23	20:00	2.25	5.30
贵阳	梦想贵州改革开放40周年特别节目改革黔行致敬奋斗者	专题	贵州广播电视台影视文艺频道	2018/11/26 ~ 2018/12/19	21:44	2.17	7.00
青岛	改革颂中国梦2018青岛市民文化艺术节开幕式	综艺	青岛电视台影视频道	2018/12/12	20:49	2.11	9.06
蚌埠	歌声嘹亮40年金曲歌会	音乐	安徽电视台综艺频道	2018/12/31	19:01	2.00	7.08
厦门	蜕变致敬改革开放40周年	专题	厦门电视台综合频道	2018/12/10 ~ 2018/12/15	20:22	1.88	11.04
合肥	敬我最尊敬的人——致敬中小企业单打冠军颁奖暨纪念改革开放四十年梦想盛典	专题	安徽经视	2018/12/09	19:35	1.86	7.79
安庆	敬我最尊敬的人——致敬中小企业单打冠军颁奖暨纪念改革开放四十年梦想盛典	专题	安徽经视	2018/12/09	19:35	1.84	7.08
金华	改革开放40年世界最大小商品市场探秘	专题	金华电视台教育科技频道	2018/12/19	20:28	1.78	7.46
桂林	新时代新广西我邀明月颂中华庆祝改革开放40周年自治区成立60周年	专题	广西电视台综艺频道	2018/09/24 ~ 2018/09/25	21:29	1.67	8.62
上海	歌声激荡庆祝改革开放四十周年中国金曲盛典	综艺	上海电视台娱乐频道	2018/12/21	20:22	1.59	6.43
牡丹江	大地飞歌致敬改革开放四十周年特别节目	专题	黑龙江电视台文体频道	2018/05/05 ~ 2018/10/13	20:28	1.54	5.51
成都	大江奔流听涛声庆祝改革开放四十周年特别节目	专题	四川电视台新闻频道	2018/12/16	19:30	1.47	4.90
牡丹江	壮阔龙江潮开放篇	专题	黑龙江电视台影视频道	2018/12/19	21:44	1.46	27.26

数据来源：CSM媒介研究

上海电视台新闻综合频道播出的《新闻透视国庆特别节目纪念改革开放40周年亲历者说》是一档新闻/时事类节目，其观众中45岁及以上（81.01%）和高中及以上学历（61.97%）观众占比较高；广西电视台综艺频道播出的《新时代新广西我邀明月颂中华庆祝改革开放40周年自治区成立60周年》是一档专题节目，其观众中男性（64.42%）、45岁及以上（67.36%）和中等学历（65.84%）观众占比较高；江西电视台少儿频道（六套）播出的《唱响新时代江西省青少年庆祝改革开放40周年大型合唱晚会》是一档合唱晚会节目，其观众中15～34岁（56.26%）和高中及以上学历（64.90%）观众占比较高（图5）。

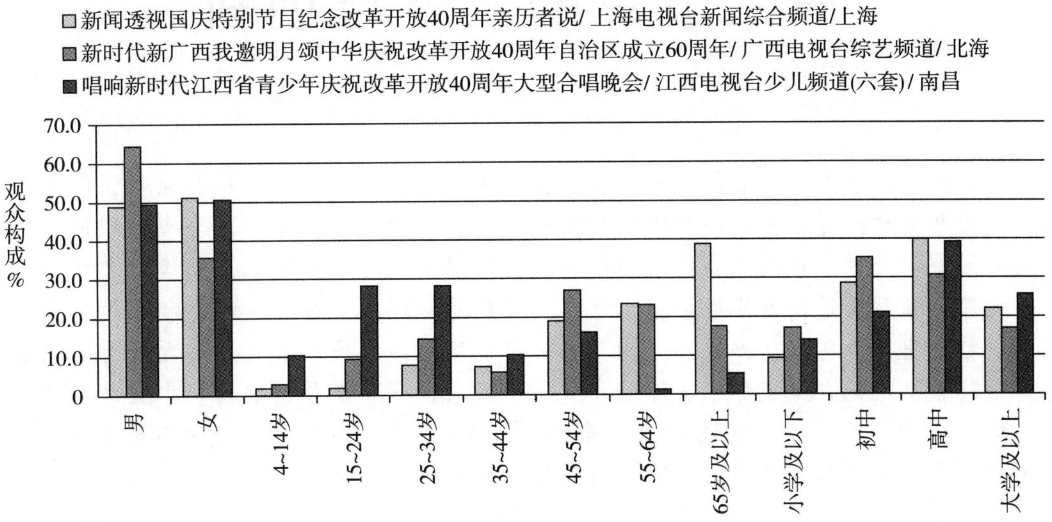

数据来源：CSM媒介研究

图5　《新闻透视国庆特别节目纪念改革开放40周年亲历者说》等节目观众构成（%））

三、结语

改革开放40年来，中国经济和国家整体实力有了大幅度的跃升，引起了全世界的关注。乘着改革开放40周年之东风，作为最有影响力的传统媒体，各级电视台制作、播出了一系列电视剧、专题和综艺节目，并积极广泛地报道了大量与改革开放相关的新闻事件。这些节目在各地的不俗收视表现，间接地反映了电视观众对事关国家发展和民族振兴大计的改革开放的高度关注。电视媒体作为党和政府的主要舆论宣传阵地之一，在引领思想、振奋民心、凝聚共识方面，可以大有作为，也能以观众喜闻乐见、多样有趣的节目形式收获观众的注意力，最大限度地发挥电视媒体的喉舌功能和商业传播功能。

（作者：王平）

融合传播时空中地面频道民生节目的坚守与创新

所谓民生，从狭义来看指人民的衣食住行等日常生活事项；从广义来看，则与人民生活直接相关和间接相关的一切事项均在此范畴内。近年来，媒介融合大潮中的传统电视从来没有停止过对新的融合模式和创新方式的探索。而以贴近本土地缘和文化为天然优势的广大地面频道，则借助经营、开发和深耕对地域受众最有亲和力和实用性的民生节目，打造出一批在收视和口碑上均具有一定优势的品牌民生节目，使之成为它们在融合传播背景下依托自身优势守住阵地并进一步谋求提升和发展的利器。本文从我国地面频道的收视现状入手，以2018年前3季度中心城市中较具影响力的地面频道品牌民生节目为切入点，探讨其在定位、内容、模式等方面的创新与特征。

一、地面频道的生存空间

以本土影响力为最大优势的地面频道，近年来在媒介融合的背景下，生存空间不断被挤压。从全国各级频道近3年市场份额的走势来看，中央级频道（包含中央电视台与中国教育台）2016前3季度和2017年前3季度相比并无太大变化，而2018年前3季度竞争力较前两年同时期明显提升；与此同时，省级上星频道的竞争力却在逐年下滑，且幅度较大；其他频道组的市场份额大幅提升，非直播收视近年来增长迅速。相比上星频道，省级地面频道的市场份额虽然也在逐年缩小，但幅度不大；市级频道则不容乐观，受到各级强势频道的不断挤压，市场份额连续3年呈现出较为明显的下滑态势（图1）。

省级地面频道在不同地区的竞争力存在分化现象，竞争实力差异较大。2018年前3季度，地面频道竞争力较强的5个城市依次为长沙、上海、湛江、常德、广州，形成了省级地面频道竞争力的第一梯队，且较其他城市表现出明显的领先优势。这5个城市自身的省级地面频道竞争力差异也相对较大，其中，湖南省地面频道在长沙地区的市场份额达到40.58%，而排在第五位的广州，其广东省地面频道则在广州收获了31.56%的市场份额（图2）。

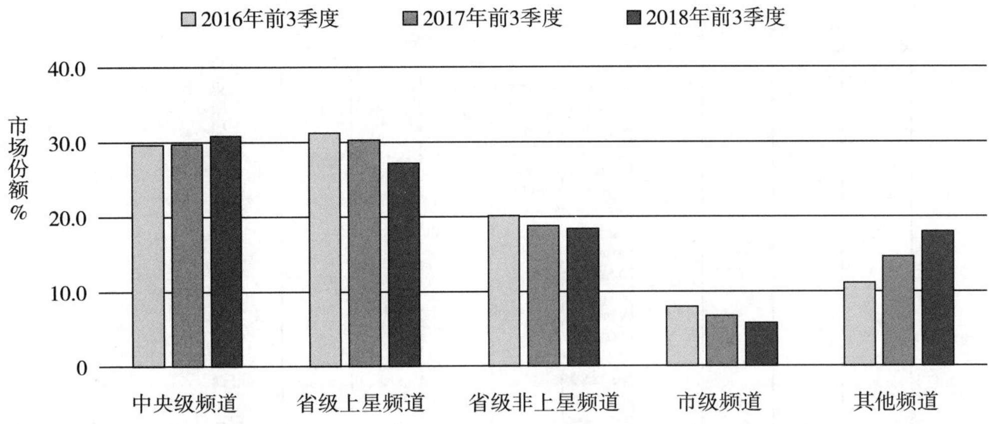

数据来源：CSM 媒介研究

图 1 2016～2018 年前三季度各级频道市场份额（%，71 城市）

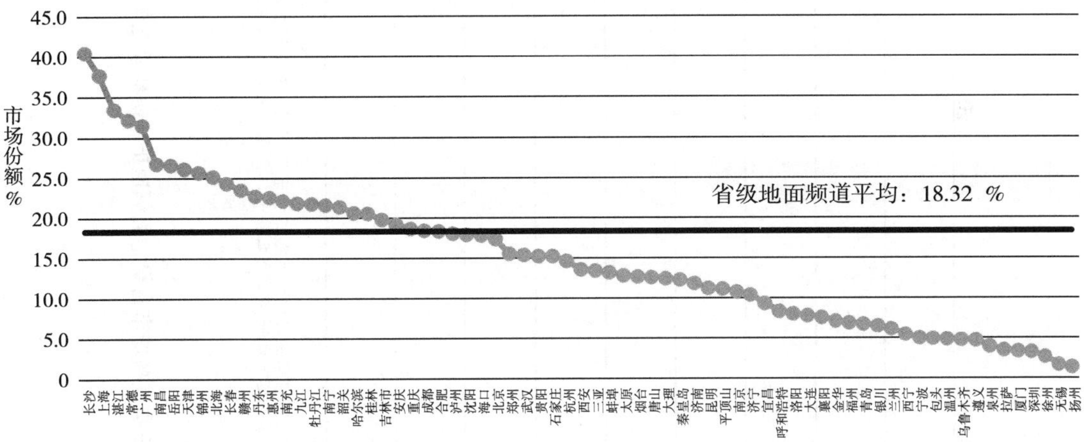

数据来源：CSM 媒介研究

图 2 2018 年前三季度各城市省级地面频道的市场份额（%）

在省级地面频道 2018 年前 3 季度市场份额整体同比变化不大的情况下，不同城市的增减变化幅度则呈现出明显的差异。总体而言，市场份额同比增长的城市个数少于市场份额同比下滑的城市个数。71 个城市中，省级地面频道竞争力增长的城市为 28 个，其中锦州市场省级地面频道的增长最为明显，之后依次为北海、大理、天津和秦皇岛市场（图 3）。

相对于省级地面频道，市级地面频道在不同城市的竞争力差异表现得更为明显，尤其在那些竞争力相对更强的城市，差异更为明显。2018 年前 3 季度，市级地面频道竞争力领先的 5 城市为扬州、无锡、宁波、深圳、泉州，其中扬州市级地面频道的市场份额最高，在当地收获了 33.65% 的份额；排名第五位的泉州，市级频道份额为 23.88%。其他城市的市场份额均未超过 20%（图 4）。

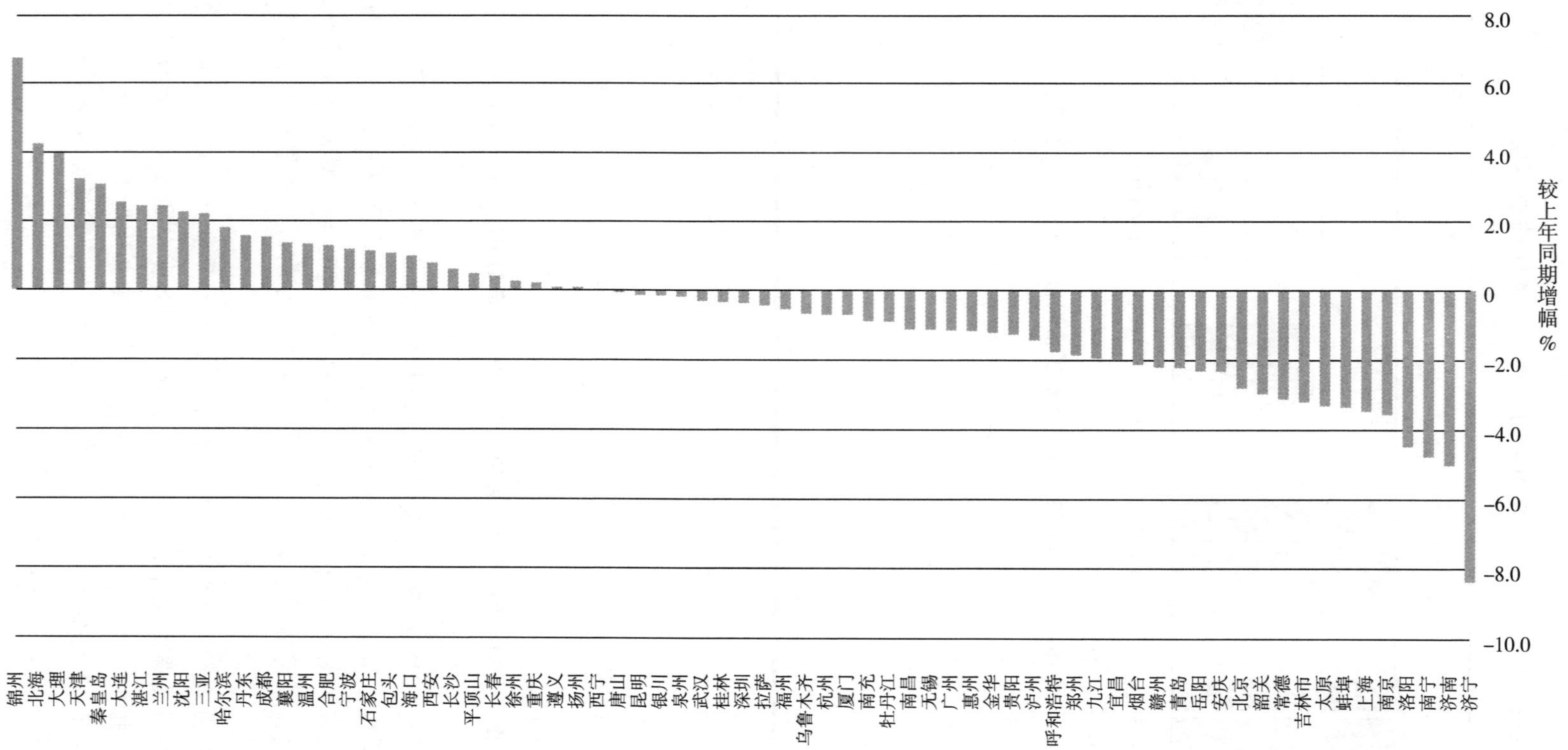

数据来源：CSM媒介研究

图3　2018年前三季度各城市省级地面频道市场份额较上年同期变化（%）

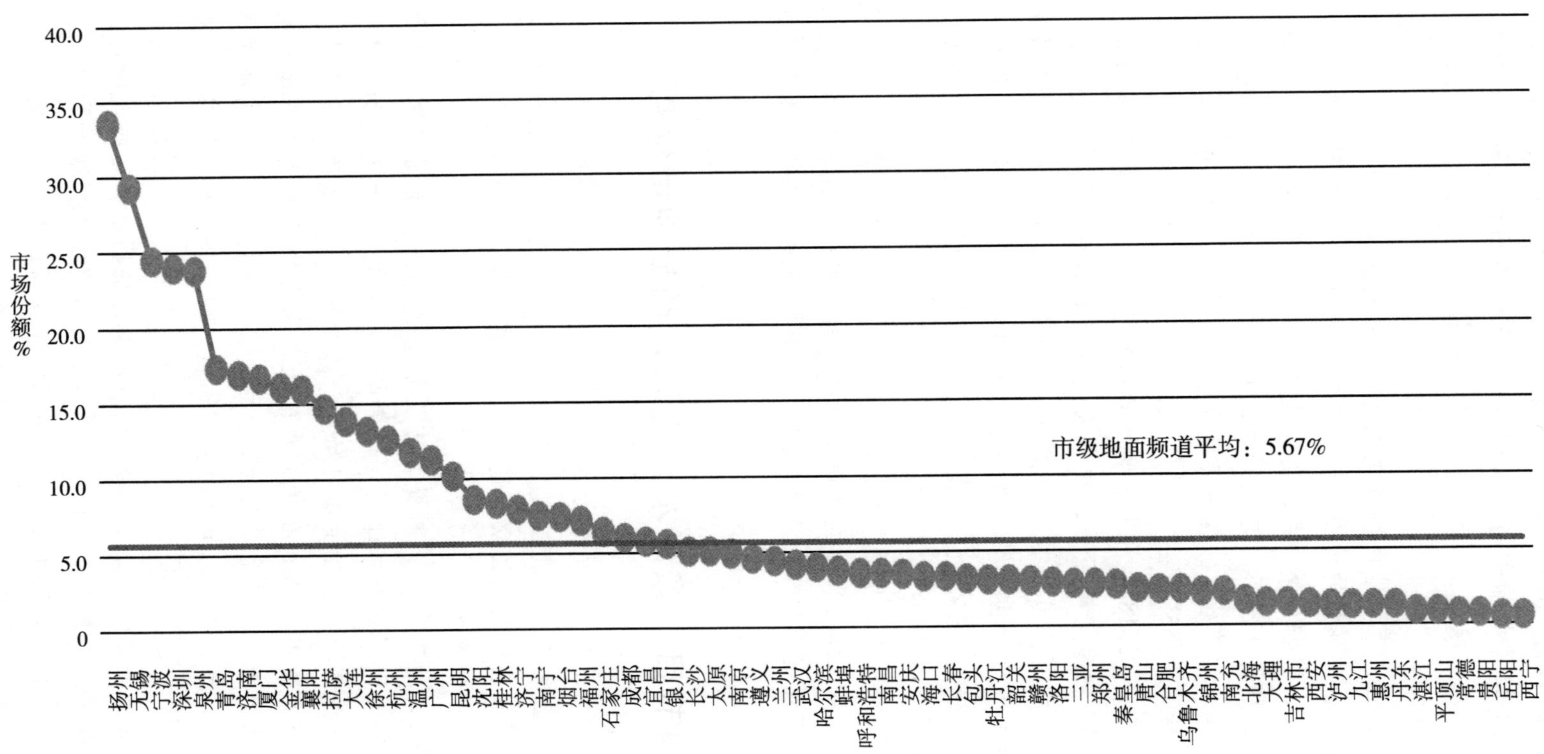

数据来源：CSM媒介研究

图4 2018年前三季度各城市市级地面频道的市场份额（%）

与省级地面频道相比，2018年前3季度市级地面频道的市场份额与2017年同期相比下滑面更大，只有22个城市的市场份额有所增长，但增幅明显小于下滑的幅度，增长幅度最高的扬州市场份额增加了3.79%；其次是拉萨，增长了2.78%；其他城市的增幅均未超过2%（图5）。

在多方夹击下，省、市级地面频道的市场空间被挤压。然而，在如此激烈的竞争环境中，依然涌现出了很多强势的地面频道，它们逆流而上，从自己所处区域的文化特色和民众信息需求出发，发掘自身特色，发挥区域传播的优势，在内容、文化、审美等方面贴近本土，开发品牌民生节目。与此同时，它们也大胆参与到媒体融合的大潮中来，在守住区域性传播阵地的基础上，提升品牌民生节目在市场竞争中的实力，最终将观众转化为用户，进而转化为经济效益。

从收视的角度来看，2018年前3季度的品牌民生节目中，新闻/时事类节目是绝对的主打类型。除新闻/时事类节目外，在省级地面频道的品牌民生节目中，生活服务类节目、专题类节目与综艺类节目也相对集中；而市级地面频道则仅有少量的青少类节目、生活服务类节目和专题类节目表现突出。已举办5届的“全国广播电视影响力调查”，除收视影响力这个维度之外，还基于栏目“舆论导向正确，社会影响大，公信力强”和“具有较高的思想水平和创高格调，具有‘三贴近’特点，为群众喜闻乐见”等维度，对新闻专题类、健康生活类和旅游美食类具有较强民生影响力的电视栏目进行评选。在下文的分析中，本文即以在地面频道中既具有较强收视影响力，同时又在上述民生影响力维度上表现突出的节目为切入点，试图探寻地面品牌民生节目在内容、模式、手法等方面的坚守与创新。

二、民生新闻节目：聚焦本土资源，凸显地域优势

关注普通市民的生活状态，记录普通百姓生活中的矛盾或情感困惑，让新闻从重视“政治话语”回归到重视“民众话语”，从宣传回归到生活信息传播，这便是地面频道所播出的民生类新闻节目普遍受到民众欢迎的原因所在，节目因内在的亲民性、地域优势及广泛的情感共鸣，受到普通市民的喜爱。

相比中央电视台，地方台在新闻资源方面没有优势，在新闻同质化竞争中处于下风。但是地面频道充分以“新闻本地化”为特点，关注本地百姓身边的事情，在接近性上有天然的优势，主要体现在：在传播内容上，反映的是本地老百姓关心的人和事，表达的是本地区民众的意愿和诉求；在传播形式上，采用的是本地区民众喜闻乐见的形式，以通俗的故事化手法来展现普通民众的生活；在融合发展上，利用新媒体平台与本土观众实现实时互动，节目之外，节目组在“两微一端”每日更新状态，并建立“微话题”，吸引粉丝在“微话题”下展开讨论，并@相关权威人士、网络红人进行互动，以吸引受众加入新闻的全民讨论，切实帮助群众解决身边的问题。这些地域特色有利于民生新闻节目扩大传播范围和影响力，有利于克服节目同质化的弊端。因此，立足于本区域的文化特征和受众需求，定位新闻栏目，实现新闻内容的本地化，成为地方台摆脱过去单纯扮演中央电视台新闻节目传声筒角色的有效途径。

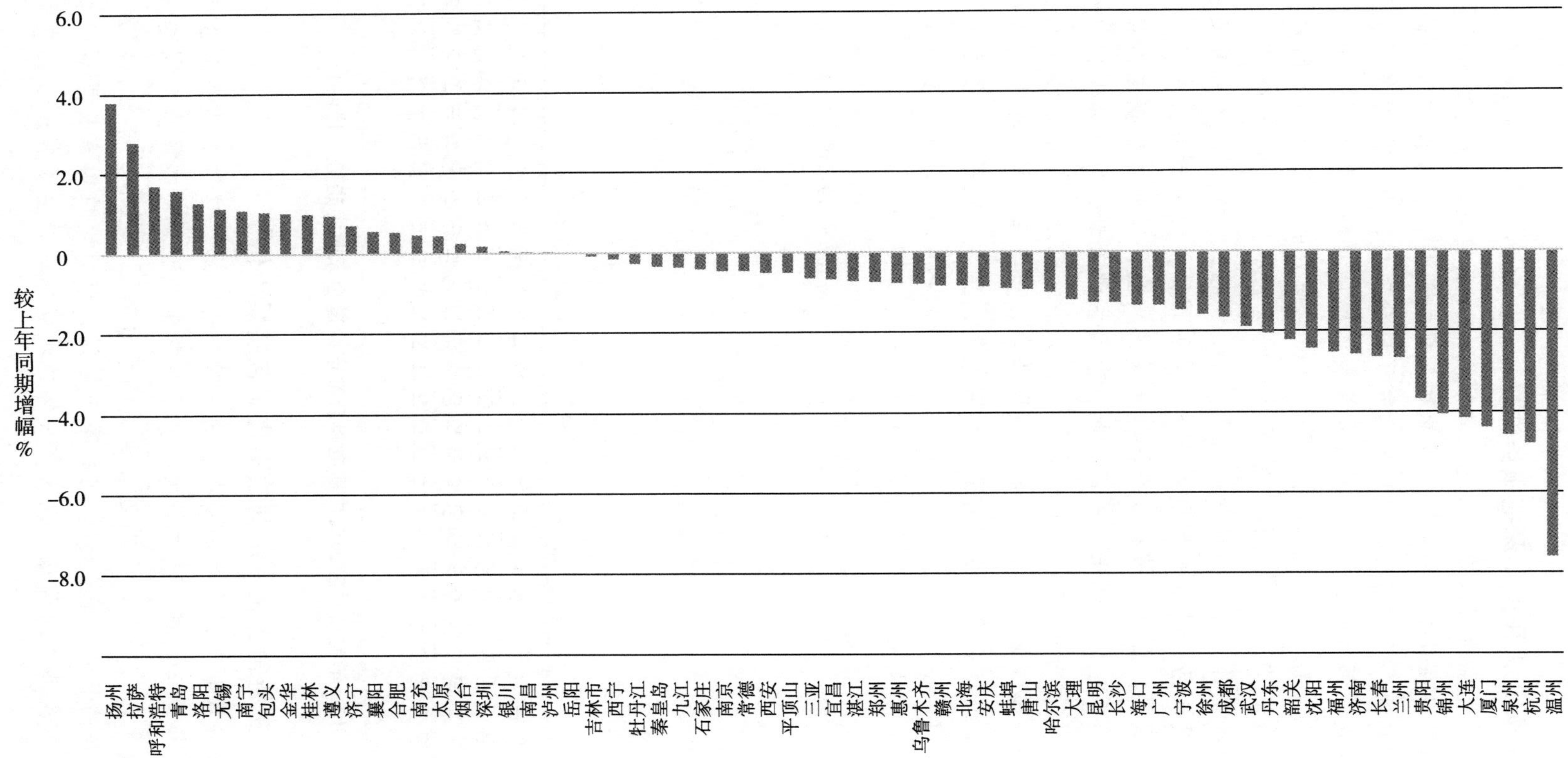

数据来源：CSM媒介研究

图5　2018年前三季度各个城市市级地面频道市场份额与上年同期变化（%）

1. 贴近为王：贴近大民生+深挖服务性

对于地面频道的民生新闻来说，贴近性和服务性是其立足于当地收视市场的根基，同时，近年来也有不少品牌民生新闻不仅注重内容的贴近性，在新闻内容的评论性、阐释性等方面也不断加强，二者结合，更好地满足了受众对内容及时贴近和深度解读的需求。由云南广播电视台都市频道打造的日播民生新闻栏目《都市条形码》是一档以平民性、贴近性、生活化为特色的民生新闻栏目。周一至周六的《都市条形码》和周日的《条形码．封面》采用“广而博”和“精而深”的互补型架构，既克服了民生新闻琐碎、肤浅的缺陷，又提升了深度报道的新闻性。作为一档民生新闻，节目真实地再现了昆明百姓每天的平凡生活，持续跟踪报道社会热点和市民关注的话题，有始有终，突出大民生的公共新闻属性。此外，节目以平民视角关注民生，以服务性挖掘内容深度和广度，将引导和服务有机地统一起来。不仅如此，节目主动策划，以媒体事件打造栏目公信力，从2006年延续至今的“昆明好人评选”活动已经成为《都市条形码》的一张名片。这一主动出击的媒体事件，在受众的收视期待中成为每年下半年如约而至的一股清流。值得注意的是，《都市条形码》的播出时间处于民生和时政新闻竞争十分激烈的时段，从全天收视来看，《都市条形码》不仅没有受到竞争的影响，反而取得了与晚间黄金时段电视剧相当的收视水平，是不折不扣的王牌节目（图6）。

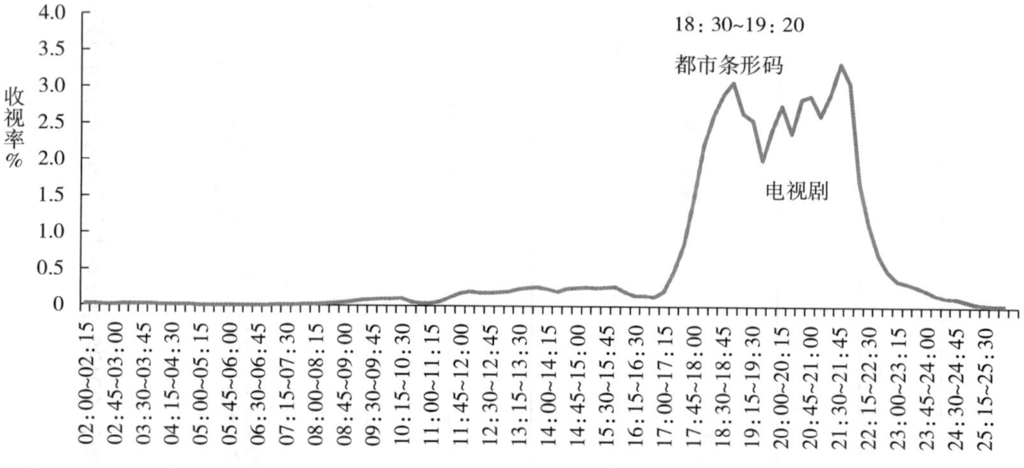

数据来源：CSM媒介研究

图6　2018年前三季度云南广播电视台都市频道全天收视走势（昆明）

2. 娱乐包装：主持角色化+新闻故事化+包装娱乐化

如果把新闻仅仅理解为严肃且高高在上的一种表达，那么这种表达在融合传播时空中显然已经不能适应受众的媒介消费需求了。不少强势地面频道在民生新闻这一题材的包装上开始引入娱乐化的元素，以期进一步提高节目的可看性和故事性，增强代入感。《咚天》是湖北经视的日播方言社会新闻故事类栏目，节目定位为家长里短；节目理念是用故事手段讲述人生的酸甜苦辣，以人文关怀体现媒体的社会责任；节目内容以家庭为核心，涉及亲情故事、家庭纠纷、邻里互助、扯皮拉筋、社区帮扶、奇闻趣事，等等，风格故事化，注重新闻的故事性和趣味性。节目除了具备与其他地面频道新闻时事类节目相似的内容及编排形式外，还充分利用本土优势：用市民熟悉的武汉方言讲老百姓身边发生的事。除此之外，节目中大量采用了湖北大鼓、湖北道情、渔鼓、慢板等湖北传统的曲艺表现形式，形成了主持角色化、新闻故事化、包装娱乐化的栏目特色。自开播以来，《咵天》的收视一直在武汉地区位居同时段前列，栏目的社会影响力和美誉度始终领先，逐渐成为湖北经视的品牌栏目，深受观众喜爱，即使在电视收视市场逐渐萎缩的大背景下，该节目2018年前3季度的收视走势依然呈现出上扬的态势（图7）。

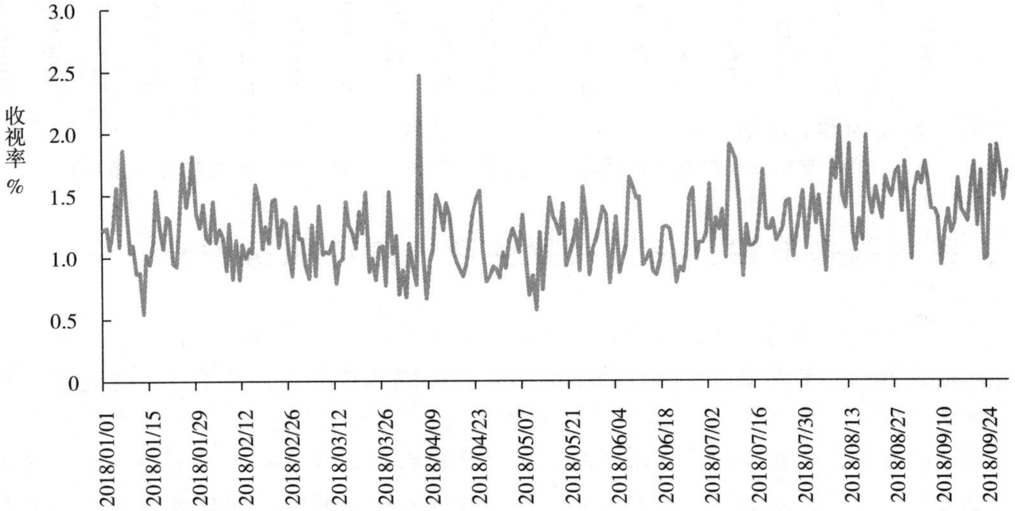

数据来源：CSM媒介研究

图7　2018年前三季度湖北经视《咵天》分天收视走势（武汉）

3. 融合传播：三屏同步+大小屏互动

以前，传统媒体一直充当着社会瞭望哨的角色，观众获得信息的渠道相对单一和被动。进入自媒体时代以后，这种局面被颠覆了：借助移动互联网等科技手段，每个人都有可能成为新闻的发布者和传播者，这也为传统媒体拓宽了信息来源和新闻线索的渠道。重庆广播电视集团都市频道的帮扶调解类栏目《大城小事》，融本土化、幽默化、生活化为一体，不仅树立了自己品牌栏目的形象，同时还在司法局的大力支持下重点打造了“人民调解帮扶团”，已经形成了自己独特的节目特色。在传播模式上，为了适应当前受众群体收看电视由被动接收向主动选择的转变，《大城小事》积极探索多媒体融合传播之路，三个屏同步播放，即电视端、手机移动端口、电脑PC端同步播出；重庆电视台的《视界网》还开设了《大城小事》专区，同步播出电视节目；手机移动端“巴渝和事佬”APP不仅可以让受众观看《大城小事》节目，还可以让受众进行互动，百姓的矛盾和困难，只要向“巴渝和事佬”APP求助，附近的调解员就会立即赶到现场去调解矛盾。通过多屏传播和互动，《大城小事》极大地提高了节目的影响力，2018年前3季度收视稳中有升（图8）。

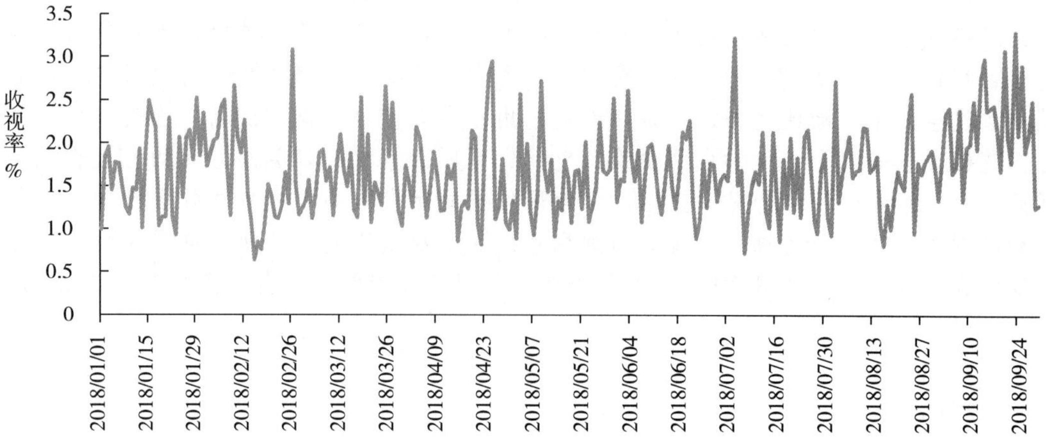

数据来源：CSM 媒介研究

图 8　2018 年前三季度重庆广播电视集团都市频道《大城小事》收视走势（重庆）

三、民生服务节目：贴近百姓生活，潜心服务群众

伴随着经济的不断发展，老百姓的物质和文化生活需求日益增长，人们对生活品质的要求越来越高，更希望了解与自己生活密切相关的各种资讯，享受经济快速发展所带来的便捷，这便给民生服务类节目的发展提供了广阔的空间。这类节目把镜头对准商品、对准消费者，反映市场的需求变化，以真正做到贴近观众、走进百姓生活。这类节目大多关注与观众生活息息相关的题材，结合时令选题，将社会中的新动向、新问题纳入选题范围，与时俱进地服务百姓生活。

为了实现服务大众的宗旨，民生服务类节目的创作者就以百姓的立场与角度去发现和解决问题，节目整体的编排思路和设计也从普通百姓的认知特点和心理需求出发。节目充分运用拨打热线、发送短信、网上留言、两微一端等传统与创新的技术手段，获知观众的实际需求以及反馈意见，满足观众主动参与的潜在心理，进一步调动他们收视的热情和兴趣，从而增强节目创作的针对性和现实意义。

1. 百姓视角：强化沟通 + 问题解决

对于地面频道民生服务类节目来说，如何全面反映、解读事件，如何实际解决问题，是非常重要的环节，这不仅体现了媒体的社会责任，更是此类节目在区域市场牢牢抓住受众注意力的要诀。青岛市广播电视台生活服务频道的《真情调解》自 2011 年创办运行以来，以维护家庭和睦、促进社会和谐为核心价值观，强化调解团队的专业化、品牌化建设，曾荣获中国十佳法制栏目 1 次、山东省十佳社教栏目 2 次。2017 年，节目设立的青岛市“真情调解”人民调解委员会共为青岛市民进行了 300 余次调解工作，达成调解协议 76 份、基本实现和解意向 159 份，调解的成功率和满意度较 2016 年同期增长了 20 个百分点，在青岛市场自制类节目中的收视率和市场份额也位居前列。在此背景下，节目调解流程日益完善，人民调解员的数量和能力显著增强。栏目还大力开展普法宣传工作，推动“法律服务您”进社区，不仅使《真情调解》节目得到了推广，同时也履行了节目所肩负的普法责任，受到当地百姓的好评，尤其在中老年和中等受教育水平群体中拥有较强的影响力（图9）。

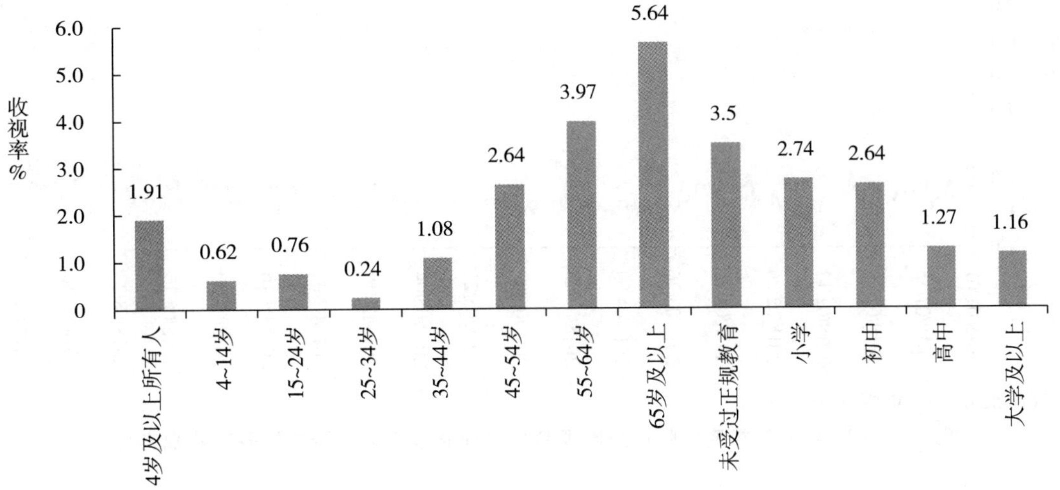

数据来源：CSM媒介研究

图9 2018年前三季度青岛市广播电视台生活服务频道《真情调解》分目标观众收视率（%，青岛）

2. 拓展内涵和外延：“泛”帮忙+“大”服务

随着时间的推移和节目制作理念的变化，民生服务类节目从开播初期单一的帮忙维权、情感调解等题材范围出发，积极挖掘“帮忙”的内部空间，已拓展到了更广泛的领域。贵州广播电视台公共频道的《天天来帮忙》致力于为百姓排忧解难，创办6年来，逐渐将题材拓展到涵盖生活资讯、求助解答、生活妙招、周末近郊游推荐、美食推荐、消费维权、情感调解等“泛”帮忙范畴，同时在这个基础上着力改进节目的服务功能，补充生活消费信息，延展维权服务信息，把“帮忙”升级为“服务”，从小民生入手，以大服务收官。不仅如此，节目还通过活动让“帮忙”的题材得到了极大的外延。2017年5月，《天天来帮忙》栏目具体执行的大型公益活动“心愿漂流瓶，大家帮大家”正式启动，以“节目报道+地面活动”相结合的形式走进社区。该节目以助人圆梦为主题，极大地拓展了节目的内涵，使其不仅仅局限在消费维权、调解纠纷上，也有互帮互助；“帮忙”的主角不仅仅是记者，也有普通观众。“帮忙”节目展现了更多的感人事、暖心事，从而激发起全社会向善的力量。在整个活动中，这些都得到了淋漓尽致的体现。无论是在贵州还是在贵阳，该节目的收视都比较稳定（图10）。

3. 年轻化表达：样态独树一帜+架构新媒体

生活服务类节目是一种相较于新闻、电视剧等节目类型更为亲切的电视节目形态，它关注的是人们日常生活中的方方面面，要在观众的观看中给他们提供便利的资源、知识及信息。此类节目要想做好，就要做得有趣味、有意思，让观众喜欢看。一方面，通

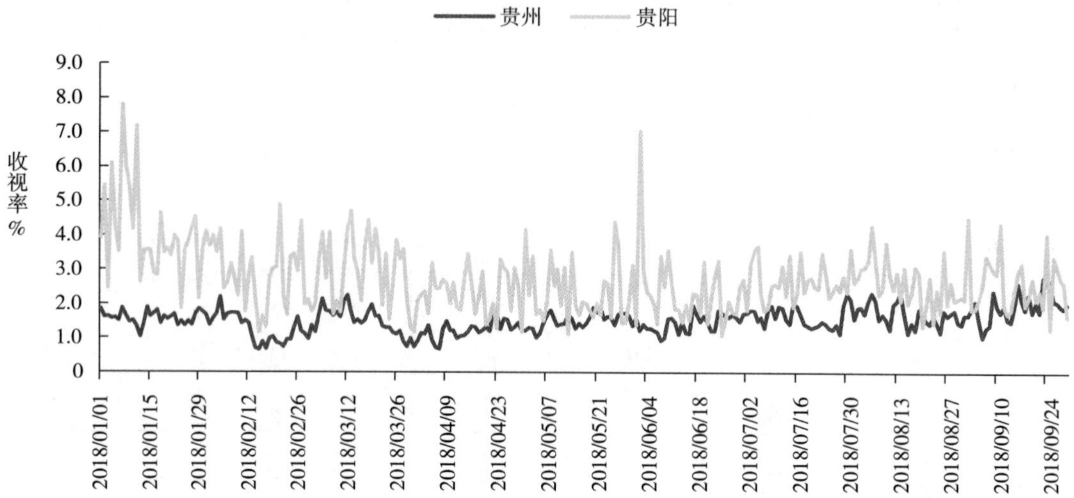

数据来源：CSM 媒介研究

图 10　2018 年前三季度贵州广播电视台公共频道《天天来帮忙》各期收视走势

过一波三折的故事、跌宕起伏的情节，可以让观众极好地放松心情，从而让他们在不知不觉中学到知识；另一方面，随着社会生活的不断发展，年轻、时尚成为更多受众的选择，为了迎合年轻电视受众群的审美需求，此类节目在内容选择和外在包装上，都在向着现代化、时尚化的方向发展。

河北广播电视台经济生活频道的《健康朋友圈》是一档以大健康为核心的生活服务类节目，该节目突破传统健康节目的窠臼，摒弃了“一个主持人＋一个专家”的访谈形式，以轻综艺的表现手法贯穿全程，辅以科学性和专业态度的加持。节目样态独树一帜，首创了主持区、实验区、律动区三个空间，以运动、情景演绎、实验、现场烹煮等多种方式传递健康知识。节目以多元、混搭和跨界的姿态呈现在观众面前，满足了观众的多层次需求。不仅如此，《健康朋友圈》在节目架构上还把目光投向了新媒体手段——“两微一端”，从话题由头，到话题的延展，再到话题的破解给出正解，混搭和借鉴了新媒体的传播手法和概念。由于把握到了最前沿的节目理念，《健康朋友圈》的网综气质锁住了年轻人的目光，而贴心的健康话题又吸引了中老年人的关注，因而成为老少咸宜的百搭款（图 11）。

四、旅游美食节目：整合媒体资源，实行跨界营销

近年来，一些反映地方美食文化、旅游文化的旅游美食节目浮出水面，将旅游资讯、旅游真人秀、旅游产品营销、旅游线路测评、旅拍分享互动等内容有机地整合起来，探索出了一条适应本土受众收视需求的民生节目创新之道。广东广播电视台经济科教频道的《一起旅游吧》就是这样一档节目，在上述杂志型旅游栏目的形式之下，该栏目更是突破了传统电视的界限，以“电视＋文化＋旅游”进行跨界营销，充分发挥媒体

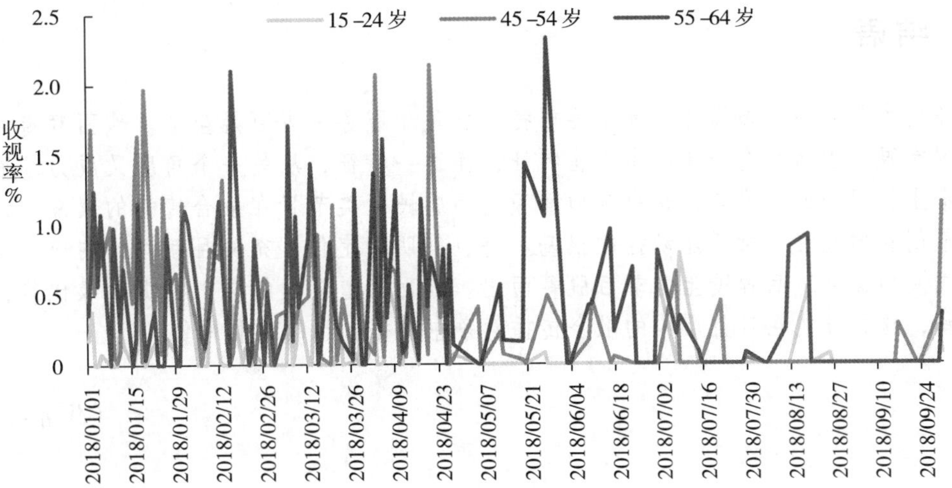

数据来源：CSM 媒介研究

图 11 2018 年前三季度河北广播电视台经济生活频道《健康朋友圈》分天收视走势（石家庄）

的资源整合优势，把媒体宣传资源与旅游产业加以有效的融合。栏目主打“明星带你去旅游”概念，邀请名主持人、体育明星、社交达人、网络大咖等各行各业知名人士担任旅游体验师，利用他们的“名人效应”为栏目推出的旅游线路做背书，从而提升了栏目的号召力和影响力（图 12）。栏目在旅游产业经营上独辟蹊径，根据观众的旅游需求以及消费习惯，不断打磨出既具有媒体特色又符合观众需求的旅游产品，为观众及游客提供最佳的旅游服务和体验。栏目团队还以专业的策划能力和高效的执行能力，承办了各类大型旅游活动，如“真情陪伴游轮之旅”活动、“百人媒体团走进三月三”大型采访活动等。《一起旅游吧》栏目真正做到发挥媒体资源优势，线上节目与线下产业齐头并进，在中国电视旅游业内树立了行业标杆，也取得了良好的经济效益和社会效益。

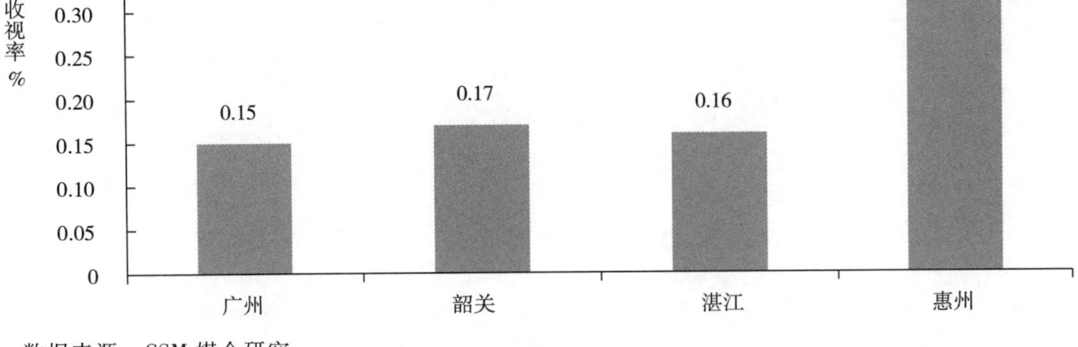

数据来源：CSM 媒介研究

图 12 2018 年前三季度广东广播电视台经济科教频道《一起旅游吧》收视表现

五、结语

民生类节目多以地面媒体为主要依托，立足于服务一方百姓生活。地面频道由于覆盖范围有限，因而具有明显的本土化特征，而这一特征，从另一个角度又成为地面频道挖掘本土收视的最大优势，这也是地面频道品牌民生类节目在融合传播的大潮中，在不断改革创新的过程中所不能动摇的根基。特色鲜明的定位、充实且新颖的内容、多样化的模式使地面频道品牌民生类节目脱颖而出。地面频道应继续深入挖掘地缘优势，全方位创新，这样方能在日益严峻的融合传播竞争中占据自己的有利地位。

（作者：马超）

小屏幕中的大电影

——国内电视电影及电影频道联盟收视分析

随着社会、经济的迅速发展以及人们收入水平和消费能力的提高，人们对精神娱乐层面的需求也越来越高，国内电影市场的观影人群、观影次数、观影种类也在逐步扩大。从电影票房统计数据来看，2013 年仅有《西游降魔篇》1 部电影在全国影院票房累计超过 10 亿元，2014 年票房累计过 10 亿元的电影上升到了 3 部，之后几年也都有多部高口碑和高票房的电影作品问世。2017 年，中国电影市场迎来井喷式爆发，现象级国产电影《战狼 2》一举斩获了累计超过 56 亿元的票房收入，刷新了国内电影票房的纪录。同年，票房超过 10 亿元的电影也达到 16 部之多。到了 2018 年，国内电影市场发展势头依然不减，截至前 3 季度，已经有 12 部电影的累计票房收入超过 10 亿元，其中《红海行动》《唐人街探案 2》《我不是药神》等几部叫好又叫座的国产电影票房均达到 30 亿元以上。

虽然观看电影已经成为最受人们喜爱的休闲方式之一，但是受到时间、地点以及影院容纳规模等因素的影响，很多人并不能经常去影院观看电影，于是电视电影就很好地弥补了这一方面的遗憾，而近年国内电影市场大量高票房、高质量电影的出现，也为电影类电视节目贡献了更多的新片源，注入了新能量。本文依据 CSM 媒介研究的收视调查数据，就 2018 年前 3 季度电影类电视节目及电影频道联盟的收视状况做一简要梳理。

一、小屏幕上的大电影——电影类电视节目收视状况

1. 电影类节目观众的到达规模和人均收视时长都呈现下滑态势

受电视收视大环境的影响，电影类电视节目的观众规模呈现下滑趋势。通过对全国城市组历年电影类节目观众到达率的比较，2015 年前 3 季度，全国电影类节目观众平均每日到达率为 93%，2016 年同期下滑 0.5 个百分点，2017 年前 3 季度继续下滑 1.9 个百分点，2018 年前 3 季度下滑至 89%（图 1）。

同观众规模一样，电影类电视节目人均收视量也呈现出了逐年下滑的态势。2015 年前 3 季度，全国城市组整体观众平均每人每天观看电影类节目的时长为 6.5 分钟，2016 年、2017 年收视时间继续小幅下滑，2018 年下滑幅度最为明显，平均每人每天观看电影类节目的时长下滑到 5.3 分钟（图 2）。

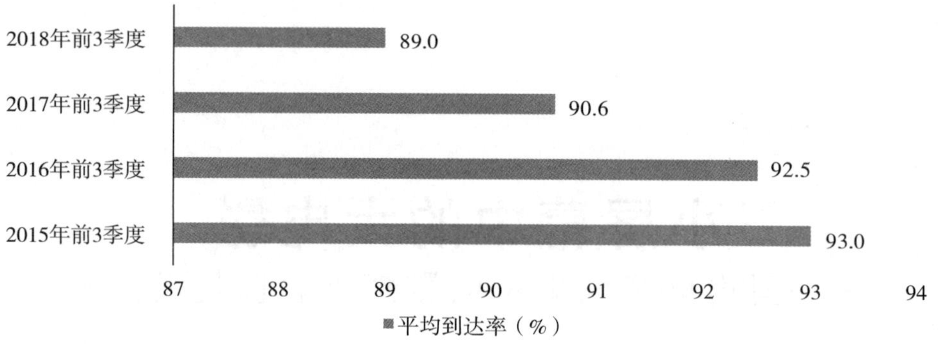

数据来源:CSM 媒介研究

图 1　2015 年前三季度至 2018 年前三季度电影类节目平均到达率对比(历年所有调查城市)

我们换个角度，从实际参与观看电影类电视节目的观众的人均收视总时长来分析，该指标可以反映电影类电视节目的观众黏性和传播深度。2015 年前 3 季度，实际在电视上的观影人群平均人均收看时间为 7306 分钟，按照平均 1 部电影 100 分钟计算，大约人均看了 73 部；2016 年前 3 季度基本同 2015 年同期保持在同一水平，人均看了约 72 部；2017 年前 3 季度人均观影时间出现较大幅度的下滑，减少到 6460 分钟，折合成部数已低于 70 部；2018 年前 3 季度实际观影人群人均收看时间继续下滑至 5688 分钟，仅相当于人均看了 56 部电影。

近年来，电视节目整体收视时间下滑，各类型节目的收看时间均有所减少，电影类节目受到大环境的影响，同样呈现出逐年下滑的趋势。此外，随着人们生活水平的提高，人们对娱乐的追求层次也在逐步提升，已经有越来越多的人开始选择去电影院观看电影，以追求更完美的视觉和音效体验，所以电影类节目的收视水平虽然依然保持在一个相对可观的程度，但整体表现却呈现出了情理之中的逐年下滑趋势(图 2)。

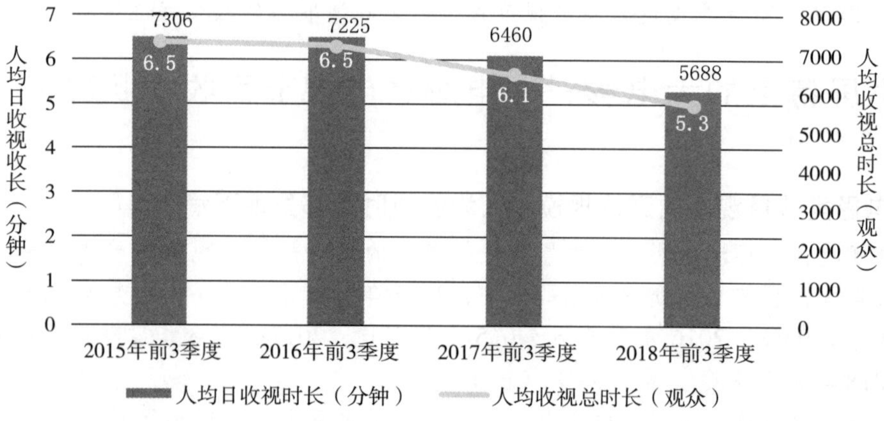

数据来源:CSM 媒介研究

图 2　2015 年前三季度至 2018 年前三季度电影类节目人均收视时长对比(历年所有调查城市)

2. 电影类节目播出时长占比不高，但收视回报稳定

在全国电视市场中，电视剧、生活服务、新闻、专题等主要节目类型仍然占据着较大的播出比重。2017 年前 3 季度电视剧播出比重为 38.3%，收视比重达到 40.6%；2018 年同期播出比重继续增长，达到 40.7%，收视比重达到 42.3%，虽然仍处于“盈利”类节目之列，但是收视回报率已经开始降低，该类节目市场已经趋于饱和状态。生活服务和专题类节目占据整体节目播出时长的第二名和第四名，但收视回报率较低，该类节目已经呈现出“供过于求”的状态；新闻/时事类节目和电视剧类似，虽然收视回报大于播出投入，但回报率相对较低，同样该类节目也趋于饱和状态；综艺节目一直属于收视回报率最高的节目类型，近两年播出比重和收视比重相对稳定（图 3）。

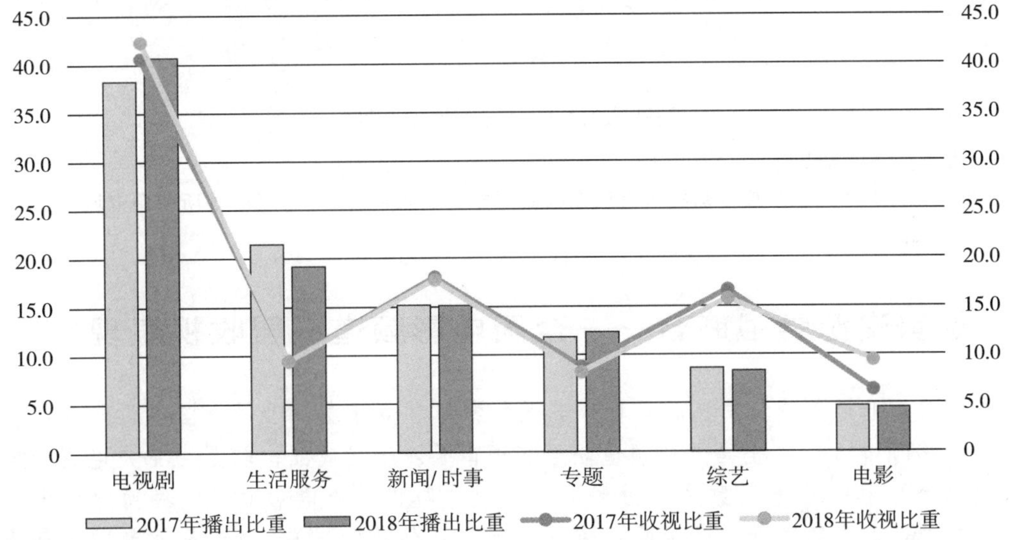

数据来源：CSM 媒介研究

图 3　2017 年前三季度与 2018 年前三季度各主要节目类别的播出比重与收视比重（历年所有调查城市）

相较前几类主要节目，电影类节目整体播出比重占比并不算高。2017 年前 3 季度全国城市组中，电影类节目的播出比重仅占 4.7% 左右，但收视比重达到了 6.4%，2018 年前 3 季度播出比重略有降低（4.5%），但收视比重增长到了 9.4%，收视回报率超过 100%。电影类节目虽然播出比重较低，但收视回报率稳定，在目前电视收视整体下滑的现状下，电影类节目仍呈现出“供不应求”的状态，且相比 2017 年收视回报率提升明显，说明电影类节目是一个有待于进一步深入挖掘的节目类型。

3. 中青年、中高学历观众是电影节目的拥趸

电影类节目吸引的男性观众占比较多，在 2018 年前 3 季度全国 118 城市组中达到 56.3%，其中 25 ~ 54 岁人群占主体，占比超过整体观众的 60%；初中及以上学历观众为该类节目的主要受众，观众构成占比近 80%；在可统计职业中，个体、白领、公务员/职员和工人观众占比最多（图 4）。

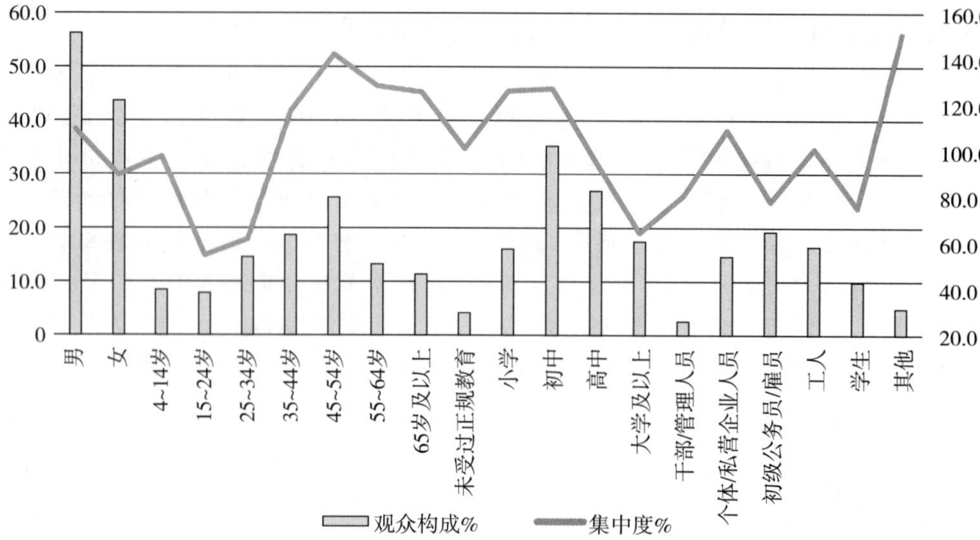

数据来源：CSM 媒介研究

图 4　2018 年前三季度电影类节目观众构成（%）和集中度（%）（全国所有调查城市）

二、优势资源强强联合——全国电影频道联盟收视表现

在电影行业近年蓬勃发展的同时，电视电影却有待开发，于是全国电影频道联盟应运而生。2017 年 5 月，全国电影频道联盟在湖南长沙正式成立，联盟由中央电视台电影频道（六套）和长影电影频道、西部电影频道、四川峨眉电影频道、湖南潇湘电影频道、广东珠江电影频道、江西新闻频道（江西红色经典频道）、河南第九频道（河南电视台新农村频道）、广西科教频道 9 个省（区）级专业电影频道组成，覆盖的观众人群占中国总人口的近三分之一。全国电影频道联盟致力于服务地方电视电影事业，共同促进中国电影事业的繁荣发展。

全国电影频道联盟拥有的电影资源独特、覆盖广，可以实现资源共享、互利共赢。联盟中的各频道发展迅猛，均已成为当地媒体市场的新锐。在竞争日益加剧的今天，联盟的成立不仅为频道联盟成员自身交流发展经验、破解发展难题提供了平台，而且还为各自的广告客户提供了开拓区域及全国市场的机遇。

1. 联盟市场竞争表现强劲，竞争力逐年提升

2016 年前 3 季度，全国电影频道联盟未成立期间，频道联盟成员在全国 29 省网中的市场份额为 4.16%；2017 年联盟成立后，频道实现了资源共享、互利共赢的合作模式，恰逢中国电影市场票房井喷式发展的一年，加入联盟的频道在全国市场的市场份额达到了 4.84%，相比 2016 年同期提升了 16.3%；2018 年前 3 季度继续保持了上升势头，市场份额提升至 4.96%（图 5）。

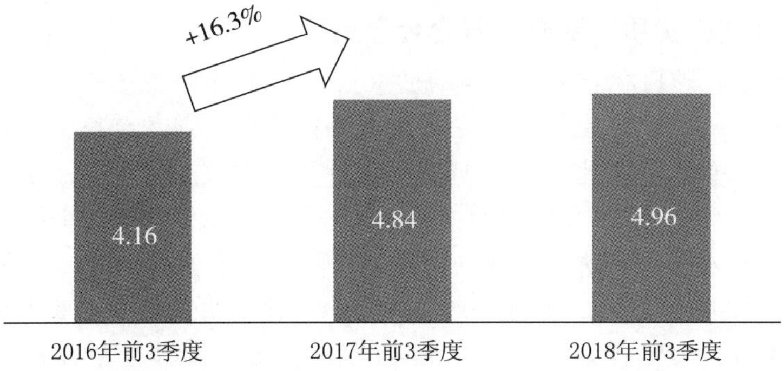

数据来源：CSM 媒介研究

图 5 2016 年前三季度至 2018 年前三季度全国电影频道联盟的市场份额（%，29 省网）

2. 联盟覆盖范围广泛，传播势头强劲

2017 年前 3 季度，中央台六套（电影频道）在全国的观众规模已达到了 2.67 亿人，广东珠江电影频道和上海东方电影频道的观众规模也均逾千万人（分别为 2839 万人和 1397 万人），电影频道联盟的全国观众人数累计超过 3.4 亿人。2018 年前 3 季度，几个强势频道持续发力，中央台六套（电影频道）的观众规模扩大到 2.70 亿人，广东珠江电影频道的观众规模也扩大到 3252 万人，四川峨眉电影频道、湖南潇湘电影频道、河南第九频道的观众规模相对 2017 年同期也有所扩大。2018 年前 3 季度，全国电影频道联盟累计观众规模达到 3.5 亿人，相比 2017 年同期提升明显。电影频道联盟的观众规模稳中有升，足见其广泛的影响力和优质的品牌影响价值。

表 1 2017 年前三季度与 2018 年前三季度全国电影频道联盟观众累计到达率（000，历年所有调查城市）

频道	累计到达率（000）	
	2017 年前 3 季度	2018 年前 3 季度
中央台六套	267 298.4	270 469.6 ↑
广东珠江电影	28 391.9	32 515.8 ↑
上海东方电影	13 977.0	13 477.1 ↓
四川峨眉电影	8 232.7	8 300.7 ↑
湖南潇湘电影	7 019.9	7 183.0 ↑
江西新闻频道	4 015.6	3 674.6 ↓
西部电影频道	3 948.5	3 889.7 ↓
广西科教频道	3 890.2	3 711.4 ↓
河南第九频道	3 433.0	3 485.5 ↑
长影电影频道	3 348.9	3 230.4 ↓
累计到达人数	343 556.1	349 937.8 ↑

数据来源：CSM 媒介研究

3. 联盟观众结构优质，受众人群含金量更高

全国电影频道联盟拥有含金量更高的受众人群。2018年前3季度，全国城市组数据显示，所有频道中，45岁以上人群为主要受众群体，而电影频道联盟的主要受众为35～54岁的社会主力人群，其占比达到46%，远高于所有频道（35%）；电影频道联盟的观众中，目前正在上班的职业人群占绝对主体，超过半数，达到54%，高于所有频道(45%)；在个人收入方面，所有频道和电影频道联盟的观众结构基本一致，但电影频道联盟个人月收入5000元及以上较高收入者的占比相比所有频道要高出近1个百分点。有了优质的观众基础作为保障，必然可以推动电影频道联盟未来更为快速、持续地发展(图6)。

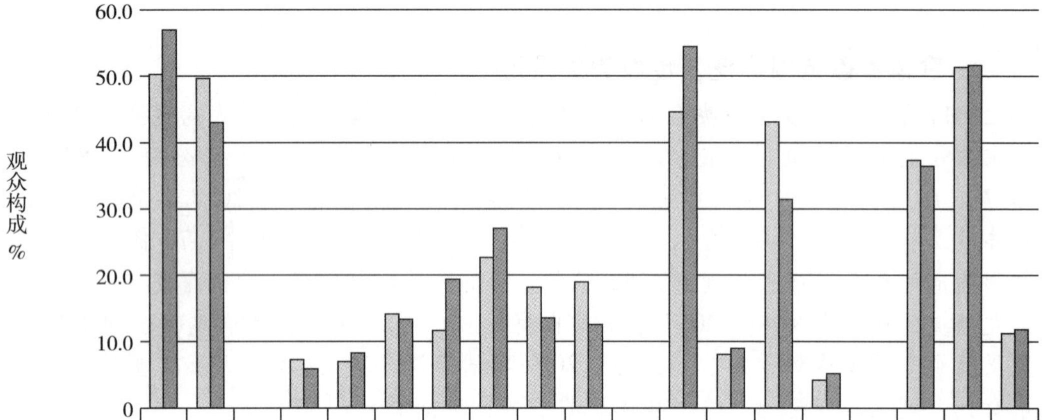

	男	女	4~14岁	15~24岁	25~34岁	35~44岁	45~54岁	55~64岁	65岁及以上	职业人群	学生	无业	其他	2000元及以下	2000~5000元	5000元及以上
□所有频道	50.3	49.7	7.3	7.0	14.1	11.6	22.7	18.2	19.0	44.6	8.1	43.1	4.2	37.4	51.3	11.2
■电影频道联盟	57.0	43.0	5.9	8.3	13.3	19.4	27.0	13.5	12.5	54.4	9.0	31.4	5.2	36.5	51.6	11.8

数据来源：CSM媒介研究

图6　2018年前三季电影频道联盟与所有频道观众构成对比（%，所有调查城市）

三、品牌拉动收视——优质平台引领电视电影收视市场

（一）全国覆盖，资源丰富——中央台六套（电影频道）

1. 全国市场收视表现强势，高收视电影尽在中央台六套

在全国电视电影市场当中，电影频道联盟成员中央台六套可谓一骑绝尘，引领着电视电影收视市场。2018年前3季度全国29省网中，电影类节目收视排行靠前的影片全

被中央台六套（CCTV6）收入囊中；其中，中国内地电影占据了绝大多数席位，港台电影个别穿插其中。在这些高收视电影类节目中，既有如《战狼2》《妖猫传》等在观众中影响力巨大的院线大片，也有如《举起手来》《少林寺》等虽然拍摄多年且在电视中多次播出但是深受观众喜爱，每次播出仍然能引起较大收视反响的时代经典电影。

表2　2018年前三季度电影类节目收视率排行前二十位（29省网）

排名	电影名称	播出频道	播出日期	播出时长	属性	收视率%	市场份额%
1	战狼2	中央台六套	2018/05/01	115:34	内地电影	2.25	7.91
2	妖猫传	中央台六套	2018/02/18	133:09	内地电影	2.22	7.71
3	奇门遁甲	中央台六套	2018/02/20	115:22	内地电影	2.19	7.20
4	举起手来之二追击阿多丸	中央台六套	2018/01/07	97:37	内地电影	2.07	6.49
5	战狼	中央台六套	2018/02/10	88:59	内地电影	1.97	5.93
6	渊子崖保卫战	中央台六套	2018/01/31	95:55	内地电影	1.93	6.48
7	少林寺	中央台六套	2018/06/03	101:32	港澳台电影	1.88	6.34
8	降魔传	中央台六套	2018/02/20	94:48	内地电影	1.85	6.81
9	犬王	中央台六套	2018/09/18	89:31	内地电影	1.84	6.26
10	澳门风云二	中央台六套	2018/03/25	110:46	内地电影	1.83	6.28
11	一个人的武林	中央台六套	2018/01/19	99:14	内地电影	1.80	6.19
12	遍地狼烟	中央台六套	2018/01/07	101:25	内地电影	1.80	5.79
13	密战	中央台六套	2018/02/19	106:16	内地电影	1.79	5.81
14	神偷燕子李三	中央台六套	2018/01/17	94:16	内地电影	1.76	5.72
15	黄金大劫案	中央台六套	2018/01/28	105:16	内地电影	1.75	5.45
16	鲛珠传	中央台六套	2018/04/06	105:41	内地电影	1.74	5.69
17	杨门女将之军令如山	中央台六套	2018/09/10	104:23	内地电影	1.72	6.16
18	侠捕	中央台六套	2018/09/17	87:39	内地电影	1.71	5.82
19	盗墓笔记	中央台六套	2018/02/13	121:48	内地电影	1.71	5.62
20	神捕铁飞花之血连环	中央台六套	2018/01/16	97:55	内地电影	1.70	5.46

数据来源：CSM媒介研究

2. 占据版权优势，院线大片小屏幕再掀高潮

中央台六套（电影频道）占有中央电视台特有的资源优势，拥有大量最新的电影资源和院线大片版权，因而影片从影院下架会优先在中央台六套播出，例如2017年全国院线热映、口碑及票房双丰收的《战狼2》；为还原大唐盛世，在不惜耗费巨资建立的唐城影视基地拍摄的《妖猫传》；反映我国缉毒警察为了保护中国边境平安，还遇难同胞清白，秘密跨境追捕毒贩，口碑空前的《湄公河行动》等。这些近年来在全国各大院线引起热议或掀起票房狂潮的电影，经中央台六套引进版权后，被搬上电视小荧屏播放，其影响力同样会反映出来，带来了不错的收视表现和讨论热度。

表 3　2018 年前三季度全国电视播出的高收视院线大片信息

电影名称	上映年份	豆瓣评分	累计票房（亿元）
战狼 2	2017	7.1	56.40
妖猫传	2017	6.9	5.26
湄公河行动	2016	8.0	11.70
长城	2016	5.0	11.70
盗墓笔记	2016	4.7	10.00
澳门风云 2	2015	5.5	9.72

数据来源：CSM 媒介研究

(二) 贴近当地特色，立足本土，打造地域强势品牌——湖南潇湘电影频道

1. 收视表现强势，引领本地电视市场

湖南潇湘电影频道于 2005 年成立，覆盖湖南全省 14 个地州市、122 个县级行政区、6800 万人口。该频道自开播以来就一直深受湖南观众的追捧和热爱，虽然开播年头并不长，与其他频道比起来还是一个相对较为年轻的频道，但是经过这些年的打磨，湖南潇湘电影频道已经成为湖南本地一个标志性的、引领当地电视市场的频道。

从湖南省网 2018 年前 3 季度主要频道全天收视走势来看，潇湘电影频道晚间发力，在 19:00 左右迎来第一波收视高峰，之后与湖南电视剧频道竞争成胶着状态，收视互有高低，一起拉动晚间收视市场。该频道曾连续一个多月在湖南省网晚间时段市场份额排名第一，其品牌效益和市场竞争力可见一斑（图 7）。

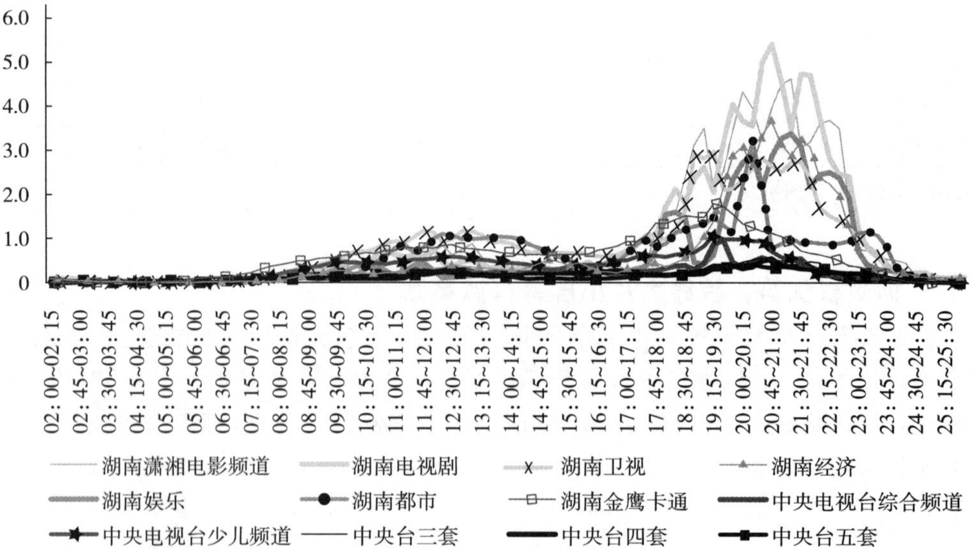

数据来源：CSM 媒介研究

图 7　2018 年前三季度湖南市场主要频道全天收视率（%）走势

2. 播出特色鲜明，更符合当地观众收视喜好

从2018前3季度湖南省网电影类节目收视排名前20位来看，湖南潇湘电影频道表现强势，收视排名靠前的影片都是由潇湘电影频道播出的，收视率破4、破5的影片非常多，有多部影片同时段市场份额更是超过了20%，可见其市场竞争力之强（表4）。

与全国观众对中央台六套的观影习惯不同，港台武侠类影片更受湖南市场观众的追捧。湖南潇湘电影频道2018年前3季度播出了电影1300余部，该类题材影片占了三分之一以上。了解地域观众喜好，摆正属于自己特有的频道定位，打造属于自己特色的频道品牌，是湖南潇湘电影频道成为湖南标志性频道之一的主要原因。

表4　2018年前三季度湖南省网电影类节目收视率排名前二十位

排名	电影名称	播出频道	播出日期	属性	收视率%	市场份额%
1	五遁忍术	湖南潇湘电影频道	2018/01/25	港澳台电影	5.82	17.55
2	萧十一郎	湖南潇湘电影频道	2018/04/12	港澳台电影	5.22	24.64
3	倚天屠龙记三	湖南潇湘电影频道	2018/04/05	港澳台电影	5.05	23.32
4	雾影奇侠	湖南潇湘电影频道	2018/03/17	内地电影	4.90	18.68
5	男儿当自强	湖南潇湘电影频道	2018/01/29	港澳台电影	4.85	16.93
6	小飞侠	湖南潇湘电影频道	2018/01/20	港澳台电影	4.74	16.61
7	少林铜人巷	湖南潇湘电影频道	2018/01/09	港澳台电影	4.59	20.93
8	绝代天骄	湖南潇湘电影频道	2018/04/13	港澳台电影	4.53	19.65
9	十字锁喉手	湖南潇湘电影频道	2018/01/30	港澳台电影	4.46	17.66
10	天蚕变	湖南潇湘电影频道	2018/04/23	港澳台电影	4.43	27.79
11	蜀山英雄传	湖南潇湘电影频道	2018/09/07	港澳台电影	4.39	21.28
12	龙虎斗	湖南潇湘电影频道	2018/05/22	港澳台电影	4.36	23.34
13	少林侠客	湖南潇湘电影频道	2018/01/16	港澳台电影	4.21	15.96
14	王者之风	湖南潇湘电影频道	2018/03/13	内地电影	4.20	23.77
15	倩女幽魂之道道道	湖南潇湘电影频道	2018/01/24	港澳台电影	4.20	14.58
16	整蛊专家	湖南潇湘电影频道	2018/01/19	港澳台电影	4.07	14.74
17	唐人街功夫小子	湖南潇湘电影频道	2018/09/26	港澳台电影	4.06	17.46
18	大侠沈胜衣	湖南潇湘电影频道	2018/01/18	港澳台电影	3.93	16.15
19	大刀王五	湖南潇湘电影频道	2018/09/28	港澳台电影	3.92	21.17
20	伏魔大师	湖南潇湘电影频道	2018/03/24	内地电影	3.88	16.44

数据来源：CSM媒介研究

四、结语

随着中国电影市场的蓬勃发展，电影得到了更多观众的关注和青睐，而观众对电影的欣赏水平和要求也越来越高。期待中国电影人能创造出更多更好的电影精品，电视媒体能在电视荧屏上把更多的好电影呈现给观众，让更多的观众可以在电视机这块小荧屏上感受到大电影的魅力。

（作者：卢文钊）

2018 年电视观众时移收视观察

早在 2014 年，CSM 媒介研究就开始进行时移收视测量的实践，从 2015 年开始对 12 个城市[①]进行时移收视跟踪观察，到 2016 年正式开始提供 15 个测量仪城市时移收视数据，再到 2017 年下半年开始进行 52 个测量仪城市的时移收视监测，CSM 媒介研究用数据见证了观众从开始产生时移收视行为、学习并适应这种新的收视行为，到逐步形成一种收视习惯的过程。本文利用 2018 年 52 城市时移收视数据来展示观众时移收视行为的特征。

一、双向互动设备拥有率已经不再是制约用户时移行为的主要因素

自 2012 年以来，随着数字电视的兴起和双向互动技术的发展，观众收视行为开始发生变化，从“你什么时候播、我什么时候看”的固定时间被动式观看方式逐渐向“在可选择的时间内，我想什么时候看就什么时候看”的主动收看方式发展。观众既可以通过有线双向互动机顶盒、IPTV 回看和点播电视节目，也可以通过互联网电视机顶盒或智能电视点播、回看电视节目，我们把这类在节目播出固定时间之外观众回看、点播已播出电视节目的收视行为统称为电视时移收视。

目前全球有 40 个国家和地区在直播收视率之外同时提供时移收视测量服务，点播、回看收视行为调查在技术与方法上的日臻成熟，使时移收视率逐渐得到了行业的认可，并成为评估电视增量价值的重要工具和指标。在我国，经过多年的数字有线网络改造和宽带普及，网络双向传输在我国多数地区早已完成，各地时移收视能否实现以及在多大用户范围内实现，主要取决于各地互动机顶盒的普及率以及回看、点播等互动功能的开通率。早在 2014 年，CSM 媒介研究便开始关注各地用户家中双向互动机顶盒的拥有情况，为时移收视监测做准备工作。2015 年以来，52 城市双向机顶盒拥有率成倍增长，CSM 媒介研究也将 2015 年时移收视监测的 12 个城市（时移设备用户比例超过 20% 的直辖市及省会城市）扩展到现在的 52 个城市。如今，52 个大中城市的双向互动机顶盒拥有率都达到了 20% 以上，其中 60% 以上的城市已经达到 50% 以上，各地每天发生时移

① 拥有时移设备样户的比例超过 20% 的直辖市、省会城市。

收视行为的观众大概在15%以下，与样户中双向互动机顶盒设备拥有率存在一定的差距，双向互动设备拥有率已不再是制约用户时移行为的主要因素。

二、观众非直播收视增长迅速，电视频道七天内播出节目的时移收视稳步增长

近些年来，各级频道收视的市场份额都有不同程度的下降，而“其他频道”组的市场份额却提升迅猛。“其他频道”组的数值包含了小区闭路、境外频道、数字电视收视以及时移收视等。2007年之前，这个数值还停留在较低的水平，那时“其他频道”组的收视还仅包括小区闭路以及境外频道的收视；从2007年起，我国开始大力发展数字电视，电视观众开始收看模拟频道以外的数字电视频道，自此，“其他频道”组的市场份额平稳升高；2012年以来，随着有线双向互动机顶盒、IPTV、OTT盒子的出现，用户点播回看行为逐渐增多，时移收视增长更为明显，“其他频道”组水涨船高；尤其是2016年以来，随着智能电视的爆发式增长，“其他频道”组的市场份额增长迅速，从最开始的3%左右上涨到11%，用了10年的时间，而从11%上升到19.1%仅仅用了3年时间。由此可见，网络的发展、软硬件的进步，给人们的收视行为方式带来了很大的影响。

52城市观众人均每天时移收视的时间并不长，2018年观众人均时移收视时长为5分钟，即平均每人每天仅仅拿出5分钟的时间来点播和回看电视频道7天内播出过的节目。52城市每天看电视的观众占4岁及以上所有电视家庭人口的一半，其中每天点播、回看电视的观众仅有7.7%。时移收视中，不论是观众的收视人数还是观众的收视时长，对整体收视总量的都贡献较小（表1）。

表1 2018年直播与时移人均收视时长及平均到达率（52城市）

人均收视分钟数	直播	128.5
	时移	5.0
平均到达率（%）	直播	49.3%
	时移	7.7%

数据来源：CSM媒介研究

观察CSM媒介研究自2016年开始正式进行时移收视监测的15个城市近些年收视数据的变化，我们可以发现，基本上所有城市的直播收视都呈明显下滑趋势，而人均每天时移收视时长却在增长（图1），尤其是成都、济南、天津、长沙、重庆和银川等地，增长明显。

从各年龄段观众每天分配给时移收视的时间来看，4~14岁青少年、儿童观众分配给点播、回看收视的比例最大，占该类观众总收视时长的5%，而对新兴事物比较慢热的老年观众仅仅将2.2%的收视时长分配给了点播、回看（图2）。

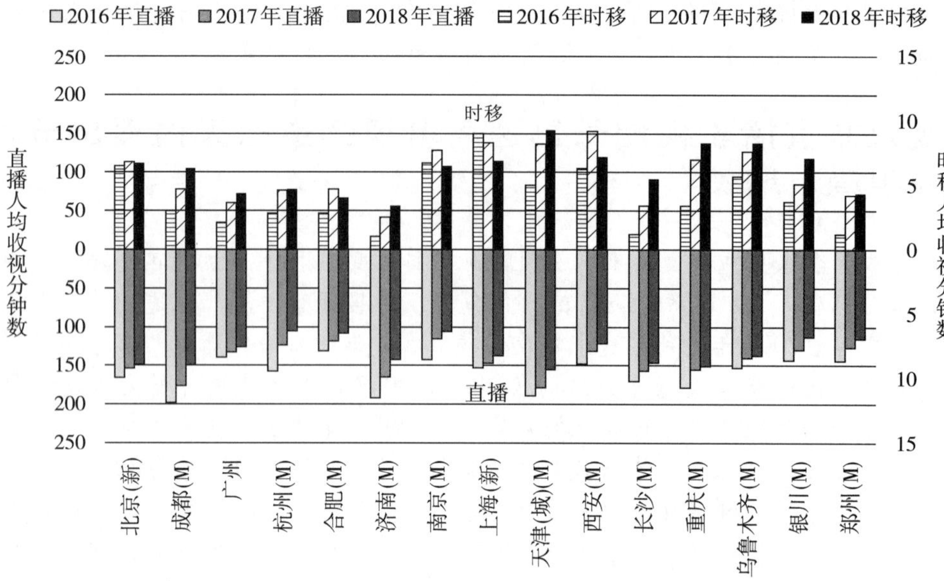

数据来源：CSM 媒介研究

图 1　2016～2018 年十五城市直播与时移人均收视时长

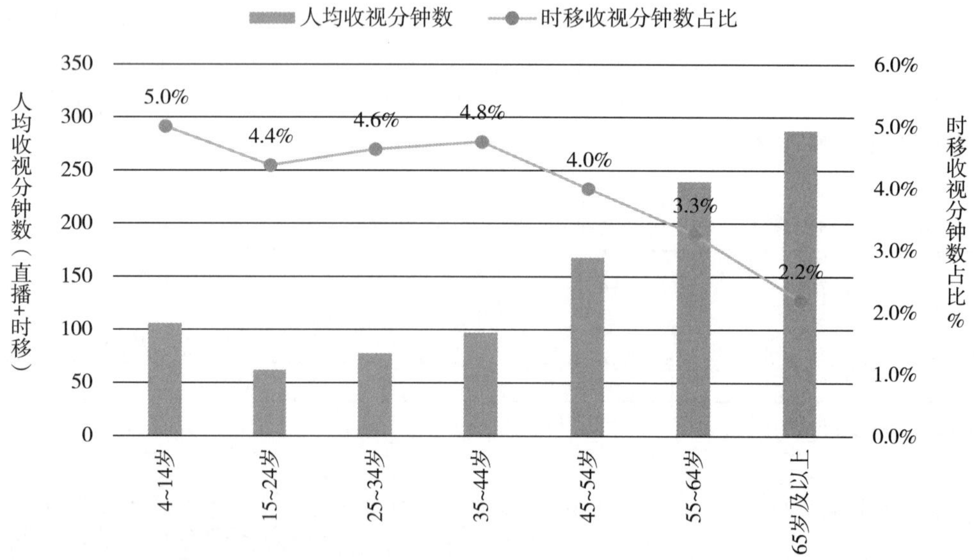

数据来源：CSM 媒介研究

图 2　各年龄组观众人均收视总分钟数（直播 + 时移）及时移收视分钟数占比（%，52 城市）

三、时移收视中伴随收视仍为主流，幼儿观众伴随收视忠实度更高

不论是直播收视还是时移收视，伴随收视的时长都较单独收视更长（图 3）。在直播

收视中，不论是伴随收视还是单独收视，15 岁及以上观众人均每天收视时长都随着年龄的增长而显著增多，越小和越老的观众，依赖伴随收视的时长越长。在时移收视中，由于操作的复杂性，4～6 岁及 55 岁及以上人群的点播、回看操作能力较差，因此他们主要依靠伴随收视的方式来进行时移收视，65 岁及以上观众由直播收视时长第一的观众群体下降为第三群体，而 7～14 岁及 35～54 岁观众则由于其操作能力较强，对电视内容选择的自主性要求较高，他们日常点播、回看收视时单独收视的时长已经和伴随收视的时长接近，并无太大差异（图 3）。

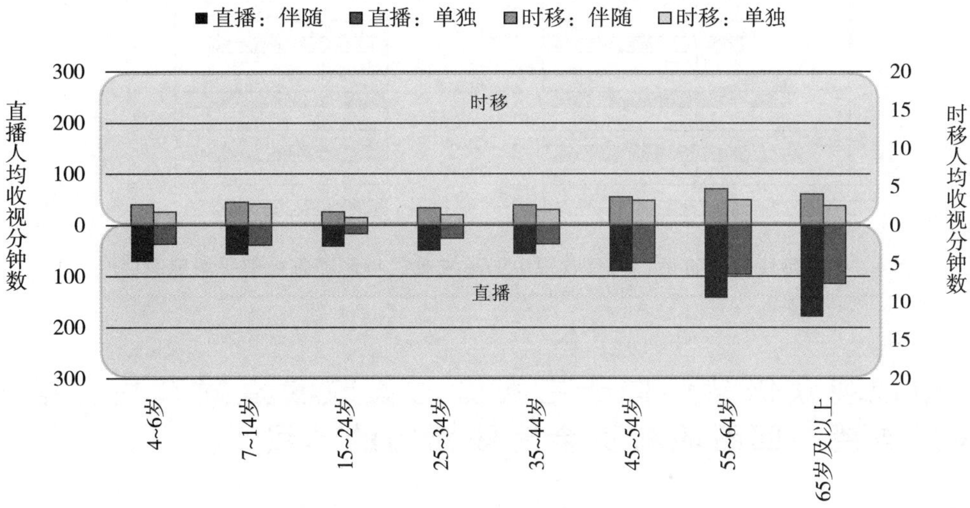

数据来源：CSM 媒介研究

图 3　各年龄段观众直播、时移收视中的单独与伴随收视时长（人均收视分钟数）

直播收视中，对于大多数年龄段的观众来说，伴随收视的观众忠实度更高；而时移收视中，35～54 岁和 65 岁及以上观众单独收视的忠实度更高。

在直播收视中，各年龄段观众“被动”收看电视台直播节目，他们能够主动选择的只有频道，一旦确定了频道，观众便“容忍”电视直播的线性播出内容，此时家庭成员间的相伴可能会弱化他们对电视台直播节目的不满或不喜欢，电视收视以外，他们获得了更多的其他方面的满足，如亲子陪伴、情感交流等。尤其是陪伴需求更加强烈的 4～6 岁、65 岁及以上年龄段观众，他们的伴随收视忠实度大幅高于单独收视（图 4）。

时移收视的情况更加复杂。对于 4～6 岁比较依赖家庭成员辅助点播、回看节目的小孩子来说，其伴随收视的忠实度显著高于单独收视；但对于 35～54 岁和 65 岁及以上年龄段的观众来说，他们单独收视的忠实度更高，这部分观众更喜欢依据自己的个人喜好点播、回看自己想要观看的节目，不愿被伴随收视的观众的节目偏好所影响，而是忠实于自己的选择进行收视。对于自主意识比较强的观众来说，伴随收视行为反而会降低他们的忠实度（图 4）。

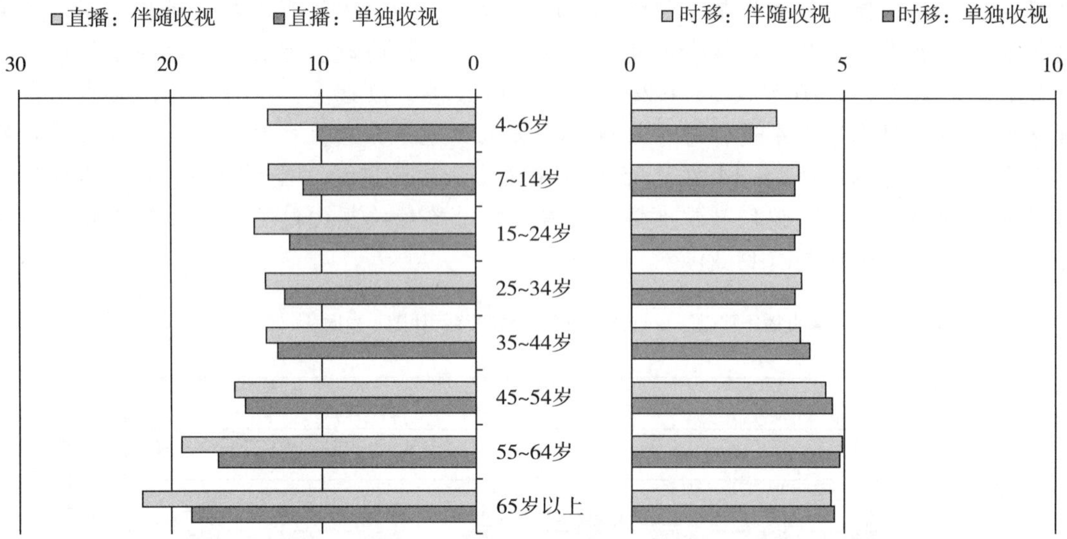

图4　各年龄段观众直播、时移收视中的单独收视与伴随收视的平均忠实度（%）

四、电视观众仍然倾向于在黄金时段收看直播节目，错过后再通过点播、回看收看黄金时段播出的节目

观众收看直播节目与点播、回看节目的全天时段走势大体一致，夜晚和凌晨收视较低，中午与晚间时段呈现两个收视高峰。不同的是，晚间时移收视高峰与直播收视相比滞后大概40分钟，晚间直播收视高峰出现在20:45左右，此时观众更愿意选择收看电视台播出的直播节目，这与他们常年的收视习惯相一致，晚间黄金时段的直播节目过后，观众才会选择点播、回看自己所喜爱的电视节目（图5）。

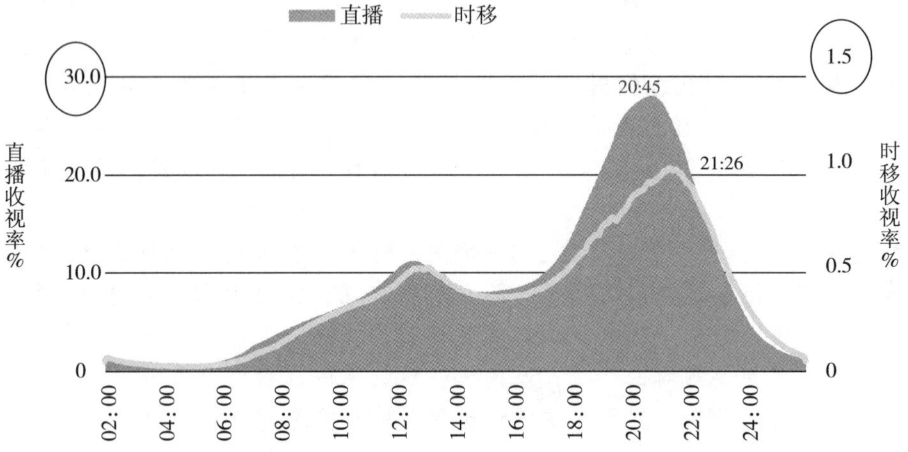

数据来源：CSM媒介研究

图5　2018年直播/时移收视率全天时段走势（52城市）

我们观察全天节目被时移收视的特点可以看到，每天晚间《新闻联播》结束后的19:30～20:10时段以及20:35～21:10时段播出的节目被时移的收视率很高，此期间主要是各大卫视晚间播出的2集电视剧。由于观众回看节目时会跳过其中的广告部分，因此从图中我们可以明显地看到两集电视剧中的广告时段时移收视瞬间降低，这也与时移收视观众能主动选择节目内容的行为特点相一致。此后的21:20～23:00时段，节目的时移收视率也较高，因为各大综艺节目常在这个时段播出，从而带动了此时段节目的时移收视（图6）。

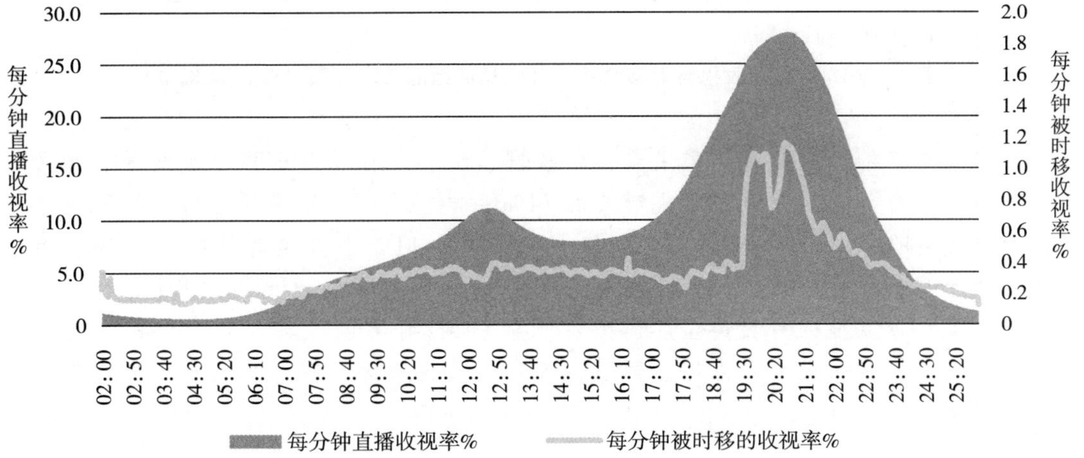

数据来源：CSM媒介研究

图6 2018年全天每分钟的直播收视率及其被时移的收视率（52城市）

五、省级卫视在时移收视的频道选择中占据半壁江山，观众点播、回看的节目主要集中在电视剧和综艺节目上

直播收视属于观众被动收视行为，回看、点播节目属于观众主动收视行为。因此，相比直播收视市场，时移收视市场的频道竞争格局能更加鲜明地体现观众对各级频道的喜爱程度。

2018年，观众在直播收视中将28%的份额分配给了省级上星频道，而在时移收视中，观众则将近50%的份额分配给了省级上星频道，几乎达到直播中的一倍；中央级频道是观众点播、回看的第二选择，占有28.8%的份额，仅比直播份额（30.3%）略少；而观众在点播、回看时较少选择省级地面及市级频道，分别仅占16.8%和2.3%的份额（图7）。

从节目角度来看，节目的直播收视比重是观众对各类节目实际分配的收视时长比重，它是对观众收视“行为”的描述，而节目的时移收视比重反映的却是观众在各类节目中主动选择自己所喜爱节目的收视时长比重，它更像是对观众收视“态度”的一种反映：分配的时间越多，可以说观众越喜爱收看这类节目。

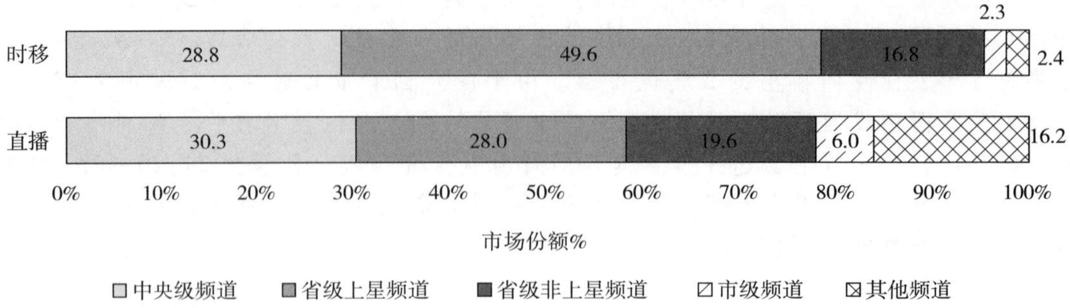

数据来源：CSM 媒介研究

图 7　2018 年直播收视与时移收视中各级频道组的市场份额（%，52 城市）

从各类节目的时移收视比重来看，电视剧、综艺、青少及电影是观众最喜爱收看的 4 类节目，合计占观众时移收视时长的 74%；电视剧收视比重从直播中的 33% 上升至时移中的 44%，综艺类节目收视比重从直播中的 11% 上升至时移中的 14%；青少和电影类节目的收视比重虽然整体不高，但在时移收视中的比重均为 8%，也是时移收视中较受大家欢迎的节目类型。时效性强的新闻/时事以及较为常态化的专题和生活服务类节目则很少被观众点播、回看，与直播收视相比，在时移收视中的比重显著缩小（图 8）。

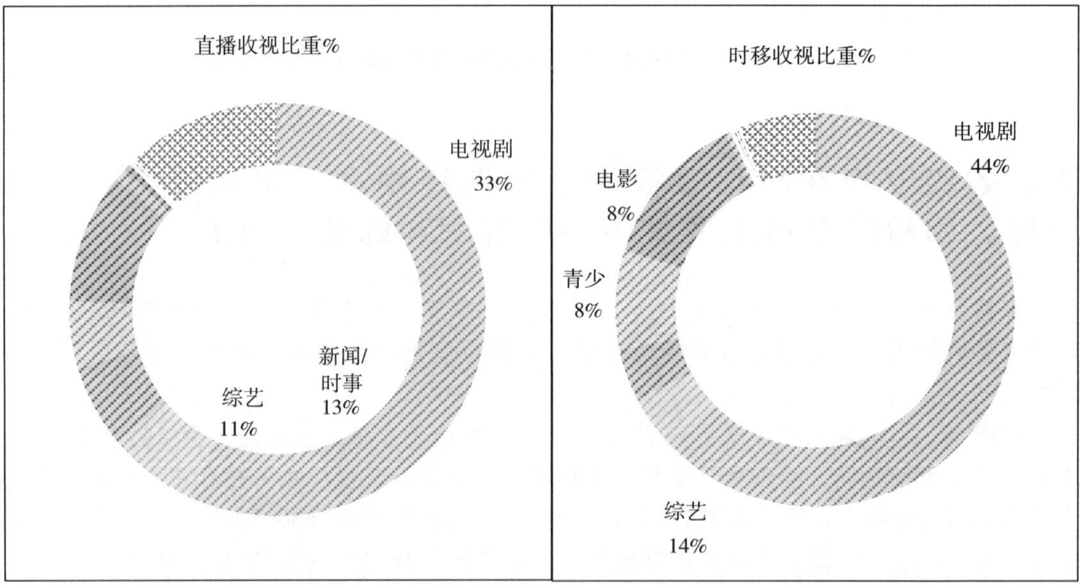

数据来源：CSM 媒介研究

图 8　2018 年各节目类型的直播及时移收视比重（%，52 城市）

六、时移观众从低龄、年轻、高学历人群逐渐向其他人群扩大；儿童及年轻观众倾向于收看省级上星频道，中老年观众越发青睐中央级频道

相比直播收视观众的年龄构成，时移收视观众的年龄构成中与直播差异较大的是65岁及以上老年观众，其在时移观众中所占比例比在直播观众中减少了将近一半；而25～44岁人群的时移观众构成比例明显高于其在直播收视中的观众构成比例，这部分观众更愿意选择用点播、回看的方式进行收视。2018年，时移观众的年龄层由年轻化逐渐向中老年扩展。从不同受教育程度群体的观众构成来看：直播收视中初中以下学历人群是收视的主力，而时移收视中高中及大学以上学历观众构成了收视的主力。高中学历人群在时移收视观众中的比例较在直播收视观众中略高，成为时移收视观众的第一大群体；大学及以上学历观众在时移观众中所占的比例比在直播观众中高了近7个百分点，与直播观众构成差异最大，达到27.1%，成为时移收视观众的第二大群体。2018年，不同学历的时移观众正在由大学及以上学历人群向中低学历人群扩展。

年纪越轻的观众，回看、点播省级上星频道的越多。随着年龄的增长，省级上星频道的竞争优势逐渐降低，省级地面频道和中央级频道的竞争优势逐渐增强。44岁及以下观众的时移收视中，省级上星频道的市场份额超过52%，在各级频道中领先优势突出，尤其是在4～14岁少年儿童观众中，省级上星频道的市场份额达到62%；而在45岁及以上的观众中，省级上星频道在时移收视中的竞争优势减弱；在55～64岁人群的时移收视时间分配中，省级地面频道的时移收视份额达到24%；65岁及以上观众时移收看中央级频道的市场份额达到36%，为各年龄段观众之首（图9）。

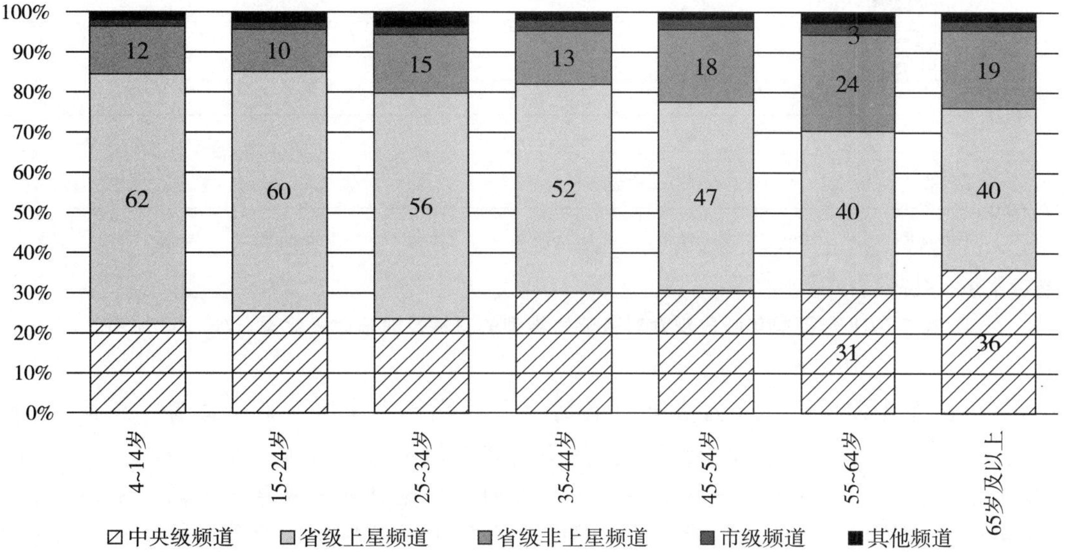

数据来源：CSM 媒介研究

图9　2018年各年龄段观众时移收视中各级频道组的市场份额（%，52城市）

从不同类别观众对各类节目的直播收视比重和时移收视比重对比中我们可以看到，对于大众都非常喜爱的节目类型，如电视剧、综艺、青少及电影类节目，同类观众的直播收视比重显著小于时移收视比重，观众选择的喜好程度在时移收视上表现得更加鲜明；而对于时效性较强的新闻/时事类节目，观众更多地选择以直播方式收看；对于并非所有观众都喜爱的节目类型，如生活服务、专题等类节目，时移收视比重明显小于直播收视比重（图10、图11）。

从不同年龄段观众对各类节目的时移收视比重来看，观众分配给电视剧类、新闻/时事类节目的时长比重随着其年龄的增长而增加，尤其是电视剧类节目，随着年龄的增长，观众分配的收视时长比重显著增加；而综艺类节目恰恰相反，除了4～14岁儿童观众，其他观众则随着年龄的增长而减少收视时长比重；对于青少类节目，明显可见“妈妈爸爸”类和“孩子”类观众点播、回看的时长比重较大；对于生活服务、体育、专题等类节目，观众的时移收视比重较小，各年龄段观众的时移收视比重相对均衡（图10）。

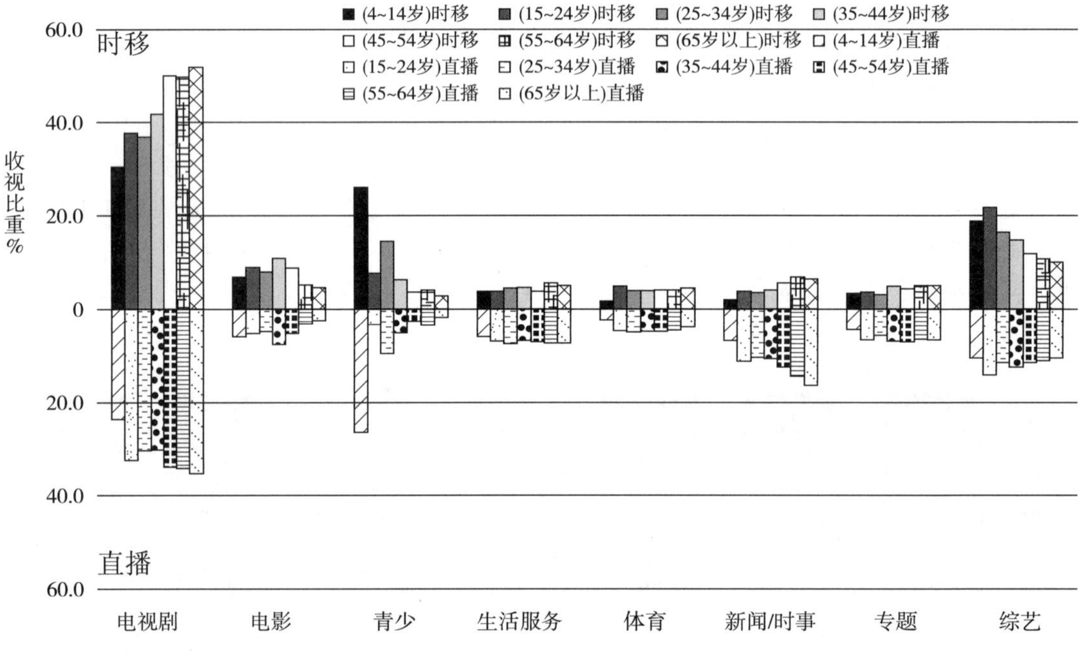

数据来源：CSM媒介研究

图10　2018年不同年龄段观众对各节目类型的直播及时移收视比重（%，52城市）

从不同受教育程度观众对各类节目的时移收视比重来看，对于体育、新闻/时事、专题类节目，各类观众分配的时长比重随着其学历的增长而增加；与其类似，除了大学及以上学历观众外，各类观众在电视剧类节目的收视比重也随着学历的增长而增加；而青少类节目则呈现出明显的随着学历的增长而分配的时长比重减少的特点；对于综艺类节目，小学学历及大学及以上学历观众分配的时长比重更高；对于电影类节目，各学历人群的收视时长比重相对较为均衡（图11）。

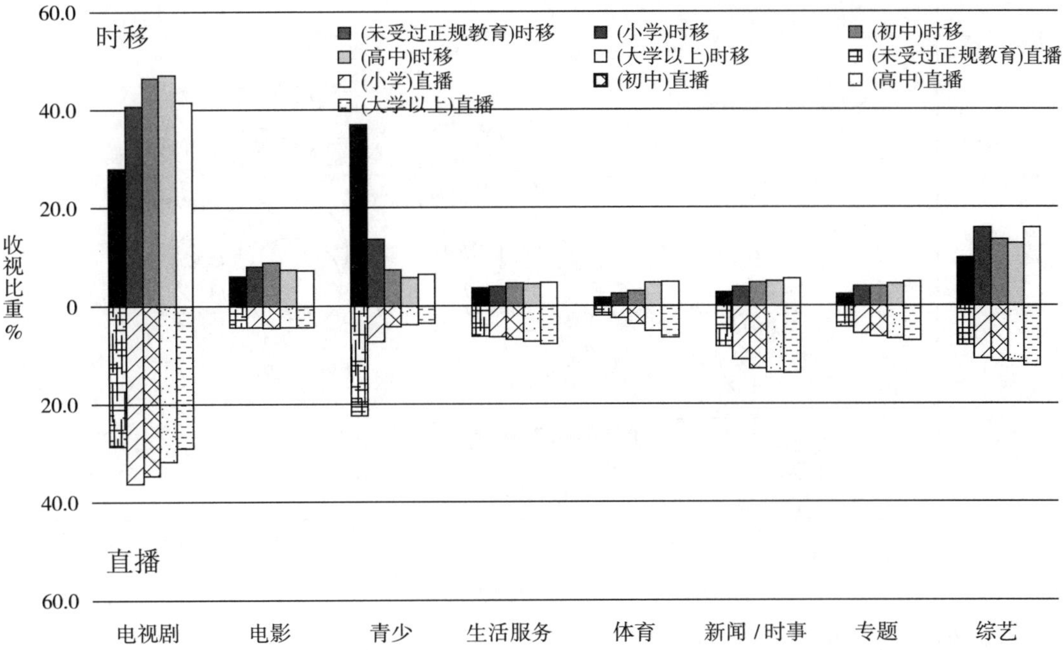

数据来源：CSM 媒介研究

图 11 2018 年不同受教育程度观众对各节目类型的直播及时移收视比重（%，52 城市）

七、爆款节目的时移收视可能超过直播，后续收视效应明显，收视增量不容忽视

当我们对观众全天时移收视总量进行考察时，发现不论是每天人均点播、回看电视节目的时长，还是到达的观众，时移收视都还较为有限，每年的增量不是很大，时移收视行为还没有成为大众日常观看电视的主要行为。但是针对某一特定节目，尤其是爆款节目，在直播收视率高的同时，观众点播、回看的量也非常可观。在当前的热点节目收视分析中，时移收视显然已经成为不可或缺的一部分，直播与时移收视率的综合应用，使得我们对节目的收视分析更加全面。

2018 年直播收视前 10 名的电视剧和综艺节目的直播与时移收视率如图 12 和图 13 所示。2018 年，部分收视较高的电视剧通过观众回看、点播获得了相当于首播收视 11% ~22% 的收视增量（图 12），部分高收视季播综艺节目获得了将近首播收视 7% ~ 73% 的收视增量（图 13），由此可见，时移带来的收视增量相当可观。

北京卫视和上海东方卫视 2018 年 2 月 28 日开始同步播出的 45 集电视剧《美好生活》，于 2018 年 3 月 26 结束播出。该剧首播平均收视率为 2.45%，时移收视率为 0.54%，时移收视率占首播收视率的 22.0%。2018 年 3 月 2 日播出的第 5 集，时移收视率居各集之首，为 0.70%，给该集首播带来了 42.0% 的收视增量（图 14）。

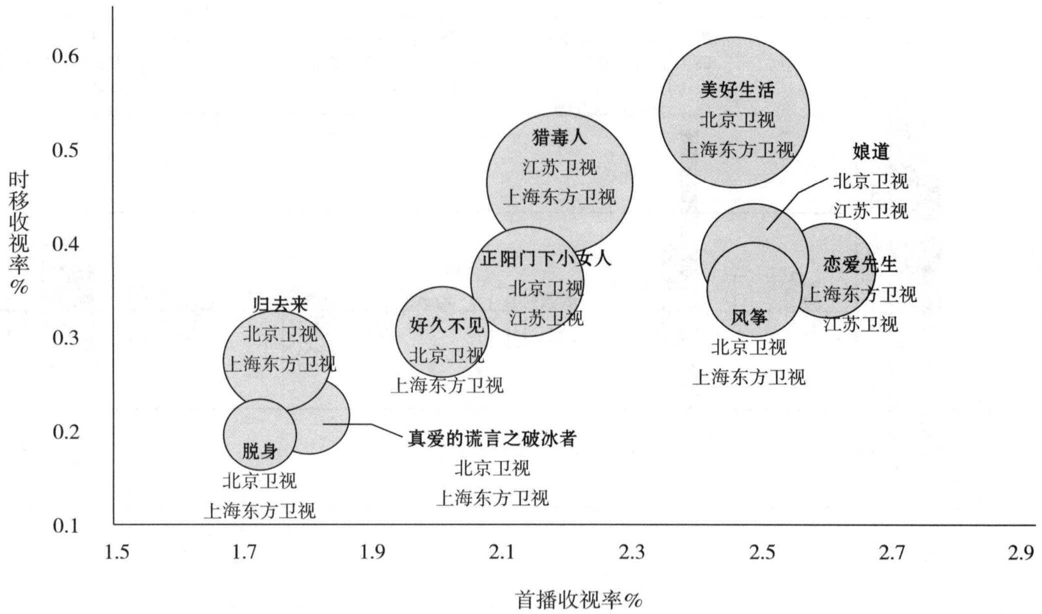

数据来源：CSM 媒介研究

注：图中圆的直径代表了时移收视率% 与直播收视率% 的比值

图 12　2018 年直播收视前十位电视剧的首播收视率、时移收视率及时移与首播收视率的比值（%，52 城市）

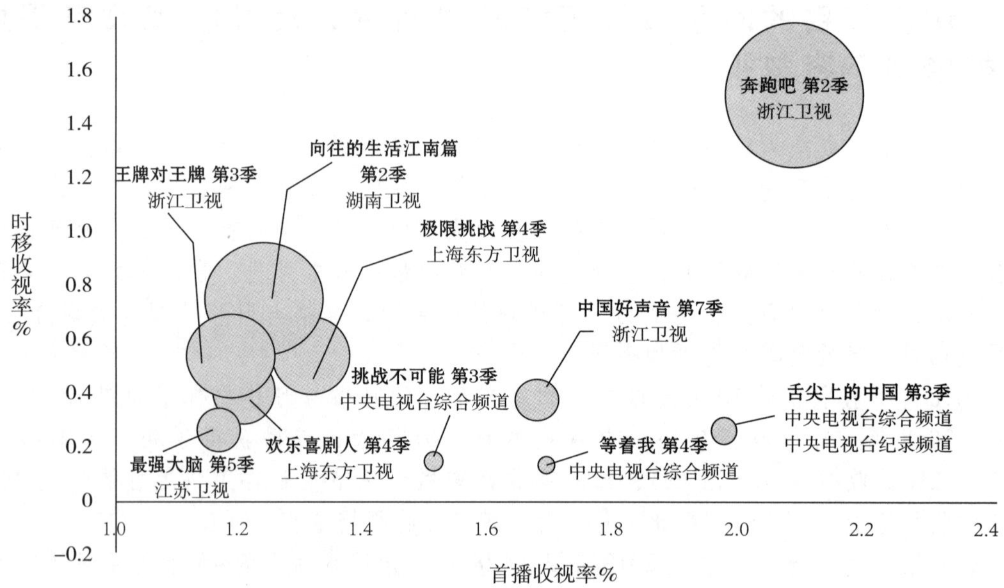

数据来源：CSM 媒介研究

注：图中圆的直径代表了时移收视率% 与直播收视率% 的比值

图 13　2018 年直播收视前十位综艺节目的首播收视率、时移收视率及时移与首播收视率的比值（%，52 城市）

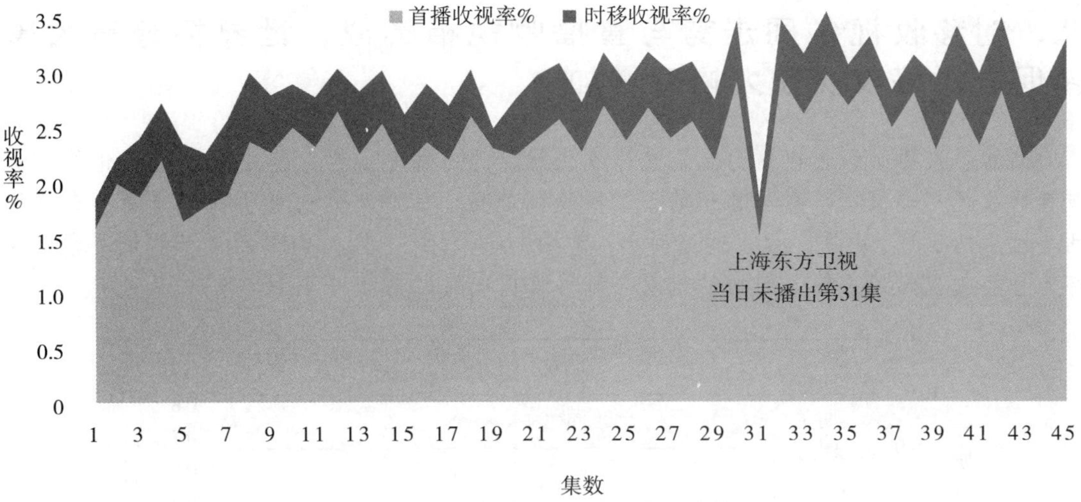

数据来源：CSM 媒介研究

图 14　《美好生活》分集首播收视率与七天内时移收视率（%，52 城市）

时移收视显著超过首播收视的现象，在个别爆款节目播出后时有发生。如浙江卫视 2018 年 4 月 13 日开播的《奔跑吧》第二季，于 6 月 29 日顺利收官，共播出 12 期。本季节目首播收视率为 2.08%，时移收视率为 1.51%，时移收视给该节目带来了相当于其首播 72.6% 的收视增量；第 11 期（6 月 22 日）的时移收视率最高，达到 2.48%，是首播收视率（1.82%）的 1.4 倍（图 15）。

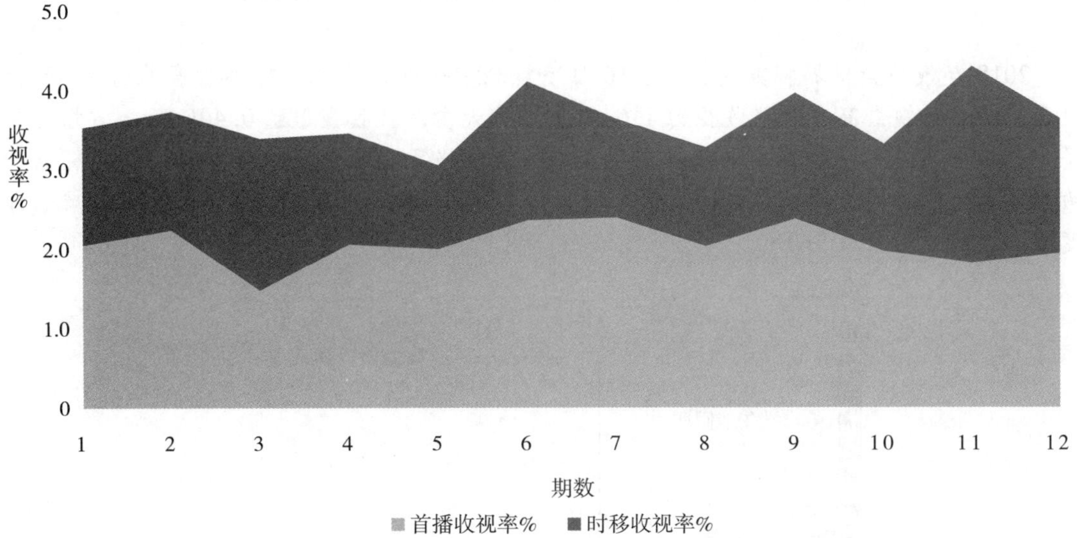

数据来源：CSM 媒介研究

图 15　《奔跑吧》分期首播收视率与七天内时移收视率（%，52 城市）

八、时移收视各周走势与直播收视相类似，世界杯等重大事件促进时移收视较大幅度增加

回看、点播时移收视作为观众整体收视行为的一部分，在一年中随日期变化的走势与直播收视相类似。寒假及春节期间直播收视最高，其对应的时移收视也最高；春节和两会过后的3月、4月，收视逐渐回落；5月、6月保持平稳。2018年春节和俄罗斯世界杯对直播收视起到了较大的拉动作用，时移收视也随之增加（图16）。

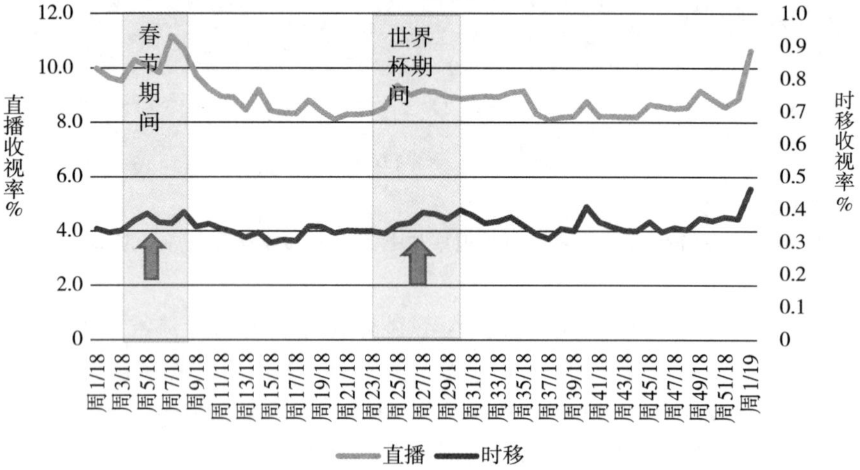

数据来源：CSM媒介研究

图16　2018年时移及直播收视率分周走势（%，52城市）

2018年俄罗斯世界杯期间，6月16日凌晨02:00进行的第一轮小组赛葡萄牙VS西班牙的时移收视最高。首播收视为1.64%，其7天内时移收视率达0.40%，给首播带来了24.4%的收视增量，时移收视主要发生在比赛的当天和第二天（图17）。世界杯竞争激烈的淘汰赛期间，尤其是夜间或凌晨播出的各场比赛，其时移收视对首播均贡献了幅度不一的收视增量（图18）。

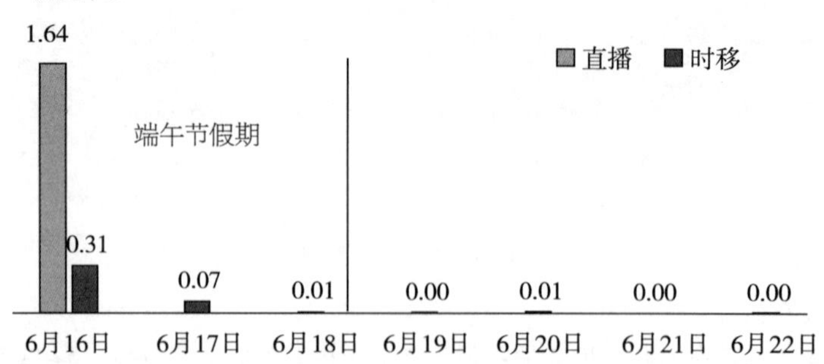

数据来源：CSM媒介研究

图17　2018年世界杯第一轮小组赛葡萄牙VS西班牙的七天内时移收视（%，52城市）

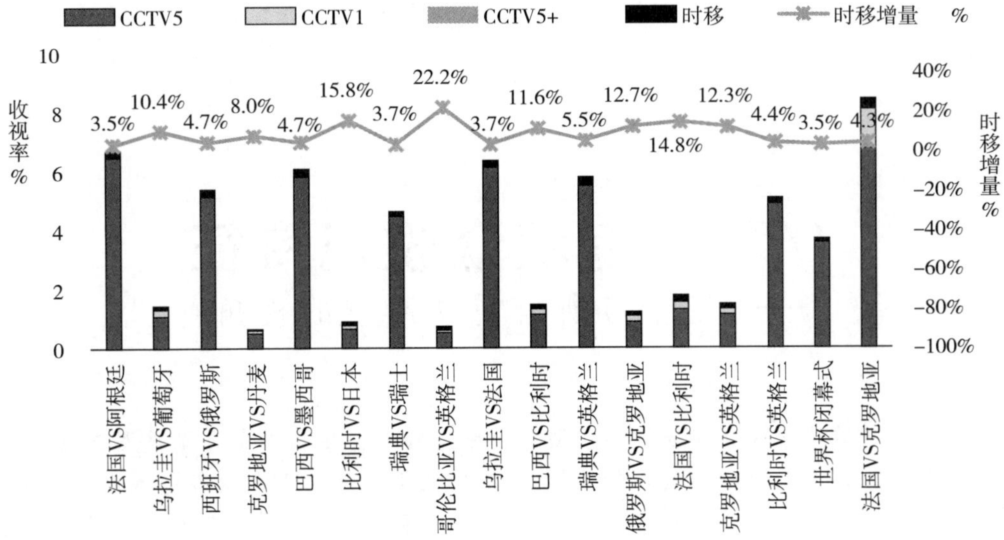

数据来源：CSM 媒介研究

图 18　2018 年俄罗斯世界杯淘汰赛各场比赛直播与时移收视率（%，52 城市）

九、结语

我们说直播收视率是一个行为指标，它反映的是观众的收视行为，无法回答观众是否喜爱节目等态度方面的问题；而时移收视是观众的自主选择，时移收视率反映的是观众自主选择节目的收视水平，它能更好地反映观众对节目的收视态度——我喜爱、我点播。因此，时移收视率可以被视为一种间接的收视态度和收视偏好的测量。随着全国各城市时移收视条件的成熟，CSM 媒介研究从 2017 年下半年便将时移调查城市扩大到了 52 个测量仪城市，以期为业界提供更加全面、更加详细的时移收视数据，为传统电视价值做增量。

2018 年，时移收视的整体特征与前些年非常相近。在直播收视逐渐下滑的今天，电视频道 7 天内播出节目的时移收视实现了稳步增长。观众仍然喜欢点播、回看省级上星频道的电视剧、综艺类节目。时移观众从低龄、年轻、高学历人群逐渐向其他人群扩展，一些爆款电视剧和综艺节目的时移收视已经超过直播，收视增量明显。世界杯等重大事件也不同程度地促进了观众的时移收视，个别比赛的时移收视为首播带来了非常可观的增量，观众的时移收视量已经成为节目收视分析中不可忽略的一个组成部分。

（作者：胡文慧）

OTT 家庭观众收视特征
——基于与所有观众比较的视角

我国的电视收视设备正在向数字化演进，原有的单向传输设备逐渐被双向互动设备所替代。其中，以智能电视为代表的 OTT 设备最值得关注。OTT 设备进入观众家庭后，给观众带来了新的使用体验，联网后的 OTT 设备直接扩充了观众可在电视大屏上收看的内容资源。在这种收视场景中，回看和点播内容作为电视大屏收视的一部分，正在与直播内容共享观众。本文将通过分析家中有智能电视或互联网盒子的家庭观众（简称 OTT 家庭观众），基于与所有观众比较的视角，观察 2018 年 OTT 家庭观众的收视特征。

一、电视设备的数字化发展

1. 双向互动设备占比大幅增长，IPTV 与 OTT 对有线电视的威胁逐步加大

2018 年，我国有线电视用户占比下滑，同比下降了 7.1 个百分点；双向互动设备如 IPTV 和联网 OTT 占比大幅增长，占比分别达 36.1% 和 22.7%（图 1）。

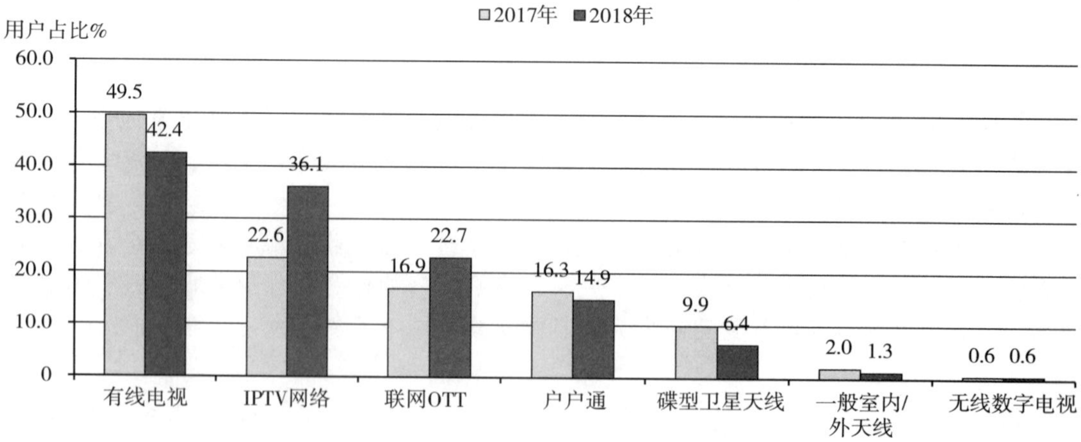

数据来源：CSM 2018 年基础研究，全国

图 1　中国家庭电视信号接入方式

在有线电视服务中，双向有线可提供点播等互动服务。《中国有线电视行业发展公报》数据显示，2018 年年底，双向有线用户数在有线电视规模整体下滑的背景下，同比略微增长，覆盖规模涨幅仅为 0.14%。有线电视虽有能力向双向服务转变，但发展势头远不及 IPTV 和 OTT（图 2）。

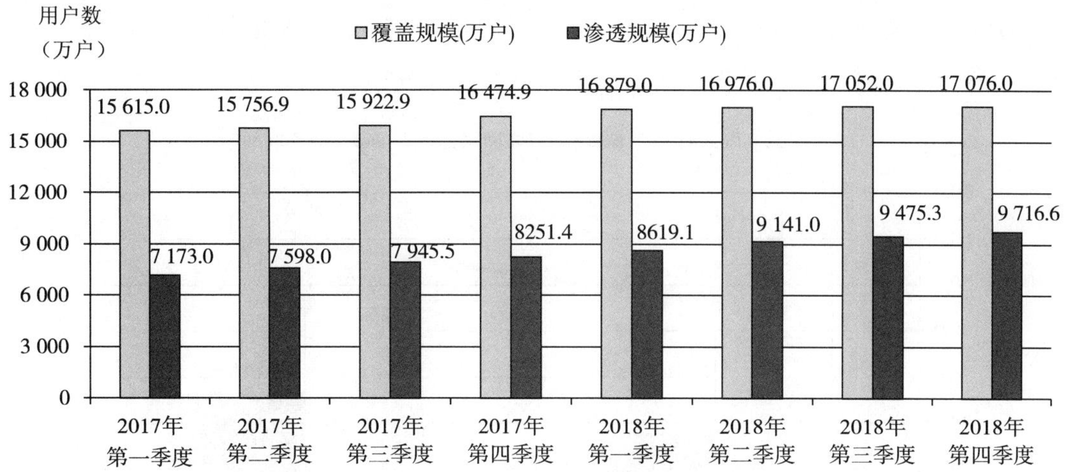

数据来源：中国广播电视网络有限公司《中国有线电视行业发展公报》

图 2　有线电视双向覆盖规模及渗透规模

2. 新增 OTT 设备连接入网以及存量 OTT 设备逐渐联网化，促使联网 OTT 设备增加

OTT 设备包括智能电视和互联网盒子，其中智能电视常跟随家庭电视设备更新换代进入观众家中。奥维云网数据显示：2018 年我国智能电视零售渗透率达 95%，当前所售卖的彩色电视机基本为智能电视。从 2018 年 CSM 媒介研究基础研究数据来看，52 城市电视观众家中有 OTT 设备的家庭占比从 2017 年的 38.5% 上升到 2018 年的 44.9%，提高了 6.4 个百分点（图 3）。

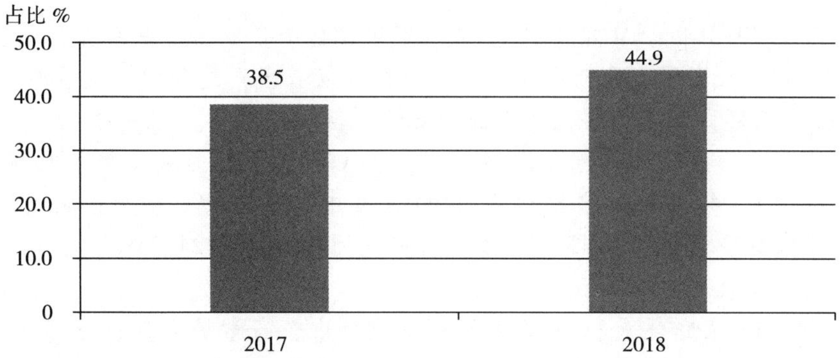

数据来源：CSM 2018 年基础研究，52 城市组

图 3　2017～2018 年 CSM52 城市组 OTT 家庭户占比（%）

OTT 设备进入观众家中后，观众必须联网才能使用 OTT 提供的点播服务，访问互联网上的内容资源，否则与普通电视机无异。受联网条件和使用习惯所限，我国居民家庭中 OTT 设备并非均处于联网使用状态。从 2018 年 CSM 媒介研究的基础研究数据来看，52 城市中使用 OTT 设备联网收看的家庭占所有电视家庭的 26.6%，联网率为 59.2%。OTT 设备联网率虽不尽理想，但相较于 2017 年的 45.7% 已提高了 13.5 个百分点，增速超过 OTT 设备覆盖的增速。由此可见，除了新购入的 OTT 设备连接入网，观众家中原有的 OTT 设备也在逐渐由不联网状态转向联网状态（图 4）。

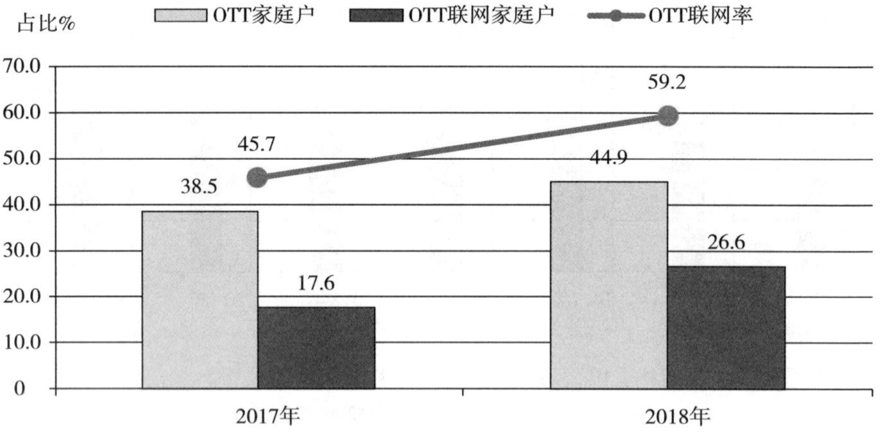

数据来源：CSM 2018 年基础研究，52 城市组

图 4　2017～2018 年 CSM 52 城市组 OTT 家庭户和 OTT 联网家庭户占比（%）

电视设备的数字化趋势不可逆，观众将跟随技术革新，从单纯直播收视向包括直播、回看和点播的混合收视转变。在观察拥有 OTT 设备观众的收视行为时，OTT 联网状态所造成的收视差异值得关注。

二、OTT 家庭观众构成特征

本小节基于 2018 年 CSM 媒介研究 52 城市组收视调查数据，观察所有观众、OTT 家庭观众、OTT 联网家庭观众的构成异同。从图 5 可以看出，这 3 组观众在性别构成方面无明显差异，3 组观众均是男性比例略高于女性，但相差不多。

在年龄构成方面，52 城市组 OTT 家庭观众和 OTT 联网家庭观众较所有观众更年轻。OTT 联网家庭中 4～44 岁观众占比达 47.66%，其中各年龄段观众所占比例均高于另两组观众。OTT 家庭观众年龄在 45～54 岁的所占比例最高，达 24.26%，其他年龄组占比水平均在另两组观众之间（图 6）。

52 城市组 OTT 家庭观众和 OTT 联网家庭观众中，高学历人群占比高于所有观众。在 OTT 家庭观众和 OTT 联网家庭观众中，高中及以上学历的观众占比分别为 54.05% 和 59.57%（图 7）。

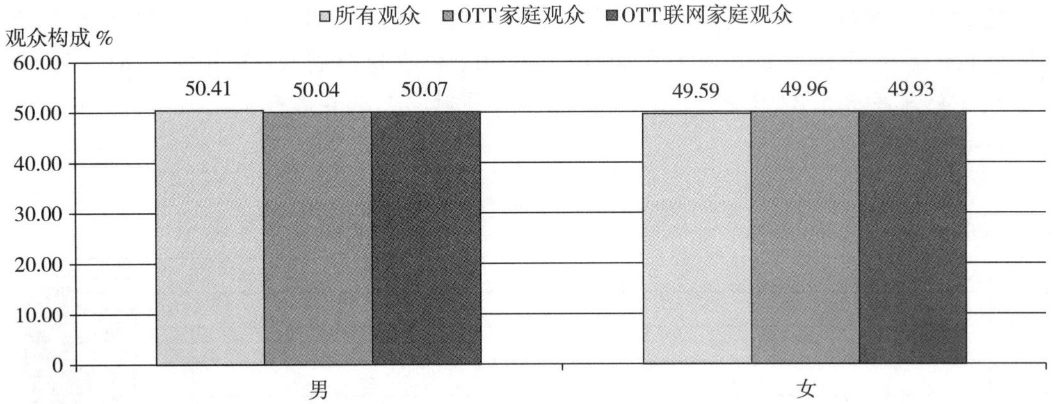

数据来源：CSM 媒介研究 52 城市组

数据周期：2018 年 4 月 1 日 ~2018 年 12 月 31 日

图 5　CSM 52 城所有观众/OTT 家庭观众/OTT 联网家庭观众性别构成（%）

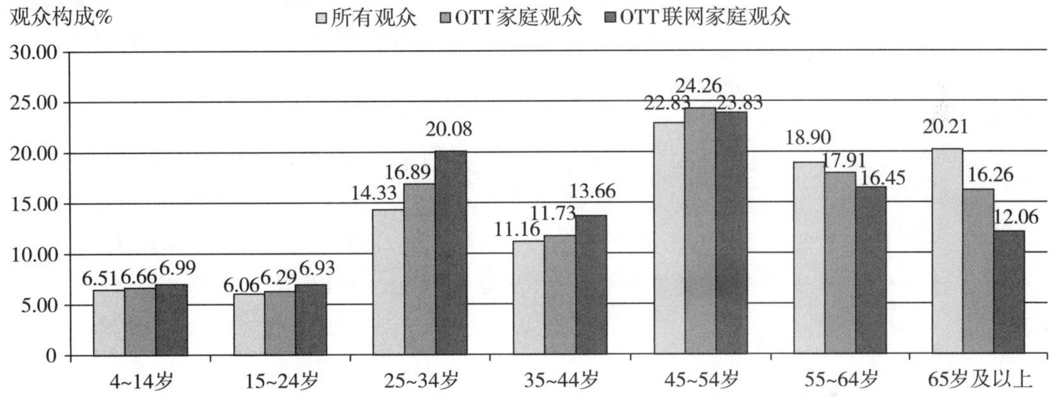

数据来源：CSM 媒介研究 52 城市组

数据周期：2018 年 4 月 1 日 ~2018 年 12 月 31 日

图 6　CSM 52 城所有观众/OTT 家庭观众/OTT 联网家庭观众年龄构成（%）

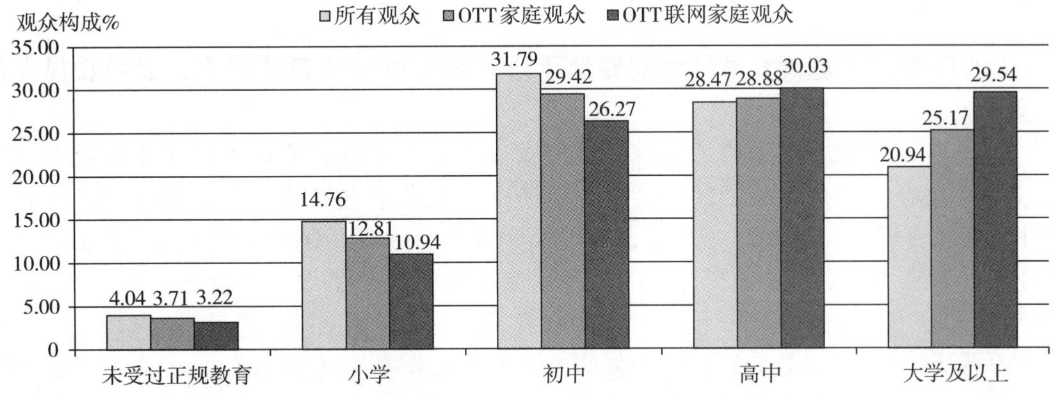

数据来源：CSM 媒介研究 52 城市组

数据周期：2018 年 4 月 1 日 ~2018 年 12 月 31 日

图 7　CSM 52 城所有观众/OTT 家庭观众/OTT 联网家庭观众受教育程度构成（%）

52 城市组 OTT 家庭观众和 OTT 联网家庭观众的家庭月收入更高。OTT 家庭观众和 OTT 联网家庭观众的家庭月收入在 5901 元及以上的占比分别为 75.30% 和 81.75%，较所有观众分别高出 5.22 个和 11.67 个百分点。同时，二者在各较低收入组的占比均低于所有观众（图 8）。

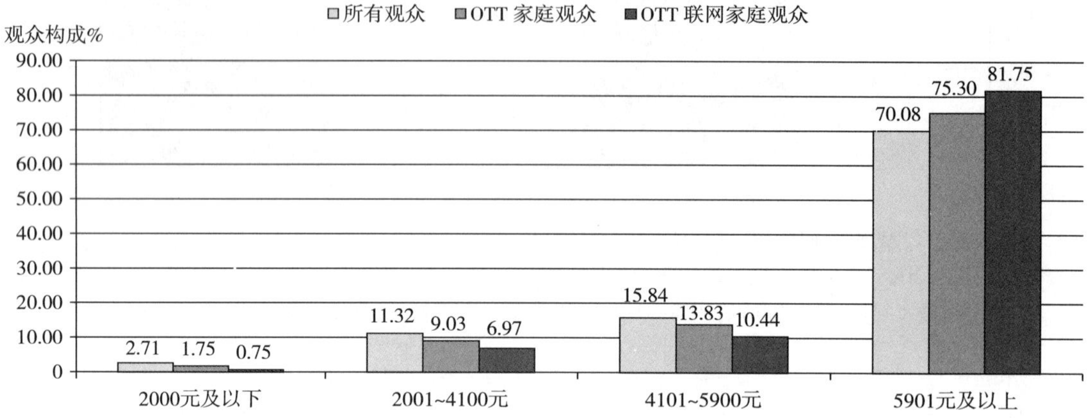

数据来源：CSM 媒介研究 52 城市组

数据周期：2018 年 4 月 1 日 ~2018 年 12 月 31 日

图 8　CSM 52 城所有观众/OTT 家庭观众/OTT 联网家庭观众家庭月收入构成（%）

由上我们可以看出，52 城市组中，从所有观众到 OTT 家庭观众，再到 OTT 联网家庭观众，逐步呈现出更年轻、更高知、收入更高的特征，OTT 联网家庭观众的特点最为鲜明。

三、OTT 家庭观众直播收视特征

本小节基于 2018 年 CSM 媒介研究 52 城市电视收视调查数据，对所有观众、OTT 家庭观众、OTT 联网家庭观众的直播收视行为进行比较分析。

1. OTT 联网家庭观众总体收视略低于所有观众和 OTT 家庭观众，暑期收视表现较突出

2018 年，52 城市组 OTT 联网家庭观众收视率略低于所有观众和 OTT 家庭观众（图 9）。分月来看，所有观众在 2018 年 4 月至 5 月的直播收视率均略高于 OTT 家庭观众和 OTT 联网家庭观众（图 10）。而在 2018 年 6 月至 8 月暑期，OTT 家庭观众的直播收视率均小幅超过所有观众；与此同时，OTT 联网家庭观众的直播收视率也达到了全年高峰，收视率接近 9%。此后各月，所有观众的收视率仍较其他两组观众更高。

分周天来看，52 城市 3 组观众在周末两天的收视率明显高于工作日，均接近 10%（图 11）。与工作日相比，OTT 家庭观众和 OTT 联网家庭观众在周末的收视率较所有观众收视水平提升更多。

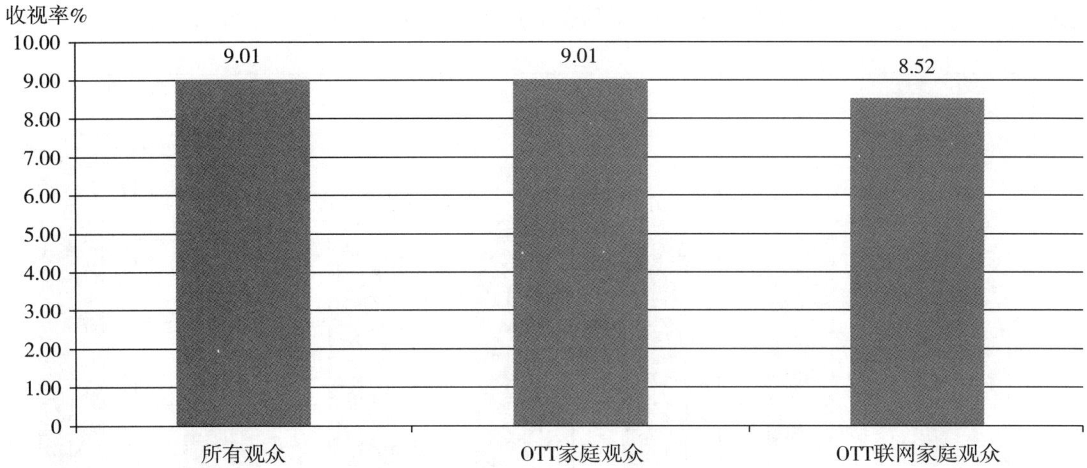

数据来源：CSM 媒介研究 52 城市组

数据周期：2018 年 4 月 1 日 ~2018 年 12 月 31 日

图 9 CSM52 城所有观众/OTT 家庭观众/OTT 联网家庭观众收视率（%）对比

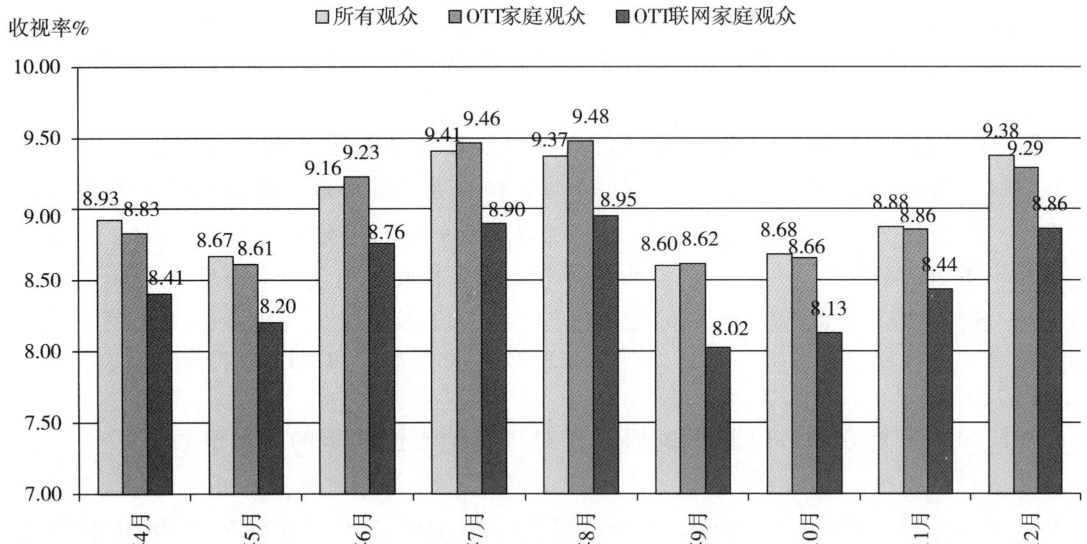

数据来源：CSM 媒介研究 52 城市组

数据周期：2018 年 4 月 1 日 ~2018 年 12 月 31 日

图 10 CSM 52 城所有观众/OTT 家庭观众/OTT 联网家庭观众分月收视率（%）对比

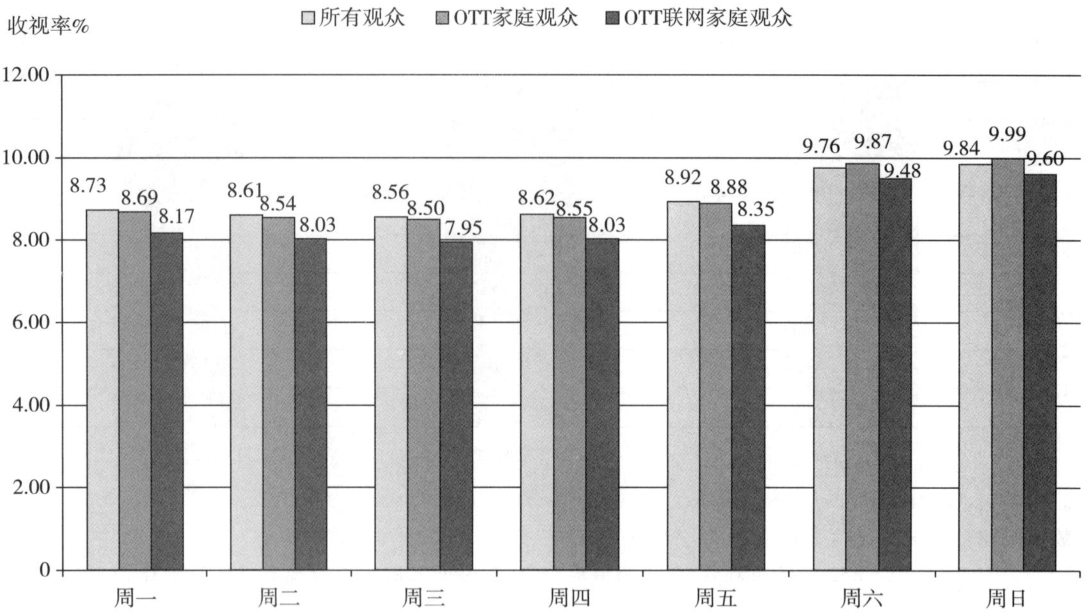

数据来源：CSM 媒介研究 52 城市组

数据周期：2018 年 4 月 1 日 ~2018 年 12 月 31 日

图 11　CSM 52 城所有观众/OTT 家庭观众/OTT 联网家庭观众分周天收视率（%）对比

2. OTT 家庭观众和 OTT 联网家庭观众更喜欢在深夜时段收看电视节目

分时段来看，52 城市 3 组观众的收视率高峰均落在 20:00 ~ 22:00 晚间黄金时段，OTT 家庭观众最高，达 26.47%；OTT 联网家庭观众的收视率较低，为 24.86%；所有观众收视率为 26.45%，处在前两者之间（图 12）。OTT 家庭观众和 OTT 联网家庭观众在 22:00 ~ 24:00 和 24:00 ~ 26:00 深夜时段的总体收视率较所有观众更高，而所有观众在日间至晚黄金时段前的各时段中总体收视率较 OTT 家庭观众和 OTT 联网家庭观众更高。

3. OTT 家庭观众和 OTT 联网家庭观众对“其他频道”组的收视份额更高

与所有观众相比，OTT 家庭观众与 OTT 联网家庭观众对“其他频道”组的收视份额更高，分别为 26.66% 和 39.16%，较所有观众的 19.89% 分别高出 6.77 个和 19.27 个百分点（图 13）。“其他频道”组的收视以点播、回看等非直播收视为主，还包含少量地市级以下频道和数字频道的直播收视。

4. OTT 联网家庭观众最爱直播收看体育节目，所有观众和 OTT 家庭观众热衷直播收看综艺节目

从各节目类型的收视率来看，52 城市组所有观众和 OTT 家庭观众的直播收视率中位于前 5 位的节目类型有综艺、体育、电影、新闻/时事和电视剧。体育类节目是 OTT 联网家庭观众直播收视率最高的节目类型，电影、电视剧和青少类节目的直播收视率排

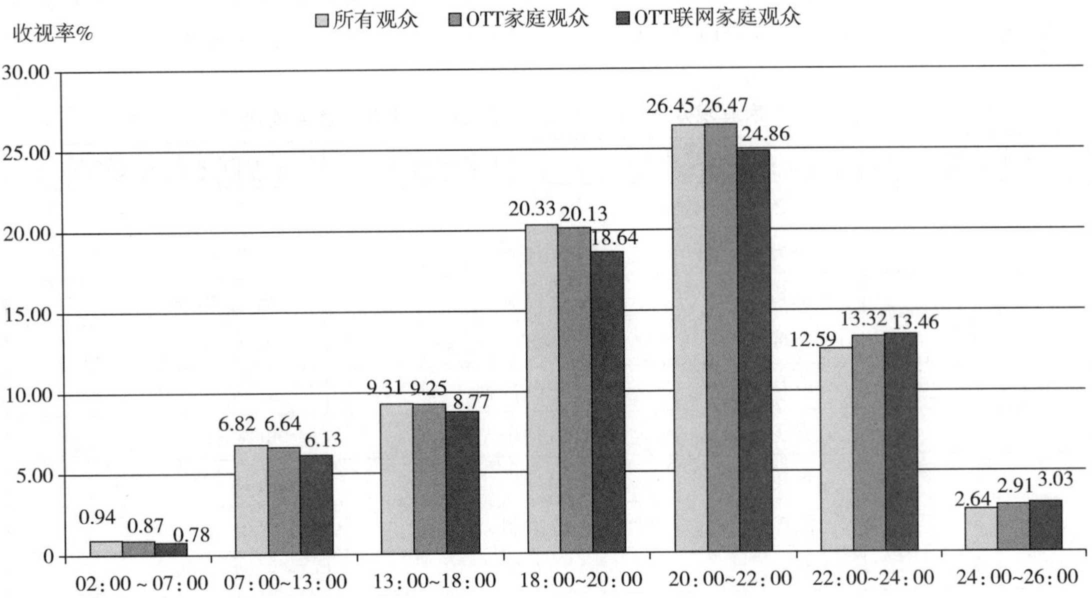

数据来源：CSM 媒介研究 52 城市组

数据周期：2018 年 4 月 1 日 ～2018 年 12 月 31 日

图 12　CSM 52 城所有观众/OTT 家庭观众/OTT 联网家庭观众的分时段收视率（%）

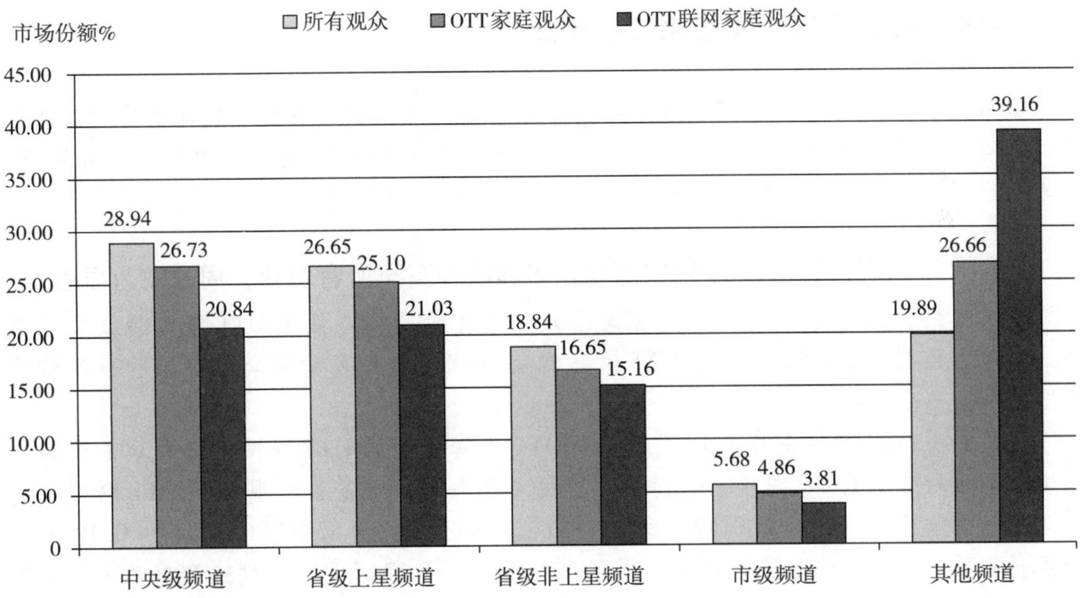

数据来源：CSM 媒介研究 52 城市组

数据周期：2018 年 4 月 1 日 ～2018 年 12 月 31 日

图 13　CSM 52 城各级频道在所有观众/OTT 家庭观众/OTT 联网家庭观众中的市场份额（%）比较

序在 OTT 联网家庭观众中低于所有观众和 OTT 家庭观众；相较其他两组观众，音乐类和法制类节目的直播收视率在 OTT 联网家庭观众中拥有更高的关注度（表 1）。

表 1　CSM52 城所有观众/OTT 家庭观众/OTT 联网家庭观众各节目类型直播收视率排名

收视率排名	所有观众	OTT 家庭观众	OTT 联网家庭观众
1	综艺	综艺	体育
2	体育	体育	综艺
3	电影	电影	新闻/时事
4	新闻/时事	新闻/时事	电影
5	电视剧	电视剧	音乐
6	青少	音乐	电视剧
7	音乐	青少	法制
8	法制	法制	青少
9	专题	专题	专题
10	财经	财经	财经

数据来源：CSM 媒介研究 52 城市组
数据周期：2018 年 4 月 1 日 ~2018 年 12 月 31 日

四、OTT 家庭观众时移收视特征

CSM 媒介研究自 2017 年 7 月 1 日起提供全国所有测量仪调查城市包括回看和点播行为的时移收视数据服务。本小节基于 2018 年 CSM 媒介研究 52 城市组的收视调查数据，比较所有观众、OTT 家庭观众、OTT 联网家庭观众的时移收视行为特征。

1. OTT 家庭观众和 OTT 联网家庭观众时移收视高于所有观众，周末尤为显著

上文提到，52 城市组 OTT 联网家庭观众的总体收视率略低于 OTT 家庭观众和所有观众。与之不同的是，52 城市组 OTT 家庭观众和 OTT 联网家庭观众的时移收视率均高于所有观众（图 14）。

分月来看，2018 年 4 月至 12 月期间，OTT 家庭观众和 OTT 联网家庭观众的时移收视率均高于所有观众。7 月是全年时移收视的一个高点，OTT 家庭观众和 OTT 联网家庭观众的时移收视率分别达到 0.42% 和 0.48%，较所有观众分别高出 0.04 个和 0.10 个百分点。其后 3 组观众的时移收视均经历了小幅回落，于 12 月再次分别达到时移收视率高峰（图 15）。

与直播收视率类似，在时移收视率方面，OTT 家庭观众和 OTT 联网家庭观众在周六、周日的时移收视率较工作日有明显提升，OTT 家庭观众和 OTT 联网家庭观众在周末的时移收视率与所有观众差异更大（图 16）。

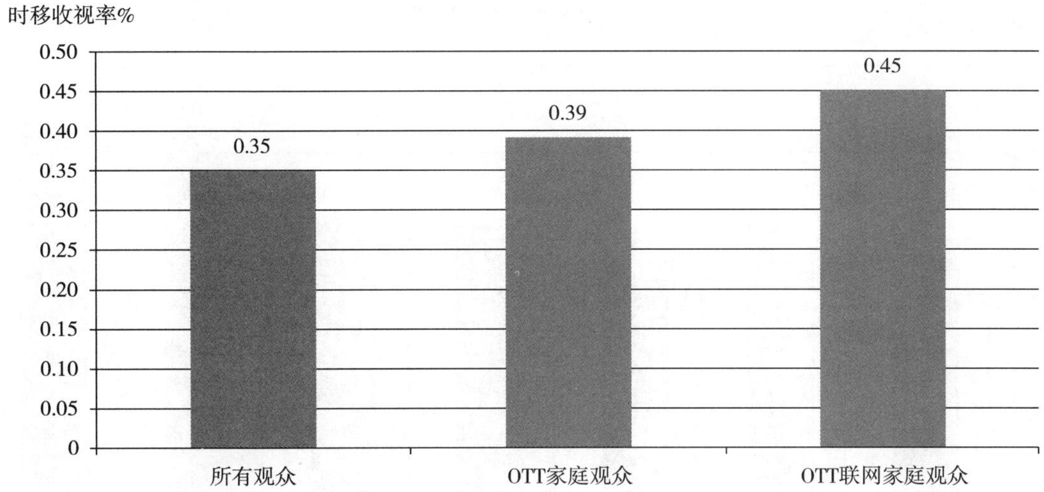

数据来源：CSM 媒介研究 52 城市组（7 天时移）

数据周期：2018 年 4 月 1 日 ~2018 年 12 月 31 日

图 14　CSM 52 城所有观众/OTT 家庭观众/OTT 联网家庭观众时移收视率（%）对比

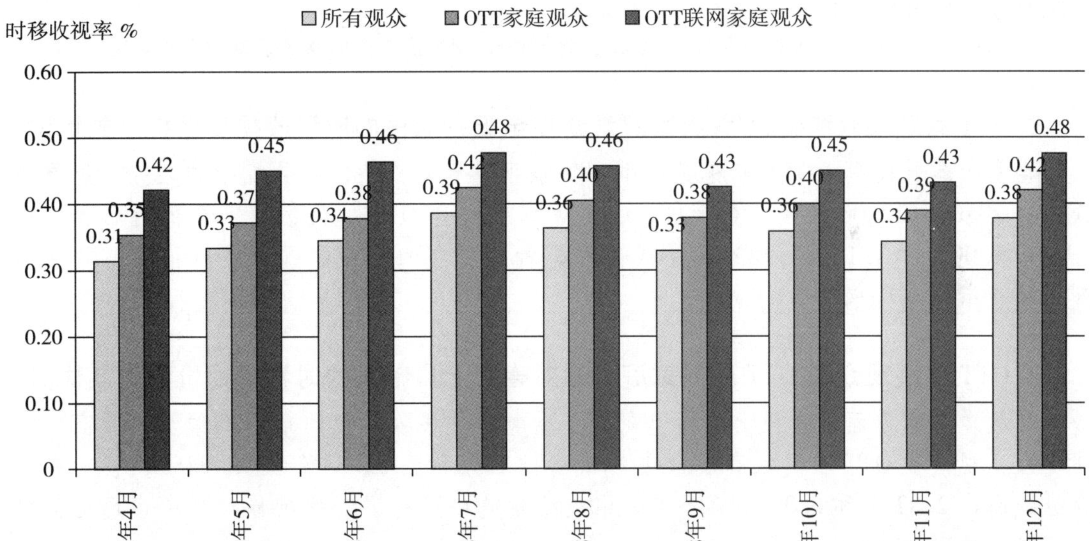

数据来源：CSM 媒介研究 52 城市组（7 天时移）

数据周期：2018 年 4 月 1 日 ~2018 年 12 月 31 日

图 15　CSM 52 城所有观众/OTT 家庭观众/OTT 联网家庭观众时移收视率（%）分月对比

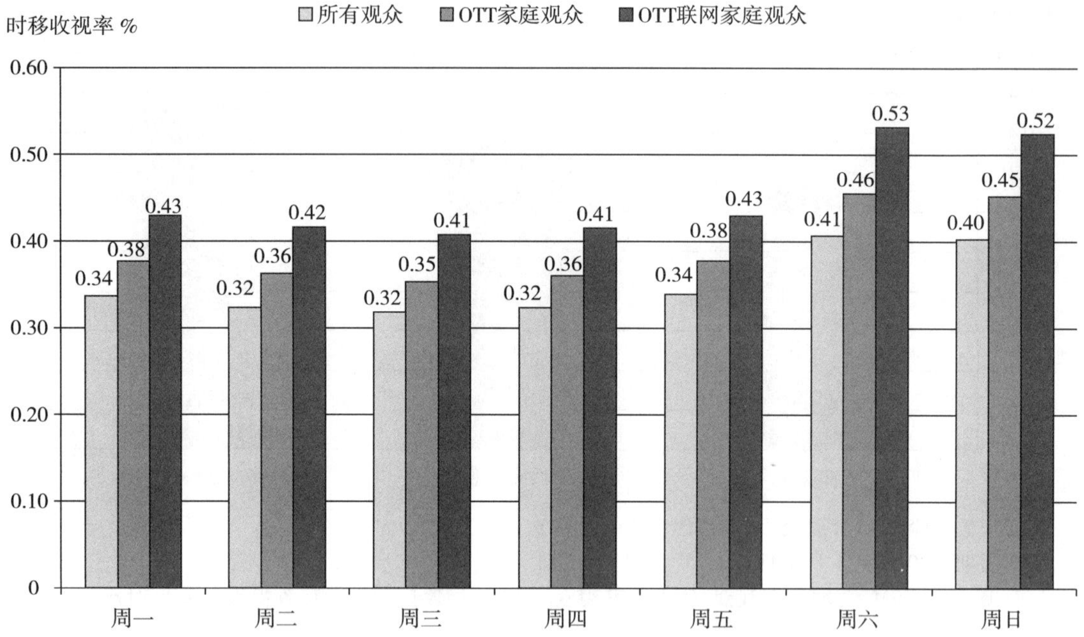

数据来源：CSM 媒介研究 52 城市组（7 天时移）

数据周期：2018 年 4 月 1 日 ~2018 年 12 月 31 日

图 16　CSM 52 城所有观众/OTT 家庭观众/OTT 联网家庭观众时移收视率分周天对比

2. OTT 家庭观众和 OTT 联网家庭观众在全天各时段的时移收视率保持领先地位

在全天各时段中，OTT 家庭观众和 OTT 联网家庭观众的时移收视率均领先于所有观众。在 20:00 ~22:00 晚间黄金时段，OTT 家庭观众和 OTT 联网家庭观众的时移收视率分别为 1.00% 和 1.16%，均达到全天高峰。所有观众的时移收视高峰时段与前两者一致，收视率为 0.91%。

3. OTT 家庭观众和 OTT 联网家庭观众对省级上星频道的时移收视份额更具优势

在频道偏好方面，省级上星频道在 3 组观众的时移收视中的市场份额均为最高，在 OTT 家庭观众和 OTT 联网家庭观众中的市场份额分别为 52.34% 和 55.92%，较所有观众分别高出 2.82 个和 6.39 个百分点。中央级频道在所有观众的时移收视中市场份额更有优势，达到 28.60%（图 18）。

4. OTT 家庭观众、OTT 联网家庭观众、所有观众时移收视较高的节目类型有同、有异

OTT 家庭观众、OTT 联网家庭观众时移收视最高的节目类型与所有观众一致，均为综艺节目。有别于直播收视，新闻/时事类节目在时移收视中的受关注度略有下降，青少类节目则进入时移收视较高节目类型的前 5 位（表 2）。值得关注的是，OTT 联网家庭观众相较所有观众和 OTT 家庭观众更偏好时移收看青少和新闻/时事类节目。

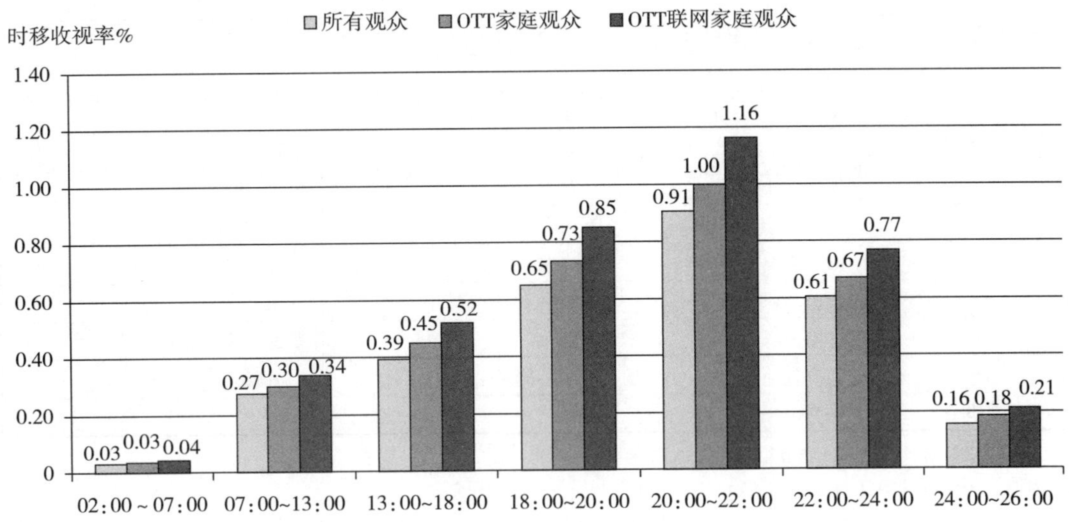

数据来源：CSM 媒介研究 52 城市组（7 天时移）

数据周期：2018 年 4 月 1 日 ～2018 年 12 月 31 日

图 17　CSM 52 城所有观众/OTT 家庭观众/OTT 联网家庭观众时移收视率（%）分时段对比

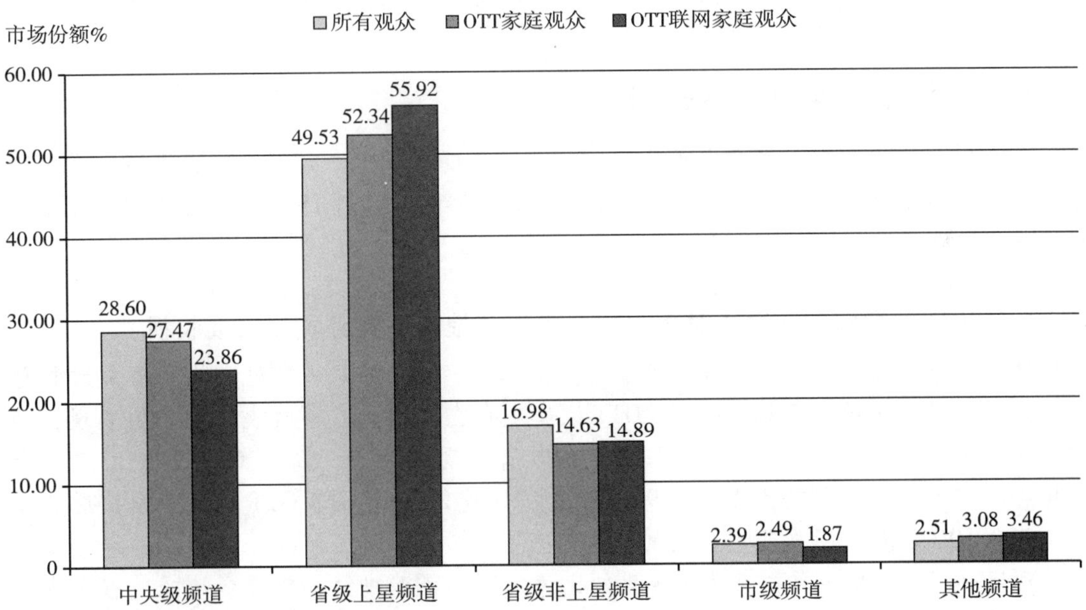

数据来源：CSM 媒介研究 52 城市组（7 天时移）

数据周期：2018 年 4 月 1 日 ～2018 年 12 月 31 日

图 18　CSM 52 城各级频道在所有观众/OTT 家庭观众/OTT 联网家庭观众中的时移收视市场份额（%）比较

表2　CSM 52城所有观众/OTT家庭观众/OTT联网家庭观众各节目类型时移收视率排名

时移收视率排名	所有观众	OTT家庭观众	OTT联网家庭观众
1	综艺	综艺	综艺
2	电影	电影	青少
3	青少	青少	电影
4	体育	体育	体育
5	音乐	音乐	新闻/时事
6	电视剧	电视剧	电视剧
7	新闻/时事	新闻/时事	音乐
8	专题	专题	专题
9	生活服务	生活服务	生活服务
10	戏剧	戏剧	法制

数据来源：CSM媒介研究52城市组（7天时移）

数据周期：2018年4月1日~2018年12月31日

五、OTT家庭观众热点节目直播和时移收视特点

本小节选取2018年热点电视剧、综艺、体育节目各1档，基于CSM媒介研究52城市组的直播和时移收视数据，观察所有观众、OTT家庭观众与OTT联网家庭观众对各节目的收视特点。

（一）热点电视剧：《娘道》

电视剧《娘道》以民国初年的山西为背景，围绕孝兴大户人家隆家，讲述了瑛娘和她五个孩子的故事。该剧共76集，于2018年9月5日~10月15日在江苏卫视、北京卫视同步播出。①

1. OTT联网家庭观众通过时移收视形式为《娘道》额外贡献三成收视

电视剧《娘道》在两频道首播直播期间，52城市组OTT家庭观众的直播加时移总收视最高，OTT联网家庭观众最低。OTT家庭观众在直播和时移收视均有不俗表现，其中该组观众的首播直播收视率为2.48%，与所有观众持平，高于OTT联网家庭观众0.40个百分点。时移收视方面，在9月5日~10月21日期间，OTT家庭观众的时移收视率为0.50%，处在另两组观众之间。

观察时移收视率与首播直播收视率的比值，可以帮助我们分析观众选择时移和直播两种收看形式的偏好与侧重。与另两组观众相比，OTT联网家庭观众更偏爱使用时移形式收看该剧，其时移收视率与首播直播收视率比值达31.25%，比所有观众高出1倍。也就是说，除传统直播收视外，OTT联网家庭观众通过时移观看，为《娘道》在该群体的收视率额外贡献了31.25%。

① 内容总结修改自百度百科 https://baike.baidu.com/item/%E5%A8%98%E9%81%93/18605043?fr=aladdin.

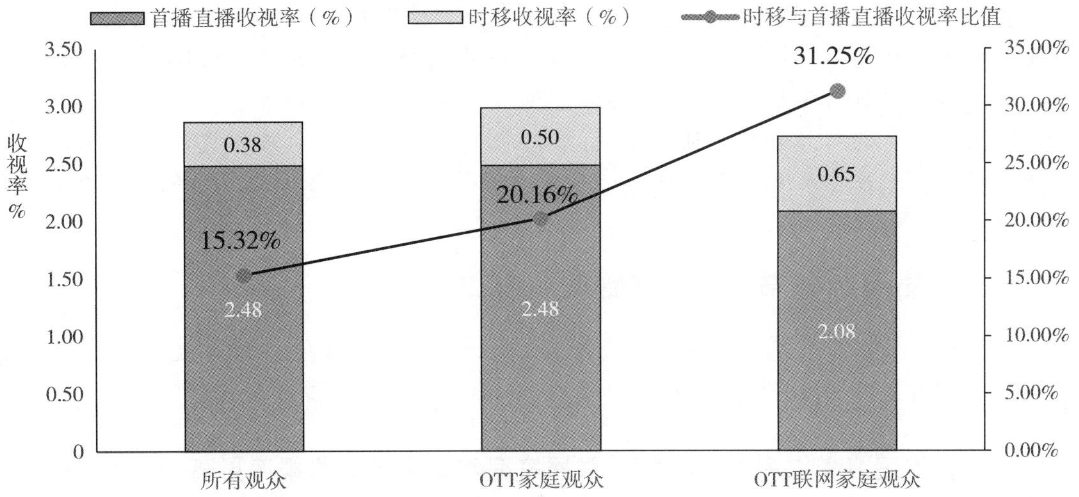

数据来源：CSM 媒介研究 52 城市组（7 天时移），2018 年 9 月 5 日 ~2018 年 10 月 21 日

数据说明：《娘道》收视率为北京卫视与江苏卫视之和。其中，首播收视率为该剧首播的直播收视率；时移收视率为 2018 年 9 月 5 日该剧开播至 2018 年 10 月 15 日该剧结束 7 天内的时移收视行为的总和。

图 19　电视剧《娘道》首播直播收视率（%）与时移收视率（%）

2. 直播是《娘道》触达电视观众的最主要途径

从直播和时移的观众到达情况来看，通过电视直播收看仍是观众观看电视剧《娘道》的最主要方式，时移收视作为补充途径，覆盖的观众数量仍较为有限。在 52 城市组所有观众中，通过直播观看过电视剧《娘道》的观众占该剧总收视观众的 98.58%；其中，仅通过直播观看的观众占比高达 89.43%，通过直播、时移混合收看的观众占 9.15%；仅通过时移形式收看该剧的观众仅占 1.42%（图 20）。

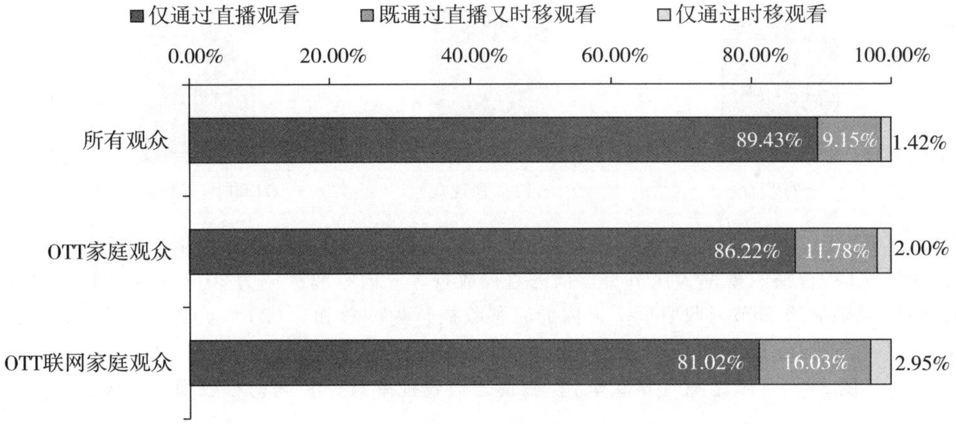

数据来源：CSM 媒介研究 52 城市组（7 天时移），2018 年 9 月 5 日 ~2018 年 10 月 21 日

数据说明：《娘道》收视率为北京卫视与江苏卫视之和。其中，首播收视率为该剧首播的直播收视率；时移收视率为 2018 年 9 月 5 日该剧开播至 2018 年 10 月 15 日该剧结束 7 天内的时移收视行为的总和。

图 20　电视剧《娘道》直播、时移观众占比（%）

在52城市组OTT联网家庭观众中，时移收视更受青睐。16.03%的OTT联网家庭观众通过直播、时移混合收视形式观看该剧，这一比例较所有观众高出6.88个百分点；仅通过时移形式收看该剧的观众占2.95%，较所有观众高出1倍多。值得注意的是，在OTT联网家庭观众中，通过直播收看过《娘道》的观众占该剧总收视观众的97.05%，与所有观众相比差异不大；而只通过直播收看该剧的观众占比为81.02%，较所有观众少8.41个百分点。

(二) 热点综艺节目:《奔跑吧(第二季)》

《奔跑吧(第二季)》是浙江卫视推出的《奔跑吧》系列户外竞技真人秀节目在2018年的续作，于2018年4月13日~6月29日在浙江卫视播出。

1.《奔跑吧(第二季)》在OTT联网家庭观众中的总收视率更高

2018年4月13日~6月29日期间，52城市组《奔跑吧(第二季)》在OTT联网家庭观众中直播加时移的总收视超过OTT家庭观众和所有观众。该组观众的首播直播收视率为2.08%，与所有观众持平；时移收视率达2.73%，高于另两组观众的时移收视率。值得注意的是，OTT联网家庭观众的时移收视率较该组观众的首播直播收视率高出31.23%，是该组观众收看该节目的主要方式。

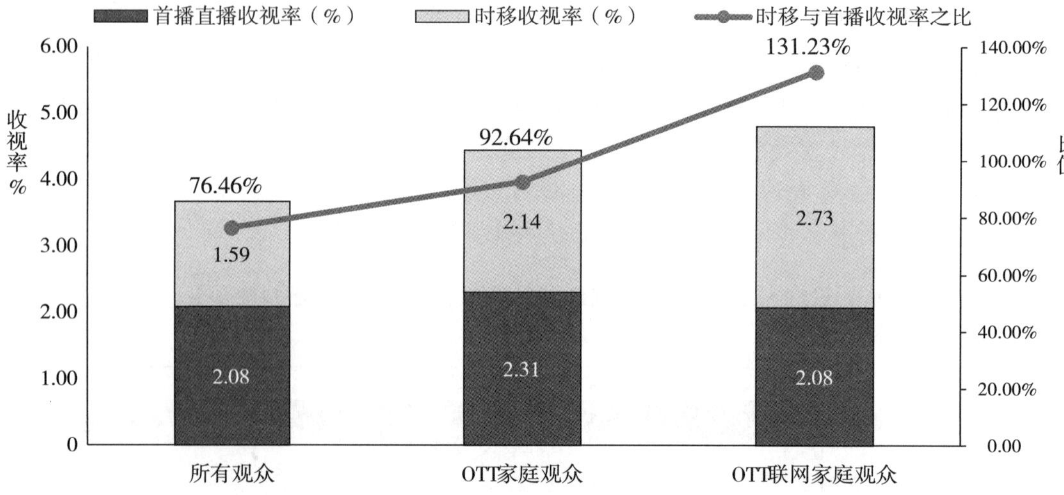

数据来源：CSM媒介研究52城市组(7天时移)，2018年4月13日~2018年7月5日

数据说明：(1)首播收视率为该节目首播的直播收视率；时移收视率为2018年4月13日该节目开播至2018年6月29日节目收官后7天内的时移收视行为的总和。(2)《奔跑吧(第二季)》的时移收视率只包括节目名称为《奔跑吧(第二季)》的时移收视数据。

图21 《奔跑吧(第二季)》首播直播收视率(%)与时移收视率(%)

在52城市组OTT家庭观众中，《奔跑吧(第二季)》的直播、时移收视近乎平分秋色。其中，该组观众的直播收视率达2.31%，高于另两组观众；时移收视率为2.14%，处于另两组观众之间。

2. 直播覆盖《奔跑吧（第二季）》九成观众，仅4.5%观众只通过时移形式收看

在52城市组所有观众中，95.55%的观众通过直播收看过《奔跑吧（第二季）》，16.92%的观众通过时移收看过该节目。在OTT联网家庭观众中，直播收视观众占比为91.39%，较所有观众略少；时移收视观众占比27.85%，较所有观众大幅提升。通过对比可以看出，时移收视观众占比的提升更多的是由于直播、时移混合收视观众的占比增加而造成的。OTT联网家庭观众中既通过直播频道，又通过时移形式收看过该节目的观众占19.24%，OTT联网家庭观众更青睐直播、时移混合形式收视。

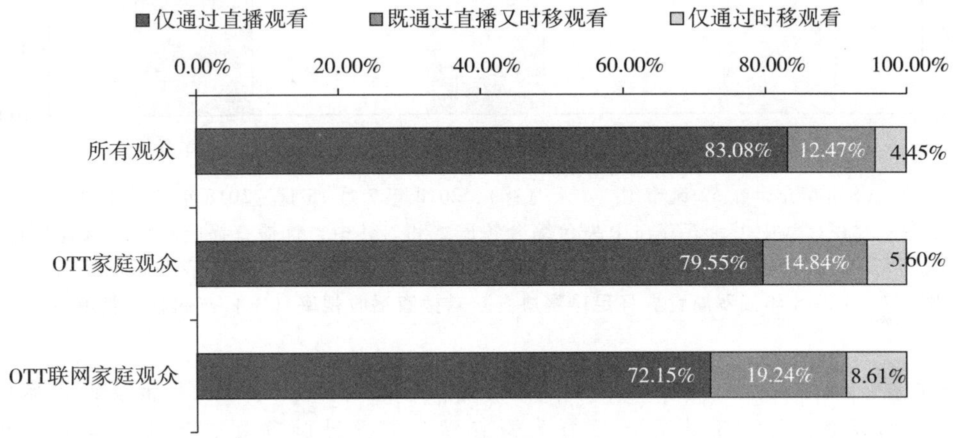

数据来源：CSM媒介研究52城市组（7天时移），2018年4月13日~2018年7月5日

数据说明：（1）首播收视率为该节目首播的直播收视率；时移收视率为2018年4月13日该节目开播至2018年6月29日节目收官7天内的时移收视行为的总和。（2）《奔跑吧（第二季）》的时移收视只包括节目名称为《奔跑吧》的时移收视。

图22　《奔跑吧（第二季）》直播、时移观众占比（%）

此外，时移收视独立覆盖的观众比例也存在明显差异。在52城市组所有观众中，4.45%的观众仅通过时移收看《奔跑吧（第二季）》，这一比例在OTT联网家庭观众中达到了8.61%。时移收看形式帮助电视节目在电视大屏端触达了直播频道未触达的观众群体。

（三）热点体育节目：2018年俄罗斯世界杯足球赛决赛

2018年俄罗斯世界杯决赛于2018年7月15日23时左右在中央台五套与中央电视台综合频道播出。直播收视是观众收看《2018年俄罗斯世界杯足球赛决赛》的最主要途径。

2018年7月15日当日，52城市组所有观众中，《2018年俄罗斯世界杯足球赛决赛》节目的直播收视率为8.08%；在OTT联网家庭观众中，该节目的直播收视率达9.04%。2018年7月15~21日期间，所有观众中，通过时移收看该节目的收视率为0.35%，低于OTT联网家庭观众的0.47%。

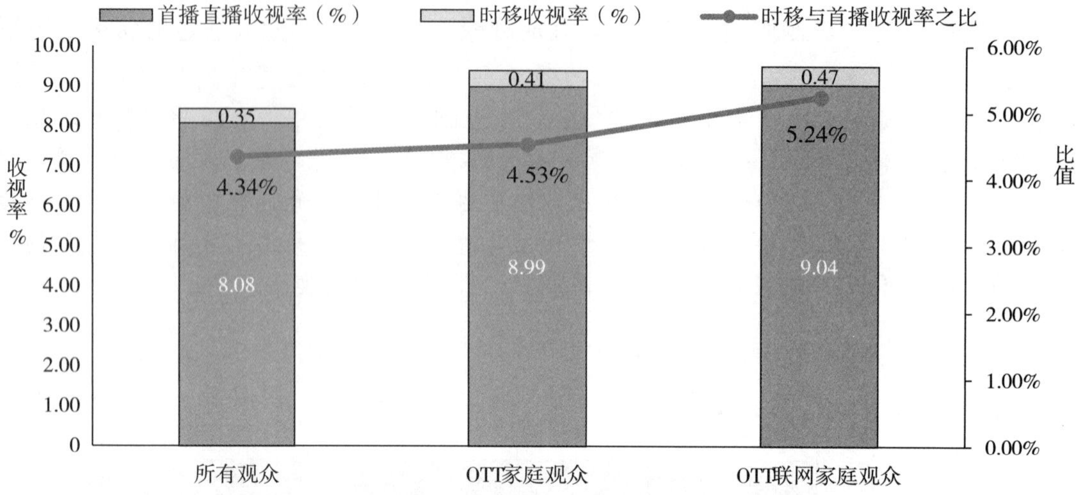

数据来源：CSM 媒介研究 52 城市组（7 天时移），2018 年 7 月 15 日 ~2018 年 7 月 21 日
数据说明：收视率为中央台五套与中央台综合频道之和。其中，首播直播收视率为该赛事首播的直播收视率；时移收视率为 2018 年 7 月 15 日至 2018 年 7 月 21 日 7 天内时移收视的总和。

图 23 《2018 年俄罗斯世界杯足球赛决赛》首播直播收视率（%）与时移收视率（%）

从直播、点播观众到达占比来看，直播触及了绝大部分《2018 年俄罗斯世界杯足球赛决赛》的观众；3.98% 的观众没有收看直播，但通过时移收看了该节目。与电视剧《娘道》和综艺节目《奔跑吧（第二季）》差异较大的是，极少观众既通过直播、又通过时移收看该节目，这可能与体育竞技节目特性及一次性播出有关。

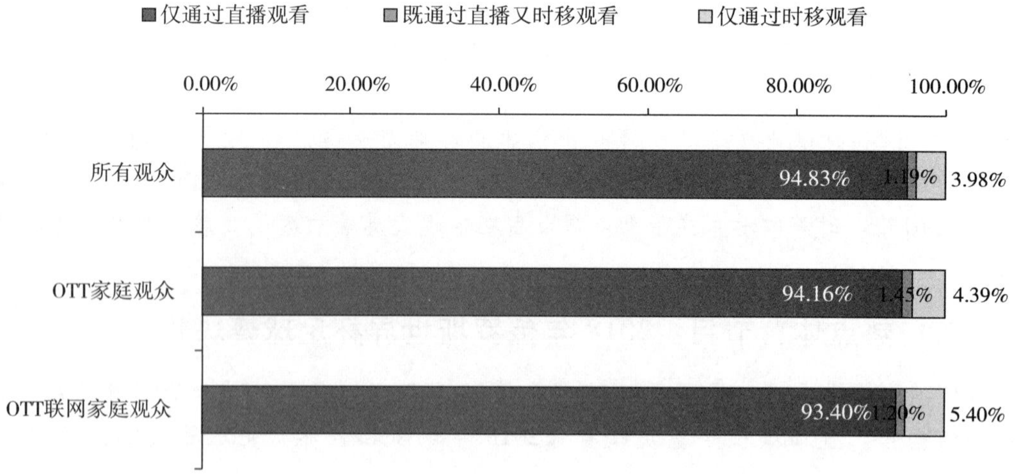

数据来源：CSM 媒介研究 52 城市组（7 天时移），2018 年 7 月 15 日 ~2018 年 7 月 21 日
数据说明：收视率为中央台五套与中央台综合频道之和。其中，首播直播收视率为该赛事首播的直播收视率；时移收视率为 2018 年 7 月 15 日至 2018 年 7 月 21 日 7 天内时移收视的总和。

图 24 《2018 年俄罗斯世界杯足球赛决赛》直播、时移观众占比（%）

六、结语

受技术革新的推动，我国电视收视设备正在向数字化演进。OTT 的出现使电视收视设备不必捆绑直播而存在，直播频道面对的竞争不再只是来自其他直播频道，还有来自点播、回看服务的冲击。联网 OTT 设备帮助观众更直观地使用点播、回看服务，推动观众从纯直播收视向包括直播、回看和点播的混合收视转移，这一特征正在 OTT 联网家庭观众中逐渐显现。随着 OTT 设备和宽带网络覆盖的扩张，将有更多的观众成为 OTT 联网家庭观众，该群体的收视特征值得继续关注和研究。

（作者：刘洁婷　陈杨）

智能化受众的媒介接触行为分析

在移动互联时代，电视在受众媒介消费中所占据的地位不断让位于更加个性、便携，具有更强交互功能的新媒体、新终端，而智能电视的出现，让传统电视作为家庭娱乐中心和客厅经济承载者的价值重新得到人们的认知和关注。智能收视终端，尤其是联网智能收视终端的发展和普及无疑会对传统受众的媒介消费行为产生深远的影响。本文依据CSM媒介研究2018年在12城市①的基础研究数据，旨在通过对智能化受众②媒介消费行为的分析，探索在智能化浪潮下，电视受众的发展演变走向及媒介消费方式变迁。

一、12城市智能收视设备拥有情况

传统电视节目主要通过有线网、卫星电视、无线电视几种途径进行传输，随着技术的升级和发展，受众的媒介使用有了更多的选择，信息获取渠道更为多元，信息分享也远超互联网诞生之前的任何年代。三网融合下，以电信网为传输载体的IPTV，以互联网为传输载体的OTT等新媒体开始发力，传统有线电视既面临着新的挑战，同时也迎来了全新的生态。以智能电视的发展为例，自2010年上半年国家新闻出版广电总局陆续发放了7张互联网电视牌照后，智能电视进入了规范和高速发展时期。根据勾正数据显示，截至2018年年底，全国激活的智能电视终端已达1.86亿台，较2017年增加了近4000万台，日均开机终端数达9672万台③。

智能收视设备的发展和普及，无疑对传统电视受众的媒介消费选择产生了深远影响。本文所界定的智能收视设备，除智能电视机以外，还包括互联网机顶盒，它们都可以实现双向人机交互，集影音、娱乐、数据等多种功能于一体，极大地丰富了受众的个性化体验。根据12城市基础研究中针对被访受众家中所有电视机“是否是智能电视，且智能电视是否已经接入互联网”以及“是否连接互联网机顶盒，且互联网机顶盒是否已经接入互联网”的调查数据，我们以受众家庭为单位统计其联网智能收视设备数量，可以看到2018年有25%的被访者家中至少拥有1台联网智能电视或互联网机顶盒，其中智能电视机的普及率更高，近22%的受众家中至少拥有1台联网智能电视机，而家中

---

① 12城市包括北京、上海、广州、深圳、天津、重庆、成都、西安、长沙、武汉、沈阳、南京。

② 家中至少有1台联网智能收视设备（智能电视或者互联网机顶盒）的受众，简称智能化受众，下同。

③ 勾正数据：2018年智能电视激活1.86亿，日均使用5小时［EB/OL］.（2019-01-10）［2019-02-15］. http：//www.jdxfw.com/html/2019/report_0110/28001.html.

至少拥有1台联网互联网机顶盒的受众比例不足8%。从联网智能收视设备的拥有率来看，家中拥有1~2台联网智能收视设备的被访者占主流，在所有被访者中占比达到23.3%（图1）。

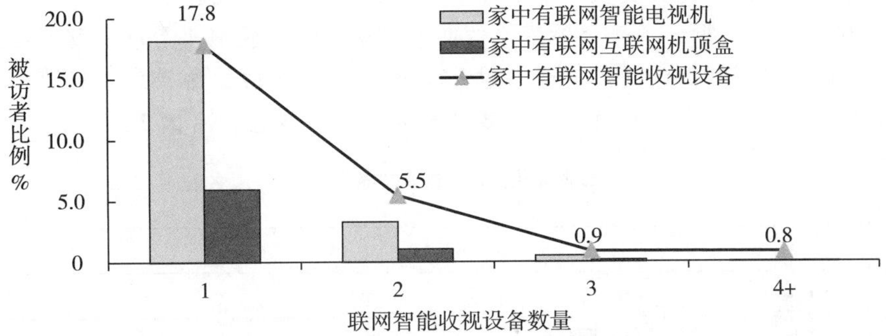

数据来源：CSM媒介研究2018年12城市基础研究

图1　2018年12城市受众家中联网智能收视设备拥有情况（被访者比例,%）

相比2017年，2018年联网智能收视设备的拥有率进一步上升。在12城市被访者中，至少拥有1台联网智能收视设备的受众比例达到25%，较2017年的13.8%有明显提升。家中有1台或2台联网智能收视设备的受众比例较2017年分别上涨了6.9个和2.8个百分点，增幅为64%和107%；家中有3台和4台及以上联网智能收视设备的受众比例更是分别较2017年上涨了308%和655%（图2），这充分显示出在技术发展大潮中家庭收视条件和收视环境的快速改善。

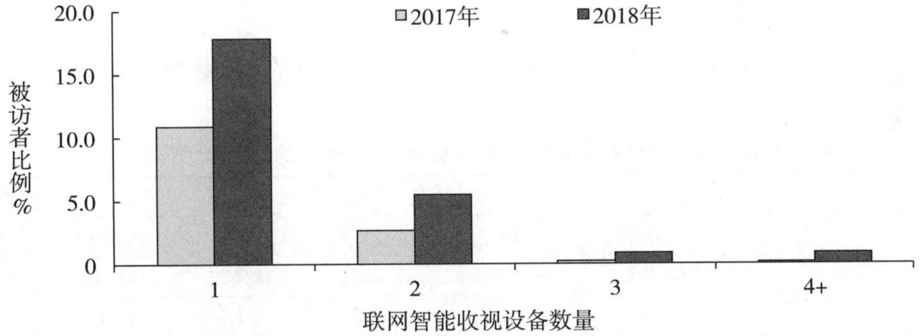

数据来源：CSM媒介研究2018年12城市基础研究

图2　2017~2018年12城市受众家中联网智能收视设备拥有情况变化（被访者比例,%）

二、智能化受众及其类型划分

具备接入互联网条件的智能收视设备发展到了一定水平后，受众对智能收视设备的接触和使用日渐成熟，这为受众向智能化受众迈进提供了必要的条件。本文所界定的智能化受众，指12城市的被访者中家中至少拥有1台联网智能收视设备的受众，其中的智能收视设备不仅限于智能电视，还包括互联网机顶盒。从家中拥有不同数量联网智能收视设备的受众每天接触媒介的情况来看，智能化受众的媒介接触与家中没有联网智能收视设备的受众（下文简称非智能化受众）存在差异：智能化受众在电视非直播收视和网络视频收视方面的活跃度明显高于非智能化受众，非智能化受众对于传统电视直播的收视比例则明显更高（图3），这是智能收视设备普及所带来的必然结果。家中拥有1台联网智能收视设备的受众，在线观看网络视频的活跃度甚至超过了其观看电视直播的活跃度，但随着家中智能收视设备数量的增多，受众的这种媒介消费特征并未进一步强化（表1）。

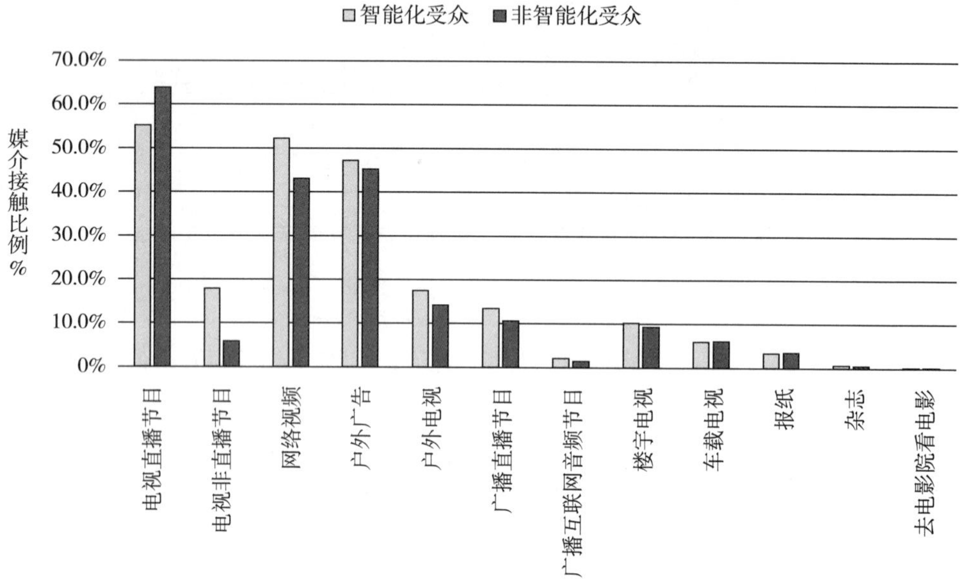

数据来源：CSM 媒介研究 2018 年 12 城市基础研究

图3　2018 年智能化/非智能化受众每天不同媒介的接触比例（%）

表1　2018 年家中拥有不同数量联网智能设备的受众每天不同媒介的接触比例（%）

每天接触的媒介	联网智能收视设备数量					总计
	0	1	2	3	4+	
电视直播节目	47.9%	9.3%	3.2%	0.7%	0.6%	61.7%
电视非直播节目	4.4%	3.5%	0.8%	0.1%	0.1%	8.9%
户外广告	34.0%	9.1%	2.2%	0.4%	0.2%	45.8%
在线观看网络视频	32.3%	9.7%	2.4%	0.4%	0.5%	45.3%
户外电视	10.7%	3.5%	0.6%	0.2%	0.1%	15.1%
广播直播节目	8.0%	1.9%	0.9%	0.3%	0.2%	11.3%
广播互联网音频节目	1.1%	0.4%	0.2%	0.0%	0.0%	1.6%
楼宇电视	7.0%	2.2%	0.3%	0.0%	0.0%	9.6%
车载电视	4.5%	1.2%	0.2%	0.0%	0.0%	6.0%
报纸	2.7%	0.6%	0.2%	0.1%	0.0%	3.5%
杂志	0.4%	0.1%	0.1%	0.0%	0.0%	0.6%

数据来源：CSM 媒介研究 2018 年 12 城市基础研究

基于上面的分析，为了进一步研究智能化受众媒介接触习惯的分化和发展，本次分析依据智能化受众的媒介接触频率（CSM 基础研究问卷中 Q5：过去半年内接触各种媒介的频率；Q8c：过去半年内在线观看网络视频的频率），使用 K-means 聚类算法将其分为三类（图 4）。

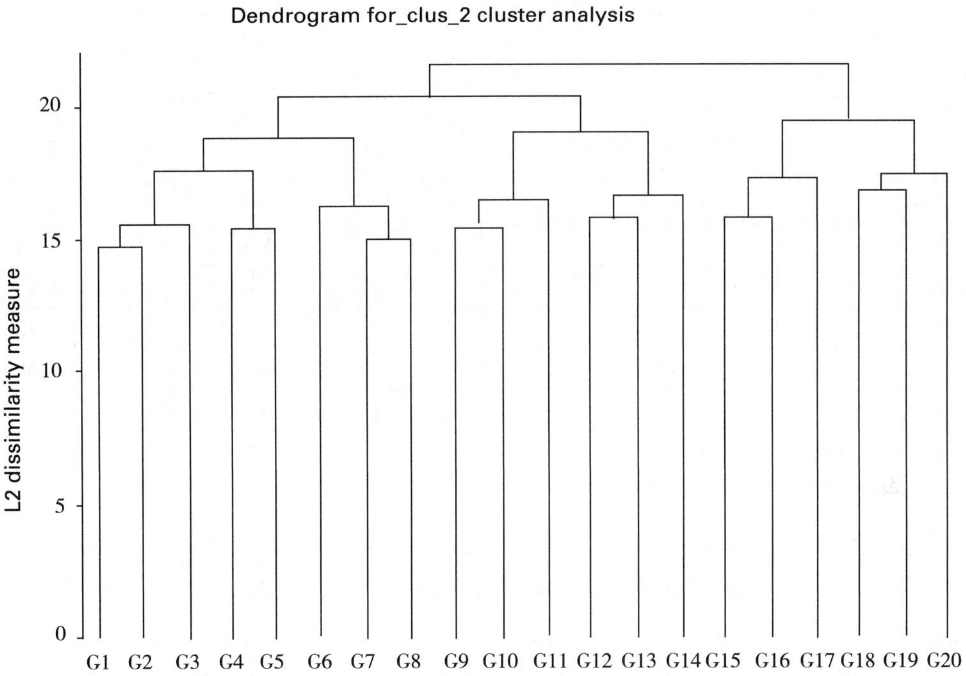

注：由于用户数量众多，本图呈现的只是数据按照用户特征聚合为 20 个组群之后的聚类结果，根据用户特征分层聚类之后，最终形成 3 个特征用户群。

图 4　聚类分析示意图

由 3 类受众各项聚类指标的平均值来看，第一类受众在“网络视频”“电视直播节目”以及“户外广告”接触上的倾向性明显更强，同时对“电视非直播节目”“车载/楼宇/户外电视”的平均接触频率也较高，结合其构成中女性、15～24 岁、个人月收入 1201 元以下、中等学历、学生、无业人员占比明显高于其他两类受众的特性，我们将其命名为活跃型受众；第二类受众仅对“网络视频”和“电视直播节目”表现出明显偏好，同时对“广播直播节目”和“户外广告”接触频率较高，结合其构成中 45 岁及以上中老年人、个人月收入 3501～5000 元的中高收入群体、初中及以下学历者、工人和个体从业者所占比例较为突出的特性，我们将其命名为传统型受众；第三类受众的媒介接触行为相对于前两者而言更为多元，他们在“网络视频”“电视直播节目”“楼宇电视”“户外电视”和“户外广告”这 5 类媒介接触中表现出更高的积极性，同时对“广播直播节目”“电视非直播节目”“车载电视”的平均接触频率也较高，在媒介消费中呈现出多元进取的特点，结合其构成中男性、25～44 岁中青年人、高收入、高学历、管理者和初级雇员占比相对较高的特性，我们将其命名为进取型受众（表 2、图 5）。

表2　三类智能化受众各项聚类指标的均值

过去半年内接触的媒体	活跃型受众	传统型受众	进取型受众
网络视频	1.75	1.84	1.87
电视直播节目	2.54	2.48	1.82
电视非直播节目	3.58	4.48	3.96
广播直播节目	7.50	3.75	3.25
广播互联网音频节目	7.51	7.88	7.61
报纸	7.65	6.00	5.74
杂志	7.59	6.68	6.64
去电影院看电影	6.31	6.51	6.12
车载电视	3.87	6.15	3.65
楼宇电视	3.91	6.23	2.83
户外电视	3.34	5.73	2.32
户外广告	1.86	3.08	1.68

注：表中数值为3类智能化受众各项媒介接触频率得分的均值，数值越小，接触频率越高（如1代表每天接触），数值越大，接触频率越低（如8代表半年内没有接触）。

数据来源：CSM媒介研究2018年12城市基础研究

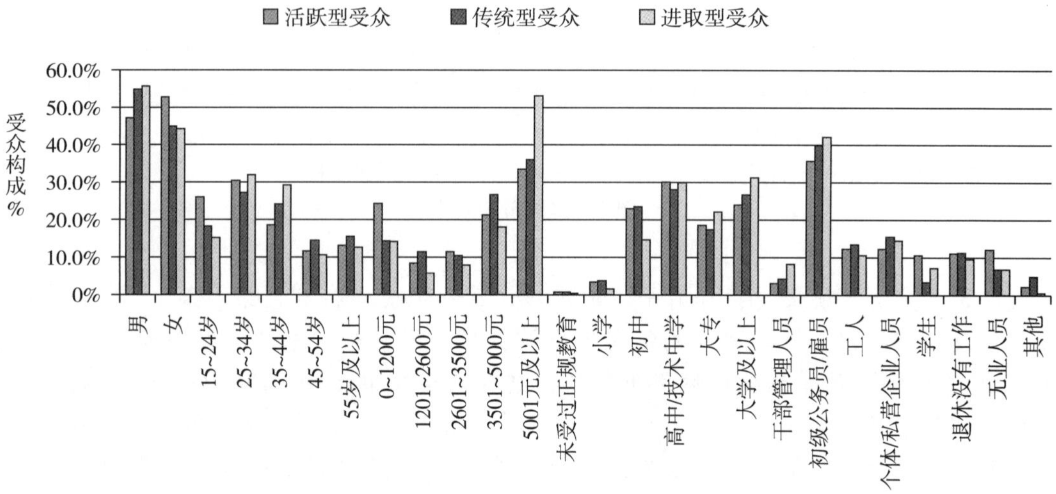

注：图中各类型受众所占比例的计算总体分别为3类智能化受众的总量。

数据来源：CSM媒介研究2018年12城市基础研究

图5　三类智能化受众构成特征

观察样本中这3类受众的分布比例，可以看出活跃型受众规模最大，占所有智能化受众总量的一半以上；进取型受众体量次之，占智能化用户总量的比例超过三分之一；相对而言，受智能化受众家庭网络化和智能化发展水平及受众自身媒介使用习惯的影响，传统型受众属少数群体，仅占智能化受众总量的12%（图6）。

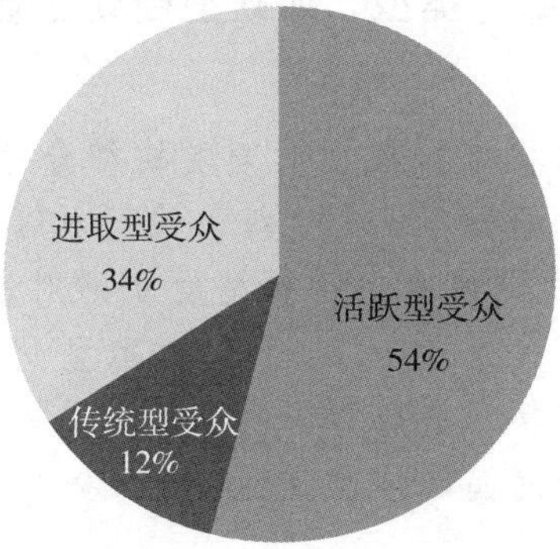

数据来源：CSM 媒介研究 2018 年 12 城市基础研究

图 6 三类智能化受众分布比例

三、智能化受众的电视收视行为

1. 传统型和活跃型受众的电视节目收视以娱乐为主导，进取型受众对新闻/时事类节目收视倾向更强

在节目类型的收视偏好上，3 类智能化受众也表现迥异。在传统型和活跃型受众最喜欢收看的节目类型中，综艺/娱乐、新闻/时事和电视剧 3 类传统节目占据了前 3 位，尤其对于娱乐类节目的偏好明显更强。媒介消费更为开放多元的进取型受众，则对新闻/时事类节目表现出了较综艺/娱乐类节目更高的收视倾向，对新闻/时事类节目表现出更高的收视诉求；同时，最喜欢收看体育类节目的进取型受众比例也明显高于其他两类受众（表 3）。

表 3 三类智能化受众最喜欢收看的电视节目类型选择比例（%，单选）

节目类型	活跃型受众	传统型受众	进取型受众
综艺/娱乐	32.1%	33.1%	32.3%
新闻/时事	21.3%	25.2%	32.4%
电视剧	20.9%	17.2%	15.7%
体育	4.3%	3.3%	6.5%
电影	5.3%	3.9%	3.6%
专题	1.6%	0.6%	1.5%
青少	1.2%	0.7%	0.6%
法治	0.8%	1.0%	0.9%
音乐	0.8%	0.4%	0.8%
生活服务	0.6%	1.1%	0.7%

注：表中各列受众所占比例的计算总体分别为 3 类智能化受众的总量。

数据来源：CSM 媒介研究 2018 年 12 城市基础研究

2. 传统型受众偏爱传统综艺类型，活跃型受众更看重新式娱乐，进取型受众在垂直细分领域偏好明显

对于喜爱综艺节目的受众而言，他们所偏爱的细分综艺类型仍然表现多样而丰富。传统型受众在综艺节目的收视偏好上更为传统，他们对综艺晚会、综艺娱乐报道乃至戏剧类综艺节目表现出更高的收视热情。活跃型受众则对近年来兴起的新式综艺节目类型，如表演选秀、游戏闯关等收视倾向性更强。进取型受众尽管在主要综艺类型的偏好上与前两者差异不大，但他们喜欢美食厨艺、婚恋交友等垂直细分类综艺节目的比例较其他两类受众高，呈现出独特的偏好特点（图7）。

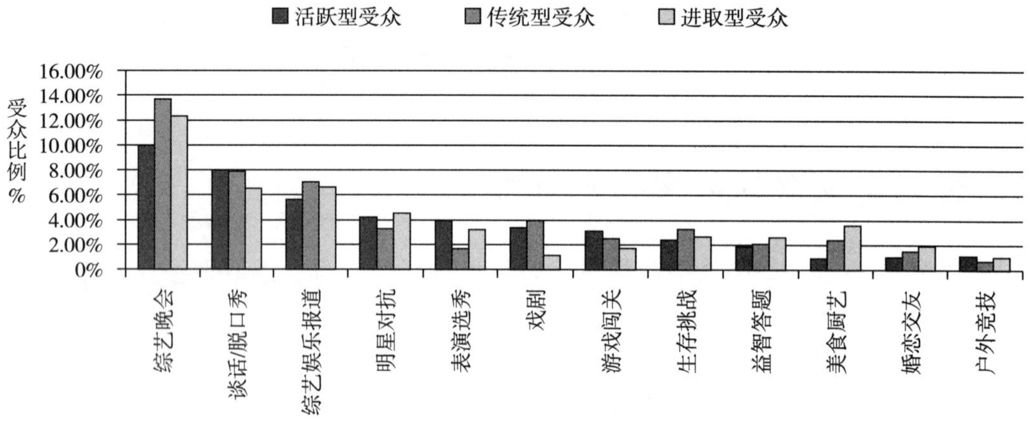

注：图中各类型受众所占比例的计算总体分别为3类智能化受众的总量。

数据来源：CSM媒介研究2018年12城市基础研究

图7　三类智能化受众最喜欢收看的综艺/娱乐节目类型选择比例（%）

3. 传统型受众偏爱都市生活与社会伦理剧，活跃型受众更爱青春言情剧

就喜欢收看电视剧的智能化用户而言，3类受众在细分电视剧题材的收视偏好和选择上也表现出共性和差异性。从共性来看，3类受众最喜爱的电视剧类型集中在都市生活这一题材上。从差异来看，传统型受众对都市生活和社会伦理题材的电视剧表现出更高的偏好，最喜欢这两类题材的受众比例高于其他两类受众。契合于活跃型受众的青春与朝气，他们对青春和言情这两类题材的电视剧喜好表现得更为集中。进取型受众在各类电视剧题材偏好上都没表现出特别明显的倾向，但对反特/谍战和人物传记这两类小众题材的喜好高于其他两类受众（图8）。

四、智能化受众的新媒体接触行为

1. 手机是智能化受众的第一上网终端，进取型受众的头部网络视频媒体使用集中度高

对于上网设备的选择，手机以其独有的便携性、互动性和易获得性，成为智能化受众的第一上网终端，进取型受众中使用手机上网的比例高达97%以上。手机之外，3类

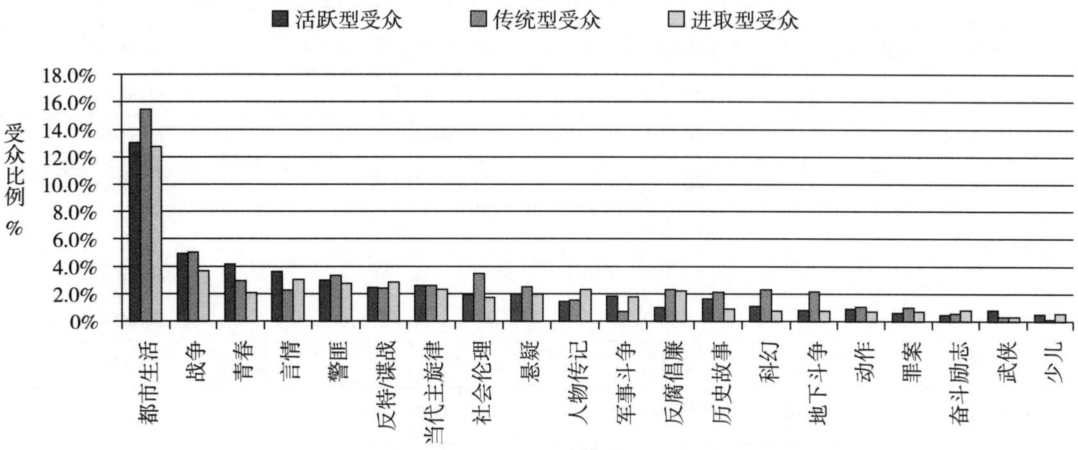

注：图中各类型受众所占比例的计算总体分别为3类智能化受众的总量。
数据来源：CSM媒介研究2018年12城市基础研究

图8 三类智能化受众最喜欢收看的电视剧类型选择比例（%）

受众上网所使用的设备选择比例呈现出较大差异：进取型受众中，仍有近70%的人使用电脑（台式机或笔记本）上网，而活跃型受众中这一比例仅为58%；使用智能收视设备（智能电视或互联网机顶盒）上网的活跃型及进取型受众比例在六成以上，而传统型受众中这一比例仅为54.3%（表4）。

表4 三类智能化受众过去半年内使用过的上网设备选择比例（%，多选）

过去半年内使用过的上网设备	活跃型受众	传统型受众	进取型受众
手机	94.0%	94.3%	97.3%
智能电视或互联网机顶盒	64.3%	54.3%	65.9%
台式或笔记本电脑	58.0%	64.8%	69.2%
平板电脑	29.5%	40.0%	34.9%

注：表中各类型受众所占比例的计算总体分别为3类智能化受众的总量。
数据来源：CSM媒介研究2018年12城市基础研究

对于智能化用户而言，他们除了通过大屏收看传统的电视直播节目和时移节目外，借助智能电视或网络机顶盒收看网络视频内容更是其视频消费模式的一种拓展，也是未来受众收视模式变化的一种趋势。观察被访智能化受众在大屏上的网络视频收视来源，我们可以发现“优、爱、腾”仍然是被使用得最多的媒体来源，其中通过爱奇艺收看网络视频的智能化用户比例最高，腾讯视频次之。从3类受众的差别来看，进取型受众选择爱奇艺和腾讯视频的集中度更高，选择这两个媒体的被访者比例均占到进取型受众总量的四成以上（表5）。

表5 三类智能化受众在大屏收视网络视频的媒体来源(被访受众选择比例%，多选)

网络视频媒体	活跃型受众	传统型受众	进取型受众
爱奇艺	39.4%	31.0%	41.6%
腾讯	36.6%	28.9%	40.0%
优酷	20.6%	17.8%	21.8%
其他	10.8%	10.6%	10.5%
芒果	10.0%	5.8%	10.5%
乐视	4.6%	3.3%	7.8%
华数 TV	2.4%	0.8%	2.5%

注：表中各列受众所占比例的计算总体分别为3类智能化受众的总量。

数据来源：CSM 媒介研究 2018 年 12 城市基础研究

2. 三类智能化受众短视频接触比例最高，进取型受众更多观看付费网络视频

在新的媒介形式中，短视频、网络直播近年来发展迅猛，不断侵占受众碎片化的媒介消费时间，成为受众媒介消费中新的价值高地。同时，付费网络视频也随着媒介消费环境的发展变化而被越来越多的受众所接受。从12城市基础研究数据来看，智能化用户在短视频的接触比例上明显占有优势，3类智能化受众在过去半年内接触过短视频的比例都在80%以上，其中进取型受众相对更为活跃，接触短视频的受众比例高达88%。接触网络直播的智能化受众比例明显低于短视频，在3类智能化受众中占比不足五成。过去半年内付费观看网络视频的智能化受众比例则更低，在三成左右。但从3类智能化用户的差别来看，进取型受众观看付费视频的比例更高，过去半年内有30.4%的进取型受众付费观看过网络视频（图9）。

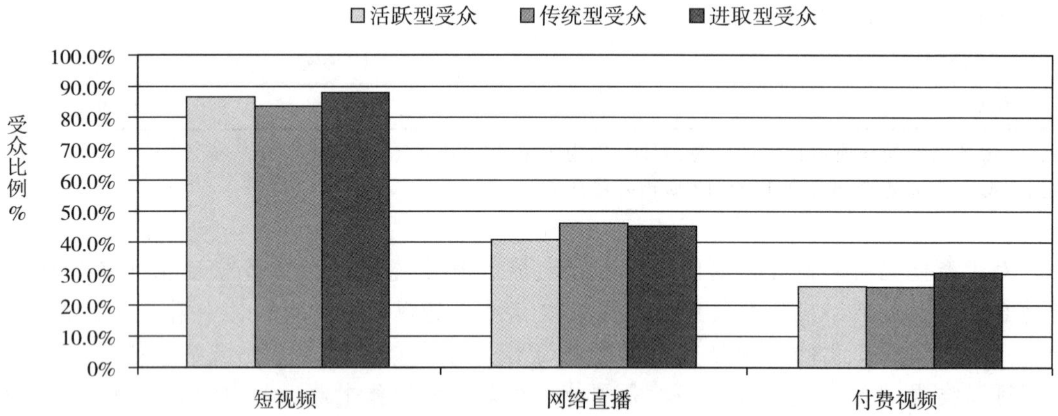

注：图中各类型受众所占比例的计算总体分别为3类智能化受众的总量。

数据来源：CSM 媒介研究 2018 年 12 城市基础研究

图9 三类智能化受众过去半年内接触过三类媒体的比例(%)

3. 网生内容成为智能化受众上网收看的视频主流，电视台原生内容也是其上网收看的重要资源

近年来，技术发展所催生的媒介变革接踵而来，一个突出表现就是网络视频对传统电视节目收视时长的挤压和分流。2018 年，3 类智能化受众在网上收看的视频内容中“就在网上看节目，不关心电视台是否播出”已成主流，尤其在活跃型智能化受众中，这一比例更是高达 39.2%。与此同时，电视台原生内容也是智能化用户在网上收看的重点，选择“在电视上错过的节目”“电视台近期正在播出的节目”“电视台以前播出过的节目”的比例都相对较高，其中又以进取型受众在网上收看电视台近期播出的节目内容的比例更高（表 6）。

表 6　三类智能化受众在网上收看视频内容选择比例（%，多选）

网上收看的视频内容	活跃型受众	传统型受众	进取型受众
就在网上看节目，不关心电视台是否播出	39.2%	37.6%	35.0%
在电视上错过的节目	25.6%	30.6%	32.6%
电视台近期正在播出的节目	25.4%	19.5%	30.9%
电视台以前播过的节目	21.7%	21.6%	26.8%
提前收看电视上还没播出的部分	19.8%	22.9%	25.9%
电视台不播出但在网上可以看到的节目	21.5%	16.4%	24.8%

注：表中各列受众所占比例的计算总体分别为 3 类智能化受众的总量。

数据来源：CSM 媒介研究 2018 年 12 城市基础研究

五、结语

受众智能化是近年来技术和网络飞速发展背景下，传统受众进化的一条必然路径。他们以不断壮大的体量，正在改变传统媒体受众的结构、行为。可谓技术改变生活，技术建构新的受众，技术亦重塑家庭收视格局。在此趋势下，传统电视唯有清晰地认识新传媒生态下的新受众，才能深入了解其特征、偏好及发展走向，才能在未来更加白热化的媒介竞争中坚守、融合并创新。

（作者：周欣欣）

优质受众今何在
——高学历、高收入受众媒介消费特征及开发经营浅析

作为近年来传媒市场发展最明显的特征和发展趋势，媒介融合以其包容万物的特性对信息传播方式和受众媒介消费模式产生了颠覆性的影响。媒介融合不仅在形式上以媒介形态、媒介功能、传播手段、所有权、组织结构等要素的融合为表征，在客观上更是引发了受众媒介消费的分化、转移、叠加和重组。那么，在这种全新的传播语境中，被多种媒介所追逐的优质受众，他们的数量和结构呈现出何种变化特点？他们的媒介消费方式有何特征？传统电视如何通过经营受众从而吸引优质受众？融媒体语境中优质受众的开发又有何前景？本文拟借助 CSM 媒介研究 71 城市收视调查数据和 12 城市基础研究数据，对上述问题一一进行解析。

一、找到优质受众

近年来，与媒介技术发展和媒介融合相伴相生的，是我国经济社会的快速发展，社会资源的重新配置，社会文化的加剧变革。由此导致社会结构急剧分化，新的利益群体以及社会阶层正在逐步形成并趋向定型化①。伴随着社会的分化，社会阶层分化与教育因素、收入因素之间的相关性显著增长。不同阶层的受众在收入、文化资本、权利以及声望等维度上存在着明显差异，在媒介接触尤其在电视和网络媒体的接触上，其偏好、习惯、使用与满足乃至评价和信任等方面均不断分化。本文所界定的优质受众，是文化资本和经济收入在所有受众中处于领先地位的群体，即大学及以上学历和个人月收入达到 4101 元及以上的群体。

根据 CSM 媒介研究在 71 大中城市的收视调查数据，2018 年 1～5 月，个人月收入 4101 元及以上的高收入群体和大学及以上受教育程度的高学历群体在受众中所占的比例均达到二成以上，且近 3 年来高收入受众占比提升明显，而高学历受众占比则略有下滑（图 1）。对比同时期 CNNIC 发布的《第 42 次中国互联网络发展状况统计报告》中的网民构成数据，截至 2018 年 6 月，网络用户中的高学历（大学本科及以上）和高收入（个人月收入 5001 元及以上）受众占比分别为 10.6% 和 24.8%，高学历电视观众比例明

① 孙立平. 90 年代中期以来中国社会结构演变的新趋势//孙立平. 转型与断裂：改革以来中国社会结构的变迁［M］. 北京：清华大学出版社，2005.

显高于同类网民比例，而高收入电视观众比例较网民略低，但二者从 2016 年到 2017 年的发展变化趋势趋同（图 2）。

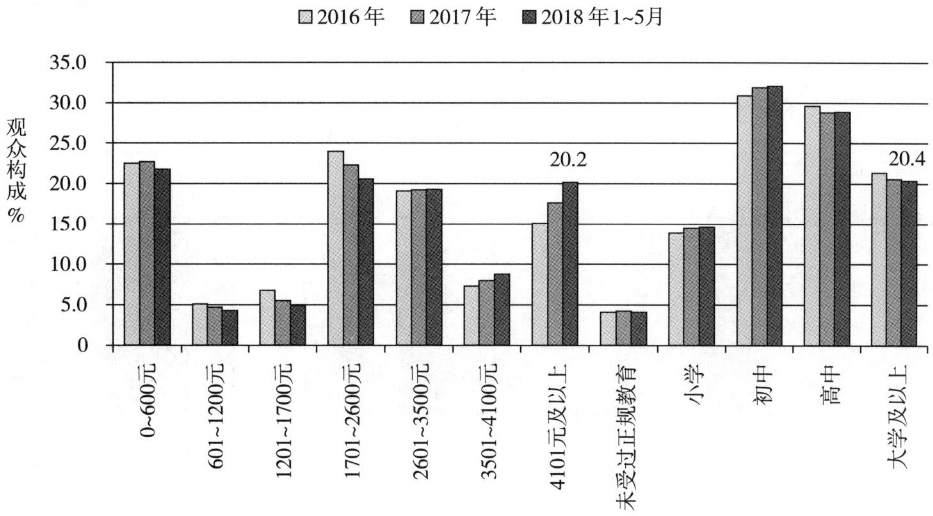

数据来源：CSM 媒介研究

图 1　2016 年以来不同收入及学历观众构成（%，71 城市）

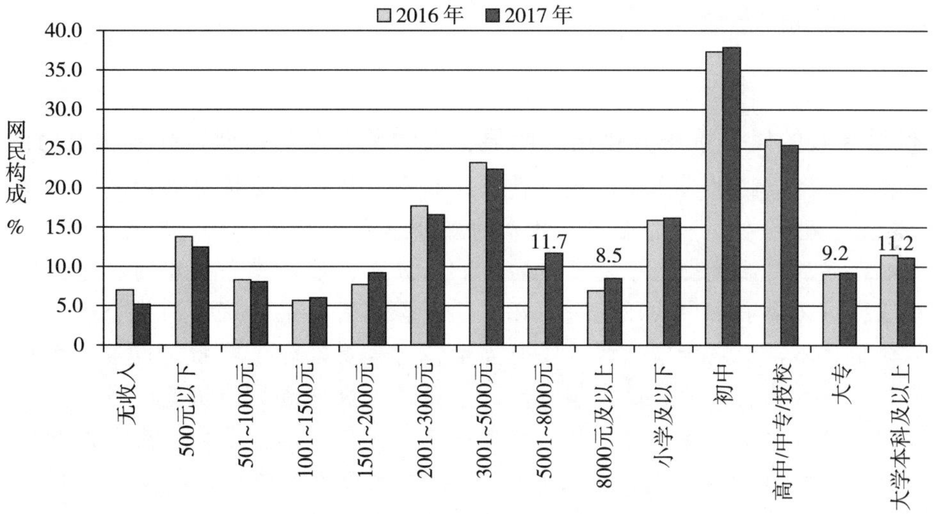

数据来源：CNNIC：《第 41 次中国互联网络发展状况统计报告》

图 2　2016 年、2017 年网民学历及收入构成（%）

百余年前帕累托发现的二八定律认为：在任何一组东西中，最重要的只占其中一小部分，约 20%，这一定律之后被广泛应用于社会学及企业管理学等领域。而本文所界定的高学历、高收入优质受众，恰巧也在整体受众中占据着 20% 的比例。虽然从人均收视时长的角度来看，高学历（97 分钟）、高收入（115 分钟）受众不是传统电视收视（136

分钟）的主要贡献者（图3），但在整体传媒行业乃至广告商的眼中，这部分人代表的是优质、消费能力强、价值高的受众（用户），是相应圈层中的意见领袖，对于同圈层受众具有较强的引导力。因此，对于这部分受众的媒介消费习惯的进一步把握，有助于传媒生产经营主体在实践中更好地经营和开发他们。

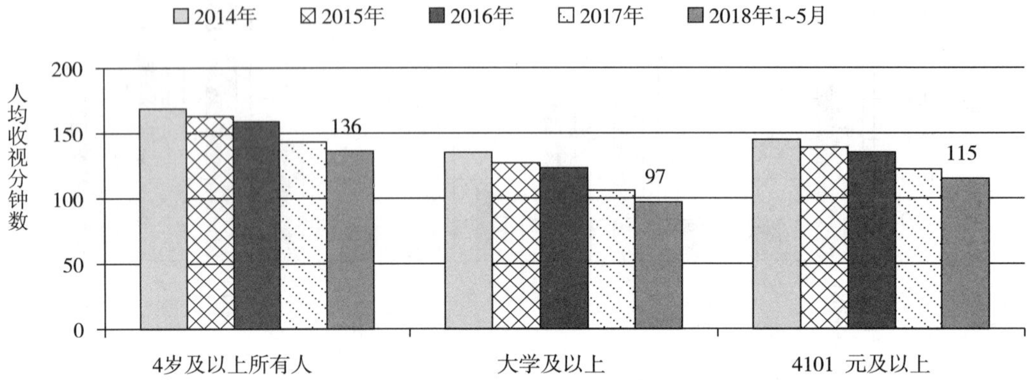

数据来源：CSM 媒介研究

图3　近五年来高学历、高收入受众人均每日收视时长变化（分钟数，71 城市）

二、认识优质受众

1. 优质受众的媒介选择分化更为明显，高学历受众对新型媒介接触更为活跃

如开篇所及，以技术为先导的媒介融合，其本质是一种传播关系的转型，是受众倒逼的一个融合过程。在这一过程中，受众的媒介消费不断地分化、转移、叠加和重组，媒体与受众之间的关系也发生了重塑与转型。一方面，随着媒介融合的推进，媒介的范畴不断拓宽，在传播链条中的任何一个环节都包含有新型媒介萌生的机会点；同时，受众的媒体使用也不再局限于信息的接收与互动，而是更融合了购物、检索、教育等多种类型的行为。对媒体区分的日趋模糊，反过来促进了媒体边界的拓宽。另一方面，随着社会阶层的分化，受众的传播需求和品位也逐渐多样化，产生了具有典型偏好特征的分众群体（如本文分析的高学历、高收入群体），主流舆论传播模式与受众不断细分的需求之间的差距开始显现，受众的媒介消费选择进一步分化。

以 2017 年 CSM 媒介研究在 12 城市的基础研究数据为例，高学历和高收入群体每天接触最多的媒介是互联网，选择的受众比例在四分之一以上，且这一比例远高于接触排名第二位的电视（在家），与所有被访者对互联网和电视两种媒介几乎接近的选择比例反差强烈，高学历、高收入群体在媒介选择的差异分化更加明显（图4）。不仅如此，高学历观众对互联网、户外广告和网络视频的接触比例都比高收入观众高，对新型媒体的使用和接触也更为活跃，但对电视、广播等传统媒体的接触比例则相对低于高收入受众。

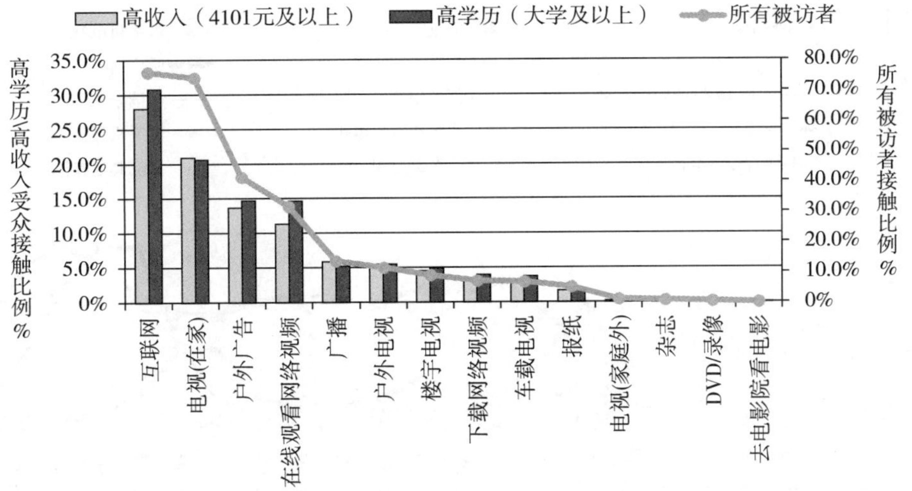

数据来源：CSM媒介研究2017年12城市基础研究

图4　2017年12城市①优质受众及所有受众每天接触各种媒介的比例（%）

2. 网络在优质受众的全天媒介接触中占据要位，传统电视仍在其晚间媒介接触中创造最高峰

全天不同时段的媒介接触情况，是反映受众媒介消费行为分化的另外一个维度。对于高学历、高收入观众而言，其媒介消费的碎片化和叠加性，在全天时段中演绎得更为生动。网络是优质受众全天优选的媒介资源，但传统电视仍能在受众的晚间媒介接触中创造最高峰，这反映出优质受众媒介消费的组合性和灵活性。

优质受众的网络接触行为几乎遍布全天。在日间其他媒介接触比例较低的时段仍有较高的接触率，且在传统电视接触比例回落的21:00后的晚间时段，高学历、高收入优质受众仍在网络接触上保持了较高的比例。对于传统电视的接触，优质受众选择在晚间黄金时段，19:00～21:00这两小时均有超过半数的优质受众在接触传统电视，并创造了全天时段媒介接触的最高比例。手机电视这一新兴的媒介类型在优质受众全天的媒介消费中也占有一席之地，尤其在优质受众晚间上网较为集中的20:00～23:00时段，其接触比例尤显突出。户外广告作为优质受众接触比例较高的一类媒介资源，其时段特征突出，更集中于早、晚上下班高峰时段，与高学历、高收入受众的工作性质和出行时段相对应（图5）。

3. 优质受众电视收视兼顾娱乐、资讯与视觉享受，网络视频收视更偏重娱乐性

在不同的媒体平台上，优质受众的内容选择偏好同样存在着分化现象，这也是传统电视抓住契机有针对性地开发和经营优质受众的入口和关隘。由表1我们可以看出，优质受众在网络视频的收视中，更为偏重娱乐性功能，最喜欢收看综艺类网络视频的优质受众占比达到40.9%，远高于第二位的电视剧（18.2%）和第三位的新闻/时事类节目

---

① 12城市包括北京、上海、广州、深圳、天津、重庆、成都、西安、长沙、武汉、沈阳、南京。

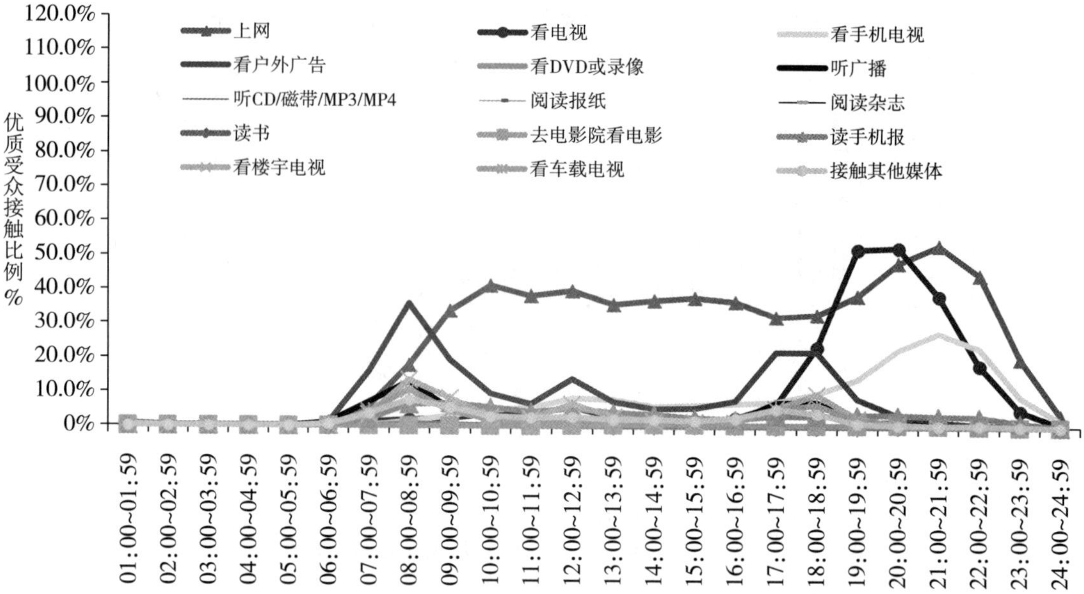

数据来源：CSM 媒介研究 2017 年 12 城市基础研究

图 5　2017 年高学历、高收入受众全天不同时间段各种媒介的接触比例（%）

（15.7%）。而在电视大屏上，优质受众的收视偏好则呈现出娱乐与权威资讯并重、视觉享受优先的特性。最喜欢收看电视综艺节目和电视新闻的优质受众比例均超过三成，且二者之间的差异不大，这从侧面反映出在传统电视内容资源中，具有权威性和公信力的新闻节目仍然具有相当的优势，对优质受众的吸引力与综艺类节目相比并无明显差距。与在网络视频中的收视偏好相比，更注重直播时效和视觉冲击的体育类节目在电视中明显更为优质受众所看重，5.6% 的高学历、高收入受众最喜欢收看电视体育类节目，在排序上优于电影类节目（表 1）。

表 1　12 城市高学历、高收入受众最喜欢收看的电视节目及网络视频类型分布（%）

最喜欢收看的电视节目类型	百分比（%）	最喜欢收看的网络视频节目类型	百分比（%）
综艺/娱乐	34.2	综艺	40.9
新闻/时事	30.2	电视剧	18.4
电视剧	12.8	新闻/时事	15.7
体育	5.6	电影	5.4
电影	2.5	体育	3.6
专题	1.7	专题	1.5
财经	1.2	财经	0.8
法治	0.8	音乐	0.8
青少	0.5	生活服务	0.6

续表

最喜欢收看的电视节目类型	百分比（%）	最喜欢收看的网络视频节目类型	百分比（%）
音乐	0.4	教学	0.3
教学	0.2	法制	0.3
生活服务	0.2	青少	0.3
外语	0.1	戏剧	0.2
戏剧	0.0	外语	0.1

数据来源：CSM 媒介研究 2017 年 12 城市基础研究

三、开发与经营优质受众

优质受众的上述特征，为传统电视有针对性地开发和经营他们提供了抓手。传统广电围绕着优质受众的需求、习惯、偏好等，近年来不断尝试在权威资源的精耕和活用，内容的垂直细分、推动内容突破传播平台限制与圈层壁垒、科技与数据跨界融合与运用等领域，展开全方位的创新探索，此举不仅契合了高学历、高收入群体的收视需求，同时也为节目未来的发展奠定了扎实的根基，使节目创新与受众需求之间互为促进、良性发展。

1. 权威内容的精耕和活用：可信度重塑电视新闻公信力，新闻短视频开辟融合传播新景观

可信度是新闻业中的新货币，根据上文 CSM 媒介研究在 12 个城市的基础研究调查数据，优质受众在电视平台上最喜欢收看的内容资源中，电视新闻仅以 4 个百分点的差距排在电视综艺娱乐节目之后，这一比例远高于新闻节目在网络平台的受欢迎程度。另外，根据牛津路透社新闻研究所最新发布的研究报告①，在过去的 7 年里，社交媒体一直是一个份额持续增长的新闻来源，但现在它的增长势头已经开始逆转，社交媒体的新闻属性逐渐淡化。2018 年美国的受访者中有 39% 的人将 Facebook 作为新闻来源，较 2017 年下降了 9%，大部分国家都发生了类似于美国的变化。可以预见，在钓鱼新闻、误导性报道以及假新闻泛滥的当下，传统电视的优质新闻内容有望凭借其可信度进一步赢得高学历、高收入优质受众的青睐。

在融合传播时代，尽管传统电视新闻生产的优势领域不断被新媒体侵蚀，但不可忽视的是，在特定圈层中担当意见领袖的高学历、高收入受众对于具有高权威性和可信度的电视新闻内容，仍有非常高的收视动机和诉求，权威电视媒体在整个舆论格局中的主导地位不容置疑。近年来，传统广电以权威内容资源深耕新闻领域的努力从来不曾停止，不仅投入了大量的人力、物力、财力打造融合传播的中央厨房，在传统电视新闻栏目的制作上也力求增加深度报道，以此来强化新闻传播的集中度，增强媒体的议程设置

① 2018 年的数字新闻年度报告调查了来自 37 个国家的 74000 多人，引文见 http：//baijiahao. baidu. com/s? id = 1604633640563505539&wfr = spider&for = pc.

功能。不仅如此，主流媒体在“立场正确”的前提下还勇于充当社会多元化观点的“呈现者”和“平衡者”，成功地搭建民众与政府之间的良性舆论互动桥梁。以2018年3～5月71城市市场高学历、高收入受众平均收视水平较高的新闻栏目为例，中央级平台的《今日关注》《中国舆论场》《海峡两岸》，地方权威媒体的《北京新闻》《新闻透视》《观众中来》等，均成为翘楚。这也再次印证了融合传播时空中传统平台以可信度重塑电视新闻公信力的努力的成功。

以此为基础，传统电视将新闻内容进一步打造成融合传播的优势资源，凭借自己在资质、资源与公信力上的优势，以新闻短视频推进融合传播。2018年第一季度，在腾讯视频、秒拍、今日头条三个平台发布者播放量TOP1%的逾3000个发布者中，传统媒体所属的账号占4.7%；在发布的短视频数量上占7.6%，播放量占TOP1%发布者播放总量的18.1%。传统媒体旗下、以传统媒体资源为重要支撑的账号在头部竞争中稳居前列，如央视新闻、看看新闻Knews、时间视频、人民日报、澎湃新闻、新京报我们视频、环球时报等。在重大时政事件报道传播方面，电视媒体更是积极创新移动端新闻产品，占领传播的高地。以央视旗下短视频品牌为例，2018年第一季度，央视新闻、小央视频、CCTVNEWS等发布者围绕着十九大、全国“两会”、习总书记治国方略等内容制作了原创时政短视频100余个，配合电视端长视频传播，收到了良好的传播效果。这些短视频内容丰富、翔实，形式多样、灵活，在央视新闻+、腾讯视频等8个平台获得的播放量超过15亿次。可以说借助于对具有公信力的新闻短视频的活用，传统媒体在优质受众中的影响力在不断提升。

2. 内容触角的垂直与细分：小众传播开辟细分受众市场，脑力风暴精准把握受众需求

基于不同社会阶层地位而形成的群体性文化，在某种程度上左右着受众对媒介内容的选择，不仅体现出不同的欣赏趣味和文化区隔，同时也影响着媒介内容的生产。在传统内容生产的优势资源新闻之外，传统广电也尝试借助小众化的内容传播开辟优质受众的细分市场，有针对性地开发脑力型节目，精准把握优质受众的需求，深入优质受众更加细化与差异化的需求领域，成功锁定其收视关注。

● 有温度的纪录：走心的温暖与感动，古老智慧与现代文明和谐共生

如前文所说，优质受众在经济或文化上占有更多的资源，因而在媒介消费的倾向和内容选择的偏好上，对于凝聚了人文艺术元素、有更加深远的历史渊源、富于普世哲理的纪实类节目内容投入了更多的关注。以高学历、高收入观众2018年3～5月期间收视较高的纪实类节目为例，中央台六套的《重返狼群》、中央台四套的《国家记忆》《传承第二季》，北京卫视的《非凡匠心》等节目均表现不俗，无论是狼与人之间真实的故事与感动，抑或“天人合一”的古老智慧与“和谐共生”的现代文明共同熠熠生辉，还是有温度的历史讲述，都使节目更加深入优质受众的内心。

而沉淀自传统媒体实践的精华内容、精良制作以及精巧策划，则进一步助力纪实类短视频在新传播平台上拓展影响力，也为纪实内容的创作和传播开辟了新的空间。

纪实类短视频多从微观着眼，聚焦历史或传统文化，时长一般在3～15分钟之间，比较契合互联网时代高学历、高收入优质受众碎片化、快节奏获取信息的特点。以中央电视台纪录频道的短视频《如果国宝会说话》为例，该片每集时长5分钟，讲述一件文物，共100集，分为4季播出，每季25集。该片将一个个"大国重器"浓缩在5分钟的视频里，穿越古今王朝，着重讲述国宝背后鲜为人知的传奇故事和曲折经历。2018年1月1日上线首月，短视频总播放量（正片+花絮）超过1600万。短小精悍的分集设置及精致的微纪录小视频，让更多繁忙的优质受众"快速充电"，了解了文物背后的文化意义。

●烧脑进行时：知识性、娱乐性、科学性的有机整合

电视节目作为一种媒介产品，其消费状况还受到受众媒介品位的影响。根据法国社会学家皮埃尔·布迪厄对人们文化品位与其社会和家庭背景之间关系的研究，人们的媒介品位是由其所处的社会阶层和受教育程度决定的。对于电视节目而言，在简单的"娱乐"和"放松"之外，还有一类节目更为关注"知识性"和"科学性"。

早在1998年，中央电视台的《幸运52》一经推出便引发了受众的追捧，节目既有纯知识性环节设计，更考察选手的创造性和发散性思维，开启了电视节目的"烧脑"时代，也引发了一批较有学识的受众参与到收视中。随着时代的发展，简单的问答和竞猜已经不能满足受众对拓宽视野、扩充知识、提升智力等方面的要求，市场上需要能将科学性和娱乐性融合在一起的电视节目，于是，《最强大脑》在2014年应运而生。节目在各种挑战项目的设置上，把人们大脑中的逻辑推理、数据分析、空间想象力、速算能力、长时间记忆等多种无形、抽象的东西，变成了形象、开放、具体、互动、可感知、有温度的东西，将科学元素和娱乐元素完美地整合起来。2018年《最强大脑》第五季不仅有脑王坐镇、高智商"军师"联盟，更有登陆《最强大脑之燃烧吧大脑》、以0.1%的存活率从10万参赛选手中脱颖而出的百强选手，他们无疑是"精英中的精英"。节目不仅吸引了大批具有较高学历的观众，同时也在具有较强求知欲和好奇心的年轻收视群体中赢得了关注。

3. 从经营观众到经营用户：优质内容突破平台与圈层壁垒，优质受众重新关注和回流

近年来，基于社会政治、经济和文化领域的分化，多样化、多极化、多层化的社会逐渐形成，阶层与阶层之间的价值标准、社会观念、文化理想、生活态度乃至消费习惯均有很大的差别。媒介的日益丰富和传播技术的发展使受众的选择空间越来越大，受众注意力被分散到越来越多的媒介源中。如上文分析，高学历、高收入优质受众的媒介接触行为在加速分化，互联网不仅成为其每天接触比例最高（高学历31%，高收入28%）的媒介类型，而且高出其传统电视的每天接触比例近10个百分点。受众分化趋势之下，传统的"媒介—受众"单向传播模式已不能客观反映媒介融合时代的现状，以"用户—媒介互动"为核心的媒介传播模式正成为传统媒体把握既有忠实受众，并进一步开发优质受众的必然选择。

在这一模式下，由少数生产者创造内容，然后由众多消费者消费的消费型思维将被打破，取而代之的是内容的产生和传播不再由传统媒介垄断，众多用户在消费内容的同时也产生并传播内容的生产型思维①。社交网络上的现象级传播都会遵循如下路径：触发分享机制→激发受众创作与个性化解读欲望→突破平台与圈层壁垒→进入自传播阶段→引爆全民狂欢热潮。传统广电的优质文化节目也经历上述路径，并取得了现象级的传播效果。以中央电视台的《朗读者》第一季为例，该节目自2017年2月18日开播至5月6日正式收官，以多级口碑效应，由电视节目进入网络视频、音频传播空间，在新闻媒体、社交网络间自由流转，形成了蔚为壮观的自传播影响力格局。根据清博大数据统计，《朗读者》第一季节目相关视频全网播放量超过9.7亿次，正片单日播放量增长近200万次，短视频播放量近4亿次。微博主话题#CCTV朗读者#总阅读量达14.1亿，《朗读者》节目阅读量突破10万+的公众号文章累计达312篇②。不仅如此，CSM媒介研究对2018年中央电视台《经典咏流传》的弹幕研究显示③，在所播出的11期节目中，第1期节目弹幕总数最高，达到21 732条，平均每分钟94条。“好听”“喜欢”“牛/厉害”“666”“哭/感动”等丰富的情感和评价让节目更加立体，其中“好听”是《经典咏流传》最大的特点。上述种种，正是传统广电的内容通过优质用户推动，突破传播平台的限制与圈层的壁垒，所产生的全新的媒介融合方式，也是传统媒体平台在受众加速分化的趋势下重获优质受众关注和回流的成功案例。

4. 科技与数据助力大屏生辉：科技创造电视新未来，大数据携手电视前行

毫无疑问，尽管经受了新内容、新渠道和新技术的冲击，电视依然是优质的家庭娱乐入口。纵观整个电视的发展史，“家庭”“客厅”依然是最主要的关键词，电视在家庭娱乐场景的中心地位始终没有改变。那么，是什么发生了变化？从最初的信号接收终端，到今天联网智能收视设备的普及和发展，技术在不断地增强电视与受众之间的交互属性。通过上文分析的优质受众电视及网络平台的节目偏好差异，我们已经洞悉，在传统电视所拥有的对高学历、高收入受众更具影响力的内容资源中，除了制作精良、富于思想性和文化内涵、具有权威性和公信力的节目外，更强调直播时效性及观赏视效性的体育类节目也表现突出。由此我们不难进一步拓展思维：传统媒体如果想经营与开发优质受众，也可以大胆借助科学、技术、人工智能与大数据等运用，在电视大屏上打造融合视听及互动参与的视听盛宴。

科学与技术的发展和运用，无疑已经在改变电视内容及观众收视的现在与未来：时下流行的VR全景虚拟现实技术和3D全息投影技术，可以让电视观众“走近”舞台，让明星、节目“走出”屏幕，以提升视觉效果；声音合成技术可以突破人声局限，震撼

① 张小强，郭然浩. 媒介传播从受众到用户模式的转变与媒介融合［J］. 科技与出版，2015（7）.

② 数据采集时间：2017年2月16日0时至5月21日24时；数据采集平台：爱奇艺视频、腾讯视频、央视视频、喜马拉雅FM、微信、微博、新闻网站、论坛（去除重复项后的数据）。http：//home.gsdata.cn/news-report/articles/1797.html.

③ 数据来源：腾讯视频《经典咏流传》弹幕，采集日期：2018年5月31日。

观众的听觉体验；配合直播节目的弹幕刷屏、现场娱乐，可以让观众融入和“参与”节目①。例如拥有治愈歌声和甜美形象的虚拟歌手洛天依于2016年2月登上湖南卫视小年夜春晚，与杨钰莹合唱《花儿纳吉》，成为首位登上中国主流电视媒体顶级晚会的虚拟歌手②。又如在高学历受众中具有较强收视影响力的纪实节目《国家记忆》，节目在珍贵历史资料的基础上，还创新性地运用极具科技感的历史场景穿越等视觉元素，带领观众重返历史现场，触摸有温度的历史。这些在电视屏幕上呈现的炫目技术与创新应用，无疑可以秒杀手机、电脑、Pad等小屏的收视体验，尤其对于媒介接触行为较为前卫的优质受众，完全可以成为吸引他们回归电视大屏的利器。

此外，作为一种新型跨界的新闻报道方式，数据新闻近年来在全球范围内炙手可热，甚至被视为传统新闻业应对互联网冲击的一剂“良方”。借助大数据的运用，数据新闻使得观众可以在电视大屏上一览大事件的全貌，从宏观、整体的角度观察事件的发展状态。相较于传统新闻往往从事件的一个局部视野来展现事件的做法，这种报道方式无疑更加吸睛。例如中央电视台已经开播多年的春运特别节目，以往的报道方法是派记者蹲守火车站，跟踪采访春运中的工作人员以及出行者，新闻着重描述个体的主观感受，采用个性问题的答案来推测整体动向。而中央电视台推出的“据说春运”数据新闻特别节目则利用百度地图产生的LBS可视化定位大数据来报道春运期间全国各地旅客的出行情况，观众可以非常直观地通过动态迁徙图看到全国春运人口的实时迁徙动态。这种报道方式成为传统电视节目在融合传播时空中更好地运用数据提升节目的可视化效果、用数据增强新闻对优质受众吸引力的成功探索。

四、结语

注意力资源是众多资源的一种，指人们关注事物、世界、行为、信息而形成的持久效应力的大小。在融合传播的时空中，社会信息总量急剧增加，信息时效不断缩短，广大受众尤其是优质受众的注意力资源更显稀缺，对不同媒介的消费也加速分化，这都对传统电视提出了新的要求。建立在受众个人知识结构之上的信息素养，亦为传统电视经营和开发优质受众提供了线索和指引。唯有遵循优质受众的媒介消费规律，针对其信息需求特点，才能更加有的放矢地触达优质受众，留住优质受众，进而引导优质受众。

（作者：周欣欣）

---

① 科技领域持续创新，电视节目新未来正在上演［EB/OL］.（2018－07－01）［2016－06－01］. http：//www.newskj. org/kejixun/2016060162542. html.

② AR＋全息带你冲破次元壁：洛天依等虚拟歌手举办首场演唱会［EB/OL］.（2018－07－02）［2017－07－13］. https：//www. hiavr. com/news/industry/39526. html，2017－07－13.

网络直播营销现状及存在问题探析

继用户打赏、网红经济之后，网络直播营销正逐步成长为直播平台重要的收入来源之一。在2017年网络直播平台数量锐减、行业整体步入盘整期后，网络直播营销仍表现出持续增长的势头，市场规模由2015年的1.3亿元、2016年的8.4亿元上升到2017年的接近18.5亿元，2018年这一数字估计超过34亿元。网络直播营销为何受到市场青睐？发展现状如何？发展过程中存在哪些问题？本文拟通过行业观察及监测数据，对网络直播营销现状和存在问题进行分析。

一、网络直播营销现状

现状一：网络直播营销优势明显，广告主与播出市场供需两旺

与用户打赏和网红经济相似，网络直播营销是在“直播+”逻辑的带动下，沿网络直播产业链衍生出的商业价值实现方式。目前，网络直播营销主要以网络直播视频为载体，通过直播间促销、营销活动现场直播以及直播内容定制等方式，实现品牌营销的推广和传播。

相比其他视频广告（如电视、短视频等），网络直播营销在内容创意、用户互动和快速变现等方面表现突出，深受广告主青睐。据艾瑞咨询数据，2018年网络直播营销市场规模同比增幅达85%。同时，网络直播营销在平台端和用户端表现活跃，根据CSM媒介研究直播监测数据，在一直播平台2018年三季度各月播放量TOP100的直播视频中，商业推广类直播的发布量占比稳定在70%~80%之间，播放量占比在55%~80%之间，是平台播出和观看的主要内容之一。

现状二：网络直播营销展示场景多样，内容营销创意空间丰富

移动化传播和视频时间体量大是网络直播的天然优势。网络直播的优势一方面可以为在室内外、各类场景下进行网络直播营销提供机会，一方面能为直播营销发挥丰富多样的内容创意提供空间。

目前，网络直播营销场所遍及商业会展、产品发布会、产品生产线等商业化场景以及商场超市、主播家中等生活化场景。在商业化场景中，主播多手持手机，通过现场解说为用户传递现场实况，并结合用户需求进行产品体验和场景展示。在这个过程中，主播兼具主持人和摄影师两种身份和职能，以解说和抽奖、游戏等形式与用户互动并陪伴他们。

网络直播在播出时间上较短视频更为宽松，它既可以承载广告片插播、品牌 Logo 曝光、品牌 Slogan 口播等硬广告形式，也可以进行富有看点的内容营销创意。近年来，在节目中植入品牌信息或营销活动的方式日渐流行，其故事性、趣味性和可看性更强，也受到了用户的关注。2018 年情人节前夕，一直播平台网络主播“闫闫_ Mystic”和“老薛”以“CP”身份亮相直播间，在直播中与众网友围绕话题“哪些礼物最让你印象深刻”展开闲聊，并结合话题对赞助品牌的情人节促销商品进行推广，两位主播如同老友般的互动满足了粉丝们对二人情侣身份的遐想，播放量累计超过 4000 万次。2018 年 5 月 18 日，品牌恒洁卫浴在推广直播中以综艺访谈的形式邀请知名主持人蔡康永，围绕“职场选择”“单身生活”等话题与线上线下展开互动。互动中，蔡康永个性化的生活理念、处世心得与品牌的“焕新日常”概念相得益彰，兼具了电视长视频的形式和网络视频的个性化，直播视频在花椒平台发布后播放量超 1400 万次。

现状三：直播 + 电商，开启直播流量，实时转化新渠道

2016 年网络直播爆红后，“直播 + 电商”迅速为电商开启了新的消费流量转化渠道，众多电商平台纷纷试水网络直播营销。直播营销为电商平台打开了一条“营销—消费”的实时转化渠道。直播的即时性、体验感、互动性为电商平台的线上转化流量提供了便利，明星主播、网红主播可以借助直播平台积累的“明星效应”“网红效应”更好地进行商业价值转化。

网络直播一边连接着直播用户的注意力和潜在的购买需求，一边对接电商平台的产品和推广需求，如同桥梁一样将 B 端和 C 端紧密相连。直播营销通过邀请主播亲身前往活动现场、深入原产地生产线等方式，发挥直播的体验感、现场感，将产品特点直观、感性地传递给直播用户。为宣传“大众点评丽人节”活动，2018 年 3 月大众点评网邀请一直播平台的多位主播亲自前往美发店铺，直播美发全过程，从而吸引线上用户参与其中；2018 年 5 月网易考拉海购也邀请多位主播以“观光者”的身份探访泰国原产地牙膏工厂、橡胶工厂，推广旗下进口产品。除了主播网红，明星也常出现在“直播 + 电商”的营销合作中，以名气、号召力加持商业推广。2018 年元宵节，京东生鲜邀请少女组合 SNH48 在直播中包汤圆、品汤圆，以偶像人气推广京东元宵节活动并强化电商品牌印象，直播视频在一直播平台获得了超 1400 万次的播放量和超 35 000个点赞。

现状四：网络主播以社交和互动连接用户，构造营销传播圈

衡量主播商业价值的标准是人气。在每次长达数小时、经年累月的直播中，主播们为用户展现的不仅是唱歌、跳舞、脱口秀等才艺，还有他们带给用户的陪伴、情绪消解和时间消磨，更有主播与用户一起度过的时光。因此，那些与用户互动和关系紧密的主播，凭借“主播 & 粉丝”构建起的强大情感纽带，在网络直播营销中更能展现出“一呼百应”的带货能力。

平面模特、天猫店主、网红主播“张大奕 EVE”拥有百万级粉丝。2017 年“双 11”当天，张大奕通过网络直播为自己的淘宝店服饰进行在线营销，直播中张大奕亲自试穿了多套当季新品，并亲力亲为服务自己的粉丝、为粉丝提供实时在线答疑，在多轮抽奖刺激和促销活动刺激下实现了销量破亿。直播营销的“粉丝经济”效应同样被电商平台淘宝所看重。2018 年 6 月，“淘宝歌王”悄然上线，力推电商店主进行娱乐化营销，以人为 IP，构建与消费者的情感纽带。

现状五：社会机构和网络主播为直播营销重要发布者，传统媒体较少涉足

从发布者的角度来看直播营销，相关直播内容主要由社会机构账号和网络主播发布。在 CSM 媒介研究 2018 年 7 月监测的今日头条、腾讯新闻和一直播平台上，播放量 TOP100 以商业推广为内容的直播营销中，网络主播 69 个、社会机构账号 8 个，其中网络主播获得超过 26 亿的播放量，社会机构账号获得超过 15 亿的播放量。相比之下，传统媒体还较少涉足直播营销领域。

二、网络直播营销存在的问题

目前，网络直播营销仍存在优质内容稀缺和第三方数据缺位等问题，随着国家对网络直播行业监管的发力，如何进行合规营销，避免触碰政策红线，对网络直播平台、内容运营机构以及网络主播都提出了更高的要求。

问题一：优质内容稀缺，直播营销存在审美疲劳的风险

尽管直播营销的内容承载力强，但具有创意、巧妙融入推广信息的直播仍是少数，大多数直播营销的表现形式仍较为单一、粗放，读稿式、广告式表达居多。其背后暴露出内容制作、营销策划上的短板，以及主播和策划团队的创意不足。

直播营销面对的是广泛的受众群体和广告客户，在对不同品类的商品的推广上，应根据商品的差异转换内容调性。例如，快消品强调体验感、亲近感，科技产品需要专业性，奢侈品更需要品牌理念解读。而当下，千篇一律的营销内容是直播营销的创意痛点，尽管有“美颜”坐镇，长此以往也难免引起用户的审美疲劳。

问题二：权威第三方监测机构缺位，网络直播营销效果难以准确评估

与互联网行业数据监测面临同样的问题，网络直播营销效果监测尚缺少权威第三方数据的支持，直播视频数据基本为直播平台页面或后台数据，且平台间的数据互不相通。数据的“孤岛困境”成为客观准确评估网络直播及相关营销效果的壁垒，也成为滋生直播平台数据造假乱象的土壤。2015 年，某主播在直播游戏时，聊天室显示观看人数竟然超过了 13 亿！直播平台数据造假从此成为行业公开的秘密①。

尽管众多电商平台纷纷试水“直播 +”营销，并在宣传推广层面获得了较为有利的数据支持，但有多少用户成功转化为消费并为平台双方带来实际价值，则要视情况而

① 华西都市报. 网络直播行业数据造假成风：观看人数超 13 亿［EB/OL］（2016 - 08 - 05）［2019 - 03 - 09］. http://news.cctv.com/2016/08/05/ARTIEFnkrIAv7GfWaWaNjxNP160805.shtml.

定。2017 年网络直播平台花椒在长城会举办的"日本创新企业中国商考"中提及，花椒与电商京东的营销合作效果不甚理想，"问题主要是双方用户群的匹配度以及实际上给平台带来的收益并不高"[①]。另据 2017 年 6 月聚美优品网络直播的数据，想直接从网络直播获得较高的消费转化率似乎并不容易，一个时间段内在线观看人数最多 3.2 万的直播间，评论区的成交量只有 8 单左右，这一转化率实际上处于比较低的水平[②]。

在网络直播行业缺少第三方数据评估的情况下，对网络直播营销效果进行客观评估仍较为困难。同时，网络直播营销在传播环节对电商平台的支持更为有利，而营销对消费转化的实际支持有多大，则要视平台间目标用户的匹配差异而定。

问题三：行业法规监管相对滞后，网络主播合规经营任重道远

相较于我国互联网经济的高速发展，行业法规监管相对滞后，众多新型经营主体和经营方式游离于法律法规监管之外。主播作为广告代言人，应为其进行虚假不实宣传或诱导消费者购买不合格产品和服务承担相应的法律责任；网店经营者则应依法纳税，并为利用网络直播平台销售假冒伪劣产品承担责任和处罚。然而目前主播的代言资质是否合法有效，代言商品是否合格等一系列问题往往不易核查，也极易被用户所忽视。就经营者纳税问题而言，大型电商缴税较为规范，而电商平台个人网店少缴税或不缴税的情况比较普遍。正是由于自然人网店不登记的规定，使得许多符合纳税条件的店铺没有进入工商和税务系统的视野[③]。

随着我国行业法律法规的进一步落实，国家对互联网经济的管理逐步规范，对新形式营销和销售方式的监管会逐步细化。2018 年 8 月 31 日，我国电商领域首部综合性法律《电子商务法（草案)》获得通过，并自 2019 年 1 月 1 日起正式实行。该草案将自然人即个人网店纳入电子商务经营者范畴[④]，为日后规范个人电子商务经营者依法纳税奠定了基础。

（作者：杨金姝 辛悦）

---

① 花椒直播：网络直播的巨大价值与前景 G－Trip 日本精彩回顾［EB/OL］.（2017－12－7）［2019－03－07］. http：//www. sohu. com/a/209160098_ 159684.

② 刘旷. 电商直播为何表现平平？［EB/OL］.（2018－02－07）［2019－04－01］. http：//www. ebrun. com/20180207/264216. shtml.

③ 电商报.《电商法》获得通过新制度将冲击 C2C 电商平台［EB/OL］.（2018－09－04）［2019－03－27］. http：//finance. ifeng. com/a/20180904/16484859_ 0. shtml.

④ 草案称电子商务经营者，指通过互联网等信息网络从事销售商品或者提供服务经营活动的自然人、法人和非法人组织，包括电子商务平台经营者、平台内经营者以及通过自建网站、其他网络服务销售商品或者提供服务的电子商务经营者。

穿越透明墙：短视频竞争中的电视媒体

仅以形式上的长短或以媒体传播的视角来看短视频，还不够。互联网应用伴随着赋权过程，短视频以视频化形式降低了这个过程的门槛。在此意义上，它更像一种数字化技术下的表达工具和生活方式。虽然大V、达人、专业制作机构更能引起行业与资本的瞩目，但长尾上众多的草根玩家却更能体现短视频传播的文化意义。这种具有多元化、个性化特点的传播文化与电视媒体的中心化、主流化向度不同，这也使电视媒体的短视频内容具有了整合意义上的价值。

从电视产业的角度来看，短视频不仅仅是一种“短化”的内容表达形式。Kantar Media中国区资深数据科学家郑维东在《智能电视与短视频》一文中指出，在新传播环境下，内容作为电视产业的五要素之一，正在发生重组及由长而短的变化，“短视频是电视传播新业态的怒放之花”。这朵怒放之花率先开在了网络视频的业态里，电视媒体目前更多的是短视频平台的内容供应者。

一、怒放之花：重塑传播格局，流量一九分化

集移动化、社交化、视频化、碎片化、个性化等传播趋势于一身的短视频已置身于风口。在过去两年里，它以分秒之长，成为重构传播格局的力量，带来了传播场景中的三个显性变化。其一，它改变了用户的流向与注意力分配。根据CNNIC数据，截至2018年6月，中国短视频用户已接近6亿；QuestMobile数据显示，截至2018年9月，短视频用户总使用时长达122.79亿小时，同比增长89.2%，已可与长视频（125.75亿小时）一论高下。其二，短视频为年轻人的自我表达、在线认同与关系建构创造了具有高参与性的社交场景，视频化成为网民尤其是年轻网生代们重要的社交方式。CSM媒介研究2018年5月的短视频用户调查数据显示，在15~45岁短视频用户中，15~29岁的年轻人占到65%。其三，短视频重塑了内容生产方式。用户与生产强互动，内容与用户共进化，内容生产者与消费者之间的边界消融，观者与创作者的强互动产生了新内容。而2018年4月以来的行业监管行动，通过驱逐内容市场的劣币，重塑了创作者的信心，正推动行业告别野蛮生长，逐渐进入健康有序的发展轨道。

短视频是流量的入口也是战场，其内容生产者数量众多、身份迥异，在商业化与社交应用的诉求下，平台的流量分布呈现出极端分化的格局，并向头部账号高度集中。根据CSM媒介研究的观察数据，在不同的平台上，沉淀的账号及流量量级不同，但其分布

的总体趋势大体近似。2018上半年，在今日头条、快手、秒拍、新土豆、腾讯视频等平台上，综合来看，平均只有10%左右的账号能跻身平台的头部流量竞争，分布于长尾上的海量生产者以社交化应用诉求构筑了短视频内容生态的底部支撑。从这些平台的总体情况来看，播放量排在TOP10%的账号平均占了平台95%以上的流量；TOP1%的账号平均占了70%的流量；在不同的平台上，TOP1%发布者占到各平台50%～80%的流量。流量的集中度反映了平台的竞争生态和发展策略。对于具有商业诉求的生产者来说，越向头部靠近，获取价值回报的空间就越大。

短视频巨大的商业价值吸引了BAT及各路资本入局，在积极探索营销和赢利模式的进程中，内容为王、短视频+、生态化进阶、技术赋能成为行业的实践热点与关注趋势。短视频行业对优质内容的需求，给专业制作机构及电视媒体的跨屏内容生产带来了更大的空间。

二、生产者观察：电视媒体挺进头部，新闻见长

我们更熟悉短视频中接地气的草根、有个性的达人、有颜值的网红，UGC、PGC、MCN等内容生产及运营者们被惯性地赋予了网络化的标签。但是电视、报纸等传统媒体以其积蓄的内容能力、资源能力及品牌影响力，已成为短视频头部竞争中的价值一极，尤其在新闻资讯内容上，是短视频传播中不可替代的生产者与传播者。

CSM媒介研究2018上半年的观察数据显示，在腾讯视频、秒拍、今日头条3个平台，播放量进入TOP1%的短视频账号共有近7000个，平均获得超过平台总体约70%播放量；其中，传统媒体所属的账号占到4.8%，发布的短视频数量占10.7%，播放量占19.2%，显示出较强的生产能力和传播力。

在竞争更为激烈的TOP0.1%账号中，传统媒体所属账号占到21.7%，短视频发布量占28.4%，播放量占到29.8%，在金字塔尖的内容和流量战场显示出更强的竞争力。这些传统媒体包括40多个机构下的140多个账号，其中电视、广播媒体账号占到71%，其余为报纸媒体、通讯社账号。这些账号中，新闻资讯类占到68%，除了中央电视台、江、浙、沪电视台的新闻短视频外，不少地面频道的新闻短视频在跨域传播中也表现突出，如成都台公共频道的“CDTV5成都全接触”、江西台都市频道的“都市60分”、安徽台公共频道的“安徽视讯”和“沸闻天下”、陕西台都市青春频道的“都市快报”等。此外，电视媒体账号中还有生活垂直类、剧集、综艺类等主要依托节目内容生产的短视频。

在播放量排名TOP50的账号中，传统媒体所属账号占到近三分之一，且全部主打新闻资讯内容，这其中，报媒账号占到一半。短视频账号“央视新闻”、SMG旗下的“看看新闻”“澎湃新闻”位列传统媒体账号前3位，“央视新闻”2018年上半年的播放量过百亿，“看看新闻”也接近百亿量级，而“澎湃新闻”则在单条短视频的播放量上更见优势。

整体上，电视媒体依托节目视频资源，显示出以量取胜的特点。在更严峻的生存压力下，报纸媒体的新闻短视频之路走得更快，如《新京报》。2018年上半年，《新京报》

的短视频矩阵中有“新京报我们视频”“新京报动新闻”“世面”“新京报”“紧急呼叫”“局面”等多个账号进入观察平台播放量的TOP0.1%。在这样的成绩面前，我们可以理解《新京报》前社长戴自更何以说“视频是新闻的终极表达，这是传统媒体转型的最后机会”。

新闻短视频的生产与传播有门槛。而电视媒体所拥有的资质与资源，使之在媒体融合的进程中拥有创新移动端新闻产品的先天优势，使新闻视频资源从存量到增量的转化及优势增长有了依托。从形式上看，电视新闻节目由短的视频组成，这使电视媒体在新闻短视频的生产上也有了更大的便捷性；报纸媒体则需更多地依赖视频化原创，需对新闻进行重构，这反而促成了报纸媒体较强的适网性，这直观地表现为报纸媒体头部账号的短视频拥有较高的播放量水平。

虽然在短视频应用上用户以休闲娱乐、放松为首要诉求，幽默搞笑等因此而成为高关注度内容，但新闻资讯是用户媒介使用的刚需，视频化带来的现场感、真实感在信息传播中拥有刚性空间。从平台各月TOP100的短视频内容来看，2018年上半年，3个平台上的新闻资讯类占到37%；从用户的内容偏好来看，CSM媒介研究与中央电视台联合开展的《2017年短视频用户在线调查》数据显示，三分之一的18~59岁短视频用户“喜欢”新闻类短视频，对突发事件、时政新闻、社会民生新闻更感兴趣。

三、头部地方台观察：垂直细分内容的透明墙

短视频初期依靠泛娱乐内容的强渗透跑马圈地，但随着用户红利渐失、优质内容稀缺问题的日渐凸显，“内容为王”重回大众视野。突围同质化、深耕垂直细分领域、注重原创与品质，成为内容竞争的趋势和资本追逐的热点。2018年5月CSM媒介研究开展的15~45岁短视频用户调查显示，除“幽默搞笑类、影视类、美食”等热点内容外，短视频用户的内容偏好多元且个性化，用户表示“喜欢”的比例超过20%的垂直细分内容既涉及娱乐性也涉及实用性，如生活技巧、旅行、科技、健康养生、历史、美妆时尚、游戏动漫、教育、文化艺术、体育、军事、天文地理、汽车等。

对照电视台大量的自制栏目，短视频用户的细分需求都可找到对应的电视内容，因此理论上，电视媒体在满足短视频用户的垂直内容需求上更具有视频资源优势。然而，电视媒体在短视频细分垂直领域却缺少具有高传播力、高变现能力的头部账号。以湖南台、上海台、北京台、浙江台、江苏台这5家头部地方电视媒体旗下的210个在更账号为例，2018上半年，这些账号在今日头条、秒拍、腾讯视频、新土豆上共发布短视频28万条，总播放量238亿，累积粉丝1.65亿；SMG在发布量、播放量上领先于地方电视媒体的短视频发展；湖南台在粉丝规模上以超过6000万领先。总体来看，以电视剧、综艺等季播节目内容为主的娱乐综艺类账号最多，占到43%，其短视频发布量仅占10%，播放量不到20%，但粉丝量却占到53%；其次是垂直类内容，账号数占到30%，发布量仅占3%，播放量不到2%；新闻资讯类账号占17%，短视频发布量占57%，获得的流量占到73%。5家电视台在各自的短视频传播上特点鲜明，上海台、浙江台的新闻短视频流量贡献分别达到95%和72%，前者长于时政与民生新闻，后者重在民生新闻；湖

南台承继其电视端特色，综艺娱乐类短视频流量占到88%；北京台、江苏台的短视频则更多地为垂直细分内容。

从头部地方台的短视频发布量、传播量来看，新闻类、综艺娱乐类短视频流量价值溢出，后者单条视频平均播放量最高；垂直类短视频是头部地方电视台的短板。尽管上述5家电视台的垂直类账号涵盖了文化、法制、体育、健康、美妆、财经、医疗、生活技巧、汽车等近20个细分类型，但只有北京台的短视频《法治进行时》跻身TOP0.1%的账号，而在4个观察平台播放量TOP0.1%的账号中，垂直类占到了47%。

垂直类短视频的营销价值和变现空间渐为市场认可，也有不少成功案例。如美食类短视频“李子柒”、知识类“视知TV”、生活技巧类“造物集”、汽车类“萝卜报告”“MUZI看世界de旅行频道”等账号，它们不仅以深耕垂直领域的优质内容跻身头部竞争，而且通过电商、广告、付费等方式获得商业回报，垂直化领域的变现尝试显示出多种可能性。

同是依托于台内节目资源，相比新闻、综艺娱乐类短视频，头部地方电视媒体在垂直领域的短视频生产量低、传播量低、头部账号及内容稀缺。与新闻相比，垂直内容没有门槛，电视媒体面对的是真实开放的市场竞争和雄心勃勃的内容创作者。在电视端长视频与移动端短视频之间，仿若有一道透明的墙，二者同为视频化的垂直内容，所传递的却是不同的文化和用户的深层动机。连通墙两边，考验的不仅是电视媒体如何在深入理解用户的基础上重构素材、“短化”及网络化叙事的能力，更是电视媒体面对拥有不同游戏规则的众多新视频内容参与者，以什么持续动能、资源布局和价值目标进行短视频生产和传播的智慧。

电视媒体做短视频不只是为了秀生产环节的技术或仅仅为了情怀，它也包含了电视媒体对新舆论场中话语权的期许，对新业态领域市场能力的愿景与实践，更体现了电视媒体在媒体融合发展布局中不同尝试的价值落点与功能架构。如在内容资源共享的基础上，以新闻短视频建立移动端的引领力和影响力，以垂直类短视频探索市场空间的更多可能，以大众化的剧集、综艺内容连通大小屏用户。媒体融合是突破惯性、自我分解、与外部资源和能量交流重组的过程，短视频作为这个过程中的一个连接点，揭示了重新审视资源结构、重新理解用户的重要性。当内容端转型升级及“短视频+”成为行业的共识，电视媒体的视频基因是否能在输出优质内容、引领创新之外，所为更多？由顺势而至谋势，使短视频真正成为电视产业新业态的组成部分。

（作者：张天莉）

融汇数据，融变内容

——智能电视的市场逻辑与进化

近年来，“数据+内容”日益成为传统电视及收视率调查行业较为关注的议题，本文将围绕这个议题从四个方面进行探讨。首先，电视进入智能媒体时代，我们应该如何理解智能电视与智能行业带给我们的影响和变化；其次，从收视率经济到流量经济，电视依托收视率实现了价值转换和收入增长，而智能化使得收视率经济向流量经济转换，这是媒体融合的重点所在；再次，从怎么测量回到测量什么，既然要谈流量经济，要对流量变现，那么就要测量流量，要计算一档节目在电视大屏上有多少人看、在互联网上有多少人看；最后，抖音为什么火了，短视频对电视特别是智能电视的发展有哪些影响？

一、电视转进智能媒体时代

当今时代是一个共享经济的时代，同时也是一个智慧智能的时代。2017 年 12 月 21 日，国家语言资源监测与研究中心、商务印书馆等联合主办的“汉语盘点 2017”揭晓仪式在京举行。“享”“初心”“智”“人类命运共同体”分别当选为年度国内字、国内词、国际字、国际词。无论是共享还是智能，都离不开互联网，离不开新技术。

前些年业内谈移动互联，现在更多的是谈 AR、VR、人工智能以及物联网，谈论重点已经从简单移动互联变成了万物智联，电视成为万物智联的平台和入口。电视机和手机的屏幕往往不是看节目的载体，而成为导入数据的一种工具，“用户+ID+终端”可以联动世界，这就是智能时代带给我们的变化。

为了更深入地理解智能电视以及由智能电视推进的智能媒体时代，我们重新界定了智能的英文单词 SMART，用 S-M-A-R-T 五个字母来看智能媒体应该具有的特质以及这些特质对经营带来了哪些促进和变化。

- S——Sharing，表示共享分享，这意味着智能媒体必须连接社交功能，满足社交化传播的需要；
- M——Measurable，表示可测量，递进的含义是数据化，数据特别是回路大数据也是智能媒体应有的组成部分；
- A——Addressable，表示可寻址，指智能媒体的个体终端可识别并具备双向互动能力；

- R——Reforming，表示可重组与变形，指智能媒体的内容长短可变、样态灵活，可以满足不同端以及不同场景传播的需要；
- T——Targeting，表示可定向、可细分，能够按目标人群运营和组接智能媒体新业态。

智能电视就是具有S－M－A－R－T这些特征的电视，这样的电视对融合媒体的经营提出了更高的要求。它要求人们从关注收视率变成既关注收视率，也关注流量，关注从传统电视到智能电视再到智能用户端的传播。我们将其界定为收视率经济和流量经济两个层面之间的相互促进、转化和叠加。

二、从收视率经济到流量经济

从收视率的角度来看，收视率测量的电视蛋糕持续萎缩，人们看电视的频率在减少，大屏聚集的机会在下降，这从CSM媒介研究历年的收视数据可以看出来：变化比较明显。最初，只是年轻人受互联网的影响和冲击较大，年轻人减少了看电视的机会；而现在，中老年人特别是55～65岁的群体也开始用iPad或互联网收看视频内容。电视收视行为减少成为“全观众趋势”。

根据相关统计数据，网络和电视之间的力量对比已发生明显的交替性变化。截至2017年年底，网民规模已达7.72亿，占电视人口的60%；网民人均周上网时长为27小时。全国电视人口人均每天上网时间为139分钟，全国电视人口人均每天看电视时间为134分钟。媒体使用时间基本相同，媒体价值却相差巨大：2017年互联网广告市场规模达2957亿元，是电视广告市场规模的近3倍。

智能化的电视节目使用基本上可以分成两个部分：一部分是基于电视大屏的使用，基于“TV＋OTT”的使用；另一部分就是手机端的使用。基于中国收视数据的测算，市场基本呈现为“直播＋12%点播/回看＋12%网络视频”的格局。这个规律描述了目前整个电视收视在直播、点播/回看、网络视频层面上的格局。相较国际上的一般情况，中国的收视分流量更大，国际上还少有国家超过10%。

用户通过智能化终端观看电视节目时长的增加，某种程度上削减了他们对直播的使用。5年前，人均日收视时长164分钟，其中直播151分钟；现在人均日收视时长134分钟，其中直播115分钟；直播收视时长比5年前下降了24%，这也正是点播/回看、网络视频增加的份额。对于电视节目而言，整个市场的价值空间没有变小，只是用户使用方式改变之后，新方式带来的回报没有成为电视台的收益，这是电视媒体需要深入思考的问题。

2017年，电视直播广告收入市场规模约1000亿元，电视点播/回放/OTT广告收入市场规模约100亿元，网络视频广告收入市场规模约500亿元。基于智能电视使用的增量部分带给互联网的收入规模大于电视的收入规模。在这种情况下，我们如何从OTT点播/回放以及互联网视频播放中找回节目收益的增量？现有的方式无非是广告分账和版权的销售收入。从收视率转为流量之后，流量也需要一个计量标准，但不能以现在流量平台上动辄几十亿的点击率来简单测量，而需要按照电视收视率相对折算的方法进行测量，这是CSM媒介研究目前正在努力打造的数据价值体系，它可以丰富和完善智能大屏收视增量部分的测量。

收视率和流量是可以相互转化的，当节目在电视屏幕上播出时，我们以收视率计量之；当节目转换到电脑或者移动端播出时，我们就以流量计量之。如此，所谓跨屏收视率即收视率与流量的某种叠加。收视率和流量之间除了时空场景上的跨屏移转之外，也可以在同一时空场景中并存，即后台以流量体现，前台以收视率体现。例如当下越来越流行的OTT机顶盒、智能电视一体机等带有三网融合性质的终端，人们看的是电视屏幕，接入的则是互联网，测量收视率时测定的是实际收看时间，针对流量，则可以基于带宽和网速计算出使用时间。电视观众对于收视率付出的主要是时间成本，网民对于流量则除了付出时间成本外，还要加上带宽成本，所以流量更贵，但是收视选择的便利性和附加值可以抵消带宽成本。

用户付出的收视率和流量成本，在转化为节目收益方面不尽相同。收视率更能体现节目的广告价值，流量除了体现广告价值外还可以延伸出所谓的导流和入口价值。流量经济狭义上可以是移动数据业务为运营商直接带来的收入规模，而更大的外延是流量促进的移动互联网信息消费规模；对流量经济的广义理解则是流量直接或间接拉动其他产业所产生的经济规模。2017年程序化数字广告投放规模达到1085亿元，与电视广告收入规模大致相当。收视率和流量的转化需要一套体系，这套体系是全世界范围内正在讨论的一个热点，CSM媒介研究首次在香港完成了国际领先的试验。

从收视率经济到流量经济，产生的影响非常深远，在这个过程当中，业界重新认识了电视，重新认识了电视智能化之后的媒体特性。根据Zenith《全球智讯》报告，电视仍然是最大的媒介，移动端互联网使用量增长快速，中国本土54%的互联网广告支出增长来自BAT（B=百度，A=阿里巴巴，T=腾讯），快速的变化给营销人员带来了压力。电视依然是非常重要的，我们要看到新的技术、新的用户端对用户群的冲击和再分割问题，这些方面的变化就是S-M-A-R-T里面所体现的。

三、从怎么测量回到测量什么

既然要测量收视率，又要同时测量收视率之外的流量增量部分，那么如何测量？测量到什么程度？原来用测量仪，现在用更先进的基于互联网的一些技术以及基于大数据的技术。定义哪些需要测量、哪些不在测量范围之内，这是内涵和外延的问题。测量什么？测量观众使用大屏幕的情况，包括智能电视和网络视频这两个全视频媒体的使用，同时测量视频用户使用社交媒体、使用电商的一些数据，把这些数据相互打通，便可以形成更大的数据价值体系，为广告制作和整个营销生态服务。

实现这样的测量有很多路径可以选择。CSM媒介研究于2018年开始在香港实现同源跨屏与视频内容的全监测，以在收视率和流量之间形成可比价体系以及可以转换的数据测量；既测量怎么看电视，还测量网上怎么使用视频媒体，囊括了户内户外所有的收视行为，形成了一个比较完整的价值体系。这个价值体系在技术层面、实践层面都已经得到了市场的验证和认可。

迄今为止，在全世界范围内，业内谈到媒体测量最关心的问题，就是要通过更加完整、科学的价值测量体系，实现对跨终端使用的测量和分析。各媒体进行跨平台、多终端的分析，试图探究视频流媒体对电视的冲击和影响有多大，电视内容云端分发的渠道和效率，整个数据特别是回路数据、大数据如何变成内容经营和营销的一部分，以及广告可寻址之后这种价值的再定位问题，此外还有如何考察社交和用户互动对节目进程和营销的影响。这些内容都是全世界各个媒体所关注的重点，国内 BAT 也很关注这方面的内容，这些内容也是影响我们测量方法发展趋势的关键点。

能够衡量电视和跨平台传播效果的测量体系，要能把不同场景、不同端、不同群体的行为进行完整统一的测量，并且要得到商业认可。我们现在面临的挑战是：流量数据不可分，点击量数据不可靠，收视率数据有人也质疑，这就需要更好的测量体系来满足商业的质证要求。这样的测量体系更加倚重数据算法和智能机器的参与，这就要求整个测量体系完成升级，实现从电视机到多终端，再到社交和消费的数据累积。这样，收视率或许便不再是节目、广告交易中唯一的通行货币，我们需要对这个货币进行补充。这种补充要考虑到如何重新认识数据，原来的收视率测量只是对电视机单一终端的测量，看了、没看、是否开机，都是靠数据真实记录下来，再根据样本的数据进行推及的。现在则考虑用算法、大数据以及一些转换模型来测量，在收视率层面遇到的问题用收视率之外的方法来解决，考虑流量新的特征、新的概念以及与收视率之间的不同点和相似点。这对电视媒体特别是头部媒体提出了更高的要求。如何快速转入流量经济，需要我们启动对流量经济的开发和监测。国内做得比较好的是湖南台，湖南台把芒果 TV 打造成了芒果超媒，创造了流量经济新的范式，并与传统直播叠加和融合，孵化出了新的媒体生态。

我们再来看 2017 年美国电视的状况。美国文娱垂直媒体 Variety 此前发布了过去一年的电视行业发展报告，该报告涵盖了流媒体、内容制作、体育和传媒业并购等，初步构建了美国主要视频内容平台（除电影外）发展走向的全景图，人们也可以看到因流媒体和其他各种视频收看形态的出现而引发的产业上下游层面的变化。在过去的一年里，流媒体显然无论是从规模上看还是从数量上看都是主角（100 多家），而在带着硅谷基因的 Netflix、Amazon 携资金强势切入后，它们所引发的用户数量之争，已将美国整个电视业卷入其中，甚至连庞大的迪士尼也被逼得要按照硅谷的样本去讲流媒体的故事。在随时随地可收看视频的当下，视频内容已成能够吸引用户、提升留存率、延长用户驻留时长的必备武器。而随着后续 5G 的逐步推广应用，视频作为一种产品，其普遍性已不容置疑。Netflix 的出现给了传统电视重重的一击，但真正重要的，实际上是一个新技术时代的到来。可以说，美国电视产业的彻底硅谷化已势不可挡，但如果就此得出观众已死、用户至上的结论或许还为时尚早。

新的业态要求我们关注整个媒体传播的五个要素，即内容、渠道、终端、用户、营销，并思考它们之间的关系，以及如何进行重组。重组涉及两个方面：一是从人到端，什么时间、使用手机还是电视、什么场景下接触某种内容；二是从端到人，端是智能化寻址，端的数据不能识别到人，很多流量未必是人的行为，有可能是机器的行为。数据是从人到端，我们先找到人，测他的端；大数据则是从端到人，通过用户画像的方法描述某个人，这个人比较模糊，大致知道其性别、年龄，这就是用户画像。而从人到端，就是用户照相的方法。

这里产生两类数据：测量数据和记录数据。测量是设定一组目标，依照一定的方法体系，借助一定的技术手段而主动进行的行为，测量结果就是测量数据；记录数据并不依赖主动测量，而是通过对部分或者全部用户与其行为对象之间的互动过程进行监测记录所得到的数据。测量获得的是小数据，而记录积累得更多的是大数据。当然，对大数据也可以开展二次测量，以期得到更加可靠有用的精致小数据。就 CSM 媒介研究进行的测量而言，仪器测量电视机大屏，但没有监测手机端和移动端。融汇数据需要算法和模型，这些算法和模型需要通过关键变量来做数据的融通，融通之后形成多元数据，从而可以形成不同界定下的收视率数据。例如，基于智能电视大屏的数据本身是端的数据，它如何转换到人，则需要建立一种从端到人的算法。

大数据创建了新的范式：大数据即内容，大数据即技术，大数据即商业。在这种情况下，新的收视率测量体系除了要测量传统意义上的收视率之外，还要利用新的方法、新的技术来测量新的来源的数据，用标准的、可验证的方法以及模型把这些数据融合在一起。

数据融合、数据整合、用户画像采用的都是模型，这些模型在国际上先进的数据研究公司中有较好的应用，美国和欧洲已经用这些模型将大数据和小数据打通，形成了不同来源数据的测量结果，为衡量内容传播价值和指导价值变现提供了一个通道。

四、抖音为什么火了

在媒体智能化的时代，面对一系列变革，抖音为什么会火？抖音是一款可以拍短视频的音乐创意短视频社交软件，该软件于 2016 年 9 月上线，是一个专注于年轻人的 15 秒音乐短视频社区。用户可以通过这款软件选择歌曲，拍摄 15 秒的音乐短视频，创作自己的作品。短视频是视频的变形，这种变形适应了智能电视时代的要求，同时还可以寻址，平台可以根据用户收看的偏好不断地推送内容。另外，它还可以实现分享，如果用户觉得某个视频比较好，比较感兴趣，他就可以通过社交媒体分享给其他人。这其中有很多可测量的数据，是一个非常完整的体系。当我们研究是什么在分流电视用户的时间时，发现视频媒体，特别是短视频的增量部分恰恰是电视大屏的减量部分，这些减量部分如何找补回来，对电视人来讲是一个需要深入思考的问题。

进入 Z 时代的群体，他们没有更多的兴趣看长时间的内容，带有社交属性的短视频是他们的一种偏好和日常生活的一部分。国家也正在努力搞好短视频的平台，以期让短视频提供更多正能量的服务。短视频已成为一个新的风口，这个风口将会对长视频和电视视频的发展形成冲击。业内也在考虑长视频和短视频的关系，希望能齐头并进，把增量部分做足做好。

（作者：郑维东）

2019年中国电视市场十大发展趋势

有研究机构预测，2019年传媒行业将步入用户红利消退、政策红利收紧、资本红利退潮的“后红利”时代。与此同时，在“最严”广电政策监管之下，内容生产端难免要面临新一轮的规范及调整。优质内容如何在渠道的加持下迸发出新的潜能和影响力，成为岁末年初摆在广电人面前的一道难题。本文基于过去一年中传媒领域的典型事件、重要变化和行业权威数据，对2019年中国电视市场在收视、节目、广告、营销等领域的发展趋势进行预判，以期在开年之际能揆情审势，厘清未来发展的方向，并把握发展的契机。

趋势一　电视收视：传统直播电视式微，超级节目不再，垂直细分领域谋求突破

根据Zenith 2018年6月公布的一项数据，2019年全球人均每天花费在互联网上的时间（170.6分钟）将超越看电视的时间（170.3分钟）[①]。无独有偶，eMarketer公司对于移动媒体花费时长的一项预测也表明，2019年美国智能手机的使用时长（3小时43分钟）也将首次超过电视观看时长（3小时42分钟）[②]。在中国，根据Kantar Media中国区资深数据科学家郑维东在《一个有关收视率的“双12”问题》一文中的数据分析：“2017年电视观众上网时间首次超过看电视时间（人均超出5分钟），互联网从而成为名副其实的第一媒介”。2018年，根据CNNIC和CSM媒介研究的网民及观众调查数据，电视直播收视时长进一步萎缩，网民规模和上网时长稳中有升，可以预见，2019年传统直播电视在整体媒介竞争中的地位将进一步下降，互联网驱动的节目跨平台多渠道碎片化传播正在加速电视低收视率竞争时代的到来[③]。

与这一趋势相伴的，是电视荧屏中超级节目不再，爆款节目难寻，更多的电视节目开始从垂直细分领域谋求突围。一次性契合多个圈层受众喜好的节目愈加稀少，深耕、细化某一垂直圈层的节目异军突起，将成为未来1~2年国内电视节目创新的主导趋势。2019年，以音乐（《我们对唱吧》《青春票房》《来电了！唱吧》）、喜剧（《喜剧的荣耀》《段子家族》）、文化（《诗书画》《中国好诗歌》《对王之王》）、旅行（《青春环游

① Zenith：预计2019年全球人们每天看手机时间超过电视［EB/OL］.（2018-06-12）［2019-01-15］. http：//www.199it.com/archives/736895.html.

② 2019年，美国智能手机使用时长将超过电视使用时长［EB/OL］.（2018-06-25）［2019-01-15］. https：//www.lieku.tv/article/3/10575.

③ 郑维东. 电视进入低收视率竞争时代［J］. 收视中国，2018（4）.

记》《各位游客请注意》《不可思议的旅程》）、婚姻和爱情（《恋梦空间》《美好的遇见》《心动蜜语》）、生活/社交观察（《我家那闺女》《家有好先生》《我家有女初长成》《你会怎么花》）为主要创新领域的节目已然出现在各大卫视的版面规划之中，以更精细的视角解构社会热点及生活话题，开辟挖掘垂直圈层受众的新阵地。不仅如此，在分众化需求和碎片化传播的驱动之下，深耕垂直圈层的节目势必会在相对大众的歌舞、亲子传统领域之外，开辟出一些更具亚文化浓度的创新视角和题材，开发出下一个拥有巨大空间的破圈内容品类。因此，看似爆款稀缺之时，可能也正是传统媒体酝酿未来转型与突破的关键之机，坚守与聚焦内容为王，终将迎来未来的希望之光。

趋势二　真人秀：竞技类真人秀将更多使用“加法”和“减法”，非竞技类真人秀将添加更多纪实和观察元素

2018 年，《创造 101》《偶像练习生》《心动的信号》《奇遇人生》等网综成为电视真人秀的有力竞争对手，但综 N 代真人秀依旧是电视平台上的主要收视来源，它们凭借多季积累的品牌影响力支撑着收视的半壁江山，而《幻乐之城》《相声有新人》《同一堂课》等新生真人秀节目尚需继续培养。真人秀节目是综艺娱乐节目中最主要的类型，在电视或互联网上以全方位、真实的近距离拍摄和以人物为核心的戏剧化后期剪辑而做成的真实节目基本上都可以被囊括其中，以竞技份额的多少将其简单地区分为竞技类真人秀和非竞技类真人秀。

回望 2018 年，《奔跑吧 2》《极限挑战 4》《王牌对王牌 3》《歌手 2018》《最强大脑之燃烧吧大脑》等竞技类综 N 代真人秀收视表现虽不比之前，但凭借其品牌积累的人气，仍能在电视平台保证一定的收视量。《中国好声音》《歌手》这样走过多季的综 N 代节目，面对观众审美疲劳和外部同质竞争的双重压力，在嘉宾阵容和赛制环节设计上不断探索创新，通过“加减法”实现节目吸引力的提升和品质的升级。比如《跨界歌王 2》《歌手 2019》在海选和 PK 两个关键环节对原有赛制进行了简化，又如《无限歌谣季》《嗨！唱起来》在展示人物对抗环节增加了更多的戏剧冲突点，最终凸显不变的主题“如何成为万众瞩目的人”。未来，竞技类真人秀节目将在节目的人物关系和场景变化中更多地使用“加法”和“减法”，以便让观众对节目产生新的期待，从而延长节目的生命周期。

2018 年的非竞技类真人秀除了《朗读者 2》《表演者言 2》《向往的生活 2》等综 N 代口碑节目以外，也出现了不少如《上新了故宫》《我家那小子》等形式丰富的新节目。这其中有不少主打观察类的真人秀：《巡逻现场 2018》《我家那闺女》《女人有话说》等电视综艺和《幸福三重奏》《超能幼稚园》《奇遇人生》等网络综艺都在其中。观察类真人秀，就是在为观众营造一个从角色冲突到情感升华，从场景变换到节目走向，具有完整链条的世界。观察类真人秀最突出的优势在于它能更自然地唤起观众的情感共鸣，相比之前单纯只为快节奏生活寻找出逃点的慢综艺，加入了记录和观察元素的观察类真人秀离“真实世界”更近了一步。毕竟对于观众而言，比起假意逃离“当下”，不如在切实了解被拍摄对象的真实生活之后，对其生活方式进行“还原”式效仿，借此达到“入戏”共情的境界。未来，非竞技类真人秀节目将在节目中添加更多的纪实观察元素，人物关系和场景变化也都会更贴近生活。

2019年，真人秀将面临更为严峻的资金和明星嘉宾瓶颈，短视频和直播带来的网络真人秀也将给电视真人秀带来更大的冲击。未来，竞技类真人秀仍是节目收视和流量的主要支撑力量，而非竞技真人秀将引入更多的记录和观察元素，在场景设定和人物关系表现上更接近生活。

趋势三 电视剧：IP改编更趋理性，现实题材将在政策倾斜下迎来繁荣，电视剧向网而行

2018年，“IP+流量明星”的制作模式并没有达到市场预期，《甜蜜暴击》《武动乾坤》《斗破苍穹》《天坑鹰猎》等诸多“IP+流量”剧目无论是在收视率、热度、口碑、网络播放量上均不算出彩。随着剧集注水、天价片酬、抠图演戏等与之相伴的负面新闻频频出现，仅凭“IP+流量”的组合在未来将无法吸引观众。从《延禧攻略》中我们可以看到，优质“爽剧”没有高价明星同样能将带动热度，用户更愿意为自己感兴趣的内容贡献流量。从都市IP《人民的名义》《欢乐颂》，到悬疑IP《心理罪》《法医秦明》《古董局中局》，无外乎都拥有完整的故事架构和较好的故事内核，基本平衡了原著党和普通观众之间的感受、预期。未来在选择IP时，除了要考虑IP和演员自带流量外，IP故事本身是否足够完整且有新意将成为更重要的参考条件。随着观众对内容的审美提升，加上政策和行业监管的辅助，未来剧目制作方面的资金配比也将更趋于理性。最终能够留住用户的，也只有优质的内容。2018年的卫视古装剧数量在行业管理的明确限制下锐减，《香蜜沉沉烬如霜》作为首部在卫视黄金档播出的古装剧，在8月才正式播出。“网台同标”的进一步加强，使古装传奇题材的政策红利进一步削弱。相比之下，现实题材剧将在政策倾斜下迎来繁荣的局面，在五大卫视2019年招商会上公布的片单中，现实题材剧有21部，古装剧仅有4部。而三大互联网平台也纷纷推出爱奇艺“忆英雄”剧场、腾讯“献礼剧场”、优酷“改革开放40周年”专题，积极响应国家新闻出版广电总局对主旋律题材的要求。未来网剧不再能规避尺度，随着网络视听内容的社会功能愈加完善，网剧与电视剧的审查政策将逐步趋同。随着政策进一步收紧，尚未定档的古装传奇剧集将受到较大影响，未来具有社会意义的都市题材剧仍是市场主力，将会出现更多垂直细分的家庭教育、反腐、刑侦、缉毒、军旅题材剧集类型。

2018年，《延禧攻略》在网络平台收官后两个月内，9月便登陆浙江卫视，《天坑鹰猎》更是在其未收官时就已在上海东方卫视播出。虽然它们都并未进入卫视黄金档，但这是网剧迅速反向输出至电视台的新信号。自“一剧两星”政策实施后，电视台购剧成本上升，网络平台给付的剧集版权费数倍增长，加上网络平台更为灵活的排播方式，制作公司的优先售出权向视频网络平台倾斜，以便其投入的制作资金能迅速回笼。为契合用户碎片化的观剧习惯，网剧剧集和剧长双向缩短，季播剧、微剧、竖屏剧和互动剧等新视频内容尝试都将更频繁地出现。当《琅琊榜之风起长林》“网络付费会员抢先看一周”和《为了你我愿意热爱整个世界》“会员一次性看全集”模式成为常态排播方式后，电视台和网络平台在未来将继续深入协作，在加快排播流转速度的同时进行更有效的流量互转。

趋势四　广告和营销：流量广告进一步分化电视广告，直击产品交易的视频内容将赢得先机

抖音、快手、西瓜等短视频平台迅速崛起，头条、搜狐、微博、微信也逐渐将重心向视频转移，传统电视产业的视频将会寻找更多的分发渠道。这些变化背后的核心是：在移动流量资费全面下降后，移动内容整体正在趋于视频化，未来流量广告将进一步分化电视广告，更新、更完善的技术和算法正在渗入视频内容推荐和相关场景营销的方方面面。

视频内容分发由电视台“编辑决定你看什么”的单一中心分发，发展为微信、微博社交带来的“你关心的人决定你看什么”的去中心化过程，现在更是以不断进化的“机器算法决定你看什么”为未来发展方向，去中心化的“长尾理论”将让视频更能满足大众个体的细化需求。由此，视频内容的生产、消费和分发将伴随人们对视频内容的天然需求而在更多场景中得到更加海量的释放，流量广告将进一步分化电视广告。根据eMarketer最新发布的《美国广告市场研究报告》，2018年美国在线广告占了总体广告收入的49.7%，电视广告占了31.2%[①]。虽然时下数字时代最突出的特征就是数字化广告四处皆是，在线广告也从2017年业已超越电视，但电视毕竟仍是一个存量巨大的市场，所以在作为世界广告对标市场的美国，电视广告也依然占据广告市场的主要位置，而另一个重要原因是电视广告因为长久累计的品牌效能，仍是能让人切实看到效果的品牌广告的主要投放平台。

在未来视频流量的变现道路上，无论是传统电视视频平台，还是微博、抖音、快手等短视频内容平台，都将面临品牌广告投放增长趋缓、效果广告投放占比提升的趋势。在移动互联网没有现在这么普及之前，消费视频最多的载体是电视。如今，视频的消费在时间和空间上都更加碎片化了，消费的场景更加丰富了，视频消费人群和消费场景都在发生变化，这便要求媒体随着愈加细化的消费场景，不断去寻找打破圈层的方法，寻找更多新的广告增长点。就像微信升级后的15秒竖屏视频可以对接微信小程序，从而实现电商破圈尝试一样，无论在什么渠道播出的广告，广告主最终都将会更看重其带货能力。只有通过有效的电商渠道带货才能将现有用户规模、线上流量和广告营销结合在一起，实施商业变现。

未来将会有更多的视频结合当地文化背景，让产品和时间点在更细微的切入点上产生联系，既实现大众的社交目的，又完成最终的购买。伴随着经济下行压力，收视市场上将会出现更多像《上新了故宫》《锋味2018》《铁甲雄心》一样直击产品交易的视频内容。

趋势五　技术发展：4K超高清逐渐成熟，8K电视从概念层面逐步走向市场，“4K+5G+AI”将成为增强用户黏性的重要利器

4K超高清电视产业在2018年取得了巨大发展。4K超高清电视能够带给观众更优质

① eMarketer. 美国广告市场研究报告［EB/OL］.（2019-01-11）［2019-01-18］. http：//www.jxbin.com/65207.html.

的、沉浸式的视听体验，但技术升级带来的资金投入仍是巨大的挑战。目前我国许多省份仅完成了上星频道的高清化，大量地面频道还没有完成从标清到高清的升级过程。截至2018年9月底，全国各级播出机构经批准实施的高清播出频道为215个，其中省级地面高清频道61个，高清频道转换比例为23%；地市级频道64个，高清频道转换比例仅为8%。

在标清频道关闭之后，电视内容传播渠道将呈现高清与超高清并存的格局，超高清内容将成为增强用户黏性，进而吸引用户付费的重要利器。4K超高清产业链的终端设备、网络传输和内容生产等环节中，终端设备走得最快，内容传输与制作生产正在突破瓶颈并逐渐成熟。终端设备方面，国内4K电视的市场零售量份额在2017年就已达到60%左右，三五年后，我国就将拥有全球最大的4K电视市场。网络传输方面，5G技术的快速发展为内容传输提供了强有力的技术保障，中央广播电视总台已经与中国电信、中国移动、中国联通及华为公司共同签署合作建设5G新媒体平台框架协议，拟建设我国第一个基于5G技术的国家级新媒体平台。多方联合建设的“5G媒体应用实验室”将积极开展5G环境下的视频应用和产品创新，全力推动5G核心技术在央视4K超高清节目传输中的技术测试和应用验证，研究制定基于5G技术进行4K超高清视频直播信号与文件传输、接收、制作技术规范等5G新媒体行业标准，引领5G新媒体技术应用。2019年春晚及全国“两会”时，中央电视台采用基于5G网络的4K电视传输直播内容。内容生产方面，央视4K超高清频道和广东综艺4K频道的陆续开播将吸引更多制作力量的参与，从而突破内容匮乏的瓶颈，这是4K内容走向普及迈出的重要一步。随着中央广播电视总台以及广东等省级媒体未来百亿级别的投入，4K电视将更快地进入更多的家庭。

4K电视生态正在成熟，8K电视也已经被推入市场，2018年已经出现了一大波8K电视，从CES到IFA展，不少电视厂商都展出了8K电视产品，8K真正从概念层面走向了市场。调研机构IHS Markit的报告显示，预估2018年8K电视将占据60英寸及以上面板市场的1%，到2020年将达到9%，到2022年8K面板的出货规模将达到900万台。国际体育赛事将是推动8K普及的重要契机，在2020年东京奥运会和2022年北京冬奥会中，8K赛事转播将走进消费者视野并大放异彩。日本NHK也受东京奥运会的影响，将8K频道的试播时间从2020年提前到了2018年年底，2018年12月1日，日本广播商NHK正式推出了BS4K以及大家期待已久的BS8K。在中国，有了中国电信和华为等企业在5G方面的全力支持，中央广播电视总台的8K节目也将在2022年北京冬奥会前部署完毕。

以4K、5G为代表的技术变革将给未来电视媒体的内容生产带来更深远的影响，也将为内容生产者提供更多的应用场景和便捷工具。中央广播电视总台台长慎海雄就表示，中央广播电视总台将持续探索媒体智能化应用，以大数据、人工智能技术为5G新媒体平台建设和业务生产赋能，形成“4K+5G+AI”的战略布局，努力打造自主可控、具有强大影响力的国家级新媒体平台。

趋势六　媒体融合：政策和资本规范网络视频发展以及媒体融合进程

近年来，我国各级电视媒体在融合发展中已经探索出了不少可行的路径。从中央广播电视总台与中国移动这两大广电与电信巨头在“内容+渠道”领域的深层次合作，到湖南广电改内容生产制作播出机构同传输网络机构由分离为合一的广电产业市场主体，再到众多市县级媒体融合中心的成立，我国广电行业的媒体融合不断向纵深发展。2019年，媒体融合必将进一步深入，面向逐步深化的大视频产业，包括面向即将到来的5G时代，从技术到产品及资本层面的对接将成为媒体融合的大趋势。

与此同时，政策和资本这两大力量将继续对整个视频行业的发展及媒体融合的进程加以规范和影响。2018年11月9日国家广播电视总局在《进一步加强广播电视和网络视听文艺节目管理的通知》中强调要台网同标、同尺度，网上网下统筹管理，统一执行标准，加强题材把关，加强对播出平台的监管，确保网上网下节目在导向、题材、内容、尺度、嘉宾、片酬等各方面执行同样标准，绝不给问题节目留下空隙和死角，从而从政策层面限定了统筹台网，提出了市场价值服从社会价值的硬标准。这在网综/剧以大投入、精制作为发力点迅猛崛起，传统电视内容发展遭遇瓶颈的当下，为来年台网节目的平衡发展奠定了基调，台网节目在同一水平线上的竞争与融合在2019年正式拉开帷幕。

2018年是大文娱急速退潮的一年，资本从大文娱产业加速撤退。在这样的背景下，业内普遍认为“大文娱寒冬”会引发新一轮的结构优化，为此后文娱产业更加良性发展奠定基础。而平台不满足于扮演渠道的角色，从发行端向产业上游的深入成为未来1～2年的普遍趋势，“内容+产业”的深度融合将成为未来媒体融合的必由之路。互联网平台中，优爱腾、B站等开始深度参与内容生产、制作环节，以增强自己获取优质内容的能力，从数据、评分之外寻找评判内容好坏的尺度，以确保平台有稳定增长的用户和DAU[①]。传统电视平台中，从2017年北京卫视与阿里巴巴以《跨界歌王2》为切入点展开“电视+电商”的深度合作，到2018年更多的节目采用如《上新了故宫》的模式，目的却旨在探索如何打通上下游产业链的融合，“内容+产业”仍将是从内容流量到商业变现之间无缝衔接与贯通的主要载体和途径，是融合传播与发展的一种成功选择。2019年，媒体融合在资本层面的发展进程将进一步向前推进，拥有牌照优势的传统媒体与拥有资本和流量的互联网企业，将共建平台、共生产品、共建生态，实现产品背后流程、架构等各个生产环节的融合，在资本、资金、资源等各种生产要素融合的基础上，制度层面的相应举措势必会推进更深层次的融通和融合。

趋势七　视频消费：版权和IP在成为价值高地的同时集聚风险，竖屏短视频成为新的市场热点

从2014年网络自制剧元年，到2018年网络综艺进入大片时代，“互联网的主战场已经从过去工具型平台的竞争转向内容型平台的竞争[②]”。作为当前各路媒体争夺受众注意力的核心资源，“视频”这一内容在2019年将迎来更为激烈的竞争，无论对于传统媒体还是新媒体而言，均是如此。

---

① 茉小莉. 大文娱的溃败、挣扎和新生［EB/OL］.（2019-01-07）［2019-01-19］. https：//36kr. com/p/5170875. html.

② 优酷春集发布百部重磅剧综新品［EB/OL］.（2018-04-23）［2019-01-15］. https：//baijiahao. baidu. com/s? id=1598476289131250491&wfr=spider&for=pc.

尽管在刚刚过去的2018年，大IP、大制作、大流量的超级制作开始让位于圈层爆款的，但不可否认的是，在未来的一段时期内，版权和IP仍将继续作为价值高地而存在于视频的制作和竞争中，IP改编剧依然是影视剧创作的一个主流趋势。从目前各家影视公司公布的IP改编剧项目来看，不仅有《鹿鼎记》《还珠格格》《仙剑奇侠传》《轩辕剑二》等经典IP，《紫川》《将夜2》《藏海戏麟》《斛珠夫人》《四海鲸骑》《斗罗大陆》等头部IP也位列其中，而从上述重点IP改编剧的类型来看，玄幻、言情、冒险依然是大势[①]。可见，在丰富的IP内容供给之下，影视剧市场上IP热度犹在。当然，从IP版权交易始现高峰的2014年至今，经过时间的沉淀，随着市场及受众对于IP追逐热度的降低，IP改编剧市场开始由“唯IP论”的盲目追求逐步回归到理性选择上，版权购买方考量IP作品的维度更加多元，更加重视观众需求分析。融合更具丰富价值主题的优质IP与优质制作，凭借好的内容与口碑打破圈层限制，可能是未来IP改编进一步发展的新出路。

在视频领域，短视频无疑已成为长视频、直播之后的另一个流量洼地乃至市场中的下一个潜在爆款。根据CNNIC的数据，截至2018年6月，综合各个热门短视频应用的用户规模达5.94亿[②]；根据QuestMobile发布的《中国移动互联网2018半年度报告》，2018上半年我国短视频用户总使用时长较2017年上半年增长了4.71倍[③]，总使用时长几乎与在线视频用户相当。在此趋势之下，2019年短视频平台也将逐步从野蛮生长时代过渡到技术赋能下的生态化进阶阶段，内容为王同样是短视频行业的一大铁律并主导市场发展方向。而与短视频的内容形态相适应，竖屏传播短视频无疑是未来一段时间内的市场热点。在国外，竖屏传播的鼻祖——短视频平台Snapchat，目前日均视频浏览量已经高达100亿次[④]，NBC、CNN等国际主流媒体纷纷在Snapchat开启竖屏资讯[⑤]。在国内，竖屏短视频应用也已步入快车道，2019年1月初，主打竖屏短视频应用的抖音APP宣布其月活跃用户破5亿[⑥]；优爱腾在推出多款短视频APP未激起市场浪花后纷纷进军竖屏剧；主流卫视和视频平台也都将竖屏短视频合作纳入自己跨屏互动的战略之中。2019年，竖屏短视频、竖屏短剧、竖屏广告均将迎来新一轮的发展，与前期制作水平一般的内容就能在市场上引起反响不同，在下一轮的竖屏视频内容竞争中，从UGC到PUGC再到PGC将会渐成市场趋势，只有具有较高专业水平的“小而美”的内容才能在激烈的竞争中脱颖而出。

---

① 剧研社. 梳理20部重点IP待拍剧，看2019年IP市场状况如何［EB/OL］.（2018－12－08）［2019－01－15］. https：//www. jiemian. com/article/2685642. html.

② 中国互联网络信息中心（CNNIC）. 第42次《中国互联网络发展状况统计报告》［EB/OL］.（2018－08－20）［2019－01－15］. http：//www. cnnic. net. cn/hlwfzyj/hlwxzbg/hlwtjbg/201808/P020180820630889299840. pdf.

③ QuestMobile移动大数据研究院. 中国移动互联网2018上半年大报告［EB/OL］.（2018－07－18）［2019－01－15］. http：//www. questmobile. com. cn/research/report－new/33.

④ Snapchat日均视频浏览量已经超过100亿次［EB/OL］.（2018－04－20）［2019－01－15］. http：//www. cet. com. cn/itpd/hlw/2019414. shtml.

⑤ 竖视频迎来风口，竖屏剧将是视频网站争夺的新领地［EB/OL］.（2019－01－02）［2019－01－20］. http：//dy. 163. com/v2/article/detail/E4GLT11Q0511B6BO. html.

⑥ 抖音月活跃用户破5亿推出多闪布局短视频社交［EB/OL］.（2019－01－15）［2019－01－20］. https：//baijiahao. baidu. com/s? id＝1622711038818605298&wfr＝spider&for＝pc.

趋势八　产业链：偶像消费和文化 IP 成为传统行业的新赋能方向，传媒产业链面临重塑

2018 年，“资管新规”严控银行资本投入，股价低迷导致募资困难重重，影视娱乐公司上市受阻，游戏剧目版号受到诸多限制……资本寒冬不言而喻。不过，虽然产业整体遇冷，但经过新一轮结构优化，文娱产业将会迎来更加良性的发展，偶像消费和文化 IP 的开放产业链形式将成为资本市场新的追逐目标。

根据国际经验，在人均 GDP 达到 1 万美元时，文化产业将进入高速发展时期，偶像产业作为文化产业的分支也将迎来快速发展。我国一线城市和部分二线城市的人均 GDP 已经达到中等发达国家的标准，预计到 2020 年前后，全国的人均 GDP 有望达到 1 万美元，所以目前正是我国偶像产业发展的窗口期①。2018 年 5 月 SNH48 年度总决选投票数超 297 万，每票 35 元，一场票选收入过亿。尽管 2018 年总票数同比增长了 20 万，但较前几年的增速已经开始减缓。2018 年尽管有《偶像练习生》《创造 101》热播造势，但我们不难发现，以 AKB48 为代表的日本偶像养成模式的融资金额屡屡下滑，其首个中国姐妹团体 SNH48 偶像选秀模式的审美疲劳弊端已开始显现。所以，虽然偶像们带来的粉丝经济仍有一定的吸金能力，但受限于只有少数头部成员可以出圈，能够获得一定代言、参与商业活动，实现 B 端的商业变现方式，C 端粉丝们贡献的收入一直是 SNH48 类偶像的收益重心。不过随着粉丝们带来的收益已经临近天花板，加之国内经纪人公司日趋成熟，丝芭传媒们将加大向其他方向的参与度，比如 SNH48 参与电视剧《择天记》《芸汐传》《轩辕剑之汉之云》的演出，“创造 101”推出网络团综《横冲直撞 20 岁》，而以洛天依为代表的虚拟偶像们也纷纷参与电视节目和各大综艺晚会的录制，未来大家都会继续寻找偶像消费的破圈方式和途径。

故宫和凤凰艺术 2018 年 5 月合作的沉浸交互式展演《清明上河图 3.0》在北京故宫线下展出，通过 8K 超高清阵列墙、场景还原和 AR、VR、全息投影等技术让文物活化，百余天展期内接待超过 141 万人次参观。技术创新带来了营收方式的多元化，据报道 2019 年该展将开启全球巡展。除了线下展览以外，线上形式的文化综艺《上新了故宫》电视直播收视夺人眼球，豆瓣评分也高达 8.2 分！据产品合作方反馈，节目播出后 40 分钟，百雀羚“雀鸟缠枝美什件”彩妆礼盒售罄；小米黑科技耳机众筹期间预约出了 15 万套；科大讯飞的阿尔法蛋植入此节目后，供不应求②。故宫 IP 的运营，通过文创实现了消费落地的商业模式创新。随着 2018 年 teamLab、万娱引力、OUTPUT 等为代表的几十家创业机构和文创特展新娱乐形式的出现，内容与产业的深度融合在未来将成为节目的主要发展方向。相比简单依靠传统电视节目和互联网平台的线上视频收益回报，未来将出现更多注重线下沉浸式体验的视频内容项目，而这其中，文化 IP 将成为新的文化消费创新形式。由于电视台和互联网平台的分账规则已经相对明确，单纯依靠版权获得的

① 百度文库. 2017 年粉丝经济产业深度分析报告［EB/OL］.（2017－09－07）［2019－01－05］. https://wenku.baidu.com/view/6cf9c5e759f5f61fb7360b4c2e3f5727a5e92462.html.

② 茉小莉. 大文娱的溃败、挣扎和新生［EB/OL］.（2019－01－07）［2019－01－19］. https://36kr.com/p/5170875.html.

收益已经接近天花板，而电视和互联用户的增长空间也将进一步缩小，因此竞争重点将会向线下倾斜，让线上和线下通过跨界衍生逐渐连为一体。

未来，内容市场关注点将更加趋于“避虚向实”。无论是偶像们的粉丝经济和破圈消费，还是文化 IP 跨界结合，都将成为传统行业的新赋能方向。通过线上做规模和流量，线下做跨界融合变现，偶像经济和文化娱乐 IP 未来将成为以精神消费升级、文化生活空间、体验业态为主打的商业形态。

趋势九　国际化：版权卖出去和平台走出去加快，中华文化国际影响力将进一步增强

中国作为影视剧的生产大国和消费大国，影视内容产品和服务出口量却一直不大。在过去 10 年时间里，大量的国外模式节目登陆中国荧屏，中国电视人不断消化吸收，积累了丰富的经验，并开始将自己创新研发的节目模式反向输出。2018 年，中国影视节目及电视媒体“出海”取得了不俗的成绩，国际化程度进一步提升。

2018 年 4 月，首场名为“WISDOM in CHINA”的中国原创节目模式推介会在法国戛纳电视节举行，包括《国家宝藏》《朗读者》《经典咏流传》《天籁之战》《声临其境》和《跨界歌王》在内的九大中国原创节目模式亮相法国春季戛纳电视节，中国电视人首次以“原创节目模式”的名义集体发声于戛纳电视节的主舞台。10 月，戛纳秋季电视节上，中国首次以主宾国身份举办了系列活动，向全世界展示中国优质影视内容。11 月，原创节目《我就是演员》与美国 IOI 公司签署模式销售协议，授权其在英语地区国家制作《我就是演员》国际版《I AM THE ACTOR》。除了电视节目，包括《延禧攻略》和优酷《这就是街舞》在内的许多网络视频平台制播内容的国际传播的进度也在加速，未来也将有更多优秀的中国原创节目模式自信地走上国际舞台，它们既包含了深厚的中国文化，也符合国际市场的传播要求。

除了影视节目模式的出海，电视媒体也在努力打造国际传播的新局面，从单个内容的走出去到传播平台的走出去，由点到面地让文化出海更具持续影响力。湖南广电旗下的芒果 TV 在构建国际化平台和充分运营优质内容的同时，致力于向全球用户传播中国文化、讲好中国故事。芒果 TV 平台海外覆盖用户规模已超 1450 万，覆盖 240 个国家，芒果 TV YouTube 全平台总订阅用户已超过 295 万，点击量 55.4 亿次，累计观看时长突破 530 亿分钟。庞大的用户基础为芒果 TV 国际版的运营提供了坚实的基础。主要面向海外用户的芒果 TV 国际版 APP 也在中国香港国际影视展上启动上线。Youtube 芒果 TV 精选频道、Facebook 芒果 TV 主页以及芒果 TV 国际 APP，为中国文化的国际传播打造了超强矩阵，其中芒果 TV 国际版 APP 这一自主平台将是中国优质文化内容走向世界的重要窗口。

“文化走出去”一直是我国拉近与世界各国情感和距离的重要手段。伴随着版权卖出去与平台走出去，中华文化的丰富内涵和独特魅力将通过更多的方式传播出去。我们的电视人将更多地理解国外主流市场、主流人群对中国文化的真实需求，也会用中国故事反映中国生活，传播中国声音，展现中国风貌，体现中国国家实力和国际影响力的持续增强。

趋势十　收视测量：同源跨屏测量技术将获得新突破，引领内容及营销市场变革

伴随着媒体融合传播的不断推进，视频内容与传播界面之间的组合更加丰富了，受众的媒介接触行为变得更加多样化与碎片化。因此，业界开始呼唤同源跨屏测量技术的升级。CSM 媒介研究与时俱进，不断为市场提供更多维度的规范视频传播调查数据，引领内容与营销市场变革。

时移收视数据：电视节目在电视端的 7 天时移回看数据已经成为许多电视媒体及影视节目制作机构日常关注节目传播数据中的非常重要的一部分。以《奔跑吧》为代表的部分热门综艺节目的电视端 7 天时移回看数据与首播收视率的比值甚至超过了 70%。随着时移收视的增多，CSM 媒介研究不断拓展时移收视测量的范围，由最初的 12 个城市扩展至 15 个城市，2018 年已可提供 52 个城市的时移收视数据；2019 年，时移收视测量将进一步扩展至 55 个城市，由电视媒体数字化推动的观众非线性收视行为所产生的传播价值得以明确地呈现出来。

OTT 大屏收视数据：基于电视端的网络内容传播测量也不断有新进展。2018 年 CSM 媒介研究联合爱奇艺、腾讯视频 TV 端共同开启了电视大屏 TV + OTT 同源收视测量，并首次发布了“TV + 银河奇异果收视率数据”及“TV + 云视听极光收视率数据”，使市场能够对互联网平台在电视端的传播效果有更清晰的认识。

跨屏收视数据：在电视节目的跨屏传播方面，新的规范收视率调查方法正在实践中。2018 年是 CSM 媒介研究中标 2018 ~ 2023 年香港收视研究服务后为香港地区提供收视数据的第一年。香港全视频受众测量采纳了 Kantar Media 的互联网收视测量仪（Focal Meter）和 ComScore 的流标签技术，在电视端传播监测的基础上，增加了通过 PC、平板电脑、智能手机等终端设备收看电视节目的行为测量，为市场提供了更为广阔的同源跨屏收视数据。这种在香港实践的新的统一多屏同源测量体系，也将是 CSM 未来在内地逐步推行的新解决方案。

短视频数据：在媒体融合过程中，短视频是电视媒体进入移动互联网端重要的突破口。随着更多的电视媒体进入移动互联网端的短视频领域，CSM 媒介研究也开展了短视频及直播的连续监测与研究，短视频查询与管理工具 V + scope 可以帮助电视媒体更好地了解这一领域，并占领移动传播新阵地。

2019 年，随着传媒市场的发展前行，CSM 媒介研究也将立足于不断探索测量技术和测量方式的创新，为广大客户在融合传播时空构建新的价值体系，为实现传统优势内容的价值变现而助力。

（作者：王钦　吴凡　周欣欣）

第三部分
Part Three

收视数据 Rating Data

主要收视指标解释与电视节目收视排名规则

一、主要收视指标解释

1. 频道覆盖（入户）率：指一个地区能够接收到该频道的户数占该地区电视家庭总户数的百分比，它是从接收情况来反映某个频道覆盖状况的指标。

2. 人均收视时间：指在一个地区某个时间段内所有电视观众平均每人收看某一频道（或节目）的时间，一般以分钟来计算。

3. 收视率：本年鉴中的收视率是个人收视率，指一个地区的某个时间段中收看某一频道（或节目）的人数占电视观众总人数的百分比。

4. 市场占有率（或市场份额）：本年鉴中的市场占有率是个人市场占有率，指一个地区某个时间段中收看某一频道（或节目）的人数占该时段收看电视总人数的百分比。

5. 观众构成：指一个地区某个时段中收看某一频道（或节目）的观众中各类观众所占的百分比。

6. 各类节目的播出份额：指各类节目的播出时间长度占所有节目类型播出时间长度的百分比。

7. 各类节目的收视份额：指各类节目的收视时间长度占所有节目类型收视时间长度的百分比。

二、电视节目收视排名规则

1. 节目收视排名主要按收视率由高到低排序，如收视率相同，再按市场份额排序，高者排前；如果两项指标都相同，则节目排序号相同。

2. 全国样本城市电视节目收视排名（包括节目其他指标计算）的时间范围为全天，重点市场电视节目收视排名（包括节目其他指标计算）的时间范围为17:00～24:00。

3. 电视节目（栏目）以该节目（栏目）的平均收视率排名，首、重播分开，取最高档参加排名。

4. 对于常态的一次性播出并有多台同时转播的节目，只取收视率最高一档参加排名，如春晚、元宵晚会、“两会”总理记者会等，新闻突发性事件不在此列。

5. 除极个别情况外，收视排名不考虑节目名称前的“冠名”。

6. 电视剧出现多轮播出的情况，按收视率最高的一轮参加电视剧类和所有节目的排名，并标注播出日期；跨年度播出的电视剧，只统计在2018年度内播出集数的平均收视率并参加电视剧类和所有节目的排名，节目名称后标注集数。

7. 体育节目的收视排名规则为：同一体育项目赛事中只选取该项赛事收视率最高一档参加体育类节目的排名和所有节目的总排名，其他体育节目按平均收视率参加排名。本年度全国市场中世界杯、亚运会和亚残运会赛事的排名不在此规则内。

8. 选秀类节目（比赛部分）选取收视率最高一期参加收视排名并标注日期；有些选秀类节目涉及两季播出，则分别计算各季每期平均收视率，选取最高一期代表该季参加排名并标出播出日期；常态类综艺节目（包括季播节目，如果有跨年播出，需注明具体日期范围），计算节目平均收视率并参加排名。

9. 2018年春节联欢晚会的收视率是春节联欢晚会播出期间（2018年2月15日20:00～24:47）的平均收视率。

一、基本收视条件

表 3.1.1　2018 年全国收视调查网视听设备拥有情况

	电视机台数		电视机种类		其他视听设备				
	1 台	2 台及以上	液晶电视机	智能电视机	互联网机顶盒	影碟机	智能手机	平板电脑	个人电脑（台式或笔记本）
	%	%	%	%	%	%	%	%	%
全国	73.7	26.3	77.8	37.7	4.4	11.4	86.4	13.8	45.2
城域	76.0	24.0	85.1	41.6	6.0	9.3	90.5	21.8	57.1
乡域	72.1	27.9	72.6	34.9	3.3	12.9	83.4	8.2	36.7

表 3.1.2　2018 年各省级收视调查网视听设备拥有情况

	电视机台数		电视机种类		其他视听设备				
省份	1 台	2 台及以上	液晶电视机	智能电视机	互联网机顶盒	影碟机	智能手机	平板电脑	个人电脑（台式或笔记本）
	%	%	%	%	%	%	%	%	%
安徽省	62.9	37.1	80.2	36.4	1.1	5.2	81.1	9.2	37.8
福建省	66.0	34.0	80.6	40.9	2.9	8.5	87.8	17.6	52.0
甘肃省	77.8	22.2	67.2	35.3	1.8	28.0	91.2	9.0	34.2
广东省	82.6	17.4	87.0	54.7	7.0	17.3	92.8	16.4	58.0
广西壮族自治区	91.0	9.0	74.0	37.4	2.5	18.7	86.0	5.8	29.4
贵州省	88.6	11.4	78.2	22.2	0.5	11.5	76.6	4.6	17.7
海南省	86.8	13.2	77.4	45.2	0.5	19.3	88.6	5.2	20.2
河北省	73.2	26.8	66.7	34.2	4.2	5.3	87.2	6.5	52.1
黑龙江省	86.8	13.2	76.2	34.8	9.3	4.9	90.0	9.0	35.0
河南省	68.8	31.2	71.2	39.7	4.4	7.2	86.6	9.6	44.7
湖北省	71.6	28.4	82.0	50.6	4.2	9.4	84.7	11.9	42.7
湖南省	74.9	25.1	84.2	45.5	1.8	12.9	86.5	10.9	33.9
内蒙古自治区	88.3	11.7	73.2	41.7	6.2	9.0	94.2	9.4	40.4
江苏省	44.7	55.3	81.1	30.9	5.1	18.0	84.8	22.1	59.9
江西省	61.5	38.5	79.0	44.0	2.5	4.6	88.5	12.0	39.3
吉林省	86.1	13.9	80.5	23.7	4.8	8.7	90.2	10.8	43.9
辽宁省	82.9	17.1	78.8	31.7	8.2	9.6	86.4	11.5	43.4
宁夏回族自治区	89.5	10.5	69.7	28.3	0.2	19.6	91.8	5.5	25.9
陕西省	77.5	22.5	72.6	42.0	2.2	15.1	91.9	11.9	46.0
山东省	88.8	11.2	66.8	34.6	6.8	5.0	78.0	11.1	43.7
山西省	80.3	19.7	69.3	29.2	4.4	5.4	89.6	10.4	55.1
四川省	71.5	28.5	77.7	33.7	0.3	16.6	81.0	6.7	33.0
新疆维吾尔自治区	98.3	1.7	68.6	22.2	2.5	3.0	80.9	12.4	35.8
云南省	80.6	19.4	72.2	31.9	2.9	45.6	89.6	9.5	26.6
浙江省	43.6	56.4	81.3	37.4	6.1	7.0	83.7	28.2	55.2

表 3.1.3　2018 年各城市收视调查网视听设备拥有情况

城市	电视机台数		电视机种类		其他视听设备				
	1台	2台及以上	液晶电视机	智能电视机	互联网机顶盒	影碟机	智能手机	平板电脑	个人电脑（台式或笔记本）
	%	%	%	%	%	%	%	%	%
安庆	69.5	30.5	78.4	30.6	2.9	7.4	79.4	17.4	58.7
鞍山	84.7	15.3	89.8	29.0	7.5	4.8	88.6	18.0	54.9
宝鸡	92.4	7.6	81.6	53.6	4.3	8.0	92.9	15.8	64.0
包头	93.7	6.3	85.1	55.4	7.8	1.8	95.3	20.0	59.7
北海	82.0	18.0	90.1	41.9	7.4	26.3	96.8	26.8	70.5
北京	80.6	19.4	96.8	25.7	3.7	0.3	95.5	52.3	75.4
蚌埠	62.2	37.8	77.3	34.4	2.0	7.0	86.6	23.1	61.6
长春	88.6	11.4	90.4	39.9	9.5	10.5	94.6	26.6	65.2
常德	70.2	29.8	88.1	35.9	2.4	15.2	86.7	13.1	33.7
长沙	81.2	18.8	88.3	37.3	5.4	9.2	94.1	23.4	53.7
常州	38.2	61.8	92.8	40.9	6.1	6.6	88.9	36.5	69.4
潮州	66.4	33.6	92.0	39.5	10.6	22.2	91.7	11.3	66.3
成都	71.0	29.0	86.9	51.3	0.3	3.7	94.4	14.8	61.9
重庆	67.9	32.1	86.3	34.0	1.8	4.3	80.9	12.4	44.1
滁州	51.4	48.6	87.6	48.8	6.0	11.2	88.1	19.0	53.1
大理	76.1	23.9	71.2	53.6	16.5	62.4	90.4	18.9	47.6
大连	89.8	10.2	87.8	56.3	15.4	21.3	93.3	29.8	65.7
丹东	78.2	21.8	87.6	41.2	17.0	0.4	92.7	7.6	45.0
大同	96.4	3.6	70.8	50.1	2.7	5.5	89.6	14.7	60.0
达州	74.2	25.8	75.3	27.8	0.8	24.6	81.5	9.0	36.1
德州	95.5	4.5	79.4	41.7	3.3	11.9	93.1	17.2	60.2
东莞	85.0	15.0	86.1	53.4	7.5	9.0	96.2	15.9	54.7
佛山	74.6	25.4	85.3	38.5	5.0	4.4	95.6	29.5	61.2
抚顺	86.9	13.1	85.2	23.5	10.3	14.6	90.9	20.8	56.0
福州	52.2	47.8	87.8	36.9	3.5	4.3	94.7	30.2	76.5
赣州	58.5	41.5	80.8	36.4	1.5	0.4	96.5	16.1	45.1
广元	76.3	23.7	79.8	58.0	0.6	22.0	90.9	12.6	49.4
广州	89.6	10.4	88.2	53.8	6.2	14.7	92.8	20.1	65.1
桂林	88.0	12.0	90.8	48.9	5.6	5.7	94.7	21.6	71.0
贵阳	90.2	9.8	93.5	49.4	2.9	3.1	94.5	14.6	50.7
海口	86.6	13.4	86.6	49.7	0.7	16.8	91.1	12.2	43.8
杭州	40.9	59.1	93.0	52.5	7.1	6.4	94.3	42.9	76.4
哈尔滨	89.0	11.0	85.4	39.0	14.2	10.7	94.9	16.1	46.9
合肥	78.2	21.8	85.5	35.5	6.3	1.1	96.9	11.4	33.3
衡阳	87.9	12.1	81.1	55.3	0.3	1.3	89.1	14.3	24.5
呼和浩特	94.7	5.3	80.7	33.5	7.6	10.1	94.7	18.5	54.4
惠州	85.5	14.5	90.5	49.4	3.2	18.8	95.8	12.9	53.2
湖州	34.3	65.7	91.7	29.0	10.0	16.1	91.1	46.4	70.4
江门	73.8	26.2	85.7	60.6	5.0	22.7	94.9	27.8	81.9

续表

城市	电视机台数		电视机种类		其他视听设备				
	1台	2台及以上	液晶电视机	智能电视机	互联网机顶盒	影碟机	智能手机	平板电脑	个人电脑（台式或笔记本）
	%	%	%	%	%	%	%	%	%
嘉兴	41.2	58.8	87.7	44.7	9.1	14.6	88.3	35.8	66.8
揭阳	91.1	8.9	83.4	42.6	10.2	22.9	92.7	6.8	40.3
吉林	84.6	15.4	85.4	29.6	6.7	1.2	93.7	12.0	38.1
济南	86.7	13.3	78.9	46.2	3.1	12.8	87.3	28.6	65.9
荆门	77.7	22.3	88.7	71.2	7.3	24.5	92.9	25.7	65.6
荆州	68.1	31.9	89.4	52.1	3.6	34.7	90.8	11.2	62.3
金华	52.1	47.9	80.8	6.1	0.3	0.6	81.0	9.1	55.3
济宁	91.3	8.7	75.9	46.0	6.3	12.1	89.8	21.2	68.9
锦州	89.6	10.4	83.1	44.3	0.9	0.0	83.7	1.6	22.3
九江	64.7	35.3	92.4	54.6	6.7	13.6	95.7	37.0	62.9
昆明	87.9	12.1	79.2	43.7	8.1	38.3	93.7	36.9	59.9
兰州	93.0	7.0	81.4	56.4	5.8	27.9	94.9	28.2	64.3
拉萨	70.4	29.6	82.1	83.1	3.3	21.9	97.7	5.6	15.7
乐山	60.5	39.5	83.0	51.8	0.9	12.8	87.3	12.1	52.9
柳州	92.6	7.4	89.8	44.2	4.3	22.0	95.5	24.8	69.4
洛阳	89.6	10.4	78.6	78.6	18.0	5.0	90.9	18.8	67.7
泸州	59.7	40.3	77.7	35.5	1.1	21.9	82.7	8.9	36.2
梅州	54.4	45.6	89.9	51.8	2.7	31.2	88.9	14.7	59.2
牡丹江	88.3	11.7	81.2	30.1	1.5	2.3	90.8	10.3	71.7
南昌	65.0	35.0	86.1	64.4	5.1	14.4	94.4	23.4	67.6
南充	77.5	22.5	72.2	47.3	1.0	23.7	78.3	12.5	41.2
南京	48.4	51.6	89.5	20.0	6.3	13.4	91.5	24.2	71.5
南宁	91.2	8.8	89.1	66.0	3.8	18.1	93.0	17.0	56.5
南通	43.9	56.1	86.3	17.7	4.2	8.3	89.9	43.3	71.4
宁波	42.9	57.1	84.1	44.8	9.0	2.7	90.6	36.8	66.5
平顶山	84.5	15.5	80.4	55.1	7.8	17.9	92.9	18.7	76.4
青岛	92.5	7.5	88.6	60.8	8.0	5.1	88.5	23.2	67.4
秦皇岛	89.0	11.0	83.8	29.5	2.0	6.3	91.4	18.4	52.3
泉州	71.1	28.9	83.8	65.4	2.3	16.5	94.6	26.8	69.7
衢州	48.0	52.0	90.0	37.0	4.5	7.1	90.7	30.3	68.8
三亚	85.9	14.1	81.5	30.9	0.7	21.2	92.9	8.3	39.5
上海	42.0	58.0	93.7	35.7	15.9	3.1	96.4	48.9	78.6
汕头	78.1	21.9	89.4	47.7	10.4	21.6	96.1	11.1	59.1
汕尾	77.9	22.1	79.9	77.2	4.9	41.1	92.1	9.3	49.1
韶关	88.5	11.5	90.6	37.2	2.0	12.4	86.1	16.1	55.0
绍兴	33.0	67.0	80.2	28.4	5.2	0.7	81.0	17.3	70.2
沈阳	85.0	15.0	80.0	31.3	13.2	5.7	93.3	20.7	43.5
深圳	96.9	3.1	93.2	66.0	11.8	1.0	98.0	21.2	75.8
石家庄	77.8	22.2	85.2	64.9	7.2	2.4	91.6	19.5	67.4

续表

城市	电视机台数		电视机种类		其他视听设备				
	1台	2台及以上	液晶电视机	智能电视机	互联网机顶盒	影碟机	智能手机	平板电脑	个人电脑（台式或笔记本）
	%	%	%	%	%	%	%	%	%
苏州	49.4	50.6	92.2	49.1	16.4	7.6	91.3	32.6	66.6
太原	89.0	11.0	85.9	33.6	10.9	8.3	93.5	30.1	67.7
泰州	29.2	70.8	85.0	16.4	5.4	2.5	81.7	24.4	63.7
台州	39.2	60.8	83.5	22.2	4.2	4.4	87.4	25.9	62.8
唐山	88.6	11.4	90.3	25.0	6.9	1.0	91.2	14.0	46.6
天津	84.3	15.7	85.6	23.4	5.1	12.8	92.4	34.1	70.6
铜陵	64.9	35.1	93.9	19.9	4.4	4.9	93.0	26.0	73.7
乌鲁木齐	97.4	2.6	94.6	65.3	1.1	3.4	93.5	26.9	50.9
潍坊	96.6	3.4	80.4	48.9	3.7	0.0	88.8	6.6	48.4
温州	41.6	58.4	95.8	42.7	14.6	3.9	93.3	50.0	74.8
武汉	77.9	22.1	87.0	55.4	6.5	8.1	91.4	22.9	58.3
芜湖	46.2	53.8	88.5	22.2	3.2	13.3	82.5	20.6	50.3
无锡	42.2	57.8	88.5	19.9	4.1	12.4	86.3	30.2	64.1
厦门	82.5	17.5	89.9	28.4	5.5	7.8	92.0	24.8	66.3
西安	92.2	7.8	84.3	49.1	4.4	7.5	95.7	21.0	68.2
襄阳	77.8	22.2	78.9	37.4	2.5	12.4	90.9	27.2	68.5
西宁	97.7	2.3	88.2	80.7	4.9	5.9	93.1	12.8	51.1
徐州	70.5	29.5	82.7	63.5	7.1	25.6	93.2	35.0	86.5
盐城	38.0	62.0	87.3	32.5	3.8	39.9	90.5	28.5	78.4
扬州	36.2	63.8	89.8	29.1	2.9	7.5	89.1	28.5	74.3
烟台	87.0	13.0	90.1	55.2	7.7	4.3	88.3	23.2	62.5
宜宾	68.1	31.9	81.5	45.5	0.2	13.5	83.0	9.2	30.9
宜昌	87.8	12.2	86.7	60.2	4.3	0.0	95.7	15.6	78.7
宜春	68.5	31.5	66.8	35.4	1.7	9.1	82.2	5.8	42.6
银川	97.2	2.8	82.7	47.0	0.5	24.0	94.4	9.7	48.0
营口	81.9	18.1	80.1	15.3	6.5	5.3	89.0	6.4	37.3
永济	58.2	41.8	80.3	65.9	3.9	3.3	93.9	17.6	74.5
岳阳	76.7	23.3	93.6	69.5	1.4	4.9	94.1	19.9	56.0
漳州	82.1	17.9	86.9	71.7	9.8	28.0	87.6	22.1	72.1
湛江	90.6	9.4	88.9	53.9	4.3	12.6	89.3	11.8	48.1
肇庆	81.6	18.4	91.3	53.9	5.4	7.9	95.2	14.7	65.2
郑州	83.9	16.1	88.2	69.3	6.5	4.9	94.9	31.5	77.2
镇江	37.2	62.8	87.7	44.4	15.6	18.3	93.9	49.2	73.6
中山	66.6	33.4	91.4	70.7	6.4	8.0	99.1	31.7	73.2
珠海	87.5	12.5	95.2	34.0	6.0	12.2	96.0	30.4	75.3
株洲	88.0	12.0	92.5	43.7	0.8	5.6	93.6	20.9	59.9
淄博	93.5	6.5	75.9	5.9	0.7	10.8	75.1	16.2	54.8
遵义	94.3	5.7	87.6	36.7	2.4	5.7	91.3	9.3	40.4

表 3.1.4　2018 年全国收视调查网电视信号接收方式

	省、市有线用户比例	可收看卫星电视用户比例	可收看卫星电视的非有线用户比例	其他
	%	%	%	%
全国	39.1	90.9	51.8	9.1
城域	50.9	92.0	41.1	8.0
乡域	30.6	90.1	59.5	9.9

表 3.1.5　2018 年各省级收视调查网电视信号接收方式

省份	省、市有线用户比例	可收看卫星电视用户比例	可收看卫星电视的非有线用户比例	其他
	%	%	%	%
安徽省	77.4	77.4	77.4	22.6
福建省	74.8	85.1	10.3	14.9
甘肃省	61.9	97.2	35.3	2.8
广东省	91.1	96.0	4.9	4.0
广西壮族自治区	48.6	88.2	39.6	11.8
贵州省	74.5	93.4	18.9	6.6
海南省	55.4	90.6	35.2	9.4
河北省	68.8	93.1	24.3	6.9
黑龙江省	69.5	84.0	14.5	16.0
河南省	40.2	77.8	37.6	22.2
湖北省	61.6	85.8	24.2	14.2
湖南省	70.8	93.2	22.4	6.8
内蒙古自治区	80.4	88.8	8.4	11.2
江苏省	81.4	87.3	5.9	12.7
江西省	57.2	75.5	18.3	24.5
吉林省	81.2	92.8	11.6	7.2
辽宁省	75.6	86.5	10.9	13.5
宁夏回族自治区	85.3	86.6	1.3	13.4
陕西省	50.3	79.8	29.5	20.2
山东省	51.0	71.0	20.0	29.0
山西省	49.9	84.6	34.7	15.4
四川省	55.4	74.8	19.4	25.2
新疆维吾尔自治区	79.3	80.8	1.5	19.2
云南省	42.7	82.5	39.8	17.5
浙江省	87.2	90.3	3.1	9.7

表 3.1.6　2018 年各城市收视调查网电视信号接收方式

城市	省、市有线用户比例	可收看卫星电视用户比例	可收看卫星电视的非有线用户比例	其他
	%	%	%	%
安庆	96.0	96.0	96.0	4.0
鞍山	83.6	86.3	2.7	13.7
宝鸡	74.2	82.6	8.4	17.4

续表

城市	省、市有线用户比例	可收看卫星电视用户比例	可收看卫星电视的非有线用户比例	其他
	%	%	%	%
包头	85.4	88.5	3.1	11.5
北海	62.7	74.0	11.3	26.0
北京	98.6	98.7	0.1	1.3
蚌埠	58.9	96.5	37.6	3.5
长春	83.3	85.2	1.9	14.8
常德	91.3	97.4	6.1	2.6
长沙	92.1	92.8	0.7	7.2
常州	85.4	88.5	3.1	11.5
潮州	98.5	98.6	0.1	1.4
成都	71.3	73.3	2.0	26.7
重庆	75.9	89.3	13.4	10.7
滁州	55.4	70.3	14.9	29.7
大理	97.7	98.1	0.4	1.9
大连	72.0	76.1	4.1	23.9
丹东	69.0	87.9	18.9	12.1
大同	42.0	95.7	53.7	4.3
达州	66.2	87.9	21.7	12.1
德州	75.4	79.6	4.2	20.4
东莞	77.9	90.6	12.7	9.4
佛山	92.5	97.4	4.9	2.6
抚顺	85.9	89.3	3.4	10.7
福州	87.4	89.0	1.6	11.0
赣州	41.6	74.1	32.5	25.9
广元	62.9	70.5	7.6	29.5
广州	97.1	97.8	0.7	2.2
桂林	77.8	79.9	2.1	20.1
贵阳	75.4	87.2	11.8	12.8
海口	81.8	89.1	7.3	10.9
杭州	94.0	94.1	0.1	5.9
哈尔滨	78.8	86.5	7.7	13.5
合肥	47.3	75.9	28.6	24.1
衡阳	88.0	92.3	4.3	7.7
呼和浩特	65.3	82.9	17.6	17.1
惠州	89.7	94.4	4.7	5.6
湖州	91.7	93.2	1.5	6.8
江门	95.8	98.0	2.2	2.0
嘉兴	89.1	92.6	3.5	7.4
揭阳	98.5	98.6	0.1	1.4
吉林	84.4	96.0	11.6	4.0
济南	68.8	71.9	3.1	28.1
荆门	71.0	87.3	16.3	12.7
荆州	83.7	91.5	7.8	8.5

续表

城市	省、市有线用户比例	可收看卫星电视用户比例	可收看卫星电视的非有线用户比例	其他
	%	%	%	%
金华	94.0	99.2	5.2	0.8
济宁	61.6	72.8	11.2	27.2
锦州	87.9	90.6	2.7	9.4
九江	66.5	68.7	2.2	31.3
昆明	80.9	85.2	4.3	14.8
兰州	85.2	91.5	6.3	8.5
拉萨	91.3	100.0	8.7	0.0
乐山	94.6	98.6	4.0	1.4
柳州	77.2	83.7	6.5	16.3
洛阳	88.9	96.9	8.0	3.1
泸州	78.4	98.0	19.6	2.0
梅州	91.1	99.6	8.5	0.4
牡丹江	69.1	85.1	16.0	14.9
南昌	72.8	78.7	5.9	21.3
南充	71.1	83.0	11.9	17.0
南京	91.0	91.0	0.0	9.0
南宁	67.8	87.8	20.0	12.2
南通	87.6	88.9	1.3	11.1
宁波	86.0	86.5	0.5	13.5
平顶山	69.0	79.3	10.3	20.7
青岛	75.5	77.8	2.3	22.2
秦皇岛	89.5	93.6	4.1	6.4
泉州	79.0	85.0	6.0	15.0
衢州	79.7	80.3	0.6	19.7
三亚	53.0	79.0	26.0	21.0
上海	97.1	97.3	0.2	2.7
汕头	92.6	95.7	3.1	4.3
汕尾	99.3	99.6	0.3	0.4
韶关	97.0	99.7	2.7	0.3
绍兴	99.0	99.0	0.0	1.0
沈阳	68.2	81.1	12.9	18.9
深圳	91.3	92.5	1.2	7.5
石家庄	85.1	90.8	5.7	9.2
苏州	83.4	83.4	0.0	16.6
太原	71.5	87.8	16.3	12.2
泰州	91.2	93.0	1.8	7.0
台州	86.2	88.0	1.8	12.0
唐山	92.1	97.3	5.2	2.7
天津	62.7	95.7	33.0	4.3
铜陵	52.3	75.7	23.4	24.3
乌鲁木齐	88.3	88.5	0.2	11.5
潍坊	70.4	76.7	6.3	23.3

续表

城市	省、市有线用户比例	可收看卫星电视用户比例	可收看卫星电视的非有线用户比例	其他
	%	%	%	%
温州	83.9	84.6	0.7	15.4
武汉	75.7	82.8	7.1	17.2
芜湖	54.8	94.3	39.5	5.7
无锡	83.7	84.7	1.0	15.3
厦门	77.0	79.2	2.2	20.8
西安	80.6	91.3	10.7	8.7
襄阳	79.1	96.6	17.5	3.4
西宁	82.5	86.4	3.9	13.6
徐州	78.9	83.9	5.0	16.1
盐城	81.8	89.1	7.3	10.9
扬州	89.6	90.3	0.7	9.7
烟台	71.7	73.8	2.1	26.2
宜宾	60.2	81.3	21.1	18.7
宜昌	75.6	89.2	13.6	10.8
宜春	75.4	94.3	18.9	5.7
银川	83.7	86.3	2.6	13.7
营口	88.0	92.3	4.3	7.7
永济	51.9	88.9	37.0	11.1
岳阳	89.7	96.7	7.0	3.3
漳州	85.5	96.3	10.8	3.7
湛江	96.7	97.6	0.9	2.4
肇庆	97.7	98.1	0.4	1.9
郑州	72.4	76.3	3.9	23.7
镇江	86.3	87.6	1.3	12.4
中山	98.0	98.5	0.5	1.5
珠海	79.0	85.0	6.0	15.0
株洲	92.0	93.9	1.9	6.1
淄博	93.1	94.1	1.0	5.9
遵义	84.4	92.9	8.5	7.1

表 3.1.7　2018 年全国收视调查网卫视频道入户覆盖率排名前二十位（标/高清合并数据）

排名	全国		城域		乡域	
	频道	覆盖率（%）	频道	覆盖率（%）	频道	覆盖率（%）
1	中央台七套	84.4	中央电视台综合频道	86.8	中央台七套	83.8
2	中央台二套	84.2	江苏卫视	85.3	中央台二套	83.5
3	中央电视台新闻频道	83.9	中央台七套	85.3	中央台十套	83.2
4	中央电视台综合频道	83.9	中央台二套	85.2	中央电视台新闻频道	83.0
5	中央电视台少儿频道	83.9	中央电视台新闻频道	85.2	中央台十二套	83.0
6	中央台十套	83.7	中央电视台少儿频道	85.1	中央电视台少儿频道	82.9
7	江苏卫视	83.7	浙江卫视	85.1	湖南卫视	82.7

续表

排名	全国		城域		乡域	
	频道	覆盖率（%）	频道	覆盖率（%）	频道	覆盖率（%）
8	湖南卫视	83.7	湖南卫视	85.0	江苏卫视	82.5
9	中央台十二套	83.5	山东卫视	84.9	浙江卫视	82.4
10	浙江卫视	83.5	北京卫视	84.8	山东卫视	81.9
11	山东卫视	83.2	安徽卫视	84.6	安徽卫视	81.9
12	北京卫视	83.0	中央台十套	84.5	中央电视台综合频道	81.8
13	安徽卫视	83.0	上海东方卫视	84.4	北京卫视	81.7
14	上海东方卫视	82.7	中央台十二套	84.3	中央台十一套	81.6
15	中央台十一套	82.6	广东卫视	84.3	上海东方卫视	81.5
16	中央台四套	82.4	中央台四套	84.2	中央台四套	81.1
17	天津卫视	82.2	天津卫视	84.1	天津卫视	80.9
18	广东卫视	82.2	中央台十一套	83.9	江西卫视	80.8
19	江西卫视	81.9	江西卫视	83.3	广东卫视	80.7
20	中央电视台音乐频道	81.6	深圳卫视（新闻综合频道）	83.2	中央电视台音乐频道	80.6

表 3.1.8　2018 年全国收视调查网电视频道接收情况

	平均每户可接收频道个数
全国	83
城域	93
乡域	76

表 3.1.9　2018 年各省级收视调查网电视频道接收情况

省份	平均每户可接收频道个数	省份	平均每户可接收频道个数
安徽省	60	江苏省	79
福建省	77	江西省	69
甘肃省	94	吉林省	92
广东省	102	辽宁省	101
广西壮族自治区	73	宁夏回族自治区	92
贵州省	74	陕西省	66
海南省	83	山东省	71
河北省	89	山西省	81
黑龙江省	86	四川省	86
河南省	69	新疆维吾尔自治区	77
湖北省	83	云南省	69
湖南省	79	浙江省	80
内蒙古自治区	89		

表 3.1.10　2018 年各城市收视调查网电视频道接收情况

城市	平均每户可接收频道个数	城市	平均每户可接收频道个数
安庆	73	南昌	88
鞍山	119	南充	101
宝鸡	81	南京	95
包头	89	南宁	78
北海	77	南通	72
北京	166	宁波	75
蚌埠	73	平顶山	84
长春	89	青岛	83
常德	82	秦皇岛	106
长沙	93	泉州	96
常州	89	衢州	70
潮州	109	三亚	70
成都	116	上海	97
重庆	95	汕头	96
滁州	73	汕尾	96
大理	92	韶关	105
大连	89	绍兴	75
丹东	114	沈阳	98
大同	70	深圳	109
达州	99	石家庄	103
德州	107	苏州	76
东莞	82	太原	87
佛山	97	泰州	101
抚顺	124	台州	87
福州	91	唐山	97
赣州	60	天津	96
广元	92	铜陵	70
广州	108	乌鲁木齐	125
桂林	77	潍坊	85
贵阳	66	温州	77
海口	62	武汉	86
杭州	98	芜湖	76
哈尔滨	99	无锡	68
合肥	76	厦门	69
衡阳	96	西安	85
呼和浩特	89	襄阳	70
惠州	98	西宁	88
湖州	66	徐州	93
江门	100	盐城	62
嘉兴	72	扬州	79
揭阳	109	烟台	107
吉林	91	宜宾	95
济南	86	宜昌	83
荆门	87	宜春	88

续表

城市	平均每户可接收频道个数	城市	平均每户可接收频道个数
荆州	102	银川	106
金华	97	营口	96
济宁	77	永济	86
锦州	123	岳阳	86
九江	82	漳州	77
昆明	73	湛江	115
兰州	105	肇庆	92
拉萨	73	郑州	98
乐山	57	镇江	89
柳州	83	中山	121
洛阳	126	珠海	96
泸州	111	株洲	85
梅州	97	淄博	73
牡丹江	74	遵义	90

二、全国收视数据

表 3.2.1　2014～2018 年全国样本城市及各城市收视调查网人均收视时间（分钟）

城市	2014 年	2015 年	2016 年	2017 年	2018 年
全国	161	156	152	139	129
安庆	127	121	107	96	88
鞍山	170	170	177	165	174
蚌埠	147	121	127	130	113
包头	162	171	149	129	115
宝鸡	160	138	138	134	133
保定	154	*	*	*	*
北海	107	122	119	96	103
北京（M）	190	180	172	160	155
滨州	153	*	*	*	*
长春（M）	156	155	153	143	136
长沙（M）	189	183	171	161	152
常德（M）	154	146	142	127	113
常熟（M）	115	113	103	104	*
常州（M）	121	133	127	118	112
潮州（M）	165	160	159	141	130
成都（M）	202	198	201	181	156
承德	141	*	*	*	*
重庆（M）	167	176	182	163	159
滁州	105	102	88	85	78
达州	172	179	161	146	139
大理	135	139	144	151	134
大连（M）	179	180	178	165	159
大同	169	157	148	136	114
丹东	158	172	166	141	121
德阳	145	142	123	*	*
德州（M）	149	150	156	147	130
东莞（M）	130	132	137	121	115
佛山（M）	139	145	138	134	134
福州（M）	134	119	116	113	104
抚顺（M）	219	212	202	173	171
阜阳	137	*	*	*	*
赣州（M）	130	127	118	110	102
广元（M）	166	164	161	154	123
广州（M）	141	140	142	136	131
贵阳（M）	236	237	248	205	187
桂林	131	129	122	125	135
哈尔滨（M）	187	185	170	152	140
海口（M）	134	133	129	126	129
邯郸	174	163	136	*	*
杭州（M）	186	171	160	129	110

续表

城市	2014 年	2015 年	2016 年	2017 年	2018 年
合肥（M）	151	144	134	123	112
河源	128	125	113	*	*
衡阳（M）	164	168	146	135	139
呼和浩特（M）	156	149	139	135	123
湖州（M）	135	123	120	98	94
淮安	105	99	110	*	*
惠州（M）	138	129	118	101	90
吉林市	138	122	120	121	127
济南（M）	209	209	193	168	146
济宁（M）	164	154	148	139	126
嘉兴	108	106	103	91	94
江门（M）	138	127	130	124	126
江阴（M）	121	120	*	*	*
揭阳	116	122	*	*	*
揭阳（M）	*	*	165	140	133
金华	144	129	128	106	94
锦州（M）	175	167	160	147	130
荆门（M）	129	125	114	103	86
荆州（M）	132	133	115	96	93
九江	127	122	*	*	*
九江（M）	*	*	139	114	107
昆明（M）	168	167	163	152	146
拉萨	150	122	*	*	*
拉萨（M）	*	*	160	161	125
莱芜	142	*	*	*	*
兰州（M）	167	156	156	143	134
乐山	150	134	132	122	125
丽水	124	121	117	130	*
连云港	131	116	121	*	*
临沂	158	*	*	*	*
柳州（M）	163	158	142	152	128
龙岩	108	107	114	108	*
泸州	146	127	125	119	106
洛阳（新）	114	102	94	92	86
茂名（M）	121	125	*	*	*
眉山	143	129	125	*	*
梅州	98	*	*	*	*
梅州（M）	*	142	145	140	136
绵阳	160	137	126	*	*
牡丹江	158	155	161	123	137
南昌（M）	169	167	153	144	120
南充	146	135	138	138	111
南京（M）	187	161	149	124	112
南宁（M）	150	148	150	127	116

续表

城市	2014 年	2015 年	2016 年	2017 年	2018 年
南通（M）	123	104	105	90	85
南阳	133	132	120	*	*
宁波（M）	127	123	116	110	91
攀枝花	143	*	*	*	*
平顶山	146	126	108	92	92
秦皇岛	151	152	129	126	115
青岛（M）	187	188	179	161	137
清远	145	138	124	118	*
衢州	128	120	113	122	107
泉州（新）	90	98	98	91	74
三亚（M）	123	111	107	93	88
厦门（M）	120	117	114	99	97
汕头（M）	160	160	146	125	125
汕尾	134	123	116	110	107
上海（M）	163	164	162	155	144
上海浦东	129	125	113	*	*
韶关（M）	167	161	154	139	129
绍兴	120	99	101	95	89
深圳（M）	129	122	111	103	100
深圳蛇口	105	*	*	*	*
沈阳（M）	214	211	204	176	156
石家庄（M）	155	153	145	127	112
苏州（M）	124	116	130	128	115
遂宁	171	140	132	*	*
台州	127	110	101	97	96
太原（M）	178	169	157	143	126
泰安	146	139	129	*	*
泰州	125	115	125	110	92
唐山（M）	157	167	163	154	145
天津（城）（M）	223	192	194	187	165
铜陵	111	107	99	106	91
威海	115	113	103	*	*
潍坊（M）	168	169	147	128	123
温州（M）	139	132	125	108	90
乌鲁木齐（M）	161	161	159	148	145
无锡（M）	133	118	113	109	96
芜湖	130	106	115	105	95
武汉（M）	201	202	186	139	108
西安（M）	167	156	154	140	129
西昌	*	107	109	129	134
西宁（M）	165	163	155	144	128
湘潭（M）	147	*	*	*	*
襄阳（襄樊）	157	148	162	146	141
徐州（M）	164	148	137	118	110

续表

城市	2014	2015	2016	2017	2018
烟台（M）	168	159	145	131	115
盐城（M）	134	132	132	126	101
扬州（M）	134	117	112	99	95
阳江	137	112	122	111	*
宜宾	138	122	114	105	113
宜昌（M）	150	144	139	143	133
宜春	132	127	134	111	104
银川（M）	171	159	147	135	121
营口	134	143	140	129	125
永济	148	127	126	121	115
玉林	142	133	105	*	*
岳阳	128	116	125	113	100
湛江（M）	128	116	119	93	100
漳州	123	126	125	110	107
肇庆（M）	151	160	159	143	142
镇江（M）	178	161	148	133	115
郑州（M）	141	144	145	131	120
中山（M）	128	121	121	117	115
舟山	115	116	115	115	*
珠海（M）	135	131	134	112	110
株洲（M）	150	148	147	134	121
资阳	137	*	*	*	*
淄博	124	128	123	112	99
遵义	155	142	147	139	130

注：

（1）全国：2014年包括143个样本城市，2015年包括133个样本城市，2016年包括129个样本城市，2017年包括120个样本城市，2018年包括116个样本城市。

（2）标有（M）的城市为采用测量仪调查城市。

（3）*表示没有数据。

（4）龙岩自2014年7月1日起开始日记卡方式调查，本表中龙岩2014年人均收视分钟数为2014年7~12月日记卡数据计算结果。

（5）深圳蛇口自2014年2月1日起停止日记卡方式调查，本表中深圳蛇口2014年人均收视分钟数为2014年1月日记卡数据计算结果。

（6）梅州自2014年10月1日起停止日记卡方式调查，本表中梅州2014年人均收视分钟数为2014年1~9月日记卡数据计算结果。

（7）西昌自2015年7月1日起开始日记卡方式调查，本表中西昌2015年人均收视分钟数为2015年7~12月日记卡数据计算结果；西昌自2018年7月1日起停止调查，本表中该地区2018年人均收视分钟数为2018年1~6月数据计算结果。

（8）江阴（M）自2015年5月1日起停止测量仪方式调查，本表中江阴（M）2015年人均收视分钟数为2015年1~4月测量仪数据计算结果。

（9）茂名（M）自2015年8月1日起停止测量仪方式调查，本表中茂名（M）2015年人均收视分钟数为2015年1~7月测量仪数据计算结果。

（10）揭阳自2015年10月1日停止日记卡方式调查，本表中揭阳2015年人均收视分钟数为2015年1~9月日记卡数据计算结果。

（11）德阳、河源、绵阳、遂宁、泰安、玉林自2016年7月1日起停止日记卡方式调查，本表中该6个地区2016年人均收视分钟数为2016年1~6月日记卡数据计算结果。

（12）常熟（M）、丽水、舟山自2017年4月1日起停止调查，本表中该3个地区2017年人均收视分钟数为2017年1~3月计算结果。

表 3.2.2　2018 年全国样本城市及各城市收视调查网人均时移收视时间（分钟）及其与人均直播收视时间的比值（%）

城市	人均时移收视时间（分钟）	人均直播收视时间（分钟）	人均时移收视时间与人均直播收视时间的比值（%）
全国	5.0	128.5	3.9
北京（M）	6.7	148.3	4.5
长春（M）	1.5	134.9	1.1
长沙（M）	5.5	146.2	3.8
常德（M）	4.4	108.3	4.1
成都（M）	6.3	149.7	4.2
重庆（M）	8.3	150.6	5.5
大连（M）	2.2	156.8	1.4
福州（M）	1.8	102.0	1.8
赣州（M）	0.9	101.5	0.9
广州（M）	4.4	126.5	3.5
贵阳（M）	3.8	183.1	2.1
哈尔滨（M）	1.3	139.1	0.9
海口（M）	3.6	125.5	2.9
杭州（M）	4.7	105.5	4.5
合肥（M）	4.0	108.0	3.7
呼和浩特（M）	2.5	120.0	2.1
惠州（M）	3.3	87.1	3.8
济南（M）	3.4	142.4	2.4
济宁（M）	1.7	123.8	1.4
锦州（M）	0.9	129.5	0.7
九江（M）	3.7	103.6	3.6
昆明（M）	5.3	140.9	3.8
拉萨（M）	0.0	125.3	0.0
兰州（M）	7.1	126.8	5.6
南昌（M）	2.6	117.5	2.2
南京（M）	6.5	106.0	6.1
南宁（M）	2.8	112.7	2.5
宁波（M）	2.5	88.6	2.8
青岛（M）	3.3	133.6	2.5
三亚（M）	1.7	85.8	2.0
厦门（M）	4.6	92.0	5.0
上海（M）	6.9	137.2	5.0
韶关（M）	5.7	122.8	4.6
深圳（M）	3.4	96.9	3.5
沈阳（M）	1.6	154.8	1.0
石家庄（M）	7.3	105.0	7.0
太原（M）	2.5	123.3	2.0
唐山（M）	8.2	137.0	6.0
天津（城）（M）	9.3	155.6	6.0
温州（M）	2.2	87.5	2.5
乌鲁木齐（M）	8.3	137.1	6.1

续表

城市	人均时移收视时间（分钟）	人均直播收视时间（分钟）	人均时移收视时间与人均直播收视时间的比值（%）
无锡（M）	1.5	94.7	1.6
武汉（M）	2.7	105.5	2.6
西安（M）	7.2	121.4	5.9
西宁（M）	0.7	127.3	0.5
徐州（M）	5.3	105.0	5.0
烟台（M）	1.4	113.4	1.2
扬州（M）	1.2	93.8	1.3
宜昌（M）	1.9	131.0	1.5
银川（M）	7.1	113.5	6.3
湛江（M）	2.1	98.3	2.1
郑州（M）	4.4	116.0	3.8

注：全国——2018 年包括 52 个采用测量仪方式进行调查的城市。

表 3.2.3　2014～2018 年全国样本城市各目标观众人均收视时间（分钟）

目标观众		2014 年	2015 年	2016 年	2017 年	2018 年
4 岁及以上所有人		161	156	152	139	129
性别	男	157	153	149	136	127
	女	165	160	156	142	132
年龄	4～14 岁	132	126	124	114	105
	15～24 岁	90	86	83	70	61
	25～34 岁	113	106	103	89	77
	35～44 岁	144	134	124	108	95
	45～54 岁	211	202	194	177	163
	55～64 岁	253	257	254	240	229
	65 岁及以上	275	278	281	273	275
教育程度	未受过正规教育	160	152	154	143	134
	小学	181	184	180	170	163
	初中	178	177	173	161	153
	高中	159	153	150	137	127
	大学及以上	130	121	118	103	91
职业类别	干部/管理人员	134	131	129	114	97
	个体/私营企业人员	146	140	136	123	111
	初级公务员/雇员	133	123	117	104	92
	工人	142	135	129	114	102
	学生	104	101	97	85	76
	无业	237	237	237	223	217
	其他	173	180	181	174	169
个人月收入	0～600 元	144	140	136	122	113
	601～1200 元	191	194	194	189	186
	1201～1700 元	192	189	185	175	168
	1701～2600 元	177	176	177	166	159
	2601～3500 元	154	154	153	142	136
	3501～5000 元	149	140	137	128	123
	5001 元及以上	135	131	128	115	104

表 3.2.4 2014～2018 年各省级收视调查网人均收视时间（分钟）

省份	目标观众	2014 年	2015 年	2016 年	2017 年	2018 年
安徽	4 岁及以上所有人	118	106	99	89	82
	城市	117	111	103	100	93
	农村	119	103	97	84	77
福建（M）	4 岁及以上所有人	164	162	153	148	138
	城市	123	117	119	109	106
	农村	185	185	171	167	154
甘肃	4 岁及以上所有人	113	107	97	88	78
	城市	138	133	123	112	104
	农村	100	93	83	75	64
广东（M）	4 岁及以上所有人	142	138	137	129	125
	城市	133	126	128	118	114
	农村	154	155	148	144	140
广西	4 岁及以上所有人	118	112	112	109	104
	城市	121	122	116	103	113
	农村	116	108	110	112	100
贵州	4 岁及以上所有人	127	120	116	106	111
	城市	163	161	152	136	138
	农村	114	105	102	95	101
海南（M）	4 岁及以上所有人	126	126	122	115	108
	城市	131	128	122	113	111
	农村	124	124	122	115	107
河北（M）	4 岁及以上所有人	170	171	153	134	120
	城市	159	155	148	138	122
	农村	173	174	154	133	120
河南	4 岁及以上所有人	129	125	118	110	104
	城市	136	121	104	97	92
	农村	127	126	121	114	107
黑龙江	4 岁及以上所有人	154	138	131	112	98
	城市	160	148	151	139	124
	农村	149	130	117	94	81
湖北（M）	4 岁及以上所有人	176	179	169	152	140
	城市	169	170	157	131	110
	农村	182	187	178	168	163
湖南（M）	4 岁及以上所有人	173	181	171	149	134
	城市	172	165	159	143	133
	农村	174	186	175	151	134
吉林	4 岁及以上所有人	145	133	134	124	119
	城市	149	144	145	134	124
	农村	142	126	126	117	116
江苏（M）	4 岁及以上所有人	157	147	135	135	134
	城市	151	141	136	130	117
	农村	162	151	134	139	148

续表

省份	目标观众	2014 年	2015 年	2016 年	2017 年	2018 年
江西（M）	4 岁及以上所有人	122	130	124	113	105
	城市	120	144	137	124	109
	农村	123	126	121	111	104
辽宁（M）	4 岁及以上所有人	200	194	186	167	153
	城市	201	191	185	160	150
	农村	199	198	188	173	156
内蒙古	4 岁及以上所有人	142	143	134	126	114
	城市	143	145	137	128	109
	农村	142	142	133	125	116
宁夏	4 岁及以上所有人	150	148	136	125	113
	城市	162	160	145	140	126
	农村	139	137	127	111	100
山东（M）	4 岁及以上所有人	185	202	196	188	171
	城市	174	173	170	153	134
	农村	191	216	209	205	190
山西	4 岁及以上所有人	156	147	144	130	117
	城市	159	151	151	130	119
	农村	155	146	141	130	116
陕西	4 岁及以上所有人	149	136	122	118	116
	城市	152	133	117	110	112
	农村	147	138	126	123	119
四川（M）	4 岁及以上所有人	158	156	155	149	143
	城市	175	174	173	161	145
	农村	150	148	147	144	142
新疆	4 岁及以上所有人	110	106	95	88	79
	城市	127	120	106	97	94
	农村	97	95	86	81	68
云南	4 岁及以上所有人	124	118	121	130	114
	城市	139	134	139	136	122
	农村	119	113	116	128	111
浙江（M）	4 岁及以上所有人	156	144	136	120	111
	城市	161	143	138	119	106
	农村	152	145	135	121	115

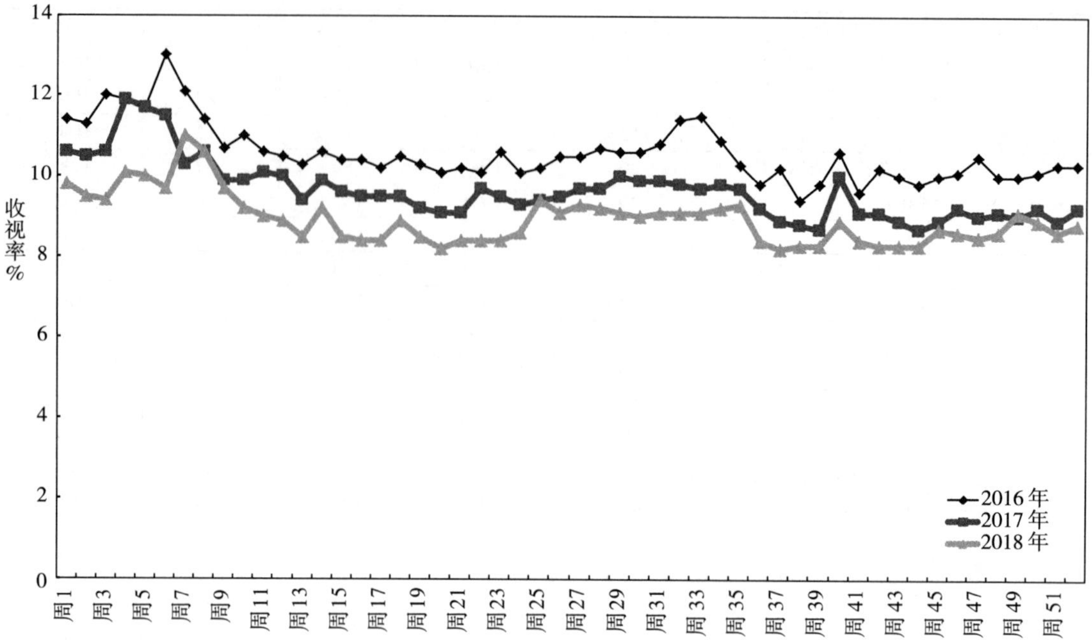

图 3.2.1 2016～2018 年全国样本城市观众全年收视率走势

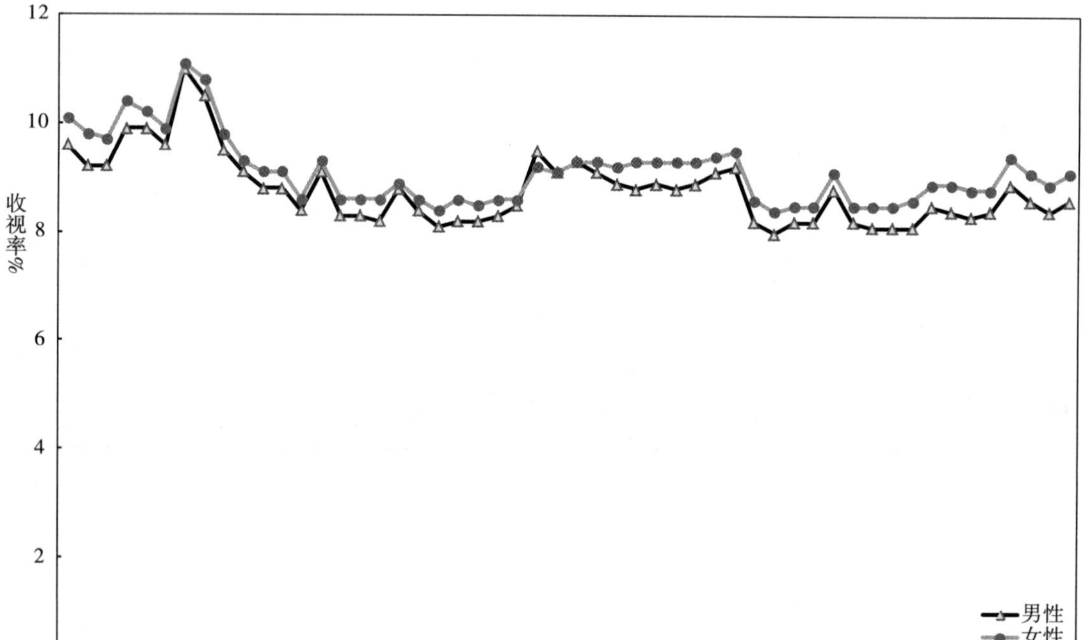

图 3.2.2 2018 年全国样本城市不同性别观众全年收视率走势

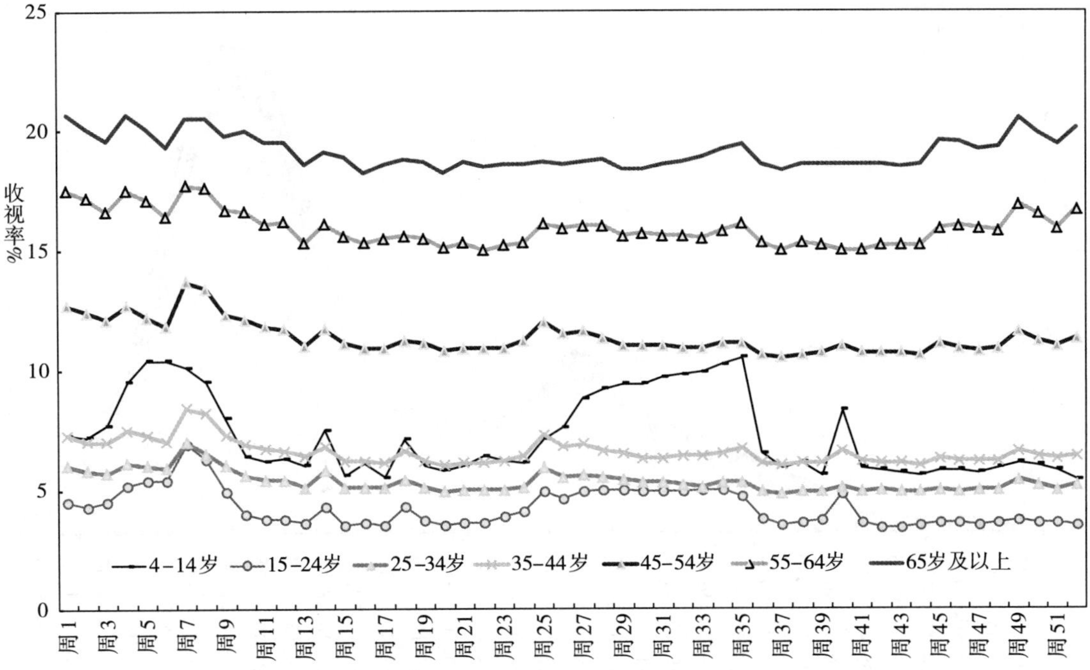

图 3.2.3　2018 年全国样本城市不同年龄观众全年收视率走势

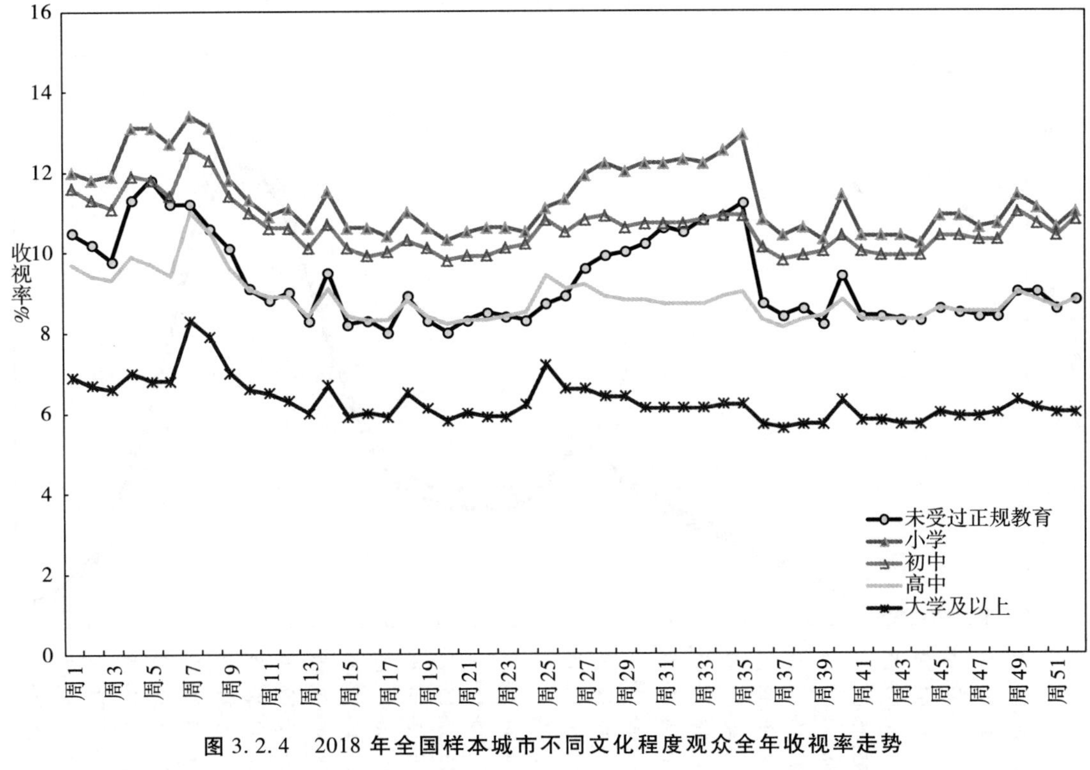

图 3.2.4　2018 年全国样本城市不同文化程度观众全年收视率走势

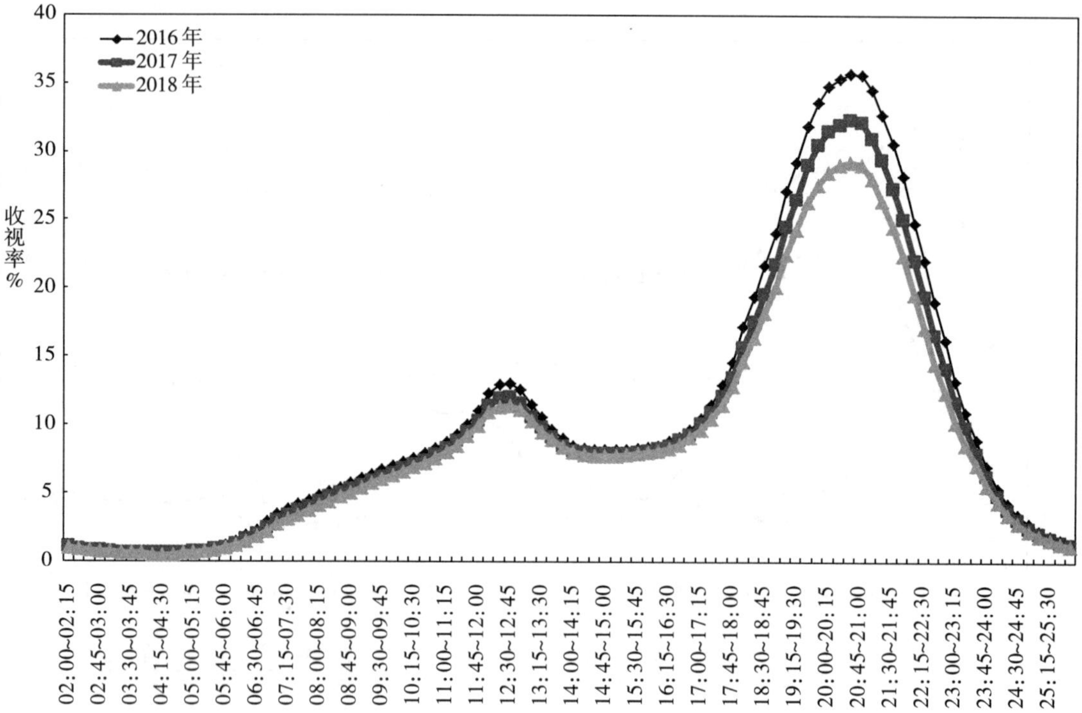

图 3.2.5　2016～2018 年全国样本城市观众全天收视率走势

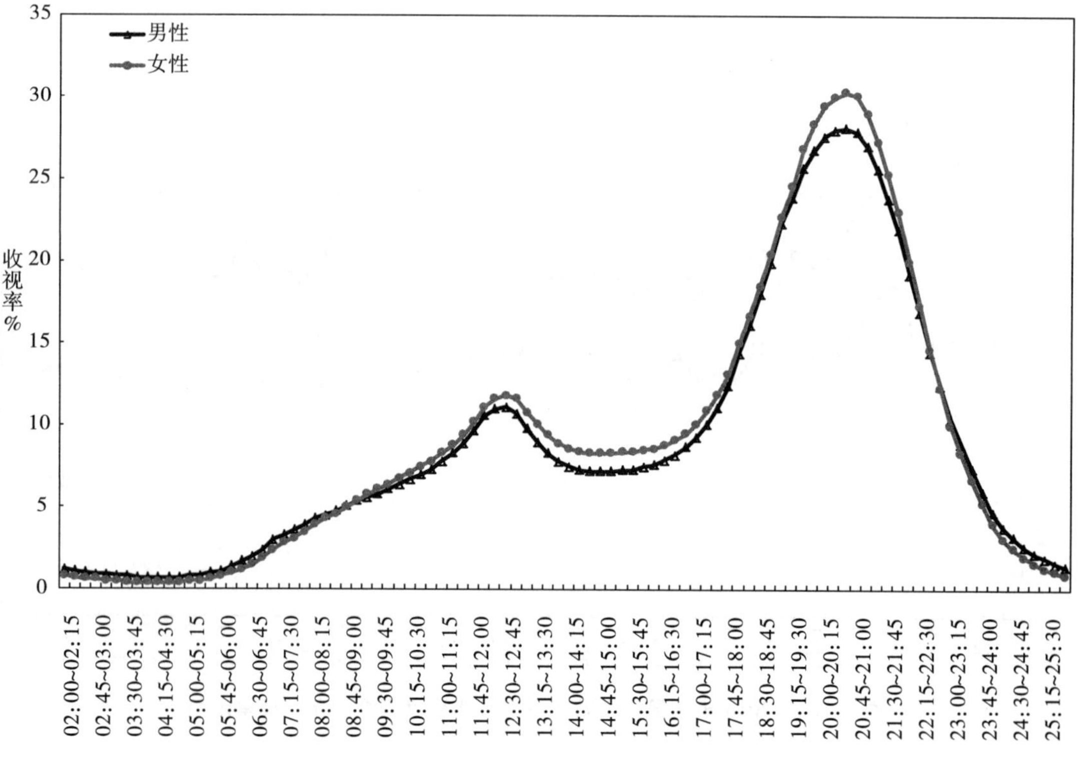

图 3.2.6　2018 年全国样本城市不同性别观众全天收视率走势

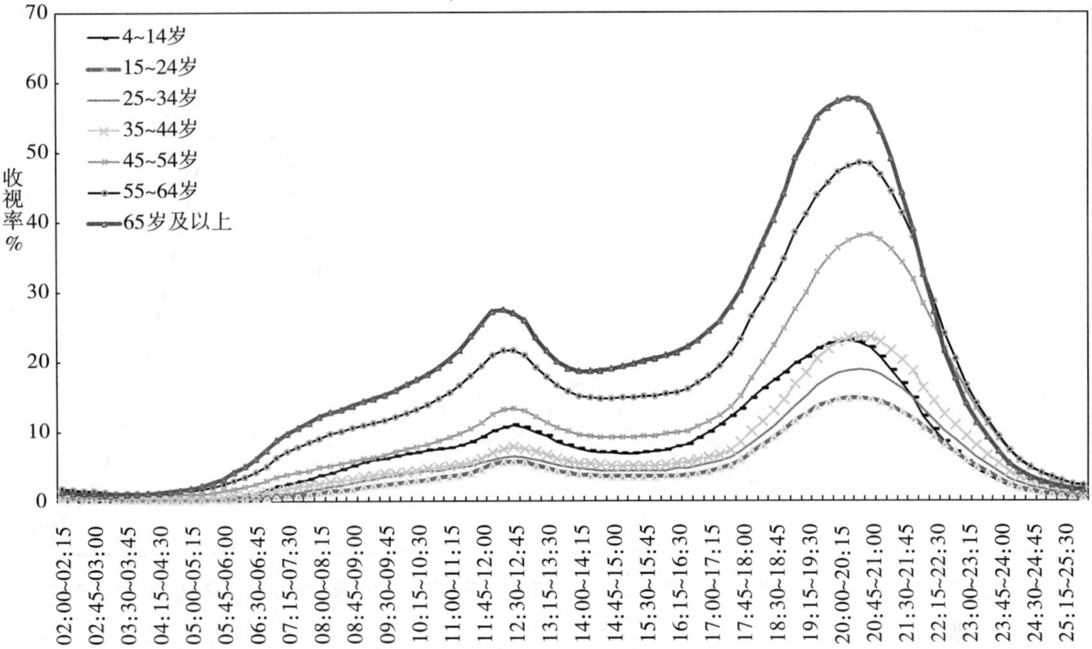

图 3.2.7　2018 年全国样本城市不同年龄观众全天收视率走势

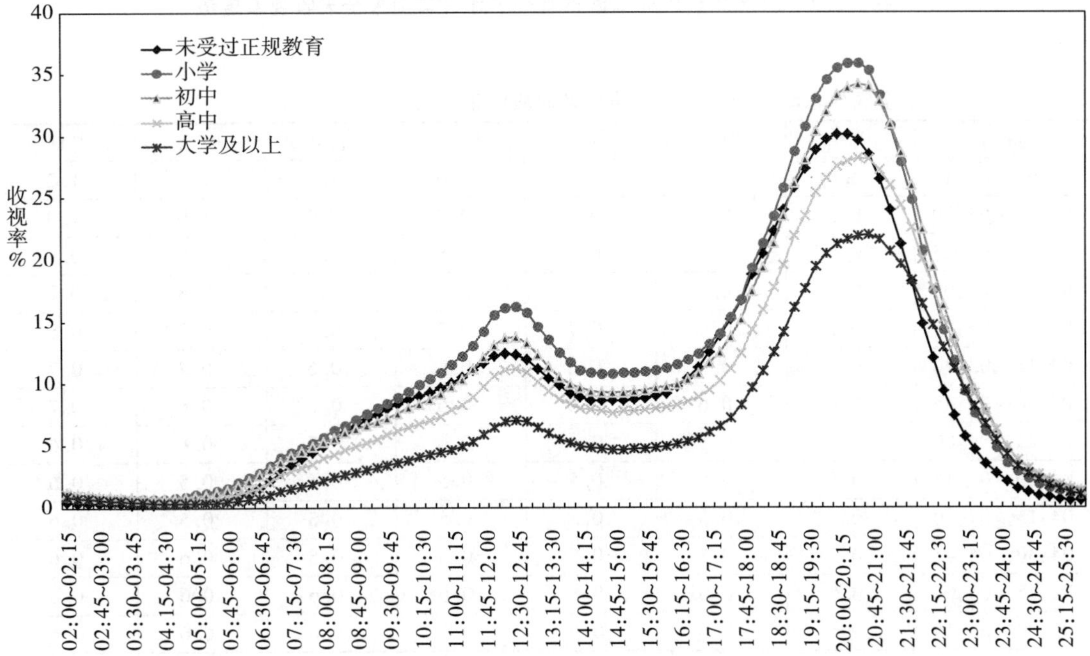

图 3.2.8　2018 年全国样本城市不同文化程度观众全天收视率走势

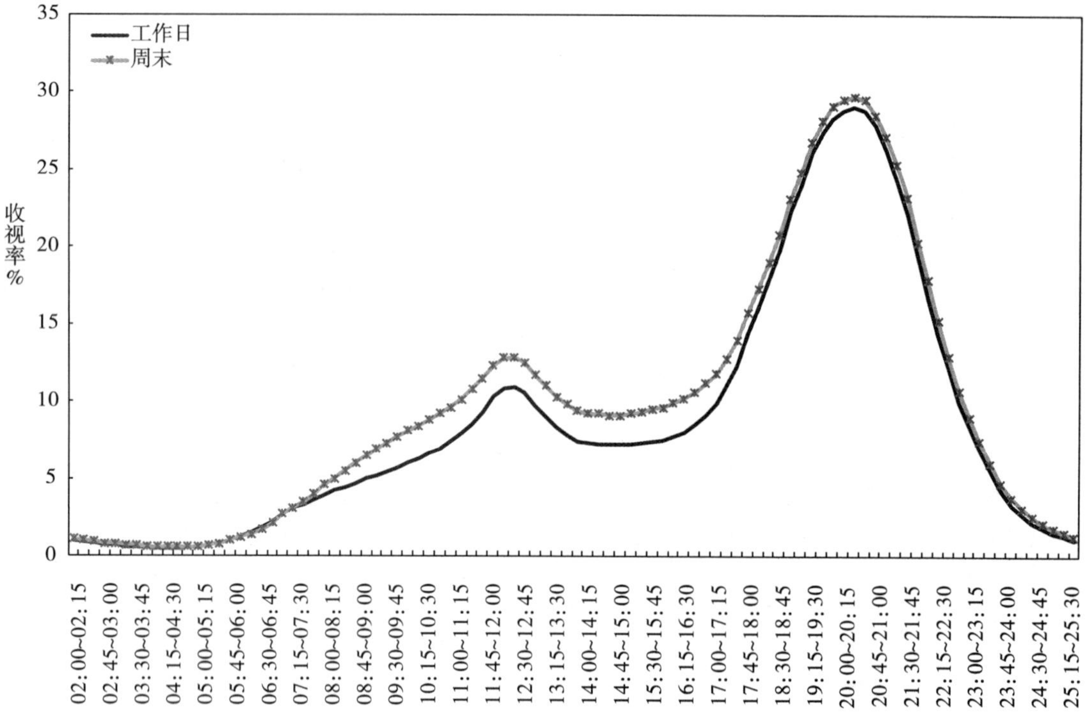

图 3.2.9 2018 年全国样本城市观众工作日与周末全天收视率走势

表 3.2.5 2018 年全国样本城市观众周一至周日各时段收视率（%）

时间段	周一	周二	周三	周四	周五	周六	周日
02:00~02:15	1.0	0.9	0.9	1.0	1.0	1.1	1.2
02:15~02:30	0.9	0.8	0.8	0.9	0.9	1.0	1.0
02:30~02:45	0.8	0.8	0.8	0.8	0.8	0.9	0.9
02:45~03:00	0.7	0.7	0.7	0.7	0.7	0.8	0.8
03:00~03:15	0.7	0.6	0.7	0.7	0.6	0.7	0.8
03:15~03:30	0.6	0.6	0.6	0.6	0.6	0.7	0.7
03:30~03:45	0.6	0.6	0.6	0.6	0.6	0.6	0.7
03:45~04:00	0.6	0.5	0.6	0.6	0.5	0.6	0.6
04:00~04:15	0.5	0.5	0.5	0.5	0.5	0.5	0.6
04:15~04:30	0.5	0.5	0.5	0.5	0.5	0.5	0.6
04:30~04:45	0.5	0.5	0.5	0.6	0.5	0.6	0.6
04:45~05:00	0.6	0.6	0.6	0.6	0.6	0.6	0.6
05:00~05:15	0.6	0.6	0.6	0.6	0.6	0.6	0.6
05:15~05:30	0.7	0.7	0.7	0.7	0.7	0.7	0.7
05:30~05:45	0.8	0.8	0.8	0.8	0.8	0.8	0.8
05:45~06:00	1.0	0.9	1.0	1.0	1.0	1.0	1.0
06:00~06:15	1.2	1.2	1.2	1.2	1.2	1.2	1.2

续表

时间段	周一	周二	周三	周四	周五	周六	周日
06:15 ~ 06:30	1.5	1.5	1.5	1.5	1.5	1.4	1.5
06:30 ~ 06:45	1.8	1.8	1.8	1.8	1.8	1.7	1.8
06:45 ~ 07:00	2.2	2.2	2.2	2.2	2.2	2.1	2.2
07:00 ~ 07:15	2.7	2.7	2.7	2.7	2.7	2.7	2.7
07:15 ~ 07:30	3.0	3.1	3.1	3.0	3.1	3.1	3.1
07:30 ~ 07:45	3.3	3.3	3.3	3.3	3.3	3.5	3.5
07:45 ~ 08:00	3.6	3.6	3.6	3.6	3.6	4.0	4.0
08:00 ~ 08:15	3.9	3.9	3.8	3.9	3.9	4.5	4.6
08:15 ~ 08:30	4.2	4.1	4.1	4.1	4.2	4.9	5.1
08:30 ~ 08:45	4.5	4.4	4.4	4.4	4.4	5.4	5.7
08:45 ~ 09:00	4.8	4.7	4.6	4.6	4.7	5.8	6.2
09:00 ~ 09:15	5.1	4.9	4.9	4.9	5.0	6.2	6.7
09:15 ~ 09:30	5.3	5.2	5.2	5.1	5.2	6.6	7.2
09:30 ~ 09:45	5.6	5.4	5.4	5.4	5.4	7.0	7.6
09:45 ~ 10:00	5.8	5.7	5.6	5.7	5.7	7.3	8.0
10:00 ~ 10:15	6.2	6.0	5.9	6.0	6.0	7.7	8.4
10:15 ~ 10:30	6.4	6.2	6.2	6.2	6.3	8.0	8.8
10:30 ~ 10:45	6.7	6.5	6.5	6.6	6.6	8.4	9.2
10:45 ~ 11:00	7.1	6.9	6.9	6.9	7.0	8.8	9.6
11:00 ~ 11:15	7.5	7.3	7.3	7.3	7.4	9.2	10.1
11:15 ~ 11:30	8.0	7.8	7.8	7.8	7.9	9.7	10.6
11:30 ~ 11:45	8.7	8.5	8.5	8.5	8.6	10.3	11.2
11:45 ~ 12:00	9.4	9.2	9.2	9.3	9.3	11.0	11.9
12:00 ~ 12:15	10.4	10.2	10.2	10.2	10.3	11.9	12.8
12:15 ~ 12:30	10.9	10.7	10.7	10.7	10.7	12.3	13.2
12:30 ~ 12:45	11.1	10.8	10.8	10.9	10.9	12.4	13.3
12:45 ~ 13:00	10.7	10.5	10.5	10.5	10.5	12.1	12.9
13:00 ~ 13:15	9.9	9.7	9.6	9.7	9.7	11.3	12.1
13:15 ~ 13:30	9.1	8.9	8.9	8.9	9.0	10.6	11.3
13:30 ~ 13:45	8.4	8.2	8.2	8.3	8.3	10.0	10.6
13:45 ~ 14:00	7.9	7.7	7.7	7.8	7.8	9.5	10.1
14:00 ~ 14:15	7.6	7.3	7.3	7.4	7.5	9.2	9.7
14:15 ~ 14:30	7.4	7.2	7.2	7.2	7.3	9.0	9.5
14:30 ~ 14:45	7.3	7.1	7.1	7.2	7.2	8.9	9.4
14:45 ~ 15:00	7.3	7.1	7.1	7.2	7.2	8.8	9.4
15:00 ~ 15:15	7.3	7.1	7.1	7.2	7.2	8.8	9.4
15:15 ~ 15:30	7.4	7.1	7.2	7.3	7.3	8.9	9.5
15:30 ~ 15:45	7.4	7.2	7.2	7.3	7.3	9.0	9.6
15:45 ~ 16:00	7.5	7.3	7.3	7.4	7.4	9.1	9.8
16:00 ~ 16:15	7.6	7.4	7.4	7.5	7.6	9.3	10.0

续表

时间段	周一	周二	周三	周四	周五	周六	周日
16:15~16:30	7.8	7.6	7.6	7.7	7.8	9.5	10.2
16:30~16:45	8.1	7.9	7.9	8.0	8.1	9.8	10.5
16:45~17:00	8.6	8.4	8.4	8.4	8.6	10.2	11.0
17:00~17:15	9.3	9.1	9.0	9.1	9.3	10.8	11.6
17:15~17:30	10.0	9.8	9.8	9.9	10.0	11.5	12.2
17:30~17:45	11.1	10.9	10.8	10.9	11.1	12.4	13.0
17:45~18:00	12.4	12.3	12.2	12.3	12.4	13.6	14.2
18:00~18:15	14.4	14.3	14.2	14.2	14.4	15.4	16.0
18:15~18:30	16.1	16.0	15.9	16.0	16.1	17.0	17.5
18:30~18:45	18.0	17.9	17.8	17.9	18.0	18.7	19.2
18:45~19:00	20.0	19.9	19.7	19.8	19.9	20.5	21.0
19:00~19:15	22.4	22.3	22.1	22.2	22.3	22.8	23.4
19:15~19:30	24.2	24.0	23.9	24.0	24.0	24.5	25.1
19:30~19:45	26.3	26.1	25.9	26.0	26.1	26.5	27.1
19:45~20:00	27.5	27.4	27.2	27.3	27.4	27.9	28.4
20:00~20:15	28.4	28.2	28.0	28.3	28.4	28.9	29.2
20:15~20:30	28.9	28.7	28.5	28.8	29.0	29.4	29.7
20:30~20:45	29.1	29.0	28.7	28.9	29.3	29.6	29.8
20:45~21:00	28.8	28.7	28.5	28.7	29.2	29.5	29.5
21:00~21:15	27.7	27.6	27.4	27.7	28.4	28.7	28.3
21:15~21:30	26.0	26.0	25.7	26.1	27.1	27.4	26.7
21:30~21:45	24.0	24.0	23.8	24.1	25.4	25.8	24.8
21:45~22:00	21.8	21.8	21.6	22.0	23.4	23.8	22.6
22:00~22:15	19.0	18.9	18.7	19.1	20.7	21.0	19.6
22:15~22:30	16.4	16.3	16.3	16.6	18.3	18.6	17.1
22:30~22:45	13.8	13.8	13.8	14.1	15.7	16.0	14.5
22:45~23:00	11.7	11.8	11.7	12.1	13.5	13.7	12.2
23:00~23:15	9.7	9.7	9.6	10.1	11.1	11.4	10.0
23:15~23:30	8.1	8.2	8.1	8.5	9.2	9.6	8.4
23:30~23:45	6.7	6.7	6.6	7.0	7.5	8.0	6.9
23:45~24:00	5.3	5.3	5.2	5.7	6.0	6.4	5.6
24:00~24:15	4.0	4.0	4.0	4.4	4.7	5.0	4.4
24:15~24:30	3.2	3.1	3.1	3.5	3.8	4.0	3.6
24:30~24:45	2.6	2.5	2.5	2.8	3.1	3.3	3.0
24:45~25:00	2.1	2.1	2.1	2.3	2.5	2.7	2.4
25:00~25:15	1.8	1.7	1.8	1.9	2.1	2.2	2.0
25:15~25:30	1.5	1.5	1.5	1.6	1.7	1.9	1.6
25:30~25:45	1.3	1.3	1.3	1.3	1.5	1.6	1.4
25:45~26:00	1.1	1.1	1.1	1.1	1.3	1.4	1.2

表 3.2.6 2018 年全国样本城市所有频道及各类频道观众构成（%）

目标观众		所有频道	中央台频道	中国教育台频道	省级卫视频道	其他频道
4 岁及以上所有人		100.0	100.0	100.0	100.0	100.0
性别	男	50.3	54.2	52.7	46.4	50.1
	女	49.7	45.8	47.3	53.6	49.9
年龄	4～14 岁	7.1	5.5	5.1	9.0	10.4
	15～24 岁	6.7	5.9	7.5	7.3	8.2
	25～34 岁	14.1	10.6	12.9	15.7	19.3
	35～44 岁	11.8	11.2	10.6	12.5	15.2
	45～54 岁	22.6	22.2	24.8	22.1	22.2
	55～64 岁	18.4	19.7	18.2	16.9	13.9
	65 岁及以上	19.3	24.9	21.0	16.4	10.8
教育程度	未受过正规教育	4.3	4.0	3.3	5.0	4.5
	小学	16.2	15.8	18.1	15.9	14.3
	初中	32.6	33.9	33.6	31.8	28.1
	高中	27.6	28.2	27.3	27.7	28.2
	大学及以上	19.2	18.2	17.6	19.6	24.9
职业类别	干部/管理人员	2.3	2.3	2.0	2.3	3.0
	个体/私营企业人员	11.7	11.6	13.2	11.4	13.4
	初级公务员/雇员	18.0	15.9	16.9	18.2	22.3
	工人	12.8	12.0	12.6	12.6	13.0
	学生	7.7	6.4	7.5	9.2	10.8
	无业	43.0	47.2	42.7	42.0	34.6
	其他	4.4	4.6	5.1	4.2	2.9
个人月收入	0～600 元	22.5	19.7	22.0	25.6	26.1
	601～1200 元	4.3	4.5	4.6	4.2	2.9
	1201～1700 元	4.7	5.3	4.9	4.6	3.2
	1701～2600 元	19.8	21.8	18.5	18.9	15.4
	2601～3500 元	19.5	20.6	18.5	18.6	17.8
	3501～5000 元	17.3	17.0	19.0	16.4	18.4
	5001 元及以上	11.9	11.0	12.5	11.8	16.1

表 3.2.7 2014～2018 年全国样本城市电视收视市场各类频道的市场占有率（%）

频道类别	年份				
	2014 年	2015 年	2016 年	2017 年	2018 年
中央电视台频道	29.2	28.5	30.0	29.9	30.2
中国教育台频道	0.3	0.2	0.1	0.1	0.2
省级卫视频道	32.6	31.2	30.0	28.7	26.4
其他频道	37.9	40.1	39.9	41.3	43.2

表 3.2.8 2016~2018 年各类频道在全国样本城市各目标观众中的市场占有率(%)

频道类别		中央电视台频道			省级卫视频道			中国教育台频道		
年份		2016 年	2017 年	2018 年	2016 年	2017 年	2018 年	2016 年	2017 年	2018 年
4 岁及以上所有人		30.0	29.9	30.2	30.0	28.7	26.4	0.1	0.1	0.2
性别	男	32.3	32.3	32.5	28.0	26.6	24.4	0.1	0.1	0.2
	女	27.6	27.4	27.8	32.1	30.9	28.5	0.1	0.1	0.1
年龄	4~14 岁	24.7	24.3	23.1	42.0	38.6	33.5	0.1	0.1	0.1
	15~24 岁	25.0	25.0	26.2	35.1	32.5	28.5	0.1	0.1	0.2
	25~34 岁	24.3	22.5	22.7	34.1	33.0	29.6	0.1	0.1	0.1
	35~44 岁	29.6	29.1	28.8	32.0	31.5	28.1	0.1	0.1	0.1
	45~54 岁	29.4	29.2	29.6	28.5	27.7	25.8	0.2	0.1	0.2
	55~64 岁	32.4	32.7	32.3	25.5	25.2	24.3	0.1	0.1	0.2
	65 岁及以上	38.9	39.1	39.0	23.5	22.4	22.5	0.1	0.1	0.2
教育程度	未受过正规教育	27.6	28.1	27.5	34.2	32.5	30.3	0.1	0.1	0.1
	小学	29.1	29.9	29.4	30.5	28.1	25.8	0.1	0.1	0.2
	初中	30.6	31.0	31.3	29.0	27.4	25.8	0.1	0.1	0.2
	高中	30.6	30.3	30.8	29.7	28.7	26.6	0.1	0.1	0.2
	大学及以上	29.1	27.6	28.5	31.0	30.7	27.0	0.1	0.1	0.1
职业类别	干部/管理人员	30.2	28.2	29.8	29.8	30.4	26.5	0.1	0.1	0.1
	个体/私营企业人员	30.6	29.7	29.7	29.8	28.2	25.7	0.2	0.2	0.2
	初级公务员/雇员	26.5	25.7	26.6	29.9	29.8	26.7	0.1	0.1	0.1
	工人	28.1	28.6	28.2	29.9	27.9	26.1	0.1	0.1	0.2
	学生	25.4	25.4	25.1	40.5	37.2	31.7	0.1	0.1	0.2
	无业	32.8	32.8	33.1	27.9	27.0	25.7	0.1	0.1	0.2
	其他	32.1	33.2	32.0	30.4	28.0	25.6	0.1	0.1	0.2
职业类别	0~600 元	26.7	27.0	26.5	35.9	33.4	30.1	0.1	0.1	0.2
	601~1200 元	30.8	31.2	31.2	29.4	27.7	25.5	0.1	0.1	0.2
	1201~1700 元	32.6	33.4	34.1	29.2	27.3	25.6	0.1	0.1	0.2
	1701~2600 元	32.6	32.8	33.2	28.1	26.9	25.2	0.1	0.1	0.1
	2601~3500 元	30.5	30.6	31.9	27.6	26.8	25.2	0.1	0.1	0.1
	3501~5000 元	29.5	29.0	29.8	27.9	27.2	25.1	0.1	0.1	0.2
	5001 元及以上	28.3	27.3	27.8	29.0	29.1	26.0	0.2	0.1	0.2

表 3.2.9 2016~2018 年全国样本城市市场各类频道在各时段的市场占有率(%)

频道	中央电视台频道			省级卫视频道			中国教育台频道		
年 份	2016 年	2017 年	2018 年	2016 年	2017 年	2018 年	2016 年	2017 年	2018 年
02:00~03:00	27.5	25.9	29.2	31.5	30.0	24.9	0.2	0.2	0.2
03:00~04:00	29.0	26.0	30.4	29.8	28.6	23.4	0.2	0.2	0.2
04:00~05:00	33.9	30.2	30.6	27.2	26.8	23.7	0.2	0.2	0.2
05:00~06:00	39.5	37.5	36.3	26.7	25.9	24.8	0.3	0.2	0.2
06:00~07:00	44.6	46.6	45.6	23.7	21.0	21.4	0.1	0.2	0.1

续表

频道	中央电视台频道			省级卫视频道			中国教育台频道		
年　份	2016 年	2017 年	2018 年	2016 年	2017 年	2018 年	2016 年	2017 年	2018 年
07:00～08:00	42.4	42.9	42.8	22.4	21.1	21.1	0.2	0.2	0.2
08:00～09:00	40.3	40.0	40.0	27.7	26.6	24.0	0.2	0.2	0.3
09:00～10:00	36.7	35.7	35.6	32.8	32.5	29.1	0.3	0.3	0.3
10:00～11:00	35.8	34.7	34.0	34.3	33.1	30.8	0.3	0.2	0.3
11:00～12:00	37.4	37.1	35.5	32.1	30.4	29.7	0.2	0.1	0.2
12:00～13:00	39.0	38.5	36.3	28.0	27.0	27.0	0.1	0.1	0.1
13:00～14:00	34.4	33.9	32.1	32.4	30.6	30.5	0.2	0.2	0.2
14:00～15:00	31.7	31.6	30.7	37.0	34.5	33.3	0.2	0.3	0.3
15:00～16:00	31.3	31.6	31.1	38.5	35.8	33.7	0.3	0.3	0.3
16:00～17:00	31.3	31.7	31.9	37.7	34.9	32.5	0.2	0.2	0.3
17:00～18:00	30.2	30.1	29.8	29.9	28.7	27.4	0.1	0.1	0.2
18:00～19:00	27.9	28.1	28.4	16.6	16.5	16.0	0.1	0.1	0.1
19:00～20:00	29.2	30.0	30.5	22.6	22.4	20.6	0.1	0.1	0.1
20:00～21:00	24.5	24.7	25.9	34.2	33.0	29.2	0.1	0.1	0.1
21:00～22:00	26.4	25.9	27.1	31.3	29.5	25.9	0.1	0.1	0.1
22:00～23:00	24.5	23.7	25.1	33.6	31.4	26.8	0.1	0.1	0.1
23:00～24:00	27.7	26.9	27.4	33.9	32.7	28.1	0.1	0.1	0.1
24:00～25:00	29.9	29.8	29.2	30.6	28.5	24.6	0.1	0.3	0.2
25:00～26:00	29.0	28.0	28.1	29.5	28.6	25.0	0.2	0.3	0.2

表 3.2.10　2018 年各月全国样本城市市场各类频道的市场占有率（%）

月份	中央电视台频道	中国教育台频道	省级卫视频道	其他频道
1 月	30.3	0.2	26.8	42.7
2 月	32.3	0.1	27.4	40.2
3 月	29.8	0.1	26.8	43.3
4 月	30.5	0.2	26.2	43.1
5 月	31.0	0.2	26.0	42.8
6 月	33.7	0.2	25.1	41.0
7 月	30.3	0.1	27.6	42.0
8 月	30.0	0.2	26.9	42.9
9 月	29.3	0.2	26.2	44.3
10 月	28.7	0.2	26.4	44.7
11 月	28.4	0.2	25.5	45.9
12 月	27.6	0.2	26.0	46.2

表 3.2.11　2018 年全国样本城市市场份额排名前二十位的频道

名次	频道名称	市场份额（%）
1	中央电视台综合频道	4.5
2	中央台四套	3.8
3	中央台八套	3.4
4	中央台六套	3.3
5	中央台三套	2.7
5	中央台五套	2.7
5	湖南卫视	2.7
8	中央电视台新闻频道	2.4
9	浙江卫视	2.2
10	北京卫视	2.1
10	上海东方卫视	2.1
12	江苏卫视	2.0
13	中央电视台少儿频道	1.6
14	湖南电视台金鹰卡通频道	1.5
15	山东卫视	1.2
16	安徽卫视	1.0
16	中央台十套	1.0
16	中央台二套	1.0
19	北京卡酷少儿频道	0.9
20	中央台十二套	0.8

表 3.2.12　2016～2018 年全国样本城市市场各类节目的播出份额（%）与收视份额（%）

节目类别	2016 年		2017 年		2018 年	
	播出份额	收视份额	播出份额	收视份额	播出份额	收视份额
新闻/时事	10.7	13.8	10.5	13.9	10.5	13.3
综艺	6.1	13.7	5.9	12.0	5.6	11.2
电视剧	27.1	29.6	26.8	30.9	28.2	31.9
体育	2.2	3.5	2.4	3.0	2.5	4.2
专题	8.5	6.4	8.3	6.6	8.7	6.2
教学	0.3	0.1	0.3	0.1	0.3	0.1
外语	0.1	0.0	0.1	0.0	0.1	0.0
青少	4.2	5.0	4.5	5.4	4.6	5.5
音乐	0.9	1.0	0.9	1.0	1.0	1.0
电影	3.4	4.6	3.1	4.8	3.1	4.7
戏剧	0.6	0.4	0.6	0.4	0.7	0.4
财经	1.0	0.9	1.0	0.8	1.1	0.7
生活服务	15.3	7.6	14.6	7.2	13.3	7.1
法制	1.5	1.6	1.5	1.4	1.5	1.3
其他	18.1	11.9	19.7	12.5	19.0	12.5

表 3.2.13　2016～2018 年中央电视台各类节目的播出份额（%）与收视份额（%）

节目类别	2016 年		2017 年		2018 年	
	播出份额	收视份额	播出份额	收视份额	播出份额	收视份额
新闻/时事	13.1	16.8	12.7	17.9	12.7	16.4
综艺	9.2	13.9	8.5	12.3	8.6	11.6
电视剧	12.9	17.2	12.9	17.9	13.4	18.6
体育	11.5	7.6	11.3	5.8	11.3	8.4
专题	17.9	10.5	18.4	11.2	18.0	10.4
教学	0.4	0.1	0.4	0.1	0.3	0.1
外语	0.0	0.0	0.3	0.0	0.4	0.0
青少	3.7	4.2	3.5	4.1	3.6	4.0
音乐	4.5	2.6	4.2	2.5	4.1	2.3
电影	5.6	8.7	5.7	9.5	5.3	9.2
戏剧	2.0	0.7	2.1	0.7	2.3	0.8
财经	3.1	1.5	3.1	1.5	3.0	1.4
生活服务	4.4	4.6	4.6	4.2	4.6	4.3
法制	2.5	2.4	2.3	2.0	1.9	1.9
其他	9.2	9.3	10.0	10.3	10.4	10.8

表 3.2.14　2016～2018 年省级卫视各类节目的播出份额（%）与收视份额（%）

节目类别	2016 年		2017 年		2018 年	
	播出份额	收视份额	播出份额	收视份额	播出份额	收视份额
新闻/时事	8.8	6.4	9.0	6.6	8.8	7.1
综艺	7.3	19.2	6.1	15.9	6.1	15.1
电视剧	35.0	38.2	34.6	40.0	34.5	41.0
体育	1.1	0.5	1.0	0.5	1.0	0.4
专题	14.2	3.9	14.6	3.7	14.2	3.2
教学	0.1	0.0	0.1	0.0	0.3	0.0
外语	0.0	0.0	0.0	0.0	0.0	0.0
青少	8.8	8.1	9.3	9.2	9.3	9.8
音乐	0.5	0.3	0.6	0.3	0.5	0.3
电影	1.5	2.2	1.4	1.9	1.5	1.8
戏剧	0.6	0.1	0.6	0.1	0.6	0.1
财经	0.7	0.3	0.3	0.2	0.3	0.2
生活服务	7.9	7.8	7.2	8.0	7.3	8.0
法制	0.6	0.4	0.5	0.4	0.4	0.3
其他	12.9	12.6	14.6	13.1	15.2	12.8

表 3.2.15　2018 年全国样本城市各类节目在各目标观众市场的收视份额（%）

节目类别		新闻/时事	综艺	电视剧	体育	专题	教学	外语	青少	音乐	电影	戏剧	财经	生活服务	法制	其他
4 岁及以上所有人		13.3	11.2	31.9	4.2	6.2	0.1	0.0	5.5	1.0	4.7	0.4	0.7	7.1	1.3	12.5
性别	男	14.3	10.6	30.3	5.2	6.7	0.1	0.0	5.2	0.9	5.3	0.4	0.8	6.7	1.3	12.2
	女	12.2	11.7	33.5	3.1	5.7	0.0	0.0	5.8	1.0	4.1	0.5	0.6	7.5	1.3	12.8
年龄	4～14 岁	6.9	10.1	22.5	2.1	4.3	0.0	0.0	27.8	0.7	5.9	0.2	0.3	5.9	0.7	12.6
	15～24 岁	11.7	13.9	31.6	4.3	6.2	0.0	0.0	3.6	1.2	5.5	0.3	0.5	7.0	1.2	12.9
	25～34 岁	10.7	11.1	29.9	4.8	5.4	0.0	0.0	9.7	1.0	5.1	0.2	0.5	7.4	1.0	13.1
	35～44 岁	11.5	12.1	29.0	4.5	6.6	0.1	0.0	5.5	1.1	7.8	0.2	0.8	6.8	1.2	12.7
	45～54 岁	13.1	11.2	33.4	4.6	6.8	0.1	0.0	2.6	1.1	5.4	0.3	0.8	7.0	1.3	12.4
	55～64 岁	14.8	10.8	33.8	4.2	6.3	0.0	0.0	3.5	0.9	3.4	0.3	0.9	7.3	1.5	12.2
	65 岁及以上	17.1	10.5	34.2	3.7	6.5	0.1	0.0	1.8	0.8	2.6	1.1	0.8	7.3	1.5	12.1
教育程度	未受过正规教育	8.8	7.9	26.9	1.8	4.2	0.0	0.0	23.5	0.7	4.5	0.8	0.3	6.2	0.9	13.3
	小学	11.7	10.5	34.8	2.4	5.4	0.0	0.0	7.8	0.9	4.6	0.7	0.5	6.5	1.2	12.9
	初中	13.4	11.1	33.7	3.5	6.2	0.0	0.0	4.2	1.0	4.9	0.4	0.6	7.0	1.4	12.5
	高中	14.2	11.5	31.0	4.9	6.6	0.1	0.0	4.0	1.0	4.6	0.3	0.9	7.3	1.3	12.3
	大学及以上	14.2	12.1	28.4	6.4	6.9	0.1	0.0	3.9	0.9	4.6	0.3	1.0	7.8	1.2	12.3
职业类别	干部/管理人员	14.7	12.2	26.6	7.5	7.3	0.1	0.0	3.5	0.9	5.4	0.2	0.9	7.3	1.2	12.1
	个体/私营企业人员	12.7	10.7	32.2	4.3	6.6	0.1	0.0	4.4	1.1	6.1	0.3	0.7	6.6	1.3	12.8
	初级公务员/雇员	12.9	11.9	29.9	5.9	6.7	0.1	0.0	4.2	1.0	5.3	0.2	0.8	7.6	1.1	12.4
	工人	12.3	11.3	33.2	4.0	6.1	0.0	0.0	4.5	1.0	6.1	0.3	0.6	6.7	1.2	12.8
	学生	9.1	13.7	26.9	3.4	5.6	0.0	0.0	13.8	0.9	6.2	0.3	0.4	6.3	1.0	12.3
	无业	14.7	10.5	32.6	3.8	6.1	0.1	0.0	5.5	0.9	3.4	0.6	0.8	7.3	1.4	12.4
	其他	11.2	10.4	38.0	2.0	5.5	0.0	0.0	5.2	1.1	5.2	0.6	0.4	6.3	1.4	12.7
个人月收入	0～600 元	9.9	11.2	30.2	2.8	5.3	0.0	0.0	12.9	1.0	5.2	0.5	0.4	6.5	1.1	12.9
	601～1200 元	12.3	10.7	36.7	2.6	5.9	0.0	0.0	4.7	0.9	4.4	0.6	0.4	6.4	1.5	12.8
	1201～1700 元	13.5	11.5	35.7	2.8	6.0	0.0	0.0	3.2	1.0	4.3	0.5	0.6	6.7	1.4	12.7
	1701～2600 元	14.2	11.3	34.2	3.7	6.1	0.0	0.0	3.1	1.0	4.2	0.4	0.7	7.1	1.4	12.5
	2601～3500 元	14.7	11.1	31.5	4.7	6.6	0.1	0.0	3.5	1.0	4.4	0.5	0.8	7.3	1.4	12.5
	3501～5000 元	14.6	10.9	31.1	5.1	6.7	0.1	0.0	3.5	0.9	4.9	0.4	1.0	7.5	1.3	12.1
	5001 元及以上	14.0	11.3	29.1	6.8	7.0	0.1	0.0	3.8	0.9	5.1	0.3	0.9	7.5	1.2	11.9

表 3.2.16　2018 年全国样本城市市场所有节目收视率排名前三十位

名次	节目名称	节目类别	播出频道	平均收视率（%）	平均占有率（%）
1	2018 中央电视台春节联欢晚会	综艺	中央电视台综合频道	8.1	23.5
2	我爱世界杯：2018 年俄罗斯世界杯足球赛决赛（法国 VS 克罗地亚）	体育	中央台五套	5.9	45.4
3	开学第一课	青少	中央电视台综合频道	4.8	15.9
4	欢乐吉祥闹元宵	综艺	中央电视台综合频道	4.7	15.2
5	第 18 届亚运会男子 400 米决赛	体育	中央台五套	2.5	8.9
6	一年又一年	专题	中央电视台综合频道	2.4	11.2
7	天气预报	生活服务	中央电视台综合频道	2.4	8.9
8	2018 年中央广播电视总台中秋晚会	综艺	中央电视台综合频道	2.3	8.8
9	战狼 2（5 月 1 日）	电影	中央台六套	2.3	8.6
10	2018 年乒乓球团体世界锦标赛男团决赛	体育	中央台五套	2.2	8.4
11	相声大联欢	综艺	中央台三套	2.2	8.1
12	新春喜剧之夜	综艺	中央台三套	2.2	7.6
13	2018 年世界女排锦标赛第三阶段 H 组第三轮（荷兰队 VS 中国队）	体育	中央台五套	2.1	9.6
14	奔跑吧	综艺	浙江卫视	2.0	8.7
15	妖猫传（2 月 18 日）	电影	中央台六套	2.0	7.8
16	中国好声音（7 月 27 日）	综艺	浙江卫视	1.9	8.7
17	新闻联播	新闻	中央电视台综合频道	1.9	8.1
18	红海行动（10 月 1 日）	电影	中央台六套	1.9	7.9
19	2018 春晚北京电视台春节联欢晚会	综艺	北京卫视	1.9	7.0
20	奇门遁甲（2 月 20 日）	电影	中央台六套	1.9	6.9
21	2018 年第 23 届冬奥会短道速滑男子 5000 米接力决赛 A 组	体育	中央台五套	1.9	6.2
22	拥抱新时代祝福你中国中国梦祖国颂 2018 国庆特别节目	综艺	中央电视台综合频道	1.8	7.0
23	2018 湖南卫视春节联欢晚会	综艺	湖南卫视	1.7	6.8
24	等着我	专题	中央电视台综合频道	1.7	6.0
25	快乐中国 2018、2019 跨年演唱会	音乐	湖南卫视	1.6	7.3
26	空天猎（2 月 17 日）	电影	中央台六套	1.6	6.1
27	澳门风云二（3 月 25 日）	电影	中央台六套	1.6	6.0
28	挑战不可能（1 月 14 日）	综艺	中央电视台综合频道	1.6	5.4
28	越战越勇（2 月 28 日）	综艺	中央台三套	1.6	5.4
30	战狼（2 月 10 日）	电影	中央台六套	1.6	5.2

表 3.2.17　2018 年全国样本城市市场电视剧收视率排名前二十位

名次	节目名称	播出频道	平均收视率（%）	平均占有率（%）
1	娘亲舅大	中央台八套	1.4	5.4
2	岁岁年年柿柿红	中央电视台综合频道	1.4	5.3
3	娘道	北京卫视	1.4	5.1

续表

名次	节目名称	播出频道	平均收视率（%）	平均占有率（%）
4	最美的青春	中央电视台综合频道	1.4	5.0
5	天下粮田	中央电视台综合频道	1.4	4.8
6	换了人间	中央电视台综合频道	1.4	4.7
6	谈判官	湖南卫视	1.4	4.7
8	恋爱先生	上海东方卫视	1.4	4.6
9	风筝	上海东方卫视	1.4	4.4
9	风筝	北京卫视	1.4	4.4
11	初婚	中央台八套	1.3	5.1
12	楼外楼	中央电视台综合频道	1.3	5.0
13	一千零一夜	湖南卫视	1.3	4.8
14	我的继父是偶像	中央台八套	1.3	4.6
15	正阳门下小女人	北京卫视	1.3	4.5
16	灵与肉	中央台八套	1.2	4.7
17	老男孩	湖南卫视	1.2	4.5
18	香蜜沉沉烬如霜	江苏卫视	1.2	4.3
18	初心	中央电视台综合频道	1.2	4.3
20	亲爱的她们	湖南卫视	1.2	4.2

表 3.2.18　2018 年全国样本城市市场新闻类节目收视率排名前二十位

名次	节目名称	播出频道	平均收视率（%）	平均占有率（%）
1	新闻联播	中央电视台综合频道	1.9	8.1
2	焦点访谈	中央电视台综合频道	1.2	4.3
3	海峡两岸	中央台四套	1.2	4.2
3	上海合作组织青岛峰会特别报道	中央电视台综合频道	1.2	4.2
5	今日关注	中央台四套	1.0	4.2
6	中国舆论场	中央台四套	1.0	3.6
7	国务院总理会见中外记者并回答提问	中央电视台综合频道	1.0	3.3
8	新闻直播间（3 月 18 日）	中央台四套	0.9	7.0
9	中国新闻	中央台四套	0.9	3.4
10	今日亚洲	中央台四套	0.9	3.3
11	改革开放再出发	中央电视台综合频道	0.8	9.1
12	李克强总理会见中外记者特别报道	中央台四套	0.8	8.5
13	新闻 30 分	中央电视台综合频道	0.8	7.3
14	共同关注	中央电视台新闻频道	0.6	3.3
15	深度国际	中央台四套	0.6	2.9
16	十三届全国人大一次会议第七次全体会议	中央电视台新闻频道	0.5	6.1
17	相逢在伟大时代	中央电视台综合频道	0.5	4.3

表 3.2.19　2018 年全国样本城市市场专题类节目收视率排名前二十位

名次	节目名称	播出频道	平均收视率（%）	平均占有率（%）
18	春节传奇中国节	中央台四套	0.5	2.7
19	庆祝改革开放 40 周年大会	中央台四套	0.4	6.5
20	奋进新时代	中央电视台综合频道	0.4	5.2
1	一年又一年	中央电视台综合频道	2.4	11.2
2	等着我	中央电视台综合频道	1.7	6.0
3	扎扎实实提高质量	中央电视台综合频道	1.6	5.2
4	心系凉山习近平总书记凉山扶贫纪实	中央电视台综合频道	1.5	4.9
5	感动中国 2017 年度人物颁奖盛典	中央电视台综合频道	1.4	5.0
6	万水千山只等闲	中央电视台综合频道	1.4	4.8
7	舌尖上的中国 3	中央电视台综合频道	1.4	4.6
8	爱的海洋汶川地震灾区学生赴海洋全俄儿童中心疗养十周年纪念	中央电视台综合频道	1.3	4.8
9	中国诗词大会第三季（4 月 4 日）	中央电视台综合频道	1.3	4.7
10	海上丝路看今朝 2018 年习近平主席亚太之行	中央电视台综合频道	1.3	4.5
11	习近平主席的上合时间	中央电视台综合频道	1.2	5.0
12	相知无远近万里尚为邻 2018 年 7 月习近平主席亚非行纪实	中央电视台综合频道	1.2	4.5
13	重返爱的海洋	中央电视台综合频道	1.2	4.4
14	315 共建秩序共享品质	中央台二套	1.2	4.3
15	为了共同的繁荣习近平出席首届中国国际进口博览会纪实	中央电视台综合频道	1.2	4.2
16	重返狼群	中央台六套	1.2	4.0
17	携手构建更加紧密的中非命运共同体 2018 中非合作论坛北京峰会纪实	中央电视台综合频道	1.1	4.3
18	为了一江清水浩荡东流习近平总书记 2018 年长江考察纪实	中央电视台综合频道	1.1	4.2
19	2018 寻找最美教师	中央电视台综合频道	0.9	3.5
20	2017 寻找最美医生	中央电视台综合频道	0.9	3.3

表 3.2.20　2018 年全国样本城市市场电影类节目收视率排名前二十位

名次	节目名称	播出频道	平均收视率（%）	平均占有率（%）
1	战狼 2（5 月 1 日）	中央台六套	2.3	8.6
2	妖猫传（2 月 18 日）	中央台六套	2.0	7.8
3	红海行动（10 月 1 日）	中央台六套	1.9	7.9
4	奇门遁甲（2 月 20 日）	中央台六套	1.9	6.9
5	空天猎（2 月 17 日）	中央台六套	1.6	6.1
6	澳门风云二（3 月 25 日）	中央台六套	1.6	6.0
7	战狼（2 月 10 日）	中央台六套	1.6	5.2

续表

名次	节目名称	播出频道	平均收视率（%）	平均占有率（%）
8	少林寺（6月3日）	中央台六套	1.5	5.5
9	绣春刀二修罗战场（2月21日）	中央台六套	1.5	5.3
10	功夫瑜伽（2月11日）	中央台六套	1.5	5.2
10	机器之血（2月26日）	中央台六套	1.5	5.2
10	盗墓笔记（2月13日）	中央台六套	1.5	5.2
13	侠盗联盟（2月27日）	中央台六套	1.5	5.1
13	举起手来之二追击阿多丸（1月7日）	中央台六套	1.5	5.1
15	追捕（10月3日）	中央台六套	1.4	5.7
16	太极张三丰（10月19日）	中央台六套	1.4	5.4
16	欢乐喜剧人（2月21日）	中央台六套	1.4	5.4
18	龙之战（1月1日）	中央台六套	1.4	5.2
19	非凡任务（2月22日）	中央台六套	1.4	5.1
20	黄金大劫案（1月28日）	中央台六套	1.4	4.7

注：多次播出电影取收视率最高值参与排名，括号中为播出日期。

表3.2.21　2018年全国样本城市市场综艺节目收视率排名前二十位

名次	节目名称	播出频道	平均收视率（%）	平均占有率（%）
1	2018中央电视台春节联欢晚会	中央电视台综合频道	8.1	23.5
2	欢乐吉祥闹元宵	中央电视台综合频道	4.7	15.2
3	2018年中央广播电视总台中秋晚会	中央电视台综合频道	2.3	8.8
4	相声大联欢	中央台三套	2.2	8.1
5	新春喜剧之夜	中央台三套	2.2	7.6
6	奔跑吧	浙江卫视	2.0	8.7
7	中国好声音（7月27日）	浙江卫视	1.9	8.7
8	2018春晚北京电视台春节联欢晚会	北京卫视	1.9	7.0
9	拥抱新时代祝福你中国中国梦祖国颂2018国庆特别节目	中央电视台综合频道	1.8	7.0
10	2018湖南卫视春节联欢晚会	湖南卫视	1.7	6.8
11	挑战不可能（1月14日）	中央电视台综合频道	1.6	5.4
11	越战越勇（2月28日）	中央台三套	1.6	5.4
13	2018元宵喜乐会	湖南卫视	1.5	5.6
14	欢乐喜剧人（2月4日）	上海东方卫视	1.5	4.9
15	星光大道（2月13日）	中央电视台综合频道	1.4	5.5
16	歌手歌王之战（4月13日）	湖南卫视	1.4	5.1
17	欢乐中国人（2月11日）	中央电视台综合频道	1.4	4.6
18	我要上春晚CCTV2017（1月6日）	中央台三套	1.4	4.3
19	2018辽宁卫视春节联欢晚会	辽宁卫视	1.3	6.9
20	2018东南西北贺新春	中央台三套	1.3	5.6

表 3.2.22　2018 年全国样本城市市场体育节目收视率排名前二十位
（世界杯、亚运会、亚残运会、冬奥会比赛除外）

名次	节目名称	播出频道	平均收视率（%）	平均占有率（%）
1	2018 年乒乓球团体世界锦标赛男团决赛	中央台五套	2.2	8.4
2	2018 年世界女排锦标赛第三阶段 H 组第三轮（荷兰队 VS 中国队）	中央台五套	2.1	9.6
3	2018 年第 23 届冬奥会短道速滑男子 5000 米接力决赛 A 组	中央台五套	1.9	6.2
4	2018 年世界女排联赛总决赛（中国 VS 巴西）	中央台五套	1.5	5.8
5	2018 年亚洲足联冠军联赛 G 组第 3 轮（广州恒大 VS 济州联）	中央台五套	1.2	4.1
6	2017/2018 赛季中国男子篮球职业联赛总决赛第一场（浙江广厦控股 VS 辽宁本钢）	中央台五套	1.2	4.0
7	2017/2018 赛季 NBA 西部决赛第六场（火箭 VS 勇士）	中央台五套	1.1	11.3
8	2018 年中国之队国际足球友谊赛（中国 VS 叙利亚）	中央台五套	1.1	4.4
9	2018 年中超联赛第 28 轮（广州恒大淘宝 VS 上海上港）	中央台五套	1.0	3.5
10	2018 年汤尤杯羽毛球赛汤姆斯杯决赛男双	中央台五套	0.9	7.6
11	2017/2018 赛季 NBA 全明星赛	中央台五套	0.9	7.2
12	2018 年国际乒联世界巡回赛中国公开赛女单决赛	中央台五套	0.9	3.4
13	2017/2018 赛季 CBA 半决赛第四场（广东东莞银行 VS 辽宁本钢）	中央台五套	0.9	3.1
14	2018 年国际篮联女子世界杯 1/4 决赛资格赛（中国 VS 日本）	中央台五套	0.8	3.6
15	2018 年瑞士女排精英赛排位赛（中国 VS 波兰）	中央台五套	0.8	3.0
16	2019 年男篮世界杯资格赛（中国 VS 叙利亚）	中央台五套	0.8	2.8
16	2018 年中国杯国际足球锦标赛半决赛（中国 VS 威尔士）	中央台五套	0.8	2.8
18	2018 年 CBA 全明星扣篮大赛	中央台五套	0.8	2.5
19	2018 年世界羽毛球锦标赛男双决赛	中央台五套	0.7	3.6
20	2018 年杭州世游赛 25 米女子 4×100 米混合泳接力决赛	中央台五套	0.7	2.5

表 3.2.23　2018 年全国样本城市市场世界杯比赛收视率排名前二十位

名次	节目名称	播出频道	平均收视率（%）	平均占有率（%）
1	我爱世界杯：2018 年俄罗斯世界杯足球赛决赛（法国 VS 克罗地亚）	中央台五套	5.9	45.4
2	我爱世界杯：2018 年俄罗斯世界杯淘汰赛阶段第一场（法国 VS 阿根廷）	中央台五套	5.8	30.8
3	2018 年世界杯小组赛 E 组第二轮（巴西 VS 哥斯达黎加）	中央台五套	5.8	19.8
4	2018 年世界杯小组赛 D 组第一轮（阿根廷 VS 冰岛）	中央台五套	5.6	22.5
5	我爱世界杯：2018 年俄罗斯世界杯 1/4 决赛（乌拉圭 VS 法国）	中央台五套	5.5	30.4
6	我爱世界杯：2018 年俄罗斯世界杯小组赛 B 组第二轮（葡萄牙 VS 摩洛哥）	中央台五套	5.5	20.0
7	2018 年世界杯小组赛 F 组第一轮第二场（瑞典 VS 韩国）	中央台五套	5.5	19.3
8	我爱世界杯：2018 年俄罗斯世界杯小组赛 H 组第一轮（哥伦比亚 VS 日本）	中央台五套	5.3	18.7
9	我爱世界杯：2018 年俄罗斯世界杯 1/8 决赛第五场（巴西 VS 墨西哥）	中央台五套	5.2	31.5
10	我爱世界杯：2018 年俄罗斯世界杯 G 组第二轮（比利时 VS 突尼斯）	中央台五套	5.1	18.0
11	我爱世界杯：2018 年俄罗斯世界杯 1/4 决赛第三场（瑞典 VS 英格兰）	中央台五套	5.0	28.2
12	2018 年世界杯足球赛小组赛 G 组第二轮第二场（英格兰 VS 巴拿马）	中央台五套	5.0	17.5
13	我爱世界杯：2018 年俄罗斯世界杯 1/8 决赛（西班牙 VS 俄罗斯）	中央台五套	4.8	32.0
14	我爱世界杯：2018 年俄罗斯世界杯 E 组第一轮（哥斯达黎加 VS 塞尔维亚）	中央台五套	4.5	16.4
15	2018 年世界杯足球赛 C 组第二轮首场（丹麦 VS 澳大利亚）	中央台五套	4.5	16.2
16	我爱世界杯：2018 年俄罗斯世界杯三四名决赛（比利时 VS 英格兰）	中央台五套	4.4	24.5
17	我爱世界杯：2018 年俄罗斯世界杯 A 组第一轮（乌拉圭 VS 埃及）	中央台五套	4.3	15.6
18	2018 年世界杯足球赛小组赛 F 组第三轮（德国 VS 韩国）	中央台五套	4.2	28.9
19	2018 年世界杯足球赛 1/8 决赛第七场（瑞典 VS 瑞士）	中央台五套	4.1	26.2
20	2018 年世界杯足球赛小组赛 F 组第一轮（德国 VS 墨西哥）	中央台五套	3.9	35.2

表 3.2.24　2018 年全国样本城市市场亚运会、亚残运会比赛收视率排名前二十位

名次	节目名称	播出频道	平均收视率（%）	平均占有率（%）
1	第 18 届亚运会男子 400 米决赛	中央台五套	2.5	8.9
2	第 18 届亚运会男篮决赛（中国 VS 伊朗）	中央台五套	2.5	8.5
3	第 18 届亚运会女子 4×100 米混合泳接力决赛	中央台五套	2.3	8.3
4	第 18 届亚运会女排半决赛（中国 VS 日本）	中央台五套	2.2	9.8
5	第 18 届亚运会乒乓球男团决赛	中央台五套	2.2	8.1
6	第 18 届亚运会女足决赛（日本 VS 中国）	中央台五套	2.0	7.3
7	第 18 届亚运会男子体操吊环决赛	中央台五套	1.8	6.4
8	第 18 届亚运会男子团体羽毛球半决赛	中央台五套	1.7	6.5
9	第 18 届亚运会女子个人花剑决赛	中央台五套	1.7	5.8
10	第 18 届亚运会闭幕式	中央台五套	1.3	5.1
11	第 18 届亚运会开幕式	中央台五套	1.3	5.0
12	第 18 届亚运会自行车女子团体竞速赛	中央台五套	1.1	5.8
13	第 18 届亚运会男子 25 米手枪速射决赛	中央台五套	0.9	8.3
14	第 18 届亚运会跳水女子 3 米板决赛	中央台五套	0.8	8.1
15	第 18 届亚运会花样游泳集体技术自选	中央台五套	0.7	7.6
16	第 18 届亚运会散打男子 65 公斤级决赛	中央台五套	0.7	5.5
17	全景亚运会	中央台五套	0.7	5.4
18	第 18 届亚运会射箭女子个人反曲弓决赛	中央台五套	0.6	7.1
19	第 18 届亚运会拳击男子 69 公斤级决赛	中央台五套	0.6	5.1
20	第 18 届亚运会攀岩女子全能决赛	中央台五套	0.6	5.0

三、安徽收视数据

表 3.3.1　2014～2018 年安徽市场各类频道的市场占有率（%）

频道类别	年份				
	2014 年	2015 年	2016 年	2017 年	2018 年
中央电视台频道	35.6	32.6	35.5	33.2	36.4
中国教育台频道	0.5	0.4	0.2	0.1	0.2
安徽省级频道	27.3	29.7	30.5	31.4	25.9
其他省级卫视频道	31.9	31.8	26.4	25.4	22.4
其他频道	4.7	5.5	7.4	9.9	15.1

表 3.3.2　2018 年安徽市场各类频道在不同目标观众中的市场占有率（%）

目标观众		中央电视台频道	中国教育台频道	安徽省级频道	其他省级卫视频道	其他频道
4 岁及以上所有人		36.4	0.2	25.9	22.4	15.1
城乡	城市	39.8	0.3	28.4	21.2	10.3
	农村	34.5	0.1	24.4	23.1	17.9
性别	男	40.8	0.3	25.6	18.8	14.5
	女	32.1	0.1	26.2	25.9	15.7
年龄	4～14 岁	37.2	0.1	8.0	28.3	26.4
	15～24 岁	31.9	0.5	17.5	31.1	19.0
	25～34 岁	30.0	0.3	19.6	32.6	17.5
	35～44 岁	30.1	0.2	22.2	25.5	22.0
	45～54 岁	34.3	0.2	32.8	21.5	11.2
	55～64 岁	39.4	0.1	34.5	15.7	10.3
	65 岁及以上	45.7	0.1	33.3	13.7	7.2
教育程度	未受过正规教育	35.1	0.1	27.5	22.1	15.2
	小学	37.4	0.1	27.3	19.6	15.6
	初中	34.3	0.1	24.1	24.6	16.9
	高中	38.7	0.4	27.1	21.8	12.0
	大学及以上	39.1	0.4	24.1	23.7	12.7
职业类别	干部/管理人员	28.2	0.1	33.2	20.3	18.2
	个体/私营企业人员	32.3	0.2	28.5	22.3	16.7
	初级公务员/雇员	41.6	0.4	25.8	21.7	10.5
	工人	30.8	0.2	27.0	26.4	15.6
	学生	36.3	0.4	11.3	28.0	24.0
	无业	39.9	0.1	28.2	20.5	11.3
	其他	35.3	0.1	28.3	20.8	15.5
个人月收入	0～300 元	34.7	0.3	18.1	26.8	20.1
	301～900 元	38.0	0.1	32.6	15.8	13.5
	901～1700 元	38.9	0.0	28.3	20.2	12.6
	1701～2600 元	36.4	0.1	31.9	20.4	11.2
	2601～3500 元	35.2	0.2	27.6	22.3	14.7
	3501 元及以上	37.4	0.3	23.2	23.5	15.6

表 3.3.3　2018 年安徽市场各类频道在不同时段的市场占有率（%）

时间段	中央电视台频道	中国教育台频道	安徽省级频道	其他省级卫视频道	其他频道
02:00～03:00	61.6	0.5	5.9	17.6	14.4
03:00～04:00	62.0	0.1	9.7	18.4	9.8
04:00～05:00	62.5	0.1	10.9	17.4	9.1
05:00～06:00	52.5	0.1	19.8	21.1	6.5
06:00～07:00	49.6	0.1	27.9	14.7	7.7
07:00～08:00	55.1	0.1	20.3	13.9	10.6
08:00～09:00	45.8	0.3	14.2	23.8	15.9
09:00～10:00	41.4	0.2	12.1	27.2	19.1
10:00～11:00	43.0	0.2	10.9	26.9	19.0
11:00～12:00	45.5	0.5	17.1	21.6	15.3
12:00～13:00	45.5	0.6	23.4	18.4	12.1
13:00～14:00	39.0	0.2	17.5	26.6	16.7
14:00～15:00	33.5	0.4	11.1	33.5	21.5
15:00～16:00	37.9	0.4	11.1	28.4	22.2
16:00～17:00	40.6	0.3	10.5	25.9	22.7
17:00～18:00	38.7	0.3	22.7	20.4	17.9
18:00～19:00	35.9	0.2	41.8	9.8	12.3
19:00～20:00	41.7	0.1	31.1	14.9	12.2
20:00～21:00	29.0	0.1	29.9	26.1	14.9
21:00～22:00	29.1	0.1	26.7	27.7	16.4
22:00～23:00	29.2	0.3	23.4	30.3	16.8
23:00～24:00	30.5	0.7	18.1	33.3	17.4
24:00～25:00	32.7	0.9	8.3	30.7	27.4
25:00～26:00	27.8	0.9	2.8	22.8	45.7

表 3.3.4　2018 年安徽市场收视份额排名前十位的频道

名次	频道名称	收视份额（%）
1	安徽卫视	12.7
2	中央电视台综合频道	7.3
3	中央电视台少儿频道	5.9
4	湖南卫视	5.1
5	安徽影视	4.8
6	中央台八套	4.4
7	安徽经视	4.1
8	中央台六套	3.5
9	中央台四套	3.0
10	中央电视台新闻频道	2.7

表 3.3.5 2018 年安徽市场主要频道的观众构成（%）

目标观众		所有频道	主要频道				
			安徽卫视	中央电视台综合频道	中央电视台少儿频道	湖南卫视	安徽影视
4 岁及以上所有人		100.0	100.0	100.0	100.0	100.0	100.0
城乡	城市	35.9	35.4	48.3	29.4	30.8	45.1
	乡村	64.1	64.6	51.7	70.6	69.2	54.9
性别	男	49.4	48.5	57.0	46.3	30.8	53.4
	女	50.6	51.5	43.0	53.7	69.2	46.6
年龄	4～14 岁	12.0	4.3	3.3	51.6	14.8	3.0
	15～24 岁	8.4	6.4	6.4	8.0	19.4	4.5
	25～34 岁	10.1	7.7	8.5	11.4	20.7	4.6
	35～44 岁	16.3	15.0	12.2	12.6	25.2	17.9
	45～54 岁	16.6	19.3	18.9	6.0	9.9	27.4
	55～64 岁	17.6	22.2	22.0	6.9	5.1	19.6
	65 岁及以上	19.0	25.1	28.7	3.5	4.9	23.0
教育程度	未受过正规教育	10.5	11.3	7.6	22.7	4.3	7.5
	小学	26.9	31.0	20.3	43.9	20.3	28.9
	初中	36.3	32.9	31.8	23.7	48.3	38.0
	高中	18.6	17.8	28.5	6.6	18.5	20.7
	大学及以上	7.7	7.0	11.8	3.1	8.6	4.9
职业类别	干部/管理人员	1.0	1.0	1.0	0.2	0.5	2.8
	个体/私营企业人员	15.2	17.4	16.2	6.3	15.9	14.0
	初级公务员/雇员	8.6	8.8	11.0	3.6	7.7	10.8
	工人	9.1	7.2	7.0	3.9	12.5	15.3
	学生	12.9	6.8	6.4	39.4	24.0	4.3
	无业	30.0	31.0	32.4	33.2	17.7	31.4
	其他	23.2	27.8	26.0	13.4	21.7	21.4
个人月收入	0～300 元	27.8	21.2	16.3	67.7	39.1	17.1
	301～900 元	9.8	13.7	14.7	5.3	5.5	6.8
	901～1700 元	12.5	14.3	12.8	7.3	10.7	15.3
	1701～2600 元	22.3	24.8	23.9	8.3	16.5	27.7
	2601～3500 元	13.7	13.4	14.8	5.0	14.1	18.9
	3501 元及以上	13.9	12.6	17.5	6.4	14.1	14.2

表 3.3.6　2016～2018 年安徽市场各类节目的播出份额（%）和收视份额（%）

节目类型	2016 年		2017 年		2018 年	
	播出份额	收视份额	播出份额	收视份额	播出份额	收视份额
财经	1.4	0.3	1.1	0.2	1.1	0.3
电视剧	21.3	29.1	21.5	32.8	21.8	29.9
电影	3.6	2.6	4.0	2.8	3.8	3.7
法制	1.1	1.2	1.4	1.1	1.3	1.1
教学	0.2	0.0	0.2	0.0	0.3	0.0
青少	6.2	4.9	6.5	5.3	6.8	5.5
生活服务	8.9	8.4	8.8	7.9	8.0	7.4
体育	2.8	1.2	3.1	1.0	3.3	1.9
外语	0.0	0.0	0.1	0.0	0.1	0.0
戏剧	0.9	0.3	0.8	0.5	0.8	0.5
新闻/时事	15.9	20.3	16.1	18.1	16.6	18.5
音乐	1.9	0.8	1.6	0.7	1.4	0.5
专题	13.7	4.1	13.4	3.5	13.6	4.1
综艺	9.2	10.9	7.8	10.2	7.8	10.7
其他	13.0	15.9	13.6	15.9	13.3	15.9

表 3.3.7　2018 年安徽市场所有节目收视率排名前三十位

名次	节目名称	节目类型	播出频道	平均收视率（%）	平均占有率（%）
1	2018 中央电视台春节联欢晚会	综艺	中央电视台综合频道	12.5	49.4
2	安徽卫视 2018 省两会特别报道	新闻	安徽卫视	6.8	22.3
3	小楼又东风	电视剧	安徽卫视	5.4	18.0
4	小楼又东风一周精彩回顾	综艺	安徽卫视	5.2	17.9
5	警犬来啦	电视剧	安徽卫视	4.8	16.3
6	新闻联播	新闻	中央电视台综合频道	4.5	19.7
7	风光大嫁	电视剧	安徽卫视	4.5	16.1
8	新万家灯火	电视剧	安徽卫视	4.2	15.1
9	喋血长江	电视剧	安徽卫视	4.0	14.6
10	婚姻遇险记	电视剧	安徽卫视	4.0	14.0
11	海上嫁女记	电视剧	安徽卫视	3.9	13.8
12	外滩钟声	电视剧	安徽卫视	3.8	14.8
13	西京故事（1～8 集）	电视剧	安徽卫视	3.8	13.9
14	幸福照相馆	电视剧	安徽卫视	3.8	13.8
14	生于 70 年代	电视剧	安徽卫视	3.8	13.8
16	桃花依旧笑春风	电视剧	安徽卫视	3.8	13.7
16	婚姻历险记	电视剧	安徽卫视	3.8	13.7
18	海上丝路看今朝 2018 年习近平主席亚太之行	专题	中央电视台综合频道	3.8	12.9
19	海豚第 1 剧场	综艺	安徽卫视	3.7	12.2

续表

名次	节目名称	节目类型	播出频道	平均收视率（%）	平均占有率（%）
20	为青春点赞	电视剧	安徽卫视	3.5	13.2
21	灵与肉	电视剧	安徽卫视	3.5	12.8
22	全省天气预报	生活服务	安徽卫视	3.4	23.2
23	向前一步是幸福	电视剧	安徽卫视	3.3	12.1
24	功夫之爱的速递	电视剧	安徽卫视	3.3	12.0
25	爱的海洋汶川地震灾区学生赴海洋全俄儿童中心疗养十周年纪念	专题	中央电视台综合频道	3.3	11.7
26	安徽新闻联播	新闻	安徽卫视	3.1	22.9
27	扎扎实实提高质量	专题	中央电视台综合频道	3.1	10.1
28	欢乐吉祥闹元宵	综艺	中央电视台综合频道	3.0	11.8
29	万水千山只等闲	专题	中央电视台综合频道	3.0	11.1
30	我想和你唱（6月29日）	综艺	湖南卫视	2.9	11.3

表3.3.8　2018年安徽市场电视剧收视率排名前十位

名次	节目名称	播出频道	平均收视率（%）	平均占有率（%）
1	小楼又东风	安徽卫视	5.4	18.0
2	警犬来啦	安徽卫视	4.8	16.3
3	风光大嫁	安徽卫视	4.5	16.1
4	新万家灯火	安徽卫视	4.2	15.1
5	喋血长江	安徽卫视	4.0	14.6
6	婚姻遇险记	安徽卫视	4.0	14.0
7	海上嫁女记	安徽卫视	3.9	13.8
8	外滩钟声	安徽卫视	3.8	14.8
9	西京故事（1~8集）	安徽卫视	3.8	13.9
10	幸福照相馆	安徽卫视	3.8	13.8
10	生于70年代	安徽卫视	3.8	13.8

表3.3.9　2018年安徽市场新闻节目收视率排名前十位

名次	节目名称	播出频道	平均收视率（%）	平均占有率（%）
1	安徽卫视2018省两会特别报道	安徽卫视	6.8	22.3
2	新闻联播	中央电视台综合频道	4.5	19.7
3	安徽新闻联播	安徽卫视	3.1	22.9
4	焦点访谈	中央电视台综合频道	2.5	9.1
5	国务院总理会见中外记者并回答提问	中央电视台综合频道	1.8	6.2
6	每日新闻报	安徽卫视	1.6	16.7
7	上海合作组织青岛峰会特别报道	中央电视台综合频道	1.3	4.7
8	第1时间	安徽经视	1.2	7.1
9	海峡两岸	中央台四套	0.9	3.0
10	帮女郎帮你忙	安徽经视	0.7	10.3

表 3.3.10 2018 年安徽市场专题节目收视率排名前十位

名次	节目名称	播出频道	平均收视率（%）	平均占有率（%）
1	海上丝路看今朝 2018 年习近平主席亚太之行	中央电视台综合频道	3.8	12.9
2	爱的海洋汶川地震灾区学生赴海洋全俄儿童中心疗养十周年纪念	中央电视台综合频道	3.3	11.7
3	扎扎实实提高质量	中央电视台综合频道	3.1	10.1
4	万水千山只等闲	中央电视台综合频道	3.0	11.1
5	为了一江清水浩荡东流习近平总书记 2018 年长江考察纪实	中央电视台综合频道	2.7	9.1
6	习近平主席的上合时间	中央电视台综合频道	2.6	10.1
7	一年又一年	中央电视台综合频道	2.4	19.0
8	桃花依旧	安徽卫视	2.4	11.5
9	重返爱的海洋	中央电视台综合频道	2.3	9.1
10	携手构建更加紧密的中非命运共同体 2018 中非合作论坛北京峰会纪实	中央电视台综合频道	2.1	7.7

表 3.3.11 2018 年安徽市场综艺节目收视率排名前十位

名次	节目名称	播出频道	平均收视率（%）	平均占有率（%）
1	2018 中央电视台春节联欢晚会	中央电视台综合频道	12.5	49.4
2	小楼又东风一周精彩回顾	安徽卫视	5.2	17.9
3	海豚第 1 剧场	安徽卫视	3.7	12.2
4	欢乐吉祥闹元宵	中央电视台综合频道	3.0	11.8
5	我想和你唱（6 月 29 日）	湖南卫视	2.9	11.3
6	国剧演义	安徽卫视	2.6	13.5
7	快乐大本营	湖南卫视	2.6	10.7
8	幻乐之城 2018	湖南卫视	2.5	9.8
9	歌手（3 月 30 日）	湖南卫视	2.4	9.8
10	星光大道（2 月 12 日）	中央电视台综合频道	2.4	8.7

表 3.3.12 2018 年安徽市场体育节目收视率排名前十位
（世界杯、亚运会、亚残运会、冬奥会比赛除外）

名次	节目名称	播出频道	平均收视率（%）	平均占有率（%）
1	2018 年世界女排联赛总决赛（中国 VS 巴西）	中央台五套	1.5	6.4
2	HUZHOU2018 浙江省第十六届运动会	浙江卫视	0.9	4.6
3	2018 年世界女排锦标赛第三阶段 H 组第三轮（荷兰 VS 中国）	中央台五套	0.8	4.2

续表

名次	节目名称	播出频道	平均收视率(%)	平均占有率(%)
4	2018 年乒乓球团体世界锦标赛男团 1/4 决赛	安徽综艺	0.8	2.9
5	2018/2019 赛季花样滑冰大奖赛法国站冰舞自由舞	中央台五套	0.7	2.6
6	世乒赛团体赛男团颁奖仪式	中央台五套	0.6	15.4
7	2018 年国际乒联世界巡回赛卡塔尔公开赛女单决赛	中央台五套	0.6	3.7
8	2018 年全国男子篮球联赛季后赛第 2 轮（安徽文一 VS 湖南金健米业）	安徽综艺	0.6	2.5
9	18/19 赛季短道速滑世界杯阿拉木图 2000 米混合接力半决赛	中央台五套	0.6	2.4
10	豪门盛宴	中央台五套	0.6	2.3

表 3.3.13　2018 年安徽市场世界杯、亚运会、亚残运会、冬奥会比赛收视率排名前十位

名次	节目名称	播出频道	平均收视率(%)	平均占有率(%)
1	我爱世界杯：2018 年俄罗斯世界杯 G 组第二轮（比利时 VS 突尼斯）	中央台五套	2.3	8.6
2	第 23 届冬奥会短道速滑男子 500 米 1/4 决赛	中央台五套	1.1	21.8
3	我爱世界杯：2018 年俄罗斯世界杯闭幕式	中央台五套	1.1	17.6
4	红场会客厅	中央台五套	0.9	6.5
5	第 18 届亚运会男子链球决赛	中央台五套	0.9	4.6
6	2018 年第 23 届冬奥会冬季两项女子 7.5 公里短距离	中央台五套	0.9	4.2
7	第 18 届亚运会男子体操吊环决赛	中央台五套	0.9	3.9
8	2018 年第 23 届冬奥会跳台滑雪男子个人标准台决赛	中央台五套	0.8	5.2
9	第 18 届亚运会男子 400 米个人混合泳决赛	中央台五套	0.8	2.8
10	第 18 届亚运会男子团体羽毛球半决赛	中央台五套	0.7	3.2

四、福建收视数据

表 3.4.1　2014～2018 年福建市场各类频道的市场占有率（%）

频道类别	年份				
	2014 年	2015 年	2016 年	2017 年	2018 年
中央电视台频道	30.3	31.3	30.7	30.4	29.4
中国教育台频道	0.3	0.2	0.1	0.1	0.1
福建省级频道	30.0	25.9	26.2	27.2	30.0
其他省级卫视频道	27.6	30.5	30.6	25.6	22.0
其他频道	11.8	12.1	12.4	16.7	18.5

表 3.4.2　2018 年福建市场各类频道在不同目标观众中的市场占有率（%）

目标观众		中央电视台频道	中国教育台频道	福建省级频道	其他省级卫视频道	其他频道
4 岁及以上所有人		29.4	0.1	30.0	22.0	18.5
城乡	城市	32.7	0.1	12.7	25.5	29.0
	农村	28.2	0.1	35.9	20.8	15.0
性别	男	31.3	0.1	29.8	21.2	17.6
	女	27.4	0.1	30.1	22.9	19.5
年龄	4～14 岁	20.9	0.0	29.7	28.9	20.5
	15～24 岁	25.4	0.1	30.9	24.3	19.3
	25～34 岁	25.8	0.1	33.9	20.8	19.4
	35～44 岁	18.8	0.1	41.9	20.6	18.6
	45～54 岁	31.7	0.2	26.8	19.7	21.6
	55～64 岁	37.0	0.1	25.1	23.8	14.0
	65 岁及以上	44.0	0.1	21.7	18.1	16.1
教育程度	未受过正规教育	27.0	0.1	30.9	23.6	18.4
	小学	27.2	0.1	32.8	21.3	18.6
	初中	27.3	0.1	34.3	21.6	16.7
	高中	39.3	0.1	15.5	23.5	21.6
	大学及以上	37.9	0.1	17.9	21.3	22.8
职业类别	干部/管理人员	41.7	0.1	25.5	11.9	20.8
	个体/私营企业人员	30.6	0.1	29.9	20.6	18.8
	初级公务员/雇员	32.5	0.1	28.1	19.0	20.3
	工人	24.4	0.1	35.0	20.9	19.6
	学生	23.0	0.0	25.6	29.6	21.8
	无业	34.4	0.1	22.5	24.3	18.7
	其他	23.3	0.2	43.1	18.9	14.5
个人月收入	0～300 元	27.3	0.1	25.6	26.3	20.7
	301～900 元	28.1	0.3	36.4	21.9	13.3
	901～1700 元	28.8	0.1	41.4	16.8	12.9
	1701～2600 元	27.5	0.2	36.0	19.5	16.8
	2601～3500 元	33.9	0.1	23.6	23.2	19.2
	3501 元及以上	32.7	0.1	27.5	18.3	21.4

表 3.4.3　2018 年福建市场各类频道不同时段的市场占有率（%）

时间段	中央电视台频道	中国教育台频道	福建省级频道	其他省级卫视频道	其他频道
02:00~03:00	29.7	0.0	14.4	34.1	21.8
03:00~04:00	29.2	0.0	14.1	40.6	16.1
04:00~05:00	24.7	0.0	17.1	40.7	17.5
05:00~06:00	29.8	0.1	19.7	33.3	17.1
06:00~07:00	43.8	0.0	14.1	24.0	18.1
07:00~08:00	48.1	0.2	10.3	22.5	18.9
08:00~09:00	40.9	0.2	14.9	25.9	18.1
09:00~10:00	36.7	0.2	11.6	30.9	20.6
10:00~11:00	36.0	0.3	8.7	33.2	21.8
11:00~12:00	38.8	0.2	7.9	32.1	21.0
12:00~13:00	37.8	0.1	10.3	30.6	21.2
13:00~14:00	33.5	0.2	8.1	35.2	23.0
14:00~15:00	30.5	0.3	9.4	35.1	24.7
15:00~16:00	29.7	0.3	10.4	34.9	24.7
16:00~17:00	30.5	0.3	11.0	34.6	23.6
17:00~18:00	29.6	0.1	21.4	27.5	21.4
18:00~19:00	24.6	0.0	48.2	10.7	16.5
19:00~20:00	29.0	0.0	47.0	10.5	13.5
20:00~21:00	24.5	0.0	43.5	17.2	14.8
21:00~22:00	25.8	0.0	42.0	16.4	15.8
22:00~23:00	25.1	0.1	34.0	20.4	20.4
23:00~24:00	27.2	0.1	23.3	25.9	23.5
24:00~25:00	30.3	0.1	20.7	24.2	24.7
25:00~26:00	32.5	0.1	16.5	25.6	25.3

表 3.4.4　2018 年福建市场收视份额排名前十位的频道

名次	频道名称	收视份额（%）
1	东南卫视	9.1
2	福建省广播影视集团综合频道	6.4
3	福建省广播影视集团新闻频道	5.6
4	中央台六套	5.1
5	湖南电视台金鹰卡通频道	4.9
5	中央电视台综合频道	4.4
7	福建省广播影视集团电视剧频道	4.3
8	中央台八套	4.2
9	中央电视台少儿频道	3.3
10	中央台四套	2.7

表 3.4.5　2018 年福建市场各主要频道的观众构成（%）

目标观众		所有频道	主要频道				
			东南卫视	福建省广播影视集团综合频道	福建省广播影视集团新闻频道	中央台六套	湖南电视台金鹰卡通频道
4 岁及以上所有人		100.0	100.0	100.0	100.0	100.0	100.0
城乡	城市	25.8	5.6	12.9	4.6	22.7	24.6
	农村	74.2	94.4	87.1	95.4	77.3	75.4
性别	男	51.3	52.0	57.5	49.3	59.9	49.7
	女	48.7	48.0	42.5	50.7	40.1	50.3
年龄	4 ~ 14 岁	13.3	10.7	12.3	10.6	9.2	35.4
	15 ~ 24 岁	7.0	6.4	7.1	11.4	5.9	4.6
	25 ~ 34 岁	16.8	22.8	16.2	21.0	17.2	22.6
	35 ~ 44 岁	14.7	21.2	35.1	17.8	11.6	9.9
	45 ~ 54 岁	18.5	18.0	11.3	16.5	26.2	7.3
	55 ~ 64 岁	16.8	14.6	10.4	14.3	16.8	15.5
	65 岁及以上	12.9	6.3	7.6	8.4	13.1	4.7
教育程度	未受过正规教育	14.7	15.4	7.5	9.5	14.5	26.7
	小学	29.9	35.0	38.7	32.3	29.4	28.1
	初中	36.4	35.7	46.5	52.9	39.9	30.1
	高中	12.1	5.6	4.3	4.1	12.0	11.2
	大学及以上	6.9	8.3	3.0	1.2	4.2	3.9
职业类别	干部/管理人员	2.1	1.3	1.2	4.6	0.9	0.8
	个体/私营企业人员	13.9	11.5	10.9	20.2	15.3	12.6
	初级公务员/雇员	10.6	13.6	9.7	10.4	11.2	4.3
	工人	13.0	15.1	19.8	5.8	16.9	10.6
	学生	9.1	6.8	12.0	6.3	7.8	15.6
	无业	32.6	19.8	17.3	25.3	30.9	45.4
	其他	18.7	31.9	29.1	27.4	17.0	10.7
个人月收入	0 ~ 300 元	34.2	26.2	26.0	29.4	32.3	59.2
	301 ~ 900 元	8.4	17.6	7.6	3.6	7.9	4.6
	901 ~ 1700 元	11.8	16.0	18.3	14.0	9.8	8.7
	1701 ~ 2600 元	14.9	17.4	19.7	24.3	15.9	8.3
	2601 ~ 3500 元	13.5	9.8	18.1	5.0	15.0	11.7
	3501 元及以上	17.2	13.0	10.3	23.7	19.1	7.5

表 3.4.6　2016～2018 年福建市场各类节目的播出份额(%)和收视份额(%)

节目类别	2016 年		2017 年		2018 年	
	播出份额	收视份额	播出份额	收视份额	播出份额	收视份额
财经	1.3	0.5	1.2	0.4	1.3	0.5
电视剧	26.2	28.4	20.9	27.6	20.9	27.5
电影	4.5	7.5	4.5	6.3	4.3	5.8
法制	0.9	1.0	0.9	0.8	1.0	1.7
教学	0.3	0.1	0.2	0.0	0.3	0.0
青少	6.6	10.4	7.1	8.0	7.1	7.8
生活服务	7.8	6.6	7.9	6.3	8.1	6.7
体育	3.8	1.8	3.9	0.9	4.0	1.3
外语	0.0	0.0	0.1	0.0	0.1	0.0
戏剧	0.7	0.3	0.8	0.2	0.7	0.2
新闻/时事	10.5	12.1	15.2	16.5	15.7	17.3
音乐	1.8	1.4	1.5	1.3	1.6	1.2
专题	13.8	6.1	15.0	8.0	14.6	8.7
综艺	7.0	11.7	8.0	8.8	7.8	7.6
其他	14.8	12.1	12.8	14.8	12.5	13.7

表 3.4.7　2018 年福建市场所有节目收视率排名前三十位

名次	节目名称	节目类型	播出频道	平均收视率(%)	平均占有率(%)
1	繁星四月	电视剧	东南卫视	6.4	18.3
2	楚乔传	电视剧	东南卫视	6.0	19.2
3	急诊科医生	电视剧	东南卫视	5.8	18.4
4	恋爱先生	电视剧	东南卫视	5.7	17.8
5	与全世界做生意(精选版)	专题	东南卫视	5.4	19.7
6	远大前程	电视剧	东南卫视	5.4	17.1
7	盲约	电视剧	东南卫视	5.4	16.5
8	漂亮的李慧珍	电视剧	东南卫视	5.4	15.7
9	开学第一课	青少	中央电视台综合频道	5.3	15.3
10	我的体育老师	电视剧	东南卫视	5.1	17.3
11	陪读妈妈	电视剧	东南卫视	5.1	16.8
12	正阳门下	电视剧	东南卫视	5.1	16.5
13	大清盐商	电视剧	东南卫视	4.9	16.3
14	归去来(1～17 集)	电视剧	东南卫视	4.9	15.9
15	光影航程 2018 第十届海峡影视季颁奖典礼	综艺	东南卫视	4.8	15.7
16	下一站别离	电视剧	东南卫视	4.8	15.2
17	福建省第十六届运动会开幕式	体育	东南卫视	4.8	14.8
18	防抗玛莉亚特别报道	新闻/时事	东南卫视	4.7	22.2
19	周末父母	电视剧	东南卫视	4.7	14.8
20	欢乐颂	电视剧	东南卫视	4.7	14.1

续表

名次	节目名称	节目类型	播出频道	平均收视率（%）	平均占有率（%）
21	春天的力量我们在行动	专题	福建省广播影视集团新闻频道	4.6	15.7
22	最美退役军人发布仪式	专题	东南卫视	4.6	15.0
23	传家	专题	东南卫视	4.5	16.3
24	欢乐颂二	电视剧	东南卫视	4.5	13.7
25	2018 中央电视台春节联欢晚会	综艺	中央电视台综合频道	4.5	12.4
26	东南气象快讯	生活服务	东南卫视	4.4	17.1
27	转播中央台新闻联播	新闻/时事	东南卫视	4.4	15.8
28	一年又一年	专题	东南卫视	4.4	12.4
29	榜样	专题	东南卫视	4.3	15.4
29	本草中华	专题	东南卫视	4.3	15.4

表 3.4.8　2018 年福建市场电视剧收视率排名前十位

名次	节目名称	播出频道	平均收视率（%）	平均占有率（%）
1	繁星四月	东南卫视	6.4	18.3
2	楚乔传	东南卫视	6.0	19.2
3	急诊科医生	东南卫视	5.8	18.4
4	恋爱先生	东南卫视	5.7	17.8
5	远大前程	东南卫视	5.4	17.1
6	盲约	东南卫视	5.4	16.5
7	漂亮的李慧珍	东南卫视	5.4	15.7
8	我的体育老师	东南卫视	5.1	17.3
9	陪读妈妈	东南卫视	5.1	16.8
10	正阳门下	东南卫视	5.1	16.5

表 3.4.9　2018 年福建市场新闻节目收视率排名前十位

名次	节目名称	播出频道	平均收视率（%）	平均占有率（%）
1	防抗玛莉亚特别报道	东南卫视	4.7	22.2
2	转播中央台新闻联播	东南卫视	4.4	15.8
3	福建卫视新闻	东南卫视	3.6	15.6
4	台湾新闻脸	东南卫视	3.6	14.1
5	福建新闻联播	福建省广播影视集团综合频道	3.3	10.5
6	欢天喜地闹元宵 2018 元宵特别节目	福建省广播影视集团新闻频道	3.1	14.7
7	现场深一度（含精华版）	福建省广播影视集团新闻频道	3.0	10.2
8	现场	福建省广播影视集团新闻频道	2.7	11.3
9	F4 大搜索	福建省广播影视集团新闻频道	2.7	8.6
10	新闻启示录	福建省广播影视集团综合频道	2.7	8.5

表 3.4.10　2018 年福建市场专题节目收视率排名前十位

名次	节目名称	播出频道	平均收视率(%)	平均占有率(%)
1	与全世界做生意（精选版）	东南卫视	5.4	19.7
2	春天的力量我们在行动	福建省广播影视集团新闻频道	4.6	15.7
3	最美退役军人发布仪式	东南卫视	4.6	15.0
4	传家	东南卫视	4.5	16.3
5	一年又一年	东南卫视	4.4	12.4
6	榜样	东南卫视	4.3	15.4
6	本草中华	东南卫视	4.3	15.4
8	敢为天下先 1978～2018 改革开放 40 年福建杰出企业家专题展播	东南卫视	4.3	14.0
9	海峡艺术名家之星光璀璨	东南卫视	3.9	13.7
10	鲁豫有约一日行	东南卫视	3.8	15.2

表 3.4.11　2018 年福建市场综艺节目收视率排名前十位

名次	节目名称	播出频道	平均收视率(%)	平均占有率(%)
1	光影航程 2018 第十届海峡影视季颁奖典礼	东南卫视	4.8	15.7
2	2018 中央电视台春节联欢晚会	中央电视台综合频道	4.5	12.4
3	新时代新福建新征程 2018 福建省春节文艺晚会	东南卫视	4.0	11.7
4	欢乐吉祥闹元宵	中央电视台综合频道	3.8	11.8
5	中国正在说	东南卫视	3.3	12.4
6	太酷了设计师	东南卫视	3.1	12.8
7	远方的惦念 2018 华侨华人春节大联欢	东南卫视	2.9	9.6
8	梦想新声音声耀平潭第十届海峡两岸电视主持新人大赛总决赛	东南卫视	2.8	13.3
9	2018 丝路春晚丝路情中国融	东南卫视	2.8	12.7
10	321GO321 跑步节全民跑步盛典	东南卫视	2.8	9.3

表 3.4.12　2018 年福建市场体育节目收视率排名前十位
（世界杯、亚运会、亚残运会、冬奥会比赛除外）

名次	节目名称	播出频道	平均收视率(%)	平均占有率(%)
1	福建省第十六届运动会开幕式	东南卫视	4.8	14.8
2	2018 年世界女排锦标赛第三阶段 H 组第三轮（荷兰 VS 中国）	中央台五套	1.4	5.2
3	现场直播：2018 年乒乓球团体世界锦标赛女团决赛	中央台五套	1.1	4.0

续表

名次	节目名称	播出频道	平均收视率(%)	平均占有率(%)
4	直播周末：2018 年女篮世界杯 5～8 名排位赛（加拿大 VS 中国）	中央台五套	1.0	4.1
5	直播周末：2018 年中国网球公开赛男单决赛	中央台五套	1.0	3.3
6	直播周末：2018 年世界男排锦标赛半决赛（巴西 VS 塞尔维亚）	中央台五套	0.9	14.0
7	现场直播世乒赛团体赛男团颁奖仪式	中央台五套	0.8	5.7
8	现场直播：2018 年 NBA 中国赛深圳站（独行侠队 VS76 人队）	中央台五套	0.8	3.2
9	直播周末：2019 年男篮世界杯资格赛（中国 VS 黎巴嫩）	中央台五套	0.8	2.6
10	现场直播：2018 年世界女排联赛江门站（中国 VS 俄罗斯）	中央台五套	0.8	2.3

表 3.4.13 2018 年福建市场世界杯、亚运会、亚残运会、冬奥会比赛收视率排名前十位

名次	节目名称	播出频道	平均收视率(%)	平均占有率(%)
1	我爱世界杯：2018 年俄罗斯世界杯 1/4 决赛（乌拉圭 VS 法国）	中央台五套	2.8	15.4
2	第 18 届亚运会女子 4×100 米接力预赛	中央台五套	2.6	9.2
3	第 18 届亚运会女子 200 米个人混合泳决赛	中央台五套	1.8	5.0
4	第 18 届亚运会男篮决赛（中国 VS 伊朗）	中央台五套	1.6	4.7
5	第 18 届亚运会乒乓球男团决赛	中央台五套	1.3	3.7
6	第 18 届亚运会男子团体羽毛球半决赛	中央台五套	1.2	4.1
7	第 18 届亚运会女排决赛（中国 VS 泰国）	中央台五套	1.1	6.4
8	第 18 届亚运会女足决赛（日本 VS 中国）	中央台五套	1.1	3.1
9	第 18 届亚运会自行车女子团体竞速赛	中央台五套	1.0	4.0
10	第 18 届亚运会男子体操吊环决赛	中央台五套	1.0	3.2

五、甘肃收视数据

表 3.5.1 2014~2018 年甘肃市场各类频道的市场占有率（%）

频道类别	年份				
	2014 年	2015 年	2016 年	2017 年	2018 年
中央电视台频道	49.2	48.1	51.7	48.2	44.9
中国教育台频道	1.0	0.5	0.3	0.2	0.3
甘肃省级频道	4.0	5.4	6.5	7.9	7.5
其他省级卫视频道	40.1	39.9	34.6	30.9	27.0
其他频道	5.7	6.1	6.9	12.8	20.3

表 3.5.2 2018 年甘肃市场各类频道在不同目标观众中的市场占有率（%）

目标观众		中央电视台频道	中国教育台频道	甘肃省级频道	其他省级卫视频道	其他频道
4 岁及以上所有人		44.9	0.3	7.5	27.0	20.3
城乡	城市	48.8	0.3	5.4	27.6	17.9
	农村	41.6	0.3	9.3	26.4	22.4
性别	男	47.2	0.3	7.7	25.1	19.7
	女	42.5	0.2	7.3	29.0	21.0
年龄	4~14 岁	38.4	0.3	5.5	32.9	22.9
	15~24 岁	37.5	0.4	5.6	32.7	23.8
	25~34 岁	42.2	0.4	5.9	29.3	22.2
	35~44 岁	46.4	0.3	6.4	25.1	21.8
	45~54 岁	42.3	0.4	7.5	27.6	22.2
	55~64 岁	50.1	0.1	11.0	21.1	17.7
	65 岁及以上	56.2	0.1	10.7	22.3	10.7
教育程度	未受过正规教育	43.0	0.2	9.2	30.5	17.1
	小学	43.0	0.3	8.8	28.7	19.2
	初中	43.5	0.3	8.0	27.7	20.5
	高中	47.5	0.3	5.8	25.0	21.4
	大学及以上	52.4	0.3	4.4	21.2	21.7
职业类别	干部/管理人员	46.3	0.1	2.4	17.0	34.2
	个体/私营企业人员	44.3	0.4	7.1	25.1	23.1
	初级公务员/雇员	53.6	0.5	3.6	23.2	19.1
	工人	44.6	0.3	6.7	28.9	19.5
	学生	37.6	0.4	5.3	33.1	23.6
	无业	52.7	0.1	6.0	24.4	16.8
	其他	43.0	0.2	10.4	26.9	19.5
个人月收入	0~300 元	42.5	0.3	6.2	31.0	20.0
	301~900 元	40.0	0.5	12.5	27.9	19.1
	901~1700 元	46.2	0.1	10.5	23.9	19.3
	1701~2600 元	41.6	0.2	8.5	26.6	23.1
	2601~3500 元	50.9	0.4	5.7	23.7	19.3
	3501 元及以上	54.6	0.2	4.2	22.3	18.7

表 3.5.3　2018 年甘肃市场各类频道在不同时段的市场占有率（%）

时间段	中央电视台频道	中国教育台频道	甘肃省级频道	其他省级卫视频道	其他频道
02:00～03:00	26.5	0.0	0.6	9.3	63.7
03:00～04:00	48.5	0.4	3.3	21.2	26.6
04:00～05:00	49.1	0.3	2.8	32.9	14.8
05:00～06:00	53.4	0.1	3.1	27.5	15.9
06:00～07:00	54.3	0.6	2.9	20.1	22.1
07:00～08:00	61.7	0.5	3.2	22.6	12.0
08:00～09:00	57.2	0.5	3.9	27.1	11.4
09:00～10:00	50.7	0.5	4.5	28.6	15.7
10:00～11:00	46.7	0.4	3.8	31.0	18.1
11:00～12:00	49.0	0.3	3.1	30.6	17.1
12:00～13:00	59.1	0.2	2.2	25.8	12.8
13:00～14:00	50.9	0.3	2.3	29.7	16.8
14:00～15:00	42.6	0.4	3.6	35.2	18.3
15:00～16:00	38.7	0.3	4.2	34.4	22.5
16:00～17:00	39.4	0.4	4.0	31.8	24.4
17:00～18:00	46.9	0.4	4.2	27.0	21.5
18:00～19:00	51.9	0.3	11.0	18.5	18.2
19:00～20:00	58.5	0.2	8.0	19.2	14.0
20:00～21:00	37.6	0.2	10.6	30.4	21.2
21:00～22:00	35.7	0.2	9.4	28.9	25.7
22:00～23:00	34.6	0.3	6.0	28.2	30.9
23:00～24:00	33.1	0.4	4.2	26.6	35.7
24:00～25:00	31.9	0.5	1.9	24.1	41.6
25:00～26:00	38.5	0.7	2.1	25.6	33.2

表 3.5.4　2018 年甘肃市场收视份额排名前十位的频道

名次	频道名称	收视份额（%）
1	中央电视台综合频道	14.4
2	中央台八套	5.1
3	中央电视台少儿频道	4.9
4	中央台六套	4.0
5	湖南卫视	3.8
6	中央电视台新闻频道	3.3
7	甘肃卫视	2.9
8	中央台四套	2.7
9	甘肃电视台文化影视频道	2.4
9	浙江卫视	2.4

表 3.5.5　2018 年甘肃市场各主要频道的观众构成（%）

目标观众		所有频道	中央电视台综合频道	中央台八套	中央电视台少儿频道	中央台六套	湖南卫视
4 岁以上所有人		100.0	100.0	100.0	100.0	100.0	100.0
城乡	城市	46.1	51.1	41.0	37.9	43.5	35.7
	乡村	53.9	48.9	59.0	62.1	56.5	64.3
性别	男	51.3	54.3	52.3	49.2	55.8	39.9
	女	48.7	45.7	47.7	50.8	44.2	60.1
年龄	4～14 岁	11.7	4.8	4.5	49.9	7.8	12.4
	15～24 岁	14.1	9.9	13.0	14.2	15.4	28.8
	25～34 岁	10.4	9.7	9.8	9.6	13.9	14.4
	35～44 岁	20.4	20.7	23.3	10.6	34.0	18.4
	45～54 岁	16.2	15.9	22.1	7.1	14.1	15.8
	55～64 岁	13.8	19.5	12.5	6.7	8.6	4.1
	65 岁及以上	13.4	19.5	14.7	1.9	6.2	6.2
教育程度	未受过正规教育	6.6	5.8	4.0	15.6	4.4	5.4
	小学	23.9	20.6	21.8	44.7	19.9	21.9
	初中	39.4	37.0	45.2	26.5	48.4	42.7
	高中	22.0	25.7	21.4	10.4	19.9	21.5
	大学及以上	8.1	10.8	7.6	2.8	7.4	8.5
职业类别	干部/管理人员	0.6	0.8	0.6	0.0	0.5	0.5
	个体/私营企业人员	17.2	19.1	15.4	9.0	23.2	18.1
	初级公务员/雇员	4.3	5.6	6.4	2.1	5.0	2.9
	工人	4.9	5.1	4.8	1.4	4.7	5.8
	学生	17.3	8.9	10.4	46.8	14.7	27.9
	无业	21.4	25.6	16.2	19.2	13.8	12.5
	其他	34.3	34.9	46.1	21.6	38.2	32.2
个人月收入	0～300 元	31.8	23.3	29.3	68.5	30.6	39.1
	301～900 元	9.3	10.2	8.8	6.5	8.8	9.0
	901～1700 元	12.2	12.4	18.9	4.8	11.5	12.9
	1701～2600 元	21.8	25.0	19.6	11.7	19.9	21.9
	2601～3500 元	15.6	18.0	16.5	5.2	18.7	11.6
	3501 元及以上	9.3	11.2	6.8	3.2	10.4	5.5

表 3.5.6　2016～2018 年甘肃市场各类节目的播出份额（%）和收视份额（%）

节目类别	2016 年		2017 年		2018 年	
	播出份额	收视份额	播出份额	收视份额	播出份额	收视份额
财经	1.4	0.5	1.2	0.4	1.2	0.4
电视剧	20.9	30.0	21.8	30.0	22.4	28.4
电影	3.7	4.7	3.8	5.2	4.0	4.6
法制	0.7	1.2	1.0	1.0	0.9	1.0
教学	0.3	0.0	0.4	0.1	0.4	0.0
青少	6.9	4.4	7.3	5.7	7.4	6.3
生活服务	8.6	8.3	7.8	7.5	7.7	7.4
体育	2.8	1.6	3.4	0.9	3.3	1.5
外语	0.0	0.0	0.1	0.0	0.1	0.0
戏剧	0.9	0.5	0.9	0.5	0.8	0.8
新闻/时事	15.2	15.3	15.4	14.6	15.4	16.6
音乐	2.0	1.1	1.6	1.0	1.5	1.1
专题	14.4	5.6	14.6	6.4	14.3	6.6
综艺	9.0	11.3	8.0	10.6	7.8	9.5
其他	13.1	15.6	13.0	16.0	12.8	15.8

表 3.5.7　2018 年甘肃市场所有节目收视率排名前三十位

名次	节目名称	节目类别	播出频道	平均收视率（%）	平均占有率（%）
1	2018 中央电视台春节联欢晚会	综艺	中央电视台综合频道	24.3	69.4
2	海上丝路看今朝 2018 年习近平主席亚太之行	专题	中央电视台综合频道	8.4	27.3
3	爱的海洋汶川地震灾区学生赴海洋全俄儿童中心疗养十周年纪念	专题	中央电视台综合频道	7.9	32.9
4	新闻联播	新闻/时事	中央电视台综合频道	7.6	38.8
5	天气预报	生活服务	中央电视台综合频道	6.7	28.5
6	为了一江清水浩荡东流习近平总书记 2018 年长江考察纪实	专题	中央电视台综合频道	6.4	22.4
7	扎扎实实提高质量	专题	中央电视台综合频道	5.7	15.5
8	焦点访谈	新闻/时事	中央电视台综合频道	5.5	21.9
9	心系凉山习近平总书记凉山扶贫纪实	专题	中央电视台综合频道	5.5	13.7
10	习近平主席的上合时间	专题	中央电视台综合频道	5.4	26.7
11	为了共同的繁荣习近平出席首届中国国际进口博览会纪实	专题	中央电视台综合频道	5.4	20.9
12	一年又一年	专题	中央电视台综合频道	5.2	39.2
13	欢乐吉祥闹元宵	综艺	中央电视台综合频道	5.2	17.6
14	万水千山只等闲	专题	中央电视台综合频道	4.9	18.4
15	改革开放再出发中央电视台心连心赴深圳前海慰问演出	综艺	中央电视台综合频道	4.7	12.7
16	重返爱的海洋	专题	中央电视台综合频道	4.6	23.0
17	开学第一课	青少	中央电视台综合频道	4.4	15.7

续表

名次	节目名称	节目类别	播出频道	平均收视率（%）	平均占有率（%）
18	携手构建更加紧密的中非命运共同体 2018 中非合作论坛北京峰会纪实	专题	中央电视台综合频道	4.3	19.7
19	众里寻你 2018 寻找最美孝心少年颁奖典礼	青少	中央电视台综合频道	4.3	14.2
20	2018 中央军委慰问驻京部队老干部迎新春文艺演出	综艺	中央电视台综合频道	4.3	12.4
21	智见未来机智过人 2018 先锋盛典	综艺	中央电视台综合频道	4.2	14.0
22	舌尖上的中国 3	专题	中央电视台综合频道	4.2	11.8
23	国务院总理会见中外记者并回答提问	新闻/时事	中央电视台综合频道	3.8	12.3
24	2018 新年戏曲晚会	戏剧	中央电视台综合频道	3.8	12.0
25	全国广场舞北京集中展演	综艺	中央电视台综合频道	3.7	12.6
26	潮起海之南 1988～2018	专题	中央电视台综合频道	3.5	12.8
27	锦绣壮乡踏歌来庆祝广西壮族自治区成立 60 周年	综艺	中央电视台综合频道	3.5	11.0
28	相知无远近万里尚为邻 2018 年 7 月习近平主席亚非行纪实	专题	中央电视台综合频道	3.4	16.3
29	2018 年中央广播电视总台中秋晚会	综艺	中央电视台综合频道	3.3	15.3
30	亲如一家塞上情庆祝宁夏回族自治区成立 60 周年	综艺	中央电视台综合频道	3.3	11.6

表 3.5.8　2018 年甘肃市场电视剧收视率排名前十位

名次	节目名称	播出频道	平均收视率（%）	平均占有率（%）
1	天下粮田（34～38 集）	中央电视台综合频道	3.2	11.9
2	初心	中央电视台综合频道	3.1	11.2
3	换了人间	中央电视台综合频道	3.1	10.6
4	最美的青春	中央电视台综合频道	2.7	11.5
5	沙海老兵	中央电视台综合频道	2.7	10.3
6	岁岁年年柿柿红	中央电视台综合频道	2.6	10.6
7	楼外楼	中央电视台综合频道	2.5	10.4
8	黄土高天	中央电视台综合频道	2.4	10.4
9	娘亲舅大	中央台八套	2.3	9.6
10	右玉和她的县委书记们	中央电视台综合频道	2.3	9.5

表 3.5.9　2018 年甘肃市场新闻节目收视率排名前十位

名次	节目名称	播出频道	平均收视率（%）	平均占有率（%）
1	新闻联播	中央电视台综合频道	7.6	38.8
2	焦点访谈	中央电视台综合频道	5.5	21.9
3	国务院总理会见中外记者并回答提问	中央电视台综合频道	3.8	12.3

续表

名次	节目名称	播出频道	平均收视率（%）	平均占有率（%）
4	上海合作组织青岛峰会特别报道	中央电视台综合频道	3.2	10.9
5	甘肃新闻	甘肃卫视	0.9	9.5
6	焦点访谈（5 月 19 日）	甘肃电视台文化影视频道	0.9	2.7
7	晚间新闻	中央电视台综合频道	0.8	8.4
8	中国舆论场	中央台四套	0.7	2.2
9	中非共绘新蓝图 2018 年中非合作论坛北京峰会直播特别节目	北京卫视	0.6	3.1
10	海峡两岸	中央台四套	0.6	2.0

表 3.5.10　2018 年甘肃市场专题节目收视率排名前十位

名次	节目名称	播出频道	平均收视率（%）	平均占有率（%）
1	海上丝路看今朝 2018 年习近平主席亚太之行	中央电视台综合频道	8.4	27.3
2	爱的海洋汶川地震灾区学生赴海洋全俄儿童中心疗养十周年纪念	中央电视台综合频道	7.9	32.9
3	为了一江清水浩荡东流习近平总书记 2018 年长江考察纪实	中央电视台综合频道	6.4	22.4
4	扎扎实实提高质量	中央电视台综合频道	5.7	15.5
5	心系凉山习近平总书记凉山扶贫纪实	中央电视台综合频道	5.5	13.7
6	习近平主席的上合时间	中央电视台综合频道	5.4	26.7
7	为了共同的繁荣习近平出席首届中国国际进口博览会纪实	中央电视台综合频道	5.4	20.9
8	一年又一年	中央电视台综合频道	5.2	39.2
9	万水千山只等闲	中央电视台综合频道	4.9	18.4
10	重返爱的海洋	中央电视台综合频道	4.6	23.0

表 3.5.11　2018 年甘肃市场综艺节目收视率排名前十位

名次	节目名称	播出频道	平均收视率（%）	平均占有率（%）
1	2018 中央电视台春节联欢晚会	中央电视台综合频道	24.3	69.4
2	欢乐吉祥闹元宵	中央电视台综合频道	5.2	17.6
3	改革开放再出发中央电视台心连心赴深圳前海慰问演出	中央电视台综合频道	4.7	12.7
4	2018 中央军委慰问驻京部队老干部迎新春文艺演出	中央电视台综合频道	4.3	12.4
5	智见未来机智过人 2018 先锋盛典	中央电视台综合频道	4.2	14.0
6	全国广场舞北京集中展演	中央电视台综合频道	3.7	12.6
7	锦绣壮乡踏歌来庆祝广西壮族自治区成立 60 周年	中央电视台综合频道	3.5	11.0
8	2018 年中央广播电视总台中秋晚会	中央电视台综合频道	3.3	15.3
9	亲如一家塞上情庆祝宁夏回族自治区成立 60 周年	中央电视台综合频道	3.3	11.6
10	拥抱新时代祝福你中国中国梦祖国颂 2018 国庆特别节目	中央电视台综合频道	3.1	11.0

表 3.5.12　2018 年甘肃市场体育节目收视率排名前十位
(世界杯、亚运会、亚残运会、冬奥会比赛除外)

名次	节目名称	播出频道	平均收视率(%)	平均占有率(%)
1	直播周末：2018 年 CBA 全明星技巧挑战赛	中央台五套	0.8	1.8
2	现场直播：2018 年世界女排联赛总决赛（中国 VS 巴西）	中央台五套	0.7	2.8
3	直播周末：2018 年国际泳联跳水世界杯女子双人 3 米板决赛	中央台五套	0.7	2.2
4	现场直播：2018 年国际乒联世界巡回赛中国公开赛女单决赛	中央台五套	0.6	1.8
5	现场直播：2018 年乒乓球团体世界锦标赛男团决赛	中央台五套	0.5	2.0
6	第 18 届亚运会女足决赛(日本 VS 中国)	中央台五套	0.5	1.9
7	直播周末：2019 年男篮世界杯资格赛(中国 VS 黎巴嫩)	中央台五套	0.5	1.5
7	天津市第十四届运动会开幕式	天津卫视	0.5	1.5
9	直播周末：2017/2018 赛季中国男子篮球职业联赛 10 进 8 第一场(北京首钢 VS 上海哔哩哔哩)	中央台五套	0.5	1.2
10	现场直播：2018 年世界室内田径锦标赛七项全能铅球	中央台五套	0.4	1.2

表 3.5.13　2018 年甘肃市场世界杯、亚运会、亚残运会、冬奥会比赛收视率排名前十位

名次	节目名称	播出频道	平均收视率(%)	平均占有率(%)
1	我爱世界杯：2018 年世界杯小组赛 E 组第二轮（巴西 VS 哥斯达黎加）	中央台五套	1.6	6.7
2	2018 年第 23 届冬奥会短道速滑男子 500 米半决赛	中央电视台综合频道	1.3	29.5
3	我爱世界杯：2018 年俄罗斯世界杯开幕式	中央台五套	0.8	13.1
4	我爱世界杯：2018 年俄罗斯世界杯闭幕式	中央台五套	0.8	10.1
5	我爱世界杯	中央台五套	0.7	2.8
6	第 18 届亚运会男子 10000 米决赛	中央台五套	0.7	2.4
7	2018 年第 23 届冬奥会男子自由式滑雪雪上技巧决赛	中央台五套	0.7	1.6
8	第 18 届亚运会男子体操吊环决赛	中央台五套	0.6	2.8
9	第 18 届亚运会男子 4×100 米自由泳接力决赛	中央台五套	0.6	2.5
10	红场会客厅	中央台五套	0.5	3.5

六、广东收视数据

表 3.6.1 2014~2018 年广东市场各类频道的市场占有率（%）

频道类别	年份				
	2014 年	2015 年	2016 年	2017 年	2018 年
中央电视台频道	20.9	19.3	20.6	20.5	19.6
中国教育台频道	0.2	0.2	0.1	0.1	0.1
广东省级频道	38.7	38.8	37.4	36.3	35.8
其他省级卫视频道	17.1	16.6	15.4	14.9	13.0
境外频道	4.9	4.5	4.4	4.3	4.1
其他频道	18.2	20.6	22.1	23.9	27.4

表 3.6.2 2018 年广东市场各类频道在不同目标观众中的市场占有率（%）

目标观众		中央电视台频道	中国教育台频道	广东省级频道	境外频道	其他省级卫视频道	其他频道
4 岁及以上所有人		19.6	0.1	35.8	13.0	4.1	27.4
城乡	城市	19.9	0.1	28.9	13.4	5.7	32.0
	农村	19.4	0.1	43.5	12.6	2.4	22.0
性别	男	21.4	0.1	34.5	12.0	4.3	27.7
	女	17.8	0.1	37.2	14.1	4.0	26.8
年龄	4~14 岁	15.6	0.1	38.6	15.3	2.1	28.3
	15~24 岁	18.7	0.1	33.6	14.6	3.7	29.3
	25~34 岁	15.6	0.1	34.9	12.1	6.8	30.5
	35~44 岁	19.6	0.1	30.0	12.7	4.5	33.1
	45~54 岁	23.3	0.1	32.5	14.2	3.9	26.0
	55~64 岁	20.1	0.1	40.7	11.8	4.6	22.7
	65 岁及以上	24.8	0.1	40.6	9.4	3.7	21.4
教育程度	未受过正规教育	17.2	0.0	43.8	11.9	2.2	24.9
	小学	18.3	0.1	40.5	12.3	2.5	26.3
	初中	19.4	0.1	36.4	13.9	4.1	26.1
	高中	21.9	0.1	30.3	13.1	5.6	29.0
	大学及以上	21.4	0.1	26.9	12.6	7.0	32.0
职业类别	干部/管理人员	22.5	0.2	20.9	16.3	4.9	35.2
	个体/私营企业人员	21.6	0.1	33.6	13.4	4.3	27.0
	初级公务员/雇员	19.6	0.1	28.9	14.2	5.4	31.8
	工人	19.5	0.1	32.5	12.0	6.2	29.7
	学生	16.7	0.1	32.2	16.7	2.6	31.7
	无业	20.0	0.1	39.5	12.0	3.9	24.5
	其他	19.5	0.1	47.2	10.8	2.1	20.3
个人月收入	0~300 元	17.6	0.1	39.6	13.8	2.4	26.5
	301~900 元	18.1	0.1	47.1	10.7	4.6	19.4
	901~1700 元	22.2	0.1	40.1	11.9	3.5	22.2
	1701~2600 元	22.2	0.1	35.1	11.7	4.2	26.7
	2601~3500 元	18.8	0.1	34.7	11.1	5.3	30.0
	3501 元及以上	21.5	0.1	24.3	15.1	6.9	32.1

表 3.6.3　2018 年广东市场各类频道在不同时段的市场占有率（%）

时间段	中央电视台频道	中国教育台频道	广东省级频道	境外频道	其他省级卫视频道	其他频道
02:00~03:00	21.6	0.1	19.8	18.2	5.4	34.9
03:00~04:00	22.3	0.1	23.8	17.9	3.9	32.0
04:00~05:00	21.8	0.1	25.2	18.8	3.3	30.8
05:00~06:00	31.0	0.1	31.7	12.4	3.4	21.4
06:00~07:00	28.6	0.0	33.5	8.1	8.0	21.8
07:00~08:00	26.7	0.1	34.0	8.9	7.3	23.0
08:00~09:00	29.1	0.2	28.4	13.1	4.8	24.4
09:00~10:00	27.8	0.2	23.9	18.2	2.6	27.3
10:00~11:00	26.6	0.2	22.2	19.4	2.9	28.7
11:00~12:00	26.5	0.1	23.9	19.2	3.0	27.3
12:00~13:00	24.4	0.0	27.5	18.7	3.9	25.5
13:00~14:00	21.3	0.1	26.3	20.9	3.5	27.9
14:00~15:00	21.3	0.2	22.8	22.6	3.6	29.5
15:00~16:00	21.6	0.3	22.6	21.7	3.6	30.2
16:00~17:00	23.4	0.3	23.7	20.9	2.5	29.2
17:00~18:00	22.5	0.1	28.3	16.9	2.1	30.1
18:00~19:00	19.2	0.0	40.4	6.0	3.4	31.0
19:00~20:00	16.7	0.0	49.9	5.8	2.3	25.3
20:00~21:00	15.3	0.0	48.3	9.4	3.8	23.2
21:00~22:00	16.3	0.0	41.3	10.6	6.3	25.5
22:00~23:00	17.1	0.1	29.8	13.7	7.3	32.0
23:00~24:00	20.5	0.1	24.1	17.5	5.0	32.8
24:00~25:00	22.2	0.1	22.6	15.7	7.1	32.3
25:00~26:00	21.8	0.2	17.7	17.1	7.6	35.6

表 3.6.4　2018 年广东市场收视份额位于前十位的频道

名次	频道名称	收视份额（%）
1	广东广播电视台珠江频道	11.1
2	广东广播电视台影视频道	5.8
3	广东广播电视台南方卫视	3.5
4	广东广播电视台经济科教频道	3.2
5	广东广播电视台嘉佳卡通频道	2.8
6	翡翠台（中文）（有线网转播）	2.6
7	广东广播电视台公共频道	2.5
7	广东广播电视台少儿频道	2.5
9	中央电视台少儿频道	2.4
9	中央台六套	2.4

表 3.6.5 2018 年广东市场各主要频道的观众构成（%）

目标观众		所有频道	主要频道				
			广东广播电视台珠江频道	广东广播电视台影视频道	广东广播电视台南方卫视	广东广播电视台经济科教频道	广东广播电视台嘉佳卡通频道
4 岁及以上所有人		100.0	100.0	100.0	100.0	100.0	100.0
城乡	城市	52.4	35.6	38.1	48.4	37.0	42.5
	农村	47.6	64.4	61.9	51.6	63.0	57.5
性别	男	50.9	45.5	53.0	47.1	52.1	45.6
	女	49.1	54.5	47.0	52.9	47.9	54.4
年龄	4～14 岁	17.3	14.8	13.3	16.1	9.7	48.2
	15～24 岁	9.5	9.8	8.7	13.2	7.6	3.0
	25～34 岁	15.9	15.1	15.1	13.4	14.6	16.9
	35～44 岁	11.4	9.4	9.7	8.4	10.7	7.5
	45～54 岁	20.3	20.4	20.7	18.6	20.8	8.0
	55～64 岁	13.1	17.0	14.7	14.8	16.6	9.4
	65 岁及以上	12.5	13.5	17.8	15.5	20.0	7.0
教育程度	未受过正规教育	8.4	8.0	8.8	7.4	4.6	27.9
	小学	26.3	33.8	31.5	33.0	24.9	29.0
	初中	33.9	35.1	37.9	33.0	41.5	26.1
	高中	20.4	16.3	13.2	17.5	20.1	12.9
	大学及以上	11.0	6.8	8.6	9.1	8.9	4.1
职业类别	干部/管理人员	2.1	1.2	0.5	0.7	1.8	0.7
	个体/私营企业人员	14.0	13.9	12.7	10.5	15.4	8.5
	初级公务员/雇员	9.9	7.0	9.7	8.4	7.7	5.0
	工人	19.1	18.3	15.3	20.7	18.2	8.5
	学生	13.8	11.9	6.8	15.4	8.5	22.3
	无业	29.0	28.3	31.6	31.2	30.9	47.4
	其他	12.1	19.4	23.4	13.1	17.5	7.6
个人月收入	0～300 元	37.9	41.1	37.6	40.6	35.4	67.6
	301～900 元	5.6	9.3	8.9	8.7	6.7	3.4
	901～1700 元	9.0	10.4	13.3	9.3	12.5	5.6
	1701～2600 元	15.4	14.6	15.6	16.4	21.6	7.9
	2601～3500 元	13.3	12.6	14.5	12.2	15.3	8.0
	3501 元及以上	18.8	12.0	10.1	12.8	8.5	7.5

表 3.6.6 2016～2018 年广东市场各类节目的播出份额（%）和收视份额（%）

节目类型	2016 年		2017 年		2018 年	
	播出份额	收视份额	播出份额	收视份额	播出份额	收视份额
财经	1.3	0.3	1.2	0.4	1.2	0.3
电视剧	21.3	34.1	21.9	34.3	22.2	34.2
电影	3.9	4.9	4.0	5.2	4.1	4.7
法制	0.7	0.5	0.8	0.6	0.7	0.4
教学	0.2	0.0	0.2	0.0	0.3	0.0
青少	7.0	7.2	7.5	8.4	7.4	7.9
生活服务	9.4	6.8	8.5	6.9	8.6	7.5
体育	3.9	3.8	4.0	3.6	4.1	5.3
外语	0.0	0.0	0.1	0.0	0.1	0.0
戏剧	0.8	0.1	0.8	0.1	0.7	0.1
新闻/时事	14.6	12.9	15.1	12.2	15.4	12.3
音乐	1.8	1.4	1.4	1.4	1.4	1.3
专题	13.0	5.1	13.5	5.0	13.1	5.0
综艺	9.1	9.3	7.7	7.5	7.5	6.8
其他	13.0	13.6	13.3	14.4	13.2	14.2

表 3.6.7 2018 年广东市场所有节目收视率排名前三十位

名次	节目名称	节目类型	播出频道	平均收视率（%）	平均占有率（%）
1	第二次人生	电视剧	广东广播电视台珠江频道	7.5	24.5
2	真爱之百万新娘	电视剧	广东广播电视台珠江频道	7.4	23.9
3	情定三生	电视剧	广东广播电视台珠江频道	7.2	22.0
4	暖爱	电视剧	广东广播电视台珠江频道	7.0	22.2
5	繁星四月	电视剧	广东广播电视台珠江频道	6.9	21.8
6	幸福又见彩虹	电视剧	广东广播电视台珠江频道	6.8	22.0
7	如果爱	电视剧	广东广播电视台珠江频道	6.5	21.0
8	遇见爱情的利先生	电视剧	广东广播电视台珠江频道	6.4	20.7
9	鸡毛飞上天（1～26 集）	电视剧	广东广播电视台珠江频道	6.3	20.9
10	继承人（36～39 集）	电视剧	广东广播电视台珠江频道	6.1	19.0
11	刺青	电视剧	广东广播电视台珠江频道	6.0	20.7
12	最好的遇见	电视剧	广东广播电视台珠江频道	6.0	20.2
13	望夫成龙	电视剧	广东广播电视台珠江频道	5.9	20.2
14	欢乐颂	电视剧	广东广播电视台珠江频道	5.8	18.7
15	你好乔安	电视剧	广东广播电视台珠江频道	5.6	17.5
16	忘情歌	电视剧	广东广播电视台珠江频道	5.5	18.7
17	开学第一课	青少	中央电视台综合频道	4.9	14.0
18	爱情回来了	电视剧	广东广播电视台珠江频道	4.7	16.6
19	珠江欢腾旺旺年 2018 广东广播电视台狗年春节晚会	综艺	广东广播电视台珠江频道	4.7	14.9
20	转播中央台新闻联播（9 月 16 日）	新闻/时事	广东广播电视台珠江频道	4.6	12.9
21	天气预报	生活服务	广东广播电视台珠江频道	4.5	19.3
22	外来媳妇本地郎	电视剧	广东广播电视台珠江频道	4.2	15.6

续表

名次	节目名称	节目类型	播出频道	平均收视率（%）	平均占有率（%）
23	2018 粤语好声音（11 月 3 日）	综艺	广东广播电视台珠江频道	4.2	13.3
24	故宫 100	专题	广东广播电视台珠江频道	3.9	12.9
25	我爱世界杯：2018 年俄罗斯世界杯足球赛决赛（法国 VS 克罗地亚）	体育	中央台五套	3.6	23.0
26	虎胆龙威	电视剧	广东广播电视台影视频道	3.6	13.2
27	女匪首传奇	电视剧	广东广播电视台影视频道	3.4	12.4
28	誓盟	电视剧	广东广播电视台影视频道	3.4	12.2
29	今日关注	新闻/时事	广东广播电视台珠江频道	3.4	12.1
30	众志成城迎战山竹特别报道（9 月 16 日）	新闻/时事	广东广播电视台珠江频道	3.3	13.2

表 3.6.8　2018 年广东市场电视剧收视率排名前十位

名次	节目名称	播出频道	平均收视率（%）	平均占有率（%）
1	第二次人生	广东广播电视台珠江频道	7.5	24.5
2	真爱之百万新娘	广东广播电视台珠江频道	7.4	23.9
3	情定三生	广东广播电视台珠江频道	7.2	22.0
4	暖爱	广东广播电视台珠江频道	7.0	22.2
5	繁星四月	广东广播电视台珠江频道	6.9	21.8
6	幸福又见彩虹	广东广播电视台珠江频道	6.8	22.0
7	如果爱	广东广播电视台珠江频道	6.5	21.0
8	遇见爱情的利先生	广东广播电视台珠江频道	6.4	20.7
9	鸡毛飞上天（1 ~ 26 集）	广东广播电视台珠江频道	6.3	20.9
10	继承人（36 ~ 39 集）	广东广播电视台珠江频道	6.1	19.0

表 3.6.9　2018 年广东市场新闻节目收视率排名前十位

名次	节目名称	播出频道	平均收视率（%）	平均占有率（%）
1	转播中央台新闻联播（9 月 16 日）	广东广播电视台珠江频道	4.6	12.9
2	今日关注	广东广播电视台珠江频道	3.4	12.1
3	众志成城迎战山竹特别报道（9 月 16 日）	广东广播电视台珠江频道	3.3	13.2
4	珠江新闻眼	广东广播电视台珠江频道	2.3	14.5
5	DV 现场	广东广播电视台公共频道	1.6	5.3
6	今日 1 线	广东广播电视台经济科教频道	0.7	3.2
7	2018 国际大事回顾	翡翠台（中文）（有线网转播）	0.7	2.3
8	2018 香港大事回顾	翡翠台（中文）（有线网转播）	0.7	2.1
9	6 点半新闻报道	翡翠台（中文）（有线网转播）	0.6	3.0
10	海峡两岸	中央台四套	0.6	2.0

表 3.6.10　2018 年广东市场专题节目收视率排名前十位

名次	节目名称	播出频道	平均收视率(%)	平均占有率(%)
1	故宫 100	广东广播电视台珠江频道	3.9	12.9
2	如果国宝会说话	广东广播电视台珠江频道	3.2	10.5
3	亲历	广东广播电视台珠江频道	1.2	6.5
4	珠江纪事	广东广播电视台珠江频道	1.2	6.0
5	乡村振兴纪事	广东广播电视台珠江频道	1.0	5.5
6	文化珠江	广东广播电视台珠江频道	1.0	5.3
7	老广的味道（10 月 19 ~ 25 日）	广东广播电视台公共频道	0.9	2.7
8	军晴剧无霸	广东广播电视台影视频	0.8	5.9
9	老广的味道第二季	广东广播电视台珠江频道	0.8	5.6
10	谁语争锋五 2018 最美小城	广东广播电视台南方卫视	0.8	3.1

表 3.6.11　2018 年广东市场综艺节目收视率排名前十位

名次	节目名称	播出频道	平均收视率(%)	平均占有率(%)
1	珠江欢腾旺旺年 2018 广东广播电视台狗年春节晚会	广东广播电视台珠江频道	4.7	14.9
2	2018 粤语好声音（11 月 3 日）	广东广播电视台珠江频道	4.2	13.3
3	2018 中央电视台春节联欢晚会	中央电视台综合频道	2.4	8.2
4	粤韵风华	广东广播电视台珠江频道	1.7	8.3
5	天才第 6 感	广东广播电视台珠江频道	1.6	7.7
6	中国好声音（10 月 7 日）	浙江卫视	1.6	5.7
7	新春喜剧之夜	中央台三套	1.6	4.8
8	2017 粤语好声音（1 月 20 日）	广东广播电视台珠江频道	1.5	10.3
9	奔跑吧	浙江卫视	1.5	6.1
10	瑞狗迎春闹元宵	广东广播电视台珠江频道	1.4	9.3

表 3.6.12　2018 年广东市场体育节目收视率排名前十位
（世界杯、亚运会、亚残运会、冬奥会比赛除外）

名次	节目名称	播出频道	平均收视率(%)	平均占有率(%)
1	现场直播：2017/2018 赛季中国男子篮球职业联赛半决赛第五场（山东高速 VS 浙江广厦控股）	中央台五套	3.2	9.4
2	2018/2019 赛季 CBA 常规赛第 26 轮（四川五粮金樽 VS 广东东莞银行）	广东广播电视台体育频道	2.7	8.6
2	现场直播：2018 年世界女排联赛江门站（中国 VS 巴西）	中央台五套	2.7	8.6

续表

名次	节目名称	播出频道	平均收视率（%）	平均占有率（%）
4	直播周末：2018 年世界女排锦标赛决赛（塞尔维亚 VS 意大利）	中央台五套	2.3	7.8
5	现场直播：2018 年乒乓球团体世界锦标赛男团决赛	中央台五套	2.1	7.6
6	直播周末 世界女排锦标赛颁奖仪式	中央台五套	2.1	7.5
7	现场直播：2018 年亚洲足联冠军联赛 G 组第 3 轮（广州恒大 VS 济州联）	中央台五套	2.0	6.3
8	2018 年中国平安中国足球协会超级联赛第 21 轮（广州恒大淘宝 VS 上海绿地申花）	广东广播电视台体育频道	2.0	6.1
9	现场直播：2019 年男篮世界杯预选赛（中国 VS 约旦）	中央台五套	1.4	4.6
10	现场直播 世乒赛团体赛男团颁奖仪式	中央台五套	1.2	8.9

表 3.6.13 2018 年广东市场世界杯、亚运会、亚残运会、冬奥会比赛收视率排名前十位

名次	节目名称	播出频道	平均收视率（%）	平均占有率（%）
1	我爱世界杯：2018 年俄罗斯世界杯足球赛决赛（法国 VS 克罗地亚）	中央台五套	3.6	23.0
2	第 18 届亚运会女子 4×100 米混合泳接力决赛	中央台五套	2.8	8.2
2	第 18 届亚运会男子体操吊环决赛	中央台五套	2.7	8.2
4	第 18 届亚运会女排半决赛（中国 VS 日本）	中央台五套	2.6	9.6
5	第 18 届亚运会女子 100 米预赛	中央台五套	2.3	6.8
6	我爱世界杯：2018 年俄罗斯世界杯开幕式	中央台五套	2.0	13.5
7	第 18 届亚运会乒乓球男团决赛	中央台五套	2.0	6.4
8	第 18 届亚运会女子个人花剑决赛	中央台五套	2.0	5.9
9	第 18 届亚运会男篮决赛（中国 VS 伊朗）	中央台五套	2.0	5.6
10	第 18 届亚运会男子团体羽毛球半决赛	中央台五套	1.8	6.0

七、广西收视数据

表 3.7.1　2014～2018 年广西市场各类频道的市场占有率（%）

频道类别	年份				
	2014 年	2015 年	2016 年	2017 年	2018 年
中央电视台频道	32.5	32.3	34.3	34.7	38.2
中国教育台频道	0.6	0.3	0.2	0.1	0.2
广西自治区级频道	27.1	27.9	26.0	27.8	26.2
其他省级卫视频道	32.0	31.4	31.3	23.1	24.9
其他频道	7.8	8.1	8.2	8.2	10.6

表 3.7.2　2018 年广西市场各类频道在不同目标观众中的市场占有率（%）

目标观众		中央电视台频道	中国教育台频道	广西自治区级频道	其他省级卫视频道	其他频道
4 岁及以上所有人		38.2	0.2	26.2	24.9	10.6
城乡	城市	38.5	0.3	26.3	21.7	13.2
	农村	38.1	0.1	26.1	26.5	9.2
性别	男	41.4	0.2	26.7	21.6	10.1
	女	35.0	0.2	25.6	28.2	11.0
年龄	4～14 岁	40.7	0.1	10.3	36.0	12.9
	15～24 岁	27.9	0.3	28.0	32.1	11.7
	25～34 岁	38.2	0.2	23.9	25.7	12.1
	35～44 岁	38.6	0.2	23.3	26.7	11.1
	45～54 岁	34.9	0.1	34.2	21.3	9.5
	55～64 岁	41.5	0.1	32.4	17.5	8.5
	65 岁及以上	41.4	0.2	33.1	16.5	8.9
教育程度	未受过正规教育	44.8	0.1	16.2	27.6	11.3
	小学	36.5	0.1	23.5	28.7	11.1
	初中	36.8	0.2	28.8	24.7	9.5
	高中	40.9	0.2	28.0	19.5	11.4
	大学及以上	39.6	0.3	26.9	21.0	12.2
职业类别	干部/管理人员	48.8	0.2	34.2	9.7	7.1
	个体/私营企业人员	40.5	0.1	27.2	22.0	10.2
	初级公务员/雇员	37.3	0.3	26.5	22.7	13.2
	工人	33.6	0.2	29.9	24.9	11.5
	学生	37.9	0.2	12.9	36.9	12.3
	无业	44.5	0.2	23.6	21.1	10.7
	其他	34.3	0.2	31.8	24.2	9.6
个人月收入	0～300 元	27.6	0.1	29.1	28.8	14.4
	301～900 元	38.0	0.3	31.1	21.5	9.2
	901～1700 元	34.2	0.1	34.1	24.1	7.5
	1701～2600 元	43.4	0.2	28.9	18.5	9.0
	2601～3500 元	39.5	0.3	27.9	21.0	11.3
	3501 元及以上	43.2	0.1	22.7	21.2	12.7

表 3.7.3 2018 年广西市场各类频道在不同时段的市场占有率（%）

时间段	中央电视台频道	中国教育台频道	广西自治区级频道	其他省级卫视频道	其他频道
02:00~03:00	55.7	0.1	16.4	23.8	4.0
03:00~04:00	60.6	0.1	14.3	18.7	6.3
04:00~05:00	57.4	0.0	13.5	22.3	6.7
05:00~06:00	63.6	0.3	11.5	17.0	7.6
06:00~07:00	66.4	0.4	9.1	19.5	4.7
07:00~08:00	62.8	0.6	12.5	18.0	6.1
08:00~09:00	56.1	0.4	9.9	23.0	10.7
09:00~10:00	48.2	0.4	11.2	27.6	12.7
10:00~11:00	46.3	0.3	11.7	30.2	11.5
11:00~12:00	45.7	0.2	9.8	33.8	10.5
12:00~13:00	48.3	0.2	10.4	32.3	8.8
13:00~14:00	39.0	0.2	13.6	37.3	9.9
14:00~15:00	37.5	0.4	15.2	37.2	9.8
15:00~16:00	39.3	0.3	14.6	34.9	10.9
16:00~17:00	42.2	0.2	13.9	33.0	10.8
17:00~18:00	48.6	0.2	12.5	27.6	11.2
18:00~19:00	42.3	0.1	27.8	17.3	12.6
19:00~20:00	39.6	0.1	32.7	16.2	11.5
20:00~21:00	31.5	0.1	33.6	25.4	9.4
21:00~22:00	29.8	0.2	35.6	24.8	9.7
22:00~23:00	33.5	0.2	28.2	26.7	11.5
23:00~24:00	33.1	0.2	28.1	25.8	12.8
24:00~25:00	34.3	0.1	29.6	20.0	16.0
25:00~26:00	35.8	0.0	24.6	27.1	12.5

表 3.7.4 2018 年广西市场收视份额排名前十位的频道

名次	频道名称	收视份额（%）
1	广西广播电视台综艺频道	13.0
2	中央电视台少儿频道	8.2
3	中央电视台综合频道	5.7
4	湖南卫视	5.1
5	广西卫视	4.8
6	广西广播电视台都市频道	3.8
7	中央台六套	3.6
8	中央台八套	3.5
9	中央台三套	3.0
9	中央台五套	3.0

表 3.7.5 2018 年广西市场各主要频道的观众构成(%)

目标观众		所有频道	主要频道				
			广西广播电视台综艺频道	中央电视台少儿频道	中央电视台综合频道	湖南卫视	广西卫视
4 岁及以上所有人		100.0	100.0	100.0	100.0	100.0	100.0
城乡	城市	33.5	29.8	13.5	58.1	28.5	28.0
	农村	66.5	70.2	86.5	41.9	71.5	72.0
性别	男	50.5	53.9	51.2	51.8	31.8	53.8
	女	49.5	46.1	48.8	48.2	68.2	46.2
年龄	4~14 岁	17.9	6.5	62.7	7.4	20.8	5.6
	15~24 岁	9.0	8.1	4.0	10.1	19.3	7.5
	25~34 岁	12.4	8.9	11.9	10.4	12.8	16.1
	35~44 岁	13.7	12.6	6.6	14.1	26.8	7.7
	45~54 岁	16.5	23.2	5.7	15.8	11.3	17.1
	55~64 岁	15.1	20.6	6.1	17.5	4.5	20.6
	65 岁及以上	15.4	20.1	3.0	24.7	4.5	25.5
教育程度	未受过正规教育	7.3	5.1	25.6	4.1	2.6	2.7
	小学	27.6	27.1	45.5	18.1	24.7	25.5
	初中	40.8	44.6	21.0	36.7	53.7	43.3
	高中	18.2	18.0	6.6	28.4	13.1	19.3
	大学及以上	6.3	5.2	1.3	12.8	5.9	9.3
职业类别	干部/管理人员	0.5	0.9	0.2	1.2	0.0	0.8
	个体/私营企业人员	15.6	13.3	9.2	17.9	15.0	20.5
	初级公务员/雇员	4.7	4.6	1.0	8.7	5.7	5.4
	工人	5.9	6.5	1.6	7.2	6.1	6.0
	学生	14.4	5.6	39.3	9.9	24.2	6.2
	无业	22.4	19.3	27.7	32.5	8.4	16.6
	其他	36.5	49.8	21.0	22.6	40.6	44.4
个人月收入	0~300 元	33.6	24.7	73.1	20.5	37.6	18.6
	301~900 元	10.2	13.6	4.5	7.7	9.9	13.2
	901~1700 元	17.2	22.5	10.0	10.4	18.3	27.1
	1701~2600 元	23.6	25.3	7.6	35.6	19.4	23.4
	2601~3500 元	11.7	11.7	4.1	17.0	10.8	12.8
	3501 元及以上	3.7	2.2	0.7	8.8	4.0	4.9

表 3.7.6 2016～2018 年广西市场各类节目的播出份额（%）和收视份额（%）

节目类别	2016 年		2017 年		2018 年	
	播出份额	收视份额	播出份额	收视份额	播出份额	收视份额
财经	1.3	0.4	1.1	0.3	1.1	0.2
电视剧	21.8	33.8	22.4	34.0	22.7	32.8
电影	4.5	4.2	4.6	4.3	4.8	5.0
法制	1.2	2.7	1.4	2.7	1.0	1.7
教学	0.2	0.0	0.2	0.0	0.3	0.0
青少	6.6	8.7	6.9	9.1	6.8	9.6
生活服务	8.4	7.6	7.9	7.5	7.9	8.0
体育	3.2	2.1	3.3	1.8	3.4	2.9
外语	0.0	0.0	0.1	0.0	0.1	0.0
戏剧	0.8	0.1	0.8	0.1	0.8	0.1
新闻/时事	14.8	10.2	15.2	10.6	15.7	10.1
音乐	1.9	1.3	1.5	1.3	1.5	1.3
专题	13.6	4.5	14.0	4.6	13.8	4.8
综艺	9.1	8.7	7.9	7.7	7.7	8.2
其他	12.6	15.7	12.7	16.0	12.5	15.2

表 3.7.7 2018 年广西市场所有节目收视率排名前三十位

名次	节目名称	节目类别	播出频道	平均收视率（%）	平均占有率（%）
1	2018 中央电视台春节联欢晚会	综艺	中央电视台综合频道	12.9	49.9
2	飞虎战队	电视剧	广西广播电视台综艺频道	6.8	20.3
3	硬骨头之绝地归途	电视剧	广西广播电视台综艺频道	6.7	22.0
4	锻刀	电视剧	广西广播电视台综艺频道	6.7	19.8
5	潜伏 1940	电视剧	广西广播电视台综艺频道	6.3	21.2
6	烽火双雄	电视剧	广西广播电视台综艺频道	6.3	20.2
7	枪口	电视剧	广西广播电视台综艺频道	6.3	19.4
8	秘密小分队	电视剧	广西广播电视台综艺频道	6.2	22.4
9	我不是特工	电视剧	广西广播电视台综艺频道	6.1	21.6
10	夺命双谍	电视剧	广西广播电视台综艺频道	6.1	20.7
11	金战尖兵	电视剧	广西广播电视台综艺频道	6.1	19.9
12	尖刀突击队	电视剧	广西广播电视台综艺频道	6.0	20.4
13	厨神战队	电视剧	广西广播电视台综艺频道	6.0	18.6
14	铁骑尖兵	电视剧	广西广播电视台综艺频道	5.9	20.9
15	铁血枪王	电视剧	广西广播电视台综艺频道	5.7	20.7
15	尖锋行动队	电视剧	广西广播电视台综艺频道	5.7	20.7
17	利刃别动队	电视剧	广西广播电视台综艺频道	5.7	20.5
18	一个鬼子都不留	电视剧	广西广播电视台综艺频道	5.7	19.1
19	战魂	电视剧	广西广播电视台综艺频道	5.7	18.4

续表

名次	节目名称	节目类别	播出频道	平均收视率(%)	平均占有率(%)
19	忍冬艳蔷薇	电视剧	广西广播电视台综艺频道	5.7	18.4
21	丛林对决	电视剧	广西广播电视台综艺频道	5.6	19.7
22	生死迷情	电视剧	广西广播电视台综艺频道	5.5	19.4
23	铁血战神	电视剧	广西广播电视台综艺频道	5.4	22.2
24	喋血乌龙山	电视剧	广西广播电视台综艺频道	5.2	17.9
25	战火四千金	电视剧	广西广播电视台综艺频道	5.0	17.2
26	刺杀 1942	电视剧	广西广播电视台综艺频道	4.9	18.3
27	专列一号	电视剧	广西广播电视台综艺频道	4.9	17.1
28	傲骨枭雄	电视剧	广西广播电视台综艺频道	4.8	17.0
29	壮美广西	专题	广西广播电视台综艺频道	4.6	21.4
30	重庆大爆炸	电视剧	广西广播电视台综艺频道	4.6	16.1

表 3.7.8　2018 年广西市场电视剧收视率排名前十位

名次	节目名称	播出频道	平均收视率(%)	平均占有率(%)
1	飞虎战队	广西广播电视台综艺频道	6.8	20.3
2	硬骨头之绝地归途	广西广播电视台综艺频道	6.7	22.0
3	锻刀	广西广播电视台综艺频道	6.7	19.8
4	潜伏 1940	广西广播电视台综艺频道	6.3	21.2
5	烽火双雄	广西广播电视台综艺频道	6.3	20.2
6	枪口	广西广播电视台综艺频道	6.3	19.4
7	秘密小分队	广西广播电视台综艺频道	6.2	22.4
8	我不是特工	广西广播电视台综艺频道	6.1	21.6
9	夺命双谍	广西广播电视台综艺频道	6.1	20.7
10	金战尖兵	广西广播电视台综艺频道	6.1	19.9

表 3.7.9　2018 年广西市场新闻节目收视率排名前十位

名次	节目名称	播出频道	平均收视率(%)	平均占有率(%)
1	新闻联播	中央电视台综合频道	3.7	13.4
2	焦点访谈	中央电视台综合频道	2.7	7.8
3	广西新闻	广西卫视	1.6	9.1
4	国务院总理会见中外记者并回答提问	中央电视台综合频道	1.3	3.4
5	上海合作组织青岛峰会特别报道	中央电视台综合频道	1.2	3.8
6	直播广西	广西卫视	0.9	8.5
7	海峡两岸	中央台四套	0.8	2.3
8	盛会播报	广西卫视	0.7	6.9
9	海丝路	广西卫视	0.7	5.6
10	安徽卫视 2018 省两会特别报道	安徽卫视	0.7	2.0

表 3.7.10 2018 年广西市场专题类节目收视率排名前十位

名次	节目名称	播出频道	平均收视率（%）	平均占有率（%）
1	壮美广西	广西广播电视台综艺频道	4.6	21.4
2	扎扎实实提高质量	中央电视台综合频道	4.3	11.9
3	首届新时代八桂最美国防人事迹发布仪式暨庆祝八一建军节特别节目	广西广播电视台综艺频道	3.7	14.5
4	习近平主席的上合时间	中央电视台综合频道	3.3	10.2
5	新时代新广西我邀明月颂中华庆祝改革开放40周年自治区成立60周年	广西广播电视台综艺频道	3.2	21.4
6	海上丝路看今朝2018年习近平主席亚太之行	中央电视台综合频道	3.1	8.7
7	为了一江清水浩荡东流习近平总书记2018年长江考察纪实	中央电视台综合频道	3.1	8.5
8	爱的海洋汶川地震灾区学生赴海洋全俄儿童中心疗养十周年纪念	中央电视台综合频道	3.0	9.3
9	一年又一年	中央电视台综合频道	2.6	16.8
10	心系凉山习近平总书记凉山扶贫纪实	中央电视台综合频道	2.6	6.5

表 3.7.11 2018 年广西市场综艺节目收视率排名前十位

名次	节目名称	播出频道	平均收视率（%）	平均占有率（%）
1	2018中央电视台春节联欢晚会	中央电视台综合频道	12.9	49.9
2	第20届南宁国际民歌艺术节大地飞歌2018晚会直播特别节目	广西广播电视台综艺频道	3.9	14.4
3	综艺我做主广西电视台综艺节目主持人选拔大赛总决赛	广西广播电视台综艺频道	3.6	17.1
4	唱响新时代民歌咏芳华第20届南宁国际民歌艺术节大地飞歌2018晚会	广西广播电视台综艺频道	3.2	16.3
5	歌手集结时刻	湖南卫视	2.9	7.7
6	2018元宵喜乐会	湖南卫视	2.8	10.8
7	2018中央军委慰问驻京部队老干部迎新春文艺演出	中央电视台综合频道	2.8	9.3
8	歌手2018金典之夜	湖南卫视	2.8	8.6
9	快乐大本营	湖南卫视	2.7	9.3
10	文化中国四海同春2018全球华侨华人春节大联欢	湖南卫视	2.7	9.2

表 3.7.12　2018 年广西市场体育节目收视率排名前十位
（世界杯、亚运会、亚残运会、冬奥会比赛除外）

名次	节目名称	播出频道	平均收视率（%）	平均占有率（%）
1	现场直播：2018 年世界女排联赛总决赛（中国 VS 巴西）	中央台五套	1.7	5.9
2	直播周末：2017/2018 赛季中国男子篮球职业联赛总决赛第四场（辽宁本钢 VS 浙江广厦）	中央台五套	1.5	4.2
3	直播周末：2018 年国际泳联跳水世界杯女子双人 3 米板决赛	中央台五套	1.4	3.7
4	现场直播：2018/2019 赛季中国女子篮球联赛揭幕战（新疆体彩 VS 大庆农商行）	中央台五套	1.3	4.0
5	现场直播：2018 年乒乓球团体世界锦标赛男团决赛	中央台五套	1.2	4.6
5	2018 年中国之队国际足球友谊赛（中国 VS 叙利亚）	中央台五套	1.2	3.9
7	直播周末：2018 年全国男子篮球联赛半决赛第一场（湖南金健米业 VS 安徽文一）	中央台五套	1.2	3.6
8	现场直播：2018 年中澳国际男篮对抗赛第三场（中国 VS 澳大利亚）	中央台五套	1.1	3.4
9	现场直播：2018 年 WBA 迷你最轻量级世界金腰带赛	中央台五套	1.1	2.9
10	现场直播：2018 年中国之队友谊赛（中国 VS 巴勒斯坦）	中央台五套	1.0	3.4

表 3.7.13　2018 年广西市场世界杯、亚运会、亚残运会、冬奥会比赛收视率排名前十位

名次	节目名称	播出频道	平均收视率（%）	平均占有率（%）
1	我爱世界杯：2018 年俄罗斯世界杯小组赛 H 组第一轮（哥伦比亚 VS 日本）	中央台五套	4.4	13.4
2	第 18 届亚运会男篮决赛（中国 VS 伊朗）	中央台五套	3.0	9.1
3	第 18 届亚运会乒乓球男团决赛	中央台五套	2.4	7.5
4	第 18 届亚运会女子 4×100 米混合泳接力决赛	中央台五套	2.3	6.3
5	第 18 届亚运会女足决赛（日本 VS 中国）	中央台五套	2.2	6.6
6	第 18 届亚运会男子十项全能标枪	中央台五套	2.2	6.1
6	第 18 届亚运会女子 400 米决赛	中央台五套	2.2	6.1
8	我爱世界杯：2018 年俄罗斯世界杯闭幕式	中央台五套	1.9	20.5
9	第 18 届亚运会闭幕式	中央台五套	1.6	5.3
10	我爱世界杯：2018 年俄罗斯世界杯开幕式	中央台五套	1.5	20.2

八、贵州收视数据

表 3.8.1 2014～2018 年贵州市场各类频道的市场占有率（%）

频道类别	年份				
	2014 年	2015 年	2016 年	2017 年	2018 年
中央电视台频道	35.0	35.6	40.7	44.4	42.1
中国教育台频道	0.6	0.3	0.1	0.2	0.2
贵州省级频道	15.8	14.4	12.9	12.0	12.9
其他省级卫视频道	43.4	44.4	40.0	38.7	35.5
其他频道	5.2	5.3	6.3	4.7	9.3

表 3.8.2 2018 年贵州市场各类频道在不同目标观众中的市场占有率（%）

目标观众		中央电视台频道	中国教育台频道	贵州省级频道	其他省级卫视频道	其他频道
4 岁及以上所有人		42.1	0.2	12.9	35.5	9.3
城乡	城市	42.8	0.2	13.2	30.0	13.8
	农村	41.8	0.2	12.7	38.4	6.9
性别	男	44.4	0.2	13.2	33.1	9.1
	女	39.8	0.2	12.5	38.0	9.5
年龄	4～14 岁	44.8	0.3	7.0	37.3	10.6
	15～24 岁	32.6	0.2	9.7	47.4	10.1
	25～34 岁	41.0	0.3	11.4	38.2	9.1
	35～44 岁	38.1	0.2	12.6	37.8	11.3
	45～54 岁	45.1	0.2	16.1	30.2	8.4
	55～64 岁	44.8	0.1	20.2	27.7	7.2
	65 岁及以上	48.9	0.1	15.1	28.7	7.2
教育程度	未受过正规教育	41.9	0.3	10.7	36.3	10.8
	小学	44.0	0.2	10.8	35.8	9.2
	初中	41.2	0.2	13.1	36.6	8.9
	高中	41.3	0.2	16.2	33.1	9.2
	大学及以上	41.1	0.1	20.5	27.4	10.9
职业类别	干部/管理人员	47.0	0.0	19.2	24.0	9.8
	个体/私营企业人员	41.5	0.2	13.9	34.2	10.2
	初级公务员/雇员	45.2	0.2	14.0	27.6	13.0
	工人	38.3	0.2	15.7	35.5	10.3
	学生	41.7	0.3	7.6	40.6	9.8
	无业	46.0	0.2	14.8	29.6	9.4
	其他	39.0	0.2	13.5	40.0	7.3
个人月收入	0～300 元	40.9	0.2	9.4	38.4	11.1
	301～900 元	47.0	0.3	11.9	34.1	6.7
	901～1700 元	38.7	0.3	14.8	40.4	5.8
	1701～2600 元	43.3	0.2	15.2	33.1	8.2
	2601～3500 元	42.5	0.1	15.9	31.1	10.4
	3501 元及以上	44.2	0.2	15.7	30.6	9.3

表 3.8.3　2018 年贵州市场各类频道在不同时段的市场占有率（%）

时间段	中央电视台频道	中国教育台频道	贵州省级频道	其他省级卫视频道	其他频道
02:00～03:00	49.2	0.0	4.6	36.1	10.1
03:00～04:00	55.4	0.0	7.4	28.3	8.9
04:00～05:00	35.6	0.0	7.0	47.5	9.9
05:00～06:00	42.2	0.6	8.0	37.5	11.7
06:00～07:00	44.6	0.3	5.6	40.4	9.1
07:00～08:00	53.1	0.2	7.5	29.4	9.8
08:00～09:00	50.6	0.3	5.4	33.6	10.1
09:00～10:00	50.6	0.4	4.6	35.7	8.7
10:00～11:00	49.4	0.3	4.2	36.8	9.3
11:00～12:00	48.6	0.2	4.1	37.5	9.6
12:00～13:00	47.4	0.2	5.3	37.9	9.2
13:00～14:00	42.9	0.2	4.1	42.4	10.4
14:00～15:00	46.0	0.3	4.0	41.4	8.3
15:00～16:00	45.1	0.3	4.4	40.7	9.5
16:00～17:00	46.3	0.3	4.9	37.3	11.2
17:00～18:00	45.7	0.2	10.8	30.3	13.0
18:00～19:00	39.5	0.2	27.7	21.6	11.0
19:00～20:00	45.5	0.2	18.7	27.7	7.9
20:00～21:00	37.5	0.2	15.3	39.4	7.6
21:00～22:00	36.9	0.2	13.2	41.2	8.5
22:00～23:00	34.5	0.2	10.1	43.1	12.1
23:00～24:00	33.7	0.2	8.0	42.9	15.2
24:00～25:00	38.1	0.2	4.5	39.9	17.3
25:00～26:00	45.6	1.4	2.5	27.8	22.7

表 3.8.4　2018 年贵州市场收视份额排名前十位的频道

名次	频道名称	收视份额（%）
1	中央电视台少儿频道	8.3
2	湖南卫视	7.5
3	中央台八套	7.1
4	中央电视台综合频道	6.6
5	中央台六套	5.9
6	贵州卫视	5.2
7	贵州广播电视台公共频道	4.0
8	浙江卫视	3.4
9	中央电视台新闻频道	2.6
10	贵州广播电视台影视文艺频道	2.2

表 3.8.5　2018 年贵州市场各主要频道的观众构成（%）

目标观众		所有频道	主要频道				
			中央电视台少儿频道	湖南卫视	中央台八套	中央电视台综合频道	中央台六套
4 岁及以上所有人		100.0	100.0	100.0	100.0	100.0	100.0
城乡	城市	34.8	26.8	30.1	30.1	45.1	29.2
	乡村	65.2	73.2	69.9	69.9	54.9	70.8
性别	男	50.4	52.4	41.1	46.7	52.0	54.6
	女	49.6	47.6	58.9	53.3	48.0	45.4
年龄	4～14 岁	18.3	53.8	21.0	11.4	9.3	17.8
	15～24 岁	13.2	7.5	23.8	9.2	9.5	15.1
	25～34 岁	11.4	12.9	11.8	8.7	10.6	12.2
	35～44 岁	17.8	11.8	22.9	16.2	16.4	22.2
	45～54 岁	13.1	4.1	8.7	20.2	16.6	15.1
	55～64 岁	13.1	5.8	6.1	20.0	18.3	8.9
	65 岁及以上	13.1	4.1	5.7	14.3	19.3	8.7
教育程度	未受过正规教育	10.0	19.5	6.3	6.1	6.5	9.0
	小学	31.1	47.4	30.3	29.1	27.9	32.3
	初中	41.2	24.4	45.9	51.8	41.4	44.1
	高中	14.1	8.2	13.7	10.9	17.8	10.9
	大学及以上	3.6	0.5	3.8	2.1	6.4	3.7
职业类别	干部/管理人员	1.2	0.1	1.6	1.2	2.4	1.4
	个体/私营企业人员	16.6	10.8	16.9	15.9	18.0	21.2
	初级公务员/雇员	4.5	1.4	4.6	4.2	7.2	4.6
	工人	5.9	2.7	7.1	8.4	6.2	6.7
	学生	21.1	44.1	31.9	16.3	12.3	23.7
	无业	25.5	24.3	16.9	29.1	32.3	17.5
	其他	25.2	16.6	21.0	24.9	21.6	24.9
个人月收入	0～300 元	38.8	68.0	45.2	29.5	27.2	38.8
	301～900 元	8.6	7.9	8.6	13.6	9.8	9.6
	901～1700 元	11.5	6.7	12.4	11.3	11.3	13.5
	1701～2600 元	17.1	8.9	13.8	21.3	18.8	17.3
	2601～3500 元	13.4	4.0	9.5	13.3	19.3	10.8
	3501 元及以上	10.6	4.5	10.5	11.0	13.6	10.0

表 3.8.6 2016~2018 年贵州市场各类节目的播出份额(%)和收视份额(%)

节目类型	2016 年		2017 年		2018 年	
	播出份额	收视份额	播出份额	收视份额	播出份额	收视份额
财经	1.3	0.4	1.1	0.4	1.1	0.5
电视剧	20.0	30.1	20.8	28.7	27.5	28.3
电影	3.8	5.3	3.8	5.6	4.0	5.6
法制	1.2	1.5	1.2	1.2	0.9	1.2
教学	0.2	0.0	0.2	0.0	0.3	0.0
青少	6.7	5.8	6.8	6.7	6.8	9.8
生活服务	9.2	8.7	8.9	8.3	7.3	7.9
体育	3.3	1.7	3.1	1.1	3.2	1.7
外语	0.0	0.0	0.1	0.0	0.1	0.0
戏剧	0.9	0.2	0.9	0.2	0.9	0.3
新闻/时事	14.4	13.9	15.0	14.9	10.2	13.2
音乐	2.0	1.1	1.6	1.0	1.3	1.0
专题	14.5	6.0	14.9	6.0	14.1	5.4
综艺	9.7	10.4	8.5	9.7	6.3	8.9
其他	12.8	14.9	13.2	16.2	16.0	16.2

表 3.8.7 2018 年贵州市场所有节目收视率排名前三十位

名次	节目名称	节目类型	播出频道	平均收视率(%)	平均占有率(%)
1	2018 中央电视台春节联欢晚会	综艺	中央电视台综合频道	7.7	37.5
2	扎扎实实提高质量	专题	中央电视台综合频道	5.1	15.4
3	新闻联播	新闻/时事	中央电视台综合频道	5.0	17.5
4	爱的海洋汶川地震灾区学生赴海洋全俄儿童中心疗养十周年纪念	专题	中央电视台综合频道	4.8	11.9
5	幻乐之城 2018(7 月 20 日)	综艺	湖南卫视	4.7	15.1
6	西游记之大圣归来	电影	中央台六套	4.7	12.8
7	西游记之大闹天宫	电影	中央台六套	4.6	14.1
8	天气预报	生活服务	中央电视台综合频道	4.4	13.0
9	霍元甲	电影	中央台六套	4.3	13.2
10	海上丝路看今朝 2018 年习近平主席亚太之行	专题	中央电视台综合频道	4.3	11.0
11	谈判官	电视剧	湖南卫视	4.2	13.3
12	习近平主席的上合时间	专题	中央电视台综合频道	4.2	11.1
13	一千零一夜	电视剧	湖南卫视	3.9	12.3
14	歌手歌王之战(4 月 13 日)	综艺	湖南卫视	3.8	13.0
15	小旋风柴进之簪花请命	电影	中央台六套	3.8	10.6
16	快乐大本营	综艺	湖南卫视	3.7	13.2
17	甜蜜暴击	电视剧	湖南卫视	3.7	12.4
18	我的青春遇见你	电视剧	湖南卫视	3.7	11.4

续表

名次	节目名称	节目类型	播出频道	平均收视率（%）	平均占有率（%）
19	为了一江清水浩荡东流习近平总书记 2018 年长江考察纪实	专题	中央电视台综合频道	3.7	9.9
20	老男孩	电视剧	湖南卫视	3.6	11.5
21	焦点访谈	新闻/时事	中央电视台综合频道	3.6	10.2
22	国士无双黄飞鸿（1～4 集）	电视剧	贵州卫视	3.4	8.8
23	人再囧途之泰囧	电影	中央台六套	3.3	11.1
24	通道转兵	电影	中央台六套	3.3	10.3
25	如果爱	电视剧	湖南卫视	3.3	10.2
25	声入人心（11 月 9 日）	综艺	湖南卫视	3.3	10.2
27	神捕铁飞花之血连环	电影	中央台六套	3.3	10.1
27	温暖的弦	电视剧	湖南卫视	3.3	10.1
29	熊爸熊孩子	电视剧	中央台八套	3.2	10.7
30	剿匪龙虎山	电影	中央台六套	3.2	10.5

表 3.8.8　2018 年贵州市场电视剧收视率排名前十位

名次	节目名称	播出频道	平均收视率（%）	平均占有率（%）
1	谈判官	湖南卫视	4.2	13.3
2	一千零一夜	湖南卫视	3.9	12.3
3	甜蜜暴击	湖南卫视	3.7	12.4
4	我的青春遇见你	湖南卫视	3.7	11.4
5	老男孩	湖南卫视	3.6	11.5
6	国士无双黄飞鸿（1～4 集）	贵州卫视	3.4	8.8
7	如果爱	湖南卫视	3.3	10.2
8	温暖的弦	湖南卫视	3.3	10.1
9	熊爸熊孩子	中央台八套	3.2	10.7
10	我的父亲我的兵	中央台八套	3.1	10.8

表 3.8.9　2018 年贵州市场新闻节目收视率排名前十位

名次	节目名称	播出频道	平均收视率（%）	平均占有率（%）
1	新闻联播	中央电视台综合频道	5.0	17.5
2	焦点访谈	中央电视台综合频道	3.6	10.2
3	十二届贵州省委第三轮巡视反馈情况	贵州卫视	2.6	6.7
4	政协贵州省十二届一次会议特别节目	贵州卫视	2.4	9.1
5	国务院总理会见中外记者并回答提问	中央电视台综合频道	2.4	6.6
6	百姓关注	贵州广播电视台公共频道	2.3	8.7
7	贵州新闻联播	贵州卫视	1.7	10.5
8	贵州省十三届人大一次会议特别节目	贵州卫视	1.6	8.0
9	上海合作组织青岛峰会特别报道	中央电视台综合频道	1.3	4.0
10	数化万物智在融合 2018 直击数博	贵州卫视	1.2	4.7

表 3.8.10　2018 年贵州市场专题节目收视率排名前十位

名次	节目名称	播出频道	平均收视率（%）	平均占有率（%）
1	扎扎实实提高质量	中央电视台综合频道	5.1	15.4
2	爱的海洋汶川地震灾区学生赴海洋全俄儿童中心疗养十周年纪念	中央电视台综合频道	4.8	11.9
3	海上丝路看今朝 2018 年习近平主席亚太之行	中央电视台综合频道	4.3	11.0
4	习近平主席的上合时间	中央电视台综合频道	4.2	11.1
5	为了一江清水浩荡东流习近平总书记 2018 年长江考察纪实	中央电视台综合频道	3.7	9.9
6	心系凉山习近平总书记凉山扶贫纪实	中央电视台综合频道	3.2	9.0
7	我爱你中国第二季	湖南卫视	3.0	7.6
7	为了共同的繁荣习近平出席首届中国国际进口博览会纪实	中央电视台综合频道	3.0	7.6
9	万水千山只等闲	中央电视台综合频道	2.9	8.8
10	生机无限	湖南卫视	2.9	8.1

表 3.8.11　2018 年贵州市场综艺节目收视率排名前十位

名次	节目名称	播出频道	平均收视率（%）	平均占有率（%）
1	2018 中央电视台春节联欢晚会	中央电视台综合频道	7.7	37.5
2	幻乐之城 2018（7 月 20 日）	湖南卫视	4.7	15.1
3	歌手歌王之战（4 月 13 日）	湖南卫视	3.8	13.0
4	快乐大本营	湖南卫视	3.7	13.2
5	声入人心（11 月 9 日）	湖南卫视	3.3	10.2
6	第 12 届中国金鹰电视艺术节开幕式暨文艺晚会	湖南卫视	3.1	9.0
7	2018 中央军委慰问驻京部队老干部迎新春文艺演出	中央电视台综合频道	2.9	9.8
8	乡人乡味第十六届农交会全国品牌农产品推介活动	湖南卫视	2.9	8.6
9	文化中国四海同春 2018 全球华侨华人春节大联欢	湖南卫视	2.8	11.0
10	2018 年上海国际电影电视节第 21 届上海国际电影节金爵奖颁奖典礼	中央台六套	2.7	7.1

表 3.8.12 2018 年贵州市场体育类节目收视率排名前十位
（世界杯、亚运会、亚残运会、冬奥会比赛除外）

名次	节目名称	播出频道	平均收视率（%）	平均占有率（%）
1	HUZHOU2018 浙江省第十六届运动会	浙江卫视	1.6	7.5
2	现场直播：2018 年世界女排联赛总决赛（中国 VS 巴西）	中央台五套	1.3	4.5
3	现场直播：2018/2019 赛季中国男子篮球职业联赛常规赛第 24 轮（四川五粮金樽 VS 山西汾酒股份）	中央台五套	1.0	3.4
4	2018/2019 赛季欧洲冠军联赛小组赛 G 组第 5 轮（罗马 VS 皇家马德里）	中央台五套	0.8	5.2
5	实况录像：2018 年世界举重锦标赛女子 64 公斤级决赛挺举	中央台五套	0.8	2.7
6	2018 年杭州世游赛 25 米女子 100 米个人混合泳决赛	中央台五套	0.8	2.5
7	直播周末 NBA 最前线	中央台五套	0.8	2.1
8	现场直播：2018 年 CBA 全明星周末技巧挑战赛预赛	中央台五套	0.7	2.8
9	现场直播：2018 年乒乓球团体世界锦标赛男团决赛	中央台五套	0.7	2.4
10	现场直播：2018 年国际冠军杯（马德里竞技 VS 阿森纳）	中央台五套	0.7	2.3

表 3.8.13 2018 年贵州市场世界杯、亚运会、亚残运会、冬奥会比赛收视率排名前十位

名次	节目名称	播出频道	平均收视率（%）	平均占有率（%）
1	我爱世界杯：2018 年俄罗斯世界杯 G 组第二轮（比利时 VS 突尼斯）	中央台五套	2.1	6.5
2	第 18 届亚运会女子 400 米决赛	中央台五套	2.0	4.5
3	第 18 届亚运会乒乓球男团决赛	中央台五套	1.6	4.6
4	第 18 届亚运会女足决赛（日本 VS 中国）	中央台五套	1.3	3.7
5	第 18 届亚运会男篮半决赛（中国 VS 中国台北）	中央台五套	1.3	3.6
6	第 18 届亚运会闭幕式	中央台五套	1.0	3.1
7	第 18 届亚运会女子 4×200 米自由泳接力决赛	中央台五套	1.0	2.8
8	我爱世界杯：2018 年俄罗斯世界杯闭幕式	中央台五套	0.9	9.3
9	红场会客厅	中央台五套	0.9	4.9
10	2018 年第 23 届冬奥会冬季两项女子 7.5 公里短距离	中央台五套	0.8	2.9

九、海南收视数据

表 3.9.1　2014~2018 年海南市场各类频道的市场占有率（%）

频道类别	年份				
	2014 年	2015 年	2016 年	2017 年	2018 年
中央电视台频道	33.0	31.8	35.6	38.2	36.4
中国教育台频道	0.7	0.5	0.4	0.3	0.3
海南省级频道	22.2	23.3	20.7	18.2	19.5
其他省级卫视频道	26.9	28.7	28.0	27.1	25.0
其他频道	17.2	15.7	15.3	16.2	18.8

表 3.9.2　2018 年海南市场各类频道在不同目标观众中的市场占有率（%）

目标观众		中央电视台频道	中国教育台频道	海南省级频道	其他省级卫视频道	其他频道
4 岁及以上所有人		36.4	0.3	19.5	25.0	18.8
城乡	城市	33.7	0.1	17.5	28.4	20.3
	农村	38.0	0.3	20.7	23.0	18.0
性别	男	37.7	0.3	19.7	22.5	19.8
	女	34.8	0.2	19.3	28.1	17.6
年龄	4~14 岁	33.3	0.2	12.2	35.7	18.6
	15~24 岁	32.0	0.5	14.9	31.7	20.9
	25~34 岁	30.2	0.2	17.6	28.0	24.0
	35~44 岁	36.9	0.3	14.3	29.6	18.9
	45~54 岁	36.8	0.2	18.6	21.7	22.7
	55~64 岁	40.8	0.3	28.9	15.2	14.8
	65 岁及以上	41.9	0.2	28.8	17.2	11.9
教育程度	未受过正规教育	33.5	0.2	15.7	33.2	17.4
	小学	33.1	0.2	19.1	27.2	20.4
	初中	37.3	0.3	20.2	24.5	17.7
	高中	38.9	0.1	20.7	19.2	21.1
	大学及以上	40.2	0.3	17.9	22.4	19.2
职业类别	干部/管理人员	23.6	0.1	14.1	26.4	35.8
	个体/私营企业人员	33.7	0.3	20.2	24.5	21.3
	初级公务员/雇员	40.3	0.2	19.5	22.9	17.1
	工人	33.7	0.2	20.5	25.9	19.7
	学生	32.1	0.3	13.7	35.2	18.7
	无业	38.8	0.2	21.0	25.6	14.4
	其他	37.2	0.3	20.4	19.6	22.5
个人月收入	0~300 元	33.7	0.3	16.5	31.0	18.5
	301~900 元	37.2	0.4	27.1	17.3	18.0
	901~1700 元	40.6	0.3	19.8	24.3	15.0
	1701~2600 元	36.6	0.2	20.0	22.4	20.8
	2601~3500 元	33.6	0.2	22.5	23.5	20.2
	3501 元以上	38.6	0.3	18.2	20.1	22.8

表 3.9.3 2018 年海南市场各类频道在不同时段的市场占有率（%）

时间段	中央电视台频道	中国教育台频道	海南省级频道	其他省级卫视频道	其他频道
02:00～03:00	28.6	0.2	4.0	32.0	35.2
03:00～04:00	29.1	0.1	5.2	27.3	38.4
04:00～05:00	23.7	0.1	4.3	30.0	41.8
05:00～06:00	27.1	0.2	8.0	32.4	32.3
06:00～07:00	45.9	0.2	8.3	18.2	27.5
07:00～08:00	44.2	0.4	9.7	20.3	25.4
08:00～09:00	41.2	0.4	13.5	23.7	21.1
09:00～10:00	38.8	0.3	14.9	26.2	19.9
10:00～11:00	38.5	0.4	14.9	28.1	18.1
11:00～12:00	41.0	0.3	12.5	29.5	16.7
12:00～13:00	43.1	0.2	8.1	31.0	17.6
13:00～14:00	38.2	0.4	9.0	33.2	19.2
14:00～15:00	36.7	0.5	9.8	33.4	19.7
15:00～16:00	36.7	0.5	10.6	32.3	19.9
16:00～17:00	37.2	0.6	9.9	31.2	21.1
17:00～18:00	37.0	0.5	12.2	28.6	21.7
18:00～19:00	37.1	0.2	28.0	14.4	20.3
19:00～20:00	44.3	0.2	23.4	15.6	16.5
20:00～21:00	33.8	0.1	25.6	24.0	16.5
21:00～22:00	32.8	0.2	26.9	22.7	17.4
22:00～23:00	32.0	0.3	24.5	24.6	18.7
23:00～24:00	26.7	0.2	26.4	26.3	20.4
24:00～25:00	29.9	0.2	12.5	29.5	27.9
25:00～26:00	29.0	0.2	3.0	35.4	32.5

表 3.9.4 2018 年海南市场收视份额排名前十位的频道

名次	频道名称	收视份额（%）
1	海南广播电视总台综合频道	9.3
2	中央台八套	5.9
3	海南广播电视总台影视综艺频道	5.1
4	中央电视台少儿频道	4.9
5	湖南卫视	4.6
6	中央电视台综合频道	4.4
7	中央台六套	4.1
8	中央台五套	3.6
9	中央台四套	3.2
10	湖南电视台金鹰卡通频道	2.9

表 3.9.5　2018 年海南市场各主要频道的观众构成（%）

目标观众		所有频道	主要频道				
			海南广播电视总台综合频道	中央台八套	海南广播电视总台影视综艺频道	中央电视台少儿频道	湖南卫视
4 岁及以上所有人		100.0	100.0	100.0	100.0	100.0	100.0
城乡	城市	36.4	31.0	29.1	31.7	26.1	36.5
	农村	63.6	69.0	70.9	68.3	73.9	63.5
性别	男	55.0	57.3	46.4	53.5	53.4	42.8
	女	45.0	42.7	53.6	46.5	46.6	57.2
年龄	4～14 岁	18.0	10.0	10.6	8.5	51.0	29.8
	15～24 岁	7.1	5.7	3.6	5.0	8.0	10.9
	25～34 岁	11.9	8.8	7.0	14.4	13.3	11.9
	35～44 岁	11.5	7.8	12.0	8.9	6.8	16.5
	45～54 岁	22.4	20.9	25.9	21.7	10.0	17.2
	55～64 岁	14.8	26.4	22.3	15.7	4.5	6.7
	65 岁及以上	14.3	20.4	18.6	25.8	6.4	7.0
教育程度	未受过正规教育	9.3	6.0	7.1	7.9	24.8	10.1
	小学	22.4	23.3	22.5	20.7	32.1	31.7
	初中	48.3	49.2	51.6	53.7	37.1	46.5
	高中	15.6	18.1	15.8	13.9	3.8	10.6
	大学及以上	4.4	3.4	3.0	3.8	2.2	1.1
职业类别	干部/管理人员	0.7	0.5	0.4	0.4	0.2	0.6
	个体/私营企业人员	8.0	8.3	5.8	9.1	4.7	6.2
	初级公务员/雇员	8.5	7.6	12.0	7.9	3.2	5.5
	工人	12.5	11.5	12.0	15.1	7.1	13.1
	学生	13.7	9.1	7.6	7.8	29.2	28.1
	无业	28.5	27.8	35.7	33.5	34.6	20.5
	其他	28.1	35.2	26.5	26.2	21.0	26.0
个人月收入	0～300 元	32.4	24.5	28.4	28.2	60.8	44.9
	301～900 元	8.7	17.3	6.2	7.0	5.0	6.4
	901～1700 元	18.6	19.6	27.0	16.6	15.9	18.1
	1701～2600 元	20.8	19.5	22.9	25.3	12.4	18.1
	2601～3500 元	9.9	11.8	9.8	11.1	3.3	7.7
	3501 元以上	9.6	7.3	5.7	11.8	2.6	4.8

表 3.9.6 2016～2018 年海南市场各类节目的播出份额（%）和收视份额（%）

节目类别	2016 年		2017 年		2018 年	
	播出份额	收视份额	播出份额	收视份额	播出份额	收视份额
财经	1.8	0.7	1.1	0.6	1.1	0.7
电视剧	20.6	40.4	22.4	36.9	22.5	38.8
电影	4.8	6.8	4.4	6.7	4.2	6.2
法制	0.9	0.3	1.0	0.3	0.9	0.4
教学	0.2	0.0	0.2	0.0	0.3	0.0
青少	7.0	7.2	7.4	9.5	7.6	8.8
生活服务	8.9	6.3	7.5	5.7	7.6	5.4
体育	2.9	2.2	3.3	2.5	3.3	4.1
外语	0.0	0.0	0.1	0.0	0.1	0.0
戏剧	0.8	0.0	0.9	0.1	0.8	0.1
新闻/时事	15.0	8.6	15.5	9.2	16.2	9.3
音乐	2.6	0.8	1.6	1.2	1.5	1.4
专题	13.4	5.8	14.4	6.8	14.1	6.2
综艺	8.9	11.6	8.1	9.8	7.6	8.6
其他	12.2	9.3	12.1	10.6	12.3	9.9

表 3.9.7 2018 年海南市场所有节目收视率排名前三十位

名次	节目名称	节目类型	播出频道	平均收视率（%）	平均占有率（%）
1	直播周末：2018 年世界女排锦标赛决赛（塞尔维亚 VS 意大利）	体育	中央台五套	6.9	26.7
2	黎明破晓前	电视剧	海南广播电视总台综合频道	6.7	26.2
3	我爱世界杯：2018 年俄罗斯世界杯足球赛决赛（法国 VS 克罗地亚）	体育	中央台五套	6.3	42.1
4	激战淞沪	电视剧	海南广播电视总台综合频道	6.2	24.2
5	龙腾归来	电视剧	海南广播电视总台综合频道	5.4	21.8
6	亮剑铁血军魂	电视剧	海南广播电视总台综合频道	5.4	21.7
7	直播周末世界女排锦标赛颁奖仪式	体育	中央台五套	5.3	19.1
8	枪侠	电视剧	海南广播电视总台综合频道	5.2	20.6
9	战寇	电视剧	海南广播电视总台综合频道	5.0	20.1
10	铁核桃	电视剧	海南广播电视总台综合频道	4.9	19.0
11	决不饶恕	电视剧	海南广播电视总台综合频道	4.7	19.9
12	浴血永生	电视剧	海南广播电视总台综合频道	4.7	19.2
13	战虎行动	电视剧	海南广播电视总台综合频道	4.5	18.5
14	铁血荣耀（3～63 集）	电视剧	海南广播电视总台综合频道	4.3	15.7
15	危城对决	电视剧	海南广播电视总台综合频道	4.2	18.7

续表

名次	节目名称	节目类型	播出频道	平均收视率(%)	平均占有率(%)
16	烽火狼烟	电视剧	海南广播电视总台综合频道	4.2	16.7
17	我们的绝地反击	电视剧	海南广播电视总台综合频道	4.2	14.9
18	勇者胜	电视剧	海南广播电视总台综合频道	4.1	16.7
19	绝地狙击	电视剧	海南广播电视总台综合频道	4.0	17.6
20	第18届亚运会女排半决赛(中国VS日本)	体育	中央台五套	4.0	16.5
21	我的继父是偶像(37~41集)	电视剧	中央台八套	3.8	14.2
22	绝密追踪	电视剧	海南广播电视总台综合频道	3.7	14.7
23	第18届亚运会女子4×100米接力预赛	体育	中央台五套	3.6	16.2
24	现场直播：2018年乒乓球团体世界锦标赛男团决赛	体育	中央台五套	3.6	14.6
25	生死一线	电视剧	海南广播电视总台综合频道	3.5	13.1
26	英雄决	电视剧	海南广播电视总台综合频道	3.4	13.4
27	动画大放映：黑猫警长	青少	中央电视台少儿频道	3.3	17.1
28	脱贫攻坚大决战聚焦精准扶贫共建小康社会	新闻/时事	海南广播电视总台综合频道	3.3	13.8
29	娘妻	电视剧	海南广播电视总台综合频道	3.2	12.5
30	狩猎者(10月18日)	电影	中央台六套	3.1	13.1

表3.9.8　2018年海南市场电视剧收视率排名前十位

名次	节目名称	播出频道	平均收视率(%)	平均占有率(%)
1	黎明破晓前	海南广播电视总台综合频道	6.7	26.2
2	激战淞沪	海南广播电视总台综合频道	6.2	24.2
3	龙腾归来	海南广播电视总台综合频道	5.4	21.8
4	亮剑铁血军魂	海南广播电视总台综合频道	5.4	21.7
5	枪侠	海南广播电视总台综合频道	5.2	20.6
6	战寇	海南广播电视总台综合频道	5.0	20.1
7	铁核桃	海南广播电视总台综合频道	4.9	19.0
8	决不饶恕	海南广播电视总台综合频道	4.7	19.9
9	浴血永生	海南广播电视总台综合频道	4.7	19.2
10	战虎行动	海南广播电视总台综合频道	4.5	18.5

表3.9.9　2018年海南市场新闻节目收视率排名前十位

名次	节目名称	播出频道	平均收视率(%)	平均占有率(%)
1	脱贫攻坚大决战聚焦精准扶贫共建小康社会	海南广播电视总台综合频道	3.3	13.8
2	直播海南	海南广播电视总台综合频道	1.7	16.9

续表

名次	节目名称	播出频道	平均收视率（%）	平均占有率（%）
3	新闻联播	中央电视台综合频道	1.6	9.6
4	我参军我光荣省军区副司令员毕重峰少将就征兵工作答记者问	海南广播电视总台综合频道	1.5	5.9
5	上海合作组织青岛峰会特别报道	中央电视台综合频道	1.5	5.7
6	我爱海口	海南广播电视总台综合频道	1.3	6.5
7	海峡两岸	中央台四套	1.0	3.7
8	焦点访谈	中央电视台综合频道	0.9	3.8
9	中国舆论场	中央台四套	0.9	3.7
10	直通自贸港	海南广播电视总台综合频道	0.8	4.7

表 3.9.10　2018 年海南市场专题节目收视率排名前十位

名次	节目名称	播出频道	平均收视率（%）	平均占有率（%）
1	2018 脱贫致富新春爱心集市	海南广播电视总台综合频道	2.4	10.5
2	扎扎实实提高质量	中央电视台综合频道	2.1	10.0
3	绿色农业进行时	海南广播电视总台综合频道	2.0	13.2
4	潮起海之南 1988～2018	海南广播电视总台综合频道	2.0	8.9
5	两学一做电视夜校	海南广播电视总台综合频道	1.9	7.3
6	脱贫致富电视夜校	海南广播电视总台综合频道	1.7	6.1
7	携手构建更加紧密的中非命运共同体 2018 中非合作论坛北京峰会纪实	中央电视台综合频道	1.6	7.1
8	重返爱的海洋	中央电视台综合频道	1.5	5.6
9	新时代琼崖传习所	海南广播电视总台综合频道	1.4	5.8
10	万水千山只等闲	中央电视台综合频道	1.4	5.5

表 3.9.11　2018 年海南市场综艺节目收视率排名前十位

名次	节目名称	播出频道	平均收视率（%）	平均占有率（%）
1	2018 中央电视台春节联欢晚会	海南广播电视总台综合频道	3.1	11.8
2	去村里住一晚	海南广播电视总台综合频道	2.8	11.5
3	山水中国美	中央台三套	2.3	7.8
4	未来因你精彩感悟海丝走向海洋春光第七届海南广电观众节闭幕式	海南广播电视总台综合频道	2.2	6.9
5	挑战不可能（1 月 7 日）	中央电视台综合频道	2.1	7.5
6	欢乐吉祥闹元宵	中央电视台综合频道	2.0	8.1
7	黄金 100 秒（12 月 24 日）	中央台三套	1.9	7.3
8	拥抱新时代祝福你中国中国梦祖国颂 2018 国庆特别节目	中央电视台综合频道	1.9	7.1
9	星光大道（5 月 19 日）	中央台三套	1.7	7.8
10	2018 湖南卫视春节联欢晚会	湖南卫视	1.5	7.6

表 3.9.12　2018 年海南市场体育节目收视率排名前十位
(世界杯、亚运会、亚残运会、冬奥会比赛除外)

名次	节目名称	播出频道	平均收视率(%)	平均占有率(%)
1	直播周末：2018 年世界女排锦标赛决赛（塞尔维亚 VS 意大利）	中央台五套	6.9	26.7
2	直播周末世界女排锦标赛颁奖仪式	中央台五套	5.3	19.1
3	现场直播：2018 年乒乓球团体世界锦标赛男团决赛	中央台五套	3.6	14.6
4	2017 年第八届中国鸟飞人大赛	海南广播电视总台综合频道	1.8	6.3
5	现场直播：2018 年汤姆斯杯半决赛男单	中央台五套	1.7	7.4
6	星耀征途	中央台五套	1.5	8.7
7	现场直播：2018 年国际泳联跳水世界杯女子 10 米跳台决赛	中央台五套	1.5	7.8
8	直播周末：2018 年女篮世界杯 5、6 名决赛（中国 VS 法国）	中央台五套	1.5	6.7
9	直播周末：2018 年世界举重锦标赛女子 87 公斤以上级挺举决赛	中央台五套	1.4	11.1
10	实况录像：2018 年国际泳联游泳世界杯北京站男子 50 米自由泳	中央台五套	1.3	6.3

表 3.9.13　2018 年海南市场世界杯、亚运会、亚残运会、冬奥会比赛收视率排名前十位

名次	节目名称	播出频道	平均收视率(%)	平均占有率(%)
1	我爱世界杯：2018 年俄罗斯世界杯足球赛决赛（法国 VS 克罗地亚）	中央台五套	6.3	42.1
2	第 18 届亚运会女排半决赛(中国 VS 日本)	中央台五套	4.0	16.5
3	第 18 届亚运会女子 4×100 米接力预赛	中央台五套	3.6	16.2
4	第 18 届亚运会男篮决赛(中国 VS 伊朗)	中央台五套	3.0	11.5
5	第 18 届亚运会羽毛球女双决赛	中央台五套	2.4	13.1
6	第 18 届亚运会乒乓球男团决赛	中央台五套	2.3	9.0
7	2018 年亚运会女子 200 米蛙泳决赛	中央台五套	2.3	8.6
8	第 18 届亚运会女子体操高低杠决赛	中央台五套	2.0	6.9
9	2018 年第 23 届冬奥会短道速滑男子 500 米决赛 A 组	中央台五套	1.8	8.6
10	我爱世界杯：2018 年俄罗斯世界杯开幕式	中央台五套	1.4	8.3

十、河北收视数据

表 3.10.1　2014～2018 年河北市场各类频道的市场占有率（%）

频道类别	年份				
	2014 年	2015 年	2016 年	2017 年	2018 年
中央电视台频道	31.8	33.4	37.4	38.8	40.2
中国教育台频道	0.3	0.2	0.2	0.1	0.2
河北省级频道	29.8	27.6	22.8	18.4	17.5
其他省级卫视频道	29.3	29.3	27.8	23.2	23.0
其他频道	8.8	9.5	11.8	19.5	19.1

表 3.10.2　2018 年河北市场各类频道在不同目标观众中的市场占有率（%）

目标观众		中央电视台频道	中国教育台频道	河北省级频道	其他省级卫视频道	其他频道
4 岁及以上所有人		40.2	0.2	17.5	23.0	19.1
城乡	城市	42.0	0.1	16.1	22.3	19.5
	农村	39.8	0.2	17.9	23.1	19.0
性别	男	43.2	0.2	16.8	22.0	17.9
	女	37.2	0.2	18.3	24.0	20.3
年龄	4～14 岁	31.2	0.2	9.5	30.2	29.0
	15～24 岁	35.4	0.2	13.3	24.4	26.8
	25～34 岁	28.5	0.2	12.3	34.1	24.9
	35～44 岁	34.5	0.2	18.0	22.3	25.0
	45～54 岁	41.8	0.2	16.4	24.7	16.9
	55～64 岁	43.2	0.2	23.3	20.5	12.8
	65 岁及以上	50.3	0.2	20.7	14.6	14.2
教育程度	未受过正规教育	36.2	0.2	17.2	24.9	21.5
	小学	37.1	0.2	19.9	21.6	21.2
	初中	40.9	0.2	16.9	23.7	18.3
	高中	42.9	0.2	18.6	21.9	16.4
	大学及以上	43.2	0.1	12.2	23.8	20.7
职业类别	干部/管理人员	40.3	0.1	10.3	21.3	27.9
	个体/私营企业人员	40.0	0.2	18.6	19.5	21.7
	初级公务员/雇员	42.5	0.2	15.5	23.1	18.7
	工人	34.9	0.2	14.5	29.4	21.0
	学生	30.0	0.2	11.4	26.5	32.0
	无业	40.8	0.2	18.9	22.7	17.4
	其他	43.0	0.2	19.7	22.8	14.4
个人月收入	0～300 元	34.6	0.2	14.7	25.5	25.0
	301～900 元	38.0	0.2	30.9	17.9	13.0
	901～1700 元	44.3	0.2	17.6	25.0	12.8
	1701～2600 元	45.9	0.1	18.8	19.7	15.4
	2601～3500 元	40.4	0.2	12.8	21.8	24.8
	3501 元及以上	38.5	0.2	12.9	24.3	24.2

表 3.10.3　2018 年河北市场各类频道在不同时段的市场占有率（%）

时间段	中央电视台频道	中国教育台频道	河北省级频道	其他省级卫视频道	其他频道
02:00~03:00	43.7	0.3	11.5	18.7	25.8
03:00~04:00	45.5	0.1	10.8	17.7	25.9
04:00~05:00	55.6	0.2	10.5	14.6	19.1
05:00~06:00	64.0	0.1	8.0	12.4	15.4
06:00~07:00	61.2	0.2	6.9	16.2	15.5
07:00~08:00	51.3	0.2	9.0	22.1	17.3
08:00~09:00	45.9	0.4	8.8	25.8	19.2
09:00~10:00	40.1	0.4	9.2	30.4	20.0
10:00~11:00	38.9	0.3	8.9	32.1	19.8
11:00~12:00	42.1	0.2	11.3	28.2	18.2
12:00~13:00	37.3	0.1	21.5	22.9	18.2
13:00~14:00	37.6	0.2	12.1	29.2	20.9
14:00~15:00	38.6	0.3	8.6	30.9	21.8
15:00~16:00	38.7	0.5	8.1	32.4	20.4
16:00~17:00	40.1	0.4	9.2	31.4	19.0
17:00~18:00	40.6	0.2	13.0	27.2	19.0
18:00~19:00	39.0	0.1	29.6	13.0	18.2
19:00~20:00	42.4	0.1	25.2	14.2	18.1
20:00~21:00	36.8	0.1	23.4	21.9	17.9
21:00~22:00	37.6	0.1	22.6	20.5	19.2
22:00~23:00	36.2	0.2	19.6	23.1	20.9
23:00~24:00	38.9	0.2	11.5	25.6	23.8
24:00~25:00	41.1	0.4	10.5	23.0	25.0
25:00~26:00	41.6	0.3	11.3	20.4	26.4

表 3.10.4　2018 年河北市场收视份额排名前十位的频道

名次	频道名称	收视份额（%）
1	中央台八套	6.2
2	河北广播电视台农民频道	5.5
3	中央电视台综合频道	5.4
4	中央电视台少儿频道	4.4
5	中央台四套	4.0
5	中央台三套	4.0
7	河北广播电视台经济生活频道	3.8
8	中央台六套	3.3
9	河北广播电视台卫视频道	3.2
10	湖南电视台金鹰卡通频道	3.1

表 3.10.5 2018 年河北市场各主要频道的观众构成（%）

目标观众		所有频道	主要频道				
			中央台八套	河北广播电视台农民频道	中央电视台综合频道	中央电视台少儿频道	中央台四套
4 岁及以上所有人		100.0	100.0	100.0	100.0	100.0	100.0
城乡	城市	19.5	20.0	17.5	21.9	26.7	25.3
	农村	80.5	80.0	82.5	78.1	73.3	74.7
性别	男	50.3	51.8	43.3	49.4	50.3	60.3
	女	49.7	48.2	56.7	50.6	49.7	39.7
年龄	4～14 岁	11.7	3.3	7.6	8.5	15.4	2.3
	15～24 岁	6.2	6.3	2.6	5.3	6.8	3.6
	25～34 岁	9.8	4.2	5.5	9.7	9.3	4.2
	35～44 岁	10.4	5.6	8.6	9.1	13.6	6.4
	45～54 岁	19.5	21.5	15.6	17.6	20.2	16.0
	55～64 岁	21.2	33.8	29.3	20.5	19.4	27.4
	65 岁及以上	21.2	25.2	30.9	29.2	15.3	40.1
教育程度	未受过正规教育	8.2	6.1	5.4	7.4	8.6	4.4
	小学	23.1	22.5	27.7	17.8	24.9	14.7
	初中	40.3	48.4	44.7	39.4	38.8	42.2
	高中	19.0	16.8	19.4	20.0	15.9	28.1
	大学及以上	9.4	6.3	2.9	15.4	11.9	10.6
职业类别	干部/管理人员	3.3	1.8	1.5	3.4	3.4	4.2
	个体/私营企业人员	12.1	12.2	16.1	10.0	11.0	12.7
	初级公务员/雇员	11.7	8.3	7.4	16.6	11.9	13.1
	工人	4.8	3.8	4.1	3.6	5.8	2.6
	学生	8.9	3.4	5.8	7.2	12.6	2.5
	无业	32.0	29.5	40.6	38.0	30.4	45.7
	其他	27.3	40.9	24.5	21.2	24.7	19.1
个人月收入	0～300 元	30.3	17.9	33.9	30.5	31.9	21.1
	301～900 元	10.3	14.6	17.0	10.3	9.1	6.0
	901～1700 元	22.1	34.4	24.0	17.7	20.1	17.5
	1701～2600 元	19.6	18.5	16.6	23.8	20.1	38.9
	2601～3500 元	12.3	10.5	5.4	11.8	12.4	11.0
	3501 元及以上	5.4	4.0	3.1	5.8	6.4	5.4

表 3.10.6　2016～2018 年河北市场各类节目的播出份额(%)和收视份额(%)

节目类别	2016 年		2017 年		2018 年	
	播出份额	收视份额	播出份额	收视份额	播出份额	收视份额
财经	1.3	0.6	1.1	0.4	1.2	0.6
电视剧	22.3	32.2	22.2	32.3	22.0	31.0
电影	4.1	4.1	4.1	4.6	4.1	4.5
法制	0.8	1.0	0.9	1.6	0.8	1.8
教学	0.3	0.0	0.2	0.0	0.3	0.0
青少	6.8	6.1	7.3	8.0	7.2	8.3
生活服务	8.6	6.8	8.0	6.1	8.1	7.5
体育	3.5	2.0	3.5	1.9	3.4	2.2
外语	0.0	0.0	0.1	0.0	0.1	0.0
戏剧	0.9	0.9	0.9	1.8	0.8	2.0
新闻/时事	14.5	12.2	15.2	11.6	15.5	11.3
音乐	1.9	1.2	1.5	0.9	1.4	0.9
专题	13.8	7.7	14.4	7.4	13.9	6.6
综艺	9.5	15.3	8.5	12.3	8.3	11.4
其他	11.7	9.9	12.1	11.1	12.7	11.7

表 3.10.7　2018 年河北市场所有节目收视率排名前三十位

名次	节目名称	节目类型	播出频道	平均收视率(%)	平均占有率(%)
1	欢乐吉祥闹元宵	综艺	中央电视台综合频道	6.4	20.4
2	2018 中央电视台春节联欢晚会	综艺	中央电视台综合频道	6.2	16.0
3	一年又一年	专题	中央电视台综合频道	4.1	13.8
4	扎扎实实提高质量	专题	中央电视台综合频道	3.4	9.9
5	为了共同的繁荣习近平出席首届中国国际进口博览会纪实	专题	中央电视台综合频道	3.2	11.7
6	天气预报	生活服务	中央电视台综合频道	3.0	12.9
7	挺进大西北	电视剧	河北广播电视台经济生活频道	3.0	11.6
8	村官过大年	电影	中央台六套	2.9	11.2
9	新春喜剧之夜	综艺	中央台三套	2.9	7.9
10	开学第一课	青少	中央电视台综合频道	2.8	10.9
11	星光大道决赛季(2 月 28 日)	综艺	中央台三套	2.8	9.4
12	妈妈回家	电视剧	河北广播电视台农民频道	2.7	9.1
13	我的小姨	电视剧	中央台八套	2.6	11.9
14	菊子传奇	电视剧	河北广播电视台农民频道	2.6	11.7
15	左手亲情右手爱	电视剧	中央台八套	2.6	11.5
16	岁岁年年柿柿红	电视剧	中央电视台综合频道	2.6	11.3

续表

名次	节目名称	节目类型	播出频道	平均收视率（%）	平均占有率（%）
17	刘家媳妇	电视剧	河北广播电视台农民频道	2.6	10.5
18	最美的青春	电视剧	中央电视台综合频道	2.5	11.0
19	妈妈回家	电视剧	河北广播电视台经济生活频道	2.5	10.6
20	养母生母	电视剧	河北广播电视台农民频道	2.5	9.5
21	我在北京挺好的	电视剧	中央台八套	2.4	11.1
22	文化中国四海同春 2018 全球华侨华人春节大联欢	综艺	湖南卫视	2.3	6.6
23	丰收中国幸福盘锦	综艺	中央台七套	2.2	16.3
24	知青家庭	电视剧	中央台八套	2.2	10.2
25	谷家大嫂	电视剧	河北广播电视台农民频道	2.2	9.6
26	因为遇见你	电视剧	河北广播电视台经济生活频道	2.2	9.4
27	那年窗花红艳艳	电视剧	河北广播电视台经济生活频道	2.2	8.1
28	娘亲舅大	电视剧	中央台八套	2.1	10.5
29	继父回家	电视剧	中央台八套	2.1	10.1
30	相声大联欢	综艺	中央电视台综合频道	2.1	9.2

表 3.10.8　2018 年河北市场电视剧收视率排名前十位

名次	节目名称	播出频道	平均收视率（%）	平均占有率（%）
1	挺进大西北	河北广播电视台经济生活频道	3.0	11.6
2	妈妈回家	河北广播电视台农民频道	2.7	9.1
3	我的小姨	中央台八套	2.6	11.9
4	菊子传奇	河北广播电视台农民频道	2.6	11.7
5	左手亲情右手爱	中央台八套	2.6	11.5
6	岁岁年年柿柿红	中央电视台综合频道	2.6	11.3
7	刘家媳妇	河北广播电视台农民频道	2.6	10.5
8	最美的青春	中央电视台综合频道	2.5	11.0
9	妈妈回家	河北广播电视台经济生活频道	2.5	10.6
10	养母生母	河北广播电视台农民频道	2.5	9.5

表 3.10.9　2018 年河北市场新闻节目收视率排名前十位

名次	节目名称	播出频道	平均收视率（%）	平均占有率（%）
1	国务院总理会见中外记者并回答提问	中央电视台新闻频道	1.9	5.8
2	今日资讯	河北广播电视台经济生活频道	1.8	11.1
3	转播中央台新闻联播	河北广播电视台卫视频道	1.4	6.7
4	新闻联播	中央电视台综合频道	1.3	6.2
5	焦点访谈	中央电视台综合频道	1.2	5.1

续表

名次	节目名称	播出频道	平均收视率(%)	平均占有率(%)
6	海峡两岸	中央台四套	1.2	4.6
7	中国舆论场	中央台四套	1.1	4.2
8	上海合作组织青岛峰会特别报道	中央电视台综合频道	1.1	4.0
9	河北新闻联播	河北广播电视台卫视频道	1.0	5.8
10	今日亚洲	中央台四套	1.0	4.1

表 3.9.10　2018 年河北市场专题节目收视率排名前十位

名次	节目名称	播出频道	平均收视率(%)	平均占有率(%)
1	一年又一年	中央电视台综合频道	4.1	13.8
2	扎扎实实提高质量	中央电视台综合频道	3.4	9.9
3	为了共同的繁荣习近平出席首届中国国际进口博览会纪实	中央电视台综合频道	3.2	11.7
4	心系凉山习近平总书记凉山扶贫纪实	中央电视台综合频道	2.1	6.3
5	万水千山只等闲	中央电视台综合频道	2.0	6.6
6	相知无远近万里尚为邻 2018 年 7 月习近平主席亚非行纪实	中央电视台综合频道	1.6	7.2
7	习近平主席的上合时间	中央电视台综合频道	1.5	8.1
8	重返爱的海洋	中央电视台综合频道	1.5	6.6
9	爱的海洋汶川地震灾区学生赴海洋全俄儿童中心疗养十周年纪念	中央电视台综合频道	1.4	5.9
10	全国两会特别节目我建议	中央台十二套	1.3	4.8

表 3.10.11　2018 年河北市场综艺节目收视率排名前十位

名次	节目名称	播出频道	平均收视率(%)	平均占有率(%)
1	欢乐吉祥闹元宵	中央电视台综合频道	6.4	20.4
2	2018 中央电视台春节联欢晚会	中央电视台综合频道	6.2	16.0
3	新春喜剧之夜	中央台三套	2.9	7.9
4	星光大道决赛季（12 月 28 日）	中央台三套	2.8	9.4
5	文化中国四海同春 2018 全球华侨华人春节大联欢	湖南卫视	2.3	6.6
6	丰收中国幸福盘锦	中央台七套	2.2	16.3
7	相声大联欢	中央电视台综合频道	2.1	9.2
8	2018 年中央广播电视总台中秋晚会	中央台三套	2.0	9.4
9	拥抱新时代祝福你中国中国梦祖国颂 2018 国庆特别节目	中央电视台综合频道	1.9	7.9
10	直通春晚	中央台三套	1.8	6.7

表 3.10.12 2018 年河北市场体育节目收视率排名前十位
（世界杯、亚运会、亚残运会、冬奥会比赛除外）

名次	节目名称	播出频道	平均收视率（%）	平均占有率（%）
1	现场直播：2018 年乒乓球团体世界锦标赛男团决赛	中央台五套	2.0	9.9
2	2018 年世界女排锦标赛小组赛 B 组第四轮（中国 VS 保加利亚）	中央台五套	0.9	4.1
3	现场直播：2017/2018 赛季中国羽毛球俱乐部超级联赛第 10 轮男子双打	中央台五套	0.8	4.7
4	河北省第十五届运动会开幕式特别节目	河北广播电视台卫视频道	0.8	3.6
5	2018 年杭州世游赛 25 米女子 400 米个人混合泳决赛	中央台五套	0.8	2.9
6	2017/2018 赛季 CBA 常规赛第 32 轮（深圳马可波罗 VS 北京首钢）	中央台五套	0.8	2.8
7	直播周末：2018 年中国女子篮球联赛全明星赛技巧挑战赛	中央台五套	0.8	2.7
8	直播周末：2018 年中国女子篮球联赛全明星赛混合三分球大赛	中央台五套	0.8	2.5
9	现场直播：2018 年尤伯杯半决赛女单	中央台五套	0.7	5.5
10	现场直播：2018 年世界女排联赛江门站	中央台五套	0.7	3.6

表 3.10.13 2018 年河北市场世界杯、亚运会、亚残运会、冬奥会比赛收视率排名前十位

名次	节目名称	播出频道	平均收视率（%）	平均占有率（%）
1	2018 年亚运会男子 200 米混合泳决赛	中央台五套	2.0	7.8
2	我爱世界杯：2018 年世界杯小组赛 F 组第一轮第二场（瑞典 VS 韩国）	中央台五套	1.9	8.3
3	第 18 届亚运会乒乓球男团决赛	中央台五套	1.8	7.6
4	第 18 届亚运会男篮决赛（中国 VS 伊朗）	中央台五套	1.7	6.8
4	第 18 届亚运会女子 10000 米决赛	中央台五套	1.7	6.8
6	2018 年第 23 届冬奥会男子自由式滑雪雪上技巧决赛	中央台五套	1.1	3.4
7	2018 年第 23 届冬奥会短道速滑男子 1500 米决赛 A 组	中央台五套	1.1	3.1
8	第 18 届亚运会男子团体羽毛球半决赛	中央台五套	1.0	4.6
9	第 18 届亚运会男子体操吊环决赛	中央台五套	1.0	3.7
10	第 18 届亚运会女子个人花剑决赛	中央台五套	0.9	3.6

十一、河南收视数据

表 3.11.1 2014～2018 年河南市场各类频道的市场占有率（%）

频道类别	年份				
	2014 年	2015 年	2016 年	2017 年	2018 年
中央电视台频道	42.3	42.7	43.5	44.5	46.1
中国教育台频道	0.7	0.5	0.4	0.3	0.3
河南省级频道	17.6	16.7	16.9	14.1	14.6
其他省级卫视频道	36.0	36.9	35.2	35.2	31.1
其他频道	3.4	3.2	4.0	5.9	7.9

表 3.11.2 2018 年河南市场各类频道在不同目标观众中的市场占有率（%）

目标观众		中央电视台频道	中国教育台频道	河南省级频道	其他省级卫视频道	其他频道
4 岁及以上所有人		46.1	0.3	14.6	31.1	7.9
城乡	城市	50.2	0.2	18.5	24.3	6.8
	农村	45.1	0.3	13.7	32.7	8.2
性别	男	49.2	0.3	14.5	28.0	8.0
	女	43.3	0.3	14.8	33.9	7.7
年龄	4～14 岁	42.1	0.2	5.7	39.1	12.9
	15～24 岁	43.1	0.3	8.1	44.1	4.4
	25～34 岁	42.1	0.2	11.5	37.3	8.9
	35～44 岁	40.8	0.4	11.5	36.9	10.4
	45～54 岁	47.4	0.3	15.7	29.2	7.4
	55～64 岁	50.4	0.3	24.6	18.8	5.9
	65 岁及以上	55.0	0.6	22.6	16.7	5.1
教育程度	未受过正规教育	47.4	0.9	12.2	26.0	13.5
	小学	47.7	0.4	14.5	29.6	7.8
	初中	42.1	0.2	16.3	33.2	8.2
	高中	49.4	0.3	13.4	29.1	7.8
	大学及以上	53.6	0.1	11.0	31.9	3.4
职业类别	干部/管理人员	61.5	0.1	15.4	19.9	3.1
	个体/私营企业人员	45.5	0.3	16.1	27.9	10.2
	初级公务员/雇员	53.0	0.3	12.4	30.5	3.8
	工人	51.3	0.1	10.4	27.8	10.4
	学生	40.3	0.2	5.9	44.2	9.4
	无业	47.3	0.5	20.0	22.3	9.9
	其他	45.9	0.3	16.4	31.6	5.8
个人月收入	0～300 元	42.1	0.3	13.6	34.1	9.9
	301～900 元	47.9	0.3	15.4	29.8	6.6
	901～1700 元	45.2	0.3	16.1	32.7	5.7
	1701～2600 元	49.0	0.4	16.2	28.0	6.4
	2601～3500 元	51.3	0.4	14.6	26.2	7.5
	3501 元及以上	49.1	0.3	12.4	29.6	8.6

表 3.11.3 2018 年河南市场各类频道在不同时段的市场占有率（%）

时间段	中央电视台频道	中国教育台频道	河南省级频道	其他省级卫视频道	其他频道
02:00~03:00	49.2	0.5	8.5	32.6	9.2
03:00~04:00	50.9	1.2	7.9	32.4	7.6
04:00~05:00	39.6	0.4	7.2	29.3	23.5
05:00~06:00	48.7	0.2	15.6	22.8	12.7
06:00~07:00	67.2	0.7	6.0	21.0	5.1
07:00~08:00	60.9	0.6	9.7	22.3	6.5
08:00~09:00	51.3	0.6	14.1	26.3	7.7
09:00~10:00	49.3	0.6	9.6	31.6	8.9
10:00~11:00	47.1	0.5	8.6	34.3	9.5
11:00~12:00	48.4	0.3	8.1	33.4	9.8
12:00~13:00	55.8	0.2	8.3	28.6	7.1
13:00~14:00	48.6	0.2	9.6	31.6	10.0
14:00~15:00	47.2	0.6	9.7	33.5	9.0
15:00~16:00	45.1	0.5	8.5	37.3	8.6
16:00~17:00	44.4	0.6	9.2	36.0	9.8
17:00~18:00	45.6	0.4	11.0	33.0	10.0
18:00~19:00	50.8	0.2	18.5	22.3	8.2
19:00~20:00	57.7	0.3	15.1	20.9	6.0
20:00~21:00	37.8	0.2	18.6	36.6	6.8
21:00~22:00	32.8	0.2	19.6	39.1	8.3
22:00~23:00	30.7	0.3	20.5	38.1	10.4
23:00~24:00	36.1	0.9	20.1	29.2	13.7
24:00~25:00	41.6	1.9	15.8	20.4	20.3
25:00~26:00	35.7	0.8	8.5	22.6	32.4

表 3.11.4 2018 年河南市场收视份额排名前十位的频道

名次	频道名称	收视份额（%）
1	中央电视台综合频道	10.4
2	中央台八套	6.0
3	中央电视台少儿频道	5.8
4	湖南卫视	4.9
5	中央台六套	4.5
6	河南广播电视台卫星频道（一套）	4.1
7	中央台三套	4.0
8	河南广播电视台都市频道（二套）	3.5
9	河南广播电视台电视剧频道（五套）	3.4
10	中央台十二套	2.6

表 3.11.5　2018 年河南市场各主要频道的观众构成（%）

目标观众		所有频道	主要频道				
			中央电视台综合频道	中央台八套	中央电视台少儿频道	湖南卫视	中央台六套
4 岁及以上所有人		100.0	100.0	100.0	100.0	100.0	100.0
城乡	城市	19.5	33.5	20.3	12.0	18.8	19.7
	农村	80.5	66.5	79.7	88.0	81.2	80.3
性别	男	47.4	50.5	44.6	49.7	35.0	51.1
	女	52.6	49.5	55.4	50.3	65.0	48.9
年龄	4～14 岁	14.3	5.8	7.8	54.2	14.8	12.7
	15～24 岁	12.9	9.2	9.5	12.7	27.6	18.0
	25～34 岁	10.5	8.8	10.7	9.3	17.0	12.0
	35～44 岁	15.9	16.1	13.3	8.4	22.2	19.5
	45～54 岁	15.2	16.3	22.5	5.2	13.0	17.2
	55～64 岁	16.4	17.1	21.3	8.4	3.2	14.1
	65 岁及以上	14.8	26.7	14.9	1.8	2.2	6.5
教育程度	未受过正规教育	4.3	2.2	3.2	14.9	2.1	3.1
	小学	24.1	23.5	21.9	43.9	15.5	22.6
	初中	43.6	38.6	45.3	26.3	44.4	43.3
	高中	19.8	23.3	19.8	12.1	26.0	20.8
	大学及以上	8.2	12.4	9.8	2.8	12.0	10.2
职业类别	干部/管理人员	0.6	1.2	0.8	0.2	0.5	0.6
	个体/私营企业人员	10.3	11.6	10.6	5.7	12.0	14.8
	初级公务员/雇员	6.7	11.1	6.2	1.5	7.8	8.4
	工人	6.3	6.6	8.4	3.0	11.5	11.3
	学生	17.6	8.1	11.0	47.5	29.5	19.5
	无业	21.1	23.6	24.1	18.9	10.2	13.9
	其他	37.4	37.8	38.9	23.2	28.5	31.5
个人月收入	0～300 元	38.2	30.5	29.4	72.9	42.2	31.4
	301～900 元	10.4	8.0	17.0	6.3	7.0	11.3
	901～1700 元	14.2	12.1	15.2	8.7	16.6	13.7
	1701～2600 元	18.8	24.3	21.1	5.3	17.5	24.1
	2601～3500 元	11.5	15.0	10.7	3.9	9.6	11.9
	3501 元及以上	6.9	10.1	6.6	2.9	7.1	7.6

表 3.11.6 2016～2018 年河南市场各类节目的播出份额（%）和收视份额（%）

节目类别	2016 年		2017 年		2018 年	
	播出份额	收视份额	播出份额	收视份额	播出份额	收视份额
财经	1.2	0.5	1.0	0.6	1.0	0.5
电视剧	26.9	28.3	26.6	26.3	27.0	27.0
电影	4.2	3.5	4.2	4.3	4.1	4.4
法制	1.0	2.5	1.0	2.1	0.8	2.2
教学	0.2	0.1	0.2	0.1	0.3	0.1
青少	6.2	8.4	6.6	8.7	6.6	9.2
生活服务	8.1	7.6	7.4	7.2	7.3	7.0
体育	3.2	1.5	3.2	1.5	3.1	1.7
外语	0.0	0.0	0.1	0.0	0.1	0.0
戏剧	0.9	1.5	0.9	1.3	1.4	1.6
新闻/时事	10.4	12.8	10.8	13.6	10.8	12.3
音乐	1.7	0.9	1.3	1.1	1.3	0.9
专题	14.8	7.0	15.2	6.9	14.6	6.5
综艺	6.9	10.4	6.0	10.7	5.9	10.7
其他	14.2	15.0	15.4	15.7	15.7	15.9

表 3.11.7 2018 年河南市场所有节目收视率排名前三十位

名次	节目名称	节目类型	播出频道	平均收视率（%）	平均占有率（%）
1	2018 中央电视台春节联欢晚会	综艺	中央电视台综合频道	28.8	80.6
2	一年又一年	专题	中央电视台综合频道	6.4	32.7
3	新闻联播	新闻/时事	中央电视台综合频道	6.2	23.8
4	天气预报	生活服务	中央电视台综合频道	6.2	19.8
5	欢乐吉祥闹元宵	综艺	中央电视台综合频道	6.0	18.8
6	为了一江清水浩荡东流习近平总书记 2018 年长江考察纪实	专题	中央电视台综合频道	5.5	14.2
7	海上丝路看今朝 2018 年习近平主席亚太之行	专题	中央电视台综合频道	5.4	14.6
8	爱的海洋汶川地震灾区学生赴海洋全俄儿童中心疗养十周年纪念	专题	中央电视台综合频道	5.3	17.7
9	万水千山只等闲	专题	中央电视台综合频道	4.7	13.9
10	焦点访谈	新闻/时事	中央电视台综合频道	4.6	14.0
11	梨园春	戏剧	河南广播电视台卫星频道（一套）	4.6	12.5
12	为了共同的繁荣习近平出席首届中国国际进口博览会纪实	专题	中央电视台综合频道	4.1	12.6

续表

名次	节目名称	节目类型	播出频道	平均收视率(%)	平均占有率(%)
13	重返爱的海洋	专题	中央电视台综合频道	4.0	14.9
14	习近平主席的上合时间	专题	中央电视台综合频道	4.0	14.1
15	心系凉山习近平总书记凉山扶贫纪实	专题	中央电视台综合频道	4.0	9.7
16	携手构建更加紧密的中非命运共同体 2018 中非合作论坛北京峰会纪实	专题	中央电视台综合频道	3.9	12.3
17	开学第一课	青少	中央电视台综合频道	3.9	12.1
18	扎扎实实提高质量	专题	中央电视台综合频道	3.9	10.3
19	快乐大本营	综艺	湖南卫视	3.3	11.9
20	文化中国四海同春 2018 全球华侨华人春节大联欢	综艺	湖南卫视	3.3	9.3
21	舌尖上的中国三	专题	中央电视台综合频道	3.3	8.4
22	声入人心（12 月 29 日）	综艺	湖南卫视	3.2	12.7
23	谈判官	电视剧	湖南卫视	3.0	8.9
24	动画大放映：梦想召唤王	青少	中央电视台少儿频道	2.9	9.1
25	拥抱新时代祝福你中国中国梦祖国颂 2018 国庆特别节目	综艺	中央电视台综合频道	2.8	9.3
26	2018 冰雪嘉年华	综艺	中央台三套	2.8	6.4
27	回家的路有多远	电视剧	中央台八套	2.6	9.7
28	甜蜜暴击	电视剧	湖南卫视	2.6	9.1
29	初婚	电视剧	河南广播电视台都市频道（二套）	2.5	8.4
30	第 12 届中国金鹰电视艺术节开幕式暨文艺晚会	综艺	湖南卫视	2.5	7.6

表 3.11.8　2018 年河南市场电视剧收视率排名前十位

名次	节目名称	播出频道	平均收视率(%)	平均占有率(%)
1	谈判官	湖南卫视	3.0	8.9
2	回家的路有多远	中央台八套	2.6	9.7
3	甜蜜暴击	湖南卫视	2.6	9.1
4	初婚	河南广播电视台都市频道(二套)	2.5	8.4
5	开封府	中央台八套	2.4	9.9
6	一千零一夜	湖南卫视	2.4	8.6
7	执行利剑	中央台八套	2.3	9.4
8	娘亲舅大	中央台八套	2.3	8.5
9	初婚	中央台八套	2.1	8.2
10	大牧歌	中央台八套	2.1	7.7

表 3.11.9　2018 年河南市场新闻节目收视率排名前十位

名次	节目名称	播出频道	平均收视率(%)	平均占有率(%)
1	新闻联播	中央电视台综合频道	6.2	23.8
2	焦点访谈	中央电视台综合频道	4.6	14.0
3	国务院总理会见中外记者并回答提问	中央电视台综合频道	2.4	6.5
4	上海合作组织青岛峰会特别报道	中央电视台综合频道	1.7	5.5
5	河南新闻联播	河南广播电视台卫星频道(一套)	1.3	8.9
6	河南两会特别报道	河南广播电视台卫星频道(一套)	1.2	5.4
7	全国两会特别报道	河南广播电视台卫星频道(一套)	1.1	5.6
8	都市报道孟子约	河南广播电视台都市频道(二套)	0.9	3.9
9	海峡两岸	中央台四套	0.8	2.3
10	今日亚洲	中央台四套	0.6	1.8

表 3.11.10　2018 年河南市场专题节目收视率排名前十位

名次	节目名称	播出频道	平均收视率(%)	平均占有率(%)
1	一年又一年	中央电视台综合频道	6.4	32.7
2	为了一江清水浩荡东流习近平总书记 2018 年长江考察纪实	中央电视台综合频道	5.5	14.2
3	海上丝路看今朝 2018 年习近平主席亚太之行	中央电视台综合频道	5.4	14.6
4	爱的海洋汶川地震灾区学生赴海洋全俄儿童中心疗养十周年纪念	中央电视台综合频道	5.3	17.7
5	万水千山只等闲	中央电视台综合频道	4.7	13.9
6	为了共同的繁荣习近平出席首届中国国际进口博览会纪实	中央电视台综合频道	4.1	12.6
7	重返爱的海洋	中央电视台综合频道	4.0	14.9
8	习近平主席的上合时间	中央电视台综合频道	4.0	14.1
9	心系凉山习近平总书记凉山扶贫纪实	中央电视台综合频道	4.0	9.7
10	携手构建更加紧密的中非命运共同体 2018 中非合作论坛北京峰会纪实	中央电视台综合频道	3.9	12.3

表 3.11.11　2018 年河南市场综艺节目收视率排名前十位

名次	节目名称	播出频道	平均收视率（%）	平均占有率（%）
1	2018 中央电视台春节联欢晚会	中央电视台综合频道	28.8	80.6
2	欢乐吉祥闹元宵	中央电视台综合频道	6.0	18.8
3	快乐大本营	湖南卫视	3.3	11.9
4	文化中国四海同春 2018 全球华侨华人春节大联欢	湖南卫视	3.3	9.3
5	声入人心（12 月 29 日）	湖南卫视	3.2	12.7
6	拥抱新时代祝福你中国中国梦祖国颂 2018 国庆特别节目	中央电视台综合频道	2.8	9.3
7	2018 冰雪嘉年华	中央台三套	2.8	6.4
8	第 12 届中国金鹰电视艺术节开幕式暨文艺晚会	湖南卫视	2.5	7.6
9	改革开放再出发中央电视台心连心赴深圳前海慰问演出	中央电视台综合频道	2.4	6.5
10	歌手歌王之战（4 月 13 日）	湖南卫视	2.1	7.1

表 3.11.12　2018 年河南市场体育节目收视率排名前十位
（世界杯、亚运会、亚残运会、冬奥会比赛除外）

名次	节目名称	播出频道	平均收视率（%）	平均占有率（%）
1	河南省第十三届运动会开幕式	河南广播电视台卫星频道（一套）	1.1	3.9
2	实况录像：2017 年世界跆拳道大满贯冠军系列赛女子 67 公斤级铜牌赛	中央台五套	0.9	3.8
3	现场直播：2018 年中国羽毛球公开赛第 2 轮男单	中央台五套	0.9	3.6
4	直播周末：2018 年国际泳联世界跳水系列赛北京站男子三米跳板决赛	中央台五套	0.9	2.9
5	现场直播：2017/2018 赛季中国男子篮球职业联赛第 30 轮（山东高速 VS 四川品胜）	中央台五套	0.9	2.5
6	直播周末：2018 年杭州世游赛 25 米女子 50 米自由泳决赛	中央台五套	0.9	2.4
7	实况录像：2018 年国际乒联世界巡回赛中国香港公开赛女单决赛	中央台五套	0.8	4.8
8	直播周末：2018 年国际田联钻石联赛上海站	中央台五套	0.8	2.6
9	现场直播：2018 年世界女排联赛总决赛（中国 VS 巴西）	中央台五套	0.7	2.8
10	实况录像：2018 年亚足联 23 岁以下锦标赛小组赛 B 组第 1 轮（朝鲜 VS 泰国）	中央台五套	0.7	2.4

表 3.11.13　2018 年河南市场世界杯、亚运会、亚残运会、冬奥会比赛收视率排名前十位

名次	节目名称	播出频道	平均收视率（%）	平均占有率（%）
1	我爱世界杯：2018 年世界杯小组赛 F 组第一轮第二场（瑞典 VS 韩国）	中央台五套	1.1	3.8
2	第 18 届亚运会女子 800 米自由泳决赛	中央台五套	0.9	3.4
3	第 18 届亚运会男篮决赛（中国 VS 伊朗）	中央台五套	0.8	2.6
4	实况录像：2018 年第十八届亚运会跳水女子十米台决赛	中央台五套	0.7	6.2
5	第 18 届亚运会女足决赛（日本 VS 中国）	中央台五套	0.7	2.5
6	第 18 届亚运会乒乓球男团决赛	中央台五套	0.7	2.3
7	2018 年第 23 届冬奥会短道速滑女子 3000 米接力决赛 B 组	中央台五套	0.7	2.0
8	2018 年平昌冬奥会开幕式	中央台五套	0.7	1.9
9	第 18 届亚运会女子 100 米决赛	中央台五套	0.6	5.4
10	第 18 届亚运会女排决赛（中国 VS 泰国）	中央台五套	0.5	5.7

十二、黑龙江收视数据

表 3.12.1　2014~2018 年黑龙江市场各类频道的市场占有率（%）

频道类别	年份				
	2009 年	2010 年	2011 年	2012 年	2013 年
中央电视台频道	32.3	32.1	33.9	35.4	37.7
中国教育台频道	0.3	0.2	0.2	0.2	0.2
黑龙江省级频道	37.3	37.1	37.0	35.3	32.5
其他省级卫视频道	24.2	25.0	23.4	24.0	22.6
其他频道	5.9	5.6	5.5	5.1	7.0

表 3.12.2　2018 年黑龙江市场各类频道在不同目标观众中的市场占有率（%）

目标观众		中央电视台频道	中国教育台频道	黑龙江省级频道	其他省级卫视频道	其他频道
4 岁及以上所有人		37.7	0.2	32.5	22.6	7.0
城乡	城市	38.9	0.1	30.1	24.0	6.9
	乡村	36.4	0.4	34.9	21.1	7.2
性别	男	40.1	0.3	33.0	19.4	7.2
	女	35.3	0.2	32.0	25.6	6.9
年龄	4~14 岁	33.9	0.1	17.8	36.5	11.7
	15~24 岁	35.7	0.3	28.0	29.2	6.8
	25~34 岁	33.6	0.4	27.8	27.0	11.2
	35~44 岁	38.1	0.4	28.7	26.3	6.5
	45~54 岁	37.7	0.1	33.6	21.7	6.9
	55~64 岁	37.1	0.2	38.6	18.3	5.8
	65 岁及以上	42.4	0.2	37.2	14.9	5.3
教育程度	未受过正规教育	34.1	1.2	29.4	29.9	5.4
	小学	36.6	0.2	38.5	18.2	6.5
	初中	35.6	0.2	33.5	22.7	8.0
	高中	41.5	0.2	28.7	23.7	5.9
	大学及以上	43.0	0.2	23.6	26.1	7.1
职业类别	干部/管理人员	39.1	0.1	21.0	24.1	15.7
	个体/私营企业人员	37.5	0.6	29.0	26.0	6.9
	初级公务员/雇员	43.9	0.3	24.0	24.1	7.7
	工人	39.2	0.2	27.9	26.9	5.8
	学生	34.0	0.4	21.4	34.7	9.5
	无业	38.1	0.2	33.2	21.4	7.1
	其他	35.6	0.1	43.6	15.0	5.7
个人月收入	0~300 元	35.0	0.4	26.7	29.2	8.7
	301~900 元	37.7	0.1	41.1	15.2	5.9
	901~1700 元	38.8	0.2	38.2	17.7	5.1
	1701~2600 元	36.5	0.2	34.6	22.8	5.9
	2601~3500 元	41.3	0.2	29.8	20.7	8.0
	3501 元及以上	39.1	0.2	26.5	24.2	10.0

表 3.12.3 2018 年黑龙江市场各类频道在不同时段的市场占有率（%）

时间段	中央电视台频道	中国教育台频道	黑龙江省级频道	其他省级卫视频道	其他频道
02:00~03:00	71.3	0.5	5.8	20.0	2.4
03:00~04:00	56.1	0.5	13.7	26.7	3.0
04:00~05:00	44.9	0.3	27.4	24.2	3.2
05:00~06:00	41.8	0.2	33.6	20.9	3.5
06:00~07:00	47.6	0.2	29.8	16.9	5.5
07:00~08:00	50.7	0.2	22.2	17.1	9.8
08:00~09:00	48.1	0.3	21.3	21.9	8.4
09:00~10:00	44.0	0.4	18.8	27.6	9.2
10:00~11:00	42.4	0.4	18.9	29.7	8.6
11:00~12:00	44.7	0.5	16.5	31.3	7.0
12:00~13:00	45.8	0.4	14.4	33.0	6.4
13:00~14:00	40.8	0.7	16.6	34.8	7.1
14:00~15:00	41.1	0.8	18.7	32.9	6.5
15:00~16:00	41.3	0.7	18.8	31.9	7.3
16:00~17:00	41.5	0.5	18.6	29.5	9.9
17:00~18:00	34.2	0.2	35.2	21.3	9.1
18:00~19:00	32.5	0.1	48.8	11.5	7.1
19:00~20:00	36.9	0.1	43.8	14.3	4.9
20:00~21:00	30.5	0.1	37.8	25.6	6.0
21:00~22:00	30.2	0.1	35.7	26.4	7.6
22:00~23:00	32.5	0.1	31.1	26.8	9.5
23:00~24:00	43.5	0.2	22.9	25.7	7.7
24:00~25:00	58.9	0.2	16.5	18.0	6.4
25:00~26:00	65.5	0.0	11.8	15.5	7.2

表 3.12.4 2018 年黑龙江市场收视份额排名前十位的频道

名次	频道名称	收视份额（%）
1	黑龙江电视台影视频道	9.0
2	黑龙江卫视	7.6
3	中央电视台综合频道	6.8
4	中央台八套	5.6
5	黑龙江电视台文体频道	5.4
6	黑龙江电视台都市频道	4.8
7	中央台六套	4.4
8	中央台三套	4.3
9	中央台四套	3.9
10	黑龙江电视台新闻法治频道	3.8

表 3.12.5　2018 年黑龙江市场各主要频道的观众构成（%）

目标观众		所有频道	主要频道				
			黑龙江电视台影视频道	黑龙江卫视	中央电视台综合频道	中央台八套	黑龙江电视台文体频道
4 岁及以上所有人		100.0	100.0	100.0	100.0	100.0	100.0
城乡	城市	50.7	49.3	39.6	56.3	41.8	45.2
	乡村	49.3	50.7	60.4	43.7	58.2	54.8
性别	男	49.6	54.6	48.5	49.7	47.7	51.5
	女	50.4	45.4	51.5	50.3	52.3	48.5
年龄	4～14 岁	5.7	2.3	1.7	3.8	1.5	2.4
	15～24 岁	7.1	4.9	6.7	6.2	5.1	5.8
	25～34 岁	10.1	8.1	9.4	8.2	7.5	9.0
	35～44 岁	17.2	14.5	15.1	18.8	14.8	17.6
	45～54 岁	23.3	25.0	26.7	21.7	28.9	19.9
	55～64 岁	19.7	26.5	23.6	18.3	18.8	20.3
	65 岁及以上	16.9	18.7	16.8	23.0	23.4	25.0
教育程度	未受过正规教育	4.1	4.6	3.3	2.1	3.2	3.9
	小学	20.8	27.5	24.6	20.4	20.6	20.9
	初中	45.5	43.5	49.2	40.8	52.7	49.3
	高中	20.7	18.5	17.4	25.6	16.7	17.9
	大学及以上	8.9	5.9	5.5	11.1	6.8	8.0
职业类别	干部/管理人员	1.8	0.7	0.7	2.8	0.9	1.5
	个体/私营企业人员	14.8	11.7	12.0	15.9	14.0	14.1
	初级公务员/雇员	5.7	5.6	4.4	7.2	3.9	3.0
	工人	12.0	11.2	8.8	12.3	12.3	11.2
	学生	7.4	3.9	3.7	5.4	2.7	3.7
	无业	38.1	37.9	37.6	43.6	41.4	44.9
	其他	20.2	29.0	32.8	12.8	24.8	21.6
个人月收入	0～300 元	19.8	13.6	14.9	17.3	15.4	15.5
	301～900 元	6.8	6.2	9.8	4.8	8.4	9.5
	901～1700 元	16.8	18.0	24.6	14.7	22.0	16.4
	1701～2600 元	30.0	38.4	31.0	29.7	35.2	30.7
	2601～3500 元	15.9	13.2	12.4	21.0	13.3	19.6
	3501 元及以上	10.7	10.6	7.3	12.5	5.7	8.3

表 3.12.6　2016～2018 年黑龙江市场各类节目的播出份额（%）和收视份额（%）

节目类别	2016 年		2017 年		2018 年	
	播出份额	收视份额	播出份额	收视份额	播出份额	收视份额
财经	1.4	0.2	1.1	0.2	1.1	0.2
电视剧	20.9	28.4	22.0	28.1	21.8	28.5
电影	3.6	2.1	4.0	3.0	3.9	3.5
法制	0.8	1.1	0.9	0.9	1.0	1.5
教学	0.4	0.0	0.2	0.0	0.3	0.0
青少	6.9	3.3	7.3	4.2	7.2	3.6
生活服务	8.7	8.4	7.9	7.9	8.0	7.4
体育	3.2	1.5	3.4	1.4	3.5	2.3
外语	0.0	0.0	0.1	0.0	0.1	0.0
戏剧	0.8	0.1	0.8	0.2	0.8	0.3
新闻/时事	15.4	18.9	15.9	18.5	16.0	17.6
音乐	1.9	0.6	1.5	0.8	1.4	0.8
专题	13.9	3.8	14.2	4.9	13.9	4.5
综艺	10.3	16.9	8.7	14.0	8.7	13.0
其他	11.8	14.7	12.0	15.9	12.3	16.8

表 3.12.7　2018 年黑龙江市场所有节目收视率排名前三十位

名次	节目名称	节目类型	播出频道	平均收视率（%）	平均占有率（%）
1	2018 中央电视台春节联欢晚会	综艺	中央电视台综合频道	29.1	78.8
2	欢乐吉祥闹元宵	综艺	中央电视台综合频道	6.0	24.4
3	扎扎实实提高质量	专题	中央电视台综合频道	5.0	16.1
4	一年又一年	专题	中央电视台综合频道	4.9	26.1
5	新闻联播	新闻/时事	中央电视台综合频道	4.2	15.8
6	2018 中央军委慰问驻京部队老干部迎新春文艺演出	综艺	中央电视台综合频道	4.0	16.5
7	豺狼在行动	电视剧	黑龙江电视台影视频道	3.4	14.9
8	银谷蛇影	电视剧	黑龙江电视台影视频道	3.4	14.8
9	大城小爱	综艺	黑龙江电视台文体频道	3.3	12.0
10	较量无声	电视剧	黑龙江电视台影视频道	3.1	14.0
11	老兵新传	电视剧	黑龙江电视台影视频道	3.1	13.5
12	天气预报	生活服务	中央电视台综合频道	3.1	10.5
13	决不撤退	电视剧	黑龙江电视台影视频道	3.0	14.0
14	生死关头	电视剧	黑龙江电视台影视频道	3.0	13.9
15	爱在漫天烽火时	电视剧	黑龙江电视台影视频道	3.0	13.6
16	新闻联播	新闻/时事	黑龙江卫视	2.9	15.2
17	荡寇奇兵	电视剧	黑龙江电视台影视频道	2.9	13.4
18	乡村爱情浪漫曲（35～78 集）	电视剧	黑龙江电视台都市频道	2.9	12.0

续表

名次	节目名称	节目类型	播出频道	平均收视率（%）	平均占有率（%）
19	相亲相爱	综艺	黑龙江电视台文体频道	2.9	10.2
20	于硕说天气	生活服务	黑龙江卫视	2.8	14.8
21	铁道英雄	电视剧	黑龙江电视台影视频道	2.8	13.6
22	热雪	电视剧	黑龙江电视台影视频道	2.8	12.4
23	冲锋冲锋	电视剧	黑龙江电视台影视频道	2.8	12.1
24	习近平主席的上合时间	专题	中央电视台综合频道	2.8	9.9
25	万水千山只等闲	专题	中央电视台综合频道	2.8	9.8
26	风满山城义满天	电视剧	黑龙江电视台影视频道	2.7	12.2
27	仇恨的火焰	电视剧	黑龙江电视台影视频道	2.7	12.0
28	烽火大英雄	电视剧	黑龙江电视台影视频道	2.7	11.8
29	冰火	电视剧	黑龙江电视台影视频道	2.7	11.7
30	福星盈门	电视剧	黑龙江卫视	2.7	9.6

表 3.12.8　2018 年黑龙江市场电视剧收视率排名前十位

名次	节目名称	播出频道	平均收视率（%）	平均占有率（%）
1	豺狼在行动	黑龙江电视台影视频道	3.4	14.9
2	银谷蛇影	黑龙江电视台影视频道	3.4	14.8
3	较量无声	黑龙江电视台影视频道	3.1	14.0
4	老兵新传	黑龙江电视台影视频道	3.1	13.5
5	决不撤退	黑龙江电视台影视频道	3.0	14.0
6	生死关头	黑龙江电视台影视频道	3.0	13.9
7	爱在漫天烽火时	黑龙江电视台影视频道	3.0	13.6
8	荡寇奇兵	黑龙江电视台影视频道	2.9	13.4
9	乡村爱情浪漫曲（35～78 集）	黑龙江电视台都市频道	2.9	12.0
10	铁道英雄	黑龙江电视台影视频道	2.8	13.6

表 3.12.9　2018 年黑龙江市场新闻节目收视率排名前十位

名次	节目名称	播出频道	平均收视率（%）	平均占有率（%）
1	新闻联播	中央电视台综合频道	4.2	15.8
2	新闻联播	黑龙江卫视	2.9	15.2
3	中国龙新闻周刊	黑龙江卫视	2.4	12.1
4	焦点访谈	中央电视台综合频道	2.4	8.1
5	新华视点	黑龙江卫视	1.6	10.1
6	国务院总理会见中外记者并回答提问	中央电视台综合频道	1.6	5.1
7	天天说新闻	黑龙江电视台新闻法治频道	1.4	8.7
8	新闻夜航	黑龙江电视台都市频道	1.4	5.9
9	上海合作组织青岛峰会特别报道	中央电视台综合频道	0.9	4.0
10	中国舆论场	中央台四套	0.8	2.5

注：黑龙江卫视《新闻联播》为本省新闻联播。

表 3.12.10　2018 年黑龙江市场专题节目收视率排名前十位

名次	节目名称	播出频道	平均收视率（%）	平均占有率（%）
1	扎扎实实提高质量	中央电视台综合频道	5.0	16.1
2	一年又一年	中央电视台综合频道	4.9	26.1
3	习近平主席的上合时间	中央电视台综合频道	2.8	9.9
4	万水千山只等闲	中央电视台综合频道	2.8	9.8
5	重返爱的海洋	中央电视台综合频道	2.5	9.1
6	爱的海洋汶川地震灾区学生赴海洋全俄儿童中心疗养十周年纪念	中央电视台综合频道	2.5	8.1
7	为了一江清水浩荡东流习近平总书记 2018 年长江考察纪实	中央电视台综合频道	2.3	7.3
8	生死攸关大医生	黑龙江卫视	2.1	11.2
9	海上丝路看今朝 2018 年习近平主席亚太之行	中央电视台综合频道	2.1	6.9
10	舌尖上的中国 3	中央电视台综合频道	1.9	6.7

表 3.12.11　2018 年黑龙江市场综艺节目收视率排名前十位

名次	节目名称	播出频道	平均收视率（%）	平均占有率（%）
1	2018 中央电视台春节联欢晚会	中央电视台综合频道	29.1	78.8
2	欢乐吉祥闹元宵	中央电视台综合频道	6.0	24.4
3	2018 中央军委慰问驻京部队老干部迎新春文艺演出	中央电视台综合频道	4.0	16.5
4	大城小爱	黑龙江电视台文体频道	3.3	12.0
5	相亲相爱	黑龙江电视台文体频道	2.9	10.2
6	2018 冰雪嘉年华	中央台三套	2.6	8.3
7	星光大道（2 月 3 日）	中央电视台综合频道	2.4	9.5
8	挑战不可能（1 月 21 日）	中央电视台综合频道	2.3	8.1
9	新春喜剧之夜	中央台三套	2.2	8.6
10	越战越勇（4 月 8 日）	中央台三套	2.2	6.6

表 3.12.12　2018 年黑龙江市场体育节目收视率排名前十位
（世界杯、亚运会、亚残运会、冬奥会比赛除外）

名次	节目名称	播出频道	平均收视率（%）	平均占有率（%）
1	激情省运会黑龙江省第十四届运动会暨第七届残疾人运动会开幕式	黑龙江电视台文体频道	1.7	6.4
2	2018 全国青少年未来之星冬季阳光体育大会启动仪式	黑龙江电视台文体频道	1.3	4.7
3	2018 年世界女排锦标赛第三阶段 H 组第三轮（荷兰 VS 中国）	中央台五套	1.2	5.3

续表

名次	节目名称	播出频道	平均收视率（%）	平均占有率（%）
4	2018年杭州世游赛25米女子400米自由泳决赛	中央台五套	1.1	3.9
5	激情省运会	黑龙江电视台文体频道	0.8	5.6
6	现场直播：2018年世界女排联赛江门站（中国VS巴西）	中央台五套	0.7	3.7
7	现场直播：2018年中国男篮系列赛之中斯国际男篮对抗赛（中国VS斯洛文尼亚）	中央台五套	0.7	3.3
8	现场直播：2018年中国足协杯半决赛第二回合（山东鲁能泰山VS大连一方）	中央台五套	0.7	3.1
9	2018/2019赛季中国男子篮球职业联赛常规赛第21轮（深圳马可波罗VS上海哔哩哔哩）	中央台五套	0.7	2.7
10	现场直播：2018年国际泳联跳水世界杯女子3米跳板决赛	中央台五套	0.7	2.6

表3.12.13　2018年黑龙江市场世界杯、亚运会、亚残运会、冬奥会比赛收视率排名前十位

名次	节目名称	播出频道	平均收视率（%）	平均占有率（%）
1	我爱世界杯：2018年俄罗斯世界杯小组赛H组第一轮（哥伦比亚VS日本）	中央台五套	2.0	10.3
2	第18届亚运会男子110米栏决赛	中央台五套	1.8	6.4
3	第18届亚运会女子100米仰泳决赛	中央台五套	1.7	6.8
3	2018年第23届冬奥会短道速滑女子3000米接力决赛B组	中央台五套	1.7	5.5
5	第18届亚运会乒乓球男团决赛	中央台五套	1.5	7.7
6	第18届亚运会女足决赛（日本VS中国）	中央台五套	1.5	6.7
7	第18届亚运会男篮决赛（中国VS伊朗）	中央台五套	1.5	6.0
8	2018年平昌冬奥会开幕式	中央台五套	1.0	3.5
9	2018年第23届冬奥会冰壶混双附加赛	中央台五套	1.0	3.3
10	2018年第23届冬奥会男子自由式滑雪雪上技巧决赛	中央台五套	1.0	3.2

十三、湖北收视数据

表 3.13.1 2014～2018 年湖北市场各类频道的市场占有率（%）

频道类别	年份				
	2014 年	2015 年	2016 年	2017 年	2018 年
中央电视台频道	29.4	27.8	31.5	33.5	32.5
中国教育台频道	0.3	0.2	0.1	0.1	0.1
湖北省级频道	30.5	31.3	30.2	29.4	30.9
其他省级卫视频道	24.8	26.2	25.2	22.2	19.4
其他频道	15.0	14.5	13.0	14.8	17.1

表 3.13.2 2018 年湖北市场各类频道在不同目标观众中的市场占有率（%）

目标观众		中央电视台频道	中国教育台频道	湖北省级频道	其他省级卫视频道	其他频道
4 岁及以上所有人		32.5	0.1	30.9	19.4	17.1
城乡	城市	36.9	0.1	19.1	23.8	20.1
	农村	30.2	0.1	37.1	17.1	15.5
性别	男	35.0	0.2	28.8	19.0	17.0
	女	30.1	0.1	32.8	19.8	17.2
年龄	4～14 岁	29.1	0.1	21.8	27.8	21.2
	15～24 岁	29.6	0.1	29.0	22.3	19.0
	25～34 岁	33.1	0.1	25.9	20.6	20.3
	35～44 岁	24.8	0.1	41.0	17.6	16.5
	45～54 岁	29.5	0.1	33.8	17.4	19.2
	55～64 岁	34.0	0.2	33.8	17.9	14.1
	65 岁及以上	43.0	0.1	25.7	18.0	13.2
教育程度	未受过正规教育	36.9	0.2	22.9	23.5	16.5
	小学	29.1	0.2	35.5	19.3	15.9
	初中	29.9	0.1	35.9	18.2	15.9
	高中	37.4	0.1	24.7	19.4	18.4
	大学及以上	41.3	0.1	12.0	21.7	24.9
职业类别	干部/管理人员	36.6	0.1	8.5	23.0	31.8
	个体/私营企业人员	35.8	0.2	25.6	19.5	18.9
	初级公务员/雇员	35.7	0.1	23.0	19.7	21.5
	工人	31.6	0.2	31.2	18.6	18.4
	学生	26.5	0.1	21.3	28.6	23.5
	无业	34.7	0.1	28.4	20.4	16.4
	其他	28.8	0.2	42.8	15.5	12.7
个人月收入	0～300 元	24.5	0.1	36.8	20.8	17.8
	301～900 元	30.7	0.2	42.7	16.2	10.2
	901～1700 元	39.5	0.2	25.9	19.3	15.1
	1701～2600 元	36.9	0.2	25.1	19.3	18.5
	2601～3500 元	38.4	0.2	23.6	18.9	18.9
	3501 元及以上	38.1	0.1	19.7	20.5	21.6

表 3.13.3　2018 年湖北市场各类频道在不同时段的市场占有率（%）

时间段	中央电视台频道	中国教育台频道	湖北省级频道	其他省级卫视频道	其他频道
02:00～03:00	32.1	0.1	14.7	22.4	30.7
03:00～04:00	32.2	0.1	15.3	21.1	31.3
04:00～05:00	32.9	0.1	17.3	20.9	28.8
05:00～06:00	32.2	0.2	24.7	19.8	23.1
06:00～07:00	36.2	0.1	32.7	15.2	15.8
07:00～08:00	39.2	0.2	29.7	15.1	15.8
08:00～09:00	34.0	0.2	32.9	16.7	16.2
09:00～10:00	32.3	0.2	30.0	20.3	17.2
10:00～11:00	32.2	0.2	27.0	23.1	17.5
11:00～12:00	32.3	0.2	29.0	22.5	16.0
12:00～13:00	36.5	0.1	26.5	21.0	15.9
13:00～14:00	33.5	0.2	25.2	23.9	17.2
14:00～15:00	32.6	0.3	22.5	25.2	19.4
15:00～16:00	33.2	0.3	21.2	26.7	18.6
16:00～17:00	34.2	0.3	22.0	26.2	17.3
17:00～18:00	31.5	0.2	30.2	21.3	16.8
18:00～19:00	30.6	0.1	40.7	11.0	17.6
19:00～20:00	35.2	0.1	36.1	12.6	16.0
20:00～21:00	30.5	0.1	34.9	19.0	15.5
21:00～22:00	31.1	0.1	34.4	18.6	15.8
22:00～23:00	28.4	0.1	33.8	19.7	18.0
23:00～24:00	32.8	0.1	17.6	27.2	22.3
24:00～25:00	34.4	0.3	14.9	24.1	26.3
25:00～26:00	32.4	0.1	13.2	23.4	30.9

表 3.13.4　2018 年湖北市场收视份额排名前十位的频道

名次	频道名称	收视份额（%）
1	湖北综合	8.7
2	湖北经视	7.4
3	湖北卫视	6.8
4	中央台八套	4.5
5	中央电视台少儿频道	4.4
6	中央电视台综合频道	4.1
7	中央台六套	4.0
8	湖北影视	3.7
9	中央台四套	3.1
10	湖南电视台金鹰卡通频道	3.0

表 3.12.5　2018 年湖北市场各主要频道的观众构成（%）

目标观众		所有频道	主要频道				
			湖北综合	湖北经视	湖北卫视	中央台八套	中央电视台少儿频道
4 岁及以上所有人		100.0	100.0	100.0	100.0	100.0	100.0
城乡	城市	34.4	17.9	20.5	11.0	41.5	13.1
	农村	65.6	82.1	79.5	89.0	58.5	86.9
性别	男	48.6	44.8	40.5	47.6	42.3	50.8
	女	51.4	55.2	59.5	52.4	57.7	49.2
年龄	4～14 岁	10.6	10.6	6.6	6.8	4.1	31.0
	15～24 岁	7.9	7.2	7.9	10.1	6.3	11.2
	25～34 岁	9.8	6.9	9.1	8.9	6.9	15.1
	35～44 岁	13.7	21.5	21.0	15.1	8.4	8.2
	45～54 岁	20.6	21.4	21.8	22.7	24.8	9.0
	55～64 岁	19.4	18.0	21.7	21.1	20.1	15.6
	65 岁及以上	18.0	14.4	11.9	15.3	29.4	9.9
教育程度	未受过正规教育	8.4	10.0	5.0	5.3	8.0	23.7
	小学	28.2	34.3	29.8	34.4	30.0	29.1
	初中	38.1	45.0	46.0	40.8	33.2	35.4
	高中	17.6	9.0	16.4	16.5	19.0	9.3
	大学及以上	7.7	1.7	2.8	3.0	9.8	2.5
职业类别	干部/管理人员	0.9	0.1	0.3	0.3	0.4	0.2
	个体/私营企业人员	10.4	7.4	7.5	10.7	8.8	12.8
	初级公务员/雇员	7.2	5.5	4.0	4.8	9.4	3.1
	工人	13.6	16.1	11.4	10.9	13.2	9.3
	学生	7.2	4.3	6.1	5.8	3.0	9.6
	无业	36.4	31.5	34.6	31.1	38.9	40.0
	其他	24.3	35.1	36.1	36.4	26.3	25.0
个人月收入	0～300 元	34.0	43.3	43.7	48.3	20.0	50.8
	301～900 元	14.1	21.0	19.6	18.4	12.3	18.3
	901～1700 元	12.0	9.6	9.2	8.9	16.8	9.6
	1701～2600 元	18.3	14.0	12.0	11.0	25.5	8.7
	2601～3500 元	11.3	6.9	10.1	6.8	12.5	8.7
	3501 元及以上	10.3	5.2	5.4	6.6	12.9	3.9

表 3.13.6　2016～2018 年湖北市场各类节目的播出份额（%）和收视份额（%）

节目类别	2016 年		2017 年		2018 年	
	播出份额	收视份额	播出份额	收视份额	播出份额	收视份额
财经	1.3	0.5	1.1	0.4	1.0	0.5
电视剧	22.0	34.4	22.6	34.7	22.8	33.7
电影	3.5	4.6	3.7	4.8	3.8	5.1
法制	1.0	0.7	1.0	0.6	1.0	0.6
教学	0.2	0.0	0.2	0.0	0.3	0.0
青少	6.4	6.3	6.7	7.1	6.6	7.6

续表

节目类别	2016 年		2017 年		2018 年	
	播出份额	收视份额	播出份额	收视份额	播出份额	收视份额
生活服务	9.2	7.6	8.4	7.2	8.1	7.8
体育	3.2	1.7	3.3	1.6	3.3	2.2
外语	0.0	0.0	0.1	0.0	0.1	0.0
戏剧	0.8	0.2	0.8	0.2	0.8	0.2
新闻/时事	14.9	13.5	15.2	14.1	15.5	14.7
音乐	1.9	0.7	1.5	0.7	1.4	0.8
专题	13.9	4.8	14.1	4.7	13.9	4.6
综艺	9.4	12.8	8.6	10.6	8.3	8.8
其他	12.3	12.2	12.7	13.3	13.1	13.4

表 3.13.7　2018 年湖北市场所有节目收视率排名前三十位

名次	节目名称	节目类别	播出频道	平均收视率（%）	平均占有率（%）
1	2018 中央电视台春节联欢晚会	综艺	中央电视台综合频道	8.0	18.4
2	欢乐吉祥闹元宵	综艺	中央电视台综合频道	5.4	17.5
3	开学第一课	青少	中央电视台综合频道	4.6	14.6
4	鬼子跑不了	电视剧	湖北综合	4.1	18.1
5	勇者胜	电视剧	湖北卫视	4.1	14.3
6	刺侠	电视剧	湖北综合	4.0	18.0
7	我爱世界杯：2018 年俄罗斯世界杯淘汰赛阶段第一场（法国 VS 阿根廷）	体育	中央台五套	3.9	26.8
8	刺侠二	电视剧	湖北综合	3.9	17.2
9	丁门女将	电视剧	湖北综合	3.9	16.3
10	天气预报	生活服务	中央电视台综合频道	3.9	13.7
11	箭侠	电视剧	湖北综合	3.7	17.4
12	鬼子的末日	电视剧	湖北综合	3.7	16.6
13	硬骨头之绝地归途	电视剧	湖北卫视	3.7	12.0
14	大美湖北	专题	湖北综合	3.6	20.7
15	兄弟联盟	电视剧	湖北综合	3.6	14.5
16	风狼队（25～36 集）	电视剧	湖北影视	3.6	12.6
17	猎豺狼	电视剧	湖北卫视	3.6	12.1
18	狩猎者	电影	中央台六套	3.5	14.1
19	生死战队前传	电视剧	湖北综合	3.4	14.2
20	铁血战神	电视剧	湖北综合	3.4	12.3
21	屠鬼特工队	电视剧	湖北综合	3.3	15.0
22	王牌特工二	电视剧	湖北综合	3.3	14.4
23	调解现场	生活服务	湖北综合	3.3	12.2
23	荆楚大医生	生活服务	湖北综合	3.3	12.2
25	长江谍战二	电视剧	湖北综合	3.2	13.1
26	绝命枪	电视剧	湖北综合	3.2	11.6

续表

名次	节目名称	节目类别	播出频道	平均收视率（%）	平均占有率（%）
27	大声说出来	综艺	湖北综合	3.2	10.8
28	脱身	电视剧	湖北卫视	3.2	10.5
29	越战越勇（1月24日）	综艺	中央台三套	3.2	8.9
30	钢刺二	电视剧	湖北综合	3.1	12.1

表 3.13.8 2018 年湖北市场电视剧收视率排名前十位

名次	节目名称	播出频道	平均收视率（%）	平均占有率（%）
1	鬼子跑不了	湖北综合	4.1	18.1
2	勇者胜	湖北卫视	4.1	14.3
3	刺侠	湖北综合	4.0	18.0
4	刺侠二	湖北综合	3.9	17.2
5	丁门女将	湖北综合	3.9	16.3
6	箭侠	湖北综合	3.7	17.4
7	鬼子的末日	湖北综合	3.7	16.6
8	硬骨头之绝地归途	湖北卫视	3.7	12.0
9	兄弟联盟	湖北综合	3.6	14.5
10	风狼队（25~36集）	湖北影视	3.6	12.6

表 3.13.9 2018 年湖北市场新闻节目收视率排名前十位

名次	节目名称	播出频道	平均收视率（%）	平均占有率（%）
1	帮女郎在行动	湖北综合	2.9	13.7
2	经视直播	湖北经视	2.6	11.3
3	新闻 360	湖北综合	1.9	12.0
4	转播中央台新闻联播	湖北卫视	1.9	7.5
5	119 时刻在身边湖北经视 24 小时全媒体大直播	湖北经视	1.5	5.8
6	海峡两岸	中央台四套	1.3	4.2
7	咵天	湖北经视	1.2	9.6
8	湖北新闻	湖北卫视	1.2	5.8
9	焦点访谈	中央电视台综合频道	1.2	4.2
10	国务院总理会见中外记者并回答提问	中央电视台综合频道	1.1	3.3

表 3.13.10 2018 年湖北市场专题节目收视率排名前十位

名次	节目名称	播出频道	平均收视率（%）	平均占有率（%）
1	大美湖北	湖北综合	3.6	20.7
2	创业湖北湖北省大学生创业大赛 2018	湖北综合	2.5	8.6
3	一年又一年	中央电视台综合频道	2.3	7.7

续表

名次	节目名称	播出频道	平均收视率(%)	平均占有率(%)
4	为了共同的繁荣习近平出席首届中国国际进口博览会纪实	中央电视台综合频道	1.9	5.8
5	万水千山只等闲	中央电视台综合频道	1.7	5.5
6	重返爱的海洋	中央电视台综合频道	1.7	5.4
7	新征程新作为县域经济湖北行浩然故里诗画襄州	湖北综合	1.5	12.0
8	大写湖北人	湖北综合	1.4	7.4
9	2018 寻找最美教师	中央电视台综合频道	1.4	5.0
10	感动中国 2017 年度人物颁奖盛典	中央电视台综合频道	1.4	4.9

表 3.13.11　2018 年湖北市场综艺节目收视率排名前十位

名次	节目名称	播出频道	平均收视率(%)	平均占有率(%)
1	2018 中央电视台春节联欢晚会	中央电视台综合频道	8.0	18.4
2	欢乐吉祥闹元宵	中央电视台综合频道	5.4	17.5
3	大声说出来	湖北综合	3.2	10.8
4	越战越勇（1 月 24 日）	中央台三套	3.2	8.9
5	中法文化之春 2018 中法音乐节暨夏至音乐日	湖北经视	2.2	7.9
6	黄金 100 秒（2 月 20 日）	中央台三套	2.2	6.3
7	2018 东南西北贺新春（2 月 14 日）	中央台三套	2.1	8.6
8	2018Russia 世界杯狂欢夜	湖北经视	2.1	8.4
9	开门大吉（1 月 22 日）	中央台三套	2.1	6.9
10	挑战不可能（1 月 21 日）	中央电视台综合频道	2.1	6.8

表 3.13.12　2018 年湖北市场体育节目收视率排名前十位
（世界杯、亚运会、亚残运会、冬奥会比赛除外）

名次	节目名称	播出频道	平均收视率(%)	平均占有率(%)
1	湖北省第十五届运动会开幕式	湖北卫视	2.3	8.2
2	2018 年世界女排锦标赛第三阶段 H 组第三轮（荷兰 VS 中国）	中央台五套	2.2	8.2
3	现场直播：2018 年乒乓球团体世界锦标赛男团半决赛	中央台五套	1.5	9.1
4	直播周末世界女排锦标赛颁奖仪式	中央台五套	1.2	4.8
5	现场直播：2018 年尤伯杯半决赛女单	中央台五套	1.1	4.4
6	现场直播：2018 年国际篮联女子世界杯 1/4 决赛资格赛（中国 VS 日本）	中央台五套	1.1	3.6
7	直播周末：2018 年杭州世锦赛 25 米女子 50 米自由泳半决赛	中央台五套	0.9	3.1
8	2018 年中国之队国际足球友谊赛（中国 VS 叙利亚）	中央台五套	0.8	3.2

续表

名次	节目名称	播出频道	平均收视率（%）	平均占有率（%）
9	现场直播：2018 年世界体操锦标赛女子全能决赛	中央台五套	0.6	4.2
10	精武门	湖北卫视	0.6	3.4

表 3.13.13 2018 年湖北市场世界杯、亚运会、亚残运会、冬奥会比赛收视率排名前十位

名次	节目名称	播出频道	平均收视率（%）	平均占有率（%）
1	我爱世界杯：2018 年俄罗斯世界杯淘汰赛阶段第一场（法国 VS 阿根廷）	中央台五套	3.9	26.8
2	第 18 届亚运会女排决赛（中国 VS 泰国）	中央台五套	2.0	12.8
3	第 18 届亚运会男子 4×100 米混合泳接力决赛	中央台五套	1.9	5.9
4	第 18 届亚运会男子 10000 米决赛	中央台五套	1.8	5.9
5	第 18 届亚运会男子体操吊环决赛	中央台五套	1.7	5.8
6	第 18 届亚运会女足决赛（中国 VS 日本）	中央台五套	1.5	5.5
7	我爱世界杯：2018 年俄罗斯世界杯开幕式	中央台五套	1.4	13.9
8	第 18 届亚运会女子个人花剑决赛	中央台五套	1.4	4.8
9	第 18 届亚运会男篮决赛（中国 VS 伊朗）	中央台五套	1.4	4.4
10	第 18 届亚运会乒乓球男团决赛	中央台五套	1.3	4.7

十四、湖南收视数据

表 3.14.1　2014~2018 年湖南市场各类频道的市场占有率（%）

频道类别	年份				
	2014 年	2015 年	2016 年	2017 年	2018 年
中央电视台频道	24.3	21.9	22.9	21.4	19.0
中国教育台频道	0.2	0.1	0.1	0.1	0.2
湖南省级频道	55.8	58.3	53.9	54.8	54.5
其他省级卫视频道	8.4	8.5	8.3	8.1	9.8
其他频道	11.3	11.2	14.8	15.6	16.5

表 3.14.2　2018 年湖南市场各类频道在不同目标观众中的市场占有率（%）

目标观众		中央电视台频道	中国教育台频道	湖南省级频道	其他省级卫视频道	其他频道
4 岁及以上所有人		19.0	0.2	54.5	9.8	16.5
城乡	城市	25.1	0.2	47.9	9.5	17.3
	农村	17.2	0.2	56.4	9.8	16.4
性别	男	20.7	0.2	54.1	9.5	15.5
	女	17.3	0.2	54.9	10.0	17.6
年龄	4~14 岁	17.9	0.2	46.4	12.2	23.3
	15~24 岁	19.5	0.1	56.3	9.8	14.3
	25~34 岁	18.1	0.2	57.1	9.7	14.9
	35~44 岁	21.9	0.2	45.8	13.1	19.0
	45~54 岁	16.8	0.2	57.0	7.6	18.4
	55~64 岁	19.1	0.2	57.7	8.7	14.3
	65 岁及以上	20.4	0.2	60.3	8.5	10.6
教育程度	未受过正规教育	18.4	0.2	53.1	9.2	19.1
	小学	18.0	0.2	56.0	9.9	15.9
	初中	18.9	0.2	54.4	9.8	16.7
	高中	19.5	0.1	54.6	9.5	16.3
	大学及以上	24.8	0.2	46.7	10.8	17.5
职业类别	干部/管理人员	33.5	0.2	36.9	9.4	20.0
	个体/私营企业人员	19.8	0.3	53.7	11.0	15.2
	初级公务员/雇员	17.8	0.1	59.5	10.3	12.3
	工人	18.2	0.1	56.0	8.2	17.5
	学生	18.4	0.1	46.5	12.6	22.4
	无业	18.2	0.2	54.6	9.9	17.1
	其他	19.7	0.2	56.6	8.5	15.0
个人月收入	0~300 元	18.1	0.2	51.7	10.6	19.4
	301~900 元	19.6	0.1	58.0	9.0	13.3
	901~1700 元	18.1	0.2	58.4	8.7	14.6
	1701~2600 元	19.1	0.1	58.2	9.4	13.2
	2601~3500 元	20.9	0.2	52.7	10.1	16.1
	3501 元及以上	22.3	0.2	47.1	10.0	20.4

表 3.14.3　2018 年湖南市场各类频道在不同时段的市场占有率（%）

时间段	中央电视台频道	中国教育台频道	湖南省级频道	其他省级卫视频道	其他频道
02:00~03:00	23.0	0.2	38.8	17.2	20.8
03:00~04:00	23.6	0.4	36.5	15.9	23.6
04:00~05:00	23.4	0.4	38.2	17.2	20.8
05:00~06:00	23.6	0.3	36.9	21.9	17.3
06:00~07:00	30.9	0.2	30.3	18.2	20.4
07:00~08:00	32.7	0.5	29.6	13.4	23.8
08:00~09:00	29.6	0.4	36.2	12.9	20.9
09:00~10:00	26.1	0.4	40.8	12.8	19.9
10:00~11:00	23.9	0.4	43.2	13.2	19.3
11:00~12:00	23.3	0.2	44.7	13.9	17.9
12:00~13:00	24.9	0.1	44.0	13.9	17.1
13:00~14:00	24.2	0.2	41.8	15.2	18.6
14:00~15:00	23.5	0.3	40.1	16.2	19.9
15:00~16:00	23.4	0.5	39.4	15.9	20.8
16:00~17:00	24.3	0.4	38.1	15.9	21.3
17:00~18:00	21.1	0.2	47.5	12.5	18.7
18:00~19:00	17.6	0.1	61.6	5.4	15.3
19:00~20:00	19.7	0.1	59.5	6.0	14.7
20:00~21:00	14.3	0.1	64.3	7.3	14.0
21:00~22:00	13.8	0.1	65.7	6.2	14.2
22:00~23:00	11.2	0.1	68.6	5.9	14.2
23:00~24:00	16.6	0.1	55.3	9.7	18.3
24:00~25:00	19.2	0.1	46.5	14.0	20.2
25:00~26:00	20.4	0.2	38.7	16.9	23.8

表 3.14.4　2018 年湖南市场收视份额排名前十位的频道

名次	频道名称	收视份额（%）
1	湖南电视台电视剧频道	10.7
2	湖南电视台潇湘电影频道	9.7
3	湖南卫视	7.7
4	湖南电视台经济频道	6.3
5	湖南电视台娱乐频道	6.0
6	湖南电视台都市频道	5.8
6	湖南电视台金鹰卡通频道	5.8
8	中央电视台少儿频道	3.2
9	中央台六套	2.0
9	中央电视台综合频道	2.0

表 3.14.5 2018 年湖南市场各主要频道的观众构成(%)

目标观众		所有频道	主要频道				
			湖南电视台电视剧频道	湖南电视台潇湘电影频道	湖南卫视	湖南电视台经济频道	湖南电视台娱乐频道
4 岁及以上所有人		100.0	100.0	100.0	100.0	100.0	100.0
城乡	城市	22.5	16.3	19.7	18.1	23.4	19.9
	农村	77.5	83.7	80.3	81.9	76.6	80.1
性别	男	49.9	51.6	54.9	41.2	52.0	43.5
	女	50.1	48.4	45.1	58.8	48.0	56.5
年龄	4~14 岁	13.9	7.4	9.1	17.6	7.1	7.2
	15~24 岁	6.0	4.2	6.3	8.4	7.3	7.4
	25~34 岁	11.8	8.6	13.3	12.8	9.9	11.9
	35~44 岁	14.5	9.7	13.1	15.2	12.5	7.9
	45~54 岁	20.0	21.6	23.0	14.9	23.3	25.2
	55~64 岁	19.3	25.5	19.8	13.9	26.6	20.4
	65 岁及以上	14.5	23.0	15.4	17.2	13.3	20.0
教育程度	未受过正规教育	8.4	4.6	7.4	8.4	7.2	6.9
	小学	31.0	39.8	31.7	34.5	27.0	34.0
	初中	38.3	39.7	37.8	36.8	36.6	35.0
	高中	17.7	12.9	19.4	16.0	25.6	18.7
	大学及以上	4.6	3.0	3.7	4.3	3.6	5.4
职业类别	干部/管理人员	0.5	0.3	0.2	0.4	0.4	0.2
	个体/私营企业人员	14.1	10.6	14.9	12.3	14.1	10.4
	初级公务员/雇员	4.5	5.4	4.7	4.5	6.0	6.1
	工人	8.1	6.3	10.3	7.7	8.3	9.8
	学生	10.4	6.1	7.3	18.5	5.1	5.2
	无业	31.3	32.0	30.1	28.9	27.4	32.0
	其他	31.1	39.3	32.5	27.7	38.7	36.3
个人月收入	0~300 元	38.1	31.1	32.4	48.3	28.7	30.3
	301~900 元	13.5	15.7	14.0	11.2	19.4	18.3
	901~1700 元	16.8	23.5	19.8	16.2	17.2	15.2
	1701~2600 元	16.5	19.1	16.0	13.7	21.6	21.0
	2601~3500 元	7.4	5.8	9.8	5.2	6.1	7.8
	3501 元及以上	7.7	4.8	8.0	5.4	7.0	7.4

表 3.14.6 2016~2018 年湖南市场各类节目的播出份额(%)和收视份额(%)

节目类型	2016 年		2017 年		2018 年	
	播出份额	收视份额	播出份额	收视份额	播出份额	收视份额
财经	1.3	0.2	1.1	0.2	1.1	0.2
电视剧	22.3	37.8	23.1	41.8	23.3	45.5
电影	4.2	6.3	4.3	6.1	4.4	6.1
法制	0.7	0.3	0.8	0.3	0.8	0.3
教学	0.2	0.0	0.2	0.0	0.3	0.0
青少	6.5	8.5	6.8	8.8	6.7	8.2

续表

节目类型	2016 年		2017 年		2018 年	
	播出份额	收视份额	播出份额	收视份额	播出份额	收视份额
生活服务	8.3	5.6	7.3	5.1	7.3	4.9
体育	3.2	1.3	3.3	1.0	3.3	1.7
外语	0.0	0.0	0.1	0.0	0.1	0.0
戏剧	0.8	0.2	0.8	0.3	0.8	0.3
新闻/时事	15.3	12.7	15.9	11.3	16.2	10.0
音乐	1.9	1.1	1.5	0.8	1.4	0.6
专题	13.7	5.5	14.0	5.8	13.7	4.7
综艺	9.3	9.0	8.1	7.4	8.1	6.9
其他	12.3	11.4	12.6	11.1	12.5	10.6

表 3.14.7 2018 年湖南市场所有节目收视率排名前三十位

名次	节目名称	节目类型	播出频道	平均收视率（%）	平均占有率（%）
1	2018 中央电视台春节联欢晚会	综艺	湖南卫视	11.6	25.0
2	开学第一课	青少	中央电视台综合频道	8.9	25.6
3	天下第一拳	电影	湖南电视台潇湘电影频道	6.7	26.1
4	穷孩子富孩子	电视剧	湖南电视台娱乐频道	5.9	19.8
5	两个女匪王	电视剧	湖南电视台潇湘电影频道	5.9	17.2
6	十八般武艺	电影	湖南电视台潇湘电影频道	5.8	21.4
7	女匪首	电视剧	湖南电视台潇湘电影频道	5.8	20.3
8	五遁忍术	电影	湖南电视台潇湘电影频道	5.8	17.5
9	终极对决	电视剧	湖南电视台电视剧频道	5.6	23.5
10	至尊一剑	电影	湖南电视台潇湘电影频道	5.6	22.9
11	白狼	电视剧	湖南电视台潇湘电影频道	5.6	20.0
12	快乐中国 20182019 跨年演唱会	音乐	湖南卫视	5.4	19.9
13	黑玫瑰	电视剧	湖南电视台电视剧频道	5.3	21.5
14	铁血武工队传奇	电视剧	湖南电视台电视剧频道	5.3	21.4
15	五台山抗日传奇女兵排	电视剧	湖南电视台电视剧频道	5.3	20.3
16	边城汉子	电视剧	湖南电视台电视剧频道	5.3	19.6
17	殊死 7 日	电视剧	湖南电视台电视剧频道	5.3	19.4
18	猎豺狼	电视剧	湖南电视台潇湘电影频道	5.3	15.9
19	萧十一郎	电影	湖南电视台潇湘电影频道	5.2	24.4
20	飞哥大英雄	电视剧	湖南电视台电视剧频道	5.2	19.9
21	一门英烈	电影	湖南电视台潇湘电影频道	5.1	19.1
22	教头发威	电影	湖南电视台潇湘电影频道	5.1	17.9
23	刀光枪影	电视剧	湖南电视台电视剧频道	5.1	14.8
24	倚天屠龙记三	电影	湖南电视台潇湘电影频道	5.0	23.2
25	五号特工组之偷天换月	电视剧	湖南电视台电视剧频道	5.0	21.0
26	我爷爷和奶奶的故事	电视剧	湖南电视台电视剧频道	5.0	19.9
27	寒山令	电视剧	湖南电视台电视剧频道	5.0	18.3

续表

名次	节目名称	节目类型	播出频道	平均收视率(%)	平均占有率(%)
28	横财三千万	电影	湖南电视台潇湘电影频道	5.0	18.1
29	2018 元宵喜乐会	综艺	湖南卫视	5.0	17.6
30	江湖巨盗	电影	湖南电视台潇湘电影频道	4.9	20.3

表 3.14.8　2018 年湖南市场电视剧收视率排名前十位

名次	节目名称	播出频道	平均收视率(%)	平均占有率(%)
1	穷孩子富孩子	湖南电视台娱乐频道	5.9	19.8
2	两个女匪王	湖南电视台潇湘电影频道	5.9	17.2
3	女匪首	湖南电视台潇湘电影频道	5.8	20.3
4	终极对决	湖南电视台电视剧频道	5.6	23.5
5	白狼	湖南电视台潇湘电影频道	5.6	20.0
6	黑玫瑰	湖南电视台电视剧频道	5.3	21.5
7	铁血武工队传奇	湖南电视台电视剧频道	5.3	21.4
8	五台山抗日传奇女兵排	湖南电视台电视剧频道	5.3	20.3
9	边城汉子	湖南电视台电视剧频道	5.3	19.6
10	殊死 7 日	湖南电视台电视剧频道	5.3	19.4

表 3.14.9　2018 年湖南市场新闻节目收视率排名前十位

名次	节目名称	播出频道	平均收视率(%)	平均占有率(%)
1	都市大直播(晚间档)	湖南电视台都市频道	4.6	15.9
2	转播中央台新闻联播	湖南卫视	2.8	11.3
3	迎战冰雪温暖跨年	湖南电视台经济频道	2.5	11.2
4	湖南新闻联播	湖南卫视	2.2	11.0
5	都市 1 时间	湖南电视台都市频道	1.2	5.6
6	好运新湖南	湖南电视台经济频道	1.2	4.9
7	话山论见	湖南电视台都市频道	1.0	12.5
8	经视焦点	湖南电视台经济频道	0.9	4.0
9	世界大不同	湖南电视台都市频道	0.8	7.2
10	新闻当事人	湖南卫视	0.8	4.8

表 3.14.10　2018 年湖南市场专题节目收视率排名前十位

名次	节目名称	播出频道	平均收视率(%)	平均占有率(%)
1	我家的 1978	湖南电视台电视剧频道	4.4	16.9
2	好人家	湖南电视台都市频道	3.6	21.7
3	寻情记	湖南电视台都市频道	2.4	7.6
4	一年又一年	中央电视台综合频道	1.8	5.1
5	生机无限	湖南卫视	1.6	5.6
6	这是我家乡	湖南电视台电视剧频道	1.4	7.6
7	第十七届汉语桥世界大学生中文比赛	湖南卫视	1.4	6.4
8	心系凉山习近平总书记凉山扶贫纪实	中央电视台综合频道	1.4	4.0

续表

名次	节目名称	播出频道	平均收视率（%）	平均占有率（%）
9	我爱你中国	湖南卫视	1.3	4.8
10	故园长歌中国出了个毛泽东	湖南卫视	1.3	4.6

表 3.14.11　2018 年湖南市场综艺节目收视率排名前十位

名次	节目名称	播出频道	平均收视率（%）	平均占有率（%）
1	2018 中央电视台春节联欢晚会	湖南卫视	11.6	25.0
2	2018 元宵喜乐会	湖南卫视	5.0	17.6
3	文化中国四海同春 2018 全球华侨华人春节大联欢	湖南卫视	4.9	13.1
4	2018 湖南卫视春节联欢晚会	湖南卫视	4.6	13.5
5	1 生 1 世合家欢春晚前戏欢聚 2018 团年夜	湖南电视台经济频道	4.3	9.9
6	我想和你唱（5 月 4 日）	湖南卫视	3.8	11.2
7	歌手（2 月 23 日）	湖南卫视	3.6	10.8
8	中秋之夜	湖南卫视	3.5	12.6
9	奇兵神犬	湖南卫视	3.3	9.6
10	声临其境（1 月 27 日）	湖南卫视	3.0	12.5

表 3.14.12　2018 年湖南市场体育节目收视率排名前十位
（世界杯、亚运会、亚残运会、冬奥会比赛除外）

名次	节目名称	播出频道	平均收视率（%）	平均占有率（%）
1	2018 环塔征途	湖南电视台都市频道	4.7	24.7
2	湖南省第十三届运动会开幕式	湖南电视台经济频道	1.9	6.6
3	2018 年世界女排锦标赛第三阶段 H 组第三轮（荷兰队 VS 中国队）	中央台五套	1.5	6.0
4	现场直播 意甲第 18 轮进球集锦	CCTV5＋体育赛事频道	1.5	4.1
5	直播周末：2018 年 CBA 全明星三分球大赛	中央台五套	1.1	3.3
6	实况录像：2018 年国际田联钻石联赛上海站女子 3000 米障碍	中央台五套	1.0	7.7
7	超级足球之夜 直播周末：2018 年中超联赛第 28 轮（广州恒大淘宝 VS 上海上港）	中央台五套	1.0	3.3
7	现场直播：2018 年中澳国际男篮对抗赛第三场（中国 VS 澳大利亚）	中央台五套	1.0	3.3
9	2017/2018 赛季意大利足球甲级联赛第 20 轮集锦	中央台五套	1.0	2.9
10	实况录像：2018/2019 赛季花样滑冰大奖赛加拿大站女单自由滑	CCTV5＋体育赛事频道	0.9	3.7

表 3. 14. 13　2018 年湖南市场世界杯、亚运会、亚残运会、冬奥会比赛收视率排名前十位

名次	节目名称	播出频道	平均收视率(%)	平均占有率(%)
1	第 18 届亚运会男子 200 米蛙泳决赛	中央台五套	3. 5	13. 6
2	第 18 届亚运会男子 110 米栏决赛	中央台五套	3. 0	10. 0
3	我爱世界杯：2018 年世界杯小组赛 D 组第一轮（阿根廷 VS 冰岛）	中央台五套	2. 8	9. 1
4	2018 年第 23 届冬奥会短道速滑男子 5000 米接力决赛 B 组	中央台五套	2. 3	6. 7
5	第 18 届亚运会女足决赛（日本 VS 中国）	中央台五套	2. 0	6. 8
6	第 18 届亚运会乒乓球男团决赛	中央台五套	2. 0	6. 0
7	第 18 届亚运会男篮决赛（中国 VS 伊朗）	中央台五套	1. 8	5. 8
8	第 18 届亚运会女排半决赛（中国 VS 日本）	中央台五套	1. 7	7. 3
9	第 18 届亚运会男子团体羽毛球半决赛	中央台五套	1. 5	5. 3
10	第 18 届亚运会女子个人花剑决赛	中央台五套	1. 4	4. 4

十五、吉林收视数据

表 3. 15. 1　2014～2018 年吉林市场各类频道的市场占有率（%）

频道类别	年份				
	2014 年	2015 年	2016 年	2017 年	2018 年
中央电视台频道	36. 7	37. 7	39. 6	38. 4	39. 7
中国教育台频道	0. 2	0. 2	0. 1	0. 1	0. 1
吉林省级频道	27. 1	26. 2	25. 9	24. 5	23. 7
其他省级卫视频道	31. 0	27. 7	25. 2	27. 9	27. 0
其他频道	5. 0	8. 2	9. 2	9. 1	9. 5

表 3. 15. 2　2018 年吉林市场各类频道在不同目标观众中的市场占有率（%）

目标观众		中央电视台频道	中国教育台频道	吉林省级频道	其他省级卫视频道	其他频道
4 岁及以上所有人		39. 7	0. 1	23. 7	27. 0	9. 5
城乡	城市	43. 2	0. 1	22. 8	27. 2	6. 7
	农村	37. 1	0. 2	24. 3	26. 8	11. 6
性别	男	42. 6	0. 1	22. 5	24. 8	10. 0
	女	36. 8	0. 1	24. 8	29. 0	9. 3
年龄	4～14 岁	47. 2	0. 4	10. 0	33. 3	9. 1
	15～24 岁	34. 6	0. 1	17. 6	36. 3	11. 4
	25～34 岁	36. 0	0. 2	17. 0	34. 7	12. 1
	35～44 岁	38. 6	0. 1	20. 8	30. 4	10. 1
	45～54 岁	40. 1	0. 1	26. 0	24. 7	9. 1
	55～64 岁	42. 0	0. 1	29. 2	20. 5	8. 2
	65 岁及以上	40. 0	0. 1	34. 1	17. 7	8. 1
教育程度	未受过正规教育	41. 4	0. 4	24. 4	25. 7	8. 1
	小学	36. 7	0. 2	28. 5	24. 3	10. 3
	初中	37. 1	0. 1	23. 5	28. 5	10. 8
	高中	43. 7	0. 1	20. 9	27. 0	8. 3
	大学及以上	46. 7	0. 1	20. 5	26. 4	6. 3
职业类别	干部/管理人员	48. 0	0. 1	15. 3	28. 6	8. 0
	个体/私营企业人员	37. 2	0. 1	23. 9	30. 0	8. 8
	初级公务员/雇员	48. 6	0. 1	19. 9	24. 9	6. 5
	工人	43. 5	0. 1	21. 1	28. 6	6. 7
	学生	42. 4	0. 2	13. 6	32. 9	10. 9
	无业	43. 2	0. 1	24. 7	23. 9	8. 1
	其他	33. 9	0. 1	27. 5	26. 5	12. 0
个人月收入	0－300 元	41. 1	0. 2	16. 8	31. 3	10. 6
	301－900 元	32. 6	0. 2	30. 2	27. 6	9. 4
	901－1700 元	35. 4	0. 1	27. 3	26. 1	11. 1
	1701～2600 元	39. 1	0. 1	26. 5	24. 9	9. 4
	2601～3500 元	44. 7	0. 1	21. 3	27. 3	6. 6
	3501 元及以上	46. 0	0. 2	18. 6	25. 1	10. 1

表 3.15.3　2018 年吉林市场各类频道在不同时段的市场占有率（%）

时间段	中央电视台频道	中国教育台频道	吉林省级频道	其他省级卫视频道	其他频道
02:00~03:00	58.1	0.3	12.2	24.0	5.4
03:00~04:00	46.1	0.1	14.4	30.3	9.1
04:00~05:00	37.2	0.2	31.0	24.9	6.7
05:00~06:00	40.2	0.4	22.4	28.5	8.5
06:00~07:00	44.4	0.2	18.4	28.5	8.5
07:00~08:00	51.5	0.1	14.9	24.0	9.5
08:00~09:00	49.8	0.2	14.4	25.9	9.7
09:00~10:00	45.4	0.2	12.5	32.0	9.9
10:00~11:00	44.4	0.1	11.4	34.5	9.6
11:00~12:00	41.0	0.1	12.0	37.9	9.0
12:00~13:00	42.0	0.1	7.0	44.1	6.8
13:00~14:00	41.5	0.1	6.9	42.7	8.8
14:00~15:00	41.9	0.3	9.3	38.8	9.7
15:00~16:00	40.5	0.3	12.1	36.4	10.7
16:00~17:00	28.6	0.2	41.1	22.2	7.9
17:00~18:00	30.7	0.3	39.4	19.6	10.0
18:00~19:00	35.4	0.1	38.5	14.0	12.0
19:00~20:00	49.1	0.1	24.3	17.9	8.6
20:00~21:00	32.8	0.1	23.6	33.9	9.6
21:00~22:00	32.5	0.1	21.1	36.8	9.5
22:00~23:00	37.0	0.1	13.9	39.2	9.8
23:00~24:00	46.1	0.1	10.0	31.9	11.9
24:00~25:00	58.2	0.3	8.0	22.6	10.9
25:00~26:00	69.8	0.4	10.5	13.8	5.5

表 3.15.4　2018 年吉林市场收视份额排名前十位的频道

名次	频道名称	收视份额（%）
1	中央电视台综合频道	10.0
2	吉林电视台乡村频道（五套）	6.9
3	吉林电视台生活频道（三套）	6.3
4	中央电视台少儿频道	4.8
5	中央台八套	4.3
6	湖南卫视	3.9
7	中央台三套	3.6
8	中央台五套	3.2
9	吉林电视台都市频道（二套）	3.1
10	吉林电视台影视频道（四套）	3.0

表 3.15.5 2018 年吉林市场各主要频道的观众构成（%）

目标观众		所有频道	主要频道				
			中央电视台综合频道	吉林电视台乡村频道(五套)	吉林电视台生活频道(三套)	中央电视台少儿频道	中央台八套
4 岁及以上所有人		100.0	100.0	100.0	100.0	100.0	100.0
城乡	城市	41.7	52.5	22.5	41.2	23.8	40.0
	农村	58.3	47.5	77.5	58.8	76.2	60.0
性别	男	49.1	54.0	43.6	45.2	47.2	43.2
	女	50.9	46.0	56.4	54.8	52.8	56.8
年龄	4~14 岁	7.4	4.1	3.1	2.7	48.5	2.5
	15~24 岁	8.9	6.7	6.1	6.3	11.7	6.3
	25~34 岁	12.2	9.7	9.5	8.9	13.1	8.1
	35~44 岁	19.4	20.2	11.8	16.2	12.9	24.2
	45~54 岁	20.0	23.7	22.1	20.3	6.7	21.7
	55~64 岁	18.4	20.4	22.9	23.9	5.1	23.8
	65 岁及以上	13.7	15.1	24.5	21.6	2.0	13.4
教育程度	未受过正规教育	3.0	1.7	5.6	2.9	15.5	1.9
	小学	21.1	13.7	35.2	26.1	39.7	23.3
	初中	43.2	41.6	43.5	44.5	33.3	38.6
	高中	21.4	28.3	11.9	17.7	7.3	23.6
	大学及以上	11.3	14.7	3.9	8.9	4.1	12.6
职业类别	干部/管理人员	0.7	1.2	0.1	0.2	0.4	0.5
	个体/私营企业人员	12.5	14.1	11.2	11.5	6.8	11.2
	初级公务员/雇员	10.5	14.2	3.8	8.5	3.5	13.1
	工人	7.1	9.8	2.9	6.3	2.2	7.0
	学生	9.9	6.6	5.3	5.1	40.2	5.5
	无业	23.6	24.2	18.6	27.3	23.6	22.3
	其他	35.8	29.9	58.1	41.1	23.2	40.3
个人月收入	0~300 元	18.3	13.2	12.4	12.7	62.1	15.0
	301~900 元	9.0	7.8	16.7	11.8	5.5	6.1
	901~1700 元	21.9	15.8	32.6	24.4	11.1	27.4
	1701~2600 元	24.5	28.5	25.5	29.7	12.0	24.5
	2601~3500 元	17.6	23.6	8.7	15.8	6.7	17.6
	3501 元及以上	8.7	11.1	4.1	5.6	2.6	9.3

表 3.15.6 2016~2018 年吉林市场各类节目的播出份额（%）和收视份额（%）

节目类型	2016 年		2017 年		2018 年	
	播出份额	收视份额	播出份额	收视份额	播出份额	收视份额
财经	1.2	0.7	1.0	0.6	1.0	0.6
电视剧	27.2	25.0	27.8	26.2	28.2	26.4
电影	4.3	4.2	4.4	4.7	4.6	4.5
法制	0.9	1.6	0.9	1.5	0.7	1.3
教学	0.3	0.1	0.2	0.1	0.3	0.1
青少	6.0	5.2	6.5	5.8	6.5	6.1

续表

节目类型	2016年		2017年		2018年	
	播出份额	收视份额	播出份额	收视份额	播出份额	收视份额
生活服务	8.0	8.0	7.4	7.5	7.5	8.3
体育	3.2	2.6	3.3	2.0	3.1	3.0
外语	0.0	0.0	0.1	0.0	0.1	0.0
戏剧	0.7	0.3	0.8	0.6	0.9	0.3
新闻/时事	10.1	13.2	10.3	13.6	10.0	13.5
音乐	1.8	1.4	1.4	1.4	1.3	1.1
专题	13.6	5.4	13.7	4.9	13.4	4.9
综艺	8.0	16.2	7.1	14.3	7.0	13.6
其他	14.7	16.2	15.2	16.9	15.5	16.4

表 3.15.7　2018 年吉林市场所有节目收视率排名前三十位

名次	节目名称	节目类型	播出频道	平均收视率（%）	平均占有率（%）
1	2018 中央电视台春节联欢晚会	综艺	中央电视台综合频道	43.0	85.3
2	新闻联播	新闻/时事	中央电视台综合频道	10.7	30.2
3	欢乐吉祥闹元宵	综艺	中央电视台综合频道	9.2	28.0
4	一年又一年	专题	中央电视台综合频道	8.7	33.5
5	天气预报	生活服务	中央电视台综合频道	8.3	21.9
6	海上丝路看今朝2018年习近平主席亚太之行	专题	中央电视台综合频道	8.1	21.9
7	重返爱的海洋	专题	中央电视台综合频道	7.5	21.1
8	为了一江清水浩荡东流习近平总书记2018年长江考察纪实	专题	中央电视台综合频道	7.3	18.3
9	爱的海洋汶川地震灾区学生赴海洋全俄儿童中心疗养十周年纪念	专题	中央电视台综合频道	6.6	17.8
10	为了共同的繁荣习近平出席首届中国国际进口博览会纪实	专题	中央电视台综合频道	6.1	15.9
11	习近平主席的上合时间	专题	中央电视台综合频道	5.9	15.6
12	焦点访谈	新闻/时事	中央电视台综合频道	5.7	15.3
13	相知无远近万里尚为邻2018年7月习近平主席亚非行纪实	专题	中央电视台综合频道	5.5	15.7
14	我爱世界杯：2018年世界杯小组赛E组第二轮（巴西VS哥斯达黎加）	体育	中央台五套	4.9	18.8
15	扎扎实实提高质量	专题	中央电视台综合频道	4.9	11.9

续表

名次	节目名称	节目类型	播出频道	平均收视率（%）	平均占有率（%）
16	携手构建更加紧密的中非命运共同体 2018 中非合作论坛北京峰会纪实	专题	中央电视台综合频道	4.7	13.7
17	万水千山只等闲	专题	中央电视台综合频道	4.1	11.2
18	舌尖上的中国三	专题	中央电视台综合频道	3.5	9.8
19	2018 年平昌冬奥会开幕式	体育	中央台五套	3.4	9.2
20	第 18 届亚运会男子 200 米决赛	体育	中央台五套	3.2	9.7
21	全城热恋	综艺	吉林电视台生活频道（三套）	3.1	19.4
22	第 18 届亚运会女子 100 米仰泳决赛	体育	中央台五套	3.1	10.0
23	2018 中央军委慰问驻京部队老干部迎新春文艺演出	综艺	中央电视台综合频道	3.1	9.3
24	上海合作组织青岛峰会特别报道	新闻/时事	中央电视台综合频道	2.8	9.2
25	二人转总动员	综艺	吉林电视台乡村频道（五套）	2.7	14.8
26	满仓进城	电视剧	吉林电视台乡村频道（五套）	2.7	9.2
27	小麦进城	电视剧	吉林电视台乡村频道（五套）	2.7	8.5
28	养父的花样年华	电视剧	吉林电视台乡村频道（五套）	2.7	8.1
29	恋爱先生	电视剧	上海东方卫视	2.7	7.5
30	上门女婿	电视剧	吉林电视台乡村频道（五套）	2.6	9.2

表 3.15.8 2018 年吉林市场电视剧收视率排名前十位

名次	节目名称	播出频道	平均收视率（%）	平均占有率（%）
1	满仓进城	吉林电视台乡村频道（五套）	2.7	9.2
2	小麦进城	吉林电视台乡村频道（五套）	2.7	8.5
3	养父的花样年华	吉林电视台乡村频道（五套）	2.7	8.1
4	恋爱先生	上海东方卫视	2.7	7.5
5	上门女婿	吉林电视台乡村频道（五套）	2.6	9.2
6	唐山大地震	吉林电视台乡村频道（五套）	2.6	9.1
7	欢天喜地对亲家	吉林电视台乡村频道（五套）	2.6	7.9
8	宝乐婶的烦心事	吉林电视台乡村频道（五套）	2.5	8.6
9	我的小姨	吉林电视台乡村频道（五套）	2.4	8.2
10	鲜花朵朵	吉林电视台乡村频道（五套）	2.4	8.0

表 3.15.9　2018 年吉林市场新闻节目收视率排名前十位

名次	节目名称	播出频道	平均收视率（%）	平均占有率（%）
1	新闻联播	中央电视台综合频道	10.7	30.2
2	焦点访谈	中央电视台综合频道	5.7	15.3
3	上海合作组织青岛峰会特别报道	中央电视台综合频道	2.8	9.2
4	守望都市	吉林电视台都市频道（二套）	2.0	7.5
5	国务院总理会见中外记者并回答提问	中央电视台综合频道	1.8	5.1
6	吉林新闻联播	吉林卫视	1.5	5.6
7	上海合作组织青岛峰会特别报道	中央台三套	1.3	6.6
8	逐梦 2019 跨年直播倒计时特别节目	吉林卫视	1.2	3.5
9	都市朋友圈	吉林电视台都市频道（二套）	1.0	5.5
10	直通省两会	浙江卫视	0.8	4.9

表 3.15.10　2018 年吉林市场专题节目收视率排名前十位

名次	节目名称	播出频道	平均收视率（%）	平均占有率（%）
1	一年又一年	中央电视台综合频道	8.7	33.5
2	海上丝路看今朝 2018 年习近平主席亚太之行	中央电视台综合频道	8.1	21.9
3	重返爱的海洋	中央电视台综合频道	7.5	21.1
4	为了一江清水浩荡东流习近平总书记 2018 年长江考察纪实	中央电视台综合频道	7.3	18.3
5	爱的海洋汶川地震灾区学生赴海洋全俄儿童中心疗养十周年纪念	中央电视台综合频道	6.6	17.8
5	为了共同的繁荣习近平出席首届中国国际进口博览会纪实	中央电视台综合频道	6.1	15.9
7	习近平主席的上合时间	中央电视台综合频道	5.9	15.6
8	相知无远近万里尚为邻 2018 年 7 月习近平主席亚非行纪实	中央电视台综合频道	5.5	15.7
9	扎扎实实提高质量	中央电视台综合频道	4.9	11.9
10	携手构建更加紧密的中非命运共同体 2018 中非合作论坛北京峰会纪实	中央电视台综合频道	4.7	13.7

表 3.15.11　2018 年吉林市场综艺节目收视率排名前十位

名次	节目名称	播出频道	平均收视率（%）	平均占有率（%）
1	2018 中央电视台春节联欢晚会	中央电视台综合频道	43.0	85.3
2	欢乐吉祥闹元宵	中央电视台综合频道	9.2	28.0
3	全城热恋	吉林电视台生活频道（三套）	3.1	19.4
4	2018 中央军委慰问驻京部队老干部迎新春文艺演出	中央电视台综合频道	3.1	9.3
5	二人转总动员	吉林电视台乡村频道（五套）	2.7	14.8
6	歌手（3 月 23 日）	湖南卫视	2.6	9.0
7	2018 冰雪嘉年华	中央台三套	2.5	7.1
8	马背上的牧歌中央电视台综艺频道特别节目	中央台三套	2.4	6.3

续表

名次	节目名称	播出频道	平均收视率（%）	平均占有率（%）
9	快乐大本营	湖南卫视	2.1	9.7
10	拥抱新时代祝福你中国中国梦祖国颂2018国庆特别节目	中央电视台综合频道	2.1	9.0

表 3.15.12 2018 年吉林市场体育节目收视率排名前十位
（世界杯、亚运会、亚残运会、冬奥会比赛除外）

名次	节目名称	播出频道	平均收视率（%）	平均占有率（%）
1	现场直播：2018年世界女排联赛总决赛（中国VS巴西）	中央台五套	1.9	10.6
2	中国队比赛回顾	中央台五套	1.5	5.6
3	直播周末：2018年世界女排锦标赛决赛（塞尔维亚VS意大利）	中央台五套	1.5	4.9
4	直播周末：2018年杭州世游赛25米男子1500米自由泳决赛	中央台五套	1.4	5.2
5	现场直播：2018/2019赛季乒超联赛第一阶段女子双打	中央台五套	1.3	4.0
6	实况录像：2018/2019赛季花样滑冰大奖赛加拿大站双人短节目	中央台五套	1.1	3.0
7	实况录像：2018年乒乓球男子世界杯男单决赛	中央台五套	1.0	7.8
8	现场直播：2018/2019赛季中国女子篮球联赛揭幕战（新疆体彩VS大庆农商行）	中央台五套	1.0	4.1
8	2018/2019赛季中国男子篮球职业联赛常规赛第3轮（广东东莞银行VS四川五粮金樽）	中央台五套	1.0	4.1
10	超级足球之夜直播周末：2018年中超级联赛第27轮（上海上港VS山东鲁能泰山）	中央台五套	1.0	3.6

表 3.15.13 2018 年吉林市场世界杯、亚运会、亚残运会、冬奥会比赛收视率排名前十位

名次	节目名称	播出频道	平均收视率（%）	平均占有率（%）
1	我爱世界杯：2018年世界杯小组赛E组第二轮（巴西VS哥斯达黎加）	中央台五套	4.9	18.8
2	2018年平昌冬奥会开幕式	中央台五套	3.4	9.2
3	第18届亚运会男子200米决赛	中央台五套	3.2	9.7
4	第18届亚运会女子100米仰泳决赛	中央台五套	3.1	10.0
5	第18届亚运会男篮决赛（中国VS伊朗）	中央台五套	2.4	7.7
6	第18届亚运会乒乓球男团决赛	中央台五套	2.3	9.4
7	2018年第23届冬奥会短道速滑男子500米半决赛	中央台五套	2.3	8.3
8	男子200米自由泳颁奖仪式	中央台五套	2.3	6.3
9	2018年平昌冬奥会闭幕式	中央台五套	2.2	5.5
9	第18届亚运会女子个人花剑决赛	中央台五套	2.1	8.8

十六、江苏收视数据

表 3.16.1　2014～2018 年江苏市场各类频道的市场占有率（%）

频道类别	年份				
	2014 年	2015 年	2016 年	2017 年	2018 年
中央电视台频道	28.9	31.0	34.7	34.0	34.7
中国教育台频道	0.3	0.2	0.1	0.2	0.2
江苏省级频道	37.4	28.9	22.2	27.0	28.2
其他省级卫视频道	16.3	20.4	21.2	17.2	17.1
其他频道	17.1	19.5	21.8	21.6	19.8

表 3.16.2　2018 年江苏市场各类频道在不同目标观众中的市场占有率（%）

目标观众		中央电视台频道	中国教育台频道	江苏省级频道	其他省级卫视频道	其他频道
4 岁及以上所有人		34.7	0.2	28.2	17.1	19.8
城乡	城市	37.5	0.4	15.2	18.6	28.3
	农村	33.0	0.1	36.0	16.3	14.6
性别	男	37.5	0.2	26.2	15.4	20.7
	女	32.1	0.2	30.1	18.7	18.9
年龄	4～14 岁	25.5	0.1	36.1	22.6	15.7
	15～24 岁	21.6	0.2	33.9	22.3	22.0
	25～34 岁	28.5	0.2	30.5	16.5	24.3
	35～44 岁	32.7	0.2	22.2	21.5	23.4
	45～54 岁	30.0	0.1	36.1	14.1	19.7
	55～64 岁	36.4	0.2	25.1	15.5	22.8
	65 岁及以上	50.3	0.4	18.7	15.5	15.1
教育程度	未受过正规教育	38.5	0.0	32.9	18.3	10.3
	小学	35.0	0.3	30.8	16.7	17.2
	初中	34.0	0.2	27.0	17.2	21.6
	高中	33.6	0.2	27.9	16.3	22.0
	大学及以上	31.9	0.2	19.2	17.5	31.2
职业类别	干部/管理人员	34.9	0.0	32.7	12.1	20.3
	个体/私营企业人员	31.4	0.2	32.2	13.7	22.5
	初级公务员/雇员	32.9	0.2	17.0	18.5	31.4
	工人	34.3	0.2	23.6	16.8	25.1
	学生	25.4	0.1	19.6	32.3	22.6
	无业	38.5	0.4	22.9	18.5	19.7
	其他	35.1	0.1	42.5	13.0	9.3
个人月收入	0～300 元	29.5	0.1	32.2	22.0	16.2
	301～900 元	48.4	0.1	27.4	11.6	12.5
	901～1700 元	30.3	0.4	35.5	13.4	20.4
	1701～2600 元	34.8	0.3	25.4	15.1	24.4
	2601～3500 元	35.5	0.3	28.4	16.9	18.9
	3501 元及以上	35.7	0.2	20.9	17.5	25.7

表 3.16.3　2018 年江苏市场各类频道在不同时段的市场占有率（%）

时间段	中央电视台频道	中国教育台频道	江苏省级频道	其他省级卫视频道	其他频道
02:00~03:00	34.8	0.1	14.2	29.1	21.8
03:00~04:00	34.6	0.1	15.3	28.2	21.8
04:00~05:00	35.9	0.1	14.1	32.3	17.6
05:00~06:00	42.3	0.2	13.8	29.4	14.3
06:00~07:00	54.6	0.1	14.7	15.4	15.2
07:00~08:00	49.0	0.4	23.2	12.8	14.6
08:00~09:00	45.7	0.6	14.5	22.4	16.8
09:00~10:00	42.4	0.7	9.8	27.4	19.7
10:00~11:00	42.3	0.7	9.8	28.0	19.2
11:00~12:00	44.5	0.3	12.0	26.2	17.0
12:00~13:00	44.6	0.1	12.5	25.8	17.0
13:00~14:00	40.9	0.8	13.5	28.3	16.5
14:00~15:00	40.7	0.7	12.5	29.1	17.0
15:00~16:00	41.1	0.6	10.5	30.0	17.8
16:00~17:00	41.6	0.6	10.2	29.3	18.3
17:00~18:00	37.0	0.3	20.6	23.4	18.7
18:00~19:00	33.2	0.1	39.7	8.3	18.7
19:00~20:00	29.8	0.1	41.3	8.6	20.2
20:00~21:00	26.6	0.0	39.9	12.3	21.2
21:00~22:00	30.3	0.1	35.9	12.7	21.0
22:00~23:00	32.9	0.1	30.2	14.2	22.6
23:00~24:00	36.4	0.1	24.1	17.3	22.1
24:00~25:00	37.5	0.1	18.7	21.2	22.5
25:00~26:00	34.8	0.1	15.7	26.5	22.9

表 3.16.4　2018 年江苏市场收视份额排名前十位的频道

名次	频道名称	收视份额（%）
1	江苏电视台综艺频道	7.8
2	江苏卫视	6.2
3	江苏电视台城市频道	5.0
4	中央台八套	4.4
5	中央台六套	4.3
6	中央电视台少儿频道	4.2
7	中央台三套	4.1
8	江苏电视台影视频道	3.8
9	中央台四套	3.7
10	湖南卫视	3.2

表 3.16.5　2018 年江苏市场各主要频道的观众构成（%）

目标观众		所有频道	江苏电视台综艺频道	江苏卫视	江苏电视台城市频道	中央台八套	中央台六套
4 岁及以上所有人		100.0	100.0	100.0	100.0	100.0	100.0
城乡	城市	37.2	21.6	21.9	23.8	43.5	41.4
	农村	62.8	78.4	78.1	76.2	56.5	58.6
性别	男	47.8	46.4	43.4	45.4	49.2	52.5
	女	52.2	53.6	56.6	54.6	50.8	47.5
年龄	4～14 岁	11.2	16.2	6.9	16.5	2.6	7.1
	15～24 岁	6.1	4.5	11.5	6.6	2.7	4.0
	25～34 岁	11.0	15.1	9.0	16.6	6.0	10.5
	35～44 岁	10.1	6.4	12.0	4.8	6.2	21.8
	45～54 岁	22.8	27.5	27.4	25.9	23.6	21.4
	55～64 岁	16.6	20.0	12.9	14.7	32.2	14.6
	65 岁及以上	22.2	10.3	20.3	14.9	26.7	20.6
教育程度	未受过正规教育	13.7	16.3	9.2	20.7	12.9	14.5
	小学	27.4	24.1	30.5	26.4	28.3	24.2
	初中	34.0	39.7	32.3	26.6	39.3	38.4
	高中	15.5	15.1	19.4	18.0	14.2	13.8
	大学及以上	9.4	4.8	8.6	8.3	5.3	9.1
职业类别	干部/管理人员	1.4	2.1	0.7	4.1	1.4	1.2
	个体/私营企业人员	12.1	13.4	20.6	7.1	12.4	11.9
	初级公务员/雇员	9.4	4.5	8.1	3.8	9.8	9.8
	工人	17.1	16.8	18.0	6.4	15.4	23.4
	学生	6.5	3.7	4.9	2.5	2.3	7.4
	无业	29.3	20.8	17.7	35.7	33.5	21.0
	其他	24.2	38.7	30.0	40.4	25.2	25.3
个人月收入	0～300 元	27.3	31.7	20.5	42.6	21.6	21.6
	301～900 元	11.4	10.3	10.2	8.5	12.3	15.3
	901～1700 元	11.8	16.0	13.6	9.6	16.0	11.7
	1701～2600 元	15.8	15.7	18.1	12.8	21.0	15.2
	2601～3500 元	15.1	16.8	17.7	15.0	12.0	13.6
	3501 元及以上	18.6	9.5	19.9	11.5	17.1	22.6

表 3.16.6　2016～2018 年江苏市场各类节目的播出份额（%）和收视份额（%）

节目类别	2016 年		2017 年		2018 年	
	播出份额	收视份额	播出份额	收视份额	播出份额	收视份额
财经	1.4	0.5	1.2	0.4	1.1	0.4
电视剧	21.3	30.0	21.4	32.1	21.2	29.8
电影	3.9	5.4	3.9	4.9	4.1	4.7
法制类	0.9	1.4	1.1	1.4	1.0	1.4
教学	0.2	0.0	0.2	0.0	0.3	0.0
青少	6.7	6.6	6.9	6.3	6.9	6.3
生活服务	8.6	6.4	8.3	7.5	8.3	8.0
体育	3.4	2.5	3.7	2.4	3.6	2.8

续表

节目类别	2016年		2017年		2018年	
	播出份额	收视份额	播出份额	收视份额	播出份额	收视份额
外语	0.0	0.0	0.1	0.0	0.1	0.0
戏剧	0.8	0.7	0.8	0.6	0.8	0.5
新闻/时事	14.6	10.5	15.1	9.6	15.5	10.4
音乐	1.9	1.3	1.5	1.0	1.4	0.8
专题	14.2	5.5	14.5	5.7	14.2	6.0
综艺	9.8	17.6	8.5	15.2	8.2	15.0
其他	12.3	11.6	12.8	12.9	13.3	14.0

表 3.16.7　2018 年江苏市场所有节目收视率排名前三十位

名次	节目名称	节目类型	播出频道	平均收视率（%）	平均占有率（%）
1	2018 中央电视台春节联欢晚会	综艺	中央台三套	8.5	19.9
2	欢乐吉祥闹元宵	综艺	中央电视台综合频道	6.6	17.6
3	娘道	电视剧	江苏卫视	6.3	18.7
4	2019 跨年演唱会用奋斗点亮幸福	音乐	江苏卫视	5.9	21.2
5	我爱世界杯：2018 年俄罗斯世界杯足球赛决赛（法国 VS 克罗地亚）	体育	中央台五套	5.5	36.1
6	越战越勇（3 月 14 日）	综艺	中央台三套	5.5	15.1
7	母爱如山	电视剧	江苏电视台城市频道	5.3	15.0
8	心有力量歌声响亮首届江西省合唱大赛	综艺	江苏电视台综艺频道	5.2	16.9
9	战寇	电视剧	江苏电视台综艺频道	5.2	14.9
10	开学第一课	青少	中央电视台综合频道	5.0	14.3
11	津门飞鹰	电视剧	江苏电视台综艺频道	4.9	14.3
12	战地青春之歌	电视剧	江苏电视台综艺频道	4.8	14.0
13	护宝风云	电视剧	江苏电视台综艺频道	4.7	14.3
14	穿甲弹	电视剧	江苏电视台综艺频道	4.7	13.2
15	藏历土狗新年春节电视联欢会	综艺	江苏电视台综艺频道	4.6	15.6
16	初婚	电视剧	江苏电视台城市频道	4.6	13.6
17	香蜜沉沉烬如霜	电视剧	江苏卫视	4.6	12.9
18	誓盟	电视剧	江苏电视台综艺频道	4.4	13.5
19	追风行动	电视剧	江苏电视台综艺频道	4.4	13.1
20	六扇门	电视剧	江苏电视台综艺频道	4.4	12.5
21	特种兵之深入敌后	电视剧	江苏电视台综艺频道	4.3	12.8
22	密查	电视剧	江苏电视台综艺频道	4.3	12.2
23	我爱世界杯：2018 年俄罗斯世界杯闭幕式	体育	中央台五套	4.2	21.3
24	猴票	电视剧	江苏电视台城市频道	4.2	12.1
25	生死迷情	电视剧	江苏电视台综艺频道	4.2	11.8
26	南腔北调闹新春 2018 江苏首届戏曲春节联欢晚会	戏剧	江苏电视台综艺频道	4.1	15.1

续表

名次	节目名称	节目类型	播出频道	平均收视率(%)	平均占有率(%)
27	正阳门下小女人	电视剧	江苏卫视	4.1	12.3
28	英雄烈	电视剧	江苏电视台城市频道	4.1	12.1
29	绽放吧百合	电视剧	江苏电视台城市频道	4.1	12.0
30	北国英雄	电视剧	江苏电视台综艺频道	4.0	12.9

表 3.16.8　2018 年江苏市场电视剧收视率排名前十位

名次	节目名称	播出频道	平均收视率(%)	平均占有率(%)
1	娘道	江苏卫视	6.3	18.7
2	母爱如山	江苏电视台城市频道	5.3	15.0
3	战寇	江苏电视台综艺频道	5.2	14.9
4	津门飞鹰	江苏电视台综艺频道	4.9	14.3
5	战地青春之歌	江苏电视台综艺频道	4.8	14.0
6	护宝风云	江苏电视台综艺频道	4.7	14.3
7	穿甲弹	江苏电视台综艺频道	4.7	13.2
8	初婚	江苏电视台城市频道	4.6	13.6
9	香蜜沉沉烬如霜	江苏卫视	4.6	12.9
10	誓盟	江苏电视台综艺频道	4.4	13.5

表 3.16.9　2018 年江苏市场新闻节目收视率排名前十位

名次	节目名称	播出频道	平均收视率(%)	平均占有率(%)
1	转播中央台新闻联播	江苏卫视	2.1	7.9
2	零距离	江苏电视台城市频道	1.6	6.8
3	海峡两岸	中央台四套	1.4	3.9
4	江苏新时空	江苏卫视	1.1	5.5
5	新闻联播	中央电视台综合频道	1.1	4.1
6	新闻联播(3 月 5 日~3 月 20 日)	中央台四套	1.1	3.5
7	中国新闻(21 点档)	中央台四套	1.1	3.2
8	上海合作组织青岛峰会特别报道	中央台三套	1.1	3.1
9	中国舆论场	中央台四套	1.0	2.9
10	今日关注	中央台四套	0.9	3.5
10	新闻 360	江苏电视台公共新闻频道	0.9	3.5

表 3.16.10　2018 年江苏市场专题节目收视率排名前十位

名次	节目名称	播出频道	平均收视率(%)	平均占有率(%)
1	我家 40 年庆祝改革开放四十年主题征文演讲视频大赛优秀作品分享会	江苏电视台综艺频道	2.9	8.1
2	黄金时间改革政策 e 解读	江苏电视台公共新闻频道	2.5	7.2
3	股东来了投资者权益知识竞赛华泰证券杯江苏赛区区域赛	江苏电视台综艺频道	2.4	6.7
4	味道	江苏电视台综艺频道	2.3	9.0

续表

名次	节目名称	播出频道	平均收视率（%）	平均占有率（%）
5	老年人的网络世界（8月19日）	中央台九套纪录频道	1.8	10.2
6	首届中国农民丰收节暨第十四届中国南京农业嘉年华开幕式	江苏电视台城市频道	1.6	8.1
7	匠心传奇	江苏卫视	1.6	6.3
8	平语近人习近平总书记用典	江苏卫视	1.5	5.3
9	一年又一年	中央电视台综合频道	1.4	6.2
10	江苏最美人物	江苏电视台城市频道	1.4	6.1

表3.16.11　2018年江苏市场综艺节目收视率排名前十位

名次	节目名称	播出频道	平均收视率（%）	平均占有率（%）
1	2018中央电视台春节联欢晚会	中央台三套	8.5	19.9
2	欢乐吉祥闹元宵	中央电视台综合频道	6.6	17.6
3	越战越勇（3月14日）	中央台三套	5.5	15.1
4	心有力量歌声响亮首届江西省合唱大赛	江苏电视台综艺频道	5.2	16.9
5	藏历土狗新年春节电视联欢会	江苏电视台综艺频道	4.6	15.6
6	新春喜剧之夜	中央台三套	3.6	9.8
7	京喜之夜吃货大作战	江苏电视台综艺频道	3.5	11.1
8	越战越勇喜剧版（7月29日）	中央台三套	3.5	9.3
9	非诚勿扰	江苏卫视	3.4	10.2
10	震撼一条龙	江苏电视台综艺频道	3.0	14.0

表3.16.12　2018年江苏市场体育节目收视率排名前十位

（世界杯、亚运会、亚残运会、冬奥会比赛除外）

名次	节目名称	播出频道	平均收视率（%）	平均占有率（%）
1	现场直播 世乒赛团体赛女团决赛颁奖仪式	中央台五套	2.3	19.3
2	现场直播：2018年乒乓球团体世界锦标赛女团决赛（中国VS日本）	中央台五套	2.2	8.2
3	2018年世界女排锦标赛第三阶段H组第三轮（中国VS荷兰）	中央台五套	2.1	8.1
4	现场直播：2018年国际乒联世界巡回赛中国公开赛男单决赛	中央台五套	1.7	7.5
5	现场直播：2018年世界女排联赛总决赛（中国VS巴西）	中央台五套	1.7	4.9
6	直播周末：2018/2019赛季英格兰足球超级联赛第2轮（布赖顿VS曼彻斯特联）	中央台五套	1.6	14.6
7	实况录像：2018年短道速滑世锦赛男子500米决赛	中央台五套	1.6	5.4

续表

名次	节目名称	播出频道	平均收视率（%）	平均占有率（%）
8	2017/2018 赛季德国足球甲级联赛第 20 轮集锦	中央台五套	1.5	6.9
9	实况录像：2018 年国际泳联世界跳水系列赛富士站女子三米板决赛	中央台五套	1.5	5.6
10	2017/2018 赛季斯诺克大师赛 1/4 决赛	中央台五套	1.4	19.0

表 3.16.13　2018 年江苏市场世界杯、亚运会、亚残运会、冬奥会比赛收视率排名前十位

名次	节目名称	播出频道	平均收视率（%）	平均占有率（%）
1	我爱世界杯：2018 年俄罗斯世界杯足球赛决赛（法国 VS 克罗地亚）	中央台五套	5.5	36.1
2	我爱世界杯：2018 年俄罗斯世界杯闭幕式	中央台五套	4.2	21.3
3	第 18 届亚运会男子十项全能跳高	中央台五套	3.6	11.8
4	第 18 届亚运会男子铅球决赛	中央台五套	3.5	12.7
5	第 18 届亚运会女子 4×200 米自由泳接力决赛	中央台五套	3.2	8.5
6	我爱世界杯：2018 年俄罗斯世界杯开幕式	中央台五套	2.9	19.3
7	第 18 届亚运会女排半决赛（中国 VS 日本）	中央台五套	2.8	10.6
8	2018 年平昌冬奥会开幕式	中央台五套	2.6	8.3
9	第 18 届亚运会男子体操吊环决赛	中央台五套	2.6	6.9
10	2018 年第 23 届冬奥会短道速滑男子 1500 米决赛	中央台五套	2.5	6.4

十七、江西收视数据

表 3.17.1 2014~2018 年江西市场各类频道的市场占有率（%）

频道类别	年份				
	2014 年	2015 年	2016 年	2017 年	2018 年
中央电视台频道	39.7	30.7	29.9	29.1	28.9
中国教育台频道	0.4	0.1	0.1	0.1	0.1
江西省级频道	22.8	31.2	34.1	32.6	33.1
其他省级卫视频道	32.6	27.3	26.2	24.2	22.9
其他频道	4.5	10.7	9.7	14.0	15.0

表 3.17.2 2018 年江西市场各类频道在不同目标观众中的市场占有率（%）

目标观众		中央电视台频道	中国教育台频道	江西省级频道	其他省级卫视频道	其他频道
4 岁及以上所有人		28.9	0.1	33.1	22.9	15.0
城乡	城市	30.1	0.1	29.0	21.0	19.8
	农村	28.6	0.1	34.3	23.4	13.6
性别	男	32.3	0.1	33.0	19.6	15.0
	女	25.1	0.1	33.2	26.5	15.1
年龄	4~14 岁	21.4	0.1	22.6	38.1	17.8
	15~24 岁	21.8	0.1	27.1	37.0	14.0
	25~34 岁	24.8	0.1	33.5	24.4	17.2
	35~44 岁	29.5	0.1	27.4	26.9	16.1
	45~54 岁	31.9	0.0	38.7	16.0	13.4
	55~64 岁	31.5	0.1	39.8	14.5	14.1
	65 岁及以上	37.2	0.1	38.8	11.1	12.8
教育程度	未受过正规教育	22.7	0.1	31.6	31.5	14.1
	小学	28.5	0.1	33.8	22.0	15.6
	初中	30.1	0.1	31.1	23.6	15.1
	高中	32.1	0.1	37.8	17.3	12.7
	大学及以上	31.9	0.1	30.0	20.1	17.9
职业类别	干部/管理人员	41.6	0.1	22.2	17.0	19.1
	个体/私营企业人员	30.4	0.1	33.7	23.9	11.9
	初级公务员/雇员	31.1	0.1	30.3	20.6	17.9
	工人	27.6	0.1	38.9	16.6	16.8
	学生	22.5	0.1	21.4	36.4	19.6
	无业	29.3	0.1	31.4	24.5	14.7
	其他	31.8	0.1	40.6	15.7	11.8
个人月收入	0~300 元	22.9	0.1	28.0	32.2	16.8
	301~900 元	31.7	0.1	41.6	16.0	10.6
	901~1700 元	33.4	0.1	37.2	17.1	12.2
	1701~2600 元	33.3	0.1	31.8	20.6	14.2
	2601~3500 元	31.3	0.1	38.3	15.0	15.3
	3501 元及以上	33.8	0.1	33.2	16.8	16.1

表 3. 17. 3　2018 年江西市场各类频道在不同时段的市场占有率（%）

时间段	中央电视台频道	中国教育台频道	江西省级频道	其他省级卫视频道	其他频道
02:00 ~ 03:00	31. 2	0. 1	27. 0	16. 5	25. 2
03:00 ~ 04:00	34. 8	0. 0	25. 3	16. 9	23. 0
04:00 ~ 05:00	36. 1	0. 1	26. 5	19. 0	18. 3
05:00 ~ 06:00	38. 7	0. 1	25. 9	21. 5	13. 8
06:00 ~ 07:00	39. 9	0. 0	25. 7	22. 8	11. 6
07:00 ~ 08:00	32. 5	0. 1	28. 8	24. 1	14. 5
08:00 ~ 09:00	33. 2	0. 1	23. 4	28. 7	14. 6
09:00 ~ 10:00	30. 7	0. 2	20. 5	33. 5	15. 1
10:00 ~ 11:00	28. 8	0. 3	21. 7	33. 8	15. 4
11:00 ~ 12:00	32. 3	0. 1	19. 9	32. 9	14. 8
12:00 ~ 13:00	33. 5	0. 0	20. 9	31. 6	14. 0
13:00 ~ 14:00	29. 9	0. 1	22. 2	32. 6	15. 2
14:00 ~ 15:00	29. 9	0. 2	20. 3	33. 7	15. 9
15:00 ~ 16:00	28. 4	0. 2	21. 9	34. 0	15. 5
16:00 ~ 17:00	27. 3	0. 1	20. 7	36. 2	15. 7
17:00 ~ 18:00	27. 5	0. 1	23. 4	31. 6	17. 4
18:00 ~ 19:00	28. 2	0. 1	37. 9	16. 6	17. 2
19:00 ~ 20:00	32. 3	0. 0	38. 0	15. 4	14. 3
20:00 ~ 21:00	26. 3	0. 0	43. 6	17. 6	12. 5
21:00 ~ 22:00	26. 4	0. 0	45. 2	16. 2	12. 2
22:00 ~ 23:00	23. 6	0. 0	43. 2	17. 1	16. 1
23:00 ~ 24:00	23. 9	0. 0	37. 0	19. 1	20. 0
24:00 ~ 25:00	28. 0	0. 0	32. 2	15. 5	24. 3
25:00 ~ 26:00	28. 1	0. 1	30. 4	14. 9	26. 5

表 3. 17. 4　2018 年江西市场收视份额排名前十位的频道

名次	频道名称	收视份额（%）
1	江西卫视	10. 2
2	江西电视台都市频道（二套）	8. 5
3	湖南电视台金鹰卡通频道	5. 7
4	江西电视台影视旅游频道（四套）	4. 7
5	中央台三套	4. 2
6	中央电视台综合频道	4. 1
7	中央台六套	3. 4
7	中央电视台少儿频道	3. 4
9	江西电视台公共农业频道（五套）	3. 2
10	中央台四套	3. 1

表 3.17.5 2018 年江西市场各主要频道的观众构成（%）

目标观众		所有频道	主要频道				
			江西卫视	江西电视台都市频道(二套)	湖南电视台金鹰卡通频道	江西电视台影视旅游频道（四套）	中央台三套
4 岁及以上所有人		100.0	100.0	100.0	100.0	100.0	100.0
城乡	城市	21.9	11.2	21.9	15.0	21.3	13.2
	农村	78.1	88.8	78.1	85.0	78.7	86.8
性别	男	52.2	52.8	48.0	43.2	55.8	50.4
	女	47.8	47.2	52.0	56.8	44.2	49.6
年龄	4~14 岁	21.6	15.3	11.7	56.6	11.6	5.6
	15~24 岁	5.8	5.5	3.1	5.8	4.1	2.4
	25~34 岁	9.7	7.9	12.3	11.0	8.7	12.9
	35~44 岁	10.0	8.4	8.2	4.6	7.9	4.9
	45~54 岁	21.0	16.0	26.4	11.8	31.8	36.9
	55~64 岁	15.9	23.2	19.2	7.0	17.9	16.8
	65 岁及以上	16.0	23.7	19.1	3.2	18.0	20.5
教育程度	未受过正规教育	12.6	10.5	13.0	35.0	10.6	4.8
	小学	40.1	48.5	36.7	35.5	40.7	34.9
	初中	27.2	23.8	24.1	17.4	26.3	31.0
	高中	14.1	12.7	21.8	8.8	15.9	18.7
	大学及以上	6.0	4.5	4.4	3.3	6.5	10.6
职业类别	干部/管理人员	0.5	0.2	0.4	0.2	0.4	0.5
	个体/私营企业人员	9.9	4.6	11.9	5.6	14.1	11.1
	初级公务员/雇员	6.7	4.6	6.6	3.4	6.7	10.8
	工人	13.9	13.6	18.7	8.0	17.1	11.7
	学生	15.2	14.5	5.4	23.6	6.7	4.3
	无业	31.7	26.8	33.5	48.1	31.4	29.4
	其他	22.1	35.7	23.5	11.1	23.6	32.2
个人月收入	0~300 元	38.5	32.6	33.3	70.3	26.6	17.3
	301~900 元	8.2	18.4	6.3	5.7	7.8	17.4
	901~1700 元	14.3	18.5	13.0	5.2	17.7	22.1
	1701~2600 元	12.4	9.3	14.8	6.9	12.2	10.7
	2601~3500 元	15.8	15.2	20.4	7.9	20.3	19.2
	3501 元及以上	10.8	6.0	12.2	4.0	15.4	13.3

表 3.17.6 2016~2018 年江西市场各类节目的播出份额（%）和收视份额（%）

节目类型	2016 年		2017 年		2018 年	
	播出份额	收视份额	播出份额	收视份额	播出份额	收视份额
财经	1.3	0.3	1.1	0.3	1.1	0.3
电视剧	22.9	37.7	23.6	36.1	23.0	34.9
电影	4.1	5.6	4.1	5.9	4.0	5.1
法制	0.9	2.0	1.0	1.6	1.0	1.8
教学	0.4	0.0	0.3	0.0	0.3	0.0
青少	7.1	11.9	7.3	11.4	7.3	10.6
生活服务	8.4	5.5	7.8	5.8	8.2	6.6

续表

节目类型	2016 年		2017 年		2018 年	
	播出份额	收视份额	播出份额	收视份额	播出份额	收视份额
体育	3.2	1.1	3.2	0.8	3.2	1.1
外语	0.0	0.0	0.1	0.0	0.1	0.0
戏剧	0.8	0.2	0.8	0.3	0.8	0.3
新闻/时事	14.3	9.2	14.8	10.8	15.2	11.1
音乐	1.9	1.2	1.5	1.2	1.4	0.9
专题	13.8	6.0	14.4	6.5	14.2	5.9
综艺	9.1	9.1	8.1	8.8	8.0	10.3
其他	11.8	10.2	11.9	10.5	12.2	11.1

表 3.17.7　2018 年江西市场所有节目收视率排名前三十位

名次	节目名称	节目类型	播出频道	平均收视率（%）	平均占有率（%）
1	家庭秘密	电视剧	江西卫视	6.5	25.1
2	2018 中央电视台春节联欢晚会	综艺	中央电视台综合频道	6.0	17.4
3	奶奶再爱我一次	电视剧	江西卫视	5.9	23.0
4	开学第一课	青少	中央电视台综合频道	5.8	20.5
5	后妈的春天	电视剧	江西卫视	5.3	20.4
6	养母的花样年华	电视剧	江西卫视	5.2	20.2
7	梅花儿香	电视剧	江西卫视	5.0	21.7
8	拥抱幸福	电视剧	江西卫视	4.8	20.6
9	天气预报	生活服务	江西卫视	4.6	29.0
10	金陵往事	电视剧	江西卫视	4.6	18.2
11	飞哥大英雄之飞哥战队	电视剧	江西卫视	4.4	17.8
12	心如铁（5～66 集）	电视剧	江西卫视	4.3	15.4
13	东风破	电视剧	江西卫视	4.2	18.4
14	生死连	电视剧	江西卫视	3.8	16.2
15	那年花开月正圆	电视剧	江西卫视	3.8	14.2
16	妈妈和我一起嫁	电视剧	江西电视台都市频道（二套）	3.6	15.6
17	脱身	电视剧	江西卫视	3.6	14.9
18	情债	电视剧	江西电视台都市频道（二套）	3.6	14.7
19	青春不言败	电视剧	江西卫视	3.4	14.0
20	霍元甲	电影	中央台六套	3.3	13.6
21	转播中央台新闻联播	新闻/时事	江西卫视	3.1	15.9
22	麦咭独播剧场：嘻哈闯世界三奇幻天空岛	青少	湖南电视台金鹰卡通频道	3.1	15.4
23	刀客英雄	电视剧	江西电视台都市频道（二套）	3.1	12.7
24	一年又一年	专题	中央电视台综合频道	3.0	16.7
25	九九艳阳天	综艺	中央台三套	3.0	12.1
26	欢乐吉祥闹元宵	综艺	中央电视台综合频道	3.0	10.4
27	小醉拳	电影	中央台六套	2.9	12.4
28	乱世情劫	电视剧	江西电视台都市频道（二套）	2.9	12.1
29	胭脂泪	电视剧	江西电视台都市频道（二套）	2.8	11.5
30	晚间 800	法制	江西电视台都市频道（二套）	2.8	11.0

表 3.17.8　2018 年江西市场电视剧收视率排名前十位

名次	节目名称	播出频道	平均收视率（%）	平均占有率（%）
1	家庭秘密	江西卫视	6.5	25.1
2	奶奶再爱我一次	江西卫视	5.9	23.0
3	后妈的春天	江西卫视	5.3	20.4
4	养母的花样年华	江西卫视	5.2	20.2
5	梅花儿香	江西卫视	5.0	21.7
6	拥抱幸福	江西卫视	4.8	20.6
7	金陵往事	江西卫视	4.6	18.2
8	飞哥大英雄之飞哥战队	江西卫视	4.4	17.8
9	心如铁（5～66 集）	江西卫视	4.3	15.4
10	东风破	江西卫视	4.2	18.4

表 3.17.9　2018 年江西市场新闻节目收视率排名前十位

名次	节目名称	播出频道	平均收视率（%）	平均占有率（%）
1	转播中央台新闻联播	江西卫视	3.1	15.9
2	江西新闻联播	江西卫视	2.7	19.7
3	都市现场	江西电视台都市频道（二套）	1.8	12.0
4	上海合作组织青岛峰会特别报道	中央台三套	0.9	3.6
5	海峡两岸	中央台四套	0.8	3.2
6	国务院总理会见中外记者并回答提问	中央电视台新闻频道	0.8	2.7
7	中国舆论场	中央台四套	0.7	3.0
7	焦点访谈	中央电视台综合频道	0.7	3.0
9	今日关注	中央台四套	0.6	3.2
10	今日亚洲	中央台四套	0.6	2.7

表 3.17.10　2018 年江西市场专题节目收视率排名前十位

名次	节目名称	播出频道	平均收视率（%）	平均占有率（%）
1	一年又一年	中央电视台综合频道	3.0	16.7
2	都市情缘	江西电视台都市频道（二套）	2.7	11.4
3	万水千山只等闲	中央电视台综合频道	2.3	7.9
4	创客英雄会第五届创青春中国青年创新创业大赛互联网组总决赛	江西卫视	1.7	10.0
5	社会传真	江西卫视	1.4	12.3
6	相知无远近万里尚为邻 2018 年 7 月习近平主席亚非行纪实	中央电视台综合频道	1.4	6.2
7	江右商帮	江西电视台公共农业频道（五套）	1.3	17.0
8	信中国	中央台三套	1.3	7.6
9	新传奇	江西卫视	1.2	6.3
10	传奇故事	江西卫视	1.2	6.2

表 3.17.11　2018 年江西市场综艺节目收视率排名前十位

名次	节目名称	播出频道	平均收视率（%）	平均占有率（%）
1	2018 中央电视台春节联欢晚会	中央电视台综合频道	6.0	17.4
2	九九艳阳天	中央台三套	3.0	12.1
3	欢乐吉祥闹元宵	中央电视台综合频道	3.0	10.4
4	挑战不可能（1 月 21 日）	中央电视台综合频道	2.3	8.1
5	越战越勇（4 月 8 日）	中央台三套	2.2	6.6
6	中国梦劳动美 2018 年庆祝五一国际劳动节心连心艺术团慰问演出	中央台三套	2.1	9.7
7	歌手（2 月 23 日）	湖南卫视	2.0	9.2
8	万家邀明月一起盼中秋 2018 中秋特别节目	中央台三套	2.0	8.0
9	新春喜剧之夜（2 月 16 日）	中央台三套	2.0	7.7
10	天下有情人	中央台三套	2.0	7.6

表 3.17.12　2018 年江西市场体育节目收视率排名前十位
（世界杯、亚运会、亚残运会、冬奥会比赛除外）

名次	节目名称	播出频道	平均收视率（%）	平均占有率（%）
1	2018 杭州世游赛 25 米女子 100 米仰泳颁奖仪式	中央台五套	0.9	4.0
2	2018 年杭州世游赛 25 米男子 50 米蝶泳半决赛	中央台五套	0.9	3.4
3	现场直播：2018 年乒乓球团体世界锦标赛男团决赛	中央台五套	0.8	4.2
4	实况录像：18 年中华龙舟大赛海南职业男子 200 米直道赛晋级赛第 1 组	中央台五套	0.8	3.9
5	实况录像：2018 年国际泳联游泳世界杯北京站男子 200 米蝶泳决赛	中央台五套	0.8	3.4
6	实况录像：2018/2019 赛季花样滑冰大奖赛加拿大站双人短节目	中央台五套	0.7	3.2
6	实况录像：2018 年世界女排锦标赛第三阶段第三轮复赛（荷兰 VS 中国）	中央台五套	0.7	3.2
8	实况录像：18/19 赛季短道速滑世界杯盐湖城站男子 1000 米 B 组决赛	中央台五套	0.7	3.0
8	实况录像：18 年国际体联体操个人单项世界杯系列赛巴黎女子高低杠	中央台五套	0.7	3.0
10	现场直播：2018/2019 赛季乒超联赛第一阶段女子双打	中央台五套	0.7	2.6

表 3.17.13 2018 年江西市场世界杯、亚运会、亚残运会、冬奥会比赛收视率排名前十位

名次	节目名称	播出频道	平均收视率（%）	平均占有率（%）
1	我爱世界杯：2018 年世界杯小组赛 E 组第二轮（巴西 VS 哥斯达黎加）	中央台五套	2.2	9.2
2	我爱世界杯：2018 年俄罗斯世界杯闭幕式	中央台五套	1.8	13.3
3	第 18 届亚运会女子七项全能 800 米	中央台五套	1.8	7.7
4	第 18 届亚运会男子 400 米个人混合泳决赛	中央台五套	1.6	6.6
5	第 18 届亚运会男篮半决赛（中国 VS 中国台北）	中央台五套	1.5	5.6
6	第 18 届亚运会自行车男子团体竞速赛	中央台五套	1.2	9.1
7	第 18 届亚运会乒乓球男团决赛	中央台五套	1.2	5.0
8	第 18 届亚运会女排半决赛（中国 VS 日本）	中央台五套	1.1	7.0
9	第 18 届亚运会男子团体羽毛球半决赛	中央台五套	1.0	4.4
10	第 18 届亚运会女足决赛（日本 VS 中国）	中央台五套	1.0	4.1

十八、辽宁收视数据

表 3.18.1　2014～2018 年辽宁市场各类频道的市场占有率（%）

频道类别	年份				
	2014 年	2015 年	2016 年	2017 年	2018 年
中央电视台频道	33.9	35.6	35.2	33.3	30.6
中国教育台频道	0.4	0.3	0.2	0.2	0.3
辽宁省级频道	24.1	22.3	24.2	23.8	28.1
其他省级卫视频道	28.6	28.1	25.7	26.0	23.8
其他频道	13.0	13.7	14.7	16.7	17.2

表 3.18.2　2018 年辽宁市场各类频道在不同目标观众中的市场占有率（%）

目标观众		中央电视台频道	中国教育台频道	辽宁省级频道	其他省级卫视频道	其他频道
4 岁及以上所有人		30.6	0.3	28.1	23.8	17.2
城乡	城市	34.5	0.2	23.6	23.4	18.3
	农村	27.0	0.3	32.2	24.1	16.4
性别	男	32.7	0.3	28.3	20.9	17.8
	女	28.4	0.2	27.9	26.7	16.8
年龄	4～14 岁	22.9	0.2	13.8	41.4	21.7
	15～24 岁	26.3	0.2	20.5	30.1	22.9
	25～34 岁	27.1	0.2	14.2	28.6	29.9
	35～44 岁	29.8	0.3	17.2	28.8	23.9
	45～54 岁	29.1	0.3	29.6	22.7	18.3
	55～64 岁	30.0	0.3	40.1	19.0	10.6
	65 岁及以上	38.1	0.3	31.4	17.6	12.6
教育程度	未受过正规教育	25.3	0.1	18.8	38.3	17.5
	小学	26.1	0.3	34.0	22.9	16.7
	初中	32.0	0.3	29.5	21.7	16.5
	高中	33.3	0.2	22.3	26.0	18.2
	大学及以上	35.7	0.1	16.4	25.0	22.8
职业类别	干部/管理人员人员	35.8	0.1	19.9	31.1	13.1
	个体/私营企业人员	33.9	0.3	25.6	20.5	19.7
	初级公务员/雇员	33.4	0.2	19.7	25.0	21.7
	工人	29.2	0.3	27.9	22.6	20.0
	学生	25.1	0.2	13.6	37.8	23.3
	无业	33.4	0.2	26.3	25.4	14.7
	其他	26.0	0.4	39.6	18.0	16.0
个人月收入	0～300 元	28.6	0.2	21.9	30.2	19.1
	301～900 元	26.2	0.2	38.9	22.0	12.7
	901～1700 元	26.4	0.4	40.3	20.6	12.3
	1701～2600 元	35.5	0.2	27.2	20.1	17.0
	2601～3500 元	33.2	0.3	27.1	23.3	16.1
	3501 元及以上	32.3	0.3	20.1	21.2	26.1

表 3.18.3　2018 年辽宁市场各类频道不同时段的市场占有率（%）

时间段	中央电视台频道	中国教育台频道	辽宁省级频道	其他省级卫视频道	其他频道
02:00～03:00	26.1	0.2	22.7	21.2	29.8
03:00～04:00	27.2	0.1	21.0	19.1	32.6
04:00～05:00	35.3	0.1	23.5	16.8	24.3
05:00～06:00	32.3	0.2	32.7	19.6	15.2
06:00～07:00	30.5	0.1	39.7	16.7	13.0
07:00～08:00	35.2	0.6	32.1	15.2	16.9
08:00～09:00	39.7	0.7	17.5	23.8	18.3
09:00～10:00	35.6	0.8	13.7	32.1	17.8
10:00～11:00	34.0	0.7	12.5	35.3	17.5
11:00～12:00	35.8	0.4	12.9	34.9	16.0
12:00～13:00	32.9	0.1	19.7	31.1	16.2
13:00～14:00	33.7	0.4	14.1	35.5	16.3
14:00～15:00	33.8	0.5	12.7	36.6	16.4
15:00～16:00	34.3	0.5	12.3	36.5	16.4
16:00～17:00	34.1	0.5	15.6	34.3	15.5
17:00～18:00	27.6	0.2	31.8	24.5	15.9
18:00～19:00	27.9	0.1	44.1	10.8	17.1
19:00～20:00	28.7	0.1	40.0	14.0	17.2
20:00～21:00	27.1	0.1	33.3	22.7	16.8
21:00～22:00	28.2	0.1	34.5	19.8	17.4
22:00～23:00	27.4	0.1	28.7	22.6	21.2
23:00～24:00	27.4	0.1	23.1	26.1	23.3
24:00～25:00	27.2	0.2	21.4	23.6	27.6
25:00～26:00	26.3	0.2	21.3	22.1	30.1

表 3.18.4　2018 年辽宁市场收视份额排名前十位的频道

名次	频道名称	收视份额（%）
1	辽宁广播电视台都市频道	7.1
1	辽宁广播电视台影视剧频道	7.1
3	辽宁卫视	4.6
4	中央台四套	4.4
5	中央台六套	4.0
6	中央台八套	3.9
7	辽宁广播电视台体育频道	3.2
8	辽宁广播电视台北方频道	3.1
8	中央台三套	3.1
10	中央电视台综合频道	2.8

表 3.18.5　2018 年辽宁市场各主要频道的观众构成（%）

目标观众		所有频道	主要频道				
			辽宁广播电视台都市频道	辽宁广播电视台影视剧频道	辽宁卫视	中央台四套	中央台六套
4 岁及以上所有人		100.0	100.0	100.0	100.0	100.0	100.0
城乡	城市	47.7	55.7	34.3	42.1	55.0	49.5
	农村	52.3	44.3	65.7	57.9	45.0	50.5
性别	男	51.1	47.0	55.7	52.6	62.0	55.7
	女	48.9	53.0	44.3	47.4	38.0	44.3
年龄组	4～14 岁	8.3	3.9	4.4	3.3	2.9	6.1
	15～24 岁	5.7	4.3	3.0	5.6	3.7	7.2
	25～34 岁	7.4	4.9	3.4	3.2	2.7	11.0
	35～44 岁	9.9	6.1	4.5	8.4	4.0	14.7
	45～54 岁	24.1	25.5	24.6	21.9	21.5	31.8
	55～64 岁	22.0	32.0	31.5	26.6	22.3	15.5
	65 岁及以上	22.6	23.3	28.6	31.0	42.9	13.6
教育程度	未受过正规教育	5.0	3.2	3.5	2.8	2.5	2.9
	小学	26.3	28.0	32.8	27.5	14.4	20.5
	初中	46.5	48.8	49.4	52.0	53.1	54.2
	高中	15.0	14.8	11.5	11.8	22.4	15.0
	大学及以上	7.2	5.2	2.8	5.9	7.6	7.4
职业类别	干部/管理人员	0.6	0.9	0.3	0.4	0.4	1.4
	个体/私营企业人员	7.6	8.7	5.2	6.8	6.1	11.6
	初级公务员/雇员	6.3	6.1	3.5	5.4	5.0	8.8
	工人	17.6	16.7	20.1	14.1	16.2	22.6
	学生	6.6	2.9	2.5	3.5	2.9	7.1
	无业	39.4	43.7	36.0	39.7	49.6	30.5
	其他	21.9	21.0	32.4	30.1	19.8	18.0
个人月收入	0～300 元	28.6	19.5	19.0	24.3	27.7	23.9
	301～900 元	7.7	9.0	11.8	11.6	3.1	9.4
	901～1700 元	17.7	22.9	29.1	20.9	14.5	15.9
	1701～2600 元	22.6	26.1	19.3	20.8	30.9	20.5
	2601～3500 元	12.6	14.0	14.0	12.6	12.7	14.4
	3501 元及以上	10.8	8.5	6.8	9.8	11.1	15.9

表 3.18.6　2016～2018 年辽宁市场各类节目的播出份额（%）和收视份额（%）

节目类别	2016 年		2017 年		2018 年	
	播出份额	收视份额	播出份额	收视份额	播出份额	收视份额
财经	1.3	0.6	1.1	0.5	1.1	0.3
电视剧	26.6	27.5	26.9	30.6	21.6	28.8
电影	3.9	4.7	4.0	5.1	4.2	5.6
法制	0.9	1.2	0.9	1.1	0.9	0.7
教学	0.2	0.0	0.2	0.0	0.3	0.0
青少	6.5	5.4	6.9	6.6	7.0	5.2

续表

节目类别	2016 年		2017 年		2018 年	
	播出份额	收视份额	播出份额	收视份额	播出份额	收视份额
生活服务	10. 1	7. 0	9. 2	7. 0	8. 9	7. 4
体育	3. 4	4. 1	3. 4	3. 1	3. 8	5. 5
外语	0. 0	0. 0	0. 1	0. 0	0. 1	0. 0
戏剧	0. 8	0. 3	0. 8	0. 2	0. 8	0. 1
新闻/时事	9. 8	14. 3	10. 2	13. 3	15. 4	13. 3
音乐	1. 7	1. 5	1. 3	1. 2	1. 4	0. 9
专题	13. 3	6. 3	13. 6	6. 2	13. 5	5. 0
综艺	7. 9	16. 2	6. 9	13. 5	9. 0	15. 2
其他	13. 7	10. 8	14. 6	11. 5	12. 1	11. 9

表 3. 18. 7　2018 年辽宁市场所有节目收视率排名前三十位

名次	节目名称	节目类别	播出频道	平均收视率（%）	平均占有率（%）
1	2018 辽宁卫视春节联欢晚会	综艺	辽宁卫视	14. 1	50. 5
2	2018 中央电视台春节联欢晚会	综艺	中央台三套	7. 6	15. 7
3	直播周末 CBA 颁奖仪式	体育	中央台五套	6. 1	22. 4
4	烈火刀影（35 ~46 集）	电视剧	辽宁广播电视台影视剧频道	6. 0	18. 3
5	直播周末：2017/2018 赛季中国男子篮球职业联赛总决赛第四场（辽宁本钢 VS 浙江广厦）	体育	中央台五套	5. 6	15. 4
6	欢乐吉祥闹元宵	综艺	中央电视台综合频道	5. 3	14. 7
7	战狼出击	电视剧	辽宁广播电视台影视剧频道	5. 2	17. 4
8	现场直播：18/19 赛季中国男子篮球职业联赛第 23 轮（天津滨海云商 VS 辽宁本钢）	体育	辽宁广播电视台体育频道	5. 2	16. 4
8	燕子侠	电视剧	辽宁广播电视台影视剧频道	5. 2	16. 4
10	谍海风云	电视剧	辽宁广播电视台影视剧频道	5. 2	15. 2
11	传奇匪王	电视剧	辽宁广播电视台影视剧频道	5. 0	16. 1
12	猎风行动	电视剧	辽宁广播电视台影视剧频道	4. 9	15. 9
13	2018 百姓春晚家和人旺乐在北方	综艺	辽宁广播电视台都市频道	4. 7	14. 0
14	尖峰对决	电视剧	辽宁广播电视台影视剧频道	4. 6	17. 1

续表

名次	节目名称	节目类别	播出频道	平均收视率(%)	平均占有率(%)
15	我爱世界杯：2018 年俄罗斯世界杯小组赛 B 组第二轮（葡萄牙 VS 摩洛哥）	体育	中央台五套	4.6	15.9
16	热血豪侠	电视剧	辽宁广播电视台影视剧频道	4.6	14.6
17	霹雳刺刀	电视剧	辽宁广播电视台影视剧频道	4.6	13.6
18	一个鬼子都不留之四太行英雄传	电视剧	辽宁广播电视台影视剧频道	4.5	13.0
19	第 18 届亚运会女子 800 米自由泳决赛	体育	中央台五套	4.4	13.7
20	第 18 届亚运会男子 100 米半决赛	体育	中央台五套	4.4	12.6
21	2018 年第 23 届冬奥会短道速滑男子 500 米决赛 A 组	体育	中央台五套	4.3	12.7
22	虎狼交锋	电视剧	辽宁广播电视台影视剧频道	4.2	14.4
23	第 18 届亚运会男篮决赛（中国 VS 伊朗）	体育	中央台五套	4.2	13.4
24	生死搏杀	电视剧	辽宁广播电视台影视剧频道	4.1	16.4
25	血色枪神	电视剧	辽宁广播电视台影视剧频道	4.1	15.9
25	尖锋特攻队	电视剧	辽宁广播电视台影视剧频道	4.1	15.9
27	猎鹰出击	电视剧	辽宁广播电视台影视剧频道	4.1	15.2
28	虎胆英雄	电视剧	辽宁广播电视台影视剧频道	4.1	14.9
29	热血特战队	电视剧	辽宁广播电视台影视剧频道	3.9	16.9
30	战地雄兵	电视剧	辽宁广播电视台影视剧频道	3.9	13.9

表 3.18.8　2018 年辽宁市场电视剧收视率排名前十位

名次	节目名称	播出频道	平均收视率(%)	平均占有率(%)
1	烈火刀影（35~46 集）	辽宁广播电视台影视剧频道	6.0	18.3
2	战狼出击	辽宁广播电视台影视剧频道	5.2	17.4
3	燕子侠	辽宁广播电视台影视剧频道	5.2	16.4

续表

名次	节目名称	播出频道	平均收视率（%）	平均占有率（%）
4	谍海风云	辽宁广播电视台影视剧频道	5.2	15.2
5	传奇匪王	辽宁广播电视台影视剧频道	5.0	16.1
6	猎风行动	辽宁广播电视台影视剧频道	4.9	15.9
7	尖峰对决	辽宁广播电视台影视剧频道	4.6	17.1
8	热血豪侠	辽宁广播电视台影视剧频道	4.6	14.6
9	霹雳刺刀	辽宁广播电视台影视剧频道	4.6	13.6
10	一个鬼子都不留之四太行英雄传	辽宁广播电视台影视剧频道	4.5	13.0

表 3.18.9　2018 年辽宁市场新闻节目收视率排名前十位

名次	节目名称	播出频道	平均收视率（%）	平均占有率（%）
1	新闻正前方	辽宁广播电视台都市频道	3.3	18.6
2	新北方	辽宁广播电视台都市频道	3.3	13.0
3	辽宁新闻	辽宁卫视	1.5	5.8
4	转播中央台新闻联播	辽宁卫视	1.3	4.7
5	中国舆论场	中央台四套	1.3	4.1
6	海峡两岸	中央台四套	1.2	3.8
7	正在行动	辽宁广播电视台都市频道	1.1	4.5
8	今日亚洲	中央台四套	1.1	3.5
9	上海合作组织青岛峰会特别报道	中央台四套	1.0	3.6
10	今日关注	中央台四套	0.9	4.5

表 3.18.10　2018 年辽宁市场专题节目收视率排名前十位

名次	节目名称	播出频道	平均收视率（%）	平均占有率（%）
1	一年又一年	中央电视台综合频道	2.2	6.3
1	重返狼群	中央台六套	2.2	6.3
3	东北味道中国年	辽宁广播电视台都市频道	1.8	6.4
4	中国梦时代楷模	辽宁卫视	1.4	4.3
5	感动中国 2017 年度人物颁奖盛典	中央电视台综合频道	1.1	3.4
6	舌尖上的中国三	中央台四套	1.0	3.3
7	心系凉山习近平总书记凉山扶贫纪实	中央电视台综合频道	1.0	2.6
8	扎扎实实提高质量	中央电视台新闻频道	1.0	2.3
9	人民在我心中 2017 辽宁最美警察最佳警队媒体百姓联合推选揭晓仪式	辽宁卫视	0.9	2.5
9	谢谢了我的家	中央台四套	0.9	2.5

表 3.18.11　2018 年辽宁市场综艺节目收视率排名前十位

名次	节目名称	播出频道	平均收视率(%)	平均占有率(%)
1	2018 辽宁卫视春节联欢晚会	辽宁卫视	14.1	50.5
2	2018 中央电视台春节联欢晚会	中央台三套	7.6	15.7
3	欢乐吉祥闹元宵	中央电视台综合频道	5.3	14.7
4	2018 百姓春晚家和人旺乐在北方	辽宁广播电视台都市频道	4.7	14.0
5	相声大联欢	中央台三套	3.1	8.9
6	2018 辽视春晚倒计时	辽宁卫视	2.9	9.9
7	新春喜剧之夜	中央台三套	2.9	8.5
8	喜到福到好运到 2018 年春晚倒计时	中央台三套	2.9	8.3
9	2018 春晚北京电视台春节联欢晚会	北京卫视	2.7	9.2
10	智慧斗士	辽宁广播电视台体育频道	2.2	9.2

表 3.18.12　2018 年辽宁市场体育节目收视率排名前十位
(世界杯、亚运会、亚残运会、冬奥会比赛除外)

名次	节目名称	播出频道	平均收视率(%)	平均占有率(%)
1	直播周末 CBA 颁奖仪式	中央台五套	6.1	22.4
2	直播周末：2017/2018 赛季中国男子篮球职业联赛总决赛第四场(辽宁本钢 VS 浙江广厦)	中央台五套	5.6	15.4
3	现场直播：本溪龙山泉啤酒 18/19 赛季中国男子篮球职业联赛第 23 轮(天津滨海云商 VS 辽宁本钢)	辽宁广播电视台体育频道	5.2	16.4
4	现场直播：2018 年乒乓球团体世界锦标赛男团决赛	中央台五套	3.0	12.9
5	2018 年世界女排锦标赛第三阶段 H 组第三轮（荷兰 VS 中国）	中央台五套	2.7	9.3
6	直播周末：2019 年男篮世界杯资格赛(中国 VS 黎巴嫩)	中央台五套	2.3	7.4
6	现场直播：2018 年世界女排联赛江门站（中国 VS 美国）	中央台五套	2.3	7.4
8	现场直播：2017/2018 赛季中国女子排球超级联赛半决赛第三场(辽宁三生制药沙鸥 VS 天津渤海银行)	辽宁广播电视台体育频道	2.0	5.6
9	直播周末：2018 年 CBA 全明星三分球大赛	中央台五套	1.8	4.8
10	中国队比赛回顾	中央台五套	1.6	4.7

表 3. 18. 13　2018 年辽宁市场世界杯、亚运会、亚残运会、冬奥会比赛收视率排名前十位

名次	节目名称	播出频道	平均收视率（%）	平均占有率（%）
1	我爱世界杯：2018 年俄罗斯世界杯小组赛 B 组第二轮（葡萄牙 VS 摩洛哥）	中央台五套	4. 6	15. 9
2	第 18 届亚运会女子 800 米自由泳决赛	中央台五套	4. 4	13. 7
3	第 18 届亚运会男子 100 米半决赛	中央台五套	4. 4	12. 6
4	2018 年第 23 届冬奥会短道速滑男子 500 米决赛 A 组	中央台五套	4. 3	12. 7
5	第 18 届亚运会男篮决赛（中国 VS 伊朗）	中央台五套	4. 2	13. 4
6	第 18 届亚运会女排决赛（中国 VS 泰国）	中央台五套	3. 0	17. 8
7	第 18 届亚运会乒乓球男团决赛	中央台五套	2. 9	10. 8
8	我爱世界杯：2018 年俄罗斯世界杯闭幕式	中央台五套	2. 7	26. 2
9	第 18 届亚运会女子个人花剑决赛	中央台五套	2. 7	8. 9
10	第 18 届亚运会女子体操高低杠决赛	中央台五套	2. 5	8. 0

十九、内蒙古收视数据

表 3.19.1　2014～2018 年内蒙古市场各类频道的市场占有率（%）

频道类别	年份				
	2014 年	2015 年	2016 年	2017 年	2018 年
中央电视台频道	46.0	49.3	54.0	52.5	55.0
中国教育台频道	0.4	0.3	0.1	0.1	0.1
内蒙古自治区级频道	4.9	4.8	5.5	7.2	7.5
其他省级卫视频道	46.3	42.2	36.8	36.7	33.3
其他频道	2.4	3.4	3.6	3.5	4.1

表 3.19.2　2018 年内蒙古市场各类频道在不同目标观众中的市场占有率（%）

目标观众		中央电视台频道	中国教育台频道	内蒙古自治区级频道	其他省级卫视频道	其他频道
4 岁及以上所有人		55.0	0.1	7.5	33.3	4.1
城乡	城市	56.7	0.1	7.7	29.5	6.0
	乡村	54.1	0.2	7.5	35.5	2.7
性别	男	57.1	0.1	8.0	30.7	4.1
	女	53.1	0.1	7.1	35.9	3.8
年龄	4～14 岁	54.4	0.1	4.4	36.9	4.2
	15～24 岁	46.4	0.1	4.1	45.8	3.6
	25～34 岁	54.3	0.2	4.3	36.4	4.8
	35～44 岁	53.7	0.2	5.7	36.5	3.9
	45～54 岁	55.6	0.1	8.4	32.2	3.7
	55～64 岁	54.8	0.1	11.9	30.4	2.8
	65 岁及以上	61.4	0.1	9.6	23.8	5.1
教育程度	未受过正规教育	59.7	0.1	9.2	28.0	3.0
	小学	51.7	0.2	9.2	36.5	2.4
	初中	56.1	0.1	7.7	32.5	3.6
	高中	54.7	0.1	5.6	34.6	5.0
	大学及以上	57.8	0.1	6.0	29.0	7.1
职业类别	干部/管理人员	63.3	0.1	2.8	31.9	1.9
	个体/私营企业人员	55.0	0.1	5.9	35.2	3.8
	初级公务员/雇员	57.1	0.1	8.3	26.4	8.1
	工人	57.4	0.2	6.0	32.3	4.1
	学生	48.4	0.1	3.2	44.9	3.4
	无业	57.5	0.1	7.4	30.2	4.8
	其他	51.8	0.2	13.0	34.2	0.8
个人月收入	0～300 元	49.8	0.2	6.8	40.2	3.0
	301～900 元	55.6	0.1	13.6	29.9	0.8
	901～1700 元	56.5	0.2	7.9	32.2	3.2
	1701～2600 元	54.5	0.1	7.0	33.2	5.2
	2601～3500 元	56.5	0.1	7.0	31.8	4.6
	3501 元及以上	61.3	0.1	7.5	25.7	5.4

表 3.19.3 2018 年内蒙古市场各类频道在不同时段的市场占有率（%）

时间段	中央电视台频道	中国教育台频道	内蒙古自治区级频道	其他省级卫视频道	其他频道
02:00～03:00	73.8	0.0	1.9	21.0	3.3
03:00～04:00	66.8	0.0	2.5	26.8	3.9
04:00～05:00	70.4	0.2	5.3	21.7	2.4
05:00～06:00	67.6	0.3	8.3	22.4	1.4
06:00～07:00	72.3	0.1	5.1	19.9	2.6
07:00～08:00	74.1	0.4	3.3	17.9	4.3
08:00～09:00	66.8	0.5	3.7	25.9	3.1
09:00～10:00	59.6	0.4	4.2	31.9	3.9
10:00～11:00	56.5	0.4	4.4	34.3	4.4
11:00～12:00	57.2	0.2	3.5	35.3	3.8
12:00～13:00	56.7	0.1	1.5	39.2	2.5
13:00～14:00	50.7	0.1	1.9	44.1	3.2
14:00～15:00	49.4	0.5	3.5	42.6	4.0
15:00～16:00	49.2	0.3	5.0	41.0	4.5
16:00～17:00	53.6	0.3	5.8	35.9	4.4
17:00～18:00	56.3	0.2	7.8	31.1	4.6
18:00～19:00	54.5	0.1	26.1	14.1	5.2
19:00～20:00	65.5	0.1	8.4	22.9	3.1
20:00～21:00	48.7	0.1	6.3	41.3	3.6
21:00～22:00	49.7	0.1	6.5	39.8	3.9
22:00～23:00	50.2	0.1	6.4	37.5	5.8
23:00～24:00	48.7	0.0	2.8	41.0	7.5
24:00～25:00	53.1	0.0	2.1	31.4	13.4
25:00～26:00	61.4	0.0	1.4	27.4	9.8

表 3.19.4 2018 年内蒙古市场收视份额排名前十位的频道

名次	频道名称	收视份额（%）
1	中央电视台综合频道	11.0
2	中央台八套	10.0
3	中央台六套	6.8
4	中央台三套	5.9
5	中央电视台少儿频道	5.4
6	湖南卫视	4.4
7	浙江卫视	3.5
8	中央台十二套	3.1
9	中央电视台新闻频道	3.0
9	中央台四套	3.0

表 3.19.5　2018 年内蒙古市场各主要频道的观众构成（%）

目标观众		所有频道	主要频道				
			中央电视台综合频道	中央台八套	中央台六套	中央台三套	中央电视台少儿频道
4 岁及以上所有人		100.0	100.0	100.0	100.0	100.0	100.0
城乡	城市	36.5	45.0	36.3	33.0	39.1	16.0
	乡村	63.5	55.0	63.7	67.0	60.9	84.0
性别	男	49.7	52.0	44.0	56.4	47.4	43.9
	女	50.3	48.0	56.0	43.6	52.6	56.1
年龄	4~14 岁	7.9	3.4	2.5	6.6	2.7	48.0
	15~24 岁	8.0	7.2	5.7	10.4	5.4	6.0
	25~34 岁	13.0	9.8	11.0	17.0	11.5	23.9
	35~44 岁	17.4	17.2	17.5	30.8	12.3	9.3
	45~54 岁	21.1	23.4	24.0	22.6	21.7	7.4
	55~64 岁	16.9	18.2	21.8	6.9	21.3	3.3
	65 岁及以上	15.7	20.8	17.5	5.7	25.1	2.1
教育程度	未受过正规教育	5.1	2.5	3.5	2.8	4.1	27.0
	小学	25.0	18.4	25.9	23.8	25.2	32.7
	初中	36.8	36.9	38.9	42.3	36.5	26.8
	高中	21.7	25.3	22.5	20.1	23.0	10.1
	大学及以上	11.4	16.9	9.2	11.0	11.2	3.4
职业类别	干部/管理人员	0.7	1.5	1.1	0.6	0.5	0.2
	个体/私营企业人员	22.1	24.2	24.1	31.4	18.8	13.0
	初级公务员/雇员	8.0	9.4	6.9	8.1	8.4	3.0
	工人	7.9	7.2	7.9	12.4	9.4	3.6
	学生	10.0	6.9	4.5	11.7	5.6	28.7
	无业	34.0	37.2	34.1	20.1	36.7	42.8
	其他	17.3	13.6	21.4	15.7	20.6	8.7
个人月收入	0~300 元	32.7	22.1	24.8	31.5	24.3	73.2
	301~900 元	6.6	6.0	7.8	4.6	9.1	2.4
	901~1700 元	8.8	8.5	11.8	9.9	9.8	5.0
	1701~2600 元	14.5	14.0	18.0	15.0	17.5	8.0
	2601~3500 元	15.7	19.1	13.9	17.5	17.4	3.7
	3501 元及以上	21.7	30.3	23.7	21.5	21.9	7.7

表 3.19.6　2016~2018 年内蒙古市场各类节目的播出份额（%）和收视份额（%）

节目类别	2016 年		2017 年		2018 年	
	播出份额	收视份额	播出份额	收视份额	播出份额	收视份额
财经	1.3	0.4	1.1	0.4	1.2	0.4
电视剧	21.4	29.8	21.5	29.7	21.4	29.0
电影	3.6	5.0	3.8	5.7	4.1	6.2
法制	0.9	1.6	0.9	1.1	0.9	1.3
教学	0.3	0.0	0.2	0.0	0.3	0.0
青少	7.4	4.4	7.6	5.3	7.5	4.7

续表

节目类别	2016 年		2017 年		2018 年	
	播出份额	收视份额	播出份额	收视份额	播出份额	收视份额
生活服务	8.3	7.5	7.6	7.3	7.6	6.8
体育	3.6	1.9	3.7	1.4	3.7	2.6
外语	0.0	0.0	0.1	0.0	0.1	0.0
戏剧	0.9	0.3	0.9	0.4	0.8	0.5
新闻/时事	14.7	13.6	15.5	13.8	16.0	14.1
音乐	2.0	1.1	1.7	1.0	1.6	1.1
专题	14.2	5.0	14.6	5.1	14.3	5.0
综艺	9.4	15.1	8.6	13.4	8.1	13.1
其他	12.0	14.3	12.2	15.4	12.4	15.2

表 3.19.7 2018 年内蒙古市场所有节目收视排名前三十位

名次	节目名称	类别	播出频道	平均收视率	平均占有率
1	2018 中央电视台春节联欢晚会	综艺	中央电视台综合频道	32.0	75.5
2	新闻联播	新闻/时事	中央电视台综合频道	10.6	35.7
3	天气预报	生活服务	中央电视台综合频道	8.0	22.7
4	爱的海洋汶川地震灾区学生赴海洋全俄儿童中心疗养十周年纪念	专题	中央电视台综合频道	7.7	22.1
5	海上丝路看今朝 2018 年习近平主席亚太之行	专题	中央电视台综合频道	7.7	19.3
6	欢乐吉祥闹元宵	综艺	中央电视台综合频道	7.1	18.6
7	万水千山只等闲	专题	中央电视台综合频道	6.2	16.1
8	一年又一年	专题	中央电视台综合频道	6.0	31.6
9	习近平主席的上合时间	专题	中央电视台综合频道	5.8	16.7
10	重返爱的海洋	专题	中央电视台综合频道	5.8	16.6
11	焦点访谈	新闻/时事	中央电视台综合频道	5.7	15.3
12	2018 年中央广播电视总台中秋晚会	综艺	中央电视台综合频道	5.6	17.4
13	我爱世界杯：2018 年俄罗斯世界杯 G 组第二轮（比利时 VS 突尼斯）	体育	中央台五套	5.6	15.5
14	娘亲舅大	电视剧	中央台八套	5.4	16.6
15	为了一江清水浩荡东流习近平总书记 2018 年长江考察纪实	专题	中央电视台综合频道	5.4	13.6
16	初婚	电视剧	中央台八套	5.3	17.0
17	携手构建更加紧密的中非命运共同体 2018 中非合作论坛北京峰会纪实	专题	中央电视台综合频道	5.3	15.0

续表

名次	节目名称	类别	播出频道	平均收视率	平均占有率
18	为了共同的繁荣习近平出席首届中国国际进口博览会纪实	专题	中央电视台综合频道	5.0	13.4
19	扎扎实实提高质量	专题	中央电视台综合频道	5.0	13.1
20	开学第一课	青少	中央电视台综合频道	5.0	12.9
21	大牧歌	电视剧	中央台八套	4.9	15.5
22	使徒行者（10 月 27 日）	电影	中央台六套	4.7	13.7
23	开封府	电视剧	中央台八套	4.6	15.1
24	猎豺狼	电视剧	中央台八套	4.5	13.6
25	太极张三丰（10 月 19 日）	电影	中央台六套	4.5	12.7
26	黄金刀客（11 月 11 日）	电影	中央台六套	4.5	12.1
27	马背上的牧歌中央电视台综艺频道特别节目	综艺	中央台三套	4.5	10.7
28	警察故事 2013（10 月 28 日）	电影	中央台六套	4.4	13.8
29	拥抱新时代祝福你中国中国梦祖国颂 2018 国庆特别节目	综艺	中央电视台综合频道	4.4	11.8
30	黄金大劫案（1 月 28 日）	电影	中央台六套	4.4	10.6

表 3.19.8　2018 年内蒙古市场电视剧收视率排名前十位

名次	节目名称	播出频道	平均收视率	平均占有率
1	娘亲舅大	中央台八套	5.4	16.6
2	初婚	中央台八套	5.3	17.0
3	大牧歌	中央台八套	4.9	15.5
4	开封府	中央台八套	4.6	15.1
5	猎豺狼	中央台八套	4.5	13.6
6	惊蛰	中央台八套	4.3	14.2
7	诚忠堂	中央台八套	4.3	13.5
8	区小队	中央台八套	4.1	14.3
9	奔腾岁月	中央台八套	4.0	12.8
10	姥姥的饺子馆	中央台八套	4.0	12.7

表 3.19.9　2018 年内蒙古市场新闻节目收视率排名前十位

名次	节目名称	播出频道	平均收视率	平均占有率
1	新闻联播	中央电视台综合频道	10.6	35.7
2	焦点访谈	中央电视台综合频道	5.7	15.3
3	上海合作组织青岛峰会特别报道	中央电视台综合频道	2.7	7.3
4	国务院总理会见中外记者并回答提问	中央电视台综合频道	2.6	6.2
5	新闻再观察	内蒙古卫视	2.3	10.7
6	内蒙古新闻联播	内蒙古卫视	1.7	9.4
7	新闻天天看	内蒙古电视台新闻综合频道	1.5	6.5

续表

名次	节目名称	播出频道	平均收视率	平均占有率
8	直通省两会	浙江卫视	1.1	3.5
9	海峡两岸	中央台四套	1.0	2.5
10	直通乌镇峰会第五届世界互联网大会特别节目	浙江卫视	0.9	3.5

表 3.19.10　2018 年内蒙古市场专题节目收视率排名前十位

名次	节目名称	播出频道	平均收视率	平均占有率
1	爱的海洋汶川地震灾区学生赴海洋全俄儿童中心疗养十周年纪念	中央电视台综合频道	7.7	22.1
2	海上丝路看今朝 2018 年习近平主席亚太之行	中央电视台综合频道	7.7	19.3
3	万水千山只等闲	中央电视台综合频道	6.2	16.1
4	一年又一年	中央电视台综合频道	6.0	31.6
5	习近平主席的上合时间	中央电视台综合频道	5.8	16.7
6	重返爱的海洋	中央电视台综合频道	5.8	16.6
7	为了一江清水浩荡东流习近平总书记 2018 年长江考察纪实	中央电视台综合频道	5.4	13.6
8	携手构建更加紧密的中非命运共同体 2018 中非合作论坛北京峰会纪实	中央电视台综合频道	5.3	15.0
9	为了共同的繁荣习近平出席首届中国国际进口博览会纪实	中央电视台综合频道	5.0	13.4
10	扎扎实实提高质量	中央电视台综合频道	5.0	13.1

表 3.19.11　2018 年内蒙古市场综艺节目收视率排名前十位

名次	节目名称	播出频道	平均收视率	平均占有率
1	2018 中央电视台春节联欢晚会	中央电视台综合频道	32.0	75.5
2	欢乐吉祥闹元宵	中央电视台综合频道	7.1	18.6
3	2018 年中央广播电视总台中秋晚会	中央电视台综合频道	5.6	17.4
4	马背上的牧歌中央电视台综艺频道特别节目	中央台三套	4.5	10.7
5	拥抱新时代祝福你中国中国梦祖国颂 2018 国庆特别节目	中央电视台综合频道	4.4	11.8
6	2018 冰雪嘉年华	中央台三套	4.2	10.7
7	2018 中央军委慰问驻京部队老干部迎新春文艺演出	中央电视台综合频道	3.7	9.9
8	快乐大本营	湖南卫视	3.3	10.0
9	万家邀明月一起盼中秋 2018 中秋特别节目	中央台三套	3.3	8.5
10	亲如一家塞上情庆祝宁夏回族自治区成立 60 周年	中央电视台综合频道	3.2	8.4

表 3.19.12　2018 年内蒙古市场体育节目收视率排名前十位
(世界杯、亚运会、亚残运会、冬奥会比赛除外)

名次	节目名称	播出频道	平均收视率	平均占有率
1	现场直播：2018 年世界女排联赛总决赛（中国 VS 巴西）	中央台五套	3.0	9.0
2	直播周末：2018 年世界女排锦标赛决赛（塞尔维亚 VS 意大利）	中央台五套	1.4	3.9
3	直播周末：2017/2018 赛季中国男子篮球职业联赛总决赛第四场（辽宁本钢 VS 浙江广厦）	中央台五套	1.2	2.9
4	现场直播：2018/2019 赛季乒超联赛第一阶段女子双打	中央台五套	1.2	2.8
5	2018 年中国之队国际足球友谊赛（中国 VS 叙利亚）	中央台五套	1.1	3.3
6	实况录像：2018/2019 赛季花样滑冰大奖赛加拿大站双人短节目	中央台五套	1.1	3.2
7	直播周末：2018 年女篮世界杯小组赛（拉脱维亚 VS 中国）	中央台五套	1.0	4.6
8	现场直播：2018 年乒乓球团体世界锦标赛女团决赛	中央台五套	1.0	4.2
9	2018 年杭州世游赛 25 米女子 100 米个人混合泳决赛	中央台五套	1.0	2.8
10	现场直播：2018/2019 赛季中国女子篮球联赛揭幕战（新疆体彩 VS 大庆农商行）	中央台五套	1.0	2.7

表 3.19.13　2018 年内蒙古市场世界杯、亚运会、亚残运会、冬奥会比赛收视率排名前十位

名次	节目名称	播出频道	平均收视率	平均占有率
1	我爱世界杯：2018 年俄罗斯世界杯 G 组第二轮（比利时 VS 突尼斯）	中央台五套	5.6	15.5
2	第 18 届亚运会男篮决赛（中国 VS 伊朗）	中央台五套	3.4	8.8
3	第 18 届亚运会女子七项全能 800 米	中央台五套	3.3	10.1
4	第 18 届亚运会男子 4×400 米预赛	中央台五套	3.3	8.6
5	我爱世界杯：2018 年俄罗斯世界杯闭幕式	中央台五套	2.9	30.5
6	第 18 届亚运会女子体操高低杠决赛	中央台五套	2.8	7.2
7	第 18 届亚运会女足决赛（日本 VS 中国）	中央台五套	2.6	7.4
8	2018 年亚运会男子 200 米混合泳决赛	中央台五套	2.6	6.7
9	第 18 届亚运会乒乓球男团决赛	中央台五套	2.3	6.5
10	第 18 届亚运会女排半决赛（中国 VS 日本）	中央台五套	2.2	10.5

二十、宁夏收视数据

表 3.20.1 2014~2018 年宁夏市场各类频道的市场占有率（%）

频道类别	年份				
	2014 年	2015 年	2016 年	2017 年	2018 年
中央电视台频道	52.6	53.3	54.9	54.8	55.4
中国教育台频道	0.6	0.5	0.2	0.1	0.2
宁夏自治区级频道	2.7	3.7	6.0	5.9	5.7
其他省级卫视频道	40.7	37.2	33.3	31.4	25.3
其他频道	3.3	5.3	5.6	7.8	13.4

表 3.20.2 2018 年宁夏市场各类频道在不同目标观众中的市场占有率（%）

目标观众		中央电视台频道	中国教育台频道	宁夏自治区级频道	其他省级卫视频道	其他频道
4 岁及以上所有人		55.4	0.2	5.7	25.3	13.4
城乡	城市	54.7	0.1	5.4	24.1	15.7
	农村	56.1	0.2	6.1	26.8	10.7
性别	男	58.2	0.2	6.2	22.5	13.0
	女	52.6	0.2	5.3	28.0	13.9
年龄	4~14 岁	50.3	0.2	4.8	25.9	19.0
	15~24 岁	46.4	0.3	4.6	34.5	14.3
	25~34 岁	48.8	0.2	3.4	28.5	19.1
	35~44 岁	49.9	0.1	5.0	28.6	16.4
	45~54 岁	62.2	0.2	5.6	22.8	9.2
	55~64 岁	65.1	0.2	6.8	19.9	8.0
	65 岁及以上	63.0	0.1	9.9	19.1	7.9
教育程度	未受过正规教育	60.4	0.3	7.9	21.0	10.4
	小学	55.6	0.2	6.4	25.4	12.4
	初中	54.4	0.2	5.0	27.4	13.1
	高中	53.9	0.2	5.6	24.6	15.7
	大学及以上	57.6	0.2	4.8	21.5	16.0
职业类别	干部/管理人员	58.3	0.1	3.2	20.4	18.0
	个体/私营企业人员	55.8	0.1	4.3	24.6	15.2
	初级公务员/雇员	56.9	0.2	4.4	21.4	17.1
	工人	53.3	0.2	5.2	28.2	13.1
	学生	48.0	0.2	4.1	30.2	17.5
	无业	57.6	0.2	7.1	21.3	13.8
	其他	58.6	0.2	6.7	27.6	6.9
个人月收入	0~300 元	51.2	0.2	4.8	27.9	15.9
	301~900 元	63.2	0.3	6.5	25.0	5.1
	901~1700 元	57.9	0.2	7.9	25.9	8.0
	1701~2600 元	54.9	0.1	6.4	24.4	14.2
	2601~3500 元	60.2	0.1	5.9	22.3	11.5
	3501 元及以上	54.7	0.1	5.3	23.9	15.9

表 3.20.3　2018 年宁夏市场各类频道在不同时段的市场占有率（%）

时间段	中央电视台频道	中国教育台频道	宁夏自治区级频道	其他省级卫视频道	其他频道
02:00~03:00	61.8	0.0	2.3	21.0	14.8
03:00~04:00	62.5	0.0	2.3	24.0	11.3
04:00~05:00	58.8	0.0	3.3	29.6	8.3
05:00~06:00	84.9	0.4	1.5	10.7	2.6
06:00~07:00	77.0	0.3	11.7	7.7	3.4
07:00~08:00	75.1	0.2	9.4	10.3	5.0
08:00~09:00	61.6	0.3	6.3	23.0	8.9
09:00~10:00	56.0	0.3	6.1	26.3	11.3
10:00~11:00	53.1	0.4	5.7	27.6	13.3
11:00~12:00	53.5	0.3	4.9	26.3	15.2
12:00~13:00	60.4	0.1	2.6	23.3	13.5
13:00~14:00	53.4	0.3	2.6	27.1	16.7
14:00~15:00	44.6	0.6	4.8	35.5	14.6
15:00~16:00	45.1	0.5	5.3	35.3	13.8
16:00~17:00	50.7	0.4	4.9	30.2	13.8
17:00~18:00	54.3	0.2	8.1	23.7	13.7
18:00~19:00	62.1	0.1	11.0	12.5	14.3
19:00~20:00	68.9	0.1	4.6	16.4	10.0
20:00~21:00	49.9	0.1	5.5	31.6	13.0
21:00~22:00	49.8	0.1	5.4	29.7	15.0
22:00~23:00	48.5	0.1	6.6	26.5	18.4
23:00~24:00	45.7	0.2	7.7	24.4	22.2
24:00~25:00	59.2	0.3	7.0	16.2	17.4
25:00~26:00	61.3	0.7	4.3	15.2	18.5

表 3.20.4　2018 年宁夏市场收视份额排名前十位的频道

名次	频道名称	收视份额（%）
1	中央台八套	11.5
2	中央电视台综合频道	10.7
3	中央台六套	8.2
4	中央电视台少儿频道	7.6
5	湖南卫视	3.9
6	中央台三套	3.4
7	中央电视台新闻频道	3.0
8	浙江卫视	2.7
9	中央台十二套	2.6
10	中央台五套	2.1

表 3.20.5　2018 年宁夏市场各主要频道的观众构成（%）

目标观众		所有频道	中央台八套	中央电视台综合频道	中央台六套	中央电视台少儿频道	湖南卫视
4 岁及以上所有人		100.0	100.0	100.0	100.0	100.0	100.0
城乡	城市	54.7	48.7	61.2	54.4	39.8	55.7
	农村	45.3	51.3	38.8	45.6	60.2	44.3
性别	男	49.0	47.2	52.3	54.6	45.7	34.2
	女	51.0	52.8	47.7	45.4	54.3	65.8
年龄	4～14 岁	14.4	6.6	6.4	13.9	47.0	19.8
	15～24 岁	9.9	7.4	8.4	11.0	7.8	21.2
	25～34 岁	14.4	10.0	9.5	17.4	20.5	19.4
	35～44 岁	17.8	14.6	18.7	22.4	9.2	22.6
	45～54 岁	14.9	21.0	17.0	17.5	6.7	9.1
	55～64 岁	15.0	24.2	19.3	9.7	6.1	4.8
	65 岁及以上	13.8	16.3	20.6	8.1	2.6	3.1
教育程度	未受过正规教育	8.5	9.2	7.4	7.8	18.1	5.3
	小学	26.2	27.6	23.4	25.3	39.3	23.8
	初中	37.8	40.8	33.7	42.9	30.7	44.6
	高中	19.7	15.4	24.4	17.5	9.1	19.3
	大学及以上	7.8	7.1	11.1	6.4	2.7	7.0
职业类别	干部/管理人员	0.7	0.7	0.9	0.9	0.1	0.6
	个体/私营企业人员	12.3	13.2	12.2	13.8	7.1	11.4
	初级公务员/雇员	7.2	6.4	10.1	7.3	3.3	5.4
	工人	12.2	10.9	12.4	16.3	7.5	15.4
	学生	16.8	9.3	10.8	17.7	36.3	30.8
	无业	31.4	31.3	35.2	21.1	30.3	19.6
	其他	19.3	28.1	18.4	22.7	15.4	16.9
个人月收入	0～300 元	36.9	27.8	28.7	34.9	69.3	50.3
	301～900 元	4.1	6.8	4.7	4.3	3.6	3.2
	901～1700 元	12.7	16.7	13.3	12.0	6.5	8.0
	1701～2600 元	14.8	16.2	15.2	17.0	7.3	14.9
	2601～3500 元	16.3	18.3	20.1	16.7	6.3	10.7
	3501 元及以上	15.1	14.2	17.9	15.0	7.1	12.8

表 3.20.6　2016～2018 年宁夏市场各类节目的播出份额（%）和收视份额（%）

节目类别	2016 年		2017 年		2018 年	
	播出份额	收视份额	播出份额	收视份额	播出份额	收视份额
财经	1.4	0.7	1.2	0.3	1.1	0.4
电视剧	21.2	29.2	21.2	28.8	21.3	28.2
电影	3.5	5.5	4.9	8.3	5.5	9.0
法制	0.8	0.7	0.9	1.0	0.8	1.0
教学	0.3	0.0	0.2	0.0	0.3	0.0
青少	6.6	4.1	7.4	6.5	7.2	6.1
生活服务	8.7	6.6	7.6	7.3	7.6	6.9

续表

节目类别	2016 年		2017 年		2018 年	
	播出份额	收视份额	播出份额	收视份额	播出份额	收视份额
体育	2.7	3.0	3.4	1.3	3.4	2.1
外语	0.0	0.0	0.1	0.0	0.1	0.0
戏剧	0.9	0.7	0.9	0.4	0.8	0.5
新闻/时事	15.5	14.6	15.6	13.0	16.0	13.8
音乐	1.9	0.9	1.6	1.0	1.5	0.8
专题片	14.5	7.1	14.4	5.1	14.3	5.0
综艺	8.7	16.1	8.1	11.1	7.7	10.2
其他	13.3	10.6	12.5	15.8	12.4	16.1

表 3.20.7　2018 年宁夏市场所有节目收视率排名前三十位

名次	节目名称	节目类别	播出频道	平均收视率(%)	平均占有率(%)
1	2018 中央电视台春节联欢晚会	综艺	中央电视台综合频道	19.4	69.5
2	新闻联播	新闻/时事	中央电视台综合频道	10.9	41.1
3	天气预报	生活服务	中央电视台综合频道	8.8	28.5
4	海上丝路看今朝 2018 年习近平主席亚太之行	专题	中央电视台综合频道	7.8	20.8
5	爱的海洋汶川地震灾区学生赴海洋全俄儿童中心疗养十周年纪念	专题	中央电视台综合频道	7.1	21.5
6	重返爱的海洋	专题	中央电视台综合频道	6.8	23.3
7	扎扎实实提高质量	专题	中央电视台综合频道	6.6	19.1
8	为了一江清水浩荡东流习近平总书记 2018 年长江考察纪实	专题	中央电视台综合频道	6.4	18.8
9	焦点访谈	新闻/时事	中央电视台综合频道	6.3	19.3
10	心系凉山习近平总书记凉山扶贫纪实	专题	中央电视台综合频道	5.9	15.9
11	娘亲舅大	电视剧	中央台八套	5.7	19.7
12	为了共同的繁荣习近平出席首届中国国际进口博览会纪实	专题	中央电视台综合频道	5.4	16.5
13	习近平主席的上合时间	专题	中央电视台综合频道	5.3	19.6
14	初婚	电视剧	中央台八套	5.2	19.4
15	灵与肉	电视剧	中央台八套	5.2	19.2
16	开封府	电视剧	中央台八套	5.1	18.4
17	回家的路有多远	电视剧	中央台八套	5.0	18.1
18	携手构建更加紧密的中非命运共同体 2018 中非合作论坛北京峰会纪实	专题	中央电视台综合频道	4.9	16.2
19	万水千山只等闲	专题	中央电视台综合频道	4.9	15.8

续表

名次	节目名称	节目类别	播出频道	平均收视率（%）	平均占有率（%）
20	我的继父是偶像	电视剧	中央台八套	4.9	15.5
21	相忘于江湖（4月14日）	电影	中央台六套	4.9	13.0
22	一年又一年	专题	中央电视台综合频道	4.7	29.8
23	姥姥的饺子馆	电视剧	中央台八套	4.7	17.7
24	大话红娘	电视剧	中央台八套	4.7	15.2
25	遍地狼烟（1月7日）	电影	中央台六套	4.7	12.6
26	惊蛰	电视剧	中央台八套	4.6	17.2
27	区小队	电视剧	中央台八套	4.6	16.9
28	大牧歌	电视剧	中央台八套	4.6	16.7
29	龙门飞甲	电视剧	中央台八套	4.6	16.5
30	黄金刀客（11月11日）	电影	中央台六套	4.6	14.5

表3.20.8　2018年宁夏市场电视剧收视率排名前十位

名次	节目名称	播出频道	平均收视率（%）	平均占有率（%）
1	娘亲舅大	中央台八套	5.7	19.7
2	初婚	中央台八套	5.2	19.4
3	灵与肉	中央台八套	5.2	19.2
4	开封府	中央台八套	5.1	18.4
5	回家的路有多远	中央台八套	5.0	18.1
6	我的继父是偶像	中央台八套	4.9	15.5
7	姥姥的饺子馆	中央台八套	4.7	17.7
8	大话红娘	中央台八套	4.7	15.2
9	惊蛰	中央台八套	4.6	17.2
10	区小队	中央台八套	4.6	16.9

表3.20.9　2018年宁夏市场新闻节目收视率排名前十位

名次	节目名称	播出频道	平均收视率（%）	平均占有率（%）
1	新闻联播	中央电视台综合频道	10.9	41.1
2	焦点访谈	中央电视台综合频道	6.3	19.3
3	国务院总理会见中外记者并回答提问	中央电视台综合频道	3.5	10.1
4	上海合作组织青岛峰会特别报道	中央电视台综合频道	2.6	7.8
5	宁夏回族自治区人民代表大会常务委员会公告	宁夏电视台公共频道	0.8	1.7
6	热话	中央台十二套	0.7	4.4
7	中国人民政治协商会议宁夏回族自治区第11届委员会第一次会议决议	宁夏电视台公共频道	0.7	1.7
8	亲切的关怀巨大的鼓舞在习近平新时代中国特色社会主义思想指引下（6月14日）	山东卫视	0.8	2.9
9	海峡两岸	中央台四套	0.6	1.7
9	新闻话题	宁夏电视台公共频道	0.6	1.7

表 3.20.10　2018 年宁夏市场专题节目收视率排名前十位

名次	节目名称	播出频道	平均收视率（%）	平均占有率（%）
1	海上丝路看今朝 2018 年习近平主席亚太之行	中央电视台综合频道	7.8	20.8
2	爱的海洋汶川地震灾区学生赴海洋全俄儿童中心疗养十周年纪念	中央电视台综合频道	7.1	21.5
3	重返爱的海洋	中央电视台综合频道	6.8	23.3
4	扎扎实实提高质量	中央电视台综合频道	6.6	19.1
5	为了一江清水浩荡东流习近平总书记 2018 年长江考察纪实	中央电视台综合频道	6.4	18.8
6	心系凉山习近平总书记凉山扶贫纪实	中央电视台综合频道	5.9	15.9
7	为了共同的繁荣习近平出席首届中国国际进口博览会纪实	中央电视台综合频道	5.4	16.5
8	习近平主席的上合时间	中央电视台综合频道	5.3	19.6
9	携手构建更加紧密的中非命运共同体 2018 中非合作论坛北京峰会纪实	中央电视台综合频道	4.9	16.2
10	万水千山只等闲	中央电视台综合频道	4.9	15.8

表 3.20.11　2018 年宁夏市场综艺节目收视率排名前十位

名次	节目名称	播出频道	平均收视率（%）	平均占有率（%）
1	2018 中央电视台春节联欢晚会	中央电视台综合频道	19.4	69.5
2	欢乐吉祥闹元宵	中央电视台综合频道	4.1	12.0
3	2018 第八届北京国际电影节闭幕式暨颁奖典礼	中央台六套	3.8	12.3
4	2018 中央军委慰问驻京部队老干部迎新春文艺演出	中央电视台综合频道	3.5	11.6
5	亲如一家塞上情庆祝宁夏回族自治区成立 60 周年	中央电视台综合频道	3.5	10.2
6	剧说很好看	中央台八套	3.3	17.3
7	第十七届中国电影华表奖颁奖典礼	中央台六套	3.3	11.1
8	第八届北京国际电影节开幕式	中央台六套	3.3	10.3
9	2018 年上海国际电影电视节第二十一届上海国际电影节金爵盛典	中央台六套	3.3	9.7
10	25th 北京大学生电影节闭幕式暨颁奖典礼	中央台六套	3.2	10.6

表 3.20.12　2018 年宁夏市场体育节目收视率排名前十位

（世界杯、亚运会、亚残运会、冬奥会比赛除外）

名次	节目名称	播出频道	平均收视率（%）	平均占有率（%）
1	现场直播：2018 年世界女排联赛总决赛（中国 VS 巴西）	中央台五套	2.3	7.7
2	直播周末 世界女排锦标赛颁奖仪式	中央台五套	1.0	3.3
3	直播周末：2017/2018 赛季中国男子篮球职业联赛 10 进 8 第一场（北京首钢 VS 上海哔哩哔哩）	中央台五套	1.0	2.3
4	直播周末：2018 年中国女子篮球联赛全明星赛技巧挑战赛	中央台五套	1.0	2.1
5	现场直播：2018 年国际乒联世界巡回赛中国公开赛女单决赛	中央台五套	0.9	2.5
6	直播周末：2018 年乒乓球男子世界杯男单 1/8 决赛	中央台五套	0.8	3.2
6	直播周末：2018 年女篮世界杯 5、6 名决赛（中国 VS 法国）	中央台五套	0.8	3.2
8	直播周末：2018/2019 赛季中国男子篮球职业联赛揭幕战	中央台五套	0.8	2.4
9	现场直播：2018 年国际泳联跳水世界杯女子 3 米跳板决赛	中央台五套	0.8	2.3
10	17/18 赛季 CBA 常规赛第 25 轮（江苏肯帝亚 VS 深圳马可波罗）	中央台五套	0.8	2.0

表 3.20.13　2018 年宁夏市场世界杯、亚运会、亚残运会、冬奥会比赛收视率排名前十位

名次	节目名称	播出频道	平均收视率（%）	平均占有率（%）
1	我爱世界杯：2018 年俄罗斯世界杯 E 组第一轮（哥斯达黎加 VS 塞尔维亚）	中央台五套	3.7	11.3
2	2018 年第 23 届冬奥会短道速滑男子 500 米 1/4 决赛	中央电视台综合频道	2.2	20.9
3	我爱世界杯	中央台五套	2.1	6.6
4	第 18 届亚运会女子 100 米蛙泳决赛	中央台五套	1.5	3.9
5	第 18 届亚运会男子 4×400 米预赛	中央台五套	1.4	4.4
6	第 18 届亚运会乒乓球男团决赛	中央台五套	1.3	4.0
7	我爱世界杯 颁奖仪式	中央台五套	1.2	48.6
8	第 18 届亚运会女排半决赛（中国 VS 日本）	中央台五套	1.2	6.0
9	第 18 届亚运会女足决赛（日本 VS 中国）	中央台五套	1.1	3.7
10	第 18 届亚运会男篮决赛（中国 VS 伊朗）	中央台五套	1.1	3.4

二十一、山东收视数据

表 3.21.1 2014~2018 年山东市场各类频道的市场占有率（%）

频道类别	年份				
	2014 年	2015 年	2016 年	2017 年	2018 年
中央电视台频道	25.0	22.9	24.5	25.3	26.1
中国教育台频道	0.1	0.0	0.0	0.1	0.1
山东省级频道	45.8	47.0	44.0	43.5	43.0
其他省级卫视频道	18.4	18.1	18.1	15.5	16.3
其他频道	10.7	12.0	13.4	15.6	14.5

表 3.21.2 2018 年山东市场各类频道在不同目标观众中的市场占有率（%）

目标观众		中央电视台频道	中国教育台频道	山东省级频道	其他省级卫视频道	其他频道
4 岁及以上所有人		26.1	0.1	43.0	13.3	14.5
城乡	城市	31.9	0.1	25.2	20.8	22.0
	乡村	24.1	0.1	49.1	14.8	11.9
性别	男	27.8	0.1	42.7	15.0	14.4
	女	24.6	0.1	43.3	17.5	14.5
年龄	4~14 岁	21.9	0.1	32.8	29.3	15.9
	15~24 岁	19.4	0.0	49.6	14.4	16.6
	25~34 岁	22.2	0.1	41.5	23.2	13.0
	35~44 岁	25.1	0.1	36.9	22.2	15.7
	45~54 岁	23.7	0.1	48.2	13.8	14.2
	55~64 岁	29.2	0.1	43.5	13.8	13.4
	65 岁及以上	34.7	0.0	44.7	6.4	14.2
教育程度	未受过正规教育	21.6	0.0	45.3	22.0	11.1
	小学	27.6	0.1	45.8	13.4	13.1
	初中	24.3	0.1	45.5	15.6	14.5
	高中	31.9	0.1	35.4	16.1	16.5
	大学及以上	29.3	0.1	30.2	20.1	20.3
职业类别	干部/管理人员	30.0	0.1	23.0	22.1	24.8
	个体/私营企业人员	23.6	0.0	38.3	22.7	15.4
	初级公务员/雇员	27.9	0.1	33.5	18.5	20.0
	工人	23.1	0.1	50.3	12.8	13.7
	学生	23.0	0.1	30.8	26.8	19.3
	无业	32.9	0.0	34.9	16.7	15.5
	其他	23.9	0.1	51.8	13.2	11.0
个人月收入	0~300 元	24.0	0.1	40.1	21.9	13.9
	301~900 元	22.2	0.1	54.5	10.7	12.5
	901~1700 元	25.1	0.1	49.7	14.1	11.0
	1701~2600 元	28.3	0.1	43.6	13.9	14.1
	2601~3500 元	31.2	0.0	36.8	13.0	19.0
	3501 元及以上	30.8	0.1	28.3	20.3	20.5

表 3.21.3 2018 年山东市场各类频道在不同时段的市场占有率（%）

时间段	中央电视台频道	中国教育台频道	山东省级频道	其他省级卫视频道	其他频道
02:00~03:00	39.3	0.0	19.7	21.9	19.1
03:00~04:00	37.9	0.0	18.2	20.4	23.5
04:00~05:00	42.3	0.0	18.7	15.4	23.6
05:00~06:00	41.5	0.1	23.3	19.9	15.2
06:00~07:00	54.0	0.0	21.6	13.1	11.3
07:00~08:00	44.9	0.1	24.2	17.9	12.9
08:00~09:00	35.9	0.1	25.0	23.2	15.8
09:00~10:00	32.9	0.1	22.5	28.6	15.9
10:00~11:00	33.8	0.2	18.8	30.4	16.8
11:00~12:00	35.8	0.1	20.7	27.9	15.5
12:00~13:00	36.7	0.0	24.7	24.1	14.5
13:00~14:00	34.7	0.1	21.1	27.5	16.6
14:00~15:00	31.9	0.2	20.0	30.3	17.6
15:00~16:00	32.3	0.1	19.3	30.7	17.6
16:00~17:00	33.2	0.1	20.5	29.3	16.9
17:00~18:00	24.5	0.1	40.1	18.9	16.4
18:00~19:00	21.5	0.0	54.7	8.2	15.6
19:00~20:00	20.7	0.0	59.9	6.9	12.5
20:00~21:00	17.7	0.0	60.2	10.5	11.6
21:00~22:00	19.3	0.0	58.5	9.9	12.3
22:00~23:00	26.0	0.1	35.4	17.8	20.7
23:00~24:00	27.6	0.1	25.1	24.7	22.5
24:00~25:00	33.2	0.0	25.8	20.8	20.2
25:00~26:00	38.1	0.1	22.3	21.5	18.0

表 3.21.4 2018 年山东市场收视份额排名前十位的频道

名次	频道名称	收视份额（%）
1	山东电视齐鲁频道	14.6
2	山东卫视	12.5
3	山东电视综艺频道	5.3
4	中央电视台综合频道	3.8
4	山东电视公共频道	3.8
6	中央台四套	3.7
7	中央台六套	3.6
8	山东电视生活频道	3.5
9	中央台八套	2.6
9	中央台三套	2.6

表 3.21.5　2018 年山东市场各主要频道的观众构成（%）

目标观众		所有频道	主要频道				
			山东电视齐鲁频道	山东卫视	山东电视综艺频道	中央电视台综合频道	山东电视公共频道
4 岁及以上所有人		100.0	100.0	100.0	100.0	100.0	100.0
城乡	城市	25.5	12.0	17.7	21.1	30.3	2.5
	乡村	74.5	88.0	82.3	78.9	69.7	97.5
性别	男	47.8	48.7	46.1	47.7	48.3	44.9
	女	52.2	51.3	53.9	52.3	51.7	55.1
年龄	4～14 岁	10.4	6.9	6.6	8.8	6.5	4.8
	15～24 岁	8.0	10.5	9.7	8.9	6.3	8.2
	25～34 岁	10.5	9.5	9.5	10.3	6.6	11.1
	35～44 岁	13.5	7.8	11.6	19.4	13.1	10.9
	45～54 岁	22.2	24.9	24.6	15.4	19.7	36.2
	55～64 岁	17.7	22.9	15.2	16.4	21.0	17.0
	65 岁及以上	17.7	17.5	22.8	20.8	26.8	11.8
教育程度	未受过正规教育	12.2	16.9	9.9	10.5	10.7	4.5
	小学	17.5	21.2	15.3	18.0	18.3	24.6
	初中	47.9	47.2	55.4	49.3	49.0	53.7
	高中	17.7	11.8	16.4	19.4	15.9	11.4
	大学及以上	4.7	2.9	3.0	2.8	6.1	5.8
职业类别	干部/管理人员	1.0	0.8	0.4	0.8	1.2	0.2
	个体/私营企业人员	8.8	8.3	7.6	9.7	5.8	4.4
	初级公务员/雇员	8.0	3.8	8.7	4.2	9.0	11.0
	工人	21.5	28.0	24.3	28.8	19.2	21.8
	学生	7.6	4.1	6.8	6.6	5.6	5.0
	无业	23.5	18.7	19.7	21.6	29.5	7.8
	其他	29.6	36.3	32.5	28.3	29.7	49.8
个人月收入	0～300 元	28.5	28.0	26.0	25.8	28.0	14.8
	301～900 元	15.3	19.1	19.3	11.5	15.6	31.0
	901～1700 元	17.0	20.8	16.2	22.4	14.2	19.0
	1701～2600 元	18.7	17.1	20.0	20.4	20.9	29.1
	2601～3500 元	9.9	8.2	10.6	10.7	11.4	4.4
	3501 元及以上	10.6	6.8	7.9	9.2	9.9	1.7

表 3.21.6　2016～2018 年山东市场各类节目的播出份额（%）和收视份额（%）

节目类别	2016 年		2017 年		2018 年	
	播出份额	收视份额	播出份额	收视份额	播出份额	收视份额
财经	1.2	0.4	1.1	0.2	1.0	0.2
电视剧	26.4	25.0	20.0	22.9	20.1	28.1
电影	3.9	3.8	3.7	3.7	3.9	3.9
法制	0.9	1.5	1.0	0.9	0.9	0.7
教学	0.2	0.0	0.2	0.0	0.3	0.0
青少	6.7	7.9	7.7	5.9	7.7	5.7

续表

节目类别	2016 年		2017 年		2018 年	
	播出份额	收视份额	播出份额	收视份额	播出份额	收视份额
生活服务	8.6	10.1	9.3	10.3	9.1	9.5
体育	3.3	1.2	3.7	1.2	3.9	1.7
外语	0.0	0.0	0.1	0.0	0.1	0.0
戏剧	0.8	0.3	0.8	0.3	0.8	0.4
新闻/时事	10.3	13.9	15.1	15.7	15.4	15.0
音乐	1.7	0.7	1.5	0.7	1.4	0.7
专题	13.6	4.5	14.3	6.3	14.1	6.0
综艺	7.7	17.1	9.3	17.5	8.9	14.0
其他	14.6	13.6	12.3	14.5	12.4	14.1

表 3.21.7　2018 年山东市场所有节目收视率排名前三十位

名次	节目名称	节目类型	播出频道	平均收视率(%)	平均占有率(%)
1	2018 中央电视台春节联欢晚会	综艺	山东卫视	13.6	24.1
2	魔都风云	电视剧	山东卫视	12.3	26.2
3	我的传奇奶奶	电视剧	山东电视齐鲁频道	11.8	32.1
4	大西北剿匪记	电视剧	山东电视齐鲁频道	11.8	31.6
5	大漠神鹰	电视剧	山东电视齐鲁频道	11.7	30.7
6	神枪姐妹	电视剧	山东电视齐鲁频道	11.4	25.8
7	岁岁年年柿柿红	电视剧	山东电视齐鲁频道	11.2	31.3
8	热血传奇	电视剧	山东电视齐鲁频道	11.2	27.3
9	硬骨头之绝地归途	电视剧	山东卫视	11.2	25.6
10	热血神鹰	电视剧	山东电视齐鲁频道	11.1	27.6
11	神枪侠侣	电视剧	山东电视齐鲁频道	11.1	23.8
12	功夫姐妹	电视剧	山东电视齐鲁频道	11.0	23.1
13	战神姐妹	电视剧	山东电视齐鲁频道	10.7	22.5
14	福星盈门	电视剧	山东卫视	10.6	22.4
15	浴血传奇	电视剧	山东电视齐鲁频道	10.2	24.6
16	李三枪	电视剧	山东电视齐鲁频道	10.1	22.9
17	真爱的谎言之破冰者	电视剧	山东卫视	10.1	22.4
18	最好的安排	电视剧	山东卫视	10.0	21.1
19	越活越来劲	电视剧	山东卫视	9.9	20.4
20	铁血战士	电视剧	山东电视齐鲁频道	9.7	22.2
21	勇者胜	电视剧	山东卫视	9.6	23.3
22	猎火奇兵	电视剧	山东电视齐鲁频道	9.6	22.5
23	浴血红颜	电视剧	山东电视齐鲁频道	9.5	23.2
24	第一声枪响	电视剧	山东电视齐鲁频道	9.5	21.7
25	养母的花样年华	电视剧	山东卫视	9.4	25.4
26	直通全国两会特别报道	新闻/时事	山东卫视	9.4	18.8
27	母爱如山	电视剧	山东电视齐鲁频道	9.2	23.5
28	刘家媳妇	电视剧	山东电视齐鲁频道	9.2	23.1
29	浴血兄弟	电视剧	山东电视齐鲁频道	9.2	22.0
30	我们的千阙歌	电视剧	山东卫视	9.2	20.9

表 3.21.8 2018 年山东市场电视剧收视率排名前十位

名次	节目名称	播出频道	平均收视率(%)	平均占有率(%)
1	魔都风云	山东卫视	12.3	26.2
2	我的传奇奶奶	山东电视齐鲁频道	11.8	32.1
3	大西北剿匪记	山东电视齐鲁频道	11.8	31.6
4	大漠神鹰	山东电视齐鲁频道	11.7	30.7
5	神枪姐妹	山东电视齐鲁频道	11.4	25.8
6	岁岁年年柿柿红	山东电视齐鲁频道	11.2	31.3
7	热血传奇	山东电视齐鲁频道	11.2	27.3
8	硬骨头之绝地归途	山东卫视	11.2	25.6
9	热血神鹰	山东电视齐鲁频道	11.1	27.6
10	神枪侠侣	山东电视齐鲁频道	11.1	23.8

表 3.21.9 2018 年山东市场新闻节目收视率排名前十位

名次	节目名称	播出频道	平均收视率(%)	平均占有率(%)
1	直通全国两会特别报道	山东卫视	9.4	18.8
2	再领改革风气之先再立开放波澜潮头	山东卫视	6.9	17.3
3	青青之岛和合上合上海合作组织青岛峰会特别报道	山东卫视	6.8	14.9
4	儒商大会 2018 聚天下英才绘齐鲁宏图	山东卫视	6.8	13.9
5	每日新闻	山东电视齐鲁频道	6.6	19.8
6	亲切的关怀巨大的鼓舞在习近平新时代中国特色社会主义思想指引下	山东卫视	6.3	16.5
7	转播中央台新闻联播	山东卫视	5.7	14.1
8	直通 12345	山东电视公共频道	4.5	9.1
9	调查	山东卫视	3.3	11.4
10	山东新闻联播	山东卫视	3.0	9.4

表 3.21.10 2018 年山东市场专题节目收视率排名前十位

名次	节目名称	播出频道	平均收视率(%)	平均占有率(%)
1	灯塔党建在线习近平新时代中国特色社会主义思想	山东卫视	7.5	19.3
2	青青之岛亲亲上合	山东卫视	6.7	14.1
3	陪你一起过大年	山东电视齐鲁频道	5.2	14.0
4	山东好人 2017 十大年度人物颁奖典礼	山东电视齐鲁频道	4.8	12.7
5	大国外交	山东卫视	4.1	13.1
6	一年又一年	中央电视台综合频道	3.8	8.0
7	邹城论道 2017 国际中学生儒学辩论大会	山东电视公共频道	3.3	8.2
8	幸福心观察	山东电视综艺频道	2.9	11.6
9	齐鲁最美人物发布厅齐鲁最美家庭	山东电视公共频道	2.6	5.7
10	315 放心消费美好生活 2018 年山东 315 主题活动	山东电视公共频道	2.5	5.7

表 3.21.11　2018 年山东市场综艺节目收视率排名前十位

名次	节目名称	播出频道	平均收视率（%）	平均占有率（%）
1	2018 中央电视台春节联欢晚会	山东卫视	13.6	24.1
2	嘻哈俱乐部	山东电视齐鲁频道	8.6	16.2
3	幸福出发 2018 山东卫视春节联欢晚会	山东卫视	8.2	25.6
4	齐鲁团圆夜京东九重礼特别的你特别的礼	山东电视齐鲁频道	7.9	15.9
5	最炫国剧风	山东卫视	7.3	21.0
6	好运连连到	山东电视齐鲁频道	7.1	16.0
7	上海合作组织青岛峰会灯光焰火艺术表演有朋自远方来	山东卫视	6.4	14.8
8	京喜之夜吃货大作战	山东电视齐鲁频道	6.3	13.1
9	欢乐吉祥闹元宵	中央电视台综合频道	5.7	11.9
10	上合组织国家电影节开幕式	山东卫视	5.1	14.4

表 3.21.12　2018 年山东市场体育节目收视率排名前 10 位
（世界杯、亚运会、亚残运会、冬奥会比赛除外）

名次	节目名称	播出频道	平均收视率（%）	平均占有率（%）
1	直播周末：2018 年世界举重锦标赛女子 87 公斤以上级挺举决赛	中央台五套	1.6	3.7
2	超级赛场直播中超：2018 年中国足协超级联赛第 16 轮（北京中赫国安 VS 山东鲁能泰山）	山东电视体育频道	1.5	3.4
3	现场直播：2017/2018 赛季中国男子篮球职业联赛总决赛第二场（广厦 VS 辽宁）	中央台五套	1.4	3.4
4	2018 年世界女排锦标赛第三阶段 H 组第三轮（荷兰 VS 中国）	中央台五套	1.4	3.3
5	现场直播：2018 年乒乓球团体世界锦标赛女团决赛	中央台五套	1.2	4.0
6	超级赛场：2018/2019 赛季 CBA 联赛常规赛第 26 轮（山东西王 VS 八一南昌）	山东电视体育频道	1.1	2.8
7	现场直播：2018 年女排亚洲杯半决赛（泰国 VS 中国）	CCTV5 + 体育赛事频道	1.1	2.6
8	超级足球之夜直播周末：2018 年国际足球友谊赛（中国 VS 印度）	中央台五套	1.1	2.5
9	现场直播：2018/2019 赛季乒超联赛第一阶段女子双打	中央台五套	1.0	2.1
10	超级赛场：2018/2019 赛季 CBA 联赛常规赛第 2 轮（九台农商银行 VS 山东西王）	山东电视体育频道	0.9	2.4

表 3.21.13　2018 年山东市场世界杯、亚运会、亚残运会、冬奥会比赛收视率排名前十位

名次	节目名称	播出频道	平均收视率（%）	平均占有率（%）
1	第 18 届亚运会男子 400 米决赛	中央台五套	2.5	5.7
2	第 18 届亚运会女排半决赛（中国 VS 日本）	中央台五套	2.1	7.8
3	我爱世界杯：2018 年世界杯小组赛 E 组第二轮（巴西 VS 哥斯达黎加）	中央台五套	2.1	5.3
4	第 18 届亚运会女足决赛（日本 VS 中国）	中央台五套	1.9	4.3
5	第 18 届亚运会乒乓球男团决赛	中央台五套	1.8	4.3
6	第 18 届亚运会男篮半决赛（中国 VS 中国台北）	中央台五套	1.6	3.5
7	第 18 届亚运会女子个人花剑决赛	中央台五套	1.5	3.1
8	第 18 届亚运会场地自行车男子个人全能赛	中央台五套	1.3	4.1
9	第 18 届亚运会男子柔道 100 公斤级以上决赛	CCTV5 + 体育赛事频道	1.2	3.0
10	第 18 届亚运会男子体操吊环决赛	中央台五套	1.2	2.8

二十二、陕西收视数据

表 3.22.1 2014～2018 年陕西市场各类频道的市场占有率（%）

频道类别	年份				
	2014 年	2015 年	2016 年	2017 年	2018 年
中央电视台频道	39.8	39.8	42.1	42.8	44.3
中国教育台频道	0.7	0.4	0.3	0.3	0.3
陕西省级频道	13.3	13.9	14.4	14.3	13.9
其他省级卫视频道	43.6	42.6	38.3	35.1	30.9
其他频道	2.6	3.3	4.9	7.5	10.6

表 3.22.2 2018 年陕西市场各类频道在各目标观众中的市场占有率（%）

目标观众		中央电视台频道	中国教育台频道	陕西省级频道	其他省级卫视频道	其他频道
4 岁及以上所有人		44.3	0.3	13.9	30.9	10.6
城乡	城市	46.7	0.2	17.0	24.4	11.7
	农村	43.0	0.4	12.1	34.6	9.9
性别	男	45.5	0.3	14.9	27.7	11.6
	女	43.0	0.3	12.8	34.1	7.5
年龄	4～14 岁	45.7	0.2	5.1	39.1	9.9
	15～24 岁	40.0	0.6	9.4	36.3	13.7
	25～34 岁	40.1	0.2	11.4	34.2	14.1
	35～44 岁	43.9	0.3	10.9	34.8	10.1
	45～54 岁	44.5	0.4	12.5	30.3	12.3
	55～64 岁	46.9	0.2	20.2	23.1	9.6
	65 岁及以上	47.0	0.3	22.0	24.5	6.2
教育程度	未受过正规教育	50.3	0.6	8.6	33.6	6.9
	小学	44.0	0.3	13.9	34.6	7.2
	初中	40.5	0.3	15.0	32.5	11.7
	高中	48.2	0.2	13.9	25.2	12.5
	大学及以上	48.6	0.1	12.1	27.1	12.1
职业类别	干部/管理人员	47.1	0.1	11.1	31.2	10.5
	个体/私营企业人员	46.1	0.3	11.7	29.1	12.8
	初级公务员/雇员	45.2	0.1	12.1	27.3	15.3
	工人	49.1	0.2	13.0	27.1	10.6
	学生	43.7	0.5	6.6	38.7	10.5
	无业	47.7	0.2	15.2	28.8	8.1
	其他	40.5	0.3	16.2	31.5	11.5
个人月收入	0～300 元	44.8	0.4	10.5	35.5	8.8
	301～900 元	42.5	0.5	19.9	27.0	10.1
	901～1700 元	38.1	0.2	18.9	31.1	11.7
	1701～2600 元	45.7	0.2	14.5	27.5	12.1
	2601～3500 元	45.5	0.3	15.9	27.3	11.0
	3501 元及以上	48.4	0.2	11.5	25.8	14.1

表 3.22.3　2018 年陕西市场各类频道在不同时段的市场占有率（%）

时间段	中央电视台频道	中国教育台频道	陕西省级频道	其他省级卫视频道	其他频道
02:00~03:00	47.3	0.0	6.5	18.2	28.0
03:00~04:00	55.0	0.3	3.7	18.9	22.1
04:00~05:00	45.8	0.8	5.8	23.6	24.0
05:00~06:00	62.2	0.0	6.9	19.3	11.6
06:00~07:00	65.8	0.3	10.3	16.9	6.7
07:00~08:00	64.3	0.5	7.6	19.8	7.8
08:00~09:00	52.9	0.6	7.1	31.2	8.2
09:00~10:00	49.1	0.6	6.8	33.5	10.0
10:00~11:00	46.8	0.4	8.1	32.0	12.7
11:00~12:00	47.9	0.3	8.3	30.4	13.1
12:00~13:00	53.7	0.2	8.5	27.1	10.5
13:00~14:00	46.6	0.4	8.2	33.2	11.6
14:00~15:00	39.1	0.6	8.1	41.2	11.0
15:00~16:00	40.1	0.5	7.8	40.8	10.8
16:00~17:00	41.5	0.5	8.3	37.3	12.4
17:00~18:00	46.7	0.3	11.6	29.8	11.6
18:00~19:00	49.9	0.2	25.2	14.9	9.8
19:00~20:00	53.2	0.2	14.9	23.4	8.3
20:00~21:00	36.2	0.2	15.8	38.0	9.8
21:00~22:00	36.3	0.3	17.4	35.0	11.0
22:00~23:00	38.8	0.3	18.2	29.1	13.6
23:00~24:00	41.9	0.2	15.5	27.4	15.0
24:00~25:00	50.3	0.2	13.1	17.8	18.6
25:00~26:00	52.0	0.2	7.5	14.0	26.3

表 3.22.4　2018 年陕西市场收视份额排名前十位的频道

名次	频道名称	收视份额（%）
1	中央电视台综合频道	9.6
2	中央电视台少儿频道	7.4
3	中央台八套	7.2
4	湖南卫视	5.2
5	中央台六套	3.5
6	陕西卫视	3.3
7	陕西广播电视台都市青春频道（二套）	3.1
8	中央台十二套	2.9
9	陕西广播电视台新闻资讯频道（一套）	2.7
9	中央台三套	2.7

表 3.22.5 2018 年陕西市场各主要频道的观众构成（%）

目标观众		所有频道	中央电视台综合频道	中央电视台少儿频道	中央台八套	湖南卫视	中央台六套
4 岁及以上所有人		100.0	100.0	100.0	100.0	100.0	100.0
城乡	城市	35.9	51.1	20.9	32.9	31.1	32.4
	农村	64.1	48.9	79.1	67.1	68.9	67.6
性别	男	49.7	51.4	43.6	47.4	35.1	55.1
	女	50.3	48.6	56.4	52.6	64.9	44.9
年龄	4～14 岁	9.7	5.0	37.4	4.6	15.6	7.7
	15～24 岁	11.4	10.8	10.1	8.0	20.1	13.0
	25～34 岁	11.6	8.3	16.5	9.9	15.8	14.0
	35～44 岁	16.9	17.3	15.6	15.1	22.6	26.7
	45～54 岁	17.8	17.9	9.8	19.2	15.1	19.7
	55～64 岁	15.7	19.3	8.1	21.2	6.1	10.8
	65 岁及以上	16.9	21.4	2.5	22.0	4.7	8.1
教育程度	未受过正规教育	5.9	5.0	16.5	5.5	3.7	5.4
	小学	22.0	18.4	31.5	28.0	24.5	21.4
	初中	40.7	32.0	34.5	39.2	40.7	45.6
	高中	21.7	28.5	14.5	19.8	19.8	20.0
	大学及以上	9.7	16.1	3.0	7.5	11.3	7.6
职业类别	干部/管理人员	1.1	2.3	0.1	0.8	0.5	0.9
	个体/私营企业人员	7.6	8.9	5.6	7.9	10.4	10.5
	初级公务员/雇员	5.5	7.2	1.8	4.4	5.7	7.1
	工人	7.8	10.6	4.4	8.6	7.1	9.5
	学生	12.8	11.4	29.0	6.7	25.7	12.3
	无业	27.2	33.9	33.2	26.6	22.7	20.7
	其他	38.0	25.7	25.9	45.0	27.9	39.0
个人月收入	0～300 元	39.9	33.3	71.4	37.7	51.1	38.4
	301～900 元	8.9	6.8	3.6	13.5	6.5	7.1
	901～1700 元	14.0	10.3	7.8	14.1	11.7	15.0
	1701～2600 元	14.3	19.5	5.6	14.5	11.6	17.0
	2601～3500 元	12.8	18.3	5.0	12.1	11.2	11.7
	3501 元及以上	10.1	11.8	6.6	8.1	7.9	10.8

表 3.22.6 2016～2018 年陕西市场各类节目的播出份额（%）和收视份额（%）

节目类别	2016 年		2017 年		2018 年	
	播出份额	收视份额	播出份额	收视份额	播出份额	收视份额
财经	1.3	0.3	1.1	0.4	1.1	0.3
电视剧	21.3	32.4	21.6	31.6	21.7	31.0
电影	5.2	3.9	4.9	3.9	4.9	4.5
法制	0.8	1.1	0.9	1.4	0.9	1.3
教学	0.2	0.1	0.2	0.2	0.3	0.0
青少	6.4	6.0	6.8	6.9	6.7	7.2
生活服务	9.2	7.8	8.6	7.5	8.9	7.5

续表

节目类别	2016 年		2017 年		2018 年	
	播出份额	收视份额	播出份额	收视份额	播出份额	收视份额
体育	3.4	1.5	3.4	1.2	3.5	1.5
外语	0.0	0.0	0.1	0.0	0.1	0.0
戏剧	1.2	1.3	1.2	1.5	1.1	1.3
新闻/时事	14.7	14.3	15.3	13.4	15.6	13.5
音乐	1.8	1.1	1.4	1.0	1.4	0.9
专题	13.1	4.8	13.5	5.2	13.6	5.9
综艺	9.2	11.2	8.2	10.4	7.9	9.6
其他	12.3	14.6	12.7	15.4	12.6	15.5

表 3.22.7　2018 年陕西市场所有节目收视率排名前三十位

名次	节目名称	节目类别	播出频道	平均收视率（%）	平均占有率（%）
1	2018 中央电视台春节联欢晚会	综艺	中央电视台综合频道	29.3	70.1
2	新闻联播	新闻/时事	中央电视台综合频道	8.1	32.0
3	天气预报	生活服务	中央电视台综合频道	6.3	19.8
4	为了一江清水浩荡东流 习近平总书记 2018 年长江考察纪实	专题	中央电视台综合频道	6.0	16.3
5	扎扎实实提高质量	专题	中央电视台综合频道	5.6	13.8
6	重返爱的海洋	专题	中央电视台综合频道	5.4	18.1
7	爱的海洋汶川地震灾区学生赴海洋全俄儿童中心疗养十周年纪念	专题	中央电视台综合频道	5.3	18.6
8	一年又一年	专题	中央电视台综合频道	5.1	28.7
9	欢乐吉祥闹元宵	综艺	中央电视台综合频道	5.0	14.3
10	心系凉山习近平总书记凉山扶贫纪实	专题	中央电视台综合频道	5.0	11.4
11	焦点访谈	新闻/时事	中央电视台综合频道	4.7	14.0
12	2018 中央军委慰问驻京部队老干部迎新春文艺演出	综艺	中央电视台综合频道	4.6	12.0
13	海上丝路看今朝 2018 年习近平主席亚太之行	专题	中央电视台综合频道	4.5	12.1
14	歌手（3 月 16 日）	综艺	湖南卫视	4.4	12.7
15	为了共同的繁荣习近平出席首届中国国际进口博览会纪实	专题	中央电视台综合频道	4.3	12.4
16	我想和你唱（5 月 25 日）	综艺	湖南卫视	4.0	12.2
17	习近平主席的上合时间	专题	中央电视台综合频道	3.9	14.1
18	初婚	电视剧	中央台八套	3.8	13.5

续表

名次	节目名称	节目类别	播出频道	平均收视率（%）	平均占有率（%）
19	携手构建更加紧密的中非命运共同体 2018 中非合作论坛北京峰会纪实	专题	中央电视台综合频道	3.8	12.3
20	相知无远近万里尚为邻 2018 年 7 月习近平主席亚非行纪实	专题	中央电视台综合频道	3.7	14.1
21	舌尖上的中国 3	专题	中央电视台综合频道	3.6	8.7
22	娘亲舅大	电视剧	中央台八套	3.5	11.4
23	开学第一课	青少	中央电视台综合频道	3.5	9.9
24	灵与肉	电视剧	中央台八套	3.4	12.0
25	惊蛰	电视剧	中央台八套	3.4	11.5
26	万水千山只等闲	专题	中央电视台综合频道	3.4	10.1
27	星光大道（2 月 13 日）	综艺	中央电视台综合频道	3.4	9.2
28	开封府	电视剧	中央台八套	3.3	12.3
29	我的继父是偶像（37～41 集）	电视剧	中央台八套	3.3	9.6
30	快乐大本营	综艺	湖南卫视	3.2	9.5

表 3.22.8　2018 年陕西市场电视剧收视率排名前十位

名次	节目名称	播出频道	平均收视率（%）	平均占有率（%）
1	初婚	中央台八套	3.8	13.5
2	娘亲舅大	中央台八套	3.5	11.4
3	灵与肉	中央台八套	3.4	12.0
4	惊蛰	中央台八套	3.4	11.5
5	开封府	中央台八套	3.3	12.3
6	我的继父是偶像（37～41 集）	中央台八套	3.3	9.6
7	龙门飞甲	中央台八套	3.1	11.4
8	区小队	中央台八套	3.1	10.9
9	执行利剑	中央台八套	3.0	11.2
10	岁岁年年柿柿红	中央电视台综合频道	3.0	9.7

表 3.22.9　2018 年陕西市场新闻节目收视率排名前十位

名次	节目名称	播出频道	平均收视率（%）	平均占有率（%）
1	新闻联播	中央电视台综合频道	8.1	32.0
2	焦点访谈	中央电视台综合频道	4.7	14.0
3	上海合作组织青岛峰会特别报道	中央电视台综合频道	2.8	7.7
4	国务院总理会见中外记者并回答提问	中央电视台综合频道	2.4	6.1
5	今日点击	陕西广播电视台新闻资讯频道（一套）	1.5	5.7
6	安徽卫视 2018 省两会特别报道	安徽卫视	1.4	3.6

续表

名次	节目名称	播出频道	平均收视率(%)	平均占有率(%)
7	都市快报	陕西广播电视台都市青春频道(二套)	1.1	5.4
8	直通全国两会特别报道	山东卫视	1.0	2.5
9	陕西新闻联播	陕西卫视	0.9	6.5
10	上海合作组织青岛峰会特别报道	中央台三套	0.9	2.6

表 3.22.10　2018 年陕西市场专题节目收视率排名前十位

名次	节目名称	播出频道	平均收视率(%)	平均占有率(%)
1	为了一江清水浩荡东流习近平总书记 2018 年长江考察纪实	中央电视台综合频道	6.0	16.3
2	扎扎实实提高质量	中央电视台综合频道	5.6	13.8
3	重返爱的海洋	中央电视台综合频道	5.4	18.1
4	爱的海洋汶川地震灾区学生赴海洋全俄儿童中心疗养十周年纪念	中央电视台综合频道	5.3	18.6
5	一年又一年	中央电视台综合频道	5.1	28.7
6	心系凉山习近平总书记凉山扶贫纪实	中央电视台综合频道	5.0	11.4
7	海上丝路看今朝 2018 年习近平主席亚太之行	中央电视台综合频道	4.5	12.1
8	为了共同的繁荣习近平出席首届中国国际进口博览会纪实	中央电视台综合频道	4.3	12.4
9	习近平主席的上合时间	中央电视台综合频道	3.9	14.1
10	携手构建更加紧密的中非命运共同体 2018 中非合作论坛北京峰会纪实	中央电视台综合频道	3.8	12.3

表 3.22.11　2018 年陕西市场综艺节目收视率排名前十位

名次	节目名称	播出频道	平均收视率(%)	平均占有率(%)
1	2018 中央电视台春节联欢晚会	中央电视台综合频道	29.3	70.1
2	欢乐吉祥闹元宵	中央电视台综合频道	5.0	14.3
3	2018 中央军委慰问驻京部队老干部迎新春文艺演出	中央电视台综合频道	4.6	12.0
4	歌手(3 月 16 日)	湖南卫视	4.4	12.7
5	我想和你唱(5 月 25 日)	湖南卫视	4.0	12.2
6	星光大道(2 月 13 日)	中央电视台综合频道	3.4	9.2
7	快乐大本营	湖南卫视	3.2	9.5
8	改革开放再出发中央电视台心连心赴深圳前海慰问演出	中央电视台综合频道	3.1	7.8
9	声入人心(12 月 29 日)	湖南卫视	3.0	9.1
10	2018 年中央广播电视总台中秋晚会	中央电视台综合频道	2.9	10.2

表 3.22.12　2018 年陕西市场体育节目收视率排名前十位
（世界杯、亚运会、亚残运会、冬奥会比赛除外）

名次	节目名称	播出频道	平均收视率（%）	平均占有率（%）
1	2018 陕西省第十六届运动会开幕式	陕西卫视	1.4	5.4
2	2018 年一带一路世界健美健身精英排位赛暨 IFBB 精英职业卡资格赛	陕西广播电视台新闻资讯频道（一套）	1.0	3.4
3	HUZHOU2018 浙江省第十六届运动会	浙江卫视	0.8	2.9
4	现场直播：2018/2019 赛季乒超联赛第一阶段女子双打	中央台五套	0.8	2.1
5	2018 年世界女排锦标赛第三阶段（日本 VS 塞尔维亚）	中央台五套	0.7	2.6
6	直播周末：2018 年杭州世游赛 25 米男子 100 米自由泳决赛	中央台五套	0.6	3.0
7	现场直播：2017/2018 赛季中国男子篮球职业联赛半决赛第三场（山东 VS 广厦）	中央台五套	0.6	1.6
7	王者英雄	中央台五套	0.6	1.6
9	2018 年国际田联钻石联赛伦敦站	中央台五套	0.5	2.8
10	直播周末：18/19 赛季短道速滑世界杯阿拉木图站男子 1500 米决赛 A 组	中央台五套	0.5	2.3

表 3.22.13　2018 年陕西市场世界杯、亚运会、亚残运会、冬奥会比赛收视率排名前十位

名次	节目名称	播出频道	平均收视率（%）	平均占有率（%）
1	我爱世界杯：2018 年俄罗斯世界杯 1/8 决赛第五场（巴西 VS 墨西哥）	中央台五套	2.5	22.6
2	第 18 届亚运会男子 400 米栏半决赛	中央台五套	1.3	4.4
3	第 18 届亚运会男篮决赛（中国 VS 伊朗）	中央台五套	1.3	3.9
4	第 18 届亚运会女子 200 米个人混合泳决赛	中央台五套	1.2	3.6
5	2018 年第 23 届冬奥会短道速滑男子 1000 米决赛	中央台五套	1.2	2.9
6	我爱世界杯：2018 年俄罗斯世界杯闭幕式	中央台五套	1.1	9.3
7	短道速滑女子 1500 米颁花仪式	中央台五套	1.1	2.7
8	2018 年平昌冬奥会开幕式	中央台五套	1.0	2.6
9	我爱世界杯：2018 年俄罗斯世界杯开幕式	中央台五套	0.9	11.0
10	第 18 届亚运会羽毛球女双决赛	中央台五套	0.9	4.8

二十三、山西收视数据

表 3.23.1　2014～2018 年山西市场各类频道的市场占有率（%）

频道类别	年份				
	2014 年	2015 年	2016 年	2017 年	2018 年
中央电视台频道	36.3	37.3	40.0	40.7	43.9
中国教育台频道	0.6	0.3	0.2	0.1	0.2
山西省级频道	14.9	15.0	14.4	12.8	13.0
其他省级卫视频道	45.4	44.1	41.5	41.4	35.3
其他频道	2.8	3.3	3.9	5.0	7.6

表 3.23.2　2018 年山西市场各类频道在不同目标观众中的市场占有率（%）

目标观众		中央电视台频道	中国教育台频道	山西省级频道	其他省级卫视频道	其他频道
4 岁及以上所有人		43.9	0.2	13.0	35.3	7.6
城乡	城市	53.2	0.1	12.8	25.1	8.8
	农村	39.7	0.2	13.0	40.0	7.1
性别	男	46.0	0.2	13.7	32.5	7.6
	女	42.0	0.1	12.2	38.0	7.7
年龄	4～14 岁	46.4	0.2	5.9	36.5	11.0
	15～24 岁	37.8	0.2	9.2	44.3	8.5
	25～34 岁	39.7	0.2	10.7	41.6	7.8
	35～44 岁	41.4	0.2	9.8	38.1	10.5
	45～54 岁	42.5	0.2	15.0	36.6	5.7
	55～64 岁	46.5	0.0	19.9	28.4	5.2
	65 岁及以上	52.2	0.1	17.2	24.7	5.8
教育程度	未受过正规教育	47.2	0.1	8.4	36.8	7.5
	小学	42.2	0.3	14.1	36.4	7.0
	初中	41.9	0.1	13.9	36.7	7.4
	高中	47.5	0.1	12.7	32.1	7.6
	大学及以上	47.1	0.1	10.0	32.9	9.9
职业类别	干部/管理人员	53.4	0.0	7.6	33.0	6.0
	个体/私营企业人员	38.8	0.2	16.8	37.8	6.4
	初级公务员/雇员	47.4	0.1	11.6	33.2	7.7
	工人	46.5	0.1	9.2	32.1	12.1
	学生	42.2	0.3	6.6	38.7	12.2
	无业	44.9	0.1	15.5	33.0	6.5
	其他	46.4	0.1	9.0	36.6	7.9
个人月收入	0～300 元	39.7	0.2	12.7	39.8	7.6
	301～900 元	46.9	0.2	15.0	34.0	3.9
	901～1700 元	43.4	0.2	14.4	35.8	6.2
	1701～2600 元	45.0	0.1	13.1	34.8	7.0
	2601～3500 元	49.1	0.1	11.1	29.9	9.8
	3501 元及以上	46.1	0.1	14.6	31.2	8.0

表 3.23.3 2018 年山西市场各类频道在不同时段的市场占有率（%）

时间段	中央电视台频道	中国教育台频道	山西省级频道	其他省级卫视频道	其他频道
02:00～03:00	69.9	0.0	6.3	19.6	4.2
03:00～04:00	66.0	0.0	11.3	17.8	4.9
04:00～05:00	46.2	0.0	14.8	26.7	12.3
05:00～06:00	46.3	0.0	19.4	30.5	3.8
06:00～07:00	70.2	0.4	9.4	17.9	2.1
07:00～08:00	68.4	0.4	9.2	19.3	2.7
08:00～09:00	51.2	0.4	10.9	32.3	5.2
09:00～10:00	42.0	0.3	14.5	35.1	8.1
10:00～11:00	43.3	0.3	9.4	36.8	10.2
11:00～12:00	47.4	0.2	6.8	36.7	8.9
12:00～13:00	56.9	0.1	9.1	27.5	6.4
13:00～14:00	44.2	0.1	18.8	29.9	7.0
14:00～15:00	46.0	0.3	9.7	35.8	8.2
15:00～16:00	46.0	0.4	6.4	37.3	9.9
16:00～17:00	45.1	0.3	6.3	36.3	12.0
17:00～18:00	48.5	0.3	9.2	30.7	11.3
18:00～19:00	54.9	0.2	18.3	18.5	8.1
19:00～20:00	54.1	0.1	12.6	26.6	6.6
20:00～21:00	34.5	0.1	14.3	44.4	6.7
21:00～22:00	34.3	0.1	14.7	43.0	7.9
22:00～23:00	36.1	0.2	14.5	39.2	10.0
23:00～24:00	37.9	0.2	13.9	37.7	10.3
24:00～25:00	58.1	0.2	8.8	25.6	7.3
25:00～26:00	67.5	0.3	8.2	18.0	6.0

表 3.23.4 2018 年山西市场收视份额排名前十位的频道

名次	频道名称	收视份额（%）
1	中央电视台综合频道	10.3
2	中央台八套	6.2
3	山西卫视	6.1
4	中央电视台少儿频道	5.8
5	湖南卫视	5.5
6	中央台六套	3.9
7	中央台三套	3.4
8	浙江卫视	2.8
9	中央台十二套	2.7
10	中央台四套	2.6

表 3.23.5　2018 年山西市场各主要频道的观众构成（%）

目标观众		所有频道	主要频道				
			中央电视台综合频道	中央台八套	山西卫视	中央电视台少儿频道	湖南卫视
4 岁以上所有人		100.0	100.0	100.0	100.0	100.0	100.0
城乡	城市	31.2	61.8	29.8	12.1	12.7	27.8
	农村	68.8	38.2	70.2	87.9	87.3	72.2
性别	男	48.9	51.2	48.6	51.3	49.4	38.1
	女	51.1	48.8	51.4	48.7	50.6	61.9
年龄	4~14 岁	11.2	5.3	4.0	3.9	59.9	10.6
	15~24 岁	11.0	9.0	8.5	8.6	7.7	22.5
	25~34 岁	12.4	11.0	8.7	9.2	11.3	21.2
	35~44 岁	17.8	18.7	17.0	15.1	8.2	21.9
	45~54 岁	17.4	17.0	20.2	17.2	8.1	14.4
	55~64 岁	15.8	17.0	24.7	22.9	2.9	6.3
	65 岁及以上	14.4	22.0	16.9	23.1	1.9	3.1
教育程度	未受过正规教育	5.3	1.7	1.7	4.8	32.7	3.4
	小学	21.9	15.1	19.2	30.6	38.2	17.5
	初中	42.1	36.6	48.8	43.1	18.7	40.7
	高中	19.7	28.3	20.6	15.8	7.6	22.8
	大学及以上	11.0	18.3	9.7	5.7	2.8	15.6
职业类别	干部/管理人员	1.8	4.3	1.6	1.5	0.2	2.0
	个体/私营企业人员	22.0	17.7	18.1	26.7	8.8	25.1
	初级公务员/雇员	6.1	9.5	7.1	3.6	1.8	10.5
	工人	4.6	7.0	4.2	3.0	1.9	4.9
	学生	10.3	8.3	6.0	3.3	28.8	15.9
	无业	36.4	36.7	33.4	47.4	52.0	27.7
	其他	18.8	16.5	29.6	14.5	6.5	13.9
个人月收入	0~300 元	35.1	20.8	24.0	41.6	80.2	40.8
	301~900 元	5.3	5.2	6.8	7.2	0.6	3.2
	901~1700 元	11.0	8.5	16.0	14.5	3.8	10.7
	1701~2600 元	18.8	24.9	22.2	15.5	5.5	17.8
	2601~3500 元	18.7	26.2	23.4	13.7	5.0	18.2
	3501 元及以上	11.1	14.4	7.6	7.5	4.9	9.3

表 3.23.6　2016~2018 年山西市场各类节目的播出份额（%）和收视份额（%）

节目类别	2016 年		2017 年		2018 年	
	播出份额	收视份额	播出份额	收视份额	播出份额	收视份额
财经	1.3	0.3	1.2	0.3	1.2	0.4
电视剧	21.7	33.1	21.9	32.4	21.9	31.9
电影	3.9	2.8	4.2	3.1	4.2	3.9
法制	0.9	1.6	1.0	1.4	0.9	1.5
教学	0.2	0.0	0.2	0.0	0.3	0.0
青少	7.2	4.7	7.4	5.7	7.5	6.2

续表

节目类别	2016 年		2017 年		2018 年	
	播出份额	收视份额	播出份额	收视份额	播出份额	收视份额
生活服务	8.8	8.6	8.3	8.5	7.9	8.1
体育	3.3	1.6	3.1	0.9	3.5	1.4
外语	0.0	0.0	0.1	0.0	0.1	0.0
戏剧	0.8	1.0	0.9	1.0	0.8	0.9
新闻/时事	14.5	13.3	15.3	13.1	15.4	12.9
音乐	1.9	1.0	1.5	1.2	1.5	1.0
专题	13.7	5.2	14.1	5.0	13.7	5.0
综艺	9.6	11.7	8.4	11.2	8.3	11.0
其他	12.2	15.1	12.6	16.1	12.8	15.8

表 3.23.7 2018 年山西市场所有节目收视率排名前三十位

名次	节目名称	节目类型	播出频道	平均收视率（%）	平均占有率（%）
1	2018 中央电视台春节联欢晚会	综艺	中央电视台综合频道	30.3	63.9
2	新闻联播	新闻/时事	中央电视台综合频道	8.1	31.5
3	海上丝路看今朝 2018 年习近平主席亚太之行	专题	中央电视台综合频道	7.0	18.0
4	开学第一课	青少	中央电视台综合频道	7.0	17.0
5	天气预报	生活服务	中央电视台综合频道	6.7	20.0
6	一年又一年	专题	中央电视台综合频道	6.3	32.8
7	重返爱的海洋	专题	中央电视台综合频道	5.9	17.2
8	爱的海洋汶川地震灾区学生赴海洋全俄儿童中心疗养十周年纪念	专题	中央电视台综合频道	5.9	16.7
9	为了一江清水浩荡东流习近平总书记 2018 年长江考察纪实	专题	中央电视台综合频道	5.6	14.6
10	欢乐吉祥闹元宵	综艺	中央电视台综合频道	5.5	15.2
11	扎扎实实提高质量	专题	中央电视台综合频道	5.2	12.6
12	为了共同的繁荣习近平出席首届中国国际进口博览会纪实	专题	中央电视台综合频道	5.0	13.2
13	焦点访谈	新闻/时事	中央电视台综合频道	4.9	13.6
14	万水千山只等闲	专题	中央电视台综合频道	4.7	12.3
15	2018 年中央广播电视总台中秋晚会	综艺	中央电视台综合频道	4.5	13.3
16	携手构建更加紧密的中非命运共同体 2018 中非合作论坛北京峰会纪实	专题	中央电视台综合频道	4.5	12.0

续表

名次	节目名称	节目类型	播出频道	平均收视率(%)	平均占有率(%)
17	习近平主席的上合时间	专题	中央电视台综合频道	4.3	14.6
18	快乐大本营	综艺	湖南卫视	4.1	10.9
19	回望延安	专题	中央电视台综合频道	3.8	9.2
20	娘亲舅大	电视剧	中央台八套	3.7	11.0
21	亲如一家塞上情庆祝宁夏回族自治区成立60周年	综艺	中央电视台综合频道	3.6	8.7
22	医道无界	专题	中央电视台综合频道	3.5	8.8
23	心系凉山习近平总书记凉山扶贫纪实	专题	中央电视台综合频道	3.5	7.8
24	一千零一夜	电视剧	湖南卫视	3.3	9.0
25	正阳门下	电视剧	山西卫视	3.3	8.3
26	我在北京挺好的	电视剧	山西卫视	3.3	8.2
26	谈判官	电视剧	湖南卫视	3.3	8.2
28	2019新年音乐会	音乐	山西卫视	3.3	7.6
29	甜蜜暴击	电视剧	湖南卫视	3.2	9.1
30	2018中央军委慰问驻京部队老干部迎新春文艺演出	综艺	中央电视台综合频道	3.2	8.1

表3.23.8 2018年山西市场电视剧收视率排名前十位

名次	节目名称	播出频道	平均收视率(%)	平均占有率(%)
1	娘亲舅大	中央台八套	3.7	11.0
2	一千零一夜	湖南卫视	3.3	9.0
3	正阳门下	山西卫视	3.3	8.3
4	我在北京挺好的	山西卫视	3.3	8.2
4	谈判官	湖南卫视	3.3	8.2
6	甜蜜暴击	湖南卫视	3.2	9.1
7	我的小姨(53~56集)	山东卫视	3.2	7.7
8	老男孩	湖南卫视	3.1	8.3
9	如果爱	湖南卫视	3.0	8.3
10	岁岁年年柿柿红	中央电视台综合频道	3.0	8.0

表3.23.9 2018年山西市场新闻节目收视率排名前十位

名次	节目名称	播出频道	平均收视率(%)	平均占有率(%)
1	新闻联播	中央电视台综合频道	8.1	31.5
2	焦点访谈	中央电视台综合频道	4.9	13.6
3	上海合作组织青岛峰会特别报道	中央电视台综合频道	3.1	7.5
4	记者调查	山西卫视	2.4	6.0
5	转播中央台新闻联播	山西卫视	2.3	8.8
6	直通太原论坛能博会	山西卫视	2.3	5.9
7	国务院总理会见中外记者并回答提问	中央电视台综合频道	2.3	5.0

续表

名次	节目名称	播出频道	平均收视率（%）	平均占有率（%）
8	山西新闻联播	山西卫视	1.6	13.3
9	晚间新闻	山西卫视	1.6	4.9
10	青青之岛和合上合上海合作组织青岛峰会特别报道	山东卫视	1.2	3.0

表 3.23.10 2018 年山西市场专题节目收视率排名前十位

名次	节目名称	播出频道	平均收视率（%）	平均占有率（%）
1	海上丝路看今朝 2018 年习近平主席亚太之行	中央电视台综合频道	7.0	18.0
2	一年又一年	中央电视台综合频道	6.3	32.8
3	重返爱的海洋	中央电视台综合频道	5.9	17.2
4	爱的海洋汶川地震灾区学生赴海洋全俄儿童中心疗养十周年纪念	中央电视台综合频道	5.9	16.7
5	为了一江清水浩荡东流习近平总书记 2018 年长江考察纪实	中央电视台综合频道	5.6	14.6
6	扎扎实实提高质量	中央电视台综合频道	5.2	12.6
7	为了共同的繁荣习近平出席首届中国国际进口博览会纪实	中央电视台综合频道	5.0	13.2
8	万水千山只等闲	中央电视台综合频道	4.7	12.3
9	携手构建更加紧密的中非命运共同体 2018 中非合作论坛北京峰会纪实	中央电视台综合频道	4.5	12.0
10	习近平主席的上合时间	中央电视台综合频道	4.3	14.6

表 3.23.11 2018 年山西市场综艺节目收视率排名前十位

名次	节目名称	播出频道	平均收视率（%）	平均占有率（%）
1	2018 中央电视台春节联欢晚会	中央电视台综合频道	30.3	63.9
2	欢乐吉祥闹元宵	中央电视台综合频道	5.5	15.2
3	2018 年中央广播电视总台中秋晚会	中央电视台综合频道	4.5	13.3
4	快乐大本营	湖南卫视	4.1	10.9
5	亲如一家塞上情庆祝宁夏回族自治区成立 60 周年	中央电视台综合频道	3.6	8.7
6	2018 中央军委慰问驻京部队老干部迎新春文艺演出	中央电视台综合频道	3.2	8.1
7	歌手歌王之战（4 月 13 日）	湖南卫视	3.1	8.1
8	拥抱新时代祝福你中国中国梦祖国颂 2018 国庆特别节目	中央电视台综合频道	2.9	7.2
9	改革开放再出发中央电视台心连心赴深圳前海慰问演出	中央电视台综合频道	2.9	6.7
10	第 12 届中国金鹰电视艺术节第 29 届中国电视金鹰奖颁奖晚会	湖南卫视	2.7	7.9

表 3.23.12　2018 年山西市场体育节目收视率排名前十位
（世界杯、亚运会、亚残运会、冬奥会比赛除外）

名次	节目名称	播出频道	平均收视率（%）	平均占有率（%）
1	2018 年山西省第十五届运动会开幕式	山西卫视	2.2	5.6
2	中国第二届青运会倒计时一周年启动仪式山西第十五届运动会闭幕式	山西卫视	1.8	4.4
3	现场直播：2018 年世界女排联赛总决赛（中国 VS 巴西）	中央台五套	1.7	4.8
4	现场直播：2018 年乒乓球团体世界锦标赛男团决赛	中央台五套	0.9	3.0
5	中国队比赛回顾	中央台五套	0.9	2.3
6	直播周末：2018 年国际乒联世界巡回赛德国公开赛女双决赛	中央台五套	0.9	1.9
7	现场直播：2017/2018 赛季斯诺克威尔士公开赛第二轮	中央台五套	0.8	1.8
8	直播周末：2018 年世界羽毛球锦标赛女单半决赛	中央台五套	0.7	2.0
9	现场直播：2017/2018 赛季中国男子篮球职业联赛半决赛第七场（广厦 VS 山东）	中央台五套	0.7	1.9
10	2018 年世界女排锦标赛 C 组（美国 VS 韩国）	中央台五套	0.7	1.8

表 3.23.13　2018 年山西市场世界杯、亚运会、亚残运会、冬奥会比赛收视率排名前十位

名次	节目名称	播出频道	平均收视率（%）	平均占有率（%）
1	我爱世界杯：2018 年俄罗斯世界杯 G 组第二轮（比利时 VS 突尼斯）	中央台五套	2.6	7.0
2	第 18 届亚运会女子 100 米仰泳决赛	中央台五套	1.8	4.4
3	第 18 届亚运会女子 100 米预赛	中央台五套	1.8	3.9
4	第 18 届亚运会男子团体羽毛球半决赛	中央台五套	1.5	4.3
5	第 18 届亚运会男篮决赛（中国 VS 伊朗）	中央台五套	1.5	3.9
6	第 18 届亚运会女子体操高低杠决赛	中央台五套	1.5	3.6
7	第 18 届亚运会女足决赛（日本 VS 中国）	中央台五套	1.3	3.5
8	我爱世界杯：2018 年俄罗斯世界杯闭幕式	中央台五套	1.2	13.3
9	第 18 届亚运会乒乓球男团决赛	中央台五套	1.2	3.2
10	第 18 届亚运会女子个人花剑决赛	中央台五套	1.2	3.1

二十四、四川收视数据

表 3.24.1 2014～2018 年四川市场各类频道的市场占有率（%）

频道类别	年份				
	2014 年	2015 年	2016 年	2017 年	2018 年
中央电视台频道	33.4	32.1	31.1	32.5	32.8
中国教育台频道	0.4	0.1	0.1	0.1	0.0
四川省级频道	26.1	26.5	26.1	25.3	24.9
其他省级卫视频道	23.6	23.3	22.1	19.8	18.0
其他频道	16.5	18.0	20.6	22.3	24.3

表 3.24.2 2018 年四川市场各类频道在不同目标观众中的市场占有率（%）

目标观众		中央电视台频道	中国教育台频道	四川省级频道	其他省级卫视频道	其他频道
4 岁及以上所有人		32.8	0.0	24.9	18.0	24.3
城乡	城市	35.4	0.0	20.2	19.1	25.3
	农村	31.5	0.1	27.2	17.5	23.7
性别	男	33.4	0.1	27.0	15.7	23.8
	女	32.1	0.0	22.6	20.5	24.8
年龄	4～14 岁	22.8	0.0	15.5	29.5	32.2
	15～24 岁	32.4	0.1	18.9	22.4	26.2
	25～34 岁	30.3	0.0	19.2	23.6	26.9
	35～44 岁	31.3	0.0	22.0	19.4	27.3
	45～54 岁	34.6	0.0	25.2	16.2	24.0
	55～64 岁	33.0	0.1	28.6	13.3	25.0
	65 岁及以上	39.9	0.0	34.6	10.6	14.9
教育程度	未受过正规教育	29.6	0.1	24.9	22.1	23.3
	小学	32.6	0.0	28.3	17.0	22.1
	初中	34.0	0.0	23.1	17.3	25.6
	高中	32.5	0.0	22.1	18.5	26.9
	大学及以上	34.4	0.0	13.9	22.4	29.3
职业类别	干部/管理人员	37.5	0.0	15.1	27.1	20.3
	个体/私营企业人员	36.1	0.1	22.2	15.7	25.9
	初级公务员/雇员	36.2	0.0	11.9	23.6	28.3
	工人	29.9	0.0	33.2	15.1	21.8
	学生	22.9	0.0	13.1	28.8	35.2
	无业	33.1	0.0	22.0	19.5	25.4
	其他	34.9	0.1	33.8	12.5	18.7
个人月收入	0～300 元	29.5	0.1	23.6	21.2	25.6
	301～900 元	36.0	0.0	30.9	12.7	20.4
	901～1700 元	35.1	0.0	22.2	18.3	24.4
	1701～2600 元	36.2	0.0	26.7	15.0	22.1
	2601～3500 元	35.8	0.0	22.7	16.6	24.9
	3501 元及以上	32.0	0.0	25.4	16.5	26.1

表 3.24.3　2018 年四川市场各类频道在不同时段的市场占有率（%）

时段	中央电视台频道	中国教育台频道	四川省级频道	其他省级卫视频道	其他频道
02:00～03:00	29.8	0.1	31.0	12.2	26.9
03:00～04:00	33.6	0.1	30.0	10.9	25.4
04:00～05:00	34.0	0.0	31.2	10.1	24.7
05:00～06:00	38.1	0.0	29.2	10.2	22.5
06:00～07:00	47.0	0.0	17.9	14.2	20.9
07:00～08:00	44.4	0.1	11.6	20.1	23.8
08:00～09:00	38.5	0.1	9.2	25.6	26.6
09:00～10:00	35.7	0.1	10.5	25.8	27.9
10:00～11:00	34.8	0.1	11.8	25.8	27.5
11:00～12:00	37.8	0.1	11.9	24.6	25.6
12:00～13:00	40.0	0.0	12.5	22.7	24.8
13:00～14:00	37.0	0.1	14.3	23.0	25.6
14:00～15:00	34.7	0.1	14.1	23.3	27.8
15:00～16:00	33.6	0.1	13.8	24.1	28.4
16:00～17:00	33.5	0.1	12.5	25.2	28.7
17:00～18:00	33.2	0.1	14.8	23.5	28.4
18:00～19:00	35.4	0.0	22.5	14.5	27.6
19:00～20:00	35.5	0.1	28.0	13.8	22.6
20:00～21:00	29.3	0.0	32.6	16.6	21.5
21:00～22:00	31.0	0.0	33.9	14.8	20.3
22:00～23:00	24.3	0.0	39.9	13.2	22.6
23:00～24:00	24.2	0.0	38.5	13.4	23.9
24:00～25:00	28.7	0.0	28.1	13.3	29.9
25:00～26:00	27.8	0.0	30.8	12.5	28.9

表 3.24.4　2018 年四川市场收视份额排名前十位的频道

名次	频道名称	收视份额（%）
1	四川电视台影视文艺频道	11.8
2	中央台六套	5.7
3	中央电视台综合频道	5.1
4	中央台八套	4.9
5	四川电视台经济频道	4.1
6	中央台三套	3.0
7	四川卫视	2.9
8	中央台四套	2.7
9	中央电视台少儿频道	2.4
10	湖南电视台金鹰卡通频道	2.3

表 3.24.5　2018 年四川市场各主要频道的观众构成（%）

目标观众		所有频道	主要频道				
			四川电视台影视文艺频道	中央台六套	中央电视台综合频道	中央台八套	四川电视台经济频道
4 岁及以上所有人		100.0	100.0	100.0	100.0	100.0	100.0
城乡	城市	32.9	23.1	27.5	37.6	40.7	21.9
	农村	67.1	76.9	72.5	62.4	59.3	78.1
性别	男	51.7	59.6	56.5	49.7	45.7	48.0
	女	48.3	40.4	43.5	50.3	54.3	52.0
年龄	4～14 岁	14.6	10.1	10.5	8.3	5.4	10.4
	15～24 岁	6.2	2.1	7.6	4.3	5.6	11.8
	25～34 岁	10.5	6.8	15.8	6.1	6.7	10.9
	35～44 岁	11.1	8.7	16.0	9.4	9.4	8.7
	45～54 岁	20.6	21.3	25.5	20.5	22.6	28.4
	55～64 岁	16.2	23.9	12.6	16.7	24.9	12.2
	65 岁及以上	20.8	27.1	12.0	34.7	25.4	17.6
教育程度	未受过正规教育	10.5	11.5	10.1	7.6	7.9	8.6
	小学	40.2	45.2	39.9	42.0	43.3	43.8
	初中	32.8	31.4	36.7	32.2	34.1	31.6
	高中	12.8	10.8	10.5	13.1	12.3	14.4
	大学及以上	3.7	1.1	2.8	5.1	2.4	1.6
职业类别	干部/管理人员	0.9	0.4	0.8	1.5	1.0	0.4
	个体/私营企业人员	8.8	7.8	10.3	8.4	9.9	7.1
	初级公务员/雇员	7.4	2.2	9.3	9.3	7.3	3.5
	工人	11.1	16.8	15.0	7.5	10.0	18.8
	学生	10.2	3.7	8.9	6.4	4.3	7.9
	无业	32.9	31.4	25.9	35.5	30.4	25.0
	其他	28.7	37.7	29.8	31.4	37.1	37.3
个人月收入	0～300 元	43.1	41.5	41.9	35.3	27.7	34.7
	301～900 元	12.9	14.3	12.6	16.6	21.2	21.1
	901～1700 元	9.7	9.2	9.5	9.1	14.2	6.2
	1701～2600 元	15.0	17.3	16.4	18.2	19.0	13.8
	2601～3500 元	10.6	8.6	10.5	12.4	11.2	13.1
	3501 元及以上	8.7	9.1	9.1	8.4	6.7	11.1

表 3.24.6　2016～2018 年四川市场各类节目的播出份额（%）和收视份额（%）

节目类别	2016 年		2017 年		2018 年	
	播出份额	收视份额	播出份额	收视份额	播出份额	收视份额
财经	1.5	0.3	1.2	0.4	1.2	0.4
电视剧	21.1	39.9	22.5	41	22.8	41.1
电影	4.3	6.9	4.3	7.1	4.5	8.0
法制	0.7	0.5	0.8	0.6	0.8	0.6
教学	0.2	0.0	0.2	0.0	0.3	0.0
青少	6.5	6.5	6.8	7.0	6.9	6.7

续表

节目类别	2016年		2017年		2018年	
	播出份额	收视份额	播出份额	收视份额	播出份额	收视份额
生活服务	9.6	7.2	8.5	6.7	8.3	5.8
体育	3.1	1.1	3.2	0.9	3.3	1.4
外语	0.0	0.0	0.1	0.0	0.1	0.0
戏剧	0.8	0.3	0.8	0.2	0.8	0.2
新闻/时事	14.5	9.5	15.2	8.6	15.5	8.3
音乐	1.9	1.0	1.5	1.1	1.4	0.9
专题	13.4	4.7	13.8	4.7	13.5	5.4
综艺	9.9	10.1	8.3	9.2	7.9	8.6
其他	12.4	12.0	12.8	12.5	12.7	12.6

表3.24.7　2018年四川市场所有节目收视率排名前三十位

名次	节目名称	节目类型	播出频道	平均收视率(%)	平均占有率(%)
1	烈火刀影	电视剧	四川电视台影视文艺频道	7.1	26.9
2	女匪首传奇	电视剧	四川电视台影视文艺频道	6.2	24.3
3	一剑横空	电视剧	四川电视台影视文艺频道	6.2	22.4
4	津门飞鹰	电视剧	四川电视台影视文艺频道	6.1	23.2
5	李三枪	电视剧	四川电视台影视文艺频道	6.1	22.6
6	回马枪	电视剧	四川电视台影视文艺频道	5.8	21.0
7	战狼战狼	电视剧	四川电视台影视文艺频道	5.6	22.4
8	致命行动	电视剧	四川电视台影视文艺频道	5.6	21.3
9	硬骨头之绝地归途	电视剧	四川电视台影视文艺频道	5.5	22.0
10	摧毁	电视剧	四川电视台影视文艺频道	5.4	21.2
11	家国恩仇记	电视剧	四川电视台影视文艺频道	5.4	20.1
12	猎豺狼	电视剧	四川电视台影视文艺频道	5.2	20.5
13	大客栈	电视剧	四川电视台影视文艺频道	5.2	20.4
14	追风行动	电视剧	四川电视台影视文艺频道	5.2	20.2
15	密战无声	电视剧	四川电视台影视文艺频道	5.2	19.8
16	勇者胜	电视剧	四川电视台影视文艺频道	5.1	20.4
17	猎金行动	电视剧	四川电视台影视文艺频道	5.0	20.6
18	忠者无敌	电视剧	四川电视台影视文艺频道	5.0	20.3
19	特战英雄榜	电视剧	四川电视台影视文艺频道	4.9	19.5
20	大西北剿匪记	电视剧	四川电视台影视文艺频道	4.9	19.3
21	2018中央电视台春节联欢晚会	综艺	中央电视台综合频道	4.9	12.7
22	乱世危情	电视剧	四川电视台影视文艺频道	4.8	19.1
23	浪花淘尽	电视剧	四川电视台影视文艺频道	4.8	19.0
24	神捕铁飞花之千里缉凶	电影	中央台六套	4.8	14.1
25	铁血荣耀	电视剧	四川电视台影视文艺频道	4.7	18.7
26	胜利之路	电视剧	四川电视台影视文艺频道	4.6	18.9
27	人民子弟兵	电视剧	四川电视台影视文艺频道	4.6	17.5
28	桃花依旧笑春风	电视剧	四川电视台影视文艺频道	4.5	18.8
29	秘密小分队	电视剧	四川电视台影视文艺频道	4.5	18.6
30	双雄	电视剧	四川电视台影视文艺频道	4.5	18.4

表 3.24.8　2018 年四川市场电视剧收视率排名前十位

名次	节目名称	播出频道	平均收视率（%）	平均占有率（%）
1	烈火刀影	四川电视台影视文艺频道	7.1	26.9
2	女匪首传奇	四川电视台影视文艺频道	6.2	24.3
3	一剑横空	四川电视台影视文艺频道	6.2	22.4
4	津门飞鹰	四川电视台影视文艺频道	6.1	23.2
5	李三枪	四川电视台影视文艺频道	6.1	22.6
6	回马枪	四川电视台影视文艺频道	5.8	21.0
7	战狼战狼	四川电视台影视文艺频道	5.6	22.4
8	致命行动	四川电视台影视文艺频道	5.6	21.3
9	硬骨头之绝地归途	四川电视台影视文艺频道	5.5	22.0
10	摧毁	四川电视台影视文艺频道	5.4	21.2

表 3.24.9　2018 年四川市场新闻节目收视率排名前十位

名次	节目名称	播出频道	平均收视率（%）	平均占有率（%）
1	新闻联播	中央电视台综合频道	1.5	6.6
2	国务院总理会见中外记者并回答提问	中央电视台综合频道	1.4	3.9
3	海峡两岸	中央台四套	1.2	3.5
4	联播四川	四川电视台经济频道	1.1	10.4
5	转播中央台新闻联播	四川卫视	1.1	4.9
6	焦点访谈	中央电视台综合频道	1.1	3.9
7	中国舆论场	中央台四套	1.0	3.3
8	今日关注	中央台四套	1.0	3.2
9	四川新闻	四川卫视	0.9	5.1
10	上海合作组织青岛峰会特别报道	中央电视台综合频道	0.9	2.8

表 3.24.10　2018 年四川市场专题节目收视率排名前十位

名次	节目名称	播出频道	平均收视率（%）	平均占有率（%）
1	重返狼群	中央台六套	1.8	5.0
2	扎扎实实提高质量	中央电视台综合频道	1.5	4.9
3	潮起海之南 1988 ~ 2018	中央电视台综合频道	1.5	3.9
4	最后的猎人	中央台六套	1.4	7.7
5	2018 寻找最美教师	中央电视台综合频道	1.4	4.3
5	万水千山只等闲	中央电视台综合频道	1.4	3.9
7	海上丝路看今朝 2018 年习近平主席亚太之行	中央电视台综合频道	1.4	3.8
7	心系凉山习近平总书记凉山扶贫纪实	中央电视台综合频道	1.3	4.2
9	感动中国 2017 年度人物颁奖盛典	中央电视台综合频道	1.3	3.7
10	大江奔流听涛声庆祝改革开放四十周年特别节目	四川卫视	1.2	4.0

表 3.24.11　2018 年四川市场综艺节目收视率排名前十位

名次	节目名称	播出频道	平均收视率（%）	平均占有率（%）
1	2018 中央电视台春节联欢晚会	中央电视台综合频道	4.9	12.7
2	欢乐吉祥闹元宵	中央电视台综合频道	3.1	8.9
3	我们的四十年庆祝改革开放 40 周年文艺晚会	中央电视台综合频道	2.8	8.3
4	山水中国美	中央台三套	2.8	6.9
5	越战越勇（1 月 3 日）	中央台三套	2.7	6.4
6	新春喜剧之夜	中央台三套	2.4	7.3
7	拥抱新时代祝福你中国中国梦祖国颂 2018 国庆特别节目	中央电视台综合频道	2.4	6.9
8	星光大道（1 月 13 日）	中央电视台综合频道	2.4	6.1
9	改革开放再出发中央电视台心连心赴深圳前海慰问演出	中央电视台综合频道	2.4	6.0
10	欢声笑语 2018 迎国庆	中央台三套	2.2	5.3

表 3.24.12　2018 年四川市场体育节目收视率排名前十位
（世界杯、亚运会、亚残运会、冬奥会比赛除外）

名次	节目名称	播出频道	平均收视率（%）	平均占有率（%）
1	实况录像：2018 年国际田联钻石联赛斯德哥尔摩站女子 400 米	CCTV5 + 体育赛事频道	1.2	3.1
2	现场直播：2018 年世界女排联赛总决赛（中国 VS 巴西）	中央台五套	1.0	3.2
3	直播周末：2018 年世界女排锦标赛第三阶段（中国 VS 美国）	中央台五套	0.9	10.3
4	实况录像：2018 年 CBA 全明星周末技巧挑战赛决赛	中央台五套	0.9	4.1
5	现场直播：2018 年 WBA 羽量级世界争霸赛	中央台五套	0.8	2.7
6	直播周末 世界女排锦标赛颁奖仪式	中央台五套	0.8	2.5
7	现场直播：2018/2019 赛季 NBA 中国赛上海站（76 人 VS 独行侠）	中央台五套	0.7	2.0
7	实况录像：2018 年国际泳联世界跳水系列赛富士站女子三米板决赛	中央台五套	0.7	2.0
9	现场直播：18 年全国游泳冠军赛亚运选拔赛男 1500 米自由泳快组决赛	中央台五套	0.6	7.0
10	现场直播：2018 年乒乓球团体世界锦标赛女团决赛	中央台五套	0.6	1.9

表 3. 24. 13　2018 年四川市场世界杯、亚运会、亚残运会、冬奥会比赛收视率排名前十位

名次	节目名称	播出频道	平均收视率（%）	平均占有率（%）
1	我爱世界杯：2018 年世界杯小组赛 D 组第一轮（阿根廷 VS 冰岛）	中央台五套	3.1	9.3
2	第 18 届亚运会女子 4×200 米自由泳接力决赛	中央台五套	1.1	3.7
3	第 18 届亚运会男子团体羽毛球半决赛	中央台五套	1.0	3.4
4	第 18 届亚运会男子 800 米预赛	中央台五套	1.0	3.1
4	第 18 届亚运会男篮决赛（中国 VS 伊朗）	中央台五套	1.0	3.1
6	第 18 届亚运会乒乓球女团决赛	中央台五套	0.9	6.6
7	2018 年第 23 届冬奥会短道速滑男子 500 米决赛 A 组	中央台五套	0.9	3.8
8	第 18 届亚运会场地自行车男子个人争先赛 1/4 决赛	中央台五套	0.8	6.4
9	我爱世界杯	中央台五套	0.7	3.0
10	第 18 届亚运会男子体操吊环决赛	中央台五套	0.7	2.0

二十五、新疆收视数据

表 3.25.1　2014~2018 年新疆市场各类频道的市场占有率（%）

频道类别	年份				
	2014 年	2015 年	2016 年	2017 年	2017 年
中央电视台频道	29.4	31.0	29.5	31.5	34.3
中国教育台频道	0.2	0.2	0.1	0.1	0.2
新疆维吾尔自治区级频道	27.0	29.0	35.1	26.3	22.4
其他省级卫视频道	21.9	18.1	14.6	16.8	16.4
其他频道	21.5	21.8	20.6	25.3	26.7

表 3.25.2　2018 年新疆市场各类频道在不同目标观众中的市场占有率（%）

目标观众		中央电视台频道	中国教育台频道	新疆维吾尔自治区级频道	其他省级卫视频道	其他频道
4 岁及以上所有人		34.3	0.2	22.4	16.4	26.7
城乡	城市	39.2	0.2	19.3	18.9	22.4
	农村	29.2	0.2	25.6	13.8	31.2
性别	男	36.2	0.2	21.3	15.4	26.9
	女	32.4	0.1	23.4	17.4	26.7
年龄	4~14 岁	30.6	0.3	20.6	19.9	28.6
	15~24 岁	16.8	0.1	30.7	13.8	38.6
	25~34 岁	23.7	0.2	26.8	16.5	32.8
	35~44 岁	30.7	0.1	27.2	13.7	28.3
	45~54 岁	35.9	0.2	19.6	17.9	26.4
	55~64 岁	45.1	0.2	17.8	17.8	19.1
	65 岁及以上	58.3	0.1	11.9	16.4	13.3
教育程度	未受过正规教育	44.7	0.3	13.4	20.2	21.4
	小学	33.1	0.2	24.0	14.4	28.3
	初中	30.5	0.1	23.8	15.9	29.7
	高中	36.2	0.1	23.6	16.3	23.8
	大学及以上	42.8	0.3	14.7	20.9	21.3
职业类别	干部/管理人员	34.6	0.0	18.7	25.1	21.6
	个体/私营企业人员	30.6	0.4	20.6	17.3	31.1
	初级公务员/雇员	39.1	0.1	18.4	19.2	23.2
	工人	42.7	0.1	17.5	23.6	16.1
	学生	25.2	0.1	23.6	17.7	33.4
	无业	43.4	0.1	17.7	17.1	21.7
	其他	26.8	0.2	30.8	11.1	31.1
个人月收入	0~300 元	27.2	0.2	24.6	16.8	31.2
	301~900 元	20.2	0.1	35.6	9.9	34.2
	901~1700 元	24.7	0.2	29.7	10.8	34.6
	1701~2600 元	37.5	0.3	19.9	18.0	24.3
	2601~3500 元	48.8	0.2	15.0	18.7	17.3
	3501 元及以上	46.7	0.1	13.2	20.2	19.8

表 3.25.3　2018 年新疆市场各类频道在不同时段的市场占有率（%）

时间段	中央电视台频道	中国教育台频道	新疆维吾尔自治区级频道	其他省级卫视频道	其他频道
02:00~03:00	40.0	0.0	2.3	26.7	31.0
03:00~04:00	50.4	0.0	1.3	23.9	24.4
04:00~05:00	58.7	0.0	1.0	26.2	14.1
05:00~06:00	68.7	0.0	2.0	16.1	13.2
06:00~07:00	79.0	0.0	1.6	10.3	9.1
07:00~08:00	79.7	0.1	3.9	9.6	6.7
08:00~09:00	59.5	0.6	15.4	12.8	11.7
09:00~10:00	47.1	0.3	18.4	13.3	20.9
10:00~11:00	37.5	0.1	25.3	13.3	23.8
11:00~12:00	35.7	0.2	24.5	15.0	24.6
12:00~13:00	38.7	0.2	20.1	16.3	24.7
13:00~14:00	39.5	0.2	15.6	20.3	24.4
14:00~15:00	34.5	0.5	17.5	19.9	27.6
15:00~16:00	33.8	0.4	16.9	20.8	28.1
16:00~17:00	30.7	0.3	19.0	19.9	30.1
17:00~18:00	30.7	0.4	17.4	20.5	31.0
18:00~19:00	38.3	0.1	19.9	15.5	26.2
19:00~20:00	47.5	0.1	16.5	13.9	22.0
20:00~21:00	34.7	0.1	22.5	17.5	25.2
21:00~22:00	31.7	0.1	25.6	15.7	26.9
22:00~23:00	27.3	0.1	28.5	15.8	28.3
23:00~24:00	26.7	0.1	25.5	15.6	32.1
24:00~25:00	26.7	0.2	20.4	14.8	37.9
25:00~26:00	30.1	0.3	14.3	17.2	38.1

表 3.25.4　2018 年新疆市场收视份额排名前十位的频道

名次	频道名称	收视份额（%）
1	中央电视台综合频道	6.7
2	新疆电视台五套（维语综艺频道）	5.8
2	中央台八套	5.8
4	新疆电视台二套（维语新闻综合频道）	5.6
5	新疆电视台九套（维语经济生活频道）	5.2
6	中央电视台少儿频道	4.3
7	中央台六套	3.5
8	中央电视台新闻频道	2.9
9	中央台五套	2.4
10	中央台三套	2.3

表 3.25.5　2018 年新疆市场各主要频道的观众构成（%）

目标观众		所有频道	中央电视台综合频道	新疆电视台五套（维语综艺频道）	中央台八套	新疆电视台二套（维语新闻综合频道）	新疆电视台九套（维语经济生活频道）
4 岁及以上所有人		100.0	100.0	100.0	100.0	100.0	100.0
城乡	城市	51.0	63.3	43.9	59.5	35.2	46.2
	农村	49.0	36.7	56.1	40.5	64.8	53.8
性别	男	50.7	50.0	46.9	49.0	48.0	45.9
	女	49.3	50.0	53.1	51.0	52.0	54.1
年龄	4~14 岁	11.5	5.4	10.5	3.5	10.4	11.1
	15~24 岁	13.2	5.0	15.9	4.2	20.0	16.7
	25~34 岁	14.4	10.0	18.7	8.4	17.0	17.5
	35~44 岁	19.2	17.5	25.7	13.0	24.0	25.2
	45~54 岁	15.5	17.3	13.9	20.3	12.6	13.8
	55~64 岁	12.0	16.6	10.6	18.9	9.2	10.0
	65 岁及以上	14.2	28.2	4.7	31.7	6.8	5.7
教育程度	未受过正规教育	6.3	6.1	3.1	6.4	3.6	4.1
	小学	23.7	23.0	27.8	20.8	26.1	29.0
	初中	39.4	35.9	41.3	36.2	46.1	44.2
	高中	21.4	24.3	22.8	24.5	19.3	18.2
	大学及以上	9.2	10.7	5.0	12.1	4.9	4.5
职业类别	干部/管理人员	1.4	0.9	0.9	1.8	1.1	0.6
	个体/私营企业人员	12.6	11.1	10.5	12.3	14.0	9.8
	初级公务员/雇员	7.7	8.6	5.8	8.5	6.0	4.8
	工人	5.9	6.7	4.7	8.4	3.3	6.8
	学生	14.6	8.1	15.9	5.9	14.1	15.5
	无业	32.1	44.0	23.5	44.9	21.5	22.1
	其他	25.7	20.6	38.7	18.2	40.0	40.4
个人月收入	0~300 元	30.2	21.0	32.9	13.4	29.4	32.3
	301~900 元	10.7	5.0	18.6	3.7	22.5	17.8
	901~1700 元	12.1	9.1	15.7	8.1	17.0	18.4
	1701~2600 元	14.7	18.4	14.0	19.4	12.5	14.5
	2601~3500 元	18.3	29.2	11.7	32.0	13.0	10.6
	3501 元及以上	14.0	17.3	7.1	23.4	5.6	6.4

表 3.25.6　2016~2018 年新疆市场各类节目的播出份额（%）和收视份额（%）

节目类别	2016 年		2017 年		2018 年	
	播出份额	收视份额	播出份额	收视份额	播出份额	收视份额
财经	1.3	0.4	1.1	0.2	1.1	0.4
电视剧	26.5	28.0	22.3	29.6	22.3	28.6
电影	4.9	6.1	4.8	5.9	5.0	6.1
法制	0.9	1.2	0.8	1.1	0.8	1.0
教学	0.3	0.1	0.2	0.0	0.3	0.1
青少	6.4	6.4	6.9	6.3	6.8	6.3

续表

节目类别	2016 年		2017 年		2018 年	
	播出份额	收视份额	播出份额	收视份额	播出份额	收视份额
生活服务	7.2	5.7	7.7	6.1	7.4	6.1
体育	3.8	3.8	4.0	2.6	4.1	4.5
外语	0.0	0.0	0.1	0.0	0.1	0.0
戏剧	0.8	0.3	0.8	0.3	0.8	0.4
新闻/时事	10.1	11.8	14.5	12.4	15.1	13.4
音乐	1.8	0.9	1.5	0.7	1.5	0.7
专题	13.6	7.8	14.4	7.8	14.4	8.2
综艺	7.3	10.4	8.1	10.9	7.9	10.2
其他	15.3	17.2	12.8	16.1	12.4	14.0

表 3.25.7　2018 年新疆市场所有节目收视率排名前三十位

名次	节目名称	节目类别	播出频道	平均收视率（%）	平均占有率（%）
1	2018 中央电视台春节联欢晚会	综艺	中央电视台综合频道	8.4	37.5
2	我爱世界杯：2018 年俄罗斯世界杯 1/4 决赛第三场（瑞典 VS 英格兰）	体育	中央台五套	2.9	17.8
3	欢乐吉祥闹元宵	综艺	中央电视台综合频道	2.9	12.4
4	海上丝路看今朝 2018 年习近平主席亚太之行	专题	中央电视台综合频道	2.8	20.8
5	我爱世界杯：2018 年俄罗斯世界杯闭幕式	体育	中央台五套	2.6	12.0
6	开学第一课	青少	中央电视台综合频道	2.5	14.6
7	加油吧实习生	电视剧	新疆电视台九套（维语经济生活频道）	2.4	10.0
8	新闻联播	新闻	中央电视台综合频道	2.3	24.4
9	爱的海洋汶川地震灾区学生赴海洋全俄儿童中心疗养十周年纪念	专题	中央电视台综合频道	2.3	19.5
10	为了一江清水浩荡东流 习近平总书记 2018 年长江考察纪实	专题	中央电视台综合频道	2.1	16.6
11	扎扎实实提高质量	专题	中央电视台综合频道	2.1	10.5
12	前夫求爱记（1~4 集）	电视剧	新疆电视台九套（维语经济生活频道）	2.1	9.5
13	我的父亲我的兵	电视剧	中央台八套	2.0	9.1
14	天气预报	生活服务	中央电视台综合频道	1.9	16.8
15	惊蛰	电视剧	中央台八套	1.9	10.5
16	心系凉山习近平总书记凉山扶贫纪实	专题	中央电视台综合频道	1.9	8.1
17	挑战不可能（1 月 21 日）	综艺	中央电视台综合频道	1.9	7.0

续表

名次	节目名称	节目类别	播出频道	平均收视率（%）	平均占有率（%）
18	重返爱的海洋	专题	中央电视台综合频道	1.8	18.8
19	猎豺狼	电视剧	中央台八套	1.8	9.6
20	我的继父是偶像（37～41集）	电视剧	中央台八套	1.8	8.6
21	我们的生活比蜜甜（1～4集）	电视剧	新疆电视台五套（维语综艺频道）	1.8	8.5
22	美丽故事	专题	新疆电视台九套（维语经济生活频道）	1.8	8.3
23	养女（2～42集）	电视剧	新疆电视台九套（维语经济生活频道）	1.8	8.0
24	2018中央军委慰问驻京部队老干部迎新春文艺演出	综艺	中央电视台综合频道	1.8	7.7
25	为了共同的繁荣习近平出席首届中国国际进口博览会纪实	专题	中央电视台综合频道	1.7	14.5
26	万水千山只等闲	专题	中央电视台综合频道	1.7	13.9
27	改革开放再出发中央电视台心连心赴深圳前海慰问演出	综艺	中央电视台综合频道	1.7	7.1
28	星光大道（2月12日）	综艺	中央电视台综合频道	1.7	6.3
29	焦点访谈	新闻	中央电视台综合频道	1.6	13.5
30	璀璨人生	电视剧	新疆电视台五套（维语综艺频道）	1.6	10.9

表3.25.8　2018年新疆市场电视剧收视率排名前十位

名次	节目名称	播出频道	平均收视率（%）	平均占有率（%）
1	加油吧实习生	新疆电视台九套（维语经济生活频道）	2.4	10.0
2	前夫求爱记（1～4集）	新疆电视台九套（维语经济生活频道）	2.1	9.5
3	我的父亲我的兵	中央台八套	2.0	9.1
4	惊蛰	中央台八套	1.9	10.5
5	猎豺狼	中央台八套	1.8	9.6
6	我的继父是偶像（37～41集）	中央台八套	1.8	8.6
7	我们的生活比蜜甜（1～4集）	新疆电视台五套（维语综艺频道）	1.8	8.5
8	养女（2～42集）	新疆电视台九套（维语经济生活频道）	1.8	8.0
9	璀璨人生	新疆电视台五套（维语综艺频道）	1.6	10.9
10	区小队	中央台八套	1.6	9.4

表 3.25.9 2018 年新疆市场新闻节目收视率排名前十位

名次	节目名称	播出频道	平均收视率（%）	平均占有率（%）
1	新闻联播	中央电视台综合频道	2.3	24.4
2	焦点访谈	中央电视台综合频道	1.6	13.5
3	国务院总理会见中外记者并回答提问	中央电视台综合频道	1.6	7.8
4	新疆新闻联播	新疆电视台二套（维语新闻综合频道）	1.3	6.5
5	上海合作组织青岛峰会特别报道	中央电视台综合频道	1.0	6.1
6	晚间新闻	中央电视台综合频道	0.7	3.1
7	海峡两岸	中央台四套	0.5	2.9
7	中非构建命运共同体	中央电视台新闻频道	0.5	2.9
9	两会 1 + 1	中央电视台新闻频道	0.5	2.1
10	传奇中国节中秋节	中央电视台综合频道	0.4	10.4

表 3.25.10 2018 年新疆市场专题节目收视率排名前十位

名次	节目名称	播出频道	平均收视率（%）	平均占有率（%）
1	海上丝路看今朝 2018 年习近平主席亚太之行	中央电视台综合频道	2.8	20.8
2	爱的海洋汶川地震灾区学生赴海洋全俄儿童中心疗养十周年纪念	中央电视台综合频道	2.3	19.5
3	为了一江清水浩荡东流习近平总书记 2018 年长江考察纪实	中央电视台综合频道	2.1	16.6
4	扎扎实实提高质量	中央电视台综合频道	2.1	10.5
5	心系凉山习近平总书记凉山扶贫纪实	中央电视台综合频道	1.9	8.1
6	重返爱的海洋	中央电视台综合频道	1.8	18.8
7	美丽故事	新疆电视台九套（维语经济生活频道）	1.8	8.3
8	为了共同的繁荣习近平出席首届中国国际进口博览会纪实	中央电视台综合频道	1.7	14.5
9	万水千山只等闲	中央电视台综合频道	1.7	13.9
10	2017 寻找最美医生	中央电视台综合频道	1.6	6.0

表 3.25.11 2018 年新疆市场综艺节目收视率排名前十位

名次	节目名称	播出频道	平均收视率（%）	平均占有率（%）
1	2018 中央电视台春节联欢晚会	中央电视台综合频道	8.4	37.5
2	欢乐吉祥闹元宵	中央电视台综合频道	2.9	12.4

续表

名次	节目名称	播出频道	平均收视率（%）	平均占有率（%）
3	挑战不可能（1月21日）	中央电视台综合频道	1.9	7.0
4	2018中央军委慰问驻京部队老干部迎新春文艺演出	中央电视台综合频道	1.8	7.7
5	改革开放再出发中央电视台心连心赴深圳前海慰问演出	中央电视台综合频道	1.7	7.1
6	星光大道（2月12日）	中央电视台综合频道	1.7	6.3
7	拥抱新时代祝福你中国中国梦祖国颂2018国庆特别节目	中央电视台综合频道	1.6	9.3
8	亲如一家塞上情庆祝宁夏回族自治区成立60周年	中央电视台综合频道	1.5	8.5
9	加油向未来（8月12日）	中央电视台综合频道	1.5	7.9
10	2018年中央广播电视总台中秋晚会	中央电视台综合频道	1.4	6.8

表3.25.12　2018年新疆市场体育节目收视率排名前十位

（世界杯、亚运会、亚残运会、冬奥会比赛除外）

名次	节目名称	播出频道	平均收视率（%）	平均占有率（%）
1	2018年世界女排联赛总决赛（中国VS巴西）	中央台五套	1.0	6.1
2	健身动起来	新疆电视台五套（维语综艺频道）	1.0	6.0
3	新疆体育	新疆电视台五套（维语综艺频道）	0.9	6.1
4	CBA颁奖仪式	中央台五套	0.9	3.3
5	2018年世界举重锦标赛女子49公斤级决赛抓举	中央台五套	0.8	10.8
6	体育世界	新疆电视台五套（维语综艺频道）	0.8	5.7
7	2017/2018赛季中国男子篮球职业联赛总决赛第四场（辽宁本钢VS浙江广厦）	中央台五套	0.8	4.0
8	2018年温布尔登网球赛男单决赛	中央台五套	0.7	6.4
9	2018年世界女排锦标赛第二阶段第二轮复赛F组（中国队VS泰国队）	中央台五套	0.6	5.8
10	2018年约翰迪尔精英赛	中央台五套	0.6	5.5

表 3.25.13　2018 年新疆市场世界杯、亚运会、亚残运会、冬奥会比赛收视率排名前十位

名次	节目名称	播出频道	平均收视率（%）	平均占有率（%）
1	我爱世界杯：2018 年俄罗斯世界杯 1/4 决赛第三场（瑞典 VS 英格兰）	中央台五套	2.9	17.8
2	我爱世界杯：2018 年俄罗斯世界杯闭幕式	中央台五套	2.6	12.0
3	我爱世界杯颁奖仪式	中央台五套	1.4	19.6
4	我爱世界杯：2018 年俄罗斯世界杯开幕式	中央台五套	1.3	7.6
5	第 18 届亚运会男子链球决赛	中央台五套	1.0	4.6
6	2018 年雅加达亚运会跆拳道品势男子团体决赛	中央台五套	0.9	5.3
7	第 18 届亚运会羽毛球女双决赛	中央台五套	0.9	4.1
8	红场会客厅	中央台五套	0.8	4.5
9	第 18 届亚运会男子 400 米个人混合泳决赛	中央台五套	0.7	6.2
10	第 18 届亚运会男篮决赛（中国 VS 伊朗）	中央台五套	0.7	5.2

二十六、云南收视数据

表 3. 26. 1 2014 ~ 2018 年云南市场各类频道的市场占有率 (%)

频道类别	年份				
	2014 年	2015 年	2016 年	2017 年	2018 年
中央电视台频道	35. 4	36. 6	45. 4	47. 6	49. 1
中国教育台频道	0. 5	0. 3	0. 1	0. 1	0. 1
云南省级频道	17. 8	17. 2	15. 0	10. 2	11. 1
其他省级卫视频道	39. 2	37. 8	31. 2	32. 3	28. 2
其他频道	7. 1	8. 1	8. 3	9. 8	11. 5

表 3. 26. 2 2018 年云南市场各类频道在各目标观众中的市场占有率 (%)

目标观众		中央电视台频道	中国教育台频道	云南省级频道	其他省级卫星频道	其他频道
4 岁及以上所有人		49. 1	0. 1	11. 1	28. 2	11. 5
城乡	城市	45. 0	0. 1	11. 5	22. 7	20. 7
	农村	50. 7	0. 1	10. 9	30. 3	8. 0
性别	男	51. 2	0. 1	10. 9	26. 6	11. 2
	女	47. 0	0. 1	11. 3	30. 0	11. 6
年龄	4 ~ 14 岁	50. 4	0. 2	6. 9	31. 5	11. 0
	15 ~ 24 岁	42. 4	0. 2	9. 4	35. 6	12. 4
	25 ~ 34 岁	47. 1	0. 1	9. 3	31. 7	11. 8
	35 ~ 44 岁	48. 8	0. 1	7. 9	29. 6	13. 6
	45 ~ 54 岁	48. 7	0. 1	13. 7	27. 2	10. 3
	55 ~ 64 岁	52. 1	0. 2	15. 0	22. 2	10. 5
	65 岁及以上	53. 7	0. 1	16. 6	20. 1	9. 5
教育程度	未受过正规教育	53. 8	0. 1	10. 7	26. 7	8. 7
	小学	47. 5	0. 2	10. 5	31. 4	10. 4
	初中	49. 6	0. 1	11. 4	28. 4	10. 5
	高中	48. 6	0. 1	11. 4	26. 2	13. 7
	大学及以上	49. 0	0. 1	11. 0	21. 0	18. 9
职业类别	干部/管理人员	50. 0	0. 0	10. 1	18. 5	21. 4
	个体/私营企业人员	49. 2	0. 2	8. 5	26. 9	15. 2
	初级公务员/雇员	50. 9	0. 1	10. 5	22. 1	16. 4
	工人	45. 7	0. 1	12. 8	26. 3	15. 1
	学生	44. 7	0. 2	8. 5	34. 2	12. 4
	无业	54. 0	0. 1	14. 1	21. 9	9. 9
	其他	46. 4	0. 2	10. 7	36. 4	6. 3
个人月收入	0 ~ 300 元	47. 5	0. 2	9. 9	31. 6	10. 8
	301 ~ 900 元	50. 7	0. 1	8. 3	34. 2	6. 7
	901 ~ 1700 元	49. 6	0. 3	11. 0	32. 3	6. 8
	1701 ~ 2600 元	47. 7	0. 1	12. 5	27. 1	12. 6
	2601 ~ 3500 元	51. 9	0. 1	11. 7	22. 8	13. 5
	3501 元及以上	50. 5	0. 1	12. 3	21. 9	15. 2

表 3.26.3 2018 年云南市场各类频道在不同时段的市场占有率（%）

时间段	中央电视台频道	中国教育台频道	云南省级频道	其他省级卫星频道	其他频道
02:00~03:00	82.9	0.3	0.5	7.6	8.7
03:00~04:00	85.5	0.1	0.4	9.4	4.6
04:00~05:00	80.4	0.0	1.4	14.1	4.1
05:00~06:00	77.3	0.2	1.7	16.6	4.2
06:00~07:00	69.8	0.3	4.0	17.2	8.7
07:00~08:00	71.8	0.2	4.7	17.1	6.2
08:00~09:00	63.7	0.2	5.6	24.8	5.7
09:00~10:00	59.1	0.3	5.1	27.9	7.6
10:00~11:00	56.0	0.3	4.8	29.6	9.3
11:00~12:00	56.2	0.2	4.4	29.1	10.1
12:00~13:00	60.8	0.1	4.0	25.8	9.3
13:00~14:00	53.7	0.1	6.0	30.2	10.0
14:00~15:00	42.1	0.2	6.1	37.5	14.1
15:00~16:00	41.0	0.3	6.2	39.0	13.5
16:00~17:00	44.0	0.2	7.0	35.6	13.2
17:00~18:00	47.0	0.1	11.3	27.6	14.0
18:00~19:00	50.4	0.1	15.9	17.2	16.4
19:00~20:00	56.6	0.1	11.6	22.5	9.2
20:00~21:00	44.6	0.1	13.6	31.7	10.0
21:00~22:00	44.7	0.1	14.2	29.5	11.5
22:00~23:00	45.3	0.1	10.1	28.7	15.8
23:00~24:00	44.7	0.1	9.1	29.4	16.7
24:00~25:00	47.0	0.0	6.9	24.8	21.3
25:00~26:00	46.3	0.0	3.7	24.1	25.9

表 3.26.4 2018 年云南市场收视份额排名前十位的频道

名次	频道名称	收视份额（%）
1	中央台八套	11.0
2	中央台六套	9.9
3	湖南卫视	6.8
4	中央电视台综合频道	6.2
5	云南广播电视台都市频道（二套）	5.9
6	中央电视台少儿频道	5.8
7	中央台十二套	3.0
8	中央台三套	2.7
9	中央电视台新闻频道	2.2
10	浙江卫视	2.0

表 3.26.5 2018 年云南市场各主要频道的观众构成(%)

目标观众		所有频道	主要频道				
			中央台八套	中央台六套	湖南卫视	中央电视台综合频道	云南广播电视台都市频道(二套)
4 岁及以上所有人		100.0	100.0	100.0	100.0	100.0	100.0
城乡	城市	27.3	22.8	18.5	23.0	33.8	26.7
	农村	72.7	77.2	81.5	77.0	66.2	73.3
性别	男	51.0	48.5	57.3	41.5	52.4	49.1
	女	49.0	51.5	42.7	58.5	47.6	50.9
年龄	4~14 岁	15.0	8.6	13.0	17.5	7.7	3.4
	15~24 岁	12.0	10.2	13.7	18.9	7.1	10.7
	25~34 岁	12.3	13.3	14.8	16.6	8.7	9.6
	35~44 岁	19.0	19.9	27.7	25.8	17.6	11.9
	45~54 岁	14.9	20.2	14.7	11.3	13.6	21.2
	55~64 岁	12.7	14.0	8.7	5.8	16.9	19.0
	65 岁及以上	14.0	13.7	7.4	4.2	28.5	24.3
教育程度	未受过正规教育	8.0	7.0	5.1	4.0	6.0	6.2
	小学	27.6	26.4	28.2	27.6	19.9	23.8
	初中	41.8	45.3	48.1	47.1	42.1	45.0
	高中	16.0	15.0	14.8	16.1	19.2	17.8
	大学及以上	6.6	6.2	3.8	5.1	12.8	7.2
职业类别	干部/管理人员	0.7	0.4	0.6	0.3	1.2	0.6
	个体/私营企业人员	20.3	23.9	24.0	21.7	18.2	14.9
	初级公务员/雇员	5.9	6.1	5.0	4.2	9.3	6.4
	工人	8.9	9.9	8.7	9.7	6.9	11.5
	学生	13.6	8.6	13.9	22.6	8.0	8.0
	无业	27.8	25.1	15.3	13.5	44.0	37.3
	其他	22.8	25.9	32.5	28.0	12.4	21.3
个人月收入	0~300 元	29.9	22.5	26.5	36.3	19.5	22.4
	301~900 元	7.7	8.4	11.5	6.6	6.6	6.1
	901~1700 元	11.7	15.0	17.2	12.2	7.5	11.8
	1701~2600 元	22.4	26.1	19.3	22.3	23.3	26.4
	2601~3500 元	15.7	16.6	15.9	12.5	22.2	18.8
	3501 元及以上	12.5	11.3	9.6	10.1	20.8	14.5

表 3.26.6 2016~2018 年云南市场各类节目的播出份额(%)和收视份额(%)

节目类别	2016 年		2017 年		2018 年	
	播出份额	收视份额	播出份额	收视份额	播出份额	收视份额
财经	1.3	0.5	1.1	0.5	1.0	0.5
电视剧	26.4	33.2	26.6	31.4	26.8	32.4
电影	4.0	6.1	4.1	8.1	4.2	9.2
法制	1.0	1.6	1.0	1.5	0.9	1.4
教学	0.2	0.1	0.2	0.1	0.3	0.0
青少	6.8	5.6	7.2	6.4	7.2	7.4
生活服务	8.3	7.1	7.6	6.5	7.4	6.3

续表

节目类别	2016 年		2017 年		2018 年	
	播出份额	收视份额	播出份额	收视份额	播出份额	收视份额
体育	3.1	2.1	3.1	1.7	3.2	1.8
外语	0.0	0.0	0.1	0.0	0.1	0.0
戏剧	0.8	0.2	0.8	0.3	0.9	0.2
新闻/时事	10.4	9.7	10.4	10.0	10.3	9.1
音乐	1.7	1.2	1.3	1.3	1.3	1.2
专题	13.5	5.0	13.8	5.4	13.5	5.1
综艺	7.4	12.7	6.3	11.0	6.1	9.5
其他	15.1	14.9	16.3	15.7	16.8	15.9

表 3.26.7　2018 年云南市场所有节目收视率排名前三十位

名次	节目名称	节目类别	播出频道	平均收视率（%）	平均占有率（%）
1	2018 中央电视台春节联欢晚会	综艺	中央电视台综合频道	10.8	39.4
2	我的继父是偶像	电视剧	中央台八套	7.4	17.9
3	万万没想到（8 月 26 日）	电影	中央台六套	7.0	16.4
4	西游记之大闹天宫	电影	中央台六套	6.2	14.7
5	盲战	电影	中央台六套	6.1	14.7
6	狼兵吼	电影	中央台六套	6.0	16.5
7	铭心岁月	电影	中央台六套	6.0	14.7
8	铁血娇娃	电影	中央台六套	6.0	14.3
9	大话红娘	电视剧	中央台八套	5.8	15.4
9	澳门风云二	电影	中央台六套	5.7	14.4
11	西游记之大圣归来	电影	中央台六套	5.7	12.6
12	初婚	电视剧	中央台八套	5.6	16.2
13	浴血十四年	电视剧	中央台八套	5.6	15.9
14	侠义神捕之请君入瓮	电影	中央台六套	5.6	14.2
15	层层追凶	电影	中央台六套	5.6	13.4
16	惊蛰	电视剧	中央台八套	5.5	16.1
17	精武英雄	电影	中央台六套	5.5	14.4
18	天水来的姑娘	电影	中央台六套	5.5	13.6
19	龙拳小子	电影	中央台六套	5.5	13.2
20	醉侠苏乞儿	电影	中央台六套	5.4	14.3
21	黄金刀客	电影	中央台六套	5.4	13.3
22	小旋风柴进之传世宝藏	电影	中央台六套	5.4	13.2
23	抗颜为师	电影	中央台六套	5.4	12.9
24	姥姥的饺子馆	电视剧	中央台八套	5.3	16.2
25	奔腾岁月	电视剧	中央台八套	5.3	16.0
26	少林寺	电影	中央台六套	5.3	13.1
27	神捕铁飞花之血连环	电影	中央台六套	5.3	12.6
28	区小队	电视剧	中央台八套	5.2	15.1
29	暴走神探	电影	中央台六套	5.2	13.7
30	第八届北京国际电影节开幕式	综艺	中央台六套	5.2	13.0

表 3.26.8　2018 年云南市场电视剧收视率排名前十位

名次	节目名称	播出频道	平均收视率(%)	平均占有率(%)
1	我的继父是偶像	中央台八套	7.4	17.9
2	大话红娘	中央台八套	5.8	15.4
3	初婚	中央台八套	5.6	16.2
4	浴血十四年	中央台八套	5.6	15.9
5	惊蛰	中央台八套	5.5	16.1
6	姥姥的饺子馆	中央台八套	5.3	16.2
7	奔腾岁月	中央台八套	5.3	16.0
8	区小队	中央台八套	5.2	15.1
9	猎豺狼	中央台八套	5.1	13.8
10	熊爸熊孩子	中央台八套	5.1	13.6

表 3.26.9　2018 年云南市场新闻节目收视率排名前十位

名次	节目名称	播出频道	平均收视率(%)	平均占有率(%)
1	新闻联播	中央电视台综合频道	3.9	17.8
2	焦点访谈	中央电视台综合频道	2.8	8.1
3	上海合作组织青岛峰会特别报道	中央电视台综合频道	1.8	4.6
4	国务院总理会见中外记者并回答提问	中央电视台综合频道	1.4	3.2
5	大口马牙	云南广播电视台都市频道(二套)	1.1	5.1
6	世说欣语	云南广播电视台都市频道(二套)	0.9	4.4
7	都市条形码	云南广播电视台都市频道(二套)	0.8	8.1
8	晚间新闻	中央电视台综合频道	0.8	3.9
9	热话	中央台十二套	0.8	3.4
10	政协云南省十二届委员会主席副主席秘书长简历	云南广播电视台卫视频道(一套)	0.8	2.1

表 3.26.10　2018 年云南市场专题节目收视率排名前十位

名次	节目名称	播出频道	平均收视率(%)	平均占有率(%)
1	播种未来	中央台六套	3.8	10.3
2	相知无远近万里尚为邻 2018 年 7 月习近平主席亚非行纪实	中央电视台综合频道	3.1	9.6
3	马克思	中央台六套	3.0	7.0
4	生机无限	湖南卫视	2.9	8.4
5	一年又一年	中央电视台综合频道	2.8	22.1
6	重返爱的海洋	中央电视台综合频道	2.8	8.8
7	2018 云南好人颁奖晚会	云南广播电视台都市频道(二套)	2.7	7.9

续表

名次	节目名称	播出频道	平均收视率（%）	平均占有率（%）
8	扎扎实实提高质量	中央电视台综合频道	2.6	6.4
9	舌尖上的中国3	中央电视台综合频道	2.6	5.7
10	平语近人习近平总书记用典	湖南卫视	2.4	6.3
10	海上丝路看今朝2018年习近平主席亚太之行	中央电视台综合频道	2.4	6.3

表3.26.11　2018年云南市场综艺节目收视率排名前十位

名次	节目名称	播出频道	平均收视率（%）	平均占有率（%）
1	2018中央电视台春节联欢晚会	中央电视台综合频道	10.8	39.4
2	第八届北京国际电影节开幕式	中央台六套	5.2	13.0
3	2018年上海国际电影电视节第21届上海国际电影节金爵奖颁奖典礼	中央台六套	5.2	12.4
4	新片爆料	中央台六套	5.1	12.6
5	鹦鹉话外音	中央台六套	5.0	12.6
6	歌手歌王之战（4月13日）	湖南卫视	4.6	11.2
7	周游电影	中央台六套	4.5	11.8
8	25th北京大学生电影节闭幕式暨颁奖典礼	中央台六套	4.5	11.7
9	直通好莱坞	中央台六套	4.3	12.4
10	周末观察	中央台六套	4.1	11.2

表3.26.12　2018年云南市场体育节目收视率排名前十位
（世界杯、亚运会、亚残运会、冬奥会比赛除外）

名次	节目名称	播出频道	平均收视率（%）	平均占有率（%）
1	现场直播：2018年世界女排联赛总决赛（中国队VS巴西队）	中央台五套	1.3	3.5
2	2017/2018赛季NBA西部决赛第六场（火箭VS勇士）	中央台五套	0.8	8.5
3	云南省第十五届运动会开幕式	云南广播电视台娱乐频道（三套）	0.8	1.8
4	现场直播：2017/2018赛季中国男子篮球职业联赛半决赛第二场（辽宁VS广东）	中央台五套	0.7	1.8
4	现场直播：2018年乒乓球团体世界锦标赛男团决赛	中央台五套	0.7	1.8
6	现场直播：2018年WBA羽量级世界争霸赛	中央台五套	0.7	1.7
7	直播周末：2018年国际田联钻石联赛伦敦站	中央台五套	0.6	2.1

续表

名次	节目名称	播出频道	平均收视率(%)	平均占有率(%)
8	云南省第十五届运动会闭幕式	云南广播电视台娱乐频道(三套)	0.6	1.5
9	直播周末：2018 年世界一级方程式锦标赛新加坡站正赛	中央台五套	0.6	1.4
10	直播周末：2018 年世界举重锦标赛女子 87 公斤以上级挺举决赛	中央台五套	0.5	5.1

表 3.26.13　2018 年云南市场世界杯、亚运会、亚残运会、冬奥会比赛收视率排名前 10 位

名次	节目名称	播出频道	平均收视率(%)	平均占有率(%)
1	我爱世界杯：2018 年俄罗斯世界杯 G 组第二轮（比利时 VS 突尼斯）	中央台五套	2.8	7.5
2	我爱世界杯颁奖仪式	中央台五套	0.9	34.8
3	第 18 届亚运会男子 200 米半决赛	中央台五套	0.9	3.5
4	红场会客厅	中央台五套	0.8	2.8
5	2018 年第 23 届冬奥会男子自由式滑雪雪上技巧决赛	中央台五套	0.8	1.8
6	第 18 届亚运会女篮决赛（朝韩联队 VS 中国）	中央台五套	0.7	10.0
7	第 18 届亚运会跳水女子 3 米板决赛	中央台五套	0.7	8.7
8	我爱世界杯	中央台五套	0.7	4.9
9	2018 年第 23 届冬奥会短道速滑男子 500 米半决赛	中央电视台综合频道	0.6	6.0
10	第 18 届亚运会女子 200 米蝶泳决赛	中央台五套	0.6	3.6

二十七、浙江收视数据

表 3.27.1 2014～2018 年浙江市场各类频道的市场占有率（%）

频道类别	年份				
	2014 年	2015 年	2016 年	2017 年	2018 年
中央电视台频道	28.5	30.0	34.2	34.4	34.4
中国教育台频道	0.4	0.3	0.2	0.2	0.2
浙江省级频道	30.3	28.0	26.0	24.0	27.2
其他省级卫视频道	22.2	23.2	21.5	21.9	19.2
其他频道	18.6	18.5	18.1	19.5	19.0

表 3.27.2 2018 年浙江市场各类频道在不同目标观众中的市场占有率（%）

目标观众		中央电视台频道	中国教育台频道	浙江省级频道	其他省级卫视频道	其他频道
4 岁及以上所有人		34.4	0.2	27.2	19.2	19.0
城乡	城市	29.1	0.2	21.3	21.5	27.9
	农村	37.5	0.2	30.7	17.9	13.7
性别	男	37.9	0.2	25.0	17.6	19.3
	女	30.6	0.2	29.6	21.0	18.6
年龄	4～14 岁	23.8	0.1	27.0	28.3	20.8
	15～24 岁	20.3	0.1	34.3	18.2	27.1
	25～34 岁	23.7	0.2	31.1	23.7	21.3
	35～44 岁	36.7	0.1	24.8	17.1	21.3
	45～54 岁	37.3	0.2	23.1	20.8	18.6
	55～64 岁	38.3	0.2	30.0	15.7	15.8
	65 岁及以上	41.7	0.3	25.2	15.7	17.1
教育程度	未受过正规教育	33.3	0.2	34.8	16.5	15.2
	小学	35.9	0.3	24.1	22.0	17.7
	初中	33.6	0.2	28.6	17.3	20.3
	高中	38.0	0.2	22.8	21.7	17.3
	大学及以上	28.8	0.1	32.3	16.2	22.6
职业类别	干部/管理人员	25.1	0.1	45.6	12.3	16.9
	个体/私营企业人员	40.8	0.2	23.0	19.0	17.0
	初级公务员/雇员	32.7	0.1	31.0	16.4	19.8
	工人	40.2	0.3	23.8	18.1	17.6
	学生	21.7	0.1	22.9	27.0	28.3
	无业	33.7	0.2	28.1	20.0	18.0
	其他	36.3	0.2	25.3	19.6	18.6
个人月收入	0～300 元	27.6	0.1	27.2	24.1	21.0
	301～900 元	45.9	0.7	26.3	14.8	12.3
	901～1700 元	38.2	0.2	24.8	20.6	16.2
	1701～2600 元	35.6	0.2	29.7	19.0	15.5
	2601～3500 元	35.4	0.2	27.5	16.5	20.4
	3501 元及以上	35.9	0.2	26.3	17.2	20.4

表 3.27.3 2018 年浙江市场各类频道在不同时段的市场占有率（%）

时间段	中央电视台频道	中国教育台频道	浙江省级频道	其他省级卫视频道	其他频道
02:00~03:00	35.8	0.3	9.6	34.9	19.4
03:00~04:00	37.5	0.2	10.5	34.5	17.3
04:00~05:00	39.7	0.2	13.1	31.2	15.8
05:00~06:00	45.4	0.2	20.8	23.6	10.0
06:00~07:00	54.8	0.1	19.3	15.3	10.5
07:00~08:00	50.8	0.5	11.7	19.5	17.5
08:00~09:00	43.3	0.6	11.2	24.2	20.7
09:00~10:00	37.3	0.6	15.8	25.7	20.6
10:00~11:00	38.4	0.7	13.0	27.9	20.0
11:00~12:00	42.4	0.3	11.3	26.6	19.4
12:00~13:00	42.8	0.2	11.5	27.2	18.3
13:00~14:00	36.7	0.4	11.9	31.1	19.9
14:00~15:00	34.8	0.5	11.1	32.4	21.2
15:00~16:00	36.7	0.6	11.5	30.6	20.6
16:00~17:00	34.4	0.4	21.6	26.6	17.0
17:00~18:00	32.2	0.2	30.6	21.7	15.3
18:00~19:00	35.2	0.0	37.3	8.6	18.9
19:00~20:00	29.8	0.1	42.7	9.9	17.5
20:00~21:00	26.5	0.1	39.6	15.5	18.3
21:00~22:00	32.0	0.1	29.0	16.9	22.0
22:00~23:00	37.3	0.1	18.3	20.6	23.7
23:00~24:00	41.1	0.1	14.8	24.6	19.4
24:00~25:00	44.5	0.2	15.1	23.9	16.3
25:00~26:00	41.1	0.3	10.9	28.9	18.8

表 3.27.4 2018 年浙江市场收视份额排名前十位的频道

名次	频道名称	收视份额（%）
1	浙江电视台教育科技频道	8.3
2	中央台八套	6.4
3	中央台四套	4.8
4	浙江电视台经济生活频道	4.7
5	浙江卫视	4.2
6	中央台六套	4.0
7	浙江电视台钱江都市频道	3.9
8	湖南卫视	3.6
9	中央电视台新闻频道	3.3
10	浙江 8 套	2.9

表 3.27.5　2018 年浙江市场各主要频道的观众构成（%）

目标观众		所有频道	浙江电视台教育科技频道	中央台八套	中央台四套	浙江电视台经济生活频道	浙江卫视
4 岁及以上所有人		100.0	100.0	100.0	100.0	100.0	100.0
城乡	城市	37.3	26.7	22.0	32.7	30.1	38.8
	农村	62.7	73.3	78.0	67.3	69.9	61.2
性别	男	52.0	48.0	50.0	66.9	42.3	51.3
	女	48.0	52.0	50.0	33.1	57.7	48.7
年龄	4 ~ 14 岁	8.7	5.5	2.5	2.0	11.3	15.3
	15 ~ 24 岁	5.8	2.7	2.0	2.2	4.1	12.0
	25 ~ 34 岁	12.1	12.7	11.1	4.8	21.0	13.6
	35 ~ 44 岁	11.1	7.4	6.8	8.2	9.6	20.2
	45 ~ 54 岁	23.7	15.0	25.6	21.6	16.8	18.7
	55 ~ 64 岁	22.6	34.2	30.8	32.8	28.5	11.5
	65 岁及以上	16.0	22.5	21.2	28.4	8.7	8.7
教育程度	未受过正规教育	6.4	12.4	6.4	8.1	9.9	5.1
	小学	29.4	32.4	43.2	23.8	20.0	20.6
	初中	35.1	37.2	28.0	41.6	44.6	32.7
	高中	16.5	8.9	16.9	16.6	10.0	20.3
	大学及以上	12.6	9.1	5.5	9.9	15.5	21.3
职业类别	干部/管理人员	2.0	3.7	0.4	0.8	8.1	1.3
	个体/私营企业人员	15.9	9.8	18.8	20.6	9.7	16.8
	初级公务员/雇员	22.5	21.3	19.5	23.2	30.0	23.7
	工人	11.5	9.4	18.1	10.2	4.2	15.2
	学生	8.1	3.1	1.6	2.3	5.5	16.8
	无业	33.0	44.5	32.7	35.7	36.5	22.1
	其他	7.0	8.2	8.9	7.2	6.0	4.1
个人月收入	0 ~ 300 元	22.7	24.0	13.5	12.7	21.0	28.5
	301 ~ 900 元	2.8	4.4	6.4	4.5	2.6	1.9
	901 ~ 1700 元	9.7	12.1	15.0	11.8	7.3	6.9
	1701 ~ 2600 元	17.2	18.8	21.4	23.6	18.6	15.7
	2601 ~ 3500 元	14.7	11.0	13.3	11.2	9.6	14.8
	3501 元及以上	32.9	29.7	30.4	36.2	40.9	32.2

表 3.27.6　2016 ~ 2018 年浙江市场各类节目的播出份额（%）和收视份额（%）

节目类别	2016 年		2017 年		2018 年	
	播出份额	收视份额	播出份额	收视份额	播出份额	收视份额
财经	1.5	1.0	1.5	0.8	1.5	0.9
电视剧	21.0	31.4	21.3	32.4	21.5	33.2
电影	3.5	4.7	3.7	5.0	3.9	4.7
法制	0.7	0.8	0.8	0.8	1.0	0.8
教学	0.2	0.0	0.2	0.0	0.3	0.0
青少	6.8	4.7	7.1	5.7	7.1	5.5
生活服务	9.5	9.7	8.9	9.5	8.9	9.6

续表

节目类别	2016 年		2017 年		2018 年	
	播出份额	收视份额	播出份额	收视份额	播出份额	收视份额
体育	3.2	2.0	3.4	1.6	3.3	2.4
外语	0.0	0.0	0.1	0.0	0.1	0.0
戏剧	0.8	0.5	0.8	0.7	0.8	0.6
新闻/时事	15.7	15.2	16.1	14.3	16.1	13.6
音乐	1.9	0.8	1.5	1.0	1.4	1.0
专题	13.8	6.3	14.3	6.1	13.9	6.4
综艺	9.2	11.3	7.9	10.0	7.7	9.2
其他	12.2	11.6	12.4	12.1	12.5	12.1

表 3.27.7　2018 年浙江市场所有节目收视率排名前三十位

名次	节目名称	节目类型	播出频道	平均收视率（%）	平均占有率（%）
1	我爱世界杯：2018 年世界杯小组赛 E 组第二轮（巴西 VS 哥斯达黎加）	体育	中央台五套	5.1	16.4
2	刀客家族的女人	电视剧	浙江电视台教育科技频道	4.9	16.6
3	锦绣未央	电视剧	浙江电视台教育科技频道	4.7	16.7
4	魔都风云	电视剧	浙江电视台教育科技频道	4.6	17.9
5	飞哥战队	电视剧	浙江电视台教育科技频道	4.6	17.0
6	守卫者浮出水面	电视剧	浙江电视台教育科技频道	4.5	14.6
7	摧毁	电视剧	浙江电视台教育科技频道	4.4	15.7
8	梅花儿香	电视剧	浙江电视台经济生活频道	4.4	14.3
9	誓言	电视剧	浙江电视台教育科技频道	4.2	16.6
10	追踪者	电视剧	浙江电视台教育科技频道	4.1	16.3
11	特种兵之深入敌后	电视剧	浙江电视台教育科技频道	4.1	16.1
12	武间道	电视剧	浙江电视台教育科技频道	4.0	16.3
13	东风破	电视剧	浙江电视台教育科技频道	3.9	14.9
14	桃花依旧笑春风	电视剧	浙江电视台教育科技频道	3.8	15.5
15	楚乔传	电视剧	浙江电视台教育科技频道	3.8	15.1
16	秘密航线	电视剧	浙江电视台教育科技频道	3.8	13.0
17	知青家庭	电视剧	中央台八套	3.7	16.3
18	开学第一课	青少	中央电视台综合频道	3.6	12.0
19	真爱的谎言之破冰者	电视剧	浙江电视台教育科技频道	3.5	13.8
20	面具	电视剧	浙江电视台教育科技频道	3.4	13.1
21	烟花易冷	电视剧	浙江电视台教育科技频道	3.4	12.8
22	2018 中央电视台春节联欢晚会	综艺	中央电视台综合频道	3.4	11.2
23	奇门遁甲（2 月 20 日）	电影	中央台六套	3.3	11.8
24	一树桃花开	电视剧	浙江电视台经济生活频道	3.3	11.3
25	中国好声音（7 月 13 日）	综艺	浙江卫视	3.2	14.1
26	妈妈向前冲	电视剧	浙江电视台钱江都市频道	3.2	10.3
27	射雕英雄传	电视剧	浙江电视台经济生活频道	3.1	12.3

续表

名次	节目名称	节目类型	播出频道	平均收视率（%）	平均占有率（%）
28	远大前程	电视剧	浙江电视台教育科技频道	3.0	11.5
29	湄公河行动（2月15日）	电影	中央台六套	3.0	10.5
30	手枪队	电视剧	浙江电视台钱江都市频道	3.0	10.1

表 3.27.8　2018 年浙江市场电视剧收视率排名前十位

名次	节目名称	播出频道	平均收视率（%）	平均占有率（%）
1	刀客家族的女人	浙江电视台教育科技频道	4.9	16.6
2	锦绣未央	浙江电视台教育科技频道	4.7	16.7
3	魔都风云	浙江电视台教育科技频道	4.6	17.9
4	飞哥战队	浙江电视台教育科技频道	4.6	17.0
5	守卫者浮出水面	浙江电视台教育科技频道	4.5	14.6
6	摧毁	浙江电视台教育科技频道	4.4	15.7
7	梅花儿香	浙江电视台经济生活频道	4.4	14.3
8	誓言	浙江电视台教育科技频道	4.2	16.6
9	追踪者	浙江电视台教育科技频道	4.1	16.3
10	特种兵之深入敌后	浙江电视台教育科技频道	4.1	16.1

表 3.27.9　2018 年浙江市场新闻节目收视率排名前十位

名次	节目名称	播出频道	平均收视率（%）	平均占有率（%）
1	小强热线	浙江电视台教育科技频道	1.9	7.9
2	海峡两岸	中央台四套	1.8	6.2
3	小智情报站	浙江 8 套	1.5	6.7
4	今日关注	中央台四套	1.4	6.7
5	中国新闻	中央台四套	1.4	5.2
6	春节传奇中国节	中央台四套	1.3	4.8
7	同心树	浙江卫视	1.1	7.3
8	中国舆论场	中央台四套	1.1	4.1
9	新闻联播（3月5日-3月20日）	中央台四套	1.1	3.8
10	新闻 007	浙江电视台钱江都市频道	1.0	4.4

表 3.27.10　2018 年浙江市场专题节目收视率排名前十位

名次	节目名称	播出频道	平均收视率（%）	平均占有率（%）
1	2017 年度风云浙商颁奖典礼倒计时	浙江电视台经济生活频道	2.4	7.6
2	最美浙江人 2017 年度浙江骄傲人物评选颁奖典礼最美点亮新时代	浙江电视台钱江都市频道	2.1	7.3
3	第 15 届风云浙商颁奖典礼	浙江电视台经济生活频道	1.9	6.6
4	一年又一年	中央电视台综合频道	1.8	7.2
5	第三届浙江省大学生公益广告大赛颁奖盛典	浙江 8 套	1.6	5.3

续表

名次	节目名称	播出频道	平均收视率(%)	平均占有率(%)
6	诗画浙江美丽乡村创新创业大赛总决赛	浙江电视台经济生活频道	1.5	6.9
7	今日科技	浙江电视台教育科技频道	1.4	10.9
8	爱心助残1+1慈善晚会	浙江电视台经济生活频道	1.4	8.0
9	HELLO新时代光影不惑我们的四十年主题晚会	浙江电视台钱江都市频道	1.3	6.0
10	女人帮	浙江电视台经济生活频道	1.3	5.8
10	有请发言人	浙江电视台经济生活频道	1.3	5.8

表 3.27.11　2018 年浙江市场综艺节目收视率排名前十位

名次	节目名称	播出频道	平均收视率(%)	平均占有率(%)
1	2018中央电视台春节联欢晚会	中央电视台综合频道	3.4	11.2
2	中国好声音（7月13日）	浙江卫视	3.2	14.1
3	奔跑吧	浙江卫视	2.9	14.7
4	欢乐吉祥闹元宵	中央电视台综合频道	2.7	9.6
5	2018天猫双11狂欢夜	浙江卫视	2.3	11.6
6	文化礼堂我们的村晚2018	浙江电视台教育科技频道	2.3	8.1
7	相声大联欢	中央台三套	2.2	7.5
8	2018元宵喜乐会	湖南卫视	2.0	8.7
9	中秋之夜	湖南卫视	1.9	7.1
10	歌手（3月9日）	湖南卫视	1.9	6.9

表 3.27.12　2018 年浙江市场体育节目收视率排名前十位

（世界杯、亚运会、亚残运会、冬奥会比赛除外）

名次	节目名称	播出频道	平均收视率(%)	平均占有率(%)
1	2018年杭州世游赛25米男子100米仰泳决赛	中央台五套	2.5	9.7
2	2018年世界女排锦标赛第三阶段H组第三轮（荷兰VS中国）	中央台五套	2.2	9.7
3	2018/2019赛季中国男子篮球职业联赛常规赛第16轮（浙江稠州银行VS浙江广厦控股）	浙江8套	1.8	7.0
4	现场直播：2018年全国男子举重冠军赛67公斤级决赛抓举	中央台五套	1.5	11.8
5	现场直播：2018年世界女排联赛总决赛（中国VS巴西）	中央台五套	1.4	5.6
6	直播周末：2018年世界举重锦标赛女子87公斤以上级挺举决赛	中央台五套	1.2	6.2

续表

名次	节目名称	播出频道	平均收视率（%）	平均占有率（%）
7	实况录像：18 年中华龙舟大赛海南职业男子 500 米直道赛晋级赛第 2 组	中央台五套	1.2	4.7
8	2018 年世界羽毛球锦标赛混双 1/4 决赛	中央台五套	1.1	9.7
9	现场直播：2017/2018 赛季中国羽毛球俱乐部超级联赛第九轮女子双打	中央台五套	1.1	8.4
10	现场直播：2018 年乒乓球团体世界锦标赛男团决赛	中央台五套	1.1	4.7

表 3.27.13　2018 年浙江省世界杯、亚运会、亚残运会、冬奥会比赛收视率排名前十位

名次	节目名称	播出频道	平均收视率（%）	平均占有率（%）
1	我爱世界杯：2018 年世界杯小组赛 E 组第二轮（巴西 VS 哥斯达黎加）	中央台五套	5.1	16.4
2	第 18 届亚运会乒乓球男单 1/4 决赛	中央台五套	2.8	19.4
3	第 18 届亚运会女子七项全能 800 米	中央台五套	2.5	8.9
4	第 18 届亚运会男子 100 米决赛	中央台五套	2.2	15.1
5	第 18 届亚运会女子 400 米个人混合泳决赛	中央台五套	2.2	9.8
6	第 18 届亚运会男子篮球小组赛（中国 VS 菲律宾）	中央台五套	2.1	14.4
7	第 18 届亚运会女排半决赛（韩国 VS 泰国）	中央台五套	1.9	9.5
8	我爱世界杯：2018 年俄罗斯世界杯开幕式	中央台五套	1.8	16.8
9	我爱世界杯：2018 年俄罗斯世界杯闭幕式	中央台五套	1.8	14.0
10	2018 年第 23 届冬奥会短道速滑男子 500 米决赛 A 组	中央台五套	1.6	5.9

二十八、北京收视数据

表 3.28.1 2014~2018 年北京市场各类频道的市场占有率（%）

频道类别	年份				
	2014 年	2015 年	2016 年	2017 年	2018 年
中央电视台频道	25.2	24.6	27.4	28.6	29.2
中国教育台频道	2.1	1.0	0.5	0.3	0.4
北京台频道	39.0	39.4	36.2	33.6	32.0
其他省级卫视频道	23.0	22.2	20.5	20.8	19.3
其他频道	10.7	12.8	15.4	16.7	19.1

表 3.28.2 2018 年北京市场各类频道在不同目标观众中的市场占有率（%）

目标观众		中央电视台频道	中国教育台频道	北京台频道	其他省级卫视	其他频道
4 岁及以上所有人		29.2	0.4	32.0	19.3	19.1
性别	男	31.2	0.4	30.3	18.3	19.8
	女	27.2	0.4	33.7	20.4	18.3
年龄	4~14 岁	23.6	0.2	23.7	22.6	29.9
	15~24 岁	26.6	0.4	26.4	21.6	25.0
	25~34 岁	24.6	0.3	25.4	22.4	27.3
	35~44 岁	26.1	0.4	22.7	22.2	28.6
	45~54 岁	26.7	0.4	31.7	21.2	20.0
	55~64 岁	30.4	0.3	39.1	16.5	13.7
	65 岁及以上	37.2	0.3	37.0	15.4	10.1
教育程度	未受过正规教育	35.1	0.3	25.5	20.4	18.7
	小学	30.8	0.3	32.3	22.5	14.1
	初中	30.5	0.4	35.2	19.8	14.1
	高中	28.7	0.4	33.7	19.5	17.7
	大学及以上	28.1	0.3	28.3	18.3	25.0
职业类别	干部/管理人员	28.2	0.3	24.6	17.8	29.1
	个体/私营企业人员	27.6	0.4	25.2	20.6	26.2
	初级公务员/雇员	26.4	0.3	28.8	20.6	23.9
	工人	24.2	0.5	28.7	26.5	20.1
	学生	27.0	0.3	23.6	21.6	27.5
	无业	32.0	0.3	36.5	17.3	13.9
	其他	25.1	0.5	23.8	24.7	25.9
个人月收入	0~600 元	27.6	0.4	25.7	23.0	23.3
	601~1200 元	27.8	0.4	29.6	26.4	15.8
	1201~1700 元	31.6	0.5	37.3	18.7	11.9
	1701~2600 元	27.3	0.4	36.8	21.9	13.6
	2601~3500 元	28.4	0.4	36.2	19.4	15.6
	3501~5000 元	31.0	0.4	35.1	17.6	15.9
	5001 元及以上	29.3	0.3	27.7	18.4	24.3

表 3.28.3 2018 年北京市场各类频道在不同时段的市场占有率（%）

时间段	中央电视台频道	中国教育台频道	北京台频道	其他省级卫视频道	其他频道
02:00~03:00	26.8	0.5	12.3	25.4	35.0
03:00~04:00	29.9	0.6	11.3	26.3	31.9
04:00~05:00	24.2	0.7	12.1	23.8	39.2
05:00~06:00	27.2	0.5	17.7	22.5	32.1
06:00~07:00	33.0	0.2	36.6	12.9	17.3
07:00~08:00	31.0	0.3	45.8	9.4	13.5
08:00~09:00	33.5	0.6	36.4	13.8	15.7
09:00~10:00	32.5	0.8	29.2	19.6	17.9
10:00~11:00	31.7	0.8	26.8	21.5	19.2
11:00~12:00	33.2	0.4	27.7	20.8	17.9
12:00~13:00	29.1	0.1	36.2	17.4	17.2
13:00~14:00	28.4	0.4	28.4	21.2	21.6
14:00~15:00	29.5	0.7	21.6	24.4	23.8
15:00~16:00	30.8	0.7	21.2	24.8	22.5
16:00~17:00	32.6	0.6	21.5	24.2	21.1
17:00~18:00	32.5	0.3	27.7	20.2	19.3
18:00~19:00	29.6	0.1	45.7	7.0	17.6
19:00~20:00	28.2	0.1	43.8	12.5	15.4
20:00~21:00	25.2	0.3	37.6	22.1	14.8
21:00~22:00	27.7	0.3	34.1	20.9	17.0
22:00~23:00	27.3	0.2	25.1	24.6	22.8
23:00~24:00	29.4	0.3	16.0	26.1	28.2
24:00~25:00	28.4	0.5	15.7	21.9	33.5
25:00~26:00	26.4	0.6	12.9	23.8	36.3

表 3.28.4 2018 年北京市场收视份额排名前十位的频道

名次	频道名称	收视份额（%）
1	北京卫视	13.4
2	北京电视台影视频道	5.7
3	中央台四套	4.4
4	中央台八套	3.6
5	中央台五套	3.3
6	中央电视台综合频道	3.2
7	北京电视台科教频道	2.7
7	中央台六套	2.7
9	北京电视台体育频道	2.6
10	中央电视台新闻频道	2.5

表 3.28.5　2018 年北京市场各主要频道的观众构成（%）

目标观众		所有频道	北京卫视	北京电视台影视频道	中央台四套	中央台八套	中央台五套
4 岁及以上所有人		100.0	100.0	100.0	100.0	100.0	100.0
性别	男	51.5	45.3	47.7	59.2	45.9	64.5
	女	48.5	54.7	52.3	40.8	54.1	35.5
年龄	4~14 岁	2.8	1.7	1.4	1.1	1.2	1.3
	15~24 岁	5.3	3.7	5.9	3.2	7.4	4.0
	25~34 岁	13.9	11.0	8.3	7.3	8.8	16.5
	35~44 岁	11.4	8.1	4.6	6.3	8.3	11.0
	45~54 岁	24.6	21.5	23.3	20.8	20.5	24.4
	55~64 岁	20.3	23.0	29.6	23.0	23.3	19.7
	65 岁及以上	21.6	31.1	26.8	38.4	30.5	23.1
教育程度	未受过正规教育	2.0	1.5	0.6	1.9	3.3	1.4
	小学	5.5	5.8	7.8	5.1	8.4	2.7
	初中	26.5	26.9	35.7	27.3	33.5	21.1
	高中	31.0	32.1	32.8	32.1	31.5	27.9
	大学及以上	35.0	33.7	23.2	33.7	23.4	46.9
职业类别	干部/管理人员	3.5	2.4	1.6	2.8	1.3	6.2
	个体/私营企业人员	8.0	5.8	7.0	7.8	6.9	9.9
	初级公务员/雇员	27.0	23.0	19.5	19.1	22.1	30.2
	工人	6.5	4.8	5.7	3.6	4.5	3.9
	学生	4.3	3.1	3.0	2.5	4.4	3.4
	无业	50.0	60.2	62.4	63.3	60.4	46.1
	其他	0.8	0.7	0.8	0.9	0.4	0.3
个人月收入	0~600 元	13.1	9.6	11.0	8.5	13.4	8.0
	601~1200 元	1.0	1.0	1.0	0.6	2.4	0.3
	1201~1700 元	1.4	1.5	2.2	1.5	1.1	1.2
	1701~2600 元	8.8	9.3	13.5	7.1	12.9	6.5
	2601~3500 元	17.4	17.9	22.0	18.2	19.2	14.6
	3501~5000 元	27.6	31.6	29.2	34.8	28.0	26.1
	5001 元及以上	30.6	29.2	21.1	29.2	22.9	43.2

表 3.28.6　2016~2018 年北京市场各类节目的播出份额（%）和收视份额（%）

节目类别	2016 年		2017 年		2018 年	
	播出份额	收视份额	播出份额	收视份额	播出份额	收视份额
财经	2.0	1.6	1.8	1.2	1.9	0.7
电视剧	20.3	26.7	20.5	29.5	20.6	30.6
电影	3.7	3.6	3.8	3.3	4.0	3.5
法制	1.2	1.6	1.5	1.6	1.4	1.1
教学	0.2	0.0	0.3	0.0	0.4	0.0
青少	6.2	2.1	6.4	2.3	6.5	3.0
生活服务	9.8	11.8	9.1	10.2	8.7	9.1
体育	4.0	6.1	4.1	5.1	4.0	6.4
外语	0.0	0.0	0.2	0.0	0.1	0.0
戏剧	0.8	0.3	0.8	0.3	0.7	0.4

续表

节目类别	2016 年		2017 年		2018 年	
	播出份额	收视份额	播出份额	收视份额	播出份额	收视份额
新闻/时事	14.1	12.6	14.5	13.3	14.9	12.6
音乐	1.8	1.0	1.5	0.9	1.4	0.7
专题	14.6	7.5	15.5	7.5	15.2	7.6
综艺	9.6	15.3	8.3	14.2	8.2	13.5
其他	11.7	9.9	11.9	10.8	11.9	10.8

表 3.28.7　2018 年北京市场所有节目收视率排名前三十位

名次	节目名称	节目类型	播出频道	平均收视率（%）	平均占有率（%）
1	2018 春晚北京电视台春节联欢晚会（含最美新时代、晚会、最爱中国年）	综艺	北京卫视	12.8	40.6
2	我爱世界杯：2018 年俄罗斯世界杯足球赛决赛（法国 VS 克罗地亚）	体育	中央台五套	11.9	52.8
3	风筝（26～46 集）	电视剧	北京卫视	10.2	30.4
4	一年又一年	专题	北京卫视	9.5	30.5
5	正阳门下小女人	电视剧	北京卫视	9.3	29.7
6	娘道	电视剧	北京卫视	9.2	30.9
7	2018 中央电视台春节联欢晚会	综艺	北京卫视	9.2	26.1
8	大江大河	电视剧	北京卫视	8.7	25.9
9	天气预报	生活服务	北京卫视	7.9	33.5
10	幸福一家人	电视剧	北京卫视	7.6	22.7
11	跨界喜剧王（10 月 6 日）	综艺	北京卫视	7.5	22.8
12	美好生活	电视剧	北京卫视	7.1	22.4
13	我爱世界杯：2018 年俄罗斯世界杯闭幕式	体育	中央台五套	6.6	28.5
14	转播中央台新闻联播	新闻	北京卫视	6.3	24.4
15	2019 环球跨年冰雪盛典（12 月 31 日）	综艺	北京卫视	5.8	20.9
16	面具（7 月 6 日～7 月 27 日）	电视剧	北京卫视	5.7	19.5
17	开学第一课	青少	中央电视台综合频道	5.7	17.3
18	欢乐吉祥闹元宵	综艺	中央电视台综合频道	5.7	16.5
19	真爱的谎言之破冰者	电视剧	北京卫视	5.5	19.3
20	好久不见	电视剧	北京卫视	5.4	18.0
21	北京新闻	新闻	北京卫视	4.8	22.2
22	归去来	电视剧	北京卫视	4.8	17.8
23	脱身	电视剧	北京卫视	4.2	15.2
24	跨界歌王（7 月 7 日）	综艺	北京卫视	4.2	13.3

续表

名次	节目名称	节目类型	播出频道	平均收视率(%)	平均占有率(%)
25	我爱世界杯：2018 年俄罗斯世界杯开幕式	体育	中央台五套	4.1	26.0
26	硬骨头之绝地归途	电视剧	北京电视台影视频道	4.0	13.3
27	那些年我们正年轻	电视剧	北京卫视	3.9	13.0
28	冰锋	电视剧	北京电视台影视频道	3.8	13.0
29	第 18 届亚运会女子 200 米个人混合泳决赛	体育	中央台五套	3.8	12.6
30	魔都风云	电视剧	北京电视台影视频道	3.8	12.3

表 3.28.8　2018 年北京市场电视剧收视率排名前十位

名次	节目名称	播出频道	平均收视率(%)	平均占有率(%)
1	风筝（26~46 集）	北京卫视	10.2	30.4
2	正阳门下小女人	北京卫视	9.3	29.7
3	娘道	北京卫视	9.2	30.9
4	大江大河	北京卫视	8.7	25.9
5	幸福一家人	北京卫视	7.6	22.7
6	美好生活	北京卫视	7.1	22.4
7	面具（7 月 6 日 ~7 月 27 日）	北京卫视	5.7	19.5
8	真爱的谎言之破冰者	北京卫视	5.5	19.3
9	好久不见	北京卫视	5.4	18.0
10	归去来	北京卫视	4.8	17.8

表 3.28.9　2018 年北京市场新闻节目收视率排名前十位

名次	节目名称	播出频道	平均收视率(%)	平均占有率(%)
1	转播中央台新闻联播	北京卫视	6.3	24.4
2	北京新闻	北京卫视	4.8	22.2
3	今日关注	中央台四套	1.5	5.7
4	海峡两岸	中央台四套	1.4	4.4
5	中国舆论场	中央台四套	1.3	4.1
6	中非共绘新蓝图 2018 年中非合作论坛北京峰会直播特别节目	北京卫视	1.1	4.6
7	今日亚洲	中央台四套	1.1	4.0
8	国务院总理会见中外记者并回答提问	中央电视台综合频道	1.1	3.4
9	上海合作组织青岛峰会特别报道	中央电视台新闻频道	1.0	4.2
10	中国新闻	中央台四套	0.9	3.6

表 3.28.10　2018 年北京市场专题节目收视率排名前十位

名次	节目名称	播出频道	平均收视率（%）	平均占有率（%）
1	一年又一年	北京卫视	9.5	30.5
2	上新了故宫	北京卫视	3.5	11.8
3	向前一步抉择	北京卫视	3.3	12.7
4	生命缘第七季	北京卫视	2.6	11.1
5	生命的礼物第二季	北京卫视	2.2	9.7
6	生命的礼物	北京卫视	2.2	7.6
7	北京榜样 2017 颁奖典礼	北京卫视	2.1	7.6
7	非凡匠心匠心溯源	北京卫视	2.1	7.6
9	舌尖上的中国三	中央电视台综合频道	2.0	5.7
10	改革开放关键一招	北京卫视	1.9	7.8

表 3.28.11　2018 年北京市场综艺节目收视率排名前十位

名次	节目名称	播出频道	平均收视率（%）	平均占有率（%）
1	2018 春晚北京电视台春节联欢晚会（含最美新时代、晚会、最爱中国年）	北京卫视	12.8	40.6
2	2018 中央电视台春节联欢晚会	北京卫视	9.2	26.1
3	跨界喜剧王（10 月 6 日）	北京卫视	7.5	22.8
4	2019 环球跨年冰雪盛典（12 月 31 日）	北京卫视	5.8	20.9
5	欢乐吉祥闹元宵	中央电视台综合频道	5.7	16.5
6	跨界歌王（7 月 7 日）	北京卫视	4.2	13.3
7	大戏看北京	北京卫视	3.6	12.8
8	2018 北京电视台元宵联欢晚会	北京卫视	2.9	13.2
9	梦想的声音 3（11 月 23 日）	浙江卫视	2.9	11.2
10	汉风秋月 2018 中秋晚会	北京卫视	2.9	10.5

表 3.28.12　2018 年北京市场体育节目收视率排名前十位
（世界杯、亚运会、亚残运会、冬奥会比赛除外）

名次	节目名称	播出频道	平均收视率（%）	平均占有率（%）
1	2018 年乒乓球团体世界锦标赛男团决赛	中央台五套	3.6	12.6
2	18/19 赛季 CBA 联赛第 17 轮（北京首钢 VS 北京农商银行）	北京电视台体育频道	2.7	7.5
3	2017/2018 赛季 CBA 季后赛 1/4 决赛第一场（北京首钢 VS 辽宁本钢）	北京电视台体育频道	2.6	8.3
4	世乒赛团体赛女团决赛颁奖仪式	中央台五套	2.4	18.9

续表

名次	节目名称	播出频道	平均收视率（%）	平均占有率（%）
5	2018 年世界女排锦标赛第三阶段（中国 VS 美国）	中央台五套	2.4	13.7
6	2018 年中国足协杯第 5 轮（北京中赫国安 VS 天津泰达）	北京电视台体育频道	2.4	9.1
7	2018 年中超联赛第 28 轮（广州恒大淘宝 VS 上海上港）	中央台五套	2.3	7.0
8	2018 年汤尤杯羽毛球赛汤姆斯杯决赛男双	中央台五套	2.0	13.0
9	2018 年亚洲足联冠军联赛 1/8 决赛次回合（鹿岛鹿角 VS 上海上港）	中央台五套	1.7	6.8
10	2018 年尤伯杯半决赛女单	中央台五套	1.5	7.5

表 3.28.13　2018 年北京市场世界杯、亚运会、亚残运会、冬奥会比赛收视率排名前十位

名次	节目名称	播出频道	平均收视率（%）	平均占有率（%）
1	我爱世界杯：2018 年俄罗斯世界杯足球赛决赛（法国 VS 克罗地亚）	中央台五套	11.9	52.8
2	我爱世界杯：2018 年俄罗斯世界杯闭幕式	中央台五套	6.6	28.5
3	我爱世界杯：2018 年俄罗斯世界杯开幕式	中央台五套	4.1	26.0
4	第 18 届亚运会女子 200 米个人混合泳决赛	中央台五套	3.8	12.6
5	2018 年第 23 届冬奥会短道速滑男子 5000 米接力决赛 A 组	中央台五套	3.8	11.1
6	第 18 届亚运会女子 400 米决赛	中央台五套	3.6	11.6
7	第 18 届亚运会男篮决赛（中国 VS 伊朗）	中央台五套	3.5	10.8
8	第 18 届亚运会男子跳远决赛	中央台五套	3.3	10.8
9	男子跳远颁奖仪式	中央台五套	3.0	17.4
10	2018 年平昌冬奥会闭幕式	中央台五套	3.0	9.3

二十九、上海收视数据

表 3.29.1　2014～2018 年上海市场各类频道的市场占有率（%）

频道类别	年份				
	2014 年	2015 年	2016 年	2017 年	2018 年
中央电视台频道	16.1	14.7	15.1	15.4	17.6
中国教育台频道	0.1	0.0	0.1	0.1	0.1
上海市级频道	56.3	55.4	54.8	51.3	46.9
其他省级卫视频道	15.2	14.4	13.4	14.4	13.4
其他频道	12.3	15.5	16.6	18.8	22.0

表 3.29.2　2018 年上海市场各类频道在不同目标观众中的市场占有率（%）

目标观众		中央电视台频道	中国教育台频道	上海市级频道	其他省级卫视频道	其他频道
4 岁及以上所有人		17.6	0.1	46.9	13.4	22.0
性别	男	20.2	0.1	46.5	12.3	20.9
	女	15.0	0.1	47.3	14.5	23.1
年龄	4～14 岁	17.7	0.3	31.4	19.1	31.5
	15～24 岁	18.8	0.1	42.3	13.4	25.4
	25～34 岁	11.9	0.1	39.1	15.5	33.4
	35～44 岁	14.3	0.1	36.2	18.9	30.5
	45～54 岁	18.8	0.1	49.6	12.9	18.6
	55～64 岁	18.6	0.0	50.8	11.1	19.5
	65 岁及以上	21.4	0.1	54.9	10.7	12.9
教育程度	未受过正规教育	25.9	0.1	43.6	15.0	15.4
	小学	17.4	0.2	49.5	17.1	15.8
	初中	18.5	0.1	52.0	12.5	16.9
	高中	17.8	0.1	50.0	12.1	20.0
	大学及以上	16.1	0.1	40.4	14.5	28.9
职业类别	干部/管理人员	17.2	0.1	36.4	17.4	28.9
	个体/私营企业人员	14.8	0.1	39.3	15.4	30.4
	初级公务员/雇员	15.4	0.1	43.9	14.6	26.0
	工人	20.6	0.2	44.9	16.0	18.3
	学生	16.1	0.2	33.0	17.7	33.0
	无业	19.5	0.1	52.0	11.3	17.1
	其他	26.0	0.1	46.8	11.5	15.6
个人月收入	0～600 元	17.5	0.2	35.3	16.8	30.2
	601～1200 元	33.1	0.0	45.1	7.3	14.5
	1201～1700 元	11.4	0.0	44.2	15.4	29.0
	1701～2600 元	17.0	0.1	52.2	14.3	16.4
	2601～3500 元	19.5	0.0	55.1	10.3	15.1
	3501～5000 元	18.4	0.1	50.0	12.8	18.7
	5001 元及以上	15.6	0.1	39.9	15.0	29.4

表 3.29.3　2018 年上海市场各类频道在不同时段的市场占有率（%）

时间段	中央电视台频道	中国教育台频道	上海市级频道	其他省级卫视频道	其他频道
02:00~03:00	21.5	0.1	25.4	12.6	40.4
03:00~04:00	20.4	0.1	21.2	10.5	47.8
04:00~05:00	23.2	0.1	18.4	13.0	45.3
05:00~06:00	29.3	0.3	17.4	17.3	35.7
06:00~07:00	33.0	0.1	34.3	11.0	21.6
07:00~08:00	14.6	0.1	63.5	4.7	17.1
08:00~09:00	19.2	0.2	55.1	7.1	18.4
09:00~10:00	22.9	0.3	43.1	11.6	22.1
10:00~11:00	21.8	0.3	41.9	12.7	23.3
11:00~12:00	22.6	0.1	43.0	11.6	22.7
12:00~13:00	23.5	0.0	41.5	11.4	23.6
13:00~14:00	22.7	0.2	34.9	15.5	26.7
14:00~15:00	22.4	0.2	32.7	17.4	27.3
15:00~16:00	22.8	0.2	33.5	17.4	26.1
16:00~17:00	24.2	0.2	34.0	17.0	24.6
17:00~18:00	19.4	0.1	47.1	11.8	21.6
18:00~19:00	11.5	0.0	67.9	3.6	17.0
19:00~20:00	13.7	0.0	59.0	11.0	16.3
20:00~21:00	13.9	0.0	51.2	17.2	17.7
21:00~22:00	16.4	0.1	47.6	15.7	20.2
22:00~23:00	13.4	0.1	45.7	16.7	24.1
23:00~24:00	16.1	0.0	39.8	16.0	28.1
24:00~25:00	19.4	0.1	34.0	11.3	35.2
25:00~26:00	19.4	0.1	28.8	11.7	40.0

表 3.29.4　2018 年上海市场收视份额排名前十位的频道

名次	频道名称	收视份额（%）
1	上海电视台新闻综合频道	11.7
2	上海东方卫视	8.4
3	上海电视台电视剧频道	5.9
4	上海东方电影频道	4.4
5	上海电视台五星体育频道	4.2
6	上海电视台娱乐频道	4.1
7	中央台四套	3.6
8	上海电视台星尚频道	2.8
9	中央台五套	2.1
10	中央电视台新闻频道	1.9

表 3. 29. 5 2018 年上海市场各主要频道的观众构成（%）

目标观众		所有频道	上海电视台新闻综合频道	上海东方卫视	上海电视台电视剧频道	上海东方电影频道	上海电视台五星体育频道
4 岁及以上所有人		100.0	100.0	100.0	100.0	100.0	100.0
性别	男	50.6	50.5	46.1	45.8	58.4	63.5
	女	49.4	49.5	53.9	54.2	41.6	36.5
年龄	4~14 岁	3.1	1.8	1.9	1.7	1.3	1.8
	15~24 岁	3.1	2.6	3.0	2.1	2.9	2.8
	25~34 岁	17.0	10.1	15.6	12.0	9.8	16.6
	35~44 岁	11.3	6.7	10.1	6.1	14.7	10.2
	45~54 岁	20.5	19.5	23.6	21.4	28.5	25.9
	55~64 岁	22.7	28.8	24.6	22.0	19.4	27.1
	65 岁及以上	22.3	30.5	21.2	34.7	23.4	15.6
教育程度	未受过正规教育	1.9	1.7	1.5	2.3	1.0	0.3
	小学	6.1	5.9	3.8	9.2	7.2	6.0
	初中	19.7	24.8	18.7	27.2	23.4	15.9
	高中	39.4	44.1	42.9	39.9	42.8	43.9
	大学及以上	32.9	23.5	33.1	21.4	25.6	33.9
职业类别	干部/管理人员	2.9	2.5	2.9	1.4	1.6	2.9
	个体/私营企业人员	3.5	2.7	3.1	3.8	3.3	1.9
	初级公务员/雇员	38.3	29.9	38.1	30.7	41.6	46.7
	工人	3.7	2.7	3.4	4.1	5.3	4.3
	学生	4.1	2.4	2.9	1.9	2.8	4.1
	无业	47.2	59.5	49.5	57.3	44.9	40.0
	其他	0.3	0.3	0.1	0.8	0.5	0.1
个人月收入	0~600 元	7.0	4.8	5.1	4.4	4.1	5.3
	601~1200 元	0.3	0.2	0.1	0.2	0.5	0.4
	1201~1700 元	0.8	1.1	0.5	0.6	1.6	0.5
	1701~2600 元	6.0	7.7	5.2	7.2	6.7	4.9
	2601~3500 元	19.9	27.2	22.7	27.1	18.0	19.7
	3501~5000 元	34.4	37.9	34.0	38.2	41.4	33.1
	5001 元及以上	31.6	21.1	32.4	22.3	27.7	36.1

表 3. 29. 6 2016~2018 年上海市场各类节目的播出份额（%）和收视份额（%）

节目类别	2016 年		2017 年		2018 年	
	播出份额	收视份额	播出份额	收视份额	播出份额	收视份额
财经	2.0	2.0	1.9	1.4	1.9	1.0
电视剧	19.8	24.0	19.9	28.7	20.6	31.9
电影	4.6	4.9	4.5	4.9	4.5	4.4
法制	0.7	1.4	0.8	1.5	0.8	0.9
教学	0.3	0.0	0.2	0.0	0.4	0.0
青少	7.0	2.0	7.2	1.9	7.1	1.8
生活服务	10.3	11.2	9.7	9.9	9.6	9.1
体育	4.0	6.5	4.1	6.3	4.1	8.1
外语	0.1	0.0	0.2	0.0	0.2	0.0

续表

节目类别	2016 年		2017 年		2018 年	
	播出份额	收视份额	播出份额	收视份额	播出份额	收视份额
戏剧	1.7	0.5	1.7	0.5	1.7	0.4
新闻/时事	13.0	14.1	13.6	14.8	13.9	15.4
音乐	1.8	0.8	1.4	0.6	1.4	0.8
专题	13.7	4.9	14.6	5.0	14.1	5.2
综艺	9.7	18.2	8.5	14.0	7.7	10.1
其他	11.3	9.5	11.7	10.5	12.0	10.9

表 3.29.7　2018 年上海市场所有节目收视率排名前三十位

名次	节目名称	节目类型	播出频道	平均收视率（%）	平均占有率（%）
1	追球世界杯：2018 年俄罗斯世界杯决赛（法国 VS 克罗地亚）	体育	上海电视台五星体育频道	9.8	36.4
2	2018 中央电视台春节联欢晚会	综艺	上海东方卫视	8.1	24.9
3	剧耀东方 2018 电视剧品质盛典	综艺	上海东方卫视	7.5	23.2
4	春满东方 2018 东方卫视春节晚会	综艺	上海东方卫视	7.0	25.0
5	风筝	电视剧	上海东方卫视	7.0	21.3
6	同心协力倾情履职谱写中国梦上海新篇章十二届上海市政协履职纪实	专题	上海电视台新闻综合频道	6.9	20.0
7	新闻透视	新闻/时事	上海电视台新闻综合频道	6.6	29.2
8	观众中来	新闻/时事	上海电视台新闻综合频道	6.5	28.2
9	千灯夜放海上迎春豫园灯会	新闻/时事	上海电视台新闻综合频道	6.3	22.2
10	恋爱先生	电视剧	上海东方卫视	6.0	17.9
11	2019 梦圆东方跨年盛典	综艺	上海东方卫视	5.9	24.4
12	新闻报道	新闻/时事	上海电视台新闻综合频道	5.7	27.7
13	追踪者	电视剧	上海电视台新闻综合频道	5.6	16.7
14	欢乐喜剧人（2 月 4 日）	综艺	上海东方卫视	5.6	15.8
15	向更高质量再出发	专题	上海电视台新闻综合频道	5.5	26.0
16	天籁之战（1 月 6 日）	综艺	上海东方卫视	5.3	16.4
17	不忘初心履职为民上海市第十四届人大常委会履职纪实	专题	上海电视台新闻综合频道	5.2	18.2
18	美好生活	电视剧	上海东方卫视	5.2	15.8
19	我和春天有个约会 SMG 主持人歌会	音乐	上海东方卫视	5.2	15.0
20	猎毒人	电视剧	上海东方卫视	5.0	17.2
21	一年又一年	专题	上海东方卫视	4.9	17.1

续表

名次	节目名称	节目类型	播出频道	平均收视率（%）	平均占有率（%）
22	新舞林大会（7月29日）	综艺	上海东方卫视	4.9	17.0
23	面具	电视剧	上海电视台新闻综合频道	4.9	15.6
24	好久不见	电视剧	上海东方卫视	4.8	15.2
25	猎豺狼	电视剧	上海电视台新闻综合频道	4.8	14.8
26	2018年中国足球协会超级联赛第3轮（贵州恒丰VS上海绿地申花）	体育	上海电视台五星体育频道	4.7	13.2
27	娘道	电视剧	上海电视台新闻综合频道	4.6	18.1
28	归去来	电视剧	上海东方卫视	4.6	15.6
29	脱身	电视剧	上海东方卫视	4.5	15.0
30	中国新相亲	综艺	上海东方卫视	4.4	13.5
30	生死连二	电视剧	上海电视台新闻综合频道	4.4	13.5

表3.29.8　2018年上海市场电视剧收视率排名前十位

名次	节目名称	播出频道	平均收视率（%）	平均占有率（%）
1	风筝	上海东方卫视	7.0	21.3
2	恋爱先生	上海东方卫视	6.0	17.9
3	追踪者	上海电视台新闻综合频道	5.6	16.7
4	美好生活	上海东方卫视	5.2	15.8
5	猎毒人	上海东方卫视	5.0	17.2
6	面具	上海电视台新闻综合频道	4.9	15.6
7	好久不见	上海东方卫视	4.8	15.2
8	猎豺狼	上海电视台新闻综合频道	4.8	14.8
9	娘道	上海电视台新闻综合频道	4.6	18.1
10	归去来	上海东方卫视	4.6	15.6

表3.29.9　2018年上海市场新闻节目收视率排名前十位

名次	节目名称	播出频道	平均收视率（%）	平均占有率（%）
1	新闻透视	上海电视台新闻综合频道	6.6	29.2
2	观众中来	上海电视台新闻综合频道	6.5	28.2
3	千灯夜放海上迎春豫园灯会	上海电视台新闻综合频道	6.3	22.2
4	新闻报道	上海电视台新闻综合频道	5.7	27.7
5	新闻坊	上海电视台新闻综合频道	3.7	23.7
6	上海市人民政府记者招待会	上海电视台新闻综合频道	2.3	6.9
7	转播中央台新闻联播	上海东方卫视	2.1	8.8
8	新闻夜线	上海电视台新闻综合频道	2.0	8.2
9	东方新闻	上海东方卫视	1.9	9.9
10	1/7	上海电视台新闻综合频道	1.9	6.1

表 3.29.10　2018 年上海市场专题节目收视率排名前十位

名次	节目名称	播出频道	平均收视率(%)	平均占有率(%)
1	同心协力倾情履职谱写中国梦上海新篇章十二届上海市政协履职纪实	上海电视台新闻综合频道	6.9	20.0
2	向更高质量再出发	上海电视台新闻综合频道	5.5	26.0
3	不忘初心履职为民上海市第十四届人大常委会履职纪实	上海电视台新闻综合频道	5.2	18.2
4	一年又一年	上海东方卫视	4.9	17.1
5	可凡和他的朋友们	上海东方卫视	3.8	12.5
6	向世界敞开中国机遇首届中国国际进口博览会开幕倒计时 100 天	上海电视台新闻综合频道	2.1	7.3
7	陈蓉朋友圈	上海电视台娱乐频道	1.7	5.4
8	听院长说	上海电视台娱乐频道	1.6	5.0
9	等待你归来	上海电视台娱乐频道	1.4	5.7
10	世界爸妈说	上海电视台娱乐频道	1.4	4.7

表 3.29.11　2018 年上海市场综艺节目收视率排名前十位

名次	节目名称	播出频道	平均收视率(%)	平均占有率(%)
1	2018 中央电视台春节联欢晚会	上海东方卫视	8.1	24.9
2	剧耀东方 2018 电视剧品质盛典	上海东方卫视	7.5	23.2
3	春满东方 2018 东方卫视春节晚会	上海东方卫视	7.0	25.0
4	2019 梦圆东方跨年盛典	上海东方卫视	5.9	24.4
5	欢乐喜剧人（2 月 4 日）	上海东方卫视	5.6	15.8
6	天籁之战（1 月 6 日）	上海东方卫视	5.3	16.4
7	新舞林大会（7 月 29 日）	上海东方卫视	4.9	17.0
8	中国新相亲	上海东方卫视	4.4	13.5
9	东方历年春晚大赏	上海东方卫视	3.8	20.4
10	极限挑战	上海东方卫视	3.6	11.9

表 3.29.12　2018 年上海市场体育节目收视率排名前十位
(世界杯、亚运会、亚残运会、冬奥会比赛除外)

名次	节目名称	播出频道	平均收视率(%)	平均占有率(%)
1	2018 年中国足球协会超级联赛第 3 轮(贵州恒丰 VS 上海绿地申花)	上海电视台五星体育频道	4.7	13.2
2	G 赛场：2018 年中国足协超级杯(广州恒大淘宝 VS 上海绿地申花)	上海电视台五星体育频道	3.6	10.7
3	现场直播：2018 年亚洲足联冠军联赛1/8决赛次回合（鹿岛鹿角 VS 上海上港）	中央台五套	3.4	12.0
4	颁奖仪式	上海电视台五星体育频道	3.3	15.5
5	G 赛场：2018 年中国足协杯第 5 轮(上海上港 VS 北京人和)	上海电视台五星体育频道	3.1	9.5

续表

名次	节目名称	播出频道	平均收视率（%）	平均占有率（%）
6	现场直播：2018 年乒乓球团体世界锦标赛男团决赛	中央台五套	2.9	9.0
7	弈棋耍大牌	上海电视台五星体育频道	2.7	13.9
8	2017/2018 赛季中国女子排球超级联赛决赛第七场（上海光明优倍 VS 天津渤海银行）	上海电视台五星体育频道	2.6	8.9
9	G 赛场：2018 年中国男足国际热身赛（中国 VS 泰国）	上海电视台五星体育频道	2.2	7.5
10	G 赛场：2018 年中国足协中国之队国际足球赛（中国 VS 缅甸）	上海电视台五星体育频道	2.2	7.0

表 3.29.13　2018 年上海市场世界杯、亚运会、亚残运会、冬奥会比赛收视率排名前十位

名次	节目名称	播出频道	平均收视率（%）	平均占有率（%）
1	追球世界杯：2018 年俄罗斯世界杯决赛（法国 VS 克罗地亚）	上海电视台五星体育频道	9.8	36.4
2	2018 年第 23 届冬奥会短道速滑男子 500 米决赛 A 组	中央台五套	2.9	9.3
3	第 18 届亚运会男子链球决赛	中央台五套	2.5	9.5
4	第 18 届亚运会男子十项全能标枪	中央台五套	2.3	8.0
5	超 G 竞彩@世界杯	上海电视台五星体育频道	2.3	7.8
6	相聚雅加达：第 18 届亚运会体操单项女子高低杠决赛	上海电视台五星体育频道	2.0	7.4
7	相聚雅加达：第 18 届亚运会女子4×100 米混合泳接力决赛	上海电视台五星体育频道	1.9	6.8
8	G 赛场 2018 平昌冬奥会开幕式	上海电视台五星体育频道	1.9	5.7
9	冰雪奇缘平昌冬奥会闭幕式	上海电视台五星体育频道	1.9	5.5
10	第 18 届亚运会女排半决赛（中国 VS 日本）	中央台五套	1.5	6.8

三十、天津收视数据

表 3.30.1 2014～2018 年天津市场各类频道的市场占有率（%）

频道类别	年份				
	2014 年	2015 年	2016 年	2017 年	2018 年
中央电视台频道	29.4	30.2	29.0	27.4	28.4
中国教育台频道	0.3	0.2	0.1	0.1	0.1
天津市级频道	32.0	27.3	26.8	28.8	29.3
其他省级卫视频道	29.3	31.1	32.0	27.8	23.4
其他频道	9.0	11.2	12.1	15.9	18.8

表 3.30.2 2018 年天津市场各类频道在不同目标观众中的市场占有率（%）

目标观众		中央电视台频道	中国教育台频道	天津市级频道	其他省级卫视频道	其他频道
4 岁及以上所有人		28.4	0.1	29.3	23.4	18.8
性别	男	30.8	0.1	28.6	21.9	18.6
	女	26.1	0.1	30.1	24.9	18.8
年龄	4～14 岁	21.4	0.1	21.7	28.1	28.7
	15～24 岁	23.1	0.1	25.7	22.7	28.4
	25～34 岁	22.6	0.1	23.9	29.4	24.0
	35～44 岁	28.2	0.1	19.2	26.3	26.2
	45～54 岁	25.9	0.2	31.9	22.0	20.0
	55～64 岁	30.0	0.1	33.7	22.3	13.9
	65 岁及以上	37.7	0.1	34.6	19.0	8.6
教育程度	未受过正规教育	26.6	0.1	30.2	25.3	17.8
	小学	29.5	0.1	36.0	19.8	14.6
	初中	29.7	0.1	31.5	21.9	16.8
	高中	28.8	0.1	27.0	24.7	19.4
	大学及以上	25.3	0.0	23.6	26.4	24.7
职业类别	干部/管理人员	27.1	0.0	20.9	26.5	25.5
	个体/私营企业人员	25.5	0.1	28.4	23.6	22.4
	初级公务员/雇员	25.7	0.0	24.9	27.3	22.1
	工人	27.1	0.1	28.8	24.4	19.6
	学生	24.1	0.1	23.1	25.9	26.8
	无业	30.4	0.1	31.8	21.9	15.8
	其他	34.5	0.1	35.8	17.7	11.9
个人月收入	0～600 元	24.3	0.2	28.8	24.2	22.5
	601～1200 元	34.3	0.1	37.3	19.0	9.3
	1201～1700 元	33.6	0.1	33.1	21.0	12.2
	1701～2600 元	27.0	0.1	33.5	24.7	14.7
	2601～3500 元	32.7	0.1	28.1	21.2	17.9
	3501～5000 元	27.9	0.1	24.7	23.8	23.5
	5001 元及以上	27.7	0	21.5	26.5	24.3

表 3.30.3 2018 年天津市场各类频道在不同时段的市场占有率（%）

时间段	中央电视台频道	中国教育台频道	天津市级频道	其他省级卫视频道	其他频道
02:00～03:00	27.5	0.1	20.6	21.4	30.4
03:00～04:00	28.7	0.1	24.0	18.1	29.1
04:00～05:00	27.3	0.2	26.5	17.6	28.4
05:00～06:00	29.6	0.2	28.7	18.1	23.4
06:00～07:00	44.0	0.1	22.9	16.0	17.0
07:00～08:00	37.3	0.1	33.1	14.1	15.4
08:00～09:00	33.9	0.1	30.8	17.5	17.7
09:00～10:00	31.6	0.1	22.2	26.3	19.8
10:00～11:00	29.5	0.1	20.3	29.1	21.0
11:00～12:00	30.7	0.1	21.1	27.5	20.6
12:00～13:00	33.0	0.1	23.1	24.0	19.8
13:00～14:00	32.0	0.2	20.7	26.2	20.9
14:00～15:00	31.8	0.2	15.6	30.3	22.1
15:00～16:00	31.6	0.2	15.7	31.1	21.4
16:00～17:00	31.4	0.2	18.5	29.8	20.1
17:00～18:00	25.6	0.1	32.1	23.3	18.9
18:00～19:00	22.2	0.0	52.3	9.3	16.2
19:00～20:00	28.7	0.0	40.7	15.0	15.6
20:00～21:00	25.5	0.1	32.6	26.4	15.4
21:00～22:00	27.6	0.1	30.8	24.9	16.6
22:00～23:00	24.7	0.1	28.4	26.2	20.6
23:00～24:00	27.6	0.1	18.1	29.3	24.9
24:00～25:00	28.2	0.1	16.2	26.6	28.9
25:00～26:00	26.5	0.1	18.1	25.3	30.0

表 3.30.4 2018 年天津市场收视份额排名前十位的频道

名次	频道名称	收视份额（%）
1	天津电视台三套（影视频道）	7.8
2	中央电视台综合频道	3.9
3	天津电视台二套（文艺频道）	3.8
4	天津电视台五套（体育频道）	3.7
5	中央台四套	3.4
6	中央台三套	3.1
7	中央台六套	3.0
7	天津卫视	3.0
9	中央台五套	2.9
10	天津电视台一套（新闻频道）	2.7

表 3.30.5　2018 年天津市场各主要频道的观众构成（%）

目标观众		所有频道	主要频道				
			天津电视台三套（影视频道）	中央电视台综合频道	天津电视台二套（文艺频道）	天津电视台五套(体育频道)	中央台四套
4 岁及以上所有人		100.0	100.0	100.0	100.0	100.0	100.0
性别	男	49.6	49.2	48.9	43.8	59.2	59.0
	女	50.4	50.8	51.1	56.2	40.8	41.0
年龄	4～14 岁	5.4	4.2	3.4	2.3	2.7	2.2
	15～24 岁	6.4	5.7	4.8	5.9	5.2	3.1
	25～34 岁	15.4	9.1	14.3	11.0	12.6	9.1
	35～44 岁	10.3	6.2	5.0	6.5	6.9	6.4
	45～54 岁	22.6	29.3	15.5	19.4	25.7	20.6
	55～64 岁	19.0	20.7	23.8	22.0	23.9	19.4
	65 岁及以上	20.8	24.8	33.3	32.8	23.1	39.2
教育程度	未受过正规教育	3.2	2.6	3.1	2.6	1.9	2.3
	小学	15.1	21.7	19.2	23.7	17.3	12.7
	初中	33.7	41.3	31.6	34.0	33.6	38.9
	高中	29.7	23.6	30.3	26.8	31.0	32.2
	大学及以上	18.3	10.8	15.8	12.9	16.2	14.0
职业类别	干部/管理人员	2.5	0.9	2.1	1.9	1.5	2.3
	个体/私营企业人员	12.8	14.6	9.0	11.0	12.8	9.8
	初级公务员/雇员	16.5	12.1	13.9	11.8	16.7	12.6
	工人	9.6	9.9	6.7	7.0	9.3	8.5
	学生	6.7	5.9	5.4	5.3	4.0	3.5
	无业	45.9	48.1	55.1	52.3	49.2	58.2
	其他	6.0	8.6	7.8	10.7	6.6	5.1
个人月收入	0～600 元	23.9	25.5	21.3	23.7	17.4	15.6
	601～1200 元	5.2	7.7	8.0	7.1	8.2	5.2
	1201～1700 元	4.5	6.4	5.1	4.6	4.8	6.1
	1701～2600 元	24.1	26.1	23.7	28.5	28.5	26.2
	2601～3500 元	21.8	18.4	25.8	21.9	22.4	27.5
	3501～5000 元	13.4	11.6	10.3	9.4	12.8	14.3
	5001 元及以上	7.0	4.4	5.7	4.8	5.9	5.2

表 3.30.6　2016～2018 年天津市场各类节目的播出份额（%）和收视份额（%）

节目类别	2016 年		2017 年		2018 年	
	播出份额	收视份额	播出份额	收视份额	播出份额	收视份额
财经	1.2	0.4	1.0	0.4	1.1	0.4
电视剧	20.6	31.1	21.0	31.2	20.8	31.1
电影	3.9	4.2	3.7	3.6	3.7	3.7
法制	1.5	1.4	1.7	1.6	1.5	2.1
教学	0.2	0.0	0.3	0.0	0.4	0.0
青少	7.0	3.2	7.4	4.7	7.4	5.1
生活服务	9.0	7.9	8.1	7.3	8.1	7.3

续表

节目类别	2016 年		2017 年		2018 年	
	播出份额	收视份额	播出份额	收视份额	播出份额	收视份额
体育	3.9	4.6	4.0	4.5	3.9	6.0
外语	0.0	0.0	0.1	0.0	0.1	0.0
戏剧	0.8	0.4	0.8	0.5	0.8	0.6
新闻/时事	13.8	11.2	14.6	11.0	15.0	10.8
音乐	1.8	1.2	1.4	1.1	1.4	1.0
专题	14.8	6.6	15.0	6.6	15.2	6.9
综艺	9.9	16.8	9.2	16.9	9.0	15.1
其他	11.7	10.9	11.7	10.6	11.7	9.8

表 3.30.7　2018 年天津市场所有节目收视率排名前三十位

名次	节目名称	节目类别	播出频道	平均收视率（%）	平均占有率（%）
1	2018 中央电视台春节联欢晚会	综艺	中央电视台综合频道	10.2	23.1
2	2018 年世界杯小组赛 D 组第一轮（阿根廷 VS 冰岛）	体育	中央台五套	9.4	29.9
3	旗开得胜斗地主电视擂台赛（12 月 13 日）	综艺	天津电视台五套（体育频道）	7.2	27.4
4	欢乐吉祥闹元宵	综艺	中央电视台综合频道	6.4	18.2
5	2018 年中国足球协会超级联赛第 3 轮（天津泰达 VS 天津权健）	体育	天津电视台五套（体育频道）	5.1	13.9
6	2017 ~ 2018 中国女子排球超级联赛颁奖仪式	体育	天津电视台五套（体育频道）	5.0	24.3
7	开学第一课	青少	中央电视台综合频道	4.8	13.5
8	摧毁	电视剧	天津电视台三套（影视频道）	4.7	16.0
9	浴血红颜	电视剧	天津电视台三套（影视频道）	4.7	15.9
10	第 18 届亚运会男子 100 米决赛	体育	中央台五套	4.6	22.9
11	女匪首传奇	电视剧	天津电视台三套（影视频道）	4.6	15.4
12	生死迷情	电视剧	天津电视台三套（影视频道）	4.6	15.1
13	猎狼行动	电视剧	天津电视台三套（影视频道）	4.6	14.5
14	让爱回家（49 集）	电视剧	天津电视台二套（文艺频道）	4.6	13.5
15	打土匪	电视剧	天津电视台三套（影视频道）	4.4	14.8
16	守护者	电视剧	天津电视台三套（影视频道）	4.4	13.8
16	硬骨头之绝地归途	电视剧	天津电视台三套（影视频道）	4.4	13.8

续表

名次	节目名称	节目类别	播出频道	平均收视率（%）	平均占有率（%）
18	2018 年世界女排锦标赛第三阶段 H 组第三轮（荷兰 VS 中国）	体育	中央台五套	4.3	15.7
19	生死一线	电视剧	天津电视台三套（影视频道）	4.3	14.8
20	2018 年乒乓球团体世界锦标赛男团决赛	体育	中央台五套	4.3	14.4
21	雪地娘子军	电视剧	天津电视台三套（影视频道）	4.3	13.7
22	浪花淘尽	电视剧	天津电视台三套（影视频道）	4.3	13.6
23	使命 1915	电视剧	天津电视台三套（影视频道）	4.3	12.2
24	第 18 届亚运会女排半决赛（中国 VS 日本）	体育	中央台五套	4.2	16.1
25	救赎者	电视剧	天津电视台三套（影视频道）	4.1	12.3
26	雪海孤狼	电视剧	天津电视台三套（影视频道）	4.1	11.7
27	烽火英雄	电视剧	天津电视台三套（影视频道）	4.0	12.8
28	一路有你	电视剧	天津电视台二套（文艺频道）	3.9	12.5
29	第 18 届亚运会女子 4×100 米混合泳接力决赛	体育	中央台五套	3.9	11.7
30	刀尖（15－33 集）	电视剧	天津电视台三套（影视频道）	3.9	11.5

表 3.30.8　2018 年天津市场电视剧收视率排名前十位

名次	节目名称	播出频道	平均收视率（%）	平均占有率（%）
1	摧毁	天津电视台三套（影视频道）	4.7	16.0
2	浴血红颜	天津电视台三套（影视频道）	4.7	15.9
3	女匪首传奇	天津电视台三套（影视频道）	4.6	15.4
4	生死迷情	天津电视台三套（影视频道）	4.6	15.1
5	猎狼行动	天津电视台三套（影视频道）	4.6	14.5
6	让爱回家（49 集）	天津电视台二套（文艺频道）	4.6	13.5
7	打土匪	天津电视台三套（影视频道）	4.4	14.8
8	守护者	天津电视台三套（影视频道）	4.4	13.8
8	硬骨头之绝地归途	天津电视台三套（影视频道）	4.4	13.8
10	生死一线	天津电视台三套（影视频道）	4.3	14.8

表 3.30.9 2018 年天津市场新闻节目收视率排名前十位

名次	节目名称	播出频道	平均收视率（%）	平均占有率（%）
1	都市报道 60 分	天津电视台一套（新闻频道）	2.8	10.1
2	新闻联播	中央电视台综合频道	1.8	6.2
3	国务院总理会见中外记者并回答提问	中央电视台综合频道	1.6	4.5
4	海峡两岸	中央台四套	1.3	3.8
5	上海合作组织青岛峰会特别报道	中央台四套	1.3	3.7
6	今日关注	中央台四套	1.2	4.4
7	焦点访谈	中央电视台综合频道	1.2	3.6
8	中国舆论场	中央台四套	1.2	3.5
9	热播 1 小时	天津电视台一套（新闻频道）	1.1	5.9
10	今日亚洲	中央台四套	1.0	3.1

表 3.30.10 2018 年天津市场专题节目收视率排名前十位

名次	节目名称	播出频道	平均收视率（%）	平均占有率（%）
1	一年又一年	中央电视台综合频道	2.8	9.6
2	感动中国 2017 年度人物颁奖盛典	中央电视台综合频道	2.2	6.2
3	习近平主席的上合时间	中央电视台综合频道	1.8	6.7
4	相知无远近万里尚为邻 2018 年 7 月习近平主席亚非行纪实	中央电视台综合频道	1.7	5.4
5	扎扎实实提高质量	中央电视台综合频道	1.7	4.8
6	315 共建秩序共享品质	中央台二套	1.6	6.1
7	等着我	中央电视台综合频道	1.4	8.2
8	舌尖上的中国 3	中央电视台综合频道	1.4	3.8
9	海上丝路看今朝 2018 年习近平主席亚太之行	中央电视台综合频道	1.3	4.3
10	重返狼群	中央台六套	1.2	3.5

表 3.30.11 2018 年天津市场综艺节目收视率排名前十位

名次	节目名称	播出频道	平均收视率（%）	平均占有率（%）
1	2018 中央电视台春节联欢晚会	中央电视台综合频道	10.2	23.1
2	旗开得胜斗地主电视擂台赛（12 月 13 日）	天津电视台五套（体育频道）	7.2	27.4
3	欢乐吉祥闹元宵	中央电视台综合频道	6.4	18.2
4	跨界喜剧王（8 月 18 日）	北京卫视	2.9	10.4
5	开门大吉（12 月 10 日）	中央台三套	2.9	8.7
6	越战越勇（1 月 31 日）	中央台三套	2.9	8.1
7	黄金 100 秒（2 月 20 日）	中央台三套	2.8	7.8
8	声临其境（3 月 10 日）	湖南卫视	2.6	12.9
9	无限歌谣季（7 月 8 日）	江苏卫视	2.6	12.5
10	喜到福到好运到 2018 年春晚倒计时	中央台三套	2.5	8.4

表 3.30.12　2018 年天津市场体育节目收视率排名前十位
（世界杯、亚运会、亚残运会、冬奥会比赛除外）

名次	节目名称	播出频道	平均收视率（%）	平均占有率（%）
1	2018 年中国足球协会超级联赛第 3 轮（天津泰达 VS 天津权健）	天津电视台五套（体育频道）	5.1	13.9
2	2017～2018 中国女子排球超级联赛颁奖仪式	天津电视台五套（体育频道）	5.0	24.3
3	2018 年世界女排锦标赛第三阶段 H 组第三轮（荷兰 VS 中国）	中央台五套	4.3	15.7
4	2018 年乒乓球团体世界锦标赛男团决赛	中央台五套	4.3	14.4
5	2018/2019 赛季中国女子排球超级联赛第二阶段（天津 VS 北京）	天津电视台五套（体育频道）	3.7	11.2
6	2018 年亚洲足联冠军联赛 F 组第 3 轮（上海上港 VS 蔚山）	中央台五套	3.4	9.9
7	2018 年汤尤杯羽毛球赛汤姆斯杯决赛男双	中央台五套	3.1	17.8
8	参与 2018 中超联赛开幕式	天津电视台五套（体育频道）	2.3	7.8
9	2018 年中国足球协会超级联赛第 22 轮（天津权健 VS 大连一方）	天津电视台五套（体育频道）	2.2	11.9
10	2018 年中国之队国际足球友谊赛（中国 VS 叙利亚）	中央台五套	2.2	7.7

表 3.30.13　2018 年天津市场世界杯、亚运会、亚残运会、冬奥会比赛收视率排名前十位

名次	节目名称	播出频道	平均收视率（%）	平均占有率（%）
1	我爱世界杯：2018 年世界杯小组赛 D 组第一轮（阿根廷 VS 冰岛）	中央台五套	9.4	29.9
2	第 18 届亚运会男子 100 米决赛	中央台五套	4.6	22.9
3	第 18 届亚运会女排半决赛（中国 VS 日本）	中央台五套	4.2	16.1
4	第 18 届亚运会女子 4×100 米混合泳接力决赛	中央台五套	3.9	11.7
5	第 18 届亚运会女足决赛（日本 VS 中国）	中央台五套	3.4	10.3
6	2018 年第 23 届冬奥会短道速滑男子 5000 米接力决赛 A 组	中央台五套	3.4	9.1
7	第 18 届亚运会乒乓球男团决赛	中央台五套	3.3	11.0
8	第 18 届亚运会男篮决赛（中国 VS 伊朗）	中央台五套	3.2	9.1
9	男子 200 米自由泳颁奖仪式	中央台五套	3.1	7.9
10	第 18 届亚运会女子个人花剑决赛	中央台五套	3.0	9.0

三十一、重庆收视数据

表 3.31.1　2014～2018 年重庆市场各类频道的市场占有率（%）

频道类别	年份				
	2014 年	2015 年	2016 年	2017 年	2018 年
中央电视台频道	27.1	26.6	27.7	27.1	26.6
中国教育台频道	0.2	0.1	0.1	0.1	0.1
重庆市级频道	26.5	26.6	24.3	22.5	23.6
其他省级卫视频道	36.9	36.7	34.8	30.4	25.1
其他频道	9.3	10.0	13.1	19.9	24.6

表 3.31.2　2018 年重庆市场各类频道在不同目标观众中的市场占有率（%）

目标观众		中央电视台频道	中国教育台频道	重庆市级频道	其他省级卫视频道	其他频道
4 岁及以上所有人		26.6	0.1	23.6	25.1	24.6
性别	男	28.2	0.1	23.5	24.1	24.1
	女	25.2	0.1	23.7	26.1	24.9
年龄	4～14 岁	15.6	0.1	22.3	25.0	37.0
	15～24 岁	23.5	0.1	13.1	32.6	30.7
	25～34 岁	16.2	0.0	19.2	33.5	31.1
	35～44 岁	25.1	0.1	18.1	23.6	33.1
	45～54 岁	26.2	0.1	22.2	27.8	23.7
	55～64 岁	28.0	0.1	28.1	23.3	20.5
	65 岁及以上	36.7	0.1	28.8	18.9	15.5
教育程度	未受过正规教育	21.0	0.1	28.0	28.3	22.6
	小学	27.8	0.1	27.2	22.7	22.2
	初中	27.7	0.1	24.2	24.4	23.6
	高中	23.8	0.1	20.4	27.2	28.5
	大学及以上	28.5	0.1	13.3	29.1	29.0
职业类别	干部/管理人员	20.2	0.1	12.7	29.0	38.0
	个体/私营企业人员	25.8	0.1	20.0	26.2	27.9
	初级公务员/雇员	25.6	0.1	20.5	33.4	20.4
	工人	23.2	0.1	21.5	25.9	29.3
	学生	17.0	0.1	19.1	25.4	38.4
	无业	30.5	0.1	25.7	23.1	20.6
	其他	24.7	0.2	29.8	27.1	18.2
个人月收入	0～600 元	22.2	0.1	21.8	27.4	28.5
	601～1200 元	28.5	0.1	26.8	26.4	18.2
	1201～1700 元	31.0	0.1	30.7	22.3	15.9
	1701～2600 元	29.9	0.1	24.9	24.1	21.0
	2601～3500 元	26.2	0.1	23.7	23.3	26.7
	3501～5000 元	26.6	0.0	19.6	23.3	30.5
	5001 元及以上	29.6	0.1	11.4	27.5	31.4

表 3.31.3　2018 年重庆市场各类频道在不同时段的市场占有率（%）

时间段	中央电视台频道	中国教育台频道	重庆市级频道	其他省级卫视频道	其他频道
02:00~03:00	28.2	0.1	16.5	24.0	31.2
03:00~04:00	26.7	0.1	22.1	21.1	30.0
04:00~05:00	23.9	0.1	27.8	20.7	27.5
05:00~06:00	27.8	0.1	29.4	19.2	23.5
06:00~07:00	41.3	0.1	25.1	12.4	21.1
07:00~08:00	44.5	0.2	21.9	13.5	19.9
08:00~09:00	38.3	0.1	19.1	19.8	22.7
09:00~10:00	29.9	0.1	17.3	26.0	26.7
10:00~11:00	28.4	0.1	15.1	28.2	28.2
11:00~12:00	31.7	0.1	15.4	26.4	26.4
12:00~13:00	33.8	0.0	17.7	22.4	26.1
13:00~14:00	29.8	0.1	14.2	27.2	28.7
14:00~15:00	26.6	0.1	13.1	31.3	28.9
15:00~16:00	25.8	0.1	12.7	32.9	28.5
16:00~17:00	25.9	0.2	14.0	32.0	27.9
17:00~18:00	24.4	0.1	21.1	27.2	27.2
18:00~19:00	23.0	0.0	39.4	13.0	24.6
19:00~20:00	25.2	0.0	34.1	19.9	20.8
20:00~21:00	22.5	0.0	31.0	27.4	19.1
21:00~22:00	24.9	0.1	29.6	24.9	20.5
22:00~23:00	22.9	0.1	23.6	28.2	25.2
23:00~24:00	24.7	0.1	13.9	31.8	29.5
24:00~25:00	27.6	0.1	11.4	28.2	32.7
25:00~26:00	27.9	0.1	13.3	26.9	31.8

表 3.31.4　2018 年重庆市场收视份额排名前十位的频道

名次	频道名称	收视份额（%）
1	重庆电视台影视频道（一套）	5.0
2	重庆卫视	4.2
3	中央台八套	3.9
4	中央电视台综合频道	3.8
5	重庆电视台文体娱乐频道（五套）	3.6
6	中央台四套	3.3
7	中央台六套	3.2
8	重庆电视台都市频道（四套）	2.9
8	重庆电视台新闻频道（二套）	2.9
8	中央台三套	2.9

表 3.31.5　2018 年重庆市场各主要频道的观众构成（%）

目标观众		所有频道	主要频道				
			重庆电视台影视频道(一套)	重庆卫视	中央台八套	中央电视台综合频道	重庆电视台文体娱乐频道（五套）
4 岁及以上所有人		100.0	100.0	100.0	100.0	100.0	100.0
性别	男	48.8	48.4	51.3	41.7	51.9	55.2
	女	51.2	51.6	48.7	58.3	48.1	44.8
年龄	4～14 岁	9.6	5.3	7.0	2.2	4.8	6.5
	15～24 岁	5.4	2.6	2.9	1.6	2.0	1.0
	25～34 岁	11.1	4.8	6.6	3.3	9.2	8.2
	35～44 岁	9.5	5.7	7.3	7.4	5.0	6.0
	45～54 岁	22.7	23.5	20.2	25.1	19.5	19.3
	55～64 岁	17.7	24.1	19.1	23.5	17.7	25.8
	65 岁及以上	24.0	34.0	36.9	36.9	41.8	33.2
教育程度	未受过正规教育	5.0	5.7	5.3	7.5	4.8	9.4
	小学	28.9	36.8	35.7	41.6	30.8	30.8
	初中	36.7	39.5	38.7	35.3	38.1	38.7
	高中	21.2	14.8	15.8	12.0	15.3	17.5
	大学及以上	8.2	3.2	4.5	3.6	11.0	3.6
职业类别	干部/管理人员	1.6	0.4	0.9	0.8	2.2	0.8
	个体/私营企业人员	8.3	6.7	8.0	7.4	6.5	5.5
	初级公务员/雇员	7.0	4.6	4.7	8.7	6.7	6.3
	工人	17.4	15.8	14.4	16.7	12.1	11.1
	学生	9.4	4.7	6.6	2.5	4.5	4.6
	无业	49.3	53.2	56.1	55.8	63.6	63.2
	其他	7.0	14.6	9.3	8.1	4.4	8.5
个人月收入	0～600 元	29.8	26.6	25.9	20.9	27.2	24.0
	601～1200 元	11.3	11.9	14.2	17.9	11.6	16.0
	1201～1700 元	8.4	13.6	13.4	7.1	11.4	10.1
	1701～2600 元	22.3	26.5	24.6	32.4	21.6	24.8
	2601～3500 元	17.1	16.0	14.8	12.6	15.9	16.2
	3501～5000 元	7.6	4.8	5.2	3.9	8.3	7.8
	5001 元及以上	3.5	0.6	1.9	5.2	4.0	1.1

表 3.31.6　2016～2018 年重庆市场各类节目的播出份额（%）和收视份额（%）

节目类别	2016 年		2017 年		2018 年	
	播出份额	收视份额	播出份额	收视份额	播出份额	收视份额
财经	1.3	0.4	1.1	0.4	1.1	0.5
电视剧	21.7	36.3	22.1	36.4	22.1	33.8
电影	3.5	4.3	3.6	4.6	4.0	4.2
法制	1.0	0.6	1.2	0.7	1.0	0.9
教学	0.2	0.1	0.2	0.0	0.3	0.0
青少	6.9	4.8	7.3	5.5	7.3	5.5
生活服务	9.2	7.1	8.4	6.8	8.0	7.2

续表

节目类别	2016 年		2017 年		2018 年	
	播出份额	收视份额	播出份额	收视份额	播出份额	收视份额
体育	3.0	1.6	3.2	1.2	3.2	2.3
外语	0.0	0.0	0.1	0.0	0.1	0.0
戏剧	0.8	0.1	0.8	0.1	0.7	0.1
新闻/时事	14.1	11.4	14.5	11.7	14.8	12.0
音乐	1.9	0.9	1.5	1.0	1.4	1.1
专题	13.7	6.0	14.1	6.0	13.8	6.7
综艺	9.1	13.7	7.9	12.5	7.7	11.7
其他	13.6	12.7	14.0	13.1	14.5	14.0

表 3.31.7　2018 年重庆市场所有节目收视率排名前三十位

名次	节目名称	节目类型	播出频道	平均收视率（%）	平均占有率（%）
1	2018 中央电视台春节联欢晚会	综艺	中央电视台综合频道	6.1	17.6
2	我爱世界杯：2018 年俄罗斯世界杯足球赛决赛（法国 VS 克罗地亚）	体育	中央台五套	5.3	37.5
3	开学第一课	青少	中央电视台综合频道	4.3	15.0
4	小妮扛枪	电视剧	重庆电视台影视频道（一套）	4.3	14.9
5	猎王刀	电视剧	重庆电视台影视频道（一套）	4.2	14.0
6	猎金行动	电视剧	重庆电视台影视频道（一套）	4.1	13.9
7	尖锋特战队	电视剧	重庆电视台文体娱乐频道（五套）	4.1	13.1
8	功夫姐妹	电视剧	重庆电视台影视频道（一套）	4.0	13.4
9	决胜	电视剧	重庆电视台影视频道（一套）	4.0	12.1
10	女匪首传奇	电视剧	重庆电视台影视频道（一套）	3.9	14.4
11	勇者	电视剧	重庆电视台影视频道（一套）	3.7	13.1
12	浴血重生	电视剧	重庆电视台影视频道（一套）	3.7	12.8
13	决战江桥	电视剧	重庆电视台影视频道（一套）	3.5	11.8
14	热血男儿	电视剧	重庆电视台影视频道（一套）	3.4	11.7
15	红线	电视剧	重庆电视台影视频道（一套）	3.3	11.5
16	冰锋	电视剧	重庆电视台影视频道（一套）	3.3	11.4
17	铁血荣耀	电视剧	重庆电视台影视频道（一套）	3.2	11.8
18	浪花淘尽	电视剧	重庆电视台影视频道（一套）	3.2	11.3
19	伞兵队	电视剧	重庆电视台文体娱乐频道（五套）	3.2	10.3
20	异口同声（5 月 12 日）	综艺	浙江卫视	3.1	11.8
21	乱世丽人行	电视剧	重庆电视台影视频道（一套）	3.1	9.9
22	霹雳刺刀	电视剧	重庆电视台文体娱乐频道（五套）	3.1	9.4
23	虎狼交锋	电视剧	重庆电视台文体娱乐频道（五套）	3.1	9.3

续表

名次	节目名称	节目类型	播出频道	平均收视率（%）	平均占有率（%）
24	昙花梦	电视剧	重庆电视台影视频道（一套）	3.0	10.9
25	热血特战队	电视剧	重庆电视台文体娱乐频道（五套）	3.0	10.8
26	山河同在	电视剧	重庆电视台文体娱乐频道（五套）	3.0	10.1
27	第一声枪响	电视剧	重庆电视台影视频道（一套）	3.0	9.5
28	血色枪神	电视剧	重庆电视台文体娱乐频道（五套）	3.0	8.5
29	心如铁	电视剧	重庆卫视	2.9	8.0
30	舞力觉醒（1月5日）	综艺	北京卫视	2.8	9.6

表 3.31.8　2018 年重庆市场电视剧收视率排名前十位

名次	节目名称	播出频道	平均收视率（%）	平均占有率（%）
1	小妮扛枪	重庆电视台影视频道（一套）	4.3	14.9
2	猎王刀	重庆电视台影视频道（一套）	4.2	14.0
3	猎金行动	重庆电视台影视频道（一套）	4.1	13.9
4	尖锋特战队	重庆电视台文体娱乐频道（五套）	4.1	13.1
5	功夫姐妹	重庆电视台影视频道（一套）	4.0	13.4
6	决胜	重庆电视台影视频道（一套）	4.0	12.1
7	女匪首传奇	重庆电视台影视频道（一套）	3.9	14.4
8	勇者	重庆电视台影视频道（一套）	3.7	13.1
9	浴血重生	重庆电视台影视频道（一套）	3.7	12.8
10	决战江桥	重庆电视台影视频道（一套）	3.5	11.8

表 3.31.9　2018 年重庆市场新闻节目收视率排名前十位

名次	节目名称	播出频道	平均收视率（%）	平均占有率（%）
1	两会特别报道	重庆电视台影视频道（一套）	2.7	7.4
2	转播中央台新闻联播	重庆卫视	1.8	6.9
3	重庆新闻联播	重庆卫视	1.6	7.8
4	天天 630	重庆电视台新闻频道（二套）	1.6	6.4
5	新闻联播	中央电视台综合频道	1.3	5.1
6	传奇中国节中秋节	中央电视台综合频道	1.2	5.6
7	海峡两岸	中央台四套	1.2	3.5
8	中国国际智能产业博览会特别报道	重庆卫视	1.1	3.7
9	今日关注	中央台四套	1.0	3.5
10	上海合作组织青岛峰会特别报道	中央电视台综合频道	1.0	3.3

表 3.31.10　2018 年重庆市场专题节目收视率排名前十位

名次	节目名称	播出频道	平均收视率（%）	平均占有率（%）
1	一年又一年	中央电视台综合频道	2.4	13.0
2	大城小事	重庆电视台都市频道（四套）	1.7	8.8
3	万水千山只等闲	中央电视台综合频道	1.6	4.7
4	感动中国 2017 年度人物颁奖盛典	中央电视台综合频道	1.6	5.0
5	2017 寻找最美医生	中央电视台综合频道	1.5	4.6
6	为了共同的繁荣习近平出席首届中国国际进口博览会纪实	中央电视台综合频道	1.4	4.1
7	播种未来	中央台六套	1.3	4.3
7	家事有道	重庆电视台都市频道（四套）	1.3	4.3
9	2018 时间的朋友罗振宇跨年演讲	深圳卫视（新闻综合频道）	1.3	5.4
10	携手构建更加紧密的中非命运共同体 2018 中非合作论坛北京峰会纪实	中央电视台综合频道	1.3	4.8

表 3.31.11　2018 年重庆市场综艺节目收视率排名前十位

名次	节目名称	播出频道	平均收视率（%）	平均占有率（%）
1	2018 中央电视台春节联欢晚会	中央电视台综合频道	6.1	17.6
2	异口同声（5 月 12 日）	浙江卫视	3.1	11.8
3	舞力觉醒（1 月 5 日）	北京卫视	2.8	9.6
4	2018 年中央广播电视总台中秋晚会	中央电视台综合频道	2.7	9.5
5	越战越勇（2 月 28 日）	中央台三套	2.7	8.3
6	我是演说家（1 月 27 日）	北京卫视	2.6	8.6
7	欢乐吉祥闹元宵	中央电视台综合频道	2.6	7.9
8	二十四小时	浙江卫视	2.4	10.8
9	梦想的声音 3（10 月 26 日）	浙江卫视	2.4	9.6
10	奔跑吧	浙江卫视	2.4	8.9

表 3.31.12　2018 年重庆市场体育节目收视率排名前十位
（世界杯、亚运会、亚残运会、冬奥会比赛除外）

名次	节目名称	播出频道	平均收视率（%）	平均占有率（%）
1	现场直播：2018 年乒乓球团体世界锦标赛女团决赛	中央台五套	1.7	6.5
2	2018 年世界女排锦标赛第三阶段 H 组第三轮（荷兰 VS 中国）	中央台五套	1.6	6.2
3	超级足球之夜现场直播：2018 年亚洲足联冠军联赛资格赛附加赛（中国上海上港 VS 泰国清莱联）	中央台五套	1.3	3.4
4	现场直播：2017/2018 赛季中国排球超级联赛女排冠亚军决赛第六场（上海 VS 天津）	中央台五套	1.1	5.6

续表

名次	节目名称	播出频道	平均收视率（%）	平均占有率（%）
5	男子 200 米自由泳颁奖仪式	中央台五套	1.1	4.3
6	现场直播：2018 年中国足协超级联赛第 5 轮（广州恒大淘宝 VS 山东鲁能泰山）	中央台五套	1.1	3.4
7	现场直播：2017/2018 赛季中国男子篮球职业联赛总决赛第三场（辽宁本钢 VS 浙江广厦）	中央台五套	1.0	3.1
8	直播周末：2018 年瑞士女排精英赛排位赛（中国 VS 波兰）	中央台五套	0.9	3.6
9	全民动起来	重庆电视台影视频道（一套）	0.9	3.6
10	直播周末：2018 年世界羽毛球锦标赛男双决赛	中央台五套	0.8	3.7

表 3.31.13　2018 年重庆市场世界杯、亚运会、亚残运会、冬奥会比赛收视率排名前十位

名次	节目名称	播出频道	平均收视率（%）	平均占有率（%）
1	我爱世界杯：2018 年俄罗斯世界杯足球赛决赛（法国 VS 克罗地亚）	中央台五套	5.3	37.5
2	2018 年平昌冬奥会闭幕式	中央台五套	1.9	6.2
3	2018 年平昌冬奥会开幕式	中央台五套	1.9	5.8
4	第 18 届亚运会男篮决赛	中央台五套	1.7	6.2
5	第 18 届亚运会女子 400 米个人混合泳决赛	中央台五套	1.6	7.2
6	第 18 届亚运会男子 400 米决赛	中央台五套	1.6	5.9
7	第 18 届亚运会女排决赛（中国 VS 泰国）	中央台五套	1.4	7.4
8	第 18 届亚运会乒乓球男团决赛	中央台五套	1.3	4.7
9	第 18 届亚运会羽毛球男团决赛	中央台五套	1.2	5.7
10	2018 年第 23 届冬奥会短道速滑女子 3000 米接力预赛	中央台五套	1.2	3.6

三十二、长春收视数据

表 3.32.1　2014～2018 年长春市场各类频道的市场占有率（%）

频道类别	年份				
	2014 年	2015 年	2016 年	2017 年	2018 年
中央电视台频道	37.0	35.9	36.5	35.5	38.0
中国教育台频道	0.2	0.1	0.1	0.1	0.1
吉林省级频道	23.5	24.6	23.7	23.4	23.6
长春市级频道	5.5	6.0	6.4	6.0	3.5
其他省级卫视频道	29.7	27.0	26.4	25.3	22.6
其他频道	4.1	6.4	6.9	9.7	12.2

表 3.32.2　2018 年长春市场各类频道在不同目标观众中的市场占有率（%）

目标观众		中央电视台频道	中国教育台频道	吉林省级频道	长春市级频道	其他省级卫视频道	其他频道
4 岁及以上所有人		38.0	0.1	23.6	3.5	22.6	12.2
性别	男	39.9	0.1	23.1	3.7	21.0	12.2
	女	36.0	0.1	24.2	3.3	24.3	12.1
年龄	4～14 岁	33.7	0.1	10.8	1.4	35.5	18.5
	15～24 岁	29.5	0.1	20.8	3.2	28.8	17.6
	25～34 岁	30.4	0.2	13.8	2.9	29.9	22.8
	35～44 岁	33.7	0.1	14.9	2.3	32.2	16.8
	45～54 岁	39.2	0.2	21.6	4.3	17.9	16.8
	55～64 岁	37.9	0.1	29.4	5.0	20.7	6.9
	65 岁及以上	45.6	0.1	31.3	2.4	17.2	3.4
教育程度	未受过正规教育	40.4	0.1	9.1	1.1	37.6	11.7
	小学	34.5	0.1	32.8	3.8	18.8	10.0
	初中	39.4	0.1	26.5	4.0	18.8	11.2
	高中	38.0	0.1	22.4	3.9	24.5	11.1
	大学及以上	37.5	0.2	19.3	2.4	24.7	15.9
职业类别	干部/管理人员	42.7	0.1	18.7	3.3	19.9	15.3
	个体/私营企业人员	35.7	0.2	21.9	4.0	21.7	16.5
	初级公务员/雇员	38.2	0.1	15.0	2.4	29.1	15.2
	工人	31.2	0.2	23.8	5.1	20.8	18.9
	学生	30.4	0.1	17.1	2.0	31.6	18.8
	无业	41.5	0.1	26.9	3.4	20.7	7.4
	其他	*	*	*	*	*	*
个人月收入	0～600 元	*	*	*	*	*	*
	601～1200 元	45.4	0.0	28.2	4.8	17.7	3.9
	1201～1700 元	51.6	0.1	21.4	2.8	16.6	7.5
	1701～2600 元	36.3	0.1	29.5	5.0	20.3	8.8
	2601～3500 元	35.2	0.2	23.3	3.0	23.0	15.3
	3501～5000 元	39.4	0.2	21.3	3.1	21.8	14.2
	5001 元及以上	46.2	0.1	13.9	3.0	23.9	12.9

注：“*”表示目标观众样本量不足，无法进行统计推断。

表 3.32.3　2018 年长春市场各类频道在不同时段的市场占有率（%）

时间段	中央电视台频道	中国教育台频道	吉林省级频道	长春市级频道	其他省级卫视频道	其他频道
02:00~03:00	28.7	0.1	35.2	1.8	16.4	17.8
03:00~04:00	31.2	0.1	37.6	0.9	14.1	16.1
04:00~05:00	34.4	0.1	36.7	2.5	13.0	13.3
05:00~06:00	45.3	0.1	28.1	4.8	12.6	9.1
06:00~07:00	50.6	0.1	23.7	3.2	13.6	8.8
07:00~08:00	53.3	0.1	18.9	3.6	15.0	9.1
08:00~09:00	51.8	0.2	16.4	2.1	19.1	10.4
09:00~10:00	44.8	0.3	15.2	2.1	25.3	12.3
10:00~11:00	43.2	0.2	14.2	1.9	27.6	12.9
11:00~12:00	46.0	0.1	12.5	2.1	27.0	12.3
12:00~13:00	46.7	0.1	10.6	2.3	27.8	12.5
13:00~14:00	41.8	0.2	12.8	1.6	30.4	13.2
14:00~15:00	39.6	0.2	14.4	1.9	30.5	13.4
15:00~16:00	39.1	0.2	15.4	2.4	30.0	12.9
16:00~17:00	34.2	0.2	26.0	3.4	25.8	10.4
17:00~18:00	30.8	0.1	33.5	5.0	20.8	9.8
18:00~19:00	35.3	0.1	33.2	6.8	11.8	12.8
19:00~20:00	38.8	0.1	29.6	4.2	15.3	12.0
20:00~21:00	32.4	0.1	28.4	3.4	24.4	11.3
21:00~22:00	35.3	0.1	26.0	3.7	23.3	11.6
22:00~23:00	34.3	0.1	18.5	3.0	29.3	14.8
23:00~24:00	34.9	0.1	13.5	3.5	30.8	17.2
24:00~25:00	35.4	0.2	19.1	1.6	25.4	18.3
25:00~26:00	30.0	0.2	27.7	1.3	21.9	18.9

表 3.32.4　2018 年长春市场收视份额排名前十位的频道

名次	频道名称	收视份额（%）
1	吉林电视台生活频道（三套）	5.7
2	中央电视台综合频道	5.2
3	中央台四套	5.0
4	中央台五套	4.3
5	吉林电视台都市频道（二套）	4.0
5	吉林电视台影视频道（四套）	4.0
5	中央台八套	4.0
8	吉林电视台乡村频道（五套）	3.6
9	中央台三套	3.2
10	中央电视台新闻频道	2.7
10	长影电影频道	2.7
10	中央台六套	2.7

表 3.32.5 2018 年长春市场各主要频道的观众构成（%）

目标观众		所有频道	吉林电视台生活频道（三套）	中央电视台综合频道	中央台四套	中央台五套	吉林电视台乡村频道（二套）	吉林电视台影视频道（四套）	中央台八套
4 岁及以上所有人		100.0	100.0	100.0	100.0	100.0	100.0	100.0	100.0
性别	男	51.8	46.2	48.2	60.7	63.5	45.0	59.2	43.2
	女	48.2	53.8	51.8	39.3	36.5	55.0	40.8	56.8
年龄	4～14 岁	5.5	2.9	3.8	1.6	2.6	2.8	2.0	5.7
	15～24 岁	5.9	4.4	4.1	2.2	5.1	6.0	4.9	2.4
	25～34 岁	10.5	7.3	7.0	3.1	10.2	5.7	6.9	4.5
	35～44 岁	9.1	4.7	7.0	3.8	8.5	9.4	3.7	9.5
	45～54 岁	21.8	18.4	22.2	19.5	26.5	21.0	22.6	17.8
	55～64 岁	24.8	24.4	21.9	27.1	29.6	32.0	39.7	25.5
	65 岁及以上	22.3	37.9	34.0	42.8	17.4	23.1	20.2	34.6
教育程度	未受过正规教育	2.6	1.3	2.2	1.0	1.5	1.6	0.4	4.6
	小学	9.4	11.9	8.7	8.4	6.9	8.9	13.0	11.9
	初中	30.8	40.5	23.0	43.4	26.4	27.4	33.4	38.0
	高中	34.8	30.0	41.8	28.3	35.5	41.1	35.9	29.3
	大学及以上	22.4	16.3	24.2	18.8	29.8	20.9	17.3	16.3
职业类别	干部/管理人员	1.2	0.5	1.5	0.5	2.8	0.4	1.6	0.6
	个体/私营企业人员	10.0	5.3	8.2	7.1	11.7	12.1	12.5	9.6
	初级公务员/雇员	13.1	8.5	13.2	8.7	17.6	10.7	7.2	13.2
	工人	17.6	16.1	10.3	9.8	18.8	19.6	20.4	8.1
	学生	6.4	4.4	4.3	2.2	3.9	4.7	4.1	3.6
	无业	51.6	65.2	62.5	71.7	45.3	52.5	54.2	64.9
	其他	*	*	*	*	*	*	*	*
个人月收入	0～600 元	*	*	*	*	*	*	*	*
	601～1200 元	2.1	2.7	3.3	5.0	1.5	1.6	0.8	1.2
	1201～1700 元	8.1	8.9	8.2	16.3	8.8	8.1	5.1	9.8
	1701～2600 元	35.7	44.6	31.5	36.0	27.9	44.5	36.1	35.5
	2601～3500 元	28.9	25.9	28.5	18.9	26.5	27.3	23.8	20.6
	3501～5000 元	17.4	15.2	20.0	15.3	22.6	13.8	13.4	7.3
	5001 元及以上	7.9	2.6	8.6	8.4	12.7	4.7	4.6	2.8

注：“*”表示目标观众样本量不足，无法进行统计推断。

表 3.32.6 2016～2018 年长春市场各类节目的播出份额（%）和收视份额（%）

节目类别	2016 年		2017 年		2018 年	
	播出份额	收视份额	播出份额	收视份额	播出份额	收视份额
财经	1.2	0.7	1.1	0.6	1.1	0.8
电视剧	26.4	29.8	26.8	32.0	27.2	31.1
电影	4.2	5.4	4.3	5.6	4.4	5.5
法制	0.9	1.2	0.8	1.1	0.7	1.0
教学	0.2	0.1	0.2	0.1	0.3	0.1
青少	5.9	4.5	6.2	4.3	6.2	4.7

续表

节目类别	2016 年		2017 年		2018 年	
	播出份额	收视份额	播出份额	收视份额	播出份额	收视份额
生活服务	9.9	6.6	9.8	6.4	9.8	7.2
体育	3.2	3.9	3.2	3.3	3.0	4.9
外语	0.0	0.0	0.1	0.0	0.1	0.0
戏剧	0.7	0.3	0.8	0.3	0.8	0.3
新闻/时事	10.0	11.2	10.0	12.2	9.7	11.0
音乐	1.8	1.3	1.3	1.0	1.3	1.0
专题	13.1	6.8	13.2	6.5	13.3	6.7
综艺	7.9	16.5	7.0	14.2	6.8	13.5
其他	14.6	11.8	15.2	12.4	15.3	12.4

表 3.32.7　2018 年长春市场所有节目收视率排名前三十位

名次	节目名称	节目类型	播出频道	平均收视率（%）	平均占有率（%）
1	我爱世界杯：2018 年俄罗斯世界杯小组赛 B 组第二轮（葡萄牙 VS 摩洛哥）	体育	中央台五套	11.4	38.8
2	欢乐吉祥闹元宵	综艺	中央电视台综合频道	10.4	28.4
3	2018 中央电视台春节联欢晚会	综艺	中央电视台综合频道	9.3	25.4
4	第 18 届亚运会女子 400 米决赛	体育	中央台五套	5.7	19.8
5	2018 年第 23 届冬奥会短道速滑男子 5000 米接力决赛 A 组	体育	中央台五套	5.4	16.0
6	开学第一课	青少	中央电视台综合频道	5.1	17.6
7	我爱世界杯：2018 年俄罗斯世界杯闭幕式	体育	中央台五套	4.8	31.7
8	我爱世界杯：2018 年俄罗斯世界杯开幕式	体育	中央台五套	4.6	37.9
9	回家过年 2018 吉林电视台春节联欢晚会	综艺	吉林卫视	4.5	18.8
10	第 18 届亚运会女子 200 米个人混合泳决赛	体育	中央台五套	4.4	14.2
11	第 18 届亚运会男篮半决赛	体育	中央台五套	4.3	15.3
12	中国梦劳动美 2018 年庆祝五一国际劳动节心连心艺术团慰问演出	综艺	中央电视台综合频道	4.3	14.7
13	2018 春晚北京电视台春节联欢晚会最爱中国年	综艺	北京卫视	4.2	23.7
14	2018 年世界女排锦标赛第三阶段 H 组第三轮（荷兰 VS 中国）	体育	中央台五套	3.9	15.1

续表

名次	节目名称	节目类型	播出频道	平均收视率(%)	平均占有率(%)
15	全城热恋	综艺	吉林电视台生活频道(三套)	3.6	18.9
16	第18届亚运会女足决赛(日本VS中国)	体育	中央台五套	3.5	14.1
17	拥抱新时代祝福你中国中国梦祖国颂2018国庆特别节目	综艺	中央电视台综合频道	3.5	14.0
18	一年又一年	专题	中央电视台综合频道	3.5	13.0
19	第18届亚运会女排决赛	体育	中央台五套	3.4	20.4
20	2018年平昌冬奥会开幕式	体育	中央台五套	3.4	10.1
21	母亲的承诺	电视剧	吉林电视台生活频道(三套)	3.1	10.2
22	第18届亚运会女子个人花剑决赛	体育	中央台五套	3.0	11.8
23	爱你一生	电视剧	吉林电视台乡村频道(五套)	3.0	9.6
24	相声大联欢	综艺	中央电视台综合频道	2.9	12.2
25	天气预报	生活服务	中央电视台综合频道	2.9	10.4
26	风筝	电视剧	上海东方卫视	2.9	8.9
27	2018年中央广播电视总台中秋晚会	综艺	中央电视台综合频道	2.8	11.1
28	2018年第23届冬奥会自由式滑雪女子雪上技巧资格赛	体育	中央台五套	2.8	9.6
29	2018年平昌冬奥会闭幕式	体育	中央台五套	2.8	9.0
30	2018年第23届冬奥会冰壶混双附加赛	体育	中央台五套	2.8	8.5

表3.32.8　2018年长春市场电视剧收视率排名前十位

名次	节目名称	播出频道	平均收视率(%)	平均占有率(%)
1	母亲的承诺	吉林电视台生活频道(三套)	3.1	10.2
2	爱你一生	吉林电视台乡村频道(五套)	3.0	9.6
3	风筝	上海东方卫视	2.9	8.9
4	欢天喜地对亲家	吉林电视台乡村频道(五套)	2.7	8.7
5	小姨多鹤	吉林电视台都市频道(二套)	2.6	9.4
6	养父的花样年华	吉林电视台乡村频道(五套)	2.6	8.8
7	黎明破晓前	吉林电视台影视频道(四套)	2.5	8.3
7	金婚风雨情	吉林电视台生活频道(三套)	2.5	7.8
9	同龄人	吉林电视台都市频道(二套)	2.3	8.5
10	结义风云	吉林电视台影视频道(四套)	2.2	10.2

表 3.32.9　2018 年长春市场新闻节目收视率排名前十位

名次	节目名称	播出频道	平均收视率（%）	平均占有率（%）
1	守望都市	吉林电视台都市频道（二套）	2.6	11.9
2	新闻联播	中央电视台综合频道	2.5	9.7
3	今日关注	中央台四套	1.5	8.1
4	上海合作组织青岛峰会特别报道	中央电视台综合频道	1.5	6.0
5	中国舆论场	中央台四套	1.5	5.3
6	海峡两岸	中央台四套	1.4	5.1
7	春节传奇中国节	中央台四套	1.3	4.6
8	城市速递	长春广播电视台综合频道	1.2	6.2
9	中国新闻	中央台四套	1.2	4.8
10	今日亚洲	中央台四套	1.2	4.3

表 3.32.10　2018 年长春市场专题节目收视率排名前十位

名次	节目名称	播出频道	平均收视率（%）	平均占有率（%）
1	一年又一年	中央电视台综合频道	3.5	13.0
2	舌尖上的中国 3	中央电视台综合频道	2.0	6.3
3	心系凉山习近平总书记凉山扶贫纪实	中央电视台综合频道	1.8	6.2
4	可凡倾听	吉林电视台生活频道（三套）	1.7	6.1
5	非常静距离	吉林电视台生活频道（三套）	1.6	5.9
6	春妮的快乐时光	吉林电视台生活频道（三套）	1.6	5.8
7	感动中国 2017 年度人物颁奖盛典	中央电视台综合频道	1.5	5.7
8	习近平主席的上合时间	中央电视台综合频道	1.3	5.7
9	传承第二季	中央台四套	1.2	4.7
10	海上丝路看今朝 2018 年习近平主席亚太之行	中央电视台综合频道	1.2	4.1

表 3.32.11　2018 年长春市场综艺节目收视率排名前十位

名次	节目名称	播出频道	平均收视率（%）	平均占有率（%）
1	欢乐吉祥闹元宵	中央电视台综合频道	10.4	28.4
2	2018 中央电视台春节联欢晚会	中央电视台综合频道	9.3	25.4
3	回家过年 2018 吉林电视台春节联欢晚会	吉林卫视	4.5	18.8
4	中国梦劳动美 2018 年庆祝五一国际劳动节心连心艺术团慰问演出	中央电视台综合频道	4.3	14.7
5	2018 春晚北京电视台春节联欢晚会最爱中国年	北京卫视	4.2	23.7
6	全城热恋	吉林电视台生活频道（三套）	3.6	18.9
7	拥抱新时代祝福你中国中国梦祖国颂 2018 国庆特别节目	中央电视台综合频道	3.5	14.0
8	相声大联欢	中央电视台综合频道	2.9	12.2
9	2018 年中央广播电视总台中秋晚会	中央电视台综合频道	2.8	11.1
10	金星秀	吉林电视台生活频道（三套）	2.2	7.9

表 3.32.12　2018 年长春市场体育节目收视率排名前十位
(世界杯、亚运会、亚残运会、冬奥会比赛除外)

名次	节目名称	播出频道	平均收视率(%)	平均占有率(%)
1	2018 年世界女排锦标赛第三阶段 H 组第三轮(荷兰 VS 中国)	中央台五套	3.9	15.1
2	中国队比赛回顾	中央台五套	2.7	8.9
3	现场直播:2018 年世界女排联赛总决赛(中国 VS 巴西)	中央台五套	2.5	10.3
4	现场直播:2018 年国际篮联女子世界杯 1/4 决赛资格赛(中国 VS 日本)	中央台五套	2.4	9.1
5	直播周末:2017/2018 赛季中国男子篮球职业联赛总决赛第一场(浙江广厦控股 VS 辽宁本钢)	中央台五套	2.4	8.2
6	直播周末 CBA 颁奖仪式	中央台五套	2.3	11.6
7	直播周末:2018 年杭州世锦赛 25 米男子 50 米蝶泳决赛	中央台五套	2.3	7.9
8	现场直播:2018 年乒乓球团体世界锦标赛男团决赛	中央台五套	2.2	10.2
9	2018 年中国之队国际足球友谊赛(中国 VS 叙利亚)	中央台五套	2.1	9.3
10	现场直播 2018 年汤尤杯羽毛球赛汤姆斯杯颁奖仪式	中央台五套	2.1	8.9

表 3.32.13　2018 年长春市场世界杯、亚运会、亚残运会、冬奥会比赛收视率排名前 10 位

名次	节目名称	播出频道	平均收视率(%)	平均占有率(%)
1	我爱世界杯:2018 年俄罗斯世界杯小组赛 B 组第二轮(葡萄牙 VS 摩洛哥)	中央台五套	11.4	38.8
2	第 18 届亚运会女子 400 米决赛	中央台五套	5.7	19.8
3	2018 年第 23 届冬奥会短道速滑男子 5000 米接力决赛 A 组	中央台五套	5.4	16.0
4	我爱世界杯:2018 年俄罗斯世界杯闭幕式	中央台五套	4.8	31.7
5	我爱世界杯:2018 年俄罗斯世界杯开幕式	中央台五套	4.6	37.9
6	第 18 届亚运会女子 200 米个人混合泳决赛	中央台五套	4.4	14.2
7	第 18 届亚运会男篮半决赛(中国 VS 中国台北)	中央台五套	4.3	15.3
8	第 18 届亚运会女足决赛(日本 VS 中国)	中央台五套	3.5	14.1
9	第 18 届亚运会女排决赛(中国 VS 泰国)	中央台五套	3.4	20.4
10	2018 年平昌冬奥会开幕式	中央台五套	3.4	10.1

三十三、长沙收视数据

表 3.33.1　2014～2018 年长沙市场各类频道的市场占有率（%）

频道类别	年份				
	2014 年	2015 年	2016 年	2017 年	2018 年
中央电视台频道	18.0	17.0	19.9	21.5	20.4
中国教育台频道	0.1	0.0	0.0	0.1	0.1
湖南省级频道	47.6	52.1	51.9	52.1	50.8
长沙市级频道	18.6	16.7	11.2	6.3	5.0
其他省级卫视频道	7.1	6.9	7.9	8.6	9.5
其他频道	8.6	7.3	9.1	11.4	14.2

表 3.33.2　2018 年长沙市场各类频道在不同目标观众中的市场占有率（%）

目标观众		中央电视台频道	中国教育台频道	湖南省级频道	长沙市级频道	其他省级卫视频道	其他频道
4 岁及以上所有人		20.4	0.1	50.8	5.0	9.5	14.2
性别	男	22.9	0.1	49.4	4.8	9.1	13.7
	女	18.0	0.1	52.2	5.2	9.9	14.6
年龄	4～14 岁	15.5	0.1	44.1	1.7	12.4	26.2
	15～24 岁	18.9	0.0	52.4	6.3	9.0	13.4
	25～34 岁	18.5	0.1	49.2	3.8	11.7	16.7
	35～44 岁	19.1	0.1	47.9	4.6	11.7	16.6
	45～54 岁	18.4	0.1	54.2	4.3	9.5	13.5
	55～64 岁	22.4	0.0	51.5	5.7	7.6	12.8
	65 岁及以上	26.3	0.1	50.4	7.5	7.4	8.3
教育程度	未受过正规教育	14.6	0.1	52.3	3.6	8.9	20.5
	小学	17.2	0.1	56.0	5.0	8.8	12.9
	初中	18.9	0.1	56.7	4.7	9.1	10.5
	高中	20.1	0.1	48.5	6.5	8.7	16.1
	大学及以上	26.2	0.1	41.3	3.6	11.9	16.9
职业类别	干部/管理人员	17.4	0.0	56.9	4.9	12.6	8.2
	个体/私营企业人员	17.9	0.1	56.5	3.0	9.9	12.6
	初级公务员/雇员	22.1	0.1	42.6	5.7	12.5	17.0
	工人	20.4	0.1	52.7	3.3	9.2	14.3
	学生	16.5	0.1	45.3	4.7	11.8	21.6
	无业	22.5	0.1	48.1	6.0	9.0	14.3
	其他	12.6	0.0	70.7	4.5	6.0	6.2
个人月收入	0～600 元	16.9	0.1	50.7	4.8	10.1	17.4
	601～1200 元	14.4	0.0	68.1	5.6	8.2	3.7
	1201～1700 元	21.1	0.1	59.9	3.4	6.8	8.7
	1701～2600 元	20.6	0.1	52.0	6.2	7.8	13.3
	2601～3500 元	21.9	0.1	49.7	4.5	9.2	14.6
	3501～5000 元	24.6	0.1	46.1	3.8	12.1	13.3
	5001 元及以上	23.0	0.1	47.5	6.8	9.1	13.5

表 3.33.3 2018 年长沙市场各类频道在不同时段的市场占有率（%）

时间段	中央电视台频道	中国教育台频道	湖南省级频道	长沙市级频道	其他省级卫视频道	其他频道
02:00～03:00	26.0	0.1	26.5	4.5	16.2	26.7
03:00～04:00	27.4	0.1	21.8	4.9	18.8	27.0
04:00～05:00	23.3	0.1	22.8	5.6	21.6	26.6
05:00～06:00	21.2	0.1	24.8	6.1	22.8	25.0
06:00～07:00	30.6	0.0	26.1	8.8	14.7	19.8
07:00～08:00	39.0	0.1	26.9	5.7	8.6	19.7
08:00～09:00	33.4	0.1	38.5	2.9	8.2	16.9
09:00～10:00	28.1	0.1	44.7	2.9	7.8	16.4
10:00～11:00	25.2	0.1	47.5	2.9	7.9	16.4
11:00～12:00	24.9	0.1	48.6	2.8	8.3	15.3
12:00～13:00	26.7	0.0	47.3	2.2	8.1	15.7
13:00～14:00	23.4	0.1	46.6	2.4	9.4	18.1
14:00～15:00	23.0	0.1	42.7	3.0	11.6	19.6
15:00～16:00	24.1	0.1	40.7	3.4	12.2	19.5
16:00～17:00	25.5	0.1	41.4	3.6	11.4	18.0
17:00～18:00	20.4	0.1	53.1	3.7	8.1	14.6
18:00～19:00	16.3	0.1	60.2	7.8	3.9	11.7
19:00～20:00	19.7	0.0	53.8	6.1	9.1	11.3
20:00～21:00	15.9	0.0	56.3	4.4	12.8	10.6
21:00～22:00	16.3	0.1	55.9	7.0	9.7	11.0
22:00～23:00	14.9	0.1	57.3	7.0	9.2	11.5
23:00～24:00	21.1	0.1	47.2	6.7	9.9	15.0
24:00～25:00	23.6	0.1	40.2	4.3	9.9	21.9
25:00～26:00	24.4	0.1	31.8	4.2	13.0	26.5

表 3.33.4 2018 年长沙市场收视份额排名前十位的频道

名次	频道名称	收视份额（%）
1	湖南电视台都市频道	10.3
2	湖南电视台经济频道	10.2
3	湖南电视台娱乐频道	6.8
4	湖南电视台潇湘电影频道	5.4
4	湖南卫视	5.4
6	湖南电视台电视剧频道	4.6
7	中央台四套	3.7
8	湖南电视台金鹰卡通频道	3.3
9	中央电视台新闻频道	2.3
10	长沙电视政法频道	2.2
10	中央台五套	2.2

表 3.33.5　2018 年长沙市场各主要频道的观众构成（%）

目标观众		所有频道	主要频道				
			湖南电视台都市频道	湖南电视台经济频道	湖南电视台娱乐频道	湖南电视台潇湘电影频道	湖南卫视
4 岁及以上所有人		100.0	100.0	100.0	100.0	100.0	100.0
性别	男	49.8	49.5	50.2	41.0	60.5	38.1
	女	50.2	50.5	49.8	59.0	39.5	61.9
年龄	4～14 岁	7.1	3.5	3.5	3.2	5.5	7.2
	15～24 岁	5.8	5.4	5.4	5.8	3.7	15.1
	25～34 岁	16.0	17.7	13.7	13.7	13.9	16.8
	35～44 岁	9.8	9.9	10.6	6.3	10.2	10.8
	45～54 岁	25.6	22.9	25.2	31.3	32.6	26.0
	55～64 岁	17.5	18.5	20.1	19.8	20.6	11.0
	65 岁及以上	18.2	22.1	21.5	19.9	13.5	13.1
教育程度	未受过正规教育	3.4	1.8	2.0	3.1	4.7	2.0
	小学	15.6	16.3	15.5	17.3	20.1	13.3
	初中	30.5	32.2	34.4	38.0	41.2	31.4
	高中	28.6	29.2	31.7	22.6	23.1	28.1
	大学及以上	21.9	20.5	16.4	19.0	10.9	25.2
职业类别	干部/管理人员	1.8	3.2	2.7	1.3	0.2	1.1
	个体/私营企业人员	11.2	10.6	10.9	11.1	18.2	11.8
	初级公务员/雇员	10.4	10.6	7.2	7.5	7.4	10.2
	工人	14.5	13.7	17.3	18.8	18.9	14.4
	学生	7.2	5.7	4.6	3.4	5.5	11.7
	无业	47.3	49.7	47.5	44.7	35.0	41.4
	其他	7.6	6.5	9.8	13.2	14.8	9.4
个人月收入	0～600 元	28.9	26.7	22.2	23.3	26.5	36.6
	601～1200 元	4.4	4.3	6.8	8.1	7.0	4.2
	1201～1700 元	3.6	3.7	3.5	4.9	8.1	4.4
	1701～2600 元	19.3	18.8	23.0	27.1	20.1	14.8
	2601～3500 元	16.5	19.4	17.8	13.5	16.4	16.9
	3501～5000 元	17.5	16.6	18.4	13.7	14.2	16.1
	5001 元及以上	9.8	10.5	8.3	9.4	7.7	7.0

表 3.33.6　2016～2018 年长沙市场各类节目的播出份额（%）和收视份额（%）

节目类别	2016 年		2017 年		2018 年	
	播出份额	收视份额	播出份额	收视份额	播出份额	收视份额
财经	1.2	0.3	1.0	0.3	1.0	0.3
电视剧	23.1	32.3	23.7	33.8	24.0	36.3
电影	4.2	3.8	4.6	4.4	4.4	3.7
法制	1.0	3.2	1.1	2.0	1.1	1.6
教学	0.2	0.0	0.2	0.0	0.3	0.0
青少	6.1	4.2	6.3	4.1	6.3	3.6
生活服务	8.5	5.9	7.4	5.5	7.4	5.2

续表

节目类别	2016 年		2017 年		2018 年	
	播出份额	收视份额	播出份额	收视份额	播出份额	收视份额
体育	3.6	1.8	3.7	1.4	3.7	2.6
外语	0.0	0.0	0.1	0.0	0.1	0.0
戏剧	0.8	0.1	0.8	0.1	0.7	0.1
新闻/时事	14.8	20.5	15.3	19.5	15.7	18.6
音乐	1.7	0.4	1.4	0.5	1.3	0.8
专题	13.2	6.3	13.9	7.9	13.3	8.0
综艺	9.1	9.8	8.0	8.4	8.2	8.0
其他	12.5	11.4	12.5	12.1	12.5	11.2

表 3.33.7　2018 年长沙市场所有节目收视率排名前三十位

名次	节目名称	节目类型	播出频道	平均收视率（%）	平均占有率（%）
1	我爱世界杯：2018 年俄罗斯世界杯足球赛决赛（法国 VS 克罗地亚）	体育	中央台五套	7.9	53.3
2	1 生 1 世合家欢春晚前戏欢聚 2018 团年夜	综艺	湖南电视台经济频道	7.3	20.5
3	2018 中央电视台春节联欢晚会	综艺	湖南电视台经济频道	6.6	16.8
4	开学第一课	青少	中央电视台综合频道	5.1	15.5
5	歌手（1 月 26 日）	综艺	湖南卫视	4.5	11.7
6	穷孩子富孩子	电视剧	湖南电视台娱乐频道	4.0	14.2
6	猎金行动	电视剧	湖南电视台经济频道	4.0	14.2
8	第 12 届中国金鹰电视艺术节第 29 届中国电视金鹰奖颁奖晚会	综艺	湖南卫视	4.0	13.3
9	一生一世合家欢之旺府有喜	综艺	湖南电视台经济频道	4.0	12.9
10	你是湖南人不咯	综艺	湖南电视台经济频道	3.9	13.9
11	给你生命给我爱	电视剧	湖南电视台娱乐频道	3.9	13.7
12	2018 元宵喜乐会	综艺	湖南卫视	3.9	12.9
13	津门飞鹰	电视剧	湖南电视台经济频道	3.9	12.2
14	海边女人	电视剧	湖南电视台娱乐频道	3.9	11.7
15	桃花依旧笑春风	电视剧	湖南电视台经济频道	3.8	13.7
16	红线	电视剧	湖南电视台经济频道	3.8	10.8
17	经视说法	法制	湖南电视台经济频道	3.7	19.2
18	我和丈母娘的十年战争	电视剧	湖南电视台娱乐频道	3.7	14.6
19	木兰妈妈	电视剧	湖南电视台娱乐频道	3.7	13.1
20	寻情记	专题	湖南电视台都市频道	3.7	11.9
21	2018 湖南卫视春节联欢晚会	综艺	湖南卫视	3.6	12.3
22	毛丫丫被婚记	电视剧	湖南电视台娱乐频道	3.6	12.2
23	芈月传	电视剧	湖南电视台经济频道	3.6	11.9
24	我想和你唱（4 月 28 日）	综艺	湖南卫视	3.6	11.7
25	移动的枪口	电视剧	湖南电视台经济频道	3.6	10.9
26	钟山说法	法制	湖南电视台经济频道	3.5	16.3

续表

名次	节目名称	节目类型	播出频道	平均收视率（%）	平均占有率（%）
27	刘家媳妇	电视剧	湖南电视台娱乐频道	3.5	13.4
28	爱闪亮	电视剧	湖南电视台娱乐频道	3.5	12.8
29	猎刃	电视剧	湖南电视台潇湘电影频道	3.5	10.9
30	都市 1 时间	新闻/时事	湖南电视台都市频道	3.4	14.7

表 3.33.8　2018 年长沙市场电视剧收视率排名前十位

名次	节目名称	播出频道	平均收视率（%）	平均占有率（%）
1	穷孩子富孩子	湖南电视台娱乐频道	4.0	14.2
1	猎金行动	湖南电视台经济频道	4.0	14.2
3	给你生命给我爱	湖南电视台娱乐频道	3.9	13.7
4	津门飞鹰	湖南电视台经济频道	3.9	12.2
5	海边女人	湖南电视台娱乐频道	3.9	11.7
6	桃花依旧笑春风	湖南电视台经济频道	3.8	13.7
7	红线	湖南电视台经济频道	3.8	10.8
8	我和丈母娘的十年战争	湖南电视台娱乐频道	3.7	14.6
9	木兰妈妈	湖南电视台娱乐频道	3.7	13.1
10	毛丫丫被婚记	湖南电视台娱乐频道	3.6	12.2

表 3.33.9　2018 年长沙市场新闻节目收视率排名前十位

名次	节目名称	播出频道	平均收视率（%）	平均占有率（%）
1	都市 1 时间	湖南电视台都市频道	3.4	14.7
2	长沙广电全媒体大直播	长沙电视政法频道	3.1	11.2
3	经视焦点	湖南电视台经济频道	2.9	12.3
4	迎战冰雪温暖跨年	湖南电视台经济频道	2.9	11.0
5	经视播报	湖南电视台经济频道	2.4	16.7
6	好运新湖南	湖南电视台经济频道	2.1	8.2
7	都市大直播（晚间档）	湖南电视台都市频道	1.9	6.7
8	世界大不同	湖南电视台都市频道	1.8	13.7
9	都市晚间	湖南电视台都市频道	1.8	6.9
10	转播中央台新闻联播	湖南卫视	1.7	6.4

表 3.33.10　2018 年长沙市场专题节目收视率排名前十位

名次	节目名称	播出频道	平均收视率（%）	平均占有率（%）
1	寻情记	湖南电视台都市频道	3.7	11.9
2	芳华潇湘 2018 湖南省纪念三八国际妇女节暨寻找最美活动颁奖典礼	湖南电视台经济频道	3.2	14.8
3	谁能不一般	湖南电视台经济频道	2.6	10.3
4	故园长歌中国出了个毛泽东	湖南卫视	2.5	8.0
5	经视观察	湖南电视台经济频道	1.6	7.3

续表

名次	节目名称	播出频道	平均收视率(%)	平均占有率(%)
6	中国诗词大会第三季（4月4日）	中央电视台综合频道	1.6	5.0
7	我家的1978	湖南电视台娱乐频道	1.5	5.0
8	时光的旋律	湖南电视台经济频道	1.4	4.7
8	一年又一年	中央电视台综合频道	1.4	4.7
10	强军	湖南电视台经济频道	1.3	6.4

表3.33.11　2018年长沙市场综艺节目收视率排名前十位

名次	节目名称	播出频道	平均收视率(%)	平均占有率(%)
1	1生1世合家欢春晚前戏欢聚2018团年夜	湖南电视台经济频道	7.3	20.5
2	2018中央电视台春节联欢晚会	湖南电视台经济频道	6.6	16.8
3	歌手（1月26日）	湖南卫视	4.5	11.7
4	第12届中国金鹰电视艺术节第29届中国电视金鹰奖颁奖晚会	湖南卫视	4.0	13.3
5	一生一世合家欢之旺府有喜	湖南电视台经济频道	4.0	12.9
6	你是湖南人不咯	湖南电视台经济频道	3.9	13.9
7	2018元宵喜乐会	湖南卫视	3.9	12.9
8	2018湖南卫视春节联欢晚会	湖南卫视	3.6	12.3
9	我想和你唱（4月28日）	湖南卫视	3.6	11.7
10	你是湖南人不咯第二季	湖南电视台经济频道	3.2	15.1

表3.33.12　2018年长沙市场体育节目收视率排名前十位
（世界杯、亚运会、亚残运会、冬奥会比赛除外）

名次	节目名称	播出频道	平均收视率(%)	平均占有率(%)
1	湖南省第十三届运动会开幕式	湖南电视台经济频道	2.1	7.2
2	现场直播：2018年乒乓球团体世界锦标赛男团决赛	中央台五套	2.0	6.2
3	现场直播：2018年世界女排联赛江门站（中国VS美国）	中央台五套	1.8	6.4
4	2018环塔征途	湖南电视台都市频道	1.6	8.5
5	直播周末：2018年世界女排锦标赛决赛（塞尔维亚VS意大利）	中央台五套	1.6	5.3
6	现场直播：2018年世界体操锦标赛女子全能决赛	中央台五套	1.2	5.3
7	2018年世界羽毛球锦标赛男双1/4决赛	中央台五套	1.1	7.0
8	实况录像：2018年国际乒联世界巡回赛保加利亚公开赛男单决赛	中央台五套	1.0	14.9
9	2018杭州世游赛25米男子4×100米自由泳接力颁奖仪式	中央台五套	1.0	3.3
10	直播周末：2018/2019赛季中国男子篮球职业联赛常规赛第13轮（北京首钢VS江苏肯帝亚）	中央台五套	1.0	2.8

表 3.33.13 2018 年长沙市场世界杯、亚运会、亚残运会、冬奥会比赛收视率排名前十位

名次	节目名称	播出频道	平均收视率（%）	平均占有率（%）
1	我爱世界杯：2018 年俄罗斯世界杯足球赛决赛（法国 VS 克罗地亚）	中央台五套	7.9	53.3
2	第 18 届亚运会男子 100 米蛙泳决赛	中央台五套	2.4	9.4
3	直播周末 第 18 届亚运会开幕式	中央台五套	2.1	7.4
4	第 18 届亚运会女子 4×400 米决赛	中央台五套	2.1	7.3
5	第 18 届亚运会乒乓球男团决赛	中央台五套	1.9	6.1
6	第 18 届亚运会男子团体羽毛球半决赛	中央台五套	1.8	6.6
7	第 18 届亚运会女子体操高低杠决赛	中央台五套	1.8	6.2
8	第 18 届亚运会女子个人花剑决赛	中央台五套	1.8	6.1
9	第 18 届亚运会女排决赛（中国 VS 泰国）	中央台五套	1.7	9.5
10	第 18 届亚运会女足决赛（日本 VS 中国）	中央台五套	1.7	5.9

三十四、成都收视数据

表 3.34.1　2014～2018 年成都市场各类频道的市场占有率（%）

频道类别	年份				
	2014 年	2015 年	2016 年	2017 年	2018 年
中央电视台频道	25.3	26.4	27.9	30.8	32.6
中国教育台频道	0.1	0.1	0.1	0.0	0.0
四川省级频道	22.0	21.6	19.5	17.9	19.9
成都市级频道	11.1	10.8	9.7	7.8	5.8
其他省级卫视频道	31.7	30.2	30.6	27.6	23.1
其他频道	9.8	10.9	12.2	15.9	18.6

表 3.34.2　2018 年成都市场各类频道在不同目标观众中的市场占有率（%）

目标观众		中央电视台频道	中国教育台频道	四川省级频道	成都市级频道	其他省级卫视频道	其他频道
4 岁及以上所有人		32.6	0.0	19.9	5.8	23.1	18.6
性别	男	33.6	0.1	20.5	5.8	20.9	19.1
	女	31.6	0.0	19.3	5.8	25.4	17.9
年龄	4～14 岁	24.4	0.0	10.9	4.0	33.6	27.1
	15～24 岁	27.7	0.1	19.7	4.2	27.2	21.1
	25～34 岁	27.7	0.0	17.7	7.5	27.7	19.4
	35～44 岁	32.8	0.0	14.7	5.0	26.0	21.5
	45～54 岁	31.9	0.0	19.2	6.6	23.6	18.7
	55～64 岁	34.2	0.0	21.0	6.0	20.5	18.3
	65 岁及以上	40.3	0.1	27.8	4.8	14.4	12.6
教育程度	未受过正规教育	27.1	0.1	22.2	4.5	25.9	20.2
	小学	30.2	0.1	29.1	4.0	21.8	14.8
	初中	32.4	0.1	22.3	5.8	21.5	17.9
	高中	34.8	0.0	16.5	6.2	24.0	18.5
	大学及以上	32.7	0.0	12.6	7.2	25.3	22.2
职业类别	干部/管理人员	33.3	0.0	11.4	5.7	29.6	20.0
	个体/私营企业人员	29.5	0.1	17.8	10.5	23.7	18.4
	初级公务员/雇员	33.3	0.0	16.0	6.4	23.6	20.7
	工人	26.8	0.0	21.9	5.0	25.4	20.9
	学生	27.8	0.0	14.4	3.0	26.6	28.2
	无业	34.7	0.1	22.8	5.2	21.4	15.8
	其他	28.2	0.0	32.6	5.6	20.7	12.9
个人月收入	0～600 元	26.6	0.1	19.4	4.7	28.4	20.8
	601～1200 元	39.1	0.0	19.3	6.7	24.0	10.9
	1201～1700 元	37.5	0.1	28.5	3.9	19.1	10.9
	1701～2600 元	33.9	0.0	24.8	4.9	19.1	17.3
	2601～3500 元	34.1	0.0	17.0	6.5	23.1	19.3
	3501～5000 元	32.9	0.0	15.5	7.4	24.2	20.0
	5001 元及以上	29.8	0.0	13.8	8.4	25.0	23.0

表 3.34.3　2018 年成都市场各类频道在不同时段的市场占有率（%）

时段	中央电视台频道	中国教育台频道	四川省级频道	成都市级频道	其他省级卫视频道	其他频道
02:00～03:00	34.1	0.1	11.6	2.6	20.1	31.5
03:00～04:00	37.2	0.0	12.0	2.7	14.9	33.2
04:00～05:00	30.4	0.1	15.3	3.5	14.0	36.7
05:00～06:00	42.6	0.1	18.7	3.3	9.3	26.0
06:00～07:00	60.7	0.0	14.8	4.1	6.9	13.5
07:00～08:00	53.6	0.1	19.6	4.5	7.8	14.4
08:00～09:00	52.5	0.1	10.0	2.4	16.0	19.0
09:00～10:00	40.4	0.1	10.4	2.5	24.7	21.9
10:00～11:00	38.3	0.1	11.5	2.3	25.7	22.1
11:00～12:00	41.9	0.1	12.1	1.9	24.1	19.9
12:00～13:00	43.7	0.0	13.5	2.4	21.6	18.8
13:00～14:00	37.5	0.1	13.8	1.6	25.9	21.1
14:00～15:00	33.7	0.2	11.0	1.4	30.1	23.6
15:00～16:00	32.2	0.1	11.5	1.5	31.3	23.4
16:00～17:00	33.5	0.1	11.9	1.9	29.9	22.7
17:00～18:00	36.3	0.1	17.0	3.8	22.8	20.0
18:00～19:00	37.1	0.0	24.6	11.9	9.9	16.5
19:00～20:00	33.3	0.0	24.1	9.4	18.3	14.9
20:00～21:00	25.6	0.0	23.0	7.6	28.3	15.5
21:00～22:00	27.9	0.0	23.7	7.2	25.0	16.2
22:00～23:00	23.2	0.0	27.4	7.9	23.8	17.7
23:00～24:00	26.6	0.0	25.7	4.3	22.6	20.8
24:00～25:00	35.1	0.1	12.0	3.6	21.5	27.7
25:00～26:00	32.1	0.1	11.3	2.8	23.0	30.7

表 3.34.4　2018 年成都市场收视份额排名前十位的频道

名次	频道名称	收视份额（%）
1	四川电视台影视文艺频道	6.5
2	中央电视台综合频道	5.4
3	中央台八套	4.5
4	中央台六套	3.8
4	四川电视台新闻频道	3.8
6	中央台四套	3.5
7	中央台三套	2.9
8	中央台五套	2.6
9	四川卫视	2.5
9	四川电视台经济频道	2.5

表 3.34.5　2018 年成都市场各主要频道的观众构成（%）

目标观众		所有频道	主要频道				
			四川电视台影视文艺频道（五套）	中央电视台综合频道	中央台八套	中央台六套	四川电视台新闻
4 岁及以上所有人		100.0	100.0	100.0	100.0	100.0	100.0
性别	男	51.0	54.5	48.2	45.8	55.3	55.2
	女	49.0	45.5	51.8	54.2	44.7	44.8
年龄	4～14 岁	5.1	3.7	4.9	1.9	3.8	1.9
	15～24 岁	6.4	2.2	5.1	8.0	5.7	6.0
	25～34 岁	15.1	6.4	10.6	10.6	18.9	17.1
	35～44 岁	11.1	4.7	13.0	8.7	12.4	10.6
	45～54 岁	28.3	32.5	25.0	26.5	34.6	24.0
	55～64 岁	15.9	21.1	16.5	22.2	11.4	16.0
	65 岁及以上	18.1	29.4	24.9	22.1	13.2	24.4
教育程度	未受过正规教育	3.2	3.8	3.1	1.7	1.7	2.1
	小学	15.4	24.6	14.4	14.9	14.4	17.7
	初中	35.1	39.4	30.5	44.9	34.7	39.0
	高中	27.9	24.2	29.2	25.7	29.6	29.5
	大学及以上	18.4	8.0	22.8	12.8	19.6	11.7
职业类别	干部/管理人员	4.0	2.5	5.0	3.7	4.7	1.7
	个体/私营企业人员	8.9	6.4	6.7	6.6	9.2	8.8
	初级公务员/雇员	22.7	14.9	24.3	17.8	30.1	24.3
	工人	9.6	9.7	5.6	8.7	11.5	6.6
	学生	5.8	4.0	5.7	3.6	4.9	3.7
	无业	47.3	58.7	51.1	58.1	38.5	53.1
	其他	1.7	3.8	1.6	1.5	1.1	1.8
个人月收入	0～600 元	18.8	13.5	14.5	17.6	16.5	18.3
	601～1200 元	3.2	4.0	3.9	3.5	2.1	2.1
	1201～1700 元	6.7	11.0	6.5	10.3	5.4	9.0
	1701～2600 元	26.4	34.1	27.7	31.7	29.5	32.9
	2601～3500 元	21.0	18.7	23.2	18.8	17.5	18.7
	3501～5000 元	19.5	15.6	19.8	14.7	25.4	17.0
	5001 元及以上	4.4	3.1	4.4	3.4	3.6	2.0

表 3.34.6　2016～2018 年成都市场各类节目的播出份额（%）和收视份额（%）

节目类别	2016 年		2017 年		2018 年	
	播出份额	收视份额	播出份额	收视份额	播出份额	收视份额
财经	1.5	0.5	1.2	0.4	1.3	0.6
电视剧	20.6	30.3	22.6	33.2	22.9	34.9
电影	4.0	3.9	4.0	4.3	4.3	4.9
法制	0.7	0.3	0.8	0.3	0.9	0.5
教学	0.3	0.1	0.3	0.0	0.3	0.0
青少	6.6	2.3	6.8	2.5	6.8	2.4
生活服务	10.8	11.3	9.6	9.5	9.2	7.3

续表

节目类别	2016 年		2017 年		2018 年	
	播出份额	收视份额	播出份额	收视份额	播出份额	收视份额
体育	3.0	2.0	3.1	1.9	3.1	3.2
外语	0.0	0.0	0.1	0.0	0.1	0.0
戏剧	0.8	0.1	0.8	0.1	0.7	0.1
新闻/时事	15.2	15.4	15.6	15.5	15.8	14.3
音乐	1.7	0.7	1.4	0.6	1.3	0.8
专题	12.9	6.7	13.2	7.0	12.9	6.7
综艺	9.8	13.9	8.3	12.1	7.7	11.6
其他	12.1	12.6	12.2	12.6	12.7	12.7

表 3.34.7　2018 年成都市场所有节目收视率排名前三十位

名次	节目名称	节目类别	播出频道	平均收视率（%）	平均占有率（%）
1	我爱世界杯：2018 年俄罗斯世界杯淘汰赛阶段第一场（法国 VS 阿根廷）	体育	中央台五套	11.7	38.2
2	2018 中央电视台春节联欢晚会	综艺	中央电视台综合频道	7.8	19.9
3	欢乐吉祥闹元宵	综艺	中央电视台综合频道	4.9	12.9
4	开学第一课	青少	中央电视台综合频道	4.5	12.4
5	中国好声音（9 月 7 日）	综艺	浙江卫视	4.1	12.5
6	拥抱新时代祝福你中国中国梦祖国颂 2018 国庆特别节目	综艺	中央电视台综合频道	4.1	12.2
7	摧毁	电视剧	四川电视台影视文艺频道	4.0	14.0
8	2018 年中央广播电视总台中秋晚会	综艺	中央电视台综合频道	4.0	11.8
9	津门飞鹰	电视剧	四川电视台影视文艺频道	3.8	13.2
10	女匪首传奇	电视剧	四川电视台影视文艺频道	3.7	13.9
11	战狼战狼	电视剧	四川电视台影视文艺频道	3.5	12.7
12	一剑横空	电视剧	四川电视台影视文艺频道	3.5	12.6
13	李三枪	电视剧	四川电视台影视文艺频道	3.5	12.5
14	回马枪	电视剧	四川电视台影视文艺频道	3.5	12.4
15	星光大道（1 月 13 日）	综艺	中央电视台综合频道	3.5	9.3
16	硬骨头之绝地归途	电视剧	四川电视台影视文艺频道	3.4	11.4
17	最强大脑燃烧吧大脑（1 月 12 日）	综艺	江苏卫视	3.4	9.9
18	特战英雄榜	电视剧	四川电视台影视文艺频道	3.3	12.4
19	追风行动	电视剧	四川电视台影视文艺频道	3.3	11.9
20	致命行动	电视剧	四川电视台影视文艺频道	3.3	11.8
21	密战无声	电视剧	四川电视台影视文艺频道	3.3	11.6
22	铁血荣耀	电视剧	四川电视台影视文艺频道	3.3	11.5

续表

名次	节目名称	节目类别	播出频道	平均收视率（%）	平均占有率（%）
23	新春喜剧之夜	综艺	中央台三套	3.3	9.9
24	双雄	电视剧	四川电视台影视文艺频道	3.2	12.7
25	危机迷雾	电视剧	四川电视台影视文艺频道	3.2	12.0
26	穿甲弹	电视剧	四川电视台影视文艺频道	3.2	11.6
27	第18届亚运会女子3000米障碍决赛	体育	中央台五套	3.2	8.8
28	猎金行动	电视剧	四川电视台影视文艺频道	3.1	11.8
29	猎豺狼	电视剧	四川电视台影视文艺频道	3.1	11.2
30	烈火刀影	电视剧	四川电视台影视文艺频道	3.1	11.0

表3.34.8　2018年成都市场电视剧收视率排名前十位

名次	节目名称	播出频道	平均收视率（%）	平均占有率（%）
1	摧毁	四川电视台影视文艺频道	4.0	14.0
2	津门飞鹰	四川电视台影视文艺频道	3.8	13.2
3	女匪首传奇	四川电视台影视文艺频道	3.7	13.9
4	战狼战狼	四川电视台影视文艺频道	3.5	12.7
5	一剑横空	四川电视台影视文艺频道	3.5	12.6
6	李三枪	四川电视台影视文艺频道	3.5	12.5
7	回马枪	四川电视台影视文艺频道	3.5	12.4
8	硬骨头之绝地归途	四川电视台影视文艺频道	3.4	11.4
9	特战英雄榜	四川电视台影视文艺频道	3.3	12.4
10	追风行动	四川电视台影视文艺频道	3.3	11.9

表3.34.9　2018年成都市场新闻节目收视率排名前十位

名次	节目名称	播出频道	平均收视率（%）	平均占有率（%）
1	转播中央台新闻联播	四川电视台新闻频道	2.4	7.8
2	18:00新闻现场	四川电视台新闻频道	2.1	9.0
3	黄金30分	四川电视台新闻频道	2.1	6.4
4	新闻联播	中央电视台综合频道	1.8	6.9
5	上海合作组织青岛峰会特别报道	中央电视台综合频道	1.6	4.8
6	中国舆论场	中央台四套	1.4	4.5
7	国务院总理会见中外记者并回答提问	中央电视台综合频道	1.4	4.1
8	万里山河万里情512特大地震十年特别节目	四川电视台新闻频道	1.3	4.3
9	海峡两岸	中央台四套	1.3	3.6
10	焦点访谈	中央电视台综合频道	1.1	3.7

表 3.34.10　2018 年成都市场专题节目收视率排名前十位

名次	节目名称	播出频道	平均收视率（%）	平均占有率（%）
1	感动中国 2017 年度人物颁奖盛典	中央电视台综合频道	2.2	6.1
2	重返爱的海洋	中央电视台综合频道	2.1	7.1
3	潮起海之南 1988～2018	中央电视台综合频道	1.9	5.4
4	最后的猎人	中央台六套	1.8	7.4
5	携手构建更加紧密的中非命运共同体 2018 中非合作论坛北京峰会纪实	中央电视台综合频道	1.8	6.3
6	心系凉山习近平总书记凉山扶贫纪实	中央电视台综合频道	1.8	5.4
7	万水千山只等闲	中央电视台综合频道	1.7	4.7
8	为了共同的繁荣习近平出席首届中国国际进口博览会纪实	中央电视台综合频道	1.6	5.6
9	舌尖上的中国三	中央电视台综合频道	1.6	4.7
10	坚持发展枫桥经验中国基层社会治理现代化之路	中央电视台综合频道	1.6	4.6

表 3.34.11　2018 年成都市场综艺节目收视率排名前十位

名次	节目名称	播出频道	平均收视率（%）	平均占有率（%）
1	2018 中央电视台春节联欢晚会	中央电视台综合频道	7.8	19.9
2	欢乐吉祥闹元宵	中央电视台综合频道	4.9	12.9
3	中国好声音（9 月 7 日）	浙江卫视	4.1	12.5
4	拥抱新时代祝福你中国中国梦祖国颂 2018 国庆特别节目	中央电视台综合频道	4.1	12.2
5	2018 年中央广播电视总台中秋晚会	中央电视台综合频道	4.0	11.8
6	星光大道（1 月 13 日）	中央电视台综合频道	3.5	9.3
7	最强大脑燃烧吧大脑（1 月 12 日）	江苏卫视	3.4	9.9
8	新春喜剧之夜	中央台三套	3.3	9.9
9	真爱值得等待首届唯怡东方情人节	成都电视台经济资讯服务频道（二套）	2.8	8.4
10	巅峰演讲	浙江卫视	2.7	13.3

表 3.34.12　2018 年成都市场体育节目收视率排名前十位
（世界杯、亚运会、亚残运会、冬奥会比赛除外）

名次	节目名称	播出频道	平均收视率（%）	平均占有率（%）
1	2018 年世界女排锦标赛第三阶段 H 组第三轮（荷兰 VS 中国）	中央台五套	2.6	10.1
2	男子 200 米自由泳颁奖仪式	中央台五套	2.5	7.7

续表

名次	节目名称	播出频道	平均收视率（%）	平均占有率（%）
3	超级足球之夜直播周末：2018年中超联赛第28轮（广州恒大淘宝 VS 上海上港）	中央台五套	2.0	6.2
4	现场直播：2018年世界女排联赛总决赛（中国 VS 巴西）	中央台五套	1.8	5.0
5	2018年中国之队国际足球友谊赛（中国 VS 叙利亚）	中央台五套	1.5	4.3
6	现场直播：2017/2018赛季中国男子篮球职业联赛半决赛第七场（广厦 VS 山东）	中央台五套	1.3	3.9
7	2018年杭州世游赛25米4×50米混合泳混合接力决赛	中央台五套	1.1	3.0
8	直播周末：2018年世界体操锦标赛男子双杠决赛	中央台五套	1.0	5.2
9	现场直播：2018年NBA中国赛深圳站（独行侠 VS76人）	中央台五套	1.0	3.1
10	现场直播：2018年乒乓球团体世界锦标赛女团决赛	中央台五套	1.0	2.8

表3.34.13　2018年成都市场世界杯、亚运会、亚残运会、冬奥会比赛收视率排名前十位

名次	节目名称	播出频道	平均收视率（%）	平均占有率（%）
1	我爱世界杯：2018年俄罗斯世界杯淘汰赛阶段第一场（法国 VS 阿根廷）	中央台五套	11.7	38.2
2	第18届亚运会女子3000米障碍决赛	中央台五套	3.2	8.8
3	我爱世界杯	中央台五套	3.0	10.1
4	第18届亚运会男子4×100米混合泳接力决赛	中央台五套	2.7	7.4
5	我爱世界杯颁奖仪式	中央台五套	2.6	17.1
6	第18届亚运会男篮决赛（中国 VS 伊朗）	中央台五套	2.6	7.7
7	第18届亚运会男子体操吊环决赛	中央台五套	2.5	7.0
8	第18届亚运会女排决赛（中国 VS 泰国）	中央台五套	2.1	11.5
9	第18届亚运会乒乓球女团决赛	中央台五套	1.8	9.7
10	第18届亚运会女足决赛（日本 VS 中国）	中央台五套	1.8	5.9

三十五、大连收视数据

表 3.35.1　2014～2018 年大连市场各类频道的市场占有率（%）

频道类别	年份				
	2014 年	2015 年	2016 年	2017 年	2018 年
中央电视台频道	33.6	35.4	36.5	35.8	35.6
中国教育台频道	0.1	0.1	0.1	0.1	0.1
辽宁省级频道	9.6	7.6	8.7	8.8	11.4
大连市级频道	18.9	20.8	19.7	17.6	13.4
其他省级卫视频道	31.6	29.4	26.0	27.7	26.5
其他频道	6.1	6.7	9.0	10.0	13.0

表 3.35.2　2018 年大连市场各类频道在各目标观众中的市场占有率（%）

目标观众		中央电视台频道	中国教育台频道	辽宁省级频道	大连市级频道	其他省级卫视频道	其他频道
4 岁及以上所有人		35.6	0.1	11.4	13.4	26.5	13.0
性别	男	38.5	0.1	11.7	13.2	23.3	13.2
	女	32.7	0.1	11.1	13.7	29.6	12.8
年龄	4～14 岁	39.1	0.1	2.9	6.8	35.2	15.9
	15～24 岁	36.1	0.1	10.3	14.6	21.3	17.6
	25～34 岁	32.9	0.2	9.3	9.8	27.2	20.6
	35～44 岁	34.7	0.1	7.3	10.6	28.2	19.1
	45～54 岁	31.8	0.2	13.1	14.7	28.8	11.4
	55～64 岁	37.7	0.1	14.1	14.8	24.3	9.0
	65 岁及以上	40.0	0.1	13.1	15.9	23.4	7.5
教育程度	未受过正规教育	46.6	0.2	6.9	6.6	28.2	11.5
	小学	35.0	0.1	15.5	14.1	25.3	10.0
	初中	34.9	0.1	13.1	14.1	27.1	10.7
	高中	35.5	0.1	8.6	13.5	27.4	14.9
	大学及以上	35.6	0.2	10.1	12.6	24.1	17.4
职业类别	干部/管理人员	37.4	0.2	10.4	15.8	27.5	8.7
	个体/私营企业人员	35.6	0.1	10.4	11.9	28.7	13.3
	初级公务员/雇员	29.6	0.2	9.4	11.3	29.8	19.7
	工人	32.9	0.1	12.7	14.8	22.3	17.2
	学生	35.4	0.1	5.2	12.0	29.3	18.0
	无业	37.2	0.1	12.5	13.8	26.7	9.7
	其他	47.8	0.1	11.7	16.2	20.1	4.1
个人月收入	0～600 元	36.2	0.2	8.5	10.1	29.3	15.7
	601～1200 元	30.6	0.1	18.2	17.6	28.7	4.8
	1201～1700 元	40.2	0.1	11.2	16.7	22.4	9.4
	1701～2600 元	34.2	0.1	14.0	15.7	25.3	10.7
	2601～3500 元	36.7	0.1	9.8	14.1	29.3	10.0
	3501～5000 元	35.9	0.1	11.5	12.8	22.5	17.2
	5001 元及以上	36.9	0.1	8.7	9.8	26.4	18.1

表 3.35.3　2018 年大连市场各类频道在不同时段的市场占有率 (%)

时间段	中央电视台频道	中国教育台频道	辽宁省级频道	大连市级频道	其他省级卫视频道	其他频道
02:00~03:00	30.0	0.2	18.0	0.1	31.9	19.8
03:00~04:00	32.1	0.2	21.4	0.0	29.3	17.0
04:00~05:00	35.1	0.2	21.9	0.0	25.2	17.6
05:00~06:00	42.1	0.1	20.1	0.0	22.3	15.4
06:00~07:00	51.7	0.0	17.3	5.2	17.0	8.8
07:00~08:00	44.8	0.1	10.6	14.9	20.6	9.0
08:00~09:00	46.7	0.3	8.1	7.4	23.9	13.6
09:00~10:00	39.9	0.3	7.8	7.2	29.2	15.6
10:00~11:00	37.4	0.3	7.2	8.2	31.7	15.2
11:00~12:00	40.8	0.2	7.2	4.2	33.0	14.6
12:00~13:00	39.5	0.1	10.9	4.2	31.2	14.1
13:00~14:00	33.5	0.2	7.2	4.7	39.4	15.0
14:00~15:00	30.3	0.2	6.7	5.3	42.8	14.7
15:00~16:00	31.7	0.2	6.2	7.0	41.6	13.3
16:00~17:00	34.9	0.2	7.2	6.2	38.5	13.0
17:00~18:00	33.8	0.1	13.5	14.3	26.1	12.2
18:00~19:00	38.4	0.0	15.4	24.6	9.6	12.0
19:00~20:00	36.3	0.0	14.2	22.8	15.1	11.6
20:00~21:00	31.3	0.0	11.7	18.4	27.3	11.3
21:00~22:00	35.5	0.1	12.9	13.4	25.9	12.2
22:00~23:00	32.0	0.1	11.5	12.7	28.6	15.1
23:00~24:00	32.5	0.1	9.0	9.5	32.4	16.5
24:00~25:00	35.5	0.1	11.4	7.5	28.3	17.2
25:00~26:00	32.9	0.2	14.3	2.7	30.4	19.5

表 3.35.4　2018 年大连市场收视份额排名前十位的频道

名次	频道名称	收视份额 (%)
1	中央台四套	4.6
2	大连台一套 (新闻综合频道)	4.5
2	中央台六套	4.5
4	中央台五套	4.1
5	辽宁广播电视台影视剧频道	3.7
6	中央台八套	3.6
7	中央台三套	3.5
8	中央电视台综合频道	2.9
8	辽宁卫视	2.9
10	中央电视台新闻频道	2.7

表 3.35.5 2018 年大连市场各主要频道的观众构成（%）

目标观众		所有频道	主要频道				
			中央台四套	大连台一套（新闻综合频道）	中央台六套	中央台五套	辽宁广播电视台影视剧频道
4 岁及以上所有人		100.0	100.0	100.0	100.0	100.0	100.0
性别	男	50.0	61.9	49.0	54.6	56.3	47.9
	女	50.0	38.1	51.0	45.4	43.7	52.1
年龄	4～14 岁	5.4	1.3	2.0	6.9	2.5	1.1
	15～24 岁	6.1	7.3	7.5	7.2	6.4	5.9
	25～34 岁	12.0	4.5	7.3	18.0	12.2	10.8
	35～44 岁	12.0	7.1	9.4	18.7	10.3	5.6
	45～54 岁	25.1	21.1	25.0	27.6	25.5	25.0
	55～64 岁	21.8	28.7	23.2	12.6	26.4	28.6
	65 岁及以上	17.6	30.0	25.6	9.0	16.7	23.0
教育程度	未受过正规教育	3.5	1.1	1.0	4.3	2.6	3.3
	小学	11.0	8.9	11.2	9.7	6.1	14.6
	初中	40.5	44.4	45.6	41.7	37.4	47.8
	高中	26.9	26.0	26.0	28.1	31.2	17.2
	大学及以上	18.1	19.6	16.2	16.2	22.7	17.1
职业类别	干部/管理人员	1.3	1.6	1.4	2.8	1.2	0.3
	个体/私营企业人员	14.8	11.3	13.3	20.3	13.5	13.2
	初级公务员/雇员	10.7	6.4	6.6	10.8	15.4	10.4
	工人	18.2	14.9	16.1	19.6	17.0	19.9
	学生	5.2	3.7	5.4	8.4	3.5	0.3
	无业	46.8	59.4	51.1	34.3	45.9	51.9
	其他	3.0	2.7	6.1	3.8	3.5	4.0
个人月收入	0～600 元	19.7	11.3	16.4	23.1	15.6	13.5
	601～1200 元	3.8	3.3	6.5	4.2	2.0	5.0
	1201～1700 元	4.3	3.2	5.5	2.6	2.9	3.5
	1701～2600 元	28.7	33.9	26.6	20.8	33.2	39.5
	2601～3500 元	18.6	22.3	21.4	18.7	24.6	16.5
	3501～5000 元	16.7	18.9	17.6	15.6	15.0	17.4
	5001 元及以上	8.2	7.0	6.0	15.1	6.6	4.6

表 3.35.6 2016～2018 年大连市场各类节目的播出份额（%）和收视份额（%）

节目类别	2016 年		2017 年		2018 年	
	播出份额	收视份额	播出份额	收视份额	播出份额	收视份额
财经	1.7	0.6	1.4	0.5	1.3	0.4
电视剧	21.7	27.9	21.9	29.3	21.5	28.6
电影	3.5	3.7	3.8	4.2	3.9	5.5
法制	1.0	3.7	1.2	3.7	1.2	2.5
教学	0.2	0.0	0.2	0.0	0.2	0.0
青少	6.8	3.3	7.4	4.3	7.1	4.7
生活服务	9.4	6.4	8.9	6.6	9.4	6.3

续表

节目类别	2016 年		2017 年		2018 年	
	播出份额	收视份额	播出份额	收视份额	播出份额	收视份额
体育	3.7	5.2	3.9	4.0	4.0	6.2
外语	0.0	0.0	0.1	0.0	0.1	0.0
戏剧	0.8	0.1	0.7	0.2	0.7	0.2
新闻/时事	13.6	13.8	14.5	14.0	15.1	12.9
音乐	1.7	1.1	1.3	1.0	1.3	1.0
专题	13.6	6.5	14.0	6.7	13.4	6.3
综艺	9.9	17.2	8.9	14.5	8.8	13.7
其他	12.2	10.5	11.8	11.0	12.0	11.7

表 3.35.7　2018 年大连市场所有节目收视率排名前三十位

名次	节目名称	节目类别	播出频道	平均收视率（%）	平均占有率（%）
1	我爱世界杯：2018 年世界杯小组赛 E 组第二轮（巴西 VS 哥斯达黎加）	体育	中央台五套	12.5	36.0
2	欢乐吉祥闹元宵	综艺	中央电视台综合频道	9.0	21.8
3	第 18 届亚运会男子 10000 米决赛	体育	中央台五套	7.3	19.5
4	2018 年第 23 届冬奥会短道速滑女子 3000 米接力决赛 A 组	体育	中央台五套	6.9	16.6
5	我爱世界杯：2018 年俄罗斯世界杯闭幕式	体育	中央台五套	6.7	33.2
6	2018 中央电视台春节联欢晚会	综艺	中央电视台综合频道	6.7	14.7
7	我爱世界杯：2018 年俄罗斯世界杯开幕式	体育	中央台五套	6.1	38.5
8	赛事直播：2018 年中国平安中国足球协会超级联赛第 1 轮（上海上港 VS 大连一方）	体育	大连台四套（文体频道）	6.1	15.2
9	2018 年世界女排锦标赛第三阶段 H 组第三轮（荷兰 VS 中国）	体育	中央台五套	6.0	18.5
10	2018 年亚运会女子 100 米自由泳决赛	体育	中央台五套	6.0	13.7
11	第 18 届亚运会女足决赛（日本 VS 中国）	体育	中央台五套	5.5	15.2
12	中国好声音巅峰之夜（10 月 7 日）	综艺	浙江卫视	5.2	17.0
13	2018 年平昌冬奥会闭幕式	体育	中央台五套	5.2	13.4
14	2018 年平昌冬奥会开幕式	体育	中央台五套	5.2	13.0
15	第 18 届亚运会女排半决赛（中国 VS 日本）	体育	中央台五套	5.0	19.7
16	2018 辽宁卫视春节联欢晚会	综艺	辽宁卫视	4.9	20.9
17	第 18 届亚运会乒乓球女团决赛	体育	中央台五套	4.3	17.3

续表

名次	节目名称	节目类别	播出频道	平均收视率（%）	平均占有率（%）
18	第18届亚运会男篮决赛（中国VS伊朗）	体育	中央台五套	4.3	11.0
19	第18届亚运会男子体操吊环决赛	体育	中央台五套	4.2	11.9
20	现场直播：2018年亚洲足联冠军联赛F组第4轮（蔚山VS上海上港）	体育	中央台五套	4.1	12.9
21	新闻锋线	新闻/时事	大连台一套（新闻综合频道）	4.0	16.8
22	2018年中国之队国际足球友谊赛（中国VS叙利亚）	体育	中央台五套	3.9	12.4
23	鸡毛飞上天	电视剧	大连台二套（生活频道）	3.8	9.8
24	最好的遇见	电视剧	山东卫视	3.7	10.3
25	母亲的承诺	电视剧	大连台二套（生活频道）	3.7	9.6
26	危城	电影	中央台六套	3.6	10.8
27	大根的梦想生活	电视剧	山东卫视	3.5	10.3
28	欢声笑语2018迎国庆	综艺	中央台三套	3.5	9.9
29	天气预报	生活服务	大连台一套（新闻综合频道）	3.4	11.7
30	猎鹰出击	电视剧	辽宁广播电视台影视剧频道	3.4	11.1

表3.35.8　2018年大连市场电视剧收视率排名前十位

名次	节目名称	播出频道	平均收视率（%）	平均占有率（%）
1	鸡毛飞上天	大连台二套（生活频道）	3.8	9.8
2	最好的遇见	山东卫视	3.7	10.3
3	母亲的承诺	大连台二套（生活频道）	3.7	9.6
4	大根的梦想生活	山东卫视	3.5	10.3
5	猎鹰出击	辽宁广播电视台影视剧频道	3.4	11.1
6	你和我的倾城时光	上海东方卫视	3.4	9.8
7	山河同在	辽宁广播电视台影视剧频道	2.9	9.9
8	浴血战神	辽宁广播电视台影视剧频道	2.9	9.6
9	尖峰对决	辽宁广播电视台影视剧频道	2.8	8.8
10	女管家	大连台五套（综合影视频道）	2.8	7.8

表 3.35.9　2018 年大连市场新闻节目收视率排名前十位

名次	节目名称	播出频道	平均收视率（%）	平均占有率（%）
1	新闻锋线	大连台一套（新闻综合频道）	4.0	16.8
2	新闻公众号	大连台一套（新闻综合频道）	2.3	11.2
3	辽宁新闻	大连台一套（新闻综合频道）	2.3	8.2
4	转播中央台新闻联播	大连台一套（新闻综合频道）	2.3	7.3
5	今日亚洲	中央台四套	1.9	5.7
6	中国舆论场	中央台四套	1.8	4.9
7	海峡两岸	中央台四套	1.6	4.4
8	春节传奇中国节	中央台四套	1.5	4.0
9	上海合作组织青岛峰会特别报道	中央台四套	1.4	4.4
10	新闻正前方	辽宁广播电视台都市频道	1.3	7.1

表 3.35.10　2018 年大连市场专题节目收视率排名前十位

名次	节目名称	播出频道	平均收视率（%）	平均占有率（%）
1	重返狼群	中央台六套	2.7	8.1
2	走基层大连纪事	大连台一套（新闻综合频道）	2.6	10.8
3	万科时间	大连台一套（新闻综合频道）	2.6	10.5
4	青青之岛亲亲上合	山东卫视	2.4	6.5
5	一年又一年	中央电视台综合频道	2.3	6.5
6	长风破浪	大连台一套（新闻综合频道）	1.9	9.1
7	青春奋斗	大连台一套（新闻综合频道）	1.7	9.8
8	心系凉山习近平总书记凉山扶贫纪实	中央电视台综合频道	1.7	4.7
9	为了心底那份育人情怀记全国时代楷模曲建武先进事迹	大连台二套（生活频道）	1.5	4.5
10	舌尖上的中国 3	中央台四套	1.5	4.4

表 3.35.11　2018 年大连市场综艺节目收视率排名前十位

名次	节目名称	播出频道	平均收视率（%）	平均占有率（%）
1	欢乐吉祥闹元宵	中央电视台综合频道	9.0	21.8
2	2018 中央电视台春节联欢晚会	中央电视台综合频道	6.7	14.7
3	中国好声音巅峰之夜（10 月 7 日）	浙江卫视	5.2	17.0
4	2018 辽宁卫视春节联欢晚会	辽宁卫视	4.9	20.9
5	欢声笑语 2018 迎国庆	中央台三套	3.5	9.9
6	喜到福到好运到 2018 年春晚倒计时	中央台三套	3.4	9.7
7	2018 中俄艺术家大联欢	中央台三套	2.9	9.6
8	2018CCTV 网络春晚	中央台三套	2.7	8.0
9	我要上春晚 CCTV2018	中央台三套	2.7	7.5
10	大江大河开播盛典	上海东方卫视	2.6	7.3

表 3.35.12　2018 年大连市场体育节目收视率排名前十位
（世界杯、亚运会、亚残运会、冬奥会比赛除外）

名次	节目名称	播出频道	平均收视率（%）	平均占有率（%）
1	赛事直播：2018 年中国足球协会超级联赛第 1 轮（上海上港 VS 大连一方）	大连台四套（文体频道）	6.1	15.2
2	2018 年世界女排锦标赛第三阶段 H 组第三轮（荷兰 VS 中国）	中央台五套	6.0	18.5
3	现场直播：2018 年亚洲足联冠军联赛 F 组第 4 轮（蔚山 VS 上海上港）	中央台五套	4.1	12.9
4	2018 年中国之队国际足球友谊赛（中国 VS 叙利亚）	中央台五套	3.9	12.4
5	现场直播：2018 年乒乓球团体世界锦标赛男团决赛	中央台五套	3.3	12.1
6	现场直播：2018 年尤伯杯半决赛女单	中央台五套	3.2	13.4
7	现场直播：2018 年中国足协杯决赛次回合（山东鲁能泰山 VS 北京中赫国安）	中央台五套	2.6	7.4
8	现场直播：2018 年世界女排联赛香港站（中国 VS 阿根廷）	中央台五套	2.5	11.4
9	现场直播：2017/2018 赛季中国男子篮球职业联赛总决赛第三场（辽宁本钢 VS 浙江广厦）	中央台五套	2.4	6.7
10	直播周末：2017/2018 赛季女排超级联赛半决赛（上海光明优倍 VS 江苏中天钢铁）	中央台五套	2.2	9.2

表 3.35.13　2018 年大连市场世界杯、亚运会、亚残运会、冬奥会比赛收视率排名前十位

名次	节目名称	播出频道	平均收视率（%）	平均占有率（%）
1	我爱世界杯：2018 年世界杯小组赛 E 组第二轮（巴西 VS 哥斯达黎加）	中央台五套	12.5	36.0
2	第 18 届亚运会男子 10000 米决赛	中央台五套	7.3	19.5
3	2018 年第 23 届冬奥会短道速滑女子 3000 米接力决赛 A 组	中央台五套	6.9	16.6
4	我爱世界杯：2018 年俄罗斯世界杯闭幕式	中央台五套	6.7	33.2
5	我爱世界杯：2018 年俄罗斯世界杯开幕式	中央台五套	6.1	38.5
6	2018 年亚运会女子 100 米自由泳决赛	中央台五套	6.0	13.7
7	第 18 届亚运会女足决赛（日本 VS 中国）	中央台五套	5.5	15.2
8	2018 年平昌冬奥会闭幕式	中央台五套	5.2	13.4
9	2018 年平昌冬奥会开幕式	中央台五套	5.2	13.0
10	第 18 届亚运会女排半决赛（中国 VS 日本）	中央台五套	5.0	19.7

三十六、福州收视数据

表 3.36.1　2014～2018 年福州市场各类频道的市场占有率（%）

频道类别	年份				
	2014 年	2015 年	2016 年	2017 年	2018 年
中央电视台频道	30.1	30.6	32.7	34.6	34.9
中国教育台频道	0.2	0.1	0.0	0.1	0.1
福建省级频道	14.5	13.0	12.2	10.1	10.5
福州市级频道	14.2	12.4	11.8	9.7	7.0
其他省级卫视频道	31.9	32.6	32.6	31.1	28.6
其他频道	9.1	11.3	10.6	14.5	18.9

表 3.36.2　2018 年福州市场各类频道在不同目标观众中的市场占有率（%）

目标观众		中央电视台频道	中国教育台频道	福建省级频道	福州市级频道	其他省级卫视频道	其他频道
4 岁及以上所有人		34.9	0.1	10.5	7.0	28.6	18.9
性别	男	39.0	0.1	9.9	6.6	25.5	18.9
	女	30.7	0.0	11.1	7.4	31.7	19.1
年龄	4～14 岁	24.2	0.0	7.7	4.9	36.3	26.9
	15～24 岁	42.8	0.0	8.8	4.3	31.7	12.4
	25～34 岁	27.8	0.1	10.3	8.2	29.2	24.4
	35～44 岁	27.6	0.0	10.4	4.3	35.0	22.7
	45～54 岁	31.6	0.1	11.3	6.6	33.6	16.8
	55～64 岁	36.2	0.1	11.1	8.9	23.9	19.8
	65 岁及以上	45.0	0.1	11.0	8.7	19.9	15.3
教育程度	未受过正规教育	28.4	0.0	8.6	11.6	31.4	20.0
	小学	31.1	0.1	12.7	9.2	27.4	19.5
	初中	34.7	0.0	10.4	8.7	28.8	17.4
	高中	37.2	0.0	11.0	4.7	28.5	18.6
	大学及以上	35.9	0.1	9.4	5.2	28.5	20.9
职业类别	干部/管理人员	49.7	0.1	5.5	1.3	26.1	17.3
	个体/私营企业人员	32.5	0.1	10.3	6.4	34.2	16.5
	初级公务员/雇员	29.4	0.0	11.0	5.4	31.1	23.1
	工人	24.4	0.0	9.2	15.0	27.1	24.3
	学生	38.6	0.0	8.5	4.5	31.9	16.5
	无业	38.0	0.0	10.8	7.9	25.3	18.0
	其他	37.8	0.0	15.7	9.4	25.5	11.6
个人月收入	0～600 元	33.2	0.0	9.8	6.6	33.0	17.4
	601～1200 元	34.4	0.0	10.8	14.5	26.6	13.7
	1201～1700 元	35.1	0.1	13.9	9.7	22.6	18.6
	1701～2600 元	37.6	0.0	11.7	8.5	23.7	18.5
	2601～3500 元	37.1	0.1	12.0	8.2	27.2	15.4
	3501～5000 元	32.1	0.1	9.5	3.8	29.4	25.1
	5001 元以上	35.4	0.0	8.1	4.6	30.2	21.7

表 3.36.3　2018 年福州市场各类频道在不同时段的市场占有率（%）

时间段	中央电视台频道	中国教育台频道	福建省级频道	福州市级频道	其他省级卫视频道	其他频道
02:00～03:00	32.7	0.0	12.9	5.2	28.5	20.7
03:00～04:00	33.2	0.0	13.4	5.5	26.2	21.7
04:00～05:00	26.3	0.0	10.7	6.7	18.8	37.5
05:00～06:00	33.0	0.1	13.0	6.6	16.9	30.4
06:00～07:00	51.7	0.0	10.2	4.7	14.6	18.8
07:00～08:00	58.4	0.1	7.4	4.7	12.3	17.1
08:00～09:00	47.4	0.1	8.5	6.0	18.9	19.1
09:00～10:00	38.8	0.1	9.8	6.4	25.3	19.6
10:00～11:00	39.1	0.1	9.2	5.3	26.0	20.3
11:00～12:00	40.5	0.1	9.9	3.2	26.1	20.2
12:00～13:00	44.5	0.0	5.1	2.9	27.3	20.2
13:00～14:00	38.0	0.1	4.9	3.7	31.0	22.3
14:00～15:00	34.8	0.1	6.3	3.0	33.2	22.6
15:00～16:00	35.2	0.2	6.3	3.0	33.0	22.3
16:00～17:00	35.0	0.1	7.0	3.1	33.6	21.2
17:00～18:00	33.9	0.1	9.3	6.9	29.0	20.8
18:00～19:00	32.8	0.0	23.2	14.5	10.7	18.8
19:00～20:00	32.1	0.0	16.6	10.8	23.0	17.5
20:00～21:00	27.9	0.0	9.2	9.3	37.0	16.6
21:00～22:00	33.6	0.0	9.3	8.4	33.3	15.4
22:00～23:00	31.4	0.0	8.3	5.7	37.1	17.5
23:00～24:00	32.5	0.0	8.6	3.2	36.6	19.1
24:00～25:00	33.9	0.0	11.3	3.9	28.8	22.1
25:00～26:00	32.1	0.1	11.5	5.0	29.0	22.3

表 3.36.4　2018 年福州市场收视份额排名前十位的频道

名次	频道名称	收视份额（%）
1	中央电视台综合频道	6.1
2	中央台四套	5.1
3	中央台八套	4.5
4	中央台三套	4.1
5	中央台六套	3.8
6	福州电视台影视频道	3.3
7	福建省广播影视集团综合频道	3.1
8	浙江卫视	3.0
9	湖南卫视	2.8
10	江苏卫视	2.7

表 3.36.5　2018 年福州市场各主要频道的观众构成（%）

目标观众		所有频道	主要频道				
			中央电视台综合频道	中央台四套	中央台八套	中央台三套	中央台六套
4 岁及以上所有人		100.0	100.0	100.0	100.0	100.0	100.0
性别	男	50.5	49.6	63.8	51.3	50.7	54.9
	女	49.5	50.4	36.2	48.7	49.3	45.1
年龄	4～14 岁	7.1	4.6	3.7	3.6	5.8	4.6
	15～24 岁	8.1	4.5	10.7	12.8	8.8	12.2
	25～34 岁	11.0	11.9	8.3	5.4	11.1	7.9
	35～44 岁	16.1	8.3	10.5	10.8	9.4	20.0
	45～54 岁	18.3	12.6	13.9	14.6	14.4	21.6
	55～64 岁	15.0	14.1	20.1	16.6	17.3	13.6
	65 岁及以上	24.4	44.0	32.8	36.2	33.2	20.1
教育程度	未受过正规教育	5.7	5.6	4.2	3.3	6.2	4.3
	小学	14.0	10.1	9.7	14.0	18.1	15.7
	初中	28.1	21.5	24.8	31.3	31.4	36.0
	高中	26.1	17.7	33.4	30.8	24.2	27.3
	大学及以上	26.1	45.1	27.9	20.6	20.1	16.7
职业类别	干部/管理人员	0.8	0.6	1.8	0.2	0.6	0.6
	个体/私营企业人员	11.4	9.1	10.3	10.1	11.4	12.2
	初级公务员/雇员	25.2	19.2	19.3	15.3	22.4	26.3
	工人	3.7	2.6	1.6	2.9	2.1	5.3
	学生	11.0	6.9	12.3	15.3	11.2	15.3
	无业	46.6	61.1	54.0	50.9	51.2	39.4
	其他	1.3	0.5	0.7	5.3	1.1	0.9
个人月收入	0～600 元	25.9	19.8	22.2	28.8	23.0	32.9
	601～1200 元	4.1	3.5	1.6	5.8	4.1	5.9
	1201～1700 元	4.8	3.3	4.7	4.8	8.8	7.5
	1701～2600 元	16.8	18.5	18.8	23.3	19.9	12.7
	2601～3500 元	19.1	19.3	23.4	21.5	17.1	13.6
	3501～5000 元	18.8	22.2	20.0	9.1	18.4	16.1
	5001 元以上	10.5	13.4	9.3	6.7	8.7	11.3

表 3.36.6　2016～2018 年福州市场各类节目的播出份额（%）和收视份额（%）

节目类别	2016 年		2017 年		2018 年	
	播出份额	收视份额	播出份额	收视份额	播出份额	收视份额
财经	1.3	0.9	1.2	0.6	1.3	0.8
电视剧	26.6	29.8	21.3	31.1	21.0	29.9
电影	4.2	4.9	4.4	4.5	4.1	5.0
法制	0.9	1.1	0.9	0.5	0.9	0.7
教学	0.3	0.1	0.2	0.0	0.3	0.0
青少	6.8	5.1	7.5	4.7	7.6	4.7
生活服务	7.7	6.7	7.8	6.7	8.1	6.4

续表

节目类别	2016 年		2017 年		2018 年	
	播出份额	收视份额	播出份额	收视份额	播出份额	收视份额
体育	3.6	2.8	3.8	1.7	3.9	3.2
外语	0.0	0.0	0.1	0.0	0.1	0.0
戏剧	0.7	0.3	0.8	0.3	0.7	0.2
新闻/时事	10.2	12.3	15.0	13.7	15.6	13.7
音乐	1.7	1.0	1.5	1.0	1.6	1.3
专题	13.8	8.2	14.9	8.6	14.7	8.9
综艺	6.8	14.7	7.8	13.5	7.7	12.9
其他	15.3	12.0	13.0	13.1	12.4	12.3

表 3.36.7 2018 年福州市场所有节目收视率排名前三十位

名次	节目名称	节目类型	播出频道	平均收视率（%）	平均占有率（%）
1	开学第一课	青少	中央电视台综合频道	5.4	21.1
2	我爱世界杯：2018 年世界杯小组赛 D 组第一轮（阿根廷 VS 冰岛）	体育	中央台五套	5.3	24.8
3	欢乐吉祥闹元宵	综艺	中央电视台综合频道	5.2	18.4
4	2018 中央电视台春节联欢晚会	综艺	中央电视台综合频道	4.3	14.9
5	第 18 届亚运会女子 400 米决赛	体育	中央台五套	2.8	11.1
6	飞虎队谍战	电影	中央台六套	2.6	11.1
7	幸福出发 2018 山东卫视春节联欢晚会	综艺	山东卫视	2.5	13.1
8	使徒行者（2 月 12 日）	电影	中央台六套	2.5	9.8
9	2019 跨年演唱会用奋斗点亮幸福	音乐	江苏卫视	2.2	13.2
10	巅峰演讲	综艺	浙江卫视	2.1	19.6
11	大漠战将班超	电影	中央台六套	2.1	14.4
12	我爱世界杯 2018 年俄罗斯世界杯闭幕式	体育	中央台五套	2.1	13.6
13	调解有 1 套	专题	福建省广播影视集团综合频道	2.1	12.3
14	2018 年亚运会女子 200 米蛙泳决赛	体育	中央台五套	2.1	9.9
15	硬骨头之绝地归途	电视剧	福州电视台影视频道	2.1	9.0
16	恋爱先生	电视剧	江苏卫视	2.1	8.8
17	野山鹰	电视剧	福州电视台影视频道	2.1	8.7
18	领跑 2019 爱你依旧浙江卫视演唱会	音乐	浙江卫视	2.0	14.3
19	第 18 届亚运会女排决赛（中国 VS 泰国）	体育	中央台五套	2.0	12.3
20	三个院子	综艺	江苏卫视	2.0	10.3
21	现场直播：2018 年世界女排联赛总决赛（中国 VS 巴西）	体育	中央台五套	2.0	9.1
22	2018 年第 23 届冬奥会短道速滑男子 5000 米接力决赛 A 组	体育	中央台五套	2.0	7.0

续表

名次	节目名称	节目类型	播出频道	平均收视率（%）	平均占有率（%）
23	胜利时刻	综艺	浙江卫视	1.9	14.0
24	爱心帮帮团	专题	福建省广播影视集团综合频道	1.9	13.2
25	2018年世界女排锦标赛第三阶段H组第三轮（荷兰VS中国）	体育	中央台五套	1.9	11.5
26	幸福中国年2018江苏卫视春节联欢晚会	综艺	江苏卫视	1.9	10.4
27	银案迷踪	电影	中央台六套	1.9	9.1
28	生死96小时	电影	中央台六套	1.9	8.7
29	一路繁花相送	电视剧	江苏卫视	1.9	7.7
30	风雨双流星	电影	中央台六套	1.8	17.5

表3.36.8　2018年福州市场电视剧收视率排名前十位

名次	节目名称	播出频道	平均收视率（%）	平均占有率（%）
1	硬骨头之绝地归途	福州电视台影视频道	2.1	9.0
2	恋爱先生	江苏卫视	2.1	8.8
3	野山鹰	福州电视台影视频道	2.1	8.7
4	一路繁花相送	江苏卫视	1.9	7.7
5	我在北京挺好的	中央台八套	1.8	11.2
6	利刃出击	江苏卫视	1.8	8.7
7	魔都风云	山东卫视	1.8	7.3
8	飞哥大英雄	福州电视台影视频道	1.7	8.0
9	金牌投资人	湖南卫视	1.6	15.5
10	嫂子嫂子	福州电视台影视频道	1.6	7.4

表3.36.9　2018年福州市场新闻节目收视率排名前十位

名次	节目名称	播出频道	平均收视率（%）	平均占有率（%）
1	今日关注	中央台四套	1.5	8.1
2	海峡两岸	中央台四套	1.4	6.6
3	中国舆论场	中央台四套	1.1	5.1
4	上海合作组织青岛峰会特别报道	中央电视台综合频道	1.1	4.9
5	新闻联播	中央电视台综合频道	1.0	5.9
6	深度国际	中央台四套	0.9	5.7
7	防抗玛莉亚特别报道	东南卫视	0.9	5.2
8	中国新闻	中央台四套	0.9	5.0
9	今日亚洲	中央台四套	0.9	4.7
10	新闻110	福州电视台新闻综合频道	0.8	6.5

表 3.36.10　2018 年福州市场专题节目收视率排名前十位

名次	节目名称	播出频道	平均收视率（%）	平均占有率（%）
1	调解有 1 套	福建省广播影视集团综合频道	2.1	12.3
2	爱心帮帮团	福建省广播影视集团综合频道	1.9	13.2
3	一年又一年	中央电视台综合频道	1.5	9.3
4	感动中国 2017 年度人物颁奖盛典	中央电视台综合频道	1.4	7.1
5	一路书香	深圳卫视（新闻综合频道）	1.4	6.9
6	源味中国	中央台四套	1.3	8.5
7	万水千山只等闲	中央电视台新闻频道	1.3	6.6
8	海上丝路看今朝 2018 年习近平主席亚太之行	中央电视台综合频道	1.3	6.2
9	为了一江清水浩荡东流习近平总书记 2018 年长江考察纪实	中央电视台综合频道	1.2	5.6
10	舌尖上的中国 3	中央电视台综合频道	1.2	4.9

表 3.36.11　2018 年福州市场综艺节目收视率排名前十位

名次	节目名称	播出频道	平均收视率（%）	平均占有率（%）
1	欢乐吉祥闹元宵	中央电视台综合频道	5.2	18.4
2	2018 中央电视台春节联欢晚会	中央电视台综合频道	4.3	14.9
3	幸福出发 2018 山东卫视春节联欢晚会	山东卫视	2.5	13.1
4	巅峰演讲	浙江卫视	2.1	19.6
5	三个院子	江苏卫视	2.0	10.3
6	胜利时刻	浙江卫视	1.9	14.0
7	幸福中国年 2018 江苏卫视春节联欢晚会	江苏卫视	1.9	10.4
8	不凡时刻	江苏卫视	1.7	17.0
9	大型纪录片记住乡愁第四季开播特别节目	中央台四套	1.7	7.2
10	2018CCTV 网络春晚	中央台三套	1.6	7.5

表 3.36.12　2018 年福州市场体育节目收视率排名前十位
（世界杯、亚运会、亚残运会、冬奥会比赛除外）

名次	节目名称	播出频道	平均收视率（%）	平均占有率（%）
1	现场直播：2018 年世界女排联赛总决赛（中国队 VS 巴西队）	中央台五套	2.0	9.1
2	2018 年世界女排锦标赛第三阶段 H 组第三轮（荷兰 VS 中国）	中央台五套	1.9	11.5
3	现场直播：2018 年乒乓球团体世界锦标赛女团决赛	中央台五套	1.8	8.4
4	直播周末世界女排锦标赛颁奖仪式	中央台五套	1.3	8.4

续表

名次	节目名称	播出频道	平均收视率(%)	平均占有率(%)
5	直播周末：2018 年瑞士女排精英赛排位赛（中国 VS 波兰）	中央台五套	1.3	6.8
6	现场直播：2017/2018 赛季中国男子篮球职业联赛半决赛第五场（广东 VS 辽宁）	中央台五套	1.3	5.6
7	直播周末：2018 年斯诺克世界公开赛决赛第二阶段	中央台五套	1.2	6.2
8	现场直播：2018 年汤姆斯杯半决赛男单	中央台五套	1.2	6.1
9	2017/2018 赛季世界斯诺克锦标赛第二轮	中央台五套	1.1	12.9
10	现场直播：2018 年国际乒联世界巡回赛中国公开赛男单决赛	中央台五套	1.1	6.1

表 3.36.13　2018 年福州市场世界杯、亚运会、亚残运会、冬奥会比赛收视率排名前十位

名次	节目名称	播出频道	平均收视率(%)	平均占有率(%)
1	我爱世界杯：2018 年世界杯小组赛 D 组第一轮（阿根廷 VS 冰岛）	中央台五套	5.3	24.8
2	第 18 届亚运会女子 400 米决赛	中央台五套	2.8	11.1
3	我爱世界杯：2018 年俄罗斯世界杯闭幕式	中央台五套	2.1	13.6
4	2018 年亚运会女子 200 米蛙泳决赛	中央台五套	2.1	9.9
5	第 18 届亚运会女排决赛（中国 VS 泰国）	中央台五套	2.0	12.3
6	2018 年第 23 届冬奥会短道速滑男子 5000 米接力决赛 A 组	中央台五套	2.0	7.0
7	我爱世界杯：2018 年俄罗斯世界杯开幕式	中央台五套	1.8	16.5
8	2018 年平昌冬奥会闭幕式	中央台五套	1.7	7.1
9	第 18 届亚运会男篮决赛（中国 VS 伊朗）	中央台五套	1.7	6.8
10	第 18 届亚运会乒乓球男团决赛	中央台五套	1.6	7.0

三十七、广州收视数据

表 3.37.1　2014～2018 年广州市场各类频道的市场占有率（%）

频道类别	年份				
	2014 年	2015 年	2016 年	2017 年	2018 年
中央电视台频道	14.8	14.3	15.3	16.1	14.8
中国教育台频道	0.1	0.1	0.1	0.1	0.1
广东广播电视台 *	35.7①	34.4	34.4	34.1	32.8
广州台频道	16.3	18.6	15.7	13.0	11.4
其他省级卫视频道	13.7	13.7	14.5	14.1	15.6
境外频道	11.0	9.2	8.7	7.9	7.1
其他频道	8.2	9.7	11.3	14.7	18.2

* 广东广播电视台由原广东台和南方台于 2014 年 4 月 23 日合并成立；①为广东广播电视台自 2014 年 4 月 23 日挂牌之日起至 2014 年 12 月 31 日的市场占有率。

表 3.37.2　2018 年广州市场各类频道在各目标观众中的市场占有率（%）

目标观众		中央电视台频道	中国教育台频道	广东广播电视台频道	广州台频道	其他省级卫视频道	境外频道	其他频道
4 岁及以上所有人		14.8	0.1	32.8	11.4	15.6	7.1	18.2
性别	男	16.4	0.1	32.0	10.7	15.2	6.6	19.0
	女	13.3	0.1	33.5	12.1	16.0	7.6	17.4
年龄	4～14 岁	11.4	0.1	32.7	5.9	21.5	2.1	26.3
	15～24 岁	13.7	0.1	29.5	13.1	15.5	9.9	18.2
	25～34 岁	10.9	0.1	33.8	11.9	15.2	7.7	20.4
	35～44 岁	16.2	0.1	26.2	8.9	18.2	5.3	25.1
	45～54 岁	17.7	0.1	32.5	12.3	15.7	7.3	14.4
	55～64 岁	14.4	0.1	36.2	12.6	13.7	8.6	14.4
	65 岁及以上	18.6	0.1	36.4	13.0	11.9	7.1	12.9
教育程度	未受过正规教育	11.0	0.0	40.8	10.2	17.1	1.9	19.0
	小学	14.9	0.1	39.3	10.8	14.9	4.7	15.3
	初中	15.7	0.1	35.5	12.2	15.5	5.9	15.1
	高中	15.2	0.1	28.9	11.2	15.8	7.6	21.2
	大学及以上	14.0	0.1	28.1	11.4	15.6	10.9	19.9
职业类别	干部/管理人员	20.3	0.1	21.8	6.4	17.1	10.0	24.3
	个体/私营企业人员	16.3	0.1	29.0	9.5	19.6	5.5	20.0
	初级公务员/雇员	14.2	0.1	29.4	12.7	14.7	10.0	18.9
	工人	13.7	0.1	36.4	12.2	14.5	4.9	18.2
	学生	12.9	0.1	28.3	7.1	19.7	6.1	25.8
	无业	15.5	0.1	35.3	11.9	14.6	7.3	15.3
	其他	5.4	0.1	47.1	29.4	5.8	3.1	9.1
个人月收入	0～600 元	12.8	0.1	31.8	10.0	18.4	5.5	21.4
	601～1200 元	11.8	0.0	51.0	11.9	10.0	5.5	9.8
	1201～1700 元	18.0	0.4	32.3	7.7	24.2	2.3	15.1
	1701～2600 元	13.3	0.1	39.5	12.0	13.7	6.5	14.9
	2601～3500 元	15.9	0.1	31.3	14.8	13.5	7.6	16.8
	3501～5000 元	15.4	0.1	31.9	11.2	15.7	9.5	16.2
	5001 元及以上	18.3	0.1	23.7	7.8	17.3	7.5	25.3

表 3.37.3　2018 年广州市场各类频道在不同时段的市场占有率（%）

时间段	中央电视台频道	中国教育台频道	广东广播电视台频道	广州台频道	其他省级卫视频道	境外频道	其他频道
02:00～03:00	19.6	0.2	20.3	3.7	18.4	10.0	27.8
03:00～04:00	22.2	0.0	26.3	3.5	17.4	5.3	25.3
04:00～05:00	21.9	0.1	28.2	5.4	19.6	2.7	22.1
05:00～06:00	16.4	0.1	39.5	9.6	14.6	4.6	15.2
06:00～07:00	18.7	0.0	31.9	12.7	8.2	8.1	20.4
07:00～08:00	23.3	0.2	26.3	17.9	7.9	7.0	17.4
08:00～09:00	21.4	0.3	28.9	10.4	13.1	8.3	17.6
09:00～10:00	22.5	0.3	26.6	5.7	19.9	3.5	21.5
10:00～11:00	22.4	0.3	23.0	5.5	21.8	3.5	23.5
11:00～12:00	21.6	0.2	23.9	6.0	21.2	3.9	23.2
12:00～13:00	17.9	0.1	30.8	7.9	17.6	5.9	19.8
13:00～14:00	16.3	0.1	28.7	8.4	18.1	5.7	22.7
14:00～15:00	17.7	0.2	24.2	7.2	20.4	4.4	25.9
15:00～16:00	18.0	0.3	24.0	7.2	20.2	4.0	26.3
16:00～17:00	18.7	0.3	26.9	6.5	20.0	2.9	24.7
17:00～18:00	18.2	0.1	27.9	10.6	16.9	2.9	23.4
18:00～19:00	12.7	0.0	39.0	20.0	7.8	4.1	16.4
19:00～20:00	11.6	0.0	45.9	15.5	10.2	3.7	13.1
20:00～21:00	10.9	0.0	40.9	12.9	15.6	6.2	13.5
21:00～22:00	11.6	0.1	34.6	11.3	15.0	12.4	15.0
22:00～23:00	13.0	0.1	24.4	13.1	17.0	14.3	18.1
23:00～24:00	17.3	0.1	24.5	8.2	19.8	9.9	20.2
24:00～25:00	19.1	0.1	22.2	5.9	17.5	13.9	21.3
25:00～26:00	18.3	0.2	16.4	3.8	19.9	13.9	27.5

表 3.37.4　2018 年广州市场收视份额排名前十位的频道

排名	频道名称	收视份额（%）
1	广东广播电视台珠江频道	9.4
2	广东广播电视台南方卫视	5.2
3	广州市广播电视台综合频道	4.7
4	广东广播电视台影视频道	3.9
5	广州市广播电视台影视频道	3.8
6	广东广播电视台公共频道	3.4
7	广东广播电视台体育频道	2.9
8	中央电视台综合频道	2.7
9	市网翡翠台（中文）	2.5
10	湖南卫视	2.1

表 3.37.5 2018 年广州市场各主要频道的观众构成（%）

目标观众		所有频道	主要频道				
			广东广播电视台珠江频道	广东广播电视台南方卫视	广州市广播电视台综合频道	广东广播电视台影视频道	广州市广播电视台影视频道
4 岁及以上所有人		100.0	100.0	100.0	100.0	100.0	100.0
性别	男	49.4	44.8	46.1	48.5	51.2	46.0
	女	50.6	55.2	53.9	51.5	48.8	54.0
年龄	4～14 岁	8.3	5.3	6.8	3.8	7.4	3.8
	15～24 岁	8.7	7.3	11.0	8.5	4.1	11.7
	25～34 岁	19.3	26.4	17.5	14.8	13.8	28.8
	35～44 岁	13.7	9.6	11.6	14.2	12.3	4.5
	45～54 岁	20.0	16.8	18.5	18.4	18.0	27.1
	55～64 岁	18.0	20.8	19.9	23.9	24.0	13.8
	65 岁及以上	12.0	13.8	14.7	16.4	20.4	10.3
教育程度	未受过正规教育	4.5	4.8	5.0	3.3	8.0	6.0
	小学	15.1	19.2	21.4	12.6	19.5	15.4
	初中	29.6	27.5	30.0	32.0	39.5	32.1
	高中	28.4	26.0	22.3	31.8	21.9	20.5
	大学及以上	22.4	22.5	21.3	20.3	11.1	26.0
职业类别	干部/管理人员	2.8	1.4	0.6	1.5	0.6	1.1
	个体/私营企业人员	11.8	8.1	9.4	10.3	9.7	6.7
	初级公务员/雇员	19.0	20.8	17.5	18.5	10.4	25.6
	工人	18.0	18.9	19.1	17.2	24.7	24.2
	学生	8.4	5.0	8.8	6.1	4.6	3.2
	无业	39.0	45.0	43.0	44.7	45.4	34.0
	其他	1.0	0.8	1.6	1.7	4.6	5.2
个人月收入	0～600 元	24.0	20.5	22.8	18.3	23.6	27.1
	601～1200 元	4.8	5.8	12.4	6.4	8.5	2.7
	1201～1700 元	1.8	1.4	1.5	0.6	4.9	2.5
	1701～2600 元	13.9	16.7	14.9	14.3	22.3	17.2
	2601～3500 元	22.6	24.7	19.5	31.3	23.7	27.2
	3501～5000 元	21.5	23.0	20.3	22.7	15.7	14.3
	5001 元及以上	11.4	7.9	8.6	6.4	1.3	9.0

表 3.37.6 2016～2018 年广州市场各类节目的播出份额（%）和收视份额（%）

节目类别	2016 年		2017 年		2018 年	
	播出份额	收视份额	播出份额	收视份额	播出份额	收视份额
财经	1.2	0.3	1.2	0.5	1.2	0.4
电视剧	20.0	28.6	21.0	30.6	21.6	31.9
电影	3.6	4.0	3.7	3.7	3.8	3.2
法制	1.1	0.7	1.1	0.6	1.0	0.4
教学	0.2	0.0	0.2	0.0	0.3	0.0
青少	6.7	4.9	7.1	4.6	7.1	5.9
生活服务	10.0	7.5	8.9	7.8	8.6	8.2

续表

节目类别	2016 年		2017 年		2018 年	
	播出份额	收视份额	播出份额	收视份额	播出份额	收视份额
体育	4.4	4.3	4.5	4.0	4.6	6.0
外语	0.2	0.0	0.2	0.0	0.2	0.0
戏剧	0.7	0.1	0.7	0.0	0.6	0.0
新闻/时事	14.9	19.6	15.2	18.6	15.7	16.2
音乐	1.7	1.0	1.4	1.1	1.4	0.8
专题	13.6	6.3	13.7	6.3	13.4	5.5
综艺	8.9	8.8	7.8	7.2	7.6	7.3
其他	12.8	13.9	13.3	15.0	12.9	14.2

表 3.37.7　2018 年广州市场所有节目收视率排名前三十位

名次	节目名称	节目类型	播出频道	平均收视率（%）	平均占有率（%）
1	世界杯赛场：2018 年俄罗斯世界杯 F 组第一轮（瑞典 VS 韩国）	体育	广东广播电视台体育频道	8.4	23.3
2	2018 年中国平安中国足球协会超级联赛第 28 轮（广州恒大淘宝 VS 上海上港）	体育	广东广播电视台体育频道	5.6	19.0
3	第二次人生	电视剧	广东广播电视台珠江频道	5.2	17.2
4	繁星四月	电视剧	广东广播电视台珠江频道	5.1	16.7
5	珠江欢腾旺旺年 2018 广东广播电视台狗年春节晚会	综艺	广东广播电视台珠江频道	5.1	15.6
6	继承人（36～39 集）	电视剧	广东广播电视台珠江频道	5.0	17.5
7	开学第一课	青少	中央电视台综合频道	4.9	13.8
8	情定三生	电视剧	广东广播电视台珠江频道	4.8	15.9
9	遇见爱情的利先生	电视剧	广东广播电视台珠江频道	4.6	16.4
10	暖爱	电视剧	广东广播电视台珠江频道	4.4	15.1
11	天气预报	生活服务	广东广播电视台珠江频道	4.3	18.1
12	真爱之百万新娘	电视剧	广东广播电视台珠江频道	4.3	14.5
13	如果爱	电视剧	广东广播电视台珠江频道	4.2	13.7
14	望夫成龙	电视剧	广东广播电视台珠江频道	4.0	13.1
15	鸡毛飞上天（1～26 集）	电视剧	广东广播电视台珠江频道	3.9	13.9
16	欢乐颂	电视剧	广东广播电视台珠江频道	3.9	13.5
17	现场直播：2018 年亚洲足联冠军联赛 G 组第 3 轮（广州恒大 VS 济州联）	体育	中央台五套	3.9	12.2
18	第 18 届亚运会男子 100 米决赛	体育	中央台五套	3.8	14.4
19	最好的遇见	电视剧	广东广播电视台珠江频道	3.8	12.9
20	我爱世界杯：2018 年俄罗斯世界杯闭幕式	体育	广东广播电视台体育频道	3.7	15.9
21	外来媳妇本地郎	电视剧	广东广播电视台珠江频道	3.6	13.4
22	幸福又见彩虹	电视剧	广东广播电视台珠江频道	3.6	12.0

续表

名次	节目名称	节目类型	播出频道	平均收视率（%）	平均占有率（%）
23	第18届亚运会女排半决赛（中国VS日本）	体育	中央台五套	3.6	10.6
24	转播中央台新闻联播（9月16日）	新闻/时事	广东广播电视台珠江频道	3.6	9.8
25	中国好声音（8月3日）	综艺	浙江卫视	3.5	12.2
25	众志成城迎战山竹特别报道（9月16日）	新闻/时事	广东广播电视台珠江频道	3.5	12.2
27	爱情回来了	电视剧	广东广播电视台珠江频道	3.5	11.9
28	你好乔安	电视剧	广东广播电视台珠江频道	3.5	11.9
29	2018中央电视台春节联欢晚会	综艺	中央电视台综合频道	3.5	10.8
30	2018粤语好声音（12月1日）	综艺	广东广播电视台珠江频道	3.4	13.0

表3.37.8　2018年广州市场电视剧收视率排名前十位

名次	节目名称	播出频道	平均收视率（%）	平均占有率（%）
1	第二次人生	广东广播电视台珠江频道	5.2	17.2
2	繁星四月	广东广播电视台珠江频道	5.1	16.7
3	继承人（36~39集）	广东广播电视台珠江频道	5.0	17.5
4	情定三生	广东广播电视台珠江频道	4.8	15.9
5	遇见爱情的利先生	广东广播电视台珠江频道	4.6	16.4
6	暖爱	广东广播电视台珠江频道	4.4	15.1
7	真爱之百万新娘	广东广播电视台珠江频道	4.3	14.5
8	如果爱	广东广播电视台珠江频道	4.2	13.7
9	望夫成龙	广东广播电视台珠江频道	4.0	13.1
10	鸡毛飞上天（1-26集）	广东广播电视台珠江频道	3.9	13.9

表3.37.9　2018年广州市场新闻节目收视率排名前十位

名次	节目名称	播出频道	平均收视率（%）	平均占有率（%）
1	转播中央台新闻联播（9月16日）	广东广播电视台珠江频道	3.6	9.8
2	众志成城迎战山竹特别报道（9月16日）	广东广播电视台珠江频道	3.5	12.2
3	今日关注	广东广播电视台珠江频道	3.2	11.1
4	珠江新闻眼	广东广播电视台珠江频道	3.0	16.8
5	DV现场	广东广播电视台公共频道	2.3	8.2
6	广视新闻	广州市广播电视台综合频道	2.1	11.3
7	今日最新闻	广东广播电视台南方卫视	1.7	5.6
8	转播中央台新闻联播	广州市广播电视台综合频道	1.5	5.4
9	G4出动	广州市广播电视台新闻频道	1.3	4.7
10	广东新闻联播（9月16日）	广东广播电视台南方卫视	1.3	4.0

表 3.37.10　2018 年广州市场专题节目收视率排名前十位

名次	节目名称	播出频道	平均收视率（%）	平均占有率（%）
1	如果国宝会说话	广东广播电视台珠江频道	2.7	8.5
2	故宫 100	广东广播电视台珠江频道	2.2	7.2
3	寻味顺德	广州市广播电视台综合频道	1.9	8.8
4	真情追踪	广州市广播电视台影视频道	1.6	7.1
5	老广的味道	广东广播电视台综艺频道	1.6	5.4
6	城事特搜	广东广播电视台南方卫视	1.5	6.0
7	老广的味道（10 月 19－25 日）	广东广播电视台公共频道	1.5	4.9
8	扎扎实实提高质量	中央电视台综合频道	1.4	4.9
9	亲历	广东广播电视台珠江频道	1.3	5.7
10	文化珠江	广东广播电视台珠江频道	1.2	5.2

表 3.37.11　2018 年广州市场综艺节目收视率排名前十位

名次	节目名称	播出频道	平均收视率（%）	平均占有率（%）
1	珠江欢腾旺旺年 2018 广东广播电视台狗年春节晚会	广东广播电视台珠江频道	5.1	15.6
2	中国好声音（8 月 3 日）	浙江卫视	3.5	12.2
3	2018 中央电视台春节联欢晚会	中央电视台综合频道	3.5	10.8
4	2018 粤语好声音（12 月 1 日）	广东广播电视台珠江频道	3.4	13.0
5	2017 粤语好声音（1 月 6 日）	广东广播电视台珠江频道	2.8	13.2
6	天才第 6 感	广东广播电视台珠江频道	2.6	11.3
7	万千星辉颁奖典礼 2018	省网翡翠台（中文）	2.3	10.1
8	粤韵风华	广东广播电视台珠江频道	2.2	9.3
9	广府梦新传承 2018 第八届广府庙会民俗文化巡演	广东广播电视台珠江频道	2.1	9.2
10	万千星辉贺台庆	省网翡翠台（中文）	1.9	7.3

表 3.37.12　2018 年广州市场体育节目收视率排名前十位
（世界杯、亚运会、亚残运会、冬奥会比赛除外）

名次	节目名称	播出频道	平均收视率（%）	平均占有率（%）
1	2018 年安中国足球协会超级联赛第 28 轮（广州恒大淘宝 VS 上海上港）	广东广播电视台体育频道	5.6	19.0
2	现场直播：2018 年亚洲足联冠军联赛 G 组第 3 轮（广州恒大 VS 济州联）	中央台五套	3.9	12.2
3	现场直播：2018 年中国杯国际足球锦标赛半决赛（中国 VS 威尔士）	中央台五套	3.2	10.3
4	燕京啤酒 2018 年中国足协杯第 5 轮（广州恒大淘宝 VS 贵州恒丰）	广东广播电视台体育频道	3.0	10.0

续表

名次	节目名称	播出频道	平均收视率（%）	平均占有率（%）
5	2018 年中国足协中国之队足球赛（中国 VS 缅甸）	广东广播电视台体育频道	2.9	10.5
6	2018/2019 赛季 CBA 常规赛第 8 轮（北京农商银行 VS 时代中国广州）	广东广播电视台体育频道	2.7	10.4
7	2017/2018 赛季 CBA 常规赛第 35 轮（浙江稠州银行 VS 广州证券）	广东广播电视台体育频道	2.4	8.6
8	2019 年国际篮联世界杯亚太区预选赛第二阶段 E 组第 4 轮（中国 VS 黎巴嫩）	广东广播电视台体育频道	2.0	7.2
9	2018 年中国男足国际热身赛（泰国 VS 中国）	广东广播电视台体育频道	1.9	6.9
10	2018 年世界女排锦标赛第三阶段 H 组第三轮（荷兰 VS 中国）	中央台五套	1.8	6.9

表 3.37.13　2018 年广州市场世界杯、亚运会、亚残运会、冬奥会比赛收视率排名前十位

名次	节目名称	播出频道	平均收视率（%）	平均占有率（%）
1	世界杯赛场：2018 年俄罗斯世界杯 F 组第一轮（瑞典 VS 韩国）	广东广播电视台体育频道	8.4	23.3
2	第 18 届亚运会男子 100 米决赛	中央台五套	3.8	14.4
3	我爱世界杯：2018 年俄罗斯世界杯闭幕式	广东广播电视台体育频道	3.7	15.9
4	第 18 届亚运会女排半决赛（中国 VS 日本）	中央台五套	3.6	10.6
5	我爱世界杯：2018 年俄罗斯世界杯开幕式	中央台五套	3.2	16.7
6	第 18 届亚运会女足决赛（日本 VS 中国）	中央台五套	2.9	8.7
7	第 18 届亚运会男子 4×100 米混合泳接力决赛	中央台五套	2.7	8.1
8	第 18 届亚运会男篮决赛（中国 VS 伊朗）	中央台五套	2.6	7.8
9	第 18 届亚运会乒乓球男团决赛	中央台五套	2.3	6.8
10	第 18 届亚运会女子个人花剑决赛	中央台五套	2.0	6.0

三十八、贵阳收视数据

表 3.38.1　2014～2018 年贵阳市场各类频道的市场占有率（%）

频道类别	年份				
	2014 年	2015 年	2016 年	2017 年	2018 年
中央电视台频道	31.4	29.7	31.7	31.4	30.6
中国教育台频道	0.1	0.1	0.1	0.1	0.1
贵州省级频道	24.6	24.6	21.9	20.2	19.8
贵阳市级频道	6.9	7.3	6.4	3.7	0.8
其他省级卫视频道	29.3	27.9	26.7	28.6	31.6
其他频道	7.7	10.4	13.2	16.0	17.1

表 3.38.2　2018 年贵阳市场各类频道在不同目标观众中的市场占有率（%）

目标观众		中央电视台频道	中国教育台频道	贵州省级频道	贵阳市级频道	其他省级卫视频道	其他频道
4 岁及以上所有人		30.6	0.1	19.8	0.8	31.6	17.1
性别	男	32.1	0.1	19.3	0.9	30.1	17.5
	女	28.9	0.1	20.5	0.7	33.2	16.6
年龄	4～14 岁	26.1	0.1	14.1	0.5	34.8	24.4
	15～24 岁	28.6	0.1	26.4	0.8	27.7	16.4
	25～34 岁	28.1	0.1	17.1	0.5	36.7	17.5
	35～44 岁	26.2	0.1	19.0	0.7	31.9	22.1
	45～54 岁	32.2	0.1	17.5	0.8	32.2	17.2
	55～64 岁	31.6	0.1	24.6	0.9	30.2	12.6
	65 岁及以上	38.7	0.1	22.7	1.3	26.1	11.1
教育程度	未受过正规教育	29.7	0.1	17.8	0.9	35.7	15.8
	小学	28.6	0.1	20.6	0.9	30.6	19.2
	初中	32.4	0.1	23.3	0.9	28.4	14.9
	高中	30.1	0.1	16.4	0.7	35.0	17.7
	大学及以上	30.3	0.0	19.0	0.6	31.4	18.7
职业类别	干部/管理人员	28.5	0.0	18.5	0.7	29.6	22.7
	个体/私营企业人员	26.2	0.1	17.1	0.6	32.3	23.7
	初级公务员/雇员	31.3	0.0	23.7	0.8	30.6	13.6
	工人	28.5	0.1	14.5	0.6	39.1	17.2
	学生	26.5	0.1	18.6	0.6	30.7	23.5
	无业	34.2	0.1	20.3	0.9	30.7	13.8
	其他	30.9	0.2	21.9	1.0	31.5	14.5
个人月收入	0～600 元	29.5	0.1	17.7	0.8	32.4	19.5
	601～1200 元	30.1	0.1	23.5	1.1	34.2	11.0
	1201～1700 元	27.7	0.1	26.2	0.9	31.2	13.9
	1701～2600 元	32.7	0.1	19.0	1.0	29.5	17.7
	2601～3500 元	29.6	0.1	20.8	0.6	32.7	16.2
	3501～5000 元	28.5	0.1	20.4	0.7	31.2	19.1
	5001 元及以上	35.6	0.0	21.2	0.8	29.5	12.9

表 3.38.3　2018 年贵阳市场各类频道在不同时段的市场占有率（%）

时间段	中央电视台频道	中国教育台频道	贵州省级频道	贵阳市级频道	其他省级卫视频道	其他频道
02:00~03:00	33.4	0.1	11.9	1.3	27.2	26.1
03:00~04:00	33.1	0.0	11.9	1.1	29.6	24.3
04:00~05:00	26.9	0.0	11.9	1.1	32.0	28.1
05:00~06:00	25.3	0.0	13.9	0.9	33.5	26.4
06:00~07:00	35.5	0.0	11.6	1.4	28.4	23.1
07:00~08:00	51.1	0.1	7.1	1.5	20.6	19.6
08:00~09:00	45.8	0.1	8.9	1.2	26.4	17.6
09:00~10:00	39.9	0.1	8.6	0.8	32.6	18.0
10:00~11:00	38.8	0.1	8.2	0.5	34.0	18.4
11:00~12:00	41.5	0.1	7.0	0.4	33.0	18.0
12:00~13:00	43.4	0.1	7.0	0.7	32.1	16.7
13:00~14:00	36.8	0.1	5.9	0.9	37.5	18.8
14:00~15:00	32.9	0.1	5.1	0.5	41.9	19.5
15:00~16:00	31.3	0.1	6.1	0.5	41.9	20.1
16:00~17:00	32.7	0.2	6.7	0.7	40.2	19.5
17:00~18:00	34.9	0.1	10.3	0.9	35.7	18.1
18:00~19:00	29.2	0.0	39.7	0.5	15.6	15.0
19:00~20:00	22.5	0.0	42.4	0.6	21.6	12.9
20:00~21:00	20.4	0.0	32.3	0.5	33.2	13.6
21:00~22:00	27.6	0.1	24.8	0.8	31.4	15.3
22:00~23:00	29.1	0.1	18.0	1.4	33.4	18.0
23:00~24:00	30.4	0.0	13.2	1.6	35.5	19.3
24:00~25:00	33.8	0.2	8.3	1.4	33.4	22.9
25:00~26:00	32.2	0.1	10.1	1.2	30.9	25.5

表 3.38.4　2018 年贵阳市场收视份额排名前十位的频道

名次	频道名称	收视份额（%）
1	贵州广播电视台公共频道	6.2
2	中央台六套	4.7
3	贵州广播电视台影视文艺频道	4.2
4	中央台五套	4.1
5	贵州广播电视台第五频道	3.7
6	中央电视台新闻频道	3.6
6	中央电视台综合频道	3.6
8	贵州卫视	3.5
9	浙江卫视	3.1
10	中央台四套	3.0

表 3.38.5　2018 年贵阳市场各主要频道的观众构成（%）

目标观众		所有频道	主要频道				
			贵州广播电视台公共频道	中央台六套	贵州广播电视台影视文艺频道	中央台五套	贵州广播电视台第五频道
4 岁及以上所有人		100.0	100.0	100.0	100.0	100.0	100.0
性别	男	52.1	47.1	57.4	51.6	66.2	52.9
	女	47.9	52.9	42.6	48.4	33.8	47.1
年龄	4～14 岁	11.1	10.0	9.7	4.7	7.6	11.5
	15～24 岁	8.7	10.6	8.1	8.4	7.7	17.1
	25～34 岁	17.1	16.3	18.6	15.8	27.8	11.3
	35～44 岁	13.6	13.5	18.7	10.4	9.4	17.2
	45～54 岁	20.1	17.0	25.2	16.2	23.6	17.5
	55～64 岁	14.4	18.5	10.8	18.2	11.3	17.6
	65 岁及以上	15.0	14.1	8.9	26.3	12.6	7.8
教育程度	未受过正规教育	6.7	7.6	5.4	5.1	3.7	8.1
	小学	16.9	17.5	17.8	19.8	9.6	14.8
	初中	30.9	33.3	29.5	32.7	23.5	48.7
	高中	24.9	24.8	21.9	19.2	32.4	14.2
	大学及以上	20.6	16.8	25.4	23.2	30.8	14.2
职业类别	干部/管理人员	1.6	2.0	1.9	1.0	2.2	0.1
	个体/私营企业人员	20.2	17.1	19.5	17.7	24.4	10.9
	初级公务员/雇员	18.9	19.7	25.3	22.9	19.1	28.4
	工人	5.2	4.8	6.3	2.2	13.6	3.0
	学生	10.9	10.6	9.5	8.2	8.9	13.5
	无业	35.7	39.4	27.9	39.4	31.1	30.3
	其他	7.5	6.4	9.6	8.6	0.7	13.8
个人月收入	0～600 元	25.2	27.1	24.6	18.8	18.6	27.3
	601～1200 元	5.7	7.2	8.2	5.0	3.4	8.1
	1201～1700 元	4.3	5.4	3.6	8.9	2.5	3.1
	1701～2600 元	23.5	22.9	22.1	18.8	17.8	20.2
	2601～3500 元	22.9	23.1	16.5	24.0	29.3	25.0
	3501～5000 元	10.8	6.9	11.2	13.8	13.2	9.5
	5001 元及以上	7.6	7.4	13.8	10.7	15.2	6.8

表 3.38.6　2016～2018 年贵阳市场各类节目的播出份额（%）和收视份额（%）

节目类别	2016 年		2017 年		2018 年	
	播出份额	收视份额	播出份额	收视份额	播出份额	收视份额
财经	1.4	0.5	1.1	0.4	1.1	0.4
电视剧	20.0	23.7	20.7	25.7	27.1	30.1
电影	3.9	4.4	3.9	4.9	4.1	5.6
法制	1.6	5.0	1.6	3.7	1.2	1.9
教学	0.2	0.0	0.2	0.0	0.3	0.0
青少	6.5	4.1	6.8	5.3	6.7	5.9
生活服务	9.2	8.8	8.8	8.4	7.5	7.3

续表

节目类别	2016 年		2017 年		2018 年	
	播出份额	收视份额	播出份额	收视份额	播出份额	收视份额
体育	3.1	2.7	3.2	2.0	3.0	4.7
外语	0.0	0.0	0.1	0.0	0.1	0.0
戏剧	0.8	0.1	0.8	0.2	0.9	0.2
新闻/时事	14.4	16.1	14.6	15.0	10.1	12.8
音乐	1.9	0.7	1.5	0.9	1.3	0.9
专题	14.0	7.7	14.6	8.6	13.6	6.7
综艺	9.6	13.1	8.4	11.3	6.2	9.6
其他	13.4	13.1	13.7	13.6	16.8	13.9

表 3.38.7　2018 年贵阳市场所有节目收视率排名前三十位

名次	节目名称	节目类型	播出频道	平均收视率（%）	平均占有率（%）
1	我爱世界杯：2018 年俄罗斯世界杯淘汰赛阶段第一场（法国 VS 阿根廷）	体育	中央台五套	18.3	54.9
2	开学第一课	青少	中央电视台综合频道	8.5	22.8
3	2018 中央电视台春节联欢晚会	综艺	中央电视台综合频道	7.0	24.1
4	百姓关注	新闻/时事	贵州广播电视台公共频道	6.6	21.8
5	欢乐吉祥闹元宵	综艺	中央电视台综合频道	6.3	18.9
6	巅峰演讲	综艺	浙江卫视	6.2	24.5
7	第 18 届亚运会乒乓球男团决赛	体育	中央台五套	5.0	12.4
8	第 18 届亚运会男子 800 米半决赛	体育	中央台五套	4.6	12.9
9	2018 年中央广播电视总台中秋晚会	综艺	中央电视台综合频道	4.5	12.3
10	回马枪	电视剧	贵州广播电视台影视文艺频道	4.5	12.0
11	侏罗纪世界	电影	中央台六套	4.4	16.6
12	第 18 届亚运会女排半决赛（韩国 VS 泰国）	体育	中央台五套	4.4	16.5
13	密战无声	电视剧	贵州广播电视台影视文艺频道	4.3	11.5
14	夺宝奇兵四水晶骷髅王国	电影	中央台六套	4.2	22.2
15	少林寺	电影	中央台六套	4.2	9.5
16	一年又一年	专题	中央电视台综合频道	4.0	17.2
17	蜀山战纪二踏火行歌	电视剧	贵州卫视	3.9	11.0
18	第 18 届亚运会羽毛球女双决赛	体育	中央台五套	3.8	12.7
19	民兵康宝	电视剧	贵州广播电视台影视文艺频道	3.8	11.4
20	繁星四月	电视剧	贵州卫视	3.8	10.2

续表

名次	节目名称	节目类型	播出频道	平均收视率(%)	平均占有率(%)
21	碧海雄心	电视剧	贵州卫视	3.8	10.0
22	第18届亚运会女足决赛(日本VS中国)	体育	中央台五套	3.7	10.7
23	小鬼子走着瞧	电视剧	贵州广播电视台影视文艺频道	3.7	10.3
24	黄金刀客	电影	中央台六套	3.7	9.6
25	第18届亚运会女子400米个人混合泳决赛	体育	中央台五套	3.6	12.1
26	侠骨钢拳	电影	中央台六套	3.6	9.4
27	小醉拳	电影	中央台六套	3.5	9.8
28	映山红	电视剧	贵州广播电视台影视文艺频道	3.5	9.4
29	代号	电视剧	贵州广播电视台影视文艺频道	3.5	9.2
30	红箭	电视剧	贵州广播电视台影视文艺频道	3.5	9.1

表3.38.8　2018年贵阳市场电视剧收视率排名前十位

名次	节目名称	播出频道	平均收视率(%)	平均占有率(%)
1	回马枪	贵州广播电视台影视文艺频道	4.5	12.0
2	密战无声	贵州广播电视台影视文艺频道	4.3	11.5
3	蜀山战纪二踏火行歌	贵州卫视	3.9	11.0
4	民兵康宝	贵州广播电视台影视文艺频道	3.8	11.4
5	繁星四月	贵州卫视	3.8	10.2
6	碧海雄心	贵州卫视	3.8	10.0
7	小鬼子走着瞧	贵州广播电视台影视文艺频道	3.7	10.3
8	映山红	贵州广播电视台影视文艺频道	3.5	9.4
9	代号	贵州广播电视台影视文艺频道	3.5	9.2
10	红箭	贵州广播电视台影视文艺频道	3.5	9.1

表3.38.9　2018年贵阳市场新闻节目收视率排名前十位

名次	节目名称	播出频道	平均收视率(%)	平均占有率(%)
1	百姓关注	贵州广播电视台公共频道	6.6	21.8
2	新闻今日谈	贵州广播电视台公共频道	3.0	8.2
3	数化万物智在融合2018直击数博	贵州卫视	2.6	7.0
4	众志成城迎战山竹特别报道	广东卫视	1.9	5.5
5	东方大头条	上海东方卫视	1.8	9.7
6	数博进行时2018贵阳中国国际大数据产业博览会专题报道	贵州广播电视台影视文艺频道	1.8	4.8
7	十二届贵州省委第三轮巡视反馈情况	贵州卫视	1.6	4.5

续表

名次	节目名称	播出频道	平均收视率（%）	平均占有率（%）
8	共同关注	中央电视台新闻频道	1.5	6.4
9	今日关注	中央台四套	1.5	4.3
10	转播中央台新闻联播	贵州卫视	1.4	4.6

表 3.38.10 2018 年贵阳市场专题节目收视率排名前十位

名次	节目名称	播出频道	平均收视率（%）	平均占有率（%）
1	一年又一年	中央电视台综合频道	4.0	17.2
2	生态文明贵阳国际论坛 2018 年年会特别节目	贵州卫视	3.4	8.9
3	真情纪事	贵州广播电视台第五频道	3.2	8.8
4	不忘初心继续前进庆中国共产党成立 97 周年全省脱贫攻坚七一表彰会	贵州卫视	3.0	8.9
5	脱贫攻坚同步小康贵州绿色产业扶贫投资基金在行动	贵州广播电视台第五频道	2.9	7.5
6	逐梦蓝天黔程安顺 2018 贵州安顺黄果树飞行大会	贵州广播电视台影视文艺频道	2.7	13.2
7	习近平主席的上合时间	中央电视台新闻频道	2.5	7.7
8	为了共同的繁荣习近平出席首届中国国际进口博览会纪实	中央电视台新闻频道	2.4	6.4
8	帮忙	贵州广播电视台第五频道	2.4	6.4
10	扎扎实实提高质量	中央电视台综合频道	2.2	5.8

表 3.38.11 2018 年贵阳市场综艺节目收视率排名前十位

名次	节目名称	播出频道	平均收视率（%）	平均占有率（%）
1	2018 中央电视台春节联欢晚会	中央电视台综合频道	7.0	24.1
2	欢乐吉祥闹元宵	中央电视台综合频道	6.3	18.9
3	巅峰演讲	浙江卫视	6.2	24.5
4	2018 年中央广播电视总台中秋晚会	中央电视台综合频道	4.5	12.3
5	梦声情报站	浙江卫视	3.4	13.9
6	致敬改革开放唱响同步小康贵州省老同志文艺汇演	贵州广播电视台第五频道	2.6	7.2
7	奔跑侠揭晓时刻	浙江卫视	2.2	9.9
8	春满东方 2018 东方卫视春节晚会金曲唱不停	上海东方卫视	2.2	9.8
9	启航 2019 中国音乐盛典	中央电视台综合频道	2.2	6.5
10	第十四届中国长春电影节闭幕式红毯仪式	中央台六套	2.2	6.4

表 3.38.12　2018 年贵阳市场体育节目收视率排名前十位
(世界杯、亚运会、亚残运会、冬奥会比赛除外)

名次	节目名称	播出频道	平均收视率(%)	平均占有率(%)
1	直播周末：2018 年国际乒联世界巡回赛德国公开赛男单决赛	中央台五套	2.9	8.6
2	2018 年世界女排锦标赛小组赛 B 组（意大利 VS 中国）	中央台五套	2.8	9.1
3	现场直播：2018 年乒乓球团体世界锦标赛男团半决赛	中央台五套	2.6	11.0
4	直通赛事 2018 黄果树中国汽车拉力锦标赛	贵州广播电视台影视文艺频道	2.5	9.9
5	国际足联大会	中央台五套	2.5	9.3
6	现场直播：2018 年世界体操锦标赛女子全能决赛	中央台五套	2.2	7.7
7	直播周末：2018 年世界女子冰壶锦标赛排位赛	中央台五套	1.8	7.4
8	实况录像：2018 年世界跳水系列赛富士站女子十米台决赛	中央台五套	1.8	6.7
9	实况录像：2018 年乒乓球亚洲杯女子单打决赛	中央台五套	1.7	6.9
10	实况录像：2018 年中国足协杯半决赛第一回合（北京中赫国安 VS 广州富力）	中央台五套	1.6	9.1

表 3.38.13　2018 年贵阳市场世界杯、亚运会、亚残运会、冬奥会比赛收视率排名前十位

名次	节目名称	播出频道	平均收视率(%)	平均占有率(%)
1	我爱世界杯：2018 年俄罗斯世界杯淘汰赛阶段第一场（法国 VS 阿根廷）	中央台五套	18.3	54.9
2	第 18 届亚运会乒乓球男团决赛	中央台五套	5.0	12.4
3	第 18 届亚运会男子 800 米半决赛	中央台五套	4.6	12.9
4	第 18 届亚运会女排半决赛（韩国 VS 泰国）	中央台五套	4.4	16.5
5	第 18 届亚运会羽毛球女双决赛	中央台五套	3.8	12.7
6	第 18 届亚运会女足决赛（日本 VS 中国）	中央台五套	3.7	10.7
7	第 18 届亚运会女子 400 米个人混合泳决赛	中央台五套	3.6	12.1
8	第 18 届亚运会男篮决赛（中国 VS 伊朗）	中央台五套	3.1	8.7
9	第 18 届亚运会场地自行车男子个人争先赛 1/4 决赛	中央台五套	2.4	14.5
10	第 18 届亚运会女子体操高低杠决赛	中央台五套	2.3	6.1

三十九、哈尔滨收视数据

表 3.39.1　2014～2018 年哈尔滨市场各类频道的市场占有率（%）

频道类别	年份				
	2014 年	2015 年	2016 年	2017 年	2018 年
中央电视台频道	28.0	28.8	31.9	28.8	27.4
中国教育台频道	0.5	0.3	0.2	0.2	0.2
黑龙江省级频道	26.4	27.3	23.5	24.4	27.6
哈尔滨市级频道	10.4	8.4	4.7	4.7	4.1
其他省级卫视频道	27.3	27.6	32.0	32.6	29.6
其他频道	7.4	7.6	7.7	9.3	11.1

表 3.39.2　2018 年哈尔滨市场各类频道在不同目标观众中的市场占有率（%）

目标观众		中央电视台频道	中国教育台频道	黑龙江省级频道	哈尔滨市级频道	其他省级卫视	其他频道
4 岁及以上所有人		27.4	0.2	27.6	4.1	29.6	11.1
性别	男	29.6	0.2	27.5	3.5	27.8	11.4
	女	25.0	0.2	27.7	4.6	31.6	10.9
年龄	4～14 岁	24.6	0.2	14.3	1.6	39.5	19.8
	15～24 岁	19.4	0.1	30.9	3.3	34.6	11.7
	25～34 岁	22.2	0.1	14.3	2.6	38.9	21.9
	35～44 岁	24.4	0.2	22.3	2.4	36.9	13.8
	45～54 岁	27.8	0.2	26.5	4.3	28.3	12.9
	55～64 岁	28.7	0.2	35.6	4.2	25.4	5.9
	65 岁及以上	34.9	0.1	34.1	6.8	20.3	3.8
受教育程度	未受过正规教育	26.2	0.1	14.1	6.3	40.8	12.5
	小学	26.8	0.2	33.5	4.0	24.9	10.6
	初中	27.4	0.2	33.0	4.6	26.1	8.7
	高中	27.9	0.2	25.7	3.6	31.4	11.2
	大学及以上	26.6	0.2	17.2	3.5	35.7	16.8
职业类别	干部/管理人员	70.9	0.2	4.7	0.8	15.9	7.5
	个体/私营企业人员	28.7	0.2	23.3	3.6	33.7	10.5
	初级公务员/雇员	22.8	0.2	19.4	3.5	34.7	19.4
	工人	25.2	0.2	28.3	3.8	29.3	13.2
	学生	23.0	0.2	21.7	2.5	34.5	18.1
	无业	29.8	0.2	29.8	5.6	27.9	6.7
	其他	31.3	0.1	39.4	1.6	21.4	6.2
个人月收入	0～600 元	23.0	0.2	24.6	4.0	34.5	13.7
	601～1200 元	29.8	0.1	40.9	2.6	22.9	3.7
	1201～1700 元	24.7	0.2	32.2	3.3	30.3	9.3
	1701～2600 元	29.5	0.2	31.4	4.7	26.8	7.4
	2601～3500 元	22.7	0.2	20.1	3.8	36.1	17.1
	3501～5000 元	27.1	0.2	22.8	4.3	27.6	18.0
	5001 元及以上	38.2	0.1	18.1	4.0	28.0	11.6

表 3.39.3　2018 年哈尔滨市场各类频道在不同时段的市场占有率（%）

时间段	中央电视台频道	中国教育台频道	黑龙江省级频道	哈尔滨市级频道	其他省级卫视频道	其他频道
02:00～03:00	20.6	0.1	37.5	3.7	19.4	18.7
03:00～04:00	23.1	0.1	39.5	2.4	14.0	20.9
04:00～05:00	28.9	0.1	39.8	2.8	11.9	16.5
05:00～06:00	33.0	0.1	32.5	3.3	18.5	12.6
06:00～07:00	32.2	0.1	32.3	10.9	14.3	10.2
07:00～08:00	39.3	0.2	24.2	11.9	14.0	10.4
08:00～09:00	34.4	0.3	26.9	6.6	20.0	11.8
09:00～10:00	29.0	0.4	27.5	4.7	25.3	13.1
10:00～11:00	28.8	0.4	22.9	4.9	30.3	12.7
11:00～12:00	31.1	0.2	20.2	4.0	32.7	11.8
12:00～13:00	33.3	0.1	20.5	3.4	30.8	11.9
13:00～14:00	30.9	0.3	18.3	3.4	34.5	12.6
14:00～15:00	29.4	0.3	18.7	3.5	35.9	12.2
15:00～16:00	29.8	0.3	19.2	3.9	35.4	11.4
16:00～17:00	31.7	0.3	19.3	4.0	34.5	10.2
17:00～18:00	27.9	0.2	28.3	5.0	27.7	10.9
18:00～19:00	32.0	0.1	40.9	5.0	11.7	10.3
19:00～20:00	27.0	0.1	37.1	3.6	22.9	9.3
20:00～21:00	20.3	0.1	28.6	2.9	38.4	9.7
21:00～22:00	22.2	0.1	28.7	3.0	35.7	10.3
22:00～23:00	21.4	0.1	24.8	3.1	37.4	13.2
23:00～24:00	23.4	0.1	19.6	2.4	38.3	16.2
24:00～25:00	23.2	0.1	26.8	2.8	29.3	17.8
25:00～26:00	18.8	0.1	34.9	3.1	24.1	19.0

表 3.39.4　2018 年哈尔滨市场收视份额排名前十位的频道

名次	频道	收视份额（%）
1	黑龙江电视台影视频道	6.9
2	黑龙江卫视	6.3
3	黑龙江电视台都市频道	5.2
4	中央电视台综合频道	3.6
4	浙江卫视	3.6
4	黑龙江电视台文体频道	3.6
7	中央台五套	3.5
8	中央台六套	3.4
9	中央台四套	3.3
10	黑龙江电视台新闻法治频道	3.2

表 3.39.5　2018 年哈尔滨市场各主要频道的观众构成（%）

目标观众		所有频道	主要频道				
			黑龙江电视台影视频道	黑龙江卫视	黑龙江电视台都市频道	中央电视台综合频道	浙江卫视
4 岁及以上所有人		100.0	100.0	100.0	100.0	100.0	100.0
性别	男	51.5	55.6	49.8	49.1	51.5	47.4
	女	48.5	44.4	50.2	50.9	48.5	52.6
年龄	4～14 岁	5.5	1.6	2.9	2.6	7.2	8.8
	15～24 岁	6.7	6.9	8.9	7.6	4.2	9.0
	25～34 岁	12.7	4.9	6.9	7.9	11.5	18.8
	35～44 岁	11.2	8.3	12.2	9.4	10.6	16.0
	45～54 岁	23.0	15.6	22.6	25.0	16.6	23.3
	55～64 岁	24.1	36.1	24.2	30.5	22.8	16.0
	65 岁及以上	16.8	26.6	22.3	17.0	27.1	8.1
教育程度	未受过正规教育	2.1	0.5	0.9	1.0	2.6	1.1
	小学	14.6	22.7	17.0	11.4	16.0	12.3
	初中	35.5	49.8	39.2	40.9	33.6	31.9
	高中	29.9	18.9	32.5	29.9	26.1	32.8
	大学及以上	17.9	8.1	10.4	16.8	21.7	21.9
职业类别	干部/管理人员	0.4	0.0	0.0	0.1	0.0	0.2
	个体/私营企业人员	9.2	9.0	6.8	8.8	8.1	12.5
	初级公务员/雇员	13.2	3.4	10.3	14.9	13.1	17.2
	工人	25.1	21.4	28.1	24.6	14.5	27.1
	学生	8.0	4.9	8.0	6.6	7.8	13.4
	无业	35.3	42.8	39.1	36.3	47.0	26.5
	其他	8.8	18.5	7.7	8.7	9.5	3.1
个人月收入	0～600 元	16.4	13.2	16.0	13.3	18.0	20.8
	601～1200 元	8.0	12.3	13.2	10.5	6.8	4.0
	1201～1700 元	9.2	9.4	13.4	8.1	7.4	11.9
	1701～2600 元	34.2	48.3	30.5	41.2	41.1	29.8
	2601～3500 元	15.1	8.2	16.1	10.6	14.5	17.1
	3501～5000 元	10.0	6.8	6.6	11.7	7.8	11.0
	5001 元及以上	7.1	1.8	4.2	4.6	4.4	5.4

表 3.39.6　2016～2018 年哈尔滨市场各类节目的播出份额（%）和收视份额（%）

节目类别	2016 年		2017 年		2018 年	
	播出份额	收视份额	播出份额	收视份额	播出份额	收视份额
财经	1.3	0.4	1.1	0.2	1.0	0.3
电视剧	20.8	30.0	22.3	34.3	22.7	34.3
电影	3.5	3.9	4.5	4.0	3.8	3.7
法制	0.8	0.8	1.0	0.9	1.1	1.4
教学	0.2	0.0	0.2	0.0	0.3	0.0
青少	6.6	3.8	7.2	3.7	6.8	2.8
生活服务	9.1	7.7	7.7	6.3	8.1	6.6

续表

节目类别	2016 年		2017 年		2018 年	
	播出份额	收视份额	播出份额	收视份额	播出份额	收视份额
体育	3.0	3.1	3.5	2.6	3.4	3.9
外语	0.0	0.0	0.1	0.0	0.1	0.0
戏剧	0.8	0.2	0.8	0.2	0.7	0.2
新闻/时事	15.9	16.7	17.2	17.6	16.4	13.8
音乐	1.8	1.1	1.6	0.9	1.4	0.9
专题	13.5	5.0	14.4	5.7	13.4	4.9
综艺	10.5	16.1	9.5	15.6	8.4	14.1
其他	12.2	11.2	8.9	8.0	12.4	13.1

表 3.39.7　2018 年哈尔滨市场所有节目收视率排名前三十位

名次	节目名称	节目类型	播出频道	平均收视率（%）	平均占有率（%）
1	欢乐吉祥闹元宵	综艺	中央电视台综合频道	7.1	19.6
2	我爱世界杯：2018 年世界杯小组赛 F 组第一轮第二场（瑞典 VS 韩国）	体育	中央台五套	6.3	22.4
3	2018 年第 23 届冬奥会短道速滑女子 1000 米决赛 A 组	体育	中央台五套	4.9	14.4
4	演员的诞生总决赛（1 月 20 日）	综艺	浙江卫视	4.7	22.8
5	2018 中央电视台春节联欢晚会	综艺	中央电视台综合频道	4.6	13.5
6	乡村爱情浪漫曲（35～78 集）	电视剧	黑龙江电视台都市频道	4.2	12.5
7	2018 辽宁卫视春节联欢晚会	综艺	辽宁卫视	4.0	17.9
8	岁岁年年柿柿红	电视剧	黑龙江卫视	4.0	12.9
9	2019 环球跨年冰雪盛典	综艺	黑龙江卫视	3.8	15.0
10	豺狼在行动	电视剧	黑龙江电视台影视频道	3.7	14.1
11	爱国者	电视剧	江苏卫视	3.7	13.3
12	无限歌谣季（6 月 30 日）	综艺	江苏卫视	3.6	17.6
13	2018 年世界女排锦标赛第三阶段 H 组第三轮（荷兰 VS 中国）	体育	中央台五套	3.6	15.6
14	和妈妈一起谈恋爱	电视剧	黑龙江卫视	3.6	13.6
15	第 18 届亚运会女子 4×400 米决赛	体育	中央台五套	3.5	14.1
16	喜剧总动员（1 月 20 日）	综艺	浙江卫视	3.5	10.1
17	跨界歌王（7 月 21 日）	综艺	北京卫视	3.4	14.7
18	第 18 届亚运会男子 50 米自由泳决赛	体育	中央台五套	3.4	13.1
19	我的小姨	电视剧	黑龙江卫视	3.3	11.9
20	冲锋冲锋	电视剧	黑龙江电视台影视频道	3.3	10.9
21	我们的四十年（1～20 集）	电视剧	黑龙江卫视	3.3	10.7
22	誓盟兄弟	电视剧	黑龙江电视台影视频道	3.2	12.5

续表

名次	节目名称	节目类型	播出频道	平均收视率（%）	平均占有率（%）
23	2019 跨年演唱会用奋斗点亮幸福	音乐	江苏卫视	3.2	12.4
24	中国好声音巅峰之夜	综艺	浙江卫视	3.1	13.4
25	黑旋风	电视剧	黑龙江电视台影视频道	3.1	12.3
26	银谷蛇影	电视剧	黑龙江电视台影视频道	3.1	11.9
27	烽火大英雄	电视剧	黑龙江电视台影视频道	3.1	10.9
28	风满山城义满天	电视剧	黑龙江电视台影视频道	3.1	10.7
29	越活越来劲	电视剧	黑龙江卫视	3.1	10.3
30	热雪	电视剧	黑龙江电视台影视频道	3.1	9.9

表 3.39.8　2018 年哈尔滨市场电视剧收视率排名前十位

名次	节目名称	播出频道	平均收视率（%）	平均占有率（%）
1	乡村爱情浪漫曲（35～78 集）	黑龙江电视台都市频道	4.2	12.5
2	岁岁年年柿柿红	黑龙江卫视	4.0	12.9
3	豺狼在行动	黑龙江电视台影视频道	3.7	14.1
4	爱国者	江苏卫视	3.7	13.3
5	和妈妈一起谈恋爱	黑龙江卫视	3.6	13.6
6	我的小姨	黑龙江卫视	3.3	11.9
7	冲锋冲锋	黑龙江电视台影视频道	3.3	10.9
8	我们的四十年（1～20 集）	黑龙江卫视	3.3	10.7
9	誓盟兄弟	黑龙江电视台影视频道	3.2	12.5
10	黑旋风	黑龙江电视台影视频道	3.1	12.3

表 3.39.9　2018 年哈尔滨市场新闻节目收视率排名前十位

名次	节目名称	播出频道	平均收视率（%）	平均占有率（%）
1	新闻夜航	黑龙江电视台都市频道	2.1	9.2
2	转播中央台新闻联播	黑龙江卫视	1.8	7.4
3	新闻联播	黑龙江卫视	1.4	6.8
4	国务院总理会见中外记者并回答提问	中央电视台综合频道	1.4	4.4
5	天天说新闻	黑龙江电视台新闻法治频道	1.2	6.3
6	上海合作组织青岛峰会特别报道	中央电视台综合频道	1.2	4.5
7	2018 广东两会特别报道	广东卫视	1.0	2.7
8	中国龙新闻周刊	黑龙江卫视	0.9	3.8
9	海峡两岸	中央台四套	0.9	3.0
10	焦点访谈	中央电视台综合频道	0.8	2.8

表 3.39.10　2018 年哈尔滨市场专题节目收视率排名前十位

名次	节目名称	播出频道	平均收视率(%)	平均占有率(%)
1	铁甲雄心(2月5日)	浙江卫视	2.0	9.1
2	一年又一年	中央电视台综合频道	1.8	7.7
3	小镇故事	江苏卫视	1.6	6.5
4	相知无远近万里尚为邻 2018 年 7 月习近平主席亚非行纪实	中央电视台综合频道	1.5	6.3
5	一起传承吧	黑龙江卫视	1.4	7.1
6	幸福驿站	黑龙江卫视	1.3	6.6
7	微说	黑龙江电视台文体频道	1.2	6.1
8	携手构建更加紧密的中非命运共同体 2018 中非合作论坛北京峰会纪实	中央电视台综合频道	1.2	4.5
9	壮阔龙江潮开放篇	黑龙江卫视	1.1	6.8
10	非凡匠心匠心溯源	北京卫视	1.1	5.4

表 3.39.11　2018 年哈尔滨市场综艺节目收视率排名前十位

名次	节目名称	播出频道	平均收视率(%)	平均占有率(%)
1	欢乐吉祥闹元宵	中央电视台综合频道	7.1	19.6
2	演员的诞生总决赛(1月20日)	浙江卫视	4.7	22.8
3	2018 中央电视台春节联欢晚会	中央电视台综合频道	4.6	13.5
4	2018 辽宁卫视春节联欢晚会	辽宁卫视	4.0	17.9
5	2019 环球跨年冰雪盛典	黑龙江卫视	3.8	15.0
6	无限歌谣季(6月30日)	江苏卫视	3.6	17.6
7	喜剧总动员(1月20日)	浙江卫视	3.5	10.1
8	跨界歌王(7月21日)	北京卫视	3.4	14.7
9	中国好声音巅峰之夜	浙江卫视	3.1	13.4
10	抖音美好奇妙夜 2018 浙江卫视秋季盛典	浙江卫视	3.0	15.0

表 3.39.12　2018 年哈尔滨市场体育节目收视率排名前十位
(世界杯、亚运会、亚残运会、冬奥会比赛除外)

名次	节目名称	播出频道	平均收视率(%)	平均占有率(%)
1	2018 年世界女排锦标赛第三阶段 H 组第三轮(荷兰 VS 中国)	中央台五套	3.6	15.6
2	现场直播:2018 年国际篮联女子世界杯 1/4 决赛资格赛(中国 VS 日本)	中央台五套	2.7	11.3
3	现场直播:2018 年乒乓球团体世界锦标赛女团决赛	中央台五套	2.4	10.7
4	直播周末:2018 年世界举重锦标赛女子 87 公斤以上级挺举决赛	中央台五套	2.3	10.6

续表

名次	节目名称	播出频道	平均收视率（%）	平均占有率（%）
5	现场直播：2018 年世界女排联赛江门站（中国 VS 巴西）	中央台五套	2.3	8.9
6	直播周末：2017/2018 赛季中国男子篮球职业联赛总决赛第四场（辽宁本钢 VS 浙江广厦）	中央台五套	1.9	7.1
7	现场直播：2018 年汤尤杯羽毛球赛汤姆斯杯决赛男双	中央台五套	1.8	9.1
8	直播周末：2018 年 CBA 全明星三分球大赛	中央台五套	1.8	5.1
9	2018 年中国之队国际足球友谊赛（中国 VS 叙利亚）	中央台五套	1.6	6.8
10	直播周末：2018 年杭州世游赛 25 米男子 100 米自由泳决赛	中央台五套	1.6	6.5

表 3.39.13　2018 年哈尔滨市场世界杯、亚运会、亚残运会、冬奥会比赛收视率排名前十位

名次	节目名称	播出频道	平均收视率（%）	平均占有率（%）
1	我爱世界杯：2018 年世界杯小组赛 F 组第一轮第二场（瑞典 VS 韩国）	中央台五套	6.3	22.4
2	2018 年第 23 届冬奥会短道速滑女子 1000 米决赛 A 组	中央台五套	4.9	14.4
3	第 18 届亚运会女子 4×400 米决赛	中央台五套	3.5	14.1
4	第 18 届亚运会男子 50 米自由泳决赛	中央台五套	3.4	13.1
5	2018 年平昌冬奥会闭幕式	中央台五套	2.9	8.9
6	我爱世界杯：2018 年俄罗斯世界杯开幕式	中央台五套	2.8	26.0
7	我爱世界杯：2018 年俄罗斯世界杯闭幕式	中央台五套	2.6	14.8
8	第 18 届亚运会男子体操吊环决赛	中央台五套	2.6	10.1
9	2018 年第 23 届冬奥会冰壶混双附加赛	中央台五套	2.5	7.8
10	第 18 届亚运会乒乓球男团决赛	中央台五套	2.4	9.1

四十、海口收视数据

表 3.40.1　2014～2018 年海口市场各类频道的市场占有率（%）

频道类别	年份				
	2014 年	2015 年	2016 年	2017 年	2018 年
中央电视台频道	32.1	31.2	33.0	34.1	30.1
中国教育台频道	0.9	0.5	0.3	0.1	0.1
海南省级频道	19.0	22.0	20.0	17.9	19.9
海口市级频道	8.5	6.7	4.8	4.4	3.1
其他省级卫视频道	31.4	30.9	30.5	30.3	30.2
其他频道	8.1	8.7	11.4	13.2	16.6

表 3.40.2　2018 年海口市场各类频道在不同目标观众中的市场占有率（%）

目标观众		中央电视台频道	中国教育台频道	海南省级频道	海口市级频道	其他省级卫视频道	其他频道
4 岁及以上所有人		30.1	0.1	19.9	3.1	30.2	16.6
性别	男	32.3	0.1	19.0	3.2	26.7	18.7
	女	27.8	0.1	20.7	3.0	33.8	14.6
年龄	4～14 岁	25.8	0.1	9.7	1.8	42.0	20.6
	15～24 岁	23.2	0.1	17.8	2.0	36.7	20.2
	25～34 岁	24.7	0.1	19.2	2.8	33.4	19.8
	35～44 岁	30.3	0.2	14.8	2.8	33.4	18.5
	45～54 岁	33.5	0.1	22.6	2.9	27.1	13.8
	55～64 岁	33.7	0.1	26.0	4.5	21.3	14.4
	65 岁及以上	35.9	0.1	27.6	4.6	20.7	11.1
教育程度	未受过正规教育	32.5	0.0	16.1	2.5	31.3	17.6
	小学	24.1	0.1	20.2	2.8	33.3	19.5
	初中	29.7	0.1	20.8	2.9	31.1	15.4
	高中	31.9	0.1	20.1	3.7	28.2	16.0
	大学及以上	45.0	0.2	16.0	3.7	19.3	15.8
职业类别	干部/管理人员	37.1	0.0	15.2	0.9	34.2	12.6
	个体/私营经企业人员	27.6	0.1	20.9	2.8	25.9	22.7
	初级公务员/雇员	30.9	0.1	19.7	4.2	25.9	19.2
	工人	28.0	0.1	21.9	3.4	30.5	16.1
	学生	23.6	0.1	10.1	1.8	43.8	20.6
	无业	35.1	0.1	22.6	3.2	27.0	12.0
	其他	27.8	0.2	20.0	3.9	27.5	20.6
个人月收入	0～600 元	25.3	0.1	15.9	2.4	37.0	19.3
	601～1200 元	26.4	0.1	18.5	2.0	23.2	29.8
	1201～1700 元	30.5	0.2	25.4	3.0	27.6	13.3
	1701～2600 元	31.8	0.1	22.6	4.1	27.1	14.3
	2601～3500 元	33.1	0.1	25.0	3.3	26.5	12.0
	3501～5000 元	38.1	0.1	17.2	3.2	24.4	17.0
	5001 元以上	33.2	0.1	14.0	1.9	30.4	20.4

表 3.40.3 2018 年海口市场各类频道在不同时段的市场占有率（%）

时间段	中央电视台频道	中国教育台频道	海南省级频道	海口市级频道	其他省级卫视频道	其他频道
02:00~03:00	32.5	0.1	5.9	0.2	34.3	27.1
03:00~04:00	34.3	0.1	5.7	0.0	28.9	31.1
04:00~05:00	26.4	0.1	4.1	0.0	36.2	33.2
05:00~06:00	18.4	0.2	6.1	0.0	52.7	22.7
06:00~07:00	39.9	0.1	5.3	0.9	28.5	25.4
07:00~08:00	43.8	0.3	9.0	1.2	27.0	18.7
08:00~09:00	39.1	0.3	10.5	1.1	30.9	18.0
09:00~10:00	34.5	0.2	11.5	1.7	32.4	19.7
10:00~11:00	34.7	0.2	11.0	1.7	34.3	18.1
11:00~12:00	37.9	0.1	9.1	1.1	35.1	16.7
12:00~13:00	42.0	0.0	7.4	1.0	33.6	16.1
13:00~14:00	33.9	0.1	9.1	1.2	35.6	20.0
14:00~15:00	29.5	0.3	11.2	1.2	36.7	21.1
15:00~16:00	28.9	0.4	11.6	1.2	35.1	22.9
16:00~17:00	30.7	0.3	9.2	1.1	35.0	23.7
17:00~18:00	32.0	0.2	9.9	2.3	32.8	22.8
18:00~19:00	29.5	0.1	31.7	5.1	16.6	17.1
19:00~20:00	35.2	0.0	24.7	4.8	21.8	13.5
20:00~21:00	24.4	0.0	26.4	5.8	30.6	12.8
21:00~22:00	23.9	0.1	27.9	5.3	29.2	13.6
22:00~23:00	24.8	0.1	27.2	1.6	31.4	14.9
23:00~24:00	22.8	0.0	29.3	1.2	31.7	15.1
24:00~25:00	29.4	0.1	16.2	1.6	32.4	20.3
25:00~26:00	32.6	0.0	4.0	1.3	35.1	26.9

表 3.40.4 2018 年海口市场收视份额排名前十位的频道

名次	频道名称	收视份额（%）
1	海南广播电视总台综合频道	9.3
2	湖南卫视	4.9
3	海南广播电视总台影视综艺频道	4.8
4	中央台八套	4.4
5	中央台六套	3.6
6	湖南电视台金鹰卡通频道	3.5
7	中央台四套	3.4
8	中央电视台少儿频道	3.3
9	中央电视台综合频道	3.2
9	海南广播电视总台公共频道	3.2

表 3.40.5　2018 年海口市场各主要频道的观众构成（%）

目标观众		所有频道	主要频道				
			海南广播电视总台综合频道	湖南卫视	海南广播电视总台影视综艺频道	中央台八套	中央台六套
4 岁及以上所有人		100.0	100.0	100.0	100.0	100.0	100.0
性别	男性	50.4	46.9	38.3	50.8	42.8	59.5
	女性	49.6	53.1	61.7	49.2	57.2	40.5
年龄	4～14 岁	17.5	7.1	28.7	7.2	9.6	18.6
	15～24 岁	7.8	6.5	10.6	8.2	5.8	9.7
	25～34 岁	15.3	12.6	19.8	18.5	10.8	12.3
	35～44 岁	10.2	6.7	15.3	8.7	7.8	17.2
	45～54 岁	19.9	22.9	13.5	23.9	21.4	21.1
	55～64 岁	15.3	23.9	9.0	14.6	25.2	8.8
	65 岁及以上	14.0	20.3	3.1	18.9	19.4	12.3
教育程度	未受正规教育	7.3	4.4	4.8	7.7	7.5	6.7
	小学	22.9	22.4	30.8	24.0	19.4	23.7
	初中	38.2	36.6	42.0	43.1	41.9	46.5
	高中	25.7	31.2	21.2	20.7	24.8	18.0
	大学及以上	5.9	5.4	1.2	4.5	6.4	5.1
职业类别	干部/管理人员	1.2	1.2	1.4	0.7	1.1	0.6
	初级公务员/雇员	11.5	14.8	7.0	9.8	7.3	10.2
	个体/私营企业人员	7.0	7.3	4.5	6.7	5.9	5.8
	工人	23.0	20.2	22.4	34.5	20.5	25.1
	学生	14.7	6.9	29.3	6.4	6.6	18.8
	无业	34.7	42.2	24.4	33.3	50.9	25.6
	其他	7.9	7.4	11.0	8.6	7.7	13.9
个人月收入	0～600 元	32.6	27.1	48.3	23.6	24.9	33.9
	601～1200 元	3.5	1.8	3.4	4.5	3.7	3.7
	1201～1700 元	8.3	13.1	7.3	7.7	10.1	9.5
	1701～2600 元	31.6	35.3	27.0	36.5	39.3	32.2
	2601～3500 元	10.9	12.4	6.9	15.0	12.0	8.5
	3501～5000 元	7.4	6.3	5.3	7.3	7.5	7.3
	5001 元以上	5.7	4.0	1.8	5.4	2.5	4.9

表 3.40.6　2016～2018 年海口市场各类节目的播出份额（%）和收视份额（%）

节目类别	2016 年		2017 年		2018 年	
	播出份额	收视份额	播出份额	收视份额	播出份额	收视份额
财经	1.3	0.6	1.1	0.7	1.1	0.7
电视剧	21.3	33.6	22.6	37.9	22.4	40.8
电影	4.5	7.2	4.2	6.5	4.0	5.1
法制	0.9	0.5	1.0	0.3	1.0	0.3
教学	0.2	0.0	0.3	0.0	0.5	0.0
青少	7.0	10.2	7.2	9.8	7.4	9.0
生活服务	8.3	6.1	7.5	5.8	7.6	5.5

续表

节目类别	2016 年		2017 年		2018 年	
	播出份额	收视份额	播出份额	收视份额	播出份额	收视份额
体育	3.1	2.3	3.2	1.9	3.2	3.3
外语	0.0	0.0	0.1	0.0	0.1	0.0
戏剧	0.8	0.1	0.8	0.1	0.8	0.1
新闻/时事	15.9	11.3	16.3	9.9	16.8	9.9
音乐	2.0	0.8	1.6	1.1	1.5	1.0
专题	13.6	6.4	14.0	6.5	13.9	5.8
综艺	9.0	11.1	7.8	9.2	7.3	8.7
其他	12.1	9.8	12.2	10.3	12.5	9.7

表 3.40.7　2018 年海口市场所有节目收视率排名前三十位

名次	节目名称	节目类型	播出频道	平均收视率（%）	平均占有率（%）
1	黎明破晓前	电视剧	海南广播电视总台综合频道	8.7	30.5
2	我爱世界杯：2018 年俄罗斯世界杯足球赛决赛（法国 VS 克罗地亚）	体育	中央台五套	8.4	52.8
3	枪侠	电视剧	海南广播电视总台综合频道	7.7	27.3
4	龙腾归来	电视剧	海南广播电视总台综合频道	7.7	26.9
5	激战淞沪	电视剧	海南广播电视总台综合频道	7.2	26.0
6	决不饶恕	电视剧	海南广播电视总台综合频道	6.7	23.2
7	2018 年世界女排锦标赛第二阶段 F 组（中国 VS 俄罗斯）	体育	中央台五套	6.6	26.1
8	浴血永生	电视剧	海南广播电视总台综合频道	6.5	23.1
9	战虎行动	电视剧	海南广播电视总台综合频道	5.9	20.5
10	亮剑铁血军魂	电视剧	海南广播电视总台综合频道	5.8	21.0
11	我们的绝地反击	电视剧	海南广播电视总台综合频道	5.7	18.9
12	第 18 届亚运会女子 4×100 米混合泳接力决赛	体育	中央台五套	5.3	15.0
13	烽火狼烟	电视剧	海南广播电视总台综合频道	5.1	18.2
14	铁核桃	电视剧	海南广播电视总台综合频道	5.1	16.7
15	2018 中央电视台春节联欢晚会	综艺	中央电视台综合频道	5.0	21.2
16	战寇	电视剧	海南广播电视总台综合频道	4.9	17.4
17	铁血荣耀（3～63 集）	电视剧	海南广播电视总台综合频道	4.6	17.8
18	危城对决	电视剧	海南广播电视总台综合频道	4.6	16.8
19	绝地狙击	电视剧	海南广播电视总台综合频道	4.5	16.6
20	第 18 届亚运会女排半决赛（中国 VS 日本）	体育	中央台五套	4.5	15.7
21	第 18 届亚运会男子十项全能跳高	体育	中央台五套	4.3	14.8
22	红海行动（10 月 1 日）	电影	中央台六套	4.3	13.8

续表

名次	节目名称	节目类型	播出频道	平均收视率(%)	平均占有率(%)
23	开学第一课	青少	中央电视台综合频道	4.0	12.3
24	擒蛇	电视剧	海南广播电视总台综合频道	3.9	14.5
25	绝密追踪	电视剧	海南广播电视总台综合频道	3.9	13.0
26	一千零一夜	电视剧	湖南卫视	3.8	12.5
27	战狼2(12月31日)	电影	中央台六套	3.7	15.1
28	勇者胜	电视剧	海南广播电视总台综合频道	3.7	13.0
29	谈判官	电视剧	湖南卫视	3.5	13.8
30	飞哥战队	电视剧	海南广播电视总台综合频道	3.5	13.2

表3.40.8　2018年海口市场电视剧收视率排名前十位

名次	节目名称	播出频道	平均收视率(%)	平均占有率(%)
1	黎明破晓前	海南广播电视总台综合频道	8.7	30.5
2	枪侠	海南广播电视总台综合频道	7.7	27.3
3	龙腾归来	海南广播电视总台综合频道	7.7	26.9
4	激战淞沪	海南广播电视总台综合频道	7.2	26.0
5	决不饶恕	海南广播电视总台综合频道	6.7	23.2
6	浴血永生	海南广播电视总台综合频道	6.5	23.1
7	战虎行动	海南广播电视总台综合频道	5.9	20.5
8	亮剑铁血军魂	海南广播电视总台综合频道	5.8	21.0
9	我们的绝地反击	海南广播电视总台综合频道	5.7	18.9
10	烽火狼烟	海南广播电视总台综合频道	5.1	18.2

表3.40.9　2018年海口市场新闻节目收视率排名前十位

名次	节目名称	播出频道	平均收视率(%)	平均占有率(%)
1	直播海南	海南广播电视总台综合频道	3.2	23.4
2	脱贫攻坚大决战聚焦精准扶贫共建小康社会	海南广播电视总台综合频道	2.6	9.3
3	防抗山竹	海南广播电视总台新闻频道	1.5	5.0
4	新闻联播	中央电视台综合频道	1.3	6.3
5	我参军我光荣省军区副司令员毕重峰少将就征兵工作答记者问	海南广播电视总台综合频道	1.3	4.1
6	我爱海口	海南广播电视总台综合频道	1.0	4.6
7	今日亚洲	中央台四套	1.0	3.7
8	海峡两岸	中央台四套	1.0	3.1
9	中国舆论场	中央台四套	0.9	3.4
10	儒商大会2018聚天下英才绘齐鲁宏图	山东卫视	0.9	3.3

表 3.40.10 2018 年海口市场专题节目收视率排名前十位

名次	节目名称	播出频道	平均收视率（%）	平均占有率（%）
1	爱的海洋汶川地震灾区学生赴海洋全俄儿童中心疗养十周年纪念	中央电视台综合频道	2.7	10.1
2	绿色农业进行时	海南广播电视总台综合频道	2.5	12.9
3	两学一做电视夜校	海南广播电视总台综合频道	1.9	6.2
4	2018 年海南黎族苗族传统节日三月三暨戊戌年祭祀袍隆扣大典	海南广播电视总台影视综艺频道	1.8	6.3
5	航拍中国第一季（11 月 8 日）	中央台七套	1.7	5.4
6	扎扎实实提高质量	中央电视台综合频道	1.6	8.5
7	2018 脱贫致富新春爱心集市	海南广播电视总台综合频道	1.6	5.7
8	海上丝路看今朝 2018 年习近平主席亚太之行	中央电视台新闻频道	1.3	4.1
9	重返爱的海洋	中央电视台综合频道	1.3	4.0
10	为了共同的繁荣习近平出席首届中国国际进口博览会纪实	中央电视台综合频道	1.2	4.5

表 3.40.11 2018 年海口市场综艺节目收视率排名前十位

名次	节目名称	播出频道	平均收视率（%）	平均占有率（%）
1	2018 中央电视台春节联欢晚会	中央电视台综合频道	5.0	21.2
2	开门大吉（1 月 8 日）	中央台三套	2.9	9.1
3	2018 湖南卫视春节联欢晚会	湖南卫视	2.6	12.0
4	快乐大本营	湖南卫视	2.3	8.2
4	欢乐吉祥闹元宵	中央电视台综合频道	2.3	8.2
6	中秋之夜	湖南卫视	2.3	7.9
7	星光大道（3 月 10 日）	中央台三套	2.1	7.7
8	去村里住一晚	海南广播电视总台综合频道	2.1	7.2
9	我想和你唱	湖南卫视	2.1	6.9
10	全国广场舞北京集中展演	中央电视台综合频道	2.0	6.6

表 3.40.12 2018 年海口市场体育节目收视率排名前十位
（世界杯、亚运会、亚残运会、冬奥会比赛除外）

名次	节目名称	播出频道	平均收视率（%）	平均占有率（%）
1	2018 年世界女排锦标赛第二阶段 F 组（中国 VS 俄罗斯）	中央台五套	6.6	26.1
2	2018 杭州世游赛 25 米女子 4×50 米混合泳接力颁奖仪式	中央台五套	2.0	6.8
3	2018 年杭州世游赛 25 米男子 100 米蛙泳决赛	中央台五套	1.8	6.6
4	现场直播：2018 年汤尤杯羽毛球赛汤姆斯杯决赛男双	中央台五套	1.7	21.4

续表

名次	节目名称	播出频道	平均收视率(%)	平均占有率(%)
5	实况录像：2018 年世界举重锦标赛女子 64 公斤级决赛挺举	中央台五套	1.6	7.1
6	星耀征途	中央台五套	1.5	5.9
7	现场直播：2018 年女篮世界杯小组赛 D 组（塞内加尔 VS 中国）	中央台五套	1.4	5.9
8	现场直播：2018 年国际泳联跳水世界杯男子双人 10 米跳台决赛	中央台五套	1.2	4.8
9	2018 年中国之队国际足球友谊赛（中国 VS 叙利亚）	中央台五套	1.1	4.4
10	实况录像：2018 年世界体操锦标赛女子自由操决赛	中央台五套	1.0	13.2

表 3.40.13　2018 年海口市场世界杯、亚运会、亚残运会、冬奥会比赛收视率排名前十位

名次	节目名称	播出频道	平均收视率(%)	平均占有率(%)
1	我爱世界杯：2018 年俄罗斯世界杯足球赛决赛（法国 VS 克罗地亚）	中央台五套	8.4	52.8
2	第 18 届亚运会女子 4×100 米混合泳接力决赛	中央台五套	5.3	15.0
3	第 18 届亚运会女排半决赛（中国 VS 日本）	中央台五套	4.5	15.7
4	第 18 届亚运会男子十项全能跳高	中央台五套	4.3	14.8
5	我爱世界杯 2018 年俄罗斯世界杯开幕式	中央台五套	3.4	18.4
6	第 18 届亚运会男子团体羽毛球半决赛	中央台五套	2.6	9.3
7	现场直播：2018 年国际泳联跳水世界杯女子 10 米跳台决赛	中央台五套	2.5	8.8
8	第 18 届亚运会女子个人花剑决赛	中央台五套	2.2	7.2
9	第 18 届亚运会男篮决赛（中国 VS 伊朗）	中央台五套	2.1	6.5
10	第 18 届亚运会女子体操高低杠决赛	中央台五套	2.1	6.1

四十一、杭州收视数据

表 3.41.1 2014~2018 年杭州市场各类频道的市场占有率（%）

频道类别	年份				
	2014 年	2015 年	2016 年	2017 年	2018 年
中央电视台频道	15.5	16.4	20.2	22.4	24.9
中国教育台频道	0.1	0.1	0.1	0.1	0.1
浙江省级频道	37.0	35.6	31.7	20.2	20.5
杭州市级频道	17.6	15.5	13.6	16.7	12.5
其他省级卫视频道	20.9	23.0	21.7	23.1	21.8
其他频道	8.9	9.4	12.7	17.5	20.2

表 3.41.2 2018 年杭州市场各类频道在不同目标观众中的市场占有率（%）

目标观众		中央电视台频道	中国教育台频道	浙江省级频道	杭州市级频道	其他省级卫视频道	其他频道
4 岁及以上所有人		24.9	0.1	20.5	12.5	21.8	20.2
性别	男	28.0	0.2	19.0	12.8	20.4	19.6
	女	21.7	0.1	22.1	12.3	23.1	20.7
年龄	4~14 岁	14.6	0.1	12.4	5.7	30.6	36.6
	15~24 岁	24.1	0.1	24.2	7.9	25.2	18.5
	25~34 岁	18.5	0.1	24.9	9.5	21.4	25.6
	35~44 岁	22.1	0.1	19.6	8.1	18.3	31.8
	45~54 岁	23.4	0.1	22.9	13.8	22.5	17.3
	55~64 岁	29.1	0.2	17.0	14.8	20.6	18.3
	65 岁及以上	32.8	0.2	18.4	17.1	19.9	11.6
教育程度	未受过正规教育	13.1	0.1	14.6	7.4	29.7	35.1
	小学	23.8	0.2	19.8	13.8	21.7	20.7
	初中	27.1	0.1	19.4	16.3	22.0	15.1
	高中	26.7	0.2	19.3	10.6	23.9	19.3
	大学及以上	23.2	0.1	23.6	9.8	19.2	24.1
职业类别	干部/管理人员	17.0	0.2	29.6	6.5	20.0	26.7
	个体/私营企业人员	19.4	0.1	23.3	14.1	21.4	21.7
	初级公务员/雇员	22.5	0.1	25.0	10.8	19.1	22.5
	工人	24.0	0.4	17.6	13.0	25.7	19.3
	学生	20.1	0.1	20.8	6.9	30.8	21.3
	无业	28.9	0.1	16.9	14.8	21.8	17.5
	其他	28.8	0.6	15.0	5.4	22.2	28.0
个人月收入	0~600 元	21.6	0.1	17.2	8.7	26.4	26.0
	601~1200 元	30.8	0.1	19.7	7.3	32.1	10.0
	1201~1700 元	22.2	0.1	21.6	22.1	18.1	15.9
	1701~2600 元	23.0	0.1	30.6	16.9	18.9	10.5
	2601~3500 元	27.0	0.2	20.3	13.8	20.6	18.1
	3501~5000 元	27.5	0.1	17.8	13.4	21.6	19.6
	5001 元及以上	22.4	0.1	22.8	11.0	20.5	23.2

表 3.41.3　2018 年杭州市场各类频道在不同时段的市场占有率（%）

时间段	中央电视台频道	中国教育台频道	浙江省级频道	杭州市级频道	其他省级卫视频道	其他频道
02:00~03:00	28.0	0.4	16.5	0.1	26.6	28.4
03:00~04:00	31.2	0.4	16.8	0.0	25.1	26.5
04:00~05:00	33.1	0.2	15.8	0.0	23.1	27.8
05:00~06:00	33.3	0.2	19.3	0.3	22.5	24.4
06:00~07:00	45.0	0.1	15.8	3.2	15.1	20.8
07:00~08:00	41.8	0.3	13.7	5.3	19.0	19.9
08:00~09:00	39.3	0.3	13.8	4.7	22.6	19.3
09:00~10:00	34.0	0.4	16.4	3.9	23.7	21.6
10:00~11:00	32.2	0.4	14.1	4.4	26.1	22.8
11:00~12:00	36.2	0.2	12.7	4.3	25.5	21.1
12:00~13:00	35.3	0.1	11.2	5.5	24.8	23.1
13:00~14:00	29.6	0.3	11.5	3.7	29.1	25.8
14:00~15:00	28.4	0.4	9.8	4.4	30.6	26.4
15:00~16:00	28.4	0.3	9.9	5.8	30.3	25.3
16:00~17:00	30.0	0.2	11.2	4.9	30.8	22.9
17:00~18:00	31.6	0.1	15.6	5.0	27.6	20.1
18:00~19:00	23.3	0.0	30.2	17.8	10.7	18.0
19:00~20:00	16.8	0.1	32.3	21.1	13.3	16.4
20:00~21:00	16.4	0.1	29.4	18.3	19.7	16.1
21:00~22:00	19.7	0.1	21.9	23.0	18.6	16.7
22:00~23:00	24.2	0.1	16.0	9.7	26.6	23.4
23:00~24:00	28.6	0.1	12.0	3.6	30.9	24.8
24:00~25:00	31.4	0.2	10.3	3.4	26.6	28.1
25:00~26:00	28.8	0.3	9.3	1.3	25.1	35.2

表 3.41.4　2018 年杭州市场收视份额排名前十位的频道

名次	频道名称	收视份额（%）
1	浙江卫视	6.2
2	浙江电视台教育科技频道	4.8
3	杭州电视台西湖明珠频道	4.1
4	中央台四套	4.0
5	杭州电视台影视频道	3.9
6	浙江电视台钱江都市频道	3.3
7	中央电视台综合频道	3.2
8	中央电视台新闻频道	3.1
9	浙江电视台民生休闲频道	2.7
10	中央台五套	2.6

表 3.41.5 2018 年杭州市场各主要频道的观众构成（%）

目标观众		所有频道	浙江卫视	浙江电视台教育科技频道	杭州电视台西湖明珠频道	中央台四套	杭州电视台影视频道
4 岁及以上所有人		100.0	100.0	100.0	100.0	100.0	100.0
性别	男	50.6	47.7	48.5	48.2	66.5	55.5
	女	49.4	52.3	51.5	51.8	33.5	44.5
年龄	4～14 岁	5.2	6.3	1.3	3.4	1.2	1.6
	15～24 岁	7.6	13.2	4.0	7.6	4.2	3.4
	25～34 岁	16.5	19.6	28.4	15.2	9.6	9.1
	35～44 岁	7.9	9.8	4.6	5.8	4.6	4.6
	45～54 岁	25.2	28.0	22.9	31.2	24.9	27.1
	55～64 岁	20.3	12.3	17.9	20.2	25.6	22.4
	65 岁及以上	17.3	10.8	20.9	16.6	29.9	31.8
教育程度	未受过正规教育	3.6	2.4	2.8	2.4	0.9	1.9
	小学	14.1	10.5	19.4	13.4	9.4	18.9
	初中	33.0	31.9	28.6	40.2	40.6	46.2
	高中	19.5	17.9	17.0	15.7	21.9	15.9
	大学及以上	29.8	37.3	32.2	28.3	27.2	17.1
职业类别	干部/管理人员	3.3	2.5	3.8	0.9	1.7	2.2
	个体/私营企业人员	9.1	12.4	6.8	12.6	6.1	10.3
	初级公务员/雇员	28.6	35.7	39.9	31.5	24.9	19.1
	工人	6.9	4.9	6.3	5.3	7.5	11.5
	学生	6.3	12.9	2.2	5.5	0.9	2.4
	无业	44.3	30.9	38.0	43.8	58.5	54.0
	其他	1.5	0.7	3.0	0.4	0.4	0.5
个人月收入	0～600 元	15.2	20.1	8.5	13.6	8.6	8.4
	601～1200 元	0.6	0.5	0.7	0.2	0.4	0.4
	1201～1700 元	1.5	0.9	3.5	2.0	0.5	3.7
	1701～2600 元	8.6	7.6	19.0	10.1	8.9	15.9
	2601～3500 元	20.9	17.6	26.4	20.2	19.1	25.3
	3501～5000 元	29.8	25.0	24.6	29.8	40.7	29.6
	5001 元及以上	23.4	28.3	17.3	24.1	21.8	16.7

表 3.41.6 2016～2018 年杭州市场各类节目的播出份额（%）和收视份额（%）

节目类别	2016 年		2017 年		2018 年	
	播出份额	收视份额	播出份额	收视份额	播出份额	收视份额
财经	1.5	1.2	1.4	1.0	1.4	0.7
电视剧	20.0	27.6	20.5	28.1	21.1	30.5
电影	3.3	2.1	3.4	2.5	3.6	2.7
法制	0.7	0.4	0.8	0.4	0.9	0.6
教学	0.2	0.0	0.4	0.0	0.3	0.0
青少	6.6	2.5	6.8	3.4	6.8	3.2
生活服务	10.2	12.3	10.3	11.7	10.2	11.2

续表

节目类别	2016 年		2017 年		2018 年	
	播出份额	收视份额	播出份额	收视份额	播出份额	收视份额
体育	3.0	1.9	3.2	1.5	3.1	2.8
外语	0.0	0.0	0.1	0.0	0.1	0.0
戏剧	0.8	0.2	0.8	0.3	0.7	0.3
新闻/时事	15.0	20.3	15.4	20.0	15.4	18.0
音乐	1.8	0.7	1.4	0.9	1.3	0.9
专题	14.3	5.6	13.9	5.4	13.9	5.5
综艺	10.0	12.0	8.6	11.6	7.9	11.0
其他	12.6	13.2	13.0	13.2	13.3	12.6

表 3.41.7　2018 年杭州市场所有节目收视率排名前三十位

名次	节目名称	节目类型	播出频道	平均收视率（%）	平均占有率（%）
1	我爱世界杯：2018 年世界杯小组赛 E 组第二轮（巴西 VS 哥斯达黎加）	体育	中央台五套	7.5	25.3
2	中国好声音（7 月 13 日）	综艺	浙江卫视	5.9	26.2
3	2018 中央电视台春节联欢晚会	综艺	中央电视台综合频道	4.8	15.7
4	奔跑吧	综艺	浙江卫视	4.7	20.6
5	嗨！蓝朋友演员的诞生	综艺	浙江卫视	4.4	16.8
6	我爱世界杯颁奖仪式	体育	中央台五套	4.3	52.4
7	手枪队	电视剧	浙江电视台钱江都市频道	3.9	13.5
8	开学第一课	青少	中央电视台综合频道	3.8	14.6
9	阿六头说新闻	新闻	杭州电视台西湖明珠频道	3.4	15.8
10	爱情的边疆	电视剧	浙江卫视	3.3	12.1
11	2018 天猫双 11 狂欢夜	综艺	浙江卫视	3.1	17.9
12	走火	电视剧	浙江卫视	3.1	11.0
13	第 18 届亚运会男子 100 米决赛	体育	中央台五套	3.0	20.8
14	摧毁	电视剧	浙江电视台教育科技频道	3.0	12.0
15	秘密航线	电视剧	浙江电视台教育科技频道	3.0	11.0
16	刀客家族的女人	电视剧	浙江电视台教育科技频道	3.0	10.8
17	挑战不可能（1 月 21 日）	综艺	中央电视台综合频道	3.0	9.4
18	这！就是灌篮（8 月 25 日）	综艺	浙江卫视	2.9	23.2
19	一个人战争	电视剧	杭州电视台影视频道	2.9	11.4
20	守卫者浮出水面	电视剧	浙江电视台教育科技频道	2.9	10.4
20	爱人的谎言	电视剧	浙江电视台钱江都市频道	2.9	10.4
22	妈妈向前冲	电视剧	浙江电视台钱江都市频道	2.9	9.5
23	武间道	电视剧	浙江电视台教育科技频道	2.8	12.4
24	硬骨头之绝地归途	电视剧	杭州电视台影视频道	2.8	10.7
25	决战江桥	电视剧	杭州电视台影视频道	2.8	9.9
26	我爱世界杯：2018 年俄罗斯世界杯开幕式	体育	中央台五套	2.7	20.9

续表

名次	节目名称	节目类型	播出频道	平均收视率（%）	平均占有率（%）
27	2018 中国蓝燃情贺岁夜抓住梦想抓住爱	综艺	浙江卫视	2.7	13.3
28	战天狼	电视剧	浙江电视台教育科技频道	2.7	11.8
29	月嫂先生	电视剧	浙江卫视	2.7	11.5
30	我和你说	新闻	杭州电视台生活频道	2.7	10.7

表 3.41.8　2018 年杭州市场电视剧收视率排名前十位

名次	节目名称	播出频道	平均收视率（%）	平均占有率（%）
1	手枪队	浙江电视台钱江都市频道	3.9	13.5
2	爱情的边疆	浙江卫视	3.3	12.1
3	走火	浙江卫视	3.1	11.0
4	摧毁	浙江电视台教育科技频道	3.0	12.0
5	秘密航线	浙江电视台教育科技频道	3.0	11.0
6	刀客家族的女人	浙江电视台教育科技频道	3.0	10.8
7	一个人战争	杭州电视台影视频道	2.9	11.4
8	守卫者浮出水面	浙江电视台教育科技频道	2.9	10.4
8	爱人的谎言	浙江电视台钱江都市频道	2.9	10.4
10	妈妈向前冲	浙江电视台钱江都市频道	2.9	9.5

表 3.41.9　2018 年杭州市场新闻节目收视率排名前十位

名次	节目名称	播出频道	平均收视率（%）	平均占有率（%）
1	阿六头说新闻	杭州电视台西湖明珠频道	3.4	15.8
2	我和你说	杭州电视台生活频道	2.7	10.7
3	新闻 007	浙江电视台钱江都市频道	1.5	6.6
4	明珠新闻	杭州电视台西湖明珠频道	1.4	6.9
5	同心树	浙江卫视	1.3	8.7
6	今日关注	中央台四套	1.3	5.9
7	新闻 60 分	杭州电视台综合频道	1.1	7.0
8	范大姐帮忙	浙江电视台钱江都市频道	1.1	6.3
9	1818 黄金眼	浙江电视台民生休闲频道	1.1	5.7
10	转播中央台新闻联播	杭州电视台综合频道	1.1	5.0

表 3.41.10　2018 年杭州市场专题节目收视率排名前十位

名次	节目名称	播出频道	平均收视率（%）	平均占有率（%）
1	最美浙江人 2017 年度浙江骄傲人物评选颁奖典礼最美点亮新时代	浙江电视台钱江都市频道	2.1	8.3
2	一年又一年	中央电视台综合频道	1.9	10.4
3	专家团助力和事佬	杭州电视台西湖明珠频道	1.9	7.5
4	向人民报告	杭州电视台西湖明珠频道	1.7	5.7
5	第 15 届风云浙商颁奖典礼	浙江电视台经济生活频道	1.7	5.4

续表

名次	节目名称	播出频道	平均收视率（%）	平均占有率（%）
6	面向未来的合作	中央台四套	1.5	9.3
7	亲民尚和图	杭州电视台影视频道	1.5	5.8
8	携手构建更加紧密的中非命运共同体 2018 中非合作论坛北京峰会纪实	中央电视台综合频道	1.4	6.3
9	八八战略 15 年	浙江卫视	1.4	5.6
10	寻找宋忠赤	杭州电视台综合频道	1.3	6.2

表 3.41.11　2018 年杭州市场综艺节目收视率排名前十位

名次	节目名称	播出频道	平均收视率（%）	平均占有率（%）
1	中国好声音（7 月 13 日）	浙江卫视	5.9	26.2
2	2018 中央电视台春节联欢晚会	中央电视台综合频道	4.8	15.7
3	奔跑吧	浙江卫视	4.7	20.6
4	嗨！蓝朋友演员的诞生	浙江卫视	4.4	16.8
5	2018 天猫双 11 狂欢夜	浙江卫视	3.1	17.9
6	挑战不可能（1 月 21 日）	中央电视台综合频道	3.0	9.4
7	这！就是灌篮（8 月 25 日）	浙江卫视	2.9	23.2
8	2018 中国蓝燃情贺岁夜抓住梦想抓住爱	浙江卫视	2.7	13.3
9	欢乐吉祥闹元宵	中央电视台综合频道	2.6	9.7
10	演员的诞生（1 月 20 日）	浙江卫视	2.4	18.6

表 3.41.12　2018 年杭州市场体育节目收视率排名前十位
（世界杯、亚运会、亚残运会、冬奥会比赛除外）

名次	节目名称	播出频道	平均收视率（%）	平均占有率（%）
1	现场直播：2018 年乒乓球团体世界锦标赛男团决赛	中央台五套	2.2	8.8
2	2018 年世界女排锦标赛第三阶段 H 组第三轮（荷兰 VS 中国）	中央台五套	2.0	10.9
3	2018 年杭州世游赛 25 米男子 200 米个人混合泳决赛	中央台五套	1.9	7.2
4	现场直播世乒赛团体赛女团决赛颁奖仪式	中央台五套	1.5	17.7
5	现场直播：2018 年世界女排联赛总决赛（中国 VS 巴西）	中央台五套	1.3	5.3
6	实况录像：2018 年温布尔登网球赛男单决赛	中央台五套	1.2	15.7
7	现场直播：2018 年汤尤杯羽毛球赛汤姆斯杯决赛男双	中央台五套	1.2	10.5
8	HUZHOU2018 浙江省第十六届运动会	浙江卫视	1.1	6.0

续表

名次	节目名称	播出频道	平均收视率（%）	平均占有率（%）
9	现场直播：2017/2018 赛季中国男子篮球职业联赛总决赛第二场（广厦 VS 辽宁）	中央台五套	1.0	3.8
10	直播周末：2018 年世界羽毛球巡回赛总决赛混合双打决赛	中央台五套	0.9	7.2

表 3.41.13 2018 年杭州市场世界杯、亚运会、亚残运会、冬奥会比赛收视率排名前十位

名次	节目名称	播出频道	平均收视率（%）	平均占有率（%）
1	我爱世界杯：2018 年世界杯小组赛 E 组第二轮（巴西 VS 哥斯达黎加）	中央台五套	7.5	25.3
2	我爱世界杯颁奖仪式	中央台五套	4.3	52.4
3	第 18 届亚运会男子 100 米决赛	中央台五套	3.0	20.8
4	我爱世界杯：2018 年俄罗斯世界杯开幕式	中央台五套	2.7	20.9
5	2018 年亚运会女子 50 米蝶泳决赛	中央台五套	2.7	10.5
6	第 18 届亚运会女排决赛（中国 VS 泰国）	中央台五套	2.6	17.1
7	第 18 届亚运会男子十项全能 1500 米	中央台五套	2.4	12.8
8	第 18 届亚运会男篮决赛（中国 VS 伊朗）	中央台五套	2.0	7.6
9	第 18 届亚运会闭幕式	中央台五套	1.9	8.2
10	2018 年第 23 届冬奥会短道速滑男子 500 米决赛 A 组	中央台五套	1.8	8.6

四十二、合肥收视数据

表 3.42.1　2014～2018 年合肥市场各类频道的市场占有率（%）

频道类别	年份				
	2014 年	2015 年	2016 年	2017 年	2018 年
中央电视台频道	33.6	32.4	33.9	32.9	33.1
中国教育台频道	0.5	0.3	0.3	0.2	0.3
安徽省级频道	22.1	25.1	25.7	23.2	23.8
合肥市级频道	5.6	5.0	2.6	2.0	2.5
其他省级卫视频道	25.8	27.0	25.0	24.3	21.1
其他频道	12.4	10.2	12.5	17.4	19.2

表 3.42.2　2018 年合肥市场各类频道在不同目标观众中的市场占有率（%）

目标观众		中央电视台频道	中国教育台频道	安徽省级频道	合肥市级频道	其他省级卫视频道	其他频道
4 岁及以上所有人		33.1	0.3	23.8	2.5	21.1	19.2
性别	男	36.6	0.4	23.2	2.6	19.2	18.0
	女	29.5	0.3	24.5	2.3	23.1	20.3
年龄	4～14 岁	27.1	0.1	7.4	1.1	33.3	31.0
	15～24 岁	29.7	0.3	24.0	2.0	19.9	24.1
	25～34 岁	27.5	0.2	15.2	1.9	26.0	29.2
	35～44 岁	32.6	0.1	14.1	1.8	27.3	24.1
	45～54 岁	34.6	0.4	25.4	2.4	17.1	20.1
	55～64 岁	30.7	0.6	31.0	3.1	21.4	13.2
	65 岁及以上	42.9	0.3	32.7	3.6	13.6	6.9
教育程度	未受过正规教育	27.7	0.6	18.9	2.6	25.5	24.7
	小学	30.1	0.3	30.5	3.2	21.1	14.8
	初中	33.7	0.5	23.6	2.6	21.6	18.0
	高中	32.4	0.3	24.7	2.1	20.9	19.6
	大学及以上	37.6	0.2	17.8	2.2	19.5	22.7
职业类别	干部/管理人员	42.7	0.1	7.9	2.0	21.2	26.1
	个体/私营企业人员	31.0	0.5	17.7	2.8	22.5	25.5
	初级公务员/雇员	36.6	0.2	21.3	2.4	19.7	19.8
	工人	28.7	0.4	24.8	2.4	20.6	23.1
	学生	27.8	0.1	16.1	1.6	25.9	28.5
	无业	34.6	0.4	28.0	2.7	20.5	13.8
	其他	*	*	*	*	*	*
个人月收入	0～600 元	28.1	0.1	19.5	1.6	25.1	25.6
	601～1200 元	22.1	0.1	33.7	3.1	25.8	15.2
	1201～1700 元	30.7	0.6	40.3	2.7	18.7	7.0
	1701～2600 元	35.4	0.5	28.4	3.3	19.4	13.0
	2601～3500 元	36.0	0.3	23.6	2.5	18.9	18.7
	3501 元～5000 元	31.5	0.4	19.9	2.5	21.2	24.5
	5001 元及以上	40.0	0.3	14.4	1.8	20.6	22.9

注：* 号表示样本量太小，无法进行统计推断。

表 3.42.3　2018 年合肥市场各类频道在不同时段的市场占有率（%）

时间段	中央电视台频道	中国教育台频道	安徽省级频道	合肥市级频道	其他省级卫视频道	其他频道
02:00~03:00	32.0	0.1	6.3	0.8	17.1	43.7
03:00~04:00	32.1	0.1	7.9	0.2	15.7	44.0
04:00~05:00	32.4	0.3	7.6	0.0	17.5	42.2
05:00~06:00	40.3	0.4	9.1	0.3	17.9	32.0
06:00~07:00	53.0	0.3	21.0	1.8	10.1	13.8
07:00~08:00	47.9	0.7	24.6	1.6	14.3	10.9
08:00~09:00	39.5	0.7	15.1	2.7	25.6	16.4
09:00~10:00	37.6	0.6	12.5	3.2	27.7	18.4
10:00~11:00	38.1	0.5	11.8	3.3	26.6	19.7
11:00~12:00	34.3	0.3	21.7	1.7	23.3	18.7
12:00~13:00	36.8	0.1	17.6	1.5	23.1	20.9
13:00~14:00	34.5	0.4	13.8	1.6	25.8	23.9
14:00~15:00	33.4	0.7	14.1	2.2	24.9	24.7
15:00~16:00	33.6	0.7	13.0	2.8	26.0	23.9
16:00~17:00	35.1	0.7	11.5	2.8	28.0	21.9
17:00~18:00	30.1	0.4	23.8	2.3	23.7	19.7
18:00~19:00	29.8	0.2	38.2	3.1	11.2	17.5
19:00~20:00	34.3	0.2	31.7	3.6	14.7	15.5
20:00~21:00	31.0	0.1	29.8	2.8	21.8	14.5
21:00~22:00	30.9	0.2	31.9	2.2	18.4	16.4
22:00~23:00	28.1	0.3	27.3	1.9	22.0	20.4
23:00~24:00	32.8	0.4	16.0	1.8	25.3	23.7
24:00~25:00	33.9	1.1	10.9	1.9	22.4	29.8
25:00~26:00	31.7	0.7	7.9	1.0	19.9	38.8

表 3.42.4　2018 年合肥市场收视份额排名前十位的频道

名次	频道名称	收视份额（%）
1	安徽经视	6.8
2	安徽影视	4.8
3	安徽卫视	4.7
4	中央台四套	4.6
5	安徽综艺	4.0
5	中央电视台综合频道	4.0
7	中央台六套	3.8
8	中央电视台新闻频道	3.4
9	中央台三套	3.2
10	中央电视台少儿频道	3.1

表 3.42.5　2018 年合肥市场各主要频道的观众构成(%)

目标观众		所有频道	主要频道					
			安徽经视	安徽影视	安徽卫视	中央台四套	安徽综艺	中央电视台综合频道
4 岁及以上所有人		100.0	100.0	100.0	100.0	100.0	100.0	100.0
性别	男	50.9	44.6	54.0	48.4	65.2	52.9	52.7
	女	49.1	55.4	46.0	51.6	34.8	47.1	47.3
年龄	4~14 岁	7.1	1.4	1.3	4.0	1.3	1.3	5.3
	15~24 岁	8.7	6.6	11.1	10.0	4.6	7.0	8.5
	25~34 岁	11.7	7.8	6.3	7.0	9.0	8.7	8.0
	35~44 岁	12.4	5.1	8.9	7.5	6.2	5.8	9.5
	45~54 岁	22.1	22.3	24.8	18.8	23.7	26.2	19.1
	55~64 岁	21.2	27.0	32.0	22.2	22.5	37.3	17.3
	65 岁及以上	16.8	29.8	15.6	30.5	32.7	13.7	32.3
教育程度	未受过正规教育	4.4	4.4	2.6	4.1	1.4	3.3	4.4
	小学	17.2	22.3	21.8	23.2	15.2	21.9	17.3
	初中	29.5	29.9	32.0	29.0	27.5	22.2	26.6
	高中	30.5	32.3	31.2	29.4	28.9	37.1	32.1
	大学及以上	18.4	11.1	12.4	14.3	27.0	15.5	19.6
职业类别	干部/管理人员	1.8	0.6	0.3	0.6	1.6	0.3	1.1
	个体/私营企业人员	11.4	7.9	9.6	10.0	10.0	7.0	8.6
	初级公务员/雇员	15.6	13.7	9.4	14.8	15.4	14.0	18.7
	工人	15.8	14.4	17.9	13.9	12.0	21.4	10.3
	学生	9.4	3.8	7.7	8.3	3.2	5.4	8.2
	无业	46.0	59.6	55.1	52.4	57.8	51.9	53.1
	其他	*	*	*	*	*	*	*
个人月收入	0~600 元	24.4	18.2	22.0	22.2	12.3	17.4	18.3
	601~1200 元	2.0	2.8	3.4	1.4	0.6	3.1	1.8
	1201~1700 元	4.9	9.8	7.7	6.1	3.8	11.5	6.8
	1701~2600 元	31.0	38.2	35.7	37.9	30.8	37.6	37.3
	2601~3500 元	16.4	15.8	15.7	18.1	20.1	15.4	17.0
	3501 元~5000 元	13.1	10.9	10.5	9.3	16.2	11.3	11.8
	5001 元及以上	8.2	4.3	5.0	5.0	16.2	3.7	7.0

注:* 号表示样本量太小,无法进行统计推断。

表 3.42.6　2016~2018 年合肥市场各类节目的播出份额(%)和收视份额(%)

节目类别	2016 年		2017 年		2018 年	
	播出份额	收视份额	播出份额	收视份额	播出份额	收视份额
财经	1.5	0.5	1.2	0.4	1.1	0.4
电视剧	21.5	29.2	21.3	26.5	21.6	27.5
电影	3.9	4.2	4.0	4.4	4.1	5.0
法制	1.0	0.8	1.4	1.1	1.3	1.1
教学	0.2	0.0	0.2	0.0	0.3	0.0
青少	6.4	3.5	6.6	5.8	6.6	6.3
生活服务	9.3	7.5	8.8	7.7	8.7	7.0

续表

节目类别	2016 年		2017 年		2018 年	
	播出份额	收视份额	播出份额	收视份额	播出份额	收视份额
体育	3.0	3.3	3.1	2.6	3.1	3.5
外语	0.0	0.0	0.1	0.0	0.1	0.0
戏剧	0.8	0.2	0.8	0.2	0.8	0.2
新闻/时事	14.7	19.2	15.4	19.6	15.9	18.4
音乐	1.8	0.8	1.6	0.9	1.5	0.8
专题	13.8	5.8	13.8	5.6	13.7	5.6
综艺	9.2	13.2	7.9	13.0	7.5	12.9
其他	12.9	11.8	13.8	12.2	13.7	11.3

表 3.42.7　2018 年合肥市场所有节目收视率排名前三十位

名次	节目名称	节目类型	播出频道	平均收视率（%）	平均占有率（%）
1	我爱世界杯：2018 年俄罗斯世界杯足球赛决赛（法国 VS 克罗地亚）	体育	中央台五套	7.5	51.2
2	2018 中央电视台春节联欢晚会	综艺	中央电视台综合频道	7.0	20.3
3	开学第一课	青少	中央电视台综合频道	5.7	18.7
4	江淮欢腾新时代 2018 安徽卫视春节联欢晚会	综艺	安徽卫视	5.3	24.8
5	欢乐吉祥闹元宵	综艺	中央电视台综合频道	4.1	15.9
6	我爱世界杯：2018 年俄罗斯世界杯闭幕式	体育	中央台五套	3.8	21.7
7	我家的故事	电视剧	安徽经视	3.8	17.4
8	岳母的幸福生活	电视剧	安徽经视	3.1	13.8
9	初婚	电视剧	安徽经视	3.0	15.2
10	红海行动（10 月 1 日）	电影	中央台六套	2.9	11.9
11	奇门遁甲（2 月 20 日）	电影	中央台六套	2.9	11.1
12	海边女人	电视剧	安徽经视	2.8	14.1
13	小楼又东风	电视剧	安徽卫视	2.8	11.0
14	第 18 届亚运会女子 200 米个人混合泳决赛	体育	中央台五套	2.7	11.6
15	第 18 届亚运会女子 100 米栏决赛	体育	中央台五套	2.7	11.2
16	我的小姨（53～56 集）	电视剧	安徽卫视	2.7	11.0
17	傻春	电视剧	安徽经视	2.6	13.2
18	女管家	电视剧	安徽经视	2.6	13.1
19	家常菜	电视剧	安徽经视	2.6	13.0
20	战狼 2（9 月 30 日）	电影	中央台六套	2.6	10.0
21	第 1 时间	新闻	安徽经视	2.5	14.6
22	2018 年中央广播电视总台中秋晚会	综艺	中央电视台综合频道	2.5	10.7
23	敢死队二（5 月 19 日）	电影	中央台六套	2.4	18.6

续表

名次	节目名称	节目类型	播出频道	平均收视率(%)	平均占有率(%)
24	倚天屠龙记之魔教教主	电影	中央台六套	2.4	10.9
24	越战越勇（11月14日）	综艺	中央台三套	2.4	10.9
24	2018年乒乓球团体世界锦标赛男团决赛	体育	中央台五套	2.4	10.9
27	妖猫传（2月18日）	电影	中央台六套	2.4	9.9
28	战地枪王	电视剧	安徽影视	2.3	11.0
29	我爱世界杯：2018年俄罗斯世界杯开幕式	体育	中央台五套	2.2	17.5
30	熊出没夺宝熊兵（8月21日）	电影	中央电视台少儿频道	2.2	14.1

表3.42.8　2018合肥市场电视剧收视率排名前十位

名次	节目名称	播出频道	平均收视率(%)	平均占有率(%)
1	我家的故事	安徽经视	3.8	17.4
2	岳母的幸福生活	安徽经视	3.1	13.8
3	初婚	安徽经视	3.0	15.2
4	海边女人	安徽经视	2.8	14.1
5	小楼又东风	安徽卫视	2.8	11.0
6	我的小姨（53~56集）	安徽卫视	2.7	11.0
7	傻春	安徽经视	2.6	13.2
8	女管家	安徽经视	2.6	13.1
9	家常菜	安徽经视	2.6	13.0
10	战地枪王	安徽影视	2.3	11.0

表3.42.9　2018年合肥市场新闻节目收视率排名前十位

名次	节目名称	播出频道	平均收视率(%)	平均占有率(%)
1	第1时间	安徽经视	2.5	14.6
2	安徽卫视2018省两会特别报道	安徽卫视	1.7	7.0
3	中国舆论场	中央台四套	1.6	7.0
4	今日亚洲	中央台四套	1.5	7.1
5	海峡两岸	中央台四套	1.5	6.6
6	国庆之夜	中央电视台新闻频道	1.4	5.8
7	转播中央台新闻联播	安徽卫视	1.3	6.9
8	帮女郎帮你忙	安徽经视	1.2	10.7
9	今日关注	中央台四套	1.1	5.6
10	上海合作组织青岛峰会特别报道	中央台四套	1.1	5.5

表 3.42.10　2018 年合肥市场专题节目收视率排名前十位

名次	节目名称	播出频道	平均收视率（%）	平均占有率（%）
1	一年又一年	中央电视台综合频道	1.9	8.4
2	敬我最尊敬的人致敬中小企业单打冠军颁奖暨改革开放 40 年梦想盛典	安徽经视	1.9	7.8
3	扎扎实实提高质量	中央电视台综合频道	1.8	6.7
4	第一时间开播十五周年庆生晚会	安徽经视	1.6	9.3
5	安徽禁毒戒毒大型电视公开课为了青少年拒绝第一口毒品	安徽科教	1.6	7.5
6	杰出工匠 2018 口子窖第二届江淮杰出工匠颁奖盛典跨越时光的坚守	安徽经视	1.6	6.0
7	桃花依旧	安徽卫视	1.5	7.2
8	感动中国 2017 年度人物颁奖盛典	中央电视台综合频道	1.5	7.0
9	理响新时代	安徽经视	1.5	6.1
10	回望延安	中央电视台综合频道	1.4	5.6

表 3.42.11　2018 年合肥市场综艺节目收视率排名前十位

名次	节目名称	播出频道	平均收视率（%）	平均占有率（%）
1	2018 中央电视台春节联欢晚会	中央电视台综合频道	7.0	20.3
2	江淮欢腾新时代 2018 安徽卫视春节联欢晚会	安徽卫视	5.3	24.8
3	欢乐吉祥闹元宵	中央电视台综合频道	4.1	15.9
4	2018 年中央广播电视总台中秋晚会	中央电视台综合频道	2.5	10.7
5	越战越勇（11 月 14 日）	中央台三套	2.4	10.9
6	2018 安徽卫视元宵晚会	安徽卫视	2.1	10.8
7	新春喜剧之夜	中央台三套	2.1	7.7
8	奔跑吧	浙江卫视	2.0	10.2
9	九九艳阳天	中央台三套	2.0	8.4
10	拥抱新时代祝福你中国中国梦祖国颂 2018 国庆特别节目	中央电视台综合频道	2.0	7.6

表 3.42.12　2018 年合肥市场体育节目收视率排名前十位
（世界杯、亚运会、亚残运会、冬奥会比赛除外）

名次	节目名称	播出频道	平均收视率（%）	平均占有率（%）
1	2018 年乒乓球团体世界锦标赛男团决赛	中央台五套	2.4	10.9
2	2018 年世界女排锦标赛第二阶段 F 组（中国 VS 泰国）	中央台五套	1.9	9.8
3	2018 年中国之队国际足球友谊赛（中国 VS 叙利亚）	中央台五套	1.8	9.0
4	世乒赛团体赛女团决赛颁奖仪式	中央台五套	1.7	20.9

续表

名次	节目名称	播出频道	平均收视率(%)	平均占有率(%)
5	2018 年世界女排联赛香港站(中国 VS 意大利)	中央台五套	1.5	7.8
6	2018 年汤姆斯杯半决赛男双	中央台五套	1.2	6.5
7	2018 年国际田联钻石联赛伦敦站	中央台五套	1.2	6.4
8	2017/2018 赛季中国男子篮球职业联赛总决赛第二场(广厦 VS 辽宁)	中央台五套	1.1	5.4
9	2018 年杭州世游赛 25 米男子 4×100 米自由泳接力决赛	中央台五套	1.0	5.0
10	2018 年亚洲足联冠军联赛 G 组第 3 轮(广州恒大 VS 济州联)	中央台五套	1.0	4.6

表 3.42.13 2018 年合肥市场世界杯、亚运会、亚残运会、冬奥会比赛收视率排名前十位

名次	节目名称	播出频道	平均收视率(%)	平均占有率(%)
1	我爱世界杯:2018 年俄罗斯世界杯足球赛决赛(法国 VS 克罗地亚)	中央台五套	7.5	51.2
2	我爱世界杯:2018 年俄罗斯世界杯闭幕式	中央台五套	3.8	21.7
3	第 18 届亚运会女子 200 米个人混合泳决赛	中央台五套	2.7	11.6
4	第 18 届亚运会女子 100 米栏决赛	中央台五套	2.7	11.2
5	我爱世界杯:2018 年俄罗斯世界杯开幕式	中央台五套	2.2	17.5
6	第 18 届亚运会男子体操吊环决赛	中央台五套	2.0	8.0
7	第 18 届亚运会女足决赛(中国 VS 日本)	中央台五套	1.9	7.2
8	第 18 届亚运会男篮决赛(中国 VS 伊朗)	中央台五套	1.9	6.6
9	第 18 届亚运会羽毛球男团决赛	中央台五套	1.6	10.2
10	第 18 届亚运会女子个人花剑决赛	中央台五套	1.6	6.1

四十三、呼和浩特收视数据

表 3.43.1　2014 ~ 2018 年呼和浩特市场各类频道的市场占有率（%）

频道类别	年份				
	2014 年	2015 年	2016 年	2017 年	2018 年
中央电视台频道	45.8	48.6	50.5	48.6	48.3
中国教育台频道	0.2	0.2	0.1	0.1	0.1
内蒙古自治区级频道	7.8	8.7	11.0	11.6	10.4
呼和浩特市级频道	1.5	2.3	1.5	2.0	3.8
其他省级卫视频道	38.0	34.5	31.5	30.2	23.6
其他频道	6.7	5.7	5.4	7.5	13.8

表 3.43.2　2018 年呼和浩特市场各类频道在不同目标观众中的市场占有率（%）

目标观众		中央电视台频道	中国教育台频道	内蒙古自治区级频道	其他省级卫视频道	呼和浩特市级频道	其他频道
4 岁及以上所有人		48.3	0.1	10.4	3.8	23.6	13.8
性别	男	49.2	0.1	10.1	4.1	21.9	14.6
	女	47.5	0.1	10.7	3.5	25.2	13.0
年龄	4 ~ 14 岁	41.6	0.1	5.9	1.5	30.6	20.3
	15 ~ 24 岁	42.9	0.1	7.5	3.5	25.1	20.9
	25 ~ 34 岁	40.7	0.1	8.9	1.6	25.8	22.9
	35 ~ 44 岁	47.8	0.1	8.4	1.7	25.5	16.5
	45 ~ 54 岁	46.5	0.1	11.8	5.0	23.6	13.0
	55 ~ 64 岁	46.3	0.1	14.7	6.7	21.3	10.9
	65 岁及以上	62.7	0.0	10.4	3.5	19.6	3.8
教育程度	未受过正规教育	47.4	0.1	7.8	2.6	23.7	18.4
	小学	50.2	0.1	12.3	3.6	24.6	9.2
	初中	46.7	0.1	11.9	3.6	23.3	14.4
	高中	47.0	0.1	9.5	4.8	24.9	13.7
	大学及以上	51.7	0.1	7.7	2.8	21.0	16.7
职业类别	干部/管理人员	66.1	0.0	5.3	0.8	12.3	15.5
	个体/私营企业人员	45.2	0.1	8.0	3.8	24.4	18.5
	初级公务员/雇员	45.3	0.1	9.3	3.0	23.8	18.5
	工人	42.9	0.1	13.4	3.8	23.4	16.4
	学生	42.2	0.1	7.2	3.1	29.1	18.3
	无业	52.7	0.1	10.3	4.1	23.2	9.6
	其他	53.2	0.1	17.4	4.9	17.8	6.6
个人月收入	0 ~ 600 元	43.8	0.1	10.6	2.9	26.7	15.9
	601 ~ 1200 元	62.1	0.0	6.8	5.5	17.3	8.3
	1201 ~ 1700 元	50.3	0.1	11.8	6.4	21.2	10.2
	1701 ~ 2600 元	50.4	0.1	12.7	3.0	22.0	11.8
	2601 ~ 3500 元	49.6	0.0	9.2	4.7	23.0	13.5
	3501 ~ 5000 元	48.3	0.1	9.6	4.1	24.4	13.5
	5001 元及以上	49.7	0.2	7.4	1.0	18.7	23.0

表 3.43.3　2018 年呼和浩特市场各类频道在不同时段的市场占有率（%）

时间段	中央电视台频道	中国教育台频道	内蒙古自治区级频道	其他省级卫视频道	呼和浩特市级频道	其他频道
02:00~03:00	43.3	0.0	8.7	30.0	1.9	16.1
03:00~04:00	45.4	0.0	8.0	27.1	2.1	17.4
04:00~05:00	41.7	0.0	5.3	28.3	3.4	21.3
05:00~06:00	61.2	0.0	5.3	16.0	2.0	15.5
06:00~07:00	75.2	0.0	7.9	6.1	1.3	9.5
07:00~08:00	68.5	0.1	9.1	11.0	1.6	9.7
08:00~09:00	60.8	0.2	5.7	19.4	2.1	11.8
09:00~10:00	51.7	0.2	5.7	26.0	2.5	13.9
10:00~11:00	48.5	0.2	5.5	29.5	1.5	14.8
11:00~12:00	50.3	0.1	5.8	28.4	1.1	14.3
12:00~13:00	55.6	0.0	5.0	24.4	1.4	13.6
13:00~14:00	49.3	0.1	3.3	27.8	1.8	17.7
14:00~15:00	43.5	0.2	3.6	32.3	2.0	18.4
15:00~16:00	42.9	0.2	4.5	33.5	1.8	17.1
16:00~17:00	44.8	0.3	5.5	32.1	1.0	16.3
17:00~18:00	46.6	0.1	8.4	29.1	1.0	14.8
18:00~19:00	44.4	0.0	31.1	9.5	3.4	11.6
19:00~20:00	51.9	0.0	20.3	13.9	3.4	10.5
20:00~21:00	46.6	0.0	9.9	26.1	5.2	12.2
21:00~22:00	48.4	0.0	8.0	23.6	6.1	13.9
22:00~23:00	43.0	0.1	6.2	26.0	8.6	16.1
23:00~24:00	45.3	0.1	6.0	27.5	4.3	16.8
24:00~25:00	46.1	0.1	6.1	27.3	2.7	17.7
25:00~26:00	44.3	0.1	7.5	29.8	2.6	15.7

表 3.43.4　2018 年呼和浩特市场收视份额排名前十位的频道

名次	频道名称	收视份额（%）
1	中央台八套	7.6
2	中央电视台综合频道	7.1
3	中央台六套	6.6
4	中央台三套	5.5
5	内蒙古电视台新闻综合频道	4.2
6	中央台四套	4.1
7	中央电视台新闻频道	3.9
8	中央电视台少儿频道	3.3
9	中央台五套	3.1
10	内蒙古电视台经济生活频道	2.8

表 3.43.5　2018 年呼和浩特市场各主要频道的观众构成（%）

目标观众		所有频道	主要频道				
			中央台八套	中央电视台综合频道	中央台六套	中央台三套	内蒙古电视台新闻综合频道
4 岁及以上所有人		100.0	100.0	100.0	100.0	100.0	100.0
性别	男	48.8	43.1	45.7	56.8	43.9	44.9
	女	51.2	56.9	54.3	43.2	56.1	55.1
年龄	4～14 岁	7.8	4.2	5.0	8.1	4.7	3.8
	15～24 岁	8.5	6.2	6.2	8.9	5.8	6.6
	25～34 岁	13.3	7.3	9.7	16.9	8.8	14.0
	35～44 岁	11.7	8.8	9.2	21.9	8.6	7.5
	45～54 岁	22.1	19.9	19.2	25.3	21.5	25.4
	55～64 岁	17.1	17.5	16.2	8.0	18.2	20.6
	65 岁及以上	19.5	36.1	34.5	10.9	32.4	22.1
教育程度	未受过正规教育	4.0	1.6	3.3	2.2	2.5	2.3
	小学	18.0	25.4	18.1	15.7	24.3	21.8
	初中	32.7	37.9	30.0	38.3	29.9	38.8
	高中	28.4	22.6	25.4	27.7	24.9	25.4
	大学及以上	16.9	12.5	23.2	16.1	18.4	11.7
职业类别	干部/管理人员	0.8	0.4	1.4	0.4	2.2	0.6
	个体/私营企业人员	9.1	6.7	5.6	13.1	8.4	6.2
	初级公务员/雇员	18.5	9.4	17.2	18.8	14.9	16.5
	工人	14.9	14.9	11.3	19.9	13.1	21.8
	学生	10.1	8.1	7.0	11.8	6.8	6.9
	无业	41.1	54.8	54.8	28.9	49.6	40.8
	其他	5.5	5.7	2.7	7.1	5.0	7.2
个人月收入	0～600 元	27.6	22.2	23.3	29.4	21.9	25.9
	601～1200 元	2.9	3.9	4.5	2.2	3.8	2.0
	1201～1700 元	5.8	9.9	5.4	4.1	5.5	6.8
	1701～2600 元	21.6	28.0	23.9	19.6	25.0	28.8
	2601～3500 元	24.7	26.2	25.3	20.6	29.2	25.0
	3501～5000 元	14.2	8.6	15.2	17.2	13.5	10.1
	5001 元及以上	3.2	1.2	2.4	6.9	1.1	1.4

表 3.43.6　2016～2018 年呼和浩特市场各类节目的播出份额（%）和收视份额（%）

节目类别	2016 年		2017 年		2018 年	
	播出份额	收视份额	播出份额	收视份额	播出份额	收视份额
财经	1.3	0.7	1.1	0.6	1.0	0.6
电视剧	21.3	26.4	21.3	28.5	21.4	28.4
电影	3.5	6.8	3.7	6.5	4.0	7.2
法制	0.9	1.5	0.9	0.9	1.0	1.1
教学	0.3	0.0	0.2	0.0	0.3	0.0
青少	7.2	4.7	7.5	4.9	7.4	4.8
生活服务	8.7	6.3	7.8	5.9	7.6	5.5

续表

节目类别	2016年		2017年		2018年	
	播出份额	收视份额	播出份额	收视份额	播出份额	收视份额
体育	3.5	2.9	3.6	2.2	3.6	3.5
外语	0.0	0.0	0.1	0.0	0.1	0.0
戏剧	0.9	0.6	0.8	0.5	0.8	0.3
新闻/时事	14.8	16.1	15.8	16.5	16.3	16.4
音乐	2.0	0.9	1.7	0.9	1.7	0.9
专题	13.8	6.5	14.2	6.6	14.1	6.3
综艺	9.5	16.3	8.8	15.0	8.2	13.7
其他	12.3	10.3	12.5	11.0	12.5	11.3

表3.43.7　2018年呼和浩特市场所有节目收视率排名前三十位

名次	节目名称	节目类型	播出频道	平均收视率(%)	平均占有率(%)
1	2018中央电视台春节联欢晚会	综艺	中央电视台综合频道	14.5	33.4
2	欢乐吉祥闹元宵	综艺	中央电视台综合频道	10.8	35.7
3	我爱世界杯：2018年俄罗斯世界杯淘汰赛阶段第一场(法国VS阿根廷)	体育	中央台五套	8.9	43.4
4	开学第一课	青少	中央电视台综合频道	7.0	20.5
5	妖猫传(2月18日)	电影	中央台六套	6.7	22.6
6	2018年中央广播电视总台中秋晚会	综艺	中央电视台综合频道	5.9	19.5
7	奇门遁甲(2月20日)	电影	中央台六套	5.8	18.8
8	我爱世界杯：2018年俄罗斯世界杯开幕式	体育	中央台五套	5.6	33.8
9	侠盗联盟(2月27日)	电影	中央台六套	5.0	15.7
10	非凡任务(2月22日)	电影	中央台六套	4.9	16.4
11	娘亲舅大	电视剧	中央台八套	4.8	18.9
12	功夫瑜伽(2月11日)	电影	中央台六套	4.8	13.4
13	拆弹专家(2月3日)	电影	中央台六套	4.7	13.5
14	冲天火(2月23日)	电影	中央台六套	4.5	12.8
15	智取威虎山(6月9日)	电影	中央台六套	4.4	20.5
16	机器之血(2月26日)	电影	中央台六套	4.4	14.9
17	空天猎(2月17日)	电影	中央台六套	4.4	14.4
18	黄金大劫案(1月28日)	电影	中央台六套	4.4	12.7
19	妖猫传(4月5日)	电影	中央台六套	4.3	15.2
20	第18届亚运会女子4×100米接力预赛	体育	中央台五套	4.2	17.8
21	惊蛰	电视剧	中央台八套	4.2	15.2
22	战狼2(5月1日)	电影	中央台六套	4.2	14.8
23	羞羞的铁拳(2月16日)	电影	中央台六套	4.2	14.7
24	战狼2(9月30日)	电影	中央台六套	4.2	14.2
25	太极张三丰(10月19日)	电影	中央台六套	4.2	13.1
26	鲛珠传(4月6日)	电影	中央台六套	4.2	13.0

续表

名次	节目名称	节目类型	播出频道	平均收视率（%）	平均占有率（%）
27	战狼（2月10日）	电影	中央台六套	4.2	12.1
28	三少爷的剑	电影	中央台六套	4.2	11.8
29	降魔传（2月20日）	电影	中央台六套	4.1	14.3
30	第18届亚运会男子4×100米接力预赛	体育	中央台五套	4.0	20.8

表3.43.8　2018年呼和浩特市场电视剧收视率排名前十位

名次	节目名称	播出频道	平均收视率（%）	平均占有率（%）
1	娘亲舅大	中央台八套	4.8	18.9
2	惊蛰	中央台八套	4.2	15.2
3	猎豺狼	中央台八套	3.9	14.8
4	初婚	中央台八套	3.6	16.0
5	开封府	中央台八套	3.6	15.3
6	区小队	中央台八套	3.6	13.4
7	大牧歌	中央台八套	3.1	12.5
8	浴血十四年	中央台八套	3.1	11.3
9	诚忠堂	中央台八套	3.0	12.4
10	姥姥的饺子馆	中央台八套	3.0	10.3

表3.43.9　2018年呼和浩特市场新闻节目收视率排名前十位

名次	节目名称	播出频道	平均收视率（%）	平均占有率（%）
1	新闻天天看	内蒙古电视台新闻综合频道	4.0	19.0
2	新闻联播	中央电视台综合频道	3.3	14.0
3	都市全接触	内蒙古电视台经济生活频道	2.3	11.9
4	焦点访谈	中央电视台综合频道	1.8	6.5
5	国务院总理会见中外记者并回答提问	中央电视台综合频道	1.8	5.9
6	上海合作组织青岛峰会特别报道	中央台三套	1.7	6.5
7	雷阵语	内蒙古电视台经济生活频道	1.4	5.8
8	海峡两岸	中央台四套	1.4	4.7
9	今日关注	中央台四套	1.2	4.7
10	中国舆论场	中央台四套	1.2	4.4

表3.43.10　2018年呼和浩特市场专题节目收视率排名前十位

名次	节目名称	播出频道	平均收视率（%）	平均占有率（%）
1	心系凉山习近平总书记凉山扶贫纪实	中央电视台综合频道	3.5	9.7
2	一年又一年	中央电视台综合频道	3.4	14.8
3	扎扎实实提高质量	中央电视台综合频道	3.2	8.5
4	万水千山只等闲	中央电视台综合频道	2.6	7.6
5	海上丝路看今朝2018年习近平主席亚太之行	中央电视台综合频道	2.5	9.1

续表

名次	节目名称	播出频道	平均收视率(%)	平均占有率(%)
6	爱的海洋汶川地震灾区学生赴海洋全俄儿童中心疗养十周年纪念	中央电视台综合频道	2.4	8.4
7	感动中国2017年度人物颁奖盛典	中央电视台综合频道	2.4	7.9
8	为了一江清水浩荡东流习近平总书记2018年长江考察纪实	中央电视台综合频道	2.1	8.0
9	榜样	中央电视台综合频道	2.1	7.0
10	携手构建更加紧密的中非命运共同体2018中非合作论坛北京峰会纪实	中央电视台综合频道	2.1	6.9

表3.43.11　2018年呼和浩特市场综艺节目收视率排名前十位

名次	节目名称	播出频道	平均收视率(%)	平均占有率(%)
1	2018中央电视台春节联欢晚会	中央电视台综合频道	14.5	33.4
2	欢乐吉祥闹元宵	中央电视台综合频道	10.8	35.7
3	2018年中央广播电视总台中秋晚会	中央电视台综合频道	5.9	19.5
4	欢声笑语2018迎国庆	中央台三套	3.9	12.5
5	马背上的牧歌中央电视台综艺频道特别节目	中央台三套	3.8	11.4
6	2018CCTV网络春晚	中央台三套	3.6	11.0
7	喜到福到好运到2018年春晚倒计时	中央台三套	3.4	13.9
8	启航2019中国音乐盛典	中央电视台综合频道	3.3	11.2
9	拥抱新时代祝福你中国中国梦祖国颂2018国庆特别节目	中央电视台综合频道	3.2	11.2
10	相声大联欢	中央台三套	3.1	11.8

表3.43.12　2018年呼和浩特市场体育节目收视率排名前十位

(世界杯、亚运会、亚残运会、冬奥会比赛除外)

名次	节目名称	播出频道	平均收视率(%)	平均占有率(%)
1	2018年世界女排锦标赛第二阶段F组(中国VS俄罗斯)	中央台五套	2.3	8.0
2	现场直播：2018年世界女排联赛中国澳门站（中国VS泰国）	中央台五套	1.7	7.5
3	现场直播：2018年乒乓球团体世界锦标赛男团决赛	中央台五套	1.5	5.7
4	直播周末：2018年斯诺克世界公开赛决赛第二阶段	中央台五套	1.4	6.9
5	2018年杭州世游赛25米女子400米自由泳决赛	中央台五套	1.4	4.5
6	直播周末：2018年世界体操锦标赛男子双杠决赛	中央台五套	1.3	9.8

续表

名次	节目名称	播出频道	平均收视率（%）	平均占有率（%）
7	2018 年中国之队国际足球友谊赛（中国 VS 叙利亚）	中央台五套	1.2	4.3
8	超级足球之夜直播周末：2018 年中超联赛第 28 轮（广州恒大淘宝 VS 上海上港）	中央台五套	1.2	3.8
9	现场直播：2018 年 NBA 中国赛深圳站（独行侠 VS76 人）	中央台五套	1.1	4.8
10	2017/2018 赛季 CBA 半决赛第四场（广东东莞银行 VS 辽宁本钢）	中央台五套	1.0	3.3

表 3.43.13　2018 年呼和浩特市场世界杯、亚运会、亚残运会、冬奥会比赛收视率排名前十位

名次	节目名称	播出频道	平均收视率（%）	平均占有率（%）
1	我爱世界杯：2018 年俄罗斯世界杯淘汰赛阶段第一场（法国 VS 阿根廷）	中央台五套	8.9	43.4
2	我爱世界杯：2018 年俄罗斯世界杯开幕式	中央台五套	5.6	33.8
3	第 18 届亚运会女子 4×100 米接力预赛	中央台五套	4.2	17.8
4	我爱世界杯：2018 年俄罗斯世界杯闭幕式	中央台五套	3.2	17.3
5	第 18 届亚运会女排决赛（中国 VS 泰国）	中央台五套	3.1	16.4
6	第 18 届亚运会男子 400 米个人混合泳决赛	中央台五套	3.0	12.2
7	2018 年平昌冬奥会开幕式	中央台五套	2.8	7.9
8	2018 年第 23 届冬奥会短道速滑男子 5000 米接力决赛 A 组	中央台五套	2.6	8.5
9	第 18 届亚运会女子体操高低杠决赛	中央台五套	2.4	9.3
10	第 18 届亚运会女足决赛（日本 VS 中国）	中央台五套	2.4	8.4

四十四、济南收视数据

表 3.44.1　2014～2018 年济南市场各类频道的市场占有率（%）

频道类别	年份				
	2014 年	2015 年	2016 年	2017 年	2018 年
中央电视台频道	21.4	21.3	23.0	24.6	23.5
中国教育台频道	0.0	0.0	0.0	0.1	0.1
山东省级频道	33.4	32.5	24.6	23.9	18.5
济南市级频道	23.4	23.6	24.0	19.5	17.1
其他省级卫视频道	18.6	18.6	22.2	22.5	25.8
其他频道	3.2	4.0	6.2	9.4	15.0

表 3.44.2　2018 年济南市场各类频道在不同目标观众中的市场占有率（%）

目标观众		中央电视台频道	中国教育台频道	山东省级频道	济南市级频道	其他省级卫视频道	其他频道
4 岁及以上所有人		23.5	0.1	18.5	17.1	25.8	15.0
性别	男	26.4	0.1	18.2	17.6	23.6	14.1
	女	20.9	0.1	18.8	16.6	27.7	15.9
年龄	4～14 岁	16.0	0.0	14.6	12.6	31.9	24.9
	15～24 岁	16.4	0.1	15.7	14.4	27.4	26.0
	25～34 岁	17.9	0.1	16.3	13.6	35.6	16.5
	35～44 岁	22.2	0.0	11.7	20.6	23.5	22.0
	45～54 岁	21.0	0.1	20.2	19.2	24.1	15.4
	55～64 岁	29.2	0.0	22.2	16.7	24.2	7.7
	65 岁及以上	34.8	0.0	22.8	19.6	15.2	7.6
教育程度	未受过正规教育	21.8	0.1	24.1	16.1	23.3	14.6
	小学	24.5	0.1	20.5	17.5	21.6	15.8
	初中	22.2	0.1	21.0	17.8	25.7	13.2
	高中	25.7	0.0	16.4	17.0	25.9	15.0
	大学及以上	23.3	0.1	12.2	15.6	29.8	19.0
职业类别	干部/管理人员	24.2	0.0	12.4	17.1	30.7	15.6
	个体/私营企业人员	22.0	0.1	16.0	17.9	23.3	20.7
	初级公务员/雇员	22.8	0.1	14.4	19.7	26.5	16.5
	工人	20.9	0.1	18.3	18.6	27.8	14.3
	学生	17.6	0.0	12.8	13.6	30.9	25.1
	无业	27.5	0.1	19.7	14.9	25.5	12.3
	其他	20.7	0.1	30.1	18.1	20.0	11.0
个人月收入	0～600 元	19.0	0.1	22.2	15.0	27.5	16.2
	601～1200 元	28.5	0.0	27.4	18.3	17.3	8.5
	1201～1700 元	22.8	0.0	25.0	14.5	26.1	11.6
	1701～2600 元	23.6	0.1	18.3	19.4	24.5	14.1
	2601～3500 元	26.5	0.0	17.5	17.5	24.6	13.9
	3501～5000 元	26.0	0.1	15.3	18.7	26.2	13.7
	5001 元及以上	27.9	0.0	11.7	17.9	24.6	17.9

表 3.44.3　2018 年济南市场各类频道在不同时段的市场占有率（%）

时间段	中央电视台频道	中国教育台频道	山东省级频道	济南市级频道	其他省级卫视频道	其他频道
02:00~03:00	21.9	0.1	14.4	1.2	24.5	37.9
03:00~04:00	25.3	0.1	13.8	2.2	21.1	37.5
04:00~05:00	23.1	0.0	11.0	2.6	25.9	37.4
05:00~06:00	36.8	0.0	12.8	5.7	26.1	18.6
06:00~07:00	55.8	0.0	17.7	3.7	13.2	9.6
07:00~08:00	41.9	0.2	19.8	9.5	15.2	13.4
08:00~09:00	33.3	0.2	18.6	10.1	21.2	16.6
09:00~10:00	29.2	0.1	16.6	6.2	29.5	18.4
10:00~11:00	30.8	0.2	12.9	5.2	32.9	18.0
11:00~12:00	33.1	0.1	14.3	7.5	29.3	15.7
12:00~13:00	32.5	0.0	15.8	10.9	25.7	15.1
13:00~14:00	29.1	0.1	16.0	8.2	29.0	17.6
14:00~15:00	27.8	0.1	15.7	5.9	31.6	18.9
15:00~16:00	27.9	0.1	15.1	5.7	32.7	18.5
16:00~17:00	28.8	0.1	14.9	5.2	31.9	19.1
17:00~18:00	23.8	0.1	17.5	17.0	24.1	17.5
18:00~19:00	19.9	0.0	23.9	31.6	10.1	14.5
19:00~20:00	19.6	0.0	21.8	28.5	18.1	12.0
20:00~21:00	15.3	0.0	21.5	20.8	30.5	11.9
21:00~22:00	18.5	0.0	22.2	19.0	27.9	12.4
22:00~23:00	19.6	0.1	12.1	19.7	32.3	16.2
23:00~24:00	20.8	0.0	8.4	14.3	35.8	20.7
24:00~25:00	26.6	0.1	11.1	3.9	29.8	28.5
25:00~26:00	25.5	0.0	12.9	0.7	27.5	33.4

表 3.44.4　2018 年济南市场收视份额排名前十位的频道

名次	频道名称	收视份额（%）
1	山东卫视	6.8
2	济南电视台新闻综合频道	5.8
3	中央电视台综合频道	3.9
4	山东电视齐鲁频道	3.7
4	济南电视台都市女性频道	3.7
6	中央台四套	3.4
7	山东电视综艺频道	3.1
8	浙江卫视	3.0
8	济南电视台影视频道	3.0
10	湖南卫视	2.9

表 3.44.5　2018 年济南市场各主要频道的观众构成（%）

目标观众		主要频道观众构成					
		所有频道	山东卫视	济南电视台新闻综合频道	中央电视台综合频道	山东电视齐鲁频道	济南电视台都市女性频道
4 岁及以上所有人		100.0	100.0	100.0	100.0	100.0	100.0
性别	男	47.1	43.4	45.9	49.7	45.8	48.1
	女	52.9	56.6	54.1	50.3	54.2	51.9
年龄	4~14 岁	7.5	4.8	3.2	5.4	3.8	5.6
	15~24 岁	5.7	4.1	3.5	4.0	6.8	4.5
	25~34 岁	19.6	16.9	13.1	14.3	8.3	14.0
	35~44 岁	11.5	9.6	8.7	10.0	6.3	17.4
	45~54 岁	22.5	25.1	22.0	21.8	24.6	29.9
	55~64 岁	17.8	19.1	21.4	24.3	28.5	16.3
	65 岁及以上	15.4	20.4	28.1	20.2	21.7	12.3
教育程度	未受过正规教育	6.5	7.9	5.9	5.5	8.1	5.6
	小学	13.3	16.7	13.5	14.4	19.3	19.1
	初中	39.0	45.1	36.9	38.2	51.5	39.8
	高中	23.7	20.7	24.7	24.9	13.0	23.1
	大学及以上	17.5	9.6	19.0	17.0	8.1	12.4
职业类别	干部/管理人员	3.1	1.8	3.8	2.5	0.9	3.3
	个体/私营企业人员	10.0	9.6	10.8	8.9	7.3	10.0
	初级公务员/雇员	20.1	13.9	20.4	21.7	15.6	25.4
	工人	15.3	17.0	15.5	14.5	17.0	19.6
	学生	6.7	4.6	3.0	4.7	4.4	5.8
	无业	33.7	34.9	36.5	37.5	26.5	20.4
	其他	11.1	18.2	10.0	10.2	28.3	15.5
个人月收入	0~600 元	34.6	43.8	27.7	30.9	42.0	29.9
	601~1200 元	2.5	2.7	3.5	2.2	5.3	2.6
	1201~1700 元	3.8	5.2	2.6	3.1	5.3	3.4
	1701~2600 元	14.0	14.3	13.3	15.7	15.5	19.1
	2601~3500 元	12.6	12.1	14.9	12.0	13.3	14.1
	3501~5000 元	18.2	13.6	20.9	20.2	12.2	16.7
	5001 元及以上	14.3	8.3	17.1	15.9	6.4	14.2

表 3.44.6　2016~2018 年济南市场各类节目的播出份额（%）和收视份额（%）

节目类别	2016 年		2017 年		2018 年	
	播出份额	收视份额	播出份额	收视份额	播出份额	收视份额
财经	1.2	0.3	1.1	0.4	1.0	0.2
电视剧	20.2	22.4	19.9	23.3	20.1	27.6
电影	3.9	4.1	3.9	4.0	4.1	4.3
法制	0.8	0.3	1.0	0.5	1.0	0.5
教学	0.2	0.0	0.2	0.0	0.2	0.0
青少	7.0	5.2	7.7	6.1	7.9	6.3
生活服务	10.4	8.4	9.5	7.6	9.2	7.0
体育	3.3	2.9	3.5	3.0	3.6	3.6

续表

节目类别	2016 年		2017 年		2018 年	
	播出份额	收视份额	播出份额	收视份额	播出份额	收视份额
外语	0.0	0.0	0.1	0.0	0.1	0.0
戏剧	0.8	0.2	0.8	0.3	0.7	0.4
新闻/时事	14.2	19.6	14.9	18.1	15.0	16.7
音乐	1.7	0.6	1.4	0.6	1.3	0.6
专题	13.8	7.1	14.0	7.3	13.9	6.6
综艺	10.4	17.1	10.0	16.6	9.5	13.6
其他	12.2	12.0	12.0	12.2	12.4	12.6

表 3.44.7　2018 年济南市场所有节目收视率排名前三十位

名次	节目名称	节目类型	播出频道	平均收视率（%）	平均占有率（%）
1	2018 中央电视台春节联欢晚会	综艺	中央电视台综合频道	9.2	19.9
2	欢乐吉祥闹元宵	综艺	中央电视台综合频道	6.8	20.2
3	我爱世界杯：2018 年俄罗斯世界杯淘汰赛阶段第一场（法国 VS 阿根廷）	体育	中央台五套	5.8	37.0
4	魔都风云	电视剧	山东卫视	5.3	15.3
5	一年又一年	专题	中央电视台综合频道	4.7	14.0
6	2019 跨年演唱会用奋斗点亮幸福	音乐	江苏卫视	4.5	15.2
7	最好的安排	电视剧	山东卫视	4.4	11.7
8	硬骨头之绝地归途	电视剧	山东卫视	4.3	13.1
9	开学第一课	青少	中央电视台综合频道	3.9	11.4
10	养母的花样年华	电视剧	山东卫视	3.7	13.2
11	勇者胜	电视剧	山东卫视	3.7	12.3
12	第 18 届亚运会男子 100 米半决赛	体育	中央台五套	3.7	10.4
13	猎毒人	电视剧	江苏卫视	3.6	10.8
14	超级赛场：2018 年中国足球协会超级联赛第 2 轮（山东鲁能泰山 VS 重庆斯威）	体育	山东电视体育频道	3.5	10.0
15	福星盈门	电视剧	山东卫视	3.5	9.6
16	回家的路有多远	电视剧	济南电视台新闻综合频道	3.4	10.2
17	现场直播：2018 年乒乓球团体世界锦标赛男团决赛	体育	中央台五套	3.3	13.7
18	传奇武工队	电视剧	济南电视台影视频道	3.2	9.5
19	白鹿原	电视剧	济南电视台新闻综合频道	3.2	9.3
20	婚约	电视剧	济南电视台新闻综合频道	3.2	9.3
21	第 18 届亚运会女子 4 × 100 米混合泳接力决赛	体育	中央台五套	3.2	8.3
22	姐姐的花样年华	电视剧	济南电视台新闻综合频道	3.1	9.4

续表

名次	节目名称	节目类型	播出频道	平均收视率(%)	平均占有率(%)
23	有么说么新闻大社区 10 周年特别节目	专题	济南电视台新闻综合频道	3.0	12.2
24	天气预报	生活服务	中央电视台综合频道	3.0	8.6
25	第九届济南电视观众节 2018 元宵喜乐会	综艺	济南电视台新闻综合频道	3.0	8.3
26	幸福出发 2018 山东卫视春节联欢晚会	综艺	山东卫视	2.9	11.0
27	济南新闻	新闻/时事	济南电视台新闻综合频道	2.9	10.6
28	2018 第十届社区大联欢	综艺	济南电视台新闻综合频道	2.9	10.3
29	欢乐出发山东卫视春晚小品集萃	综艺	山东卫视	2.9	9.8
30	直通全国两会特别报道	新闻/时事	山东卫视	2.9	7.8

表 3.44.8　2018 年济南市场电视剧收视率排名前十位

名次	节目名称	播出频道	平均收视率(%)	平均占有率(%)
1	魔都风云	山东卫视	5.3	15.3
2	最好的安排	山东卫视	4.4	11.7
3	硬骨头之绝地归途	山东卫视	4.3	13.1
4	养母的花样年华	山东卫视	3.7	13.2
5	勇者胜	山东卫视	3.7	12.3
6	猎毒人	江苏卫视	3.6	10.8
7	福星盈门	山东卫视	3.5	9.6
8	回家的路有多远	济南电视台新闻综合频道	3.4	10.2
9	传奇武工队	济南电视台影视频道	3.2	9.5
10	白鹿原	济南电视台新闻综合频道	3.2	9.3
10	婚约	济南电视台新闻综合频道	3.2	9.3

表 3.44.9　2018 济南市场新闻节目收视率排名前十位

名次	节目名称	播出频道	平均收视率(%)	平均占有率(%)
1	济南新闻	济南电视台新闻综合频道	2.9	10.6
2	直通全国两会特别报道	山东卫视	2.9	7.8
3	都市新女报	济南电视台都市女性频道	2.8	8.4
4	转播中央台新闻联播	济南电视台新闻综合频道	2.6	8.3
5	今晚 20 分	济南电视台新闻综合频道	2.3	9.1
6	亲切的关怀巨大的鼓舞在习近平新时代中国特色社会主义思想指引下	山东卫视	2.3	7.6
7	今晚特别点击	济南电视台新闻综合频道	2.0	10.2
8	儒商大会 2018 聚天下英才绘齐鲁宏图	山东卫视	2.0	5.7
9	有么说么新闻大社区	济南电视台新闻综合频道	1.9	11.0
10	每日新闻	山东电视齐鲁频道	1.8	6.7

表 3.44.10 2018 年济南市场专题节目收视率排名前十位

名次	节目名称	播出频道	平均收视率（%）	平均占有率（%）
1	一年又一年	中央电视台综合频道	4.7	14.0
2	有么说么新闻大社区 10 周年特别节目	济南电视台新闻综合频道	3.0	12.2
3	有么说么故事会	济南电视台新闻综合频道	2.8	12.1
4	时代风采	济南电视台新闻综合频道	2.3	9.6
5	榜样	济南电视台新闻综合频道	2.3	9.3
6	习近平主席的上合时间	中央电视台综合频道	1.9	6.4
7	舌尖上的中国 3	中央电视台综合频道	1.8	4.8
8	感动中国 2017 年度人物颁奖盛典	中央电视台综合频道	1.7	5.2
9	欢乐星婆媳	山东电视综艺频道	1.6	6.8
10	大国外交	山东卫视	1.6	6.5

表 3.44.11 2018 年济南市场综艺节目收视率排名前十位

名次	节目名称	播出频道	平均收视率（%）	平均占有率（%）
1	2018 中央电视台春节联欢晚会	中央电视台综合频道	9.2	19.9
2	欢乐吉祥闹元宵	中央电视台综合频道	6.8	20.2
3	第九届济南电视观众节 2018 元宵喜乐会	济南电视台新闻综合频道	3.0	8.3
4	幸福出发 2018 山东卫视春节联欢晚会	山东卫视	2.9	11.0
5	2018 第十届社区大联欢	济南电视台新闻综合频道	2.9	10.3
6	欢乐出发山东卫视春晚小品集萃	山东卫视	2.9	9.8
7	是你给我力量 20182019 济南广电嘉年华跨年狂欢夜	济南电视台新闻综合频道	2.7	17.1
8	江湖群英会五一喜乐会	济南电视台新闻综合频道	2.6	19.4
9	2018 年中央广播电视总台中秋晚会	中央电视台综合频道	2.6	9.7
10	我是大明星第 8 季	山东电视综艺频道	2.6	7.2

表 3.44.12 2018 年济南市场体育节目收视率排名前十位
（世界杯、亚运会、亚残运会、冬奥会比赛除外）

名次	节目名称	播出频道	平均收视率（%）	平均占有率（%）
1	超级赛场：2018 年中国足球协会超级联赛第 2 轮（山东鲁能泰山 VS 重庆斯威）	山东电视体育频道	3.5	10.0
2	现场直播：2018 年乒乓球团体世界锦标赛男团决赛	中央台五套	3.3	13.7
3	现场直播：2017/2018 赛季中国男子篮球职业联赛半决赛第七场（广厦 VS 山东）	中央台五套	2.4	7.6

续表

名次	节目名称	播出频道	平均收视率(%)	平均占有率(%)
4	超级赛场：2017/2018 赛季 CBA 联赛常规赛第 32 轮（八一双鹿电池 VS 山东高速）	山东电视体育频道	2.4	6.2
5	现场直播：2018 年亚洲足联冠军联赛 F 组第 4 轮（蔚山 VS 上海上港）	中央台五套	2.1	7.8
6	2018 年世界女排锦标赛第三阶段 H 组第三轮（荷兰 VS 中国）	中央台五套	2.0	6.4
7	超级足球之夜直播周末：2018 年国际足球友谊赛（中国 VS 印度）	中央台五套	2.0	5.8
8	现场直播：2018 年国际乒联世界巡回赛日本公开赛女单 1/4 决赛	CCTV5＋体育赛事频道	1.5	5.3
9	现场直播：2018 年汤尤杯羽毛球赛汤姆斯杯决赛男双	中央台五套	1.2	9.5
10	现场直播：亚洲足联 2018 年女子亚洲杯 A 组第 1 轮（中国 VS 泰国）	中央台五套	1.2	8.3

表 3.44.13　2018 年济南市场世界杯、亚运会、亚残运会、冬奥会比赛收视率排名前十位

名次	节目名称	播出频道	平均收视率(%)	平均占有率(%)
1	我爱世界杯：2018 年俄罗斯世界杯淘汰赛阶段第一场（法国 VS 阿根廷）	中央台五套	5.8	37.0
2	第 18 届亚运会男子 100 米半决赛	中央台五套	3.7	10.4
3	第 18 届亚运会女子 4×100 米混合泳接力决赛	中央台五套	3.2	8.3
4	2018 年第 23 届冬奥会短道速滑女子 1000 米半决赛	中央台五套	2.4	6.3
5	第 18 届亚运会男子体操吊环决赛	中央台五套	2.2	6.6
6	第 18 届亚运会男篮半决赛（中国 VS 中国台北）	中央台五套	2.2	5.7
7	第 18 届亚运会女排半决赛（中国 VS 日本）	中央台五套	1.9	7.5
8	我爱世界杯：2018 年俄罗斯世界杯闭幕式	中央台五套	1.8	12.0
9	第 18 届亚运会乒乓球男团决赛	中央台五套	1.8	5.9
10	2018 年平昌冬奥会闭幕式	中央台五套	1.8	5.1

四十五、昆明收视数据

表 3.45.1 2014~2018 年昆明市场各类频道的市场占有率（%）

频道类别	年份				
	2014 年	2015 年	2016 年	2017 年	2018 年
中央电视台频道	34.5	34.1	36.2	35.4	30.9
中国教育台频道	0.1	0.1	0.1	0.1	0.2
云南省级频道	23.2	21.3	16.8	15.3	13.0
昆明市级频道	11.8	13.3	13.3	11.6	9.7
其他省级卫视频道	23.9	23.4	24.0	23.3	26.8
其他频道	6.5	7.8	9.6	14.3	19.4

表 3.45.2 2018 年昆明市场各类频道在不同目标观众中的市场占有率（%）

目标观众		中央电视台频道	中国教育台频道	云南省级频道	昆明市级频道	其他省级卫星频道	其他频道
4 岁及以上所有人		30.9	0.2	13.0	9.7	26.8	19.4
性别	男	32.9	0.2	13.7	10.0	23.7	19.5
	女	29.0	0.2	12.3	9.5	29.6	19.4
年龄	4~14 岁	22.2	0.1	10.9	12.5	30.2	24.1
	15~24 岁	28.7	0.2	13.5	7.3	27.3	23.0
	25~34 岁	23.2	0.1	11.0	7.7	36.0	22.0
	35~44 岁	27.2	0.1	10.9	11.4	27.3	23.1
	45~54 岁	30.2	0.2	13.5	8.4	24.8	22.9
	55~64 岁	32.2	0.2	15.6	10.2	26.8	15.0
	65 岁及以上	44.9	0.2	14.5	11.1	17.7	11.6
教育程度	未受过正规教育	22.4	0.1	12.5	17.3	24.9	22.8
	小学	34.1	0.2	14.6	10.6	24.2	16.3
	初中	33.6	0.2	16.1	13.2	20.9	16.0
	高中	31.3	0.2	12.2	8.5	26.8	21.0
	大学及以上	27.5	0.1	10.2	6.3	33.7	22.2
职业类别	干部/管理人员	32.0	0.1	11.4	3.9	35.6	17.0
	个体/私营企业人员	26.2	0.2	15.1	10.3	28.1	20.1
	初级公务员/雇员	27.0	0.2	9.6	7.5	29.8	25.9
	工人	26.9	0.2	13.0	10.7	27.0	22.2
	学生	27.2	0.2	12.2	9.7	26.9	23.8
	无业	36.3	0.2	14.0	10.6	24.4	14.5
	其他	40.0	0.1	14.4	14.4	10.8	20.3
个人月收入	0~600 元	23.9	0.4	22.4	6.5	24.0	22.8
	601~1200 元	31.8	0.1	21.0	17.3	17.9	11.9
	1201~1700 元	36.5	0.2	20.0	7.5	22.5	13.3
	1701~2600 元	36.1	0.2	13.8	10.2	22.3	17.4
	2601~3500 元	31.3	0.2	11.6	11.7	24.9	20.3
	3501 元~5000 元	29.7	0.2	12.1	6.7	28.8	22.5
	5001 元及以上	22.8	0.1	8.9	4.3	40.3	23.6

表 3.45.3　2018 年昆明市场各类频道在不同时段的市场占有率（%）

时间段	中央电视台频道	中国教育台频道	云南省级频道	昆明市级频道	其他省级卫星频道	其他频道
02:00～03:00	49.6	0.1	4.6	2.9	15.0	27.8
03:00～04:00	53.0	0.3	4.4	3.0	13.2	26.1
04:00～05:00	47.4	1.2	5.8	2.7	18.0	24.9
05:00～06:00	36.9	1.9	5.5	3.4	23.8	28.5
06:00～07:00	45.7	0.7	8.9	7.8	15.9	21.0
07:00～08:00	56.1	0.2	11.7	4.7	12.1	15.2
08:00～09:00	50.2	0.3	10.8	3.1	14.2	21.4
09:00～10:00	42.2	0.3	10.4	2.7	20.1	24.3
10:00～11:00	38.7	0.5	8.7	3.3	24.8	24.0
11:00～12:00	41.4	0.2	7.2	3.1	25.8	22.3
12:00～13:00	47.0	0.1	6.1	3.0	23.4	20.4
13:00～14:00	39.5	0.3	7.1	2.9	29.4	20.8
14:00～15:00	33.5	0.4	7.4	2.0	36.0	20.7
15:00～16:00	31.5	0.4	8.6	1.3	37.7	20.5
16:00～17:00	31.6	0.4	8.1	1.8	37.0	21.1
17:00～18:00	28.4	0.3	12.5	8.4	30.1	20.3
18:00～19:00	28.2	0.1	22.9	18.2	11.2	19.4
19:00～20:00	31.1	0.1	16.5	13.4	21.6	17.3
20:00～21:00	24.2	0.1	15.1	12.2	31.9	16.5
21:00～22:00	26.9	0.1	16.4	12.6	26.9	17.1
22:00～23:00	25.8	0.1	12.3	14.4	28.9	18.5
23:00～24:00	28.9	0.1	10.8	10.4	28.5	21.3
24:00～25:00	32.7	0.2	11.1	5.8	21.8	28.4
25:00～26:00	36.2	0.3	9.4	4.3	18.1	31.7

表 3.45.4　2018 年昆明市场收视份额排名前十位的频道

名次	频道名称	收视份额（%）
1	云南广播电视台都市频道（二套）	6.3
2	中央电视台综合频道	5.6
3	昆明广播电视台公共频道	5.4
4	中央台六套	4.0
5	中央台八套	3.9
6	中央台四套	3.2
6	中央台三套	3.2
6	湖南卫视	3.2
9	浙江卫视	3.0
9	中央台五套	3.0

表 3.45.5　2018 年昆明市场各主要频道的观众构成（%）

目标观众		所有频道	主要频道				
			云南广播电视台都市频道（二套）	中央电视台综合频道	昆明广播电视台公共频道	中央台六套	中央台八套
4 岁及以上所有人		100.0	100.0	100.0	100.0	100.0	100.0
性别	男	48.0	50.0	48.2	49.7	53.7	46.3
	女	52.0	50.0	51.8	50.3	46.3	53.7
年龄	4～14 岁	7.1	3.6	5.5	9.0	7.7	3.4
	15～24 岁	7.6	8.3	5.0	6.3	8.3	5.3
	25～34 岁	17.1	14.0	14.3	16.1	17.3	7.1
	35～44 岁	14.9	10.6	10.7	17.7	19.5	14.1
	45～54 岁	19.0	21.3	15.8	16.0	19.2	18.9
	55～64 岁	16.3	23.2	16.6	17.5	12.9	20.8
	65 岁及以上	18.0	19.0	32.1	17.4	15.1	30.4
教育程度	未受过正规教育	4.0	1.8	3.0	8.3	3.4	2.8
	小学	15.5	14.2	21.9	15.8	18.7	16.4
	初中	24.7	30.0	26.3	32.6	27.3	34.2
	高中	28.2	28.4	26.4	23.1	24.7	27.6
	大学及以上	27.7	25.5	22.4	20.2	26.0	19.0
职业类别	干部/管理人员	3.2	3.3	3.4	1.7	4.1	1.9
	个体/私营企业人员	17.0	19.7	10.4	18.8	18.9	13.8
	初级公务员/雇员	19.0	13.9	15.7	16.2	16.1	13.8
	工人	11.4	11.3	6.6	13.3	17.5	9.3
	学生	8.7	7.6	7.5	8.4	10.3	6.3
	无业	39.0	42.5	54.0	38.3	31.0	52.2
	其他	1.6	1.6	2.4	3.3	2.1	2.7
个人月收入	0～600 元	1.7	2.1	0.6	2.0	1.8	2.0
	601～1200 元	3.0	4.5	4.3	7.8	2.7	3.4
	1201～1700 元	5.0	6.7	7.4	3.7	3.9	6.6
	1701～2600 元	33.3	34.8	42.2	40.0	29.5	40.0
	2601～3500 元	24.5	22.1	21.6	30.8	27.3	26.3
	3501 元～5000 元	20.6	19.9	16.8	10.7	25.3	16.3
	5001 元及以上	11.9	9.9	7.2	4.9	9.6	5.4

表 3.45.6　2016～2018 年昆明市场各类节目的播出份额（%）和收视份额（%）

节目类别	2016 年		2017 年		2018 年	
	播出份额	收视份额	播出份额	收视份额	播出份额	收视份额
财经	1.1	1.0	1.0	0.9	1.0	0.8
电视剧	25.9	33.5	26.0	34.9	26.6	36.3
电影	3.8	4.5	3.9	5.0	4.0	5.6
法制	0.9	0.8	0.9	0.7	0.8	0.8
教学	0.2	0.1	0.2	0.1	0.2	0.0
青少	6.2	3.6	6.7	3.3	6.7	3.8
生活服务	10.2	6.8	9.3	6.3	8.6	5.9

续表

节目类别	2016 年		2017 年		2018 年	
	播出份额	收视份额	播出份额	收视份额	播出份额	收视份额
体育	2.9	3.0	2.9	2.2	2.9	3.8
外语	0.0	0.0	0.1	0.0	0.1	0.0
戏剧	0.7	0.2	0.7	0.2	0.8	0.2
新闻/时事	10.7	14.8	10.8	14.9	10.7	13.1
音乐	1.6	0.7	1.2	0.8	1.2	0.8
专题	12.9	6.3	13.2	6.5	12.9	5.5
综艺	7.2	13.5	6.0	12.0	5.7	10.8
其他	15.6	11.3	17.1	12.2	17.7	12.7

表 3.45.7　2018 年昆明市场所有节目收视率排名前三十位

名次	节目名称	节目类型	播出频道	平均收视率（%）	平均占有率（%）
1	我爱世界杯：2018 年俄罗斯世界杯足球赛决赛（法国 VS 克罗地亚）	体育	中央台五套	14.4	49.5
2	2018 中央电视台春节联欢晚会	综艺	中央电视台综合频道	9.5	28.5
3	欢乐吉祥闹元宵	综艺	中央电视台综合频道	6.7	18.6
4	开学第一课	青少	中央电视台综合频道	5.9	16.2
5	2018 年中央广播电视总台中秋晚会	综艺	中央电视台综合频道	5.1	15.7
6	冰锋	电视剧	云南广播电视台都市频道（二套）	4.7	14.9
7	胜利时刻	综艺	浙江卫视	4.5	19.0
8	中国好声音（9 月 14 日）	综艺	浙江卫视	4.4	16.2
9	大山的女人	电视剧	云南广播电视台都市频道（二套）	4.4	13.0
10	我爱世界杯颁奖仪式	体育	中央台五套	4.3	31.8
11	我的姐姐	电视剧	云南广播电视台都市频道（二套）	4.3	12.5
12	巅峰演讲	综艺	浙江卫视	4.2	20.9
13	战狼 2（5 月 1 日）	电影	中央台六套	4.1	14.5
14	一剑横空	电视剧	云南广播电视台都市频道（二套）	4.1	12.0
15	2019 跨年演唱会用奋斗点亮幸福	音乐	江苏卫视	4.0	13.7
16	雾都决战	电视剧	云南广播电视台都市频道（二套）	3.9	11.9
17	回家	电视剧	云南广播电视台都市频道（二套）	3.9	11.0
18	龙的心	电影	中央台六套	3.8	16.7
19	军刺	电视剧	云南广播电视台都市频道（二套）	3.5	11.5

续表

名次	节目名称	节目类型	播出频道	平均收视率（%）	平均占有率（%）
20	2018 东南西北贺新春	综艺	中央台三套	3.5	10.9
21	母爱如山	电视剧	云南广播电视台都市频道（二套）	3.5	10.1
22	换了人间	电视剧	中央电视台综合频道	3.5	9.7
23	天气预报	生活服务	中央电视台综合频道	3.4	12.0
24	终极任务	电视剧	云南广播电视台都市频道（二套）	3.4	11.1
24	激战石牌	电视剧	云南广播电视台都市频道（二套）	3.4	11.1
26	2018 天猫双 11 狂欢夜	综艺	浙江卫视	3.3	15.3
27	女匪首传奇	电视剧	云南广播电视台都市频道（二套）	3.3	9.6
28	女人的承诺	电视剧	云南广播电视台都市频道（二套）	3.2	9.5
29	现场直播：2018 年乒乓球团体世界锦标赛男团决赛	体育	中央台五套	3.2	9.4
30	恩情无限	电视剧	云南广播电视台都市频道（二套）	3.2	9.3

表 3.45.8　2018 年昆明市场电视剧收视率排名前十位

名次	节目名称	播出频道	平均收视率（%）	平均占有率（%）
1	冰锋	云南广播电视台都市频道（二套）	4.7	14.9
2	大山的女人	云南广播电视台都市频道（二套）	4.4	13.0
3	我的姐姐	云南广播电视台都市频道（二套）	4.3	12.5
4	一剑横空	云南广播电视台都市频道（二套）	4.1	12.0
5	雾都决战	云南广播电视台都市频道（二套）	3.9	11.9
6	回家	云南广播电视台都市频道（二套）	3.9	11.0
7	军刺	云南广播电视台都市频道（二套）	3.5	11.5
8	母爱如山	云南广播电视台都市频道（二套）	3.5	10.1
9	换了人间	中央电视台综合频道	3.5	9.7
10	终极任务	云南广播电视台都市频道（二套）	3.4	11.1
10	激战石牌	云南广播电视台都市频道（二套）	3.4	11.1

表 3.45.9　2018 年昆明市场新闻节目收视率排名前十位

名次	节目名称	播出频道	平均收视率（%）	平均占有率（%）
1	大口马牙	云南广播电视台都市频道（二套）	3.0	12.8
2	都市条形码	云南广播电视台都市频道（二套）	2.6	16.5
3	街头巷尾	昆明广播电视台公共频道	2.1	13.3
4	新闻重新说	昆明广播电视台公共频道	2.1	9.2
5	新闻联播	中央电视台综合频道	2.1	8.9

续表

名次	节目名称	播出频道	平均收视率(%)	平均占有率(%)
6	新闻夜总汇	昆明广播电视台公共频道	1.9	7.6
7	春节传奇中国节	中央台四套	1.7	8.6
8	焦点访谈	中央电视台综合频道	1.5	5.0
9	上海合作组织青岛峰会特别报道	中央电视台综合频道	1.3	3.8
10	政协云南省十二届委员会主席副主席秘书长简历	云南广播电视台卫视频道（一套）	1.3	3.4

表 3.45.10　2018 年昆明市场专题节目收视率排名前十位

名次	节目名称	播出频道	平均收视率(%)	平均占有率(%)
1	舌尖上的中国 3	中央电视台综合频道	2.6	8.1
2	一年又一年	中央电视台综合频道	2.5	13.7
3	重返爱的海洋	中央电视台综合频道	2.3	7.6
4	习近平主席的上合时间	中央电视台综合频道	2.3	7.1
5	万水千山只等闲	中央电视台综合频道	2.2	6.7
6	相知无远近万里尚为邻 2018 年 7 月习近平主席亚非行纪实	中央电视台综合频道	2.2	6.6
7	铁甲雄心	浙江卫视	2.1	7.7
8	为了一江清水浩荡东流习近平总书记 2018 年长江考察纪实	中央电视台综合频道	1.9	7.8
9	2018 寻找最美教师	中央电视台综合频道	1.9	5.3
10	感动中国 2017 年度人物颁奖盛典	中央电视台综合频道	1.8	6.3

表 3.45.11　2018 年昆明市场综艺节目收视率排名前十位

名次	节目名称	播出频道	平均收视率(%)	平均占有率(%)
1	2018 中央电视台春节联欢晚会	中央电视台综合频道	9.5	28.5
2	欢乐吉祥闹元宵	中央电视台综合频道	6.7	18.6
3	2018 年中央广播电视总台中秋晚会	中央电视台综合频道	5.1	15.7
4	胜利时刻	浙江卫视	4.5	19.0
5	中国好声音（9 月 14 日）	浙江卫视	4.4	16.2
6	巅峰演讲	浙江卫视	4.2	20.9
7	2018 东南西北贺新春	中央台三套	3.5	10.9
8	2018 天猫双 11 狂欢夜	浙江卫视	3.3	15.3
9	颂歌新时代 2018 年云南省新春文艺晚会	云南广播电视台卫视频道（一套）	2.8	8.5
10	真声音	浙江卫视	2.7	10.4

表 3.45.12　2018 年昆明市场体育节目收视率排名前十位
（世界杯、亚运会、亚残运会、冬奥会比赛除外）

名次	节目名称	播出频道	平均收视率（%）	平均占有率（%）
1	现场直播：2018 年乒乓球团体世界锦标赛男团决赛	中央台五套	3.2	9.4
2	直播周末：2018 年世界女排锦标赛第三阶段（中国 VS 美国）	中央台五套	2.1	14.4
3	现场直播：2018 年汤尤杯羽毛球赛汤姆斯杯决赛男双	中央台五套	2.0	11.0
4	超级足球之夜直播周末：2018 年中超联赛第 28 轮（广州恒大淘宝 VS 上海上港）	中央台五套	2.0	5.7
5	现场直播世乒赛团体赛男团颁奖仪式	中央台五套	1.8	8.3
6	现场直播：2018 年世界女排联赛总决赛（中国 VS 巴西）	中央台五套	1.8	4.5
7	2018 年世界羽毛球锦标赛混双 1/8 决赛	中央台五套	1.5	14.8
8	2018 年杭州世游赛 25 米男子 100 米个人混合泳决赛	中央台五套	1.5	5.6
9	直播周末：2018 年世界体操锦标赛男子双杠决赛	中央台五套	1.4	6.0
10	现场直播：2018 年尤伯杯半决赛女单	中央台五套	1.3	7.1

表 3.45.13　2018 年昆明市场世界杯、亚运会、亚残运会、冬奥会比赛收视率排名前十位

名次	节目名称	播出频道	平均收视率（%）	平均占有率（%）
1	我爱世界杯：2018 年俄罗斯世界杯足球赛决赛（法国 VS 克罗地亚）	中央台五套	14.4	49.5
2	我爱世界杯颁奖仪式	中央台五套	4.3	31.8
3	第 18 届亚运会女子 200 米个人混合泳决赛	中央台五套	3.0	8.3
4	我爱世界杯	中央台五套	2.9	10.0
5	第 18 届亚运会男子撑杆跳高决赛	中央台五套	2.1	6.2
6	第 18 届亚运会乒乓球女团决赛	中央台五套	1.7	12.7
7	红场会客厅	中央台五套	1.7	4.6
8	第 18 届亚运会女排决赛（中国 VS 泰国）	中央台五套	1.6	9.1
9	2018 年第 23 届冬奥会短道速滑男子 500 米决赛 A 组	中央台五套	1.6	6.1
10	第 18 届亚运会男子团体羽毛球半决赛	中央台五套	1.6	4.7

四十六、兰州收视数据

表 3.46.1　2014~2018 年兰州市场各类频道的市场占有率（%）

频道类别	年份				
	2014 年	2015 年	2016 年	2017 年	2018 年
中央电视台频道	44.8	41.7	42.6	41.6	35.1
中国教育台频道	0.3	0.1	0.1	0.1	0.2
甘肃省级频道	5.7	6.0	5.1	5.8	7.9
兰州市级频道	3.8	7.4	6.8	7.1	4.3
其他省级卫视频道	36.9	35.2	32.1	27.4	25.5
其他频道	8.5	9.6	13.4	18.0	27.1

表 3.46.2　2018 年兰州市场各类频道在不同目标观众中的市场占有率（%）

目标观众		中央电视台频道	中国教育台频道	甘肃省级频道	兰州市级频道	其他省级卫视频道	其他频道
4 岁及以上所有人		35.1	0.2	7.9	4.3	25.5	27.1
性别	男	37.3	0.2	8.1	4.5	23.6	26.3
	女	32.8	0.2	7.6	4.1	27.4	27.9
年龄	4~14 岁	24.3	0.1	4.9	1.5	28.1	41.1
	15~24 岁	30.8	0.1	6.3	3.2	24.4	35.2
	25~34 岁	26.6	0.1	2.7	1.6	35.1	33.9
	35~44 岁	28.9	0.1	3.0	1.1	28.8	38.1
	45~54 岁	30.3	0.2	7.8	4.5	25.6	31.6
	55~64 岁	42.2	0.2	10.5	4.9	22.4	19.9
	65 岁及以上	45.6	0.2	11.7	7.3	21.4	13.9
教育程度	未受过正规教育	25.7	0.2	5.8	1.8	36.1	30.5
	小学	33.5	0.1	13.5	5.9	27.8	19.2
	初中	35.6	0.2	8.4	4.5	22.6	28.7
	高中	34.4	0.2	8.3	4.8	25.4	26.9
	大学及以上	39.0	0.1	3.4	2.2	25.6	29.7
职业类别	干部/管理人员	50.3	0.1	4.7	1.8	22.2	20.9
	个体/私营企业人员	28.3	0.1	8.2	5.5	26.3	31.6
	初级公务员/雇员	32.1	0.2	4.9	2.5	28.6	31.8
	工人	32.6	0.2	7.6	2.9	26.1	30.6
	学生	26.7	0.1	4.7	2.1	23.9	42.5
	无业	39.5	0.2	9.4	5.1	24.6	21.3
	其他	*	*	*	*	*	*
个人月收入	0~600 元	24.7	0.1	5.1	2.5	30.0	37.6
	601~1200 元	36.1	0.1	12.0	6.3	19.9	25.7
	1201~1700 元	35.6	0.2	9.5	3.8	21.4	29.4
	1701~2600 元	39.0	0.2	10.4	5.3	24.4	20.7
	2601~3500 元	41.5	0.2	8.2	5.4	24.7	19.9
	3501 元~5000 元	30.4	0.1	6.0	3.5	23.9	36.2
	5001 元及以上	35.2	0.1	2.4	0.6	33.9	27.8

注：* 表示样本量不足，无法进行统计推断。

表 3.46.3 2018 年兰州市场各类频道在不同时段的市场占有率（%）

时间段	中央电视台频道	中国教育台频道	甘肃省级频道	兰州市级频道	其他省级卫视频道	其他频道
02:00～03:00	21.8	0.1	19.3	0.7	17.2	41.0
03:00～04:00	22.9	0.1	19.3	0.5	16.2	41.1
04:00～05:00	22.1	0.1	22.5	0.3	15.0	40.1
05:00～06:00	27.1	0.2	27.0	0.2	14.3	31.2
06:00～07:00	61.1	0.2	6.5	0.2	9.9	22.2
07:00～08:00	64.2	0.1	3.9	2.2	9.4	20.2
08:00～09:00	53.7	0.3	5.0	5.6	16.0	19.4
09:00～10:00	44.1	0.3	6.4	3.4	24.2	21.6
10:00～11:00	37.6	0.3	6.2	3.2	30.0	22.7
11:00～12:00	38.6	0.2	4.8	2.7	30.4	23.3
12:00～13:00	43.0	0.1	2.7	1.4	27.3	25.6
13:00～14:00	35.1	0.3	2.3	1.7	31.7	28.9
14:00～15:00	30.3	0.3	3.4	2.3	34.2	29.6
15:00～16:00	28.9	0.4	3.9	2.7	33.5	30.6
16:00～17:00	29.5	0.3	4.4	3.0	32.9	30.0
17:00～18:00	30.2	0.2	4.6	3.5	30.8	30.7
18:00～19:00	41.7	0.1	11.7	3.0	12.9	30.7
19:00～20:00	41.2	0.1	12.0	5.8	18.0	23.0
20:00～21:00	31.5	0.1	10.8	5.7	29.1	22.8
21:00～22:00	33.4	0.2	9.9	6.6	24.5	25.5
22:00～23:00	29.5	0.1	7.1	7.6	25.4	30.3
23:00～24:00	32.6	0.1	6.7	3.2	25.8	31.8
24:00～25:00	30.9	0.2	10.0	1.9	21.8	35.3
25:00～26:00	24.7	0.1	14.1	1.0	19.6	40.5

表 3.46.4 2018 年兰州市场收视份额排名前十位的频道

名次	频道名称	收视份额（%）
1	中央电视台综合频道	7.5
2	中央台八套	5.1
3	中央台四套	3.4
4	中央电视台新闻频道	3.2
5	兰州电视台公共频道	2.9
6	甘肃电视台公共频道	2.8
7	中央台六套	2.7
8	中央台五套	2.5
8	江苏卫视	2.5
10	中央台三套	2.2

表 3.46.5　2018 年兰州市场各主要频道的观众构成（%）

目标观众		所有频道	主要频道				
			中央电视台综合频道	中央台八套	中央台四套	中央电视台新闻频道	兰州电视台公共频道
4 岁及以上所有人		100.0	100.0	100.0	100.0	100.0	100.0
性别	男性	51.6	51.2	49.1	61.9	59.3	52.6
	女性	48.4	48.8	50.9	38.1	40.7	47.4
年龄	4～14 岁	5.9	5.7	0.8	2.6	3.9	2.0
	15～24 岁	8.3	7.2	5.2	6.5	5.7	5.4
	25～34 岁	10.1	10.5	10.2	2.6	8.0	3.3
	35～44 岁	11.7	10.3	4.3	8.9	7.5	2.1
	45～54 岁	23.1	25.2	19.2	17.6	19.1	26.3
	55～64 岁	16.7	17.2	25.2	22.5	18.8	17.4
	65 岁及以上	24.1	23.8	35.1	39.3	37.1	43.5
教育程度	未受正规教育	3.4	3.6	0.8	0.8	3.6	1.6
	小学	11.5	11.6	12.1	12.2	15.2	17.8
	初中	23.9	23.2	33.4	19.9	19.2	22.9
	高中	43.1	42.5	37.5	47.9	41.1	48.5
	大学及以上	18.0	19.2	16.2	19.1	20.9	9.2
职业类别	干部/管理人员	2.9	2.7	2.7	4.0	3.4	1.0
	个体/私营企业人员	17.8	18.0	20.2	9.8	12.1	23.8
	初级公务员/雇员	12.5	14.2	9.5	10.5	11.2	7.7
	工人	8.2	7.5	4.0	5.9	9.8	4.7
	学生	9.0	8.2	1.4	7.0	5.2	3.6
	无业	49.0	49.4	62.1	62.8	58.4	59.2
	其他	*	*	*	*	*	*
个人月收入	0～600 元	19.6	19.9	6.5	11.5	14.5	9.8
	601～1200 元	7.9	5.0	5.7	6.3	6.7	5.3
	1201～1700 元	10.7	6.8	17.1	4.6	7.5	6.5
	1701～2600 元	29.5	28.5	29.0	37.5	31.2	37.0
	2601～3500 元	19.6	21.9	34.0	22.9	26.3	30.1
	3501 元～5000 元	9.6	13.3	6.2	9.9	7.9	10.9
	5001 元及以上	3.1	4.6	1.5	7.3	5.8	0.3

注：＊表示样本量不足，无法进行统计推断。

表 3.46.6　2016～2018 年兰州市场各类节目的播出份额（%）和收视份额（%）

节目类别	2016 年		2017 年		2018 年	
	播出份额	收视份额	播出份额	收视份额	播出份额	收视份额
财经	1.4	0.7	1.1	0.6	1.1	0.8
电视剧	21.2	29.2	22.1	32.3	22.6	36.5
电影	3.5	5.5	3.7	5.5	3.8	4.1
法制	0.8	0.7	1.0	0.6	0.9	0.7
教学	0.3	0.0	0.3	0.0	0.4	0.0
青少	6.6	4.1	6.9	4.7	7.0	4.2
生活服务	8.7	6.6	7.8	6.2	7.9	6.4

续表

节目类别	2016 年		2017 年		2018 年	
	播出份额	收视份额	播出份额	收视份额	播出份额	收视份额
体育	2.7	3.0	3.2	2.5	3.2	3.6
外语	0.0	0.0	0.1	0.0	0.1	0.0
戏剧	0.9	0.7	0.8	0.6	0.8	0.6
新闻/时事	15.5	14.6	15.7	14.3	15.8	12.5
音乐	1.9	0.9	1.5	1.3	1.5	1.4
专题	14.5	7.1	14.8	6.9	14.6	6.6
综艺	8.7	16.1	7.8	13.6	7.5	11.2
其他	13.3	10.6	13.1	10.8	12.8	11.4

表 3.46.7 2018 年兰州市场所有节目收视率排名前三十位

名次	节目名称	节目类别	播出频道	平均收视率（%）	平均占有率（%）
1	2018 中央电视台春节联欢晚会	综艺	中央电视台综合频道	16.1	41.1
2	欢乐吉祥闹元宵	综艺	中央电视台综合频道	11.0	32.5
3	我爱世界杯：2018 年俄罗斯世界杯淘汰赛阶段第一场（法国 VS 阿根廷）	体育	中央台五套	10.0	43.9
4	天下粮田（34～38 集）	电视剧	中央电视台综合频道	5.5	17.5
5	万水千山只等闲	专题	中央电视台综合频道	4.9	16.7
6	一年又一年	专题	中央电视台综合频道	4.4	17.9
7	换了人间	电视剧	中央电视台综合频道	4.4	13.3
8	2018 年中央广播电视总台中秋晚会	综艺	中央电视台综合频道	4.2	14.7
9	初心	电视剧	中央电视台综合频道	4.0	13.1
10	扎扎实实提高质量	专题	中央电视台综合频道	3.7	12.8
11	娘亲舅大	电视剧	中央台八套	3.6	15.0
12	我爱世界杯颁奖仪式	体育	中央台五套	3.5	28.5
13	第 18 届亚运会女子 200 米半决赛	体育	中央台五套	3.5	16.5
14	舌尖上的中国 3	专题	中央电视台综合频道	3.5	11.5
15	心系凉山习近平总书记凉山扶贫纪实	专题	中央电视台综合频道	3.5	10.3
16	星光大道决赛季（12 月 29 日）	综艺	中央电视台综合频道	3.4	10.0
17	第 18 届亚运会女子七项全能 800 米	体育	中央台五套	3.3	12.4
18	拥抱新时代祝福你中国中国梦祖国颂 2018 国庆特别节目	综艺	中央电视台综合频道	3.3	12.0
19	我的继父是偶像	电视剧	中央台八套	3.2	10.9
20	第 18 届亚运会女排小组赛 B 组第四轮（哈萨克斯坦 VS 中国）	体育	中央台五套	3.1	23.5
21	我爱世界杯：2018 年俄罗斯世界杯开幕式	体育	中央台五套	3.1	17.7

续表

名次	节目名称	节目类别	播出频道	平均收视率(%)	平均占有率(%)
22	感动中国 2017 年度人物颁奖盛典	专题	中央电视台综合频道	3.1	11.2
23	新闻联播	新闻/时事	中央电视台综合频道	3.0	13.5
24	启航 2019 中国音乐盛典	综艺	中央电视台综合频道	3.0	10.1
25	改革开放再出发中央电视台心连心赴深圳前海慰问演出	综艺	中央电视台综合频道	2.9	8.5
26	猎毒人	电视剧	江苏卫视	2.8	11.7
27	初婚	电视剧	中央台八套	2.8	11.6
28	猎豺狼	电视剧	中央台八套	2.7	11.2
29	楼外楼	电视剧	中央电视台综合频道	2.7	10.7
29	第 18 届亚运会男子 4×100 米混合泳接力决赛	体育	中央台五套	2.7	10.7

表 3.46.8　2018 年兰州市场电视剧收视率排名前十位

名次	节目名称	播出频道	平均收视率(%)	平均占有率(%)
1	天下粮田（34～38 集）	中央电视台综合频道	5.5	17.5
2	换了人间	中央电视台综合频道	4.4	13.3
3	初心	中央电视台综合频道	4.0	13.1
4	娘亲舅大	中央台八套	3.6	15.0
5	我的继父是偶像	中央台八套	3.2	10.9
6	猎毒人	江苏卫视	2.8	11.7
7	初婚	中央台八套	2.8	11.6
8	猎豺狼	中央台八套	2.7	11.2
9	楼外楼	中央电视台综合频道	2.7	10.7
10	最美的青春	中央电视台综合频道	2.5	9.9

表 3.46.9　2018 年兰州市场新闻节目收视率排名前十位

名次	节目名称	播出频道	平均收视率(%)	平均占有率(%)
1	新闻联播	中央电视台综合频道	3.0	13.5
2	国务院总理会见中外记者并回答提问	中央电视台综合频道	2.7	9.5
3	焦点访谈	中央电视台综合频道	2.0	7.5
4	上海合作组织青岛峰会特别报道	中央电视台综合频道	1.8	7.9
5	中国舆论场	中央台四套	1.3	4.8
6	今日关注	中央台四套	1.2	4.5
7	今日亚洲	中央台四套	1.1	4.3
8	共同关注	中央电视台新闻频道	1.0	6.4
9	海峡两岸	中央台四套	1.0	3.6
10	甘肃新闻	甘肃卫视	0.9	5.3

表 3.46.10　2018 年兰州市场专题节目收视率排名前十位

名次	节目名称	播出频道	平均收视率（%）	平均占有率（%）
1	万水千山只等闲	中央电视台综合频道	4.9	16.7
2	一年又一年	中央电视台综合频道	4.4	17.9
3	扎扎实实提高质量	中央电视台综合频道	3.7	12.8
4	舌尖上的中国 3	中央电视台综合频道	3.5	11.5
5	心系凉山习近平总书记凉山扶贫纪实	中央电视台综合频道	3.5	10.3
6	感动中国 2017 年度人物颁奖盛典	中央电视台综合频道	3.1	11.2
7	2017 寻找最美医生	中央电视台综合频道	2.7	9.0
8	为了共同的繁荣习近平出席首届中国国际进口博览会纪实	中央电视台综合频道	2.4	8.1
8	榜样	中央电视台综合频道	2.4	8.1
10	相知无远近万里尚为邻 2018 年 7 月习近平主席亚非行纪实	中央电视台综合频道	2.1	8.6

表 3.46.11　2018 年兰州市场综艺节目收视率排名前十位

名次	节目名称	播出频道	平均收视率（%）	平均占有率（%）
1	2018 中央电视台春节联欢晚会	中央电视台综合频道	16.1	41.1
2	欢乐吉祥闹元宵	中央电视台综合频道	11.0	32.5
3	2018 年中央广播电视总台中秋晚会	中央电视台综合频道	4.2	14.7
4	星光大道决赛季（12 月 29 日）	中央电视台综合频道	3.4	10.0
5	拥抱新时代祝福你中国中国梦祖国颂 2018 国庆特别节目	中央电视台综合频道	3.3	12.0
6	启航 2019 中国音乐盛典	中央电视台综合频道	3.0	10.1
7	改革开放再出发中央电视台心连心赴深圳前海慰问演出	中央电视台综合频道	2.9	8.5
8	新春喜剧之夜	中央台三套	2.6	9.7
9	2018 湖南卫视春节联欢晚会	湖南卫视	2.2	8.4
10	我们的四十年庆祝改革开放 40 周年文艺晚会	中央电视台综合频道	2.1	6.8

表 3.46.12　2018 年兰州市场体育节目收视率排名前十位
（世界杯、亚运会、亚残运会、冬奥会比赛除外）

名次	节目名称	播出频道	平均收视率（%）	平均占有率（%）
1	2018 年世界女排锦标赛第三阶段 H 组第三轮（荷兰 VS 中国）	中央台五套	2.4	12.2
2	现场直播：2018 年乒乓球团体世界锦标赛男团决赛	中央台五套	2.3	8.8
3	实况录像：17/18 赛季自由式滑雪世界杯美国空中技巧男子决赛第一轮	中央台五套	1.5	7.0
4	实况录像：2018 年世界短道速滑锦标赛男子 500 米 A 组决赛	中央台五套	1.5	6.2

续表

名次	节目名称	播出频道	平均收视率(%)	平均占有率(%)
5	现场直播：2017/2018 赛季中国男子篮球职业联赛半决赛第七场（广厦 VS 山东）	中央台五套	1.2	4.8
6	超级足球之夜 直播周末：2018 年国际足球友谊赛（中国 VS 印度）	中央台五套	1.2	4.1
7	现场直播：2018 年国际乒联世界巡回赛中国公开赛女双决赛	中央台五套	1.1	6.3
8	直播周末：2018 年斯诺克世界公开赛决赛第二阶段	中央台五套	1.1	4.6
8	实况录像：2018 年艺术体操世界杯系列赛明斯克站集体五人圈操决赛	CCTV5 + 体育赛事频道	1.1	4.6
10	现场直播：2018 年世界女排联赛总决赛（中国 VS 巴西）	中央台五套	1.1	4.3

表 3.46.13　2018 年兰州市场世界杯、亚运会、亚残运会、冬奥会比赛收视率排名前十位

名次	节目名称	播出频道	平均收视率(%)	平均占有率(%)
1	我爱世界杯：2018 年俄罗斯世界杯淘汰赛阶段第一场（法国 VS 阿根廷）	中央台五套	10.0	43.9
2	我爱世界杯颁奖仪式	中央台五套	3.5	28.5
3	第 18 届亚运会女子 200 米半决赛	中央台五套	3.5	16.5
4	第 18 届亚运会女子十项全能 800 米	中央台五套	3.3	12.4
5	第 18 届亚运会女排小组赛 B 组第四轮（哈萨克斯坦 VS 中国）	中央台五套	3.1	23.5
6	我爱世界杯：2018 年俄罗斯世界杯开幕式	中央台五套	3.1	17.7
7	第 18 届亚运会男子 4 × 100 米混合泳接力决赛	中央台五套	2.7	10.7
8	我爱世界杯：2018 年俄罗斯世界杯闭幕式	中央台五套	2.7	10.3
9	第 18 届亚运会乒乓球男团决赛	中央台五套	2.5	10.2
10	第 18 届亚运会女足决赛（日本 VS 中国）	中央台五套	2.4	9.6

四十七、南昌收视数据

表 3.47.1　2014～2018 年南昌市场各类频道的市场占有率（%）

频道类别	年份				
	2014 年	2015 年	2016 年	2017 年	2018 年
中央电视台频道	27.5	26.7	25.8	23.7	26.4
中国教育台频道	0.3	0.1	0.1	0.0	0.1
江西省级频道	36.3	35.1	37.5	36.9	32.9
南昌市级频道	4.7	4.3	4.2	3.7	3.8
其他省级卫视频道	19.0	20.5	20.6	21.4	18.1
其他频道	12.2	13.3	11.8	14.3	18.7

表 3.47.2　2018 年南昌市场各类频道在不同目标观众中的市场占有率（%）

目标观众		中央电视台频道	中国教育台频道	江西省级频道	南昌市级频道	其他省级卫视频道	其他频道
4 岁及以上所有人		26.4	0.1	32.9	3.8	18.1	18.7
性别	男	29.1	0.1	30.5	3.9	16.8	19.6
	女	23.8	0.1	35.2	3.7	19.3	17.9
年龄	4～14 岁	20.8	0.1	23.7	1.7	29.3	24.4
	15～24 岁	23.7	0.2	39.6	2.1	16.3	18.1
	25～34 岁	14.7	0.0	45.3	1.8	17.2	21.0
	35～44 岁	25.0	0.1	31.2	2.8	21.8	19.1
	45～54 岁	26.6	0.1	27.5	6.1	18.5	21.2
	55～64 岁	31.4	0.1	29.3	4.7	17.1	17.4
	65 岁及以上	36.5	0.1	36.4	5.0	10.8	11.2
教育程度	未受过正规教育	25.5	0.1	31.8	1.8	26.1	14.7
	小学	23.5	0.2	32.8	4.0	19.9	19.6
	初中	26.1	0.1	33.0	5.0	15.7	20.1
	高中	29.6	0.1	35.2	3.8	16.3	15.0
	大学及以上	27.0	0.1	30.4	2.6	18.9	21.0
职业类别	干部/管理人员	36.6	0.1	20.9	2.9	19.9	19.6
	个体/私营企业人员	27.3	0.1	31.6	4.4	16.9	19.7
	初级公务员/雇员	22.6	0.1	33.8	4.0	19.5	20.0
	工人	22.5	0.1	39.4	4.8	16.0	17.2
	学生	22.4	0.1	24.2	2.1	23.5	27.7
	无业	31.0	0.1	33.3	4.2	16.7	14.7
	其他	21.8	0.3	37.7	2.7	16.8	20.7
个人月收入	0～600 元	21.5	0.1	32.8	2.4	22.0	21.2
	601～1200 元	22.4	0.4	42.0	1.7	18.7	14.8
	1201～1700 元	27.4	0.2	31.6	6.2	16.2	18.4
	1701～2600 元	29.3	0.1	33.9	5.3	17.2	14.2
	2601～3500 元	32.4	0.1	32.6	4.2	16.3	14.4
	3501～5000 元	24.0	0.1	30.7	4.4	16.2	24.6
	5001 元及以上	27.5	0.2	32.4	2.9	15.6	21.4

表 3.47.3　2018 年南昌市场各类频道在不同时段的市场占有率（%）

时间段	中央电视台频道	中国教育台频道	江西省级频道	南昌市级频道	其他省级卫视频道	其他频道
02:00~03:00	21.1	0.3	15.2	0.1	28.9	34.4
03:00~04:00	22.2	0.3	13.3	0.1	31.4	32.7
04:00~05:00	23.6	0.3	14.0	0.0	31.5	30.6
05:00~06:00	28.1	0.2	16.4	0.0	28.4	26.9
06:00~07:00	35.7	0.1	21.1	3.0	18.3	21.8
07:00~08:00	34.9	0.2	25.3	3.8	17.6	18.2
08:00~09:00	33.6	0.2	25.3	3.8	18.3	18.8
09:00~10:00	32.8	0.3	24.2	3.2	19.6	19.9
10:00~11:00	32.0	0.3	24.8	2.6	20.3	20.0
11:00~12:00	35.3	0.1	22.3	2.3	20.5	19.5
12:00~13:00	37.2	0.0	24.9	1.1	18.9	17.9
13:00~14:00	30.1	0.1	29.8	1.5	18.8	19.7
14:00~15:00	27.7	0.2	26.8	2.8	19.9	22.6
15:00~16:00	27.4	0.2	26.6	3.1	20.1	22.6
16:00~17:00	28.5	0.2	25.0	3.7	20.9	21.7
17:00~18:00	29.0	0.1	25.7	6.8	18.8	19.6
18:00~19:00	26.9	0.0	38.6	7.2	9.5	17.8
19:00~20:00	27.8	0.0	38.6	5.2	13.1	15.3
20:00~21:00	21.7	0.0	39.4	3.9	19.5	15.5
21:00~22:00	21.3	0.0	41.0	3.6	18.0	16.1
22:00~23:00	17.1	0.1	41.3	4.3	18.9	18.3
23:00~24:00	18.5	0.1	35.8	3.4	21.7	20.5
24:00~25:00	21.7	0.1	26.8	3.2	19.9	28.3
25:00~26:00	21.0	0.3	20.5	0.3	24.3	33.6

表 3.47.4　2018 年南昌市场收视份额排名前十位的频道

名次	频道名称	收视份额（%）
1	江西电视台都市频道（二套）	7.8
2	江西电视台影视旅游频道（四套）	5.7
3	江西卫视	5.5
4	中央电视台综合频道	5.3
5	江西电视台少儿频道（六套）	3.8
5	中央台四套	3.8
7	江西电视台公共农业频道（五套）	3.7
8	江西电视台经济生活频道（三套）	3.3
9	江西电视台新闻频道（七套）	2.8
10	中央电视台少儿频道	2.5

表 3.47.5 2018 年南昌市场各主要频道的观众构成（%）

目标观众		所有频道	主要频道					
			江西电视台都市频道（二套）	江西电视台影视旅游频道（四套）	江西卫视	中央电视台综合频道	江西电视台少儿频道(六套)	中央台四套
4 岁及以上所有人		100.0	100.0	100.0	100.0	100.0	100.0	100.0
性别	男	49.6	42.6	49.3	48.1	46.9	43.0	62.5
	女	50.4	57.4	50.7	51.9	53.1	57.0	37.5
年龄	4～14 岁	13.2	6.6	9.5	12.5	6.8	15.8	5.8
	15～24 岁	9.7	9.0	13.2	4.6	5.4	12.6	4.4
	25～34 岁	13.4	11.0	16.4	26.1	7.4	32.3	4.4
	35～44 岁	9.1	6.6	11.4	6.9	7.3	8.3	5.6
	45～54 岁	21.1	17.5	18.7	15.3	19.6	13.2	22.0
	55～64 岁	13.6	17.4	10.1	11.7	15.1	7.9	21.9
	65 岁及以上	19.9	31.9	20.7	22.9	38.4	9.9	35.9
教育程度	未受过正规教育	7.1	7.3	7.4	4.7	5.9	11.4	4.1
	小学	21.5	28.3	15.9	28.2	20.0	14.4	13.6
	初中	30.4	32.6	29.8	29.5	25.7	21.5	33.9
	高中	22.3	21.8	26.7	22.3	24.3	28.8	29.4
	大学及以上	18.7	10.0	20.2	15.3	24.1	23.9	19.0
职业类别	干部/管理人员	0.9	0.1	1.5	0.1	1.8	0.2	1.0
	个体/私营企业人员	9.1	8.2	8.8	10.0	5.7	8.2	10.7
	初级公务员/雇员	19.1	13.2	23.3	19.2	15.5	21.8	17.1
	工人	10.5	10.9	12.1	7.8	8.0	18.6	8.0
	学生	13.2	8.6	9.8	10.6	7.2	10.1	6.3
	无业	40.1	46.2	40.4	36.1	57.3	38.3	51.8
	其他	7.1	12.8	4.1	16.2	4.5	2.8	5.1
个人月收入	0～600 元	28.6	23.6	26.5	33.8	19.1	36.6	12.7
	601～1200 元	2.7	5.9	2.2	5.8	1.6	1.6	1.4
	1201～1700 元	4.1	7.3	3.2	3.0	3.9	1.2	4.7
	1701～2600 元	19.6	29.0	20.3	19.2	25.0	11.0	23.0
	2601～3500 元	21.1	18.4	22.3	15.2	26.0	24.2	31.8
	3501～5000 元	15.7	9.1	18.0	10.5	17.2	17.0	16.3
	5001 元及以上	8.2	6.7	7.5	12.5	7.2	8.4	10.1

表 3.47.6 2016～2018 年南昌市场各类节目的播出份额（%）和收视份额（%）

节目类型	2016 年		2017 年		2018 年	
	播出份额	收视份额	播出份额	收视份额	播出份额	收视份额
财经	1.3	0.4	1.1	0.4	1.2	0.7
电视剧	23.7	34.9	24.4	36.8	24.2	34.8
电影	3.9	4.0	3.9	3.3	3.9	3.3
法制	1.2	2.7	1.2	2.1	1.1	2.1
教学	0.3	0.1	0.3	0.0	0.3	0.0

续表

节目类型	2016年		2017年		2018年	
	播出份额	收视份额	播出份额	收视份额	播出份额	收视份额
青少	6.7	5.6	7.0	6.4	7.0	8.0
生活服务	8.5	6.8	7.9	7.1	8.1	7.8
体育	3.0	1.6	3.1	1.0	3.1	1.9
外语	0.0	0.0	0.1	0.0	0.1	0.0
戏剧	0.8	0.1	0.8	0.1	0.7	0.2
新闻/时事	14.5	14.5	15.1	14.0	15.6	13.5
音乐	1.8	0.9	1.4	0.9	1.3	0.9
专题	13.4	7.4	13.8	7.5	13.6	6.7
综艺	9.0	9.9	7.9	9.1	7.6	8.4
其他	11.9	11.1	12.0	11.3	12.2	11.7

表3.47.7　2018年南昌市场所有节目收视率排名前三十位

名次	节目名称	节目类型	播出频道	平均收视率(%)	平均占有率(%)
1	中国亲子阅读大会小年夜颁奖盛典	综艺	江西电视台少儿频道（六套）	7.5	22.7
2	2018中央电视台春节联欢晚会	综艺	中央电视台综合频道	6.9	21.9
3	欢乐吉祥闹元宵	综艺	中央电视台综合频道	5.3	18.7
4	开学第一课	青少	中央电视台综合频道	4.7	17.8
5	品质消费美好生活2018江西3.15国际消费者权益日电视晚会	专题	江西电视台经济生活频道（三套）	4.3	15.0
6	璀璨之夜2018新年演唱会	音乐	江西卫视	4.1	22.1
7	我爱世界杯：2018年世界杯小组赛D组第一轮（阿根廷VS冰岛）	体育	中央台五套	4.1	18.0
8	唱响新时代江西省青少年庆祝改革开放40周年大型合唱晚会	音乐	江西电视台少儿频道（六套）	4.1	13.3
9	我爱世界杯：2018年俄罗斯世界杯闭幕式	体育	中央台五套	3.7	23.2
10	天气预报	生活服务	中央电视台综合频道	3.2	13.4
11	草莽英雄（10~40集）	电视剧	江西电视台影视旅游频道（四套）	3.1	13.0
12	心如铁（5~66集）	电视剧	江西卫视	3.0	10.0
13	浴火重生	电视剧	江西电视台都市频道（二套）	2.9	12.9
14	猎敌先锋	电视剧	江西电视台影视旅游频道（四套）	2.9	12.8

续表

名次	节目名称	节目类型	播出频道	平均收视率（%）	平均占有率（%）
15	第 18 届亚运会女子 200 米个人混合泳决赛	体育	中央台五套	2.9	11.5
16	缘定三生	电视剧	江西电视台都市频道（二套）	2.8	12.5
17	孤胆英雄	电视剧	江西电视台影视旅游频道（四套）	2.8	12.3
18	奶奶再爱我一次	电视剧	江西卫视	2.8	10.7
19	乱世浪子情	电视剧	江西电视台都市频道（二套）	2.8	9.7
20	匪王传奇	电视剧	江西电视台影视旅游频道（四套）	2.7	13.4
21	都市情缘	专题	江西电视台都市频道（二套）	2.7	11.1
21	妈妈和我一起嫁	电视剧	江西电视台都市频道（二套）	2.7	11.1
23	金陵往事（1～38 集）	电视剧	江西卫视	2.6	10.4
24	刀客英雄	电视剧	江西电视台都市频道（二套）	2.6	9.4
25	我的前半生	电视剧	江西电视台都市频道（二套）	2.6	9.3
26	都市现场	新闻/时事	江西电视台都市频道（二套）	2.5	14.6
27	乱世英雄	电视剧	江西电视台影视旅游频道（四套）	2.5	11.7
28	超级别动队	电视剧	江西电视台影视旅游频道（四套）	2.5	11.5
29	灭寇女兵排	电视剧	江西电视台影视旅游频道（四套）	2.5	10.9
30	晚间 800	法制	江西电视台都市频道（二套）	2.5	10.0

表 3.47.8　2018 年南昌市场电视剧收视率排名前十位

名次	节目名称	播出频道	平均收视率（%）	平均占有率（%）
1	草莽英雄（10～40 集）	江西电视台影视旅游频道（四套）	3.1	13.0
2	心如铁（5～66 集）	江西卫视	3.0	10.0
2	浴火重生	江西电视台都市频道（二套）	2.9	12.9
4	猎敌先锋	江西电视台影视旅游频道（四套）	2.9	12.8
5	缘定三生	江西电视台都市频道（二套）	2.8	12.5
6	孤胆英雄	江西电视台影视旅游频道（四套）	2.8	12.3
7	奶奶再爱我一次	江西卫视	2.8	10.7
8	乱世浪子情	江西电视台都市频道（二套）	2.8	9.7
9	匪王传奇	江西电视台影视旅游频道（四套）	2.7	13.4
10	妈妈和我一起嫁	江西电视台都市频道（二套）	2.7	11.1

表 3.47.9　2018 年南昌市场新闻节目收视率排名前十位

名次	节目名称	播出频道	平均收视率（%）	平均占有率（%）
1	都市现场	江西电视台都市频道（二套）	2.5	14.6
2	新闻联播	中央电视台综合频道	1.9	9.3
3	海峡两岸	中央台四套	1.6	6.1
4	江西新闻联播	江西卫视	1.4	8.1
5	安福福文化旅游节	江西电视台新闻频道（七套）	1.3	5.7
6	上海合作组织青岛峰会特别报道	中央电视台综合频道	1.3	4.6
7	焦点访谈	中央电视台综合频道	1.1	4.7
8	新闻说报	江西电视台公共农业频道（五套）	1.0	7.8
9	中国舆论场	中央台四套	1.0	4.0
10	国务院总理会见中外记者并回答提问	中央电视台综合频道	1.0	3.4

表 3.47.10　2018 年南昌市场专题节目收视率排名前十位

名次	节目名称	播出频道	平均收视率（%）	平均占有率（%）
1	品质消费美好生活 2018 江西 3.15 国际消费者权益日电视晚会	江西电视台经济生活频道（三套）	4.3	15.0
2	都市情缘	江西电视台都市频道（二套）	2.7	11.1
3	万水千山只等闲	中央电视台综合频道	2.2	7.9
4	一年又一年	中央电视台综合频道	1.8	9.3
5	何长工	江西卫视	1.8	7.1
6	重返爱的海洋	中央电视台综合频道	1.7	8.0
7	海上丝路看今朝 2018 年习近平主席亚太之行	中央电视台综合频道	1.7	7.2
8	感动中国 2017 年度人物颁奖盛典	中央电视台综合频道	1.7	5.7
9	致敬榜样的力量第二届江西省最美老干部颁奖仪式	江西电视台影视旅游频道（四套）	1.6	8.4
10	为了共同的繁荣习近平出席首届中国国际进口博览会纪实	中央电视台综合频道	1.6	6.7

表 3.47.11　2018 年南昌市场综艺节目收视率排名前十位

名次	节目名称	播出频道	平均收视率（%）	平均占有率（%）
1	中国亲子阅读大会小年夜颁奖盛典	江西电视台少儿频道（六套）	7.5	22.7
2	2018 中央电视台春节联欢晚会	中央电视台综合频道	6.9	21.9
3	欢乐吉祥闹元宵	中央电视台综合频道	5.3	18.7
4	漂亮的房子	浙江卫视	2.1	11.6
5	无限歌谣季（4 月 21 日）	江苏卫视	1.8	10.2
6	最强大脑燃烧吧大脑（1 月 5 日）	江苏卫视	1.7	8.3
7	2018 年中央广播电视总台中秋晚会	中央台四套	1.6	8.0

续表

名次	节目名称	播出频道	平均收视率（%）	平均占有率（%）
8	中国梦劳动美 2018 年庆祝五一国际劳动节心连心艺术团慰问演出	中央电视台综合频道	1.6	6.6
9	挑战不可能（1 月 21 日）	中央电视台综合频道	1.6	5.2
10	拥抱新时代祝福你中国中国梦祖国颂 2018 国庆特别节目	中央电视台综合频道	1.5	7.0

表 3.47.12　2018 年南昌市场体育节目收视率排名前十位
（世界杯、亚运会、亚残运会、冬奥会比赛除外）

名次	节目名称	播出频道	平均收视率（%）	平均占有率（%）
1	现场直播：2018 年乒乓球团体世界锦标赛男团半决赛	中央台五套	1.5	11.6
2	江西省第十五届运动会开幕式	江西电视台少儿频道（六套）	1.4	6.7
3	江西省第十五届运动会闭幕式	江西电视台少儿频道（六套）	1.3	6.0
4	2018 年世界女排锦标赛第二阶段 F 组第三轮（中国 VS 美国）	中央台五套	1.2	5.8
5	现场直播：2018 年世界女排联赛江门站（中国 VS 美国）	中央台五套	1.1	4.3
6	现场直播 2018 年汤尤杯羽毛球赛汤姆斯杯颁奖仪式	中央台五套	1.0	6.5
7	现场直播：2018 年中国男篮系列赛（中国 VS 斯洛文尼亚）	中央台五套	0.9	4.0
8	实况录像：2017 年世界跆拳道大满贯冠军系列赛女子 67 公斤级决赛	中央台五套	0.9	3.1
8	现场直播：2018 年国际泳联跳水世界杯女子 3 米跳板决赛	中央台五套	0.9	3.1
10	现场直播：2018 年汤尤杯羽毛球赛汤姆斯杯决赛男双	中央台五套	0.8	7.1

表 3.47.13　2018 年南昌市场世界杯、亚运会、亚残运会、冬奥会比赛收视率排名前十位

名次	节目名称	播出频道	平均收视率（%）	平均占有率（%）
1	我爱世界杯：2018 年世界杯小组赛 D 组第一轮（阿根廷 VS 冰岛）	中央台五套	4.1	18.0
2	我爱世界杯：2018 年俄罗斯世界杯闭幕式	中央台五套	3.7	23.2
3	第 18 届亚运会女子 200 米个人混合泳决赛	中央台五套	2.9	11.5
4	第 18 届亚运会男子 100 米半决赛	中央台五套	2.1	9.1
5	我爱世界杯：2018 年俄罗斯世界杯开幕式	中央台五套	1.8	14.6
6	第 18 届亚运会乒乓球男团决赛	中央台五套	1.7	7.3
7	第 18 届亚运会女排半决赛（中国 VS 日本）	中央台五套	1.4	6.7
8	直播周末 第 18 届亚运会开幕式	中央台五套	1.4	6.3
9	第 18 届亚运会男篮决赛（中国 VS 伊朗）	中央台五套	1.3	5.1
10	第 18 届亚运会闭幕式	中央台五套	1.1	4.6

四十八、南京收视数据

表 3.48.1　2014～2018 年南京市场各类频道的市场占有率（%）

频道类别	年份				
	2014 年	2015 年	2016 年	2017 年	2018 年
中央电视台频道	24.5	27.5	30.3	34.0	38.7
中国教育台频道	0.3	0.3	0.1	0.1	0.1
江苏省级频道	35.3	36.2	27.7	20.5	17.0
南京市级频道	13.2	5.8	6.1	5.6	4.9
其他省级卫视频道	15.0	17.3	19.3	19.7	20.5
其他频道	11.7	12.9	16.5	20.1	18.8

表 3.48.2　2018 年南京市场各类频道在不同目标观众中的市场占有率（%）

目标观众		中央电视台频道	中国教育台频道	江苏省级频道	南京市级频道	其他省级卫视频道	其他频道
4 岁及以上所有人		38.7	0.1	17.0	4.9	20.5	18.8
性别	男	41.1	0.1	15.7	4.9	18.3	19.9
	女	36.1	0.1	18.3	4.9	22.9	17.7
年龄	4～14 岁	19.8	0.0	14.5	2.8	27.4	35.5
	15～24 岁	23.3	0.1	18.7	2.7	31.4	23.8
	25～34 岁	29.4	0.1	17.2	2.9	16.6	33.8
	35～44 岁	34.2	0.1	16.8	2.8	21.9	24.2
	45～54 岁	38.1	0.1	18.3	5.1	20.3	18.1
	55～64 岁	40.1	0.1	16.8	6.4	20.2	16.4
	65 岁及以上	51.1	0.1	15.9	6.0	19.2	7.7
教育程度	未受过正规教育	31.9	0.1	21.5	6.6	21.2	18.7
	小学	38.2	0.1	20.4	4.8	21.8	14.7
	初中	41.7	0.1	16.9	5.8	20.0	15.5
	高中	39.4	0.1	14.9	4.9	20.0	20.7
	大学及以上	35.5	0.1	15.3	2.3	20.9	25.9
职业类别	干部/管理人员	28.9	0.1	10.9	1.2	13.7	45.2
	个体/私营企业人员	31.6	0.1	21.6	3.4	18.3	25.0
	初级公务员/雇员	32.7	0.1	15.7	3.3	20.6	27.6
	工人	40.1	0.1	18.9	6.6	16.1	18.2
	学生	23.5	0.1	14.8	2.5	24.9	34.2
	无业	42.0	0.1	15.7	5.1	22.2	14.9
	其他	45.1	0.0	21.8	6.1	19.6	7.4
个人月收入	0～600 元	31.4	0.1	18.0	3.8	24.3	22.4
	601～1200 元	43.2	0.1	16.6	5.8	22.0	12.3
	1201～1700 元	36.5	0.0	19.4	5.4	15.9	22.8
	1701～2600 元	47.3	0.1	17.5	5.9	18.3	10.9
	2601～3500 元	39.3	0.1	15.6	6.9	22.7	15.4
	3501～5000 元	40.2	0.1	16.2	4.5	19.1	19.9
	5001 元及以上	39.0	0.1	17.6	2.7	16.4	24.2

表 3.48.3　2018 年南京市场各类频道在不同时段的市场占有率（%）

时间段	中央电视台频道	中国教育台频道	江苏省级频道	南京市级频道	其他省级卫视频道	其他频道
02:00~03:00	38.9	0.1	8.8	0.5	22.7	29.0
03:00~04:00	38.6	0.0	9.1	0.5	22.2	29.6
04:00~05:00	37.7	0.0	9.5	0.4	23.9	28.5
05:00~06:00	43.0	0.1	9.6	0.6	24.2	22.5
06:00~07:00	56.7	0.0	8.1	2.5	16.7	16.0
07:00~08:00	53.6	0.1	17.1	3.7	10.6	14.9
08:00~09:00	50.6	0.1	12.3	2.7	16.3	18.0
09:00~10:00	45.2	0.1	8.2	2.4	23.8	20.3
10:00~11:00	42.8	0.1	8.1	2.4	26.6	20.0
11:00~12:00	44.4	0.1	9.0	2.4	25.3	18.8
12:00~13:00	45.3	0.0	9.4	2.4	23.6	19.3
13:00~14:00	40.4	0.2	9.5	2.1	27.4	20.4
14:00~15:00	38.9	0.2	8.5	2.1	30.1	20.2
15:00~16:00	40.7	0.2	7.2	1.6	30.4	19.9
16:00~17:00	41.7	0.2	8.0	1.2	29.2	19.7
17:00~18:00	38.6	0.1	13.0	8.4	21.6	18.3
18:00~19:00	38.1	0.0	24.2	12.1	8.8	16.8
19:00~20:00	38.5	0.0	25.1	6.3	14.3	15.8
20:00~21:00	31.7	0.0	24.5	6.2	22.0	15.6
21:00~22:00	35.1	0.0	23.3	6.3	17.3	18.0
22:00~23:00	35.3	0.1	17.1	3.3	21.0	23.2
23:00~24:00	37.4	0.1	12.0	2.5	21.5	26.5
24:00~25:00	41.0	0.1	8.2	1.9	20.0	28.8
25:00~26:00	40.6	0.0	7.9	1.2	21.5	28.8

表 3.48.4　2018 年南京市场收视份额排名前十位的频道

名次	频道名称	收视份额（%）
1	中央台四套	6.2
2	中央台八套	5.9
3	中央台六套	5.4
4	江苏卫视	4.9
5	江苏电视台城市频道	4.6
6	中央电视台综合频道	4.2
6	中央台三套	4.2
8	中央台五套	2.9
8	江苏电视台综艺频道	2.9
10	中央电视台新闻频道	2.7

表 3.48.5　2018 年南京市场各主要频道的观众构成(%)

目标观众		所有频道	中央台四套	中央台八套	中央台六套	江苏卫视	江苏电视台城市频道
4 岁及以上所有人		100.0	100.0	100.0	100.0	100.0	100.0
性别	男	51.6	64.5	43.4	56.2	47.0	44.0
	女	48.4	35.5	56.6	43.8	53.0	56.0
年龄	4~14 岁	5.1	1.0	1.6	2.8	3.4	3.0
	15~24 岁	3.6	1.3	2.6	2.2	3.9	4.8
	25~34 岁	11.5	4.3	8.4	12.1	14.5	7.8
	35~44 岁	11.1	7.0	5.3	21.2	10.0	12.2
	45~54 岁	24.3	21.5	23.4	32.3	25.5	21.6
	55~64 岁	20.5	20.1	28.0	15.8	21.2	19.5
	65 岁及以上	23.9	44.8	30.7	13.6	21.5	31.1
教育程度	未受过正规教育	7.9	3.4	9.2	5.6	6.7	12.5
	小学	14.8	12.1	17.2	14.0	15.9	18.9
	初中	32.3	32.7	39.0	40.7	32.4	34.1
	高中	27.2	34.3	23.8	25.7	24.8	20.3
	大学及以上	17.8	17.5	10.8	14.0	20.2	14.2
职业类别	干部/管理人员	0.4	0.3	0.3	0.1	0.4	0.1
	个体/私营企业人员	7.3	3.2	4.3	10.6	7.9	7.7
	初级公务员/雇员	15.3	11.3	9.3	14.9	17.6	9.0
	工人	18.0	18.0	17.4	27.9	18.9	18.6
	学生	5.0	1.7	3.1	4.0	4.5	3.9
	无业	48.6	61.7	55.8	35.9	42.3	53.5
	其他	5.4	3.8	9.8	6.6	8.4	7.2
个人月收入	0~600 元	22.1	9.0	21.7	22.9	22.0	24.3
	601~1200 元	3.4	2.7	8.7	4.3	3.0	3.9
	1201~1700 元	3.6	2.2	5.7	4.4	3.0	4.5
	1701~2600 元	12.4	15.0	15.7	12.4	15.1	10.8
	2601~3500 元	22.6	26.5	17.5	16.3	21.7	25.1
	3501~5000 元	20.0	24.2	18.8	24.7	19.2	16.0
	5001 元及以上	15.9	20.4	11.9	15.0	16.0	15.4

表 3.48.6　2016~2018 年南京市场各类节目的播出份额(%)和收视份额(%)

节目类别	2016 年		2017 年		2018 年	
	播出份额	收视份额	播出份额	收视份额	播出份额	收视份额
财经	2.0	0.7	1.8	0.7	1.9	0.6
电视剧	21.2	30.6	21.0	32.3	21.1	30.3
电影	3.3	4.2	3.5	4.9	3.7	6.4
法制	1.1	2.6	1.3	2.4	1.1	1.8
教学	0.2	0.1	0.3	0.1	0.3	0.1
青少	6.4	3.9	6.6	4.0	6.6	3.4
生活服务	10.9	6.7	10.5	6.8	10.6	6.6
体育	3.9	2.8	4.1	2.5	4.1	3.6
外语	0.0	0.0	0.1	0.0	0.1	0.0

续表

节目类别	2016 年		2017 年		2018 年	
	播出份额	收视份额	播出份额	收视份额	播出份额	收视份额
戏剧	0.7	0.3	0.7	0.5	0.7	0.5
新闻/时事	13.8	15.3	13.9	14.9	14.3	13.8
音乐	1.7	0.5	1.3	0.5	1.3	0.7
专题	12.9	4.9	13.1	5.5	13.1	6.3
综艺	9.9	15.6	8.9	12.6	7.9	13.3
其他	12.0	11.8	12.9	12.3	13.2	12.6

表 3.48.7　2018 年南京市场所有节目收视率排名前三十位

名次	节目名称	节目类型	播出频道	平均收视率（%）	平均占有率（%）
1	我爱世界杯：2018 年俄罗斯世界杯小组赛 B 组第二轮（葡萄牙 VS 摩洛哥）	体育	中央台五套	5.3	20.4
2	2018 中央电视台春节联欢晚会	综艺	中央台三套	5.1	16.6
3	2019 跨年演唱会用奋斗点亮幸福	音乐	江苏卫视	5.0	23.1
4	红蔷薇	电视剧	江苏卫视	4.2	13.0
5	娘道	电视剧	江苏卫视	4.0	16.5
6	开学第一课	青少	中央电视台综合频道	3.7	13.6
7	澳门风云二	电影	中央台六套	3.4	13.4
8	新春喜剧之夜	综艺	中央台三套	3.3	13.5
9	江河水	电视剧	江苏卫视	3.3	11.8
10	越战越勇（12 月 5 日）	综艺	中央台三套	3.3	11.2
11	幸福中国年 2018 江苏卫视春节联欢晚会	综艺	江苏卫视	3.2	15.6
12	绽放吧百合	电视剧	江苏电视台城市频道	3.2	13.0
13	战狼（12 月 7 号）	电影	中央台六套	3.2	12.4
14	恋爱先生	电视剧	江苏卫视	3.2	10.1
15	最强大脑燃烧吧大脑（2 月 2 日）	综艺	江苏卫视	3.1	16.0
16	妖猫传（2 月 18 日）	电影	中央台六套	3.0	12.5
17	战狼 2（5 月 1 日）	电影	中央台六套	3.0	12.4
18	初婚	电视剧	江苏电视台城市频道	3.0	11.6
19	奇门遁甲（2 月 20 日）	电影	中央台六套	2.9	11.8
20	神偷燕子李三（5 月 26 日）	电影	中央台六套	2.9	11.2
21	功夫瑜伽（2 月 11 日）	电影	中央台六套	2.9	10.5
22	武林志	电影	中央台六套	2.8	14.3
23	第 18 届亚运会女排半决赛（中国 VS 日本）	体育	中央台五套	2.8	13.8
24	捕蛇少年	电影	中央台六套	2.8	12.6
25	蒸发太平洋（5 月 25 日）	电影	中央台六套	2.8	11.4
26	第 18 届亚运会男子 200 米决赛	体育	中央台五套	2.8	9.9

续表

名次	节目名称	节目类型	播出频道	平均收视率（%）	平均占有率（%）
27	桌球少女	电影	中央台六套	2.7	12.5
28	狩猎者	电影	中央台六套	2.7	12.1
29	倚天屠龙记之魔教教主	电影	中央台六套	2.7	11.6
30	精武英雄	电影	中央台六套	2.7	11.4
30	使徒行者（10月27日）	电影	中央台六套	2.7	11.4

表 3.48.8　2018 年南京市场电视剧收视率排名前十位

名次	节目名称	播出频道	平均收视率（%）	平均占有率（%）
1	红蔷薇	江苏卫视	4.2	13.0
2	娘道	江苏卫视	4.0	16.5
3	江河水	江苏卫视	3.3	11.8
4	绽放吧百合	江苏电视台城市频道	3.2	13.0
5	恋爱先生	江苏卫视	3.2	10.1
6	初婚	江苏电视台城市频道	3.0	11.6
7	香蜜沉沉烬如霜	江苏卫视	2.7	10.4
8	回家的路有多远	江苏电视台城市频道	2.7	8.9
9	义海	江苏电视台城市频道	2.7	8.5
10	利刃出击	江苏卫视	2.5	9.2

表 3.48.9　2018 年南京市场新闻节目收视率排名前十位

名次	节目名称	播出频道	平均收视率（%）	平均占有率（%）
1	海峡两岸	中央台四套	2.0	7.3
2	零距离	江苏电视台城市频道	1.9	10.4
3	今日关注	中央台四套	1.5	7.1
4	中国新闻（21:00）	中央台四套	1.5	5.7
5	上海合作组织青岛峰会特别报道	中央台四套	1.4	6.1
6	中国舆论场	中央台四套	1.4	5.6
7	春节传奇中国节	中央台四套	1.3	6.3
8	新闻联播	中央电视台综合频道	1.3	6.2
9	今日亚洲	中央台四套	1.3	5.4
10	新闻联播（19:00）	中央电视台新闻频道	1.0	4.7

表 3.48.10　2018 年南京市场专题节目收视率排名前十位

名次	节目名称	播出频道	平均收视率（%）	平均占有率（%）
1	扎扎实实提高质量	中央电视台综合频道	2.2	8.1
2	潮起海之南 1988～2018	中央台四套	1.6	6.2
3	等着我	中央电视台综合频道	1.5	6.1
4	重返狼群（3月1日）	中央台六套	1.5	5.9
5	一年又一年	北京卫视	1.5	5.4
6	国家记忆	中央台四套	1.2	4.8

续表

名次	节目名称	播出频道	平均收视率（%）	平均占有率（%）
7	为了共同的繁荣习近平出席首届中国国际进口博览会纪实	中央电视台综合频道	1.1	4.2
8	心系凉山习近平总书记凉山扶贫纪实	中央电视台综合频道	1.1	4.0
9	记住乡愁第四季	中央台四套	1.1	3.7
9	万水千山只等闲	中央电视台综合频道	1.1	3.7

表 3.48.11　2018 年南京市场综艺节目收视率排名前十位

名次	节目名称	播出频道	平均收视率（%）	平均占有率（%）
1	2018 中央电视台春节联欢晚会	中央台三套	5.1	16.6
2	新春喜剧之夜	中央台三套	3.3	13.5
3	越战越勇（12 月 5 日）	中央台三套	3.3	11.2
4	幸福中国年 2018 江苏卫视春节联欢晚会	江苏卫视	3.2	15.6
5	最强大脑燃烧吧大脑（2 月 2 日）	江苏卫视	3.1	16.0
6	欢乐吉祥闹元宵	中央电视台综合频道	2.6	9.4
7	相声大联欢	中央台三套	2.2	9.3
8	2018 东南西北贺新春	中央台三套	2.1	9.8
8	中国好声音（7 月 13 日）	浙江卫视	2.1	9.8
10	星光大道（9 月 1 日）	中央台三套	2.0	7.4

表 3.48.12　2018 年南京市场体育节目收视率排名前十位
（世界杯、亚运会、亚残运会、冬奥会比赛除外）

名次	节目名称	播出频道	平均收视率（%）	平均占有率（%）
1	直播周末：2018 年世界女排锦标赛三四名决赛（荷兰 VS 中国）	中央台五套	2.2	18.3
2	现场直播：2018 年乒乓球团体世界锦标赛男团决赛	中央台五套	2.2	9.5
3	现场直播：2018 年世界女排联赛总决赛（中国 VS 巴西）	中央台五套	2.0	7.6
4	现场直播世乒赛团体赛女团决赛颁奖仪式	中央台五套	1.5	18.7
5	现场直播：2018 年国际篮联女子世界杯 1/4决赛资格赛（中国 VS 日本）	中央台五套	1.4	6.8
6	现场直播：2017/2018 赛季中国男子篮球职业联赛总决赛第二场（广厦 VS 辽宁）	中央台五套	1.4	6.1
7	现场直播：2017/2018 赛季女排超级联赛总决赛第七场（上海 VS 天津）	中央台五套	1.3	5.4
8	直播周末：2018 年瑞士女排精英赛排位赛（中国 VS 波兰）	中央台五套	1.2	5.7

续表

名次	节目名称	播出频道	平均收视率(%)	平均占有率(%)
9	现场直播：2018 年 WBA 羽量级世界争霸赛	中央台五套	1.2	4.8
9	直播周末：2018 年国际泳联跳水世界杯女子双人 3 米板决赛	中央台五套	1.2	4.8

表 3.48.13　2018 年南京市场世界杯、亚运会、亚残运会、冬奥会比赛收视率排名前十位

名次	节目名称	播出频道	平均收视率(%)	平均占有率(%)
1	我爱世界杯：2018 年俄罗斯世界杯小组赛 B 组第二轮（葡萄牙 VS 摩洛哥）	中央台五套	5.3	20.4
2	第 18 届亚运会女排半决赛(中国 VS 日本)	中央台五套	2.8	13.8
3	第 18 届亚运会男子 200 米决赛	中央台五套	2.8	9.9
4	第 18 届亚运会男子十项全能标枪	中央台五套	2.7	10.2
5	我爱世界杯：2018 年俄罗斯世界杯开幕式	中央台五套	2.6	20.9
6	第 18 届亚运会男子 200 米自由泳决赛	中央台五套	2.5	12.0
7	男子 200 米自由泳颁奖仪式	中央台五套	2.5	10.1
8	第 18 届亚运会乒乓球男团决赛	中央台五套	2.4	9.4
9	第 18 届亚运会男篮决赛（中国 VS 伊朗）	中央台五套	2.4	9.0
10	我爱世界杯：2018 年俄罗斯世界杯闭幕式	中央台五套	2.1	15.5

四十九、南宁收视数据

表 3.49.1 2014～2018 年南宁市场各类频道的市场占有率（%）

频道类别	年份				
	2014 年	2015 年	2016 年	2017 年	2018 年
中央电视台频道	32.7	31.0	33.0	33.4	31.7
中国教育台频道	0.1	0.1	0.0	0.1	0.1
广西自治区级频道	30.2	29.9	31.6	29.0	24.1
南宁市级频道	10.5	10.7	7.2	6.8	7.7
其他省级卫视频道	20.3	21.7	22.2	19.7	19.8
其他频道	6.2	6.6	6.0	11.0	16.7

表 3.49.2 2018 年南宁市场各类频道在不同目标观众中的市场占有率（%）

目标观众		中央电视台频道	中国教育台频道	广西自治区级频道	南宁市级频道	其他省级卫视频道	其他频道
4 岁及以上所有人		31.7	0.1	24.1	7.7	19.8	16.7
性别	男	33.8	0.1	23.6	7.9	18.3	16.3
	女	29.5	0.1	24.6	7.5	21.3	17.0
年龄	4～14 岁	20.5	0.1	17.8	5.7	28.3	27.5
	15～24 岁	28.4	0.2	28.3	7.8	17.5	17.9
	25～34 岁	24.0	0.1	25.2	6.9	23.9	20.0
	35～44 岁	30.4	0.1	20.2	5.7	19.0	24.7
	45～54 岁	39.3	0.1	24.2	8.5	18.1	9.8
	55～64 岁	31.0	0.2	29.5	8.1	18.9	12.4
	65 岁及以上	43.2	0.1	23.5	10.7	13.0	9.5
教育程度	未受过正规教育	20.4	0.1	21.3	8.1	27.1	23.1
	小学	31.2	0.1	23.7	7.2	21.9	15.9
	初中	31.1	0.1	26.6	9.6	18.2	14.4
	高中	34.7	0.1	22.8	7.4	23.2	11.8
	大学及以上	32.6	0.1	23.3	6.1	16.0	21.9
职业类别	干部/管理人员	38.4	0.1	23.6	6.3	15.5	16.1
	个体/私营企业人员	32.6	0.1	25.7	7.4	19.3	14.9
	初级公务员/雇员	30.1	0.1	19.2	7.4	19.9	23.3
	工人	28.7	0.1	29.4	10.0	17.0	14.9
	学生	24.6	0.0	16.1	6.1	25.0	28.2
	无业	35.5	0.1	23.5	7.9	19.0	14.0
	其他	18.5	0.1	34.8	8.5	24.6	13.6
个人月收入	0～600 元	25.7	0.1	21.7	7.5	23.1	22.1
	601～1200 元	26.8	0.0	27.3	10.0	28.0	7.9
	1201～1700 元	32.6	0.1	29.1	11.4	20.2	6.6
	1701～2600 元	35.2	0.1	25.5	8.8	16.9	13.5
	2601～3500 元	33.9	0.1	23.6	6.5	19.3	16.7
	3501～5000 元	34.7	0.2	20.2	7.4	21.9	15.6
	5001 元及以上	28.8	0.1	26.1	4.8	16.0	24.2

表 3.49.3　2018 年南宁市场各类频道不同时段的市场占有率（%）

时间段	中央电视台频道	中国教育台频道	广西自治区级频道	南宁市级频道	其他省级卫视频道	其他频道
02:00～03:00	41.4	0.1	11.4	0.7	26.4	20.1
03:00～04:00	47.1	0.2	9.8	0.5	22.3	20.0
04:00～05:00	39.1	0.4	10.8	0.3	24.8	24.8
05:00～06:00	29.0	0.1	11.1	0.7	29.9	29.2
06:00～07:00	35.1	0.2	11.0	2.7	25.8	25.1
07:00～08:00	41.2	0.2	14.8	5.8	20.6	17.5
08:00～09:00	40.5	0.1	15.0	7.4	19.6	17.4
09:00～10:00	36.0	0.1	14.5	6.5	22.7	20.2
10:00～11:00	35.0	0.1	15.4	5.4	23.8	20.3
11:00～12:00	40.6	0.1	14.2	3.8	23.3	18.1
12:00～13:00	44.5	0.1	13.7	2.7	21.1	18.0
13:00～14:00	33.3	0.2	17.3	2.4	26.3	20.5
14:00～15:00	27.9	0.2	18.3	2.6	28.8	22.3
15:00～16:00	28.9	0.2	17.2	3.2	28.1	22.4
16:00～17:00	31.8	0.1	16.3	3.0	26.8	22.0
17:00～18:00	32.5	0.1	18.1	4.2	25.0	20.2
18:00～19:00	31.6	0.1	29.0	10.0	13.2	16.0
19:00～20:00	28.7	0.2	29.2	16.6	12.5	12.8
20:00～21:00	29.3	0.1	28.9	11.2	17.2	13.4
21:00～22:00	28.3	0.1	32.0	8.3	17.1	14.2
22:00～23:00	29.5	0.1	25.4	6.1	22.7	16.2
23:00～24:00	33.0	0.1	21.8	4.3	23.2	17.6
24:00～25:00	33.2	0.1	24.5	3.0	19.3	20.0
25:00～26:00	33.2	0.1	19.3	1.0	22.9	23.5

表 3.49.4　2018 年南宁市场收视份额排名前十位的频道

名次	频道名称	收视份额（%）
1	广西广播电视台综艺频道	6.4
2	中央台五套	6.0
3	广西广播电视台新闻频道	5.0
4	中央台四套	4.5
5	广西广播电视台都市频道	4.1
6	中央电视台综合频道	3.8
7	南宁电视台影视娱乐频道	3.5
8	南宁电视台新闻综合频道	3.3
9	中央台三套	3.0
10	湖南电视台金鹰卡通频道	2.9

表 3.49.5　2018 年南宁市场各主要频道的观众构成（%）

目标观众		所有频道	主要频道				
			广西广播电视台综艺频道	中央台五套	广西广播电视台新闻频道	中央台四套	广西广播电视台都市频道
4 岁及以上所有人		100.0	100.0	100.0	100.0	100.0	100.0
性别	男	50.9	54.6	61.5	52.4	57.6	43.2
	女	49.1	45.4	38.5	47.6	42.4	56.8
年龄	4 ~ 14 岁	11.0	4.9	6.6	13.9	2.6	6.0
	15 ~ 24 岁	4.2	3.6	5.5	2.3	3.4	10.0
	25 ~ 34 岁	20.0	22.1	13.8	25.0	8.7	14.8
	35 ~ 44 岁	14.0	12.6	15.0	15.5	7.6	6.7
	45 ~ 54 岁	17.4	11.7	27.3	15.1	22.9	23.7
	55 ~ 64 岁	17.0	26.0	13.9	18.1	20.8	26.7
	65 岁及以上	16.3	19.1	17.9	10.1	34.1	12.0
教育程度	未受过正规教育	7.1	5.8	4.0	7.4	1.6	6.0
	小学	11.9	10.3	10.3	10.9	12.6	16.9
	初中	28.7	30.0	27.7	22.5	32.1	32.0
	高中	24.0	21.3	25.1	24.3	27.4	27.7
	大学及以上	28.3	32.5	32.9	34.9	26.3	17.4
职业类别	干部/管理人员	3.8	4.1	5.4	8.3	5.1	0.5
	个体/私营企业人员	22.3	21.6	26.7	34.6	18.9	20.9
	初级公务员/雇员	16.0	13.9	15.6	8.6	12.3	11.7
	工人	4.2	9.6	4.9	1.7	1.0	3.4
	学生	6.3	1.6	5.9	7.5	2.8	3.7
	无业	39.0	39.8	37.7	37.8	56.5	40.9
	其他	8.5	9.3	3.8	1.6	3.3	18.9
个人月收入	0 ~ 600 元	21.0	14.0	19.8	18.7	12.4	23.0
	601 ~ 1200 元	4.3	2.9	1.6	1.1	1.9	4.3
	1201 ~ 1700 元	5.9	4.5	6.6	3.2	6.2	13.9
	1701 ~ 2600 元	27.8	34.0	30.9	28.5	36.1	27.0
	2601 ~ 3500 元	16.3	18.6	15.9	13.0	22.3	20.9
	3501 ~ 5000 元	13.3	14.4	14.9	7.6	10.5	8.9
	5001 元及以上	11.4	11.6	10.5	27.8	10.7	2.0

表 3.49.6　2016 ~ 2018 年南宁市场各类节目的播出份额（%）和收视份额（%）

节目类别	2016 年		2017 年		2018 年	
	播出份额	收视份额	播出份额	收视份额	播出份额	收视份额
财经	1.2	0.8	1.3	0.6	1.0	0.9
电视剧	27.4	28.2	22.4	28.5	23.5	29.6
电影	4.5	5.1	4.3	5.2	4.6	4.8
法制	1.6	3.6	1.8	4.0	1.2	1.7
教学	0.2	0.0	0.2	0.0	0.3	0.0
青少	6.2	5.6	6.5	4.8	6.7	6.0
生活服务	8.7	6.9	8.4	7.0	8.0	7.0
体育	3.0	4.4	3.0	4.0	3.2	7.4

续表

节目类别	2016年		2017年		2018年	
	播出份额	收视份额	播出份额	收视份额	播出份额	收视份额
外语	0.0	0.0	0.0	0.0	0.1	0.0
戏剧	0.7	0.1	0.8	0.0	0.7	0.1
新闻/时事	10.8	14.3	15.0	15.3	15.6	15.4
音乐	1.8	1.0	1.8	0.9	1.4	0.7
专题	13.8	6.3	13.2	6.0	13.6	5.9
综艺	6.8	11.5	8.8	11.5	7.4	8.7
其他	13.3	12.2	12.5	12.3	12.7	11.7

表3.49.7　2018年南宁市场所有节目收视率排名前三十位

名次	节目名称	节目类别	播出频道	平均收视率(%)	平均占有率(%)
1	我爱世界杯：2018年世界杯小组赛E组第二轮(巴西VS哥斯达黎加)	体育	中央台五套	13.3	45.5
2	开学第一课	青少	中央电视台综合频道	7.4	21.6
3	第18届亚运会乒乓球男团决赛	体育	中央台五套	6.4	21.6
4	2018年世界女排锦标赛第二阶段F组(中国VS俄罗斯)	体育	中央台五套	6.2	25.7
5	直播周末：2018年世界羽毛球锦标赛男双决赛	体育	中央台五套	5.9	26.6
6	第18届亚运会女足决赛(日本VS中国)	体育	中央台五套	5.6	20.0
7	第18届亚运会男篮半决赛(中国VS中国台北)	体育	中央台五套	5.4	17.2
8	第18届亚运会女子4×100米混合泳接力决赛	体育	中央台五套	5.4	17.0
9	现场直播：2018年乒乓球团体世界锦标赛女团决赛	体育	中央台五套	5.3	22.5
10	2018中央电视台春节联欢晚会	综艺	中央电视台综合频道	5.3	15.5
11	第18届亚运会男子体操吊环决赛	体育	中央台五套	5.2	16.2
12	第18届亚运会女子10000米决赛	体育	中央台五套	5.1	18.0
13	我爱世界杯：2018年俄罗斯世界杯闭幕式	体育	中央台五套	4.6	22.1
14	第18届亚运会男子团体羽毛球半决赛	体育	中央台五套	4.6	17.8
15	第18届亚运会女排决赛(中国VS泰国)	体育	中央台五套	4.5	30.3
16	南宁天气	生活服务	南宁电视台新闻综合频道	4.1	16.3

续表

名次	节目名称	节目类别	播出频道	平均收视率（%）	平均占有率（%）
17	现场直播：2018 年世界女排联赛江门站（中国 VS 俄罗斯）	体育	中央台五套	3.9	14.8
18	直播周末：2018 年瑞士女排精英赛排位赛（中国 VS 波兰）	体育	中央台五套	3.8	16.4
19	直播周末：2018 年中国足协超级联赛第 16 轮（广州富力 VS 广州恒大淘宝）	体育	中央台五套	3.7	13.4
20	第 18 届亚运会自行车女子团体竞速赛	体育	中央台五套	3.5	17.6
21	现场直播：2017/2018 赛季 CBA 常规赛第 33 轮（八一双鹿电池 VS 青岛国信双星）	体育	中央台五套	3.5	11.9
22	巅峰演讲	综艺	浙江卫视	3.4	17.8
23	夺命双谍	电视剧	广西广播电视台综艺频道	3.3	12.6
24	锻刀	电视剧	广西广播电视台综艺频道	3.3	11.5
25	现场直播：2018 年汤尤杯羽毛球赛汤姆斯杯决赛男双	体育	中央台五套	3.2	28.8
26	秘密小分队	电视剧	广西广播电视台综艺频道	3.2	12.4
27	现场直播：2018 年汤姆斯杯半决赛男双	体育	中央台五套	3.1	15.2
28	铁骑尖兵	电视剧	广西广播电视台综艺频道	3.1	12.1
29	直播周末：2018/2019 赛季中国男子篮球职业联赛揭幕战（辽宁本钢 VS 山东西王）	体育	中央台五套	3.1	11.3
30	现场直播：2018 年尤伯杯半决赛女单	体育	中央台五套	3.0	13.9

表 3.49.8　2018 年南宁市场电视剧收视率排名前十位

名次	节目名称	播出频道	平均收视率（%）	平均占有率（%）
1	夺命双谍	广西广播电视台综艺频道	3.3	12.6
2	锻刀	广西广播电视台综艺频道	3.3	11.5
3	秘密小分队	广西广播电视台综艺频道	3.2	12.4
4	铁骑尖兵	广西广播电视台综艺频道	3.1	12.1
5	绯闻女孩	广西广播电视台都市频道	2.9	10.6
6	铁血枪王	广西广播电视台综艺频道	2.8	11.4
7	尖刀突击队	广西广播电视台综艺频道	2.8	10.9
8	刺杀 1942	广西广播电视台综艺频道	2.7	11.1
9	厨神战队	广西广播电视台综艺频道	2.7	10.4
10	战魂	广西广播电视台综艺频道	2.7	10.0

表 3.49.9　2018 年南宁市场新闻节目收视率排名前十位

名次	节目名称	播出频道	平均收视率(%)	平均占有率(%)
1	转播中央台新闻联播	南宁电视台新闻综合频道	2.9	12.6
2	践行习近平生态文明思想治水建城为民百里秀美邕江展新颜	南宁电视台新闻综合频道	1.9	7.7
3	准点直播间	广西广播电视台新闻频道	1.7	14.4
4	海峡两岸	中央台四套	1.7	6.1
5	奋斗新时代	广西广播电视台新闻频道	1.5	7.3
6	直播广西	广西广播电视台新闻频道	1.4	6.9
7	迎战山竹	中央电视台新闻频道	1.4	6.6
8	国务院总理会见中外记者并回答提问	中央电视台综合频道	1.4	5.0
9	在线大搜索	广西广播电视台新闻频道	1.3	8.5
10	新闻在线	广西广播电视台新闻频道	1.3	7.5

表 3.49.10　2018 年南宁市场专题节目收视率排名前十位

名次	节目名称	播出频道	平均收视率(%)	平均占有率(%)
1	海上丝路看今朝 2018 年习近平主席亚太之行	中央电视台综合频道	2.6	9.9
2	315 共建秩序共享品质	中央台二套	2.4	10.0
3	一年又一年	中央电视台综合频道	2.0	10.6
4	万水千山只等闲	中央电视台综合频道	2.0	7.2
5	法治最前线特别节目边境守陵人	广西广播电视台综艺频道	1.7	10.9
6	舌尖上的中国 3	中央电视台综合频道	1.7	5.6
7	谱写现代农业产业转型升级新篇章广西 10+3 品种品质品牌提升行动	广西广播电视台新闻频道	1.7	4.8
8	档案精华版	北京卫视	1.6	8.4
9	2018 春晚纪事	中央台三套	1.5	9.2
10	携手构建更加紧密的中非命运共同体 2018 中非合作论坛北京峰会纪实	中央电视台综合频道	1.2	5.1

表 3.49.11　2018 年南宁市场综艺节目收视率排名前十位

名次	节目名称	播出频道	平均收视率(%)	平均占有率(%)
1	2018 中央电视台春节联欢晚会	中央电视台综合频道	5.3	15.5
2	巅峰演讲	浙江卫视	3.4	17.8
3	2018 年中央广播电视总台中秋晚会	中央台四套	2.8	10.9
4	唱响新时代民歌咏芳华第 20 届南宁国际民歌艺术节大地飞歌 2018 晚会	南宁电视台新闻综合频道	2.4	9.1
5	欢乐吉祥闹元宵	中央电视台综合频道	2.4	8.6
6	锦绣壮乡踏歌来庆祝广西壮族自治区成立 60 周年	中央电视台综合频道	2.4	8.2
7	我们的中国梦文化进万家	中央台三套	2.1	7.2
8	启航 2019 中国音乐盛典	中央电视台综合频道	2.0	9.3

续表

名次	节目名称	播出频道	平均收视率（%）	平均占有率（%）
9	拥抱新时代祝福你中国中国梦祖国颂 2018 国庆特别节目	中央电视台综合频道	1.9	7.6
10	新春喜剧之夜	中央台三套	1.9	6.6

表 3.49.12　2018 年南宁市场体育节目收视率排名前十位
（世界杯、亚运会、亚残运会、冬奥会比赛除外）

名次	节目名称	播出频道	平均收视率（%）	平均占有率（%）
1	2018 年世界女排锦标赛第二阶段 F 组（中国 VS 俄罗斯）	中央台五套	6.2	25.7
2	直播周末：2018 年世界羽毛球锦标赛男双决赛	中央台五套	5.9	26.6
3	现场直播：2018 年乒乓球团体世界锦标赛女团决赛	中央台五套	5.3	22.5
4	现场直播：2018 年世界女排联赛江门站（中国 VS 俄罗斯）	中央台五套	3.9	14.8
5	直播周末：2018 年瑞士女排精英赛排位赛（中国 VS 波兰）	中央台五套	3.8	16.4
6	直播周末：2018 年中国足协超级联赛第 16 轮（广州富力 VS 广州恒大淘宝）	中央台五套	3.7	13.4
7	现场直播：2017/2018 赛季 CBA 常规赛第 33 轮（八一双鹿电池 VS 青岛国信双星）	中央台五套	3.5	11.9
8	现场直播：2018 年汤尤杯羽毛球赛汤姆斯杯决赛男双	中央台五套	3.2	28.8
9	现场直播：2018 年汤姆斯杯半决赛男双	中央台五套	3.1	15.2
10	直播周末：2018/2019 赛季中国男子篮球职业联赛揭幕战（辽宁本钢 VS 山东西王）	中央台五套	3.1	11.3

表 3.49.13　2018 年南宁市场世界杯、亚运会、亚残运会、冬奥会比赛收视率排名前十位

名次	节目名称	播出频道	平均收视率（%）	平均占有率（%）
1	我爱世界杯：2018 年世界杯小组赛 E 组第二轮（巴西 VS 哥斯达黎加）	中央台五套	13.3	45.5
2	第 18 届亚运会乒乓球男团决赛	中央台五套	6.4	21.6
3	第 18 届亚运会女足决赛（日本 VS 中国）	中央台五套	5.6	20.0
4	第 18 届亚运会男篮半决赛（中国 VS 中国台北）	中央台五套	5.4	17.2
5	第 18 届亚运会女子 4×100 米混合泳接力决赛	中央台五套	5.4	17.0
6	第 18 届亚运会男子体操吊环决赛	中央台五套	5.2	16.2
7	第 18 届亚运会女子 10000 米决赛	中央台五套	5.1	18.0
8	我爱世界杯：2018 年俄罗斯世界杯闭幕式	中央台五套	4.6	22.1
9	第 18 届亚运会男子团体羽毛球半决赛	中央台五套	4.6	17.8
10	第 18 届亚运会女排决赛（中国 VS 泰国）	中央台五套	4.5	30.3

五十、宁波收视数据

表 3.50.1 2014～2018 年宁波市场各类频道的市场占有率（%）

频道类别	年份				
	2014 年	2015 年	2016 年	2017 年	2018 年
中央电视台频道	29.7	29.8	30.2	27.5	28.7
中国教育台频道	0.5	0.3	0.2	0.2	0.5
浙江省级频道	12.9	11.7	8.9	7.4	8.4
宁波市级频道	21.4	25.7	26.0	26.2	25.1
其他省级卫视频道	24.0	18.9	18.1	19.5	18.0
其他频道	11.5	13.6	16.6	19.2	19.3

表 3.50.2 2018 年宁波市场各类频道在不同目标观众中的市场占有率（%）

目标观众		中央电视台频道	中国教育台频道	浙江省级频道	宁波市级频道	其他省级卫视频道	其他频道
4 岁及以上所有人		28.7	0.5	8.4	25.1	18.0	19.3
性别	男	33.1	0.5	7.9	23.5	15.0	20.0
	女	24.3	0.4	8.8	26.6	21.0	18.9
年龄	4～14 岁	24.3	0.6	10.5	3.1	19.9	41.6
	15～24 岁	19.3	0.2	17.8	15.4	32.7	14.6
	25～34 岁	21.8	0.6	6.2	13.8	23.1	34.5
	35～44 岁	30.9	0.2	11.4	9.8	15.0	32.7
	45～54 岁	33.0	0.5	9.2	26.8	14.7	15.8
	55～64 岁	30.3	0.5	8.0	28.1	18.8	14.3
	65 岁及以上	27.2	0.5	4.9	39.1	16.2	12.1
教育程度	未受过正规教育	14.8	0.3	4.6	22.6	15.7	42.0
	小学	30.2	0.6	7.2	31.4	14.1	16.5
	初中	27.2	0.4	8.8	27.8	17.8	18.0
	高中	25.6	0.4	10.3	12.5	23.3	27.9
	大学及以上	36.2	0.3	8.1	17.3	22.3	15.8
职业类别	干部/管理人员	39.3	0.7	9.7	3.1	22.4	24.8
	个体/私营企业人员	27.4	0.3	8.5	18.7	17.3	27.8
	初级公务员/雇员	30.8	0.4	10.0	22.5	15.8	20.5
	工人	25.4	0.6	9.8	20.8	18.1	25.3
	学生	22.7	0.5	13.7	6.1	23.8	33.2
	无业	28.3	0.5	6.4	32.1	18.8	13.9
	其他	32.0	0.9	5.0	33.0	18.8	10.3
个人月收入	0～600 元	25.0	0.7	10.3	15.6	23.9	24.5
	601～1200 元	22.6	0.5	3.9	50.7	14.0	8.3
	1201～1700 元	26.3	0.5	7.8	32.9	17.8	14.7
	1701～2600 元	25.6	0.3	8.4	30.7	15.9	19.1
	2601～3500 元	32.2	0.6	8.1	27.4	17.6	14.1
	3501～5000 元	30.9	0.3	9.0	18.4	16.2	25.2
	5001 元及以上	34.8	0.4	7.9	17.4	18.2	21.3

表 3.50.3 2018 年宁波市场各类频道在不同时段的市场占有率（%）

时间段	中央电视台频道	中国教育台频道	浙江省级频道	宁波市级频道	其他省级卫视频道	其他频道
02:00~03:00	32.1	0.5	4.8	20.5	14.7	27.4
03:00~04:00	33.8	0.6	4.6	21.0	14.8	25.2
04:00~05:00	32.5	0.4	5.5	21.7	22.2	17.7
05:00~06:00	37.3	0.4	7.3	17.7	24.6	12.7
06:00~07:00	51.2	0.3	5.9	10.2	22.1	10.3
07:00~08:00	45.2	1.0	8.1	7.0	21.0	17.7
08:00~09:00	32.3	1.2	6.2	23.4	18.3	18.6
09:00~10:00	33.2	1.3	8.1	10.9	24.1	22.4
10:00~11:00	30.9	1.1	6.9	17.4	22.2	21.5
11:00~12:00	31.5	0.4	5.8	19.0	23.6	19.7
12:00~13:00	33.2	0.3	7.8	9.0	28.4	21.3
13:00~14:00	30.0	0.9	7.7	9.2	29.3	22.9
14:00~15:00	29.6	1.2	6.9	11.7	28.1	22.5
15:00~16:00	31.4	1.2	6.5	10.4	28.4	22.1
16:00~17:00	33.3	1.1	6.7	9.9	27.0	22.0
17:00~18:00	26.4	0.6	5.4	28.0	20.4	19.2
18:00~19:00	24.9	0.1	9.6	41.1	6.7	17.6
19:00~20:00	24.1	0.1	12.6	39.5	7.4	16.3
20:00~21:00	25.2	0.2	10.5	34.2	14.0	15.9
21:00~22:00	25.1	0.2	7.6	32.6	15.4	19.1
22:00~23:00	28.9	0.2	8.2	21.0	18.1	23.6
23:00~24:00	33.8	0.2	7.8	15.2	20.2	22.8
24:00~25:00	34.9	0.4	7.5	15.8	18.3	23.1
25:00~26:00	30.2	0.5	5.9	18.3	17.9	27.2

表 3.50.4 2018 年宁波市场收视份额排名前十位的频道

名次	频道名称	收视份额（%）
1	宁波电视台四套（影视剧频道）	7.9
2	宁波电视台三套（都市文体频道）	6.7
3	宁波电视台二套（经济生活频道）	6.6
4	中央台八套	3.8
5	中央台四套	3.6
6	浙江卫视	3.3
7	湖南卫视	3.2
8	中央台三套	3.0
9	中央台六套	2.8
10	中央台五套	2.4
10	中央电视台新闻频道	2.4

表 3.50.5　2018 年宁波市场各主要频道的观众构成（%）

目标观众		所有频道	宁波电视台四套（影视剧频道）	宁波电视台三套（都市文体频道）	宁波电视台二套（经济生活频道）	中央台八套	中央台四套
4 岁及以上所有人		100.0	100.0	100.0	100.0	100.0	100.0
性别	男	49.9	60.1	35.5	38.7	55.3	63.8
	女	50.1	39.9	64.5	61.3	44.7	36.2
年龄	4～14 岁	6.1	0.2	0.6	0.9	1.2	0.7
	15～24 岁	4.8	2.2	3.9	2.8	3.6	2.3
	25～34 岁	10.2	4.2	4.4	7.7	3.9	6.4
	35～44 岁	7.7	2.5	2.8	3.1	6.5	2.4
	45～54 岁	28.1	27.1	29.7	31.9	42.4	28.6
	55～64 岁	21.0	26.6	17.3	23.9	22.4	25.4
	65 岁及以上	22.1	37.2	41.3	29.7	20.0	34.2
教育程度	未受过正规教育	2.1	2.4	2.2	1.3	0.5	0.7
	小学	32.1	47.8	37.3	37.6	41.7	32.4
	初中	37.5	37.9	43.0	42.2	40.7	37.0
	高中	16.6	6.2	10.4	8.0	8.2	16.8
	大学及以上	11.7	5.7	7.1	10.9	8.9	13.1
职业类别	干部/管理人员	0.7	0.0	0.0	0.1	0.3	0.4
	个体/私营企业人员	10.9	6.5	6.8	10.4	10.8	7.2
	初级公务员/雇员	32.2	29.1	25.9	29.7	37.9	30.1
	工人	4.3	4.2	1.9	3.5	2.2	4.3
	学生	6.9	0.3	2.9	1.6	1.9	0.8
	无业	41.5	51.4	60.2	52.4	43.3	53.6
	其他	3.5	8.5	2.3	2.3	3.6	3.6
个人月收入	0～600 元	17.3	7.3	14.8	10.1	20.3	3.9
	601～1200 元	6.0	16.2	11.7	10.0	4.1	6.5
	1201～1700 元	11.9	15.8	14.4	16.8	10.4	9.3
	1701～2600 元	15.4	17.9	20.9	20.2	11.5	17.2
	2601～3500 元	19.2	22.2	21.0	17.4	20.1	20.8
	3501～5000 元	19.3	13.2	10.0	18.2	22.8	32.2
	5001 元及以上	10.9	7.4	7.2	7.3	10.8	10.1

表 3.50.6　2016～2018 年宁波市场各类节目的播出份额（%）和收视份额（%）

节目类别	2016 年		2017 年		2018 年	
	播出份额	收视份额	播出份额	收视份额	播出份额	收视份额
财经	1.4	0.7	1.4	0.8	1.4	0.6
电视剧	21.3	28.1	22.1	31.2	22.2	31.0
电影	3.8	5.0	3.8	4.7	3.9	4.8
法制	0.7	0.6	0.8	0.5	0.9	0.7
教学	0.2	0.0	0.2	0.0	0.3	0.0
青少	6.7	2.5	7.0	3.1	7.0	2.9
生活服务	9.4	6.5	8.8	6.8	8.8	6.9
体育	3.0	3.1	3.2	2.4	3.1	3.0
外语	0.0	0.0	0.1	0.0	0.1	0.0

续表

节目类别	2016 年		2017 年		2018 年	
	播出份额	收视份额	播出份额	收视份额	播出份额	收视份额
戏剧	0.8	0.2	0.8	0.2	0.7	0.3
新闻/时事	15.2	14.4	15.7	13.9	15.9	13.1
音乐	1.8	0.7	1.4	0.7	1.3	1.0
专题	13.6	10.6	14.0	9.4	13.7	10.1
综艺	9.2	14.3	7.8	12.6	7.8	12.5
其他	12.9	13.3	12.9	13.7	12.9	13.1

表 3.50.7　2018 年宁波市场所有节目收视率排名前三十位

名次	节目名称	节目类型	播出频道	平均收视率（%）	平均占有率（%）
1	我爱世界杯：2018 年世界杯小组赛 E 组第二轮（巴西 VS 哥斯达黎加）	体育	中央台五套	6.1	25.8
2	开学第一课	青少	中央电视台综合频道	5.2	23.0
3	2018 中央电视台春节联欢晚会	综艺	中央台三套	4.6	16.5
4	妖猫传（2 月 18 日）	电影	中央台六套	3.4	16.4
5	摧毁	电视剧	宁波电视台四套（影视剧频道）	3.3	16.6
6	来发讲啥西（20:30）	新闻/时事	宁波电视台二套（经济生活频道）	3.3	16.5
7	第 31 届电视剧飞天奖第 25 届电视文艺星光奖（含红毯仪式、特别节目、颁奖典礼）	综艺	宁波电视台二套（经济生活频道）	3.2	19.7
8	天然舞台（20:30）	综艺	宁波电视台二套（经济生活频道）	3.2	15.2
9	红岩下的追捕	电视剧	宁波电视台四套（影视剧频道）	3.1	16.8
10	第 18 届亚运会男子 100 米自由泳决赛	体育	中央台五套	2.9	18.3
11	代号	电视剧	宁波电视台四套（影视剧频道）	2.9	14.1
12	热血勇士	电视剧	宁波电视台四套（影视剧频道）	2.9	13.6
13	讲大道（18:45）	专题	宁波电视台三套（都市文体频道）	2.8	17.4
14	药行街	电视剧	宁波电视台三套（都市文体频道）	2.8	16.1
15	生死征途	电视剧	宁波电视台四套（影视剧频道）	2.8	15.5
16	新春喜剧之夜	综艺	中央台三套	2.8	13.1
17	独立纵队二	电视剧	宁波电视台四套（影视剧频道）	2.7	18.2

续表

名次	节目名称	节目类型	播出频道	平均收视率(%)	平均占有率(%)
18	硬骨头之绝地归途	电视剧	宁波电视台四套(影视剧频道)	2.7	17.0
19	荡寇	电视剧	宁波电视台四套(影视剧频道)	2.6	18.5
20	八卦掌之潜龙勿用(9月22日)	电影	中央台六套	2.6	18.3
21	双枪女人	电视剧	宁波电视台四套(影视剧频道)	2.6	17.7
22	冒牌县长	电视剧	宁波电视台四套(影视剧频道)	2.6	13.4
23	老爷升堂	电视剧	宁波电视台三套(都市文体频道)	2.6	13.2
24	刀尖	电视剧	宁波电视台四套(影视剧频道)	2.6	12.8
25	第18届亚运会男子1500米预赛	体育	中央台五套	2.6	11.5
26	勇者胜	电视剧	宁波电视台四套(影视剧频道)	2.5	16.5
27	手枪队	电视剧	宁波电视台四套(影视剧频道)	2.5	15.0
28	拥抱幸福	电视剧	宁波电视台一套(新闻综合频道)	2.5	12.0
29	恋了爱了	电视剧	宁波电视台二套(经济生活频道)	2.5	11.6
30	我爱世界杯:2018年俄罗斯世界杯闭幕式	体育	中央台五套	2.4	20.0

表3.50.8 2018年宁波市场电视剧收视率排名前十位

名次	节目名称	播出频道	平均收视率(%)	平均占有率(%)
1	摧毁	宁波电视台四套(影视剧频道)	3.3	16.6
2	红岩下的追捕	宁波电视台四套(影视剧频道)	3.1	16.8
3	代号	宁波电视台四套(影视剧频道)	2.9	14.1
4	热血勇士	宁波电视台四套(影视剧频道)	2.9	13.6
5	药行街	宁波电视台三套(都市文体频道)	2.8	16.1
6	生死征途	宁波电视台四套(影视剧频道)	2.8	15.5
7	独立纵队二	宁波电视台四套(影视剧频道)	2.7	18.2
8	硬骨头之绝地归途	宁波电视台四套(影视剧频道)	2.7	17.0
9	荡寇	宁波电视台四套(影视剧频道)	2.6	18.5
10	双枪女人	宁波电视台四套(影视剧频道)	2.6	17.7

表 3.50.9　2018 年宁波市场新闻节目收视率排名前十位

名次	节目名称	播出频道	平均收视率（%）	平均占有率（%）
1	来发讲啥西（20:30）	宁波电视台二套（经济生活频道）	3.3	16.5
2	中国舆论场	中央台四套	1.0	4.9
3	海峡两岸	中央台四套	1.0	4.8
4	直通乌镇峰会第五届世界互联网大会特别节目	浙江卫视	0.9	7.3
5	看看看	宁波电视台一套（新闻综合频道）	0.6	5.0
6	今日关注	中央台四套	0.6	4.3
7	国庆之夜	中央电视台新闻频道	0.6	3.9
7	1818 黄金眼	浙江电视台民生休闲频道	0.6	3.9
9	上海合作组织青岛峰会特别报道	中央台四套	0.6	3.3
10	中国新闻（21:00）	中央台四套	0.6	2.9

表 3.50.10　2018 年宁波市场专题节目收视率排名前十位

名次	节目名称	播出频道	平均收视率（%）	平均占有率（%）
1	讲大道（18:45）	宁波电视台三套（都市文体频道）	2.8	17.4
2	舌尖上的中国 3	中央电视台综合频道	1.4	5.7
3	农道	宁波电视台二套（经济生活频道）	1.3	6.9
4	农家	宁波电视台三套（都市文体频道）	1.1	8.3
5	我的中国心包玉刚	宁波电视台二套（经济生活频道）	1.1	6.2
6	一年又一年	上海东方卫视	1.1	3.6
7	江南话语	宁波电视台三套（都市文体频道）	1.0	7.6
8	潮起海之南 1988 ~ 2018	中央台四套	1.0	6.7
9	第一测试	宁波电视台一套（新闻综合频道）	1.0	5.2
10	2018 春晚纪事	中央台三套	0.9	13.7

表 3.50.11　2018 年宁波市场综艺节目收视率排名前十位

名次	节目名称	播出频道	平均收视率（%）	平均占有率（%）
1	2018 中央电视台春节联欢晚会	中央台三套	4.6	16.5
2	第 31 届电视剧飞天奖第 25 届电视文艺星光奖（含红毯仪式、特别节目、颁奖典礼）	宁波电视台二套（经济生活频道）	3.2	19.7
3	天然舞台（20:30）	宁波电视台二套（经济生活频道）	3.2	15.2
4	新春喜剧之夜	中央台三套	2.8	13.1
5	中国好声音（8 月 17 日）	浙江卫视	2.2	13.9
6	奔跑吧	浙江卫视	2.1	13.0
7	越战越勇（12 月 26 日）	中央台三套	2.1	11.1
8	欢乐吉祥闹元宵	中央电视台综合频道	1.7	7.4
9	欢乐喜剧人（2 月 4 日）	上海东方卫视	1.6	8.0
10	开心大赢家（20:40）	宁波电视台四套（影视剧频道）	1.5	7.8

表 3.50.12　2018 年宁波市场体育节目收视率排名前十位
(世界杯、亚运会、亚残运会、冬奥会比赛除外)

名次	节目名称	播出频道	平均收视率(%)	平均占有率(%)
1	直播周末：2018 年杭州世锦赛 25 米男子 400 米个人混合泳决赛	中央台五套	2.0	10.3
2	女子马拉松颁奖仪式	中央台五套	1.4	9.5
3	直播周末：2017/2018 赛季中国男子篮球职业联赛总决赛第一场(浙江广厦控股 VS 辽宁本钢)	中央台五套	1.4	6.5
4	2018 年世界女排锦标赛第三阶段 H 组第三轮(荷兰 VS 中国)	中央台五套	1.2	8.7
5	现场直播：2018 年乒乓球团体世界锦标赛女团决赛	中央台五套	1.1	6.3
6	实况录像：2017 年田径世界接力赛女子 4×100 米决赛	中央台五套	1.1	5.9
7	实况录像：2018 年国际泳联游泳世界杯北京站男子 400 米自由泳	中央台五套	1.0	8.1
8	通向平昌：2017 年花滑大奖赛中国杯双人自由滑	中央台五套	0.9	8.1
9	直播周末：2018 年国际乒联世界巡回赛德国公开赛男单半决赛	中央台五套	0.9	6.0
10	实况录像：2017/2018 赛季短道速滑世界杯韩国首尔站男子 1500 米决赛	中央台五套	0.9	4.9

表 3.50.13　2018 年宁波市场世界杯、亚运会、亚残运会、冬奥会比赛收视率排名前十位

名次	节目名称	播出频道	平均收视率(%)	平均占有率(%)
1	我爱世界杯：2018 年世界杯小组赛 E 组第二轮(巴西 VS 哥斯达黎加)	中央台五套	6.1	25.8
2	第 18 届亚运会男子 100 米自由泳决赛	中央台五套	2.9	18.3
3	第 18 届亚运会男子 1500 米预赛	中央台五套	2.6	11.5
4	我爱世界杯：2018 年俄罗斯世界杯闭幕式	中央台五套	2.4	20.0
5	第 18 届亚运会男子十项全能标枪	中央台五套	2.2	12.4
6	第 18 届亚运会乒乓球男团决赛	中央台五套	2.1	11.0
7	我爱世界杯：2018 年俄罗斯世界杯开幕式	中央台五套	2.0	22.0
8	第 18 届亚运会男篮决赛(中国 VS 伊朗)	中央台五套	1.8	8.3
9	第 18 届亚运会女足决赛(日本 VS 中国)	中央台五套	1.7	9.4
10	2018 年第 23 届冬奥会短道速滑男子 1000 米半决赛	中央台五套	1.7	7.8

五十一、青岛收视数据

表 3.51.1　2014～2018 年青岛市场各类频道的市场占有率（%）

频道类别	年份				
	2014 年	2015 年	2016 年	2017 年	2018 年
中央电视台频道	33.8	31.3	30.2	30.1	31.1
中国教育台频道	0.2	0.1	0.1	0.1	0.1
山东省级频道	19.9	21.5	16.9	14.1	11.1
青岛市级频道	21.6	20.2	17.5	16.4	18.3
其他省级卫视频道	20.4	20.7	25.6	25.5	22.2
其他频道	4.1	6.2	9.7	13.8	17.2

表 3.51.2　2018 年青岛市场各类频道在不同目标观众中的市场占有率（%）

目标观众		中央电视台频道	中国教育台频道	山东省级频道	青岛市级频道	其他省级卫视频道	其他频道
4 岁及以上所有人		31.1	0.1	11.1	18.3	22.2	17.2
性别	男	34.8	0.1	10.4	18.2	20.3	16.2
	女	27.8	0.1	11.8	18.3	23.9	18.1
年龄	4～14 岁	21.8	0.2	10.8	10.8	32.1	24.3
	15～24 岁	29.0	0.1	7.1	15.3	22.2	26.3
	25～34 岁	26.8	0.1	7.4	10.9	30.9	23.9
	35～44 岁	32.5	0.1	8.7	14.5	23.0	21.2
	45～54 岁	28.7	0.1	10.8	18.2	19.1	23.1
	55～64 岁	37.4	0.1	14.3	18.3	19.9	10.0
	65 岁及以上	31.8	0.1	12.1	27.2	20.5	8.3
教育程度	未受过正规教育	22.9	0.1	19.0	22.3	21.8	13.9
	小学	25.9	0.1	15.5	22.3	25.1	11.1
	初中	30.1	0.1	12.7	19.5	19.8	17.8
	高中	35.7	0.1	7.7	15.9	22.6	18.0
	大学及以上	34.3	0.1	6.2	13.9	23.5	22.0
职业类别	干部/管理人员	28.6	0.1	8.7	19.5	28.6	14.5
	个体/私营企业人员	28.0	0.2	15.7	18.0	21.0	17.1
	初级公务员/雇员	33.2	0.1	6.8	15.2	21.5	23.2
	工人	29.7	0.1	14.2	16.2	20.5	19.3
	学生	27.2	0.2	7.6	14.0	27.7	23.3
	无业	33.7	0.1	11.5	20.8	22.3	11.6
	其他	22.6	0.1	13.5	20.1	19.6	24.1
个人月收入	0～600 元	25.8	0.1	12.1	16.7	26.4	18.9
	601～1200 元	32.9	0.1	16.3	18.4	17.7	14.6
	1201～1700 元	29.1	0.0	13.5	20.1	25.2	12.1
	1701～2600 元	33.3	0.1	12.2	18.8	20.1	15.5
	2601～3500 元	31.0	0.1	10.7	21.3	21.4	15.5
	3501～5000 元	30.8	0.1	9.8	18.3	21.8	19.2
	5001 元及以上	38.0	0.1	6.5	13.7	21.3	20.4

表 3. 51. 3　2018 年青岛市场各类频道在不同时段的市场占有率（%）

时间段	中央电视台频道	中国教育台频道	山东省级频道	青岛市级频道	其他省级卫视频道	其他频道
02:00 ~ 03:00	32. 5	0. 0	8. 0	3. 0	33. 6	22. 9
03:00 ~ 04:00	29. 6	0. 0	8. 7	2. 8	32. 9	26. 0
04:00 ~ 05:00	27. 9	0. 0	12. 2	2. 5	29. 9	27. 5
05:00 ~ 06:00	37. 8	0. 0	14. 8	3. 6	26. 3	17. 5
06:00 ~ 07:00	54. 9	0. 0	7. 2	8. 1	19. 3	10. 5
07:00 ~ 08:00	45. 7	0. 1	9. 6	11. 5	19. 0	14. 1
08:00 ~ 09:00	40. 6	0. 1	13. 5	6. 4	21. 6	17. 8
09:00 ~ 10:00	34. 9	0. 2	12. 0	5. 7	29. 0	18. 2
10:00 ~ 11:00	32. 3	0. 2	9. 3	7. 0	32. 5	18. 7
11:00 ~ 12:00	37. 2	0. 1	9. 9	5. 8	30. 7	16. 3
12:00 ~ 13:00	41. 2	0. 1	10. 6	5. 2	25. 3	17. 6
13:00 ~ 14:00	35. 9	0. 2	10. 9	4. 3	28. 3	20. 4
14:00 ~ 15:00	31. 6	0. 2	11. 2	4. 6	31. 7	20. 7
15:00 ~ 16:00	30. 2	0. 2	10. 5	7. 8	31. 6	19. 7
16:00 ~ 17:00	32. 0	0. 2	10. 2	8. 3	31. 1	18. 2
17:00 ~ 18:00	29. 2	0. 1	9. 7	19. 1	25. 3	16. 6
18:00 ~ 19:00	31. 2	0. 1	11. 2	32. 1	10. 1	15. 3
19:00 ~ 20:00	30. 6	0. 1	11. 6	30. 3	12. 2	15. 2
20:00 ~ 21:00	23. 6	0. 0	12. 3	28. 3	20. 3	15. 5
21:00 ~ 22:00	26. 4	0. 1	13. 3	25. 3	18. 6	16. 3
22:00 ~ 23:00	26. 1	0. 1	9. 4	20. 7	23. 0	20. 7
23:00 ~ 24:00	31. 6	0. 1	9. 1	10. 2	27. 6	21. 4
24:00 ~ 25:00	34. 5	0. 1	9. 9	8. 7	25. 5	21. 3
25:00 ~ 26:00	34. 2	0. 1	8. 8	5. 8	29. 6	21. 5

表 3. 51. 4　2018 年青岛市场收视份额排名前十位的频道

名次	频道名称	收视份额（%）
1	青岛电视台影视频道	4. 9
2	中央电视台综合频道	4. 5
2	中央台四套	4. 5
4	青岛电视台新闻综合频道	4. 4
5	山东卫视	4. 1
6	中央台六套	4. 0
7	青岛电视台生活服务频道	3. 8
8	中央台八套	3. 4
9	中央台三套	3. 1
10	青岛电视台休闲资讯频道	2. 7

表 3.51.5　2018 年青岛市场各主要频道的观众构成（%）

目标观众		所有频道	主要频道				
			青岛电视台影视频道	中央电视台综合频道	中央台四套	青岛电视台新闻综合频道	山东卫视
4 岁及以上所有人		100.0	100.0	100.0	100.0	100.0	100.0
性别	男	48.0	49.6	46.7	61.6	46.3	44.7
	女	52.0	50.4	53.3	38.4	53.7	55.3
年龄	4～14 岁	6.7	4.3	4.8	1.3	2.6	4.8
	15～24 岁	6.5	3.3	4.5	4.0	6.8	5.1
	25～34 岁	9.7	5.9	6.3	4.3	5.2	7.1
	35～44 岁	9.6	5.7	6.4	5.0	7.3	10.4
	45～54 岁	23.7	24.5	18.3	16.8	19.7	26.0
	55～64 岁	24.2	26.9	31.7	40.4	26.6	30.8
	65 岁及以上	19.6	29.4	28.0	28.2	31.8	15.8
教育程度	未受过正规教育	5.0	7.7	4.6	3.6	4.8	4.4
	小学	17.2	28.9	17.3	11.9	17.3	21.2
	初中	35.6	37.3	35.8	35.7	37.8	44.1
	高中	26.2	18.4	27.6	32.7	28.7	19.5
	大学及以上	16.0	7.7	14.7	16.1	11.4	10.8
职业类别	干部/管理人员	2.3	1.7	1.8	1.2	1.7	1.5
	个体/私营企业人员	10.1	8.7	9.0	8.6	7.8	11.5
	初级公务员/雇员	19.1	15.2	16.0	19.3	16.6	15.1
	工人	11.8	14.1	7.0	8.2	7.9	17.3
	学生	7.8	5.2	4.8	2.4	6.1	5.6
	无业	41.7	45.3	56.9	56.6	52.6	36.7
	其他	7.2	9.8	4.5	3.6	7.3	12.3
个人月收入	0～600 元	21.5	19.3	17.3	11.4	19.6	20.2
	601～1200 元	7.9	12.4	7.8	8.7	5.7	13.0
	1201～1700 元	3.4	3.9	3.1	4.9	3.1	4.1
	1701～2600 元	15.6	19.6	19.5	17.8	15.8	14.6
	2601～3500 元	23.7	23.9	26.1	25.0	30.8	26.7
	3501～5000 元	16.0	13.7	14.6	19.0	15.6	14.3
	5001 元及以上	11.9	7.2	11.6	13.2	9.4	7.1

表 3.51.6　2016～2018 青岛市场各类节目的播出份额（%）和收视份额（%）

节目类别	2016 年		2017 年		2018 年	
	播出份额	收视份额	播出份额	收视份额	播出份额	收视份额
财经	1.2	0.3	1.0	0.3	1.0	0.4
电视剧	20.5	28.7	20.0	28.6	19.9	28.3
电影	3.3	3.4	3.5	3.8	3.6	4.6
法制	0.7	0.4	1.0	0.8	0.9	0.6
教学	0.2	0.0	0.2	0.0	0.3	0.0
青少	7.3	4.1	7.9	4.3	8.0	5.1
生活服务	10.0	10.3	9.5	9.2	9.3	8.1

续表

节目类别	2016年		2017年		2018年	
	播出份额	收视份额	播出份额	收视份额	播出份额	收视份额
体育	3.3	2.6	3.4	2.5	3.6	4.1
外语	0.0	0.0	0.1	0.0	0.1	0.0
戏剧	0.8	0.2	0.7	0.2	0.7	0.3
新闻/时事	14.5	15.2	15.3	14.9	15.5	14.4
音乐	1.7	0.7	1.4	0.8	1.4	0.9
专题	13.7	6.1	14.1	8.2	13.8	7.9
综艺	10.3	16.7	9.7	15.2	9.3	14.3
其他	12.5	11.3	12.2	11.3	12.6	11.0

表3.51.7　2018年青岛市场所有节目收视率排名前三十位

名次	节目名称	节目类型	播出频道	平均收视率（%）	平均占有率（%）
1	2018中央电视台春节联欢晚会	综艺	中央电视台综合频道	12.8	27.2
2	欢乐吉祥闹元宵	综艺	中央电视台综合频道	11.8	31.7
3	上海合作组织青岛峰会特别报道	新闻/时事	中央电视台综合频道	8.4	23.7
4	开学第一课	青少	中央电视台综合频道	7.1	22.4
5	我爱世界杯：2018年俄罗斯世界杯淘汰赛阶段第一场（法国VS阿根廷）	体育	中央台五套	6.8	45.4
6	一年又一年	专题	中央电视台综合频道	5.3	14.9
7	野火	电视剧	青岛电视台影视频道	5.2	18.9
8	无名者	电视剧	青岛电视台影视频道	5.2	18.5
9	女匪首传奇	电视剧	青岛电视台影视频道	4.9	18.1
10	猎金行动	电视剧	青岛电视台影视频道	4.9	17.1
11	第18届亚运会男子100米决赛	体育	中央台五套	4.8	33.5
12	飞越青岛	其他	青岛电视台影视频道	4.8	14.9
13	战昆仑	电视剧	青岛电视台影视频道	4.8	14.2
14	大地惊雷	电视剧	青岛电视台影视频道	4.7	16.9
15	铁血战狼	电视剧	青岛电视台影视频道	4.5	15.9
16	神勇武工队传奇	电视剧	青岛电视台影视频道	4.2	16.1
17	影视福利社	生活服务	青岛电视台影视频道	4.1	14.4
18	山河同在	电视剧	青岛电视台影视频道	4.1	13.1
19	荡寇	电视剧	青岛电视台影视频道	4.0	14.5
19	第18届亚运会男子4×100米混合泳接力决赛	体育	中央台五套	4.0	14.5
21	面具	电视剧	青岛电视台影视频道	4.0	13.7
22	2018年第23届冬奥会短道速滑男子5000米接力决赛B组	体育	中央台五套	3.9	11.4
23	喜到福到好运到2018年春晚倒计时	综艺	中央台三套	3.9	10.8
24	2018年中央广播电视总台中秋晚会	综艺	中央电视台综合频道	3.8	13.9
25	我的小姨	电视剧	山东卫视	3.7	10.9

续表

名次	节目名称	节目类型	播出频道	平均收视率（%）	平均占有率（%）
26	地道女英雄	电视剧	青岛电视台影视频道	3.6	13.5
27	铁核桃之无间风云	电视剧	青岛电视台影视频道	3.6	11.0
28	举起手来之二追击阿多丸	电影	中央台六套	3.6	10.8
29	忘情歌	电视剧	青岛电视台影视频道	3.5	12.7
30	胜利之路	电视剧	青岛电视台影视频道	3.4	12.7

表 3.51.8　2018 年青岛市场电视剧收视率排名前十位

名次	节目名称	播出频道	平均收视率（%）	平均占有率（%）
1	野火	青岛电视台影视频道	5.2	18.9
2	无名者	青岛电视台影视频道	5.2	18.5
3	女匪首传奇	青岛电视台影视频道	4.9	18.1
4	猎金行动	青岛电视台影视频道	4.9	17.1
5	战昆仑	青岛电视台影视频道	4.8	14.2
6	大地惊雷	青岛电视台影视频道	4.7	16.9
7	铁血战狼	青岛电视台影视频道	4.5	15.9
8	神勇武工队传奇	青岛电视台影视频道	4.2	16.1
9	山河同在	青岛电视台影视频道	4.1	13.1
10	荡寇	青岛电视台影视频道	4.0	14.5

表 3.51.9　2018 年青岛市场新闻节目收视率排名前十位

名次	节目名称	播出频道	平均收视率（%）	平均占有率（%）
1	上海合作组织青岛峰会特别报道	中央电视台综合频道	8.4	23.7
2	今日－今日 60 分	青岛电视台新闻综合频道	2.0	9.9
3	转播中央台新闻联播	青岛电视台新闻综合频道	1.9	7.3
4	焦点访谈	青岛电视台新闻综合频道	1.7	7.7
5	生活在线	青岛电视台生活服务频道	1.7	5.7
6	亲切的关怀巨大的鼓舞在习近平新时代中国特色社会主义思想指引下	山东卫视	1.5	6.1
7	青岛新闻	青岛电视台新闻综合频道	1.5	5.4
8	山东新闻联播	青岛电视台新闻综合频道	1.4	5.5
9	直通全国两会特别报道	山东卫视	1.4	4.5
10	儒商大会 2018 聚天下英才绘齐鲁宏图	山东卫视	1.3	4.2

表 3.51.10　2018 年青岛市场专题节目收视率排名前十位

名次	节目名称	播出频道	平均收视率（%）	平均占有率（%）
1	一年又一年	中央电视台综合频道	5.3	14.9
2	感动中国 2017 年度人物颁奖盛典	中央电视台综合频道	2.4	8.4
3	遇见青岛短视频大赛相约上合因为 TA 爱上你颁奖礼	青岛电视台新闻综合频道	2.0	7.8

续表

名次	节目名称	播出频道	平均收视率（%）	平均占有率（%）
4	扎扎实实提高质量	中央电视台综合频道	2.0	5.2
5	真情调解	青岛电视台生活服务频道	1.9	8.2
6	调解面对面	青岛电视台生活服务频道	1.9	7.9
7	2017 年度感动青岛道德模范	青岛电视台新闻综合频道	1.8	9.5
8	岛城先锋	青岛电视台新闻综合频道	1.7	7.0
9	青岛 24 小时	青岛电视台新闻综合频道	1.7	6.6
10	爱的海洋汶川地震灾区学生赴海洋全俄儿童中心疗养十周年纪念	中央电视台综合频道	1.7	6.3

表 3.51.11　2018 年青岛市场综艺节目收视率排名前十位

名次	节目名称	播出频道	平均收视率（%）	平均占有率（%）
1	2018 中央电视台春节联欢晚会	中央电视台综合频道	12.8	27.2
2	欢乐吉祥闹元宵	中央电视台综合频道	11.8	31.7
3	喜到福到好运到 2018 年春晚倒计时	中央台三套	3.9	10.8
4	2018 年中央广播电视总台中秋晚会	中央电视台综合频道	3.8	13.9
5	挑战不可能总决赛	中央电视台综合频道	3.0	10.8
6	拥抱新时代祝福你中国中国梦祖国颂 2018 国庆特别节目	中央电视台综合频道	2.7	8.6
7	上海合作组织青岛峰会灯光焰火艺术表演有朋自远方来	青岛电视台新闻综合频道	2.4	8.9
8	改革颂中国梦 2018 青岛市民文化艺术节开幕式	青岛电视台影视频道	2.1	9.1
9	2018 春晚北京电视台春节联欢晚会	北京卫视	2.1	6.7
10	欢声笑语 2018 迎国庆	中央台三套	1.9	6.6

表 3.51.12　2018 年青岛市场体育节目收视率排名前十位

（世界杯、亚运会、亚残运会、冬奥会比赛除外）

名次	节目名称	播出频道	平均收视率（%）	平均占有率（%）
1	直播周末：2018 年世界女排锦标赛第二阶段 F 组（中国 VS 泰国）	中央台五套	3.1	11.7
2	赛事直播 山东省第 24 届运动会开幕式	青岛电视台休闲资讯频道	2.4	7.8
3	现场直播：2018 年乒乓球团体世界锦标赛男团决赛	中央台五套	1.9	8.1
4	现场直播：2018 年亚洲足联冠军联赛 G 组第 3 轮（广州恒大 VS 济州联）	中央台五套	1.9	6.1
5	直播周末：2017/2018 赛季中国男子篮球职业联赛总决赛第一场（浙江广厦控股 VS 辽宁本钢）	中央台五套	1.7	5.8

续表

名次	节目名称	播出频道	平均收视率（%）	平均占有率（%）
6	实况录像：2018年世界室内田径锦标赛女子3000米决赛	中央台五套	1.6	8.2
7	2018年中国之队国际足球友谊赛（中国VS叙利亚）	中央台五套	1.6	7.0
8	现场直播：2018年中国足协杯决赛次回合（山东鲁能泰山VS北京中赫国安）	中央台五套	1.6	5.7
9	直播周末：2018年世界举重锦标赛女子87公斤以上级挺举决赛	中央台五套	1.6	5.5
10	现场直播：2018年世界女排联赛总决赛（中国VS巴西）	中央台五套	1.5	6.1

表3.51.13　2018年青岛市场世界杯、亚运会、亚残运会、冬奥会比赛收视率排名前10位

名次	节目名称	播出频道	平均收视率（%）	平均占有率（%）
1	我爱世界杯：2018年俄罗斯世界杯淘汰赛阶段第一场（法国VS阿根廷）	中央台五套	6.8	45.4
2	第18届亚运会男子100米决赛	中央台五套	4.8	33.5
3	第18届亚运会男子4×100米混合泳接力决赛	中央台五套	4.0	14.5
4	2018年第23届冬奥会短道速滑男子5000米接力决赛B组	中央台五套	3.9	11.4
5	第18届亚运会男篮决赛（中国VS伊朗）	中央台五套	2.9	9.2
6	2018年平昌冬奥会闭幕式	中央台五套	2.9	8.5
7	第18届亚运会自行车女子团体竞速赛	中央台五套	2.8	12.5
8	第18届亚运会女足决赛（日本VS中国）	中央台五套	2.7	8.9
9	第18届亚运会女排决赛（中国VS泰国）	中央台五套	2.5	13.8
10	第18届亚运会乒乓球男团决赛	中央台五套	2.5	8.7

五十二、沈阳收视数据

表 3.52.1　2014～2018 年沈阳市场各类频道的市场占有率（%）

频道类别	年份				
	2014 年	2015 年	2016 年	2017 年	2018 年
中央电视台频道	30.2	30.0	31.6	30.7	34.0
中国教育台频道	0.3	0.3	0.2	0.2	0.2
辽宁省级频道	25.6	23.8	25.6	20.9	21.9
沈阳市级频道	4.5	5.5	4.7	11.0	8.8
其他省级卫视频道	34.4	34.1	30.3	26.5	23.0
其他频道	5.0	6.4	7.6	10.7	12.1

表 3.52.2　2018 年沈阳市场各类频道在不同目标观众中的市场占有率（%）

目标观众		中央电视台频道	中国教育台频道	辽宁省级频道	沈阳市级频道	其他省级卫视频道	其他频道
4 岁及以上所有人		34.0	0.2	21.9	8.8	23.0	12.1
性别	男	35.5	0.2	23.2	8.1	20.7	12.3
	女	32.4	0.2	20.6	9.5	25.4	11.9
年龄	4～14 岁	29.5	0.1	13.4	4.0	34.6	18.4
	15～24 岁	29.0	0.6	18.4	8.4	29.3	14.3
	25～34 岁	30.9	0.3	17.4	8.0	28.0	15.4
	35～44 岁	31.4	0.1	16.1	6.1	29.9	16.4
	45～54 岁	31.9	0.3	22.0	7.7	23.1	15.0
	55～64 岁	32.3	0.1	29.2	9.8	17.7	10.9
	65 岁及以上	42.2	0.1	22.0	11.6	18.7	5.4
教育程度	未受过正规教育	35.7	0.0	15.6	4.3	29.5	14.9
	小学	33.1	0.3	26.0	6.5	23.1	11.0
	初中	34.3	0.2	25.5	9.4	19.2	11.4
	高中	34.5	0.2	18.1	8.5	26.2	12.5
	大学及以上	32.6	0.2	15.0	10.0	28.2	14.0
职业类别	干部/管理人员	31.0	0.1	25.1	6.4	28.8	8.6
	个体/私营企业人员	36.3	0.5	16.0	5.0	22.4	19.8
	初级公务员/雇员	29.8	0.2	12.9	10.4	29.7	17.0
	工人	30.1	0.3	23.8	9.1	24.1	12.6
	学生	33.0	0.1	15.1	5.0	32.2	14.6
	无业	37.7	0.1	22.0	10.1	22.0	8.1
	其他	26.8	0.1	35.0	5.0	13.2	19.9
个人月收入	0～600 元	32.8	0.1	19.4	5.0	29.1	13.6
	601～1200 元	37.0	0.1	31.2	8.3	14.3	9.1
	1201～1700 元	30.5	0.1	26.1	10.2	19.9	13.2
	1701～2600 元	34.1	0.2	23.2	11.7	21.5	9.3
	2601～3500 元	36.3	0.1	18.9	6.8	24.0	13.9
	3501～5000 元	33.6	0.4	18.2	10.1	23.4	14.3
	5001 元及以上	30.3	0.8	27.7	5.8	20.1	15.3

表 3.52.3　2018 年沈阳市场各类频道不同时段的市场占有率（%）

时间段	中央电视台频道	中国教育台频道	辽宁省级频道	沈阳市级频道	其他省级上星频道	其他频道
02:00~03:00	35.8	0.1	18.9	6.0	21.7	17.5
03:00~04:00	30.6	0.1	14.2	5.8	17.5	31.8
04:00~05:00	39.5	0.3	16.0	6.7	15.4	22.1
05:00~06:00	44.3	0.3	21.8	7.4	13.6	12.6
06:00~07:00	40.5	0.1	22.6	16.6	10.8	9.4
07:00~08:00	40.0	0.4	16.6	20.1	12.5	10.4
08:00~09:00	42.5	0.4	13.8	13.5	17.9	11.9
09:00~10:00	39.0	0.3	14.6	5.9	27.4	12.8
10:00~11:00	36.7	0.3	13.7	4.2	32.8	12.3
11:00~12:00	37.5	0.2	13.6	2.8	33.5	12.4
12:00~13:00	36.2	0.1	17.6	4.4	29.0	12.7
13:00~14:00	36.5	0.3	11.6	2.8	34.6	14.2
14:00~15:00	36.2	0.4	11.1	2.7	35.2	14.4
15:00~16:00	38.0	0.4	10.8	3.6	33.6	13.6
16:00~17:00	35.2	0.4	16.7	6.2	30.0	11.5
17:00~18:00	25.5	0.2	31.9	12.3	20.7	9.4
18:00~19:00	30.1	0.1	37.3	14.3	8.3	9.9
19:00~20:00	35.3	0.1	30.3	10.4	13.8	10.1
20:00~21:00	31.9	0.1	23.8	9.3	24.1	10.8
21:00~22:00	31.8	0.1	23.6	10.0	22.4	12.1
22:00~23:00	28.9	0.1	20.2	9.5	26.0	15.3
23:00~24:00	32.9	0.1	17.6	4.7	27.6	17.1
24:00~25:00	32.6	0.2	20.2	6.3	21.9	18.8
25:00~26:00	32.6	0.2	19.0	5.6	22.6	20.0

表 3.52.4　2018 年沈阳市场收视份额排名前十位的频道

名次	频道名称	收视份额（%）
1	辽宁广播电视台都市频道	7.9
2	中央台四套	5.4
3	中央电视台综合频道	4.8
4	沈阳电视台一套（新闻综合频道）	4.3
5	辽宁广播电视台经济频道（沈阳台）	4.1
6	辽宁卫视	4.0
6	中央台八套	4.0
8	辽宁广播电视台影视剧频道	3.9
8	中央台六套	3.9
10	中央台三套	3.4

表 3.52.5　2018 年沈阳市场各主要频道的观众构成（%）

目标观众		所有频道	主要频道				
			辽宁广播电视台都市频道	中央台四套	中央电视台综合频道	沈阳电视台一套（新闻综合频道）	辽宁广播电视台经济频道（沈阳台）
4 岁及以上所有人		100.0	100.0	100.0	100.0	100.0	100.0
性别	男	50.7	50.7	59.9	50.8	46.6	47.1
	女	49.3	49.3	40.1	49.2	53.4	52.9
年龄	4～14 岁	4.4	3.1	0.6	2.8	1.2	2.6
	15～24 岁	4.5	4.2	2.2	5.4	3.8	4.5
	25～34 岁	9.7	8.1	6.0	9.1	5.8	12.4
	35～44 岁	12.2	9.6	5.4	13.1	7.7	9.1
	45～54 岁	23.3	24.0	22.7	19.4	21.7	19.3
	55～64 岁	22.4	24.8	22.9	24.0	23.7	26.8
	65 岁及以上	23.5	26.2	40.2	26.2	36.1	25.3
教育程度	未受过正规教育	2.6	1.9	0.7	6.3	1.9	0.5
	小学	11.7	14.1	10.8	9.1	10.5	6.6
	初中	46.6	49.7	47.0	47.6	45.6	54.5
	高中	24.2	23.0	26.6	20.8	25.4	20.9
	大学及以上	14.9	11.3	14.9	16.2	16.6	17.5
职业类别	干部/管理人员	1.7	3.1	1.2	0.6	0.8	1.7
	个体/私营企业人员	7.7	6.5	6.3	5.5	5.1	3.6
	初级公务员/雇员	9.0	6.1	7.0	9.6	9.2	12.7
	工人	21.5	18.4	21.4	17.8	21.2	23.0
	学生	4.2	4.1	1.7	3.6	1.2	3.4
	无业	47.5	48.4	57.6	49.4	59.2	49.8
	其他	8.4	13.4	4.8	13.5	3.3	5.8
个人月收入	0～600 元	17.0	17.1	11.3	13.4	8.2	10.4
	601～1200 元	5.6	7.3	7.0	6.9	4.0	6.6
	1201～1700 元	7.4	7.6	6.2	12.1	9.2	8.4
	1701～2600 元	33.5	35.6	38.5	34.7	40.8	47.8
	2601～3500 元	20.2	18.0	20.8	21.7	17.7	13.2
	3501～5000 元	12.1	11.0	13.6	8.6	15.7	12.4
	5001 元及以上	4.2	3.4	2.6	2.6	4.4	1.2

表 3.52.6　2016～2018 年沈阳市场各类节目的播出份额（%）和收视份额（%）

节目类别	2016 年		2017 年		2018 年	
	播出份额	收视份额	播出份额	收视份额	播出份额	收视份额
财经	1.3	0.9	1.1	0.6	1.0	0.4
电视剧	26.6	26.9	26.8	29.1	21.7	24.6
电影	3.8	3.9	3.9	4.0	4.2	5.0
法制	0.9	0.5	0.9	0.6	0.8	0.5
教学	0.2	0.0	0.2	0.0	0.3	0.0
青少	6.4	2.4	6.8	3.0	6.9	3.1
生活服务	10.1	10.0	9.2	9.6	8.9	10.3

续表

节目类别	2016 年		2017 年		2018 年	
	播出份额	收视份额	播出份额	收视份额	播出份额	收视份额
体育	3.4	4.8	3.3	3.8	3.7	5.3
外语	0.0	0.0	0.1	0.0	0.1	0.0
戏剧	0.8	0.2	0.8	0.2	0.7	0.2
新闻/时事	10.0	16.1	10.6	16.7	15.8	18.8
音乐	1.7	0.7	1.3	0.7	1.4	0.7
专题	13.2	5.5	13.5	6.0	13.5	5.2
综艺	7.9	17.1	6.9	13.8	9.0	13.9
其他	13.7	10.9	14.7	11.9	12.0	12.0

表 3.52.7 2018 年沈阳市场所有节目收视率排名前三十位

名次	节目名称	节目类别	播出频道	平均收视率（%）	平均占有率（%）
1	2018 辽宁卫视春节联欢晚会	综艺	辽宁卫视	13.5	48.1
2	2018 中央电视台春节联欢晚会	综艺	中央电视台综合频道	10.2	23.9
3	我爱世界杯：2018 年世界杯小组赛 D 组第一轮（阿根廷 VS 冰岛）	体育	中央台五套	9.3	36.8
4	直播周末 CBA 颁奖仪式	体育	中央台五套	8.1	28.1
5	欢乐吉祥闹元宵	综艺	中央电视台综合频道	7.8	20.8
6	直播周末：2017/2018 赛季中国男子篮球职业联赛总决赛第四场（辽宁本钢 VS 浙江广厦）	体育	中央台五套	7.2	20.1
7	2018 年亚运会男子 4×200 米自由泳接力决赛	体育	中央台五套	6.2	19.0
8	2018 百姓春晚家和人旺乐在北方	综艺	辽宁广播电视台都市频道	5.9	16.3
9	第 18 届亚运会男子 100 米预赛	体育	中央台五套	5.7	17.9
10	我爱世界杯：2018 年俄罗斯世界杯闭幕式	体育	中央台五套	5.4	31.5
11	现场直播：18/19 赛季中国男子篮球职业联赛第 25 轮（辽宁本钢 VS 山西汾酒股份）	体育	辽宁广播电视台体育频道	5.1	15.7
12	2018 春晚北京电视台春节联欢晚会	综艺	北京卫视	5.0	15.2
13	第 18 届亚运会女子个人花剑决赛	体育	中央台五套	4.6	15.1
14	我爱世界杯：2018 年俄罗斯世界杯开幕式	体育	中央台五套	4.3	33.3
15	新北方	新闻	辽宁广播电视台都市频道	4.3	18.0
16	第 18 届亚运会男篮决赛（中国 VS 伊朗）	体育	中央台五套	4.2	13.8
17	新闻正前方	新闻/时事	辽宁广播电视台都市频道	4.1	23.2

续表

名次	节目名称	节目类别	播出频道	平均收视率(%)	平均占有率(%)
18	第18届亚运会乒乓球男团决赛	体育	中央台五套	4.1	13.9
19	2018年第23届冬奥会短道速滑男子500米决赛A组	体育	中央台五套	4.1	12.8
20	烈火刀影	电视剧	辽宁广播电视台影视剧频道	3.7	11.7
21	红高粱	电影	中央台六套	3.6	12.3
22	开学第一课	青少	中央电视台综合频道	3.6	12.2
23	新春喜剧之夜	综艺	中央台三套	3.6	9.8
24	2018辽视春晚倒计时	综艺	辽宁卫视	3.5	12.3
25	现场直播：2018年乒乓球团体世界锦标赛男团决赛	体育	中央台五套	3.4	13.8
26	猎风行动	电视剧	辽宁广播电视台影视剧频道	3.4	10.7
27	见习女警	生活服务	中央台六套	3.4	10.3
28	直播周末：2018年CBA全明星扣篮大赛	体育	中央台五套	3.4	9.7
29	第18届亚运会女排半决赛(中国VS日本)	体育	中央台五套	3.3	16.3
30	中国好声音巅峰之夜	综艺	浙江卫视	3.3	13.2

表3.52.8 2018年沈阳市场电视剧收视率排名前十位

名次	节目名称	播出频道	平均收视率(%)	平均占有率(%)
1	烈火刀影	辽宁广播电视台影视剧频道	3.7	11.7
2	猎风行动	辽宁广播电视台影视剧频道	3.4	10.7
3	热血豪侠	辽宁广播电视台影视剧频道	2.9	8.8
4	战狼出击	辽宁广播电视台影视剧频道	2.8	9.5
5	传奇匪王	辽宁广播电视台影视剧频道	2.8	8.8
6	燕子侠	辽宁广播电视台影视剧频道	2.7	8.4
7	虎狼交锋	辽宁广播电视台影视剧频道	2.6	9.1
8	美好生活	上海东方卫视	2.6	7.4
9	霹雳刺刀	辽宁广播电视台影视剧频道	2.5	7.5
10	恋爱先生	上海东方卫视	2.5	6.8

表3.52.9 2018年沈阳市场新闻节目收视率排名前十位

名次	节目名称	播出频道	平均收视率(%)	平均占有率(%)
1	新北方	辽宁广播电视台都市频道	4.3	18.0
2	新闻正前方	辽宁广播电视台都市频道	4.1	23.2
3	海峡两岸	中央台四套	2.3	7.4
4	中国舆论场	中央台四套	2.1	6.8
5	今日关注	中央台四套	1.8	7.8

续表

名次	节目名称	播出频道	平均收视率（%）	平均占有率（%）
6	中国新闻	中央台四套	1.7	5.9
7	新闻联播	中央电视台综合频道	1.6	5.7
8	今日亚洲	中央台四套	1.6	5.3
9	沈视晚报	沈阳电视台一套（新闻综合频道）	1.5	7.1
10	正在行动	辽宁广播电视台都市频道	1.4	5.7

表 3.52.10 2018 年沈阳市场专题节目收视率排名前十位

名次	节目名称	播出频道	平均收视率（%）	平均占有率（%）
1	一年又一年	中央电视台综合频道	2.3	7.5
2	重返狼群	中央台六套	2.1	6.2
3	东北味道中国年	辽宁广播电视台都市频道	2.0	7.2
4	感动中国 2017 年度人物颁奖盛典	中央电视台综合频道	2.0	6.0
5	爱的海洋汶川地震灾区学生赴海洋全俄儿童中心疗养十周年纪念	中央电视台综合频道	1.7	5.6
6	潮起海之南 1988 ~ 2018	中央台四套	1.7	5.5
7	世界听我说	中央台四套	1.7	5.3
8	国家记忆	中央台四套	1.5	5.1
9	舌尖上的中国 3	中央电视台综合频道	1.5	4.1
10	国宝见证历史俄罗斯纪行夏宫的约会	中央台四套	1.4	5.7

表 3.52.11 2018 年沈阳市场综艺节目收视率排名前十位

名次	节目名称	播出频道	平均收视率（%）	平均占有率（%）
1	2018 辽宁卫视春节联欢晚会	辽宁卫视	13.5	48.1
2	2018 中央电视台春节联欢晚会	中央电视台综合频道	10.2	23.9
3	欢乐吉祥闹元宵	中央电视台综合频道	7.8	20.8
4	2018 百姓春晚家和人旺乐在北方	辽宁广播电视台都市频道	5.9	16.3
5	2018 春晚北京电视台春节联欢晚会	北京卫视	5.0	15.2
6	新春喜剧之夜	中央台三套	3.6	9.8
7	2018 辽视春晚倒计时	辽宁卫视	3.5	12.3
8	中国好声音巅峰之夜	浙江卫视	3.3	13.2
9	拥抱新时代祝福你中国中国梦祖国颂 2018 国庆特别节目	中央电视台综合频道	3.3	11.8
10	2018 湖南卫视春节联欢晚会	湖南卫视	3.0	9.7

表 3.52.12　2018 年沈阳市场体育节目收视率排名前十位（世界杯、亚运会、亚残运会、冬奥会比赛除外）

名次	节目名称	播出频道	平均收视率（%）	平均占有率（%）
1	直播周末 CBA 颁奖仪式	中央台五套	8.1	28.1
2	直播周末：2017/2018 赛季中国男子篮球职业联赛总决赛第四场（辽宁本钢 VS 浙江广厦）	中央台五套	7.2	20.1
3	现场直播：18/19 赛季中国男子篮球职业联赛第 25 轮（辽宁本钢 VS 山西汾酒股份）	辽宁广播电视台体育频道	5.1	15.7
4	现场直播：2018 年乒乓球团体世界锦标赛男团决赛	中央台五套	3.4	13.8
5	直播周末：2018 年 CBA 全明星扣篮大赛	中央台五套	3.4	9.7
6	直播周末：2018 年 CBA 全明星三分球大赛	中央台五套	2.5	6.9
7	2018 年世界女排锦标赛第三阶段 H 组第三轮（荷兰 VS 中国）	中央台五套	2.2	8.6
8	现场直播：2018 年世界女排联赛总决赛（中国 VS 巴西）	中央台五套	2.1	8.1
9	现场直播：2018 年乒乓球团体世界锦标赛女团决赛	中央台五套	2.0	9.2
10	中国队比赛回顾	中央台五套	2.0	6.3

表 3.52.13　2018 年沈阳市场世界杯、亚运会、亚残运会、冬奥会比赛收视率排名前十位

名次	节目名称	播出频道	平均收视率（%）	平均占有率（%）
1	我爱世界杯：2018 年世界杯小组赛 D 组第一轮（阿根廷 VS 冰岛）	中央台五套	9.3	36.8
2	2018 年亚运会男子 4×200 米自由泳接力决赛	中央台五套	6.2	19.0
3	第 18 届亚运会男子 100 米预赛	中央台五套	5.7	17.9
4	我爱世界杯：2018 年俄罗斯世界杯闭幕式	中央台五套	5.4	31.5
5	第 18 届亚运会女子个人花剑决赛	中央台五套	4.6	15.1
6	我爱世界杯：2018 年俄罗斯世界杯开幕式	中央台五套	4.3	33.3
7	第 18 届亚运会男篮决赛（中国 VS 伊朗）	中央台五套	4.2	13.8
8	第 18 届亚运会乒乓球男团决赛	中央台五套	4.1	13.9
9	2018 年第 23 届冬奥会短道速滑男子 500 米决赛 A 组	中央台五套	4.1	12.8
10	第 18 届亚运会女排半决赛（中国 VS 日本）	中央台五套	3.3	16.3

五十三、深圳收视数据

表 3.53.1　2014～2018 年深圳市场各类频道的市场占有率（%）

频道类别	年份				
	2014 年	2015 年	2016 年	2017 年	2018 年
中央电视台频道	22.3	21.6	23.4	22.1	22.5
中国教育台频道	0.1	0.1	0.1	0.1	0.2
广东省级台	7.4	8.0	7.4	7.9	6.7
深圳市级台	35.1	34.8	31.9	26.0	25.6
境外频道	6.4	5.4	4.4	3.6	3.1
其他省级卫视频道	19.8	20.8	19.8	24.4	20.9
其他频道	8.9	9.3	13.0	15.9	21.0

表 3.53.2　2018 年深圳市场各类频道在各目标观众中的市场占有率（%）

目标观众		中央电视台频道	中国教育台频道	广东省级台	深圳市级台	境外频道	其他省级卫视频道	其他频道
4 岁及以上所有人		22.5	0.2	6.7	25.6	3.1	20.9	21.0
性别	男	24.2	0.2	6.3	25.7	2.9	20.4	20.3
	女	20.8	0.1	7.1	25.5	3.2	21.6	21.7
年龄	4～14 岁	17.6	0.1	9.4	21.0	1.7	22.2	28.0
	15～24 岁	25.0	0.2	5.5	22.7	2.2	23.5	20.9
	25～34 岁	20.4	0.1	7.7	24.5	2.9	20.6	23.8
	35～44 岁	20.3	0.2	5.2	19.8	3.2	24.4	26.9
	45～54 岁	23.5	0.2	6.2	31.2	3.5	20.6	14.8
	55～64 岁	26.7	0.1	6.3	28.3	4.0	17.0	17.6
	65 岁及以上	33.6	0.2	6.6	24.3	4.9	13.5	16.9
教育程度	未受过正规教育	19.0	0.1	9.0	22.8	1.4	20.4	27.3
	小学	19.9	0.2	9.0	27.0	2.4	20.8	20.7
	初中	21.1	0.2	7.1	27.6	2.9	20.9	20.2
	高中	24.9	0.2	6.8	26.6	3.4	20.1	18.0
	大学及以上	23.8	0.1	3.8	19.3	3.8	22.5	26.7
职业类别	干部/管理人员	17.5	0.1	5.2	20.7	3.0	25.8	27.7
	个体/私营企业人员	23.8	0.2	5.2	24.2	3.2	19.1	24.3
	初级公务员/雇员	22.7	0.2	5.4	28.6	2.8	22.9	17.4
	工人	18.9	0.1	8.3	29.3	2.6	21.8	19.0
	学生	20.7	0.2	8.3	23.5	2.2	22.7	22.4
	无业	23.9	0.2	8.6	24.4	3.7	19.0	20.2
	其他	*	*	*	*	*	*	*
个人月收入	0～600 元	21.3	0.2	8.9	23.9	2.8	20.9	22.0
	601～1200 元	30.0	0.1	6.6	22.8	3.8	22.4	14.3
	1201～1700 元	26.5	0.0	15.0	29.8	3.5	16.4	8.8
	1701～2600 元	29.9	0.1	4.3	21.9	3.2	18.7	21.9
	2601～3500 元	19.6	0.1	9.7	24.8	3.6	19.0	23.2
	3501～5000 元	23.3	0.1	5.4	29.1	2.5	21.6	18.0
	5001 元及以上	22.1	0.2	5.3	26.0	3.4	21.4	21.6

注：* 表示由于样本量不足，无法进行统计推断。

表 3.53.3　2018 年深圳市场各类频道在不同时段的市场占有率（%）

时间段	中央电视台频道	中国教育台频道	广东省级台	深圳市级台	境外频道	其他省级卫视频道	其他频道
02:00~03:00	17.5	0.2	3.5	13.6	5.3	21.1	38.8
03:00~04:00	19.6	0.1	3.8	11.2	4.8	20.3	40.2
04:00~05:00	11.7	0.1	2.9	12.3	6.8	19.6	46.6
05:00~06:00	13.4	0.1	3.4	13.0	6.8	18.3	45.0
06:00~07:00	29.3	0.5	9.1	11.9	9.2	10.5	29.5
07:00~08:00	36.6	0.3	8.4	18.5	6.7	8.2	21.3
08:00~09:00	36.9	0.4	9.0	14.2	7.1	11.5	20.9
09:00~10:00	32.8	0.4	8.5	12.2	3.2	18.2	24.7
10:00~11:00	31.2	0.4	7.9	11.0	2.6	20.4	26.5
11:00~12:00	32.5	0.3	8.7	9.8	2.6	21.6	24.5
12:00~13:00	30.8	0.1	9.0	16.7	3.8	18.2	21.4
13:00~14:00	29.0	0.3	8.4	10.8	3.4	23.8	24.3
14:00~15:00	25.2	0.4	7.3	9.6	2.2	29.2	26.1
15:00~16:00	24.9	0.6	7.5	9.3	1.9	30.8	25.0
16:00~17:00	26.2	0.5	7.4	9.2	2.0	29.7	25.0
17:00~18:00	24.7	0.3	7.9	18.3	2.2	22.0	24.6
18:00~19:00	20.8	0.1	8.1	38.5	3.2	8.0	21.3
19:00~20:00	20.1	0.1	6.7	36.3	2.4	16.3	18.1
20:00~21:00	18.6	0.0	5.9	30.9	2.5	24.9	17.2
21:00~22:00	18.2	0.1	5.5	33.3	3.2	22.4	17.3
22:00~23:00	14.9	0.1	4.1	37.0	3.1	22.9	17.9
23:00~24:00	16.9	0.1	5.1	34.7	3.0	21.4	18.8
24:00~25:00	21.7	0.1	4.8	24.5	6.5	16.7	25.7
25:00~26:00	16.6	0.2	3.4	17.2	8.1	18.7	35.8

表 3.53.4　2018 年深圳市场收视份额排名前十位的频道

名次	频道名称	收视份额（%）
1	深圳电视台二套（电视剧频道）	9.4
2	深圳电视台一套（都市频道）	7.2
3	中央电视台综合频道	4.4
4	湖南卫视	3.6
5	浙江卫视	3.1
6	深圳电视台六套（少儿频道）	2.9
7	广东广播电视台嘉佳卡通频道	2.6
8	中央电视台少儿频道	2.5
8	江苏卫视	2.5
10	深圳电视台七套（公共频道）	2.4

表 3.53.5 2018 年深圳市场各主要频道的观众构成（%）

目标观众		所有频道	主要频道				
			深圳电视台二套（电视剧频道）	深圳电视台一套（都市频道）	中央电视台综合频道	湖南卫视	浙江卫视
4 岁及以上所有人		100.0	100.0	100.0	100.0	100.0	100.0
性别	男	51.5	56.2	50.0	51.9	41.1	47.9
	女	48.5	43.8	50.0	48.1	58.9	52.1
年龄	4~14 岁	7.7	4.9	4.9	3.9	10.2	10.9
	15~24 岁	10.8	11.2	6.0	17.8	13.8	13.7
	25~34 岁	30.8	25.1	31.9	26.1	36.8	30.8
	35~44 岁	12.2	9.1	10.5	6.9	12.7	15.1
	45~54 岁	27.1	37.2	34.4	28.1	20.7	23.1
	55~64 岁	7.0	7.5	8.6	9.6	3.9	4.0
	65 岁及以上	4.4	5.0	3.7	7.6	1.9	2.4
教育程度	未受过正规教育	3.2	2.8	2.2	3.3	2.5	2.6
	小学	12.9	13.2	14.1	13.9	13.4	14.9
	初中	36.5	44.5	34.3	33.7	38.8	34.1
	高中	29.2	30.3	33.2	34.6	26.8	27.7
	大学及以上	18.2	9.2	16.2	14.5	18.5	20.7
职业类别	干部/管理人员	5.6	4.4	5.8	2.9	7.5	8.0
	个体/私营企业人员	25.1	27.0	25.5	33.2	21.5	18.2
	初级公务员/雇员	25.5	28.5	29.1	24.9	28.2	26.3
	工人	8.6	12.1	7.7	6.0	6.3	11.6
	学生	8.5	8.1	5.1	4.1	13.1	14.9
	无业	26.7	19.9	26.8	28.9	23.4	21.0
	其他	*	*	*	*	*	*
个人月收入	0~600 元	28.6	23.5	23.8	24.4	33.2	32.3
	601~1200 元	1.0	0.9	0.9	0.4	2.0	0.3
	1201~1700 元	0.6	0.2	0.8	0.2	0.3	0.5
	1701~2600 元	6.1	4.9	4.7	16.2	5.4	6.1
	2601~3500 元	7.3	6.9	7.2	5.8	6.7	7.9
	3501~5000 元	18.7	21.0	24.6	23.8	16.3	21.5
	5001 元及以上	37.7	42.6	38.0	29.2	36.1	31.4

注“*”表示样本量不足，无法进行统计推断。

表 3.53.6 2016~2018 年深圳市场各类节目的播出份额（%）和收视份额（%）

节目类别	2016 年		2017 年		2018 年	
	播出份额	收视份额	播出份额	收视份额	播出份额	收视份额
财经	1.3	0.9	1.2	0.6	1.3	0.5
电视剧	22.0	32.3	22.0	33.7	21.8	36.4
电影	3.4	2.8	3.6	2.8	3.7	2.7
法制	1.2	0.9	0.9	0.6	0.7	0.5
教学	0.2	0.1	0.1	0.1	0.2	0.1
青少	6.9	5.8	7.3	7.8	7.3	7.5
生活服务	9.3	6.4	8.5	6.5	8.8	6.2

续表

节目类别	2016 年		2017 年		2018 年	
	播出份额	收视份额	播出份额	收视份额	播出份额	收视份额
体育	3.7	2.9	4.1	3.0	4.3	4.2
外语	0.1	0.0	0.2	0.0	0.2	0.0
戏剧	0.6	0.1	0.6	0.1	0.6	0.1
新闻/时事	15.2	16.3	16.2	14.4	16.6	14.3
音乐	1.5	1.2	1.2	0.9	1.2	0.8
专题	12.4	6.2	12.7	5.4	12.6	5.1
综艺	9.0	11.3	7.9	10.9	7.5	9.1
其他	13.2	12.8	13.5	13.2	13.2	12.5

表 3.53.7　2018 年深圳市场所有节目收视率排名前三十位

名次	节目名称	类型	频道	平均收视率（%）	平均占有率（%）
1	我爱世界杯：2018 年俄罗斯世界杯足球赛决赛（法国 VS 克罗地亚）	体育	中央台五套	6.9	39.0
2	开学第一课	青少	中央电视台综合频道	4.8	17.4
3	猎狼人	电视剧	深圳电视台二套（电视剧频道）	4.2	24.9
4	杀出黎明	电视剧	深圳电视台二套（电视剧频道）	3.8	20.5
5	猎金行动	电视剧	深圳电视台二套（电视剧频道）	3.7	21.8
6	追风行动	电视剧	深圳电视台二套（电视剧频道）	3.7	21.2
7	樱桃红之袖珍妈妈	电视剧	深圳电视台一套（都市频道）	3.7	17.9
8	铁血武工队传奇	电视剧	深圳电视台二套（电视剧频道）	3.5	20.0
9	摧毁	电视剧	深圳电视台二套（电视剧频道）	3.5	19.6
10	誓盟（1～12 集）	电视剧	深圳电视台二套（电视剧频道）	3.5	15.3
11	云水怒	电视剧	深圳电视台二套（电视剧频道）	3.4	21.3
12	蜂鸟	电视剧	深圳电视台二套（电视剧频道）	3.4	19.5
13	绽放吧百合	电视剧	深圳电视台一套（都市频道）	3.4	17.2
14	中国好声音（9 月 7 日）	综艺	浙江卫视	3.4	15.8
15	雪地娘子军	电视剧	深圳电视台二套（电视剧频道）	3.3	16.0
16	2018 中央电视台春节联欢晚会	综艺	中央电视台综合频道	3.3	15.7
17	红线	电视剧	深圳电视台二套（电视剧频道）	3.2	18.0
18	我的父亲我的兵	电视剧	深圳电视台二套（电视剧频道）	3.2	17.9
19	第 18 届亚运会男子 400 米决赛	体育	中央台五套	3.2	13.8
20	欢乐吉祥闹元宵	综艺	中央电视台综合频道	3.2	12.9
21	怒海红尘	电视剧	深圳电视台二套（电视剧频道）	3.1	18.1
22	英雄使命	电视剧	深圳电视台二套（电视剧频道）	3.1	17.8
23	神勇武工队传奇	电视剧	深圳电视台二套（电视剧频道）	3.1	17.7
24	浴血独立连	电视剧	深圳电视台二套（电视剧频道）	3.1	15.3
25	走打鬼子去	电视剧	深圳电视台二套（电视剧频道）	3.0	17.6
26	一个鬼子都不留之四太行英雄传	电视剧	深圳电视台二套（电视剧频道）	3.0	16.2

续表

名次	节目名称	类型	频道	平均收视率（%）	平均占有率（%）
27	擒狼	电视剧	深圳电视台二套（电视剧频道）	3.0	16.0
28	哥哥姐姐的花样年华	电视剧	深圳电视台一套（都市频道）	3.0	15.1
29	第1现场	新闻/时事	深圳电视台一套（都市频道）	2.9	18.9
30	使命1915	电视剧	深圳电视台二套（电视剧频道）	2.9	16.3

表3.53.8　2018年深圳市场电视剧收视率排名前十位

名次	节目名称	播出频道	平均收视率（%）	平均占有率（%）
1	猎狼人	深圳电视台二套（电视剧频道）	4.2	24.9
2	杀出黎明	深圳电视台二套（电视剧频道）	3.8	20.5
3	猎金行动	深圳电视台二套（电视剧频道）	3.7	21.8
4	追风行动	深圳电视台二套（电视剧频道）	3.7	21.2
5	樱桃红之袖珍妈妈	深圳电视台一套（都市频道）	3.7	17.9
6	铁血武工队传奇	深圳电视台二套（电视剧频道）	3.5	20.0
7	摧毁	深圳电视台二套（电视剧频道）	3.5	19.6
8	誓盟（1~12集）	深圳电视台二套（电视剧频道）	3.5	15.3
9	云水怒	深圳电视台二套（电视剧频道）	3.4	21.3
10	蜂鸟	深圳电视台二套（电视剧频道）	3.4	19.5

表3.53.9　2018年深圳市场新闻节目收视率排名前十位

名次	节目名称	播出频道	平均收视率（%）	平均占有率（%）
1	第1现场	深圳电视台一套（都市频道）	2.9	18.9
2	台风山竹特别报道（9月15日）	深圳电视台一套（都市频道）	2.2	8.8
3	台风山竹特别报道（9月16日）	深圳卫视（新闻综合频道）	1.5	8.4
4	国务院总理会见中外记者并回答提问	中央电视台新闻频道	1.2	5.6
5	都市调查	深圳电视台一套（都市频道）	1.0	6.9
6	都市路路通	深圳电视台一套（都市频道）	0.9	10.2
7	18点新闻	深圳电视台七套（公共频道）	0.9	8.2
8	中华人民共和国友谊勋章颁授仪式特别报道	中央电视台综合频道	0.7	7.6
9	转播中央台新闻联播（9月16日）	广东广播电视台珠江频道	0.7	3.2
10	新闻联播	中央电视台综合频道	0.6	3.8

表3.53.10　2018年深圳市场专题节目收视率排名前十位

名次	节目名称	播出频道	平均收视率（%）	平均占有率（%）
1	八八战略15年	浙江卫视	1.1	7.0
2	相知无远近万里尚为邻2018年7月习近平主席亚非行纪实	中央电视台综合频道	1.1	5.0
3	为了一江清水浩荡东流习近平总书记2018年长江考察纪实	中央电视台综合频道	1.0	5.4

续表

名次	节目名称	播出频道	平均收视率(%)	平均占有率(%)
4	万水千山只等闲	中央电视台综合频道	1.0	5.1
5	2017 寻找最美医生	中央电视台综合频道	1.0	4.7
6	野性夏威夷	中央台九套纪录频道	1.0	4.1
7	舌尖上的中国 3	中央电视台综合频道	0.9	4.8
8	等着我	中央电视台综合频道	0.9	4.2
9	一年又一年	中央电视台综合频道	0.8	6.5
10	重返爱的海洋	中央电视台综合频道	0.8	4.4

表 3.53.11　2018 年深圳市场综艺节目收视率排名前十位

名次	节目名称	播出频道	平均收视率(%)	平均占有率(%)
1	中国好声音（9 月 7 日）	浙江卫视	3.4	15.8
2	2018 中央电视台春节联欢晚会	中央电视台综合频道	3.3	15.7
3	欢乐吉祥闹元宵	中央电视台综合频道	3.2	12.9
4	2018 湖南卫视春节联欢晚会	湖南卫视	2.8	15.6
5	抖音美好奇妙夜 2018 浙江卫视秋季盛典	浙江卫视	2.4	11.5
6	跨界歌王（7 月 28 日）	北京卫视	2.3	11.4
7	歌手（1 月 26 日）	湖南卫视	2.3	10.3
8	奔跑吧（含《奔跑嘉年华》）	浙江卫视	2.1	9.9
9	音乐特辑抢票时刻	浙江卫视	1.8	11.9
10	中秋之夜	湖南卫视	1.8	7.4

表 3.53.12　2018 年深圳市场体育节目收视率排名前十位
（世界杯、亚运会、亚残运会、冬奥会比赛除外）

名次	节目名称	播出频道	平均收视率(%)	平均占有率(%)
1	2018 年世界女排锦标赛第三阶段 H 组第三轮（荷兰 VS 中国）	中央台五套	2.1	12.5
2	2018/2019 赛季中国男子篮球职业联赛常规赛第 24 轮（广东东莞银行 VS 北京首钢）	中央台五套	2.0	10.0
3	现场直播：2017/2018 赛季中国男子篮球职业联赛总决赛第三场（辽宁本钢 VS 浙江广厦）	中央台五套	2.0	9.4
4	现场直播：2018 年国际篮联女子世界杯 1/4 决赛资格赛（中国 VS 日本）	中央台五套	1.6	9.4
5	现场直播：2018 年乒乓球团体世界锦标赛男团决赛	中央台五套	1.5	7.2
6	实况录像：2018 年瑞士女排精英赛（中国 VS 瑞士）	中央台五套	1.2	23.5

续表

名次	节目名称	播出频道	平均收视率（%）	平均占有率（%）
7	现场直播：2018 年世界女排联赛总决赛（中国 VS 巴西）	中央台五套	1.2	5.4
8	现场直播世乒赛团体赛女团决赛颁奖仪式	中央台五套	1.1	10.5
9	现场直播：亚洲足联 2018 年女子亚洲杯 A 组第 1 轮（中国 VS 泰国）	中央台五套	1.0	5.9
10	2018 年中甲联赛第 17 轮（辽宁沈阳宏运 VS 深圳佳兆业）	广东广播电视台体育频道	1.0	5.4

表 3.53.13　2018 年深圳市场世界杯、亚运会、亚残运会、冬奥会比赛收视率排名前十位

名次	节目名称	播出频道	平均收视率（%）	平均占有率（%）
1	我爱世界杯：2018 年俄罗斯世界杯足球赛决赛（法国 VS 克罗地亚）	中央台五套	6.9	39.0
2	第 18 届亚运会男子 400 米决赛	中央台五套	3.2	13.8
3	第 18 届亚运会男篮决赛（中国 VS 伊朗）	中央台五套	2.8	10.7
4	第 18 届亚运会女排半决赛（中国 VS 日本）	中央台五套	2.5	9.6
5	我爱世界杯 2018 年俄罗斯世界杯闭幕式	中央台五套	2.4	12.4
6	我爱世界杯 2018 年俄罗斯世界杯开幕式	中央台五套	2.1	13.5
7	第 18 届亚运会女子 400 米个人混合泳决赛	中央台五套	1.9	10.4
8	第 18 届亚运会乒乓球男团决赛	中央台五套	1.8	7.1
9	第 18 届亚运会男子团体羽毛球半决赛	中央台五套	1.5	7.3
10	第 18 届亚运会女足决赛（日本 VS 中国）	中央台五套	1.5	5.7

五十四、石家庄收视数据

表 3.54.1 2014~2018 年石家庄市场各类频道的市场占有率（%）

频道类别	年份				
	2014 年	2015 年	2016 年	2017 年	2018 年
中央电视台频道	35.9	35.6	38.4	35.4	36.3
中国教育台频道	0.1	0.1	0.0	0.1	0.2
河北省级频道	27.9	22.5	19.8	19.0	18.9
石家庄市级频道	8.8	9.4	8.1	6.6	6.5
其他省级卫视频道	22.5	27.3	26.2	22.5	19.4
其他频道	4.8	5.1	7.5	16.4	18.8

表 3.54.2 2018 年石家庄市场各类频道在不同目标观众中的市场占有率（%）

目标观众		中央电视台频道	中国教育台频道	河北省级频道	石家庄市级频道	其他省级卫视频道	其他频道
4 岁及以上所有人		36.3	0.2	18.9	6.5	19.4	18.8
性别	男	38.2	0.2	18.4	6.9	17.6	18.7
	女	34.4	0.1	19.4	6.1	21.1	18.8
年龄	4~14 岁	28.7	0.2	8.1	2.7	21.9	38.4
	15~24 岁	31.7	0.2	15.7	6.0	21.2	25.4
	25~34 岁	31.7	0.2	8.6	2.8	24.6	32.2
	35~44 岁	38.3	0.2	12.6	5.5	19.6	23.9
	45~54 岁	34.5	0.2	19.9	9.2	18.6	17.7
	55~64 岁	36.4	0.1	28.2	6.8	17.2	11.3
	65 岁及以上	43.6	0.1	24.6	7.3	17.5	6.8
教育程度	未受过正规教育	29.7	0.2	21.7	3.7	18.3	26.5
	小学	34.1	0.2	23.1	6.8	20.0	15.7
	初中	35.7	0.1	21.1	7.5	17.7	17.8
	高中	38.3	0.1	17.7	5.6	19.6	18.6
	大学及以上	38.7	0.1	11.1	6.4	22.3	21.3
职业类别	干部/管理人员	35.6	0.2	10.6	3.8	24.8	25.0
	个体/私营企业人员	34.2	0.2	17.9	8.2	19.9	19.6
	初级公务员/雇员	37.4	0.1	15.3	5.7	19.3	22.2
	工人	35.8	0.2	19.0	9.9	17.9	17.3
	学生	33.1	0.2	11.0	4.7	22.2	28.9
	无业	38.3	0.1	22.0	6.0	18.3	15.3
	其他	28.0	0.1	31.0	7.3	22.0	11.6
个人月收入	0~600 元	32.5	0.2	20.1	4.8	19.7	22.8
	601~1200 元	31.0	0.2	29.5	5.7	19.3	14.3
	1201~1700 元	40.8	0.1	20.0	11.1	16.1	12.0
	1701~2600 元	36.9	0.1	16.5	8.7	20.8	17.0
	2601~3500 元	39.2	0.1	17.7	5.7	18.9	18.5
	3501~5000 元	43.8	0.1	14.2	4.9	19.7	17.3
	5001 元及以上	40.2	0.1	13.3	8.6	16.6	21.1

表 3.54.3 2018 年石家庄市场各类频道在不同时段的市场占有率（%）

时间段	中央电视台频道	中国教育台频道	河北省级频道	石家庄市级频道	其他省级卫视频道	其他频道
02:00~03:00	27.6	0.2	15.9	2.0	22.6	31.8
03:00~04:00	26.2	0.1	17.0	3.2	21.6	31.9
04:00~05:00	29.8	0.1	17.3	3.5	23.5	26.0
05:00~06:00	45.8	0.2	14.9	3.4	22.8	13.0
06:00~07:00	59.8	0.1	15.3	6.6	8.6	9.6
07:00~08:00	57.9	0.1	20.7	3.1	8.5	9.7
08:00~09:00	51.6	0.2	12.8	3.8	16.7	14.8
09:00~10:00	42.3	0.3	10.5	3.6	24.0	19.3
10:00~11:00	38.9	0.3	10.1	4.0	26.1	20.6
11:00~12:00	40.0	0.2	12.8	5.7	22.5	18.9
12:00~13:00	33.8	0.1	25.3	7.1	16.7	17.1
13:00~14:00	37.2	0.2	12.3	2.8	24.6	23.0
14:00~15:00	36.8	0.2	10.1	2.0	26.7	24.1
15:00~16:00	36.8	0.3	10.5	3.0	26.6	23.0
16:00~17:00	37.1	0.2	11.3	3.3	26.0	22.1
17:00~18:00	37.6	0.2	15.0	4.1	22.5	20.7
18:00~19:00	38.4	0.1	27.2	7.0	9.2	18.1
19:00~20:00	37.6	0.1	24.8	10.1	11.6	15.9
20:00~21:00	31.2	0.1	24.0	9.5	19.8	15.5
21:00~22:00	32.8	0.1	21.5	9.3	19.1	17.1
22:00~23:00	31.4	0.2	18.9	4.6	22.9	22.0
23:00~24:00	33.4	0.1	9.8	4.4	27.2	25.1
24:00~25:00	32.8	0.1	10.6	3.7	24.3	28.5
25:00~26:00	28.3	0.1	12.8	1.8	24.6	32.5

表 3.54.4 2018 年石家庄市场收视份额排名前十位的频道

名次	频道名称	收视份额（%）
1	河北广播电视台农民频道	7.5
2	中央电视台综合频道	5.8
3	中央台四套	4.3
4	中央台八套	3.7
5	河北广播电视台卫视频道	3.6
5	中央台六套	3.6
7	中央台三套	3.4
8	石家庄广播电视台新闻综合频道	3.3
9	河北广播电视台影视剧频道	2.9
10	河北广播电视台经济生活频道	2.6

表 3.54.5　2018 年石家庄市场各主要频道的观众构成（%）

目标观众		所有频道	主要频道				
			河北广播电视台农民频道	中央电视台综合频道	中央台四套	中央台八套	河北广播电视台卫视频道
4 岁及以上所有人		100.0	100.0	100.0	100.0	100.0	100.0
性别	男	49.7	45.8	49.4	60.5	43.0	50.9
	女	50.3	54.2	50.6	39.5	57.0	49.1
年龄	4～14 岁	7.8	2.7	6.4	2.6	4.2	4.6
	15～24 岁	9.0	5.7	8.2	7.7	6.0	9.1
	25～34 岁	11.6	4.4	8.4	4.5	6.7	7.2
	35～44 岁	9.9	3.0	8.8	8.6	9.1	11.7
	45～54 岁	22.7	23.5	19.7	18.8	19.8	23.2
	55～64 岁	15.0	27.0	19.0	11.7	23.4	13.2
	65 岁及以上	23.9	33.7	29.4	46.3	30.9	31.0
教育程度	未受过正规教育	6.0	8.6	4.7	3.1	6.2	6.2
	小学	16.3	26.3	12.2	16.8	11.7	16.1
	初中	34.0	38.2	36.6	30.8	36.3	32.9
	高中	27.7	21.1	29.9	30.2	31.6	29.8
	大学及以上	16.0	5.7	16.6	19.1	14.1	15.0
职业类别	干部/管理人员	1.7	0.6	1.5	1.0	1.2	2.1
	个体/私营企业人员	20.8	17.2	16.2	13.3	20.0	18.1
	初级公务员/雇员	16.9	11.4	15.9	14.1	14.3	18.0
	工人	4.6	3.2	4.5	3.1	3.3	5.6
	学生	9.3	3.1	9.0	7.4	7.2	8.0
	无业	43.4	57.6	50.5	59.1	51.9	44.2
	其他	3.2	6.9	2.5	2.1	2.1	3.9
个人月收入	0～600 元	34.4	46.7	31.4	27.5	27.7	30.1
	601～1200 元	8.5	15.4	6.0	7.0	13.6	13.5
	1201～1700 元	7.4	7.0	8.7	7.2	9.8	7.8
	1701～2600 元	21.0	15.3	21.9	21.6	21.0	21.3
	2601～3500 元	15.6	9.8	16.0	16.6	16.4	16.2
	3501～5000 元	9.3	4.2	11.4	17.8	9.1	7.4
	5001 元及以上	3.9	1.6	4.6	2.2	2.5	3.6

表 3.54.6　2016～2018 年石家庄市场各类节目的播出份额（%）和收视份额（%）

节目类别	2016 年		2017 年		2018 年	
	播出份额	收视份额	播出份额	收视份额	播出份额	收视份额
财经	1.3	0.7	1.1	0.5	1.2	0.6
电视剧	22.2	29.1	22.1	31.8	21.9	31.8
电影	3.9	4.4	3.9	4.3	4.0	4.5
法制	1.0	1.1	1.2	1.1	1.5	1.1
教学	0.2	0.0	0.2	0.0	0.3	0.0
青少	6.6	3.6	7.0	4.7	7.0	4.0
生活服务	9.4	8.1	8.5	6.7	8.7	7.9

续表

节目类别	2016 年		2017 年		2018 年	
	播出份额	收视份额	播出份额	收视份额	播出份额	收视份额
体育	3.3	3.4	3.3	2.4	3.3	3.4
外语	0.0	0.0	0.1	0.0	0.1	0.0
戏剧	0.9	0.9	0.9	1.8	0.8	1.7
新闻/时事	14.7	14.8	15.5	14.3	15.6	13.5
音乐	1.8	0.4	1.4	0.5	1.4	0.8
专题	13.5	7.4	13.9	7.5	13.4	7.5
综艺	9.4	15.9	8.7	13.6	8.3	11.8
其他	11.8	10.2	12.2	10.8	12.4	11.3

表 3.54.7　2018 年石家庄市场所有节目收视率排名前三十位

名次	节目名称	节目类型	播出频道	平均收视率（%）	平均占有率（%）
1	2018 中央电视台春节联欢晚会	综艺	中央电视台综合频道	9.0	21.3
2	我爱世界杯：2018 年世界杯小组赛 E 组第二轮（巴西 VS 哥斯达黎加）	体育	中央台五套	6.8	29.1
3	欢乐吉祥闹元宵	综艺	中央电视台综合频道	5.4	17.7
4	妈妈回家	电视剧	河北广播电视台农民频道	4.8	16.2
5	一年又一年	专题	中央电视台综合频道	4.0	15.7
6	第 18 届亚运会男子 400 米决赛	体育	中央台五套	3.9	15.7
7	养母生母	电视剧	河北广播电视台农民频道	3.9	14.1
8	大妮子	电视剧	河北广播电视台农民频道	3.8	13.4
9	开学第一课	青少	中央电视台综合频道	3.6	13.1
10	新春喜剧之夜	综艺	中央台三套	3.6	11.4
11	我爱世界杯：2018 年俄罗斯世界杯开幕式	体育	中央台五套	3.1	26.6
12	天气预报	生活服务	中央电视台综合频道	3.1	13.1
13	谷家大嫂	电视剧	河北广播电视台农民频道	3.0	13.1
14	姨娘	电视剧	河北广播电视台农民频道	3.0	10.6
15	心系凉山习近平总书记凉山扶贫纪实	专题	中央电视台综合频道	3.0	9.5
16	菊子传奇	电视剧	河北广播电视台农民频道	2.9	14.0
17	刘家媳妇	电视剧	河北广播电视台农民频道	2.9	11.8
18	憨媳当家	电视剧	河北广播电视台农民频道	2.9	10.3
19	七巧妈妈	电视剧	河北广播电视台农民频道	2.8	12.2
20	岁岁年年柿柿红	电视剧	中央电视台综合频道	2.8	12.1
21	老米家的婚事	电视剧	河北广播电视台农民频道	2.8	9.4
22	第 18 届亚运会男子 1500 米自由泳决赛	体育	中央台五套	2.7	12.9
23	相声大联欢	综艺	中央电视台综合频道	2.5	12.3
24	养个孩子不容易	电视剧	河北广播电视台农民频道	2.5	10.3

续表

名次	节目名称	节目类型	播出频道	平均收视率(%)	平均占有率(%)
25	第18届亚运会乒乓球男团决赛	体育	中央台五套	2.4	10.7
26	当婆婆遇上妈	电视剧	河北广播电视台农民频道	2.4	9.7
27	现场直播：2018年乒乓球团体世界锦标赛女团决赛	体育	中央台五套	2.3	12.1
28	云岫传奇	电视剧	河北广播电视台农民频道	2.3	9.9
29	好日子	电视剧	河北广播电视台农民频道	2.3	9.2
30	柿柿红	电视剧	河北广播电视台农民频道	2.3	8.8

表3.54.8　2018年石家庄市场电视剧收视率排名前十位

名次	节目名称	播出频道	平均收视率(%)	平均占有率(%)
1	妈妈回家	河北广播电视台农民频道	4.8	16.2
2	养母生母	河北广播电视台农民频道	3.9	14.1
3	大妮子	河北广播电视台农民频道	3.8	13.4
4	谷家大嫂	河北广播电视台农民频道	3.0	13.1
5	姨娘	河北广播电视台农民频道	3.0	10.6
6	菊子传奇	河北广播电视台农民频道	2.9	14.0
7	刘家媳妇	河北广播电视台农民频道	2.9	11.8
8	憨媳当家	河北广播电视台农民频道	2.9	10.3
9	七巧妈妈	河北广播电视台农民频道	2.8	12.2
10	岁岁年年柿柿红	中央电视台综合频道	2.8	12.1

表3.54.9　2018年石家庄市场新闻节目收视率排名前十位

名次	节目名称	播出频道	平均收视率(%)	平均占有率(%)
1	新闻联播	中央电视台综合频道	1.8	8.2
2	国务院总理会见中外记者并回答提问	中央电视台新闻频道	1.5	4.8
3	焦点访谈	中央电视台综合频道	1.3	5.4
4	海峡两岸	中央台四套	1.3	5.0
5	河北省十三届人大一次会议政协河北省十二届一次会议特别报道	河北广播电视台卫视频道	1.1	3.6
6	河北新闻联播	河北广播电视台卫视频道	1.0	6.2
7	今日资讯	河北广播电视台经济生活频道	0.9	6.3
8	今日关注	中央台四套	0.9	4.6
9	中国舆论场	中央台四套	0.9	3.7
10	今日亚洲	中央台四套	0.8	3.5

表 3.54.10　2018 年石家庄市场专题节目收视率排名前十位

名次	节目名称	播出频道	平均收视率（%）	平均占有率（%）
1	一年又一年	中央电视台综合频道	4.0	15.7
2	心系凉山习近平总书记凉山扶贫纪实	中央电视台综合频道	3.0	9.5
3	感动中国 2017 年度人物颁奖盛典	中央电视台综合频道	2.0	6.6
4	舌尖上的中国 3	中央电视台综合频道	1.8	5.6
5	为了庄严承诺 2018 年河北省脱贫攻坚奖特别节目	河北广播电视台农民频道	1.6	6.0
6	万水千山只等闲	中央电视台综合频道	1.6	5.7
7	扎扎实实提高质量	中央电视台综合频道	1.6	4.8
8	为了一江清水浩荡东流习近平总书记 2018 年长江考察纪实	中央电视台综合频道	1.5	7.1
9	重返爱的海洋	中央电视台综合频道	1.5	6.5
10	2018 寻找最美教师	中央电视台综合频道	1.4	6.6

表 3.54.11　2018 年石家庄市场综艺节目收视率排名前十位

名次	节目名称	播出频道	平均收视率（%）	平均占有率（%）
1	2018 中央电视台春节联欢晚会	中央电视台综合频道	9.0	21.3
2	欢乐吉祥闹元宵	中央电视台综合频道	5.4	17.7
3	新春喜剧之夜	中央台三套	3.6	11.4
4	相声大联欢	中央电视台综合频道	2.5	12.3
5	2018CCTV 网络春晚	中央台三套	2.2	8.1
6	我们一起红电视观众节	河北广播电视台农民频道	2.1	7.9
7	男过女人关	河北广播电视台农民频道	2.0	10.5
8	2018 春晚北京电视台春节联欢晚会最爱中国年	北京卫视	1.9	11.2
9	拥抱新时代祝福你中国中国梦祖国颂 2018 国庆特别节目	中央电视台综合频道	1.9	7.9
10	亲如一家塞上情庆祝宁夏回族自治区成立 60 周年	中央电视台综合频道	1.8	7.6

表 3.54.12　2018 年石家庄市场体育节目收视率排名前十位

（世界杯、亚运会、亚残运会、冬奥会比赛除外）

名次	节目名称	播出频道	平均收视率（%）	平均占有率（%）
1	现场直播：2018 年乒乓球团体世界锦标赛女团决赛	中央台五套	2.3	12.1
2	2018 年世界女排锦标赛第三阶段 H 组第三轮（荷兰 VS 中国）	中央台五套	1.9	9.2
3	现场直播：2018 年世界女排联赛江门站（中国 VS 俄罗斯）	中央台五套	1.4	6.3

续表

名次	节目名称	播出频道	平均收视率(%)	平均占有率(%)
4	奋进新时代燕赵新画卷河北省第十五届运动会开幕式	石家庄广播电视台新闻综合频道	1.3	6.2
5	超级足球之夜直播周末：2018 年中国平安中国足协超级联赛第 11 轮（河北华夏幸福 VS 重庆斯威）	中央台五套	1.3	4.9
6	直播周末：2018 年杭州世锦赛 25 米女子 50 米自由泳半决赛	中央台五套	1.3	4.7
7	现场直播：2018 年国际乒联世界巡回赛中国公开赛女单决赛	中央台五套	1.2	5.2
8	超级足球之夜直播周末：2018 年国际足球友谊赛（中国 VS 印度）	中央台五套	1.1	4.3
9	现场直播：2017/2018 赛季中国男子篮球职业联赛半决赛第六场（广厦 VS 山东）	中央台五套	1.0	4.2
10	2018/2019 赛季中国男子篮球职业联赛常规赛第 3 轮（广东东莞银行 VS 四川五粮金樽）	中央台五套	1.0	3.9

表 3.54.13　2018 年石家庄市场世界杯、亚运会、亚残运会、冬奥会比赛收视率排名前十位

名次	节目名称	播出频道	平均收视率(%)	平均占有率(%)
1	我爱世界杯：2018 年世界杯小组赛 E 组第二轮（巴西 VS 哥斯达黎加）	中央台五套	6.8	29.1
2	第 18 届亚运会男子 400 米决赛	中央台五套	3.9	15.7
3	我爱世界杯：2018 年俄罗斯世界杯开幕式	中央台五套	3.1	26.6
4	第 18 届亚运会男子 1500 米自由泳决赛	中央台五套	2.7	12.9
5	第 18 届亚运会乒乓球男团决赛	中央台五套	2.4	10.7
6	2018 年第 23 届冬奥会短道速滑女子 1000 米半决赛	中央台五套	2.2	8.5
7	第 18 届亚运会男篮决赛（中国 VS 伊朗）	中央台五套	1.9	7.3
8	第 18 届亚运会羽毛球女双决赛	中央台五套	1.8	11.0
9	第 18 届亚运会闭幕式	中央台五套	1.5	7.2
10	2018 年平昌冬奥会开幕式	中央台五套	1.5	4.9

五十五、太原收视数据

表 3.55.1 2014～2018 年太原市场各类频道的市场占有率（%）

频道类别	年份				
	2014 年	2015 年	2016 年	2017 年	2018 年
中央电视台频道	33.9	33.5	38.1	39.2	38.3
中国教育台频道	0.6	0.3	0.3	0.4	0.3
山西省级频道	19.0	21.9	19.7	17.9	15.6
太原市级频道	6.2	6.2	5.8	4.9	5.2
其他省级卫视频道	34.2	32.5	29.1	27.7	26.2
其他频道	6.1	5.6	7.0	9.9	14.4

表 3.55.2 2018 年太原市场各类频道在不同目标观众中的市场占有率（%）

目标观众		中央电视台频道	中国教育台频道	山西省级频道	太原市级频道	其他省级卫星频道	其他频道
4 岁及以上所有人		38.3	0.3	15.6	5.2	26.2	14.4
性别	男	40.5	0.3	16.4	5.5	23.7	13.6
	女	36.2	0.3	14.8	5.0	28.6	15.1
年龄	4～14 岁	24.9	0.4	13.3	2.0	34.9	24.5
	15～24 岁	32.4	0.3	16.6	5.5	25.5	19.7
	25～34 岁	24.4	0.3	12.2	2.6	31.2	29.3
	35～44 岁	38.0	0.5	12.2	3.6	26.3	19.4
	45～54 岁	34.4	0.4	17.8	3.5	29.7	14.2
	55～64 岁	43.1	0.2	20.0	6.5	23.1	7.1
	65 岁及以上	50.9	0.2	14.5	8.4	20.9	5.1
教育程度	未受过正规教育	26.2	0.2	14.9	2.8	31.2	24.7
	小学	40.0	0.3	20.3	3.0	24.4	12.0
	初中	37.8	0.4	15.5	6.3	26.1	13.9
	高中	40.6	0.3	14.5	6.5	25.7	12.4
	大学及以上	38.0	0.2	15.2	3.4	26.8	16.4
职业类别	干部/管理人员	43.3	0.4	19.6	4.2	24.3	8.2
	个体/私营经企业人员	32.5	0.5	13.2	4.7	29.3	19.8
	初级公务员/雇员	40.5	0.2	13.2	2.7	28.8	14.6
	工人	28.0	0.4	16.6	4.7	23.8	26.5
	学生	31.5	0.5	16.1	5.1	28.5	18.3
	无业	41.8	0.2	16.2	6.4	24.2	11.2
	其他	16.1	0.3	34.0	1.0	25.1	23.5
个人月收入	0～600 元	27.6	0.4	17.6	4.0	28.9	21.5
	601～1200 元	39.2	0.4	25.9	9.0	18.4	7.1
	1201～1700 元	31.7	0.4	16.3	5.4	28.1	18.1
	1701～2600 元	43.4	0.2	15.0	6.1	25.4	9.9
	2601～3500 元	42.6	0.3	14.2	5.7	27.2	10.0
	3501～5000 元	43.1	0.3	14.0	4.9	21.7	16.0
	5001 元及以上	35.6	0.2	19.9	4.9	26.6	12.8

表 3.55.3　2018 年太原市场各类频道在不同时段的市场占有率（%）

时间段	中央电视台频道	中国教育台频道	山西省级频道	太原市级频道	其他省级卫视频道	其他频道
02:00~03:00	31.0	0.5	16.0	2.4	16.5	33.6
03:00~04:00	28.8	0.8	20.4	2.8	13.5	33.7
04:00~05:00	26.8	1.4	23.5	4.2	12.8	31.3
05:00~06:00	30.6	1.2	23.1	4.9	15.7	24.5
06:00~07:00	56.9	0.3	11.2	3.0	16.9	11.7
07:00~08:00	63.5	0.3	8.3	5.1	14.3	8.5
08:00~09:00	53.6	0.5	10.0	4.3	20.9	10.7
09:00~10:00	42.7	0.7	12.6	2.8	27.1	14.1
10:00~11:00	38.8	0.7	9.7	3.2	31.4	16.2
11:00~12:00	42.5	0.3	9.3	2.6	29.4	15.9
12:00~13:00	45.2	0.2	13.3	1.4	25.8	14.1
13:00~14:00	35.8	0.4	17.8	1.5	28.8	15.7
14:00~15:00	38.3	0.5	8.2	1.8	34.1	17.1
15:00~16:00	38.9	0.5	7.0	1.7	34.6	17.3
16:00~17:00	37.7	0.6	7.5	2.1	34.8	17.3
17:00~18:00	35.5	0.4	11.6	4.0	31.3	17.2
18:00~19:00	39.7	0.2	21.3	9.7	15.0	14.1
19:00~20:00	41.2	0.2	19.4	9.4	17.9	11.9
20:00~21:00	33.0	0.1	18.7	7.3	29.2	11.7
21:00~22:00	35.2	0.2	18.8	7.3	26.1	12.4
22:00~23:00	32.3	0.2	19.5	6.8	26.6	14.6
23:00~24:00	37.1	0.2	15.3	2.0	28.2	17.2
24:00~25:00	37.5	0.5	15.6	1.9	24.3	20.2
25:00~26:00	35.9	0.7	12.5	2.1	21.3	27.5

表 3.55.4　2018 年太原市场收视份额排名前十位的频道

名次	频道名称	收视份额（%）
1	中央电视台综合频道	7.8
2	中央台四套	6.2
3	山西广播电视台科教频道	3.8
3	中央台八套	3.8
5	山西广播电视台影视频道	3.1
6	中央台五套	3.0
6	中央台六套	3.0
8	中央台三套	2.9
8	山西黄河电视台	2.9
10	湖南卫视	2.8

表 3.55.5 2018 年太原市场各主要频道的观众构成（%）

目标观众		所有频道	主要频道				
			中央电视台综合频道	中央台四套	山西广播电视台科教频道	中央台八套	山西广播电视台影视频道
4 岁及以上所有人		100.0	100.0	100.0	100.0	100.0	100.0
性别	男	49.6	43.9	61.2	52.7	48.8	51.3
	女	50.4	56.1	38.8	47.3	51.2	48.7
年龄	4～14 岁	6.8	3.7	1.1	5.3	1.7	1.9
	15～24 岁	9.0	8.7	7.5	16.4	8.3	6.7
	25～34 岁	11.9	6.8	3.8	5.2	5.0	6.9
	35～44 岁	11.0	8.7	7.7	11.6	11.9	4.5
	45～54 岁	20.0	14.4	14.7	25.5	18.1	25.2
	55～64 岁	15.6	14.4	16.1	15.6	21.9	30.0
	65 岁及以上	25.7	43.3	49.1	20.4	33.1	24.8
教育程度	未受过正规教育	4.7	2.4	1.1	2.5	2.3	1.9
	小学	10.5	9.9	9.6	14.1	13.2	13.2
	初中	34.9	36.6	39.0	33.5	29.1	38.2
	高中	28.3	26.7	32.6	21.8	32.7	32.2
	大学及以上	21.6	24.4	17.7	28.1	22.7	14.5
职业类别	干部/管理人员	1.8	1.8	1.1	2.1	2.6	1.9
	个体/私营企业人员	17.0	11.6	10.3	12.0	16.6	12.2
	初级公务员/雇员	16.0	15.1	15.4	14.9	12.6	11.2
	工人	2.8	1.6	1.2	4.7	2.0	1.7
	学生	8.0	6.1	3.8	10.8	7.4	5.5
	无业	52.7	63.4	67.9	53.4	57.8	60.4
	其他	1.7	0.4	0.3	2.1	1.0	7.1
个人月收入	0～600 元	26.1	17.4	12.7	33.1	23.3	22.2
	601～1200 元	1.4	1.6	0.4	0.7	1.8	1.9
	1201～1700 元	3.4	0.9	4.3	2.8	1.6	6.3
	1701～2600 元	22.1	24.6	32.9	20.3	22.4	28.7
	2601～3500 元	26.1	32.5	27.5	26.1	27.5	21.3
	3501～5000 元	17.8	20.8	19.5	13.6	19.4	16.3
	5001 元及以上	3.1	2.2	2.7	3.4	4.0	3.3

表 3.55.6 2016～2018 年太原市场各类节目的播出份额（%）和收视份额（%）

节目类型	2016 年		2017 年		2018 年	
	播出份额	收视份额	播出份额	收视份额	播出份额	收视份额
财经	1.2	0.8	1.1	0.7	1.1	0.7
电视剧	21.1	27.6	21.5	28.5	21.6	30.9
电影	3.7	4.4	3.9	4.4	3.9	4.0
法制	1.4	2.8	1.6	1.9	1.6	1.6
教学	0.3	0.1	0.2	0.1	0.5	0.0
青少	6.8	5.1	7.2	4.9	7.2	4.5
生活服务	10.8	9.1	9.8	9.2	9.1	8.2

续表

节目类型	2016年		2017年		2018年	
	播出份额	收视份额	播出份额	收视份额	播出份额	收视份额
体育	3.1	2.7	3.2	2.3	3.3	3.7
外语	0.0	0.0	0.1	0.0	0.1	0.0
戏剧	0.8	0.4	0.8	0.7	0.9	0.9
新闻/时事	13.9	13.7	14.8	14.4	15.2	14.8
音乐	1.8	0.6	1.5	0.7	1.4	0.6
专题	13.6	6.6	13.6	6.9	13.2	6.5
综艺	9.3	14.8	8.2	13.2	8.0	11.7
其他	12.2	11.3	12.5	12.1	12.9	11.9

表3.55.7　2018年太原市场所有节目收视率排名前三十位

名次	节目名称	节目类型	播出频道	平均收视率(%)	平均占有率(%)
1	2018中央电视台春节联欢晚会	综艺	中央电视台综合频道	12.5	26.1
2	我爱世界杯:2018年俄罗斯世界杯足球赛决赛(法国VS克罗地亚)	体育	中央台五套	8.9	53.1
3	开学第一课	青少	中央电视台综合频道	7.2	22.2
4	欢乐吉祥闹元宵	综艺	中央电视台综合频道	7.2	21.5
5	2018年中央广播电视总台中秋晚会	综艺	中央电视台综合频道	4.9	17.8
6	我爱世界杯:2018年俄罗斯世界杯闭幕式	体育	中央台五套	4.5	19.6
7	天气预报	生活服务	中央电视台综合频道	4.5	18.9
8	第18届亚运会女子4×400米决赛	体育	中央台五套	4.2	15.9
9	一年又一年	专题	中央电视台综合频道	3.8	15.5
10	心系凉山习近平总书记凉山扶贫纪实	专题	中央电视台综合频道	3.8	11.2
11	我爱世界杯:2018年俄罗斯世界杯开幕式	体育	中央台五套	3.7	23.3
12	第18届亚运会女排半决赛(中国VS日本)	体育	中央台五套	3.6	14.8
13	拥抱新时代祝福你中国中国梦祖国颂2018国庆特别节目	综艺	中央电视台综合频道	3.5	12.4
14	2018年第23届冬奥会短道速滑男子5000米接力决赛A组	体育	中央台五套	3.5	10.7
15	岁岁年年柿柿红	电视剧	中央电视台综合频道	3.4	13.4
16	扎扎实实提高质量	专题	中央电视台综合频道	3.3	9.1
17	舌尖上的中国3	专题	中央电视台综合频道	3.2	9.7
18	现场直播:2018年乒乓球团体世界锦标赛女团决赛	体育	中央台五套	3.1	12.8
19	第18届亚运会男篮决赛(中国VS伊朗)	体育	中央台五套	3.1	10.1

续表

名次	节目名称	节目类型	播出频道	平均收视率（%）	平均占有率（%）
20	感动中国 2017 年度人物颁奖盛典	专题	中央电视台综合频道	3.1	9.7
21	第 18 届亚运会乒乓球男团决赛	体育	中央台五套	3.0	12.6
22	雪地娘子军（36～43 集）	电视剧	山西广播电视台影视频道	3.0	10.5
23	第 18 届亚运会女子 400 米个人混合泳决赛	体育	中央台五套	2.9	12.2
24	2018 年世界女排锦标赛第三阶段 H 组第三轮（荷兰 VS 中国）	体育	中央台五套	2.8	14.9
25	新闻联播	新闻/时事	中央电视台综合频道	2.8	13.6
26	最美的青春	电视剧	中央电视台综合频道	2.8	11.9
27	雾都谍影	电视剧	山西广播电视台影视频道	2.8	10.8
28	我们的四十年庆祝改革开放 40 周年文艺晚会	综艺	中央电视台综合频道	2.7	9.7
29	第 18 届亚运会女足决赛（日本 VS 中国）	体育	中央台五套	2.7	9.2
30	我们的中国梦文化进万家	综艺	中央台三套	2.7	8.3

表 3.55.8　2018 年太原市场电视剧收视率排名前十位

名次	节目名称	播出频道	平均收视率（%）	平均占有率（%）
1	岁岁年年柿柿红	中央电视台综合频道	3.4	13.4
2	雪地娘子军（36～43 集）	山西广播电视台影视频道	3.0	10.5
3	最美的青春	中央电视台综合频道	2.8	11.9
4	雾都谍影	山西广播电视台影视频道	2.8	10.8
5	烈火刀影	山西广播电视台影视频道	2.6	9.3
6	换了人间	中央电视台综合频道	2.6	8.4
7	初婚	中央台八套	2.5	10.4
8	灵与肉（6 月 17 日～6 月 30 日）	中央台八套	2.4	10.0
9	浦江谍影	山西广播电视台影视频道	2.3	9.3
10	初心	中央电视台综合频道	2.3	7.8

表 3.55.9　2018 年太原市场新闻节目收视率排名前十位

名次	节目名称	播出频道	平均收视率（%）	平均占有率（%）
1	新闻联播	中央电视台综合频道	2.8	13.6
2	春节传奇中国节	中央台四套	2.1	7.6
3	海峡两岸	中央台四套	2.0	7.2
4	焦点访谈	中央电视台综合频道	1.7	6.8
5	国务院总理会见中外记者并回答提问	中央电视台综合频道	1.7	5.8
6	今日关注	中央台四套	1.5	6.2

续表

名次	节目名称	播出频道	平均收视率(%)	平均占有率(%)
7	上海合作组织青岛峰会特别报道	中央电视台综合频道	1.5	5.4
8	中国舆论场	中央台四套	1.4	5.1
9	都市110	山西广播电视台科教频道	1.1	5.8
10	中国新闻	中央台四套	1.1	5.0

表3.55.10　2018年太原市场专题节目收视率排名前十位

名次	节目名称	播出频道	平均收视率(%)	平均占有率(%)
1	一年又一年	中央电视台综合频道	3.8	15.5
2	心系凉山习近平总书记凉山扶贫纪实	中央电视台综合频道	3.8	11.2
3	扎扎实实提高质量	中央电视台综合频道	3.3	9.1
4	舌尖上的中国3	中央电视台综合频道	3.2	9.7
5	感动中国2017年度人物颁奖盛典	中央电视台综合频道	3.1	9.7
6	2018寻找最美教师	中央电视台综合频道	2.4	8.7
7	携手构建更加紧密的中非命运共同体2018中非合作论坛北京峰会纪实	中央电视台综合频道	2.0	8.9
8	爱的海洋汶川地震灾区学生赴海洋全俄儿童中心疗养十周年纪念	中央电视台综合频道	2.0	7.4
9	为了一江清水浩荡东流习近平总书记2018年长江考察纪实	中央电视台综合频道	1.9	8.4
10	万水千山只等闲	中央电视台综合频道	1.9	6.9

表3.55.11　2018年太原市场综艺节目收视率排名前十位

名次	节目名称	播出频道	平均收视率(%)	平均占有率(%)
1	2018中央电视台春节联欢晚会	中央电视台综合频道	12.5	26.1
2	欢乐吉祥闹元宵	中央电视台综合频道	7.2	21.5
3	2018年中央广播电视总台中秋晚会	中央电视台综合频道	4.9	17.8
4	拥抱新时代祝福你中国中国梦祖国颂2018国庆特别节目	中央电视台综合频道	3.5	12.4
5	我们的四十年庆祝改革开放40周年文艺晚会	中央电视台综合频道	2.7	9.7
6	我们的中国梦文化进万家	中央台三套	2.7	8.3
7	2018中央军委慰问驻京部队老干部迎新春文艺演出	中央电视台综合频道	2.7	7.1
8	2018湖南卫视春节联欢晚会	湖南卫视	2.6	11.1
9	巅峰演讲	浙江卫视	2.5	22.6
10	2018元宵喜乐会	湖南卫视	2.4	8.0

表 3.55.12 2018 年太原市场体育节目收视率排名前十位
（世界杯、亚运会、亚残运会、冬奥会比赛除外）

名次	节目名称	播出频道	平均收视率（%）	平均占有率（%）
1	现场直播：2018 年乒乓球团体世界锦标赛女团决赛	中央台五套	3.1	12.8
2	2018 年世界女排锦标赛第三阶段 H 组第三轮（荷兰 VS 中国）	中央台五套	2.8	14.9
3	现场直播：2017/2018 赛季中国男子篮球职业联赛总决赛第二场（广厦 VS 辽宁）	中央台五套	1.9	7.3
4	2018 年山西省第十五届运动会开幕式	山西卫视	1.7	8.0
5	现场直播：2018 年国际篮联女子世界杯 1/4 决赛资格赛（中国 VS 日本）	中央台五套	1.6	8.1
6	现场直播：2018 年世界女排联赛香港站（中国 VS 意大利）	中央台五套	1.5	6.5
7	篮球风云季：2018/2019 赛季 CBA 常规赛第十一轮（浙江稠州银行 VS 山西汾酒股份）	山西广播电视台公共频道	1.4	6.1
8	中国队比赛回顾	中央台五套	1.4	4.1
9	直播周末：2018 年世界羽毛球锦标赛男双决赛	中央台五套	1.2	8.6
10	直播周末：2018 年杭州世锦赛 25 米女子 50 米仰泳决赛	中央台五套	1.2	4.0

表 3.55.13 2018 年太原市场世界杯、亚运会、亚残运会、冬奥会比赛收视率排名前十位

名次	节目名称	播出频道	平均收视率（%）	平均占有率（%）
1	我爱世界杯：2018 年俄罗斯世界杯足球赛决赛（法国 VS 克罗地亚）	中央台五套	8.9	53.1
2	我爱世界杯：2018 年俄罗斯世界杯闭幕式	中央台五套	4.5	19.6
3	第 18 届亚运会女子 4×400 米决赛	中央台五套	4.2	15.9
4	我爱世界杯：2018 年俄罗斯世界杯开幕式	中央台五套	3.7	23.3
5	第 18 届亚运会女排半决赛（中国 VS 日本）	中央台五套	3.6	14.8
6	2018 年第 23 届冬奥会短道速滑男子 5000 米接力决赛 A 组	中央台五套	3.5	10.7
7	第 18 届亚运会男篮决赛（中国 VS 伊朗）	中央台五套	3.1	10.1
8	第 18 届亚运会乒乓球男团决赛	中央台五套	3.0	12.6
9	第 18 届亚运会女子 400 米个人混合泳决赛	中央台五套	2.9	12.2
10	第 18 届亚运会女足决赛（日本 VS 中国）	中央台五套	2.7	9.2

五十六、乌鲁木齐收视数据

表 3.56.1　2014~2018 年乌鲁木齐市场各类频道的市场占有率（%）

频道类别	年份				
	2014 年	2015 年	2016 年	2017 年	2018 年
中央电视台频道	38.7	37.6	42.6	41.0	39.0
中国教育台频道	0.3	0.1	0.1	0.2	0.2
新疆维吾尔自治区级频道	10.8	11.7	9.9	7.6	7.0
乌鲁木齐市级频道	4.6	5.3	4.7	3.3	2.5
其他省级卫视频道	31.1	28.5	26.4	26.2	24.1
其他频道	14.5	16.7	16.3	21.7	27.2

表 3.56.2　2018 年乌鲁木齐市场各类频道在不同目标观众中的市场占有率（%）

目标观众		中央电视台频道	中国教育台频道	新疆维吾尔自治区级频道	乌鲁木齐市级频道	其他省级卫视频道	其他频道
4 岁及以上所有人		39.0	0.2	7.0	2.5	24.1	27.2
性别	男	41.3	0.2	6.4	2.7	22.7	26.7
	女	36.5	0.2	7.5	2.3	25.6	27.9
年龄	4~14 岁	19.6	0.1	8.0	2.4	27.5	42.4
	15~24 岁	28.8	0.2	7.4	1.5	30.2	31.9
	25~34 岁	25.7	0.2	7.0	2.4	23.5	41.2
	35~44 岁	27.2	0.1	5.7	2.1	27.6	37.3
	45~54 岁	41.6	0.2	7.7	3.2	23.0	24.3
	55~64 岁	50.7	0.2	7.9	3.3	21.7	16.2
	65 岁及以上	61.7	0.2	5.5	1.8	21.1	9.7
教育程度	未受过正规教育	21.2	0.1	8.9	1.8	27.7	40.3
	小学	38.5	0.2	10.6	2.8	21.5	26.4
	初中	45.7	0.2	8.5	3.2	21.4	21.0
	高中	41.9	0.2	5.9	2.4	25.4	24.2
	大学及以上	33.3	0.2	4.7	2.1	25.7	34.0
职业类别	干部/管理人员	40.0	0.2	7.7	2.7	24.9	24.5
	个体/私营企业人员	33.0	0.2	9.5	4.1	19.4	33.8
	初级公务员/雇员	33.8	0.2	4.8	2.2	27.2	31.8
	工人	41.0	0.2	5.5	2.6	20.4	30.3
	学生	24.8	0.1	7.9	2.0	27.9	37.3
	无业	46.7	0.2	7.4	2.3	23.7	19.7
	其他	*	*	*	*	*	*
个人月收入	0~600 元	26.5	0.1	9.4	2.2	27.3	34.5
	601~1200 元	57.3	0.1	8.9	1.5	16.7	15.5
	1201~1700 元	49.6	0.2	7.3	2.5	21.2	19.2
	1701~2600 元	44.5	0.2	7.3	3.7	25.2	19.1
	2601~3500 元	45.9	0.2	5.9	2.8	22.4	22.8
	3501~5000 元	41.5	0.2	5.3	2.1	25.1	25.8
	5001 元及以上	28.7	0.1	6.0	2.7	19.9	42.6

* 表示样本量不足，无法进行统计推断。

表 3.56.3　2018 年乌鲁木齐市场各类频道在不同时段的市场占有率（%）

时间段	中央电视台频道	中国教育台频道	新疆维吾尔自治区级频道	乌鲁木齐市级频道	其他省级卫视频道	其他频道
02:00～03:00	25.3	0.2	4.1	1.4	27.1	41.9
03:00～04:00	28.3	0.1	3.0	1.5	26.5	40.6
04:00～05:00	24.5	0.1	3.2	2.0	29.6	40.6
05:00～06:00	23.8	0.1	3.0	1.9	32.0	39.2
06:00～07:00	42.6	0.1	3.5	2.0	19.9	31.9
07:00～08:00	62.2	0.2	1.4	1.0	10.3	24.9
08:00～09:00	62.7	0.2	3.4	1.1	14.3	18.3
09:00～10:00	53.9	0.2	6.8	2.2	19.4	17.5
10:00～11:00	44.6	0.3	7.8	2.0	23.1	22.2
11:00～12:00	41.2	0.2	6.6	1.9	25.0	25.1
12:00～13:00	40.6	0.1	6.2	2.1	23.0	28.0
13:00～14:00	38.4	0.2	5.3	1.6	24.0	30.5
14:00～15:00	36.5	0.3	5.2	1.4	25.0	31.6
15:00～16:00	35.9	0.3	5.2	1.6	24.2	32.8
16:00～17:00	34.9	0.3	5.4	1.7	24.3	33.4
17:00～18:00	37.4	0.2	5.2	1.4	23.1	32.7
18:00～19:00	50.3	0.1	4.6	1.4	15.0	28.6
19:00～20:00	52.1	0.1	4.1	1.4	21.7	20.6
20:00～21:00	39.1	0.1	6.5	2.7	31.2	20.4
21:00～22:00	40.3	0.1	9.0	3.3	23.6	23.7
22:00～23:00	33.9	0.2	9.5	4.3	25.3	26.8
23:00～24:00	33.7	0.2	9.5	3.4	24.4	28.8
24:00～25:00	29.2	0.3	9.2	3.1	22.5	35.7
25:00～26:00	25.3	0.2	5.5	2.0	25.7	41.3

表 3.56.4　2018 年乌鲁木齐市场收视份额排名前十位的频道

名次	频道名称	收视份额（%）
1	中央台八套	6.1
2	中央电视台综合频道	5.8
3	中央电视台新闻频道	3.8
4	中央台四套	3.5
4	中央台六套	3.5
6	中央台五套	3.1
7	中央台三套	3.0
8	湖南卫视	2.0
9	中央电视台少儿频道	1.9
10	浙江卫视	1.8

表 3.56.5　2018 年乌鲁木齐市场各主要频道的观众构成（%）

目标观众		所有频道	主要频道				
			中央台八套	中央电视台综合频道	中央电视台新闻频道	中央台四套	中央台六套
4 岁及以上所有人		100.0	100.0	100.0	100.0	100.0	100.0
性别	男	51.1	51.1	52.0	55.2	58.4	58.1
	女	48.9	48.9	48.0	44.8	41.6	41.9
年龄	4～14 岁	8.5	2.0	5.0	2.4	2.6	5.7
	15～24 岁	6.2	1.7	4.6	2.9	3.1	3.5
	25～34 岁	15.2	12.0	10.5	7.9	4.8	10.2
	35～44 岁	15.4	6.6	11.9	7.5	7.4	18.6
	45～54 岁	23.8	22.1	24.8	22.4	27.3	35.5
	55～64 岁	14.3	27.1	15.9	20.6	16.7	14.8
	65 岁及以上	16.6	28.5	27.3	36.3	38.1	11.7
教育程度	未受过正规教育	4.0	0.9	1.9	1.7	1.7	2.1
	小学	14.8	14.9	13.4	15.6	11.8	10.9
	初中	22.5	29.7	25.9	32.5	30.1	22.3
	高中	30.1	33.2	32.5	23.3	35.7	36.5
	大学及以上	28.6	21.3	26.3	26.9	20.7	28.2
职业类别	干部/管理人员	2.6	2.3	2.9	1.6	1.9	3.3
	个体/私营企业人员	14.2	11.7	11.0	8.1	13.2	16.7
	初级公务员/雇员	23.7	18.5	21.2	20.1	14.3	31.0
	工人	7.8	5.8	8.7	7.8	7.7	10.2
	学生	9.8	2.4	7.2	3.5	3.7	6.0
	无业	41.9	59.3	49.0	58.9	59.2	32.8
	其他	*	*	*	*	*	*
个人月收入	0～600 元	24.0	10.3	16.9	13.1	14.2	16.1
	601～1200 元	3.3	3.1	5.2	4.3	6.7	1.5
	1201～1700 元	3.9	5.3	4.1	5.7	4.9	4.4
	1701～2600 元	12.4	16.5	15.9	10.7	13.5	13.7
	2601～3500 元	24.2	29.9	27.9	34.9	30.5	28.8
	3501 元～5000 元	23.1	31.2	22.1	26.4	23.8	27.6
	5001 元及以上	9.1	3.7	7.9	4.9	6.4	7.9

* 表示目标样本量不足，无法进行统计推断。

表 3.56.6　2016～2018 年乌鲁木齐市场各类节目的播出份额（%）和收视份额（%）

节目类别	2016 年		2017 年		2018 年	
	播出份额	收视份额	播出份额	收视份额	播出份额	收视份额
财经	1.2	1.0	1.0	0.8	1.0	0.6
电视剧	25.4	29.0	21.8	27.0	22.0	30.1
电影	5.5	7.7	5.4	7.4	5.6	7.6
法制	0.9	1.3	0.8	1.0	0.8	1.0
教学	0.2	0.1	0.2	0.1	0.3	0.1
青少	6.0	5.6	6.7	5.4	6.5	5.6
生活服务	8.2	5.4	7.9	5.8	8.0	5.4

续表

节目类别	2016 年		2017 年		2018 年	
	播出份额	收视份额	播出份额	收视份额	播出份额	收视份额
体育	3.6	4.1	3.8	4.2	3.8	5.0
外语	0.0	0.0	0.1	0.0	0.1	0.0
戏剧	0.7	0.4	0.8	0.4	0.7	0.4
新闻/时事	10.1	12.0	14.8	14.3	15.1	12.2
音乐	1.7	1.0	1.5	0.9	1.5	0.9
专题	13.2	8.5	14.2	9.0	14.0	8.5
综艺	7.0	13.9	7.8	13.4	7.5	12.3
其他	16.4	10.0	13.2	10.3	13.1	10.3

表 3.56.7　2018 年乌鲁木齐市场所有节目收视率排名前三十位

名次	节目名称	类别	频道	平均收视率（%）	平均占有率（%）
1	2018 中央电视台春节联欢晚会	综艺	中央电视台综合频道	13.3	36.0
2	我爱世界杯：2018 年俄罗斯世界杯足球赛决赛（法国 VS 克罗地亚）	体育	中央台五套	12.0	39.2
3	欢乐吉祥闹元宵	综艺	中央电视台综合频道	8.2	26.0
4	开学第一课	青少	中央电视台综合频道	7.4	26.3
5	我爱世界杯：2018 年俄罗斯世界杯开幕式	体育	中央台五套	6.4	21.8
6	2018 年中央广播电视总台中秋晚会	综艺	中央电视台综合频道	5.2	17.4
7	2018 年第 23 届冬奥会短道速滑女子 500 米 1/4 决赛	体育	中央台五套	4.8	26.4
8	心系凉山习近平总书记凉山扶贫纪实	专题	中央电视台综合频道	4.8	15.9
9	2018 年 CBA 全明星周末三分球大赛预赛	体育	中央台五套	4.8	13.1
10	战狼 2（11 月 23 日）	电影	中央台六套	4.5	12.7
11	2017/2018 赛季中国男子篮球职业联赛第 35 轮（北京农商银行 VS 新疆喀什古城）	体育	中央台五套	4.3	12.5
12	我爱世界杯：2018 年俄罗斯世界杯闭幕式	体育	中央台五套	4.1	13.4
13	星光大道（2 月 13 日）	综艺	中央电视台综合频道	4.1	11.4
14	天气预报	生活服务	中央电视台综合频道	3.8	18.1
15	2018 年第 23 届冬奥会速度滑冰女子 1000 米决赛	体育	中央台五套	3.7	15.8
16	姥姥的饺子馆（1～15 集）	电视剧	中央台八套	3.6	12.1
17	扎扎实实提高质量	专题	中央电视台综合频道	3.6	10.2
18	瓦尔特保卫萨拉热窝	电影	中央台六套	3.5	14.9
19	新春喜剧之夜	综艺	中央台三套	3.5	11.6

续表

名次	节目名称	类别	频道	平均收视率(%)	平均占有率(%)
20	我的继父是偶像(37~41集)	电视剧	中央台八套	3.4	11.8
21	黄金100秒(1月12日)	综艺	中央台三套	3.4	11.5
22	奔腾岁月	电视剧	中央台八套	3.4	11.0
23	人证	电影	中央台六套	3.3	16.1
24	桥	电影	中央台六套	3.3	12.5
25	换了人间	电视剧	中央电视台综合频道	3.3	10.4
26	我要上春晚 CCTV2018(12月15日)	综艺	中央台三套	3.3	10.3
27	左手亲情右手爱(32~35集)	电视剧	中央台八套	3.2	19.4
28	望乡	电影	中央台六套	3.2	14.4
29	世乒赛团体赛女团决赛颁奖仪式	体育	中央台五套	3.2	11.9
30	第18届亚运会男子撑杆跳高决赛	体育	中央台五套	3.2	11.4

表3.56.8　2018年乌鲁木齐市场电视剧收视率排名前十位

名次	节目名称	频道	平均收视率(%)	平均占有率(%)
1	姥姥的饺子馆(1~15集)	中央台八套	3.6	12.1
2	我的继父是偶像(37~41集)	中央台八套	3.4	11.8
3	奔腾岁月	中央台八套	3.4	11.0
4	换了人间	中央电视台综合频道	3.3	10.4
5	左手亲情右手爱(32~35集)	中央台八套	3.2	19.4
6	初心	中央电视台综合频道	3.2	10.0
7	惊蛰	中央台八套	3.1	10.5
8	区小队	中央台八套	3.1	9.9
9	猎豺狼	中央台八套	3.0	11.6
10	娘亲舅大	中央台八套	2.9	11.8

表3.56.9　2018年乌鲁木齐市场新闻节目收视率排名前十位

名次	节目名称	频道	平均收视率(%)	平均占有率(%)
1	新闻联播	中央电视台综合频道	2.9	16.5
2	迎战山竹	中央电视台新闻频道	1.8	7.4
3	海峡两岸	中央台四套	1.6	6.0
4	焦点访谈	中央电视台综合频道	1.3	5.9
5	国务院总理会见中外记者并回答提问	中央电视台新闻频道	1.3	5.0
6	中国舆论场	中央台四套	1.2	4.6
7	晚间新闻	中央电视台综合频道	1.2	3.9
8	今日关注	中央台四套	1.1	3.8
9	今日亚洲	中央台四套	1.0	4.6
10	共同关注	中央电视台新闻频道	0.9	7.5

表 3.56.10　2018 年乌鲁木齐市场专题节目收视率排名前十位

名次	节目名称	频道	平均收视率（%）	平均占有率（%）
1	心系凉山习近平总书记凉山扶贫纪实	中央电视台综合频道	4.8	15.9
2	扎扎实实提高质量	中央电视台综合频道	3.6	10.2
3	一年又一年	中央电视台综合频道	3.1	13.8
4	舌尖上的中国 3	中央电视台综合频道	3.0	9.5
5	海上丝路看今朝 2018 年习近平主席亚太之行	中央电视台综合频道	2.3	8.0
6	中国诗词大会第三季（4 月 4 日）	中央电视台综合频道	2.1	8.0
7	2018 寻找最美教师	中央电视台综合频道	2.0	8.4
8	春天的思念相聚中国节	中央电视台综合频道	1.9	7.3
9	等着我	中央电视台综合频道	1.8	8.2
10	感动中国 2017 年度人物颁奖盛典	中央电视台综合频道	1.8	5.4

表 3.56.11　2018 年乌鲁木齐市场综艺节目收视率排名前十位

名次	节目名称	频道	平均收视率（%）	平均占有率（%）
1	2018 中央电视台春节联欢晚会	中央电视台综合频道	13.3	36.0
2	欢乐吉祥闹元宵	中央电视台综合频道	8.2	26.0
3	2018 年中央广播电视总台中秋晚会	中央电视台综合频道	5.2	17.4
4	星光大道（2 月 13 日）	中央电视台综合频道	4.1	11.4
5	新春喜剧之夜	中央台三套	3.5	11.6
6	黄金 100 秒（1 月 12 日）	中央台三套	3.4	11.5
7	我要上春晚 CCTV2018（12 月 15 日）	中央台三套	3.3	10.3
8	2018 我和我的祖国古尔邦节大联欢	新疆电视台二套（维语新闻综合频道）	3.1	13.2
9	拥抱新时代祝福你中国中国梦祖国颂 2018 国庆特别节目	中央电视台综合频道	3.0	11.8
10	声临其境（3 月 3 日）	湖南卫视	3.0	9.5

表 3.56.12　2018 年乌鲁木齐市场体育节目收视率排名前十位

（世界杯、亚运会、亚残运会、冬奥会比赛除外）

名次	节目名称	频道	平均收视率（%）	平均占有率（%）
1	2018 年 CBA 全明星周末三分球大赛预赛	中央台五套	4.8	13.1
2	2017/2018 赛季中国男子篮球职业联赛第 35 轮（北京农商银行 VS 新疆喀什古城）	中央台五套	4.3	12.5
3	世乒赛团体赛女团决赛颁奖仪式	中央台五套	3.2	11.9
4	CBA 全明星赛开幕式	中央台五套	2.9	11.1
5	2017/2018 赛季中国羽毛球俱乐部超级联赛决赛混合双打	中央台五套	2.9	10
6	2018 年澳大利亚网球公开赛女单半决赛	中央台五套	2.7	11.7
7	2018 年乒乓球团体世界锦标赛女团决赛	中央台五套	2.5	8.3

续表

名次	节目名称	频道	平均收视率(%)	平均占有率(%)
8	2018年女篮世界杯5~8名排位赛(中国VS加拿大)	中央台五套	2.1	6.9
9	2017/2018赛季斯诺克大师赛1/4决赛	中央台五套	2.1	6.5
10	2018年国际乒联世界巡回赛卡塔尔公开赛男单决赛	中央台五套	1.8	5.7
10	2018年世界女排锦标赛第三阶段(中国VS美国)	中央台五套	1.8	5.7

表3.56.13　2018年乌鲁木齐市场世界杯、亚运会、亚残运会、冬奥会比赛收视率排名前十位

名次	节目名称	频道	平均收视率(%)	平均占有率(%)
1	我爱世界杯：2018年俄罗斯世界杯足球赛决赛(法国VS克罗地亚)	中央台五套	12.0	39.2
2	我爱世界杯：2018年俄罗斯世界杯开幕式	中央台五套	6.4	21.8
3	2018年第23届冬奥会短道速滑女子500米1/4决赛	中央台五套	4.8	26.4
4	我爱世界杯：2018年俄罗斯世界杯闭幕式	中央台五套	4.1	13.4
5	2018年第23届冬奥会速度滑冰女子1000米决赛	中央台五套	3.7	15.8
6	第18届亚运会男子撑杆跳高决赛	中央台五套	3.2	11.4
7	第18届亚运会女排半决赛(中国VS日本)	中央台五套	3.0	9.9
8	第18届亚运会男子4×100米混合泳接力决赛	中央台五套	2.4	10.6
9	2018年第23届冬奥会冰壶女子循环赛	中央台五套	2.4	6.1
10	第18届亚运会男篮决赛(中国VS伊朗)	中央台五套	2.3	9.6

五十七、武汉收视数据

表 3.57.1　2014～2018 年武汉市场各类频道的市场占有率（%）

频道类别	年份				
	2014 年	2015 年	2016 年	2017 年	2018 年
中央电视台频道	23.5	21.3	23.6	29.5	34.3
中国教育台频道	0.1	0.0	0.0	0.1	0.1
湖北省级频道	25.2	24.6	24.2	22.1	18.0
武汉市级频道	15.7	17.1	11.9	5.9	4.0
其他省级卫视频道	29.2	31.5	33.6	30.8	25.6
其他频道	6.3	5.5	6.7	11.6	18.0

表 3.57.2　2018 年武汉市场各类频道在不同目标观众中的市场占有率（%）

目标观众		中央电视台频道	中国教育台频道	湖北省级频道	武汉市级频道	其他省级卫视频道	其他频道
4 岁及以上所有人		34.3	0.1	18.0	4.0	25.6	18.0
性别	男	37.4	0.1	18.1	4.0	22.6	17.8
	女	30.8	0.1	18.0	4.1	29.0	18.0
年龄	4～14 岁	27.2	0.1	8.0	4.3	40.1	20.3
	15～24 岁	26.9	0.1	14.9	3.8	26.1	28.2
	25～34 岁	30.1	0.2	19.6	2.0	26.7	21.4
	35～44 岁	34.2	0.1	11.2	3.3	31.6	19.6
	45～54 岁	30.9	0.1	19.5	3.9	26.1	19.5
	55～64 岁	36.7	0.1	21.9	4.6	23.2	13.5
	65 岁及以上	41.8	0.1	18.2	5.1	20.3	14.5
教育程度	未受过正规教育	37.9	0.1	12.7	5.0	31.8	12.5
	小学	35.1	0.4	16.2	5.3	28.2	14.8
	初中	34.4	0.1	17.7	3.9	27.5	16.4
	高中	34.4	0.1	21.0	4.0	23.2	17.3
	大学及以上	32.6	0.1	15.8	3.4	23.9	24.2
职业类别	干部/管理人员	23.8	0.1	15.4	1.9	23.4	35.4
	个体/私营企业人员	36.2	0.1	16.5	3.3	23.6	20.3
	初级公务员/雇员	28.5	0.1	18.4	4.2	24.4	24.4
	工人	31.9	0.2	16.8	3.5	29.0	18.6
	学生	29.0	0.1	10.7	4.1	31.3	24.8
	无业	36.2	0.1	19.3	4.3	25.3	14.8
	其他	40.9	0.3	22.2	5.4	21.3	9.9
个人月收入	0～600 元	29.3	0.1	16.3	3.4	30.7	20.2
	601～1200 元	37.3	0.2	19.9	5.5	27.9	9.2
	1201～1700 元	39.2	0.5	18.2	3.7	23.4	15.0
	1701～2600 元	35.9	0.1	19.8	5.7	23.3	15.2
	2601～3500 元	32.2	0.1	20.2	2.8	26.8	17.9
	3501～5000 元	36.4	0.1	14.8	4.0	23.2	21.5
	5001 元及以上	37.0	0.1	15.0	2.8	22.9	22.2

表 3.57.3 2018 年武汉市场各类频道在不同时段的市场占有率（%）

时间段	中央电视台频道	中国教育台频道	湖北省级频道	武汉市级频道	其他省级卫视频道	其他频道
02:00～03:00	31.3	0.0	14.9	3.4	27.8	22.6
03:00～04:00	33.2	0.0	13.5	3.9	25.9	23.5
04:00～05:00	33.9	0.0	14.0	4.6	24.6	22.9
05:00～06:00	38.4	0.1	13.2	4.8	21.8	21.7
06:00～07:00	48.6	0.1	13.5	3.5	17.8	16.5
07:00～08:00	52.9	0.2	10.7	3.2	15.3	17.7
08:00～09:00	44.3	0.2	9.5	3.5	21.3	21.2
09:00～10:00	36.3	0.2	12.3	3.6	27.8	19.8
10:00～11:00	34.5	0.2	11.5	3.1	31.3	19.4
11:00～12:00	33.1	0.1	18.1	1.9	29.1	17.7
12:00～13:00	38.7	0.1	14.3	1.9	27.4	17.6
13:00～14:00	34.8	0.3	9.9	1.7	33.3	20.0
14:00～15:00	32.8	0.4	9.2	2.2	36.0	19.4
15:00～16:00	34.9	0.4	8.7	2.1	35.3	18.6
16:00～17:00	33.9	0.3	13.3	2.0	32.3	18.2
17:00～18:00	29.3	0.1	23.2	4.6	25.1	17.7
18:00～19:00	31.5	0.0	34.9	6.5	10.6	16.5
19:00～20:00	38.5	0.0	23.8	5.6	17.3	14.8
20:00～21:00	32.7	0.0	17.9	4.4	30.1	14.9
21:00～22:00	33.1	0.1	19.5	5.1	25.0	17.2
22:00～23:00	29.0	0.1	22.3	5.8	22.9	19.9
23:00～24:00	33.7	0.1	14.0	4.3	25.2	22.7
24:00～25:00	35.7	0.1	12.3	3.8	24.7	23.4
25:00～26:00	31.7	0.0	13.3	3.4	27.5	24.1

表 3.57.4 2018 年武汉市场收视份额排名前十位的频道

名次	频道名称	收视份额（%）
1	湖北经视	6.5
2	中央电视台综合频道	5.2
3	中央台六套	4.4
3	中央台四套	4.4
5	中央台八套	4.3
6	湖北影视	3.9
7	中央台五套	3.6
8	中央台三套	3.5
9	江苏卫视	3.0
9	中央电视台新闻频道	3.0

表 3.57.5　2018 年武汉市场各主要频道的观众构成（%）

目标观众		所有频道	主要频道				
			湖北经视	中央电视台综合频道	中央台六套	中央台四套	中央台八套
4 岁及以上所有人		100.0	100.0	100.0	100.0	100.0	100.0
性别	男	52.3	50.1	50.3	52.5	66.9	49.1
	女	47.7	49.9	49.7	47.5	33.1	50.9
年龄	4～14 岁	5.7	2.2	4.6	5.2	2.4	3.4
	15～24 岁	4.8	5.4	4.4	6.2	1.4	4.6
	25～34 岁	12.9	6.8	7.3	12.8	7.2	14.5
	35～44 岁	9.4	7.8	5.7	19.8	6.2	6.4
	45～54 岁	24.7	24.4	16.6	29.0	18.2	22.2
	55～64 岁	20.4	24.6	21.7	15.5	26.1	21.7
	65 岁及以上	22.1	28.8	39.7	11.5	38.5	27.2
教育程度	未受过正规教育	4.2	3.7	6.4	3.1	3.8	5.6
	小学	12.5	8.5	15.3	13.0	11.3	15.5
	初中	30.0	26.3	27.0	43.9	28.5	31.9
	高中	33.7	44.9	33.0	27.2	39.8	28.6
	大学及以上	19.6	16.6	18.3	12.8	16.6	18.4
职业类别	干部/管理人员	3.1	2.2	1.9	2.0	1.5	1.5
	个体/私营企业人员	10.3	7.1	6.0	15.3	7.8	5.9
	初级公务员/雇员	10.0	8.2	9.0	9.0	6.4	7.4
	工人	14.8	14.3	8.9	15.1	13.6	13.3
	学生	6.7	6.1	6.1	8.3	2.6	5.3
	无业	47.4	56.8	61.8	32.8	61.8	51.7
	其他	7.7	5.3	6.3	17.5	6.3	14.9
个人月收入	0～600 元	18.7	16.0	15.1	21.9	10.0	17.0
	601～1200 元	4.6	3.3	2.3	10.3	4.0	8.8
	1201～1700 元	5.3	4.3	5.9	3.8	6.7	9.1
	1701～2600 元	26.7	32.2	31.3	23.7	31.4	25.5
	2601～3500 元	22.7	27.0	25.5	17.3	22.7	20.1
	3501～5000 元	13.8	9.3	11.7	15.6	17.6	12.1
	5001 元及以上	8.2	7.9	8.2	7.4	7.6	7.4

表 3.57.6　2016～2018 年武汉市场各类节目的播出份额（%）和收视份额（%）

节目类别	2016 年		2017 年		2018 年	
	播出份额	收视份额	播出份额	收视份额	播出份额	收视份额
财经	1.2	0.4	1.0	0.5	1.0	0.6
电视剧	22.1	31.6	22.8	32.1	23.5	32.6
电影	3.8	3.1	3.7	4.0	3.5	5.3
法制	0.9	0.5	0.9	0.4	0.9	0.6
教学	0.2	0.0	0.3	0.0	0.4	0.0
青少	6.3	2.6	6.7	3.4	6.7	3.8
生活服务	10.1	9.6	9.3	8.6	8.9	7.0

续表

节目类别	2016 年		2017 年		2018 年	
	播出份额	收视份额	播出份额	收视份额	播出份额	收视份额
体育	3.0	2.2	3.1	2.5	3.3	4.2
外语	0.0	0.0	0.1	0.0	0.1	0.0
戏剧	0.8	0.1	0.8	0.2	0.7	0.3
新闻/时事	14.4	14.1	14.5	15.0	14.7	14.7
音乐	1.7	0.8	1.4	0.7	1.3	0.8
专题	13.8	6.1	13.7	5.7	13.3	5.9
综艺	9.3	15.7	8.3	14.0	8.0	11.9
其他	12.4	13.2	13.4	12.9	13.7	12.3

表 3.56.7　2018 年武汉市场所有节目收视率排名前三十位

名次	节目名称	节目类别	播出频道	平均收视率（%）	平均占有率（%）
1	我爱世界杯：2018 年世界杯小组赛 E 组第二轮（巴西 VS 哥斯达黎加）	体育	中央台五套	7.4	33.1
2	2018 中央电视台春节联欢晚会	综艺	中央电视台综合频道	7.0	21.2
3	开学第一课	青少	中央电视台综合频道	4.5	19.3
4	欢乐吉祥闹元宵	综艺	中央电视台综合频道	4.4	19.7
5	第 18 届亚运会女子 4×400 米决赛	体育	中央台五套	3.5	17.1
6	2018 年世界女排锦标赛第三阶段 H 组第三轮（中国 VS 荷兰）	体育	中央台五套	3.0	17.7
7	一年又一年	专题	中央电视台综合频道	2.8	13.6
8	我爱世界杯：2018 年俄罗斯世界杯开幕式	体育	中央台五套	2.7	21.0
9	第 18 届亚运会女足决赛（中国 VS 日本）	体育	中央台五套	2.7	12.4
10	第 18 届亚运会乒乓球男团决赛	体育	中央台五套	2.6	12.6
11	第 18 届亚运会女子 200 米个人混合泳决赛	体育	中央台五套	2.6	11.7
12	桃花朵朵开	综艺	湖北经视	2.5	16.0
13	经视直播	新闻/时事	湖北经视	2.5	15.7
14	第 18 届亚运会女排半决赛（中国 VS 日本）	体育	中央台五套	2.5	14.8
15	战狼 2（5 月 1 日）	电影	中央台六套	2.4	12.0
16	机器之血（2 月 26 日）	电影	中央台六套	2.4	11.0
17	诱狼（7 月 9 日）	电影	中央台六套	2.3	11.0
18	九九艳阳天	综艺	中央台三套	2.2	11.0
19	越战越勇（1 月 24 日）	综艺	中央台三套	2.2	9.3
20	我爱世界杯：2018 年俄罗斯世界杯闭幕式	体育	中央台五套	2.1	18.6
21	现场直播：2018 年乒乓球团体世界锦标赛女团决赛	体育	中央台五套	2.1	11.8

续表

名次	节目名称	节目类别	播出频道	平均收视率（%）	平均占有率（%）
22	天气预报	生活服务	中央电视台综合频道	2.1	11.3
23	拥抱新时代祝福你中国中国梦祖国颂 2018 国庆特别节目	综艺	中央电视台综合频道	2.1	10.1
24	少林寺	电影	中央台六套	2.1	9.9
25	喜到福到好运到 2018 年春晚倒计时	综艺	中央台三套	2.1	9.6
26	风狼队（25～36 集）	电视剧	湖北影视	2.1	9.3
27	狩猎者	电影	中央台六套	2.0	10.7
28	神枪决	电影	中央台六套	2.0	9.1
29	第 18 届亚运会男子体操吊环决赛	体育	中央台五套	2.0	9.0
30	中国诗词大会第三季（4 月 4 日）	专题	中央电视台综合频道	2.0	8.8
30	第 18 届亚运会男篮决赛（中国 VS 伊朗）	体育	中央台五套	2.0	8.8

表 3.57.8　2018 年武汉市场电视剧收视率排名前十位

名次	节目名称	播出频道	平均收视率（%）	平均占有率（%）
1	风狼队（25～36 集）	湖北影视	2.1	9.3
2	楼外楼	中央电视台综合频道	1.9	9.9
3	幸福一家人	北京卫视	1.9	8.5
4	恋爱先生	上海东方卫视	1.9	8.2
5	天下粮田（34～38 集）	中央电视台综合频道	1.8	7.6
6	风筝（26～46 集）	上海东方卫视	1.8	7.3
7	开封府	中央台八套	1.6	9.5
8	毛丫丫被婚记	湖北经视	1.6	7.8
9	黑夜判官	湖北影视	1.5	8.7
10	岁岁年年柿柿红	中央电视台综合频道	1.5	7.9

表 3.57.9　2018 年武汉市场新闻节目收视率排名前十位

名次	节目名称	播出频道	平均收视率（%）	平均占有率（%）
1	经视直播	湖北经视	2.5	15.7
2	咵天	湖北经视	1.3	14.0
3	新闻联播	中央电视台综合频道	1.3	7.4
4	国务院总理会见中外记者并回答提问	中央电视台综合频道	1.3	6.5
5	海峡两岸	中央台四套	1.2	5.5
6	中国舆论场	中央台四套	1.1	5.5
7	上海合作组织青岛峰会特别报道	中央电视台综合频道	1.1	5.2
8	焦点访谈	中央电视台综合频道	1.0	5.0
9	今日关注	中央台四套	0.9	4.9
10	今日亚洲	中央台四套	0.8	4.0

表 3.57.10　2018 年武汉市场专题节目收视率排名前十位

名次	节目名称	播出频道	平均收视率（%）	平均占有率（%）
1	一年又一年	中央电视台综合频道	2.8	13.6
2	中国诗词大会第三季（4 月 4 日）	中央电视台综合频道	2.0	8.8
3	感动中国 2017 年度人物颁奖盛典	中央电视台综合频道	1.7	7.5
4	重返狼群（3 月 1 日）	中央台六套	1.7	7.3
5	为了共同的繁荣习近平出席首届中国国际进口博览会纪实	中央电视台综合频道	1.5	7.6
6	万水千山只等闲	中央电视台综合频道	1.5	5.8
7	重返爱的海洋	中央电视台综合频道	1.4	7.7
8	习近平主席的上合时间	中央电视台综合频道	1.3	8.5
9	相知无远近万里尚为邻 2018 年 7 月习近平主席亚非行纪实	中央电视台综合频道	1.2	7.7
10	扎扎实实提高质量	中央电视台综合频道	1.2	5.6

表 3.56.11　2018 年武汉市场综艺节目收视率排名前十位

名次	节目名称	播出频道	平均收视率（%）	平均占有率（%）
1	2018 中央电视台春节联欢晚会	中央电视台综合频道	7.0	21.2
2	欢乐吉祥闹元宵	中央电视台综合频道	4.4	19.7
3	桃花朵朵开	湖北经视	2.5	16.0
4	九九艳阳天	中央台三套	2.2	11.0
5	越战越勇（1 月 24 日）	中央台三套	2.2	9.3
6	拥抱新时代祝福你中国中国梦祖国颂 2018 国庆特别节目	中央电视台综合频道	2.1	10.1
7	喜到福到好运到 2018 年春晚倒计时	中央台三套	2.1	9.6
8	开门大吉（1 月 22 日）	中央台三套	1.9	8.6
9	挑战不可能（1 月 14 日）	中央电视台综合频道	1.9	8.2
10	2018 年中央广播电视总台中秋晚会	中央电视台综合频道	1.8	9.0

表 3.57.12　2018 年武汉市场体育节目收视率排名前十位

（世界杯、亚运会、亚残运会、冬奥会比赛除外）

名次	节目名称	播出频道	平均收视率（%）	平均占有率（%）
1	2018 年世界女排锦标赛第三阶段 H 组第三轮（中国 VS 荷兰）	中央台五套	3.0	17.7
2	现场直播：2018 年乒乓球团体世界锦标赛女团决赛	中央台五套	2.1	11.8
3	2018 年中国之队国际足球友谊赛（中国 VS 叙利亚）	中央台五套	1.9	9.6
4	直播周末世界女排锦标赛颁奖仪式	中央台五套	1.5	7.6
5	直播周末：2018 年杭州世游赛 25 米女子 4×100 米混合泳接力决赛	中央台五套	1.3	5.8

续表

名次	节目名称	播出频道	平均收视率（%）	平均占有率（%）
6	现场直播 2018 年汤尤杯羽毛球赛汤姆斯杯颁奖仪式	中央台五套	1.2	10.3
7	现场直播：2018 年尤伯杯半决赛女单	中央台五套	1.2	7.4
8	再见雅加达杭州再见第 18 届亚运会闭幕式特别节目	中央台五套	1.0	6.5
9	直播周末：2018 年女篮世界杯 5～8 名排位赛（中国 VS 加拿大）	中央台五套	0.9	5.0
10	实况录像：2018 年国际田联钻石联赛上海站男子 100 米	中央台五套	0.8	9.1

表 3.57.13　2018 年武汉市场世界杯、亚运会、亚残运会、冬奥会比赛收视率排名前十位

名次	节目名称	播出频道	平均收视率（%）	平均占有率（%）
1	我爱世界杯：2018 年世界杯小组赛 E 组第二轮（巴西 VS 哥斯达黎加）	中央台五套	7.4	33.1
2	第 18 届亚运会女子 4×400 米决赛	中央台五套	3.5	17.1
3	我爱世界杯：2018 年俄罗斯世界杯开幕式	中央台五套	2.7	21.0
4	第 18 届亚运会女足决赛（中国 VS 日本）	中央台五套	2.7	12.4
5	第 18 届亚运会乒乓球男团决赛	中央台五套	2.6	12.6
6	第 18 届亚运会女子 200 米个人混合泳决赛	中央台五套	2.6	11.7
7	第 18 届亚运会女排半决赛（中国 VS 日本）	中央台五套	2.5	14.8
8	我爱世界杯：2018 年俄罗斯世界杯闭幕式	中央台五套	2.1	18.6
9	第 18 届亚运会男子体操吊环决赛	中央台五套	2.0	9.0
10	第 18 届亚运会男篮决赛（中国 VS 伊朗）	中央台五套	2.0	8.8

五十八、西安收视数据

表 3.58.1　2014～2018 年西安市场各类频道的市场占有率（%）

频道类别	年份				
	2014 年	2015 年	2016 年	2017 年	2018 年
中央电视台频道	37.6	35.6	35.8	34.4	35.4
中国教育台频道	0.3	0.2	0.2	0.3	0.3
陕西省级频道	17.7	17.6	17.3	15.2	16.1
西安市级频道	3.4	2.5	2.3	2.0	1.4
其他省级卫视频道	28.3	26.6	24.2	22.4	20.7
其他频道	12.7	17.5	20.2	25.7	26.1

表 3.58.2　2018 年西安市场各类频道在各目标观众中的市场占有率（%）

目标观众		中央电视台频道	中国教育台频道	陕西省级频道	西安市级频道	其他省级卫视频道	其他频道
4 岁及以上所有人		35.4	0.3	16.1	1.4	20.7	26.1
性别	男	36.1	0.3	16.3	1.4	18.4	27.5
	女	34.6	0.3	15.9	1.5	23.1	24.6
年龄	4～14 岁	28.2	0.2	11.0	1.0	24.3	35.3
	15～24 岁	29.5	0.2	14.1	0.8	27.8	27.6
	25～34 岁	29.1	0.2	10.7	1.1	20.6	38.3
	35～44 岁	23.7	0.3	14.2	1.2	19.7	40.9
	45～54 岁	32.0	0.3	18.0	1.3	21.5	26.9
	55～64 岁	42.7	0.4	14.3	1.4	21.3	19.9
	65 岁及以上	45.0	0.4	20.6	2.2	16.3	15.5
教育程度	未受过正规教育	33.8	0.2	16.1	0.9	26.8	22.2
	小学	34.0	0.3	20.9	0.9	20.7	23.2
	初中	37.0	0.4	18.2	1.7	21.0	21.7
	高中	34.2	0.3	16.8	1.2	20.2	27.3
	大学及以上	35.8	0.3	11.3	1.8	20.1	30.7
职业类别	干部/管理人员	35.1	0.4	15.2	1.4	13.8	34.1
	个体/私营企业人员	26.8	0.3	17.0	1.1	17.3	37.5
	初级公务员/雇员	33.4	0.2	12.5	1.1	22.6	30.2
	工人	29.4	0.4	23.4	1.5	16.6	28.7
	学生	27.7	0.2	13.4	0.8	27.8	30.1
	无业	41.9	0.4	17.1	1.8	20.5	18.3
	其他	*	*	*	*	*	*
个人月收入	0～600 元	31.0	0.2	12.6	1.0	25.2	30.0
	601～1200 元	50.0	1.0	29.8	1.1	10.0	8.1
	1201～1700 元	44.5	0.5	22.2	1.2	17.8	13.8
	1701～2600 元	33.9	0.4	17.9	2.2	19.1	26.5
	2601～3500 元	39.5	0.3	15.2	1.2	19.4	24.4
	3501～5000 元	32.9	0.2	15.8	1.2	22.6	27.3
	5001 元及以上	32.1	0.5	15.1	1.0	18.3	33.0

“*”表示样本量不足，无法进行统计推断。

表 3.58.3 2018 年西安市场各类频道在各时段的市场占有率（%）

时间段	中央电视台频道	中国教育台频道	陕西省级频道	西安市级频道	其他省级卫视频道	其他频道
02:00~03:00	32.6	0.2	4.0	0.0	20.3	42.9
03:00~04:00	32.7	0.1	2.1	0.0	20.0	45.1
04:00~05:00	28.0	0.2	2.0	0.0	21.3	48.5
05:00~06:00	34.2	0.3	3.8	0.0	17.4	44.3
06:00~07:00	59.2	0.2	4.4	0.2	10.1	25.9
07:00~08:00	59.8	0.5	9.2	1.2	9.4	19.9
08:00~09:00	47.5	0.6	12.4	1.9	15.7	21.9
09:00~10:00	37.4	0.7	10.6	2.0	23.5	25.8
10:00~11:00	35.4	0.7	10.1	1.7	25.1	27.0
11:00~12:00	37.9	0.4	11.5	1.1	23.5	25.6
12:00~13:00	39.9	0.1	14.3	0.8	19.4	25.5
13:00~14:00	36.9	0.5	9.9	1.2	23.3	28.2
14:00~15:00	33.1	0.6	9.5	1.4	26.0	29.4
15:00~16:00	32.4	0.6	8.9	1.5	26.9	29.7
16:00~17:00	33.3	0.6	8.8	1.5	26.5	29.3
17:00~18:00	35.1	0.4	9.9	1.5	23.6	29.5
18:00~19:00	36.8	0.1	25.1	1.6	9.4	27.0
19:00~20:00	42.9	0.2	19.2	1.5	15.0	21.2
20:00~21:00	33.3	0.2	19.3	1.6	25.2	20.4
21:00~22:00	30.3	0.2	26.0	1.7	19.5	22.3
22:00~23:00	27.2	0.2	24.5	1.5	19.4	27.2
23:00~24:00	33.0	0.2	13.4	1.3	21.6	30.5
24:00~25:00	33.1	0.4	14.2	1.4	17.8	33.1
25:00~26:00	31.7	0.4	10.8	0.7	18.4	38.0

表 3.58.4 2018 年西安市场收视份额排名前十位的频道

名次	频道名称	收视份额（%）
1	陕西广播电视台都市青春频道（二套）	6.5
2	中央电视台综合频道	6.3
3	中央台四套	4.1
4	中央台八套	3.9
5	中央台五套	3.3
6	中央电视台新闻频道	2.9
7	中央台六套	2.6
8	中央台三套	2.5
9	陕西卫视	2.4
9	陕西广播电视台新闻资讯频道（一套）	2.4

表 3.58.5　2018 年西安市场各主要频道的观众构成（%）

目标观众		所有频道	陕西广播电视台都市青春频道（二套）	中央电视台综合频道	中央台四套	中央台八套	中央台五套
4 岁及以上所有人		100.0	100.0	100.0	100.0	100.0	100.0
性别	男	52.3	48.6	49.1	57.2	44.4	62.2
	女	47.7	51.4	50.9	42.8	55.6	37.8
年龄	4～14 岁	5.7	4.5	4.5	2.7	2.4	2.5
	15～24 岁	8.6	8.0	7.1	5.9	4.4	8.5
	25～34 岁	10.1	7.0	7.8	3.1	5.9	8.2
	35～44 岁	9.8	9.8	7.2	4.2	3.8	6.5
	45～54 岁	24.8	25.4	17.5	19.2	16.8	30.1
	55～64 岁	17.4	14.6	20.4	17.5	28.7	19.1
	65 岁及以上	23.6	30.7	35.5	47.4	38.0	25.1
教育程度	未受过正规教育	2.9	4.1	1.4	1.2	2.9	1.9
	小学	7.5	8.5	7.6	7.7	8.4	5.8
	初中	29.3	31.3	32.5	24.7	46.8	26.8
	高中	35.6	38.9	36.7	39.7	27.4	34.0
	大学及以上	24.7	17.2	21.8	26.7	14.5	31.5
职业类别	干部/管理人员	2.9	3.6	3.1	3.3	1.3	2.9
	个体/私营企业人员	15.4	14.0	8.7	7.5	9.5	18.9
	初级公务员/雇员	21.2	16.6	18.7	17.3	12.5	20.4
	工人	6.8	10.4	4.6	2.3	3.7	5.7
	学生	9.2	8.3	8.7	4.2	5.3	7.4
	无业	44.5	47.1	56.2	65.4	67.7	44.7
	其他	*	*	*	*	*	*
个人月收入	0～600 元	18.2	15.0	20.5	9.7	10.6	11.4
	601～1200 元	1.5	2.6	0.8	2.1	3.5	3.2
	1201～1700 元	6.3	9.1	7.6	7.1	13.4	5.9
	1701～2600 元	25.0	29.8	26.8	31.3	30.4	18.5
	2601～3500 元	25.9	21.0	26.0	30.6	25.3	29.9
	3501～5000 元	18.1	19.6	15.1	15.0	14.1	20.3
	5001 元及以上	5.0	2.9	3.2	4.2	2.7	10.8

“*”表示样本量不足，无法进行统计推断。

表 3.58.6　2016～2018 年西安市场各类节目的播出份额（%）和收视份额（%）

节目类别	2016 年		2017 年		2018 年	
	播出份额	收视份额	播出份额	收视份额	播出份额	收视份额
财经	1.2	1.0	1.0	0.8	1.0	0.8
电视剧	21.4	28.0	21.9	27.6	22.0	26.9
电影	5.6	5.4	5.0	5.3	4.7	5.7
法制	0.7	0.6	0.9	0.8	0.8	0.9
教学	0.2	0.1	0.2	0.1	0.3	0.1
青少	6.2	3.0	6.7	4.3	6.6	4.0
生活服务	9.6	7.1	9.0	6.7	9.2	6.4
体育	3.2	3.5	3.3	2.8	3.4	4.4

续表

节目类别	2016 年		2017 年		2018 年	
	播出份额	收视份额	播出份额	收视份额	播出份额	收视份额
外语	0.0	0.0	0.1	0.0	0.1	0.0
戏剧	1.1	0.9	1.1	1.0	1.1	0.8
新闻/时事	14.4	19.6	15.0	19.7	15.2	18.9
音乐	1.8	0.9	1.4	0.9	1.4	0.9
专题	13.2	6.6	13.5	6.9	13.7	7.3
综艺	9.1	13.2	8.1	11.9	7.9	11.5
其他	12.2	10.2	12.8	11.3	12.6	11.6

表 3.58.7　2018 年西安市场所有节目收视率排名前三十位

名次	节目名称	节目类别	播出频道	平均收视率（%）	平均占有率（%）
1	2018 中央电视台春节联欢晚会	综艺	中央电视台综合频道	11.7	30.7
2	我爱世界杯：2018 年俄罗斯世界杯淘汰赛阶段第一场（法国 VS 阿根廷）	体育	中央台五套	10.7	52.7
3	欢乐吉祥闹元宵	综艺	中央电视台综合频道	8.8	27.0
4	开学第一课	青少	中央电视台综合频道	5.4	22.5
5	第 18 届亚运会男子 100 米决赛	体育	中央台五套	4.9	25.2
6	我爱世界杯：2018 年俄罗斯世界杯闭幕式	体育	中央台五套	4.9	24.4
7	一年又一年	专题	中央电视台综合频道	4.9	19.6
8	现场直播：2018 年乒乓球团体世界锦标赛男团决赛	体育	中央台五套	4.5	18.5
9	天气预报	生活服务	中央电视台综合频道	4.3	19.9
10	我爱世界杯：2018 年俄罗斯世界杯开幕式	体育	中央台五套	4.2	25.6
11	第 18 届亚运会女排半决赛（中国 VS 日本）	体育	中央台五套	4.0	18.5
12	心系凉山习近平总书记凉山扶贫纪实	专题	中央电视台综合频道	4.0	13.6
13	第 18 届亚运会女足决赛（中国 VS 日本）	体育	中央台五套	3.6	16.4
14	星光大道（2 月 12 日）	综艺	中央电视台综合频道	3.3	11.2
15	我爱世界杯颁奖仪式	体育	中央台五套	3.2	32.1
16	挑战不可能（1 月 14 日）	综艺	中央电视台综合频道	3.2	11.7
17	都市快报	新闻/时事	陕西广播电视台都市青春频道（二套）	3.1	15.0
18	让爱回家	电视剧	陕西广播电视台都市青春频道（二套）	3.1	11.2
19	新闻联播	新闻/时事	中央电视台综合频道	3.0	15.4
20	第 18 届亚运会男篮决赛（中国 VS 伊朗）	体育	中央台五套	3.0	13.5

续表

名次	节目名称	节目类别	播出频道	平均收视率(%)	平均占有率(%)
21	灵与肉	电视剧	陕西广播电视台都市青春频道（二套）	2.9	12.8
22	魔都风云	电视剧	陕西广播电视台都市青春频道（二套）	2.9	11.0
23	平凡的世界	电视剧	陕西广播电视台都市青春频道（二套）	2.9	10.3
24	扎扎实实提高质量	专题	中央电视台综合频道	2.9	10.0
25	现场直播世乒赛团体赛男团颁奖仪式	体育	中央台五套	2.8	18.3
26	桃花依旧笑春风	电视剧	陕西广播电视台都市青春频道（二套）	2.8	13.1
27	直播周末第18届亚运会开幕式	体育	中央台五套	2.8	12.5
28	第18届亚运会乒乓球男团决赛	体育	中央台五套	2.8	12.3
29	第18届亚运会男女4×100米混合泳接力决赛	体育	中央台五套	2.7	11.9
30	玄武	电视剧	陕西广播电视台都市青春频道（二套）	2.7	10.7

表3.58.8　2018年西安市场电视剧收视率排名前十位

名次	节目名称	播出频道	平均收视率(%)	平均占有率(%)
1	让爱回家	陕西广播电视台都市青春频道（二套）	3.1	11.2
2	灵与肉	陕西广播电视台都市青春频道（二套）	2.9	12.8
3	魔都风云	陕西广播电视台都市青春频道（二套）	2.9	11.0
4	平凡的世界	陕西广播电视台都市青春频道（二套）	2.9	10.3
5	桃花依旧笑春风	陕西广播电视台都市青春频道（二套）	2.8	13.1
6	玄武	陕西广播电视台都市青春频道（二套）	2.7	10.7
7	天伦	陕西广播电视台都市青春频道（二套）	2.6	11.3
8	红高粱	陕西广播电视台都市青春频道（二套）	2.5	12.0
9	恩情无限	陕西广播电视台都市青春频道（二套）	2.5	10.9
10	天下粮田（34~38集）	中央电视台综合频道	2.4	9.5

表3.58.9　2018年西安市场新闻节目收视率排名前十位

名次	节目名称	播出频道	平均收视率(%)	平均占有率(%)
1	都市快报	陕西广播电视台都市青春频道（二套）	3.1	15.0
2	新闻联播	中央电视台综合频道	3.0	15.4
3	都市热线	陕西广播电视台都市青春频道（二套）	1.9	11.8
4	焦点访谈	中央电视台综合频道	1.6	7.1
5	上海合作组织青岛峰会特别报道	中央电视台综合频道	1.5	7.6

续表

名次	节目名称	播出频道	平均收视率（%）	平均占有率（%）
6	同心树	浙江卫视	1.4	9.0
7	海峡两岸	中央台四套	1.4	5.9
8	国务院总理会见中外记者并回答提问	中央电视台综合频道	1.4	5.2
9	天天网事	陕西广播电视台都市青春频道（二套）	1.3	9.2
10	中国舆论场	中央台四套	1.2	5.0

表 3.58.10　2018 年西安市场专题节目收视率排名前十位

名次	节目名称	播出频道	平均收视率（%）	平均占有率（%）
1	一年又一年	中央电视台综合频道	4.9	19.6
2	心系凉山习近平总书记凉山扶贫纪实	中央电视台综合频道	4.0	13.6
3	扎扎实实提高质量	中央电视台综合频道	2.9	10.0
4	重返爱的海洋	中央电视台综合频道	2.4	11.8
5	中国诗词大会第三季（4 月 4 日）	中央电视台综合频道	2.1	8.5
6	携手构建更加紧密的中非命运共同体2018 中非合作论坛北京峰会纪实	中央电视台综合频道	2.0	11.0
7	2018 寻找最美教师	中央电视台综合频道	2.0	10.1
8	为了共同的繁荣习近平出席首届中国国际进口博览会纪实	中央电视台综合频道	2.0	9.9
9	万水千山只等闲	中央电视台综合频道	2.0	8.7
10	舌尖上的中国 3	中央电视台综合频道	1.9	6.7

表 3.58.11　2018 年西安市场综艺节目收视率排名前十位

名次	节目名称	播出频道	平均收视率（%）	平均占有率（%）
1	2018 中央电视台春节联欢晚会	中央电视台综合频道	11.7	30.7
2	欢乐吉祥闹元宵	中央电视台综合频道	8.8	27.0
3	星光大道（2 月 12 日）	中央电视台综合频道	3.3	11.2
4	挑战不可能（1 月 14 日）	中央电视台综合频道	3.2	11.7
5	相声大联欢	中央电视台综合频道	2.6	11.2
6	声临其境（3 月 17 日）	湖南卫视	2.5	12.5
7	启航 2019 中国音乐盛典	中央电视台综合频道	2.4	10.5
8	2018 年中央广播电视总台中秋晚会	中央电视台综合频道	2.3	10.3
9	拥抱新时代祝福你中国中国梦祖国颂2018 国庆特别节目	中央电视台综合频道	2.3	9.7
10	亲如一家塞上情庆祝宁夏回族自治区成立 60 周年	中央电视台综合频道	2.1	8.8

表 3.58.12　2018 年西安市场体育节目收视率排名前十位
（世界杯、亚运会、亚残运会、冬奥会比赛除外）

名次	节目名称	播出频道	平均收视率（%）	平均占有率（%）
1	现场直播：2018 年乒乓球团体世界锦标赛男团决赛	中央台五套	4.5	18.5
2	现场直播世乒赛团体赛男团颁奖仪式	中央台五套	2.8	18.3
3	2018 年世界女排锦标赛第三阶段 H 组第三轮（中国 VS 荷兰）	中央台五套	2.0	13.1
4	现场直播：2018 年汤尤杯羽毛球赛汤姆斯杯小组赛 A 组男单	中央台五套	1.5	5.9
5	再见雅加达杭州再见第 18 届亚运会闭幕式特别节目	中央台五套	1.2	7.1
6	2018 陕西省第十六届运动会开幕式	陕西卫视	1.2	5.7
7	超级足球之夜直播周末：2018 年中超联赛第 28 轮（广州恒大淘宝 VS 上海上港）	中央台五套	1.2	5.3
8	现场直播：2017/2018 赛季中国男子篮球职业联赛半决赛第七场（广厦 VS 山东）	中央台五套	0.9	3.8
9	实况录像：2018 年国际田联钻石联赛上海站男子 110 米栏	中央台五套	0.8	6.8
10	直播周末：2018 年世界体操锦标赛男子双杠决赛	中央台五套	0.8	6.5

表 3.58.13　2018 年西安市场世界杯、亚运会、亚残运会、冬奥会比赛收视率排名前十位

名次	节目名称	播出频道	平均收视率（%）	平均占有率（%）
1	我爱世界杯：2018 年俄罗斯世界杯淘汰赛阶段第一场（法国 VS 阿根廷）	中央台五套	10.7	52.7
2	第 18 届亚运会男子 100 米决赛	中央台五套	4.9	25.2
3	我爱世界杯：2018 年俄罗斯世界杯闭幕式	中央台五套	4.9	24.4
4	我爱世界杯：2018 年俄罗斯世界杯开幕式	中央台五套	4.2	25.6
5	第 18 届亚运会女排半决赛（中国 VS 日本）	中央台五套	4.0	18.5
6	第 18 届亚运会女足决赛（中国 VS 日本）	中央台五套	3.6	16.4
7	我爱世界杯颁奖仪式	中央台五套	3.2	32.1
8	第 18 届亚运会男篮决赛（中国 VS 伊朗）	中央台五套	3.0	13.5
9	直播周末第 18 届亚运会开幕式	中央台五套	2.8	12.5
10	第 18 届亚运会乒乓球男团决赛	中央台五套	2.8	12.3

五十九、西宁收视数据

表 3.59.1 2014～2018 年西宁市场各类频道的市场占有率（%）

频道类别	年份				
	2014 年	2015 年	2016 年	2017 年	2018 年
中央电视台频道	48.9	47.7	49.4	53.1	54.3
中国教育台频道	0.2	0.1	0.1	0.1	0.1
青海省级频道	6.0	10.8	10.3	7.5	7.9
西宁市级频道	2.5	1.7	1.2	0.8	0.7
其他省级卫视频道	37.8	34.5	32.9	30.9	26.8
其他频道	4.6	5.2	6.2	7.6	10.2

表 3.59.2 2018 年西宁市场各类频道在不同目标观众中的市场占有率（%）

目标观众		中央电视台频道	中国教育台频道	青海省级频道	西宁市级频道	其他省级卫视频道	其他频道
4 岁及以上所有人		54.3	0.1	7.9	0.7	26.8	10.2
性别	男	54.8	0.1	8.6	0.7	24.9	10.9
	女	53.8	0.1	7.3	0.6	28.6	9.6
年龄	4～14 岁	44.5	0.2	5.8	0.6	38.2	10.7
	15～24 岁	54.3	0.1	6.4	0.5	26.4	12.3
	25～34 岁	49.6	0.1	5.7	0.8	33.3	10.5
	35～44 岁	53.3	0.1	5.8	0.6	24.9	15.3
	45～54 岁	53.5	0.1	5.9	0.7	27.8	12.0
	55～64 岁	52.5	0.1	13.5	1.0	25.7	7.2
	65 岁及以上	62.9	0.1	10.0	0.6	20.9	5.5
教育程度	未受过正规教育	50.8	0.1	11.0	0.7	32.8	4.6
	小学	54.4	0.1	8.9	0.6	27.6	8.4
	初中	53.6	0.1	7.5	0.7	27.2	10.9
	高中	52.4	0.1	7.3	0.7	25.4	14.1
	大学及以上	60.8	0.1	6.8	0.6	23.6	8.1
职业类别	干部/管理人员	66.5	0.0	1.5	0.3	18.3	13.4
	个体/私营企业人员	53.6	0.1	5.9	0.7	24.9	14.8
	初级公务员/雇员	50.8	0.1	7.1	0.6	27.8	13.6
	工人	53.6	0.1	6.9	0.7	26.4	12.3
	学生	49.7	0.1	5.7	0.5	30.6	13.4
	无业	56.7	0.1	10.0	0.8	26.2	6.2
	其他	40.4	0.5	7.2	0.6	37.9	13.4
个人月收入	0～600 元	48.7	0.1	6.5	0.5	33.1	11.1
	601～1200 元	54.8	0.1	13.8	0.8	27.0	3.5
	1201～1700 元	52.1	0.0	9.5	0.5	28.0	9.9
	1701～2600 元	53.9	0.1	8.8	0.9	25.5	10.8
	2601～3500 元	59.1	0.1	8.9	0.6	24.3	7.0
	3501～5000 元	54.8	0.1	7.2	0.6	24.2	13.1
	5001 元及以上	60.3	0.1	4.7	0.8	23.0	11.1

表 3.59.3　2018 年西宁市场各类频道在不同时段的市场占有率（%）

时间段	中央电视台频道	中国教育台频道	青海省级频道	西宁市级频道	其他省级卫视频道	其他频道
02:00~03:00	35.1	0.2	0.9	0.1	34.4	29.3
03:00~04:00	33.6	0.2	0.9	0.0	34.1	31.2
04:00~05:00	30.1	0.1	0.3	0.0	35.1	34.4
05:00~06:00	40.1	0.1	0.3	0.0	35.4	24.1
06:00~07:00	62.5	0.0	0.2	0.0	24.3	13.0
07:00~08:00	77.0	0.0	1.2	0.2	14.5	7.1
08:00~09:00	71.6	0.1	3.1	0.4	18.0	6.8
09:00~10:00	60.7	0.2	4.6	0.5	26.7	7.3
10:00~11:00	53.6	0.2	4.5	0.4	33.0	8.3
11:00~12:00	55.7	0.1	3.6	0.5	31.0	9.1
12:00~13:00	57.8	0.1	2.8	0.5	29.8	9.0
13:00~14:00	52.9	0.1	1.6	0.7	34.2	10.5
14:00~15:00	47.1	0.2	2.8	0.8	37.0	12.1
15:00~16:00	45.2	0.2	3.6	0.6	37.8	12.6
16:00~17:00	47.6	0.3	4.0	0.5	35.4	12.2
17:00~18:00	53.8	0.1	5.3	0.7	28.3	11.8
18:00~19:00	58.4	0.1	16.9	1.8	14.3	8.5
19:00~20:00	61.3	0.1	13.3	0.8	17.2	7.3
20:00~21:00	53.0	0.0	10.2	0.5	27.9	8.4
21:00~22:00	55.8	0.1	10.5	0.6	23.5	9.5
22:00~23:00	49.0	0.1	8.7	0.8	29.1	12.3
23:00~24:00	46.0	0.1	2.7	0.5	34.5	16.2
24:00~25:00	42.3	0.2	3.0	0.4	31.8	22.3
25:00~26:00	36.9	0.4	1.6	0.5	34.7	25.9

表 3.59.4　2018 年西宁市场收视份额排名前十位的频道

名次	频道名称	收视份额（%）
1	中央台八套	10.5
2	中央台六套	7.3
3	中央电视台综合频道	7.2
4	中央电视台新闻频道	4.8
5	中央台五套	4.3
5	中央台三套	4.3
7	青海都市频道	4.1
8	中央台四套	3.9
9	湖南电视台金鹰卡通频道	2.9
10	青海卫视	2.7

表 3.59.5　2018 年西宁市场各主要频道的观众构成（%）

目标观众		所有频道	主要频道					
			中央台八套	中央台六套	中央电视台综合频道	中央电视台新闻频道	中央台五套	中央台三套
4 岁及以上所有人		100.0	100.0	100.0	100.0	100.0	100.0	100.0
性别	男	49.5	45.0	53.8	47.0	59.2	55.8	37.0
	女	50.5	55.0	46.2	53.0	40.8	44.2	63.0
年龄	4~14 岁	10.1	5.4	11.2	7.5	5.9	6.7	5.1
	15~24 岁	8.5	9.5	9.8	9.0	6.2	4.3	16.0
	25~34 岁	6.5	6.9	7.8	5.9	3.9	5.0	5.2
	35~44 岁	17.0	11.9	22.3	14.6	19.8	21.1	11.8
	45~54 岁	21.3	23.1	25.8	20.0	15.8	24.9	16.2
	55~64 岁	14.9	13.9	9.2	15.6	17.3	15.4	12.3
	65 岁及以上	21.7	29.3	13.9	27.4	31.1	22.6	33.4
教育程度	未受过正规教育	9.4	10.2	8.1	6.5	9	3.1	6.6
	小学	20.1	20.4	18.4	20.3	16.9	20.9	24.4
	初中	28.4	32.4	26.2	25.8	33.7	27.3	23.4
	高中	26.2	22.5	29.2	20.9	26.3	28.4	24.9
	大学及以上	15.9	14.5	18.1	26.5	14.1	20.3	20.7
职业类别	干部/管理人员	1.3	0.6	1.4	1.5	0.9	4.0	2.1
	个体/私营企业人员	14.3	14.4	19.5	9.0	14.8	19.1	8.0
	初级公务员/雇员	11.0	9.5	10.3	13.0	9.3	9.7	8.4
	工人	16.7	14.5	23.0	14.3	14.1	14.8	17.8
	学生	11.0	9.6	13.1	10.7	7.4	7.7	15.0
	无业	44.6	50.7	31.9	51.1	52.2	44.5	48.5
	其他	1.1	0.7	0.8	0.4	1.3	0.2	0.2
个人月收入	0~600 元	22.8	22.1	24.8	20.0	13.3	17.0	21.2
	601~1200 元	4.1	7.3	2.5	2.1	5.4	2.4	2.7
	1201~1700 元	6.2	7.6	6.1	6.7	3.3	4.7	9.5
	1701~2600 元	22.6	20.7	20.4	21.0	18.0	18.4	36.1
	2601~3500 元	18.9	17.9	17.7	25.2	27.8	24.9	15.1
	3501~5000 元	17.3	16.9	19.9	13.5	24.4	16.7	10.7
	5001 元及以上	8.1	7.5	8.6	11.5	7.8	15.9	4.7

表 3.59.6　2016~2018 年西宁市场各类节目的播出份额（%）和收视份额（%）

节目类别	2016 年		2017 年		2018 年	
	播出份额	收视份额	播出份额	收视份额	播出份额	收视份额
财经	1.4	0.6	1.1	0.6	1.1	0.5
电视剧	20.4	30.1	21.0	29.9	21.1	31.6
电影	3.7	8.8	4.0	10.1	4.1	8.8
法制	0.9	1.1	1.0	1.1	1.0	1.3
教学	0.2	0.0	0.2	0.0	0.3	0.0
青少	6.9	5.2	7.2	5.8	7.2	5.7
生活服务	9.2	6.4	8.7	5.9	8.7	6.0

续表

节目类别	2016 年		2017 年		2018 年	
	播出份额	收视份额	播出份额	收视份额	播出份额	收视份额
体育	3.3	4.1	3.4	3.7	3.4	4.6
外语	0.0	0.0	0.1	0.0	0.1	0.0
戏剧	0.9	0.3	0.9	0.3	0.8	0.3
新闻/时事	15.1	12.4	15.8	12.2	16.1	12.5
音乐	2.0	1.1	1.6	1.0	1.5	0.7
专题	14.1	7.0	14.6	7.3	14.3	7.2
综艺	9.3	12.8	8.0	11.3	7.7	9.9
其他	12.5	10.2	12.5	10.6	12.6	10.9

表 3.59.7　2018 年西宁市场所有节目收视率排名前三十位

名次	节目名称	节目类别	播出频道	平均收视率（%）	平均占有率（%）
1	我爱世界杯：2018 年俄罗斯世界杯足球赛决赛（法国 VS 克罗地亚）	体育	中央台五套	14.5	66.1
2	2018 中央电视台春节联欢晚会	综艺	中央电视台综合频道	14.0	33.1
3	我爱世界杯：2018 年俄罗斯世界杯闭幕式	体育	中央台五套	8.8	35.1
4	欢乐吉祥闹元宵	综艺	中央电视台综合频道	8.7	28.6
5	灵与肉（6 月 17 日～6 月 30 日）	电视剧	中央台八套	8.4	30.3
6	红海行动（10 月 1 日）	电影	中央台六套	8.1	26.9
7	初婚	电视剧	中央台八套	7.9	30.2
8	开学第一课	青少	中央电视台综合频道	7.8	25.1
9	妖猫传（2 月 18 日）	电影	中央台六套	7.5	24.7
10	娘亲舅大	电视剧	中央台八套	6.8	25.9
11	我爱世界杯：2018 年俄罗斯世界杯开幕式	体育	中央台五套	6.6	40.4
12	战狼 2（5 月 1 日）	电影	中央台六套	6.6	23.4
13	飞虎队谍战	电影	中央台六套	6.5	20.3
14	惊蛰	电视剧	中央台八套	6.3	21.6
15	回家的路有多远（5 月 20 日～6 月 4 日）	电视剧	中央台八套	6.1	24.3
16	开封府	电视剧	中央台八套	6.0	21.2
17	警察故事四之简单任务	电影	中央台六套	5.9	34.0
18	最美的青春	电视剧	中央电视台综合频道	5.9	19.5
19	第 18 届亚运会女子 100 米栏决赛	体育	中央台五套	5.8	17.7
20	猎豺狼	电视剧	中央台八套	5.7	21.8
21	功夫瑜伽（2 月 11 日）	电影	中央台六套	5.5	18.5
22	机器之血（2 月 26 日）	电影	中央台六套	5.4	16.6
23	追捕（10 月 3 日）	电影	中央台六套	5.3	19.3
24	岁岁年年柿柿红	电视剧	中央电视台综合频道	5.3	18.0
25	盗墓笔记（2 月 13 日）	电影	中央台六套	5.3	16.1
26	天气预报	生活服务	中央电视台综合频道	5.2	19.9
27	大牧歌	电视剧	中央台八套	5.0	21.0

续表

名次	节目名称	节目类别	播出频道	平均收视率（%）	平均占有率（%）
28	诚忠堂	电视剧	中央台八套	5.0	18.3
29	浴血十四年	电视剧	中央台八套	5.0	17.6
30	空天猎（2月17日）	电影	中央台六套	4.9	16.4

表 3.59.8　2018 年西宁市场电视剧收视率排名前十位

名次	节目名称	播出频道	平均收视率（%）	平均占有率（%）
1	灵与肉（6月17日~6月30日）	中央台八套	8.4	30.3
2	初婚	中央台八套	7.9	30.2
3	娘亲舅大	中央台八套	6.8	25.9
4	惊蛰	中央台八套	6.3	21.6
5	回家的路有多远（5月20日~6月4日）	中央台八套	6.1	24.3
6	开封府	中央台八套	6.0	21.2
7	最美的青春	中央电视台综合频道	5.9	19.5
8	猎豺狼	中央台八套	5.7	21.8
9	岁岁年年柿柿红	中央电视台综合频道	5.3	18.0
10	大牧歌	中央台八套	5.0	21.0

表 3.59.9　2018 年西宁市场新闻节目收视率排名前十位

名次	节目名称	播出频道	平均收视率（%）	平均占有率（%）
1	新闻联播	中央电视台综合频道	3.0	12.9
2	国务院总理会见中外记者并回答提问	中央电视台综合频道	2.3	8.8
3	转播中央台新闻联播	青海卫视	2.1	8.9
4	焦点访谈	中央电视台综合频道	1.8	6.6
5	青海新闻联播	青海卫视	1.6	8.6
6	海峡两岸	中央台四套	1.6	5.3
7	共同关注	中央电视台新闻频道	1.4	9.0
8	直播青海（4月14日）	青海都市频道	1.4	4.7
9	中国舆论场	中央台四套	1.3	4.7
10	上海合作组织青岛峰会特别报道	中央电视台综合频道	1.2	4.8

表 3.59.10　2018 年西宁市场专题节目收视率排名前十位

名次	节目名称	播出频道	平均收视率（%）	平均占有率（%）
1	重返狼群（3月1日）	中央台六套	4.2	14.0
2	一年又一年	中央电视台综合频道	4.1	14.1
3	海上丝路看今朝 2018 年习近平主席亚太之行	中央电视台综合频道	3.3	10.4
4	重返爱的海洋	中央电视台综合频道	3.3	10.2
5	万水千山只等闲	中央电视台综合频道	3.3	10.1
6	为了共同的繁荣习近平出席首届中国国际进口博览会纪实	中央电视台综合频道	2.8	9.2

续表

名次	节目名称	播出频道	平均收视率（%）	平均占有率（%）
7	扎扎实实提高质量	中央电视台综合频道	2.7	7.9
8	最后的猎人	中央台六套	2.5	13.6
9	心系凉山习近平总书记凉山扶贫纪实	中央电视台综合频道	2.5	7.6
10	爱的海洋汶川地震灾区学生赴海洋全俄儿童中心疗养十周年纪念	中央电视台综合频道	2.3	8.5

表 3.59.11　2018 年西宁市场综艺节目收视率排名前十位

名次	节目名称	播出频道	平均收视率（%）	平均占有率（%）
1	2018 中央电视台春节联欢晚会	中央电视台综合频道	14.0	33.1
2	欢乐吉祥闹元宵	中央电视台综合频道	8.7	28.6
3	2018 年中央广播电视总台中秋晚会	中央电视台综合频道	4.2	14.2
4	拥抱新时代祝福你中国中国梦祖国颂 2018 国庆特别节目	中央电视台综合频道	4.1	12.9
5	改革开放再出发中央电视台心连心赴深圳前海慰问演出	中央电视台综合频道	3.6	9.8
6	星光大道决赛季（12 月 29 日）	中央电视台综合频道	3.5	10.5
7	奔跑侠揭晓时刻（5 月 18 日）	浙江卫视	2.9	19.0
8	2018CCTV 网络春晚	中央台三套	2.8	9.7
9	喜到福到好运到 2018 年春晚倒计时	中央台三套	2.7	9.3
10	山水中国美	中央台三套	2.6	8.9

表 3.59.12　2018 年西宁市场体育节目收视率排名前十位

（世界杯、亚运会、亚残运会、冬奥会比赛除外）

名次	节目名称	播出频道	平均收视率（%）	平均占有率（%）
1	直播周末：2018 年世界女排锦标赛第三阶段（中国 VS 美国）	中央台五套	3.6	28.9
2	2018 年杭州世游赛 25 米女子 400 米自由泳决赛	中央台五套	2.9	9.3
3	现场直播：2018 年世界女排联赛香港站（中国 VS 意大利）	中央台五套	2.7	9.2
4	直播周末：2018 年杭州世锦赛 25 米男子 50 米蝶泳决赛	中央台五套	2.5	8.7
5	直播周末世界女排锦标赛颁奖仪式	中央台五套	2.5	8.1
6	2018 年第十七届环青海湖国际公路自行车赛第一赛段	青海卫视	2.4	7.7
7	直播周末：2018 年瑞士女排精英赛排位赛（中国 VS 波兰）	中央台五套	2.1	7.7
8	现场直播：2017/2018 赛季中国男子篮球职业联赛半决赛第六场（广厦 VS 山东）	中央台五套	2.1	7.0

续表

名次	节目名称	播出频道	平均收视率（%）	平均占有率（%）
9	2018 年中国之队国际足球友谊赛（中国 VS 叙利亚）	中央台五套	2.0	7.4
10	实况录像：2018 年国际泳联游泳世界杯北京站男子 100 米蛙泳	中央台五套	1.9	7.1

表 3.59.13　2018 年西宁市场世界杯、亚运会、亚残运会、冬奥会比赛收视率排名前十位

名次	节目名称	播出频道	平均收视率（%）	平均占有率（%）
1	我爱世界杯：2018 年俄罗斯世界杯足球赛决赛（法国 VS 克罗地亚）	中央台五套	14.5	66.1
2	我爱世界杯：2018 年俄罗斯世界杯闭幕式	中央台五套	8.8	35.1
3	我爱世界杯：2018 年俄罗斯世界杯开幕式	中央台五套	6.6	40.4
4	第 18 届亚运会女子 100 米栏决赛	中央台五套	5.8	17.7
5	第 18 届亚运会女排决赛（中国 VS 泰国）	中央台五套	4.7	29.8
6	第 18 届亚运会女子 200 米个人混合泳决赛	中央台五套	4.2	12.9
7	第 18 届亚运会男篮决赛（中国 VS 伊朗）	中央台五套	4.1	13.8
8	第 18 届亚运会女子个人花剑决赛	中央台五套	3.6	11.1
9	第 18 届亚运会乒乓球女团决赛	中央台五套	2.9	23.9
10	第 18 届亚运会闭幕式	中央台五套	2.8	10.0

六十、厦门收视数据

表 3.60.1　2014～2018 年厦门市场各类频道的市场占有率（%）

频道类别	年份				
	2014 年	2015 年	2016 年	2017 年	2018 年
中央电视台频道	41.8	37.4	33.7	33.2	30.8
中国教育台频道	0.3	0.1	0.0	0.1	0.1
福建省级频道	4.3	4.3	4.9	5.3	6.9
厦门市级频道	22.0	26.8	26.0	22.7	17.2
其他省级卫视频道	25.0	23.6	25.2	21.1	17.6
其他频道	6.6	7.8	10.2	17.6	27.4

表 3.60.2　2018 年厦门市场各类频道在不同目标观众中的市场占有率（%）

目标观众		中央电视台频道	中国教育台频道	福建省级频道	厦门市级频道	其他省级卫视频道	其他频道
4 岁及以上所有人		30.8	0.1	6.9	17.2	17.6	27.4
性别	男	33.6	0.1	6.7	15.9	16.9	26.8
	女	28.0	0.1	7.1	18.6	18.3	27.9
年龄	4～14 岁	22.5	0.1	6.2	10.9	23.8	36.5
	15～24 岁	29.8	0.1	5.4	14.0	16.5	34.2
	25～34 岁	24.5	0.1	6.0	15.3	18.9	35.2
	35～44 岁	28.7	0.1	5.8	12.2	19.2	34.0
	45～54 岁	30.1	0.1	7.5	19.3	16.5	26.5
	55～64 岁	38.4	0.1	8.7	25.2	16.8	10.8
	65 岁及以上	39.3	0.2	7.3	17.0	14.7	21.5
教育程度	未受过正规教育	26.6	0.1	8.9	21.3	21.0	22.1
	小学	30.9	0.1	8.8	21.6	16.7	21.9
	初中	31.6	0.1	7.2	17.2	17.8	26.1
	高中	32.9	0.1	5.4	14.4	15.6	31.6
	大学及以上	28.9	0.2	5.3	14.0	19.2	32.4
职业类别	干部/管理人员	29.4	0.1	5.6	12.5	26.7	25.7
	个体/私营经企业人员	23.7	0.1	6.2	10.9	14.8	44.3
	初级公务员/雇员	36.2	0.1	5.2	15.7	16.8	26.0
	工人	31.0	0.3	7.2	18.4	16.0	27.1
	学生	27.4	0.2	5.7	10.1	20.7	35.9
	无业	32.8	0.1	7.4	18.7	17.6	23.4
	其他	26.4	0.1	10.0	30.7	20.3	12.5
个人月收入	0～600 元	27.1	0.1	6.9	13.1	20.6	32.2
	601～1200 元	26.3	0.1	7.1	23.0	22.7	20.8
	1201～1700 元	31.3	0.1	4.2	22.6	19.0	22.8
	1701～2600 元	31.0	0.1	8.7	24.4	18.4	17.4
	2601～3500 元	31.1	0.1	8.2	21.3	14.6	24.7
	3501～5000 元	30.4	0.2	7.7	19.5	17.2	25.0
	5001 元及以上	34.6	0.1	5.4	13.1	15.9	30.9

表 3.60.3　2018 年厦门市场各类频道在不同时段的市场占有率（%）

时间段	中央电视台频道	中国教育台频道	福建省级频道	厦门市级频道	其他省级卫视频道	其他频道
02:00~03:00	47.8	0.2	4.5	1.2	16.6	29.7
03:00~04:00	46.7	0.1	3.3	0.2	17.0	32.7
04:00~05:00	33.6	0.2	6.3	0.1	25.6	34.2
05:00~06:00	31.0	0.4	9.7	0.0	34.7	24.2
06:00~07:00	53.6	0.1	13.3	2.8	14.8	15.4
07:00~08:00	42.6	0.1	6.8	12.4	21.3	16.8
08:00~09:00	41.4	0.1	7.4	11.0	17.6	22.5
09:00~10:00	35.1	0.2	7.2	10.4	19.1	28.0
10:00~11:00	33.9	0.2	6.5	9.7	19.4	30.3
11:00~12:00	37.5	0.1	6.5	9.3	18.4	28.2
12:00~13:00	35.0	0.1	7.9	13.9	16.1	27.0
13:00~14:00	33.4	0.2	5.6	7.3	22.5	31.0
14:00~15:00	27.4	0.2	6.2	8.8	25.8	31.6
15:00~16:00	26.5	0.2	6.7	9.3	26.3	31.0
16:00~17:00	26.0	0.1	7.0	8.9	25.1	32.9
17:00~18:00	26.7	0.1	8.1	10.9	20.7	33.5
18:00~19:00	30.2	0.1	9.8	22.5	9.4	28.0
19:00~20:00	33.7	0.1	8.3	22.8	11.6	23.5
20:00~21:00	28.4	0.0	6.8	25.2	15.8	23.8
21:00~22:00	26.4	0.1	5.3	28.7	15.0	24.5
22:00~23:00	24.6	0.1	5.0	22.1	19.5	28.7
23:00~24:00	29.0	0.1	5.9	12.8	22.7	29.5
24:00~25:00	33.3	0.1	6.7	9.8	18.9	31.2
25:00~26:00	39.1	0.1	5.2	5.5	18.0	32.1

表 3.60.4　2018 年厦门市场收视份额排名前十位的频道

名次	频道名称	收视份额（%）
1	厦门电视台综合频道	6.5
2	中央电视台综合频道	5.5
3	中央台四套	5.0
4	厦门电视台影视频道	4.7
5	厦门电视台生活频道	3.8
6	中央台六套	3.2
7	中央台八套	3.1
8	中央台三套	3.0
9	中央台五套	2.5
10	厦门电视台海峡频道	2.3

表 3.60.5　2018 年厦门市场各主要频道的观众构成（%）

目标观众		所有频道	主要频道				
			厦门电视台综合频道	中央电视台综合频道	中央台四套	厦门电视台影视频道	厦门电视台生活频道
4 岁及以上所有人		100.0	100.0	100.0	100.0	100.0	100.0
性别	男性	50.6	51.7	48.4	64.3	39.7	45.6
	女性	49.4	48.3	51.6	35.7	60.3	54.4
年龄	4～14 岁	7.9	4.1	6.2	1.8	5.4	7.1
	15～24 岁	7.8	6.3	10.1	5.5	6.5	6.6
	25～34 岁	19.7	18.4	16.7	5.4	14.3	20.6
	35～44 岁	9.9	5.7	7.0	4.4	7.1	7.7
	45～54 岁	25.2	24.3	23.5	23.9	36.2	24.0
	55～64 岁	14.6	24.3	13.3	29.3	20.5	18.0
	65 岁及以上	14.9	16.9	23.2	29.7	10.0	16.0
教育程度	未受正规教育	9.3	11.7	8.7	4.2	12.2	13.0
	小学	21.1	21.7	17.5	31.3	31.7	29.3
	初中	26.5	26.0	24.2	28.7	26.7	25.8
	高中	25.0	23.1	27.3	24.1	18.0	21.3
	大学及以上	18.1	17.5	22.3	11.7	11.4	10.6
职业类别	干部/管理人员	2.1	0.8	2.2	1.3	1.3	1.4
	个体/私营企业人员	13.1	7.9	8.0	7.9	10.0	6.5
	初级公务员/雇员	14.6	17.2	19.9	14.4	8.2	10.0
	工人	13.7	11.2	13.6	19.5	19.6	16.2
	学生	8.2	5.0	8.6	3.1	3.2	6.1
	无业	41.2	48.9	43.8	45.1	38.7	45.5
	其他	7.1	9.0	3.9	8.7	19.0	14.3
个人月收入	0～600 元	25.7	17.8	22.1	11.2	16.9	28.0
	601～1200 元	1.6	2.0	1.2	0.6	1.5	3.3
	1201～1700 元	4.3	5.3	2.6	6.8	9.1	5.0
	1701～2600 元	10.2	15.8	8.6	18.7	16.1	13.1
	2601～3500 元	17.2	25.7	17.6	19.7	16.8	15.9
	3501～5000 元	15.5	14.9	16.1	14.0	22.1	16.4
	5001 元及以上	25.5	18.5	31.8	29.0	17.5	18.3

表 3.60.6　2016～2018 年厦门市场各类节目的播出份额（%）和收视份额（%）

节目类别	2016 年		2017 年		2018 年	
	播出份额	收视份额	播出份额	收视份额	播出份额	收视份额
财经	1.5	0.9	1.2	0.6	1.3	0.6
电视剧	20.8	33.2	21.5	32.8	21.6	32.3
电影	4.5	7.0	4.5	6.7	4.3	5.4
法制	0.8	0.5	0.9	0.3	0.9	0.4
教学	0.2	0.0	0.2	0.0	0.3	0.0
青少	6.6	6.3	6.9	6.2	6.9	4.3
生活服务	9.2	5.9	8.1	6.2	8.2	6.3

续表

节目类别	2016 年		2017 年		2018 年	
	播出份额	收视份额	播出份额	收视份额	播出份额	收视份额
体育	3.4	3.2	3.6	2.3	3.7	3.5
外语	0.0	0.0	0.1	0.0	0.1	0.0
戏剧	0.9	1.2	0.9	1.4	0.8	1.1
新闻/时事	15.0	14.3	15.6	15.2	16.1	16.1
音乐	1.8	1.1	1.4	1.4	1.5	1.3
专题	13.5	5.3	14.3	6.3	14.0	7.1
综艺	8.9	10.1	7.6	9.0	7.4	9.7
其他	13.0	11.0	13.2	11.7	12.9	11.9

表 3.60.7　2018 年厦门市场所有节目收视率排名前三十位

名次	节目名称	节目类型	播出频道	平均收视率（%）	平均占有率（%）
1	2018 中央电视台春节联欢晚会	综艺	中央电视台综合频道	8.4	26.0
2	我爱世界杯：2018 年俄罗斯世界杯足球赛决赛（法国 VS 克罗地亚）	体育	中央台五套	7.5	49.9
3	第 18 届亚运会女子 4×100 米混合泳接力决赛	体育	中央台五套	4.7	26.1
4	扎扎实实提高质量	专题	中央电视台综合频道	4.7	21.7
5	第 18 届亚运会女子 4×400 米决赛	体育	中央台五套	4.6	21.0
6	欢乐吉祥闹元宵	综艺	中央电视台综合频道	4.3	21.3
7	2018 年第 23 届冬奥会短道速滑男子 5000 米接力决赛 A 组	体育	中央台五套	4.3	15.7
8	开学第一课	青少	中央电视台综合频道	4.2	23.0
9	我爱世界杯：2018 年俄罗斯世界杯闭幕式	体育	中央台五套	3.9	25.7
10	第 18 届亚运会男子团体羽毛球半决赛	体育	中央台五套	3.8	21.4
11	女匪首	电视剧	厦门电视台综合频道	3.7	22.1
12	相知无远近万里尚为邻 2018 年 7 月习近平主席亚非行纪实	专题	中央电视台综合频道	3.6	21.5
13	第 18 届亚运会乒乓球男团决赛	体育	中央台五套	3.4	17.1
14	一年又一年	专题	中央电视台综合频道	3.2	17.2
15	2018 年第 23 届冬奥会自由式滑雪女子空中技巧决赛	体育	中央台五套	3.2	14.4
16	黄河英雄	电视剧	厦门电视台综合频道	3.1	18.2
17	战地枪王	电视剧	厦门电视台综合频道	3.1	15.1
18	屠狼	电视剧	厦门电视台综合频道	3.1	14.5
19	我爱世界杯：2018 年俄罗斯世界杯开幕式	体育	中央台五套	3.0	24.0
20	硬骨头之绝地归途	电视剧	厦门电视台综合频道	3.0	16.8
21	刺杀 1942	电视剧	厦门电视台综合频道	2.9	15.3
22	猎金行动	电视剧	厦门电视台综合频道	2.8	17.2
23	真命天子	电视剧	厦门电视台生活频道	2.8	14.4

续表

名次	节目名称	节目类型	播出频道	平均收视率（%）	平均占有率（%）
24	我们的绝地反击	电视剧	厦门电视台综合频道	2.8	13.5
25	天下粮田（34~38集）	电视剧	中央电视台综合频道	2.8	12.7
26	第18届亚运会男篮决赛（中国VS伊朗）	体育	中央台五套	2.7	14.3
27	雪地娘子军	电视剧	厦门电视台综合频道	2.6	15.9
28	2018/2019赛季中国羽毛球俱乐部超级联赛第二轮男子双打	体育	厦门电视台生活频道	2.6	14.7
29	第18届亚运会女子体操高低杠决赛	体育	中央台五套	2.6	13.9
30	生死一线	电视剧	厦门电视台综合频道	2.5	12.6

表3.60.8　2018年厦门市场电视剧收视率排名前十位

名次	节目名称	播出频道	平均收视率（%）	平均占有率（%）
1	女匪首	厦门电视台综合频道	3.7	22.1
2	黄河英雄	厦门电视台综合频道	3.1	18.2
3	战地枪王	厦门电视台综合频道	3.1	15.1
4	屠狼	厦门电视台综合频道	3.1	14.5
5	硬骨头之绝地归途	厦门电视台综合频道	3.0	16.8
6	刺杀1942	厦门电视台综合频道	2.9	15.3
7	猎金行动	厦门电视台综合频道	2.8	17.2
8	真命天子	厦门电视台生活频道	2.8	14.4
9	我们的绝地反击	厦门电视台综合频道	2.8	13.5
10	天下粮田（34~38集）	中央电视台综合频道	2.8	12.7

表3.60.9　2018年厦门市场新闻节目收视率排名前十位

名次	节目名称	播出频道	平均收视率（%）	平均占有率（%）
1	新闻联播	中央电视台综合频道	1.8	10.4
2	特区新闻广场	厦门电视台海峡频道	1.6	8.6
3	海峡两岸	中央台四套	1.6	8.4
4	上海合作组织青岛峰会特别报道	中央电视台综合频道	1.3	7.9
5	迎战山竹	中央电视台新闻频道	1.1	10.1
6	厦视直播室	厦门电视台海峡频道	1.1	6.0
7	中国舆论场	中央台四套	1.1	5.7
8	焦点访谈	中央电视台综合频道	1.0	5.3
9	福建新闻联播	厦门电视台综合频道	0.9	4.9
9	今日亚洲	中央台四套	0.9	4.9

表 3.60.10 2018 年厦门市场专题节目收视率排名前十位

名次	节目名称	播出频道	平均收视率（%）	平均占有率（%）
1	扎扎实实提高质量	中央电视台综合频道	4.7	21.7
2	相知无远近万里尚为邻 2018 年 7 月习近平主席亚非行纪实	中央电视台综合频道	3.6	21.5
3	一年又一年	中央电视台综合频道	3.2	17.2
4	为了共同的繁荣习近平出席首届中国国际进口博览会纪实	中央电视台综合频道	2.1	12.2
5	纪念党的生活三十周年系列微视频	厦门电视台综合频道	2.0	9.3
6	蜕变致敬改革开放 40 周年	厦门电视台综合频道	1.9	11.0
7	重返狼群	中央台六套	1.9	9.8
8	心系凉山习近平总书记凉山扶贫纪实	中央电视台综合频道	1.8	7.6
9	315 共建秩序共享品质	中央台二套	1.7	9.0
10	医道无界	中央电视台综合频道	1.5	7.7

表 3.60.11 2018 年厦门市场综艺节目收视率排名前十位

名次	节目名称	播出频道	平均收视率（%）	平均占有率（%）
1	2018 中央电视台春节联欢晚会	中央电视台综合频道	8.4	26.0
2	欢乐吉祥闹元宵	中央电视台综合频道	4.3	21.3
3	2018 中央军委慰问驻京部队老干部迎新春文艺演出	中央电视台综合频道	2.5	11.0
4	新春喜剧之夜	中央台三套	2.0	8.6
5	巅峰演讲	浙江卫视	1.8	19.8
6	2018 年中央广播电视总台中秋晚会	中央台四套	1.7	10.4
7	中国梦劳动美 2018 年庆祝五一国际劳动节心连心艺术团慰问演出	中央电视台综合频道	1.7	8.1
8	相声大联欢	中央电视台综合频道	1.6	14.6
9	天下有情人	中央台三套	1.6	9.7
10	亲如一家塞上情庆祝宁夏回族自治区成立 60 周年	中央电视台综合频道	1.5	7.2

表 3.60.12 2018 年厦门市场体育节目收视率排名前十位
（世界杯、亚运会、亚残运会、冬奥会比赛除外）

名次	节目名称	播出频道	平均收视率（%）	平均占有率（%）
1	2018/2019 赛季中国羽毛球俱乐部超级联赛第二轮男子双打	厦门电视台生活频道	2.6	14.7
2	现场直播：2018 年中国杯国际足球锦标赛半决赛（中国 VS 威尔士）	中央台五套	2.3	10.3
3	2018 年世界女排锦标赛第三阶段 H 组第三轮（荷兰 VS 中国）	中央台五套	2.1	13.3
4	2018 年中国之队国际足球友谊赛（中国 VS 叙利亚）	中央台五套	1.9	9.5

续表

名次	节目名称	播出频道	平均收视率（%）	平均占有率（%）
5	现场直播：2018 年乒乓球团体世界锦标赛男团决赛	中央台五套	1.7	7.9
6	直播周末：2018 年中国羽毛球公开赛决赛混双	中央台五套	1.5	7.4
7	直播周末世界女排锦标赛颁奖仪式	中央台五套	1.1	6.9
8	直播周末：2018 年女篮世界杯小组赛（拉脱维亚 VS 中国）	中央台五套	1.0	7.7
9	实况录像：拳星汇拳击联合冠军赛第二期	中央台五套	0.9	14.7
10	直播周末：2017/2018 赛季斯诺克大师赛决赛	中央台五套	0.9	5.7

表 3.60.13　2018 年厦门市场世界杯、亚运会、亚残运会、冬奥会比赛收视率排名前十位

名次	节目名称	播出频道	平均收视率（%）	平均占有率（%）
1	我爱世界杯：2018 年俄罗斯世界杯足球赛决赛（法国 VS 克罗地亚）	中央台五套	7.5	49.9
2	第 18 届亚运会女子 4×100 米混合泳接力决赛	中央台五套	4.7	26.1
3	第 18 届亚运会女子 4×400 米决赛	中央台五套	4.6	21.0
4	2018 年第 23 届冬奥会短道速滑男子 5000 米接力决赛 A 组	中央台五套	4.3	15.7
5	我爱世界杯：2018 年俄罗斯世界杯闭幕式	中央台五套	3.9	25.7
6	第 18 届亚运会男子团体羽毛球半决赛	中央台五套	3.8	21.4
7	第 18 届亚运会乒乓球男团决赛	中央台五套	3.4	17.1
8	2018 年第 23 届冬奥会自由式滑雪女子空中技巧决赛	中央台五套	3.2	14.4
9	我爱世界杯：2018 年俄罗斯世界杯开幕式	中央台五套	3.0	24.0
10	第 18 届亚运会男篮决赛（中国 VS 伊朗）	中央台五套	2.7	14.3

六十一、银川收视数据

表 3.61.1　2014～2018 年银川市场各类频道的市场占有率（%）

频道类别	年份				
	2014 年	2015 年	2016 年	2017 年	2018 年
中央电视台频道	46.0	44.3	44.7	42.0	41.2
中国教育台频道	0.2	0.1	0.1	0.1	0.1
宁夏回族自治区级频道	6.1	7.2	8.5	7.9	7.8
银川市级频道	5.1	6.6	6.5	5.8	5.8
其他省级卫视频道	34.2	32.2	26.3	24.3	19.5
其他频道	8.4	9.6	14.0	19.9	25.6

表 3.61.2　2018 年银川市场各类频道在不同目标观众中的市场占有率（%）

目标观众		中央电视台频道	中国教育台频道	宁夏回族自治区级频道	银川市级频道	其他省级卫视频道	其他频道
4 岁及以上所有人		41.2	0.1	7.8	5.8	19.5	25.6
性别	男	43.3	0.1	7.7	6.2	17.4	25.3
	女	39.2	0.1	8.0	5.4	21.5	25.8
年龄	4～14 岁	32.3	0.1	4.5	2.0	26.6	34.4
	15～24 岁	25.7	0.2	5.1	3.3	22.8	42.9
	25～34 岁	33.8	0.1	6.5	3.4	18.6	37.5
	35～44 岁	39.2	0.2	5.3	1.8	20.7	32.8
	45～54 岁	42.6	0.2	8.7	6.5	21.3	20.8
	55～64 岁	47.8	0.1	12.1	11.1	13.4	15.6
	65 岁及以上	57.1	0.0	9.0	8.4	16.3	9.2
教育程度	未受过正规教育	44.3	0.3	6.6	5.1	25.8	17.9
	小学	39.0	0.1	10.9	4.6	20.6	24.8
	初中	42.6	0.1	7.3	7.5	17.5	25.1
	高中	39.1	0.1	7.2	5.2	20.8	27.6
	大学及以上	42.4	0.1	7.4	5.1	17.6	27.4
职业类别	干部/管理人员	*	*	*	*	*	*
	个体/私营企业人员	42.5	0.1	5.5	4.9	19.7	27.3
	初级公务员/雇员	38.0	0.1	5.8	6.3	16.0	33.8
	工人	40.9	0.1	8.8	5.2	22.8	22.2
	学生	30.1	0.1	4.6	2.5	26.0	36.7
	无业	47.2	0.1	10.1	7.1	18.0	17.5
	其他	16.6	0.2	5.4	5.7	14.7	57.5
个人月收入	0～600 元	37.0	0.2	7.9	4.9	22.4	27.6
	601～1200 元	29.9	0.1	18.0	7.9	17.1	27.0
	1201～1700 元	52.1	0.1	6.7	3.8	17.0	20.3
	1701～2600 元	43.2	0.1	8.1	6.1	20.3	22.2
	2601～3500 元	39.5	0.1	7.2	7.2	18.2	27.8
	3501 元～5000 元	45.2	0.2	5.9	5.9	15.9	26.8
	5001 元及以上	58.0	0.1	4.2	2.0	15.6	20.1

注：* 表示样本量不足，无法进行统计推断。

表 3.61.3　2018 年银川市场各类频道在不同时段的市场占有率（%）

时间段	中央电视台频道	中国教育台频道	宁夏回族自治区级频道	银川市级频道	其他省级卫视频道	其他频道
02:00~03:00	30.3	0.1	4.0	0.8	22.5	42.3
03:00~04:00	33.8	0.0	2.8	0.0	23.0	40.4
04:00~05:00	33.1	0.0	2.9	0.0	18.9	45.1
05:00~06:00	60.9	0.0	1.8	0.0	11.5	25.8
06:00~07:00	78.5	0.0	2.1	0.2	9.3	10.0
07:00~08:00	58.5	0.2	10.8	1.6	10.4	18.5
08:00~09:00	47.5	0.1	9.9	3.0	15.7	23.8
09:00~10:00	42.2	0.1	6.8	4.2	20.8	25.8
10:00~11:00	39.2	0.1	6.6	4.6	23.1	26.5
11:00~12:00	44.1	0.1	6.6	3.5	21.2	24.5
12:00~13:00	48.0	0.1	5.7	3.3	19.3	23.7
13:00~14:00	39.3	0.1	5.0	3.3	24.1	28.2
14:00~15:00	36.1	0.2	4.2	2.0	28.1	29.4
15:00~16:00	35.3	0.4	4.6	1.6	28.5	29.7
16:00~17:00	38.8	0.4	4.7	1.6	26.4	28.0
17:00~18:00	37.1	0.3	11.7	2.2	22.4	26.4
18:00~19:00	45.7	0.1	15.0	5.8	10.6	22.9
19:00~20:00	53.1	0.1	9.9	4.8	11.9	20.2
20:00~21:00	38.9	0.1	7.8	7.7	21.0	24.7
21:00~22:00	39.8	0.1	7.1	9.4	19.2	24.5
22:00~23:00	33.7	0.1	7.3	11.7	19.7	27.5
23:00~24:00	32.7	0.1	7.6	7.8	20.5	31.2
24:00~25:00	29.9	0.3	8.3	2.0	20.5	39.0
25:00~26:00	25.4	0.4	4.9	1.0	22.4	45.9

表 3.61.4　2018 年银川市场收视份额排名前十位的频道

名次	频道名称	收视份额（%）
1	中央电视台综合频道	7.3
2	中央台八套	6.5
3	中央台六套	5.7
4	银川电视台-3（文体影视频道）	3.7
5	中央台三套	3.4
6	宁夏电视台公共频道	3.1
7	中央电视台少儿频道	3.0
8	中央台四套	2.9
9	中央台五套	2.8
10	中央电视台新闻频道	2.4

表 3.61.5　2018 年银川市场各主要频道的观众构成（%）

目标观众		所有频道	主要频道				
			中央电视台综合频道	中央台八套	中央台六套	银川电视台-3（文体影视频道）	中央台三套
4 岁及以上所有人		100.0	100.0	100.0	100.0	100.0	100.0
性别	男	49.5	51.2	43.1	59.3	56.1	47.9
	女	50.5	48.8	56.9	40.7	43.9	52.1
年龄	4~14 岁	9.4	4.7	6.1	8.7	3.4	6.0
	15~24 岁	9.3	4.4	4.4	7.9	5.8	4.0
	25~34 岁	13.0	9.4	5.9	12.1	7.9	10.2
	35~44 岁	13.5	13.2	11.5	22.0	2.1	12.4
	45~54 岁	24.2	19.1	22.6	29.8	24.7	21.9
	55~64 岁	17.4	24.8	21.4	10.5	37.6	21.5
	65 岁及以上	13.2	24.4	28.2	9.0	18.6	24.0
教育程度	未受过正规教育	7.7	6.8	11.3	10.8	8.6	4.3
	小学	16.7	11.5	18.6	14.6	13.7	19.0
	初中	31.2	32.9	34.1	30.6	44.5	35.4
	高中	23.8	23.5	19.3	24.1	18.6	21.4
	大学及以上	20.5	25.3	16.7	19.9	14.5	19.9
职业类别	干部/管理人员	*	*	*	*	*	*
	个体/私营企业人员	13.5	11.1	16.2	20.3	11.8	12.7
	初级公务员/雇员	15.7	18.0	12.0	14.6	18.5	15.1
	工人	17.3	13.7	16.0	21.9	14.4	16.7
	学生	10.5	6.1	7.2	10.6	4.8	7.0
	无业	39.5	49.5	47.9	30.2	46.3	47.5
	其他	2.8	1.0	0.4	1.7	4.2	0.6
个人月收入	0~600 元	29.5	19.6	26.1	28.6	26.3	19.7
	601~1200 元	5.1	2.5	8.5	3.0	7.0	3.5
	1201~1700 元	5.0	6.7	11.3	6.6	3.4	7.9
	1701~2600 元	24.1	27.2	23.5	23.7	23.6	26.7
	2601~3500 元	18.7	18.7	14.6	17.9	24.0	20.3
	3501 元~5000 元	14.1	20.7	11.0	13.7	14.9	18.0
	5001 元及以上	3.5	4.6	5.1	6.4	0.9	3.8

注：* 表示样本量不足，无法进行统计推断。

表 3.61.6　2016~2018 年银川市场各类节目的播出份额（%）和收视份额（%）

节目类别	2016 年		2017 年		2018 年	
	播出份额	收视份额	播出份额	收视份额	播出份额	收视份额
财经	1.5	0.8	1.2	0.8	1.1	0.7
电视剧	21.3	29.1	22.1	30.1	22.1	31.2
电影	5.3	9.9	5.1	9.7	5.6	9.9
法制	1.0	1.7	1.1	1.8	1.0	1.2
教学	0.3	0.0	0.2	0.0	0.3	0.0
青少	6.5	3.9	7.1	5.3	6.9	5.0
生活服务	8.3	6.0	7.5	5.6	7.4	5.3

续表

节目类别	2016 年		2017 年		2018 年	
	播出份额	收视份额	播出份额	收视份额	播出份额	收视份额
体育	2.8	3.4	3.3	2.8	3.3	3.9
外语	0.0	0.0	0.1	0.0	0.1	0.0
戏剧	0.8	0.5	0.8	0.3	0.8	0.4
新闻/时事	15.1	13.2	15.4	13.1	15.9	13.0
音乐	1.9	0.9	1.5	1.0	1.4	0.8
专题	13.7	6.3	14.0	6.1	14.0	6.1
综艺	8.6	13.8	7.9	12.5	7.4	11.1
其他	12.9	10.4	12.8	10.8	12.7	11.2

表 3.61.7　2018 年银川市场所有节目收视率排名前三十位

名次	节目名称	节目类型	播出频道	平均收视率（%）	平均占有率（%）
1	我爱世界杯：2018 年世界杯小组赛 E 组第二轮（巴西 VS 哥斯达黎加）	体育	中央台五套	11.1	37.1
2	欢乐吉祥闹元宵	综艺	中央电视台综合频道	9.7	26.8
3	亲如一家塞上情庆祝宁夏回族自治区成立 60 周年	综艺	中央电视台综合频道	7.7	24.6
4	2018 中央电视台春节联欢晚会	综艺	中央电视台综合频道	7.6	21.1
5	开学第一课	青少	中央电视台综合频道	6.4	19.3
6	战狼 2（9 月 30 日）	电影	中央台六套	6.0	22.0
7	湄公河行动（1 月 19 日）	电影	中央台六套	5.9	17.7
8	天气预报	生活服务	中央电视台综合频道	5.7	24.4
9	空天猎（2 月 17 日）	电影	中央台六套	5.7	18.1
10	风暴（1 月 22 日）	电影	中央台六套	5.6	17.9
11	精武英雄（11 月 18 日）	电影	中央台六套	5.0	16.4
12	盗墓笔记（9 月 7 日）	电影	中央台六套	4.8	18.2
13	拆弹专家（2 月 3 日）	电影	中央台六套	4.8	13.9
14	奇门遁甲（2 月 20 日）	电影	中央台六套	4.7	13.6
15	战狼（9 月 29 日）	电影	中央台六套	4.6	17.5
16	西游记之孙悟空三打白骨精（2 月 4 日）	电影	中央台六套	4.6	12.6
17	新闻联播	新闻/时事	中央电视台综合频道	4.4	21.5
18	姥姥的饺子馆	电视剧	中央台八套	4.4	17.3
19	大闹天竺（2 月 17 日）	电影	中央台六套	4.3	20.5
20	灵与肉	电视剧	中央台八套	4.3	17.8
21	娘亲舅大	电视剧	中央台八套	4.2	17.3
22	刑侦队（11 月 18 日）	电影	中央台六套	4.2	15.6
23	红海行动（12 月 23 日）	电影	中央台六套	4.0	15.2
24	百团大战（3 月 4 日）	电影	中央台六套	4.0	12.3
25	特警云豹（12 月 28 日）	电影	中央台六套	3.9	18.0

续表

名次	节目名称	节目类型	播出频道	平均收视率（%）	平均占有率（%）
26	追捕（10月26日）	电影	中央台六套	3.9	14.4
27	奔腾岁月	电视剧	中央台八套	3.9	14.3
27	杨门女将之军令如山（9月10日）	电影	中央台六套	3.9	14.3
29	小旋风柴进之传世宝藏（1月25日）	电影	中央台六套	3.9	11.2
30	侠骨钢拳（11月24日）	电影	中央台六套	3.8	13.4

表 3.61.8　2018 年银川市场电视剧收视率排名前十位

名次	节目名称	播出频道	平均收视率（%）	平均占有率（%）
1	姥姥的饺子馆	中央台八套	4.4	17.3
2	灵与肉	中央台八套	4.3	17.8
3	娘亲舅大	中央台八套	4.2	17.3
4	奔腾岁月	中央台八套	3.9	14.3
5	初婚	中央台八套	3.5	16.2
6	岁岁年年柿柿红	中央电视台综合频道	3.3	12.4
7	最美的青春	中央电视台综合频道	3.0	11.7
8	回家的路有多远	中央台八套	2.9	12.9
9	浴血战神	银川电视台－3（文体影视频道）	2.9	11.0
10	换了人间	中央电视台综合频道	2.7	8.7

表 3.61.9　2018 年银川市场新闻节目收视率排名前十位

名次	节目名称	播出频道	平均收视率（%）	平均占有率（%）
1	新闻联播	中央电视台综合频道	4.4	21.5
2	国务院总理会见中外记者并回答提问	中央电视台综合频道	2.5	8.1
3	宁夏回族自治区成立60周年庆祝大会	宁夏电视台公共频道	2.4	9.8
4	焦点访谈	中央电视台综合频道	2.2	9.0
5	新闻观察	宁夏电视台公共频道	1.5	5.8
6	直播60分	宁夏电视台公共频道	1.2	8.7
7	哈喜喜扯磨	宁夏电视台公共频道	1.1	5.2
8	上海合作组织青岛峰会特别报道（19点档）	中央电视台新闻频道	1.0	4.5
9	今日关注	中央台四套	0.9	3.7
10	中国人民政治协商会议宁夏回族自治区第11届委员会第一次会议决议	宁夏电视台公共频道	0.9	2.7

表 3.61.10　2018 年银川市场专题节目收视率排名前十位

名次	节目名称	播出频道	平均收视率（%）	平均占有率（%）
1	心系凉山习近平总书记凉山扶贫纪实	中央电视台综合频道	3.5	12.2
2	不朽的马克思	中央电视台综合频道	3.0	10.6
3	扎扎实实提高质量	中央电视台综合频道	2.6	8.6
4	榜样	中央电视台综合频道	2.5	8.1

续表

名次	节目名称	播出频道	平均收视率(%)	平均占有率(%)
5	感动中国2017年度人物颁奖盛典	中央电视台综合频道	2.4	7.8
6	2017寻找最美医生	中央电视台综合频道	2.3	7.4
7	习近平主席的上合时间	中央电视台综合频道	2.2	13.1
8	一年又一年	中央电视台综合频道	2.1	9.4
9	回望延安	中央电视台综合频道	1.9	8.1
10	爱的海洋汶川地震灾区学生赴海洋全俄儿童中心疗养十周年纪念	中央电视台综合频道	1.8	6.8

表3.61.11　2018年银川市场综艺节目收视率排名前十位

名次	节目名称	播出频道	平均收视率(%)	平均占有率(%)
1	欢乐吉祥闹元宵	中央电视台综合频道	9.7	26.8
2	亲如一家塞上情庆祝宁夏回族自治区成立60周年	中央电视台综合频道	7.7	24.6
3	2018中央电视台春节联欢晚会	中央电视台综合频道	7.6	21.1
4	新春喜剧之夜	中央台三套	3.0	9.7
5	2018湖南卫视春节联欢晚会	湖南卫视	2.9	11.0
6	第十七届中国电影华表奖颁奖典礼	中央台六套	2.8	10.4
7	2018年中央广播电视总台中秋晚会	中央电视台综合频道	2.8	10.2
8	胜利时刻	浙江卫视	2.6	17.9
9	筑梦新时代2018五月的鲜花全国大中学生文艺会演	中央电视台综合频道	2.6	10.1
10	2018元宵喜乐会	湖南卫视	2.6	8.2

表3.61.12　2018年银川市场体育节目收视率排名前十位

(世界杯、亚运会、亚残运会、冬奥会比赛除外)

名次	节目名称	播出频道	平均收视率(%)	平均占有率(%)
1	现场直播：2018/2019赛季中国男子篮球职业联赛第11轮（新疆广汇汽车VS辽宁本钢）	中央台五套	2.5	10.2
2	现场直播：2018年乒乓球团体世界锦标赛女团决赛	中央台五套	2.1	8.3
3	2018年杭州世游赛25米男子100米个人混合泳决赛	中央台五套	1.8	7.1
4	现场直播：2018/2019赛季NBA中国赛上海站(76人VS独行侠)	中央台五套	1.8	6.5
5	直播周末：2018年世界女排锦标赛第二阶段F组(中国VS泰国)	中央台五套	1.6	7.3
6	现场直播：2018年国际乒联世界巡回赛中国公开赛女单决赛	中央台五套	1.6	7.1
7	现场直播：2018年亚洲足联冠军联赛G组第4轮(济州联VS广州恒大)	中央台五套	1.5	9.1

续表

名次	节目名称	播出频道	平均收视率（%）	平均占有率（%）
8	现场直播：2018 年中国网球公开赛 1/4 决赛女单	中央台五套	1.5	9.0
9	现场直播：2018 年汤姆斯杯半决赛男单	中央台五套	1.5	5.6
10	直播周末：2018 年 CBA 全明星三分球大赛	中央台五套	1.5	5.3

表 3.61.13　2018 年银川市场世界杯、亚运会、亚残运会、冬奥会比赛收视率排名前十位

名次	节目名称	播出频道	平均收视率（%）	平均占有率（%）
1	我爱世界杯：2018 年俄罗斯世界杯小组赛 E 组第二轮（巴西 VS 哥斯达黎加）	中央台五套	11.1	37.1
2	第 18 届亚运会男子跳远决赛	中央台五套	2.7	11.9
3	2018 年第 23 届冬奥会自由式滑雪女子空中技巧决赛	中央台五套	2.4	8.6
4	我爱世界杯	中央台五套	2.3	10.9
5	2018 年第 23 届冬奥会短道速滑男子 5000 米接力决赛 A 组	中央台五套	2.2	7.3
6	第 18 届亚运会场地自行车男子个人争先赛 1/4 决赛	中央台五套	2.0	18.7
7	实况录像：2018 年第十八届亚运会男篮决赛（伊朗 VS 中国）	中央台五套	2.0	7.0
8	2018 年平昌冬奥会开幕式	中央台五套	1.7	5.5
9	2018 年平昌冬奥会闭幕式	中央台五套	1.6	5.8
10	第 18 届亚运会男子 1500 米自由泳决赛	中央台五套	1.5	8.4

六十二、郑州收视数据

表 3.62.1　2014～2018 年郑州市场各类频道的市场占有率（%）

频道类别	年份				
	2014 年	2015 年	2016 年	2017 年	2018 年
中央电视台频道	30.8	26.1	28.4	31.1	32.6
中国教育台频道	0.3	0.3	0.4	0.3	0.2
河南省级频道	20.7	25.1	24.0	20.3	18.3
郑州市级频道	7.2	8.3	6.2	3.5	2.8
其他省级卫视频道	34.2	32.5	28.2	24.3	22.8
其他频道	6.8	7.7	12.8	20.5	23.3

表 3.62.2　2018 年郑州市场各类频道在各目标观众中的市场占有率（%）

目标观众		中央电视台频道	中国教育台频道	河南省级频道	郑州市级频道	其他省级卫视频道	其他频道
4 岁及以上所有人		32.6	0.2	18.3	2.8	22.8	23.3
性别	男	35.6	0.2	17.8	2.6	19.8	24.0
	女	29.7	0.2	18.9	2.9	25.7	22.6
年龄	4～14 岁	18.8	0.2	10.0	1.7	27.8	41.5
	15～24 岁	31.1	0.2	15.7	2.5	26.0	24.5
	25～34 岁	19.7	0.3	14.5	2.6	25.8	37.1
	35～44 岁	32.3	0.2	14.4	2.0	25.6	25.5
	45～54 岁	29.9	0.2	21.4	2.4	23.2	22.9
	55～64 岁	39.6	0.2	23.8	2.5	18.8	15.1
	65 岁及以上	45.9	0.1	20.3	4.4	18.1	11.2
教育程度	未受过正规教育	19.4	0.3	11.2	2.1	25.5	41.5
	小学	31.8	0.2	16.5	2.7	23.8	25.0
	初中	32.4	0.2	22.7	3.0	21.0	20.7
	高中	34.8	0.2	18.3	3.0	23.5	20.2
	大学及以上	33.2	0.2	16.1	2.3	22.4	25.8
职业类别	干部/管理人员	33.4	0.2	13.8	2.3	22.0	28.3
	个体/私营企业人员	27.3	0.2	22.1	3.3	22.6	24.5
	初级公务员/雇员	29.3	0.1	17.7	1.6	25.3	26.0
	工人	32.2	0.3	21.8	2.6	23.8	19.3
	学生	26.4	0.2	13.7	2.0	27.1	30.6
	无业	36.6	0.2	18.3	3.3	20.7	20.9
	其他	*	*	*	*	*	*
个人月收入	0～600 元	25.3	0.2	15.1	2.4	25.9	31.1
	601～1200 元	*	*	*	*	*	*
	1201～1700 元	29.5	0.3	28.3	3.3	18.6	20.0
	1701～2600 元	34.8	0.2	22.7	3.9	20.3	18.1
	2601～3500 元	37.1	0.2	18.6	2.4	24.6	17.1
	3501～5000 元	35.4	0.2	17.1	2.3	20.3	24.7
	5001 元及以上	38.3	0.2	14.1	2.1	19.5	25.8

注：“*”表示目标观众样本量不足，无法进行统计推断。

表 3.62.3 2018 年郑州市场各类频道在各时段的市场占有率（%）

时间段	中央电视台频道	中国教育台频道	河南省级频道	郑州市级频道	其他省级卫视频道	其他频道
02:00～03:00	34.5	0.1	20.0	1.7	12.4	31.3
03:00～04:00	39.2	0.1	20.9	1.3	8.7	29.8
04:00～05:00	35.1	0.0	23.4	0.9	9.4	31.2
05:00～06:00	33.9	0.1	17.8	1.0	9.9	37.3
06:00～07:00	52.6	0.1	9.7	1.4	9.5	26.7
07:00～08:00	57.2	0.3	9.2	3.5	10.5	19.3
08:00～09:00	46.5	0.3	11.6	2.2	16.0	23.4
09:00～10:00	41.1	0.4	9.2	2.1	20.4	26.8
10:00～11:00	38.0	0.5	8.8	1.7	23.2	27.8
11:00～12:00	39.4	0.3	9.2	1.4	23.9	25.8
12:00～13:00	40.2	0.1	12.7	2.4	21.7	22.9
13:00～14:00	32.1	0.2	12.1	4.0	24.6	27.0
14:00～15:00	30.4	0.3	10.5	2.2	27.7	28.9
15:00～16:00	31.3	0.3	8.5	2.6	28.3	29.0
16:00～17:00	32.2	0.4	7.9	2.9	28.2	28.4
17:00～18:00	32.0	0.3	14.0	3.2	23.9	26.6
18:00～19:00	34.4	0.1	25.0	6.4	11.5	22.6
19:00～20:00	34.8	0.1	25.5	3.0	18.3	18.3
20:00～21:00	26.9	0.1	23.7	2.4	28.8	18.1
21:00～22:00	27.4	0.1	25.4	2.6	25.0	19.5
22:00～23:00	25.2	0.2	25.3	1.9	24.0	23.4
23:00～24:00	27.2	0.1	21.3	1.7	24.0	25.7
24:00～25:00	30.1	0.1	18.1	1.5	18.9	31.3
25:00～26:00	29.0	0.1	18.7	1.5	16.0	34.7

表 3.62.4 2018 年郑州市场收视份额排名前十位的频道

名次	频道名称	收视份额（%）
1	中央电视台综合频道	6.2
2	中央台四套	4.6
3	中央台八套	4.1
4	河南广播电视台电视剧频道（五套）	4.0
5	河南广播电视台都市频道（二套）	3.7
6	河南广播电视台民生频道（三套）	3.4
7	中央台六套	3.1
8	浙江卫视	2.8
9	中央台五套	2.7
10	中央台三套	2.6

表 3.62.5　2018 年郑州市场各主要频道的观众构成（%）

目标观众		所有频道	主要频道				
			中央电视台综合频道	中央台四套	中央台八套	河南广播电视台电视剧频道(五套)	河南广播电视台都市频道(二套)
4 岁及以上所有人		100.0	100.0	100.0	100.0	100.0	100.0
性别	男	50.0	49.5	60.4	47.1	50.3	48.3
	女	50.0	50.5	39.6	52.9	49.7	51.7
年龄	4～14 岁	9.5	5.2	3.4	3.3	4.2	8.5
	15～24 岁	9.0	9.8	8.3	4.3	6.5	10.7
	25～34 岁	12.3	8.7	3.9	4.2	4.6	8.8
	35～44 岁	10.4	7.8	6.2	7.6	7.2	8.7
	45～54 岁	23.7	18.7	21.2	15.6	30.1	30.5
	55～64 岁	14.5	16.2	22.8	20.4	22.7	16.4
	65 岁及以上	20.6	33.6	34.2	44.6	24.7	16.4
教育程度	未受过正规教育	5.4	3.6	1.2	2.1	1.2	4.1
	小学	12.0	14.6	9.1	12.4	9.9	14.5
	初中	25.2	21.5	29.0	36.0	39.2	36.6
	高中	35.2	35.8	39.8	32.7	30.8	29.5
	大学及以上	22.2	24.5	20.9	16.8	18.9	15.3
职业类别	干部/管理人员	5.2	4.3	3.7	2.9	4.5	2.1
	个体/私营企业人员	9.7	7.5	8.6	7.7	12.4	15.0
	初级公务员/雇员	13.9	12.1	11.6	7.1	10.3	12.3
	工人	13.9	13.7	14.3	9.9	13.9	19.3
	学生	11.6	10.5	8.4	5.7	7.5	14.4
	无业	45.7	51.9	53.4	66.7	51.4	36.9
	其他	*	*	*	*	*	*
个人月收入	0～600 元	29.8	24.9	19.0	16.3	22.4	31.5
	601～1200 元	*	*	*	*	*	*
	1201～1700 元	3.1	1.5	2.8	1.2	4.9	5.2
	1701～2600 元	23.6	30.0	26.1	27.1	32.5	28.9
	2601～3500 元	21.5	24.2	24.5	31.0	23.6	16.8
	3501～5000 元	13.5	10.0	18.8	17.5	11.0	10.5
	5001 元及以上	8.5	9.4	8.8	6.9	5.6	7.1

注：“*”表示目标观众样本量不足，无法进行统计推断。

表 3.62.6　2016～2018 年郑州市场各类节目的播出份额（%）和收视份额（%）

节目类别	2016 年		2017 年		2018 年	
	播出份额	收视份额	播出份额	收视份额	播出份额	收视份额
财经	1.2	0.7	1.0	1.0	0.9	0.8
电视剧	27.2	30.6	26.2	28.9	26.5	30.5
电影	4.0	4.3	4.2	5.0	4.1	4.8
法制	1.0	1.3	0.9	1.0	0.8	1.1
教学	0.2	0.1	0.2	0.0	0.2	0.0
青少	5.8	4.5	6.2	4.9	6.2	4.8
生活服务	8.4	7.1	9.0	7.1	9.1	7.1

续表

节目类别	2016 年		2017 年		2018 年	
	播出份额	收视份额	播出份额	收视份额	播出份额	收视份额
体育	3.0	2.6	3.0	2.4	2.9	3.7
外语	0.0	0.0	0.1	0.0	0.1	0.0
戏剧	1.0	0.8	0.9	0.9	1.4	1.2
新闻/时事	10.2	12.8	10.5	14.0	10.5	13.8
音乐	1.6	0.7	1.2	0.7	1.2	0.7
专题	13.9	9.1	14.4	10.0	13.9	8.3
综艺	7.4	13.5	6.2	12.3	6.2	11.5
其他	15.1	11.9	15.9	11.8	16.0	11.7

表 3.62.7　2018 年郑州市场所有节目收视率排名前三十位

名次	节目名称	节目类别	播出频道	平均收视率（%）	平均占有率（%）
1	2018 中央电视台春节联欢晚会	综艺	中央电视台综合频道	11.3	29.1
2	开学第一课	青少	中央电视台综合频道	8.6	31.3
3	我爱世界杯：2018 年俄罗斯世界杯淘汰赛阶段第一场（法国 VS 阿根廷）	体育	中央台五套	8.0	40.9
4	欢乐吉祥闹元宵	综艺	中央电视台综合频道	4.6	15.0
5	天气预报	生活服务	中央电视台综合频道	4.3	18.5
6	一年又一年	专题	中央电视台综合频道	3.3	14.5
7	刘家媳妇	电视剧	河南广播电视台都市频道（二套）	3.1	12.1
8	心系凉山习近平总书记凉山扶贫纪实	专题	中央电视台综合频道	3.0	9.4
9	大姐	电视剧	河南广播电视台都市频道（二套）	2.9	10.3
10	初婚	电视剧	河南广播电视台都市频道（二套）	2.7	11.0
11	俺姨	电视剧	河南广播电视台都市频道（二套）	2.7	9.7
12	俺这一家子	电视剧	河南广播电视台都市频道（二套）	2.6	9.8
13	拥抱新时代祝福你中国中国梦祖国颂 2018 国庆特别节目	综艺	中央电视台综合频道	2.5	10.2
14	恩情无限	电视剧	河南广播电视台都市频道（二套）	2.5	9.3
15	扎扎实实提高质量	专题	中央电视台综合频道	2.5	8.1
16	梨园春	戏剧	河南广播电视台卫星频道（一套）	2.4	9.1
17	第 18 届亚运会女排半决赛（中国 VS 日本）	体育	中央台五套	2.3	10.6

续表

名次	节目名称	节目类别	播出频道	平均收视率(%)	平均占有率(%)
18	2018年中央广播电视总台中秋晚会	综艺	中央电视台综合频道	2.3	10.1
19	2018年第23届冬奥会短道速滑男子5000米接力决赛A组	体育	中央台五套	2.3	8.8
20	上海合作组织青岛峰会特别报道	新闻/时事	中央电视台综合频道	2.2	9.5
21	第18届亚运会女子100米预赛	体育	中央台五套	2.2	9.2
22	小爱进城	电视剧	河南广播电视台都市频道(二套)	2.2	9.0
23	新闻联播	新闻/时事	中央电视台综合频道	2.1	9.8
24	狼王	电视剧	河南广播电视台电视剧频道(五套)	2.1	9.3
24	楼外楼	电视剧	中央电视台综合频道	2.1	9.3
26	中国梦劳动美2018年庆祝五一国际劳动节心连心艺术团慰问演出	综艺	中央电视台综合频道	2.1	8.6
27	2018春晚北京电视台春节联欢晚会最爱中国年	综艺	北京卫视	2.0	11.3
28	相声大联欢	综艺	中央电视台综合频道	2.0	10.1
29	当你老了	电视剧	河南广播电视台都市频道(二套)	2.0	7.4
29	换了人间	电视剧	中央电视台综合频道	2.0	7.4

表3.62.8　2018年郑州市场电视剧收视率排名前十位

名次	节目名称	播出频道	平均收视率(%)	平均占有率(%)
1	刘家媳妇	河南广播电视台都市频道(二套)	3.1	12.1
2	大姐	河南广播电视台都市频道(二套)	2.9	10.3
3	初婚	河南广播电视台都市频道(二套)	2.7	11.0
4	俺姨	河南广播电视台都市频道(二套)	2.7	9.7
5	俺这一家子	河南广播电视台都市频道(二套)	2.6	9.8
6	恩情无限	河南广播电视台都市频道(二套)	2.5	9.3
7	小爱进城	河南广播电视台都市频道(二套)	2.2	9.0
8	狼王	河南广播电视台电视剧频道(五套)	2.1	9.3
8	楼外楼	中央电视台综合频道	2.1	9.3
10	当你老了	河南广播电视台都市频道(二套)	2.0	7.4
10	换了人间	中央电视台综合频道	2.0	7.4

表 3.62.9　2018 年郑州市场新闻节目收视率排名前十位

名次	节目名称	播出频道	平均收视率（%）	平均占有率（%）
1	上海合作组织青岛峰会特别报道	中央电视台综合频道	2.2	9.5
2	新闻联播	中央电视台综合频道	2.1	9.8
3	大参考	河南广播电视台民生频道（三套）	1.7	7.5
4	海峡两岸	中央台四套	1.5	5.7
5	焦点访谈	中央电视台综合频道	1.4	5.8
6	孟子约	河南广播电视台都市频道（二套）	1.2	6.9
7	今日亚洲	中央台四套	1.2	5.0
8	中国舆论场	中央台四套	1.2	4.5
9	今日关注	中央台四套	1.1	4.9
10	都市报道	河南广播电视台都市频道（二套）	0.8	4.9

表 3.62.10　2018 年郑州市场专题节目收视率排名前十位

名次	节目名称	播出频道	平均收视率（%）	平均占有率（%）
1	一年又一年	中央电视台综合频道	3.3	14.5
2	心系凉山习近平总书记凉山扶贫纪实	中央电视台综合频道	3.0	9.4
3	扎扎实实提高质量	中央电视台综合频道	2.5	8.1
4	万水千山只等闲	中央电视台综合频道	1.9	7.3
5	感动中国 2017 年度人物颁奖盛典	中央电视台综合频道	1.8	7.0
6	相知无远近万里尚为邻 2018 年 7 月习近平主席亚非行纪实	中央电视台综合频道	1.7	6.7
7	舌尖上的中国 3	中央电视台综合频道	1.7	5.9
8	重返爱的海洋	中央电视台综合频道	1.6	7.7
9	为了共同的繁荣习近平出席首届中国国际进口博览会纪实	中央电视台综合频道	1.5	7.1
10	首届河南最美医生宣传推介活动颁奖典礼	河南广播电视台公共频道（八套）	1.5	6.7

表 3.62.11　2018 年郑州市场综艺节目收视率排名前十位

名次	节目名称	播出频道	平均收视率（%）	平均占有率（%）
1	2018 中央电视台春节联欢晚会	中央电视台综合频道	11.3	29.1
2	欢乐吉祥闹元宵	中央电视台综合频道	4.6	15.0
3	拥抱新时代祝福你中国中国梦祖国颂 2018 国庆特别节目	中央电视台综合频道	2.5	10.2
4	2018 年中央广播电视总台中秋晚会	中央电视台综合频道	2.3	10.1
5	中国梦劳动美 2018 年庆祝五一国际劳动节心连心艺术团慰问演出	中央电视台综合频道	2.1	8.6
6	2018 春晚北京电视台春节联欢晚会最爱中国年	北京卫视	2.0	11.3
7	相声大联欢	中央电视台综合频道	2.0	10.1

续表

名次	节目名称	播出频道	平均收视率(%)	平均占有率(%)
8	奔跑侠揭晓时刻	浙江卫视	1.9	13.1
9	2018中央军委慰问驻京部队老干部迎新春文艺演出	中央电视台综合频道	1.9	5.9
10	音乐特辑抢票时刻	浙江卫视	1.8	14.6

表3.62.12 2018年郑州市场体育节目收视率排名前十位
(世界杯、亚运会、亚残运会、冬奥会比赛除外)

名次	节目名称	播出频道	平均收视率(%)	平均占有率(%)
1	现场直播：2018年乒乓球团体世界锦标赛男团决赛	中央台五套	1.8	7.2
2	现场直播：2018年中国之队国际足球友谊赛(泰国国家VS中国)	中央台五套	1.3	6.0
3	2018年世界女排锦标赛第三阶段H组第三轮(荷兰VS中国)	中央台五套	1.1	5.8
4	超级足球之夜直播周末：2018年中国足协超级联赛第7轮(广州富力VS山东鲁能泰山)	中央台五套	0.9	3.5
5	现场直播：2018年亚洲足联冠军联赛G组第4轮(济州联VS广州恒大)	中央台五套	0.8	5.3
6	现场直播：2017/2018赛季中国男子篮球职业联赛总决赛第二场(广厦VS辽宁)	中央台五套	0.8	3.4
7	现场直播：2018年国际乒联世界巡回赛中国公开赛女单决赛	中央台五套	0.8	3.0
8	2017/2018赛季斯诺克中国公开赛决赛	中央台五套	0.7	5.1
9	现场直播：2018年汤尤杯羽毛球赛汤姆斯杯决赛男双	中央台五套	0.6	6.4
10	激情省运会黑龙江省第十四届运动会暨第七届残疾人运动会开幕式	黑龙江卫视	0.6	3.2

表3.62.13 2018年郑州市场世界杯、亚运会、亚残运会、冬奥会比赛收视率排名前十位

名次	节目名称	播出频道	平均收视率(%)	平均占有率(%)
1	我爱世界杯：2018年俄罗斯世界杯淘汰赛阶段第一场(法国VS阿根廷)	中央台五套	8.0	40.9
2	第18届亚运会女排半决赛(中国VS日本)	中央台五套	2.3	10.6
3	2018年第23届冬奥会短道速滑男子5000米接力决赛A组	中央台五套	2.3	8.8
4	第18届亚运会女子100米预赛	中央台五套	2.2	9.2
5	第18届亚运会女子400米个人混合泳决赛	中央台五套	1.8	8.4
6	2018年平昌冬奥会闭幕式	中央台五套	1.7	6.2
7	第18届亚运会女足决赛(日本VS中国)	中央台五套	1.6	6.7
8	第18届亚运会女子体操高低杠决赛	中央台五套	1.3	5.7
9	第18届亚运会男篮决赛(中国VS伊朗)	中央台五套	1.3	5.1
10	2018年第23届冬奥会冰壶混双附加赛	中央台五套	1.3	4.4

六十三、其他城市收视概览

表 3.63.1 2018 年安庆市场（安徽省）收视份额排名前十位的频道

名次	频道名称	收视份额（%）
1	安徽卫视	9.7
2	安徽影视	9.6
3	中央电视台综合频道	5.8
4	中央台六套	4.3
5	安徽经视	4.2
6	中央台四套	4.1
7	中央台八套	3.8
8	中央台三套	3.5
8	湖南卫视	3.5
10	安徽公共	3.1

表 3.63.2 2018 年鞍山市场（辽宁省）收视份额排名前十位的频道

名次	频道名称	收视份额（%）
1	辽宁广播电视台都市频道	11.5
2	中央台四套	8.3
3	中央电视台综合频道	7.7
4	中央电视台新闻频道	6.4
5	中央台八套	4.7
6	辽宁卫视	4.6
7	湖南卫视	4.3
8	辽宁广播电视台影视剧频道	4.1
9	上海东方卫视	4.0
10	中央台五套	3.5

表 3.63.3 2018 年蚌埠市场（安徽省）收视份额排名前十位的频道

名次	频道名称	收视份额（%）
1	中央电视台综合频道	10.3
2	湖南卫视	5.7
3	中央台八套	5.1
4	安徽卫视	4.5
5	安徽影视	4.2
6	中央台三套	4.1
6	中央台六套	4.1
8	中央台四套	3.9
9	安徽公共	3.8
10	浙江卫视	3.4

表 3.63.4　2018 年包头市场（内蒙古自治区）收视份额排名前十位的频道

名次	频道名称	收视份额（%）
1	中央电视台综合频道	16.4
2	中央台八套	12.2
3	中央台六套	6.5
4	中央台三套	4.7
5	中央台四套	4.6
6	中央台五套	3.5
6	湖南卫视	3.5
8	上海东方卫视	3.3
9	中央电视台新闻频道	3.1
10	浙江卫视	2.8

表 3.63.5　2018 年宝鸡市场（陕西省）收视份额排名前十位的频道

名次	频道名称	收视份额（%）
1	中央电视台综合频道	14.6
2	中央台八套	7.1
3	湖南卫视	4.5
4	陕西广播电视台都市青春频道（二套）	4.4
4	中央电视台少儿频道	4.4
6	中央台三套	3.6
7	中央台六套	3.4
8	中央台四套	3.3
9	陕西广播电视台新闻资讯频道（一套）	3.1
10	中央台五套	2.9

表 3.63.6　2018 年北海市场（广西壮族自治区）收视份额排名前十位的频道

名次	频道名称	收视份额（%）
1	广西电视台综艺频道	14.7
2	中央电视台综合频道	7.5
3	中央台五套	5.4
4	广西电视台都市频道	4.7
5	湖南卫视	3.8
6	中央电视台新闻频道	3.6
7	中央台八套	3.5
8	中央台三套	3.4
9	中央台四套	3.1
10	中央电视台少儿频道	2.9

表 3.63.7　2018 年常德市场（湖南省）收视份额排名前十位的频道

名次	频道名称	收视份额（%）
1	湖南电视台潇湘电影频道	8.3
2	湖南电视台娱乐频道	7.4
3	湖南电视台电视剧频道	6.6
4	湖南卫视	5.5
5	湖南电视台经济频道	5.1
6	中央台三套	4.3
7	湖南电视台都市频道	4.0
8	中央电视台综合频道	3.9
9	湖南电视台金鹰卡通频道	3.5
9	中央电视台新闻频道	3.5

表 3.63.8　2018 年常州市场（江苏省）收视份额排名前十位的频道

名次	频道名称	收视份额（%）
1	常州电视台一套（新闻综合频道）	8.4
2	中央台八套	5.7
2	常州电视台二套（都市频道）	5.7
4	中央台四套	5.6
5	中央台三套	5.0
6	中央台六套	4.0
6	中央电视台综合频道	4.0
6	中央电视台新闻频道	4.0
9	江苏卫视	3.2
10	中央台五套	3.1

表 3.63.9　2018 年潮州市场（广东省）收视份额排名前十位的频道

名次	频道名称	收视份额（%）
1	潮州电视台二套（公共频道）	14.4
2	广东广播电视台经济科教频道	10.0
3	潮州电视台一套（新闻综合频道）	7.6
4	翡翠台（中文）（潮州有线网转播）	3.8
5	中央台四套	3.7
6	中央电视台综合频道	2.9
7	中央电视台新闻频道	2.8
7	湖南卫视	2.8
9	中央电视台音乐频道	2.7
10	中央台六套	2.4

表 3.63.10　2018 年滁州市场（安徽省）收视份额排名前十位的频道

名次	频道名称	收视份额（%）
1	安徽卫视	14.0
2	中央电视台综合频道	8.2
3	安徽影视	5.5
4	中央台四套	4.3
5	湖南卫视	4.1
5	中央电视台少儿频道	4.1
7	中央台三套	3.9
8	江苏卫视	3.6
9	中央台八套	2.8
10	中央台五套	2.7

表 3.63.11　2018 年达州市场（四川省）收视份额排名前十位的频道

名次	频道名称	收视份额（%）
1	达州新闻综合频道	11.1
2	四川电视台影视文艺频道	9.1
3	中央电视台综合频道	8.9
4	湖南卫视	8.2
5	中央台六套	5.4
6	中央台三套	5.1
7	中央电视台少儿频道	4.0
8	中央台八套	3.9
9	四川电视台经济频道	3.6
10	四川卫视	3.2

表 3.63.12　2018 年大理市场（云南省）收视份额排名前十位的频道

名次	频道名称	收视份额（%）
1	中央台八套	11.8
2	湖南卫视	8.6
2	云南广播电视台都市频道（二套）	8.6
4	中央台六套	7.3
5	中央电视台综合频道	5.9
6	中央台十二套	4.0
7	中央台三套	2.9
7	中央电视台少儿频道	2.9
9	江西卫视	2.3
10	浙江卫视	1.9

表 3.63.13　2018 年大同市场（山西省）收视份额排名前十位的频道

名次	频道名称	收视份额（%）
1	中央电视台综合频道	17.7
2	中央台八套	10.3
3	中央台三套	5.9
4	湖南卫视	5.5
4	中央台六套	5.5
6	中央台四套	3.9
7	山西卫视	3.3
8	中央台十二套	2.8
8	中央电视台少儿频道	2.8
8	浙江卫视	2.8

表 3.63.14　2018 年丹东市场（辽宁省）收视份额排名前十位的频道

名次	频道名称	收视份额（%）
1	辽宁广播电视台都市频道	11.7
2	中央电视台综合频道	6.9
3	辽宁广播电视台影视剧频道	6.1
4	中央台四套	6.0
5	辽宁卫视	5.9
6	中央台八套	4.7
7	江苏卫视	4.3
8	中央台三套	4.0
9	上海东方卫视	3.4
9	中央台五套	3.4

表 3.63.15　2018 年德州市场（山东省）收视份额排名前十位的频道

名次	频道名称	收视份额（%）
1	山东电视齐鲁频道	8.9
2	山东卫视	8.8
3	中央台六套	6.0
4	中央台四套	5.4
5	中央台八套	5.0
5	山东电视综艺频道	5.0
7	山东电视台第九频道（少儿）	3.5
8	中央电视台综合频道	3.4
9	中央台三套	2.8
10	湖南电视台金鹰卡通频道	2.6

表 3.63.16　2018 年东莞市场（广东省）收视份额排名前十位的频道

名次	频道名称	收视份额（%）
1	东莞电视台公共频道	8.1
2	广东广播电视台珠江频道	7.1
3	翡翠台（中文）（东莞有线网转播）	6.3
4	广东广播电视台公共频道	4.9
5	湖南电视台金鹰卡通频道	4.8
6	广东广播电视台影视频道	4.7
6	广东广播电视台南方卫视	4.7
8	湖南卫视	3.5
9	广东广播电视台珠江电影频道	3.4
10	广东广播电视台体育频道	3.1

表 3.63.17　2018 年佛山市场（广东省）收视份额排名前十位的频道

名次	频道名称	收视份额（%）
1	翡翠台（中文）（佛山有线台转播）	9.4
2	广东广播电视台珠江频道	8.8
3	佛山电视公共频道	7.4
4	广东广播电视台公共频道	6.8
5	广东广播电视台影视频道	6.4
6	湖南电视台金鹰卡通频道	4.6
7	广东广播电视台体育频道	3.6
8	广东广播电视台南方卫视	3.2
9	湖南卫视	2.9
10	中央台六套	2.5

表 3.63.18　2018 年抚顺市场（辽宁省）收视份额排名前十位的频道

名次	频道名称	收视份额（%）
1	辽宁广播电视台都市频道	12.6
2	辽宁广播电视台影视剧频道	6.7
3	辽宁卫视	5.2
4	中央台四套	4.9
5	中央台三套	4.4
6	中央台八套	4.2
7	中央电视台新闻频道	4.1
8	中央台五套	4.0
9	辽宁广播电视台体育频道	3.3
9	中央台六套	3.3

表 3.63.19 2018 年赣州市场（江西省）收视份额排名前十位的频道

名次	频道名称	收视份额（%）
1	江西电视台都市频道（二套）	8.6
2	中央电视台综合频道	8.1
3	中央台四套	6.6
4	中央台三套	3.9
5	江西电视台影视旅游频道（四套）	3.8
6	江西卫视	3.7
7	湖南电视台金鹰卡通频道	3.6
8	江西电视台公共农业频道（五套）	3.3
9	湖南卫视	3.1
9	中央台五套	3.1

表 3.63.20 2018 年广元市场（四川省）收视份额排名前十位的频道

名次	频道名称	收视份额（%）
1	四川电视台影视文艺频道	10.3
2	中央台八套	7.6
3	中央电视台综合频道	6.1
4	中央台六套	5.5
5	中央台三套	3.5
6	中央电视台少儿频道	3.1
7	四川电视台经济频道	2.8
8	湖南卫视	2.7
9	中央台四套	2.1
9	四川卫视	2.1

表 3.63.21 2018 年桂林市场（广西壮族自治区）收视份额排名前十位的频道

名次	频道名称	收视份额（%）
1	中央电视台综合频道	11.7
2	广西电视台综艺频道	9.7
3	广西电视台卫星频道	6.4
4	中央台四套	5.1
4	广西电视台都市频道	5.1
6	湖南卫视	4.5
7	桂林电视台公共频道	4.3
8	中央电视台少儿频道	3.4
9	中央台八套	3.2
10	中央台五套	3.1

表 3.63.22　2018 年衡阳市场（湖南省）收视份额排名前十位的频道

名次	频道名称	收视份额（%）
1	湖南电视台电视剧频道	9.5
2	湖南电视台潇湘电影频道	9.1
3	湖南电视台金鹰卡通频道	7.6
4	湖南卫视	7.4
5	湖南电视台娱乐频道	5.5
6	湖南电视台都市频道	4.9
7	中央电视台综合频道	4.8
8	湖南电视台经济频道	4.5
9	中央台四套	4.3
10	中央电视台少儿频道	3.6

表 3.63.23　2018 年湖州市场（浙江省）收视份额排名前十位的频道

名次	频道名称	收视份额（%）
1	浙江电视台教育科技频道	6.4
2	中央台六套	5.6
3	中央台四套	5.1
4	中央台八套	4.4
5	湖南卫视	3.7
6	湖南电视台金鹰卡通频道	3.5
7	湖州电视台新闻综合频道	3.4
7	浙江电视台民生休闲频道	3.4
9	湖州电视台文化娱乐频道	3.2
10	浙江电视台经济生活频道	3.0

表 3.63.24　2018 年惠州市场（广东省）收视份额排名前十位的频道

名次	频道名称	收视份额（%）
1	广东广播电视台经济科教频道	7.9
2	湖南卫视	4.9
3	浙江卫视	4.3
4	广东广播电视台珠江频道	4.2
5	中央台四套	3.2
6	湖南电视台金鹰卡通频道	2.9
7	广东广播电视台南方卫视	2.8
8	江苏卫视	2.6
9	中央台六套	2.5
10	中央电视台新闻频道	2.4

表 3.63.25 2018 年吉林市市场（吉林省）收视份额排名前十位的频道

名次	频道名称	收视份额（%）
1	中央电视台综合频道	7.5
2	中央台八套	6.4
3	吉林电视台生活频道（三套）	4.9
4	吉林电视台乡村频道（五套）	4.5
4	中央台四套	4.5
6	中央台六套	4.4
7	吉林电视台影视频道（四套）	4.2
8	中央台五套	4.0
9	中央电视台新闻频道	3.8
10	中央电视台少儿频道	3.2

表 3.63.26 2018 年济宁市场（山东省）收视份额排名前十位的频道

名次	频道名称	收视份额（%）
1	中央电视台综合频道	6.9
2	山东卫视	6.8
3	中央台三套	4.3
4	中央台六套	4.2
5	山东电视齐鲁频道	3.5
6	中央台八套	3.3
7	济宁电视台公共频道	3.1
8	济宁电视台教育频道	2.9
8	中央电视台新闻频道	2.9
10	湖南电视台金鹰卡通频道	2.8

表 3.63.27 2018 年嘉兴市场（浙江省）收视份额排名前十位的频道

名次	频道名称	收视份额（%）
1	嘉兴电视台新闻综合频道	11.8
2	嘉兴电视台文化影视频道	9.5
3	中央台六套	5.4
4	中央台四套	4.6
5	中央电视台新闻频道	4.2
6	中央台八套	4.1
7	浙江电视台民生休闲频道	3.6
8	中央台三套	3.4
9	湖南卫视	3.2
9	浙江卫视	3.2

表 3.63.28　2018 年江门市场（广东省）收视份额排名前十位的频道

名次	频道名称	收视份额（%）
1	广东广播电视台珠江频道	11.8
2	翡翠台（中文）（江门有线网转播）	7.9
3	广东广播电视台影视频道	6.0
4	广东广播电视台公共频道	5.8
5	江门电视公共频道	4.5
6	广东广播电视台嘉佳卡通频道	3.9
7	中央电视台少儿频道	2.9
8	广东广播电视台南方卫视	2.7
9	广东广播电视台少儿频道	2.4
10	中央台六套	2.3

表 3.63.29　2018 年金华市场（浙江省）收视份额排名前十位的频道

名次	频道名称	收视份额（%）
1	中央台八套	7.4
2	金华电视台教育科技频道	7.2
3	中央台四套	6.2
4	湖南卫视	5.0
4	浙江卫视	5.0
6	中央电视台综合频道	4.9
7	金华电视台新闻综合频道	4.8
8	中央台三套	4.5
9	金华电视台公共频道（经济生活）	3.9
10	中央台六套	3.6

表 3.63.30　2018 年锦州市场（辽宁省）收视份额排名前十位的频道

名次	频道名称	收视份额（%）
1	辽宁广播电视台都市频道	9.3
2	辽宁广播电视台影视剧频道	7.8
3	中央台四套	6.8
4	中央台八套	5.6
5	中央台三套	5.1
6	中央电视台综合频道	4.7
7	辽宁卫视	4.0
8	中央台五套	3.9
8	辽宁广播电视台北方频道	3.9
10	湖南电视台金鹰卡通频道	3.8

表 3.63.31 2018 年荆门市场（湖北省）收视份额排名前十位的频道

名次	频道名称	收视份额（%）
1	中央台八套	7.3
2	中央电视台综合频道	7.1
3	中央台四套	5.6
4	中央台三套	5.1
5	中央台六套	4.3
5	中央电视台新闻频道	4.3
7	湖北影视	4.0
8	湖南卫视	3.7
9	中央台五套	3.5
10	湖北综合	3.1

表 3.63.32 2018 年荆州市场（湖北省）收视份额排名前十位的频道

名次	频道名称	收视份额（%）
1	中央台八套	6.1
2	中央台六套	5.3
3	荆州电视台新闻频道	5.2
4	中央台四套	5.1
5	湖北垄上	4.9
6	中央台三套	4.5
7	荆州电视台公共频道	4.1
8	中央电视台综合频道	3.6
9	中央电视台新闻频道	3.5
10	中央台五套	3.4

表 3.63.33 2018 年九江市场（江西省）收视份额排名前十位的频道

名次	频道名称	收视份额（%）
1	江西电视台都市频道（二套）	10.4
2	中央台四套	6.0
3	中央电视台综合频道	5.7
4	江西卫视	5.3
5	中央台八套	4.6
6	江西电视台影视旅游频道（四套）	3.6
7	中央电视台新闻频道	3.3
8	湖南电视台金鹰卡通频道	2.8
9	中央台三套	2.7
10	中央台五套	2.5

表 3.63.34　2018 年揭阳市场（广东省）收视份额排名前十位的频道

名次	频道名称	收视份额（%）
1	揭阳电视台公共频道	9.3
2	广东广播电视台经济科教频道	5.1
3	揭阳电视台新闻综合频道	4.3
4	中央台六套	3.9
5	湖南卫视	3.3
6	中央台三套	3.0
7	中央电视台综合频道	2.8
8	翡翠台（中文）（揭阳有线网转播）	2.7
9	湖南电视台金鹰卡通频道	2.4
10	中央台四套	2.3

表 3.63.35　2018 年拉萨市场（西藏自治区）收视份额排名前十位的频道

名次	频道名称	收视份额（%）
1	西藏一套（藏语卫视）	19.2
2	拉萨广播电视台二套（藏语综合频道）	12.1
3	中央台六套	9.0
4	中央电视台少儿频道	6.7
5	中央台八套	4.1
6	中央台五套	2.9
6	湖南电视台金鹰卡通频道	2.9
8	湖南卫视	2.3
9	中央电视台新闻频道	2.1
9	西藏电视台影视文化频道	2.1

表 3.63.36　2018 年乐山市场（四川省）收视份额排名前十位的频道

名次	频道名称	收视份额（%）
1	中央电视台综合频道	10.0
2	四川电视台影视文艺频道	6.0
3	中央台八套	5.8
4	中央台六套	4.9
5	中央台三套	4.4
6	乐山公共频道	4.2
7	乐山新闻综合频道	4.1
7	湖南卫视	4.1
9	四川电视台经济频道	3.4
10	四川卫视	3.2

表 3.63.37 2018 年柳州市场（广西壮族自治区）收视份额排名前十位的频道

名次	频道名称	收视份额（%）
1	广西电视台综艺频道	10.3
2	中央台五套	6.2
3	中央台四套	5.3
4	广西电视台都市频道	4.1
5	中央电视台新闻频道	4.0
6	中央电视台综合频道	3.9
7	中央台八套	3.8
8	中央台三套	3.4
9	中央台六套	3.0
10	广西电视台影视频道	2.3

表 3.63.38 2018 年泸州市场（四川省）收视份额排名前十位的频道

名次	频道名称	收视份额（%）
1	四川电视台影视文艺频道	11.2
2	中央台六套	7.6
3	中央电视台综合频道	6.8
4	中央台八套	6.5
5	湖南卫视	4.5
6	中央电视台少儿频道	3.8
6	四川卫视	3.8
8	中央电视台新闻频道	3.0
9	中央台十二套	2.9
9	中央台三套	2.9

表 3.63.39 2018 年洛阳市场（河南省）收视份额排名前十位的频道

名次	频道名称	收视份额（%）
1	中央电视台综合频道	19.0
2	中央台四套	5.6
3	中央台八套	5.4
4	湖南卫视	4.6
4	中央台三套	4.6
6	中央台六套	4.5
7	上海东方卫视	4.2
8	中央台五套	3.7
9	浙江卫视	3.1
9	中央电视台少儿频道	3.1

表 3.63.40　2018 年梅州市场（广东省）收视份额排名前十位的频道

名次	频道名称	收视份额（%）
1	梅州电视台时政综合频道	10.0
2	广东广播电视台经济科教频道	8.6
3	中央台四套	5.9
4	梅州电视台客家公共频道	4.2
4	中央台三套	4.2
4	中央台八套	4.2
7	广东广播电视台嘉佳卡通频道	3.3
8	中央台五套	3.2
8	中央台六套	3.2
10	中央电视台少儿频道	2.9

表 3.63.41　2018 年牡丹江市场（黑龙江省）收视份额排名前十位的频道

名次	频道名称	收视份额（%）
1	中央电视台综合频道	10.2
2	黑龙江卫视	7.3
3	黑龙江电视台影视频道	7.2
4	中央台八套	5.9
5	黑龙江电视台都市频道	5.4
6	中央台四套	4.1
7	中央台三套	4.0
7	黑龙江电视台文体频道	4.0
9	湖南卫视	3.9
10	中央电视台新闻频道	3.4

表 3.63.42　2018 年南充市场（四川省）收视份额排名前十位的频道

名次	频道名称	收视份额（%）
1	中央电视台综合频道	14.3
2	四川电视台影视文艺频道	11.8
3	中央台三套	4.4
4	中央台八套	3.9
5	湖南卫视	3.8
6	中央台六套	3.7
7	中央电视台新闻频道	3.6
7	四川卫视	3.6
7	中央台四套	3.6
10	中央电视台少儿频道	3.1

表 3.63.43　2018 年南通市场（江苏省）收视份额排名前十位的频道

名次	频道名称	收视份额（%）
1	南通电视台一套（新闻综合频道）	11.1
2	中央台三套	7.1
3	南通电视台二套（都市生活频道）	6.0
4	中央台八套	5.6
5	中央台四套	5.4
6	中央台六套	5.2
7	中央电视台综合频道	4.5
8	中央台五套	3.6
9	江苏卫视	2.5
10	中央电视台新闻频道	2.3

表 3.63.44　2018 年平顶山市场（河南省）收视份额排名前十位的频道

名次	频道名称	收视份额（%）
1	中央电视台综合频道	17.8
2	中央台八套	7.1
3	中央台六套	6.1
4	湖南卫视	5.3
5	中央电视台少儿频道	4.7
6	中央台三套	3.9
7	河南广播电视台电视剧频道（五套）	3.8
8	中央台四套	3.7
9	河南广播电视台都市频道（二套）	3.6
10	中央电视台新闻频道	3.0

表 3.63.45　2018 年秦皇岛市场（河北省）收视份额排名前十位的频道

名次	频道名称	收视份额（%）
1	中央电视台综合频道	13.2
2	中央台三套	6.6
3	中央台八套	6.4
4	河北广播电视台影视剧频道	4.3
5	中央台四套	4.0
6	中央台六套	3.7
7	中央电视台新闻频道	3.6
8	中央台五套	3.5
9	北京卫视	3.3
10	湖南卫视	3.2

表 3.63.46　2018 年衢州市场（浙江省）收视份额排名前十位的频道

名次	频道名称	收视份额（%）
1	中央电视台综合频道	9.2
2	衢州电视公共频道	8.0
2	衢州电视新闻综合频道	8.0
4	衢州电视经济信息频道	7.7
5	中央台六套	6.3
6	中央台八套	6.0
7	中央台四套	4.9
8	浙江电视台民生休闲频道	4.7
9	中央台三套	3.8
10	浙江电视台教育科技频道	2.7

表 3.63.47　2018 年泉州（新）市场（福建省）收视份额排名前十位的频道

名次	频道名称	收视份额（%）
1	泉州电视台新闻综合频道	12.7
2	中央电视台综合频道	10.6
3	泉州电视台闽南语频道	5.1
3	湖南卫视	5.1
5	中央台六套	5.0
6	中央台五套	4.4
6	中央台八套	4.4
8	浙江卫视	3.6
8	泉州电视台影视剧频道	3.6
10	中央台四套	3.3

表 3.63.48　2018 年三亚市场（海南省）收视份额排名前十位的频道

名次	频道名称	收视份额（%）
1	中央台六套	6.4
2	中央台八套	6.0
3	海南广播电视总台综合频道	5.9
4	中央电视台综合频道	4.7
5	海南广播电视总台影视综艺频道	4.5
6	中央台五套	4.0
6	中央电视台少儿频道	4.0
8	湖南卫视	3.6
9	中央台四套	3.2
10	中央台三套	2.6

表 3.63.49　2018 年汕头市场（广东省）收视份额排名前十位的频道

名次	频道名称	收视份额（%）
1	汕头电视台 -2（生活经济频道）	9.3
2	汕头电视台 -1（新闻综合频道）	7.5
3	湖南卫视	6.8
4	湖南电视台金鹰卡通频道	3.6
5	广东广播电视台嘉佳卡通频道	3.1
6	浙江卫视	2.9
7	广东广播电视台经济科教频道	2.7
8	中央电视台新闻频道	2.5
9	中央台六套	2.4
10	汕头电视台 -3（影视文艺频道）	2.3

表 3.63.50　2018 年汕尾市场（广东省）收视份额排名前十位的频道

名次	频道名称	收视份额（%）
1	湖南卫视	13.3
2	广东广播电视台经济科教频道	6.2
3	翡翠台（中文）（汕尾有线网转播）	4.6
4	中央电视台少儿频道	4.5
5	广东广播电视台嘉佳卡通频道	4.3
6	广东广播电视台影视频道	3.3
6	广东广播电视台综艺频道	3.3
8	广东广播电视台南方卫视	3.0
8	浙江卫视	3.0
10	中央台八套	2.5

表 3.63.51　2018 年韶关市场（广东省）收视份额排名前十位的频道

名次	频道名称	收视份额（%）
1	广东广播电视台珠江频道	7.2
2	中央电视台少儿频道	4.7
3	广东广播电视台经济科教频道	3.8
4	中央电视台综合频道	3.5
5	中央台六套	3.4
6	中央台八套	3.1
7	广东广播电视台嘉佳卡通频道	2.8
8	广东广播电视台影视频道	2.7
9	翡翠台（中文）（韶关有线网转播）	2.6
10	中央台四套	2.4

表 3.63.52　2018 年绍兴市场（浙江省）收视份额排名前十位的频道

名次	频道名称	收视份额（%）
1	绍兴电视台公共频道（二套）	18.6
2	绍兴电视台新闻综合频道（一套）	10.2
3	中央电视台综合频道	6.4
4	湖南卫视	5.0
5	浙江卫视	4.4
6	中央台八套	3.8
7	中央台六套	3.6
8	绍兴电视台文化影视频道（三套）	3.3
9	浙江电视台民生休闲频道	2.4
9	中央台五套	2.4

表 3.63.53　2018 年苏州市场（江苏省）收视份额排名前十位的频道

名次	频道名称	收视份额（%）
1	苏州电视台新闻综合频道（一套）	14.9
2	苏州电视台社会经济频道（二套）	12.7
3	中央台四套	3.5
4	中央电视台少儿频道	3.3
5	中央台六套	3.2
6	江苏卫视	3.1
6	中央电视台综合频道	3.1
8	苏州电视台电影娱乐信息频道（四套）	2.7
8	苏州电视台生活资讯频道（五套）	2.7
10	中央台五套	2.6

表 3.63.54　2018 年台州市场（浙江省）收视份额排名前十位的频道

名次	频道名称	收视份额（%）
1	台州电视台文化生活频道（二套）	9.9
2	台州电视台新闻综合频道（一套）	9.0
3	中央电视台综合频道	6.4
4	中央台八套	5.6
5	湖南卫视	5.1
6	浙江卫视	5.0
7	中央台四套	4.2
8	浙江电视台教育科技频道	3.9
9	中央台三套	3.3
10	中央台六套	2.7

表 3.63.55　2018 年泰州市场（江苏省）收视份额排名前十位的频道

名次	频道名称	收视份额（%）
1	中央电视台综合频道	10.8
2	泰州电视台新闻综合频道	8.5
3	中央台四套	7.2
4	中央台八套	5.8
5	中央台三套	5.6
6	中央台六套	5.3
7	江苏卫视	4.7
8	湖南卫视	4.0
9	中央台五套	3.1
9	中央电视台少儿频道	3.1

表 3.63.56　2018 年唐山市场（河北省）收视份额排名前十位的频道

名次	频道名称	收视份额（%）
1	中央电视台综合频道	6.3
2	中央台四套	5.6
3	中央台八套	5.2
4	河北广播电视台影视剧频道	4.4
5	河北广播电视台农民频道	3.8
5	中央台五套	3.8
7	中央台三套	3.6
8	河北广播电视台卫视频道	3.4
9	中央台六套	2.9
10	上海东方卫视	2.8

表 3.63.57　2018 年铜陵市场（安徽省）收视份额排名前十位的频道

名次	频道名称	收视份额（%）
1	安徽卫视	15.2
2	中央电视台综合频道	10.0
3	安徽影视	8.6
4	中央电视台少儿频道	5.8
5	中央台八套	5.5
6	湖南卫视	5.2
7	中央台四套	3.7
8	中央台三套	3.2
8	中央电视台新闻频道	3.2
10	中央台五套	3.1

表 3.63.58　2018 年潍坊市场（山东省）收视份额排名前十位的频道

名次	频道名称	收视份额（%）
1	中央台六套	6.1
2	山东电视齐鲁频道	5.6
3	山东卫视	5.1
4	中央台四套	4.9
5	中央电视台综合频道	4.6
6	中央台八套	4.2
7	山东电视综艺频道	3.9
8	中央台三套	3.7
9	中央电视台新闻频道	2.9
10	江苏卫视	2.8

表 3.63.59　2018 年温州市场（浙江省）收视份额排名前十位的频道

名次	频道名称	收视份额（%）
1	中央台四套	5.6
2	温州市广播电视总台新闻综合频道	4.7
3	浙江卫视	4.1
4	中央台五套	4.0
4	中央台六套	4.0
4	中央电视台新闻频道	4.0
7	湖南电视台金鹰卡通频道	3.9
7	中央台三套	3.9
9	中央台八套	3.7
10	中央电视台综合频道	3.2

表 3.63.60　2018 年无锡（M）市场（江苏省）收视份额排名前十位的频道

名次	频道名称	收视份额（%）
1	无锡广播电视台都市资讯频道	14.1
2	无锡广播电视台新闻综合频道	6.7
3	中央台四套	5.4
4	中央台六套	4.3
4	中央台八套	4.3
6	中央台三套	3.6
7	无锡广播电视台经济频道	3.5
8	中央台五套	3.2
9	中央电视台新闻频道	2.7
10	湖南卫视	2.5

表 3.63.61 2018 年芜湖市场（安徽省）收视份额排名前十位的频道

名次	频道名称	收视份额（%）
1	中央台六套	7.2
1	安徽卫视	7.2
3	中央电视台综合频道	7.1
4	芜湖电视台生活频道	5.7
5	中央台四套	5.1
6	中央台三套	4.0
7	安徽影视	3.9
8	中央台五套	3.8
9	中央台八套	3.6
10	湖南卫视	3.5

表 3.63.62 2018 年襄阳市场（湖北省）收视份额排名前十位的频道

名次	频道名称	收视份额（%）
1	中央电视台综合频道	13.5
1	襄阳广播电视台综合频道	13.5
3	湖南卫视	5.1
4	中央台八套	4.9
4	中央台六套	4.9
6	中央台四套	4.0
7	中央台三套	3.9
8	湖北影视	3.6
9	中央电视台少儿频道	3.2
10	上海东方卫视	3.0

表 3.63.63 2018 年徐州市场（江苏省）收视份额排名前十位的频道

名次	频道名称	收视份额（%）
1	徐州电视台新闻综合频道	8.7
2	中央电视台综合频道	5.8
3	中央台三套	4.7
4	中央台四套	4.3
5	中央台八套	4.2
6	徐州电视台经济生活频道	3.4
7	中央台六套	3.0
8	中央电视台少儿频道	2.6
9	中央电视台新闻频道	2.3
10	中央台五套	2.0

表 3.63.64　2018 年烟台市场（山东省）收视份额排名前十位的频道

名次	频道名称	收视份额（%）
1	山东卫视	6.2
2	中央台八套	6.0
3	山东电视齐鲁频道	5.7
4	中央电视台综合频道	5.1
5	中央台四套	4.5
6	中央台六套	4.2
7	中央电视台新闻频道	3.7
8	山东电视综艺频道	3.4
9	烟台电视台二套（公共频道）	2.8
10	中央台三套	2.7

表 3.63.65　2018 年盐城市场（江苏省）收视份额排名前十位的频道

名次	频道名称	收视份额（%）
1	江苏电视台城市频道	7.3
2	中央台八套	6.3
3	中央台四套	5.4
4	中央电视台综合频道	5.1
5	中央台六套	4.9
6	江苏卫视	4.7
7	中央台三套	4.3
8	盐城电视台一套	3.4
9	江苏电视台综艺频道	3.2
10	中央台五套	3.0

表 3.63.66　2018 年扬州市场（江苏省）收视份额排名前十位的频道

名次	频道名称	收视份额（%）
1	扬州二套	17.4
2	扬州一套	12.0
3	中央台三套	4.2
4	中央台四套	4.1
5	中央台六套	4.0
6	扬州三套	3.9
7	中央台八套	3.7
7	中央电视台综合频道	3.7
9	中央台五套	2.3
10	中央电视台少儿频道	2.2

表 3.63.67　2018 年宜宾市场（四川省）收视份额排名前十位的频道

名次	频道名称	收视份额（%）
1	四川电视台影视文艺频道	13.4
2	中央电视台综合频道	7.8
3	中央台六套	5.5
4	中央台八套	4.9
5	湖南卫视	4.2
6	中央电视台少儿频道	3.4
7	中央台十二套	3.3
8	四川卫视	2.7
9	中央电视台新闻频道	2.6
10	四川电视台经济频道	2.3

表 3.63.68　2018 年宜昌市场（湖北省）收视份额排名前十位的频道

名次	频道名称	收视份额（%）
1	中央台八套	7.1
2	中央电视台综合频道	6.4
3	中央电视台新闻频道	5.6
3	中央台四套	5.6
5	中央台三套	4.3
6	宜昌三峡综合频道	4.1
7	中央台六套	3.9
8	中央台五套	3.7
9	湖北影视	3.5
10	湖南卫视	2.5

表 3.63.69　2018 年宜春市场（江西省）收视份额排名前十位的频道

名次	频道名称	收视份额（%）
1	湖南卫视	11.8
2	江西卫视	8.1
3	中央电视台少儿频道	5.7
4	江西电视台都市频道（二套）	5.2
4	湖南电视台金鹰卡通频道	5.2
6	中央台八套	4.5
7	中央电视台综合频道	4.4
8	中央台六套	3.8
9	浙江卫视	3.3
10	中央台三套	2.8

表 3.63.70 2018 年营口市场（辽宁省）收视份额排名前十位的频道

名次	频道名称	收视份额（%）
1	辽宁广播电视台都市频道	11.9
2	辽宁卫视	6.6
3	中央台八套	4.7
3	中央电视台综合频道	4.7
5	湖南卫视	4.4
5	中央台六套	4.4
7	中央台五套	4.0
8	辽宁广播电视台体育频道	3.9
9	辽宁广播电视台影视剧频道	3.7
9	中央台三套	3.7

表 3.63.71 2018 年永济市场（山西省）收视份额排名前十位的频道

名次	频道名称	收视份额（%）
1	中央台八套	9.8
2	中央电视台综合频道	8.8
3	湖南卫视	5.7
4	中央电视台少儿频道	5.1
5	中央台六套	4.3
6	中央台十二套	4.1
7	中央台四套	3.2
7	浙江卫视	3.2
9	中央电视台新闻频道	3.0
9	山东卫视	3.0

表 3.63.72 2018 年岳阳市场（湖南省）收视份额排名前十位的频道

名次	频道名称	收视份额（%）
1	湖南卫视	10.1
2	湖南电视台都市频道	8.7
3	中央电视台综合频道	8.1
4	湖南电视台经济频道	6.3
5	中央电视台少儿频道	4.3
5	湖南电视台电视剧频道	4.3
7	湖南电视台潇湘电影频道	4.1
8	湖南电视台金鹰卡通频道	3.7
9	中央台四套	3.6
9	中央台八套	3.6

表 3.63.73　2018 年湛江市场（广东省）收视份额排名前十位的频道

名次	频道名称	收视份额（%）
1	广东广播电视台影视频道	11.3
2	广东广播电视台珠江频道	6.6
3	广东广播电视台经济科教频道	4.6
4	广东广播电视台南方卫视	3.6
5	中央电视台新闻频道	3.2
6	中央台五套	2.8
7	湖南卫视	2.6
8	翡翠台（中文）（湛江有线网转播）	2.5
8	中央台六套	2.5
10	中央台四套	2.3

表 3.63.74　2018 年漳州市场（福建省）收视份额排名前十位的频道

名次	频道名称	收视份额（%）
1	中央电视台综合频道	9.4
2	湖南卫视	5.0
3	漳州电视台新闻综合频道（一套）	4.2
4	厦门卫视	4.1
4	中央台八套	4.1
6	中央台四套	3.8
7	中央台六套	3.4
8	中央台三套	2.9
9	安徽卫视	2.6
10	中央台五套	2.5

表 3.63.75　2018 年肇庆市场（广东省）收视份额排名前十位的频道

名次	频道名称	收视份额（%）
1	广东广播电视台珠江频道	15.0
2	广东广播电视台影视频道	11.0
3	广东广播电视台南方卫视	6.7
4	广东广播电视台珠江电影频道	5.1
5	广东广播电视台公共频道	4.0
6	翡翠台（中文）（肇庆有线网转播）	3.9
7	广东广播电视台少儿频道	3.0
8	湖南卫视	2.6
8	广东广播电视台体育频道	2.6
10	广东广播电视台嘉佳卡通频道	2.4

表 3.63.76　2018 年镇江市场（江苏省）收视份额排名前十位的频道

名次	频道名称	收视份额（%）
1	中央台四套	6.6
2	中央台五套	5.8
3	中央台八套	5.2
4	中央台三套	4.5
4	中央台六套	4.5
6	中央电视台综合频道	3.9
7	中央电视台新闻频道	3.7
7	上海东方卫视	3.7
9	江苏卫视	3.6
10	镇江电视台 2	2.5

表 3.63.77　2018 年中山市场（广东省）收视份额排名前十位的频道

名次	频道名称	收视份额（%）
1	中山广播电视台公共频道	7.5
2	翡翠台（中文）（中山有线网转播）	6.3
3	广东广播电视台珠江频道	6.1
4	广东广播电视台南方卫视	4.8
5	广东广播电视台公共频道	3.6
6	中央台六套	3.5
7	广东广播电视台体育频道	3.3
8	广东广播电视台影视频道	2.9
9	湖南电视台金鹰卡通频道	2.8
10	广东广播电视台珠江电影频道	2.6

表 3.63.78　2018 年珠海市场（广东省）收视份额排名前十位的频道

名次	频道名称	收视份额（%）
1	翡翠台（中文）（珠海有线台转播）	6.2
2	湖南电视台金鹰卡通频道	6.1
3	中央台六套	4.7
4	中央电视台新闻频道	4.3
5	广东广播电视台珠江频道	4.0
6	珠海电视台一套（新闻综合频道）	3.6
7	广东广播电视台公共频道	3.4
8	广东广播电视台南方卫视	3.0
8	凤凰卫视中文台	3.0
10	中央台五套	2.8

表 3.63.79 2018 年株洲市场（湖南省）收视份额排名前十位的频道

名次	频道名称	收视份额（%）
1	湖南电视台电视剧频道	8.9
2	湖南卫视	7.4
3	湖南电视台都市频道	7.0
4	湖南电视台经济频道	6.5
5	湖南电视台潇湘电影频道	6.3
6	湖南电视台娱乐频道	5.0
7	湖南电视台金鹰卡通频道	4.9
8	中央台四套	3.2
9	中央电视台综合频道	2.9
10	湖南电视台公共频道	2.5

表 3.63.80 2018 年淄博市场（山东省）收视份额排名前十位的频道

名次	频道名称	收视份额（%）
1	山东卫视	11.9
2	中央电视台综合频道	11.0
3	山东电视综艺频道	6.2
4	中央台六套	5.2
5	中央台三套	4.8
6	中央台四套	4.7
7	中央台八套	4.2
8	湖南卫视	3.9
9	山东电视齐鲁频道	3.7
10	中央电视台少儿频道	3.0

表 3.63.81 2018 年遵义市场（贵州省）收视份额排名前十位的频道

名次	频道名称	收视份额（%）
1	中央电视台少儿频道	8.2
2	中央电视台综合频道	7.7
3	中央台八套	6.5
4	湖南卫视	5.5
5	中央台六套	4.9
6	浙江卫视	3.2
7	中央电视台新闻频道	2.9
8	贵州广播电视台公共频道	2.7
8	贵州卫视	2.7
8	四川卫视	2.7

第四部分
Part Four

附　录 Appendix

附 录

CSM 各收视调查网概况

表 4.1 2018 年全国收视调查网样本规模及推及人口

	固定样组规模（户）	推及户数（千户）	推及人口（千人）
全国	10400	437026	1280951
城域	5290	182326	492239
乡域	5110	254700	788712

表 4.2 2018 年全国收视调查网家庭规模结构（%）

	1 人户	2 人户	3 人户	4 人及以上户
全国	7.7	34.1	28.4	29.8
城域	8.9	38.2	30.6	22.3
乡域	6.9	31.2	26.9	35.0

表 4.3 2018 年全国收视调查网家庭收入结构（%）

	0～1500 元	1501～2500 元	2501～3500 元	3501～5000 元	5001～7000 元	7001～10000 元	10001 元及以上
全国	11.7	9.2	10.6	15.0	19.2	16.8	17.5
城域	6.2	5.7	7.9	12.2	20.0	21.2	26.8
乡域	15.6	11.6	12.6	17.1	18.6	13.6	10.9

表 4.4 2018 年全国收视调查网家庭购买决策者年龄结构（%）

	15～29 岁	30～49 岁	50 岁及以上
全国	9.3	47.6	43.1
城域	10.8	46.0	43.2
乡域	8.2	48.7	43.1

表 4.5 2018 年全国收视调查网性别与年龄结构（%）

	性别		年龄						
	男性	女性	4～14 岁	15～24 岁	25～34 岁	35～44 岁	45～54 岁	55～64 岁	65 岁及以上
全国	51.0	49.0	12.8	17.1	15.6	19.0	14.6	11.3	9.6
城域	51.1	48.9	10.1	18.1	17.7	19.4	14.8	10.8	9.1
乡域	50.9	49.1	14.4	16.5	14.4	18.6	14.6	11.6	9.9

表 4.6　2018 年各省级收视调查网样本规模及推及人口

省份	固定样组规模（户）	推及户数（千户）	推及人口（千人）
安徽省	600	19777	57185
福建省	800	12257	35665
甘肃省	600	7082	23849
广东省	1000	35099	104894
广西壮族自治区	600	14377	45337
贵州省	600	10834	32883
海南省	450	2581	8466
河北省	800	21792	69839
黑龙江省	600	12818	35487
河南省	600	26590	86974
湖北省	800	18064	54589
湖南省	800	19452	61676
内蒙古自治区	600	8701	23550
江苏省	800	26576	75595
江西省	800	12523	42984
吉林省	600	8674	24910
辽宁省	800	14858	40369
宁夏回族自治区	600	2094	6297
陕西省	600	11773	35994
山东省	800	32622	93369
山西省	600	10873	33584
四川省	800	27390	77163
新疆维吾尔自治区	600	7739	22657
云南省	600	13487	45108
浙江省	800	20583	52825

表 4.7　2018 年各省级收视调查网家庭规模结构（%）

省份	1 人户	2 人户	3 人户	4 人及以上户
安徽省	8.7	35.8	27.9	27.6
福建省	8.3	34.2	27.6	29.9
甘肃省	5.4	25.5	26.5	42.6
广东省	10.7	35.8	20.6	32.9
广西壮族自治区	7.7	29.4	25.2	37.7
贵州省	6.4	34.3	25.9	33.4
海南省	4.9	31.8	23.3	40.0
河北省	3.9	27.5	30.2	38.4
黑龙江省	6.5	36.9	34.3	22.3
河南省	6.0	26.3	27.8	39.9
湖北省	7.8	32.0	29.8	30.4
湖南省	6.0	28.5	29.2	36.3
内蒙古自治区	4.1	41.4	35.7	18.8
江苏省	7.5	37.3	27.5	27.7

续表

省份	1 人户	2 人户	3 人户	4 人及以上户
江西省	5.4	25.2	27.5	41.9
吉林省	5.2	36.3	32.5	26.0
辽宁省	7.2	37.7	34.1	21.0
宁夏回族自治区	5.5	33.6	30.8	30.1
陕西省	7.4	31.2	28.7	32.7
山东省	6.4	37.7	34.7	21.2
山西省	5.6	31.0	28.6	34.8
四川省	11.6	34.8	26.4	27.2
新疆维吾尔自治区	12.3	30.5	24.4	32.8
云南省	5.5	25.9	25.7	42.9
浙江省	10.0	42.2	27.9	19.9

表 4.8 2018 年各省级收视调查网家庭收入结构（%）

省份	0～1500 元	1501～2500 元	2501～3500 元	3501～5000 元	5001～7000 元	7001～10000 元	10001 元及以上
安徽省	15.3	9.5	11.3	18.2	21.0	14.8	9.9
福建省	7.4	7.8	7.1	8.8	17.0	22.3	29.6
甘肃省	14.7	12.0	12.1	18.6	18.5	13.9	10.2
广东省	5.5	6.7	9.5	13.8	18.8	19.4	26.3
广西壮族自治区	25.4	20.6	16.1	15.7	10.9	7.6	3.7
贵州省	17.1	17.5	16.7	15.6	13.8	7.7	11.6
海南省	2.8	8.1	16.6	22.4	24.9	16.8	8.4
河北省	13.1	9.6	10.7	16.3	20.5	16.7	13.1
黑龙江省	11.5	13.5	13.8	18.1	19.8	13.9	9.4
河南省	13.2	10.1	14.3	20.3	18.4	13.1	10.6
湖北省	9.9	10.3	10.8	15.2	20.3	16.5	17.0
湖南省	13.4	12.5	12.5	17.6	18.7	15.4	9.9
内蒙古自治区	16.6	11.0	12.2	14.4	19.4	16.0	10.4
江苏省	6.5	4.4	5.7	9.4	21.5	23.7	28.8
江西省	2.6	6.3	8.7	17.8	22.0	23.2	19.4
吉林省	11.4	15.6	15.6	17.3	17.8	14.9	7.4
辽宁省	8.9	10.2	13.2	21.2	24.4	14.2	7.9
宁夏回族自治区	6.9	8.2	15.9	20.4	21.5	17.2	9.9
陕西省	8.6	8.9	12.0	20.1	23.0	17.5	9.9
山东省	16.9	7.1	11.8	17.1	23.2	13.5	10.4
山西省	10.2	8.5	13.2	16.9	25.3	17.6	8.3
四川省	24.2	10.4	9.2	12.5	19.2	12.8	11.7
新疆维吾尔自治区	8.0	5.7	8.6	13.7	21.0	22.1	20.9
云南省	14.2	12.9	13.9	13.7	18.7	15.0	11.6
浙江省	7.5	5.1	5.9	12.0	15.5	20.1	33.9

表 4.9　2018 年各省级收视调查网家庭购买决策者年龄结构（%）

省份	15~29 岁	30~49 岁	50 岁及以上
安徽省	8.7	42.9	48.4
福建省	8.5	50.8	40.7
甘肃省	6.3	54.2	39.5
广东省	12.9	47.7	39.4
广西壮族自治区	6.0	47.1	46.9
贵州省	12.0	51.7	36.3
海南省	7.6	47.7	44.7
河北省	9.0	51.0	40.0
黑龙江省	7.0	56.0	37.0
河南省	6.3	49.9	43.8
湖北省	9.1	43.5	47.4
湖南省	8.9	48.0	43.1
内蒙古自治区	8.8	54.7	36.5
江苏省	6.6	41.6	51.8
江西省	7.3	46.4	46.3
吉林省	8.3	51.1	40.6
辽宁省	7.6	48.4	44.0
宁夏回族自治区	11.9	53.8	34.3
陕西省	8.4	46.0	45.6
山东省	7.9	49.4	42.7
山西省	11.4	52.2	36.4
四川省	10.0	43.8	46.2
新疆维吾尔自治区	16.4	53.7	29.9
云南省	16.2	56.6	27.2
浙江省	7.2	40.4	52.4

表 4.10　2018 年各省级收视调查网性别与年龄结构（%）

省份	性别		年龄						
	男性	女性	4~14 岁	15~24 岁	25~34 岁	35~44 岁	45~54 岁	55~64 岁	65 岁及以上
安徽省	50.5	49.5	13.5	16.6	13.1	20.9	13.4	11.7	10.8
福建省	51.3	48.7	11.5	18.8	17.8	20.1	14.1	9.4	8.3
甘肃省	51.0	49.0	13.9	18.8	13.4	20.6	14.0	10.3	9.0
广东省	51.8	48.2	13.4	20.9	19.6	18.3	12.4	7.9	7.5
广西壮族自治区	51.8	48.2	16.7	16.6	16.4	17.4	13.2	9.8	9.9
贵州省	51.2	48.8	20.9	16.0	13.6	18.4	11.9	10.1	9.1
海南省	52.9	47.1	15.1	19.1	17.5	17.7	13.6	8.3	8.7
河北省	50.5	49.5	12.3	18.8	15.5	17.0	15.3	12.3	8.8
黑龙江省	50.6	49.4	9.4	14.6	15.7	21.0	18.2	12.4	8.7
河南省	50.3	49.7	16.1	18.7	13.7	18.2	13.2	11.1	9.0
湖北省	51.0	49.0	10.2	18.2	14.5	19.0	16.2	12.1	9.8

续表

省份	性别		年龄						
	男性	女性	4 ~ 14 岁	15 ~ 24 岁	25 ~ 34 岁	35 ~ 44 岁	45 ~ 54 岁	55 ~ 64 岁	65 岁及以上
湖南省	51.2	48.8	13.3	16.0	14.4	19.4	14.6	11.9	10.4
内蒙古自治区	52.0	48.0	10.9	15.1	16.7	21.2	17.2	10.8	8.1
江苏省	50.2	49.8	9.7	17.1	14.7	19.0	15.3	12.7	11.5
江西省	51.4	48.6	16.9	17.9	15.9	18.5	13.1	9.6	8.1
吉林省	50.5	49.5	9.7	14.3	15.4	20.1	18.4	13.1	9.0
辽宁省	50.3	49.7	9.1	13.5	14.9	18.1	19.3	14.1	11.0
宁夏回族自治区	51.1	48.9	17.1	18.2	17.2	19.8	12.4	8.5	6.8
陕西省	51.7	48.3	11.1	19.6	15.2	18.6	15.5	11.0	9.0
山东省	50.1	49.9	11.8	16.0	14.5	18.8	15.8	12.7	10.4
山西省	51.7	48.3	13.4	18.6	15.4	18.7	15.1	10.6	8.2
四川省	50.9	49.1	13.2	15.9	12.3	20.7	13.3	13.1	11.5
新疆维吾尔自治区	51.7	48.3	15.6	18.8	17.1	21.3	12.6	7.6	7.0
云南省	51.8	48.2	16.5	17.7	17.1	19.4	12.6	8.6	8.1
浙江省	51.4	48.6	10.1	15.6	16.9	20.4	15.7	11.3	10.0

表 4.11　2018 年各城市收视调查网样本规模及推及人口

城市	固定样组规模（户）	推及户数（千户）	推及人口（千人）
安庆	100	293	761
鞍山	100	442	1135
宝鸡	100	305	822
包头	100	704	1791
北海	100	109	346
北京	1000	7895	20282
蚌埠	100	309	809
长春	300	1195	3221
常德	100	478	1419
长沙	300	1348	3668
常州	100	704	1869
潮州	100	231	706
成都	400	3031	7782
重庆	500	7124	18234
滁州	100	110	293
大理	100	223	645
大连	300	1546	3809
丹东	100	306	800
大同	100	430	1159
达州	100	525	1552
德州	100	225	651
东莞	200	2567	6970
佛山	200	1581	4231

续表

城市	固定样组规模（户）	推及户数（千户）	推及人口（千人）
抚顺	100	526	1318
福州	300	948	2650
赣州	100	549	1839
广元	100	189	520
广州	400	4662	12067
桂林	100	315	859
贵阳	200	1086	3000
海口	200	537	1651
杭州	400	2685	6690
哈尔滨	300	2254	6116
合肥	300	1208	3287
衡阳	100	361	1059
呼和浩特	300	746	1910
惠州	100	826	2262
湖州	100	259	759
江门	100	318	951
嘉兴	100	235	605
揭阳	100	231	943
吉林	100	662	1796
济南	300	1558	4284
荆门	100	219	607
荆州	100	431	1200
金华	100	319	743
济宁	100	409	1186
锦州	100	364	942
九江	100	228	982
昆明	300	1365	3196
兰州	200	914	2405
拉萨	100	111	270
乐山	100	237	655
柳州	100	541	1512
洛阳	100	466	1317
泸州	100	471	1339
梅州	100	299	921
牡丹江	100	349	930
南昌	300	1100	3465
南充	100	247	681
南京	400	2745	7508
南宁	200	959	2591
南通	100	415	1095
宁波	200	1484	3505
平顶山	100	336	1007

续表

城市	固定样组规模（户）	推及户数（千户）	推及人口（千人）
青岛	300	1635	4267
秦皇岛	100	368	969
泉州	200	363	926
衢州	100	173	435
三亚	100	195	696
上海	1000	9625	23366
汕头	100	1272	5244
汕尾	100	117	485
韶关	100	355	993
绍兴	100	325	852
沈阳	300	2081	5268
深圳	500	5134	11120
石家庄	300	1401	4351
苏州	300	1500	4068
太原	300	1167	3100
泰州	100	291	849
台州	100	658	1757
唐山	100	589	1638
天津	500	4706	12512
铜陵	100	185	475
乌鲁木齐	300	1345	3208
潍坊	100	687	1983
温州	200	476	1152
武汉	400	3398	9198
芜湖	100	616	1553
无锡	200	1329	3546
厦门	200	1496	3646
西安	300	1782	4519
襄阳	100	375	1068
西宁	200	457	1220
徐州	100	707	2010
盐城	100	537	1550
扬州	200	446	1353
烟台	200	604	1533
宜宾	100	283	793
宜昌	100	304	813
宜春	100	286	997
银川	200	501	1305
营口	100	361	938
永济	100	127	439
岳阳	100	420	1220
漳州	100	190	532

续表

城市	固定样组规模（户）	推及户数（千户）	推及人口（千人）
湛江	100	485	1575
肇庆	100	223	645
郑州	300	1523	4110
镇江	100	321	879
中山	100	280	740
珠海	100	363	923
株洲	100	374	1015
淄博	100	1156	3065
遵义	100	373	1018

表 4.12　2018 年各城市收视调查网家庭规模结构（%）

城市	1 人户	2 人户	3 人户	4 人及以上户
安庆	8.1	41.6	33.9	16.4
鞍山	8.5	39.9	38.3	13.3
宝鸡	8.8	39.3	32.7	19.2
包头	6.3	40.5	43.1	10.1
北海	6.2	25.9	32.4	35.5
北京	10.7	41.1	28.8	19.4
蚌埠	4.5	43.0	34.8	17.7
长春	5.3	37.0	38.0	19.7
常德	9.0	32.0	29.7	29.3
长沙	7.3	34.8	38.2	19.7
常州	7.6	40.5	32.6	19.3
潮州	3.6	32.6	26.8	37.0
成都	15.4	37.0	29.8	17.8
重庆	11.3	41.2	27.5	20.0
滁州	6.0	41.7	32.7	19.6
大理	4.2	30.9	26.8	38.1
大连	9.9	41.5	36.9	11.7
丹东	8.2	40.4	35.5	15.9
大同	5.1	36.6	42.2	16.1
达州	8.7	32.1	26.9	32.3
德州	4.8	32.5	42.1	20.6
东莞	17.5	46.2	17.2	19.1
佛山	7.7	43.7	23.8	24.8
抚顺	9.9	42.1	35.2	12.8
福州	8.4	33.3	34.1	24.2
赣州	7.4	24.6	27.7	40.3
广元	10.0	34.2	33.7	22.1
广州	9.2	42.1	28.0	20.7
桂林	11.0	32.0	35.8	21.2
贵阳	11.7	32.0	31.9	24.4

续表

城市	1 人户	2 人户	3 人户	4 人及以上户
海口	5.3	32.3	29.9	32.5
杭州	9.7	44.9	26.7	18.7
哈尔滨	7.0	35.3	36.9	20.8
合肥	7.5	39.7	36.5	16.3
衡阳	6.1	31.7	34.4	27.8
呼和浩特	7.8	37.5	42.1	12.6
惠州	15.4	35.5	19.7	29.4
湖州	8.2	34.0	29.8	28.0
江门	6.0	31.3	31.4	31.3
嘉兴	8.8	42.3	29.5	19.4
揭阳	5.0	17.4	16.6	61.0
吉林	7.2	36.8	36.1	19.9
济南	5.8	38.4	36.6	19.2
荆门	8.6	24.8	32.9	33.7
荆州	8.0	36.6	33.8	21.6
金华	12.9	45.5	29.1	12.5
济宁	5.5	31.5	39.9	23.1
锦州	6.6	40.8	36.5	16.1
九江	8.2	26.1	34.7	31.0
昆明	12.5	45.7	27.6	14.2
兰州	7.6	38.5	36.0	17.9
拉萨	9.6	51.2	23.0	16.2
乐山	9.4	35.1	32.0	23.5
柳州	9.0	33.2	36.4	21.4
洛阳	5.3	34.8	37.3	22.6
泸州	8.5	35.7	27.1	28.7
梅州	9.3	30.7	23.6	36.4
牡丹江	9.4	35.9	37.5	17.2
南昌	7.3	27.7	31.2	33.8
南充	10.7	35.5	28.6	25.2
南京	7.5	35.5	36.6	20.4
南宁	9.4	35.9	32.6	22.1
南通	9.5	37.9	34.0	18.6
宁波	10.7	45.9	32.9	10.5
平顶山	4.7	28.4	40.0	26.9
青岛	5.8	40.5	38.6	15.1
秦皇岛	7.0	38.3	38.4	16.3
泉州	10.0	42.2	27.2	20.6
衢州	11.1	40.5	33.7	14.7
三亚	2.3	29.6	23.9	44.2
上海	11.0	46.3	28.8	13.9
汕头	4.2	20.8	15.8	59.2
汕尾	2.0	20.0	17.0	61.0

续表

城市	1人户	2人户	3人户	4人及以上户
韶关	9.1	36.1	28.7	26.1
绍兴	4.1	43.2	34.2	18.5
沈阳	9.3	39.5	36.1	15.1
深圳	13.8	46.2	23.5	16.5
石家庄	4.7	29.2	33.5	32.6
苏州	9.9	41.0	27.5	21.6
太原	7.9	43.1	23.1	25.9
泰州	8.6	32.9	28.1	30.4
台州	8.8	41.4	28.1	21.7
唐山	6.3	35.2	36.6	21.9
天津	6.1	38.7	39.0	16.2
铜陵	7.0	42.9	35.9	14.2
乌鲁木齐	12.2	43.4	31.0	13.4
潍坊	4.4	34.7	38.7	22.2
温州	8.2	49.8	27.5	14.5
武汉	11.0	33.2	35.3	20.5
芜湖	7.5	45.2	30.8	16.5
无锡	6.9	42.0	30.0	21.1
厦门	14.1	42.8	26.5	16.6
西安	8.5	42.6	31.0	17.9
襄阳	6.9	32.8	36.5	23.8
西宁	9.6	39.0	31.6	19.8
徐州	9.6	30.4	36.1	23.9
盐城	8.2	31.6	31.2	29.0
扬州	6.3	29.0	32.7	32.0
烟台	7.2	41.5	41.2	10.1
宜宾	8.9	34.8	29.6	26.7
宜昌	8.0	37.8	34.7	19.5
宜春	5.8	22.4	28.2	43.6
银川	7.7	40.8	35.9	15.6
营口	5.6	41.0	36.6	16.8
永济	1.6	28.2	27.6	42.6
岳阳	9.6	39.0	31.6	19.8
漳州	7.1	32.9	34.9	25.1
湛江	5.9	30.5	26.2	37.4
肇庆	6.7	34.0	31.6	27.7
郑州	7.8	40.0	30.3	21.9
镇江	7.5	35.0	37.2	20.3
中山	8.4	46.6	18.7	26.3
珠海	13.0	37.5	28.3	21.2
株洲	8.1	35.2	36.3	20.4
淄博	7.2	39.7	37.3	15.8
遵义	4.7	42.8	29.2	23.3

表 4.13　2018 年各城市收视调查网家庭收入结构（%）

城市	0～1500 元	1501～3000 元	3001～4500 元	4501～6000 元	6001～8000 元	8001～12000 元	12001 元及以上
安庆	9.8	12.1	14.4	25.6	15.4	19.1	3.6
鞍山	1.2	8.0	16.8	25.3	26.7	17.7	4.3
宝鸡	2.2	7.4	10.3	22.1	28.4	23.9	5.7
包头	1.2	4.9	10.3	18.9	27.1	29.8	7.8
北海	1.4	8.8	18.2	17.8	21.4	23.4	9.0
北京	1.3	1.7	4.3	6.2	9.6	27.7	49.2
蚌埠	1.8	10.8	18.7	30.5	22.7	13.3	2.2
长春	3.1	8.9	11.6	16.9	18.6	28.2	12.7
常德	12.7	12.3	17.4	12.8	12.7	18.6	13.5
长沙	3.6	7.0	12.4	15.6	15.3	26.6	19.5
常州	1.0	5.0	7.7	7.0	18.7	34.8	25.8
潮州	3.3	6.6	16.2	15.2	19.3	25.5	13.9
成都	0.8	3.5	8.0	19.0	17.6	32.7	18.4
重庆	15.5	15.7	18.4	12.9	15.1	16.1	6.3
滁州	4.6	10.1	15.1	20.2	16.9	23.0	10.1
大理	7.4	12.0	19.3	18.2	17.5	15.9	9.7
大连	2.1	7.2	13.1	15.6	23.5	26.2	12.3
丹东	2.1	5.2	11.7	25.3	28.2	23.4	4.1
大同	2.2	11.0	26.3	29.1	18.8	9.2	3.4
达州	24.8	22.1	15.5	12.7	13.3	9.5	2.1
德州	5.3	3.7	14.1	14.2	32.2	22.9	7.6
东莞	1.6	7.5	16.0	12.7	17.0	25.0	20.2
佛山	0.3	5.4	11.0	9.2	19.7	24.5	29.9
抚顺	4.4	15.1	28.3	22.0	16.1	10.6	3.5
福州	2.1	5.3	4.6	6.5	16.6	38.9	26.0
赣州	1.6	6.6	18.0	15.2	16.4	28.7	13.5
广元	6.9	16.8	26.0	15.4	14.7	12.6	7.6
广州	4.2	4.1	9.1	12.9	19.6	30.8	19.3
桂林	0.2	11.1	14.7	16.8	26.5	22.9	7.8
贵阳	0.9	5.8	13.7	28.6	17.8	21.0	12.2
海口	2.2	8.9	15.9	20.1	18.5	21.5	12.9
杭州	1.3	0.7	6.8	5.5	6.8	31.2	47.7
哈尔滨	1.2	6.7	10.7	23.9	20.7	25.3	11.5
合肥	0.9	5.1	12.0	14.0	21.6	33.7	12.7
衡阳	5.9	8.6	17.8	14.2	22.2	22.0	9.3
呼和浩特	2.4	7.9	11.9	18.3	25.9	24.9	8.7
惠州	1.8	7.7	18.4	15.7	17.7	21.3	17.4
湖州	1.2	3.3	9.3	6.9	19.0	24.8	35.5
江门	4.3	6.3	11.9	14.9	21.1	23.2	18.3
嘉兴	1.4	4.2	9.7	12.8	20.6	28.2	23.1
揭阳	3.3	7.8	11.9	20.4	17.1	26.7	12.8

续表

城市	0~1500元	1501~3000元	3001~4500元	4501~6000元	6001~8000元	8001~12000元	12001元及以上
吉林	5.2	14.3	21.9	27.3	14.0	13.9	3.4
济南	6.6	5.5	11.7	12.2	19.3	30.0	14.7
荆门	6.3	9.7	13.9	14.7	18.7	24.2	12.5
荆州	2.6	9.7	14.6	18.7	20.9	24.3	9.2
金华	7.9	7.6	14.9	9.3	32.1	21.4	6.8
济宁	6.2	10.8	20.5	17.3	21.2	19.3	4.7
锦州	1.7	8.2	18.5	35.8	25.6	8.7	1.5
九江	1.6	7.8	17.4	18.3	16.3	22.8	15.8
昆明	2.0	6.3	10.6	15.2	20.6	26.4	18.9
兰州	1.4	7.2	13.5	16.9	22.5	28.2	10.3
拉萨	4.8	6.1	12.6	17.6	19.4	23.4	16.1
乐山	0.7	7.7	14.8	31.9	20.3	18.1	6.5
柳州	0.7	11.6	18.2	19.9	25.3	20.5	3.8
洛阳	1.2	6.2	15.3	18.5	22.8	26.1	9.9
泸州	21.1	26.8	16.8	13.7	8.7	10.0	2.9
梅州	6.2	12.1	16.1	14.5	18.2	22.1	10.8
牡丹江	0.7	10.0	21.9	25.2	23.9	15.4	2.9
南昌	0.9	4.3	12.8	17.4	20.2	30.1	14.3
南充	26.6	12.1	14.1	16.0	12.8	13.7	4.7
南京	4.1	4.5	6.4	9.2	22.4	26.9	26.5
南宁	12.6	15.6	14.8	14.9	14.0	20.1	8.0
南通	0.6	3.6	9.5	13.3	16.5	30.0	26.5
宁波	1.1	5.4	6.8	11.6	18.3	33.2	23.6
平顶山	8.0	13.7	22.8	21.6	16.0	13.7	4.2
青岛	9.0	8.0	10.6	10.7	23.0	27.5	11.2
秦皇岛	1.9	9.5	24.7	16.8	21.7	20.5	4.9
泉州	2.7	2.7	5.8	8.4	10.5	35.5	34.4
衢州	3.6	4.6	10.8	10.1	18.6	30.5	21.8
三亚	3.5	14.5	19.3	15.3	18.3	18.8	10.3
上海	0.2	2.0	5.9	6.0	14.1	29.6	42.2
汕头	3.6	7.7	18.4	13.7	22.0	21.1	13.5
汕尾	0.4	8.2	24.9	20.3	16.2	19.2	10.8
韶关	2.5	8.5	16.9	21.4	17.1	22.5	11.1
绍兴	1.4	2.8	6.8	10.4	24.8	38.5	15.3
沈阳	2.2	9.9	18.1	22.7	23.1	17.8	6.2
深圳	0.0	0.9	1.4	6.4	10.0	28.6	52.7
石家庄	3.5	7.2	13.7	13.6	23.5	26.5	12.0
苏州	0.3	3.9	9.2	8.7	15.1	30.6	32.2
太原	1.7	5.1	13.5	20.3	25.8	24.9	8.7
泰州	11.3	8.3	10.2	15.2	19.0	27.8	8.2
台州	8.1	8.4	5.9	10.2	16.1	28.1	23.2

续表

城市	0～1500元	1501～3000元	3001～4500元	4501～6000元	6001～8000元	8001～12000元	12001元及以上
唐山	2.7	6.9	15.8	16.1	25.4	20.6	12.5
天津	3.1	5.7	13.9	15.0	21.6	29.3	11.4
铜陵	1.4	7.1	16.0	22.0	26.1	23.3	4.1
乌鲁木齐	2.6	5.0	10.4	13.1	19.7	31.3	17.9
潍坊	5.2	5.4	12.5	21.2	27.2	23.8	4.7
温州	0.7	2.7	4.7	6.5	10.1	25.0	50.3
武汉	5.3	9.0	12.3	13.0	15.9	25.4	19.1
芜湖	7.8	8.2	20.0	22.1	16.7	18.6	6.6
无锡	2.5	5.7	7.5	13.8	18.1	29.1	23.3
厦门	0.9	3.4	7.6	12.1	11.1	29.8	35.1
西安	1.0	6.3	12.1	19.7	24.4	26.0	10.5
襄阳	2.2	5.6	13.4	22.1	23.3	25.7	7.7
西宁	3.1	4.3	15.0	13.7	25.6	26.9	11.4
徐州	1.6	6.0	9.1	16.3	19.9	29.2	17.9
盐城	0.2	1.4	2.3	6.7	10.0	44.5	34.9
扬州	2.0	6.9	5.8	10.4	17.9	34.7	22.3
烟台	11.1	7.4	11.0	9.8	18.7	30.2	11.8
宜宾	16.9	21.4	20.6	15.7	12.5	9.3	3.6
宜昌	0.7	6.2	12.5	20.8	23.5	22.7	13.6
宜春	6.6	11.8	24.4	23.6	18.3	11.1	4.2
银川	0.9	8.9	14.4	18.7	23.0	25.0	9.1
营口	5.0	13.7	24.2	21.7	18.8	11.6	5.0
永济	2.0	5.8	8.2	21.4	25.3	32.5	4.8
岳阳	1.9	7.6	15.6	22.6	21.6	21.7	9.0
漳州	0.6	9.2	9.4	15.0	24.3	31.0	10.5
湛江	6.2	13.3	12.5	14.2	17.3	19.4	17.1
肇庆	3.0	6.3	12.7	12.9	28.8	26.2	10.1
郑州	1.5	3.8	12.2	12.1	19.3	30.0	21.1
镇江	1.5	4.8	10.1	14.0	20.8	29.0	19.8
中山	3.0	3.9	10.9	10.4	17.1	24.4	30.3
珠海	2.1	4.9	13.1	7.0	15.9	25.4	31.6
株洲	3.3	8.3	12.7	13.0	18.7	25.2	18.8
淄博	13.8	16.2	20.6	23.8	15.6	7.6	2.4
遵义	2.0	5.1	11.6	18.2	21.9	27.2	14.0

表4.14 2018年各城市收视调查网家庭购买决策者年龄结构（%）

城市	15～29岁	30～49岁	50岁及以上
安庆	5.7	43.0	51.3
鞍山	3.7	37.7	58.6
宝鸡	5.0	46.0	49.0

续表

城市	15~29岁	30~49岁	50岁及以上
包头	7.7	48.8	43.5
北海	3.1	41.5	55.4
北京	12.7	45.4	41.9
蚌埠	4.7	43.6	51.7
长春	8.8	47.1	44.1
常德	5.3	47.5	47.2
长沙	11.0	50.7	38.3
常州	7.7	45.0	47.3
潮州	5.9	49.1	45.0
成都	19.4	44.4	36.2
重庆	8.5	42.5	49.0
滁州	7.6	44.1	48.3
大理	5.7	53.6	40.7
大连	8.5	48.7	42.8
丹东	5.1	32.1	62.8
大同	7.8	53.6	38.6
达州	5.4	47.4	47.2
德州	9.3	51.3	39.4
东莞	30.5	43.4	26.1
佛山	7.0	49.4	43.6
抚顺	2.6	39.3	58.1
福州	7.1	42.1	50.8
赣州	8.4	46.5	45.1
广元	8.9	50.8	40.3
广州	11.6	45.5	42.9
桂林	9.9	44.2	45.9
贵阳	16.3	48.3	35.4
海口	10.1	47.0	42.9
杭州	11.4	39.4	49.2
哈尔滨	8.5	48.8	42.7
合肥	17.2	43.9	38.9
衡阳	9.8	44.0	46.2
呼和浩特	9.9	53.1	37.0
惠州	17.0	56.5	26.5
湖州	7.2	39.5	53.3
江门	10.0	45.4	44.6
嘉兴	7.5	42.0	50.5
揭阳	15.3	51.7	33.0
吉林	5.4	46.2	48.4
济南	7.7	45.0	47.3
荆门	12.9	47.0	40.1
荆州	3.6	47.0	49.4

续表

城市	15 ~ 29 岁	30 ~ 49 岁	50 岁及以上
金华	5.5	48.8	45.7
济宁	8.0	43.3	48.7
锦州	5.2	45.8	49.0
九江	8.2	50.2	41.6
昆明	18.8	44.6	36.6
兰州	7.2	46.4	46.4
拉萨	12.7	52.4	34.9
乐山	11.5	50.2	38.3
柳州	6.9	43.3	49.8
洛阳	5.9	44.1	50.0
泸州	9.7	38.5	51.8
梅州	3.2	39.7	57.1
牡丹江	6.0	47.6	46.4
南昌	7.3	44.3	48.4
南充	6.8	39.1	54.1
南京	6.1	44.4	49.5
南宁	11.3	49.6	39.1
南通	8.5	39.9	51.6
宁波	12.9	47.2	39.9
平顶山	8.3	50.3	41.4
青岛	7.5	44.3	48.2
秦皇岛	8.8	41.7	49.5
泉州	9.1	53.1	37.8
衢州	6.9	42.5	50.6
三亚	9.6	54.9	35.5
上海	11.6	37.8	50.6
汕头	8.9	56.2	34.9
汕尾	6.1	47.0	46.9
韶关	7.5	46.2	46.3
绍兴	2.5	41.7	55.8
沈阳	8.5	40.2	51.3
深圳	22.7	58.4	18.9
石家庄	12.1	46.3	41.6
苏州	20.3	43.5	36.2
太原	4.8	48.6	46.6
泰州	4.6	34.4	61.0
台州	4.5	45.9	49.6
唐山	8.2	48.0	43.8
天津	9.9	42.2	47.9
铜陵	6.8	45.1	48.1
乌鲁木齐	10.6	48.1	41.3
潍坊	6.1	58.8	35.1

续表

城市	15～29岁	30～49岁	50岁及以上
温州	9.2	47.3	43.5
武汉	7.9	39.2	52.9
芜湖	7.7	45.3	47.0
无锡	6.0	38.1	55.9
厦门	17.7	50.6	31.7
西安	9.8	37.8	52.4
襄阳	8.4	47.2	44.4
西宁	11.8	47.7	40.5
徐州	10.9	46.9	42.2
盐城	3.7	42.5	53.8
扬州	5.3	41.0	53.7
烟台	10.4	46.1	43.5
宜宾	5.5	45.5	49.0
宜昌	5.6	44.6	49.8
宜春	5.4	50.9	43.7
银川	12.0	52.2	35.8
营口	9.3	40.4	50.3
永济	2.7	50.9	46.4
岳阳	11.8	47.7	40.5
漳州	4.2	48.0	47.8
湛江	9.0	44.4	46.6
肇庆	9.4	53.0	37.6
郑州	13.9	47.1	39.0
镇江	5.5	45.2	49.3
中山	11.4	46.8	41.8
珠海	10.5	48.5	41.0
株洲	8.4	51.2	40.4
淄博	4.7	44.2	51.1
遵义	7.6	48.5	43.9

表4.15 2018年各城市收视调查网性别与年龄结构(%)

城市	性别		年龄						
	男性	女性	4～14岁	15～24岁	25～34岁	35～44岁	45～54岁	55～64岁	65岁及以上
安庆	50.0	50.0	10.8	16.3	12.3	22.4	15.7	12.0	10.5
鞍山	49.9	50.1	6.2	11.1	14.3	16.3	23.9	14.4	13.8
宝鸡	50.9	49.1	10.6	16.3	15.5	20.0	16.6	11.6	9.4
包头	51.3	48.7	9.8	16.4	15.5	22.4	16.7	9.6	9.6
北海	50.3	49.7	11.5	16.7	18.1	20.5	15.6	9.5	8.1
北京	51.0	49.0	7.2	11.4	22.8	17.3	17.1	12.8	11.4
蚌埠	50.4	49.6	10.0	17.3	15.0	19.0	16.2	11.6	10.9
长春	50.4	49.6	8.3	16.8	17.0	18.8	17.0	12.6	9.5

续表

城市	性别		年龄						
	男性	女性	4~14岁	15~24岁	25~34岁	35~44岁	45~54岁	55~64岁	65岁及以上
常德	49.7	50.3	8.8	17.0	12.2	21.6	16.5	12.9	11.0
长沙	50.1	49.9	8.7	20.0	17.4	19.4	14.9	10.9	8.7
常州	51.2	48.8	8.2	18.3	17.9	20.2	14.5	11.5	9.4
潮州	49.0	51.0	10.8	20.4	15.2	18.2	15.4	11.5	8.5
成都	50.7	49.3	7.8	19.4	17.3	22.2	13.4	10.7	9.2
重庆	50.5	49.5	10.5	16.6	12.2	20.9	14.3	13.7	11.8
滁州	49.7	50.3	10.5	17.7	13.7	23.3	14.6	11.0	9.2
大理	50.7	49.3	11.1	21.5	15.7	20.4	13.6	9.2	8.5
大连	49.8	50.2	7.0	17.4	17.4	17.8	16.9	12.7	10.8
丹东	49.4	50.6	7.0	12.8	13.7	18.1	20.6	15.0	12.8
大同	50.7	49.3	11.3	14.3	15.4	21.1	18.4	10.5	9.0
达州	50.7	49.3	15.4	14.4	11.5	21.3	12.8	13.7	10.9
德州	50.9	49.1	11.9	18.5	17.9	20.0	13.6	10.4	7.7
东莞	53.3	46.7	6.4	27.3	29.1	22.4	8.4	3.7	2.7
佛山	53.8	46.2	8.9	21.1	23.3	22.7	11.6	7.0	5.4
抚顺	50.3	49.7	6.3	12.4	13.5	17.4	23.5	14.3	12.6
福州	50.8	49.2	9.0	18.9	18.8	19.4	14.5	10.5	8.9
赣州	50.4	49.6	17.9	17.4	14.2	18.7	12.8	10.2	8.8
广元	51.0	49.0	11.4	16.8	13.1	25.0	14.0	10.8	8.9
广州	50.9	49.1	8.9	14.8	24.4	18.6	15.1	9.9	8.3
桂林	50.0	50.0	9.9	16.1	19.4	19.4	15.2	11.4	8.6
贵阳	51.1	48.9	12.3	18.8	16.8	20.7	13.6	9.1	8.7
海口	51.4	48.6	12.6	21.5	18.2	19.2	12.6	8.0	7.9
杭州	51.4	48.6	7.7	20.6	19.8	18.5	14.9	10.0	8.5
哈尔滨	50.1	49.9	7.6	17.0	16.0	19.2	18.1	12.7	9.4
合肥	52.9	47.1	9.3	22.1	19.5	19.9	12.4	9.3	7.5
衡阳	50.5	49.5	11.2	20.0	14.6	18.4	15.5	12.0	8.3
呼和浩特	50.6	49.4	10.4	20.3	18.7	18.9	15.0	9.3	7.4
惠州	52.7	47.3	11.7	25.0	21.8	20.6	10.7	5.3	4.9
湖州	50.4	49.6	8.0	19.8	16.5	18.6	15.6	11.5	10.0
江门	51.2	48.8	10.9	19.3	20.0	21.0	12.9	8.9	7.0
嘉兴	50.6	49.4	8.3	18.7	15.1	18.8	16.3	12.0	10.8
揭阳	51.1	48.9	15.1	24.0	14.0	17.1	13.5	9.1	7.2
吉林	50.6	49.4	7.6	14.3	14.0	19.2	20.1	13.8	11.0
济南	50.8	49.2	9.0	20.8	17.8	16.8	15.6	10.9	9.1
荆门	50.5	49.5	12.1	21.7	15.8	18.2	13.6	10.5	8.1
荆州	50.7	49.3	8.0	19.0	14.2	20.1	17.3	12.5	8.9
金华	51.7	48.3	10.2	16.6	18.0	20.3	15.2	10.8	8.9
济宁	50.3	49.7	11.7	16.9	18.0	18.0	15.5	10.8	9.1
锦州	49.0	51.0	7.5	14.1	14.3	17.5	20.2	14.1	12.3

续表

城市	性别		年龄						
	男性	女性	4~14岁	15~24岁	25~34岁	35~44岁	45~54岁	55~64岁	65岁及以上
九江	50.6	49.4	12.8	20.4	15.4	18.6	14.0	10.2	8.6
昆明	51.1	48.9	8.9	20.5	19.8	20.1	12.9	9.4	8.4
兰州	51.3	48.7	9.7	18.0	16.4	20.3	15.8	9.9	9.9
拉萨	51.8	48.2	8.5	21.7	22.1	25.2	13.3	5.6	3.6
乐山	48.8	51.2	8.0	18.7	13.1	21.7	14.2	12.8	11.5
柳州	51.0	49.0	11.1	15.2	19.1	20.5	15.1	10.5	8.5
洛阳	50.0	50.0	11.0	14.8	15.9	20.6	16.0	10.9	10.8
泸州	49.8	50.2	13.3	14.5	11.1	21.1	14.4	14.1	11.5
梅州	49.8	50.2	11.8	17.4	13.7	18.1	16.4	11.1	11.5
牡丹江	49.6	50.4	7.8	14.8	14.7	19.8	19.3	12.9	10.7
南昌	52.2	47.8	12.6	25.8	15.4	16.7	12.8	9.0	7.7
南充	49.3	50.7	10.5	20.3	13.3	19.6	13.5	12.5	10.3
南京	51.6	48.4	7.1	19.9	17.3	18.3	15.5	11.8	10.1
南宁	51.6	48.4	10.7	18.3	20.8	19.5	13.7	9.1	7.9
南通	50.2	49.8	7.5	20.0	16.7	19.5	14.4	11.4	10.5
宁波	51.0	49.0	8.3	17.7	19.6	20.9	15.1	10.6	7.8
平顶山	51.2	48.8	11.6	18.5	15.7	22.9	14.1	9.3	7.9
青岛	49.3	50.7	9.3	17.1	16.6	17.7	16.1	12.3	10.9
秦皇岛	49.4	50.6	8.3	20.7	16.3	17.5	15.9	12.1	9.2
泉州	51.5	48.5	8.7	25.5	22.5	20.0	11.7	6.5	5.1
衢州	51.5	48.5	10.9	11.4	15.7	20.6	17.6	12.6	11.2
三亚	52.9	47.1	13.3	25.5	20.3	18.6	11.3	6.0	5.0
上海	51.4	48.6	6.0	16.6	20.9	17.0	16.1	12.9	10.5
汕头	50.0	50.0	18.6	22.0	15.6	15.5	12.4	8.5	7.4
汕尾	51.1	48.9	16.0	23.9	16.5	17.2	12.1	7.8	6.5
韶关	51.4	48.6	11.6	17.6	15.2	20.4	15.4	10.1	9.7
绍兴	49.5	50.5	9.6	18.8	15.5	19.9	15.6	11.6	9.0
沈阳	49.6	50.4	6.7	12.4	16.7	17.1	20.6	14.4	12.1
深圳	53.9	46.1	9.8	23.6	30.3	21.2	8.1	3.2	3.8
石家庄	48.9	51.1	9.5	22.6	16.6	16.8	15.0	10.7	8.8
苏州	50.8	49.2	6.6	24.5	21.3	17.3	12.5	9.7	8.1
太原	54.0	46.0	9.1	19.6	23.2	23.0	12.1	7.3	5.7
泰州	49.6	50.4	8.8	15.7	14.0	19.8	15.3	13.6	12.8
台州	51.7	48.3	10.8	15.0	17.6	21.9	14.8	10.1	9.8
唐山	50.3	49.7	8.4	15.4	16.8	15.8	18.4	15.2	10.0
天津	53.5	46.5	6.4	19.1	19.8	16.8	16.6	12.2	9.1
铜陵	51.4	48.6	10.4	14.2	13.9	23.8	16.6	11.0	10.1
乌鲁木齐	51.7	48.3	10.5	18.0	16.7	25.0	14.0	7.3	8.5
潍坊	50.7	49.3	11.1	17.9	15.6	18.5	15.7	11.8	9.4
温州	52.1	47.9	7.8	20.0	23.5	20.9	13.2	8.1	6.5

续表

城市	性别		年龄						
	男性	女性	4～14岁	15～24岁	25～34岁	35～44岁	45～54岁	55～64岁	65岁及以上
武汉	50.4	49.6	7.6	21.2	16.3	17.0	16.2	12.3	9.4
芜湖	52.4	47.6	7.4	21.8	15.0	18.5	16.0	11.2	10.1
无锡	52.1	47.9	7.4	18.9	18.7	20.2	14.2	11.5	9.1
厦门	51.4	48.6	9.4	22.3	25.7	20.2	10.9	6.6	4.9
西安	51.4	48.6	8.2	22.8	18.9	17.6	14.6	9.0	8.9
襄阳	49.5	50.5	10.6	17.2	16.9	19.9	15.6	11.6	8.2
西宁	51.1	48.9	10.9	17.5	15.8	22.6	15.4	8.5	9.3
徐州	50.8	49.2	9.7	18.0	15.9	18.5	15.6	11.7	10.6
盐城	50.5	49.5	10.1	15.8	14.1	20.3	15.8	12.7	11.2
扬州	50.2	49.8	8.1	18.2	14.5	18.9	15.7	13.4	11.2
烟台	50.2	49.8	7.7	21.1	17.5	18.2	15.4	11.1	9.0
宜宾	50.4	49.6	12.4	16.2	13.0	22.3	13.9	12.2	10.0
宜昌	50.8	49.2	8.8	15.5	16.2	20.3	15.3	13.9	10.0
宜春	51.1	48.9	17.0	17.4	15.8	18.5	13.5	9.5	8.3
银川	50.7	49.3	11.8	19.0	18.7	21.3	13.6	8.4	7.2
营口	50.7	49.3	8.1	14.0	16.4	19.2	18.6	13.1	10.6
永济	50.7	49.3	12.2	19.9	14.7	18.4	15.7	10.3	8.8
岳阳	51.1	48.9	10.9	17.5	15.8	22.6	15.4	8.5	9.3
漳州	49.7	50.3	11.0	19.8	17.6	19.6	14.6	9.1	8.3
湛江	51.4	48.6	14.6	22.4	16.2	16.1	13.3	8.5	8.9
肇庆	50.7	49.3	11.1	21.5	15.7	20.4	13.6	9.2	8.5
郑州	50.4	49.6	10.5	24.4	18.9	19.1	12.2	7.6	7.3
镇江	52.5	47.5	7.6	17.4	15.6	20.2	16.7	12.5	10.0
中山	53.1	46.9	9.0	23.2	24.3	22.2	10.5	6.1	4.7
珠海	51.6	48.4	10.9	20.9	21.1	23.8	12.3	6.2	4.8
株洲	51.0	49.0	9.2	17.6	16.6	21.6	15.1	10.7	9.2
淄博	50.0	50.0	11.0	14.9	14.6	19.5	17.2	12.4	10.4
遵义	50.5	49.5	14.5	16.6	15.0	22.8	13.0	9.9	8.2

图书在版编目(CIP)数据

中国电视收视年鉴. 2019 / 丁迈主编. --北京:中国传媒大学出版社,2019.7
ISBN 978-7-5657-2516-6

Ⅰ. ①中… Ⅱ. ①丁… Ⅲ. ①电视工作—抽样调查统计—中国—2019—年鉴
Ⅳ. ①G229.2-54

中国版本图书馆 CIP 数据核字(2019) 第 149452 号

中国电视收视年鉴 2019
ZHONGGUO DIANSHI SHOUSHI NIANJIAN 2019

主　　编 丁　迈
策划编辑 程　平
责任编辑 程　平　姜颖昳
封面设计 大鹏设计
责任印制 李志鹏

出版发行 中国传媒大学出版社
社　　址 北京市朝阳区定福庄东街 1 号　邮编:100024
电　　话 86-10-65450528　65450532　传真:65779405
网　　址 http://cucp.cuc.edu.cn
经　　销 全国新华书店

印　　刷 艺堂印刷(天津)有限公司
开　　本 787mm×1092mm　1/16
印　　张 50.5
字　　数 1167 千字
版　　次 2019 年 7 月第 1 版
印　　次 2019 年 7 月第 1 次印刷

书　　号 ISBN 978-7-5657-2516-6/G·2516　**定　　价** 188.00 元